韓國新聞

THE KOREA PRESS
1969～1974年度

THE KOREAN RESIDENTS UNION
IN JAPAN GENERAL HEAD OFFICE

在日本大韓民国居留民団中央機関紙

下

韓国新聞社 発行

発刊の辞

在日本大韓民国居留民団々員の指針として中央機関紙である韓国新聞は厳しい情勢と幾多の試錬を経ながら同胞の先陣に立ってその権益を護り続けて今日に至ったのも団員各位の限りない援護の賜であり、茲に深謝の意を惜しみません。

先に自由生活社の犠牲によって貴重な資料による劃期的な本紙縮刷初版を発刊して世に贈ったことは既にご承知のことと存じます。

この度第一輯に続いて第二輯の縮刷版を刊行して団員諸氏のもとに贈ることになりました。

これ偏へに韓国新聞を根気強く生み育てた組織先輩と同志諸兄姉の不断の努力の遺産に他なりません。

この様な貴重な遺産を受継ぎ、団是である反共の志操を貫き組織の強化と発展のために勇気と信念を発揮して悔なき中央会館建設をもって団史を飾ることこそ我等の二世、三世が民団組織に喜んで馳せ参ずる示唆となれば刊行者として本懐であります。

一九七四年八月十五日

在日本大韓民国居留民団
中央団長・韓国新聞社々長
尹　達　鏞

目次内容

一九七三年

東京韓国新聞

一九六九年

（1965年7月27日第3種郵便物許可）

在日本大韓民国居留民団
綱領
1. 우리는 大韓民国의 国是를 遵守한다
1. 우리는 在留同胞의 権益擁護를 期한다
1. 우리는 在留同胞의 民生安定을 期한다
1. 우리는 在留同胞의 文化向上을 期한다
1. 우리는 世界平和와 国際親善을 期한다

THE PRESS MINDAN TOKYO
THE KOREAN RESIDENTS UNION, IN JAPAN, TOKYO OFFICE
「韓僑通信」改題
在日本大韓民国居留民団
東京本部発行週刊紙

民団東京
THE PRESS MINDAN TOKYO

12月16日 水曜
＜1970＞
週刊・毎水曜日発行
第2431号

発行所 民団東京新聞社
発行人 鄭 在 俊
東京都文京区本郷3丁目32番7号
電話 （811）1535（代表）
〒113 振替口座 東京 16631番
（大韓民国文化公報部国内頒布許可）
（購読料 1カ月100円・特別1000円）

永住権申請は一九七一年一月十六日で締切られます

共和党、選挙公約案なる
10大目標に60個の施策打出す

共和党政策委は来年の選挙公約に打出す十大目標と六十個の施策案を作成、八日朝鮮ホテルで開かれた党務会議に報告した。この選挙公約案は朴正熙大統領（共和党総裁）に報告される予定であるが、その骨子は①五大江開発と高速道路建設など、国土開発②年平均成長率七％以上の経済高度成長の継続③農・漁民の所得増大と都市・農村地域間の格差縮小④国土統一基盤造成と進取的態勢の確立⑤大衆税負担の軽減を図る全面的税制改革⑥労働条件改善と完全雇用の実現⑦第三次五カ年計画最終年度の七五年までに達成する三十六億の輸出と自立経済⑧義務教育の完全無償化と教育学術文化の達成⑨積極外交を通じた国威宣揚⑩自主国防の強化－などとなっている。

陶山書院竣工式に参席した朴大統領

青瓦台の機構改変
九名の特別補佐官を任命

政府与党内で粛正作業断行

민족문화 이을 우리의 도장
「도산서원」새로가꿔
이퇴계선생 가신지 400돌맞아

당총재 박정희 대통령은 지난 12월 8일 안동 도산서원 보수정화 준공식에 참석,『우리는 전통문화의 가치속에 숨어 있는 민족의 예지와 긍지를 최대한으로 개발하여 문화적 자주성을 견고히 지키고 꿋꿋한 정신 문화의 전통을 계승·발전시켜야 한다』고 강조하고『우리는 퇴계선생의 참된 교육애와 사상을 본받아 백년대계를 위한 교육한국의 건설에 더욱 힘써노력해야 한다』고 다짐했다. 박대통령은 이날 도산서원 경내 퇴계 문집을 보관한 서고를 일일이 둘러보고 ①퇴계학리연구소를 이곳에 설치하고 ②퇴계문집을 우리말로 번역보급하고 ③3개년 계획을 세워 안동～도산간의 도로포장도 할것을 관계관에 지시했다.

民族文化の開発を
陶山書院竣工式 朴大統領が強調

国会運営停滞に突破口 与野重鎮会談で

駐韓外国商社103社
直接投資も活発化へ

F4機一個飛行中隊を韓国に移動

対韓攻撃とみる米国務次官補声明

統一決議案を可決
国連総会、圧倒的多数で

米下院を通過 71年度外援法案

北韓抑留の漁夫32人が帰る 北での生活を語る

統社党、大統領候補に金哲氏を指名

百三十八万名 要求護対象者

北韓との文通に罪なし ソウル地裁判決

永住権申請期限〈1971年1月16日〉がせまっております

まだでしたらもよりの民団支部へご連絡下さい。
＜係員がお宅を訪問し永住権の申請について親切にご案内するとともに無料で写真さつえい、代筆などを行います。＞

東京本部管内各支部の所在地

支部	所在地	電話
文京	文京区小石川二－十一－八	（八一一）三五五五
台東	台東区東上野三－一五－八	（八三三）九九〇四
中央	中央区日本橋茅場町一－六	（六六一）五三七〇
墨田	墨田区太平町一－四－八	（六二二）九四四二
江東	江東区木場六－八－十	（六四四）〇五一二
江戸川	江戸川興之宮二九	（六五七）七五一二
北	北区稲町一－一二六九	（九〇一）二六六一
足立	足立区千住桜木町五三	（八八八）八三〇一
荒川	荒川区荒川三－一三	（八九一）〇五五五
葛飾	葛飾区本田立石六－一八－一六	（六九三）一七七一
豊島	豊島区池袋二－一一六七	（九八二）七一六一
板橋	板橋区板橋二－一二－九	（九六一）六五六五
練馬	練馬区豊玉北四－三二	（九九二）五五七七
新宿	新宿区三光町二五（三立ビル二〇三号室）	（三四二）〇二四四
中野	中野区新井二－一一七	（三八六）五五三六
杉並	杉並区梅里二－二四－三	（三一三）七五七五
渋谷	渋谷区宇田川一五	（四六一）五三八二
世田谷	世田谷区下馬町一－七	（四二一）三六〇九
目黒	目黒区青葉台一－三〇－一〇	（七一三）四三七八
港	港区三田四－六－一八	（四五五）一一八八
品川	品川区豊町三－一一	（七八六）一二二四
大田	大田区新蒲田一－六－七	（七三二）七六五一
大韓婦人会東京本部		（八一二）一九三八

駐日大韓民国大使館

在日大韓民国居留民団東京本部
東京都文京区本郷三－三二－七
電話八一一－一五三五（代表）

朝総連のデマ宣伝にだまされてはいけません！

在日韓国人（朝鮮籍を含む）が、日本人で安定した生活を営み且つ、自由に祖国を往来したりまたは家族を招請するためには、何よりも他の外国人に比して優遇される永住権を取得するのが最も良いのです。あらゆる手段によって、在日韓国人（朝鮮籍を含む）をだましている朝総連のデマ宣伝に迷わないで、あといくらも残されていない申請期限が満了する前に、一日も早く永住権を申請しましょう。

永住権は兵役とは絶対に関係がありません。

〈申請方法〉
第二回から引続き、外国人登録している人は次の書類を揃えて、自分の居住している市・区・町・村役場に行き、本人が提出します。但し、十四歳未満の人はその父母が代理申請します。本人が直接準備するものは、写真二枚だけで他の書類は上記の役場に置いてあります。

A. 協定永住許可申請書 二通
B. 旅券又は大韓民国国民登録証（このようなものが無い場合には国籍を書き入れた陳述書） 二通
C. 写真（五センチ四方で六ケ月以内に撮影したもの） 二枚
D. 家族関係と居住経歴書 二通

〈参考〉
1. 手数料は一切無料です。
2. 外国人登録上、朝鮮籍になっている人は、大韓民国（韓国）の国籍に変更申請したらよいのです。
3. 居住経歴或るいは身分上に何かの問題点があると思われる人は最寄りの民団或るいは領事館又は大使館に行けば親切に案内してくれます。

北韓訪問記（中）

ダオメー国記者　カイオデ

白黒投票箱と秘密選挙の話

増産の千里馬運動とは強迫

反米スローガン囲んでデモ

板門店訪問で検問不合格で何回も書直し

北韓記者同盟と金日成にプレゼント

（つづく）（SISA）

"新聞은 國民을 위한 戰士"

―아시아新聞財團理事長 로세스씨

"政治·廣告壓力은 國利해쳐

危機속에서도 勇氣잃지말아야"

아듀 70年

P.E.N.大会

그리하여 웃고 웃는 사이에 「노벨」文學賞은 저 멀리에서 타가미고 있다

在外国民 戸籍実務講座

提供・法院行政処（6）

戸籍実務講座　第五 保存

（おわり）

日赤代表、北送再開協議でモスクワへ

太平洋戦没者の遺骨奉還へ最後の打合せ

一九七一年度 在日韓国人母国留学生 募集要綱

一九七一学年度在日韓国人母国留学生をつぎのとおり募集する

一、募集対象

母国の大学課程以上（大学または大学院）で自費修学を希望する在日本大韓民国国民

二、志願資格

イ、日本外国人登録法による登録を完了した者

ロ、日本国内で初・中・高校（十二年間）を卒業した者（一九七〇学年度卒業予定者を含む）で大韓民国教育法上入学資格がある者

ハ、旅券ならびに再入国手続が可能な者で勤勉誠実、思想穏健な者

三、留学要領

イ、志願者銓衡

大使館が主管する留学生銓衡に合格しなければならない

ロ、大学志望

留学志望大学は第三校まで志望できる

ハ、入学の許可

志望校の入学可否は文教部が大学当局と合議し決定通報するが一九七二学年度入学を許可する

ニ、予備教育課程ならびに大学就学の時期

母国大学の留学が許可された留学生は、ソウル大学校内に設置されている『在日韓国人母国留学生予備教育課程部』に入学し一年間所定の課程を履修し入学が許可された大学には一九七二学年度から就学する

四、提出書類

イ、母国留学志願書（所定様式）……五通

ロ、学生身上調書（所定様式）……五通

ハ、卒業証明書（小・中・高別）……各二通

ニ、成績証明書（最終卒業学校分）……四通

ホ、国民登録済証……三通

ヘ、外国人登録済証……二通

ト、所属民団長推薦書……二通

チ、写真（志願書に添付）……五枚

五、志願書類提出

イ、期間、一九七〇年十一月二十日〜一九七〇年十二月二十日まで

ロ、提出処、駐日韓国大使館奨学官室
民団中央本部文教局または県本部
各韓国教育文化センター

六、銓衡実施

イ、日字、一九七〇年十二月二十七日（日）

ロ、場所、追後発表 通知する

ハ、銓衡科目

1. 大学（校）志望者
国語・英語・数学・作文・面接

2. 大学（校）編入学志望者（大学院志望者を含む）
国語・英語・論文・面接

3. 予備教育課程履修希望者
国語・作文・面接

七、其の他事項

イ、一九七二学年度入学予定者であっても予備教育課程の成績がきわめて不良で成業の望みないと認定される場合には大学への就学を保留する

※特に『ソウル大学校』は予備教育課程修了後同大学の実施する母国留学生特別銓衡に合格しなければならない

ロ、学校入学は志願者が志望した第一〜三志望校の志望学科の中から許可するが留学期間中大学（校）ならびに学科の変更（転学・転校）は当該指導教授・ソウル大学校在外国民教育研究所ならびに文教部が妥当な理由ありと認定する場合に限るから学校と専攻学科を慎重に選定志望するを要する

ヘ、其の他事項は近くの韓国教育文化センターに問合せること

駐日大韓民国大使館奨学官室

郵便番号一〇六　東京都港区南麻布一丁目二番五号
電話四五三―九六五三・四五二―七六一一内線八一

（1965年7月27日第3種郵便物認可）

在日本大韓民国居留民団
綱領
1. 우리는 大韓民国의 国是를 遵守한다
1. 우리는 在留同胞의 権益擁護를 期한다
1. 우리는 在留同胞의 民生安定을 期한다
1. 우리는 在留同胞의 文化向上을 期한다
1. 우리는 世界平和와 国際親善을 期한다

THE PRESS MINDAN TOKYO
THE KOREAN RESIDENTS UNION. IN JAPAN. TOKYO OFFICE
「韓僑通信」改題
在日本大韓民国居留民団東京本部発行週刊紙

民団東京
THE PRESS MINDAN TOKYO

12月23日 水曜
＜1970＞
週刊・毎水曜日発行
第2435号

発行所 民団東京新聞社
発行人 鄭在俊
東京都文京区本郷3丁目32番7号
電話（811）1535（代表）

目前に迫った永住権申請期限

申請増加率東京が全国最高

日本法務省の入管当局が発表した11月末現在、在日韓国人の韓日協定永住権申請者総数は243,265人で11月の1ケ月の申請者数は10,292人となり、この五年間の月間最高数を記録した。

また同申請者総数に対し、永住許可を得た総数は188,588人、不許可者は11月中に29人増え、総数1,687人になつている。

また地域別申請状態は、これまで目立つて不振状態をつづけてきた東京が、10月の1,309人から、いつきよに500余人増加、1,855人と急上昇を示しており、期限までには目標数の突破が期待される。

永住権取得者の優遇へ

なお一層の努力する

崔外務部長官が談話発表

崔圭夏外務部長官は十二月十六日在日韓国人の永住権申請促進についてつぎのような談話文を発表した。

新生児は60日以内に

国務総理に白斗鎮氏

李駐日大使は中央情報部長

内閣改造法務・農林・逓信各長官が更迭

朴正煕大統領は十九日午後、七一年度予算が成立したあと、ただちに内閣改造を行い、六年七カ月勤めた丁一権国務総理を更迭、後任に白斗鎮元国務総理を起用、さらに法務、農林、通信の各部長官を入替えると同時に、中央情報部長に李厚洛駐日大使を任命、援護処長も替えた。今度の人事はひとことでいって来春に迫った大統領、国会議員選挙への〝対策〟でそれは特に側近の李氏を中央情報部長にしたことに現れている。

なお、駐日大使の後任にはいまのところ法務長官をやめた李澔氏の説が流れている。

白国務総理

丁一権氏

李中情部長

更迭の各長官

国務総理　白斗鎮（元国務総理・現共和党国会議員）
法務部長官　裴泳鎬（国会事務総長）
農林部長官　金甫鉉（逓信部長官）
逓信部長官　申尚澈（駐南ベトナム大使）
中央情報部長　李厚洛（駐日大使）
援護処長　張東雲（大韓住宅公社総裁）

16年ぶりにかえりさく

白総理の横顔

選挙改閣説

三百余名が絶望

釜済 連絡船、南海上で遭難

内務部治安局にはいった報告によると、十五日午前一時二十分すぎ、済州島と釜山を結ぶ連絡船南栄号（三六二トン）が東経一二八度、北緯三四度の南海々上で沈没。八人が付近を通りかかった日本船に同日朝八時半ごろ救助されたが、残り三百余人は行方不明となった。

（関連記事3面に）

韓日国交5周年

改めて日本に望むものより緊密な協調と体系

国交の基本理念

両国人の相互態度

韓国の立場と貢献を再評価せよ

勝手に国籍書き換えできぬ

佐藤首相国会答弁

社会悪除去を

検事長会議に朴大統領メッセージ

金顕淑氏帰国へ

お知らせ

多事多難であったこの年も暮れやがて新しい発展と希望を約束する一九七一年を迎えます。

愛読者みなさんの惜しみない支援とご声援によりまして、民団東京新聞は、過去一年間前進してきました。

つきましては、本号をもって送年号とし年始の発行はつぎのとおり行ないます。

十二月三十日号と一月六日号とを合併して新年号として増頁に発行、一月十三日号を年始休刊、一月二十日号から平常通り毎水曜日発行となります。

なお、永住権申請の期限が迫ってる重大な時期だけに新年早初に臨時増刊号を発行する予定です。

民団東京新聞社

永住権申請の相談は民団へ

（無料で写真、代筆など一切の手続きをして上げます）

永住権申請の相談は民団へ

在日韓国人（朝鮮籍を含む）が、日本で安定した生活を営み且つ、自由に祖国を往来し、または家族を招請するためには、何よりも他の外国人には願っても得られない永住権を取得するのが最も良いのです。あらゆる手段によって、在日韓国人（朝鮮籍を含む）をだましている朝総連のデマ宣伝に迷わないで、あといく日も残されていない申請期限（一九七一年一月十六日）が満了する前に、一日も早く永住権を申請しましょう。

＜申請方法＞

外国人登録を第二回目から引続きしている人は次の書類を揃えて、自分の居住している市・区・町・村役場に行き、本人が提出します。但し、十四歳未満の人はその父母が代理申請します。本人が直接準備するものは、写真二枚だけで他の用紙は上記の役場に置いてあります

A、協定永住許可申請書　二通

B、旅券又は大韓民国国民登録証（このようなものが無い場合には国籍を書きいれた陳述書）

C、写真（五センチ四方で六ケ月以内で撮影したもの）二枚

D、家族関係と居住経歴書　二通

＜参考＞

1、手数料は一切無料です。

2、外国人登録上、朝鮮籍になっている人は、大韓民国（韓国）の国籍に変更申請したらよいのです。

3、居住経歴或るいは身分上に何かの問題点があると思われる人は最寄りの民団或るいは領事館又は大使館に行けば親切に案内してくれます。

民団東京本部管内各支部の所在地（カッコ以下は電話番号）

支部	所在地	電話
文京	文京区小石川二－十一－八	（八一一）三五五五
台東	台東区東上野三－一五－八	（八三三）九九〇四
中央	中央区日本橋茅場町一－六	（六六一）五三七〇
墨田	墨田区太平町一－四－八	（六二二）九四四二
江東	江東区木場六－八－十	（六四四）〇三一二
江戸川	江戸川興之宮二九	（六五七）七五一二
北	北区稲町一－二六九	（九〇一）二六六一
足立	足立区千住桜木町五三	（八八八）八三〇一
荒川	荒川区荒川三－三二	（八九一）〇五五五
葛飾	葛飾区本田立石六－一八－一六	（六九三）一七七一
豊島	豊島区池袋二－一一六七	（九八二）七一六一
板橋	板橋区板橋二－二二－九	（九六一）六五六五
練馬	練馬区豊玉北四－三一	（九九二）五五七七
新宿	新宿区三光町二五（三立ビル二〇三号室）	（三四一）〇二四四
中野	中野区新井二－一一－七	（三八六）五五三六
杉並	杉並区梅里三－二四－三	（三一三）七五七五
渋谷	渋谷区宇田川一五	（四六一）五三八二
世田谷	世田谷区下馬町一－七	（四二一）三六〇九
目黒	目黒区青葉台一－三〇－一〇	（七一三）四三七八
港	港区三田四－本－一八	（四五五）一一八八
品川	品川区豊町三－一－一	（七八六）一二二四
大田	大田区新蒲田一－六－七	（七三二）七六五一
大韓婦人会東京本部		（八一二）二九三八

在日大韓民国居留民団東京本部
東京都文京区本郷三－三二－七
電話八一一－一五三五（代表）

民団三多摩本部管内各支部の所在地

支部	所在地	電話
立川	立川市錦町一ノ三－二十	（二二）二六三五
調布	調布市下石原二－二三九	（八二）〇三六七
武蔵野	小金井市関野原町二－四－六	（八一）三六二〇
八王子	八王子市高尾町一六〇九	（六一）二〇三五

在日大韓民国居留民団三多摩地方本部
東京都立川市錦町一－三－二〇
（〇四二五）二二－三三八一

総52,424,700万ウオン
国会、71年予算案を可決

国会本会議は十八日、総規模五千二百四十二億四千七百ウオンの七一年度予算案を予算決算委員会案どおり無修正で可決した。

この日国会を通過した七一年予算案は、政府提案の五千二百八十二億ウオンより四十億ウオンが削減されたが、歳入部門では内国税が四十億ウオン削減され、歳出部門では投融資で四十三億三千万ウオン、国防費で五百万ウオン、交付金で七億六千万ウオンが減らされ、代わりに一般経費で十億四千万ウオン、俸給および年金五千万ウオンが増額、純計四十億ウオンの削減となった。

71年歳出入予算規模
（単位・百万ウオン）

区分	予算額	%
歳入		
租税	423,998	80.9
内国税	362,232	69.1
関税	61,760	11.8
専売益金	38,000	7.2
税外収入	16,846	3.2
預託金収入	7,882	1.5
財政借款	24,000	4.6
小計	510,727	97.4
対充資金	6,559	1.3
派越支援収入	6,961	1.3
合計	524,247	100.0
歳出		
俸給および年金	71,233	13.6
交付金	90,747	17.3
一般経費	72,812	13.9
国防費	127,804	24.4
投融資	161,060	30.7
協定諸費	590,000	0.1
合計	524,247	

公害防止法改正案を国会へ

国会の保健社会委員会は十七日与・野党合意のもとで提出された二つの公害防止法改正案を同委員会三人小委が単一改正案に作成したが、十八日の国会本会議に上程した上、これは通過の見込みである。

同改正案の骨子をみると、汚染物質排出施設にたいしては、保健社会部長官の許可を必要とするようにしたほか、ソウル市長、釜山市長および各道知事は、公害が急迫した場合、当該公害業所にたいし操業中断または場所移転を命ずることができるように規定している。

米国の対韓特別軍援削減される

米国の七一会計年度外援授権法案に含まれている対韓特別軍援一億五千万ドルは、十五日上院本会議で、韓国漁船の北洋漁業に反対するテド・スティブンス議員（アラスカ州出身、共和党）が提起した修正案が採択されたことにより五百八十万ドルが削減された。

スティブンス議員はこの日、韓国への軍事援助資金の一部が北洋漁業の漁船に使われる恐れがあると主張、これを不可能にするためこの削減が必要なのだと述べた。

新民党も選挙対策機構づくり始める

新民党は十四日開内状態にあった選挙関係法改正にかんする共和党との協商妥結に伴い党内選挙対策機構を構成するための本格的な人選作業に入った。

金大中同党大統領候補は同日「十二月中に選挙対策機構を構成、現在停滞状態にある党の機能を早期総選挙体制に転換させたい」と明らかにし「今日明日にも柳珍山党首とこの問題を協議する」と語った。

なお、金候補は、具体的な人選問題は二、三日後に、地方旅行から帰ってから論議する意向だと明らかにした。

選挙法改正案通過
議員数二〇四に増える

一年余りにわたって与・野間で協商が続けられてきた選挙関係法改正問題はさる十二日行なわれた与・野九人重鎮会談で最終的な妥結を見たが、このうち大統領選挙法改正案と選挙管理委員会法改正案は十七日国会本会議を通過、残りの国会議員選挙法改正案は、新しく増設することにした七個地域区の分割問題にたいする与・野の意見が対立したため審議が保留された。

この日国会本会議を通過した大統領選挙法改正案と選管委法改正案には大衆党の徐民濠議員一人だけが反対、他の出席議員全員が賛成したが、これら二つの選管関係法改正案は、選挙の公正管理および投票・開票過程での不正要因を排除することに主眼を置き、大統領選挙期間を四十日から三十五日間に、国会議員選挙期間は三十日から二十二日間にそれぞれ短縮させた。さらに現行選挙法上、百四十六区となっている地域選挙区に百五十三区と七区を増設、つぎの八代国会から全国区（地域区の三分の一）五十一席とともに全部で二百四議席（現在百七十五議席）を持つことになった。

なお、与・野は七個増設区域を△ソウル・永登浦丁区▽仁川丙区△大田（両分）▽麗水・麗川（両分）▽釜山東莱区（両分）錦安・長水・茂朱（錦安分離）▽西城・忠武・統営（固城分離）とすることで原則的合意を見ている。

選挙関係法問題三条項内容

一年以上も続いた与野の選挙法協商が、遂に十二月終止符をうった。先月の二十三日の重鎮会談で一括妥結に合意したものの、共和党の内ゲバで再協商に持込まれた三条項が、遂に妥協的存在であった三条項に合意した訳だ。その条項というのは①大統領選挙開票手続②選管委員随時交替③投票時住民証の提示義務である。同三条項の妥結内容をみると。

△開票手続＝現行法上開票の区単位の混合開票となっている大統領選挙の開票を国会議員選挙と同じ投票区別にしたとする共和党側の要求が貫徹された。混合開票にする場合、面別または洞別に得票結果をチェックできず与党立場からすれば効果的な得票運動にマイナスになるからであった。一方の野党はこの条項を譲歩する代りに、大統領選挙法改正案にもれている選挙事務員増員など七項目を国会議員選挙法に準じ挿入するという利点を得た。

△住民登録証＝共和党が国民の参政権をハク奪する違憲条項と指摘、住民登録証原簿対照や同一人証明などで投票できるようにしたいと主張したが、現行通りとした新民党の主張が貫徹された。が、共和党では今後三四万にも達する分失者、不所持者に再発給するなど行政措置をする考えである。

△選管委員随時交替＝政党推薦選管委員の投票二日前まで随時交替（合意事項）を選挙公告日二日後まで交替できるようにしたいというのが共和党の主張であったが合意事項通りとなった。野党は選管委員の買収防止が狙いで、与党は大統領選での混乱を憂慮していたもの。

△大統領選挙法を国会議員選挙法に準ずる……

海外公館長ら、大幅に異動

政府筋によると、年末ごろに国連代表部大使職を始めとする大幅な海外公館長の異動発令が行なわれる。これらの異動対象はすでに内定ずみであるが、駐在国からのアグレマン到来関係などで発表が遅れている。

この異動の中で確認されているのは、文徳周駐ベルギー大使兼EC大使が駐イタリア大使に、安珍生駐オランダ大使がコンゴ（キンシャサ）大使に、裵義煥駐イラン大使が駐ブラジル大使に、そして宋光禎外務部企画管理室長が駐オランダ大使に内定、駐在国のアグレマンを要請中である。

このほかに、青瓦台外交担当特別補佐官に任命された金溶植駐国連代表部大使の後任およびイラン、ベルギー、オートボルタ駐在大使とシンガポール代表部大使などの人選もほぼ完了している。

共和党要職者ら一括辞表提出

共和党の党務委員およびスポークスマンら党職者たちは十四日、朴正煕大統領（総裁）に〝選挙体制〟を整えるため辞表を……事実上同会開幕となるときまで……共和党党職者たちの辞表を一たん保留した。

消息筋によると、朴大統領は今週末または来週初に改閣を断行するとともに共和党の改編問題に当たるといわれる共和党内ではこんどの一括辞表提出で党体制改編はやりやすくなるものと見ており、党議長後任には金鍾泌氏の復帰説がまた丁一権総理あるいは白南檍政策委員長の転任説も流れている。

なお、丁総理が党議長に就任する場合は、全面改閣が避けられなくなるだろう。また、一部党幹部たちは来年二月末ごろに予定されている党大会を一月中に繰上げることを主張しており、その結果が注目される。

共和党は同日午前の党務会議で一括辞表提出を決議、ただちに尹致暎議長代理が青瓦台を訪問して十一名の党務委員と金昌槿スポークスマン、宋漢誥、文昌沢事務次長らの辞表を朴大統領に提出した。

郷土予備軍法改正案成る

政府・与党は、最近与・野間の政治的争点となっていた予備軍運営の改善策を法的に裏づけするため郷土予備軍設置法の改正案を作成、このほど最終的な手入れを経……②予備軍の作戦動員は武装ゲリラ……などとなっている。

鉱工業成長率を引上げ
第3次5ヶ年経済計画案を修正

政府は第三次五ヵ年経済計画案を一部手直しして、鉱業と製造部門の成長を多少高めるとともに、海外貯蓄をはじめとする投資率も当初よりふやすことにした。

経企院は、第三次五ヵ年計画作成当時の条件変動を勘案した来年の平均成長率八・五％はそのままにして、部門別成長率を調整、鉱工業を初めの年平均一二・八％から一三・八％に高める一方、社会間接資本とその他サービス部門は八・八％から八・一％に引下げることにしたが農水産部門の成長率四・五％は調整しなかった。

このように鉱工業の成長率を引上げたのは、第三次五ヵ年計画期間中の輸出増加率二二・八％を裏付けるためであり、海外部門では南ベトナム戦の縮少などと関連して貿易外収入を多少引下げた。

鉱工業成長率を引上げるにともない、計画期間中の投資率も当初の二二・九％から二三・九％に引上げたが、このため消費率を八〇・九％から八〇・七％に一九・三％に引下げる代わりに、国内貯蓄率を一九・一％から一九・三％に、海外貯蓄は三・八％から四・六％にそれぞれ引上げた。

これは当初計画より外資導入による工場建設をふやすためだと、経企院は説明しており、計画期間中の長期性導入計画は十九億四千二百万㌦に見積もっている。また投資率を二三・九％に高めるために、計画期間中の総投資額を当初の三兆二百十八億ウオンから三兆八千百三十三億ウオンに高めることにしたが、この内訳は農水産部門に三千八百七十一億ウオン、鉱工業部門に一兆一千百四十一億ウオン。社会間接資本とその他サービス部門に一兆八千八百一億ウオン、備蓄増加に三千三百二十ウオンウオンとなっている。

本国新聞論調

中国問題とその行くえ

日本では自民党から共産党まで含めた、超党派の有志国会議員による「日中国交回復促進議員連盟」が九日設立総会を開き、自民党の藤山愛一郎氏を会長に選び、正式に発足した。これは従来あったものではあるが〝日中国交回復〟という〝政治〟原則をかかげて、衆参両院議員総数の過半数を占める三百七十九人が超党派で参加したこと、また、これをマスコミや世論が高く評価したことは隣国の韓国に〝不愉快〟以上の、政治的重要問題として映った。これは国連総会でアルバニア決議案が初めて過半数を占めたこと、また、カナダ、イタリアが中国承認したことなどよりも神経をいらだたせることだったようだ。以下は東亜日報社説である。

ことしの第二十五回国連総会では重要事項の指定により、中共の加盟問題が否決された。とはいえ、アルバニア決議案が初めて過半数を占めたという世界の潮流は打消しえないだけでなく、その余波は来年にまで持続されて、新しい波紋をよぶだろう。

しかし、問題はアルバニア案の過半数よりも重要事項指定案をどう維持していくかである。この変遷いかんによって中共の加盟問題の将来がきまるといわれるからである。すなわち、中共の国連加盟を阻止する大きな役割をしてきた〝重要事項指定〟の防波堤がくずれれば、もう中共の国連加盟は時間の問題となって、しまう。そしてこれは世界勢力の再編成にも少なからぬ影響を及ぼすことになるだろう。

公式態度表明控えた愛知発言

こうした状況の中で特にわれわれの関心を引くのは、極東地域において中共と互角の立場にある日本が対中共政策で漸次に転向の姿勢を見せていることである。愛知日本外相はさる〇日、国連の自由中国代表権問題に関連して発言、日本がこんご従来の方針を固守するのは難しくないと語ったのち、日本が共同提案をしてきた重要事項決議案に対しても従来の方針を変えるだろうと表明した。この発言はこれまでにはみられなかった日本政府としての初の公式態度表明だと受け取れるが、その内容がアルバニア案のように自由中国の代表権を剥（はく）奪して中共だけを加盟させようとしている意味のものか、あるいはまた自由中国が国連にとどまることを主張しながら別個に中共加盟を支持しようとするものであるかは不明であるにしろ、日本政府の対中国政策が急転しつつあることは否めない事実である。

いずれにしろ、いま世界的経済大国としてデビューしつつある日本がこんごどのような対中国政策を持つだろうかということは、じゅうぶん注目に値する。これは自由陣営の重大関心事であるだけでなく、日本国内でも世論が二分しているほど、問題となっている。

国府に対する信義と責務
日本の姿勢を米国以上に重視

しかし、われわれの見地にあきらかなことは、いくら中共が国連加盟に対して大きな意欲をもやしたとしても、米国と日本を主軸とする自由陣営が結束して自由中国の代表権確保につとめれば、結局は中共も挫折せざるを得ないだろうということである。

中国の悲劇とその歴史的背景

中国問題が現在のように大きな波紋を投げるようになったのには歴史的背景と、それなりの理由があるが、われわれ韓国人が中国問題を考察するとき、それは米国の場合よりも日本により大きな責任と道義があったと考える。米国は戦後の対中政策で〝国共合作〟という誤判を出すことによって今日の悲劇をもたらせたといえるが、それよりまえ、日本軍国主義の大陸侵略にまでさかのぼって、今日の〝悲劇〟の根があったことをわれわれはみのがすことができない。

米国がいま、中共を承認しないのはイデオロギーの面というよりは自由中国に対する信義、あるいは道義的なものからであるが、日本の場合、その点、米国以上に道義的責務があることを忘れてはならないだろう。

日本のマスコミをはじめ一部の世論は日本政府が中共を承認しないでいることは自由中国が虚構にすぎぬ存在だということを看破しえずにいるためだと主張しており、また、日本政府の対中共姿勢は大陸侵略に対する贖（しょく）罪感がないためだなどといっている。

しかし、外交というものは過去に拘束されず、現実面に即してなされるべきものではないのか――。だが、日本の世論が〝中共に対する贖罪意識〟を名分にして論議するのであれば、その贖罪意識は自由中国に対してより大きなものであるはずだと、われわれはみるが、どうだろうか。われわれは日本が過去を忘れるべきでないと主張する。そして国際社会における〝信義〟と〝責務〟が尊重されるべきであることを強調するのである。

重要事項指定の決議案堅持を望む

世界情勢の動きが緊張と平和の持続方向に進むことを願うのは誰でも当然のことである。客観的にみて〝不安〟の要素の多いとき、そこには〝信義〟と〝責務〟の喪失がある。

要するに日本はこんごも米国と共に力を合わせて、国連における重要事項指定の決議案を堅持することが最も賢明な道だろうと考える。（東亜日報＝ISISA）

アフリカ新生国群の趨勢など

今日の世界情勢は〝対決〟の時代から〝交渉〟の時代へ向かっており、また、かつての米ソ両極時代から脱皮して多角化の時代に走りつつある。その一角として注目される中共は、いま文化革命時代からの国際的孤立状態をのがれようと試み、微笑外交であちらこちらに秋波を投げかけている。最近、エチオピアが中共を承認したが、これに引続き、多くのアフリカ新生国群は中共承認へと走り行く趨（すう）勢にある。

アジアで目につくのは、中共とは国交断絶状態にあるインドが、中共との関係正常化を試みていることである。無論、これは中共の比重が大きくなっていることを意味している。

アドュ 70年

韓日法務次官会談終了に際し
小林法務大臣談話
（昭和四十五年十月二十八日）

小林法務大臣

「日本国に居住する大韓民国国民の法的地位及び待遇に関する日本国と大韓民国との間の協定」による永住許可の申請についての期限は、明年一月十六日となっていることにかんがみ、この際、日韓両国当局は、両国及び両国民間の友好親善の増進にさらに寄与するため、この協定の実施に引き続き協力すべきであり、また、この協定により永住することを許可された者が、この協定の基本精神によ り、この許可を受けていない者より優遇されることはもとよりである。

日本国法務省は、今後とも、現在この協定により永住を許可された者が、日本国社会秩序の下に安定した生活を営み、よりよい待遇を受けるよう、努力する方針である。

なお、この協定により永住を許可された者の家族についても、従来から、その入国および在留につき、家族構成その他の事情を勘案したうえ、人道的見地に立って妥当な考慮を払うことにしているが、この際、この協定により永住を許可されている者の配偶者、直系尊属または直系卑属として在留を許可されたもので、この協定発効前に入国し、その許可後五年を経過したものについては、その者の申請に基づき、できるかぎり、出入国管理令による永住を許可する方針をとることにしたい。

朝総連の妨害に備え

年末・年始の永住権活動方針指示

支団長・事務部長 合同会議ひらかる

文団長・事務部長合同会議のもよう

東京本部では、年末年始の永住権取得活動方針を指示するため、さる十三日午後二時、緊急支団長ならびに事務部長合同会議をひらいた。

会議は、東京三階講堂でひらかれ、管下各支部の支団長ならびに支部事務部長、本部側から三機関長以下常任全員が出席したほか大使館から李補基総領事、中央から鄭智鎮、呉宇泳両顧問、永住権取得推進委員の尹致鶴氏らが参加して盛況を呈した。

鄭団長は、開会のあいさつを通じて緊急支団長ならびに事務部長合同会議をひらくに至った理由を説明したが、とくに永住権申請をめぐる朝総連の妨害活動に注意を喚起しながら、残る期限までに所期の目的を達成されるよう一層の奮起を促がした。

鄭団長の説明によると朝総連は永住権申請の対策運動を決死的に展開しており朝鮮大学生をはじめ各高等学校の学生はもとより彼らの組織員を総動員して永住権申請の激増による彼らの組織の崩壊を防ぐのに狂奔しているという。

鄭団長は、そのような朝総連の妨害にもかかわらずわれわれの永住権申請の促進活動は日に日に奏効しその成果はみるべきものがあるとしながら最後の一瞬まで果敢な活動を展開するよう強調した。

会議はつづいて、鄭智鎮顧問が「われわれは過去に血を流しながら民団を背負ってきた。永住権申請運動を通じた朝総連との対決に後退があってはならない」と訴えた。

李補基総領事は「沈滞状態にあった東京本部管轄の永住権申請状況は、さる十月から成果が現われはじめ十一月は全国増加率の最高であった。これは組織みなさんの誠意と使命感によるもので政府が信頼し期待するに応えるよう一層の活動を望む」とあいさつ。

さらに尹致鶴委員は、全国の永住権申請状況ならびに朝総連の妨害状況を数字と実例をあげて説明したのち中央の方針としてマスコミ対策を積極講究していると語った。

会議は、つづいて各支部の現況報告がなされたのち鄭団長から年末・年始の永住権取得活動事項を指示した。

団員の実態把握せよ

法的地位等の実態

裵ソウル大教授が調査出版

民団では来年一月十六日の申請締切りを前に、あげてその追込み作業にあわただしいが、そうしたさ中の去る二十四日、ソウル大学校法科大学の裵載湜教授(法博・写真)が本国外務部の依頼をうけて来日、韓・日法的地位協定施行に関する諸問題、永住権申請状況の実態調査のため、約三週間にわたり調査、調査をおこない一月十六日以降に帰国した。その間……

永住権申請

促進体制の強化へ

最後の追込に各支部で集会

協定永住権の申請はいよいよあと一カ月(来年一月十六日)で締切られる。民団がこの五年来推し進めてきた永住権促進運動は文字通り天王山を迎えた感があり、年末、年始の休みも返上、締切りギリギリまで「一人もれなく永住権を!」を合言葉に、申請呼びかけに全力を投じる勢いである。

東京でも鄭在俊東本団長を先頭に本部、支部、傘下団体をとわず総動員体制をいっそう強化、最後の追い込み作業を精力的に展開している。

屋舎の増築祝をかねて

杉並支部で集会

民団杉並支部(李東機団長)では、さる十二日午後二時から、さきごろ新増築された同支部三階会議室で永住権推進のための集会をもった。

席上、李団長は同支部の申請状況を、詳しく説明するとともに、どうすればすべての有資格者に永住権申請をさせることができるかを話し合おう、としながら、永住権取得の意義を再度強調した。支部三機関長のあいさつにつづいてあいさつに立った鄭在俊東京本部団長は、「現在民団は過去二十三年の歴史の中で永住権という最も重要な事業に当面している」と前おき、要旨次のごとく力説した。

「永住権運動のもつ意義にてらすとき、支部の申請促進体制は必ずしも満足すべきものではない。要は、永住権運動では、団員一人一人が指導者の立場にあるのであり、その自覚と責任をもつことが肝要である。民団はこの問題で(反対の立場にある)朝総連と取りこぼしのきかない戦いをおこなっているのであるが、我々は一人でも多くの同胞が外国である日本で安定した在留資格をえることができるようにするため、民族的な立場から……

支部だより

江戸川でも

北韓選手参加で緊張感

プレオリムピック　朝総連の動向に注意を

来年二月七日から北海道サッポロでひらかれる第十一次冬期オリンピック予行大会(プレ・オリンピック)には、北韓から五十六名の女子スケーティング選手のほか若干名の任員らが参加するといわれており、それに対して朝総連側の政治的な宣伝工作とあわせ在日同胞社会にはまた一つの緊張をかもし出すことになったが、張基栄韓国IOC委員は、さる十七日、バンコクのアジア大会からの帰途東京に立寄り、日本IOC委員竹田恒徳氏と会談、この問題について日本側への注意を喚起した。

張委員は、竹田氏との会談において三百余名にちかい各国選手たちが参加する「プレ・オリンピック」は、リハーサルとしてはその規模があまりにも大きすぎるし……

南栄号の遭難救助へ

日本巡視船が現場へ出動

転覆沈没か

捜索を続ける

生存者の姿見えぬ

朝日新聞社機 遭難現場の上空へ

北韓の大型船 甲板長が帰順

朴少佐の帰順を確認

ミグ15機で国防部が発表

北韓、即時送還を要求

軍事休戦委

経済活動人口

千八八万三千

経済企画院の調査統計局が七日発表した経済人口統計によると、さる三・四分期末(九月末)現在の韓国の経済活動人口は一千八十八万三千名で、前年同期より三十万名ふえた。

韓国清緑会発足

木を植えて育て国土を美しく

金二十万円を敬友会が寄付

永住権申請促進に

日本国会の公害関係法案の審議は急ピッチに進み、10日午前には衆院法務委で公害罪法案地方行政委で道路交通法改正案が、また社会労働委員会で廃棄物処理清掃法案（提出案は廃棄物処理法案）、自然公園法改正案、毒物・劇物取締法改正案が、それぞれ可決されたのをはじめ、午後には産業公害対策特別委で重要案件である公害対策基本法改正案など四法案も可決された。公害罪法案、公害対策基本改正案は原案のままだが、大気汚染防止案など八法案については野党側の修正要求が実現、十四件の関係法案はすべて衆院本会議で可決され、11日から参院審議に移った。これで「公害国会」といわれたこんどの国会はヤマ場を越したことになる。

日本を再発見する

経済大国といわれるウラに矛盾とパラドスクにみちて

ニューヨークタイムズ主筆　ジョン・B・オークス

日本の再発見

昨今の日本に関して最も重要なことは日本が現在みずから獲得した"成功"をこんごも保持し続けることができるか、どうかという疑問である。だが、この疑問はあまり問題とされていないのだが……。

よくいわれる"出現しつつある超大国"の日本が、完全に"出現する"前に、みずからを破壊し去る過程を日本自身いま歩みつつあ

生活のためと生活の質

ここ二十五年間の日本人の努力は確かに信じがたいほどのものすごい工業発展となってあらわれたが、しかし、これに払った代価はあまりにも高かった。造船、電子機器、カメラ、繊維など多くの工業生産は日本人たちの生活環境に大きな害を及ぼし、この島国の中

……

北韓訪問記（下）

ダオメー国記者　カイオデ

……

在日韓国人の民族運動

鄭哲著

B6・三七〇頁　価一、〇〇〇〒九〇

従来出版された多くは、日本官憲筋の民族抑圧的立場に依る中傷的報告文資料と著者の思想本位の一方的な場合が多くて真実を伝えるものが稀かったのは事実である。そこで「これが日帝時代の解放独立運動の総体であったし、解放後の新しい民族運動の指標である」と、四十年にわたって民族運動戦線で戦かっている著者が韓国側と日本側資料を充分に活用しながら分析解明したと大説明をおした本書は、韓国人はいうに及ばず朝鮮問題に関心をもつすべての人の必読の書だ。最寄りの書店で買求められたい。

東京都新宿区納戸町5　洋々社　電268―0798

（1963年7月27日第3種郵便物認可）

在日本大韓民国居留民団
綱領
1. 우리는 大韓民國의 國是를 遵守한다
1. 우리는 在留同胞의 權益擁護를 期한다
1. 우리는 在留同胞의 民生安定을 期한다
1. 우리는 在留同胞의 文化向上을 期한다
1. 우리는 世界平和와 國際親善을 期한다

THE PRESS MINDAN TOKYO
THE KOREAN RESIDENTS UNION, IN JAPAN, TOKYO OFFICE
「韓僑通信」改題
在日本大韓民国居留民団 東京本部機関週刊紙

1月13日 <1971>
週刊・毎水曜日発行
第2434号

発行所 民団東京新聞社
発行人 鄭在俊
東京都文京区本郷3丁目32番7号
電話 (811) 1535 (代表)
〒113 振替口座 東京16631番
購読料 1カ月100円・特別1000円

永住権申請いよいよ16日(正午)まで！

生活の安定、子孫の将来を思うなら 在日同胞へ「永住権の申請」を訴う

同胞の権益、最大限に保障 永住権取得て確固たる地位を

最後のチャンス

在日同胞のみなさん！ わたしたち自身、そしてこれから生れてくるわれわれの子孫の日本における在留資格を決定し、われわれの日本における生活権を将来にわたって左右する永住権の申請期限（来る十六日正午）が、いよいよ数日に迫りました。

永住権とは、ことさら説明する必要もなくわれわれ在日同胞が、この日本で永住できる権利を法的に保障するものであります。外国人であるわれわれが、この日本で安定して生活するためには、「協定永住許可」を取得しなければならないし、これを取得してはじめてわれわれは安心して生活していけるのであります。生活の基盤を日本においているわれわれは、われわれのあらゆる権益を擁護するためにも、この「永住権の取得」が基本になるのであり、この基本権利を取得するためには、一定の手続きによって十六日（土曜日正午）までに申請をしなければなりません。このわれわれにとってきわめて重大な問題に関し民団（在日大韓民国居留民団）では、民族的な同胞愛をもって、在日同胞が一人残らず期限までに永住権を申請するよう強く訴えてまいりました。

この民団の正しい訴えに応じて多くの在日同胞が永住権を申請しておりますが、一方、朝総連（在日本朝鮮人総連合会）の一部幹部たちのあやまった指導と宣伝に迷って「永住権申請」を躊躇している同胞が少なくないことは、まことに痛恨に耐えないのであります。

朝鮮籍をもっておられる同胞のみなさん！ そして未申請同胞のみなさん！ 永住権を取得することによってわれわれにどんな利益や特典があるのか？ そして、それをしないことによりいかなる被害を蒙むるのか？ もう一度よく考えてみて下さい。日本におけるわれわれ自身の一生涯ばかりでなく、これから生れて来るであろうわれわれの子孫の生涯をも左右するこの重大な問題を、決して一部のあやまった宣伝の犠牲にならないよう願ってやみません。

われわれは同じ血をもつ同胞であり先祖を同じくする同一民族であります。不幸にして祖国が南北に別れているとはいえこの日本においては、等しく日本の法律の適用を受けております。この日本に住む限りにおいて日本の為政者たちがつくった法律にそむくわけにはいきません。ある日本政府の当事者が「外国人は煮て食おうと焼いて食おうと勝手だ」という極端なことを言って問題になったことがありますがわれわれは、われわれの主権国家がなかったならあるいはそういう目に合うかも知りません。しかし「永住権協定」そのものが、われわれの処遇を日本の勝手にできないようわれわれの主権国家と日本国とが協定してできた国際条約であります。

この協定に従って（永住権を取得して）いる限りわれわれは安心して日本に居住できますが、この協定を無視（永住権を取得しない場合）した場合は、日本政府の都合次第でどうにでもなるのであります。早い話が、現在までわれわれに適用されている「出入国管理令」などの過酷な条項をみてもわかるとおり少しでも日本の迷惑になる外国人は強制退去の対象になります。この出入国管理令ばかりでなくこの日本には、われわれ外国人に、厳しくも不利な法令がいくらでもあり、また、日本は自国にとって不利な外国人の行為を規制する法律を新しくつくることもできます。

在日六十万のわが同胞たちは、多かれ少なかれ過去日本のあやまった世界観による犠牲者なのです。その償いとしてわれわれに与えられたこの永住権を放棄する理由はないではありませんか。もちろん「永住権」協定が一〇〇パーセントわれわれに満足を与えるものではないかも知れませんが、しかしそうかといって取得しないよりははるかに有利であります。

韓日両国の為政者たちもいっています。すなわち韓国の崔外務長官は「永住権取得者のより一層の優遇へこれからも外交的に努力をつづける」と。

日本の小林法務大臣は「永住を許可された者が許可を受けていない者より優遇されることはもちろんである」と。

また佐藤総理大臣は今年の新年のあいさつで「在日韓国人の永住権の取得は日本における生活が自由で平和であるよう考慮したもの」であると強調しました。

このように「自由で平和な生活が考慮され」「より一層の優遇が期待できる」永住権の申請期限はあと幾日も残っていません。きたる十六日（土曜日で正午まで）を過ぎると永久に永住権取得のチャンスはきません。朝総連の宣伝がいかに虚偽に満ちたものであり永住権の取得でいかなる特典があるのか？ いまさらいう必要もありませんが、永住権の意義を正しく理解され十六日正午までの期限を逃さぬよう心から訴えてやまないものであります。

なお、最近朝総連は、「朝鮮籍の方は永住権が申請できない」とか、また「永住権申請には戸籍謄本が必要だ」とか言いふらしています。これなどもすべて根も葉もないウソで永住権申請には朝鮮籍も韓国籍も関係なく在日同胞であれば永住権を取得する資格があります。もちろん戸籍謄本など必要なく区役所の窓口で簡単に申請できますから安心して申請して下さい。

韓国籍も朝鮮籍も関係なく、戸籍謄本は必要でない

さらに、これから生れる子供にしても親が永住権を取得していない場合は、協定永住権の資格はないのでありません。したがって、ごく身近な話ですが「どうせ生きる歳月はいくらもないのだから」といって永住権を取得しなかった場合、これから生まれる子供達まで不幸をもたらすことになります。子供たちの将来を思うならば永住権を取得すべきであります。

〈四、五面にも永住権申請関連〉

崔外務長官談話を発表

崔圭夏外務部長官は 在日韓国人の永住権申請についてつぎのような談話文を発表した。（一九七〇年十二月）

一九六五年六月二十二日、韓日両国間で署名された「在日韓国人の法的地位ならびに待遇に関する協定」による永住権申請期限は一月十六日に迫っております。

協定永住権は、ことさら説明する必要もなく在日同胞みなさんが日本で永住できる権利を保障するものであります。

このような法律上の権利をもっている者とそうでない場合とは根本的に差があるのであります。協定永住権を取得した者が、そうでない者に比べて優待されるということは法的地位協定の精神にてらして当然なことであります。日本側も協定永住権取得者に対して優遇する方針を言明したところであるが、政府は永住権取得者がなお一層の優待をうけるようつづけて努力していくつもりであります。

協定永住権の取得は、現在の暫定的なみなさんの在留資格を確固たるものにするのであり、みなさん自身とこれから生れるみなさんの子孫の権益を確保するものであることを理解して一日も早く永住権を申請するよう望むものであります。

わが駐日各級公館は、みなさんが安定した生活を営み、みなさんの権益が最大限に保障されるよう望んでおり、これからいく日も残っていないこの機会を逃さず、すべての在日韓国人が協定永住権を取得されるよう願うものであります。

永住権申請運動終結へ 最後の決起を促す

鄭東本団長

鄭在俊民団東京本部団長は、さる六日新宿の「豪華」でひらかれた新年会において「永住権申請促進運動を有終の美をもって飾ろう」とつぎのとおりあいさつした。〈関連記事七面に〉

親愛なる民団幹部ならびに団員有志のみなさん、そして大使館来賓のみなさん！ 新年あけましておめでとうございます。新年を迎えてみなさんの家庭の幸福と事業の繁栄をお祈りするとともにはるか祖国と民族の栄光を祈願してやみません。

われわれの祖国はいま、いろいろな悪条件をしりぞけながら民族中興の聖業が着実に進み、第二次経済開発五カ年計画の目標を達成してその驚異的な経済成長は国際的にも注目されています。

われわれ民団は、過去一年、民団史上類例のない二大事業を成し遂げました。万博家族招請事業には一万名という巨大な数の本国同胞が往来したほか事業内部にいろいろ論議と問題点はあったけれども一人の事故者もなく万博招請事業を無事に完遂したことは、みなさんとともに慶賀に耐えないのであります。

つぎに永住権申請運動においていろいろ不備な点はあったけれども、みなさんの積極的な協力を得てまだ目標数には達していないが、われわれが心配していた数字だけは免れました。

これひとえにみなさんの努力のたまもので心から感謝の意を表してやみません。

われわれは、永住権申請運動を契機に、はじめて組織運動らしい活動をしたといっても過言ではないと思います。この運動を通じて同胞たちの実態が多少なりとも把握され、また、民団組織の実力と欠陥も充分に認識することができました。したがって、この貴重な経験を、これからの民団運動に反映させて、今後の組織の発展を期さねばならないと存じます。

永住権申請運動の不振が、朝総連徒輩たちの悪質な反対と抵抗に、一因があったけれども、それにもまして民団の体質と組織自体が活動的でなかった点にも原因があったと思われます。

民団は、決して政治団体でもなく在日同胞たちの民族的権益を守り、われわれがこの日本でいかにすれば安心して生活していけるかを探求するのが第一の目的であると思います。その目的にそうのがこの永住権申請運動でありました。

一九七一年は、国内的にも国際的にも多難が予想され、われわれもこの多難な環境のなかで新年を迎えました。このような与件のうちに迎える在日同胞の新年初の課業が、永住権申請の終結であります。一月十六日といえばあといく日も残っていません。きょうこの新年会に参加した約百名のみなさんは、誰よりも愛国愛族者であり民団を愛する指導者であります。みなさん一人が二世帯六〜七名だけでも責任をもって申請させれば、これから残る期限中にわれわれが目標とする数字は充分達成できると思います。東京本部の新年会は、例年一月十日前後に開催するのでありますが、今年は、みなさんとともに永住権申請運動の最終的な決起を促すために繰上げてひらいたのであります。この点を十分にご諒解なさいまして、最後の一刻をともに一致協力、所期の目的を果せるよう協力して下さることを望んでやみません。

16日を逃せば2度と永住権取得のチャンスはこない

親が取得しないと子孫たちの永住権も失なわれる

在日韓国人（朝鮮籍を含む）が、日本で安定した生活を営み且つ、自由に祖国を往来し、または家族を招請するためには、何よりも他の外国人には願っても得られない永住権を取得するのが最も良いのです。あらゆる手段によって、在日韓国人（朝鮮籍を含む）をだましている朝総連のデマ宣伝に迷わないで一月十六日（土曜日）正午までに永住権を申請しましょう。

申請方法は簡単です

外国人登録を第二回目から引続きしている方は次の書類を揃えて、自分の居住している市・区・町・村役場に行き、本人が提出します。但し、十四歳未満の人はその父母が代理申請します。本人が直接準備するものは、写真二枚だけで他の用紙は上記の役場か民団に置いてあります。

A、協定永住許可申請書　二通
B、旅券又は大韓民国国民登録証（このようなものが無い場合には国籍を書きいれた陳述書　一通）
C、写真（五センチ四方で六ケ月以内に撮影したもの）民団で無料でうつして上げます）　二枚
D、家族関係と居住経歴書　二通

参　考

1、手数料は一切無料です。
2、外国人登録上、朝鮮籍になっている人は、大韓民国（韓国）の国籍に変更申請したらよいのです。
3、居住経歴或るいは身分上に何かの問題点があると思われる方も心配しないで申請して下さい。もし後日問題が生じたら民団へ相談して下さい。

혼란없는 안정속에 중단없는 전진을

1971년 1월 1일 대통령 박정희

正月も休みなく工業団地を視察する朴大統領

試錬に耐えて近代化
朴大統領、年頭の辞を発表

朴正煕大統領は一日、新年の辞を通じ「あらゆる戦争に対備した準備を完了し、武力赤化統一の機会だけをねらっている北傀が、現在の情勢を誤判したり、再び六・二五動乱のような状況を起しやすい可能性が濃いことを考慮した場合、今年から三、四年間が国家安保上、重大な時期になろう」と指摘「しかし、私はこの時期が決して危機とはみていない。それは、われわれが一度は体験しなければならない一つの試練であり、この程度の試練は、われわれの自主的な努力が軽く克服できるものであると固く信じている」と語った。

朴大統領は、さらに今年に行なわれる総選挙について「今年の選挙は、ある一個人の成敗や政党の勝敗を問うものでなく、わが国民の政治的成長を内外に誇示しうる民主韓国の姿へ昇華しなければならない」と強調し「民主市民としての自負心を抱き、自由と権利に伴う責任と義務を全うし、今年の選挙を[illegible]世紀の憲政史に輝く金字塔を打ち樹てる歴史的な契機になるよう国民に強調するものである」と述べた。

朴正煕大統領の新年の辞要旨はつぎのとおり。

国力が弱い国は、[illegible]ちあろうとするなら、国力をつちかわねばならないことは、興亡盛衰の現状がはげしかった人間歴史の生きた教訓である。なおさら今日のように、世界のあらゆる国家が、自国の国家利益のためには昨日の敵を今日の友邦とし、血も涙もない適者生存の理論を前面に打出している冷酷な生存競争の時代においては、力をもたない民族は世界の舞台から永遠に落伍してしまうということを、われわれは肝に銘じておかねばならない。

今年はまた、第三次経済開発五ヵ年計画の準備の年であると同時に、韓国の輝やく伝統を打ち立てなければならない選挙の年であり、われわれの国家安保上、重大な試練が予想される年でもあるという点から、実に国運を左右する重大な年といえよう。この困難な一年を、新たな覚悟と一層の奮発をもって、それにふさわしい年を送ることによって、中興に向った民族史的前進の過程の上で、もう一つの栄光の足跡を残さねばならない。

経済開発を促進し、祖国の近代化をなしとげ、自主・自立と繁栄の土台の上に立って、平和的な国土統一をなしとげようとするのが、われわれの明らかな目標である。

このような目標に向った前進の過程には、われわれにとってより大きな試練が立ちはだかまえているものと予想される。このような試練の徴候は、韓半島をめぐる動きの中で、すでにはじまっている。すなわち中共は、その影響力を徐々に強化しており、ソ連は伝統的な極東進出の夢をすてずにいるが、このような変化は、われわれの仮想敵国が「この地域に力の真空状態が生じ、共産勢力が自由陣営に比べて、相対的に力の優位を保った」という誤った判断を下しやすいのである。

この試練を克服するに当り肝要なことは、国民の聡明な決意と奮発、団結であり、国力をつちかうことである。われわれは、六〇万国軍をさらに精鋭化し、二百五〇万予備軍の戦闘力を強化し、友邦諸国とは同盟外交を追求、中立国とは、紐帯外交を強化、場合によっては、敵性国でない共産国家とも実利外交を展開し、多くの国家を友好勢力に仕立てなければならない。

われわれはまた、経済建設に一層、力を注がねばならない。今後民主体制と共産体制の対決は、正面的な武力対決の次元を越え、繁栄と福祉を優先する開発競争において、その勝敗が明らかにされるであろう。

われわれは高度成長を持続させなければならないし、輸出を増大し、重化学工業を育成させ、産業構造を加速度に高度化させるであろう。われわれは、われわれの経済力を農漁村の開発に集中できる段階に到達した。一方、民間企業をして、開発の主役にしたてるよう体質改善強化作業を支援し、物価の安定と消費者保護策を強化し、誠実かつ勤勉な者のみが、努力の代価を得られる経済秩序を確立するであろう。

私は、最近「文化韓国」の土台が、着実に築きあげられつつある気運を、肌で感じており、体育と芸術分野において、著しい進展があったことを知った。

われわれは、退嬰的な慣習と社会の因習的な弊害の改革を、迫力をもって実践しながら、文化民族の矜持と名誉を、一層高めなければならない。

私は、今年こそ、祖国近代化の民主的な基盤が磐石の上にのしあがったという限りない歓喜を抱き、われわれ皆が、民族中興の讃歌を力強く合唱する「中断のない前進の年」となることをのぞんでやまない。

北韓の同胞に

われわれが、南北に別れて暮してきたのも二五年に至った。同じ言語、同じ歴史、同じ血統を受けついだ同族でありながら人為的な障壁のため、親知や家族たちの安否さえ、知ることのできない悲痛な現実の中で生きてきた。

わが自由大韓の同胞が、常にむねを痛めているものは、北韓同胞の皆さんが衣服に窮し、飢えをしのんでいる悲惨な生活を営んでいるという事実である。

しかし、皆さんが勇気と希望を失わず、今日の苦痛にたえぬくなら、北韓の地にも、必ず自由と繁栄の新しい日が訪れるということを、私は自信をもっていい切ることができるのである。

ベトナム駐留軍将兵に

南ベトナムの地で、昼夜を問わず、勇戦奮闘している皆さんは、偉大な自由の勇士であり、誇り高い大韓男児の象徴として、その闘いの労苦を長く讃えるものである。

われわれは、勇気と伝統をもつ南ベトナム国民の悲劇を、一日も早く終結させ、彼らに独立と自由を勝ちとらせ、共産侵略の脅威のない平和と安定をもたらせるよう力を注がねばならない。

海外同胞のみなさんへ

私は、海外におられる同胞の皆さんに、何処において、何をしようと、常に大韓民国の国民であるという矜持と自負心をもって、国威をたかめ、祖国発展に貢献することを望んでやまない。

統一と対日関係の強化
崔外務が新年の外交目標を発表

政府は、新年度の外交目標を①国家安全保障体制の強固化②国際的地位の向上③経済外交の強化④国土統一のため基盤造成…の四点におき、このため対米外交の強化、中立国との親善維持、非敵性東欧共産圏との交易を通じた漸進的な視野を含めた多角的、積極的外交を繰りひろげる方針である。崔圭夏外務長官は四日新年の外交目標をこのように明らかにし「対米外交を強力に展開し、韓国軍装備近代化が早急になしとげられるよう努力し、韓国の安保が韓米両国の利益は勿論、自由陣営全体の安保にも直結されるということを米国朝野に認識させ、高い水準の軍事援助を獲得し、緊密な安保協力体制を継続推進するであろう」と語った。新年度の外交目標の主要な内容は次の通り。

◇日本とは互恵平等主義に立脚、相互協力関係を強化し、政治、経済、技術など実質的な協力関係の増大によって。日本の北傀との接触を圧倒するようにする。

◇各国別輸出割当額を策定、目標達成のため可能な外交力量を動員、先進諸国との二重課税防止協定、投資環境を整備し、新しい市場開拓に拍車を加える。

◇朴大統領の八・一五統一構想を基盤に、客観的な国際情勢を国土統一に寄与せしめる方向へ誘導する。

七一年度の国防重点課題を提示

丁来赫国防長官は、七一年から軍を経済的に運用するため、軍機構の整備および管理制度の改善を行なうとともに、予備戦力と物資動員態勢を確立、軍需物資国産化のための潜在力培養などを強力に推進する方針だと明らかにした。

なお、丁長官は七一年度の国防重点課題としてつぎの三点をあげた。

一、前後方の警備任務遂行には万全を期し、末端戦闘部隊から各級司令部に至るまで勤務制度を改善、これにより、正規戦および非正規戦挑発に即刻対処しうる戦闘態勢を整えるかたわら前後方陣地および重要軍事施設を引続き補強する。

二、新しく導入される装備の効率的な活用を通じて戦力を強化し、軍需支援態勢の体系化ならびに戦時動員体制の確立により北韓の戦争挑発を事前に抑制する。

三、後方防衛戦力としての予備軍を戦力化するのに妨げとなる要因は果敢に除去し、運営の正常化を図り、特に射撃術向上のための実戦的な射撃訓練とともに、有事のさいには敵の速戦速決戦略に対応する正規戦および非正規戦能力を向上せしめて、戦時動員体制を確立、一旦緩急時には即時動ける後方地域防衛態勢を堅固にする。

韓日協力委韓国側会長に丁一権氏

韓・日協力委員会韓国側常任委員は六日、白斗鎮会長の国務総理就任に丁一権前国務総理を内定した。

この日ソウル・外交クラブで開かれた同常任委員会は、きたる二十日から東京で開催の予定だった韓・日協力委年次総会を八月に延ばし、きたる二十、二十一の両日、東京で合同常任委員会を開くことに決定した。

丁一権氏は大統領特使(金桂元前中央情報部長同行)として約一ヵ月の予定で米、英、西独、仏など欧米各国を巡訪するため七日ソウルを出発したが、帰国後に正式に会長に就任する予定である。

李澔駐日大使発令

政府は四日、空席中の駐日大使に、前法務部長官の李澔氏を正式に任命した。李新大使は一月中に赴任する予定である。

李大使の略歴は次の通り。◇慶北・永川出身・当56才◇一九三九年日本の高等司法試験に合格◇一九四〇年東京帝大法学部卒業◇一九四八年最高検検事◇一九四九年初代治安局長に就任◇一九五三年国防部次官◇一九五五年法務部長官◇一九六〇年内務部長官◇一九六七年内務部長官◇一九六八年法務部長官。

なお、駐国連大使には、現在駐タイ大使である韓豹頊氏が内定した。

外交官の大異動行なわれる

政府は四日駐日大使に李澔氏を任命したのにつづいて今月中に現在空席中の駐国連大使をはじめ、国府、南ベトナム、ベルギー、イラン大使職を埋めるための大がかりな外交官異動を断行する計画である。

政府筋によると、金桂元前中央情報部長は駐国府大使に、柳陽洙駐オーストリア大使が駐南ベトナム大使にそれぞれ内定されており、相手国にアグリマンを申請中で、林炳英駐ケニア大使はタイの大使に内定している。

政友会十議員共和党に復党

政友会所属議員十人が、今明日中に共和党に復党する。彼らは五日、共和党入党手続を李東元政友会総務に一任した。李東元氏は、この十人の入党手続を、この日の昼、吉在号事務総長に一括提出し、入党に必要な手続を完了する予定であったが、共和党側の事情により次の日に延期された。共和党に戻る政友会所属議員のうち、地域区出身の楊燦宇(釜山東莱甲区)慎鏞南(高敞)李元雨(永川)李允鎔(平沢)李炳玉(公州)車亨根(群山・沃溝)氏らの中で楊燦宇、慎鏞南、李炳玉ら三氏の共和党公認は確実視されている。

共和党は、この十人の入党と共に、昨年の憲法改正の際、共和党を除名され無所属になった楊淳植、芮春浩、金達洙の三議員のうち楊・芮の両人だけ、入党を認める方針である。

朴大統領二千人の名簿入手　不正腐敗関連公務員

AFP通信が報道したところによると、朴正煕大統領は現在、不正腐敗に関連した理職高級公務員二千人の名単をもっている。この名簿にのっている人々は、政府の官吏、与党の共和党員及び国営企業の役職員である。朴大統領は、この名簿にのった二千人の人々の、不正腐敗の実態を徹底的に調査するよう指示したという。

金大中氏、米国等十カ国巡訪

今月末に金大中新民党大統領候補は、一月末頃、米国をはじめ西独、南ベトナムなど十個国を巡訪する予定であることを、四日新民党消息筋が明らかにした。

総選挙、前哨戦へ
与・野党対策本部を構成

共和・新民両党は、一月中に、それぞれ選挙対策本部を設け、本格的な選挙前哨戦に突入する予定である。

共和党は、一月末に繰りあげた全党大会を起点に、新たに構成された道支部中心に強力な得票工作をくり拡げる方針である。一方、野党の新民党は、一月下旬又は二月初旬までには、臨時国会の召集を要請、南栄号沈没事件のあとしまつなどを重点的に、新任の白斗鎮内閣に対する攻撃を開始する方針である。しかし臨時国会の召集について、共和党側の態度があいまいなゆえ、年初からこの問題は与野党の争点になる見通しである。

共和党は、一月中に全国地方組織の大統領選挙対策委員長の任命を終え、一月末の全党大会を終え次第、党の体制を選挙体制に切替え、本格的な選挙作業に入る予定である。共和党の各地方党支部は選挙委員長を中心に、七つの分科委員会を設け、組織を拡大、整備する一方、兵務行政と予備軍運営改善問題に対し、国民に説得作業を行ない、地域によっては講演会形式の小規模遊説を行なう方針である。

共和党は、昨年の年末までに、支部委員長選出を完了した市・道支部の顧問と諮問委員会の人選を通じ、各地方において影響力をもつ有力人士を大量、抱き込み、与党勢力の拡大に全力投球を指示した。

共和党中央では、選挙運動員の確保と新たに党職についた人々の党性を高めるため、一月七日から広汎な党員訓練を行なうことにした。この訓練の対象者は機動宣伝要員九百人首都圏対策一環として都市活動班員二千四百人、党職者班二千四百人、啓蒙要員四百人である。

一方、野党の新民党は、一月中旬までに選挙対策委員会を構成しただちに、全国百五十三か地区の党組織整備を着手する。新民党の地区組織のうち、まだ組織責が決っていない地区は、昨年の選挙法改正に伴い増設された七か地区を含めて合計二三か地区であるが、このうち、国会議員選挙直前まで党の中央で直轄する七つのソウル地区と三つの釜山地区党組織を除いては、一月末までには組織責を任命、選挙態勢を整える予定である。

新民党は、選挙対策委員会の運営委員三〇人の人選を確定、発表した。珍山党首と金大中同党大統領候補が協議をかさねた末決定された運営委には、現在の同党政務委員二〇人と十人の新任の議員で構成されたが、今後、楊淳植議員ら無所属議員が入党した場合、彼らと金相敦、金弼大氏らの中から二人が運営委員に追加任命する予定である。

昨年の十二月三十一日この人選を決定、発表した金守漢スポークスマンは、「選挙対策本部長を含めた指導委員の人選は一月十日までに決定する」と語った。

選挙対策本部長は、柳党首が兼任するか、金泳三氏が任命されるかのいずれかに落着く見通しである。

柳党首が本部長を兼任した場合には、次長は三人の運営委員会副議長(鄭一亨、梁一東、洪翼杓氏)のうち二人が兼任することになるものとみられる。このような場合、実質的な選挙管理は高興門事務総長が担当することになる。

結局、今回の運営委員人選においては、汎柳珍山系及金大中氏を中心とする民主系が三分の二を超過、これからの国会議員公認問題は柳党首と金大中氏が左右することになる。

両選挙繰り上げ実施を検討

共和党は、今年行われる大統領選挙と国会議員選挙を予定より繰り上げ、実施する方針を検討している。

共和党の一幹部は五日「まだ最終的に確定されたものではないが党内で両選挙の繰上げ実施問題を慎重に検討している」と語り「共和党が早期選挙を検討しているのは、農繁期を避けると共に、予想される緑陰期の武装ゲリラ浸透などを勘案したもの」と説明した。

共和党が現在検討している選挙日時は、大統領選挙を四月二十五日頃、国会議員選挙は五月二十日頃に実施することを検討している。

ところで、大統領選挙は大統領選挙法八一条(任期満了前の七〇日から四〇日前までに選挙を実施)により、四月二十日までに繰り上げることができる。

一方、国会議員選挙は、国会議員選挙法九一条により四月三十日まで繰り上げることが許される。

しかし、共和党の金昌槿スポークスマンは、選挙の繰り上げ実施を否定した。

国民党発足へ
尹氏を総裁に選出

尹潽善元大統領を総裁とする韓国の第二野党"国民党"が六日発足した。国民党は同日午前九時ソウル市民会館で、代議員一千二名中八百七十二名が出席した中で創党大会を開き、党総裁に尹潽善氏を選出した後、党務会議(三十名以内)を常任決議機構とする党憲と創党宣言文、決議文および国民に送るメッセージなどを採択した。

この日総裁に選出された尹氏は基調演説(張基永氏代読)を通じ「共和党との闘争は単純な政策対決ではなく全面闘争である。従って執権者の決めたワク内だけでの制限闘争ではなく、民主憲政の限界内であらゆる方法で戦う総力闘争だ」と力説した。

大会は政務委員、中央常任委員(三百五十名)、党紀委員(二十名以内)の選出を尹総裁など十一人銓衡委員たちに委任した。

なお、大会が採択した党の主要政策基調はつぎのとおりである。

▽民族安保概念に立脚した外交、国防▽民主政治秩序の全面回復▽経済の自立的発展▽社会的福祉と社会正義の実現▽人間回復の民族文化暢達▽新しい民族時代の創造。

創党を論評

共和・新民両党は、国民党創党にたいしつぎのように論評した。

金昌槿共和党スポークスマン＝健全な野党として発展するよう、そしてこの国の政治風土改善に積極協調してくれることを望む。

金守漢新民党スポークスマン＝唯一の統合野党であった新民党を常に弱化させようとあらゆる努力をしてきた共和党の望みをこの新しい野党はかなえてやる結果を招来するだろう。

注目される二月の大統領候補指名

新党「国民党」の構成は尹潽善氏を頂点とした強力な画一的"単一指導路線"に集約されているものである。

尹潽善氏は六日の創党大会で総裁に推戴されると、一度これを辞退した。しかし「尹氏のない国民党指導体制は考えられない」との意見で総裁の座についたが、観測者たちはこうした尹氏の"辞退表現"を、国民党総裁の権限に重みを加えようとする一種の布石だったとみている。

国民党は二月には大統領候補指名大会を行ない、また地域区の公認候補を決めるが、その過程では恐らく大きな試練を受けなければなるまい。

なお、尹氏はこれまでに、すでに数回にもわたって尹氏自身大統領選挙戦には出馬しないむね、はっきりと意思表明している。従って党内一部では李範奭(元国務総理)推戴工作がずっと繰広げられている。しかし、この問題は尹氏が総裁の座を承諾したいま、結局は尹氏と党内外人士たちとの幅広い接触結果によって決着がつけられることになるだろう。そして、また尹氏自身の出馬可能性が全く排除されたわけではないということも、ここで指摘しておく必要があろうかと思われる。

新民党の公薦脱落人士を吸収

国民党の地域区公薦が若手にしぼられるだろうことは、これまでに選定された組織責任者の八〇％が三十歳代だという特徴からみてもいえそうである。尹氏は、この三十歳台の組織責任者問題でこう言っている。「この若い力は、"不正"に勇敢に"抗拒"する推進力となるに違いない」と。

しかし、事実上、国民党はいま公薦再調整を行なっており、あらかじめ公薦候補辞退書を受取っている。そして新民党の公薦脱落人士を大量に吸収しようともしている。これは激しい競合状態にある新民党の公薦に落ちた人士のうち有名人士を国民党に迎えることによって、ネームバリューのない若手の欠陥を補おうとしている作戦だとみることができよう。

とくに国民党は野党の主な得票源地区ともいえる大都市における地域区での"人物貧困"をどのように処理するか、これが当面の大課題のようだ。

なお、こんどの国民党創党は尹潽善氏の「眠りにつく前の、最後の一大事業」だといわれ、尹氏は「終世の事業として鮮明野党を創党したい」と並々ならぬ執念をみせていた。いわば国民党は尹氏の執拗な一念が具現したものである。従って、余程の事態変動でもない限り、国民党が新民党と合党するなどということはありえないだろう。

李厚洛前大使歓送宴 李前駐日大使の歓送パーティが八日午後六時、帝国ホテルで盛大に行なわれた。

『共和より新民の敵か』
国民党の発足によせて

このほど、正式に発足した「国民党」は"鮮明野党"というキャッチフレーズで昨年五月六日、新党結成に着手して以来、八ヵ月間にわたる多くの浮沈と陣痛を経て六日ようやく創党大会を終えた。これにより、国民党は新民党に次ぐ第二の野党としてその面貌をここに整えたわけである。

国民党の総裁に推戴された尹潽善氏は元大統領、元新民党総裁をつとめた政界の大御所だが、ここ数年は政界の第一線から退いていた年輩の政治家である。尹氏が政界の前線から退くことになった直接の原因はさる六七年の五・三大統領選挙で新民党大統領候補として出馬して、惨敗したときにあった。共和党の大統領候補朴正煕氏(現大統領、共和党総裁)との一騎打ちでひどい負け方をした尹氏は政界の後方に退き、その後、新民党の顧問として相談役をつとめた。しかし、昨年一月、新民党総裁に柳珍山氏が選出され、新民党に柳珍山体制が構築されると、新民党を離れた。

制限闘争でなく総力闘争を宣言

このとき、尹潽善氏は「新民党が真の野党ではない」との批判を公表したが、尹氏は新民党所属の趙漢柏、張俊河、朴[illegible]議員の参与を得て新党結成の準備を始めた。以後ずっと、国民党の創党準備委員会は組織担当者を急いで、これまでに組織責任者を選定した百二十余地域区のうち八十個地区党を結党した。そして今年の二大選挙を前にひかえていま、政界の一角でその足場確保に成功した。

こうして、六日創党大会を開いて正式に出帆した国民党は"部分闘争でない全面闘争を行なう"と宣言したことにより、その特徴を大きく明示した。また、国民党は「制限闘争でない総力闘争をするのが特徴」だともいい、闘争野党のイメージを浮き彫りにした。

一方、同じ野党である新民党のことを、国民党は、「ニセモノ野党」だときめつけ、なかなかの排他性をみせている。従って国民党の創党大会に寄せた共和党、新民党のコメントをみると、同じ野党の新民党の方が、この発足には皮肉たっぷりで「いつも野党を切崩そうとしてきた共和党を助ける結果になるだろう」と述べている。

共和・新民の対決にどれ程食い込むか

四年毎の総選挙が目前にせまり今年は大統領選と国会議員選の二大選挙戦に関心が集まっている。これは共和党と新民党の対決ともみられているが、この中に国民党がどれくらい食い込んで行くかが注目のマトになることだろう。

(S・S・A)

(韓国日報李成春記者)

71展望 韓半島の情勢

韓半島をめぐる諸情勢がだんだんときびしくなるなかで、韓国は七〇年代の第二年を迎えた。中共の世界舞台への大きな登場と、これを背景にして、武力による統一工作を活発に進めている北韓の動きは、韓国の継続的な発展に対する積極的な脅威となっており、アジアからの全面撤収を進め、在韓アメリカ軍の兵力を削減または大々的な撤収を実施しかけているアメリカのニクソン・ドクトリンは、韓国軍装備を大幅に近代化するという補償はあるにしても、消極的ながらマイナスとなりうるのである。韓国が六〇年代に入ってから成就した飛躍的な発展がそのまま続くかどうかはここ数年にかかっており、韓国民の一大試練の節となる七〇年代の初頭は、韓国の運命をかけた重要な時期となっている。

南北の競争さらに激烈化

韓国5ケ年計画の地ならし段階へ
北は軍事力増強に赤化統一押出す

内外的にみた南北の情勢

北対南武力挑発を強めたが

「南」との経済競争に重点

この春に韓国大統領選挙

武力侵攻へ防衛力の維持

八・一五宣言の影響至大

韓国経済の飛躍的成長

北を経済的に追い越す

韓国の大動脈　京釜高速道路

本国新聞論調

新年を、韓国はいかに生くべきか
対米依存の夢からさめよう
誇りある民主の自主独立を

アジアの非米国化政策により…

近代化作業終結の意味からも…

自主意識と国民の自主精神で

民主主義第一歩の「選挙」で

法令に現われている永住権取得者とそうでない者との差異点

「法的地位及び待遇に関する協定」全文

日本国に居住する大韓民国国民の法的地位及び待遇に関する日本国と大韓民国との間の協定

日本国及び大韓民国は、多年の間日本国に居住している大韓民国国民が日本国の社会と特別な関係を有するに至っていることを考慮し、これらの大韓民国国民が日本国の社会秩序の下で安定した生活を営むことができるようにすることが、両国間及び両国民間の友好関係の増進に寄与することを認めて、次のとおり協定した。

第一条 1 日本国政府は、次のいずれかに該当する大韓民国国民が、この協定の実施のため日本国政府の定める手続に従い、この協定の効力発生の日から五年以内に永住許可の申請をしたときは、日本国で永住することを許可する。

Ⓐ 千九百四十五年八月十五日以前から申請の時まで引き続き日本国に居住している者

Ⓑ Ⓐに該当する者の直系卑属として千九百四十五年八月十六日以後この協定の効力発生の日から五年以内に日本国で出生し、その後申請の時まで引き続き日本国に居住している者

2 日本国政府は、1の規定に従い日本国で永住することを許可されている者の子としてこの協定の効力発生の日から五年を経過した後に日本国で出生した大韓民国国民が、この協定の実施のため日本国政府の定める手続に従い、その出生の日から六十日以内に永住許可の申請をしたときは、日本国で永住することを許可する。

3 1Ⓑに該当する者でこの協定の効力発生の日から四年十箇月を経過した後に出生したものの永住許可の申請期限は、1の規定にかかわらず、その出生の日から六十日までとする。

4 前記の申請及び許可については、手数料は、徴収されない。

第二条 1 日本国政府は、第一条の規定に従い日本国で永住することを許可されている者の直系卑属として日本国で出生した大韓民国国民の日本国における居住については、大韓民国政府の要請があれば、この協定の効力発生の日から二十五年を経過するまでは協議を行なうことに同意する。

2 1の協議に当たっては、この協定の基礎となっている精神及び目的が尊重されるものとする。

第三条 第一条の規定に従い日本国で永住することを許可されている大韓民国国民は、この協定の効力発生の日以後の行為により次のいずれかに該当することとなった場合を除くほか、日本国からの退去を強制されない。

Ⓐ 日本国において内乱に関する罪又は外患に関する罪により禁固以上の刑に処せられた者(執行猶予の言渡しを受けた者及び内乱に附和随行したことにより刑に処せられた者を除く)

Ⓑ 日本国において国交に関する罪により禁固以上の刑に処せられた者及び外国の元首、外交使節又はその公館に対する犯罪行為により禁固以上の刑に処せられ、日本国の外交上の重大な利益を害した者

Ⓒ 営利の目的をもって麻薬類の取締りに関する日本国の法令に違反して無期又は三年以上の懲役又は禁固に処せられた者(執行猶予の言渡しを受けた者を除く)及び麻薬類の取締りに関する日本国の法令に違反して三回(ただし、この協定の効力発生の日の前の行為により三回以上刑に処せられた者については二回)以上刑に処せられた者

Ⓓ 日本国の法令に違反して無期又は七年をこえる懲役又は禁固に処せられた者

第四条 日本国政府は、次に掲げる事項について、妥当な考慮を払うものとする。

Ⓐ 第一条の規定に従い日本国で永住することを許可されている大韓民国国民に対する日本国における教育、生活保護及び国民健康保険に関する事項。

Ⓑ 第一条の規定に従い日本国で永住することを許可されている大韓民国国民(同条の規定に従い永住許可の申請をする資格を有している者を含む)が日本国で永住する意思を放棄して大韓民国に帰国する場合における財産の携行及び資金の大韓民国への送金に関する事項

第五条 第一条の規定に従い日本国で永住することを許可されている大韓民国国民は、出入国及び居住を含むすべての事項に関し、この協定で特に定める場合を除くほか、すべての外国人に同様に適用される日本国の法令の適用を受けることが確認される。

第六条 この協定は、批准されなければならない。批准書は、できる限りすみやかにソウルで交換されるものとする。この協定は、批准の交換の日の後三十日で効力を生ずる。

以上の証拠として、下名は、各自の政府からこのために正当な委任を受け、この協定に署名した。

千九百六十五年六月二十二日東京で

日本国のために 椎名悦三郎、高杉晋一。

大韓民国のために 李東元、金東祚。

退去強制について

永住権を取得すれば、それを取得しなかった場合とはいろいろな特典があります……

まず強制退去についてみると、協定永住権を取得したものは、協定文第三条のABCD項の該当以外には退去は強制されないが、永住権を取得しなかった者は現行法令である出入国管理令(別掲)第二十四条の適用を受けることになり退去強制の条件がきびしい。法文でみるとおり貧困者、放浪者、身体障害者はいうに及ばず少しでも日本政府によって迷惑になるものやちょっとしたことで一年をこえる懲役をうけた者まで強制退去の対象となる。(協定第三条と出入国管理令第24条を比較対照すればはっきりする)

財産取得について

日本国の「外国人の財産取得に関する政令」によると、日本に居住する外国人が一定の財産を取得する場合、法務大臣の認可を受けることになっており、大韓民国国民に限り同政令の適用が除外されておりますが、法的地位協定に関する討議の記録によるとこの規定を削除する意図はないとされています。つまり同じ外国人であっても大韓民国はこの政令の適用から除外されることになっております。

外国人の財産取得に関する政令

外国人の財産取得に関する政令

第三条① 外国人が日本人、日本国の政府若しくは、地方公共団体又は、第二十二条の二の規定により、法務大臣の指定する外国人から左に掲げる財産を取得しようとするときは、法務大臣の認可を受けなければならない。外国人が自己の計算において日本人又は第二十三条の二の規定により、法務大臣の指定する外国人をして取得させようとするときも同様とする。

一、土地、建物、工場、事業場若しくはこれらに附属する設備又は鉱業権若しくは、これに関する権利。但し、自己の居住の用に供するために通常必要と認められる土地及び建物並びに、これに附属する設備を除く。

二、前号に掲げる財産の賃借権、使用貸借に基く借主の権利、地上権、永小作権、若しくは質権、抵当権その他の担保権又は前号に掲げる財産の取得の予約による権利若しくは前号に掲げる財産を取得するかどうかを選択する権利。但し、賃借権、使用貸借に基く借主の権利、地上権及び永小作権については、その存続期間が五年をこえるもの又は契約の更新の結果その存続期間が通じて五年をこえるものに限る。

法的地位協定に関する討議の記録

(次頁へ)

Ⓔ 外国人の財産取得に関する政令に基づく告示において、同政令の適用除外国として大韓民国を指定しているが、日本国政府は、協定の効力発生に際してこれを削除する意図はない。

Ⓕ 日本国政府は、協定第一条の規定に従い日本国で永住することを許可されている大韓民国国民が出国しようとする場合において再入国許可の申請をしたときは、法令の範囲内で、できる限り好意的に取り計らう方針である。

出入国管理令第24条(退去強制)

出入国管理令「退去強制」条項

第二十四条 左の各号の一に該当する外国人については、第五章に規定する手続により、本邦からの退去を強制することができる。

一 第三条の規定に違反して本邦に入った者

二 第九条第五項の規定に違反して本邦に上陸した者

三 前二号に該当する者を除く外、寄港地上陸の許可、観光のための通過上陸の許可、転船上陸の許可、緊急上陸の許可又は水難による上陸の許可を受けないで本邦に上陸した者

四 本邦に在留する外国人(仮上陸の許可、寄港地上陸の許可、観光のための通過上陸の許可、転船上陸の許可又は水難による上陸の許可を受けた者を除く)で左に掲げる者の一に該当するもの

イ 旅券に記載された在留資格の変更を受けないで当該在留資格以外の在留資格に属する者の行うべき活動をもっぱら行っていると明らかに認められる者

ロ 旅券に記載された在留期間を経過して本邦に残留する者

ハ らい予防法の適用を受けているらい患者

ニ 精神衛生法に定める精神障害者で同法に定める精神病院又は指定病院に収容されているもの

ホ 貧困者、放浪者、身体障害者等で生活上国又は地方公共団体の負担になっているもの

ヘ 外国人登録に関する法令の規定に違反して禁固以上の刑に処せられた者。但し、執行猶予の言渡を受けた者を除く。

ト 少年法(昭和二十三年法律第百六十八号)に規定する少年でこの政令施行後に長期三年をこえる懲役又は禁固に処せられたもの

チ この政令施行後に麻薬取締法、大麻取締法、あへん法又は刑法(明治四十年法律第四十五号)第十四章の規定に違反して有罪の判決を受けた者

リ へからチまでに規定する者を除く外、この政令施行後に無期又は一年をこえる懲役若しくは禁固に処せられた者。但し、執行猶予の言渡を受けた者を除く。

ヌ 売いん又はそのあっ旋、勧誘、その場所の提供その他売いんに直接に関係がある業務に従事する者

ル 他の外国人が不法に本邦に入り、又は上陸することをあおり、そそのかし、又は助けた者

ヲ 日本国憲法又はその下に成立した政府を暴力で破壊することを企て、若しくは主張し、又はこれを企て、若しくは主張する政党その他の団体を結成し、若しくはこれに加入している者

ワ 左に掲げる政党その他の団体を結成し、若しくはこれに加入し、又はこれと密接な関係を有する者

(1) 公務員であるという理由に因り、公務員に暴行を加え、又は公務員を殺傷することを勧奨する政党その他の団体

(2) 公共の施設を不法に損傷し、又は破壊することを勧奨する政党その他の団体

(3) 工場事業場における安全保持の施設の正常な維持又は運行を停廃し、又は妨げるような争議行為を勧奨する政党その他の団体

カ オ又はワに規定する政党その他の団体の目的を達するため、印刷物、映画その他の文書図画を作成し、頒布し又は展示した者

ヨ イからカまでに掲げる者を除く外、法務大臣が日本国の利益又は公安を害する行為を行ったと認定する者

五 仮上陸の許可を受けた者で、第十三条第三項の規定に基き附された条件に違反して、逃亡し、又は正当な理由がなくて呼出しに応じないもの

六 寄港地上陸の許可、観光のための通過上陸の許可、転船上陸の許可、緊急上陸の許可又は水難による上陸の許可を受けた者で、当該許可書に記載された期間を経過して本邦に残留するもの

七 第二十二条の二第三項において準用する第二十条第四項の規定による在留資格及び在留期間の記載を受けず、又は第二十二条の二第四項において準用する第二十二条第三項の規定による永住許可の証印を受けないで、第二十二条の二第一項に規定する期間を経過して本邦に残留する者

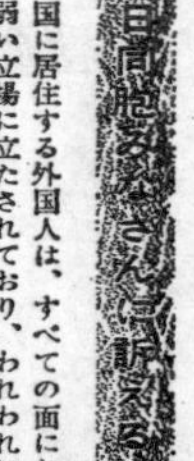

よその国に居住する外国人は、すべての面において非常に弱い立場に立たされており、われわれに直接関係のある諸法令をみてもわかるとおり、われわれは身動きのとれないほど束縛されているのです。そのためにわれわれが日本において安定した生活を営むためには、永住権の取得が絶対に必要であります。その永住権は、われわれが申請すれば日本政府がこれを許可し永住することを法律で保障するのに、あえてその申請を拒み、大事な自分自身の権利を放棄して不利な立場で居住しなければならない理由はどこにもないのであります。

永住権を取得しなかった場合

①出入国管理令の制約を全面的に受けることになり多大な不利益を蒙ります。例えば、なにかのあやまちで一年以上の実刑をうけたものは言うに及ばず貧困者、放浪者など日本国または地方公共団体の負担になるものは強制退去されることになります。韓日協定文第三条ABCD項と出入国管理令第24条を比べて見て下さい。

それぱかりでなく、永住権を取得すれば徴兵にひっぱられるとか、財産を没収されるとか根も葉もない虚偽宣伝には全くあきれざるを得ません。

永住権を取得することによって

1、他の外国人とは違う特別な永住権が法的に保障されます。また、この権利は子や孫達にも保障されます。

2、日本の公立小・中学校への入学希望者は入学が認められ、上級学校へも進学出来ます。

3、国民健康保険に加入出来ます。(日本人と同一条件で)

4、土地・建物などの取得が自由で法令による法務大臣の認可を必要としません。

5、生活保護法が適用されます。

6、家庭離散の防止と再会に妥当な考慮がはらわれます。

7、再入国の許可には期間や回数に制限がありません。

8、日本国に大きな損害をあたえるような罪(麻薬・内乱・国交)を犯さない限り、強制退去を受けません。

9、帰国の場合は法令の範囲内で、財産搬入が自由であり、送金なども大はばに緩和されております。

10、兵役は、大韓民国の兵役法第47条に依って免除されており、なんら関係ありません。

取得するとしないとは格段の差

以上のように永住権を取得した場合としない場合との差異がはっきりしており永住権をしないと不利であることが明白であります。

一昨年(一九六九年)八月十九・二十日の両日間において ひらかれた韓日法相会議の結果、今までより永住権の取得が簡便になっております。(別項・韓日法相会議共同コミュニケ参照)

永住権取得者をより一層優遇したい。韓・日両国政府側の談話文

安定した生活が営めるよう
韓日法務次官会談合意事項

在日韓国人の永住権申請促進問題を協議するため、さる十月二十七・八日の両日法務省で開かれた韓日法務次官会談は①協定永住権の取得者については、韓日協定の基本精神にもとづき、日本で安定した生活が営めるよういっそうの優遇措置をとる②協定永住取得者の家族で協定発効（一九六六年一月十七日）以前に日本に入国し、特別在留許可を得た後、五年を経過した者に対しては、出入国管理令上の一般永住権を許可する③日本政府は永住権申請手続きの簡素化のため便宜をはかる④69年の韓日法相会談での了解事項を徹底させることを再確認するなどに合意した。

韓日両国側で談話を発表

この会談で韓国側は①永住権申請期限が71年一月十六日に迫っていることから、申請促進のため韓日両国による効果的な措置が必要であるので永住権取得者の優遇措置、申請手続きの合理化などを強く要望した。

これに対し、日本側は①協定永住権取得者が日本で安定した生活を営むよう、よりよい待遇を受けるよう努力する②協定永住権取得者の家族（配偶者、直系尊属、直系卑属）で不法入国者を含め、韓日協定発効前に日本に入国し、特別在留許可を得て五年を経過した者にはできるだけ一般永住権を与えるように努力することに合意した。

そのほか、日本側は①永住権申請を促進させるため、テレビ、ラジオを通じての案内、業者による通知などで申請を呼びかける②申請手続きの簡素化のため、実効性のある便宜を図る③昨年八月の韓日法相会談で合意した了解事項の実施を徹底させるなどで協力することを認めた。

一方、会談終了にさいし、韓国側は二十九日午前、談話を発表「在日韓国人の確固たる法的地位と安定した生活保障は韓日両国の友好と親善を増進することと密接な関係がある」と強調した。

また、日本の小林法相も二十八日夜、談話（別項）を発表、「協定永住者が、日本の社会秩序の下に安定した生活を営み、よりよい待遇を受けるよう、努力する方針」であることを明らかにした。

呉韓国法務次官の談話

呉鐸根大韓民国法務部次官と津田実日本国法務次官は、一九七〇年十月二十七、二十八の両日間、東京で会談を開き、在日韓国人の法的地位および待遇に関する協定施行に伴う協定永住権取得者に関する待遇、協定永住権申請に対する啓蒙、協定永住権申請の合理化、その他関連事項について討議し、在日韓国人の確固たる法的地位と安定した生活保障は、韓日両国および両国民の友好親善の増進に密接な関係があり、この協定をより円滑に運営し、その結果成功をもたらすことが、協定当事国である韓日両国政府の共同責任であると認識したうえで、次の事項について合意した。

一、協定永住権取得者に対する待遇

①日本国政府は、両国および両国民間の友好親善と関係の増進にいっそう寄与するため、この協定の実施に引き続き協力しなければならないことはもとより、この協定によって永住権を取得した者は、この永住権を取得していない者よりも同協定の基本精神に則り、よりよく優遇されるべきことを当然のものと認識して日本政府はこんごとも現在この協定によって永住権を取得した者が日本の社会秩序のもとで安定した生活を営むよう、よりよい待遇を受けるよう努力するであろう。

②この協定によって永住権を取得した者の家族に対して、その家族構成およびその他の事情を勘案して人道的見地から妥当な考慮を払うことはもとより、現在この協定による永住権取得者の配偶者、直系尊属および直系卑属でこの協定発効以前に入国し、日本国の在留許可を受け五年経過した者に対しては、可能な限り出入国管理令上の一般永住権を許可する方針である。

二、協定永住権促進のための啓蒙

協定永住権申請の締切り期限が一九七一年一月十六日に迫っていることに照らし、韓日両国政府はすみやかに効果的な方法を用いてこれを広く周知させる。

三、協定永住権の申請手続き、その他事項

①協定永住権の申請手続きを簡素化させるため、日本政府は実効のある諸般の便宜を図るよう努める。

②一九六九年八月十九、二十日の両日に開かれた韓日両国法相会談の了解事項を円滑に実施することについて再確認する。

小林日本法務大臣の談話

「日本国に居住する大韓民国国民の法的地位および待遇に関する日本国と大韓民国との間の協定」による協定永住許可の申請についての期限は、一月十六日となっていることにかんがみ、このさい、日韓両国政府、両国および両国民の友好親善関係の増進にさらに寄与するため、この協定の実施に引き続き協力すべきであり、また、この協定により永住することを許可された者が、この協定の基本精神により、この許可を受けていない者より優遇されることはもちろんである。

日本国法務省は、こんごとも現在この協定により永住を許可された者が、日本国社会秩序の下に安定した生活を営み、よりよい待遇を受けうるよう、努力する方針である。

なお、この協定により永住を許可されている者の家族についても、従来から、その入国および在留につき、家族構成その他の事情を勘案したうえ、人道的見地に立って妥当な考慮を払うこととしているが、この際、現在この協定永住者の配偶者、直系尊属または直系卑属として在留を許可されている者で、この協定発効前に入国し、その許可後五年を経過したものについては、その者の申請に基づき、できるかぎり、出入国管理令による永住を許可する方針をとることとしたい。

法的地位協定について両国間の合意議事録

日本国に居住する大韓民国国民の法的地位及び待遇に関する日本国と大韓民国との間の協定について合意された議事録

日本国政府代表及び大韓民国政府代表は、本日署名された日本国に居住する大韓民国国民の法的地位及び待遇に関する日本国と大韓民国との間の協定に関し次の了解に達した。

第一条に関し、

1　同条1又は2の規定に従い永住許可の申請をする者が大韓民国の国籍を有していることを証明するため、

(I)申請をする者は、旅券若しくはこれに代わる証明書を提示するか、又は大韓民国の国籍を有している旨の陳述書を提出するものとする。

(II)大韓民国政府の権限のある当局は、日本国政府の権限のある当局が文書により照会をした場合には、文書により回答するものとする。

2　同条1Ⓑの適用上に「②に該当する者」には千九百四十五年八月十五日以前から死亡の時まで引き続き日本国に居住していた大韓民国国民を含むものとする。

第三条に関し、

1　同条Ⓑの適用上「その公館」とは、所有者のいかんを問わず大使館若しくは公使館として使用されている建物又はその一部及びこれに附属する土地（外交使節の住居であるこれらのものを含む。）をいう。

2　日本国政府は、同条Ⓒ又はⒹに該当する者の日本国からの退去を強制しようとする場合には、人道的見地からその者の家族構成その他の事情について考慮を払う。

3　大韓民国政府は、同条の規定により日本国からの退去を強制されることとなった者について、日本国政府の要請に従い、その者の引取りについて協力する。

4　日本国政府は、協定第一条の規定に従い永住許可の申請をする資格を有している者に関しては、その者の永住が許可された場合には協定第三条ⒶないしⒹに該当する場合を除くほか日本国からの退去を強制されないことにかんがみ、その者について退去強制手続が開始した場合において、

(I)その者が永住許可の申請をしているときには、その許否が決定するまでの間、また、

(II)その者が永住許可の申請をしていないときには、その申請をするかしないかを確認し、申請をしないときには、その許否が決定するまでの間、その者の強制送還を控える方針である。

第四条に関し、

1　日本国政府は、法令に従い、協定第一条の規定に従い日本国で永住することを許可されている大韓民国国民が、日本国の公の小学校又は中学校へ入学が認められるよう必要と認める措置を執り、及び日本国の中学校を卒業した場合には、日本国の上級学校への入学資格を認める。

2　日本国政府は、協定第一条の規定に従い日本国で永住することを許可されている大韓民国国民に対する生活保護については当分の間従前どおりとする。

3　日本国政府は、協定第一条の規定に従い日本国で永住することを許可されている大韓民国国民を国民健康保険の被保険者とするため必要と認める措置を執る。

4　日本国政府は、協定第一条の規定に従い日本国で永住することを許可されている大韓民国国民（永住許可の申請をする資格を有している者を含む。）が日本国で永住する意思を放棄して大韓民国に帰国する場合には、原則として、その者の所有するすべての財産及び資金を携行し又は送金することを認める。

このため、

(I)日本国政府は、その者の所有する財産の携行に関しては、法令の範囲内で、その携帯品、引越荷物及び職業用具の携行を認めるほか、輸出の承認に当たりできる限りの考慮を払うものとする。

(II)日本国政府は、その者の所有する資金の携行又は送金に関しては、法令の範囲内で、一世帯当たり一万合衆国ドルまでを帰国時に、及びそれをこえる部分については実情に応じ、携行し又は送金することを認めるものとする。

（千九百六十五年六月二十二日に東京で）

1969年8月の「韓日法相会談共同コミュニケ」全文

一九六九年八月十九、二十日の両日、東京で李ホ法務部長官と西郷吉之助法務大臣が出席して開かれた韓日法相会談は、在日韓国人の法的地位および待遇に関する協定の施行に関して意見を交換し、同協定のより円滑で効果的な運用を図ることに合意した。

この会談で合意した了解事項はあらまし次のとおり。

一、協定永住資格となる居住経歴について

①協定永住許可申請をした者が、第二回外国人登録を終え、申請時まで日本の法律第一二六号第二条第六項に該当しない、とされたことのない者（例えば不法入国容疑によって強制退去の手続きを経たことのない者）に関しては新たに事実調査をせずに協定永住を許可する。

②戦前、サハリン（樺太）に渡航、戦後日本に引き揚げた韓国人の協定永住許可申請に対しては、協定の討議記録、日本側代表の発言Aの趣旨を尊重して好意的に検討する。

二、戦後入国者に対する出入国管理令上の永住許可について＝①一九六五年六月二十二日の日本法務大臣の声明による、戦後入国者に対する特別在留は、法令の範囲内で可能な限り迅速に許可することとし、さらに一般永住許可申請は、特別在留許可後いつでも受理する。

三、協定永住者の再入国許可＝①引き続き好意的に配慮する。

②協定永住者（協定永住有資格者を含む）が、真にやむをえない事由によって再入国許可期間に入国できなかった場合の遅延理由確認については、再入国期間経過後三か月以内に入国できる見込みのある者は、日本の在外公館でこれを行なうこととし、この確認を受けた者には協定永住者（協定永住有資格者を含む）として入国を許可する。

四、協定永住者の家族の入国および在留について＝家族構成その他の事情を勘案したうえ、人道的見地から妥当な考慮を払う。

五、なお、韓国側は次のことを要望した。①協定永住者に対し、本国往来の便宜を図るため、数回有効な再入国許可が与えられることが望ましい。

②協定永住者の家族のうち、特別在留許可または、その他の資格によって在留が認められている者については、今後出入国管理令上の永住許可を与えること。

最後のチャンスを逃すこと勿れ

さらにさる十月二十七～八日の両日にわたる韓日法務次官会談の結果、永住権取得者の優遇が確認されました。それによると、

①協定永住の許可を受けたものは、受けないものより優遇される。

②永住権申請を促進するため日本側はテレビ、ラジオなどによるPRに協力する。

③協定永住の許可をうけた者の配偶者（夫や妻）直系尊属（父や母）卑属（子や孫）にも出入国管理令による一般永住権が与えられる。

従来一般永住権許可は、昭和二十七年四月の平和条約発効前に来日し引きつづき在留している者を対象に、素行が善良なもの、資産または技能を有することなどきびしい条件がつけられていたが、こんどの両国法務次官会談では、協定永住の許可を受けた者の配偶者、親子供は不法入国者であっても国外に追放されるようなことはなく、永住協定が発効した一九六六年（昭和四十一年）一月十七日以前に入国して五年以上経っていれば一般永住が許可されることになった。**（別項・韓日法務次官会談の記事参照）**

右のように協定永住権を取得するとしないとは格段の差があります。

＝この新聞の各ページにわたって提示したいろいろな資料と説明により賢明な同胞みなさまは永住権についてよく理解なさったことと思います。永住権はみなさん自身のために取得するのであり韓国政府のためまたは民団のためでもありません。朝総連が永住権申請をしてはいけないというウソの宣伝にだまされて永住の権利を放棄して損をするのは誰でしょうか？それはあなた自身でありあなたの子や孫にまで大変な被害を蒙ることになります。

あなた自身はもちろんあなたの家族のうち、また親戚や知人のうちにいまだ永住権を申請してないひとがおりましたら、その人のために一日も早く申請するようにすすめて下さい。

1、この協定永住権の申請締切りは来年一月十六日です。この日以後は永久にこの権利の取得はできません。

2、締切り後になって、知らずに申請しなかったとかいっていまから受付けてくれと言ってもそれはどうにもなりません。

3、朝総連にだまされて永住権が取得できず大変な被害を蒙ったからと言って後日、朝総連とけんかしてみてもそれは後の祭りでどうにもなりません。

4、この永住権は、過去に日本がわれわれ在日同胞を苦しめた償いであり、両国の不幸な歴史のなかで苦しんだわれわれにのみ与えられるものであります。ほかの外国人にはこの特典はありません。

本国往来自由に、家族もよべる

5、中立系のひとはもちろん朝総連系の同胞でも、永住権を申請すればいつでも自由に本国へ往来することができるし親や兄弟とも逢えるのであります。また本国にいる家族を日本に招請することもできます。

6、われわれ民団は、真の同胞愛をもってみなさんが一日も早く永住権を取得して安定した生活を送るよう強く訴えるものであります。

協定永住権の申請は、一九七一年一月十六日以後は永久にできませんから一日も早く申請しましょう。

一般永住権は、（一九七一）一月十六日以後いつでも申請できます。

1971年の韓国経済展望

ソウル大学商大教授　姜　命　玉

思えば、ちょうど一年前、われわれは一九六〇年代に別れを告げて七〇年代の新段階を迎えたばかりであったのに、いま、また新しい年を迎え、懐古と展望の台の上に立っている。一九七〇年代の最初の年はすでに去ったが、過去一年間のわれわれの足跡を振返りながら、こんごを見通し、感じたものを—ここでは特に問題を〝経済〟に圧縮して—次に述べてみたい。

成長メカニズムの作用へ

二重構造的発展の処理いずこ

幸福と安定には大きな距離

弊害は成長メカニズムから

国際収支面での あい路打開には

国際的破産の悲劇演ずるな

業種間に現われた場合

根本原理から掘起し研究を

起因は何か？そして害悪は

必然的存在を勘案した上で

緊縮基調で成長続行

新年の施策　経済五長官が強調

70年度輸出実績は超過達成

今年度輸出目標は十三億五千万ドル

輸入総規模を確定

自由化原則を堅持

二次計画の超過達成　金副総理　最終年度の見通し

新年総資源予算案公表

本国新聞論調

転換期のプロフィル

一九七一年の座標

活路は民間主導型に

善意の競争体制を

16日を逃せば2度と永住権取得のチャンスはこない

親が取得しないと子孫たちの永住権も失なわれる

永住権申請の相談は民団へ

在日韓国人（朝鮮籍を含む）が、日本で安定した生活を営み且つ、自由に祖国を往来し、または家族を招請するためには、何よりも他の外国人には願っても得られない永住権を取得するのが最も良いのです。あらゆる手段によって、在日韓国人（朝鮮籍を含む）をだましている朝総連のデマ宣伝に迷わないで、あといく日も残されていない申請期限（一九七一年一月十六日）が満了する前に、一日も早く永住権を申請しましょう。

〈申請方法〉

外国人登録を第二回目から引続きしている人は次の書類を揃えて、自分の居住している市・区・町・村役場に行き、本人が提出します。但し、十四歳未満の人はその父母が代理申請します。本人が直接準備するものは、写真二枚だけで他の用紙は上記の役場に置いてあります

A、協定永住許可申請書　二通
B、旅券又は大韓民国国民登録証（このようなものが無い場合には国籍を書きいれた陳述書）
C、写真（五センチ四方で六ケ月以内に撮影したもの）　二枚
D、家族関係と居住経歴書　二通

〈参考〉

1、手数料は一切無料です。
2、外国人登録上、朝鮮籍になっている人は、大韓民国（韓国）の国籍に変更申請したらよいのです。
3、居住経歴或るいは身分上に何かの問題点があると思われる人は最寄りの民団或るいは領事館又は大使館に行けば親切に案内してくれます。

この日をすぎると協定永住権の申請は受付けません。

民団東京本部管内各支部の所在地（カッコ以下は電話番号）

文京　文京区小石川二—十一—八　（八一一）三五五五
台東　台東区東上野三—一五—八　（八三三）九九〇四
中央　中央区日本橋茅場町一—六　（六六一）五三七〇
連合
墨田　墨田区太平町一—四—八　（六二二）九四四二
江東　江東区木場六—八—十　（六四四）〇五一二
江戸川　江戸川興之宮二九　（六五七）七五一二
北　北区稲町一—二六九　（九〇一）二六六一
足立　足立区千住桜木町五三　（八八八）八三〇一
荒川　荒川区荒川三—三二　（八九一）〇五五五
葛飾　葛飾区本田立石六—一八—一六　（六九三）一七七一
豊島　豊島区池袋二—一一六七　（九八二）七一六一
板橋　板橋区板橋二—二二—九　（九六一）六五六五
練馬　練馬区豊玉北四—三一　（九九二）五五七七
新宿　新宿区三光町二五（三立ビル二〇三号室）　（三四一）〇二四四
中野　中野区新井二—一一—七　（三八六）五五三六
杉並　杉並区梅里二—二四—一三　（三一三）七五七五
渋谷　渋谷区宇田川一五　（四六一）五三八二
世田谷　世田谷区下馬町一—七　（四二一）三六〇九
目黒　目黒区青葉台一—三〇—一〇　（七一三）四三七八
港　港区三田四—六—一八　（四五五）一一八八
品川　品川区豊町三—一一　（七八六）一二二四
大田　大田区新蒲田一—六—七　（七三二）七六五一
大韓婦人会東京本部　（八一二）二九三八

在日大韓民国居留民団東京本部
東京都文京区本郷三—三二—七
電話八一一—一五三五〈代表〉

民団三多摩本部管内各支部の所在地

立川　立川市錦町一ノ三—二十　（二三）—二六三五
調布　調布市下石原二—二三九　（八二）—〇三六七
武蔵野　小金井市関野原町二—四—六　（八一）—三六二〇
八王子　八王子市高尾町一六〇九　（六一）—二〇三五

在日大韓民国居留民団三多摩本部
東京都立川市錦町一—三—二〇
（〇四二五）二三—二三八一

永住権運動終結の決意こめて

東本新年会、盛大にひらかる

[illegible]

東京本部新年会のもよう

年末年始休みも返上

永住権運動最後の追込みへ

期待できる目標数達成

[illegible]

……朝総連連中の妨害運動は、相変らず激しく、折角民団側で戸別訪問を行ない永住権を理解させ申請手続きまで一切代行を行なってやったにもかかわらず申請者が区役所の入口で待ちぶせている朝総連従輩の反対説得に朽かれるという例が少なくないといわれており、……

永住権申請へ区役所窓口へつめかける同胞たち

五年年賦払いで買収

東京韓国学校　敷地問題が解決

東京韓国学校（理事長安聖出氏、校長宋孫鶴氏）は、同校設立以来の懸案であった学校敷地問題を敷地所有者の大蔵省関東財務局との話合いがつき、昨年十二月二十五日仮契約を締結し、きたる一月十四日までに本契約を結ぶことになった。

安理事長の説明によると、東京韓国学校所在地の敷地一千七百八坪を、所有者の大蔵省関東財務局から総額二億九千九百八十七万円で韓国学校が買いとることに合意した。敷地買受仮契約を結ぶと同時に手付金として一千四百万円を支払った。本契約はきたる一月十四日までに行ない、そのとき一時払金として一億二千万円を支払い、登記移転を完了する予定である。

敷地代金の残額一億六千五百万円は五年年賦で毎年三千三百万円ずつ支払っていくという契約内容である。また、敷地買取りの財源は、ここ数年、本国政府から資金援助金の一億七千八百万円の中から、一時金を支払い、年賦払になった総額一億六千五百万円（年三千三百万円）は、同校の財政委員や都内有志からの寄付金でまかなう予定である。

安理事長は以上のような永年の念願であった敷地買取契約の内容と共に、同校運営問題の現状も説明したが、それによると、今年の同校の年間予算が四千八百万円、収入は中高生の授業料収入が月間八〇万、同校財政委員百人から月間会費百五〇万円、年間を通じて約二千余万円の赤字は本国政府におんぶしている状態である。

安理事長は、六九年九月理事長に就任、就任当時の同校財政委員からの月間会費は四〇万円、一年足らずの期間中、安理事長自ら都内の民団支部や有力者、父兄をたずね、同校の財政問題解決に尽力、月間百十万円も引上げた。

安理事長は、東京韓国学校の財政自立の責任は、東京在住の同胞にあると強調し、ある特定の人だけに同校の運営費を求めることは同校の設立趣旨にも反すると語り今後はできるだけ多くの同胞から定期的資金援助に基づき、同校の財政問題を正常化したいと語った。

さらに安理事長は、今後学生教育の方向にもふれ、できることなら日本で大学まで一貫した民族教育を主体とした[illegible]

安理事長

宋校長

ソウル―香港路線失う危機
KAL

英国のCPA航空社は韓国の国税庁が確定した一億六千六百万ウオンの税金納付を拒否し、英国政府に韓・英航空協定を廃棄するよう働きかけている。このためKAL（大韓航空）はソウル―香港の〝黄金路線〟を失う危機に直面している。

トレンチ英国大使は最近外務部に鄭奎変次官補を訪れ、国税庁がCPAに賦課した六七年七月から六九年末までの法人税一億六千六百万ウオンは不当だと指摘、これを削減しない場合は韓・英航空協定の廃棄も辞さないと通告した。

そこで英国政府がもし同協定の廃棄を通告してくれば、その日から三十日後に協定は正式廃棄となり、韓国の民間航空社であるKALはソウル―香港間の定期路線に就航できなくなる。

なお、韓・英航空協定はさる五四年に覚書を交換し暫定協定の形式で締結され現在に至っている

CPA側は国税庁が一億六千六百万ウオンを賦課したのは不当だと主張、四千万ウオン程度の納税が適当だといって、CPA決算報告書を消査、税金を再調整してくれるよう国税庁に申入れている。

北韓の警備艇が韓国漁船を射撃

対スパイ対策本部が七日発表したところによると、六日夜九時五十分ごろ、韓国西海岸白翎島沖で操業中の韓国漁船（仁川港所属の底引き網漁船・八四トンクラス）二隻に北韓快速警備艇が接近して突然、砲火を浴びせかけた。このため一隻は間もなく火災を起こして沈没、乗組員十一人はゆくえ不明となり、他の一隻は銃撃を浴びた[illegible]

なお、昨年十二月二十六日にも同様の事件が起きており、明らかにされたところによると、同日東部海上休戦ラインで韓国漁船を北韓警備艇が射撃している。[illegible]

……の韓国漁船拉北事件を「朝鮮民主主義人民共和国領海に侵入し、スパイとともに拿捕し、一隻を撃沈した」と発表した。

旅客船と貨物船の衝突事故
麗水港で＝32名死亡

十日午前十一時十五分ごろ、[illegible]旅客船と貨物船の衝突事故が発生、[illegible]

三十余名死亡　不明百五十十名
東南海地域の津波

[illegible]

死亡三千九百
七〇年は交通事故の大型化の年

韓国にとって七〇年は交通事故の大型化の年だった。[illegible]

[illegible]死傷者を出した事故が十回も発生したが、七〇年中の各種交通事故で死亡した者は三千九百[illegible]のぼり、[illegible]が負傷した。

事故原因は、自動車の場合、全体の六八％が大衆車で起きている点からして[illegible]自動車と人口の比率の増加および道路の飽和状態などにあったと治安局は分析している。

默海書芸展ひらく
15日まで韓国公報館で

韓国が書道の大家として知られている默海金容玉氏の書芸展が[illegible]から（十五日まで）韓国公報館でひらかれている。

[illegible]

默海金容玉氏

書芸展の開催レセプション

佐藤首相が茶菓会
〝リトルエンジエルス〟

日本の大都市で巡回公演中の韓国少女舞踊団リトル・エンジェルスは六日午前、申顕心団長の引率、姜永奎駐日大使代理の案内で佐藤日本首相を訪ねて約三十分間、楽しいひとときを送った。

佐藤首相は満面に笑みをたたえ[illegible]

默海　人乃天誠

韓国最古の新羅線刻大壁画発見

韓国最古の新羅線刻大壁画が[illegible]によって発見された。[illegible]

商銀新年会
プリンス・ホテルで十六日午後一時から

東京商銀信用組合（許弼奭理事長）では、恒例の新年会をきたる十六日午後一時から赤坂プリンスホテルでひらく。

お知らせ

旧年の送年号（十二月二十三日付）でお知らせした通り一月十三日付本紙は新年休刊の予定でありましたが、永住権申請期限の切迫にともなう重大な時期に鑑み休刊しないことにしました。

訃告

梁永戊氏（東京都墨田区墨田二―六―四・本籍慶南咸陽郡瓶谷面光坪里）一月十一日午前六時自宅で永眠、告別式は十三日午前十一時から十二時まで自宅で執行。

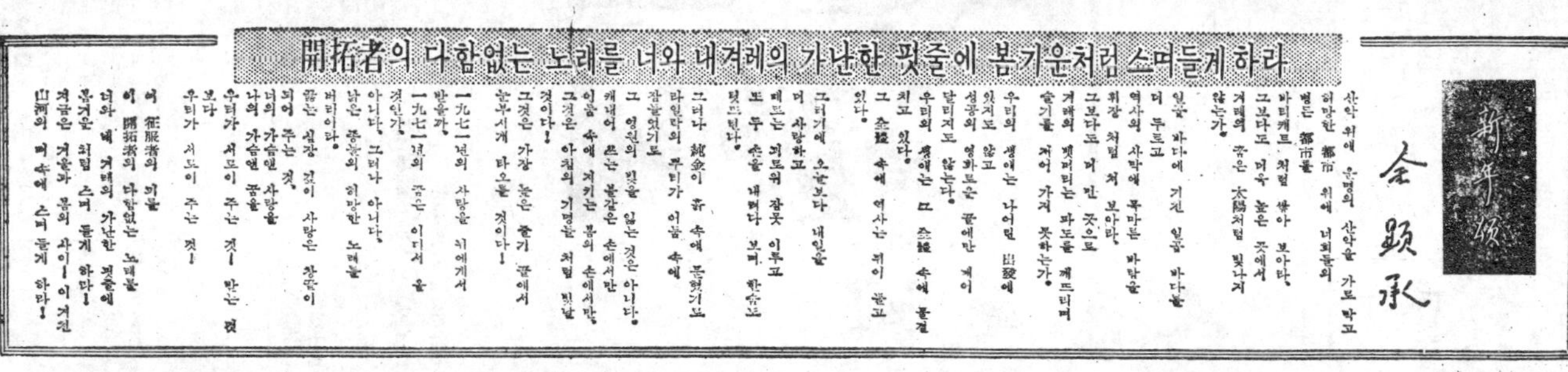

開拓者의 다함없는 노래를 너와 내겨레의 가난한 핏줄에 봄기운처럼 스며들게하라

新年頌

金顯承

산악 위에 운명의 산악을 가로 막고
허망한 都市 위에 너희들의
병든 都市를
바티캐트 처럼 쌓아 보아라.
그보다도 더욱 높은 곳에서
겨레의 슬픈 太陽처럼 빛나지
않는가.
일곱 바다에 기친 일곱 바다를
더 두르고
역사의 사막에 목마른 바람을
휘장 처럼 쳐 보아라.
그보다도 더 먼 곳으로
겨레의 뱃머리는 파도를 깨뜨리며
술기를 저어 가지 못하는가.
우리의 생애는 나어린 出發에
익지도 않고
성공의 영화로운 끝에만 계어
달리지도 않는다.
우리의 생애는 그 소음 속에 물결
치고 있다.
그 소음 속에 역사는 뛰이 끝고
있다.
그러기에 오늘보다 내일을
더 사랑하고
때로는 괴로워 잠못 이루고
또 두 손을 내려다 보며 한숨도
덧뜨린다.
그러나 純金이 흙 속에 묻혔기도
라일락의 뿌리가 어둠 속에
잠들었기로
그 영원의 빛을 잃는 것은 아니다.
캐내어 쓰는 불같은 손에서만
이름 속에 지키는 봄의 손에서만
그것은 아침의 기명을 처럼 빛날
것이다!
그것은 가장 높은 줄기 끝에서
눈부시게 타오를 것이다!
一九七一년의 사랑을 뉘에게서
받을까,
一九七一년의 꿈은 이디서 올
것인가,
아니다, 그러나 아니다,
낡은 종놓의 허망한 노래는
버티이다.
꿈은 심장 깊이 사랑은 창끝이
되어 주는 것,
너의 가슴엔 사랑을
나의 가슴엔 꿈을
우리가 서로이 주는 것! 받는 것
보다
우리가 서로이 주는 것!
어 征服者의 피를
이 開拓者의 다함없는 노래를
너와 내 겨레의 가난한 핏줄에
봄기운 처럼 스며 들게 하라!
겨울은 겨울과 봄의 사이! 이 겨레
山河의 뼈 속에 스며 들게 하라!

在日本大韓民国居留民団
綱　領
一、우리는 大韓民国의 国是를 遵守한다
一、우리는 在留同胞의 権益擁護를 期한다
一、우리는 在留同胞의 民生安定을 期한다
一、우리는 在留同胞의 文化向上을 期한다
一、우리는 世界平和와 国際親善을 期한다

THE PRESS MINDAN TOKYO
THE KOREAN RESIDENTS UNION. IN JAPAN. TOKYO OFFICE
「韓僑通信」改題
在日本大韓民国居留民団 東京本部発行週刊紙
(1965年7月27日第3種郵便物認可)

THE PRESS MINDAN TOKYO

1月20日
<1971>
週刊・毎水曜日発行
第2435号

発行所 民団東京新聞社
発行人 鄭在俊
東京都文京区本郷3丁目32番7号
電話 (811) 1535 (代表)
(大韓民国文化公報部国内頒布許可)
(購読料 1カ月100円・特別1000円)

熱狂的な支持を受ける朴正熙大統領：朴正熙大統領が祖国の発展と繁栄のため努力した結果、歴史的な業績を数限りなく達成した「働く大統領」として、国民の熱狂的な支持を受けている。

駐越国軍減縮을検討中

朴大統領、年頭会見에서 밝혀

平和統一은国力培養으로

3次5年계획、農業・重化学工業에중점

4大江流域적극개발

◇지난 1년간의 政府施策 評価

▲輸出＝작년 한해에 10억달러의 수출목표를 달성했으며 3차5개년계획이 끝날 5년후에는 약35억달러의 수출을 할수있다는 밝은 전망을 갖고 있다.

▲農業＝농업개발을위한 기초작업을 작년 한해에거의 끝냈으며 肥料의 자급자족, 農業의 와전국사화, 耕地整理, 種子改良, 営農方式의 개선등을 꾀했다.

▲国土開発＝10여년의 준비조사로 우리 국토 면적의 7할을 차지하는 4大江流域 개발사업계획을 수립, 착공했다.

▲高速道路＝작년에는 경부 고속도로를 완공하고湖南고속도로 80킬로를 완공했다. 날림이라는 일부 얘기도 있으나 京釜고속도로의 경우 가장 빠른 시일안에 単価가 제일적게먹은 공사였다. 우리 형편으로 오히려 이것이 더 경제적이다.

▲自主国防＝이를위해 防衛産業육성, 軍編制개편, 動員체제정비, 국군장비현대화등을 실현, 상당한 성과를 거두었다.

▲統一外交＝통일기반 구축과 多辺外交의 발판을화장, 작년말 해외공관은 모두 65개에 달했다. 60년대초 17개에 비해본다면 4배정도로 外交網이 확장된 셈이다.

▲정신적 자원의 개발＝국가발전에 가장 원동력이 되는것은 정신자원의 개발이다. 자신과 의욕을 가진 민족만이 장래가 있고 흥할수 있다. 「아시아」경기대회에서 우리선수가 딴「메달」, 예술인의 해외에서의 국위선양등은 국민의 사기를 높인것이다. 60년대는 개발과 성장의 年代로 부작용도 많았으나 차분

北傀의中共便乗경계

8・15宣言 지금도有効

◇8・15宣言과 관련한 작년 8・15경축사에서

選挙、公正히秩序있게

不正・腐敗뿌리뽑겠다

越南国民自決権존중

工業地区24個로 나눠

高米価政策 계속밀어

中小企業등 계속支援

両大선거 農繁期 피해

公務엔「엘리트」발굴

現代市民모럴 確立을

労使間 힘의共存으로

朴大統領、年頭の所信表明

駐越国軍段階的に撤収する
中共問題大きな影響はない

朴正煕大統領は十一日、中央政庁第一会議室で年頭記者会見を行ない、七一年度の重要施政方針を明らかにした（一面に韓国文で全文）が、この席上で「ベトナム戦のベトナム化計画は成功裡に推進されており、南ベトナム軍の戦闘力が予想以上の早い速度で強化されているため、政府は駐越国軍の段階的縮減を検討している」と語り「その時期は南ベトナム政府および米国を始めとする連合国とも十分な協議をした上で決定する」と言明した。

朴大統領はこの日午前九時半から三時間四十分間にわたって国内記者との会見を通じ「わが政府のベトナム政策は従来と変わりがない。すなわち連合軍の段階的撤収に照らし共産側も相応の措置を当然取らなければならず、ベトナム問題はベトナム国民の自由意思と自決権を尊重しなければならない――という前提のもとで名誉ある恒久的な平和が達成される方向で解決されるべきだと考えている」と語り、今年の政府重要施策などにかんしつぎのように明らかにした。

一、今年の重要施政課業は①経済高度成長政策の副作用是正、②国家安保態勢の強化、③三次五カ年計画の準備作業の完了、④二大選挙の実施などであるが、特に今年の選挙は従来に見られなかったほど秩序ある静かなふん囲気の中で実施するよう努力しなければならず、このためには与党が率先垂範すべきであり、また野党と全国民もいうまでもなく、これに協調しなければならないと思う。

一、不正腐敗を一掃するため、罪の軽重や地位の高低を問わず証拠さえあれば徹底的に処理する。

一、自由友邦諸国の中共承認傾向がただちに極東アジアにある危機をもたらせることはあるまいと考えるし、またそれがわれわれの安保や外交努力に大きな影響を招来するとも思わない。しかしこのような動きが中共の比重を大きくし影響力を強化させつつあることは否定できない。われわれの安保と関連して、このような中共の動きに北韓が便乗してくる可能性は大きく、北韓がこれを最大限に利用して何かの囚計を図ることをわれわれは警戒しなければなるまい。一方、米国のいわゆるニクソン・ドクトリンと関連して、米国の代わりに日本を反共代役に立たせようとする論議もあるが、もし日本のこうした役割りがアジア集団安保体制の一環として提起されるならば反対する必要はないだろう。しかし日本自体の国内的な条件では近い将来にこうしたことが実現されることはむつかしいと思う。北韓はこのような情勢の動きをわれわれの弱点だと判断するかも知れないが、それにたいするわれわれの対応策は、精神的、物質的国力を培養することにある。従って、国軍を精鋭化し郷土予備軍を戦力化して、経済建設を行ない外交をよりよくしてわれわれに敵対行為をしない共産国家とは友好関係を持つなど対備をたてなければなるまいと思う。

一、私が昨年八・一五慶祝辞で明らかにした平和統一構想は今も有効であるが、先行条件は必ず充足されなければならない。ただ問題は北韓の態度一つにかかっている。しかし、北韓は八・一五宣言にたいして悪意にみちた悪口でこれを全面拒否し、昨年十一月の五回全党大会で北韓は戦争準備が完了したと誇りながら、北韓を南韓革命の基地として南韓のあらゆるものを動員して大韓民国を転覆すると公言した。こうしたことなどからみても北韓のよくいう"平和統一"は政府的宣伝用として使われるものでその内容は武力統一に他ならない。なお、われわれが統一を早めるにはまず、国力を培養し、すべての面で北韓を圧倒することで、このときはじめて平和統一の道が開けるだろう。

一、政府は経済開発において成長と安定の調和を基本目標としており、三次五カ年計画においては①農業部門の重点開発②輸出の画期的増大（七六年までに三十五億ドル目標）③重化学工業建設などに重点を置く。

参戦各国に伝える
駐越国軍撤収の計画

政府は、朴正煕大統領が"駐越韓国軍の段階的減縮を検討中"と初めて明らかにした十一日の記者会見に先立ち、さる七日と八日の二日間駐韓ベトナム参戦国の外交使節らを外務部に招き、政府が駐越軍の段階的削減を検討しているということを通告した。

政府筋が十二日伝えたところによると、崔圭夏外務長官は七日にチュー南ベトナム大使、八日にはクロンピチャー・タイ大使を招いて政府の立場を説明、また七日には転任のあいさつで訪問したレドラム米国大使にも同じ内容を伝達した。一方、政府筋は崔長官が十一日に帰任したポーター駐韓米国大使と近日中に会い、駐越韓国軍の削減時期、規模、手順問題などにかんして話合うだろうと伝え、駐越国軍の削減が韓国軍近代化や韓・越経済協力などに及ぼす影響などを検討するだろうと述べた。

なお消息筋は、駐越韓国軍削減の速度が大体他の連合軍の撤収と足なみを揃えたものになろうし、また米軍スタイルの減軍となるだろうと示唆したが、きたる五月頃ロンドンでのSEATO（東南アジア条約機構）閣僚会議直後に開かれる予定のベトナム参戦国外相会議での減軍の輪郭が現われるだろうとみられる。

米国対韓軍事援助方式検討
自主体制確立目標で

韓米両国は駐韓米軍削減計画を契機に、これまで二十年間にわたって続いてきた米国の韓国に対する軍事援助方式と性格の改善策を検討しているといわれる。

韓国の自主国防体制確立を目標にしている同方案は、これまで大部分が維持費に使用されてきた米国の韓国に対する一般軍事援助を施設投資と重武器など耐久性品目に転換させ、米国の七一会計年度追加軍事援助で策定された一億五千万ドルをはじめ、現在、韓米間で論議されている長期軍事援助計画を早急にまとめ、武器工場などの施設面に集中投資することを検討している。

しかし、米国の韓国に対する一般軍事援助が、施設投資と耐久性品目に重点がおかれる場合、これまで一般軍事援助で充当してきた被服、タイヤ、セメントなど韓国内で調達できる品目を、韓国政府が負担することによって生じる問題点が起きるが、このことについて、当局者は明確な言明を避けている。

南越駐留軍の撤退は歓迎
新民、大統領所信内容を論評

新民党のスポークスマン金守漢氏は、朴大統領の年頭記者会見の内容を論評「国政に関する方向提示がない。ただ行政実務的な細目羅列と行政論議にとどまっている全体的に選挙を控えて政府業績の宣伝にかたむいた印象を受ける」と語り「南ベトナムに駐留する韓国軍の段階的撤退を決意したのはわれわれとしても歓迎する」と述べた。金スポークスマンは「国会で行うべき年頭教書を、今年も記者会見で代替したのは、国会の機能を無視したものである」とつけ加えた。

自立経済の達成を歓迎
経済界の反応

経済界は十一日、朴大統領が七〇年代の経済目標を「完全自立経済の達成」におき、六〇年代の物的経済成長におとらぬよう、七〇年代は精神的な面の開発に力点をおくと明らかにしたことに対し、歓迎の意を表した。韓国の代表的な経済団体である大韓商議、全経連は、とくに農業部門に対する重点的開発、輸出の画期的な増大、重化学工業の建設という経済施策方向と国土の総合的な産業化に対し、大きな期待を表した。

大韓商議　商工業界は、去る六〇年代の経済開発と高度成長の実績を土台に七〇年代には、経済の飛躍的拡張につづいて質的発展をなし遂げられる転機になることを期待する。

このような意味で朴大統領が明らかにした経済目標と施政方向はきわめて適切なものである。今後経済各部門別施政は安定の基盤の上に、持続的な成長を追求する部門別施策の総合化がとげられることをのぞむ。

全経連　朴大統領が、今後、経済の発展方向、問題点などに対し、詳細に提起したことに共感を覚える。安定と成長の調和をあとおしする物価政策、労使協調による労働条件に深い関心を示した施政方向に大きな期待をもって見守りたい。

金字塔を打建てる執念
＝共和党も論評＝

与党の民主共和党スポークスマン金昌槿氏は、十一日行われた朴大統領の記者会見の内容について「十年間になし遂げた飛躍の土台の上に、輝く金字塔を打たてようとする領導者の執念にみちたものである」という内容の声明を通じ論評した。

共和党公薦候補の審査終る

共和党は今週中に国会議員選挙に出馬する公薦候補の審査を終え、これを朴正煕総裁に報告、来週初めに裁可をえて発表する予定である。

共和党は九日までに、全国百五十三の地区党から国会議員の公薦候補者申請を受付けて締切ったが全国から四百六十七人が申請、平均三対一の競合を見せている。

また、地区党別でもっとも競合をみせているのは六人が申請している[illegible]、もっとも申請者が多いのは[illegible]達の八十四人である。

なお、共和党は九日までに受け付けた公薦候補申請者の名簿を中心に、今週中に党務会議を開き、可能な限り単一公薦候補者を選ぶが、競合の激しい地区は、二名で名簿を作成し、十六日ごろ朴総裁に党務会議で調整した候補者の名簿を報告、裁可の次第、来週中に公薦候補を発表するという四段階の公薦審査日程をたてている。

韓国と事前に協議
対中共関係の決定に
佐藤首相、李前大使に語る

佐藤日本首相は八日午後、離任あいさつのため礼訪した李厚洛前駐日大使（中央情報部長）との懇談で「今年は韓日両国があらゆる分野で一層協力してゆくことを望む」と語り、特に日本が対中共関係においてある種の新しい決定をするような場合は、東北アジアで日本と密接な関係にある韓国と事前協議をする考えだと明らかにした。

社会漫評

석탄 백탄 타는데―

漫画は本国紙から

本国新聞論調
朴大統領の新年記者会見談

朴正煕大統領は年頭記者会見で二時間半にわたり、今年の施政方針を明示、その所信について語った。最高経済者の施政方針宣明はその国家社会の進むべき方向を提示するだけでなく、国民の日常生活指針ともなるべきものとして重要視される。これは国会での年頭教書発表と、国民向けの年頭記者会見とが並行して行なわれる慣例であったが、ここ数年来、国会での年頭教書発表は中断され、年頭記者会見だけとなっている。こうしたことは国民としてまことに心細く思うことであるが、しかしながら、朴大統領の新年記者会見談を聞いて感じたことは、それが着実にして誠実、しかも計数に基盤をおいて合理的なものであるという点、たのもしく思ったことである。

新年の記者会見における談話には朴大統領の自信がよくうかがわれ、大統領は今年が選挙の年であるにもかかわらず、選挙用の目立つ約束を何もしなかった。明らかに国際政治家ではない朴大統領の実践がよく表われており、その簡素な言行は好感を買い、国民たちの信頼感を高めているようだ。だが、聞き取り方によってはこの会見があまりにも平凡すぎ"陳腐なもの"と感じ取られたかも知れない。

しかし、民主社会は従令が支配する社会である。つまり中味のない形だけの言葉遊戯や空虚な約束を乱発する社会ではないのである。その点を考慮に入れると朴大統領の会見内容は注意深く、しかも現実感のあるものとしてしかるべきだろう。

頼もしさともの足りなさ

朴大統領のこれまでの国政を通じても見実、精力的なものであったし、またこんごも同様のペースで引続き祖国近代化作業を推し進めて行くだろうと思われる。その意味で朴大統領の施政はたのもしい感を与えてくれる。

しかし、談話内容にもの足りなさがあったことも事実である。

朴大統領は談話の中で「精神的資源の開発」「国民総和の基盤」「市民精神の涵養」「精神的建設」などを繰返し強調した。そして「一九七〇年代には経済開発と自主国防の根幹となる精神的建設を無形に先行させなければならない」とも語った。ところが、その計画や方法については何ら具体的に展開しなかった。こうした点はもの足りなく、われわれに心細さを与える。そもそも精神的建設や開発には国民の自発性や創意が生命線となるものである。従って為政者はそうした国民の自発性や創意を喚起するような基盤を示してくれなければならないのだ。

伸縮性ある柔軟な態度を評価

朴大統領の記者会見談の内容のうちで、われわれは「駐越韓国軍を段階的に減縮して行くことを検討している」との朴大統領の発表を歓迎する。これはわれわれも早くから主張してきたものであるが、ニクソン・ドクトリンに伴う米軍の撤収や南ベトナム国民の感情などから考慮するとき、駐越韓国軍も漸次に撤収を図るべきだと考える。朴大統領の話の中にもあったように、それは無論、南ベトナム政府と米国をはじめ、他の参戦連合国とも協議しなければならぬことではあろうが、われわれとしてはあまり遅くならぬうちに駐越韓国軍の削減に着手するよう期待する。

また、同談話の中で安保問題に関しては「最悪の場合に備えて処しうる準備を整えておく」ことは賢明な対応策だと力の立場を示しながらも、反面、「可能ならば、敵対行為をしない共産国とも紐帯を持ちたい」と伸縮性のある柔軟な態度を披瀝しているが、このことは、従来よりも一歩進んだ積極的姿勢だと評価したい。

なお、こんどの会見談のうちに、国民たちが大きな期待をかけたもののうちの一つに不正腐敗の処理問題がある。朴大統領は「五・一六革命当時の公約を肝に銘じている」といったが、不正腐敗も革命的方法を使うならば"悪いものはバッサリと切って捨てる"ことによって完全治癒しうるだろう。しかし、朴大統領は、法治国家においては証拠があってはじめて処罰しうるのだといって"一時"に断断手術はできぬと国民をさとした。これは朴大統領の誓約を表明したものであろうが、われわれは革命家が"証拠"を強調するようになったことに"十年という時の流れ"を感ぜずにはいられなかった。まことにそれは感慨深い歴史の流れであった。

証拠さえあれば捕えるに期待

しかし、われわれは朴大統領が「遵法の手順によって」「証拠さえあれば大物であろうと小物であろうと一様に処断する」といった朴大統領の決意にこんごの期待をかくしている。

次に朴大統領は経済問題において、何よりも輸出立国に対する意欲と執念を再びはっきりと見せた。そして昨年度、達成した十億ドルという輸出実績は輸出立国を指向して進む韓国の高度成長ならびに持続的輸出増大の可能性を立証したものだと評価し、その間、韓国が達成してきた年間四〇%の輸出伸長率を勘案すると、その伸長率の半分を見積もっても七六年には三十億ドルの輸出を達成できると説明、朴大統領はこれは決して過激的なものではないと見通した。

だが、朴大統領はそうするには技術問題、原料調達、輸送問題などに隘路が山積していることを率直に認め、それらの困難をこんごも引続き克服する努力を国民に訴えた。実際のところ、現在のような脆弱な輸出商品構造で、さらに米国と日本に偏重しすぎた輸出をしているという地域構造では[illegible]伸長は期待できないだろう。早急にこうした問題を解決すべきだと大統領は要求しているようだった。

高速道路と国土総合開発計画

さらに、朴大統領が強調したように、今年下半期から施行される先進諸国の後進国に対する特恵関税制度は輸出の拡大と地域的な多辺化のため有利な契機となるだろう。また、朴大統領はその間、完成をみたソウル―釜山、ソウル―仁川、ならびに大田―全州までの高速道路に引続いて推進されているところのソウル―光陵、南海、東海岸の高速道路建設は、これらがすべて完成する予定の七六年には全人口の九〇%ないし九五%が、そして産業生産の大部分が高速道路の恩恵を受けることになろうと述べた。

この大統領の指摘した高速道路網と共に今年から本格化する国土総合開発十ヵ年計画と四大江流域開発計画の重点的投資などが、これらは全国土の効果的利用という利点のほかにこれまでの経済成長過程で現われた地域的不均衡を是正する寄与となるであろう。

大統領は自信をもって、その間の高度成長を評価しながらも、あまりにも急速に成長した経済に諸般の副作用が起きたことを認めたが、これらの副作用を解消するためにこんごは成長目標を低く下げて過熱した経済を冷却させると述べ、すでにそうした政策に着手していることを明らかにした。六九年の経済成長率は一五・九％という世界一高いものであったが、七〇年には一〇％以内と目標を抑制したのがそれであった。そして朴大統領は第三次五ヵ年計画では成長率を年平均八・五％線に抑えると説明、昨年から施行してきている緊縮政策はこれまでの急速な成長テンポをゆるめ、過熱した経済を正常化にもどすためのものだと語った。従ってこうした政策転換がもたらせている経済不況現象など、その副作用に対しては企業界が素早く適応する能力を備えなければならない。

なお、朴大統領も指摘したようにこうした"正常化への努力"は昨今の不安な物価趨勢を落着かせる役割りをするだろうと期待する。

労資問題と勤労者の福祉向上

一方、朴大統領は労資問題と勤労者の福祉向上に関して言及しており、企業発展のために勤労者の犠牲が強いられてはならないと強調するかたわら、労働条件の改善だけに問題を集中させて企業が犠牲となることも「ともに亡びるもの」だとその相関関係を力説している。

要は労働問題に対する政府や企業家たちの"正当な認識"であり、解決は時代の流れに沿って行なわれなければならないということであり、そうした認識ではじめて労資共同協調と共同努力の良い結果が生まれるというものだろう。

"正常化"への努力と堅実な前進

結論的にいうと、朴大統領は経済の"正常化"への努力と堅実な前進を約束したものとみることができる。従って、大統領は輸出伸長、農業開発、国土開発、重化学工業の重点的開発を強調した。

こうした諸課題が有機的に、しかも調和ある進展をなしとげて行くか否かに、こんごの"政策の妙"にかかっているといえよう。

（朝鮮日報＝ＳＩＳＡ）

李季祥国会議長、南ベトナムへ

李季祥国会議長は、グエン・バン・ルオン南ベトナム下院議長の招請で二十日から二十四日まで南ベトナムを、さらにフィリピン上院議長の招請で二十五日から二十九日までフィリピンをそれぞれ訪問する。[illegible]

韓日協力委の第六回合同常任委員会

韓国と日本両国協力委員会は、第六回合同常任委員会を二月十、十一の両日、東京で開かれる。[illegible]

71年度経済施策方針
安定基調堅持

[illegible]

71年度食糧増産計画を最終確定

[illegible]

韓国は元利金償還に自信
アジア開銀総裁談

[illegible]

使命の70年代初年の足跡

初年の足跡

ソウル～釜山間高速道路
朴正煕大統領は去る7月7日大田で歴史的なソウル～釜山間高速道路竣工式でテープを切った。

やくしん韓国

特集

自立経済の達成へ

積極外交に自主国防も

経済と建設

輸出目標10億ドル
工業生産品大きく拡大

外交と国防

予備軍戦力化

社会と文化

自主国防態勢

七〇年代の農業に向かう歩み

自助精神

第二経済運動と国民教育憲章理念の具現

不正腐敗の風潮一掃
政府施策目標に社会の浄化

エキスポ70万博「韓国の日」：去年5月大阪で開かれた万博の「韓国の日」記念行事でわが国固有の民俗舞踊が公開され観衆の熱烈な歓呼を得た。

航空機以外すべて国産

高速道路の建設

鉱・工業の強力推進

伝説を求めて（三十二）
上院寺の由来

姜錫彬

東京韓国学校全景

東京韓国学校
71年度学生募集要項

一、募集人員
初等部一学年　五〇名
中等部一学年　一〇〇名
高等部一学年　一〇〇名
編入　各学年　若干名
（但、高三除外）

二、受験資格
初等部一学年　満六歳児童
中等部一学年　小学校卒業又は予定者
高等部一学年　中学校卒業又は予定者

三、願書接受
期間　自一月十一日～至二月十三日
時間　自午前九時～至午後五時
場所　本校教務部

四、考査料
初等部　三〇〇円
中等部　一、〇〇〇円
高等部　二、〇〇〇円

五、出願手続
（イ）本校所定の入学願書
（ロ）出身学校調査書（編入者は在学ならびに成績証明書）
（ハ）国民登録済証明書
（ニ）写真四枚（四cm×五cm）
（ホ）考査料

六、考査
初等部　面接、健康診断
中等部　面接、書類審査
高等部　面接、学科考査（国・日・英・数）（但国語・日語中一科目選択）

七、考査時日
初等部　二月十三日（土）午前十時
中・高等部　二月十四日（日）午前九時

八、合格者発表
初等部
中・高等部　二月十六日（火）正午（於本校）

九、入学手続
（イ）手続期間　自二月十六日至三月二十日
（ロ）提出書類　誓約書、身上調査書
（ハ）納入金　納入金一覧表（略）

一〇、入学式
初等部
中・高等部　四月八日（木）午後一時

一一、其他
（イ）提出書類は返還しない
（ロ）入学に関する問議は教務部へ

東京韓国学校
東京都新宿区若松町二一
電話〇三―三五七―二一三三～五

永住権申請へ、混雑する窓口

一九七一年一月十六日、東京グラフ

民団役員のみまもるうちに
工場の勤務時間をさいて申請にきたという若い青年は、「面倒くさいですね」と民団役員ににっこりわらいながら申請をすますとさっさとかえっていった。

代筆をしてもらって……
区役所入口で朝総連の説得をふり切って申請にきたこの婦人は「事情?があって申請するから……」と遠慮がちに話しながら代筆をしてもらっていた。

これでいいのかな…… 区役所職員に問いながら申請するひとびと

なんだか心配そうに…… 書類の点検を待つ若いお嬢さん

親しい友達とともに…… 朝総連のおばさんたちはうるさいが民団さんの手もかりたくないと自分たちの手で申請をすませる若い婦人たち

総連の妨害、警戒の民団
手前の二人は民団役員、向側に座っている二人は朝総連、窓越しにみえるのも朝総連の反対説得者連中である。静かなうちにも申請促進と反対の熱気がみなぎっていた某区役所の点景。

案内의 말씀

時下 辛亥新年 酷寒之節에 組織과 民族을 위하여 奮斗하시는 여러先輩님의 尊体萬康하옵심을 삼가祈願하나이다。

우리同盟에서는 唯一한 在日同胞青年의 指導団体로서 青少年의 民族的育成에 힘쓰고왔읍니다。

그一環으로서 每年 全国各地에서 成人으로서 새出発하는 後輩의 前途를 祝賀하는 뜻에서 成人祝賀会를 갖어왔읍니다。

今年에도 下記와 같은 要領으로 祝賀会를 開催하오니 年頭에 公私多忙하실줄 思料되오나 부디 臨席하시기와 成人者에 激励의 말씀을 배풀어 주시옵기 부탁하오며 玆에 案内드리는 바입니다。

記

1. **名称** 『'71成人者祝賀会』
1. **日時** 1971年1月24日（日）午後4：30開場　5：00開会
1. **場所** 虎の門「発明会館」TEL（502）0511．3835
1. **主催** 在日韓国青年同盟中央本部
1. **主管** 在日韓国青年同盟東京特別本部
1. **後援** 在日本大韓民国居留民団中央本部　在日本大韓民国居留民団東京本部　在日本大韓婦人会東京本部
1. **内容** 記念式，講演，民族舞踊，우리노래 其他

以上

在日韓国青年同盟　中央本部

委員長　金　恩　澤

在日本大韓民国居留民団
綱　領
一、우리는 大韓民国의 国是를 遵守한다
一、우리는 在留同胞의 権益擁護를 期한다
一、우리는 在留同胞의 民生安定을 期한다
一、우리는 在留同胞의 文化向上을 期한다
一、우리는 世界平和와 国際親善을 期한다

THE PRESS MINDAN TOKYO
THE KOREAN RESIDENTS UNION. IN JAPAN. TOKYO OFFICE
「韓僑通信」改題
在日本大韓民国居留民団 東京本部発行週刊紙
（1965年7月27日第3種郵便物認可）

THE PRESS MINDAN TOKYO

1.27日 <1971>
週刊・毎水曜日発行
第2436号

発行所 民団東京新聞社
発行人 鄭在俊
東京都文京区本郷3丁目32番7号
電話（811）1535（代表）
〒133 振替口座 東京16631番
（大韓民国文化公報部国外頒布許可）
（購読料 1カ月100円・特別1000円）

永住権申請者30万을突破

民団中央共同記者会見

日政에妨害排除못한責任
民団中央 声明発表 該当者申請継続을要求

在日韓国人의 永住権申請은 16日로서 마감되었다。申請促進의 치열한運動을 展開해온 在日居留民団의中央本部（李禧元団長）에서는 이날午後1時、駐日公報館에서 内外記者団과共同会見을갖고 다음과같은 声明을 発表하였다。（写真은 同日의記者会見의光景）

오늘1月16日로서 韓日協定에서 마련된 在日韓国人 永住権신청의 5年間이라는 指定期間이 일단満了되었다。우리民団은 全国에서 신청자総数30万을 突破하였다。이数字는 全該当者55万9千1百47名中 半数를 훨씬 넘는것이며 이結果는 組織全員과 傘下機関을 網羅한 集団的인 努力의 結晶이다。特히本国政府의 格別한配慮와 言論機関의 適切한報道와 아울러 日本側有志의 友好的인 協力에대하여 深甚한 謝意를表한다。

이重大課業을 成功裡에 끝마침에있어서 무엇보다앞서 생각나는것은 5年이란 신청期間이 実際로는1年半에不過한 短縮된 活動期間이었다는点이다。

問題点이었던「継続居住」가 解決된것은 겨우一九六九年8月韓日法相会議의 結果이다。거기所要된 3年半에걸친 闘争때문에 남아있는1年半이라는 時間은 宣伝活動、事務連絡등에 도저히不足함을 免하지못하였고 特히周知시켜야할 義務를가진 日本当局은 全該当者에 대하여 不過1万余의 案内書밖에 내주지않았다함은、우리들의 正当한権益을 不知中에 잃게하였으며、最終단계에이르러서 신청을妨害하는 朝総連行動에대하여 日本政府는 이를放置하므로 이로因하여 신청치못한 많은 該当者가있다는데대하여서는 그責任은 全的으로日本政府가 져야할것이다。이와같은悪条件下에서도 能히 所期의数字를 達成하게된것은 우리組織의 強靭性을立証한것으로 貴重한 業績이라 아니할수없다。今後에있어서도 民団은 組織에賦課된 本来의使命을 完遂하며 또한祖国의 切実한期待에 報答하기위하여 在日同胞의 法的地位의確立과 待遇条件의 改善에関하여는 倍前의 努力을 集中해야할것이다。여기에있어서 우선 다음3項目은 当面한 緊急課題로서 그의早速実現을 期하기 위하여 全力을 다할것을 다짐한다。

一、신청未畢의 해당자는 手続完了까지 신청期間의 延長을 韓日両政府에 強力히 要請한다。

二、協定永住権을 가진 在日韓国人이 善良한外国人으로서 地域社会에 寄与할수있는 生活의基本条件을 日本人과 同等하게 待遇할것을 日本政府에게 要求한다。

三、今日以後一般永住権者에대한 신청을 계속遂行할것이며 이와併行하여 所謂特在者에대하여도 安定된 居住権取得이 可能하도록 適切한方案을 確立하여 実践한다。

組織을担当하는 各位는 一九六五年의 協定以来今日까지 이른바 記号朝鮮으로부터 韓国籍에復帰한 新入団員이 이미10万을 넘었다는 厳然한事実을 想起하여 또한 過去23年間에걸친 民団史上 처음으로 明確한 数字로써勝敗의分岐를 画하였다는 躍進된 事実을直視하여 앞날의権益闘争이나 対共闘争에있어서 自信과 勇気를가지고 果敢한行動을 展開하여주기를바란다。

이제야 우리의周囲와情勢는 民団의強化된 組織力에 대하여 観望의尺度를 急変하였다는 事実을否定할수없다。다시말한다면 過半数를 훨씬超過하는 永住権取得者를 基盤으로해서 諸般活動을展開한다는것은 名実共히 在留同胞60万의 唯一한基本団体로서 確固한 態勢를 堅持하는것이니 이는곧 民団의正当한 主張을 必然的으로 貫徹시킬 背景을 完工하였다고 自認하는바이다

人事
韓日協力増進에努力 李澔駐日大使着任

李澔新任駐日大使는 17日午後4時30分東京国際空港着KAL便으로 赴任하였다。

이날空港에는 鄭在俊東京本部団長을비롯、在日居留民団関係者多数가 出迎하였으며 姜永奎大使代理의案内로 特別待合室에서 記者団과会見、「韓日国交5年 在日韓国人의 永住権신청이 마감되는此際에 駐日大使로 오게된것을 매우기쁘게 생각한다。韓日親善과 協力関係의 増進에힘써 아시아및世界平和에 寄与하겠다」고 簡単한人事를하였다。（写真은李大使夫妻、空港에서）

両国間에継続協議할터
崔外務部長官談話 永住権関連問題解決에

一九六六年1月17日発効한 韓日両国間의「在日韓国人의 法的地位와 待遇에関한協定」이 一旦一九七一年1月16日로서 마감되었읍니다。

그간国民여러분의 声援과 政府의不断한努力 그리고 特히在日国民스스로의 自覚으로 協定永住権신청자는71年1月12日現在 26万4千2百70名에 達하였으며 最終統計는 날자가 더걸려야나오겠읍니다마는 마감日（1月16日）까지는 신청有資格者推定者総55万9千1百35名의 半을 훨씬넘는 在日国民이 신청을 하므로서 좋은成果를 거둘것으로 생각합니다。

그간政府는 駐日各級公館및 在日居留民団組織을 通하여一連의 신청促進活動을 強力히展開하였으며 一部의悪辣한 방해工作에도不拘하고 民団系뿐만아니라 所謂中立系및「朝総連」系 사람들도 永住権을신청하도록 積極啓導하여왔읍니다。

이와같이하여 많은中立系와「朝総連」系사람들이転向하여왔으며 韓・日国交正常化以前 一般的으로 民団系、中立系、「朝総連」系가 各己3分之1로云謂되어오던在日韓国人이 70年3月에는 民団系가 所謂中立系와「朝総連」系를 合친것보다도 数的으로 훨씬優位에 서게되었으며 이와같은趨勢는 앞으로도継続될것으로 展望되는바 政府로서는 在日国民에대한 積極的인対策이이와같이成果를보게된것을 多幸으로 생각하는바입니다。

한편 그간의 対日交渉을통하여 協定永住権者의 待遇에있어서 協定上의特恵以外에도 協定永住権者家族에 대한 一般永住権許可、出入国管理上의 特典等優待方法이 日本政府에의하여 천명되었으며 또한 신청資格및 節次에있어서도 第2回外国人登録事項에대한 居住経歴調査의省略、신청書類의 簡素化等諸般便宜가 合意、実施되어왔읍니다。

韓・日間의 法的地位協定의 基本精神은 在日韓国人의 特殊한事情에 비추어 그들이日本에서 安定된生活을営為할수있도록하는것이며 이것이 韓・日両国間의 親善友好増進에도 이바지하게 되는것입니다다。

이와같은 協定의 基本精神에따라 韓・日両国은 在日韓国人 모두가 協定上의権利를 享有할수있도록努力해야할것입니다。

따라서 우리政府는 아직 協定永住権을 신청하지못한분들에 関한問題、協定永住権取得者에대한 優待方法 그리고協定永住権을 신청하였으나 許可를取得하지못한者들에関連된 諸般問題点들을 解決하기위하여 앞으로 継続韓・日両国間에 協議가있을것을 期待하는바이며 政府로서는 이를위하여 最善을 다할것입니다。

未申請者적지않음은遺憾
姜駐日大使代理談話 法的地位上保障받도록

親愛하는 在日同胞 여러분!

韓日両国間에 체결된「在日韓国人의法的地位와 待遇에関한 協定」에 따르는 여러분의 協定永住権신청의 期限은 昨1월16일로서 마감되었읍니다。同日까지 日法務省에 集計된 永住権신청数는 28万名이며 앞으로 밝혀질 最終集計는 약30万名전후로 推定되는바、이러한 좋은成果를 올리는데 있어서는 어려운 与件속에서도 주야奮闘努力하신 在日居留民団간부및 在日同胞여러분들의 献身的인 労苦에대하여 本人은 大韓民国政府를 代表하여 深甚한 謝意를表하는 바입니다。

그러나 이로써 同「法的地位協定」上의 永住権신청이 다끝난것은 아닙니다。同協定에따라 協定永住権을 取得한여러분들의 오늘부터出生하는 子女들의 永住権신청을 始作해야하며 그러한 子女들의 永住権신청은 協定上 出生後60日以内로하여야 한다는 事実에 留意하시어 신청에 차오가 없도록 하여야할것으로 생각합니다。

今般協定永住権을 取得한 분들에대하여는 이미 日本政府当局으로서도 協定上에規定된 生活을 営為할수있도록 優待할方針을 천명한바도 있거니와 政府로서는 이러한분들을위하여 日本国에서 諸般優待措置가保障되도록 継続積極努力할것입니다。

그러나 今般制限된 永住権신청期間을 通하여 여러가지 不得已한事情으로 同永住権신청을 미처마치지못하고 마감期日을 넘기게된 在日同胞의数가 적지않음은 크게 遺憾된 일이나 우리政府는 그들도 大韓民国의 国民임을 勘案하여 日本国에서 法的地位上의充分한 保障을 받을수있도록 努力할 方針입니다。

끝으로 우리政府에서는 앞에서 말한바와같이 在日同胞 여러분의 諸般権益擁護를위하여 継続모든 努力을 다할것을 거듭다짐하면서 在日同胞여러분의 앞길에 発展과 繁栄이있으시기를 祈願합니다。

取下げ策動厳戒せよ
鄭東本団長談 未申請者に同情の念

鄭団長

激しく展開した在日同胞の永住権申請促進運動は、十六日で終了したが、居留民団東京本部鄭在俊団長は「今後の問題がより重大であり朝総連の取り下げ策動を厳戒するよう」要旨つぎのとおり傘下組織に指示した。

在日韓国人の永住権申請は十六日をもって締切られた。わが東京本部は、民族的使命に徹した組織一線みなさんの果敢な活動により目標数を突破した。

民団の正しい啓蒙活動によって永住権の意義を認識し多くの善良な同胞が申請を終えたことは慶賀に耐えないが、一方、朝総連の虚偽宣伝に迷って、永住権取得の機会を逸した同胞たちに対しては同情の念を禁じ得ない。

今後は、永住権申請がひとりの落伍者もなく永住権を取得されて安定した生活に加えよりよい待遇が保障されるよう心から祈ってやまないと同時に、朝総連の妨害または他意によって申請できなかった同胞たちの救済について温い同胞愛を傾けるよう本国政府ならびに日本政府当局に期待してやまないものである。

組織一線のみなさんは、永住権申請運動を通じて体得した貴重な経験と知恵を今後の組織活動に生かし「永住権申請の取下げ」など朝総連側の策動と組織への侵蝕を厳重に警戒するよう望んでやまない。

在日同胞の永住権申請
本国論議

十六日で在日同胞の永住権申請は締切られた。六五年韓日国交正常化の一環として締結された「日本国内に居住する大韓民国国民の法的地位及び処遇に関する大韓民国と日本国間の協定」に基づき、五五万九千百四七人の同胞が七一年一月十六日までに永住権を日本政府から獲得することに取決めた。この永住権を日本政府から獲得した在日同胞は、義務教育や、国民保険などの面で日本国民に準ずる処遇を受けられる。この法的保障が、われわれとして必ずしも満足するものではないが、従来の侮りにしみる民族的差別待遇を排除しうるという点で、在日同胞の法的地位を高く向上させる契機になるものと考える。ところで六六年一月十七日、同協定が発効されてから五年間、わが政府、在日公館民団側の宣伝啓蒙にもかかわらず現在まで明らかにされた申請者総数は、大体、二九万人程度に推測される。この数字は決して満足できるものではない。在日同胞の将来を決定する永住権申請が、このような水準にとどまっている状態の一因は、政府―公館―民団側の活動が、その間、あまり活発でなかったという点に帰着せしめることもできる。しかし、より根本的な要因は、国土分断の悲劇にあるといえよう。北傀の在日拠点である朝総連が、戦後二〇余年、平壌から莫大な財政的支援の下で、その組織を拡大してきた。在日同胞ほとんどの経済的貧困層が、そのような組織をして、容易に存在せしめたのである。

一方、日本政府側にも、在日同胞に対する国策化した内在的蔑視感と在日同胞の日本内の少数民族化を懸念、永住権問題には、きわめて消極的な態度をとってきた。ときには、面倒な申請手続制度を設け、在日同胞の日本永住を妨害してきた。事実上、二つの韓国を認める立場で、北傀と接触を維持し、できるだけ多くの同胞を北に送り、残った同胞には、永住権者の数を最少限にとどめようとした日本の試図は、客観的にも否定することができない事実である。このような状況を利用し、朝総連と日本の革新系市長が、永住権申請を妨害した数多くの実例は枚挙にいとまがない。

在日同胞の永住権問題は、韓日両国間の利害衝突、南北韓の冷戦在日同胞相互間の対立などを反映させる多くの難題を提起している

永住権申請をすませた同胞みなさんへ

永住権申請をすませた
親愛なる同胞みなさん

在日韓国人の永住権申請は、さる十六日でもって締切られ、在日同胞全体の過半数という多くの同胞が申請をすませました。

永住権は、韓日間の法的地位協定の基本精神に基づいて、在日同胞が安定した生活を営めるよう法的に保障するものであります。したがって永住権を取得した在日同胞たちには、今後の生活上にいろいろな特恵が約束されております。

強制退去条件の大幅な緩和、財産取得の不適用、家族に対する一般永住権の許可など永住権取得者に与えられる多くの特典のほか「永住権取得者は、しない者より優遇されることはもちろんである」という日本法務大臣の談話はいうに及ばず、韓国政府においても「永住権取得者により一層の優遇がなされるよう」今後とも政府間の協議をつづけると声明しております。

過去、日本帝国主義の直接的な犠牲者であるわれわれ在日同胞にとって、それらの永住権による特典は満足なものではないが、朝総連が言うような決して無意味なものではなく今後の権益伸長には大なる意義をもつものであります。われわれは同じ民族として、また同じ永住権取得者の立場でともに固く団結し今後の権益擁護運動に努力したいと思います。

永住権申請期間中にみせたあの朝総連のみにくい妨害の騒動は、憤慨に耐えませんが、彼らの虚偽宣伝と妨害によって永住権を申請できなかった同胞たちに対しては民族的同情を禁じえません。

申請期限まぎわに区役所の窓口に殺到した永住権申請者の姿は、なにを物語るものでしょうか？ それは永住権の取得が今後の生活上絶対必要であることを認識された証左にほかならないのであります。しかるに朝総連は、多くの善良な同胞たちの権利を奪いました。

そればかりでなく折角の申請者に対しても、それを取下げるよう悪辣な策動を続けております。朝総連の妨害によって申請できなかった少なくない同胞たちが、涙をのんで民団へ訴えておるとの現実をご認識され「永住権申請取下げ」という無謀な行為におちいらぬよう重ねて強調してやみません。

無暴な取下げは身をほろぼす！

共和党公認候補名単を発表

鍾路を除き一五二地区　現役61人が脱落

立てた議員三人のうち二人が脱落、そのほか共和党の七代議員のうち今回の公認からもれた議員は六一人に達した。

地域区の公認から除外された三八人は、各道別では京畿四人、江原二人、忠北四人、忠南二人、全北四人、全南八人、慶北四人、慶南九人、済州一人で、忠北、慶南、全南地方に大勢の脱落者を出した。

た。また、今回の公認で、前職が院内総務一人、道支部長二人、現職の国会常任委員長四人、前職国会常任委員長四人、現職の政策委副議長二人など中堅又は前職クラスが大挙、脱落された。結果的には今回の公認から旧主流派が多くの犠牲をしいられたようだ。

軍出身27%

公認立候補者を、まず年令別にみると、四十代が八三人で全体の五五%、五十代が五十二人で三五%、四十代と五〇代の人々が全体の九〇%を占めている。(三〇代は九人、六〇代は八人)そして職業別には、軍隊と官僚経歴をもつ人が圧倒的に多く、そのうち、軍出身は全部で四一人、前回の選挙のときの比率二二%をはるかに越える二七%である。

学歴別には、最近、流行の絶頂にある経営―行政大学院出身を含めた大学出が百十六人で、全体の七六%に達し、各種の士官学校及び教養専門学校など特殊学校出身が十二人、中高卒者が二〇人、小卒と無学がそれぞれ三人と一人になっている。国会の代を迎えることによって、議員立候補者の学歴は、徐々に高くなっている。今回

の公認で、新人といえる人が七九人、この新人の年令は四〇代、五〇代が大部分を占めている。この新人の職業は、官僚出身が四三人、会社員、経済界出身が十三人、教育と法曹界出身がそれぞれ六人、言論、労総出身などが十人である。官僚出身者の中には、青瓦台

共和党地域公認者名単

ソウル(一九地区)

釜山(八地区)

京畿(十六地区)

江原(九地区)

忠北(八地区)

忠南(十五地区)

全北(十二地区)

全南(二二地区)

慶北(二四地区)

慶南(十八地区)

済州(二地区)

司法部本来の姿へ

全国裁判所で整風運動

大邱高等裁判所の判事百余人が「裁判所の権力からの独立」「請託排除」「裁判所の刷新」など三大スローガンをかかげて、裁判所の浄化運動を繰り拡げた。大邱高裁の判事全部長判事など四人の判事が主動となってはじめたこの整風運動は、去る十一日釜山地方裁判所の部長クラス判事と大邱高裁の判事が、大邱高裁会議室で懇談会を開いたのを皮切りに十二日・十三日両日に亘って、大邱地裁で、判事全員が集り、この運動を強力に推進してゆくことを誓い合った。この日、大邱地裁の判事らは、大邱弁護士会ら在野法曹

全国に波及

38年ぶりに訪ねた祖国

元福井朝銀副理事長　千震昊

衣食住問題も一応安定

発展ぶりに感激

……日本を出発する直前まで、朝総連の人たちは私の帰国を思いとどまらせようとして「逮捕される」「拷問をうける」「国民たちから迫害をうける」とかの脅迫をかけてくれたが、事実は全く正反対であった。……

蔚山では、思いもかけず村の人々がバスの停留所まで花束をもって出迎えてくれた。三十八年ぶりの父母との再会はあまりにも感動的で……

同胞支援へ積極的研究

金大中氏立件

事前選挙の嫌疑で

1・16、同族の嵐を残して去る

警察の機動隊も出動

永住権申請　朝総連の妨害で騒然

在日韓国人同胞の日本での法的地位、生活上の諸権利を左右する協定永住権申請は、さる十六日、五年間にわたった申請の締切りで幕を閉じた——。当初、運動の立遅れその他から不振を危ぶんでいた民団では、締切日間際に至って申請者の"ナダレ的"急増によって一応の目標数である三十万人を突破したとして、安堵とのうちに長く激しかった運動の跡を振返っている。

しかし、一方では永住権を申請しなかった同胞が数多く残されたこともはっきりと浮き彫りにされたわけで加えて永住権取得者の処遇問題、今春の日本通常国会への新出入国管理法案の再上京の動きなど今後の問題も山積しており、民団の業務は息つくひまもなくいっそう厳しくなってさえいる。ことに、申請締め切りの十六日までの数日間、全国至る所で朝総連の妨害騒ぎによってもたらされた同胞どうしによる衝突は、事の解決をこえて後味の悪さを残した。加えて民団の運動が、いちおうの成果をもって一段落をみたのも束の間朝総連が永住権申請者の取消し騒動を画策するなど"巻き返し"の動きもはじめているなど、在日韓国人の権益擁護運動の課題は、いぜん今後に重大な尾をひく気配を見せている。

ところで、全国での申請者は今年に入ってからかなりの伸びを示しはじめたが、飛躍的な増加が明らかになったのは、いよいよ締切り間際の十一日から。東京本部管内についてみると、支部からの報告を日毎に記す永住権申請者日計表に、十一日、前日までの三倍に近い六百二名、翌十二日は六百六十四名、十三日には八百四十八名十四日には遂に九百六十八名と記入される具合。そして最終日の十六日には、同日付で、同日24時まで申請を受理するとの法務省通達があったとはいえ、実質的に三〜四時間の申請時間の間に、これまで最高の約千四百名の申請が確認されている。

申請者の急増に比例して、朝総連側の申請妨害、阻止の動きも急激にエスカレート、都内の区役所という区役所で、鄭在俊東本団長らのエネルギッシュな陣頭指揮のもと、水ももらさぬ布陣であくまで申請促進をつらぬく民団側との間で、一触即発の緊迫した場面がくり返された。

中でも同胞の居住数が多く、また朝総連組織が比較的強いといわれる荒川、足立、大田、台東などをはじめとする各区役所では、十日前後から朝総連が窓口周辺に待機、いやがらせや妨害の挙にでるとともに、十三日ごろからはその規模、激しさともいよいよエスカレート。

目にあまる総連の暴挙

台東区役所では十四日、総連系のアジュモニら約三十名が幹部とおぼしき者らに引きつれられて朝早々と区役所窓口に押しかけ、占拠した。申請者を案内して区役所を訪れた民団幹部らをみるや、「君らは何しに来たのか！我々の国籍変更を邪魔するな！」と威け高に一かつ、外人登録をこれ見よがしに示しながら窓口のカウンターをいっこうに動く気配もない。遂にはやっとの思いで申請をすませ混乱を縫って立ち去ろうとする同胞に罵り雑言を浴びせたあげく、いったん受理された申請書類を区役所の役人から取り上げ、衆目もいとわず破り捨てる暴挙に出る事態までひき起こされた。そのころには穏やかならぬ空気を察知して民団、総連幹部らも数つめかけていたため、これに激昂した民団側と総連の間で、激しい罵倒の応酬、つかみ合うという険悪な事態にまで発展。事態を重大とみた民団側の要請で遂に機動隊が区役所内に出動、これによって混乱はいちおう鎮まったものの、役所内に機動隊が待機、見守る中で立場こそ違えないに近隣に住む同胞どうしが憎しみもむき出しににらみ合う状態が遅くまで続いた。申請をすませたアジュモニが、帰りがけ阻止のため頑張っていた総連系の隣り近所のアジュモニ達に取囲まれ、面罵（ば）されるといった光景も、ここかしこに見られた。

各支部永住権申請状況表

1971. 1. 16.

支部	目標数	申請者数	比率
文京	320	367	114.7%
台東	500	604	120.8〃
中央連合	100	149	149.0〃
墨田	260	180	69.2〃
江東	430	504	117.2〃
江戸川	250	519	208.0〃
北	220	303	137.7〃
足立	850	1,336	157.2〃
荒川	920	1,127	122.5〃
葛飾	460	439	95.4〃
豊島	280	324	115.7〃
板橋	230	364	159.6〃
練馬	260	477	183.5〃
新宿	350	429	122.6〃
中野	280	349	124.6〃
杉並	280	413	147.5〃
渋谷	250	460	184.0〃
世田谷	310	610	196.8〃
目黒	220	319	154.1〃
港	250	253	101.2〃
品川	400	535	133.8〃
大田	700	1,016	145.1〃
計	8,120	11,080	136.5%

（1970年10月から最終日まで）

東南ア視察旅行へ

KAL招請　民団全国地方団長

民団では、各地方本部団長から成る「東南アジア自由友邦親善視察団」を派遣することになった。これは、万博招待、永住権申請運動でいわゆる民団の二大事業が一段落したのにあわせて、慰労かたがた地方本部団長の視野を広めようとの主旨で大韓航空の招請によるもの。一行は二十五日に本国に向け出発、旧正月をはさんで二十八日にソウルで結団式のあと二十九日金浦を出発、バンコック、香港、台北をそれぞれ二泊で訪問、二月四日にソウルに帰着、解散する予定である。

婦人会北支部　映画の夕べ

去る二十日午後六時から、民団北支部事務所二階の講堂で、映画の夕べが開かれた。これは永住権促進運動の慰労をかねて婦人会北支部（朴才洪会長）の主催でもたれたもの。団員や婦人、青年ら多数が、韓国劇映画「山」と記録映画「在日同胞子弟夏期学校祖国訪問の記録」を鑑賞した。

東本、緊急支団長会議ひらかる

申請取下げ防止など

永住権事後処理を協議

[illegible]

基礎領事をはじめ東京韓国学校の安理出理事長　宋基鶴校長らが来賓として参席した。

会議は羅鐘卿副団長の司会でひらかれ、まず鄭在俊団長が「永住権申請促進運動において各支団長をはじめ組織一線で活動したみなさんの苦労に対し厚く感謝するとともに心から慰労の意を表してやまない。いろいろ無理も言ったがお陰をもって東京本部管轄では目標以上の成果をえたことは慶賀に耐えない」とあいさつした。

つづいて閔泳相議長は「永住権申請が目標達成したことは、組織が強力であることを立証するものである。永住権申請の運動は終ったが民団本来の運動は、これからはじまるものであると銘心してほしい。」とのべた。

[illegible]果は予想どおり高良な大衆は、彼らの欺瞞をふりきって民団の正しい説得に応じてくれた。運動期間中のみなさんの苦労を慰し今後ともこの民族運動によせた精神をわすれないでほしい」とあいさつし

団長の東南ア視察　実務者の慰安旅行等認む

また東京韓国学校の安理出理事長と宋基鶴校長がそれぞれあいさつ、民団の永住権運動の成果に敬意と慰労の言葉を述べるとともに今春の同校の生徒募集について協力を要望した。

続いて討議に入り、まず永住権申請事業の事後処理について意見が交換された。各支団長から、いったん永住権を申請した者が、朝[illegible]らの申請書の取下げ[illegible]とともに、該当者を個別に説得して取下げの防止に努力すること等の点を確認した。

またその他の諸問題、とくに①永住権不許可者の救済問題②永住権申請にともなう事故者の救済対策などが当面重要であることを確認、これらについては中央本部などの具体的な指示をまって早急に対策を講じていくことを決めた。

会議はひき続いてその他の案項の討議にうつり、①永住権申請事[illegible]

[illegible]約一週間で予定されている中央本部主催による各地方本部団長の東南アジア旅行について若干の意見を交換したあと、全員拍手をもって鄭在俊東本団長の旅行参加を承認した。午後四時閉会。

支部だより

文字通り永住権の追い込みで明けた新年も、十六日でいちおうの落ちつきを取り戻した感があるが各支部では激務のあい間をぬって、あるいは永住権の締切り日を待って、それぞれ新年会を開催、今年[illegible]

文京　[illegible]

台東　[illegible]

墨田　[illegible]

江東　[illegible]

江戸川　[illegible]

荒川　[illegible]

葛飾　永住権が一区切りついた十七日午後五時半から葛飾公会堂において、新年会と成人式ならびに団員お年寄りの長寿を祝う敬老会と、盛大な集りをもった。永住権での疲れにめげず団員はじめ[illegible]

目黒　[illegible]

世田谷　[illegible]

渋谷　[illegible]

板橋　[illegible]

豊島　[illegible]

ソウルに日本人学校設立か

駐韓日本大使館は、韓国に居住する日本人の子供を教育するための特殊学校の設立を、非公式に外務部当局に打診した。十四日消息筋によると、駐韓日本大使館の野田英二郎参事官が去る十三日、外務部を訪問、この数年、家族同伴の日本人居住者が増え、子供の教育問題が重大な問題になっていると説明し、日本人学校の設立のため韓国国内法上の手続き及び可能性を打診してきたと明らかにした。現在、韓国には、日本人学生二五人が「インターナショナル・スクール」にかよい、冬休みや夏休みを利用して、日本語の教育を受けている。

社長に崔聖根氏

ホテル八景経営の刷新へ

在日同胞有志の親睦団体である「八八倶楽部」の経営になる熱海の「ホテル八景」は、優秀な施設を誇りながら発展をつづけているが、今般（昨年九月）同ホテルの運営執行部が更迭し取締役社長に崔聖根氏同副社長に崔鴻振、栗奉五の両氏がそれぞれ就任した。

社長就任にあたって崔聖根氏は同ホテルの経営刷新をはかり旧執行部の残務をこのほどおわったが今後の方針について大要つぎのとおり語っていた。（写真は崔社長）

去年七月の定期株主総会で、私が社長に選任されたがわれわれ同胞経営として異色ある八景ホテルを発展さすためには、時代にマッチする経営方針に切りかえねばならないと思いいろいろな新しい企画をとり入れることにした。株主の増員をはかりいま新株主の募集に当っているが幸いわれわれの意図を諒とされすでに14氏が快諾してくれている。目標は30名の新株主増員であるが近く達成されると思う。在日民族組織には特別な便宜をはかりたいことはもちろんであるからせいぜいご利用されんことを願ってやまない。

このひとを知りませんか

金喆淵氏（本籍・慶尚南道慶州郡朱知面璟水里）当年53才

右の方は約三十年前東京で学生のときに一度帰郷して結婚、再び日本に帰ってから現在まで生死不明。金氏の帰日後に生れた子息さん（金東鎮氏）が、六・二五動乱中にソウルへ移住しまだ顔もみぬ父をさがしております。金氏は、学徒兵で太平洋戦争に出征したとの話しを風のたよりにきいたとか、金氏の消息をご存じの方は、当民団東京本部宣伝部か左記へご連絡下されば幸甚に存じます。

ソウル特別市城東区金湖洞二一一〇番地十六統四班 韓淇錫氏方 金東鎮へ。

培材高校・寧越中学ラグビー遠征歓迎会

培材高校と寧越中学のラグビー日本遠征団の歓迎会が13日午後6時、芝パークホテルで在日韓国人体育会の主催でひらかれた。写真は同歓迎会においてあいさつをのべる鄭在俊東本団長（右から4人目）

東京商銀信用組合の新年会

東京商銀信用組合の新年会が16日午後1時から赤坂プリンスホテルで盛大にひらかれた。

婦人会東本の新年会

大韓婦人会東京本部の新年会は17日午後零時から大塚の角万でひらかれ永住権申請運動の労苦をねぎらった。

撤収の転機迎えた駐越国軍

三千の命の犠牲と功績……

金台原

▽"平定"の遂行と貴重な犠牲

（SISA）

筆者の金台原氏は韓国日報サイゴン特派員。

成長とげた韓国をみて

ウイリアム・P・バンディ

米国務省の前国務次官補（アジア太平洋地域担当）ウイリアム・P・バンディ氏はいまミシガン工科大学（MIT）の政治学教授であるが、ニューズウィーク誌への寄稿家でもあり、最近のニューズウィーク誌にバンディ氏は「"静かなる朝"から"激動の真昼"へ」と題した韓国に関する論文を載せた。同論文には一九七一年の韓国に対する見解が披歴されているから、次に紹介しよう。

一世代が歴史の中に流れ去って行くとき、人はその区切りに立って過ぎし十年間を回顧せずにはいられないものである。多くの場合出発点では予想だにしなかった

米国のある新聞は一時、ニクソン大統領の環境問題顧問だったラッセル・トレインのことばを引用してソウルを世界一の汚染都市だ

憂うつなノロノロから活気ある都市へ

韓国のここ十年の変化は驚異的なものだった。

"韓国は歴史的にずっと中国、ロシア、日本の戦場であり、アジアのポーランドと評されたものだった。そしていまも分断状態にある韓国は古くから"静かなる朝の国"と呼ばれてきたものだったがいまや強力な意欲でわき上っている。

ここ十年、このわき上がりの中で奇跡といわれる経済建設をしてきた韓国が一九七一年からはどのような方向に向かうか、これは興味深い問題である。特にこんごも昇勢を続けるか、あるいは凋落に向かうかの点で七一年は決定的に重要な年となるだろう。

"変化"に驚くものであるが、米国の場合は、ジョン・E・ケネディ大統領が六一年初め就任演説で希望にみちたニューフロンティア政策を高く掲げてから十年、これは大した鼓舞的な"期間"とはならなかった。しかし、われわれが意外にもうまくいった、という明るい話題をのぞいてみたく思うのはどうしたわけだろうか。その意味で韓国の状況は実に壮観を呈した。

71年は昇勢か凋落の境

静かなる朝から激動の真昼へ

モーレツな意欲、教育熱心、団結心

大統領選と国会議員の選挙

今年、すなわち七一年には大統領選挙と国会議員選挙があるが、

野党の大統領候補金大中氏

昨年秋に出現した野党の大統領候補金大中氏は当年四十五歳で精力的な上、有能の士である。

業績は理想主義的批判でマイナス

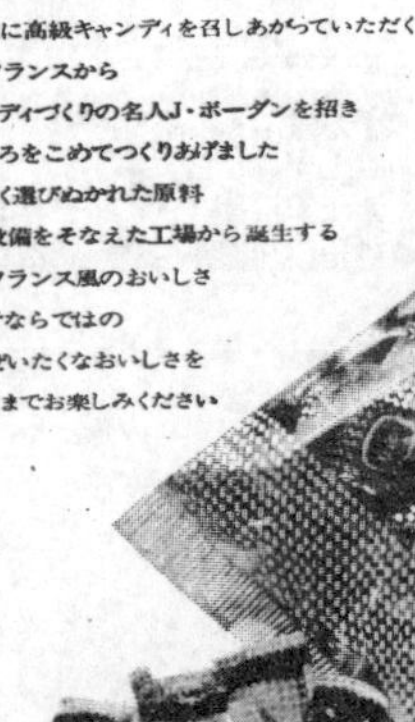

―プラス・マイナスされて評価される……。

（SISA）

筆者のウイリアム・P・バンディ氏は米ミシガン工科大学（MIT）の政治学教授。

本国社会・文化ニュース

KAL米国就航の見通し立たず

日本拠点の北韓スパイ事件公判

メンタイ漁労、大好況迎える

民営住宅建築資金をふやす

出入国旅行者総数ふえる

三十四万余名で外人は十万

ソウル大の競争率三・七倍

ソウル大学は、去る十一日午後五時で今年の入学願書の受付けを締切った。

今年度のソウル大学入試志願者をみると、十一の単科大学の総応募者数は一万三千九十人に比べ平均三・七対一の競争率を示している。

北韓との書信往来有罪を宣告

在日本大韓民国居留民団
綱　領
一、우리는 大韓民国의 国是를 遵守한다
一、우리는 在留同胞의 権益擁護를 期한다
一、우리는 在留同胞의 民生安定을 期한다
一、우리는 在留同胞의 文化向上을 期한다
一、우리는 世界平和와 国際親善을 期한다

THE PRESS MINDAN TOKYO
THE KOREAN RESIDENTS UNION, IN JAPAN. TOKYO OFFICE
「韓僑通信」改題
在日本大韓民国居留民団東京本部発行週刊紙
（1965年7月27日第3種郵便物認可）

民団東京
THE PRESS MINDAN TOKYO

2月3日〈1971〉
週刊・毎水曜日発行
第2437号

発行所　民団東京新聞社
発行人　鄭　在　俊
東京都文京区本郷3丁目32番7号
電話（811）1535（代表）
〒133 振替口座 東京16631番
（大韓民国文化公報部国内頒布許可）
（購読料 1カ月100円・特別1000円）

35万9百22人

永住権申請者　法務省の集計

日本法務省は先月二十九日、在日韓国人の永住権申請者数を三十五万九百二十二人と集計、駐日大使館へ非公式に通告した。この永住権申請総数に関しては去る一月十六日の締切りと同時に李禧元民団中央団長が記者会見で三十万突破を宣言、その後全国地方本部、実務会議などを通じて三十四万一千百六十六人との推定をはじき出していた。また、駐日大使館でも公館長会議での報告に基ずき三十三万八千三百九十九人と推計していたが、日本法務省の通告はこのいずれをも上回る。

期限延長要求と取下げ阻止へ

全国団長・事務局長会議ひらかる

民団全国団長ならびに事務局長会議が、さる二十三日午後一時から東京文京のホテル・ダイエーでひらかれ、一月十六日で締切られた協定永住権申請促進運動の経過報告ならびに今後の方針について討議した。

団長会議

経過と展望

①法的地位の残余問題、特に待問題解決に対処する足場づくり
②経済、民生、文教問題にわたり根本的に対処する足場づくり
③組織の強化と権威確立
④朝総連傘下同胞たちの善導教化および朝総連勢力の粉砕などにおき、基本理念を民族運動においたものである。

その間、多くの隘路があったが……

今後の対策

朴根在民逝く花でうまった霊前㊤に多くの民団幹部に送られて出棺㊦

朴根世（中央議長）氏死去

16日東京教会で民団葬

朴根世民団中央本部議長は、ながらく骨髄炎のため東大病院で入院加療中のところ、薬石の効なくさる二日午前三時二十分、同病院で永眠した。享年四十八歳。

民団中央本部において同夜七時から通夜、三日午前九時から告別式を行ない、午前十時、親族、民団有志ら多数が見送る中で出棺した。民団中央本部では、十六日午後一時から、東京飯田橋の東京教会で民団葬をとり行なう。

朴根世氏略歴

本籍・慶尚北道迎日郡九龍邑浦……

韓国、10年間の躍進と今後の問題

尹致暎氏、東京外人記者協会で演説

日本の対中共政策に対して

一、――韓国のウオン貨切下げがあるという話について
――ありえないことで……

韓国に対する侵攻と日本に望む態度

朴大統領と金大中新民党候補

米国のインドシナ政策と米韓会

第三次五カ年計画と自立確立へ

対中共政策と駐韓米軍の撤収問題

未申請者に対する救済方案

取下げ運動の阻止策

李晧駐日大使、佐藤首相と会談

永住権取得者優待問題語る　李大使、小林法相

永住申請総数（民団各県報告集計）

地方本部	有資格者	申請者	地方本部	有資格者	申請者
東京	50,527	30,540	富山	1,881	620
神奈川	25,240	14,473	大阪	147,364	113,045
千葉	8,200	3,600	兵庫	55,549	33,177
山梨	2,170	1,040	京都	37,978	23,124
栃木	1,909	856	奈良	4,992	3,840
茨城	3,530	1,214	滋賀	5,749	3,185
埼玉	7,231	3,120	和歌山	4,607	2,900
三多摩	9,600	4,013	広島	14,987	9,494
群馬	2,500	1,020	岡山	7,609	4,104
静岡	7,804	4,386	鳥取	1,498	650
長野	4,791	2,267	島根	1,503	808
新潟	2,621	1,497	山口	14,860	8,813
宮城	3,261	1,722	福岡	24,849	15,596
北海道	7,912	4,000	長崎	3,234	2,350
青森	1,910	1,032	佐賀	1,548	840
山形	668	341	大分	3,145	1,750
岩手	1,200	646	宮崎	1,114	735
秋田	1,135	764	熊本	1,869	1,400
福島	2,061	584	鹿児島	630	500
愛知	45,433	26,489	愛媛	2,047	1,100
岐阜	10,635	4,785	徳島	244	137
三重	7,473	4,350	高知	946	380
石川	3,168	1,629	香川	887	450
福井	4,739	2,179	総計	559,147	341,166

一九七一年度在日韓国人国費留学生募集要綱

一九七一学年度 高等学校課程国費留学生をつぎのとおり募集する。

一、募集対象
母国の高等学校課程で国費、修学を願う在日本大韓民国民

二、志願資格
（イ）日本外国人登録法に依り登録を完了した大韓民国国民で永住権を取得又は申請した者
（ロ）大韓民国教育法上高等学校入学資格がある者
（ハ）日本で中学校三学年に在学中の者で一九七〇学年度卒業予定者（但 男子に限る）
（ニ）旅券ならびに再入国手続が可能な者で学業が優秀な品行方正な者

三、提出書類
（イ）入学願書（所定様式）　三通
（ロ）家庭環境調書（所定様式）　三通
（ハ）小学校卒業証明書ならびに中学校卒業（予定）証明書　三通
（ニ）中学校成績証明書　三通
（ホ）国民登録証ならびに推薦書　三通
（ヘ）外国人登録済証　各三通
（ト）写真（最近六個月以内に撮影した名刺版）　一枚

四、志願書類提出
（イ）期間　一九七一年二月一日から一九七一年二月二〇日まで
（ロ）提出処　①駐日本大韓民国大使館奨学官室（電話四五三―九六五三）　②民団中央本部文教局または各民団県本部　③各韓国教育文化センター

五、選衡実施
（イ）日時　一九七一年二月二十一日（日）
（ロ）場所　追後通知する
（ハ）銓衡科目　国語・英語・数学・面接

六、其他事項
（イ）教育計画　合格者に対してはソウル大学校在外国民教育研究所で一年間の予備教育を履修した後一九七二学年度から文教部が指定する高等学校に入学させる
（ロ）宿舎計画　合格者全員を文教部が指定する寄宿舎に入舎させ監督を厳格特別指導する。
（ハ）国庫負担計画　学費金ならびに宿食費全額を負担する。

其他事項は駐日韓国大使館奨学官室・民団中央本部文教局・各教育文化センターに問合せること。

大韓民国大使館奨学官室
東京都港区南麻布一―二―五
電話〇三（四五三）九六五三

血は水より濃し

韓国選手

北韓選手

南北の同族選手が一堂に会した。同じ血をわけあう同胞でありながらそれぞれ別な栄誉をになって札幌国際冬期スポーツ大会に出場してきたのだ。しかも北韓の韓弼花選手は韓国の金暎熙選手のイ母（母の妹）に当るという悲劇的な話題も伝えられている。血は水よりも濃いという。張基栄韓国のIOC委員は「北韓の選手たちに温い同胞愛を示すよう」と呼びかければ孫吉川北韓選手団長は「くには違っても同じ民族だから」との感想をのべたと伝えられる。

札幌国際冬季スポーツ大会開会式

北韓女子スピードの選手たち（向う側）が　韓国チーム（手前）と練習で顔を合わせた。（2月3日真駒内スピードスケート競技場で）

札幌プレ五輪

雄大한自然 화려한舞臺

한지붕밑에 北傀선수도

世界의「衣裳전시장」

多季 올림픽은 72년에

꽃같은 恩石校어린이들

삿뽀로(札幌)에서 글 李鐘植 특파원

韓弼花北韓選手は私の妹だ

ソウルの韓桂花さん対面に札幌へ

札幌プレ・オリンピックに出場している北韓の女子スピード・スケート選手韓弼花さん(二六)の実姉韓桂花さん(三九)が、妹会いたさに九日夕ソウルから札幌に飛んできた。桂花さんは十日、宿泊しているロイヤルホテルにつめかけてきた記者たちの質問に答えて「妹と離ればなれになってからもう二十年です。北にいる父母はどうしているのか―妹の弼花に会って、是非聞きたい……」といって、その先は涙にむせんで言葉にならなかった。ときれ、ときれ桂花さんの語ったところによると「父の名は韓昌洙、母は李貞子。私が十九歳になった夏、咸鏡道の城津で師範学校の学生だったとき動乱が起きて、私たち家族はひき裂かれました。きょうだいは六人でした。私は十四歳の弟をつれて南へ逃げましたが、それ以来、とうとう父母にも会えず、また消息を知るよすがもなく二十年が過ぎました。こんど私の娘が選手として札幌大会に出場することになりましたが、これを契機に北にいる父母や兄妹に私が元気だということがわかってもらえればそれでいいと思っています。北韓では妹のこと否定していると聞きましたが、妹に会って、父母に私のことが伝われば、それだけでもいいと考えるようになりました」ということである。

また、桂花さんの二女、金暎照さん(一四)=ソウル・祥明女子中学=はこんどの札幌プレ・オリンピックに最年少の韓国代表選手として参加しており、十三日には叔母(おば)の韓弼花選手と女子スピード・スケートに出場するという不思議な縁にとりもたれている。

なお、桂花さんを羽田空港で待ちかまえていた記者たちが「北韓では韓弼花選手はあなたの妹さんではないと報道していますが…」というと桂花さんは「弼花はどう考えても私の妹です。でも弼花がさきの記者会見で暎照の叔母(おば)ではないと否定したことは弼花の立場を思いやらせるものがあり、理解できます」と、答えた。そして「こんどのことで弼花に何ごとも起きなければいいのですが……」と心配げであった。

一方、北韓選手団の孫吉川団長は、韓選手との血縁関係を取扱った新聞記事は「われわれに精神的な動揺を与えてオリンピック精神を冒涜する政治的なものだ」と非難、当初は桂花さんが弼花さんに会いに来ても対面させないという態度を見せていたが、十日夜の記者会見では「悪らつな謀略であるが、大会が終わった後なら、韓選手自身会う用意がある。」と語った。

なお、北韓では韓弼花選手は西側の「鎮南浦の出身であるから違う」と報道したが、韓弼花選手は感慨なまりのある言葉を使っている。

永住権取得者の在日同胞 待遇改善に努力する

李大使 駐日公館長会議で強調

組織の私物化を排す

康清子女史 婦人会長へ立候補

康清子女史

立候補声明

東南ア視察団一行帰任

……を突破したという情報が入るや遊覧バスの中で一行は万才を叫んだ。なお趙新興KAL大阪支店長の指示により香港KAL社長の特別の……がホンコンで待期、バンコク、ホンコン、台北と寄る毎に出先き支店は総力を挙げて一行の面倒を見た。なお、一行に加った東本部在俊団長は、五日午後KAL便で東京へ帰任した。

萩焼に特別賞 演劇・映画芸術賞で

韓国日報社主催の第七回「韓国演劇・映画芸術賞」の非劇部門でこのほど「萩焼」(KPニュース映画社・代表権康栄氏)が受賞した。これは昨年行われた第六回の「高麗村」に引続き二度目の特別賞であり、特に国内では対象作品がなく海外僑胞が受賞したことは意義深い。同映画は、民団主催の三・一節記念式典において一般公開される。

東洋経済日報 大阪本社移転

東洋経済日報社では大阪本社を一月二十五日から大阪市北区曽根崎新地二丁目十七番地、成昇ビル・電話〇六(三四四)二四三一に移転した。

プレ・オリンピック 民団応援態勢

札幌オリンピック北海道韓国人後援会(会長田漢秀)と民団北海道地方本部(団長崔東洵)では、二月七日から一週間札幌市真駒内ジアムにて札幌プレ・オリンピック冬季大会が開催されるにあたって、同大会に出場する韓国選手団の後援、在日韓国人の応援態勢などの計画を明らかにした。同後援会ではこの機会を通じて国威宣揚と韓国選手団の士気を鼓舞するためソウル恩石国民学校児童のフィギア・スケーテング選手団を招請し、二月六日(土)午後七時から札幌スケート・センターで前夜祭を開催する。なお、韓国選手団の日程は次の通り。△二月六日午後三時―四時三十分、恩石国民学校児童のフィギア・スケート(札幌スケート・センター)△七日午前十一時―十二時三十分、開会式(真駒内スピード・スケート競技場)△十日午前十時三十分から、男子複合競技十五㌔(真駒内スキー距離競技場)△十二日午前十時―午後一時、男子スキー大回転競技(手稲山大回転競技場)▽十三日午前十時から、男女スピード・スケート(真駒内距離競技場)△十四日、午前十時男子スキー・回転競技(手稲山回転競技場)△同日、午前九時三十分から、男女スピード・スケート(真駒内スピード・スケート競技場)十四日、午後六―八時三十分、閉会式(同)

崔載寿被告に 懲役18年言渡

故金愛知団長殺害犯

一昨年愛知県民団本部団長故金龍煥を殺害した崔載寿被告に対する判決公判は九日名古屋地裁第十一号法廷で開かれ、午後二時半堀端裁判長は同被告に懲役18年の実刑を言渡した。

第7回全国韓青冬期講習会

2月20～22日 志賀高原の法坂で

在日韓国青年同盟は、在日同胞青年の唯一の民族的な連帯の場として数々の活動を行なっています。毎年一回行なわれる冬期講習会が、今年も二月二〇～二二日の三日間、志賀高原の法坂で開かれます。

現在、私達在日韓国青年の中で国語を話したり、歴史を理解できる人はほんのわずかです。私達一人一人が韓民族の一員でありながら自分自身の歴史について何も知らないというのが現状です。そして私達が日本で生活してゆく上で様々の障害もあります。そのひとつとして入管法の問題があります。これは現行の入管令を改悪して私達在日韓国人の生存権を奪おうとするものです。私達はこれらの問題を在日韓国人一人一人のものとしてとらえ、重視し、いかに対処してゆくかを真剣に学ばねばなりません。

冬期講習会は、全国の青年が一同に結集し、学習に、スキーにと三日間同じ仲間と語り、楽しむ民族の祭典です。初めて参加する人も楽しく友達と語り、また学習やスキーに有意義な時間をおくれることでしょう。スキーの経験の無い人でも指導員の先輩達が親切に教えますし、貸スキー一式も完備しています。明日の民族の中核となる青年の皆さん。こぞって参加しましょう。

問合わせは韓青本部か各支部、または民団各支部へ。東京地区の集合場所と時間は二月十九日夜十時半、韓青東京本部前で同夜十一時バスで出発します。費用は会費一人当り三千五百円と交通費二千円計五千五百円です。

東京韓国学校

71年度学生募集要項

東京韓国学校全景

一、募集人員
初等部一学年　五〇名
中等部一学年　一〇〇名
高等部一学年　一〇〇名
編入　各学年　若干名

二、受験資格(但、高三除外)
初等部一学年　満六歳児童
中等部一学年　小学校卒業又は予定者
高等部一学年　中学校卒業又は予定者

三、願書接受
期間　自一月十一日～至二月十三日
時間　自午前九時～至午後五時
場所　本校教務部

四、考査料
初等部　三〇〇円
中等部　一、〇〇〇円
高等部　二、〇〇〇円

五、出願手続
(イ)本校所定の入学願書
(ロ)出身学校調査書(編入者は在学ならびに成績証明書)
(ハ)国民登録済証明書
(ニ)写真四枚(四㎝×五㎝)
(ホ)考査料

六、考査
初等部　面接、健康診断
中等部　面接、書類審査
高等部　面接、学科考査(国・日・英・数)(但国語・日語中一科目選択)

七、考査時日
初等部　二月十三日(土)午前十時
中・高等部　二月十四日(日)午前九時

八、合格者発表
初等部 中・高等部　二月十六日(火)正午於本校

九、入学手続
(イ)手続期間　自二月十六日至二月二十日
(ロ)提出書類　誓約書、身上調査書
(ハ)納入金　納入金一覧表(略)

一〇、入学式
初等部 中・高等部　四月八日(木)午後一時

一一、其他
(イ)提出書類は返還しない
(ロ)入学に関する問議は教務部へ

東京韓国学校
東京都新宿区若松町二一
電話〇三―三五七―二三三一～五

麗わしき山河・祖国の姿

慶会楼　白雪は人生を蔽よわす神の偉大な贈りもの。歴史の香気薫る慶会楼（一八六三年建立）に降り積む雪は、人間の意志と聡明をみそなわす神の恩寵により燦然たる調和をなしている。

ザ・リトル・エンジェルス帰国

米日での公演終えて

米国と日本の各地で百回にのぼる巡回公演を行ない、"韓国最高の

写真は帰国の途上機内ではしゃぐリトル・エンジエルス

食料研究所を設置

発計画）無償資金百五十万ドルと政府支援資金で設立されるもので、各種食料品の品質管理と新製品開発研究を行なう。

日本文化センター設置許可

放射線防御の国際セミナー

ソ連のトロピエラ博士出席せず

原子力庁と国際原子力機構（IAEA）の共催で二十六日から三日間ソウルの原子力庁放射線医学研究所で東南アジアおよび極東地域放射線防御にかんする国際セミナーが開かれたが、これに出席する予定だったソ連人科学者イオログ・トロピエフ（IAEAの事務局員）博士は突然の胃腸病を理由に日本に立寄ったままセミナーには出席しなかった。

こんどのセミナーは、開発途上国の放射線管理および原子力施設周辺の環境放射線管理にかんする専門技術と放射線による事故が発生した場合、地域協力を推進、放射線防御のための安全管理則と組織にかんする討議を行なった。

僑胞子弟を国費で留学

づき、毎年十人の高校生を選抜、国費で留学の道を設けることになった。

ソウル大学受験生の成績

ソウル大学は二日、七一年度入試合格者を発表したが、今年の受験

韓国科学技術研　三菱総研と提携

韓国人の見る三島事件（一）

張在述

昨年十一月二十五日　日本自衛隊東部管区内で起きた作家「三島由紀夫」事件は、日本社会のみならず在日六十万同胞社会にも大きな衝撃と反響を与えた。ただの猟奇事件として見過すべきか？どうか？ひとりの在日韓国人のみる。筆者張在述氏は、一九三八年日本の中学を卒業し解放後は在日民団活動家である。（写真は筆者）

（一）日本の精神土壌

三島事件は、日本人の精神的土……民族は、まるで国家的観念がなく中毒的精神上の情操がない。

アジア情勢が、米国のニクソン・ドクトリン構想に向い、はげしく……

（二）体制側の作家群

（三）三島的韓破船につづく者

原稿を募る　……民団東京本部機関紙編集部

在日本大韓民国居留民団
綱　領
一、우리는 大韓民国의 国是를 遵守한다
一、우리는 在留同胞의 権益擁護를 期한다
一、우리는 在留同胞의 民生安定을 期한다
一、우리는 在留同胞의 文化向上을 期한다
一、우리는 世界平和와 国際親善을 期한다

THE PRESS MINDAN TOKYO
THE KOREAN RESIDENTS UNION. IN JAPAN. TOKYO OFFICE
「韓僑通信」改題
在日本大韓民国居留民団
東京本部発行週刊紙
(1963年7月27日第3種郵便物認可)

2月10日
<1971>
週刊・毎水曜日発行
第2438号

発行所
民団東京新聞社
発行人 鄭在俊
東京都文京区本郷3丁目32番7号
電話 (811) 1535 (代表)
〒133 振替口座 東京 16631番
(大韓民国文化公報部国内頒布許可)
(購読料 1カ月100円・特別1000円)

金大中新民大統領候補 東京外信記者クラブで演説

僑胞記者団と会見　金大中候補は10日午前9時帝国ホテルで在日僑胞記者団と会見した。写真は記者団に語る金候補（中央）と金相賢議員（左）

韓国新民党大統領候補金大中氏は米国の政界指導者らとの一連の会談を終えての帰途、二月七日東京に到着、八日十二時三十分在日外信記者クラブの招請で同会員を前に演説した。演説全文はつぎの通り。

大衆利益優先の対日外交
緊張緩和へ北との交流を促進

新しい酒は新しい袋に

日本をはじめとして世界の著名な言論機関を代表する皆さんに尊敬と親愛の挨拶を申し上げます。

私は現大統領である朴正熙将軍であり、かえって、大衆こそ、最高の力の源泉であり、大衆こそ最も賢明な決定者であるとの堅い信念をもっています。

強力な国防と、効果的経済開発は、大衆の積極的支持と参与なしには成功することができません。

…なるでしょう。

わが韓国も二五年間アメリカだけを頼りにしていた時代から、いまや徐々に、自分の運命を自らの判断と力で開拓して行く時代に変りつつあります。

たしかに今韓国は、八年前に朴…

アジア的内戦と内政の改革

緊張緩和と交流の促進

民主友邦との紐帯強化

韓国の選挙と私の決心

札幌国際冬季スポーツ大会ひらく

はなやかにひらかれた開会式

分断国悲劇の影さして
象徴も別々に南北から選手団

韓国選手団の入場

北韓選手団の入場

社告

民団東京新聞編集局

米軍削減 韓・米両国が共同声明

2万人六月まで撤収

脅威分析へ年例安保協議会

崔外務長官

M16小銃の国産、本決まり 丁国防長官語る

ていたが、政府高官が公式に確認したのははじめてである。

なお、丁長官は記者会見でさらに次のように明らかにした。

一、近日中に国防部から代表団を訪米させ、M16小銃の生産工場を韓国に建設することで、米国側と契約する工場建設は上半期中に着手される。

一、ベトナム派遣軍の撤収については詳細な計画を検討中で、これが成立すれば参戦国との協議に移る。撤収はそのあと遠からず実

韓国の安保公約は履行する ア米下院議長言明

訪米中の丁一権前国務総理は二十三日、カール・アルバート米下院議長の昼食会に招かれたさい、アルバート氏が「韓国は共産陣営と対立していながら、画期的な発展を成し遂げているが、これは自由陣営の模範である」と称賛した」と語り、また、「米国は韓国の安全保障のための公約は履行する」と述べたと明らかにした。

アルバート氏が議長に就任してから最初の賓客となった丁一権氏は、国民会合の席上で北韓がどの共産主義よりも好戦的であることを指摘し、特に対共防衛体制をとらなくてはならぬ韓国の特殊事情を考慮した上米国が強力な防衛支援をしてくれることを望むと要請した。

なお、米国の共和党の議会指導者は駐南ベトナム韓国軍が南ベトナムであげた戦果をたたえ、韓国軍の撤収計画についても関心を表明したといわれる。

一方、丁一権氏と金桂元前中央情報部長は二十二日、レアード米国防長官に、韓国をめぐる極東の安保情勢を説明し、韓国軍備近代化五ヵ年計画の終了後も、米国の強力な防衛支援があるよう要請した。

南北統一政策発表へ "統一を祈る日"を制定

政府はこのほど韓国の七一年度南北統一政策を明らかにしたが、その骨子は①統一へのイニシアチブをとる、②統一への国民の世論を導く、③統一政策に関する研究を奨励する——などとなっている。この統一政策は昨年八月十五日に朴正熙大統領が発表した"八・一五平和統一宣言"をさらに具体付けるもので政府が関係当局と意見を調整して、まとめたものである。

この政策によると、韓国は、北韓との間に統一をはばむ人為的な障害を次第に取り除きながら、統一のイニシアチブをとるとともに「統一のムードづくりに努力を払う」が、これはまず世論を喚起しなければならない点を強調、国民の統一への念願を強調する"統一を祈る日"を制定することにしている。

独島は明らかに韓国の領土

崔圭夏外務部長官は、二十七日声明を発表し、独島(竹島)が日本の領土であると主張した佐藤首相の国会発言について「独島は歴史的、地理的見地からだけでなく国際法からみても厳然とした韓国の領土であることは明らかではある。日本側の主張は不当である」と反論した。崔外務部長官はさらに「独島は明白な韓国領土であるため、この問題は日本との協議対象にはなり得ない」と述べた。

なお、佐藤首相は二十六日の参院本会議で、自民党の森八十議員の質問に答え「竹島は日本固有の領土であり、このような事実は歴史的、地理的にも異論の余地はなく、韓国政府との交渉を通じ解決する」と述べている。

落薦騒乱者は除名へ

朴大統領指示 政府・与党連席会議

大統領選挙日 4月26日ごろ

する者は党からの除名もやむをえず、の線を断行することにした。

して籠城などの騒乱を起こすことは除件的なやり方で共和党員とし

政府・与党は大統領選挙を四月

ころ実施、三月二十三日共和党は大統領選挙のための選挙公告を行なう計画……二十日までを選挙対備態勢とし②三月二十日までを……期間③選挙公告後の選挙戦と決めて、三段階選挙戦……している。また共和党は……の開催とともに三月から……動員、本格的な……ことにしており、選挙公……全国中小都市に予備遊説……ることを検討中である。共和党は選挙遊説のため……の遊説班を編成するため……員を確保する運動を展開

続発した物騒な事件

KAL機拉北未遂・金候補宅爆発

国会内務委員会は二十八日午後関係長官を出席させた中で大韓航空(KAL)旅客機乗取り未遂事件と金大中新民党大統領候補自宅での爆発物事件にたいする首相と責任を追及した後、これにかんする処理案を内務委員長と与・野幹事に一任することにした。

朴環遠内務部長官は金議員宅の爆発物事件にたいする報告をした中で、爆発物を科学捜査研究所で分析した結果、これはオモチャのかんしゃく玉のような爆発物で、こどもの遊ぶ火薬だまを紙に包んで緑色のテープを巻き、これにエ業用の導火線を連結させて点火させたもの、と語った。朴長官はまた、新民党の大統領候補である金議員の家でこのような事件が起きたのは選挙を前にひかえて重視せざるを得ないと述べ、全捜査陣を動員して犯人を索出し、公明選挙ふん囲気をこわさないようにする考えだと明らかにした。

なお、朴長官はKAL機乗取り未遂事件にかんしては乗客の乗込み前に金属探知機を使って託送物を徹底的に調べたが探知機には何もあらわれなかったし、結局直接からだの点検ができなかったためこのような事件が起きたと断定せざるをえないと報告、関係警察官を厳重に問責すると語った。

なお、与・野議員たちはこの日の国会内務委員会で、金議員宅の爆発物事件はなんとなく釈然としない政治的事件の気味が見えると主張、互いに相手側がつくった茶番劇ではないかとして論議をくり広げた。

国会真相調査委、証言聴取終える

国会真相調査特別委員会は四日金大中新民党大統領候補宅前での爆発物事件にかんする証言聴取を全部終え、これにたいする処理方案は委員長と共和・新民両党幹事に一任することにした。

なお、同委員会は五日、さきに起きた金浦・江華事件(金大中議員の警護員らが警官に集団暴行を加え、逮捕された事件)にかんする真相調査も終えた。

これらの二つの事件にたいしては与・野が意見を異にしているため単一報告書作成はむつかしいと見られるが、朴環遠内務部長官は委員会での証言を通じ「また金議員宅爆発物事件の犯人が捕まらないが、必ずつかまえるよう努力する。これまでの捜査では政治関係や共関係、個人的な怨恨関係に至るまで広範な角度から調べてきたが、その結果、十余種の特異な疑問点が発見された」と語った。

この特別調査委では朴内務長官のほかにも李雨沢治安局警察長ら二十二名の証人喚問が行なわれたが、共和党議員たちの質疑が、金候補の警護官金相元巡警(巡査)が事件当日職場を空けて木浦に行ったことなど、金候補周辺の人たちの動きにたいして疑問的であるのに対し、新民党側議員らは捜査当局が事件を"政治テロ"の角度から捜査進行させていないと非難、事件当日の現場状況を主として質議した。

KAL機の乗取り失敗事件

東海岸の束草発ソウル行き大韓航空(KAL)のF27フォッカー・フレンドシップ旅客機(李康炫機長ら乗員五人、乗客六十人)は二十三日、乗客にまぎれて乗りこんだ男に北韓に向かうよう脅されたが、韓国空軍の出撃によって、乗取りはまぬがれ不時着した。

犯人が手投げ弾でスチュワーデスをおどし、北へ向かわせようとしている騒ぎを知った李機長が直ちに空軍に連絡したため、乗取りは失敗に終わったが、六九年十二月十一日のYS11機の乗取り事件(このときは乗客四十六人、乗員四人が北韓に連行され、うち十二人はまだ帰されていない)以来大韓航空は空中保安官を一人必ず機中に乗せ、乗客は誰も操縦室に入れないようにしてあることが大きな助けとなったものとみられている。

KAL機は連絡六分後に出動した空軍5A機二機の威かく射撃などにより守られて江陵の北方五十三キロの江原道高城郡県内面草島里(休戦線南方三十キロ)の海岸砂浜に緊急不時着、犯人は機中保安官に撃たれたさい持っていた手投げ弾が爆発して死亡した。なお副操縦士はこれより先犯人にとびついたさい手投げ弾で重傷を負い、救急車でソウルの病院へ運ばれる途中で死亡、他に乗客約二十人も手投げ弾のあおりで負傷した。

治安当局の調べによると、乗取り犯人は江原道高城郡巨津面の前科持ちのカワラ職人、金相泰(二二)で北韓スパイと接触していた。

スパイ証拠を発見

鄭相千治安局長は二十八日、こんどの大韓航空機乗っ取り未遂事件は、犯人金相泰の単独犯行ではなく、北韓のスパイと関連をもつ共犯がいると発表「北韓にいる犯人金相泰の兄との接触について捜査した結果、共犯がいるということが明らかになった。対共関係と関連しているため、詳しい内容は明らかにできないが、事件の全ぼうが明らかにされれば公表する」と述べた。

なお、同事件の捜査専担班が一日明らかにしたところによると、犯人金相泰の家からスパイ用の乱数表のほかに他のスパイと接触してきた別の証拠物が発見・押収され、金が固定スパイであったという確証を得た。

かんしゃく玉爆発事件 金大統領候補宅

二十七日夜九時三十五分ごろ、ソウル麻浦区東橋洞の金大中新民党大統領候補宅の玄関先で爆発物が爆発、金氏の家族と近所に住む三十名余りは爆音に驚いて家から飛び出すなどして騒いだ。爆発による被害は全くなかったが、選挙を数カ月前に控えている折から捜査陣はにわかに緊張した。

金氏と夫人は訪米中で、金氏宅にはこの夜、金氏の母堂(七八)と三男(八)、それに親戚のこどもたちなど五人がいた。

事件後緊急出動した警察は現場検証の結果、爆発物は私製のかんしゃく玉で爆音だけを発するようにこしらえてあり、これは完全に分解されていたと述べた。

新聞論調

日本の対中共政策

国際的背信と隷属の危険性

東京からの報道によると、日本自民党の元老議員藤山愛一郎氏(日中国交回復促進議員連盟会長で元外相)はきたる十一日覚書貿易事務所幹部たちを含む代表団を率いて訪中するという。藤山元外相は、日米安保条約の調印者でもあるわけだが、果たして中共はこれを忘れ去っているだろうか。

これより先、佐藤日本首相は一月二十二日の施政方針演説で中共を初めて"中華人民共和国"と正式名で呼び、政府レベルの対話を望むと語っているが、しかし、二十五日の国会質疑では中共の対日姿勢がいまだに強硬で非妥協的だと指摘したし、また国連対策では国府(台湾)を追放してはならぬと強調している。

さらにさる二十九日、佐藤首相は自分の存任中には対中共政策を修正しないだろうと述べたが、国際信義と長期的な国益を考慮しながらも一部"復交"論の圧力を念頭に置かなければならず、佐藤首相の現実政治家としての苦衷もうかがわれる。

スポーツまで政治で彩色する不純さ

一方、東京の日華協力委員会の議員たちはきたる十六日台北を訪問するといわれるが、藤山氏一行の北京訪問時期にタイミングを合わせたという点が注目を引く。いわば分裂式の"ふたまた"がけ外交に非常に忙しい感があり、その指向するところは"二つの中国"と"一つの台湾"だと解される。

しかし、北京のハラは全く別なところにあることが明白である。端的な実例をあげると中共はきたる三月末の名古屋で開かれる世界卓球選手権大会に参加する条件として㈠国府をアジア卓球連盟から除名すること㈡彼らの政治三原則、すなわち①中共を敵視しない②二つの中国を排除③国交回復に反対しない——などを日本卓球協会に強く要求し、とうとうさる一日これを貫徹させた。スポーツまで政治で彩色しようとする中共の不純な術策は糾弾されるべきであるが、これは韓国を含む他の参加国の反発を招来したし、アジア卓球連盟の分裂危機まで甘受しようとする日本卓球連盟幹部たちの思考方式もおかしいと疑わざるを得ないという評が多かった。

国際信義にそむく経済機会主義

いま、日本の中共復交ブームは右往左往しながら宙に浮いた感が濃く、それは情ないほどの状態になってしまっている。

これまでもしばしば日本の左翼と軽佻(ちょう)浮薄な"進歩派"たちは対中共修交には東京と北京間に"二つの壁"があるといっているが、この壁を取除こうとすれば自由友邦に対する背信となり、また中共に対する迎合となる。いい替えればこれは国際信義にそっぽを向く経済機会主義ならびに敗戦自虐主義を国策の基調としようとする主張だといえる。

このような精神状態である以上、いわゆる"日中復交"の十一・ポイントが何であるかは、洞察するにあまりあるし、さらに、こうした性急な復交後に押寄せてくる恐ろしい結果に対する展望が欠如しているといわざるを得ないのである。われわれはこうした多くの隣邦人たちの錯誤を眼前にしてこれを対岸の火事と坐視することはできない立場にある。従ってここで一言提する必要があると考える。

国連の破壊に日本の共犯要求も……

まず日本は我田引水的な幻想に取りつかれているのだが、これが要求を要する問題なのである。中共が決定的な段階で日本に提示する修交の条件はカナダ、イタリアなどの比類ではなく、非常に過酷なものになるにきまっている。何よりも中共は日本との関係を法的には戦争状態が終結していないものと見ているが、従って天文学的数字の賠償要求を放棄してはいないということを日本は知らなければならぬ。

中共はまた台湾に対する領有権主張を"信念"程度ではなく、どのような形ででもこれを促進するよう固執するだろうということは火を見るより明らかである。それは過去の日本による台湾支配を記憶しているからに他ならない。

無論、中共は一九六四年の吉田書簡が台湾との交易に優先的な意義を付与すると約定したのに照らし、その廃棄を直ちに打出してくるに違いなかろうが、事態の深刻性は単にこうしたことにとどまるものではない。

中共は必ずや国連からの国府追放を要求するであろうが、それは事実上、国連の破壊に日本に共犯になって欲しいという意味のものに他ならない。同時にそれはまた、日本の外交政策に対するコントロールを主張するのと同様のものである。国連憲章第十九条は効力発生の必須条件として他でもない中華民国の署名を規定しているが、この点、中共を国府に代替させようとするならば憲章から改めてつくり直す苦難な作業を先行させなければならなくなる。のみならず国連はまた、中共に関するこれまでの決議を取消さなければならぬハメに陥るのである。

アジア制覇の野望を持つ中共

このように深刻な問題が提起されるということは日本の一部の中共復交論者たちがうんぬんするようにただ要項指定から足を抜く程度でぼかされて終わる問題ではないのである。

その上、中共の日本敵対視は中共が抱くアジア制覇(は)の野望の前に横たわる障害要因の除去のためなのである。すなわち、ライバルの打倒を夢みていることにその原因があるのだ。とくに中共が目の上のたんこぶと考えている日米安保体制をそのままにして置いて日本が中共に接近しても中共は日本の"接近誠意"を信じるはずがないのである。果たして日本の為政者は中共接近のために日米安保を廃棄する勇断を発揮しうるだろうか。

いわゆる日中復交を想定した場合、その結果の展望は日本にとっては危機を覚えるような恐るべきものだといえよう。それは破滅の危機をもたらせると考えさせられるものがあるからで、これは単にいかんの問題ではなく、死活を決定する変数が台湾を領有し日米安保が廃棄される場合を想定するとき、日本の国防はどうなるのだろうか。

"隷属の道"は"破滅の道"へ通ずる

日本はその国際信義を単純な倫理問題だとばかり考えてはならない。やがて海峡双方の敵対と悪心が始まり、その中でとどのつまりはどのような事態が招来されることになろうかについて思い至るべきである。

中共に対する素朴な善隣を望むのは日本人の自由で情緒的には理解できないこともないが、しかし善隣対象は中共だけにとどまらず、他にもいっそう重要な国ぐにがあるということを忘れてはならない。

中共の毛・林体制の強硬路線と教条主義的狂信の前で一部日本人たちが、急いでいる"復交の道"というものはとりもなおさず"隷属の道"であり、またそれ以上に恐るべき"破滅の道"につながっている。

このような事態進展は韓日両国の国益とアジアの平和に決して利するものではない。

無論、われわれは日本の国情を理解する立場から中共に対する貿易・交流・往来などといわゆる"接触の積立て"をむやみに反対するものではない。ただ国際的背信と隷属の危険性を内包するような、性急で気分的な"復交"論を戒しているだけなのである。中共の時代錯誤的な個人迷信対象である毛沢東はすでに高齢でもあるし、その路線は決して長く続けられる性質のものではない。

日本だけの利害・関心事に終わらず

日本は現実政治・共存感覚の成長いかんを長期的な眼目で注視する方が上策であろう。日本の対中政策は日本だけの利害・関心事に終わるものではないからである。

(韓国日報)

北送再開は許されぬ

韓選手の肉親再会に努めたい

李中央団長 記者会見談

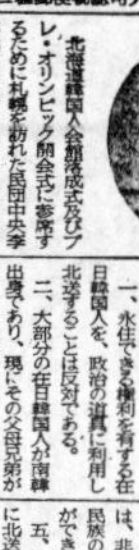

北海道韓国人会館落成式及びプレ・オリンピック開会式に参席するために札幌を訪れた民団中央李禧元団長は、六日午後五時三十分北海道韓国人会館で内外記者団と会見、当面する在日韓国人北送問題と韓弼花北韓スケート選手と韓国側選手金映明嬢との肉親関係、その母、韓選手の実姉といわれる韓桂花さんとの再会問題などについてつぎのとおり述べた。

一九六七年末から中断されていた北送問題は二月五日、モスクワで朝鮮赤十字社と日本赤十字社の間で調印、再び北送が開始されたことに対し、

一、永住できる権利を有する在日韓国人を、政治の道具に利用し北送することは反対である。

二、大部分の在日韓国人が南韓出身であり、現にその父母兄弟が戦後二〇有余年、一日千秋の思いで、再会をまちわびているにもかかわらず、政治的目的のため、北送されることは許されない。

三、日本政府が日赤の窓口を通じ、在日韓国人を北送することは在日韓国人の追放政策であり、人道的、歴史的見地からも絶対許されない。

四、北傀の手先、朝総連は、すでに北送された人々の残留家族に対し、脅迫的手段を用いて、北送希望者として署名させている事実は、非人道的行為であり、自由と民族の名において、到底許すことができない。

五、日本政府並び日赤は、すでに北送された在日韓国人が北韓でどのような生活を営み、どのような立場におかれているのか、その真相を公開せよ！

六、①永住権申請を終えた現在在日韓国人の分布図は永住権該当者五六万のうち、六三％に当る三五万人が永住権を申請した②在日同胞六〇万のうち、韓国籍を有するものは四〇万人にのぼり、全体の三分の二に当る。③われわれは日本における全六〇万同胞の意志を代弁できる法的地盤を実数と万で立証した。④このような事実に対し、日本政府は在日六〇万同胞の代表は、大韓民国居留民団であることを確認したはずである。

また、北韓の韓弼花選手と肉親の再会について、李団長は「同じ血を分ち合った親族同士が祖国においては会うことができないで、異国において再会できる機会があるとすれば、誰もこれを拒むことはできないことである。私は民団中央団長として、また一韓国人として、ソウルに住んでいる実姉の韓桂花氏を呼び寄せて姉妹としての愛と血をよみがえらせてあげたい」と語った。〈韓国通信〉

北道道韓国人会館が落成

民団北海道本部（団長＝崔東洵）一、二階は信用組合北海道商銀、

午前十一時からは、札幌プレ・オリンピックの選手団結団式また落成式の後は、七二年札幌冬期オ

落成した北海道韓国人会館

異国に花咲く同胞愛

家出の母に貧しき父も死んで…

幼ない遺児二人を引取る

君たちを泊らせてくれないか」と頼んだ。河氏は安吉ちゃんの熱心さに韓国学校や高団長に問合せ事の成り行きを了解、早速奥さんのゆう子さんと相談したところ「家にも子供は四人いるが、二人ふえても同じこと。自分たちも苦しいこともあった。ましてや同じ日本に住む同胞のことだ」と夫妻とも意見が一致、成徳君兄妹を引き取りたい旨、韓国学校に申し入れた。これを受けた韓国学校側は河さん家族の誠実で堅実な人柄を知り、

二人の遺児を引取った河氏

仲良しの河安吉君（右）と高成徳君

亡くなった高氏

支部を訪ねて　板橋

民族の悲劇そのもの

崔団長 総連との争いを嘆く

同胞どうしの争いを嘆く崔団長

板橋管内の団勢（1971年2月1日現在）

項目	人数
管轄居住数	2,300名
韓国籍	1,005名
朝鮮籍	1,295名
民団登録者	689名
協定永住権申請者	965名

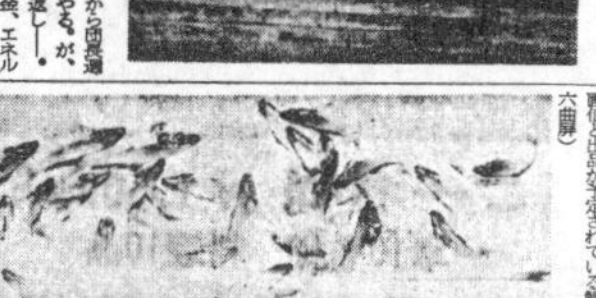

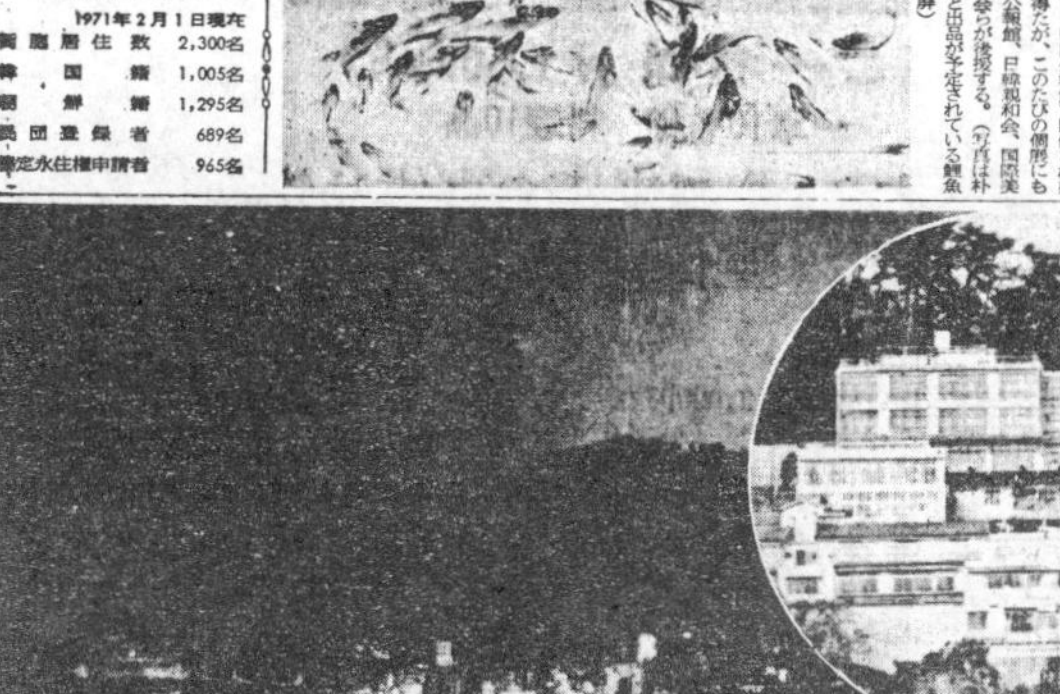

韓国心身障害児作品展開く

15日から3日間　公報館で

財団法人聴覚障害者教育福祉協会とユネスコ美術教育連盟では、韓国心身障害児教育の一端を紹介するため韓国社会事業大学の協力のもと第一回韓国心身障害児作品展をつぎのとおり開催する。

△会期・二月十五日から十七日までの三日間（午前十時から午後五時まで）△会場・韓国公報館展示室（東京都千代田区永田町二—一三—八、ホテルニュージャパン内）△入場は無料で作品展示の事

朴知弘画伯の個展

3月1日から6日　銀座アートギャラリーで

韓国東洋画壇の重鎮である朴知弘画伯の近作個展がきたる三月一日から六日間、銀座アートギャラリー（銀座八—自長崎センター二階）でひらかれる。

朴画伯は、多年の間中国で東洋画を専攻されアメリカ、イタリーなど国内外で四十余回の個展歴をもっているが、このたび韓日文化交流の増進に寄与すべく日本においての個展開催となった。

なお、朴画伯の個展は旧臘十二月にも韓国公報館で開催され好評を得たが、このたびの個展にも韓国公報館、日韓親和会、国際美術協会らが後援する。（写真は朴画伯と出品が予定されている鯉魚六曲屏）

永住権申請運動慰労映画会

5月17日から受付けを開始　対日民間請求権

置いて五月十七日から七二年三月十二日まで申告を受ける。

支郎だより

日時・2月11日（木）5時30分　場所・千代田公会堂（地下鉄九段下車）

葛飾　葛飾支部では一月三十日から軽井沢へ向けてスケートへ出発、これには約四〇名が参加し、有意義な一日を過した。

練馬　一月二十九日午後一時同支部二階で新年会が開かれ東京本部鄭副団長のほか約百名の参加者で盛大であった。

過酷な労働訴え 食堂で焼身未遂

一日朝六時ごろ、ソウル市中区の繁華街にある大衆食堂二階の小部屋に店員の金月湖君（二…）がすわり込み、ガソリンをあ…者は、まわりに集った五十余…焼身自殺は免かれた。金君は四年前、南の農村からソウルに来て食堂に住込んでいたという。毎日十八時間労働で月給は最高で七千五百ウォンであった。労働庁が昨年一年間、十六人以上労働者を使っている企業二千五百五十六社を調べた結果、九八・二％の企業が労働基準法に違反していたという。

ソウル—東京—ロス ＝KAL、3月から運航＝

渡米中の大韓航空（KAL）李英…企画担当常務は、KALがきたる三月下旬から週三回ずつ、ソウル—東京—ロサンゼルス間の貨物機運航を開始すると語った。

KALが提出した太平洋横断貨物サービス申請を検討するため、ワシントンで開かれた民間航空委員会（CAB）聴聞会に出席した李常務は、KALはロサンゼルス、ヒ

麗わしき山河・祖国の姿

韓国人の見る三島事件（二）

張在述

（四）経済侵略と再軍備

（五）三島思想の根底にあるもの

実用会話の手引き

張暁著　韓国旅行会話3時間

（新）（刊）（紹）（介）

在日同胞の韓国語研究者として知られている通信韓国語学校長張暁氏著「カセット韓国旅行会話3時間」が発刊された。

同書は、語学書を専門に出版している三修社の世界各国語（韓・英・仏・独・伊・西・露・中）のカセット海外旅行会話シリーズのひとつとして発刊されたもので日本における最近の爆発的な海外旅行ブームを反映して、旅行先のことばを全く知らない人でも、テキストとカセットテープで旅行中の必要な会話ができるようにしたもので韓国語の旅行会話集としてははじめてできた本格的な手引き書である。

この本はテキストとカセットテ[illegible]ョッピング等々の六〇項目にわたる今日の生きた韓国語の会話と応用単語が日本文との対訳（色違いで）で示され、カナによる発音表記もついている。

またこの本は、旅行会話集であると同時に、カード一枚ごとに旅行者のための、簡明にして要を得た旅行案内が、それぞれの場面にふさわしい写真とともにのっていて、握手のしかたからはじまって韓国料理の食べ方、買いもののしかたに至るまでの、旅行中百般にわたる適切なアドバイスと韓国に対する正しい認識を強調している。

韓日友好の新時代が謳歌される今日このごろではあるが、といって一部の残存する旧時代的なものの見方では、かえって両民族関係にマイナスであるという考えから、著者が一行一句に至るまで一貫した姿勢を堅持していること

大正、昭和を通じて多くの文学者が朝鮮を旅行し、旅行記を書いているが、そのほとんど全部が朝鮮の風景や古跡の礼讃にとどまり、朝鮮人の姿はまるで見ていない。朝鮮人は関心の対象にならなかったのである。これは、日本人が朝鮮以外の外国を旅行したときの記録とはちがうように思われる。朝鮮人や朝鮮のことは、問題にするに足りないという考えが、無意識のうちにあったためであろう」と。このようなことが、今日といえども全くないとは限らない。このことをふまえて、著者は最後の「旅行を終えて」で次のようにいっている。――「楽しい旅行を終えていよいよ離韓の時が来ました。かっての日本人の韓国旅行は風景や遺跡だけを見たものだといわれます。しかし、あなたのほとんどの旅行の最大の成果は、その土地に住む人――その人たちがどんな人で何を考えているのかを発見したことでしょう。このような発見こそ、個人的にも両国間の関係においても大きな意義をもつものでしょう」と。

この本は、いちおう日本人を対象としたものであるが、韓国をよく知らない在日同胞子弟も、韓国訪問に際してこのカセットを携えて行けば、母国での[illegible]はもちろん、今後母国語を学ぶのによき伴侶として十分役立つであろう。（全国主要書店で発売中、定価テキスト一、〇〇〇円・カセット四、五〇〇円）〈許〉

東亜における韓国の位置

六月ハワイで国際学術会議

成人者祝賀会

韓青主催で盛大に

寄稿　張玉洙氏

（つづく）

在日本大韓民国居留民団
綱　領
一、우리는 大韓民國의 國是를 遵守한다
一、우리는 在留同胞의 權益擁護를 期한다
一、우리는 在留同胞의 民生安定을 期한다
一、우리는 在留同胞의 文化向上을 期한다
一、우리는 世界平和와 國際親善을 期한다

THE PRESS MINDAN TOKYO
THE KOREAN RESIDENTS UNION. IN JAPAN. TOKYO OFFICE
「韓僑通信」改題
在日本大韓民国居留民団東京本部発行日本語版週刊紙（購読料1カ月100円・特別1000円）
（1965年7月27日第3種郵便物認可）

民団東京
THE PRESS MINDAN TOKYO

2月17日
<1971>
週刊・毎水曜日発行
第2439号

発行所
民団東京新聞社
発行人 鄭在俊
東京都文京区本郷3丁目32番7号
電話（811）1535（代表）
〒133 振替口座 東京16631番
（大韓民国文化公報部国内頒布許可）

規約改正案が出る
団名改称・団長任期延長 事務局長中央任命など
3月15・16日中央委 定期大会は25日に
文・白両副議長記者会見談

民団中央本部副議長の文圭準、白丁赫の両氏は、十七日午後一時、東京渋谷の一龍で議決機関を代表して記者会見を行ない、第十八回中央委員会を三月十五、十六日の両日東京・日傷会館で、第三三回定期大会は三月二十五日消防会館で、それぞれ開催することに決った旨を発表した。

文、白両副議長は以上のような日程発表と共に、中央委員会を開催した後、つづいて定期大会を召集せず、十日間をおいたのは今回の中央委一で審議される中心議題が、……

さらに、規約改正案の主な骨子については、きたる二十二日民団中央で開かれる規約改正委員会で具体的に明らかにされるとし、議長団として聞いている改正案の主な項目は①団長任期の延長②民団名称改称③各地方本部事務局長の任命権を中央団長に与える④中央委員、代議員の配定数再調整……の四つであると述べ、……

北送計画即時中止せよ
金山大使に抗議覚書伝達

北送問題とその原点での反省

故朴中央議長、民団葬執行
組織への貢績讃え国民勲章

しめやかに執行された故朴議長の民団葬

さる二日逝去した故朴根世民団中央本部議長の民団葬が十六日午後一時三十分、東京都新宿区の大韓基督教東京教会において呉允台同教会牧師の司祭で厳粛に執行された。葬礼式には、李皓駐日大使はじめ各界から民団代表有志ら約二百人が参礼した。霊位が安置された式場には荘厳な鎮魂歌が流れるなかを李禧元中央団長が「故人の霊安からんことを祈る」式辞がのべられたのち李皓駐日大使から故人が生前組織につくした貢績を讃えて大韓民国国民勲章が霊前に献呈された。つづいて鄭在俊東京本部団長をはじめ地方本部の代表が献花、政府を代表して李駐日大使が、民団を代表して張聡明監察委員長が、友人を代表して洪賢基氏がそれぞれ深い哀悼の意をふくんだ弔辞がのべられたのち遺族代表金容太氏のあいさつがあり建国行進曲の調べとともに葬礼を閉じた。なお、葬礼には本国の白斗鎮国務総理をはじめ権圭夏外務部長官ら官民各界から一〇五通の弔電がよせられた。

永住権へ今後の対策
第84回関東地方協議会ひらかる

第84回関東地方協議会のもよう

今後3年はかかる
―永住権申請の処理―

友邦諸国訪問から帰る
丁一権前国務総理

永住権申請の資料調査実施

経済外交委構成
対東欧共産国との交易問題で

国民党が李氏迎える用意ありと表明

（※本ページの小さな本文活字は判読困難のため省略）

休戦線の防衛、国軍が担当

朴大統領、特別声明を発表

……代化問題を処理するに当り、大統領として、憲法に明示された国家防衛の重大任務を完遂するのに最善の努力をつくしたものと確信する。

朴大統領

本国新聞論調

自主国防は民族の誇り

国軍の前線守備担当に寄せて

韓国軍はいよいよ百五十五哩の前方地域に対する第一線防衛任務を担当することとなった。このような第一線防衛の専担問題はさる六日発表された韓米共同声明にも駐韓米軍の二万名削減に伴う韓国軍と米軍の配置問題が盛りこまれていたし、これを予測できなかったわけではないが、この問題は韓米両国政府の公式により、いよいよ一つの既定事実となった。これまで、延々百五十五哩の第一線防衛は韓米両国の兵力が共同で防衛任務を果してきたものであるが、こんご、米軍は板門店周辺のわずか五百米にすぎぬ第一線だけを担当することになり、主として後方支援防衛を受け持つようになったという。

北韓の誤った計算だけには留意

われわれの国土をわれわれみずからの力で守ろうとすることを第一次的とするのは当然のことで、これはとりもなおさずわれわれの自守国防に対する基本的精神であり、かつ姿勢でもあるのだが、わが国軍がこれから第一線防衛を専担するようになったということはある意味ではまことに堂々たるものがあるといえよう。

たとえ、その間には駐韓米軍の削減問題をめぐり、少なからざる意見対立があったにしても、それは過渡的に起きたことでもあり、またすでに過ぎ去った話である。大切なのはわれわれがこんご将来に向かって注意すべきことでこんごの国土防衛と国家安保問題に対しわれわれはより大きな努力と細心の注意を傾注しなければならないと考える。ただ、ここで留意すべき点があるとすれば、それは北韓に与える心理的影響であろう。わが国軍が一線防衛を専担するということはわれわれの国力がそれだけ培養され、また成長したということを意味するもので、韓米間の共同防衛戦略には何の変更もあるわけではないのだが、これが何か心理的影響を国民に与えたり、あるいは北韓に誤った判断のような問題を起こさしめるかも知れないということについては注意を要する。

蓄積してきた自主的国防態勢で

しかし、駐韓米軍がいつまでも限りなく、この土にとどまることを期待することは無論、できない。これはわれわれも充々よく知っていることでもあるし、いま、まさにわれわれは友邦米国にだけ頼るときではなく、その間、われわれ自身が蓄積してきた自主的な国防態勢を名実ともに保持しうることは栄光のきわみである。従っていかなる心理的な影響もいささかの動揺もあってはならないと考える。もしわれわれが本当にこの事態を憂慮し、恐れるとすれば、それは"依他的"な防衛を脱しえずに覚える心理的な動揺以外の何ものでもないと思うのである。

いずれにしろ、世界的な潮流はすでに、わざわざここにニクソン・ドクトリンを取りあげる必要もなく、自分の国は、自分の民族の力で守るというのが当然となっており、みずからの手で外敵を撃退することこそ堂々たる道だといえよう。われわれはこれからいま一度確固たる精神と姿勢を新たにして、わが民族の前途に横たわる万難を排して進むべく、両身の力量と英知、そしてあらゆる知恵を動員して振作すべきときがきたと思う。

では、こんごわれわれがその心理的動揺を克服、北韓の誤算を敢然と退けうる道は何だろうか。これをみずから問わざるをえないのであるが、われわれはまず、その方途と国民的な各々の個体的な剛毅だけでとやかくいうときではないことは確かなことである。

外交・国防は内政の延長

応々にして外交・国防は内政の延長だといわれる。従って一面防衛の完遂は経理のある能率的な後方強化によってのみ、期待することができるといえよう。そこでこんごは過去のいつの時代よりも内政の刷新が必要であり、また経済の繁栄が切実に要請されるといわざるをえない。

韓国は民主共和国を基盤としているだけに議会政治を国家運営のルールにしているが、たとえわれわれが従来は奇形的な議会政治運営であったにしろ、その中である程度の経済成長を達成させたということは否認できないことである。われわれ国民の真の経済的な繁栄に対する期待が大きければ大きいほど、こんごは議会民主主義を確立させなければならぬことはいうまでもなく、国民経済だけでなくその他のあらゆる部門にわたっての繁栄をのぞむならなおさらのことである。

われわれが常に国防・外交を強調するとともに民主政治の確立を力説してやまない理由もまさにここにあるのである。

われわれ国民はいま、政治的な受任者を選ばなければならぬ選挙期にはいろうとしている。もし民主政治の序曲に過ぎぬ公明選挙一つさえもちゃんとやれないようではどうしようもないことで、多くの非違事件（不正・違反事件）が続出することによって国内秩序が騒然と乱れるようなことでもあれば、そうでなくてさえ、南侵の野望を抱いてチャンスをねらい挑発行為を続けている北韓はこれをよい機会として多くの誤算をおかす可能性がじゅうぶんにある。

選挙混乱は北に与えるチャンス

要するにわれわれはいま、われわれの前方戦線をわれわれの力で守るようになったということを誇りに思う次第であるが、真の国防態勢は真の憲政秩序の具現によってはじめて確立されるものであることを再びここに強調せざるをえないのである。

（東亜日報一・ＳＩＳＡ）

農漁村の革新的開発へ

第3次経済開発五ケ年計画を発表

今年の主要商工施策七項目

新民党顧問の李議員が脱党

3次5カ年計画総量概要（69年価格）

	単位	基準年度 1969(A)	目標年度 1976(B)	計画期間中年平均 1972～76	増加率 (%)	1962～69
経済指標 国民総生産（成長率）	10億ウォン (百万ドル) (%)	2,047.1 (6,091) (15.9)	3,751.5 (13,353) (8.5)	(—) (8.6)	182.3 (2(9.2))	(210.0)
1人当国民総生産	ウォン (ドル)	66,544 (198)	108,648 (389)	(—)	163.3 (196.5)	
人口（増加率）	千人 (%)	30,763 (1.9)	34,546 (1.5)	(1.5)	111.1	
産業別成長率 農林水産業	%	11.9	4.5	4.5	—	4.4
鉱工業	%	21.0	13.0	13.0	—	17.9
社会間接資本その他部門	%	15.5	8.1	8.2	—	11.4
産業構造 農林水産業	%	28.8	21.1	22.8	—	
鉱工業	%	21.4	29.6	27.5	—	
社会間接資本その他部門	%	49.8	49.3	49.7	—	
支出 消費（増加率）	10億ウォン (%)	1,694.6 (11.2)	2,930.0 (7.0)	12,829.7 (7.5)	172.9	(7.8)
投資（増加率）	10億ウォン (%)	614.6 (30.0)	931.8 (25.0)	3,896.9 (24.4)	151.6	(21.8)
国内貯蓄（増加率）	10億ウォン (%)	352.5 (17.7)	801.5 (21.8)	3,124.9 (19.4)	227.4	(9.1)
海外貯蓄	10億ウォン (%)	229.0 (11.2)	130.3 (3.5)	772.0 (5.0)	56.9	(11.8)

南北記者交流の実現を

民団は本国与党の附属物ではない……

金大中新民党大統領候補東京で語る

金大中新民党大統領候補

……ない、韓日関係、在日同胞、南北交流問題について、次のような所信を明らかにした。

一、私は、韓日国交正常化に対しては原則的に賛成した。国交正常化後、五年を経た今日、国交正常化による成果に対し、不満足な意を表明せざるを得ない。韓日両国民の親善をうたった国交樹立は執権層の親善だけに終始しており経済協力は、一部特権階級層人らだけに終っている。また在日同胞の処遇問題も、国交樹立以前と何らの改善はみられないばかりか、在日同胞に対する日本当局の差別追放政策は一向に是正されていない。

二、ライシャワー教授も日本人は中国国民に対しては罪の意識を抱いているが、韓国人にはそのような意識が全般的にないと指摘した。

私も、大部分の日本人が韓国人に対し、根拠のない差別意識をもつだけで、罪の意識がないことを知っている。しかし、このような日本人の意識問題を、われわれの方から直接改めろと要求したところで改善されるものではない。この問題を解決する道は、われわれみずから、民主主義の内政改革を通じ、立派な国づくりに専念し、新しいイメージを与えるよう努力することにある。自慢できる祖国をもったとき、在日同胞に対する日本人の意識構造も改革されよう。

三、現在の韓国は、好戦国家であるというイメージが強い。国軍を派遣している南ベトナムやタイそして米国でも、悪い印象を与えている。この好戦国家であるというイメージを消却し、真の平和愛好国家であることを示すことが緊要である。

四、私が執権の座についたとき公約通り第二の韓日会談を開き、アジアの平和に寄与し、真の両国親善関係を樹立するよう努める。在日同胞の法的地位問題も、再協議を行う。在日同胞の問題を、国政に反映させるため、国会に同胞の代表を参加させるオブザーバー制度を設けると共に、海外同胞の専担機構をおく。

五、民団は本国の政治団体の道具になってはならない。民団は与党の付属物ではない。民団に本国の政争をもち込むようなことは断乎として排除すべきである。私が大統領になったとき、民団の中央団長が新民党に加担するような行為を行なった場合、私はすすんでそのような団長をやめるよう勧告する。

六、南北の緊張を緩和するため南北の記者、書信の交流は是非実現させたい。わが韓国は自由民主主義をうたう開放社会であるはずだ。何が恐しくて、記者や書信交流さえ、ためらうのか。その理由が理解できない。

板門店を除き韓国軍と交替

駐韓国連軍司令部は九日「駐韓米軍二万人の削減に伴い、休戦ライン沿いの前線を担当している米陸軍第二師団は軍事停戦委員会の会議場である板門店地域を除き、ことし六月三十日までに韓国軍と交代する」と初めて公式に発表した。発表はさらに①第二師団は米第七師団と同第一軍団が現在使用している後方共地に再配置される（第七師団の大部分は米本土へ撤収）②韓国軍に引渡される軍事基地の数は百余りである。③ことし七月一日以降の駐韓米軍の兵力上限は四万三千人となる――と述べている。

郷土予備軍を再編成

兵務庁は兵役法と郷土予備軍設置法の改正にともない、各市邑面洞を通じ、郷土予備軍を再編成している。

再編成の対象者は旧法によって予備軍編成から除外された者と、職場中隊と地域中隊に二重編成された者、住民登録地と実際の居住地が異るもの、そして動員免除者で職場予備軍に編成され、または編成されていない者と、なっている。

なお、こんどの再編成で動員が免除されるのは国会議員、外国滞留者、海外往来の船員、航空機操縦士と乗員、警察官、消防官、矯導官、軍属、外国機関の従業員、灯台守、航空機整備士と管制員、海岸無線局の通信士、鉄道機関士と乗員、現職警察（保安官）、予備役と補充役の大学在学生など。

金桂元前中央情報部長 駐国府大使に

国務会議（閣議）は九日、駐国府大使に金桂元前中央情報部長を、駐トルコ大使に朴璨鉉前京郷新聞社長を、駐コンゴ（キンシャサ）大使に安珍生駐オランダ代理大使を任命する議決を行なった。

政府はまた、オランダ代理大使に宋光禎外務部企画管理室長、同管理室長後任には延河亀駐国連公使、そして国連公使後任には金賓揆外務部邦交局長を転補することに決めた。

支部を訪ねて 港支部

国家、民族への窓口
同胞の集うところに意義あり

民団港支部を訪ねた。田町駅から徒歩十五分、慶応大学に近い大通りに面して港韓僑会館がある。小ぎれいな十坪ほどの事務所には事務長が外出中との事で事務員の権さんがポツンと一人執務中。

金周儀団長と康三郎事務部長の帰りを待ち早速話をうかがった。

港区といえばあらゆる意味で都会的な所。その土地柄が反映して区内に約千八百人いるという同胞は散住しており、ほとんどが日本人社会の陰に隠れて生活の実態はつかみにくい。自ずから日本への同化度が強く「日本人的考え方の同胞が多い」という。生活様式や対人関係も多くが日本に傾斜、帰化する同胞も最近とみに目立つ。また民団にも総連にも属さない、いわゆる中立系同胞も多い。だから民団の活動もやりにくく、人も仲々集まりにくいというわけだ。

その反面、この地区には昔から愛族心旺盛な有志も多く、民団支部の創立は都内でも最も古い部類に入る。金団長が港区に来てからかれこれ十六年になるが、民団支部はそれ以前からあった。また港管内には韓国大使館がある。

さてそこで、そもそも団員にとって民団とは何だろうか。

金団長「我々にとって日本は外国。生活という目的のためにここに住んでいる。その我々にとって民団は国や民族への窓口といったもので、そこに集まることに意義がある。」

こう語る金団長には民団の集まりは常に楽しくその一々の思い出を集めて「本を作ろうと思っている位」であるという。色々な事情で帰化した人でも「腹には民族を思う気持があるはず」だし、日常的には日本人の中で日本人的に生活している同胞でも、同胞の集りに来さえすれば楽しく過ごせるはず——というわけだ。

そこで今度は康事務部長が発言。都内の支部事務部長の中でも若さを代表する康事務部長は、みるからにファイターで歯切もいい。

康事務部長「先日、永住権申請を促すため入管に近い高浜という所に、ある同胞の老人を訪ねた。周囲に立派な家々やビルが立ち並ぶ一角に小さなバラック建の小屋があり、それがその老人の住居だった。ほとんど豚小屋といった方が早いその小屋に老人がひっそり一人住い。そしてこの老同胞は朝鮮は分っても民団はもちろん韓国が何かも全く知らなかった」

この経験は康事務部長に少なからぬ衝撃を与えた。そして一見華やかな繁栄を謳歌する都会の谷間に、歴史や社会の動きとは無縁に、貧しく孤独に生きている同胞がこの区にさえ少くない現実を改めて再認識した。「民団は権益擁護や民生安定を掲げ、民生局、民生部もある。だが、こういった同胞に今まで何をやってきただろうか。永住権にしても後の対策はどうなっているのか。申請はさせたものの事故者が出たらどうするのか。責任は誰がもつのか——」そして民団のあり方を根本から考え直さねば、と康事務部長は語気鋭く衝（つ）く。

これを受けて金団長は「考え方は分るが——。今まで民団も口ではやってきた」と康事務部長の若さに目を細めながらも、民団への皮肉（？）ともとれる反応。康事務部長にしてみれば「今までの民団がそうだったからこそ変える必要がある」ということになるのだが——。

その金団長も民団の中央会館の建設がいまだに実現しないのには大いに問題を感じている。

金団長「民団中央本部のオリンピック宿舎も荒れるにまかせて放ったらかし。幹部はじめ顔や服装どこから見てもパリッとした紳士がそこで平気で演説をぶつが、建物に手をつけようともしない。やる気構えさえあればできる筈なのに——。」

「やる気と気持ちを合わせること」は支部活動の上でも重要。港支部でも長い間支部の運営資金にすら頭を痛める状態だったが、四年前金団長が就任してからの奔走でどうにか解決をみた。時には有志との間に意見の衝突もあったが積極かつ強引を通した策が実を結んだと金団長。

ところで民族教育問題については——

金団長「問題が多い。韓国学校も建物が立派なわりには内容が伴っていないようだ。幹部はじめ団員一人一人の考え方が進んでいないからだ。自分の民族教育は自分達が守るという考えが大切。近ごろ『私は四ヵ国語話せる』といった同胞青年も少なからず見受けるが、肝心な自分の国の言葉は話せないし無関心。民族教育の不備不毛によるからで困った現象。日本の勉強はいくらでもできるのだからたとえ中学だけでも、あるいは高校だけでも民族学校に通わさねば——。」

こう仰言る金団長のお子さん方は皆韓国学校の教育を受けさせたという。これについて若い世代を代表して康事務部長は——。

「民族教育の必要性を声高に説くのはきまって大人（旧世代）。それでいて自分達の子供は日本の学校や、中にはアメリカンスクールに通わせている幹部がいる。民族教育の場がありながらだ。その人達に民族教育を云々する資格が果してあるといえるだろうか。民団の既成世代、特に幹部の教育に対する考え方は根本的に誤っている。」

これ以上はこの問題を論じたくない、と康事務部長。もちろん民族教育のあり方自体、一口で論じ尽せないくらい問題があるが、わが民団にはそれ以前の問題ありというわけだ。教育に限らず、そのような発想、姿勢が現在の民団に支配的なのも事実——。

ある時康事務部長は、ある団員の若い二世の女性に、あなた[illegible]いのになぜ民団で仕事するの？ときかれた。その二世には民[族意]識はあるが、民団が汚いものとしてしか映らない。心ある有志[illegible]ず、一般的にまだまだ根強い[illegible]支配のマンネリ化、大きな団[illegible]一部腐敗幹部による金銭上の不[illegible]やトラブル等々……。康事務部[長]は「そうだからこそ誰かがやらなければならない。とくに我々若い世代だ。」と、その時答えた——。

その話をしながら康事務部長「団長達旧世代にはゼッタイまかせておけない」とキッパリ断言。これを頼もし気に笑って受け流す金団長。

ここにも新旧世代間の物の考え方や価値感の違いが顔をのぞかせたが、いずれにせよ、民団の現在の体質、あり方が今更ながら鋭く問われているわけだ。

最後に経営（？）担当っての問題という点で金団長と康事務部長は、団の簡略化、合理化を指摘した。例えば団員の家庭一軒々々を訪ねての団費の集金、これは相当な労と時間を要し大きな負担。そこでどんな要件も全て支部を通してやるよう本部が率先して徹底させるようにすれば、人手不足の折でもあり、団費徴収の負担は軽くなり、その分をもっと幅広く、キメ細い面での団員への奉仕にふりむけることができるのではないか、というわけである。

金団長

康事務部長

港韓僑会館

港支部管内の団勢

1971年2月10日現在

総同胞数	約1,800名
韓国籍	950名
朝鮮籍	850名
団員登録者	618名
	(内転出23名)
協定永住権申請者	780名
一般 〃	100～150名

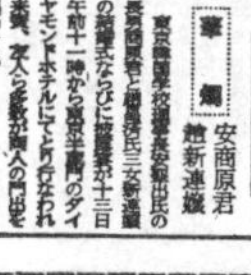

華燭
安商原君
趙新連嬢

東京韓国学校理事長安[illegible]氏の長男商原君と趙[illegible]氏三女新連嬢の結婚式ならびに披露宴が十三日午前十一時から東京・半蔵門のダイヤモンドホテルにて行なわれ来賓、友人ら多数が両人の門出を祝福した。

札幌プレ・五輪幕閉じる
同胞愛の感動を残して

南北の旗が入り乱れたスタンド

来年二月の札幌冬期オリンピックのリハーサル、札幌国際冬季スポーツ大会は十四日、八日間の全競技を終えてその幕を閉じた。この大会には、韓国をはじめ世界23ケ国から代表選手が参加したが、とくに北韓選手が参加することにより在日同胞社会では複雑な感情をもってこの大会を迎えたものであった。開閉会式をはじめ南北選手団が同時に出場した際の競技場には、太極旗とともに北韓の旗が歓声にあわせて激しく波打ち、イデオロギーを越えた同胞愛の感動的な情景が連続した。だが、選手村も同じホテルであり競技場にて顔をあわせた南北選手たちではあるが、在日同胞たちの声援とはうらはらにお互い対話さえしなかった。政治の壁厚き分断国家の悲劇ではある。南北血縁さがしのハプニングは、後味の悪さを感じたが、血は水より濃いことを実証したスポーツ大会であった。

心は通う 同じ民族

日本で開かれたスポーツ大会で韓国と北韓の南北選手が一堂に会し競技したことは、今度のプレ五輪が初めてである。

本当の兄がソウルに
韓桂花氏との関係否定した 韓弼花選手打明ける

……た。隣り合せ、入り乱れて、大極旗のはためくコーナーを北韓の選手が走りゴールインした瞬間、韓国の旗をもった民団の人たちも歓声をあげた。泣いた人もいた。北の旗をもった人たちも「がんばれがんばれ」と韓国の選手に声援をおくった。右手に太極旗、左手には北の旗……

……るハトをかっていた。当時韓氏は沈商浦一高に在学しながらスケートの選手で、末の妹弼花もスケートに興味を示していたという。十五日、弼花選手が直接自分の兄だと打明けた人は、この韓桂花氏である。韓桂花氏のいう本籍、兄妹関係は一致している。〈韓国通信〉

太極旗の下を北韓選手が走る

韓国選手の記録は低調

北韓の韓選手二位と三位に

日本にある高麗郷を訪ねて

ありし日のおもかげ偲び感無量

金 基 西

これはまさしく、山も青く、水も美しい"平和村"だった。右側の方には巾着田（財布のようにできているので、こう呼ばれる）という農地が続いており、これを見おろしながら約三十分くらい行くと山のふもとに出る。これを左側にはいると高麗神社の入口に出る。

高句麗の滅亡と高麗郡設置

ここで高麗神社の由来を簡単に述べてみよう。今から千三百年前のこと、韓国では強大国であった高句麗が新羅と唐の連合軍によって滅亡のやむなきに至っていた。時は西紀六六八年、高句麗第二十八代宝蔵王の二十七年であった。

国が亡び去ると多くの人びとが日本に亡命して行き、各地に分散して住んでいたが当時の日本朝廷ではこれらの人びとの処遇策を考えた末、いまのこの地方に集団移住させ、彼らをよく保護して民政を安定させるため、高麗郡を設置した。これは西紀七一六年のことである。

日本の古典"続日本紀"には元正天皇の霊亀二年五月条に「辛卯以駿河甲斐相模上総下総常陸下野七国高麗人千七百九十九人遷于武蔵国置高麗郡焉」と書いてある。そこでこの事実を知ることができるのである。

郡政責任者"若光"

当時高麗郡の郡政責任者として"若光"という人が首長に任命されたが、この若光は高句麗滅亡二年前に使臣（使者）として日本に送られた人である。"若光"は日本朝廷から従五位下という位を受け、その後に再び王姓を受けたのをみると高句麗の王族でもあったようだ。

"若光"は民衆性が良かっただけでなく、評判も非常によい人であったようで、それゆえに新しくできた高麗郡の責任者として抜きされたもようである。大磯から武蔵国高麗郡に移ってきた"若光"はいまの高麗神社付近に住んで郡政をつかさどったといわれる。

郡民たちはなれない土地で粗雑ながらも故国韓国の農法を導入して有名な武蔵野の原始林を焼いて火田をつくった。また桑を栽培して養蚕をするなど苦労も多かったが、首長の"若光"のあるなぐさめと励ましで漸次に実績をあげ、この一帯を住みよい"ふる里"にこしらえあげた。それが高麗の里なのであるが、そうしているうちに年古り時流れ、"若光"は老衰してこの世を去った。"若光"はおのれ一身の栄達はかえりみもせず、高麗郡にあってただ同胞たちの福祉増進のために誠心誠意をつくしながら、犠牲の露と消えたわけなのである。

この訃報を聞いて郡民たちは集まりきて悲哀の涙にかきくれて葬式を終えたが、その遺徳を長く追慕するために廟を立ててみたまは高麗明神としてあがめ、高麗神社をたててここにまつった。

これが高麗神社の由来である。

高麗神社と高麗山勝楽寺

高麗神社をもうでようと、優雅な鳥居をくぐって行くと両側はうっそうとした樹木が立ち並び、前面には古色蒼然とした神殿があらわれる。

境内はこの上なく閑静で、落葉一つなくきれいに清掃されている。私は社前にこうべを垂れてぬかずき、敬意を表した。それから西側にある列称聖天院という高麗山勝楽寺に行った。この寺院は"若光"の第三子聖雲が父師僧の冥福を祈るために建立した寺であるが後世に至るまで長く高句麗後孫たちの精神的な聖地となっている。

仁王門をはいると正面に階段があり、そのてっぺんに本殿がある。そして左側にある鐘楼のある鐘は国家指定の重要文化財となっている。仁王門の真ぐそばには高麗王"若光"の墓があり、それは凝灰岩で作られた多重塔になっている。この塔は純然たる韓国古代様式そのままだという。

由緒深い史跡をめぐって再び村道におりてくると列をなして立ちならんでいる近代式住宅が美しくその間にわらぶきの屋根の農家が交って立ち、よく調和をなしている。この辺一帯は季節によって咲く各種の花を観賞しながら水遊び、魚つりなども楽しめる野趣に富んだところである。

まさに、これは一ぷくの田園風景画をみるようであり、ここを訪ねる旅人には限りない感慨がわき、そして郷愁の念を覚えさせる切なさがあった。

千二百年前の祖先の文化伝達を誇る

帰路を急ぎながら、つくづく考えてみるとそれはまことに感無量であった。すなわち、千二百年前のわれわれの祖先たちが世界の先進国として高度に発達したかれらの文化を島国日本に広く輸出していたのだ。直接日本に渡った学者、僧侶、技術職工たちが方々で活躍し日本各地で日本の産業と文化の発達に大きく貢献したということに思いをはせるとき、一種の民族的な矜持を覚えるのであった。それはまことに誇らしいことには違いなかったが、しかし一瞬今日の日本の繁栄とわが国の後進性を考えるとき、何ともいえぬ悲憤のようなものが胸の中からつき上げてくるのをどうすることもできなかった。だが、これは単に筆者の行きすぎた感傷なのだろうか。

参考までに付記しておきたいことはいまは高麗郡名と高麗村名はなくなっている。

筆者の金基西氏はソウル校洞国民学校の校長。（SISA）

麗わしき山河・祖国の姿

雪嶽山

江原道の名山雪嶽山は，文字通り"雪の山"という意。冬の雪景色がそのまま仙境をなしているこの山は，無数の小川が雪におおわれた岩間をくぐり，この冷くも清い冬の流れはいくつもの河筋を伝って，民族の大望をさながらに，うねり返す東海の波間へ注がれてゆく。

설악산

강원도의 명산 설악산은 눈 덮힌 산이라는 뜻. 겨울의 설경이 그대로 선경인 이 산에는 시내가 눈덮힌 돌틈으로 흘러가고, 이 흐르는 겨울의 시냇물은 강줄기를 따라 민족의 대망을 품고 꿈틀거리는 동해의 물결 속으로 간다.

韓国人の見る三島事件（三）

張 在 述

（六）狡兎死して良狗煮らる

……違法命令に違反しているとして福岡田川市長を相手どり"外国人登録事務は、国の委任事務である"との見解を明し"国籍はわが国が決定することでない。したがって「韓国籍」を取得している以上、韓国政府の承諾なくして単なる符号に過ぎない"朝鮮籍"に変更したのは違法である"として、法務省は現在"職務執行命令請求訴訟"を起している。

にもかかわらず、今後は法務局自身が天下の"宝刀法務大臣の裁量権"を行使し、前記の如く大衆人数の申請に、許可を与えたということは日本政府の"在日韓国人"を追放しようとする悪だくみであり、都合次第で"朝鮮籍"は北朝鮮への半永続的存在になってしまう恐れがあった。

果せるかな、私たち在日韓国人が抱いていた不合理な疑問が「北朝鮮帰還再開」の報によって明らかにされた。（去年十二月七日読売紙上）日赤社長、東竜太郎氏は一九六七年十一月以来、事実上、停止状態にあった北朝鮮系、在日朝鮮人の"北朝鮮帰還"を再開するため、このほど日赤代表がシベリア経由モスクワに向ったことを発表した。——在日韓国人は、現在日本での永住権を申請中で、その申請期間は来年一月十六日までに切れる。その後は、永住権を申請しなかった在日朝鮮人の"北朝鮮帰還"について、従来のように韓国政府から抗議される筋合いがない。と、さも"北朝鮮帰還"が当然であることを匂わせた。

そして東日赤社長の談話——北朝鮮との約束もあり、くわしいことは言えないが、そういう動きがあるので北朝鮮赤十字社と会談することになった。——と報じている。

この発表の数日前、日赤代表は既にモスクワに向っていたのだ。

（十二月五日）この一連の事実は在日韓国人の減縮を謀ったのである。全く国際外交上の信義と誠実を踏みにじったものである。おそらくこの「北朝鮮帰還再開」問題は、もっと早くから計画されていたものと思われる。それも知らないでわれわれ在日居留民団が、激しく突きあげながら、"永住権申請妨害"に狂奔する朝総連や"朝鮮国籍を守る会"等の目に余る障害を乗り越えて、日夜"韓国籍"取得運動に精魂を傾けたのは、一体何を責誅したのだろう。

要するに"狡兎死して良狗煮らる"の史記の語義が、一番われわれ在日韓国人に当てはまるのだ。

さて筆者は論理を三島事件にも進めなければならぬ。筆者が前述において、いくつかの例証を挙げて、日本政府の"在日韓国人"に対する差別追放政策を指摘しておいたのも、その主要目的が、三島事件のもたらす影響が、直接間接を問わず、私たちの身にふりかかる疑惧の念を払うことができないからである。

われわれ"在日韓国人"が日本に棲むということは、日本の恵沢に浴しているかのように解釈する日本人が過半数以上だと、ある日本の学者がいう。現実的には、日本社会の労働力払底を補い、土木、汚物処理業、工場等の零細中小企業に従事して日本経済の発展に貢献している。また日本の諸企業が先を争って韓国に経済基地をつくっている現況を、どう解釈すべきであるのか。少くとも、彼等の意図は、低賃金に依存する韓国の剰余労働資源に魅力を感じての進出である。この二つの事実が相剋価値を生んでいるのに、日本の国家集団（政治、マスコミ、官僚システム、財閥）は、在日韓国人の「位相」を故意に差別し、価値相反の方向に国民を導いている。

この原因は、日本の中にも三十八度線があり、六十万同胞のうちその半数が"北朝鮮系"朝鮮人であるために、この集団を何らかの形で放逐しなければ、天皇制日本の将来が危ない。つまり、このような日本人的発想の中に、半世紀前から伝統的潜在勢力として培われてきた、天皇中心的武士道精神が、いまもなお形を変え、姿を変えて神出鬼没しているのである。

こうした状態を比喩するならば、ある猟師が「狡兎」狩りをするために飼っていた"良犬"を、猟師はその目的を達成したのち"良犬"もまたじゃまになってきたので、これを鍋焼にして食ってしまうかも知れない。こうした不安を私たち"在日韓国人"は持っていないだろうか。差別という人間関係は人種の皮膚、民族、信条からくるものでない。それを支配する側の少数権力者の煽動によって発生する。また差別は差別される側にあるのでなく、差別する側のいわれるのである。在日同胞同士が、ある目に見えない力によって咬み合わされている事実。そして漸次その牙の方向が、私たち韓国人にも襲いかかってこないと、一体誰が断言することができるだろう。

（つづく）

一九七一年度在日韓国人国費留学生募集要綱

一九七一学年度 高等学校課程国費留学生をつぎのとおり募集する。

一、募集対象
母国の高等学校課程で国費、修学を願う在日本大韓民国国民

二、志願資格
（イ）日本外国人登録法に依り登録を完了した大韓民国国民で永住権を取得又は申請した者
（ロ）大韓民国教育法上高等学校入学資格がある者
（ハ）日本で中学校三学年に在学中の者で一九七一学年度卒業予定者（但、男子に限る）
（ニ）旅券ならびに再入国手続が可能な者で学業修了後勤勉誠実な者

三、提出書類
（イ）入学願書（所定様式）　三通
（ロ）家庭環境調書（所定様式）　三通
（ハ）小学校卒業証明書ならびに中学校卒業（予定）証明書　三通
（ニ）中学校成績証明書　三通
（ホ）国民登録証ならびに推薦書　各三通
（ヘ）外国人登録済証　三通
（ト）写真（最近六個月以内に撮影した名刺型）　三枚

四、志願書類提出
（イ）期間　一九七一年二月一日から一九七一年二月二〇日まで
（ロ）提出処　①駐日本大韓民国大使館奨学官室（電話四五三－九六五三）②民団中央本部文教局または各民団県本部　③各韓国教育文化センター

五、選衡実施
（イ）日時　一九七一年二月二十一日（日）
（ロ）場所　追後通知する
（ハ）銓衡科目　国語・英語・数学・面接

六、其他事項
（イ）教育計劃　合格者に対してはソウル大学校在外国民教育研究所で一年間の予備教育を履修したのち高等学校課程は一九七二学年度から文教部が指定する高等学校に入学させる。
（ロ）宿食計劃　合格者全員を文教部が指定する寄宿舎に入舎させ食宿費を特別指導する。
（ハ）国庫負担計劃　学資金ならびに宿食費全額を負担する。

其他事項は駐日韓国大使館奨学官室・民団中央本部文教局・各教育文化センターに問合せること。

大韓民国大使館奨学官室
東京都港区南麻布一－二－五
電話〇三（四五三）九六五三

東京韓國新聞

在日大韓民国居留民団東京本部機関紙
東京韓国新聞社
発行人 鄭東淳
東京都文京区春日町
〒112 丁目20-13
電話 (811)6511・6512
交(811)2351~5
(一部30円)

民団綱領

一、われわれは大韓民国の国是を遵守する
一、われわれは在留同胞の権益擁護を期する
一、われわれは在留同胞の民生安定を期する
一、われわれは在留同胞の文化向上を期する
一、われわれは世界平和と国際親善を期する

実務指標

1、働く民団
2、親切な民団
3、規律ある民団

光復28周年記念大会

8月15日東京浅草国際劇場で

関東で六千名動員

97回関地協・中央記念大会を決定

六月二十六日に開催された第九十七回関東地方協議会で 来たる八月十五日の第二十八回光復節記念慶祝大会は恒例に従って中央記念大会とし関東地区で六千名を動員して盛大な記念行事を東京浅草の「国際劇場」で行なうことを決定した

多彩な演芸の披露も予定

第28回 光復節

祖国建設은 새마음運動으로
民団組織은 새마음運動으로

時日・1973年8月15日　場所・国際劇場

主張

創刊に際して

現代は組織の時代といわれ、また組織の氾濫の時代ともいわれている。

実際われわれのまわりには驚くほど多くの組織が存在している。

人間は社会的な動物であると言われるが、その意味では、現代は組織をつくり、維持し、発展させる反面、またそれを絶えず変化させている。

組織とは、ある共通の明らかな目的と目標を達成するために、多くの人々を合理的に協力させるシステムを意味している。

かくて組織と個人の関係、組織の中での人間行動の経験的な研究が、たいへん重要になってくる。

組織と個人の間の基本的な関係が、いかなるものであるか、具体的には、組織を構成する個々の人間と、組織をマネージする指導者との間に、いかなる価値が存在するか、ということが基本的に重要なことになってくる。

このことは、組織が、その目的を、その目標を達成する為に、いかなる要素を堅持するか、といったことに帰着するといってよい。

コミュニケーションは、現代社会で強く叫ばれているのは、とりも直さず、現代社会が、高度に組織化されて、しかも多様化されているからである。

このような環境のなかでは、人間はややもすれば、創造性を失ない組織体のなかで、一個の部品になってしまう可能性を持っている。

従って、現代の組織に課せられた大きな問題は、組織の中で創造的思考を刺激するような環境を、いかに造りだすかということである。

このような認識に立って、われわれ韓国人社会を観察するとき、日本という国家的組織体のなかで、韓国人だけの限定された特殊な環境を、いかに形成し育てていくかは大きな意義を持っているといわなければならない。

民団という組織は、このような意味では、一般的に言われる組織とは、いささかその形態を異にするが、基本的には、民団という組織を構成する個々の人間のつながりをいかに効果的に維持するかに最大の目的を持っていると考えよう。

そして、それが共通の連帯意識に媒介されて、民団という組織は強化される。

ここに新しく発刊するこの新聞は、民団組織の媒介体としての役割をにない、意思疎通を促し、かつ組織構成員である団員相互の、一体感を高める為に努力したいと願っている。

われわれの周辺の諸情勢は、日々刻々と変化しつつあり、ともすれば自己を見失いがちである。このような状況のなかで、わたくしたちは、この新聞を通じて、みなさんと共に考え、みなさんと共に民団というわれわれの組織を強め、連帯意識を高めたいと願っている。

本紙に対する率直な批評と好意ある忠言は、やがて本紙をより充実なものにするであろうことを期待し、創刊のごあいさつとしたい。

三つの願いと五つの課題

民団東京本部が、一九七二年十二月四日の大会を契機に刷新体制を確立し、組織整備と強化に取り組んでいることは、わたくしたちに大きな希望を与えている。

かえり見るに、民団は過去一抹の数々の非民団的な策動のあおりを受けて二年余りの間大きな空白状態におかれていた。もっとも、これは民団という巨大な組織のなかでの小さな少数分子の悪あがきであって、ために民団組織が根底からその存在意義を失うというほどのものではないことは言うまでもない。

勿論、このような事態は民団組織の歴史的汚点であり、それ故に多くの善良な団員が、少なからぬ被害を受けたことはいうまでもない。

昨年十二月四日の東京本部第三十二回大会はこのような事態を収拾し、組織体系を整えたという点で正しく評価されなければならない。

東京本部は、具体的な方策として三つの活動指標を立てた。「働く民団」「親切な民団」「規律ある民団」というのがそれである。

これは、組織体を強化し維持する為の極めて初歩的な姿勢を示すものであって大衆に奉仕する為に働き、大衆に愛される為の親切、そして組織を大衆の集合体として維持する為の規律はそのいづれをとっても必要欠くべからざるものであろう。

又、東京本部は、具体的な五つの活動方針を樹立した。①団員基本台帳作成 ②「セマウル運動」参与事業 ③消費生活協同組合設置と東京商銀預金増加 ④東京韓国学校教育委員会再編 ⑤韓日親善協会設置と渉外活動の強化 等々である。

そのいづれをとっても、現在の民団としては、やらなければならない事業であり、民団組織の基本的活動方針である。

団員基本台帳の作成は、組織整備と団員の実態を正確に把握して、静穏の団員に対する奉仕活動を円滑に進める為に必要な作業であり、セマウル運動に参与することは、在日国民として本国の維新体制に寄与するもので、海外に居住する国民として唯一の祖国へのみちでもある。

この運動は、既に「セマウム・シムキ」事業の形で行なわれて多大な成果を収めた。この事業は青年奉仕団を派遣して、祖国の緑化に役立たせたし、各支部幹部からなる「姉妹結縁団」に依るセマウル運動部落との結縁関係を結んでセマウル運動の支援活動を行なって、忠南・扶餘里の人々に新たな希望を与えることに成功した。

その他 消費生活協同組合の設置と東京商銀預金増加の問題は直接団員の民生問題に深い関係を持つものであって、その具体的な推進は全体団員から特に要望されている。

東京韓国学校教育委員会の再編は、民族教育問題の育成が、現在の在日同胞社会が二、三世時代を迎えている状況のなかで、われわれの後継者を養成するという意味でも重要な課題である。

次いで、韓日親善協会の結成と対外的な活動の強化は、韓国と日本との政治・経済・文化等のつながりからみて、韓・日善隣関係を深めることは大切なことであると信ずる。

現在、政府レベルでは韓日国交が、自由主義陣営としての連帯感から非常に円満に進んでいるが、われわれも国民の立場で相互理解と、相互協調と親睦の実をあげるよう努力しなければならない。

以上の如く、民団東京本部は基本的活動方針をもって、ひたすら前進を続けているが、願わくば率直に、そして効果的に事業と運動を進めることによって本当に東京在住の全体同胞から信頼される民団になってもらいたいと願って止まない。「民団」それはわれわれのモノであるから……

最後に特に強調したいことは、青年組織の問題である。

先にふれたように韓国学校育成の問題が、在日同胞社会の後継者を養成するという点で重要であると同時に、現在の青年に対する対策には格別の配慮がなされなければならない。

ということは、現在の民団組織にとって、最も大切なことは中堅幹部を養成しなければならないからである。

民団組織は、率直にいって過去二十余年間、指導幹部の新陳代謝が行なわれていなかったために、組織体は旧態依然として旧へいから脱皮することが出来ないままになっているのが現状である。

現行の諸般の情勢から見るとき、このような状態では、民団組織の発展は勿論のこと、同胞社会の要求は望むべくもない。したがって、このような旧へいから脱皮して、民団組織の近代化を計る為には、指導幹部の新陳代謝を行なうことが望ましい。その一つの方策として、青年に対する充分な指導方針を樹立して、これらの斬新な感覚を持った若者たちが、積極的に民団運動に参加する素地をつくって、その活動の場を与えなければならない。

と同時に、現在全国的に進行している旧韓青に代るべき青年組織づくりには、民団組織は全エネルギーを投じてでも、これを支援し、その成功を促進しなければならないと信ずる。

青年は民族の宝であり、次代を荷うべき重要な任務を負っている、という認識をもって、青年活動を見つめたい。

足立区に日韓議連発足

東京本部・各支部にも促進

1945年

◇東京

◇京城

◇光復

祝創刊

駐日本国大韓民国大使館
特命全権大使　李澔
公使　金在権
〃　宋賛鎬
〃　禹容海

大韓民国駐日本国公報館
館長　尹泰魯
副館長　金鍾禹

在日大韓民国居留民団
中央本部
団長　金正柱
議長　朴泰煥
監察委員長　金泰変
事務総長　尹奉啓

大韓婦人会中央本部
会長　金信三

在日大韓民国居留民団
関東地方協議会
(関協事務局長)
東京本部　団長　鄭東淳
神奈川本部　団長　朴成準
千葉県本部　団長　鄭淵秀
山梨県本部　団長　鄭鎮烈
栃木県本部　団長　辛容祥
茨城県本部　団長　裵永桓
埼玉県本部　団長　李□根
三多摩本部　団長　鄭鳳基
群馬県本部　団長　趙淵混
静岡県本部　団長　康民善
長野県本部　団長　鄭徳永
新潟県本部　団長　李味鐘

本紙創刊へ各界の祝辞

韓・日理解増進を望む

駐日大韓民国特命全権大使　李　澔

「維新民団」に寄与
在日同胞の知性と力量総結集

東京本部団長　鄭　東　淳

民団知性の総和を望む

東京本部監察委員長　徐　興　錫

民族教育発展に期待

東京韓国学校長　黄　哲　秀

同胞と祖国の架橋に

大韓民国駐日公報館長　尹　泰　魯

「不純」跳梁排除に全力を

中央本部団長　金　正　柱

民団と紐帯強化を

東京商銀信用組合理事長　許　弼　奭

民族中興大業へ　積極寄与期待

東京本部議長　金　尚　弘

「東京韓国新聞」の使命

李　昌　植

暑中お伺い申し上げます

東京韓国新聞社

お詫び

編集部

われわれは六十万の「心」をこめて祖国の大地に木を植えた!

朴大統領閣下は青年奉仕団と姉妹結縁団を激励された

いざ姉妹結縁地へ…

やがて、ここが緑化する!
(京畿道金谷〝在日同胞植樹団地〟で)

一九七三年四月四日・東京本部は忠南・柑城里と姉妹結縁を結んだ

姉妹結縁式典場へ

金玄玉内務部長官の感謝楯

—東京団員の誠金は伝達された—

無事に任務を終えた一行

おいらモウ頑張るぞ!

この木よ健やかなれ—記念植樹

KBSのTVにも出演した

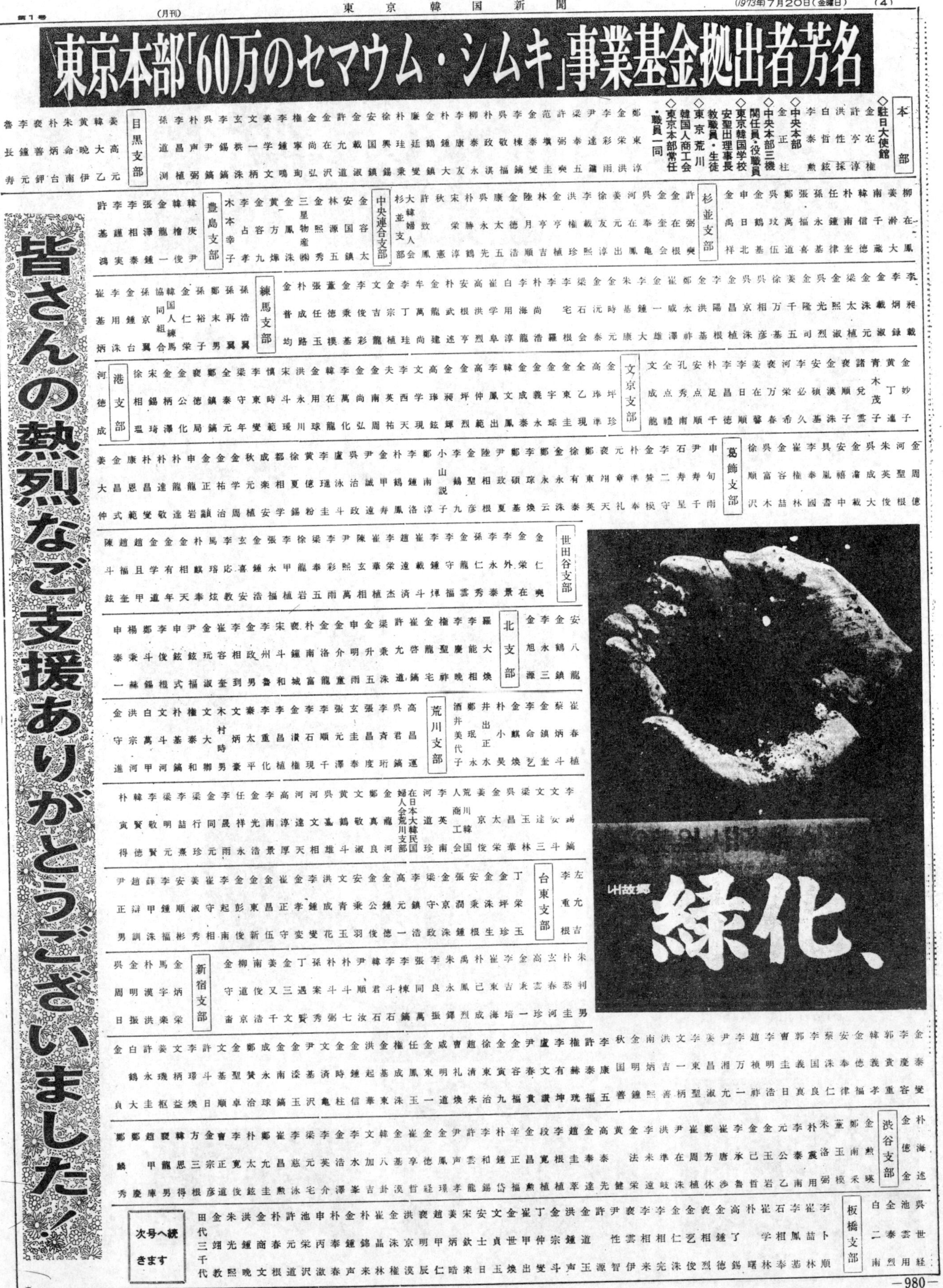

東京本部「60万のセマウム・シムキ」事業基金拠出者芳名

本部

◇駐日大使館

◇中央本部

◇中央本部三機関任員・役職員

◇東京韓国学校教職員・生徒

安聖出理事長

◇東京荒川韓国人商工会

◇東京本部常任・職員一同

目黒支部

杉並支部

中央連合支部

豊島支部

練馬支部

文京支部

港支部

葛飾支部

世田谷支部

北支部

荒川支部

台東支部

新宿支部

渋谷支部

板橋支部

皆さんの熱烈なご支援ありがとうございました！

次号へ続きます

姉妹結縁運動本格化

対象部落決め実行へ

荒川・世田谷・目黒三個支部 十五日本国向け出発

◇八〇年代における国民所得一人一千ドルを目標とした本国政府の輸出拡大経済◇開発計画が、維新課業、セマウル運動事業などと並行して強力に推進されている◇おり、在日民団同胞たちのセマウル運動事業に対する熱気溢れる参与意欲が日増◇しに高まっているが、日本全国津々浦々の民団では、ぼう大な愛の誠金を集め、発◇奮してこのセマウル運動を支援し、成果を上げるよう自発的な努力を続けている◇

行動日程

七月十七日…地方別に編成された姉妹結縁団はソウルを出発し、それぞれ各道別・郡別にわかれ姉妹結縁をし誠金などを伝達する。

七月十八日…この日までに全団を完了し、ソウルへ戻る。

七月十九日…全員集合のもと結縁実施結果の報告会をひらき慰労パーティのあと現地解散して自由行動に入る。

◎世田谷支部 金仁爽（団長）…

民団大田支部直轄解除

第二十六回総会で新役員構成され

正常運営軌道に乗る

民団有史以来、二年余の間、東京本部組織が混乱の渦中で、一年あまりの間直轄をされていた大田支部は、去る六月十日大田区産業会館四階大ホールで大田地区団員と民団関係者約四百五十余名の参加のもとに、定期総会が開かれ大成功裡に三機関任員が構成されると共に、正常化支部としての第一歩を踏み出した。

大田支部は、今まで閔泳相一派の不純分子らが民団大田支部の名義をかたって、朝総連と野合し、共同集会などに参加するよう一般団員を半ば脅迫するなどの反民団的、反国家的行動を行なって来たのである。この日の定期総会では不純分子たちの牙城と化されており東京都内でも最も抗拒的な不純分子の拠点であったにも拘らず、大会場には、正常化を切実に願う団員たちが立錐の余地なく席を埋めところところに喜ばしい歓声の場面が繰りひろげられた。

これは即ち、二年余の旧執行部の反民団的不純行動を強く批判し自ら民団を守りぬく決意を固めた善良な団員達の愛国心であることを現わしたものと評価される。

東京本部韓相竜組織部長の司会で開会されたこの日の総会は、金尚弘東京本部団長の"二年あまり…

大田区産業会館にての第26回総会光景
役員の銓衡経過を報告する洪性万氏

◎顧問 申康洙 命判石 韓元玉 孫甲洪 朴次議 鄭福範 崔一剣 柳月出 李京泰

◎常任顧問 洪性万 金鐘柱 石容煥

◎議長 河点水 副議長 陳日成 副議長 李源鶴

◎監察委員長 千泰先 監察委員 張準学 〃 黄今福

◎団長 張基洙 副団長 金永信 副団長 李東斎 事務部長 李泰斎（兼任） 総務部長 金永信（兼任） 組織部長 金福淵 経済部長 林正述 民生部長 朴徳鎬 文教部長 李泰斎（兼任） 宣伝部長 李元雄 青年部長 金永信（兼任） 無任所部長 朴徳春 無任所部長 朴富春

◎執行委員 金永植 林正植 金東汝 鄭基洙 金永信 李泰斎 金福淵 林正述 朴徳春 李元雄 朴奉伊 朴富汶 鄭殷変

73年度母国夏季学校

七月二十九日から ソウル大学で開く

夏休みを利用して、日本の高校や大学に在学中の在日同胞学生に対し母国に対する正しい認識と愛国精神を養なうことを目的として毎年行なわれる「母国夏季学校」は四週間に亘ってソウル大学で開校される。

この夏季学校に入校する学生たちは海路で七月二十九日に釜山を経由してソウルに向う。

発表されたスケジュールに依れば、七月二十九日に入校し八月十九日に修了式をおこなうまで韓国の歴史・文化・語学などの教育を受け修学旅行を通して名勝古蹟を探訪して古来歴史的遺跡を見学し、又産業施設などを見学したり国内学生との交歓などが予定されているという。

東京本部関係は三十六名で七月二十七日午後十九時十五分発の列車で東京駅を出発し、下関で全国から集まる学生たちと合流し船便で釜山に向う。

諸証明手数料引上

東本及び管下支部で 七月十日から実施

民団の僑務々務に関する諸手数料規定が改正され引上げることになった。このことは去る七月三日第九回東京本部執行委員会で決定されたが、現在民団では団費だけでは運営出来ないのが実情で、毎年物価の値上りで、民団の諸事業活動に必然的に附随する財政難を、僑務々務手数料によって解決することは本意ではないが、民団経費に充当することを一般団員は理解してもらいたいと東京本部当事者は話している。引上げの項目は次の通り。

▲旅券申請＝本部五千円支部五千円 ▲旅券延長＝本部免除支部三千円 ▲招請＝本部五千円支部三千円 ▲寄贈＝本部三千円支部二千円 ▲永住帰国＝本部一千円 支部一千円 ▲自費帰国＝本部 三千円支部二千円 ▲財産搬入＝本部五千円支部 五千円 ▲身元確認＝本部一千円 支部一千円 ▲一般証明＝本部一千円支部一千円 ▲相続申告＝本部免除支部一千円 ▲戸籍訂正＝本部免除支部一千円 ▲婚姻申告＝本部免除支部一千円 ▲出生申告＝本部免除支部一千円 ▲其他諸証明＝本部免除支部一千円

◇　◇　◇

荒川夏期学校開設

七月三十日から荒川支部主催で

民団荒川支部（団長高昌運）では、民族教育の一環として管内の小・中学生を対象に七月三〇日から八月十日まで「荒川夏期学校」を開くことにした。この夏期学校は期間二週間でハングルを通しての韓国の歴史知識、歌の勉強のほか、海水浴などの集団野外活動まで含めて、祖国を知らない二世三世たちに優れた祖国を認識させ韓国人としての自覚を持たせようというもの。

今年第五回目を迎えた荒川夏期学校は民族教育機関の少ない在日同胞社会において、短期間のうちに、韓国語を習得し民族意識を植えつけようとする父兄たちの念願から始まったもので、回を重ねるにそって主催者の意図が大きく実を結んでいることが実証された。去年は八十余名がこれに参加したが今年も人員は増える見通しである。

×　×　×

八・一五光復節行事 夏季青年研修会等 論議

3日 東京本部管内支団長会で

民団東京本部では、去る七月三日千駄谷の外苑で管内支団長会議を召集し、八・一五光復節行事、夏季青年研修会開催問題など、当面緊急問題を討議した。

韓相竜組織部長の司会で行われたこの日の会議は、鄭東淳東京本部団長の趣旨説明があった後、今年改選された江戸川支部外四支部の団長の紹介が金致淳東京本部副団長により行われた。つづいて情勢報告と八・一五光復節記念行事実行の説明が、韓相竜組織部長によって行われる一方、行事計画通り実行することに決めた。

また夏季青年会研修会開催の件は、関東地区の青年五百名の中二百五十名を東京管内で、これに参加させることを満場一致で決定した。会議では、指示事項も通達されたが、割当金と手数料の調整案が執行委で決定された原案を七月十日から実施することを確認した。

さらに僑務々務に関する指示については、第九十七回関東地方協議会の議決内容を報告し、旅券申請、旅券期限延長、その他本国入国申告通事々務手続きの際は、団費納付証明書を添付することになり、ついては、第九十六回関東地方協議会での決定事項である旅券申請、旅券期限延長、本国入国申告などの手続きに際しては、民団が発行する「団費納付証明書」を添付すること、これについては公館当局に陳情することになったことが報告された。

東本鄭東淳団長本国へ出張

鄭東淳東本団長は、十五日午後四時発KAL便で東京荒川・世田谷・目黒支部のセマウル事業代表団一行十五名とともに羽田から本国へ旅立った。

鄭団長は、二十五日までソウルに滞在し、その間朴大統領を礼訪し、十七日制憲式典に参加したりセマウル事業関係の行事に東京代表として参加する。

柑城学校に鉄門立つ

東本との結縁部落

短信

民団東京本部は、去る四月四日「六十万のセマウムシムキ運動」の一環として、忠南燕岐郡鍋南面柑城里と姉妹結縁を結んだが、この村にある国民学校では、これを記念する為に、結縁式場を提供した謝礼として東京本部が出した金一封と、同部落民の募金十万円を合せて、このほど校門を鉄材で新しく造り代えたと伝えて来た。

鉄の校門の扁額板には、在日韓国居留民団東京本部の銘が彫刻され、これを見ながら登校する児童たちや部落民たちは、大変な誇りを持っているという。

この柑城国民学校は、忠南道教育庁から優秀校と指定され、今後の発展が期待される。

校門完成のテープは切られた！

東本 二回目の講習会

3日李殷相先生迎えて

民団東京本部（鄭東淳団長）では、去る七月六日午後一時半から東京商銀大ホールで第二回幹部教養講習会を開いた。東京本部管内支部役員及び一般団員二百六十余名の参席を得て開かれたこの講習会には、来日中の我が国の国宝的な人間文化財である鷺山李殷相先生の特別講演があって、会場は厳しゅくな雰囲気で溢れた。

先生の講演に先立ち、金正柱中央本部団長から「六・二三大統領閣下の特別談話と民団の基本的姿勢」についての解説があり、国際情勢の具体的な例をあげながら朝鮮連の欺瞞的な両面性を分析しその野望を痛切に指摘した。

ついで、李先生が演壇に立って話から有を創造する人間、協同し団結する人間、国家意識を確立する人間こそ、五千万民族のために役立つ偉大な韓民族であると強調し、聴衆に多大な感銘を与えた。

先生は、一九〇三年慶尚南道馬山で出生、当年七十才。延禧専門学校（現在の延世大学）を卒業一九六九年七月に芸術院文化功労賞一九七〇年五月に国民勲章無窮花章一九七三年五月に五・一六民族賞などをそれぞれ受けた。

文学生活五十余年、碩学の品位高い我が国が世界に誇るにたりる詩人であり、その代表的作品に、「カコパ」（行きたや）がある。

講習会に熱中している皆さん

在日同胞社会向上へ具体作業を

民団東京本部機関紙発刊に際し、在日韓国青年会東京本部では、結成後約八カ月をふりかえるとともに一九七三年度後期の運動方針の概要を明らかにします。内外情勢にあわせ、「民団組織整備」を継続させるとともに、わたしたち自らの体質改善、民族的主体性確立のための新生活運動を積極推進していきたいと考えます。

韓国人の主体性もて
まず国語・本名の使用から

信頼おけぬ北韓の平和攻勢

ようやく"民団混乱事態"も収拾へのメドがつき始めた昨年十月二十二日、歴史的使命と期待をになって結成された在日韓国青年会東京本部は、継続、民団組織整備活動を率先推進してきた。そして現在本国で推進されている「セマ

しかし、私たちが眼をこらしてみるとき、北韓がその統一政策の基本路線である武力統一路線を変更したと信じきってしまうわけにはいきません。

最近、猟川事件等ひんぱんに起きているゲリラ事件や、スパイ事件、「朝鮮新報」（総連機関紙）に連日みられる、ありもしない「統一革命党」宣伝の背後の意図

在日同胞社会の悪弊一掃を

現状はもはやわれらの責任

若い力と英知を結集しよう

預金は「民族金融」に
青年会々員が一斉に商銀へ預金

会がなされました。

これは会員たちの月々のこずかいや、給料の一部を預金したもので、この運動の趣旨をよく理解し、これまで日本の銀行を利用していたものを、不便を覚悟で商銀に切り替えた青年も少なくありませんでした。会員たちの中には、商銀の所在すら初めて知ったものも多く、「商銀」の預金通帳を手にし、てれくさそうにながめまわす青年なども見うけられました。

「七・四声明」冒瀆するな
総連と鄭在俊一派の共同策動を糾弾する

民団撹乱工作の一貫
「韓国革命」の基地化ねらう

偽善に満ちた総連の提議

総連は首脳会談に応じよ

支部だより

□団長とも歓談　足立

去る七月七日、足立支部二十回大会で選出された、玄圭元新団長は会員たちに、青年の中から青年団長の人材を出してくれることを要望すると同時に、以後は青年会と民団が一体となり、足立民団を盛り上げていこうと強調された。

□密集地域に攻勢　江東

□オモニの気遣い　品川

□今、花咲かり　新宿

祖国統一とセマウム運動に青年の力を総結集しよう！

さあ！サマー・キャンプだ！

東京都在住の韓国青年のあなた！うだるような真夏の暑さを逃れて、同胞の友にかこまれた数日間を過しましょう。

祖国の未来や、私たち自身の将来を親密に語らいながら、親しい友となりましょう。その日、韓国青年による一大祭典はあなたに大きな感動をもたらすでしょう。

韓国青年のあなた！

あなたの参加をお待ちしています。

【キャンプの内容】

朝は元気いっぱい、あたりをゆるがすような体操から始まります。

夜には異国に集う私たちの歌声が、湖をわたります。

☆学　習

午前中の涼しいうち、私たちは学習もします。祖国の統一問題や私たち在日韓国青年の将来などを、班別の討論や講演を通じて学び合いましょう。

☆リクレーション

水泳・水上ゲーム・ハイキング・フォークダンス・キャンプ　ファイヤ・演芸など。ウリノレ（歌）もおぼえられます。祖国の美しい歌を大きな声で歌いましょう！

名　称・第一回関東地区韓国青年合同研修会
日　時・七三年七月二十六日〜九日（三泊四日）
場　所・富士五湖・西湖湖畔、紅葉台キャンプ場
参加費・三、〇〇〇円
集　合・新宿駅西口安田生命ビル前
七月二十六日午後六時三〇分
解　散・二十九日午後、現地解散
携帯品・水着、防寒衣、筆記用具等

主　催・第一回関東地区韓国青年合同研修会実行委員会
協　賛・在日本大韓民国居留民団関東地協
後　援・駐日大韓民国大使館
在日本大韓民国居留民団中央本部
大韓婦人会、大韓体育会

詳細は韓国青年会東京本部まで
TFL（八一五）六五一二

在日韓国青年会東京本部

在日本大韓民国居留民団 綱領
一、우리는 大韓民国의 国是를 遵守한다.
一、우리는 在留同胞의 権益擁護를 期한다.
一、우리는 在留同胞의 民生安定을 期한다.
一、우리는 在留同胞의 文化向上을 期한다.
一、우리는 世界平和와 国際親善을 期한다.

8.15(水)
(1973年)
毎月15日発行
第2号

東京韓國新聞

在日本大韓民国居留民団
東京本部機関紙
東京韓国新聞社
発行人 鄭東淳
東京都文京区春日町2丁目
20～13 〒112
電話直 (815)6511. 6512.
交 (813)2261－5
(一部 30円)

実務指標
一、일하는 民団
一、親切한 民団
一、規律 있는 民団

西紀1945年8月15日正午、祖国の三千里坊坊曲曲は、自由と解放の歓びに湧いた

本号八面発行

主要目次

光復節に捧げる詩

回天頌

月灘 朴鍾和 作

正義の日は、ついにやって来た。
自由と解放
われらは、この、二つの言葉に
どれほど、喉を、嗄らしたことか！
狼のような、日本軍国主義の貪欲な牙で
三千里錦繍江山を、踏みにじられし五十年
三千万わが同胞を、しばりし四十年
われらのあぶらを、血を、飽くなきほど吸いとった。
あー、わが先駆者、終天の恨みをふくみ、万里他方にて挫け去ったその数、何千人であったか！
わが子、わが娘、この日の栄光を見ず、刑枠の上で露と化したその数、何千人であったか！
大義名分すらない学兵
いつわりの志願兵となり！
槍先につき刺され、露と化したその数、何千人であったか！
あー、だがわれらはこらえた。
着実によくもこらえた。
五千年の歴史を持つ
檀君子孫われらは、
大民族たる襟度を持つわれらは、
あらゆる屈辱にもめげずにこらえた。
大高句麗を思いつつこらえた！
大新羅を思いつつこらえた！
正義の日は、ついに、やって来た。
自由と解放
檀君紀元四千二百七十八年乙酉八月十五日！
聖なる灼熱の太陽が
正に、アジア東半球の正午を指すとき
日本の旗竿は地に落ちて
大韓民族三千万は、磐石のような解放の悦びの上に、置かれていた。
天が与えてくれた回天大業！
われらは、鐘路の自由の鐘を、力尽きるまで鳴らした。
わが子、娘をひきいて、力尽きるまで鳴らした。
悦びの泪を呑んでは、力尽きるまで鳴らした。

（月灘詩選より＝鄭英郎訳）

光復年譜

1945〜1973

1945年

8月15日　日本がポツダム宣言受諾
　朝鮮建国準備委員会（呂運亨委員長）初動さる。
〃20日　ソウルに朝鮮共産党再建準備委員会結成さる。（朴憲永委員長）
21日　ソ連軍元山に上陸
〃26日　朝鮮人民委員会
30日　マッカーサー元帥厚木に飛来
9月2日　東京湾ミズリー号上で降伏調印式（38度線米ソ分割占領線）
〃6日　米軍ホッジ中将仁川に上陸
　アーノルド少将軍政長官となる。
〃9日　在朝鮮日本軍降伏調印式。
〃13日　[illegible]
〃24日　[illegible]
10月8日　北朝鮮五道人民委員会開催
〃15日　在日朝鮮人連盟結成
〃16日　李承晩博士帰国
11月3日　北朝鮮で朝鮮民主党結成
〃23日　金九氏重慶から帰国
〃28日　モスクワで三国外相会議、信託統治の協定内容発表、38度線固定化
〃31日　金九氏を中心とする"韓国臨時政府"は信託統治反対を声明（即時独立を要求する大衆示威運動活発化）

1946年

1月1日　南朝鮮の"朝鮮共産党"、モスクワ外相会議決定の信託統治支持声明
〃2日　北朝鮮共産党信託統治支持声明（信託統治反対運動激化、ソ連軍の弾圧強化）
〃12日　[illegible]
〃15日　ソウルで北朝鮮占領ソ連軍シュチコフ将軍と南朝鮮占領米軍アーノルド少将会談
2月5日　米ソ会談開幕
〃15日　ホッジ中将の提案で各政党団体を網羅した朝鮮連合代表者会議組織さる。[illegible]
〃17日　第1回人民議会が平壌で開催された
4月11日　モスクワで米英ソ中四国外相会議（マーシャル米国務長官は[illegible]）
〃19日　モロトフソ連外相はマーシャル米国務長官に書簡を送り米ソ共同委員会の[illegible]
7月1日　[illegible]
9月22日　[illegible]
10月3日　在日朝鮮居留民団結成

1947年

5月2日　外国人登録令発表
〃28日　米ソ共同委員会朝鮮休会となり事実上決裂状態に入る。
7月2日　米ソ中三国外相会談決裂
8月21日　[illegible]
9月23日　米国は国連総会に朝鮮問題を[illegible]
10月24日　[illegible]
11月2日　[illegible]
12月13日　[illegible]
〃14日　李承晩博士アメリカへ出発

1948年

5月10日　総選挙
7月1日　国会で国号を"大韓民国"と決定
〃20日　李承晩大統領当選（間接選挙）
8月8日　[illegible]
〃15日　大韓民国政府正式発足、マッカーサー元帥訪韓
12月12日　国連総会、大韓民国政府承認

1949年

1月20日　[illegible]
〃6日　[illegible]
6月26日　金九先生暗殺
7月17日　[illegible]
9月8日　在日朝鮮人連盟解散さる。
12月10日　世界人権宣言

1950年

2月14日　[illegible]
2月16日　李承晩大統領、マッカーサー元帥の招待で訪日
5月30日　総選挙
6月25日　6・25事変勃発
7月15日　国連軍参戦
9月15日　仁川上陸
10月7日　韓国復興に関する決議案採択
10月20日　平壌入城
10月25日　中共軍介入大量参戦（人海戦術）

1951年

4月11日　マッカーサー元帥辞任、リッジウエイ後任
7月1日　開城で休戦会談開始
8月23日　休戦会談中止
10月25日　板門店で会談再開

1952年

1月19日　李承晩大統領平和線宣言
2月15日　第一次韓日会談
5月7日　巨済島捕虜暴動事件起きる
7月4日　憲法改正案可決（李政権強化）
　（大統領は直接選挙にした）
8月15日　大統領選挙（大統領李承晩、副大統領咸台永当選）

1953年

2月15日　（貨幣改革（百円を一ファンにする）
4月15日　第二次韓日会談
6月28日　李大統領反共捕虜2万7千名釈放
7月27日　休戦協定調印
8月8日　韓美相互防衛条約調印
10月6日　第三次韓日会談

1954年

11月29日　憲法改正（大統領中心制）

1955年

4月14日　朝総連発足（民戦解散）

1956年

1月31日　[illegible]
5月1日　[illegible]
〃15日　正副統領選挙（李大統領三選と野党張勉氏副統領当選）
7月18日　国連軍司令部韓国移転（東京から）

1957年

1月11日　国連総会朝鮮統一に関する決議案採択
4月19日　北韓、日朝赤十字社を通じて在日朝鮮人子弟教育費金送金

1959年

1月29日　[illegible]"北送"[illegible]
2月13日　[illegible]"北送"[illegible]
4月13日　在日朝鮮人北送問題で日・朝鮮赤十字第一回会談（ジュネーブ）
4月17日　韓国政府、韓日会談打切り決定
6月10日　日、朝赤"北送"で合意
6月24日　[illegible]
8月13日　日、朝赤"北送"で調印（カルカッタ）
9月10日　[illegible]
12月14日　新潟港から北送船出る。

1960年

3月15日　大統領選挙（[illegible]）
4月19日　4.19学生革命起る
4月26日　李承晩大統領辞任
5月29日　李承晩大統領ハワイ亡命
7月29日　新憲法により民・参両院総選挙
8月8日　[illegible]
8月23日　[illegible]第二共和国誕生
9月12日　[illegible]
10月25日　第5次韓日会談

1961年

5月4日　ソウル大学民族統一連盟で南北学生会談を提案
5月16日　軍事革命起る
5月20日　国家再建最高会議
5月26日　[illegible]
7月3日　[illegible]
11月13日　[illegible]ケネディ大統領と会談

1962年

2月19日　[illegible]
3月16日　政治活動浄化法公布
3月22日　尹潽善大統領辞任
3月24日　[illegible]
6月10日　貨幣改革（100ファンを1ウオンとする）
8月14日　[illegible]
12月17日　憲法改正案の国民投票（78.7％賛成）経済開発5個年計画（66年度完了）

1963年

2月18日　時局収拾に関する朴大統領声明発表
3月11日　反主流派のクーデター発覚
10月15日　五代大統領選挙、朴正熙大統領当選
11月26日　国会議員選挙、共和党圧勝
12月17日　第三共和国誕生

1964年

3月25日　韓日会談反対学生デモ起る
5月11日　丁一権内閣発足
6月3日　ソウルに非常戒厳令公布
7月29日　非常戒厳令解除
10月10日　東京オリンピック大会開幕
10月12日　[illegible]

1965年

2月17日　椎名日本外相訪韓
〃20日　韓日条約仮調印
3月20日　ベトナムへ非戦闘部隊（ハト部隊2000名派遣）
6月22日　東京で韓日条約正式調印
8月14日　[illegible]
8月1日　[illegible]

1966年

4月14日　[illegible]
9月8日　[illegible]
　ジョンソン米大統領訪韓

1967年

5月3日　朴大統領再選さる
6月8日　国会議員選挙、共和党圧勝
7月2日　[illegible]
8月9日　東京で第一回韓日定期閣僚会議開催

1968年

1月21日　北韓武装ゲリラ大統領官邸近くまで出現
1月23日　アメリカのプエブロ号元山沖で拿捕さる
4月16日　ホノルルでニクソン米大統領、朴大統領の韓米首脳会談
9月16日　朴大統領オーストラリア訪問
10月18日　ホリオークオーストラリア首相訪韓

1969年

9月14日　憲法改正案提出
10月17日　国民投票により憲法改正

1970年

8月15日　朴大統領統一問題で声明（武力を捨てれば具体策講じる）
12月19日　丁一権国務総理辞任、後任に白斗鎮氏

1971年

4月22日　大統領選挙、朴正熙大統領三選
8月12日　大韓赤十字社崔斗善総裁、南北赤十字会談提議
9月20日　板門店で第一回予備会談開かる
〃22日　南北直通電話開設
12月6日　国家非常事態宣言
〃27日　非常大権、大統領にあたえる。

1972年

7月4日　南北共同声明発表それ以後
10月17日　10月維新発表、統一主体国民会議構成、維新憲法公布、朴正熙大統領当選、第五共和国発足

1973年

6月23日　朴大統領特別声明発表（平和統一に関する外交方針）

第28回 光復節 慶祝辞

安定基調の上で経済成長

「光復」生かし維新韓国へ飛躍

駐日大韓民国大使　李　澔

われわれ韓国人にとって"8・15"は年年改新しいといわねばなりません。

一九四五年八月十五日、第二次世界大戦の終結とともにわれわれは渇望してきた政治的自由を取戻しましたが、"8・15"は韓国の人々にとって解放の喜びをたぎらかせたかたわら、新債やるかたない民族分断の原点ともなりました。

われわれ韓国人は毎年その日—八月十五日を迎えては民族の歓喜と、踵を接して到来した民族の痛恨とを併せて反すうしてみるのです。われわれは、いまその"8・15"の二十八周年を迎えました。今年の"8・15"の意義は例年に増して深くまた新しいといわねばなりません。

去る六月二十三日、朴正煕大統領閣下は「平和統一外交政策に関する特別声明」を通じ、民族的念願である国土統一を志向する韓国の現実的で能動的な外交姿勢をひろく内外に闡明されました。朴大統領閣下の6・23特別声明は国際情勢の新しい進運に積極的に適応することによって、その進運の中で祖国統一につながる活路を見出そうという、もっとも現実的でかつ遠大な眼目の対外姿勢を表明されたものであります。

この時点で、われわれはすべからく「維新韓国」の躍動する真面目を海外に伝えることに力を寄せ合わせねばなりません。多くの国の人々が、対外姿勢に新機軸をもたらした韓国の外交を理解し、政治的安定が固っていく韓国の政治を理解し、安定した基調の上に成長を重ねる韓国の経済と産業を理解し、新しい気風が形成されていく韓国の社会と文化を一人でもより多く理解するようになれば、それだけもっと深く「世界の中の韓国」は根をおろしていくでありましょう。

朴大統領閣下の6・23特別声明は、必らず、アジアの一角を占める「半島国家・韓国」から「世界の中の韓国」への門戸開放にまことの面目が宿されているといえましょう。韓国の門戸開放政策が韓半島の緊張を解消させ、韓半島での平和の定着がアジアの緊張緩和をもたらし、アジアの平和がまた世界の平和へとつながれかしとの願いをこめてわれわれは二十八回目の"8・15"を迎えました。"8・15"はわれわれ韓国人にとって年年改新しいといわねばなりません。

"六・二三特別声明認識" 「維新」民団で躍進

中央本部団長　金　正　柱

親愛なる在日同胞の皆さん

光復第二十八周年を迎えて、皆さんと共に喜び、この日を慶祝する次第であります。

国土を奪われ、三十六年間苦しみにもだえながら主権を取り戻すために数多くの生命財産を投げ捨てたのですが、自由と解放の喜びが韓国全土をおおった二十八年前の今日をかえりみると者、われわれは、再び胸に迫る感慨をおさえがたいのです。

毎年、この日を迎える感懐は常に新たなものがありますが、今年われわれが迎える八・一五光復節は、以前より最も大きな意義と時代的使命感を痛感するものがあります。我が祖国、大韓民国が経験した辛かった六・二五動乱の試練をはじめとする受難の歴史は、第三共和国の誕生を契機に、繁栄と成長の歴史に転換され来ました。怜明なる朴正煕大統領閣下の偉大な指導力がしからしめた歴史の転換であります。三年前の八・一五特別宣言は、七・四共同声明の母胎となり、南北調節委員会と南北赤十字会談を形成する導火線となったのであります。朴大統領閣下が提唱されたセマウル運動は国民一般に自助、自立、自治の精神を植え付け、八〇年代には輸出百億ドル、国民所得千ドルを実現する計画が眼前に展開される時代となっているのです。今日八・一五を契機にし、われわれの使命とすることは、第一に維新課業第一次年度であることを注意深く認識しその課業を果敢な精神力で遂行すること、第二にはさる六月二十三日発表された、朴大統領の平和統一外交政策に関する特別声明の重大な意義を理解し、進運の歴史を遂行して行くことです。そしてわれわれは、朴正煕大統領が下した歴史的大英断を両手をあげて支持歓迎し、祖国平和統一のために力をつくす朴大統領閣下の偉大なる政治的先見と決断に対し、満腔の敬意を表するしだいであります。

親愛なる同胞の皆さん

われわれは、たとえ、身は海外にあろうとも、心は常に祖国の山河にあり、祖国発展に熱意をもやしております。われわれは、本国での十月維新に呼応して「セマウム」による民団の維新課業を成就すべきであります。

民団の「セマウム」とは、民団の五大綱領を徹底的に具現するための創造的精神運動の確立を意味します。「セマウム」は、また従来の民団の体制と慣行に潜んでいた悪弊や惰性の抜本を意味します。

「セマウム」とは、すでにわれわれがきづきあげた民団内不純分子の徹底した摘出と組織運の刷新を意味するものであります。

感慨深い、今日第二十八回光復節を迎え、慶祝するこの集いが、六十万在日同胞の権益と福祉を擁護するための前進の契機となることをかたく信じ、祖国の光復のため身命をささげられた先烈の冥福を祈るしだいであります。

六十万の火の如くもえ上がる"セマウム"植え運動に、全員参加し福祉社会建設のため力つきるまで努力する決意を新たにすべきだと確信いたします。そして第28回光復節の精神が、なお一層実を結びうる道へつながることを期待いたします。

終りに、本日のこの中央記念大会に出加する為に、地方の方から来られた皆さんには、心から感謝の意を表します。

どうか、この記念大会の意義を充分に認識されてお帰りになったら、この大会に参加出来なかった方々にも、この内容をお伝え下さることをお願い致します。

なお、私たちが、この栄ある記念大会を持っている瞬間にあって民団内の一部不満分子らが別の場所で集会を開いていると聞きますが、これは、民族的な式であり、八・一五光復の意義をすみにじるものであると断定します。

朴大統領英断に添う力量発揮を

東京本部団長　鄭　東　淳

親愛なる団員の皆さん！

今日、第二十八回光復節を迎えて、その日の感激を再びよみがえらせながら、中央民衆大会をこの場所において挙行することになったことを、満場の皆さんと共に衷心より慶賀してやみません。

国家を日帝に奪われ三十六年間、圧迫と搾取に喘えながら苦難の歳月を味合ったすえ、日帝のしばりじめより解放されたその日の感激を誰がおさえ得られるでしょうか、自由と平和繁栄を期約しつつ独立した祖国が、念願とはほど遠い分断の悲運にさらされるとは、何事だったでしょう！だが、受難の歴史が繰り返されるなかでわが国は分断の悲劇をおさえながら、今は世界歴史の潮流に、光を発する先導的使命を遂行するかたわら、対内外的に平和と繁栄のための維新課業を遂行する力が大いに発揮されております。内ではセマウル運動、南北赤十字会談が断え間なく進展され、われらの明るい未来が浮彫りされていますし、対外的には、六・二三平和統一外交政策に関する特別声明が朴大統領閣下により闡明され、わが国が、平和愛護の自由国家なるイメージが世界万邦に対し明示されているところです。われわれ在日民団としては、朴大統領閣下の英断と政治的先見に、深く敬意を捧げる次第であります。

二十八年前の解放の感激をここにもって、統一につながる感激として昇華させる民族的決意と、精神的覚醒が要望されることを深く望むものであります。

親愛なる団員の皆さん！

われらの真の念願は統一であり、民族の真の光復は、祖国統一が完遂されるその日に始めて具現されるという厳然なる事実を心につづっておくことが大事だと思います。今、全民団的な規模で[illegible]

中央記念大会々順

祖国の独立と解放のため、犠牲となった、愛国先烈の崇高なる精神を継承し民団の永久発展と、十月維新事業に、積極参与して、祖国の近代化に寄与することを目的として、八月十五日、[illegible]劇場で第二十八回八・一五、光復節記念中央記念大会が開かれるが、その大会の会順は次の通りである。

会順

一、開会
一、国民儀礼
一、会長団着席
一、開会辞
一、記念辞
　①中央団長記念辞
　②駐日韓国大使記念辞
一、来賓祝辞
一、決議文採択
一、メッセジ朗読
　①朴大統領閣下におくるメッセジ
　②田中首相におくるメッセジ
一、万才三唱
一、散会

第二部

一、開会辞
一、開会
①韓国古典民俗舞踊及び民謡公演
②夏の舞公演（国際ダンシングチーム三百余名出演）

※時間配定
①十時〜五〇分　本国映画上演
②十一時〜十二時三十分記念式
③十二時三十分〜十四時、民俗舞踊及び民謡公演
⑤十四時〜十六時、夏の舞公演

一九四五年光復直後の情勢

韓民族の一番長かった時期

解放直後の国内情況

日本政府がポツダム宣言を受諾することにより、朝鮮は一九一〇年（明治四十三年）日韓合併以来三十五年にして、日本の植民地統治から脱して、再び独立への道を歩むこととなった。

一九四五年八月十五日、日本の敗戦とともに、朝鮮民族の独立への歓喜は爆発し、十五日午後から京城（ソウル）その他大都市は言うまでもなく農村に至るまで、学生、農民を中心とする一大示威運動が勃発し、同時に独立運動の先駆者呂運亨氏を委員長に、安在鴻氏を副委員長とする朝鮮独立準備委員会が結成され、朝鮮保安隊は各官庁、会社の接収を要求した。

このような独立への激しい意気に狼狽した朝鮮総督府は、米軍の

信託統治案と反響

朝鮮分割と党派の対立

1945年9月8日、米軍進駐を歓迎するデモ行進

韓国臨時政府と人民共和国派の内幕

韓国臨時政府

人民共和国派

東京本部「60万のセマウム・シムキ」事業基金拠出者芳名

足立支部

高炳淳　金周淶　柳泰永　玄洪洙　金午南　朴鍾大　權寧珣　李基煥　林政次　玄奎全　金漢弼　金章玉　千甫殷　玄奎元　金福来　韓斗玉　洪良植　孫道渕　尹秉元　李龍述　梁京宣　金龍河　姜倒通伊　金容述　趙正良　金在今　余相澤　金聖三　金燦英　鄭在淳　崔正銘　姜致洙　韓振玉　姜泰圭　李千成　張平順　秦坪源　朴京植　金潤璜　李楨雨　許義祚　曺相鉉　金升鎰　金仁永　朴權信　康完宅　權極處　林仁度　林承官　朴達晩　權栄煥　厳快順　孔判敦　金学道　高斗万　白泰珎　金判桂　許仁沢

玄宗浩　盧鳳孝　康禎孝　金銀永　李珣雨　張昌琳　韓錫珪　朴勝実　高公秀　梁福承　金壬吉　韓嬉燮　金正雄　朴泰律　趙大鳳　呉昌敦　朴燁科　權重洛　趙君乭　金聖出　李炳祚　韓柄相　高東混　金處燮　金太奉　尹東寿　朴採基　李春根　金奎烈　洪淳準　林栄朱　高仁也　姜重求　金聖甲　金順分　尹周淑　車近寿　李平洙　高守　趙誠煥　梁忠雄　徐兌星　李洙通　孫茉遠

江東支部

辛容相　金英雄　高小祚　李鍾郁　金民学　盧漢道　鄭淳約　尹寿甲　呉希漢

權昌達　徐三権　尹正根　朴東文　金智栄　申星喆　金容鉄　張相基　禹栄民　尹栄翼　呂貴正　全翼漢　朱胤弘　鄭燦龍　權造永　禹鍾出　朴聖吉　朴寅圭　劉東俊　朴光浩　金山漢　高五根　李宋老　鄭徳文　黄外鍾　金貴胤　林炳龍　鄭錫斗　呉京化　康景善　鄭燦奎　李昌基

權春淑　金海守　姜大位　徐寿烈　朴永銅　梁東九　具興洙　金鉉成　朱善馥　白文洙　金才民　柳再龍　李丙熙　金建夫　白建三　宋吉鏞　鄭文和　李富男　陳鍾雲　崔福先　金永来　鄭珠植　金敬式　曺順承　李桂元　車鎮善　崔炳林　金教安　成在弘　金徹河　洪淳禧　李先伊

白述伊　呉周成　金興植　文瀬龍　表七龍　李璋鏞　黄樹性　朱栄祥　金末女　朱仁守　呉東植　朴大植　金鍾泰　鄭基錫　李文基　安教順　鄭万永　金光和　金文旭　全昌得　白万洙　朴南浩

江戸川支部

金日煉　姜富遠　金聖祚　李權弼　朴達権　梁顕福　具衡道　裵貞夫　廉其鍾

朴秀慶　姜東遠　崔衿澈　金仁寛　鄭寅暻　車任朝　鄭昌煥　崔聖根　李舜夏　朴晃在　金鍾寿　朴鎬成　金敬天

墨田支部

金容爽　韓昌淑　鄭順相　金已出　金守業　金光弘　金斗叔　洪象観　朴周植　徐丙吉　李道燮　姜渭吉　任承準　金敬玉　金烜根　金三岩　金龍植　趙斗淳

魯鐘洙　申伯雨　金成謙　李京炫　李錫均　金南圭　李英雨　金桂洙　柳貴澤　朴鴻来　徐鍾福　白在赫　李分守　李重浩　姜君子　金徳烈　金泰秀　梁在龍　金允洙　姜貴男　黄貞河　金銀基　李斗玉　朴戊生　鄭学　金炳錫　柳成南　金涌鎬　韓能河　金昌錫　李元祚　尹貴男

崔智化　崔日今　韓和燮　金貴男　鄭卜童　河源子　韓小乭　安宗晢

朱命九　全安九　鄭寅学　南秀夫　李東燮　成渭根　宗玉順　金貴根　劉貴文　薛鳳九　姜尚用　徐龍八　東郷道子　陳東烈　鄭禮載　呉昌錫　曺成玉　河幸一　崔乙順　李時權　金信明　秋春一　李徳栄　成四根

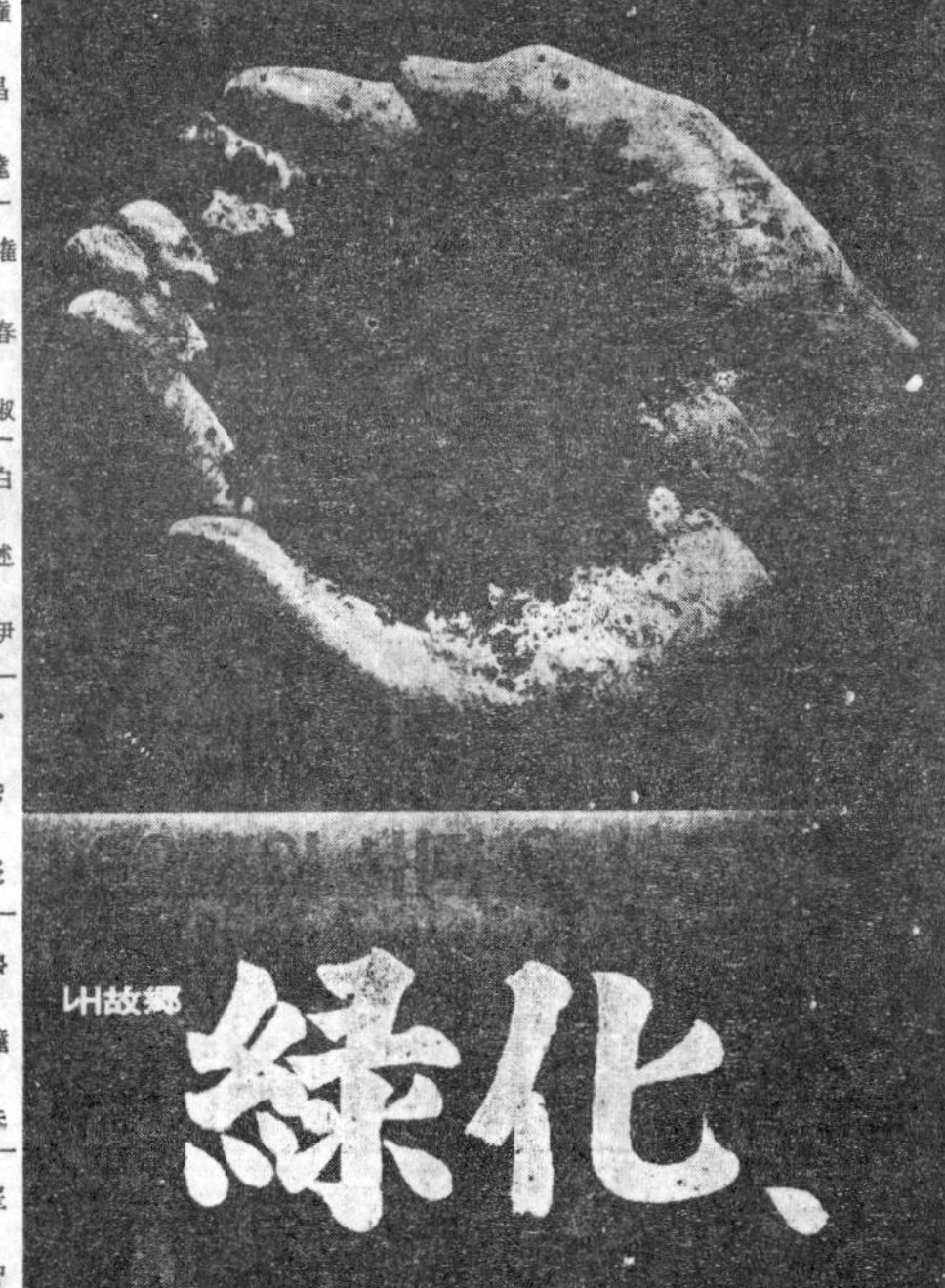

追加分

先号で既に発表したもの以外に、次の通り新たな追加分が報告されましたので、掲載致します。

李雲相　朴尚福　李春逸　河宗範　呉泰先　金碩使　李鐘和　李萬雨　文明福　趙承根　梁潤根

荒川支部

呉泰富

新宿支部

蔡洙仁

北支部

金福林　崔秉南　金達厚　金炳元　高泰祐　金受宅　金斗宗　金仁浩　朴起煥　尹基煥　宗基元　李明植　姜永萬　金鳳諄　申豪兼　朴聖沢　趙水坤　洪斗杓

皆さんの熱烈なご支援ありがとうございました！

民団組織で日常活動していられる地方委員の皆様の日頃の労苦に深い敬意を表し、"六十万のセマウムシムキ運動"における団務執行の経過を総括報告いたします。

昨年十二月四日、東京都内各支部代議員の絶対的な信頼のもとで構成されたわれわれ東京本部、三機関任員は、大会直後、各支部三機関、事務部長合同会議等を開催し、対内外的に民団東京本部がこれから打ち出すところの基本方針である五個項目を提示公約し、これの提議者としては、誠心誠意全力を尽して組織活動に専念してきました。私たち執行部としては、一番目に、本国の維新事業に歩調を合わせてセマウル運動に積極的に参与するという方針をとり、二番目に、この混乱した組織を再整備するため団員の基本台帳を準備する事業を始めています。三番目には、二世、三世のため韓国学校の育成強化を対策研究しており、四番目には消費協同組合等を組織して多少とも民生安定に寄与しようとしており、東京商銀の預金増進にも協力しています。五番目には、将来、提議者が置かれている立地条件を考慮して、韓日親善運動も積極的に推進展開するつもりです。

セマウム・シムキ事業総括報告

[illegible]

…れていたセマウル事業参与を整理する方向で組織の姿勢をただし、東京本部の三機関任員、執行委員、各支部団長で構成される六十万のセマウムシムキ運動、セマウル姉妹結縁団が組織されたのであります。このようにして私たち、この青年奉仕団一一五名とセマウル姉妹結縁団三十四名は、去る四月二日より十二日間の国内での日程を消化して、大変大きな成果をたずさえて四月十四日、全員健康な体で無事に帰任して、団内外に大きな刺激と発展をもたらしたことをためらうことなく報告いたします。この運動の簡単な評価として、まず第一に本国の維新事業とセマウル運動に特に海外にいる同胞が組織的な規模で具体的に参与したという事実で、第二には、祖国を知らなかった私たちの息子・娘である青年学生たちに、民族心と国家観を確立扶植させるという大変大きな成果があったという点です。第三にはこの運動を通じて母国同胞たちより異口同音にすばらしい事であるという賛辞を受け、民団組織に対する国内同胞の再認識と団結さえあれば、どんな難関や大事業も、充分に短期間のうちにすべての事業を成功させることができるという仕事に対する自信を、組織幹部たちにも植えつけました。

われわれ青年奉仕団とセマウル結縁団は、四月五日、植木日に、京畿道揚州郡白鳳山で、朴大統領閣下のもと三千本の栗の木を、直接、私たちの手で植え、この記念式典で、記念辞を通して、朴大統領閣下は、「今日、この席には、在日同胞のみなさんも、祖国の山を青くするため、苗木を持って参席してますが、至極、ありがたいことであると思います」とおっしゃり、「愛国には、いろいろな道がありますが、大きなことを言うのではなく、できることから仕事をひとつひとつ成し遂げていくことが、すなわち国を愛する道である」と付け加えになりました。

この日を待って、私たちが寄贈した六十万本の苗木が、一[illegible]

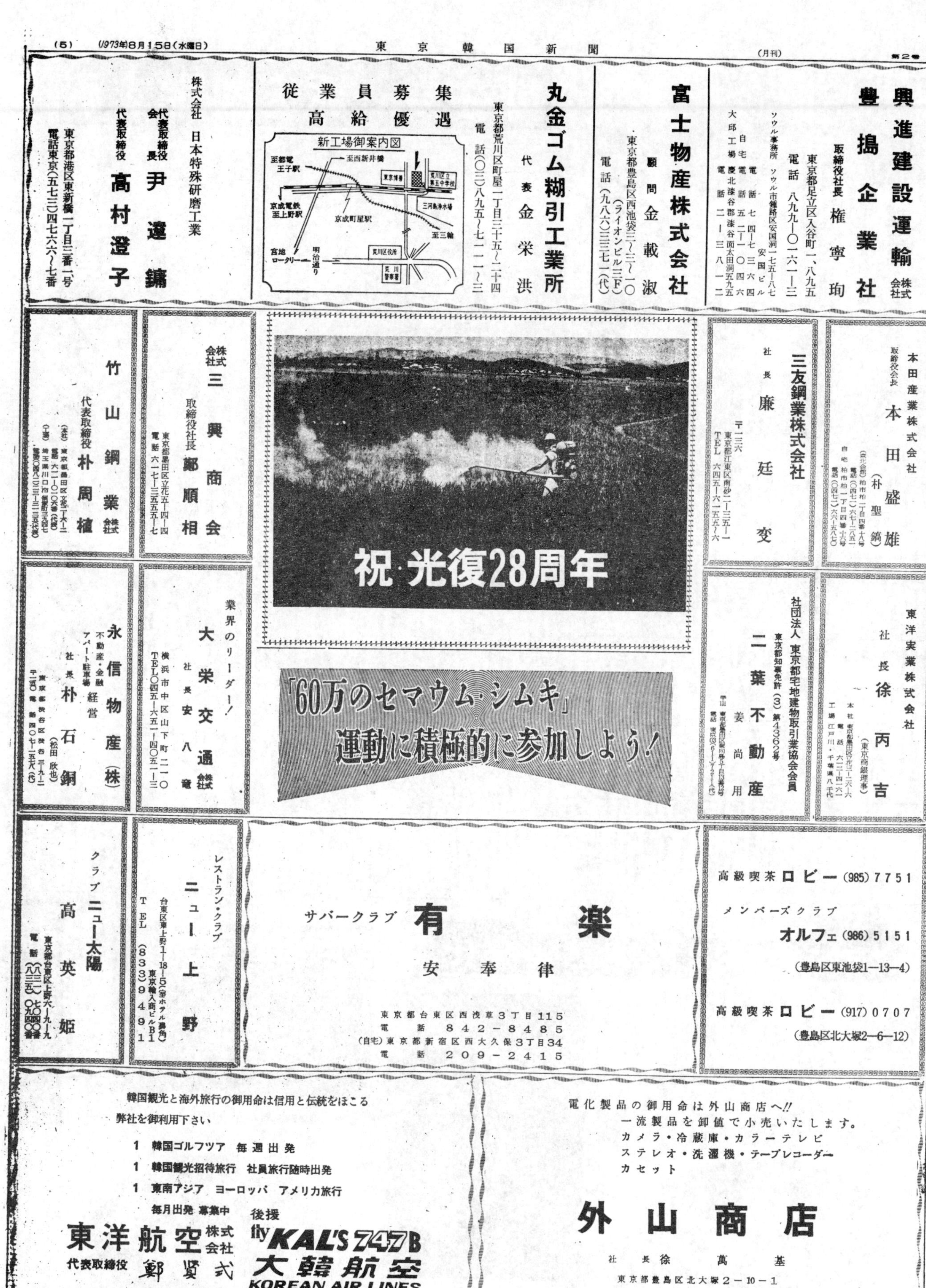
株式会社
興進建設運輸
豊搗企業社
取締役社長 権寧珣
東京都足立区入谷町一、八九五
電話 八九九—〇一六一—三
ソウル事務所 ソウル市鍾路区安国洞一七五—八七 安国ビル
電話 七四—七三六四
自宅 電話 五二—一〇四六
大邱工場 慶北漆谷郡漆谷面太田洞五九五
電話 二—三八一二
富士物産株式会社
顧問 金載淑
東京都豊島区西池袋三ノ三ノ一〇（ライオンビル三F）
電話（九八六）三三七一（代）
丸金ゴム糊引工業所
代表 金栄洪
東京都荒川区町屋一丁目三十五ノ二十四
電話（〇三）八九五—七一一一～三
従業員募集
高給優遇
新工場御案内図
至西新井橋
至都電王子駅
京成電鉄至上野駅
京成町屋駅
三河島浄水場
至三輪
宮地ロータリー
明治通り
荒川区役所
荒川警察署
荒川区立第五中学校
株式会社 日本特殊研磨工業
代表取締役会長 尹達鏞
代表取締役 高村澄子
東京都港区東新橋一丁目三番一号
電話東京（五七三）四七六六～七番
本田産業株式会社
取締役会長 本田盛雄（朴聖鎬）
（京北金館）柏市柏一丁目四番十八号
電話（〇四七一）六七—二八五一
自宅 柏市柏一丁目四番十六号
電話（〇四七一）六六—五八七〇
三友鋼業株式会社
社長 廉廷変
〒一三六 東京都江東区南砂二—三五—一
TEL 六四五—六一五五～六
株式会社 三興商会
取締役社長 鄭順相
東京都墨田区立花五—四—四
電話 六一七—三五五五—七
竹山鋼業株式会社
代表取締役 朴周植
祝·光復28周年
東洋実業株式会社
社長 徐丙吉
（東京商銀理事）
工場 江戸川・千葉県八千代
社団法人 東京都宅地建物取引業協会会員
東京都知事免許（3）第4362号
二葉不動産
姜尚用
「60万のセマウム·シムキ」
運動に積極的に参加しよう！
業界のリーダー！
大栄交通株式会社
社長 安八竜
横浜市中区山下町二一〇
TEL〇四五—六五一—四〇五一—三
永信物産（株）
不動産・金融
アパート駐車場経営
社長 朴石銅（松田 欣也）
東京都渋谷区渋谷三—九—二
電話 四〇七—一五七八（代）
高級喫茶ロビー (985) 7751
メンバーズクラブ
オルフェ (986) 5151
(豊島区東池袋1−13−4)
高級喫茶ロビー (917) 0707
(豊島区北大塚2−6−12)
サパークラブ 有楽
安奉律
東京都台東区西浅草3丁目115
電話 842−8485
(自宅)東京都新宿区西大久保3丁目34
電話 209−2415
レストラン・クラブ
ニュー上野
台東区東上野1−18−5（室ホテル裏角）
東京輸入商ビルB1
TEL（833）9491
クラブ ニュー太陽
高英姫
東京都台東区上野六—九—九
電話（八三二）〇七四〇番
電話（八三五）〇九四〇番
韓国観光と海外旅行の御用命は信用と伝統をほこる
弊社を御利用下さい
1 韓国ゴルフツア 毎週出発
1 韓国観光招待旅行 社員旅行随時出発
1 東南アジア ヨーロッパ アメリカ旅行
毎月出発 募集中
東洋航空株式会社
代表取締役 鄭賢式
本社：東京都中央区銀座6-4-8 曽根ビル
〒104 TEL:東京(03)573-4421(代)
後援
fly KAL'S 747B
大韓航空
KOREAN AIR LINES
電化製品の御用命は外山商店へ!!
一流製品を卸値で小売いたします。
カメラ・冷蔵庫・カラーテレビ
ステレオ・洗濯機・テープレコーダー
カセット
外山商店
社長 徐萬基
東京都豊島区北大塚2−10−1
国電大塚・北口商店街
〒170 電話 917−5363(代)

鄭在俊一派を糾弾する

民団東本名義詐称するな!

在日同胞社会の分裂行動を中止せよ

組織から排除された者が依然として、団名を詐称し団長職を自称することくらいナンセンスなこともないが、その言動が日本社会と在日同胞社会に与える悪影響は良識ある人々の著しいひんしゅくをかっていることは言うまでもない。鄭在俊を筆頭とする民団組織内に巣喰う一部不純分子らの暗躍は最近に至って目に余るものがあり、ここに敢えて筆政を加えるものである。鄭在俊一派はすみやかに日本人社会は勿論のこと、在日同胞社会に混乱をもたらす一切の言動を中止すべきである。

鄭在俊は一九七一年五月ごろから民団東京本部の団長として東京に居住する団員を含む全体同胞の生活を守り、民生安定を為とするが如き組織活動をする代りに、……

鄭在俊一派の犯罪記録

鄭在俊は民団と無関係

十九人を懲戒処分

暴行、脅迫、監禁、朝総連と野合で民団破壊企図

呉宇泳、鄭在俊ら17人は除名

民団中央監察委員会(金泰変委員長)では、過去一年有余にわたって民団組織の攪乱と、反民団反国家的言動をもってたび重なる暴行、乱動を繰り返し、同胞社会からひんしゅくをかっていた一部不純分子十九人を、民団規約に基いてそれぞれ除名、停権などの懲戒処分に付した。

懲戒公告

本委員会では、一九七一年五月ごろから現在まで、団の規約を無視、蹂りんし、暴行、乱動、脅迫、監禁、其他、朝総連と野合した反国家的な方法をもって、団内外に種々のあらゆる悪の状況を乱起し、……

規約違反および不服事実

◇懲戒内容

○姓名＝呉宇泳

○姓名＝鄭在俊

荒川支部　清水里

姉妹結縁で協調態勢強化

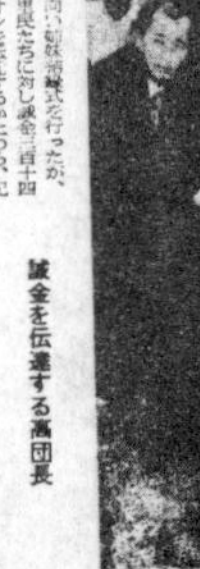

誠金を伝達する尹団長

雨の中での記念植樹

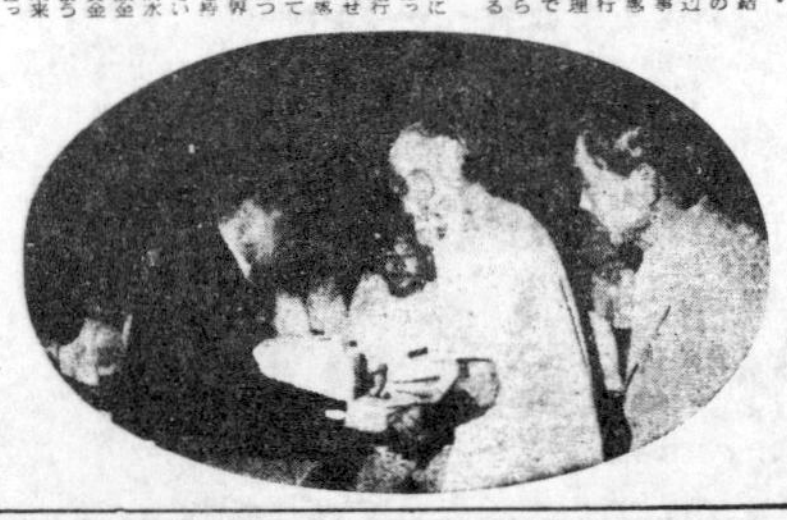

誠金を伝達する尹団長(上)と姉妹結縁式会場(下)

葛飾・紙杏二里結縁

「光復」式典参加代表団本国派遣

恒例の8・15光復節式典に民団が全国組織を網羅して派遣する代表団450名は13日14日にかけて空路で本国入りをするが東京を中心とする関東地区関係8・15光復節母国訪問団一行72名は14日午後4時発の大韓航空便で東京羽田空港を出発する

ソウル奨忠体育館で挙式
関東地区で七十二名、14日出発

金珍宝（杉並支部）　李明煥（〃）　秦順夫（〃）　秦奉夫（〃）　張成倫（〃）　趙孝生（〃）　任丁児（〃）　朴宇喆（〃）　高潤玉（〃）　宋貞烈（〃）　李聖峻（〃）　金碩俊（墨田支部）　梁昌鎬（文京支部）　尹淳栄（〃）　金柄沢（〃）　孫案秀（台東支部）　金基炳（〃）　洪性花（〃）　呉竜禄（江戸川支部）　金信植（〃）　李乙竜（〃）　中山静香（江戸川支部）　中山恵子（〃）　白用伊（〃）　金鐘雄（〃）　洪京秋（港支部）　共性雲（目黒支部）　李回煥（板橋支部）　鄭七守（〃）　李竜岩（〃）　尹徳順（北支部）

呉永先　趙正連（中野支部）

国会法司委員一行迎えて
民団実態全般意見交換

7月二十六日戸籍特例法解説・現情勢説明も

民団中央主催で懇談会

北韓の政治的欺瞞

マンスデ芸術団対策など論議

八月四日　東本管内事務部長会議

第六回韓日高校競技大会

8月18日から東京駒沢オリンピック競技場で

練馬支部総会開催

九十九里浜海岸で、新役員改選

五十坪のオビ工場

黄牛30頭も購入　柑城里

「丸金」社屋移転

日本籍の韓国系学生訪韓

文化・古蹟探訪、十日KAL便出発

「民族教育」成果多大

荒川夏期学校80余名参加

「人事異動」

支部だより

尋人

在外国民の就籍、戸籍訂正及び戸籍整理に関する臨時特例法解説

手続が易しくなった戸籍特例法

一、就籍

（1）就籍の意義

（2）申請

（3）就籍申請書の添付書類

（4）申請書の処理

（5）戸籍簿の編製

二、戸籍の訂正

（1）戸籍訂正の意義

（2）申請

（3）許可申請書の処理

（4）戸籍訂正許可申請書の添付書類

次号につづく

—989—

祖国統一は新生活運動の推進から

第一回研修会開催
湖畔に集った三百余名

さる七月二十六日から二十九日の四日間にわたり、第一回関東地域韓国青年合同研修会が、関東の各地から三百余名の青年が参加する中で、盛大に開催された。わが民族が祖国統一への試練に直面している現在、研修会は楽しい中にも、おのずと真摯な雰囲気がみちあふれたものであった。文字通り、学び、遊び、歌い、踊り、食べ、眠ったこの三泊四日は意義ある在日韓国青年の一大祭典でもあった。新しい友を見つけ、新たな問題意識と課題を感じとった参加者たちは、青年会の発展強化に尽すことを誓い合った。

☆七月二十六日

○集合時

一番のりは五時四〇分一人の女性。それから約三〇分後には安田生命ビル前は韓国の青年でごったがえした。新しい仲間が到着するたびにあちこちであがるかん声。五台のバスに支部別に分乗した私たちは、新宿の町を後にした。

○バス中

韓国青年の使命新たに
青年会活動の強化を確認

湖水を染める歓迎花火

キャンプ場の夜はふけて

新生活運動の積極推進を

研修会風景

大きく息をすって、ハナッ、トウルッ！

空気はうまいし、食事もうまい！

真新しい表札が参加者の手に

ハイキング

ボート競技・夜空をこがすファイヤーストーム

班別討論風景

8・15
二十八周年をむかえて
ふたたび民族の主体性問われるとき
在日青年の"光復"は生活改善運動から

交流の場拡充の必要を痛感
会長　尹隆道

民族青年の主体性確立を

全員に表札が
うれしい参加記念

参加者全員に記念の表札が

感想文　サマーキャンプに参加して

気おくれ、今はよろこびに
足立　姜聖律

うれしかった自分の表札
江東　呂健二

楽しかったキャンプできたともだち
世田谷　黄静子

茨城でも展開したい新生活運動
茨城　金聖根

支部だより

今年中にウリマルで
大田

オモニも参加して
世田谷

在日本大韓民国居留民団 綱領
一、우리는 大韓民国의 国是를 遵守한다.
一、우리는 在留同胞의 権益擁護를 期한다.
一、우리는 在留同胞의 民生安定을 期한다.
一、우리는 在留同胞의 文化向上을 期한다.
一、우리는 世界平和와 国際親善을 期한다.

9.15(土)
(1973年)
毎月15日発行
第3号

東京韓國新聞

在日本大韓民国居留民団
東京本部機関紙
東京韓国新聞社
発行人 鄭東淳
東京都港区芝公園2丁目2-17 〒105
電話 03(437)2001~5
(一部30円)

実務指標
一、일하는 民団
一、親切한 民団
一、規律있는 民団

主張

金大中事件の波紋
対韓・大国主義的傾向を排す

▼イエロー・ジャーナリズムまたはイエロー・プレスという言葉がある。要するに事件などを誇大に取り上げる煽情主義ジャーナリズムの傾向を指すものである。

金大中事件が発生してからの日本の新聞の報道ぶりはいささか過熱気味であり野党の政府追求の姿勢もまた今が見せ場とばかりの熱演ぶりである。

「国家主権論」から「民主々義擁護」に始まって「国交断絶論」が飛び出すかと思えば「征韓論」さえ登場しかねない有様である。

新聞には報道の自由があると同時に、報道の限界と責任、そして品格がなければならない。

金大中事件に関する日本の新聞報道は日本の知識人と称する人々の物事に対する認識が、いかに浅く、心の底にいかに根強いナショナリズムがひそんでいるかを示した。

毎日のように紙面を飾る新聞の活字には韓国政府と韓国人を蔑視しきった匂いが溢れ、自国政府を責める野党の姿勢には、大国主義的な思い上りがありありと伺がえる。

この事件は、現在韓国政府で調査中の事件であるので、われわれとしては軽々しい論評を加えることは慎しみたい。

ただ、われわれは、この事件が韓・日両国にまたがる国際的な事件であるために、また、この事件の扱い如何によっては、永年の韓・日友好が損われることを恐れているが故に、この事件の推移を静かに見守りながら、しかし、日本の新聞報道には重大な関心を寄せているのである。

ということは、前述の通り日本の新聞報道の姿勢がイエロー・ジャーナリズムに陥って、非常に偏向した傾向にあるからである。

この事件発生後間もなく金大中がソウルに出現したのち韓国の金鍾泌首相は、「この事件に韓国人が関係しているようで、日本政府と国民に迷惑をかけた」と表明し、事件の解明ができ次第報告すると約束した。

それにも拘らず、日本の新聞はこの事件があたかもKCIAの仕業だときめつけて、何が何でもKCIAが引起した事件にしたければ気が済まないといったように、これでもか、これでもかと書き立てていることは、とても正気の沙汰とはいえない。

特に、読売新聞にいたっては、ソウル特派員の報告として、この事件に韓国政府機関が関係し、しかも特定の高官の名を挙げて引責辞任するであろうと、まことしやかに報道し、内外に大きな波紋を投げた。

朝総連、民団に正面挑戦

国連総会進出工作金日成指令
団員戸別訪問、署名強要
「高麗連邦」単一国号で国連加入を主張

最近朝総連側は、北韓金日成が見かけ倒しに主張した所謂「高麗連邦共和国」なる虚構的提案文書及び、一連の資料を持ち回りながら、政治意識と情勢判断に乏しいわが民団社会周辺の善良な庶民家庭にまで深く浸透を画策し、その支持署名運動を繰り広げるという前代未聞の幼稚な欺瞞宣伝工作に狂奔している。

朝総連側は、金大中事件にもからんで、彼があたかも自分たちの同調者であるかのように、世論をひきつけ、朝総連としては全く関係のない不当な声明を発表、不法示威などを行なっている。

朝総連側はまた、民団から除名された鄭在俊一派の反国家集団とも野合して、わが政府を誹謗、民団破壊をねらう悪らつな言動を展開している。

民団、即刻防衛措置

◎朝総連の傘下機関に対する指示内容

欺瞞署名排斥で総団結を
鄭在俊 裵東湖一派は 売国犯罪行為者

鄭東淳東本団長

民衆大会の檄文
中央本部で発表

金大中一派糾弾民衆大会

呼訴文

金大中事件発生以来わたくしたちの周辺の情勢は誠に憤激に堪えないものがあります。

金日成集団の南侵の緊張下にある韓国情勢と、わが国の置かれている状況に認識の浅い日本の一部言論界・社会党・共産党ら野党の対韓発言は、在日韓国人すべての人々に激しい憤りを与えています。

又、金大中を取りまく鄭在俊、裵東湖ら民団から除名された反逆者共は、今なお「民団東京本部」の名称を詐称し、あたかも民団東京本部が、日本の一部反韓勢力に同調しているかの如き印象を与えて居ります。

この事件を通じて、何よりも韓・日両国間の友好関係が傷つき、韓・日両国民の友情が損われることを憂慮するわたくしたちは、ここに決起集会を開いて、在日韓国人の立場を内外に鮮明にし、さまざまな誤解を解くことを決意しました。

韓国を祖国とし、民族愛に燃える団員のみなさんは、あらゆる妨害を排除してこの集会に参加して下さい。

金大中とその一派は、日本国内に波紋をまき散らし、在日同胞社会に数々の「政治公害」をもたらしています。この悪臭はモトから断ち切らねばなりません。

皆さんの積極的な参加と、熱烈な支援を訴えます。

◎日　時　一九七三年九月二十八日(金)正午～午後四時
◎場　所　九段会館ホール　東京都千代田区九段南一—一—六(地下鉄 九段下駅下車)
◎参加要領　各支部の指示に従って下さい。各支部では貸切バスを用意します。

主　催　在日本大韓民国居留民団
　　　　関東地方協議会
　　　　(事務局) 東京本部　電話(03)四三七—二〇〇一～五

◇大会スローガン

一、民族反逆者金大中を徹底的に糾弾する！
一、朝総連の走狗　鄭在俊一派を民族反逆者と断定する！
一、民団名称を盗用する鄭在俊一派の欺瞞行動を粉砕しよう！
一、韓日両国の友好関係を強め両国民の連携を固めよう！
一、大韓民国萬才
一、在日大韓民国居留民団萬才

ニュース・グラフ

一九七三年八月十五日、民団関東地方協議会（鄭東淳事務局長＝東本団長）は東京浅草の「国際劇場」で第二十八回光復節記念中央大会を開いた。この日、関東一円から六千五百名に達する団員がこの会場を埋めつくし、さしもの大会場も立錐の余地すらなかった。

一九七三年八月十九日、われわれはソウル東北四十キロ地点にある「在日同胞植樹団地」を訪れた。

ここ、京畿道揚州郡汶舎面坪内里白峰山は去る四月五日、民団東京本部及びその管下各支部代表者と青年奉仕団一二〇名が、六〇万セマウム・シムキ運動の一環として苗木六〇万本を持参し、祖国の山野を緑で飾るための第一歩を踏み出したところである。

この在日同胞植樹団地は、本国政府当局の配慮で指定してくれたもので、この団地九千坪に三千本の栗の木を植えたのである。

あれから五カ月、幼い苗木は在日六〇万同胞の祈りを受けて、木は大きく成長し、一本の枯木も出さずに全部が見事に葉をつけて祖国の大地に根を張った。

それは、あたかも在日六〇万同胞が祖国の維新事業に積極的に参与しようとする激しいまでの祖国に対する奉仕の姿、そのものを象徴するかのようであった。

この木は、やがて三年もすれば実をつけるまでに成長するであろうし、その頃にはわれわれ民団東京本部が推進する、祖国への「六〇万セマウム・シムキ運動」の成果をすっかり定着するであろう。

民団東京本部　金致淳　金西湖

六〇万のセマウム・シムキ運動

記念碑銘文

わが国のすべての国民が、ひたすら民族中興の聖なる歴史的維新課業に参与し、自主的な民族の活路を開拓するとき、よしんば身は異国である日本にあろうと、精神を共にする民族の子女として、荒れはてた祖国の山野を緑で飾ろうとする理念に燃え、われら東京本部は、在日六十万が一本の木を植えるという意味で苗木六十万本を持参し、わが祖国を緑化しようとする運動を展開、祖国の山野の隅々まで木を植えることに依ってその第一歩を印した。

今日、ここに植えた一本の幼い苗木が大きく成長する時、わが祖国と国民も、日々に発展して富み栄えるであろうことを願い、民族万年の大計の一環である、新らしき村づくり運動として、祖国の山野に植樹したことを永く記念する為に、茲に　この碑を建てる。

一九七三年四月五日

在日韓国青年会東京本部

この細長い路地（矢印）の奥に金さんの家はあった

無惨に壊された金さんの家

追害された金億金さんの場合

GNP世界第二位を誇り、経済高度成長をとげている日本のなかで、一部の人を除く在日60万韓国人同胞は、日本の急激な経済発展について行けずに取り残され、不安定な生活を余儀なくされているのが現状である。

日本政府のこれという庇護もなく、「チョウセンジン」という侮蔑を受けながらそれでも必死になって生きようとして努力している在日同胞たちの姿こそ、過去の日本植民地政策の犠牲者であろう。GNP世界第二位を誇る日本は、今や「戦後は終った」としているが、在日同胞社会には今尚「戦後は続いている」というさまざまな実情を見ることが出来る。

ここに紹介する金億金さん(61才)の場合、経済的な安定と高度成長をとげつつある日本の、しかも大東京の副都心部である新宿区内の、陽の当らない片隅でひっそりと暮している姿こそ、まさにその典型的な証拠である。しかもこ人の場合、心なき隣人に夜となく昼となく「チョウセンジン」と馬鹿にされながら、ささやかな暮しを守っているなかで、突然降って湧いた災難を受けて、住む家を取り壊され、全治一ヵ月の傷まで負わされて、毎日を不安と恐怖におののいている姿は痛ましい。法治国家を誇る日本の大東京でこんなことが許されるであろうか。これは金億金さんだけの問題でなく、在日同胞全体にも共通する問題として紹介する。

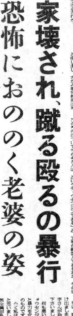

法治国日本で　罷り通る無法

事件の恐怖を語る金さん

金億金さん一家が[illegible]むようになったのは、一九五三年四月（昭和二十八年）Aさんからこの家を買った時からである。

Aさんから買った家はそれこそボロ家で、住むに耐えないので金さんはこれを改築し、一九六〇年五月二十七日に所有権登記をした。

それから間もなく金さんは、地代を払う為に地主を探したが、登記簿上の地主である喜多カオルさんは行方不明で全くその消息をつかむことが出来なかった。

金さんは内容証明書を出して地代を支払う旨を通告したが受取人不明で返送された。

家壊され、蹴る殴るの暴行
恐怖におののく老婆の姿

金さんにこの家を売ったAさんもその後行方不明になり、金さんは途方に暮れた。

それから間もなく金さんは、一九五三年四月に隣りのBさんから約五坪のバラック建物を買い取って、これも所有権登記をした。

こうして金さん一家が細々とした生活をしているうち、つまり金さんがここに住みついてから約十九年三ケ月を経過した一九七二年七月左隣りの「喜陽旅館」（喜陽好さん）から土地明渡しの民事訴訟を持ち込まれ、現在、東京地裁で審理が行なわれている。

ついで一九七二年四月には右隣りの「さがみ屋旅館」（安藤清春）からもBさんから買取った約五坪の土地を明渡すよう要求され、この件は新宿簡裁で調停が進行している。

◇事件の経緯

問題は、この「さがみ屋旅館」の複雑な無法振りに依って発生したのである。

さがみ屋旅館と金さんとの間の土地使用権をめぐる争いは、前述の通り、新宿の簡裁で調停が行なわれていて、先月つまり八月二十八日午後一時に、裁判官と双方の弁護人立合いの上で実地検証が行なわれたのである。

ところが、この日の午後三時にさがみ屋旅館の弁護人である赤坂章治を先頭とする十余名の暴漢が現われて、係争中の建物を取壊しにかかったのである。

これに驚いた金さんは、直ちに一一〇番で通報したので四谷警察署のパトカーがかけつけた。

かけつけたパトカーは、さがみ屋旅館の主安藤清春とその弁護人赤坂章治に対し暴力行為を非難し所有権に関する問題は民事問題だから、明日（八月二十九日）午前九時に双方の弁護人が四谷警察署に出頭して事情を説明して欲しいと申し渡し、さがみ屋旅館側に対しては建物の取壊しは中止するよう勧告した。

にも拘らず、パトカーが引き揚げたら又取壊しにかかったので金さんは一一〇番に通報しパトカーが来たので中止したのであるが、二十九日午前三時頃になって、夜もまだ明けないうちに、さがみ屋旅館主安藤清春とその弁護人赤坂章治を先頭に十数名の暴漢が出現し、再び取壊しを始めた。

驚いた金さんは代理人である鈴木弁護人に電話をかけ、また一一〇番に通報したのである。

鈴木弁護人とパトカーが現場にかけつけたときには、金さんの家は既に取壊された後だった。

鈴木弁護人は、警察官に対しては証拠写真の撮影を求め、相手側の赤坂弁護人に対しては、係争中の物建を法的手続きをとらずに取壊すのは明らかに不法行為であると抗議し、断固たる法的措置をとることを申し渡した。

この物件は、金さんがBさんから取得し、登記も済ましてあるばかりでなく、その間ずっと固定資産税も納付している明らかに金さんの建物である。

この建物を金さんが取得してから十九年三ケ月も過ぎてから急に地主から土地を買ったから出て行けとどなり込んで、たびたびいやがらせを行なって来たので、金さんが新宿簡裁に調停を申立てたのである。

調停の進行中、さがみ屋旅館側は地主からその土地を正当に取得した証拠も出さずに、ただ金さんを追い出しにかかったのである。

そして、この調停が自分の思うように進まないので、法を無視して暴挙を敢行したものである。

◇証言

この事件について当の金さんは次の通り証言する。

この建物は一九五三年四月にBさんから買取ったもので、登記も私の名義になっているし、固定資産税も毎年納付して来ました。

ところが一九七二年七月になって、さがみ屋旅館の弁護人赤坂章治が来て、この土地と建物は持主から買取ったから明渡して欲しいと言って来たから、一体その持主は誰かと聞いたら「それは金億金というチョウセンジンである」と答えたので、その人はどこに居るのかと聞いたら「北鮮に帰った」と言いました。

そこで私が、外国人登録証を見せて、金億金は私であって、私の他に金億金なる人物は居ないと説明したら、相手は狼狽し、「このチョウセンババー、何言いやがる、早く出て行け」とがなり立てました。

私を女ひとりと思って馬鹿にし、又私が韓国人である為か、その後も、さがみ屋旅館の主安藤清春とその弁護人赤坂章治は、折あるごとに「チョウセンババー早く出て行け、無事に済むと思うか！」といやがらせを続けて来ました。

私は恐しくたって夜もおちおち寝られませんでした。

そこで止むを得ず、新宿の簡裁に調停を申立てたのです。

調停では、これという証拠も出さないで、税金の立退料を出すから出て行けとか、とても相手側の主張を受け入れることが出来ない状態でした。

今度の事件は、全く寝耳に水で調停中の物建を取壊してしまうなんて考えてもみませんでした。

事件の模様は、暴漢どもが取壊しにかかったので、私は夢中で屋根に上って「止めて下さい、止めて下さい」と叫んだが、暴漢どもに引きおろされ、路地の奥に押し込まれなぐる、けるの暴行を受けました。そして、アッと言う間に建物を取壊したのです。

こんなことが法治国日本で許されるでしょうか。

私が何を悪いことをしたのでしょう。韓国人であることが悪いことでしょうか。

私は、直ちに民団新宿支部に届け出ました。そしたら事務部長の李さんがかけつけて来て、慰めて下さいました。

何も悪いことをしないのに「チョウセンジン出て行け！」と暴言と暴力を女に使うなんて野蛮人そのものです。

今く私は殺されるのではないかと思いました。さがみ屋旅館の家族全員が私ひとりを、こんなにいじめるなんて——

診断書

住所　東京都新宿区新宿四ー四七
氏名　金億金
[illegible]

病名
[illegible]

右の通り診断いたします

[illegible]
代々木病院
医師　[illegible]

◇告訴

この事件について、金億金さんは九月六日午後四時、代理人鈴木弁護人と共に四谷警察署に出頭し正式に告訴の手続きを取った。

同署は事件の重要性からして、坂上秋捜刑事課長（警視）が直接事情を聞き調査を開始すると約した。

金さんと鈴木弁護人は、この事件は韓国人を侮じょくし、又、日本の法律を完全に無視した行為であるので、徹底的に糾弾しなければならないと信ずると語り、このような無法が許されるならば、日本に居る韓国人は安心して生活することが不可能だ、とつけ加えた。

×　×　×

この事件を担当している鈴木弁護人は次の通り証言する。

法治国では、如何なる事情があるにせよ、法的手続を取らずに他人の建物を取壊すことは許されません。まして、今回のように係争中の建物を、しかも弁護人が暴漢を指揮して不法行為を行なうなんて、とても許すことが出来ません。

法律に従って断固たる措置を取るつもりです。

さし当って、さがみ屋旅館の主安藤清春とその弁護人赤坂章治らを傷害罪、逮捕及び監禁罪、建造物損壊罪で告発するつもりです。

セマウルに図書を贈る運動
ノーベル文化社が提唱

維新事業とセマウル運動が強力に繰りひろげられている「私達の故郷、農村に"新生活文庫"を設置しよう」と在日ノーベル文化社が広く在日同胞に呼びかけている。

ノーベル文化社金錫中社長が提唱している「新生活文庫」とは、セマウル運動の最前線で活躍している人物を紹介、その信念と哲学を伝記形式に編集し紹介した図書（韓国語）を、我国の故郷、農村に寄贈しようというものである。同文庫は各界の、専門家で構成した「新生活文庫編纂委員会」により厳正な検討が重ねられ、発刊されるというもので、毎月三巻、年間三十六巻が継続して発刊されるという。がこの文庫を設置することにより、本国の農民をはじめ在日同胞六十万のセマウムシキ運動の精神的カテとし、合わせて民族中興を目指す指針書でもあると強調している。

同文庫設置にともなう寄贈方法は、毎月三巻づつ年間三十六巻を一口（日貨二万一千円）とし、指定地を明記の上、次に連絡すれば同文庫を設置してくれる。

▽ノーベル文化社東京支社（東京都台東区東上野三ノ一八ー三、松栄ビル、ノーベル観光株式会社内、新生活文庫編纂委員会）電話東京03（83）四〇七一〜三番

姉妹結縁レポ

葛飾支部

京畿道揚州郡東豆川邑紙杏二里は、去る五月七日東京葛飾支部（尹致夏団長）が姉妹結縁の誠金として授与した三百万円をどのようにしたら有効にセマウル部落事業に役立てるかを研究した結果、次のようないとも旨い方法を見つけた。即ち、この村は七十二世帯五四六名の部落民がいるが、その金で小牛三十七頭を購入し、三十七世帯に配分し、金利として月二分づつを取って積立で別の小牛を買う資金にし三年後には七十二世帯全部が農耕用の牛を持つようにすると。この方法で元金を減らすことなく全世帯が牛を持つようになれば、余分の労働力で家内工業を導入し生活の向上を計るという。葛飾支部団員からのセマウル支援金は、このようにしてこの部落の人々に大きな夢を持たせた。

まさに「[illegible]」の農民の生活の知恵

姜高元団長

目黒支部

目黒支部（姜高元団長）は去る七月十八日、全北完州郡九月面斗峴里と姉妹関係を結び、同支部団員からの誠金三百万円を伝達し、同部落のセマウル事業への支援態勢を固めた。

姉妹結縁式に参加した同支部代表者らを迎え、同部落民は全国農楽コンクール大会で優勝した同部落農楽隊を繰り出して歓迎の意をあらわした。

世田谷支部

金仁典団長

民団組織の本国セマウル事業に参与する第三次計画に基づいて東京世田谷支部もこれに従って去る七月十五日から十八日にかけて、金仁典団長、趙鏞光副団長、李外昇監察委員長、徐日甲同委員の四名を代表として本国に派遣した。

一行は十六日にソウルで行われた「姉妹結縁参加者会議」に出席し、十七日に全北全州市入り、十八日は午前十一時から、全北錦山郡安[illegible]面下保里で行われた姉妹結縁式に参加した。

世田谷支部全団員が、この代表団に託した誠金は三百十四万円（韓貨）でこれは金団長から下保里住民に無償[illegible]これに依[illegible]

感謝状

[illegible]

写真右から里長朴晴録氏・セマウル指導者李康柱氏・民団本国事務所長金錫晋氏・里民代表李康鎮氏・東本金致淳副団長（一九七三年八月十五日紙杏二里で）

金大中は反逆行為者

第98回関東地方協議会で非難

亡命政権樹立陰謀?

反国家団体煽動、国威汚損

民団関東地方協議会(事務局長鄭東淳東本団長)は九月七日午後四時から、東京の駐日韓国公報館会議室で、第九十八回目の会議を開いた。
緊急に招集されたにも拘らずこの日の会議には関東地方協議会管内十二本部のうち十地方本部の代表者ら三十余名が参席し、金大中事件に対する対策と、近く開かれる中央委員会に提出する建議案を採択した。

金大中を反逆者と決めた背景

在日同胞分裂工作の主張本人

絶ゆまざる母国愛の熱意

豊島、台東、足立、新宿、港支部

第4次 姉妹結縁事業を推進

本国のセマウル事業に、在日同胞として積極的に参加することは維新事業に参与することであり、本国同胞からも大きな関心を持って迎えられている。民団東京本部(鄭東淳団長)では昨年十二月四日の大会で活動方針の一つとして維持事業への参与である「六〇万のセマウム・シムキ」運動を策定し、今年四月には第一次姉妹結縁を本部主体で忠南、柑城里と結び多大な成果を挙げたことは既報の通りである。その後、東京本部は、本部指導で各支部に対し支部単位で姉妹結縁事業を呼びかけてきた。そして、その成果として第二次葛飾、第三次目黒、世田谷、荒川の各支部に続く第四次姉妹結縁事業が準備されつつある。

姉妹対象部落

「国軍の日」参観団派遣

東京本部、希望者の申込受付中

金大中一派糾弾大会を決定

第五回東本支管下団長会議で

団長に金奎会氏

杉並支部臨時総会で選出

総会で挨拶する金奎会新団長

支部三機関任員合同会

19日東本主催

新宿婦人会再建

朴英子会長

「敬老会」の催し

商銀主催、80名参加

慶事

支部だより

◎墨田支部

◎江戸川支部

◎足立支部

公　告

下記の通り本部事務所を移転しましたのでお知らせします。

在日大韓民国居留民団東京本部

住所　〒105 東京都港区芝公園2-2-17

電話　03(437)2001~5

続 在外国民の就籍、戸籍訂正及び

戸籍整理に関する臨時特例法解説

(5)戸籍の訂正

(4)申請書の提出

(5)申請書の処理及び戸籍の記載

三、戸籍整理

(1)戸籍整理の意義

(2)申請

(3)戸籍整理申請書の添付書類

四、費用の負担

座談会 "金大中事件"で消すな！南北対話の灯・急げ！真相究明

東京 韓国青年

在日韓国青年会
東京本部
会長 尹隆道
住所 東京都港区芝公園2-2-17
電話 437-2002

一、われわれは、大韓民国の国是を遵守する
一、われわれは、在日本大韓民国居留民団の宣言と綱領を遵守する
一、われわれは、在日本韓国青年として心身を鍛錬し、教養を向上させ、祖国の平和統一課業に献身する。
一、われわれは、在日本韓国青年の矜持を堅守し、在日同胞の権益擁護に先導的役割をする。
一、われわれは、在日本韓国青年として有邦青年と親睦をはかり、真正な世界平和に寄与する。

在日韓国青年会東京本部では、現在、本国で進めているセマウル運動に呼応して新生活運動を提唱しています。しかし支部会員の間ではこの運動の意図がいまひとつ実感として充分にうけとめられているとはいいにくいようです。そこで、東京本部では各支部の代表たちによって新生活運動に対する理解の程度、その問題点など、意見や経験交流を行って、引き続き運動を展開していく上で、役だてていきたいと考え、座談会を企画しました。折しも、わが本国社会もさることながら、在日同胞にも大きな反響と物議をかもしだしている"金大中事件"は当然、青年会活動にすくなくない影響をおよぼしているため、あわせて、討論内容に加えました。活発な討論が行なわれましたが紙面の都合上、全載することができなかったことをあらかじめおことわり申しあげます。

司会　ではみなさん、時間の制約上、さっそく、座談会にはいりたいと思います。

最近、私たちを悩ませている大きな問題に金大中事件があります。この事件は発生以来現在にいたるまで、ミステリーにつつまれ事実のすべてが解明された段階ではありません。事がことだけに、各支部間にも大きな影響もあったでしょうし、いろいろな形でとりざたされていると思います。そこで、まず各支部の反応など、おりまぜながらみなさんの意見をうかがいたいと思います。

趙（鍾）　では、大田から口火をきらしてもらいますと、こんどの事件では本当にまいっているんです。

大田の場合には、もともと[illegible]一派、不純分子の根強いところで今年6月にやっと支部の正常化がなされた矢先の事件でしょ、ここぞとばかり再び不純分子たちが巻き返しをはかってくることが考えられるわけです。

それと会員に与えている問題としてはある女性会員などは、[illegible]ぬきで、ともかく恐いっていうんですね。それも一人じゃなくてね。こういう反応の方が一般的だと思うのですが、こまったことだと思います。

趙（判）　世田谷の青年会ではとくべつないですが、今一番、感じていることは、心情的な面で、日本のマスコミなどに強く反発を感じるんですよね。特に、すぐに経済援助をうち切れとか韓国関係を絶てとかいう形で、でてきているでしょ、そういう性急な迫り方に、……

不快指数100%

一部不純分子・日本マスコミ 政略的扱いやめよ！

座談会参加者

李博司（荒川）
韓東珍（足立）
趙鍾日（大田）
尹仁道（新宿）
趙鏞判（世田谷）
尹大辰（渋谷）
李達哲（本部）
司会（編集部）

新生活運動で 自ら正そう差別の原因 確立しよう主体性

"金大中事件"に思う

危惧される帰化への志向
改めて問われる同胞の姿勢

支部だより

求む！ファイトある男性　新宿

みなさん、こんにちは、女の城の新宿青年会でございます。毎週火曜日夜6時30分から民団新宿支部で勉強会を開いています。青年会が出来てからほぼ一年たちました。一年間の成果としては団結が詠めるようになったことかな。今基礎から学習をやり直しています。すばらしい美女をぜひ見たいという方はためらわず新宿青年会にどうぞ（ちょっと言いすぎかな）私たちは若くてハンサムでファイトのある男性を求めているのです。

コゲメシに舌つつみ？　台東

台東支部では千葉県の稲毛海岸で去る八月十二、十三日の両日、サマーキャンプを行ない、青年会の会員十数名が参加し、海水浴やキャンプ・ファイヤーに楽しい一時をすごしました。参加者のほとんどがキャンプの経験がなく、ハンゴーのコゲタ御飯に舌つつみ（？）をうち、夜は、また、バンガローで夜のふけるのも忘れて歌い、語り合い、参加した会員には忘れられない日々となりました。

10月にはハイキング　世田谷

八月は夏休みということもあって、活動はあまり活発ではありませんでしたが、今月より二名の新会員も加わり、今、世田谷は会員相互の協力のもとに、はり合いのある楽しい場にしようというムードにあふれています。十月初旬には三〇名規模で西武園にハイキングに行く計画をたてています。他支部から参加も大いに歓迎をします。ただし自費ですからそのため。希望者は世田谷青年会までどうぞ。

同好会づくりのお知らせ　大田

今、軟式野球同好会の会員募集中です。継続的に参加する意志のある人、またこれからやって見ようと思う人連絡下さい。マネージャーも募集中です。目標は、韓国国体一般の部への参加です。

（連絡先）
尹貴民　七三一—二七五一
（午後八時半〜十時）

おもうこと かんがえること
劣等感という名の"虫"

世田谷　金英子

つい最近、行方不明になった劣等感という名の虫についてお話します。

その虫が私の心のなかで、いつ生まれ、いつ大きくなったかは定かではありません。しかし、青年会などで同胞の友達と共に学習し話し合っているうちに、あれだけ私の心を占領していた"虫"がどこかへ行ってしまったのです。……

在日本大韓民国居留民団 綱領
一、우리는 大韓民国의 国是를 遵守한다.
一、우리는 在留同胞의 権益擁護를 期한다.
一、우리는 在留同胞의 民生安定을 期한다.
一、우리는 在留同胞의 文化向上을 期한다.
一、우리는 世界平和와 国際親善을 期한다.

10.15(月)
(1973年)
第4号
(昭和48年10月13日 第三種郵便物認可) 毎月1回発行

東京韓國新聞

在日本大韓民国居留民団 東京本部機関紙
東京韓国新聞社
発行人 鄭東淳
〒105 東京都港区芝公園2丁目2-17
電話 (03) 437-2001-5
振替貯金口座東京 157364
(一部30円)

実務指標
一、일하는 民団
一、親切한 民団
一、規律 있는 民団

反逆の群、金大中一派に民族の鉄槌

爆発した在日韓国人の怒り

反逆金大中一派 反韓政客言論人 糾弾民衆大会 9.28

一九七三年九月二十八日午後一時、金大中、鄭在俊一派の反民族反国家的策略を糾弾し、日本の一部言論人と政治家の反韓偏向姿勢を非難する民衆大会が、東京千代田区九段会館で、関東地方協議会（鄭東淳事務局長＝東本団長）主催、東京本部、神奈川本部主管で開かれ、約五千余名の団員が集会のあとデモ行進を展開した。

金大中事件発生以来五十余日にして、事件の韓・日両国に与える影響を考慮し、ひたすら慎重な態度を堅持してきた民団は金大中、鄭在俊一派の跳梁と一部日本言論人と政治家の反韓偏向姿勢に憤激した団員の要望に応え、ついに大規模な民衆大会を組織するに至ったものである（二面に関連記事）

定刻を三時間前にして、大会場に一番乗りしたのは、神奈川本部（朴成進団長）傘下の団員一五〇名余り、バス三台に分乗し早々に会場入りした。続いて関東各地からバスが続々と到着し、正午頃には九段会館広場には既に二千名余りの団員がつめかけた。

大会は午後一時主催者である東京本部鄭東淳団長、神奈川本部朴成進団長、埼玉本部[illegible]団長、千葉本部[illegible]団長、静岡本部[illegible]団長、三多摩本部[illegible]団長、茨城本部[illegible]団長、群馬本部[illegible]団長、栃木本部[illegible]団長、山梨本部[illegible]団長、長野本部[illegible]団長、新潟本部[illegible]団長ら関東地方協議会十二地方本部代表者が会議団として着席し、直ちに討論に入った。

そして、大会決議文と朴大統領閣下と田中総理におくるメッセージを採択した。

また、動議に依って読売新聞社々長宛の抗議文を採択し、同新聞社に抗議団を派遣することを決定し、ついで動議に依り示威運動を展開することを決め、直ちにデモ隊の編成に入った。

デモ隊は午後二時半に会場を出発し一ツ橋～神田錦町～神田司町交叉点を右折し外堀通り日本経済新聞社、サンケイ新聞社を経て日本橋の常盤橋を右折し、東京駅八重洲口～数寄屋橋交叉点を通り、新橋の十字路を結ぶ五キロの大東京の目抜き通りを行進し、その隊列は延々二キロにも及んだ。

一方、デモ本隊とは別に読売新聞社にデモをかける別動隊はバス六台に分乗し同社に激しい非難のシュプレヒコールを浴びせ、抗議文を手渡したデモ本隊に合流した。

大東京の中心部をデモ隊はいく……（東京駅八重洲口通り）円内はデモ隊を指揮する東本鄭東淳団長

鄭東淳東本団長開会辞

本大会の主催者を代表し大会劈頭の開会の挨拶を通じて鄭東淳団長は要旨次の如く演説した。

「金大中事件が発生するや日本の一部言論人と政治家はこの事件があたかもKCIAのなせるわざときめつけ連日に亘って韓国誹謗の発言を繰りひろげていることはわれわれ在日韓国人としてはとても耐えられません。またすでに民団から除名された鄭在俊一派はこの事件を契機に尚一層わが国を中傷する言動を敢行しております。

金大中は自己の政治生命を維持する為に米国や日本を渡りながらわが国を誹謗する反民族的・反国家的言動を恣いままにして来ました。これはわれわれとしては許すことの出来ない行為であると信じます。

われわれは今こそ立ち上ってこのようにわが祖国大韓民国をないがしろにする一切の勢力を排除するために戦わなければなりません。

遠く関東各地からこの大会に馳せ参じた皆さんの熱意に心から感謝の意を表します。」

大会決議文

われわれ在日本大韓民国居留民団関東地方協議会代表五千名は本日この九段会館に集まって金大中一派糾弾民衆大会を開催し、この大会の名において、次のことを決議する。

一、われわれは祖国の名誉と政府の威信を傷つけ、民族の正気を逸脱した金日成の同調者、金大中一派の民族反逆行為を徹底的に糾弾する。

二、われわれは金大中事件を政治的道具として利用、韓国の主権を侵して、内政に干渉し韓日友好関係を破壊する日本国野党及び自民党内の一部政商輩らに対し強力に抗議する。

三、われわれは日本言論機関が言論の公正を忘却し虚偽と偏向報道で韓国と韓国民を誹謗中傷し、赤色分子の手先的宣伝に終始していることに対し、その責任を徹底的に追求する。

四、われわれは、民団組織を破壊する企図をもって民団名称を盗用し、朝総連と合同集会の策動で日本社会にまで錯覚を与え、金日成赤化統一に同調する鄭在俊一派の反逆行為を徹底的に粉砕する。

五、われわれは朴正熙大統領閣下が提示した国連同時加入案に賛成し、金日成の赤化統一を目的とする南北連邦制という偽装政治宣伝に絶対反対し真正の祖国統一運動に邁進することを再確認する。

“その憤怒こらえ難く……”

朴大統領におくるメッセージ

民族中興の旗印のもと、維新課業に全心霊を傾け偉大な領導力を発揮しておられる閣下に対し、在日六十万海外国民として満腔の敬意を心から表するしだいであります。

おりしも本国の挙族的事業であるセマウル運動を支援するわが「六十万セマウム植え運動」が、日を追って大きく結実されているこの際、売国売族的な金大中不詳事件が発生したことを、われわれは民族の大汚点として痛感するしだいでありますが、その憤怒をこらえ難く、関東地方民団々員五千人がここに集い、天人共に許せぬ民族反逆者である金大中と彼にへつらい支援を惜しまない鄭在俊など、わが民団組織から除名された一派を糾弾する民衆大会を開くことになったのをひろく宣明いたすしだいであります。

金大中は、わが友邦国家である米国、日本などをわたり歩きながら国家や個人をえらばず、あらゆる悪口雑言をはき偽計のかぎりをつくして売国、売族の行脚をつづけたという事実、そして今まで犯した別項発表の罪状を再確認し、朝総連と野合した容共派である鄭在俊一派に民族と国家の名誉をかけて開かれた民衆大会の名で鉄槌を下し、処断することを誓いながら、閣下の御健勝と大韓民国のかぎりのない発展を祈願し、閣下にお送りするメッセージとするしだいであります。

一九七三年
九月二八日
金大中一派糾弾
民衆大会

読売新聞東京本社に押しかけ、対韓偏向報道を糾弾する抗議団

「読売」は中傷止めよ

不買を決議、抗議へ

九月二十八、金大中一派糾弾民衆大会に参加した五千余名のデモ隊のうち、約五百名は、読売新聞東京本社に押し掛け、“韓国に対する誹謗と中傷をするな”“われわれ在日韓国人は傾向報道を[illegible]的に行う読売新聞の論調を断わる”などと抗議のシュプレヒコールを浴びせた。

抗議団一行は、読売本社の玄関前をうずめ、憤激に耐えないといった表情で、繰りかえしシュプレヒコールを展開しながら、読売新聞を破りながら民族の心をぶちまけた。

“「読売」は、昨年の[illegible]報道事件以来、最近のマンスデ芸術団[illegible]の政治的[illegible]辞報道で扱い、韓国を侮辱する報道姿勢を取って来た。韓日協定締結以来親善関係にある両国の「友好」に水を差し、植民地政策の前夜を再び誘発するような論調を公然として続けている。今回の金大中事件など一連の意識的偏向報道は、言論の自由に名をかり、社会の公器である新聞を悪用した言論暴力と指摘せざるを得ない。

これはまさに韓日友好永年の大計に、どろ水をさしたものとして、われわれ在日韓国人は、“撃滅米英”を旗じるしに、無謀な世界大戦をひきおこした日帝の悪辣的残滓をさえ感じるものである。

売国・売族的な政治行脚をつづけていた金大中を、あたかも民主的であり、社会正義に立脚する良心により、これを救助するかの如き印象を与えようとしている「読売」の言論活動に至っては、全く国際慣例を一方的に無視した良識の欠如というほかはなく、文字通りの似而非民主主義と論調するものである。加えて、日本政府当局の慎重な態度には、見て見ぬふりをし、“主権侵犯”云々との誹謗妄動にあっては、とうてい許すことのできない。それこそ、“韓国への主権侵害”と言わざるを得ない。そして貴紙の論調たるや、共産党的色彩の濃い、今後“謀略論”を連想させるものとして、われわれの憤怒は極みに達するものがある。

ここにわれわれ在東京韓国人五千名は、一堂に会し、金大中およびそれに加担する敵性分子を徹底的に糾弾すると共に、読売新聞が犯してきた罪悪をも断じて許すまいと、今後における良識ある事後処理を促がすため、ここに警告を発するものである”との抗議文を同社々会部長につきつけた。

“善意ある友好と協力を…”

田中首相におくるメッセージ

われわれ在日本大韓民国居留民団関東地方代表五千人は、東京九段会館において、金大中一派糾弾民衆大会を開き、この大会の総意によって、日本国政府、田中総理大臣閣下にこのメッセージを送るものであります。

われわれはまず閣下が国政を担当せられ、連日御多忙な政務を[illegible]御配慮によるものと存じておりますが、貴国の野党連合並びに一部無責任なるマスコミは、両国の友好を破壊しアジアの赤化革命の陰謀を企んでいるのであります。幸いにして「両国間の友好関係は変らない」という閣下の力強い国会答弁に接したわれわれは、閣下の確固たる平和への信念と、賢明なる御判断に多大なる声援を送ったのであります。

田中総理大臣閣下

韓日両国は二千年の昔から深い連携をもっており、今日においては過去の如何なる時代よりも強い絆で結ばれており、地域的にも運命づけられた共同体であります。今や国際情勢は予断を許さない推移の中で、韓日両国はますます理解と親善を深めて協調すべき時期であると信ずる次第であります。それはアジアの平和、ひいては世界の平和に繋がることであり、且つは両国家、両民族の発展をもたらす最善の方途であると確信するものであります。

ところがこの度び図らずも金大中事件が発生し、貴国の朝野を騒乱させた事に関し、在日四十万民団員一同は[illegible]

[illegible]野党をはじめ自民党AA研グループらの無責任な放言もさることながら、一部言論機関による報道の偏向ぶりには、われわれとしましては黙認出来ないものがあります。

韓日両国は国交正常化以来政治・経済・文化等あらゆる面で親善を深めている事実は、閣下の[illegible]

しかるに今や自由と平和を愛する韓日両国に共産革命を起し、赤化統一を企んでいる共産韓側の野望が金大中の事件を契機に日本国内にまで浸透し、両国の関係を悪化させて、ひいては両国政府を転ぷくせんとするかのような国際陰謀グループを粉砕するためにも、日本国がわが韓国に対し善意ある友好と、惜しみない協力を熱望して止まないものであります。

おわりに当り、閣下が日夜御健勝にて御政務に精励格勤せられることを祈願する次第であります。

主張

二十二回中央委員会の意義

民団の自主・自立こそ急務

民団第二十二回定期中央委員会が去る九月二十一日に開かれた。

金大中事件という内外情勢の厳しいなかでの中委であるだけに、私たちは大きな関心を持って見守って来た。

このたびの中央委の任務は、大きく分けて三つの基本的施策を樹立することにあった。一つは、現今の民団組織を取りまく情勢に対する分析と、それに即応する姿勢を明確にすることと、もう一つは金大中事件に関する民団の統一見解をまとめることであり、三番目はこれらの現状を踏まえて、組織内の整備作業を進めることにあったと予想された。

果して、二十二回中央委は、五項目に亘る「われわれの姿勢」を採択したが、そのいずれをみても、現在の民団組織がなさねばならないものであり、これらの基本的ともいうべきものを貫くことによってのみ、民団組織の方向性が正しく、評価される原点を内包しているものと理解される。

その中で重要なことは、強大国の共存政策の影響が、祖国の存立におよぼされてはならないと同様に、民団の存在もまた、日本国の過激勢力によって侵されてはならないとし、そのために速やかに自主、自立、自衛の組織態勢をととのえなければならない、と指摘していることである。第一項目にあることは自主、自立をうたっていることで、これは民団組織が真剣に取り組まなければならない、大きな前提条件ともいうべき課題でもあるからである。

民団は組織に比して、発展すべき諸々な条件情勢のなかにありながら、今日まで状況を続けているのは、まさしくこの自主、自立の精神に欠けていたからではないかと思惟される。

つまり自主を代えるなら、本国政府の庇護を願う心情が底流にあり、駐日大使館に依存するその度合が、大きく民団発展を妨げてきたのではなかろうか。民団が本国政府の施策に順応し、駐日大使館の指導を受けることは、他国の居留民組織と何等変りはないし、それはそれなりで大切なことである。しかし、民団はもともと在日同胞のための自治団体として組織されたものであるから、早くから自主、自立の精神を踏まえての組織活動が要求されてきたにも拘らず、いつの間にか本国政府と駐日大使館にオンブされてその過保護のなかで育ってきた傾向が多分にありはしないか、この辺で深く反省しなければならないと信ずる。

在日六十万同胞が打って一丸となって民団組織を運営するなかで、どうしても本国政府と駐日大使館の温かい援助が望ましいときにのみ、これを求めることこそ現在の民団にとって必要なことではなかろうか…。二十八才にもなったひとり息子、いつまでも親の脛をかじるか! これは情けない ザマである。

このような意味で、二十二回中央委が民団の自主、自立を基本姿勢として打ち出したことに深く敬意を表し、その支持を惜しまないものである。

次に一連の組織整備作業として、民族統一協議会、民団自主守護委員会、韓国民主回復、統一促進国民会議日本本部という三団体を敵性団体として規制したことは、適切な措置であったと歓迎する。

これらの団体が、在日韓国人社会に流した害毒は計り知れないものがあり、その為に日本社会に在日同胞に対する誤った認識を与えていることは、在日六十万全体同胞にとって大きな損失であるからである。

これらの反民族的、反国家的な不純分子を一掃し、民団組織に清風をもたらことこそ、まさしく組織整備作業に通ずるものであるといえる。

また、組織整備作業は外部の敵に限らず、組織の自主、自立を阻む一切の内部の敵に対する戦いも必要である。これは組織の発展を阻害する自己矛盾の克服を指すものであり、ヒロイズムと独善主義的傾向の排除を意味する。組織は普遍的なものであり、大衆的なものでなければならない。これらの内部的整風作業も外敵に対する規制措置と同様に、組織発展には重要な要件であるからである。

◇ ◇ ◇ ◇

金大中一派糾弾民衆大会

主催 在日本大韓民国居留民団東京本部・神奈川県本部

9・28 集会

1973年9月28日関東在住の韓国同胞たちは、逆族金大中を糾弾するため九段会館に結集した

三・一運動弾圧の惨酷さと 元朝鮮軍司令官宇都宮太郎のプラカード

いざ示威行進へ、対韓偏向者に警告しよう

婦人会も声討大会

金大中糾弾で決起

千代田公会堂

在日大韓婦人会中央本部(金信三会長)は九月二十日、千代田公会堂(千代田区九段下)で午後一時から金大中糾弾声討大会を開催し東京地区会員八五〇名が参集した。この大会には、金正柱中央団長、鄭東淳東京本部団長も来賓として出席して激励のあいさつを行なった。大会は次の決議文を採択し、婦人の立場で金大中事件に対する意思を表明した。

◎決議文

金大中糾弾声討大会をきょう東京都千代田区千代田公会堂で開催し、在日大韓婦人会々員八五〇名が参加し、次のことを決議した。

一、金大中の反国家的行動を徹底的に糾弾する。
一、金日成の同調者金大中一派を葬ろう。
一、韓国の国号と、民団・婦人会の名称を盗用する非国家集団を粉砕しよう。
一、日本言論界の偏見報道に強力に抗議しよう。
一、国際友誼を離間させる一部日本政客の妄言を封鎖しよう。
一、韓日両国の友好関係を強力に堅持しよう。

一九七三年九月二十日
在日大韓婦人会

婦人たちも金大中糾弾に立ち上った
(1973年9月20日千代田公会堂にて)

サンケイ新聞社(左)日経新聞社(右)前を行進

行進は東京駅八重洲口通りを通過

終点! 全コース5キロ・デモ隊の全長2キロ、韓民族の一員としてこの大東京での示威行進は終った!

上下デモ行進は銀座通りへと続く一

見よ! 韓国版ウーマンパワー
(神田司町を行く婦人デモ隊の一団)

羽田を出発する各支部代表
(胸に名札をつけている中央四名)(円内は港支部河徳成団長)

セマウル運動
姉妹結縁事業

五個支部が実行へ
十日、代表団90名ソウル入り
豊島、台東、足立、新宿、港

本国のセマウル運動支援事業の一環として、東京本部(鄭東淳団長)管下各支部では、続々とセマウル運動に熱意を見せ、積極的にこれに参与、多大な成果を上げているが、引き続き、豊島(金熙淑団長)、台東(李鎮浩団長)、新宿(金炳栄団長)、足立(玄奎元団長)、港(河徳成団長)の五個支部が、第四次姉妹結縁事業を遂行するため、八十九名の結縁団を構成し、去る十月十日羽田発の大韓航空便でソウル向け出発した。

六〇万のセマウル・シムキ運動事業が行われた三月四月以来、第一次姉妹結縁を本部主催で忠南柑城里と結びその後、本部指導のもとに、支部単位で姉妹結縁事業を呼びかけてきた。その結果、第二次慶尚、第三次目黒、世田谷、荒川の各支部が姉妹結縁事業を完了、第四次事業として今回の五個支部が姉妹結縁に踏み切ったのである。

この計画の指導に当っている東京本部の鄭東淳団長に依れば、豊島支部は慶北、台東支部は全北、新宿支部は京畿、足立支部は慶北と京畿で二部落、港支部は慶南などの中からそれぞれ対象部落を決めたが、この部落の選定は、本国の関係当局に一任し、その間、事業計画を推進して来たずえ、このたび本決まりとなったのだと言う。

一行は、十日ソウル入りし、一泊して、十一日には国立墓地参拝、要路礼訪、十二日に前線基地視察、十三日には支部別に指定された対象部落に分散して、各々姉妹結縁式に参加する。

支部別姉妹結縁部落
※足立＝慶北慶山郡押梁面店村里、京畿安城郡元谷面山下里
※新宿＝京畿竜仁郡南四面倉里
※豊島＝慶北……面……一里
※台東＝全北扶安郡……面大……里
※港＝慶南……郡……面……里
(註)新宿支部は当初、京畿加平郡上面杏峴二里を予定地としておりましたがこのたび変更致しました。

「国軍の日」訪問団
母国での日程無事終る
本紙既報の民団東京本部(鄭東淳団長)が、派遣する十月一日の「国軍の日」への参観団一行四十九名は九月三十日午後一時三十分発KAL便でソウル入りしたが、引率者の鄭淳東本副団長の報告によれば、一行は十月一日午前十時ソウルの五・一六広場で開催された建軍二十五周年記念式典に参列し、陸・海・空三軍の精鋭部隊のパレード等を見学したのち、国軍墓地を訪れ、…たとのこと。一行は市内見物などの公式日程を無事に終え、十月二日に解散それぞれの故郷訪問に旅立った。

三個敵性団体規定
民団中央委で結論
反国家活動激烈化
不純ビラ撒布、朝総連と共謀集会
反韓日本言論、政客らに附和雷同

民団中央本部(金正柱団長)は九月二十一日午前十時から、東京都新宿区市ケ谷の日傷会館で第二十二回中央委員会を開催した。

この二十二回中央委は、敵性団体規制に関する案件を審議した結果次の通りこれを承認した。

敵性団体規制に関する件

本団において、既に除名された不純分子らの集団である次の団体

団体名	役職・氏名
民族統一協議会	議長　裵東湖
民団自主守護委員会	委員長　梁相基
韓国民主回復統一促進国民会議日本支部	議長代理　金載華

1、民族統一協議会　議長裵東湖
2、民団自主守護委員会　委員長梁相基
3、韓国民主回復統一促進国民会議日本支部　議長代理金載華

右の三団体を敵性団体として規定することを提案する。その理由は(一)…を明らかにする…と断定する。

(二)去る八月初旬に、金大中事件が発生するや、彼ら一派は尚一層反国家的、反民族的、反民団的行動を強化し、一般社会と民団各層に少なからざる影響を与えるとき、之等の団体(機関紙を含む)等を敵性団体として規定すると同時に、当該団体の活動家(発起人を含む)及び、当該団体機関紙関係者は、監察機関の査察に基づいて依法措置を取ることを提案する。

(三)民団東京、民団神奈川、韓国青年新聞に対しても発刊人らが統一派体構成員であるばかりでなくその内容が敵性であるので敵性団体機関紙と看做する。

これらの団体が、民団名を盗用し、利敵行為を行なった事例は次の通りである。

▼一九七二年七月二十三日　東京大田区民会館で、民団・総連の共同集会
▼同年七月二十八日　東京品川労政会館で、旧韓青・朝青の共同集会
▼同年八月三日　東京品川区総評文化会館で、民団・総連の共同集会
▼同年八月四日　東京豊島公会堂で、民団・総連の共同集会
▼同年八月七日　東京千駄谷都体育館で、旧韓青・朝青の共同集会
▼同年八月十三日　群馬県太田市ダイキン・バラード講堂の民団・総連の共同集会
▼同年八月十五日　宮城県塩釜市公会堂の民団・総連の共同集会
▼同年八月二十七日　京都市会館の旧韓青・朝青の共同集会
▼同年八月二十七日　静岡県富士国際ホテルの民団・総連共同集会
▼同年九月三日　大阪市フェスティバル・ホールの旧韓青・朝青の共同集会
▼同年九月十五日　青森県青森市国際会館の民団・総連共同集会
▼同年九月十七日　岡山県岡山県民会館の民団・総連共同集会
▼同年九月十九日　神奈川県横須賀市の民団、総連の共同集会
▼同年九月二十七日　東京荒川区老人福祉センターの民団、総連共同集会
▼同年九月二十八日　横浜市プリンス・ホテルの民団・総連共同集会
▼同年十月一日　兵庫県西宮市民会館の旧韓青・朝青共同集会
▼一九七三年一月二十七日　東京大田区平和島温泉の民団・総連共同集会(新年会)
▼同年一月二十五日　東京台東区東天紅の民団・総連の共同集会(新年会)

東京本部で移転披露会
各支部役員等三百名参加
民団東京本部(鄭東淳団長)は九月十九日午後一時から港区芝公園二丁目「郵政会館」ホールで管下各支部三機関役員と有志三百余名を招いて、本部移転にともなう披露パーティを催した。

この席上、鄭東淳団長は挨拶を通じて「各支部の支援を得て本部運営が円満に行なわれていることを、心から厚くお礼申し上げます」と述べ、来賓として出席した大使館の朱公使は「東京本部が自力でこのような立派な庁舎に移転出来たことは喜ばしいことです。これは東京地区民団の組織的勝利であると信じ今後の発展を期待します」と激励の言葉を述べた。

写真は東本移転パーティに集った各支部役員有志

戸籍実務講習会開く
関地協主催、11月2日3日両日間
本国専門講師来日、東京商銀で
民団関東地方協議会事務局東京本部(鄭東淳事務局長＝東本団長)は中央本部と大使館の指示に基づいて11月2日、3日の両日にわたり、本国からの講師を迎え「戸籍実務講習会」を東京商銀本店会議室で開くことを決定した。

この戸籍実務講習会は先の国会で立法された「在外国民の就籍、戸籍訂正及び戸籍整理に関する臨時特例法」を効果的に運用し懸案の在日同胞の戸籍に関する諸問題を解決する為のものである。

発表された講習会の内容と日程などは次の通り

一、実務講習内容
1、戸籍
(イ)戸籍特例法の解説及び具体的応用方法の説明
(ロ)戸籍実体取扱の書類(就籍・訂正・申告)作成の方法
(ハ)戸籍実務の事例実習
2、国民登録
(イ)国民登録推進方向と従来との相違点
(ロ)国民登録台帳整理の具体的な実習
(ハ)転入・転出の処理要領
(ニ)国民登録の統計報告書作成要領
3、在日国民の法的地位に関する事項
(イ)協定永住権と帰国の地位
(ロ)協定永住権者子女(第一条第二項該当者)の永住権申請に関連する事項
(ハ)家族招請、考案者の…
4、其他事務
(イ)留学及び家族招請の為の具備書類
(ロ)技術研修生招請の為の具備書類
(ハ)寄贈事業認定書発給に関する事項
(ニ)旅券に関する事務取扱

二、受講対象
(イ)各公館の戸籍・国民登録関係担当・実務補助員
(ロ)各民団本部事務局長・民生部長及び同関係実務担当者
(ハ)民団各支部事務部長及び関係実務者

三、実施地域と日時・場所
(イ)十一月二日　午前十時～午後六時　東京商銀本店ホール
埼玉・静岡・三多摩・茨城・栃木・群馬・長野・山梨・新潟各地方本部関係
(ロ)十一月三日　午前十時～午後六時　東京商銀本店ホール
東京・神奈川・千葉各地方本部関係

四、講師
(イ)外務部領事課長
(ロ)ソウル民事地方法院戸籍課長
(ハ)法院行政処戸籍主任
(ニ)大邱市庁戸籍係長
(ホ)大使館担当領事

五、留意事項
(イ)受講対象者は前記各地方本部及びその管下各支部の実務者とし、この講習会に於て充分な学習を経て、団員に奉仕しなければならない。
(ロ)受講者は筆記用具を持参し、又最近の国民登録台帳を持参しなければならない。
(ハ)受講者は前もって実務業務として採択されるべき諸般の事例を多く収集して持参しなければならない。
(ニ)講習会当日は、長時間に亘って講習が続けられるので受講者は弁当代、お茶代を持参することが望ましい。
(ホ)各地方本部は十月二十日まで受講者名簿を関地協事務局(東京本部)に報告すること。

母校に教育施設
在東京済州洙源出身
済州道翰林邑にある洙源国民学校出身と同郷有志の在日同胞が、母校の教育施設拡充のため誠金を集め支援している。同校第一回卒業生李達進氏(荒川区…)に依れば、…

韓日友好の懇談会
足立区日韓議連で

朝総連に工作資金
今年すでに十億円も…
北韓金日成徒党は、毎年多額の革命教育費を朝総連に送っているが、今年にはいってからもすでに三回にわたり約十億六千万円送られてきた。消息筋によると、今年は三月に約三億五千万円、四月に…億七千四百万円、七月に約三…

東京商銀・ソウルで理事会

十月のこよみ

慶事

支部だより
◎江東支部
◎大田支部

かつて、わたくしたち韓国人が生命保険に加入しようとして、日本の保険会社から契約を断わられたことがある。仮りに契約をしたとしても最高300万円を限度に、厳しい契約条件をつけられたものである。その為、韓国人同胞は生命保険に加入するチャンスを逸し、長期な生活設計を立てることも出来ずに今日まで来たのである。ここに紹介するユニークな新型保険の存在は、これら多くの同胞に一大福音をもたらすものであろう。

韓国人に向く生命保険

簡易な契約手続きが特徴

アリコ・ジャパンのユニークな新型

生命保険の加入率は、その国の国民生活のバロメーターになるといわれ、アメリカは全国民の九〇%が、日本は約八〇%が生命保険に加入しているといわれる。

生命保険に対する意識が東洋と西欧では大きな隔たりがある。早くから西欧では生命保険は、定期預金として考えられ、老後に備える為の備蓄として受入れられ、その加入率は年々高まって来た。

一方、東洋では生命保険に加入すれば早く死ぬとか……の迷信めいた風潮があったし、また、死んでから保険金が出ても、どうせ自分が使えるではないし……といった考え方が圧倒的であった。従って、その加入率も西欧諸国では高く、東洋では非常に低かった。近年に至って、このような風潮は段々と薄れ、長期な生活設計の一部としての保険に対する認識が高まって来ている。

しかしながら、日本に居住する韓国人社会は、日本の保険会社の契約上の差別と相まってその加入率は極めて少ない。ここで紹介する「アリコ」というアメリカの保険会社は、契約上の制限も差別もないわれわれ韓国人にとっては、大変有利なシステムになっている。

本紙の調査に依れば、この「アリコ」のシステムは、西欧の保険と異ったシステムになっていることが注目される。

いまの保険は、保険会社が契約者から払い込まれた保険料を運用し、その利益を配当の形で契約者に還元する「配当付保険」であるが、この「アリコ」の保険は、このような「配当金」をつけないかわりに保険掛金を大幅に安くしたのが特徴となっている。この種の保険はアメリカなど外国では以前からかなり普及している。

「アリコ」とはアメリカン・ライフ・インシュアランス・カンパニーの頭文字をとったALICOの愛称である。

この会社は本社をアメリカ合衆国デラウエア州ウイルミントン市マーケット街十二に置く、故C・V・スター氏(一八九二〜一九六八)に依って設立された会社である。

「アリコ」は、ニューヨークに本拠を置く関係会社百十数社に依って構成され世界一三〇ケ国に営業ネットをもつA・I・Gに属する純粋の生命保険会社であって、早くから日本で営業をしている損害保険会社A・I・Uも、このグループに属するアリコの姉妹会社である。

この会社は一九七三年十一に関係当局の認可を得て、本格的に日本で営業を開始しているが、主として、日本に居住する外国人を対象としているところがミソであり、わたくしたち韓国人にとっても加入し易い保険会社と言える。

◎アリコ保険の特徴

この会社の営業内容で特徴的である点は

(1) 保険王国のアメリカのシステムをそのまま適用している。

(2) 保険契約が国際的である。即ち海外(世界一三〇ケ国)で万一のことがあっても保険金の支払いを保障し、保険金の受取人を本国に居住する人にすることもできる。また海外に移住することがあっても全世界的な営業ネットを通じて保険を継続することができし、加入に際しては、パスポート又は外国人登録があれば簡単に加入できる。受取人の変更、証書の損傷等事務的にも柔軟性があり、保険金の支払いが非常にスムーズであることも特徴である。

(3) 国際的同一レベルの安い掛金で大きな保障を得ることができる。

(4) 契約者の需要に応じて保険のプランを設計する。従来の保険は、会社で組立てたものにお客が加入するが、アリコの保険は、契約者の求めに応じて、いく通りにも保険の組立てをすることができるユニークなものである。

◎韓国人向きの保険

この会社、主として在日外国人を対象とするだけあって、たかなかの商売上手。在日外国人の中で圧倒的な数字を誇る韓国人向きの保険を発売して、差別待遇で保険加入の意欲を失っている韓国人契約者の獲得に力を入れている。

即ち、養老保険、終身保険(生涯保険)、特別養老保険、定期保険、それに傷害・災害死亡保障特約等、種々の組合せを用意し、保険料の払込み方も韓信協を通じて商銀口座に依る自動払込みシステムも取っている。

特に、今や日常の会話の対象になっている地震による災害にも保険金が支払われるとあって韓国人社会ではその人気は上々である。

アリコの保険を推奨する人に民団春日部支部団長金徳俊氏がいるが彼は「アリコの保険加入者のひとりとしてこの会社はアメリカ系だけあって契約上の手続きも簡易で日本の保険会社のように差別がないことが気に入った」と語り同じく民団荒川支部高昌運団長も「私もアリコに加入しているがその営業方針のユニークな方法と全世界にネットを持つだけあって国際的な信用も絶大だ。一人でも多くの同胞に薦めたい」と語っている。

尚、アリコ保険に関しては東京都渋谷区代々木一丁目五十八番一〇号第一西脇ビル八階アリコ・ジャパン新宿事務所(〇三)三七四〜二八六一に問合わせれば親切に取扱ってくれるであろう。

우리학교

十月十日は「体育の日」、秋晴れのさわやかな天候にめぐまれたこの日、東京韓国学校では秋季運動会が開かれ、生徒や学父兄が楽しい一日を過した。生徒六〇〇名教職員二五名の韓国学校は、東京に於ける唯一の民族教育の殿堂である。大韓の健児に幸あれ！

写真説明

(左上)全校生の朝の体操、(中)初等部五、六年生の鼓笛隊(下)中等部・高等部女子選抜者による民俗舞踊、(右)はつめかけた学父兄の観覧者、(左上)の円内、左は黄哲秀校長・右は安聖出理事長

韓国学校にL・L施設

本国援助で語学教育の充実化

……また、学生と先生の間での通話は完全なプライバシーが守られるので、学生は周囲に気がねすることなく自分の疑問点をどしどし質問できることも利点である。

これに依って学生たちは、母国語は勿論のこと外国語の正しい知……

生徒五十四名を収容できる最新の語学実験教室

韓日親善学生美術展

10・16〜20 韓国公報館で

韓日学生親善が媒介する文化交流と児童美術教育の発展を目的として韓国美術教育研究学会と、東京都美術学校協会が共催、駐日韓国大使館、駐日韓国公報館、ユネスコジュニア文化センター日本児童画家連盟の後援で来る十六日から二十日まで、駐日韓国公報館展示室で開催される。この展示会に出品される作品は、韓国側から百六十点、日本側から百点の児童の清純な画風で好評を受けるに充分な優秀な作品だということで話題を集めしている。

この展示会のため去る十月七日韓国から来日した金沢龍韓国美術教育研究会々長(写真)によると出品される作品は、学生の観察力と想像力を生かした、古代と現代の生活を画面に表現した小中高の学生水準としては優れた作品だと自負し、また、韓日の創造的美術教育発展に寄与することであろうと語った。

旅券事務の手引き

旅券は、皆さんの海外旅行及び滞在に必要欠くべからざる身分及び、国籍証明書であります。皆さんは、常に管轄公館と緊密な協調のもと、有効な旅券を所持しなければなりませんし、また、所持している旅券は旅行及び滞在に適合するよう記載されていなければなりません。したがって、大使館は皆さんの便宜をはかる為に、旅券の申請(在日僑胞旅券)及び、既に交付された旅券の記載事項変更等の具備書類や、その手続きに関し次のように関係法規を要約してお知らせします。ご参考の上適切な措置をとられることを望みます。

一、僑胞旅券の申請

イ 新規申請

ロ KJ五万単位以下の旅券更新発給申請

ハ 紛失再発給申請

ニ 更新再発給申請

ホ 臨時旅券発給申請

ヘ 永住帰国時の臨時旅券発給申請

ト 自費帰国者の臨時旅券発給申請

1、申請書(公館所定様式)
2、身元確認書
3、経緯書
4、写真(5×5)

二、旅券の記載事項変更

イ 有効期間延長

ロ 目的地、経由地追加および変更

ハ 本国旅券の目的変更

二 職業変更

ホ 同伴者追加

ヘ 住所変更

ト 姓名訂正等その他

三、一時帰国許可申請(単数旅券所持者の一時帰国)

四、僑胞旅券保持者の入国申告

五、その他

イ 本国旅券の紛失再発給

ロ 旅券の分離発給申請

ハ 到着及び出国申告

ニ 査証欄の追加

駐日本国大韓民国大使館

在日本大韓民国居留民団 綱領

一、우리는 大韓民国의 国是를 遵守한다.
一、우리는 在留同胞의 権益擁護를 期한다.
一、우리는 在留同胞의 民生安定을 期한다.
一、우리는 在留同胞의 文化向上을 期한다.
一、우리는 世界平和와 国際親善을 期한다.

11.15(木)
(1973年)
第5号
(昭和48年10月13日 第三種郵便物認可) 毎月1回発行

東京韓國新聞

在日本大韓民国居留民団 東京本部機関紙
東京韓国新聞社
発行人 鄭東淳
〒105 東京都港区芝公園2丁目2-17
電話 (03) 437-2001-5
振替貯金口座東京 157364
(一部30円)

実務指標
一、일하는 民団
一、親切한 民団
一、規律있는 民団

団勢、各分野で著しく拡大

東京本部第32期11回定期地方委員会

和気溢れる雰囲気の中で第32期11回定期地方委員会が開かれた

七三年度前期報告を承認

旅券申請 前期比2.2倍増し

五大基本事業は継続推進

民団東京本部(鄭東淳団長)は十一月九日午後一時から、熱海温泉「つるやホテル」で、第三十二期十一回定期地方委員会を開催した。この日、委員定数五十五名のうち四十九名が参席し、執行部から出された一九七三年前期の経過報告と決算報告を審議し、万場一致でこれを承認した。

この地方委員会には、本部金仁洙顧問、中央本部鄭達鉉宣伝局長、呉敬福監察委員、婦人会中央本部金信三会長も参席、来賓には駐日大使館から李竜勲総領事、李泰勲領事呉潤卿一等書記官が顔を見せて、それぞれ激励の祝辞を述べた。

新規国民登録180%増加

◇総括報告

◇総務部

財政委構成急務

支部割当金順調に入金

右上から金朝仲会長、黄成浩相談、梁淵在経済、李鎮浦民生、洪貴鋼文教、李昌植宣伝の各分科委員長

◇組織部

「姉妹結縁」で成果

支部組織整備進む

鄭東淳団長人事

金尚弘議長報告

徐興錫監察委員長報告

◇経済部

生協、税務対策に重点

中央会館建設費等後期へ

悲劇の黒幕

幼い兄弟「北」へ拉致される

張康貫、康徳兄弟の強制北送事件は、ついに韓日両国間の外交問題に発展し、日本政府のいう人道主義とは何かを、あらためて考えてみる段階に至っている。去る十月十九日午後五時、二百二十名の在日同胞たちを乗せた第百六十九次北送船、マンキヨンボン号に幼い十五歳と十三歳の二人の少年が拉致され、二人の少年の意思に反して「北」へ送られて行ったからだ。この強制北送事件が起こるやいなや、駐日韓国大使館でも、前例のない重大な事件だとして、同月二十六日、外務省の高島局長に厳重抗議、これに対しての収拾策を講じるよう要求した。この事件の背後には、朝総連の非人道的な悪辣な工作が作用していることは明らかであり、日本法務省出入国管理当局等関係機関の職務怠慢又は黙認の嫌疑が濃厚となって、問題は日増しに複雑、拡大の様相をおびている。

さらに金光子さんは、業務のために韓国に渡ったが韓国でも大きな問題として注目され、新聞、テレビなどが連日報道すると共に、百万人の北送兄弟救出署名運動を展開するなど、深刻な事態を迎えている。

動機

経緯

無視された人道主義

二人の子供を北朝鮮にら致され悲しみにくれる金光子さん。

張康貫君

朝総連がまたも悪辣な工作

日本当局、救助要請を黙殺

問題点

張兄弟救出民衆大会

二人の子供の外国人登録証明書

継続記事二面

第四次姉妹結縁完結

祖国の明るい未来と、民族の繁栄の為め、挙国挙族的に推進している「セマウル」運動を支援する在日民団東京本部管内の各支部では、東京本部の「六十万のセマウム、シムキ運動」の一環として「セマウル」と姉妹結縁を、積極的に推進してきたが、去る十月十日〜十四日には、豊島、台東、足立、新宿、港、の五支部が第四次に、本国「セマウル部落」と姉妹結縁を行ない民団のセマウル支援事業に多大な成果を挙げて全員無事に帰任した。

豊島支部

豊島支部（金剛淑団長）は、山水の景色もうるわしい、慶北義城郡金城面鶴尾三洞部落と姉妹結縁をしたことは既報した通りであるが、特に今度のセマウル部落と姉妹結縁には金剛淑団長を始め全団員が一体となって本国のセマウルを支援する心には本当に感激的な心の結縁であった。今後も、姉妹結縁をしたセマウルと継続して、支援するという決意も新たに、豊島支部の結縁団の心の中には、故国の兄弟姉妹と一体だという、愛族心がなによりもつよかったということであろう。

歓迎の花束を送られ、豊島代表団は喜びに満ちている

豊島＝鶴尾三洞の結縁式

台東支部

台東支部（[illegible]団長）では去る十月十三日、全北扶安郡幸安大草里と、セマウル姉妹結縁をし、今後の支援活動に積極的な姿勢を固めた。[illegible]長を始め、三機関役員[illegible]

台東支部では黄牛三頭を姉妹部落に伝達した

姉妹部落民の歓迎を受けながら式場に入る台東支部代表団

足立支部

[illegible]では、団員が一番多い足立支部（[illegible]団長）は、支部単位では初の二個所に姉妹結縁をして関心を集めているが、支部の難しい財政状態にもかかわらず、六百万円のセマウル基金を拠出させ慶北と京畿道に、それぞれセマウル部落と結縁し、都内の話題になっている。また足立区の韓日親善協会のメンバーの区議会議員ら五人も一緒に行き、セマウルの結縁式にも参席し、金一封を渡すような異色的風景も話題になっている。こんどの継続的活動が期待される。

結縁の意義も深く握手を交す足立李禎閑議長

新宿支部

新宿支部（金鎮栄団長）は十月十三日現地に行く途中、京畿道庁に寄って、セマウル事業の進行状況をブリーフィングし姉妹部落（京畿道龍仁郡南四面倉一里）には正午に着き部落民全員（二七八人）に迎えられた一行は、当面関係者、有志が見守るなかで姉妹結縁式を挙行した。

とくに、新宿支部は、結縁式後部落国民学校児童全員に、学用品と、農機を支援するため「ヒヨコ」二千匹を贈って、部落民の熱烈な歓迎を受けて帰任したという。

新宿支部も黄牛を伝達した

式場に向う新宿代表団

足立支部の代表団一同

港支部

港支部（河炳成団長）では、新執行部が構成されて三個月という、日が浅いにもかかわらず、セマウル結縁事業に参加、東京本部管内でも模範的な支援態勢をもって、臨んでいることに各支部は、賛辞をおくっている。今回慶南咸陽郡瓶谷面七淡里吐内、セマウルと姉妹結縁し、帰任して間もない内に、また、別の個所と姉妹結縁事業を計画しているということは、この支部の団員、役員たちが、いかにセマウル姉妹結縁事業に熱意を示しているかを、端的に表現しているといえよう。

国軍墓地参拝で参謁した港支部河団長

港支部の結縁式の模様

内務部長官からセマウル旗を受ける足立支部玄団長

韓国見聞記

板門店を訪れて

林　順　一

日本と韓国、この二つの国の歴史的関係は深く、互いに政治的にも経済的にも、そして文化など様々な形で影響を及ぼしあって来た。そして今も尚、この両国は互いの国内に影響を及ぼすだけでなく、その関係は国際的にも重要な位置をしめていると思う。そういう中にあって、今回、民団の方々と共にセマウル運動支援事業の為の訪韓に、参加させていただき、韓国の国情の一片たりともこの目で見る事ができたということは実に意義が深かった。ここでは、足立区議会議員の方々と板門店に出かけたことについて記したい。

私は、共産国との戦いの第一線である板門店の様子を見る事ができるときいて、緊張とある種の好奇心に満ちていた。板門店までの道程はバスであった。ソウルを出発し、途中、案内係の説明を聞きながら、一時間程行くと、イムジン川にかかる「自由の橋」についた。北韓の金日成は、七十二年の冬、イムジン川が凍れば、南へ武力侵略しようと企てていたが、暖冬で、できなかったと聞く。私はこの大きなイムジン川が凍ったその上を、走る戦車の、すさまじい光景を思いうかべて、身のひきしまる気持がした。

そこから暫く行くと、連合軍の宿営につく。ここで板門店に関する説明を聞き、その後、全員誓約書を書く。これは「たとえ板門店で如何なる事件が起きても構わない」という内容のものである。まさかとは思ったが、第一線に行くという私の緊張感を増すのに、少しばかり役立った。そこから非武装ラインを通り抜け、二キロ程行くと板門店である。

まず連合軍の検問所があり、そこから百メートル程先に北韓の検問所が見える。ところが我々のバスはそこで二十分程、足止めを喰う事になった。それは丁度、北韓側にも、ユーゴやポーランドの共産圏から観光団が来ていて、米軍兵舎前のデモをしていたからである。ところが日本に帰って聞いたことであるが、私達が板門店に行く一日前に金日成は、赤十字会談による南北の統一をあきらめ、武力による統一を宣言していたそうである。武力統一を宣言したが、この米軍兵舎前のデモは、金日成の韓国をおびやかしたものだったのだろう。

暫くしてそこを通るのを許され、北韓の検問所の前を通りかかると、北韓の二人の兵士は、カメラの目を逃れる為、顔だけ出して引くようにしていた。本会議場の前につくと国連軍の兵士が我々の周りを囲み、北韓兵からいつも守ってくれた。非武装地帯とはいえ、気の許せない場所だなと感じた。我々は本会議場に入ったり、塔の上に昇って板門店を見渡したが、そんな我々を、五百メートル位先の監視塔から北韓兵が双眼鏡で、様子を伺っていた。他にも北韓兵が何人か見えたが、みんな怖い顔をしていた。

そこから少し離れた場所に、高台があり北韓の農村が見える。立派な農家だが人は住んでいなく、朝夕に、トラックで農夫を送り迎えして働かせるという話である。

私は板門店を見学しながら、同じ民族同志、闘わなければならない悲劇に胸を痛め一日も早く「自由の国」韓国の元に統一される事を願ってやまなかった。（足立区日韓友好推進会）

セマウル事業を見て

尻　無　清　治

昔からなじみの深かった韓国の地に再び訪れることが出来たことは非常にうれしく、見覚えのある建物や風景を見る度に懐かしく思われてならなかった。今回の訪韓が韓国の未来を建設しようとする「新しい村づくり運動」の一環として行なわれ、それに参加出来たことは非常に深い意義があったと思う。

私は民団の方々と共にセマウル運動の結縁式に参加する為に京畿道城郡元谷面山下里へ向かった。途中、コスモスの花が道にそって、とても美しく咲き純いていた。私たち山下里へついて最初に感じさせられたのは、草一本も残さない見事なほどの徹底した開墾された風景である。私はそこにセマウル運動に対するその地の人々の熱意を見る思いであった。

日本から来た私達を迎えてくれたのは、元気に旗をふりながら、はつらつとした姿を見せてくれた子供達であり、その盛大な歓迎ぶりは私を大変喜ばしてくれた。

京畿道知事の南永祐氏も私達を手厚くもてなして下さった。そこで一時間程の懇談の時間を持つ事ができた。私は韓国の人々の愛国心の素晴らしさ、又、民団の方々も同様である事韓国に来て感じた事を語らせていただいた。日韓友好の意義を深める一時を持つ事ができた。加えて知事様より記念の盾を受け、これらの事がテレビや新聞等にも報道されたことは、予想外の注目のうちにこの結縁式が行なわれた事を示すものである。今回のこの支援事業が本当に韓国発展の為の一助とならんことを願ってやまない。

さて、今度の訪韓で胸深く残ったことであるが、私達は共産主義から国を守る将兵達を慰問した。そこで共産主義の脅威を日夜警戒し、国を守っている若者達の姿を見た。今の韓国の自由は彼等を抜きにして考えられないし、又、韓国は共産主義からの日本の防波堤であり、アジアの防共ラインとしての重要な位置をしめていると思うと、私は彼等に敬服せざるを得なかったのである。

韓国はこれから益々発展するであろう。国中、総力を挙げて近代化に向かっているし、国民も国際的感覚が鋭く、非常にその前途に明るいものを感じた。

今後もいろいろな面で深い関係のある日本と韓国がより友好的に発展する事を願ってやまないものである。（足立区議会議員）

幹部教養講座で啓蒙
機関紙通じて宣伝活発化

◇宣伝部

民団の内的充実と積極的な宣伝啓蒙活動を推進している宣伝部の事業は

一、機関紙東京韓国新聞の発刊

第十回地方委員会の決議に依って、去る七月二十日創刊号（六面）を発刊した以後、現在月刊で発行しています。これは東本の広範な宣伝活動の展開と共に、当本部組織の前進と見ることが出来ます。なお、今後人的、及び財政的確保をして週刊紙の発行を目標としています。

二、一般公報文化の宣伝及び対外宣伝活動

①我が国固有文化の優秀性の認識と、より深い理解を促進する為に民芸、芸術の紹介に力を注ぎました。

②日本マスコミの排他的、我田引水的な報道態度に抗議

③朝総連の悪辣的な虚偽欺瞞性を暴露し、これに誘惑される人がないように、東京韓国新聞を通じて広範に宣伝啓蒙運動を展開しました。

④各種会議及び大会、行事の時、ニュース映画文化映画、劇映画、記録映画の上映を通じて故国消息の伝達と文化宣伝活動をしました。

三、第二回幹部教養講座の開催

民団の各級機関の幹部教養講座を、去る七月六日東京商銀七階の会議室で金正柱中央団長と国学的な任職山李殷相先生を招聘して開きました。この講座は管下支部の三機関役員と傘下団体の幹部及び有志の三五〇余名が受講し大盛況でした。

四、六十万セマウム、シムキ運動の宣伝啓蒙活動

祖国のセマウル運動の宣伝に当部は"六十万のセマウム、シムキ運動の推進を起点として積極的な活動を展開しました。

①四月五日植木日には本国江土に苗木六十万本を植樹。

②セマウル姉妹結縁事業に直接参加して、本部の事業趣旨、目的内容等をマスコミを通じて在日同胞に宣伝。

③新任後、五月十四日"六十万セマウム、シムキ運動"新任報告会を虎の門日消ホールで開催

④六十万セマウム、シムキ運動の一環の"セマウル姉妹結縁事業""維新事業"に積極的な参与。

五、第二十八回八・一五光復節慶祝行事

浅草国際劇場での第二十八回光復記念慶祝行事の際には、特に"東京韓国新聞"の特輯号発行と映画、民謡、舞踊等を催して六千五百余名の団員と一緒に光復の感激を再現しました。

六、其他の各種活動及び支援事業

（1）所謂［illegible］事件に関する読売新聞の偏向的な報道を糾弾、抗議。

（2）読売新聞不買運動の宣伝。

（3）反逆金大中一派、反韓政客、［illegible］糾弾民衆大会の宣伝。

（4）第一回関東地域青年研修会の支援。

（5）大田支部正常化貢献委員会の支援。

（6）第三十二回世界卓球選手権大会制覇記念在日韓国人卓球大会の支援。

（7）民族芸術及び、在日芸能人の諸公演の支援。

（8）"東京韓国新聞"完全配布の為の発送台帳の作成完備。

（9）支部姉妹結縁事業の支援。

登録申請急速な延び
戸籍整理本国送金運動で成果

◇民生部

在日同胞の民生安定と、生活向上の為に活動を続けている民生部の今期の事業は次の通りであります。

一、国民登録促進事業と旅券所持運動

七三年九月三十日現在の国民登録申請の接受状況は支部取扱一四二〇件、中野五九件、品川四八件、計八八九件であります。

二、戸籍整理事業の促進と［illegible］

長期間にわたって推進して来た本事業は本国戸籍法上の難点と、在日同胞の戸籍構造の複雑性等の原因で不振の状態が続いたのが事実でありましたが、去る六月二日「在外国民就籍、戸籍訂正及び戸籍整理に関しての臨時特例法」が韓国々会で通過されたことに依って戸籍の整理が簡素化されましたので手続上の利点等を新聞等を通じて組織的に啓蒙しました。

三、"光復節"及び"国軍の日"の母国訪問団の派遣

第二十八回光復節記念式典に参観団七四名と十月一日国軍の日参観団四十九名を派遣、祖国の繁栄と発展相を直接見るいい機会をつくりました。

四、関東大震災犠牲同胞慰霊祭の主宰

五十年前の関東大震災の時犠牲になった七千余柱の犠牲者に対する慰霊祭を、駐日公報館で主宰した。都内の有志百余名の参席がありました。

五、新入団員母国訪問、勧誘及び、本国送金奨励、入管関係等の救済及び、支援事業に関する報告は割愛するが、特に六十万のセマウム、シムキ運動の第一環として、去る顕忠日に当り、在日学徒義勇軍戦没殉国十勇士碑の除幕式に際して、東京本部を含めて関東地区協議会でその基金として金百万円を寄託しました。

民族教育進展に寄与
夏期学校・母国留学へ関心

◇文教部

第二世在日国民の教育と、文化向上の為に活動している文教部の事業は次の通りであります。

一、第八回母国夏季学校（七三年度）に学生派遣

今年は東京管内の高校生十二名（男六、女六）大学生十五名（男八、女七）の計二十七名が入校して三週間の教育を受け、母国の固有文化遺蹟の探訪及び歴史的史実を直接見て民族的な矜持と自負心を学んで全員無事に帰日しました。

二、日本籍の在日韓国系少年学生の母国訪問団の派遣

日本籍を持っているが、実際は韓国人の高、大学在学中の青少年を本国に派遣しました。特に当事者及び父母がこれを機会に民団に特別な関心と協力を示すようになったのは大きい成果でありました。

三、在日韓国人中堅指導者養成の為の幹部本国派遣

四、在日韓国人卓球大会の開催

五、奨学金の斡旋

韓国教育財団の奨学生に対する各種奨学金の斡旋及び、第二世の教育、訓練を側面から支援しました。現在、東京管内の三十五名が奨学金を受けています。

六、各種文化及び教育行事の支援

①在日大韓体育人後援事業の協助

②東京韓国人学校の各種行事の支援と体育人の歓迎及び歓送パーティ、文化節技の応援等

七、教育財団と教育後援会の支援事業

在日二、三世に対する教育事業を円滑にする為に、第十回の地方委会の決定に依る「教育財団」と「東京韓国学校」への教育資金を十一月から寄金するにしました。

韓僑会館 収復まで闘う決意

東京大田支部(張基洙団長)では去る11月4日午後2時、大森入新井特別出張所三階宴会室で、大田支部臨時事務所開所披露宴を東京本部三機関長と都内各支部団長、東京商銀人会中央会長ら150余名の参席で盛大に開催した。大田支部は2年前、民団混乱の禍中にあって、一部不純分子らの策動によって、不幸な事態まで発展し、本部の直轄まで受けていたが、去る6月10日、直轄解除に於て新三機関が誕生し、大田支部組織が整備されたのである。だが旧執行部の不純分子らが、現在でも不法に大田韓僑会館を占拠して、大田支部の正常な業務活動を妨害している為め、団員に大変な迷惑をかけている点を考慮し、一時的に、大田区蒲田5－32－8（内山ビル2階）に臨時事務所をもうけたもの。今後の活動と、韓僑会館の収復が早急に望まれることはいうまでもなく、大田韓僑会館を収復するまで断固と闘う決意を新にした。

正常運営へ大前進

大田支部、事務所移転披露会

大森・入新井出張所会館で

居住する団員の為のものであって関氷相、金仁先、金大栄一派の私有物でないことはいうまでもない。

それを彼らはその建物を私物化し、大田支部が正常化したにも拘らず、しかも正常化成立で「建物引渡しに関する決議文」が採択され…

东京本部から団旗を授与され高々と揚げる張基洙大田支部団長と（上）移転披露会で祝盃を上げる有志たち（下）

…れたにも拘らず、彼らは…座りを続けおまけに日本の裁判所に対して自分らの正当性を認めてもらう為に仮処分を申請する等の悪あがきを見せている。

ごく常識的に考えて韓僑会館というものは団員の浄財で建設したものであってそれは団員のものである。これを作る時に日本の裁判所の許可をもらったわけでもない。彼ら反民団分子らは、大田地区団員たちが自分たちの手で、これ以上大田支部を混乱な状態のままで置くわけにはいかないので自主的に総会を開いて正常化したことに驚いて、日本の裁判所に対し泣きついたのである。

この大田韓僑会館は、張基洙、金機柱、申庚洙、金判石、千水寿の五名の名儀で登記しているが、その中で四名は、現三機関に名儀移転をすることを承諾したが、ひとり千水寿氏だけはこれを拒否している状態である。聞くところに依れば千水寿氏も名儀移転の意向を持っているが、関氷相一味の脅迫に依ってたじろいでいると言われる。

ここで重ねて強調するが、大田韓僑会館は大田区の団員のものであり、大田団員の為の仕事をする為に使われるものでなければならない。

同支部が十一月二日に至って、団員にこれ以上迷惑をかけるわけにいかないとして、同会館の収復まで臨時事務所を持つことを決意したことは適切な措置と言える。

十一月四日、臨時事務所への移転披露会に集った団員の間からは関氷相一味の「暴力的会館占拠」に対し激しい憤りの声が出ると共に、会館収復への熱意が一段と盛り上って参会者は会館収復に対する…めることを再確認した。

韓僑会館建立推進

豊島、墨田両支部で確定

民団豊島支部（金鍾渋団長）は豊島韓僑会館を建設する為、豊島区池袋二丁目に二十九坪の土地を確保し、地上四階、地下一階のビル建設の準備をしている。

このビルが完工すれば、総補坪百四十五坪の名実ともに豊島支部団員が誇る「豊島韓僑会館」が出来よう。着工を前にいま設計図の作成に着手しているという。

また、民団墨田支部では、数年来の念願であった会館新築の計画を、三機関、商工会連合会議で確定し、来年二月着工、五月までには完工する目標で進めている。

新会館は、鉄骨四階建、敷地面積二十七坪、総工事費約三千万円で、建てられるとし、一階に駐車場、二階事務室、四階宿舎とする予定だという。新会館は、現陳舎（木造二階）を取り壊し、さらに裏側の土地にまで拡張して建てられることになるという。

墨田区内の多くの同胞たちは、この会館建設に喜びと熱意を見せ、積極的に、寄附金集めに歓迎の色を示している。墨田支部では、この会館建設事業を円滑に推進するため建設委員会（洪集鉉支部団長以下五名）を設け、具体的な作業を行う。

在日同胞チーム初出戦

ソウル〜釜山間駅伝マラソン

在日大韓体育会（鄭建永会長）では、来る十一月十九日〜二十四日（六日間）にかけて本国、大韓陸上競技連盟と韓国日報社・共催で挙行する第十九回釜山〜ソウル間大駅伝競走大会に、二十一名の選手団を派遣するという。

在日同胞としては初の出戦でその健闘ぶりが期待される。

金仁洙 尹達鏞 両氏常任顧問推戴

三十二期十一回地方委員会では金仁洙顧問（前東本団長）、尹達鏞顧問（前中央団長代理）を本部常任顧問として推戴することを決定した。金顧問は組織、尹顧問は財政担当顧問として推戴されたもの。

国費母国留学生募集

24日まで書類提出締切

駐日韓国大使館では、一九七四学年度在日韓国人国費母国留学生を募集している。要領は次の通り。

（一）募集対象＝熱意ある在日韓国国民

（二）資格＝永住権を取得し、七四年中学校卒業予定者

（三）人員＝一〇名

（四）順次＝大使館が主管する詮衡に合格しなければならない。

（五）書類＝母国留学志願書二通、家庭環境調書二通、中学校卒業見込証明書各二通（様式）小学校卒業証明書…、中学校成績証明書二通、外国人登録済証二通、所属民団長推薦書一通

（六）志願書提出処＝駐日韓国大使館教育官室

（七）期間＝十一月二十四日まで

以下詳細なことは、駐日韓国大使館に問議すればよい。

自費留学生も募集

また、大学課程以上の自費母国留学生も募集している。詳細は次のように…。志願書提出期限は十一月二十四日まで。

韓国郵便切手展示会

駐日韓国公報館で

駐日韓国公報館（尹秀鉉館長）では、来る十一月十九日〜十一月二十五日（七日間）までに、公報館展示室で、韓国郵便切手展示会を開くが、この展示会は初の展示会だけに、韓日両国の切手蒐集家達の関心のまとになっている。

なお、民団同胞たちの積極的な観覧が望まれている。

◇　◇　◇

戸籍整備業務円滑に

実務講習会大盛況 東京商銀で

在日同胞たちの戸籍整備、国民登録及び法的地位向上などの円滑な進展を図り先般施行された「在外国民就籍、戸籍訂正及び、戸籍整理に関する臨時特例法」を活用させるため、10月15日戸籍実務本国事仕団が来日、17日の高松での講習を皮切りに福岡、下関、大阪と説明会を開催、去る11月23日午前10時から、民団関東地方協議会（鄭東淳事務局長）主催で東京商銀会議室に関東地域民団実務関係者百余名を集め講習会を開き、戸籍全般に亘る詳細な説明と在日同胞たちの多くの疑問点について終日相談に応じた。

…ればよい。（例えば20年前に離婚しているが戸籍上はまだの場合、この条件さえ満たせばよい。）

十一月三日、戸籍実務講習会が東京商銀本店で盛大に開かれた

民団文化賞決まる

言論部門＝金允中氏
体育部門＝蔡洙仁氏

一九七三年度民団文化賞受賞者が決まり来る十一月二十六日（月）午後一時、駐日韓国公報館で授賞式がある予定。今年は言論分野ではKPI通信社長金允中氏と体育分野では「コリアスポーツ」社々長で民団東京本部副議長の蔡洙仁氏で、両氏は多年間、在日韓国人社会において言論と体育分野に各々活躍した業績が認められ受賞するもの、今後の活躍がもっとも期待される。

金允中氏

蔡洙仁氏

言論の目

北送事件報道を忌避
「偏向」で読者に違和感 日言論

日本新聞協会の白石古京会長は去る十月十五日岡山市民館で…

慶事

◎権寧吉君（権泰鎬氏長男）と朴山玉嬢（朴……氏長女）が去る十一月十六日（金）午前十一時から東京木材健保会館で、金尚弘（民団東京本部…長）の主礼で挙式した。

◎呉勉君（呉仁鎬氏長男）と高萬富嬢（高仁善氏長女）が来る十一月二十日（火）午前十一時、台東区池の端「東天紅」二階大宴会場で、柳成烈先生の主礼で挙式する。

◎裵鍾成君（裵九翊氏長男）と金成子嬢（金敬玉氏民団墨田支部監察委員長長女）は来る十一月二十日（火）正午、上野"京ホテル"で挙式する。

◎李用元君（李斉竹氏長男）と李三枝子嬢（谷本勝子女長女）が来る十二月一日（土）午後一時在日韓国基督教三河島教会で林沢満牧師（神学博士）の主礼で挙式する。

◎鄭宗和君（鄭順相氏・墨田支部顧問長男）と呉初美嬢（呉主順女史長女）は去る十一月二日、正午から"ホテルオークラ"で結婚式を挙げ、同ホテルで披露宴を開いた。

尋ね人

☆姜南駿さん（慶南、当56才）本籍・慶南平瀬市鍛冶里一五二番地

一九四一年ころ渡日大田区に住んでいた。ソウル特別市竜山区新設洞18の姜南雄さんで尋ねております。

☆金贊植さん（金本三郎）当39才でみっちゃんとも呼ぶ。本籍は慶尚南道河東郡良甫面…番地、旧豊島区池田二丁目に住み、五才まで旧豊島区巣鴨町で住んでいた。韓国釜山市東区草梁洞一二〇、下宿L(2)八二〇九、(2)一六二の長兄金賛植さんが尋ねております。

支部だより

◎豊島支部

民団豊島支部（金鍾渋団長）内の豊島韓国人商工親睦会（…）では、来る十一月二十日〜…木県川治温泉で…親睦旅行会を…

この旅行には四十名が参加…の親睦を計る…上州など…る計画もある。

◎板橋支部

民団板橋支部…は、団員の…め、去る十…にかけて、…組合の投資…二十名の…屋」ホテル…

一九七四年度「生徒募集」

東京韓国学校案内

一、教育目標
☆立派な韓国人の養成
☆在日韓国人社会の指導者養成
☆国際社会に寄与出来る人材養成

二、教育方針
☆誠実な人間教育―（徳性教育……一日一訓話実施）
☆真正な国民教育―（愛国愛族精神の昂揚）
☆一人一技の職業技能教育―（科学技術練磨・商業経済実務習得）
☆徹底した読書指導―（古今東西の知識習得）
☆健康教育―（体育活動を通じた心身の練磨）

三、特典
☆語学教育の完成―（国語・日語・英語の三ケ国語完全習得）（L・L語学実験施設活用）
☆母国留学特恵―（母国高校国費留学・母国大学留学）
☆日本各大学進学―（成績優秀学生推薦入学）
☆母国修学旅行実施―（高等部二学年全員）
☆奨学金支給―（在日韓国人教育財団）
☆就職率　一〇〇％
☆特別教育活動―（文化部十七部・体育部七部・特別部三部）

一九七四年度 生徒募集要項

一、募集人員……初等部　一学年　五〇名
中等部　一学年　一〇〇名
高等部　一学年　一〇〇名
編入、各学年、若干名、但高三除外

二、願書接受……自一月八日〜至二月八日

三、出願手続……本校所定入学願書・出身学校調査書・国民登録済証明書　写真四枚

四、考査日　初等部　二月八日（金）午前一〇時
中・高等部　二月九日（土）午前九時

五、考査科目　国語・英語・数学（但国語の代りに日語も可）

六、考査料　初等部　三〇〇円
中等部　一、〇〇〇円
高等部　二、〇〇〇円

東京韓国学校
校長　黄哲秀
東京都新宿区若松町二十一
電話　三五七－二二三三〜五

「韓国人子女に民族教育を授け立派な韓国人に育てましょう！」

東京 韓国青年

在日韓国青年会
東京本部
会長 尹隆道
住所 東京都港区芝公園2-2-17
電話 437-2002

一、われわれは、大韓民国の国是を遵守する
一、われわれは、在日本大韓民国居留民団の宣言と綱領を守護する。
一、われわれは、在日本韓国青年として心身を鍛錬して、教養を向上させ、祖国の平和統一偉業に献身する。
一、われわれは、在日本韓国青年の矜持を堅守し、在留同胞の権益擁護に先鋒的役割をする。
一、われわれは、在日本韓国青年として有邦青年と親善をはかり、真正な世界平和に寄与する。

秋びより、熱戦展開!

第1回ソフトボール大会開かる

打て!待て!??????あどっち

8チーム百二十余名参加

在日韓国青年会東京本部主催ソフトボール大会は、晴天に恵まれた十一月十一日調布市多摩川市民緑地公園グランドで都内各支部の会員約百二〇名が参加するなか、盛大に行われた。あらかじめの抽選によって、大田―荒川・世田谷―足立・新宿―江東・文京―杉並の組み合せで、十一時三十分、尹隆道会長の始球式でいっせい開始熱戦をくりひろげた。

▽一回戦

荒川 0130200＝6
大田 0002020＝4

この試合大田は、スラッガー趙青年会副本部長の尹君の不振がひびいて、前半なかなか得点できない。そのスキをついて荒川は確実な攻撃で加点し、堅実な守備で優勢リードを守り切った。

江東 1001000＝2
新宿 104002X＝7

新宿は優勝候補の一角と思われたチーム、対するは勝田から選手補強し選手層の厚い江東だったが、新宿のチーム・ワークと元気のすごさに江東はたじたじ。新宿は3回の4点で試合をきめた。

足立 940020＝15
世田谷 141301＝10
(6回コールドゲーム)

大物打者チーム同志の対戦。足立はユニホームをそろえやる気満々その足立が初回打者十三人を送る大量9点をとり試合の主導権を握った。しかし、世田谷も毎回得点に攻め重ねたが、初回の失点は取り返せなかった。

文京 0100203＝6
杉並 300410X＝8

文京はこのソフトボール大会に対する意気込みはものすごく"必勝"態勢でのぞんだ。しかし、試合の方は、杉並が前半大量リードを奪い、最終回文京の猛追を振り切り逃げ切った。

一回戦各試合を通じて各チーム共、女性の使いどころに頭を悩ませていた様子で、女性がバッターに立つと、ベンチから"打つな!"の声や"いい球だ打て!"などいろいろなコーチの声がとびかい、ボックスの中で女性はどっちにしていいのか分からなくなって、やや困惑ぎみ。また、女子選手が塁上にいるとき、フライが上っても一生懸命次のベースまで走り、ダブルプレーをとられアウトになってもベースにしがみついているなど珍プレー、迷プレーが続出。

一回戦終了後、各支部芝生の上に車座になって、終ったゲームをふりかえり、女性会員の作ってきた弁当やサンドイッチをおいしそうに食べながら、話しに花を咲かせていた。

一回戦を勝ち抜いた各チームは準決勝に備えて女子選手の守備練習や、あたっていない男子選手の打撃練習に余念がなく、また青年達は、バレーボール、バドミントンやラグビーなどに興じた。

チームワークで荒川優勝

二位杉・淡連合、三位新宿

▽準決勝戦

新宿 0100140＝6
荒川 202031X＝8

新宿のチームプレーが荒川の堅実な守備を中心とした野球にどこまで通じるかがこの試合の焦点だったが、荒川は一回戦同様前半のリードを守り切って決勝進出を果した。

杉並 20201202＝9
足立 40001020＝7
(延長8回)

初回リードを奪われた足立は、その裏4点をとり逆転。その後も追いつ追われつの白熱戦。杉並2点リードで迎えた最終回、足立は必死でくいさがり同点、なおも二死一、三塁と一打逆転サヨナラのチャンス。しかし、気負いすぎた打球は平凡なサードゴロ。今大会初の延長戦。

▽三位決定戦

足立 [illegible]
新宿 [illegible]
(7回コールドゲーム)

初回逆転した新宿は、決勝戦進出を果せなかったウップンをはらすかのように打ちまくり7回コールドゲームで三位入賞を果した。

▽決勝戦

杉並 [illegible]
荒川 [illegible]

両チーム団長杯目指して、意気盛々の表情で試合前のあいさつを交した。応援、声援もにぎやかに交されるなか試合開始。[illegible]の好ゲームを展開したが、[illegible]以降、荒川の高東成、高和彦君らの好打がとびだし、[illegible]のみえた杉並チームをつきはなし初優勝を飾り、団長杯を手にした。

▽成績

優勝 荒川
準優勝 杉並
三位 新宿

[illegible]

一周年を迎えて

実績と体験生かし 青年会の充実化を

青年会東京本部は、いわゆる"民団正常化"がようやく収束の方向に向いつつあった昨年十月二十三日、祖国内外の多大な関心の中で発足して満一年を迎えるに至った。

この一年間、青年会東京本部はまさしく祖国の和平統一の大道と民団正常化のために力を尽し大きな成果を残してきたと、えよう。

ではここで、活動を概括的にふりかえってみよう。

(一)まず、青年会支部拡大活動においては、昨年中に足立・荒川などをはじめとする十一支部、今年に入って四支部、合せて都内十五支部に青年会が結成された。また一支部に準備委員会が結成されている。

各支部においては、毎週一回から二回の定期会合が完全に行なわれており、かつての旧"韓青"組織に比べても、その質と定期性において、はるかに強調していると、えるだろう。

(二)民団組織内の活動においては満十八回以上にわたり、民団の大会や集会、諸行事に積極的に参与、準備や救護にあたり、旧韓青を首領とする一部不純分子の民団撹乱、破壊活動を阻止、どこよりも忠実にたたかってきた。夜間や早朝動員にもめげず会員の多くは一泊仕事や学業まで犠牲にして参加し、民団の正常化と健全な発展のために貢献した役割は高く評価されてあまりあるだろう。

「セマウムシムキ」青年奉仕団派遣

(三)[illegible]

まず四月二日から十四日にわたり、百十五名の青年奉仕団が祖国の山野に在日同胞六〇万にかわって六〇万本の苗木を植えてきた。六月三〇日には、民族金融機関育成とわれわれ自身の民族的意識高揚を兼ね青年会々員九十余名が商銀で一せいに約八十万円の預金運動を行った。七月末に行った初めての夏期講習会では、民族的矜持をもとうと参加者全員に新しい名札が手渡された。

(四)青年会々員相互の交流と親睦行事は全都パーティを初め卓球大会やサマーキャンプ、ソフトボール大会、支部におけるハイキングやボーリング大会など活発に行ない青年会の拡大と強化を促進した。

このように概観しただけでも、発足したばかりの青年会としては多忙をきわめた一年であった。

しかし、この一年間の評価は結成一年目であるという事情に[illegible]

憂慮される 対話の継続

[illegible]

絶やすな 南北対話

[illegible]

使命感もち 青年会拡大を

[illegible]

家庭訪問で会員拡大を

青年会結成一周年祝賀会開催

[illegible]

韓国生活末梢記

欠落していた祖国

[illegible]

支部だより

映画会への招待! 「セマウル運動」他 大田

[illegible]

在日本大韓民国居留民団 綱領

一、우리는 大韓民国의 国是를 遵守한다.
一、우리는 在留同胞의 権益擁護를 期한다.
一、우리는 在留同胞의 民生安定을 期한다.
一、우리는 在留同胞의 文化向上을 期한다.
一、우리는 世界平和와 国際親善을 期한다.

1.1(火)
(1974年)
新年特集号
(昭和48年10月13日 第三種郵便物認可) 毎月1回発行

東京韓國新聞

在日本大韓民国居留民団
東京本部機関紙
東京韓国新聞社
発行人 鄭東淳
〒105
東京都港区芝公園2丁目2-17
電話 (03) 437-2001-5
振替貯金口座東京 157364
(一部30円)

実務指標

一、일하는 民団
一、親切한 民団
一、規律 있는 民団

甲寅新正

西紀一九七四年 元旦

希望과 前進의 期待에찬 또 하나의 새벽이 열린다!

新しい太陽よ、

韓 西 作

太陽よ
新しい太陽よ
永遠の光で世のすみずみを愛撫する
あなたの熱い手は
今も我らのそばに……

眩はゆいばかりの光の中で
我らの白い夢は
五色の鳩になって遠い空を
うつろいでいます

手折られた薔薇にはもう
香りもありません

黒い帳幕も 涙も 悲嘆も 絶望も
孤独も 彷徨も……
小さい凧にのせて飛ばしてしまえ
そして手のひらには……
自由

太陽よ
希望をよびおこしてくれるあなたよ
あなたにうながされて
我らは
鹿たちのあそぶ故郷の草原に
一りんの花をさがします。
白い そして美しい
美しい花をさがして……

太陽よ
我らの太陽よ
今年もいや永遠に我らのそばに……

太陽よ
我らの道を照して下さい

新年を迎え 同胞各位へご挨拶申し上げます

支部	団長	議長	監察委員長	事務部長
目黒支部	姜高元	金　孔	黄晩伊	方宣雄
文京支部	韓文鳳	鄭鎮鎬	慎時範	宋成復
豊島支部	金熙淑	具相彦	李炯録	金時元
台東支部	李鎔浩	趙辨訓	李鍾変	李柱赫
墨田支部	洪象観	朴周植	金敬玉	李容元
新宿支部	金炳栄	李慶容		李昌厦
江東支部	金光和	具興洙	全翼漢	金泰俊
葛飾支部	尹致夏	石寿星		秋元植
板橋支部	石相奉	崔学林	崔甲出	朱光煕
足立支部	玄奎元	李禎雨	孫道淵	金潤璜
大田支部	張基洙	河点水	千泰先	李宗徽
港支部	河徳成	李鍾鳴	河聖根	金鍾久
練馬支部	俞弘濩	金鍾台	李用洙	諸兌雲
中央連合支部	金容太	黄方燁	朴源吾	孫永起
世田谷支部	金仁爽	金栄在	李外景	安度俊
杉並支部	金全会	尹翰鶴	金孚植	鄭光壽
渋谷支部	金勲暎	具世経	崔唐渉	金聖泰
北支部	羅大煥	李能相	金介童	孫永満
江戸川支部	金聖祚	鄭昌煥	朴達権	金永純
荒川支部	高昌運	李昌植	文斗河	高潤玉

在日本大韓民国居留民団東京本部

鄭東淳団長

金尚弘議長

徐興錫監察委員長

'74 各界の年頭辞

民族中興への団結と韓日友好関係の強化

駐日大韓民国大使代理 尹河珽

「連携意識」なお強化

智恵と勇気で繁栄に奉仕

東京本部団長 鄭東淳

「虎」の勇猛で前進

中央本部団長 金正柱

金正柱中央団長

韓信協育成に全力を

貯蓄型、耐乏で経済難克服

東京商銀 理事長 許弼奭

許弼奭理事長

現実直視、大同団結

東本議長 金尚弘

新機運に乗り飛躍

東本監察委員長 徐興錫

中央会館建設の年へ 全同胞の熱意で殿堂を

建設委員長 尹達鏞

尹達鏞氏

主張

新生活運動の提案

明けまして御目出とうございます。―

―年の始めには、誰かれとなくこの言葉を使う。

お目出たいのかどうかは、せんさくする必要もない。考えて見れば、前の年が目出たくなかったのかも知れない。だから人々は、今年こそは目出たくなろうとして、年の始めには、それを強調する為に、あるいは自己満足の為にか、この言葉を何のためらいもなく使う。

もっとも、年の始めだから、聞く方も使う方もこれという感慨もわかないが、年末やたらにお目出とうといわれたら、何が目出たいんだーと怒りたくもなろう。目出たいとは少々足りない、という意味もあるから……

さて、新しいものは良い。特に年の始めの元旦ともなれば、何となく心が引き締るような感じがするものだ。そこで、人間は、一年の計は元旦にあり、とか何とか言ってこれからの一年を考える。

だから、世間なみに本紙も考えることにする。

× × ×

昨今の日本経済は、石油不足、物価高騰からエネルギー危機を内外に一段インフレへの道を辿っている。インフレとは金持ちをより大きくし、貧しい者をより多く苦しめるものである。日本の経済状態が悪くなれば、そのあおりを一番さきに受けるのは、生活基盤のモロイわれわれである。このような不況の中で生き抜く為にはどうすれば良いか……

誰でもが考えることである。本紙も考えた。そこで、一つの結論を得た。それは、「新しい生活運動を起そう」という提言になる。

われわれの社会には悪い風習があって、とかく見栄を張る傾向がある。昨年の秋、あちこちで結婚式と披露宴が見られたが、全く豪華なものだ。何々ホテル、何々飯店、どれも超一流ばかり。本場韓国料理店はない。一人当り何千円の料理に数千円の引出物。招待を受けた方も困惑する。手ぶらではいけない。そこでつい無理をする。別に個人の「目出たさ」に口ばしを入れるつもりはない。しかしわれわれの社会で多く見られる冠婚葬祭には、考えさせられる問題が多い。これらのものをもっと簡素化し、合理化することを考えたい。

また、日常生活の面でも無駄が多い。どうせ日本でもうけた金だから日本で使えばいいじゃないかーという思考方式だろうが、それも良い時はいいが、昨今のような日本経済の不況の中では、いつまでもそんな考えが通るわけはない。

わが国では、セマウル運動が行なわれている。日本に居るわれわれも今年からは「新生活運動」を起こし、無駄な金使いを止めてむしろそんな余分な金があったら、祖国の身内の面倒でも見るような心掛けを持つべきである。日本人はわれわれのことを「韓国人は金もうけも上手だが、使い方も派手だ」と評する。

宵越しの金は持たない江戸ッ子「金さん」ならぬ、「キン」さんたち、今年こそ財布の紐を引き締めて、このインフレ下の不景気を吹きとばそうではないか。

新年の年頭に当って、この提言をお年始とし、あらためて

「読者の皆さん、旧年中はいろいろ有難うございました。本年も相変らずよろしくお願い致します」

後継者育成する民団に

東本常任顧問 金仁洙

金仁洙顧問

信頼と忍耐で現実克服

東本顧問 范慎圭

范慎圭顧問

繁栄一路の東京商銀

創立20周年預金二百50億台へ

新春探訪

東京に於ける唯一の民族金融機関である東京商銀は、今年で創立二十周年を迎えた。一九五四年四月、純粋な民族金融機関を目指して漢城信用組合として開店して二十年。その間一九六〇年四月名称を東京商銀信用組合と変更し今日に至ったものである。創立二十周年を迎えた商銀は、開店時に比して組合員数で一六倍、預金高では実に四〇倍という驚異的な延び率を見せている。本紙では、昨年十二月十日、東京都新宿区西大久保の東京商銀本店に、許弼奭理事長と安禧中副理事長を訪ねて、創立二十周年預金増強運動実施の現況を聞いた。

―現在組合員の数はどの位になりますか

―出資金の総額は?

―取り引き者の内訳は?

―本、支店を合せて職員の数とその内訳は?

―現在の預金高は?

―組合の発展について民団は何をなすべきでしょうか?

……して約四万二〇〇〇余名の団員が居るわけです。この中で半分でも商銀の組合員になれば二万名の組合員はわけもないことです。

このような意味で、民団は商銀の組合員増加に積極的に協力して頂きたいと思います。

―東京本部が推進している一人一通帳所持運動については、どのように評価して居られますか

許弼奭理事長―それは全く当を得た……運動として、商銀は高く評価しています。

写真左から安副理事長、許理事長

―日本の経済状態は日増しに悪くなっていますが、在日同胞がこれに対処していくのにはどのようなことが望まれますか

許弼奭理事長―今の不景気は日本だけのものでなく全世界的なもので、このような経済的な危機は当分解消されないでしょう。そこでわたくし達在日韓国人は、今後の生活面では節約をモットウとし無駄使いをやめてこれを貯蓄に回すように心がける必要があります。

特に商銀組合員の大多数を占める中小企業者については、この際各自が自己の企業体について再点検をしてみる必要があります。事業の拡張は慎重にし、設備に投資することを押えて、経営の合理化をはかることも一つの方法です。問題は、このような経済状態が不安定な時期には、業体を拡張するよりもむしろ縮少することによって、その内容を充実にすることが望ましいと思います。

―前回の理事選出の問題で、民団各支部団長の間からとかくの批判もありますが…

許弼奭理事長―ええよく存知で居ります。決して各支部団長さんたちを無視したこともないし、また無視する気持もありません。商銀は金融機関としての特殊な立場があるから、その運営も自主的なものが要求されます。この自主的運営が民団と必ずしも一致しない点があるとしても、これは金融機関としての商銀の立場を理解して頂きたいと思います。商銀が在日同胞社会の機関として、大きく逸脱しない限りその運営についてはお任せ願いたいと思います。特に強調したいことは、商銀は民団の傘下団体ではないことです。

―朝銀と取引きをしている団員が、商銀に切り換える場合は?

許弼奭理事長―商銀としてはこれを心から歓迎します。朝銀に対する債務の肩代り等の問題も含めて最大の便宜をはかります。ケース、バイ・ケースで取扱うのであって、政治的な処理は金融機関としてさけなければなりません。

―二十周年を迎えて民団とは？

……さきにも申し上げたように商銀と民団とは表裏一体の関係にあります。この関係は永続的なもので、す。長い目でみて下さい。そして引続き商銀発展の為にご協力下さることをお願いします。

―商銀の今後のご計画は?

許弼奭理事長―現在行なっている二十周年記念事業の一つとして、預金高を今年三月末までに、二五〇億の大台に乗せることです。そして将来は段階的に東京都二十三区に支店を設置する計画を持って居ります。今進んでいる江戸川、江東、墨田の三区を中心とする城東地域の支店開設は、是が非でも今年中に開店したいと願って居ります。この三区の民団支団長や有志の方々、そして組合員の皆さんのご協力を切望します。

―いろいろ有難うございました。最後にこれからの抱負をお聞かせ下さい。

許弼奭理事長―私は一九六七年四月に第六代理事長として就任し今まで七年間商銀の業務を担当し……

民団と商銀は表裏一体

同胞の生活安定に全力

東京商銀第八位

都内七十二店組の中で

東京商銀の第二十事業年度第2四半期の業績に依れば、同商銀は在日韓国人信用組合協議会傘下三十三組合のなかで預金、貸出金、出資金ともに第三位を占め、また東京都内信用組合七十二店では、預金・貸出金・出資金とも第八位という著しい発展ぶりである。

抽せんで組合員を韓国へ記念招待

東京商銀は、創立二十周年を記念して、来る四月に記念式典を開催する予定であるが、この記念式典で抽せんによって多くの組合員を韓国へ招待することになった。

(聞き手 金致淳・金西湖)

東洋実業株式会社
社長 徐丙吉
本社 東京都墨田区立花三ー二六ー六
電話 六一二ー四一六一
工場 江戸川・千葉県八千代

輸入雑貨品直輸入卸
金田商店
金義永
東京都台東区上野六丁目七番十五号 睦陽堂ビル二階
電話(八三二)三五九〇・三二五二番

三星クラビア製版株式会社
李昌植
東京都荒川区東日暮里六ー五二ー九
TEL(八〇一)〇〇〇二

奥原産業株式会社
代表 呉君鎬
東京都荒川区東日暮里六ー四二ー八
TEL(八〇一)三六七六

甲寅年元旦

東洋金属株式会社
社長 李基寿
東京都港区白金一ー二七ー三号
電話〇三(四四三)〇二六一番

三洲物産株式会社 取締役社長
李彩雨
本社 〒160 東京都新宿区四谷三ー一八 藤井ビル三階
電話(三五九)三三七九一~三番直通番

民団豊島支部
顧問 金載淑
東京都豊島区西池袋五ー十八ー五
電話 〇三(九八一)八七〇七

金仁洙
東京都練馬区早宮一ー三六ー六
電話〇三(九九三)〇八二一

金海商事株式会社
社長 金坪珍
東京都台東区上野4−6−9
電話 03(832)3341

文英興業有限会社
社長 文一柄
東京都新宿区東大久保2−83
TEL (543)8881
自宅 (203)7291

吉野商事株式会社
社長 朴達権
東京都江戸川区南小岩7-25-15
電話 (658)0541

三成貿易株式会社
社長 金容太
東京都中央区銀座5-5-9 (西銀座ビル)
電話03(571)1423〜4

李奉男
東京都品川区荏原4−6−11

長岡商事株式会社
会長 張潤鐘
東京都台東区上野2-9-5
電話 03(831)9675

純喫茶ナポリ
社長 金泰燮
東京都新宿区角筈1−1
電話03(352)4452

東京韓国学校
理事長 安聖出
東京都新宿区若松町29
電話 03(357)2233

株式会社杉原製作所
社長 朴炳台
東京都目黒区中央町2-19-14
電話 (711)2891

新千代田火熱工業株式会社
社長 張基洙
東京都大田区矢口2-22-1
電話03(758)1181

有限会社東鐘製作所
代表取締役 川山鍾元 (李鍾元)
東京都目黒区目黒本町1-10-26
電話 (713)3731

広田板金製作所
黄晩伊
目黒区中央町1−6−14

南千蔵
目黒区柿之木坂1−22−3

尹大熙
目黒区目黒本町6−11−11

パネル電機工業KK
社長 李馬致
大田区東矢口1−3−28
電話(752)4135〜8 2388〜9

三進商事株式会社
社長 金英雄
東京都江東区常盤2−12−6

許元道
板橋区板橋1−16−3

大川シャーリング
丁仲変
板橋区[illegible]43

池水石

高淳賢

朴海鎮

文正一

金在根

愛三産業株式会社
代表取締役 白河清
東京都文京区本郷三ー四二ー三
TEL 八一一ー九六九六・八三三ー八六六六

金原興業株式会社
代表取締役社長 金原東圭
東京都豊島区西池袋一ー三五ー八
電話(代表)(九八六)一二七一
自宅 東京都文京区千石三ー一一六ー二
電話(八二一)八二六七

クラブ クイン
東京都台東区松が谷4の27の16
TEL 八四四ー八〇八九
クラブ ニユークイン
東京都港区赤坂3の6の17
TEL 五八四ー三六六六
社長 金性範

有限会社 岩田部品
社長 張学翼
板橋区大谷口北町64

金村商店
社長 金乭俊
板橋区前町11

川島商店
社長 高亨錫
板橋区舟渡4−4−1

漢方薬卸業
貴生堂
朴金乭

旅館「[illegible]」
代表者 金光弘
東京都墨田区江東橋2−1−18
TEL (631)4573番

原本税務会計事務所
税理士 元永申 (原本進)
事務所 東京都墨田区両国二丁目十六番五号
TEL(六三一)八五九一番

ナポリ産業株式会社
代表取締役 崔啓鎬
本社 〒114 東京都北区滝野川六ー八九ー二号
電話(九一六)一五八七番
営業所 〒170 東京都豊島区北大塚二ー十五ー一〇号
電話(九一八)一一〇一番(代表)

信和通商株式会社
代表取締役 河啓眞
〒105 東京都港区新橋一ノ一五番一〇号 (長井ビル)
電話(03)五八〇ー七七六一(代表)

竹山鋼業株式会社
代表取締役 朴周植 (竹山[illegible])
本社 東京都墨田区立花一ー六ー二
電話 六一〇ー〇六一一番(代表)
工場 埼玉県川口市東本郷二六〇〇
川口鋳物工業団地
電話〇四八二(八三)六〇七六番(代表)

綜合ビル経営
金井企業株式会社
代表取締役 金熙秀
本社 東京都中央区銀座七丁目二番三〇号 金井ビル
電話(五七二)二五五〇番(代表)

株式会社 永信商会
取締役社長 姜渭吉
総合レジャーセンター(栄屋会館)
TEL(六二一)四四四(六三)三三六七
パチンコ永楽ホール
千葉県野田市上花輪八五二
TEL 〇四七一(二二)三七〇五番

東洋航空株式会社
社長 鄭賢式
東京都中央区銀座六ー四ー八 曽根ビル
TEL 五七三ー四四三一(代)

株式会社 金岡
代表取締役 金岡正芳 (金鍾徳)
東京都中野区中央二丁目一番九号
電話 〇三(三六三)五一二六・五六九一番

焼肉飯菜 慶寿苑
金章玉
東京都足立区千住仲町五八番地
電話(八八一)四八四七番

金山商店
崔乙順
東京都墨田区江東橋一丁目九番七号
電話 (六三一)七八八八・(六三五)九一一〜二番

明和シューズ株式会社
代表取締役 文野炳豪
東京都荒川区西日暮里一丁目四七番一号
電話(八九一)八五七二番

福田プレス工業所
福田基鎬
東京都荒川区南千住六丁目十四番三号
電話(八〇三)四八二六〜七番

西山鋼材
代表 西山仁 (趙甲仁)
東京都[illegible]七丁目一番十一号
電話 九三〇ー三九五四・九六九番

焼肉 東京苑
代表 大谷浩二 (李明浩)
東京都新宿区歌舞伎町三番地
TEL(二〇九)五六五六
自宅 東京都新宿区百人町一ー四ー一五
TEL(三六八)〇一一三九

明治産業株式会社
取締役社長 梁奉五
本社 東京都渋谷区渋谷3-7-3 野口ビル4階
電話 409−4587−9

広和株式会社
社長 金濱権
東京都荒川区西尾久5−8−26

株式会社 河野マンション
取締役社長 河徳成
東京都港区白金3−22−6
電話 (444)1571−2

株式会社 松田商店
取締役社長 朴永鋼
東京都江東区深川豊洲4-1・〒135
TEL (531)−6228(代)

在日大韓民国居留民団台東支部
顧問 高元一
東京都台東区東上野三丁目十五番八号 台東韓僑会館
電話(八三三)九九〇〇番・九五四番

在日大韓民国居留民団台東支部
相談役 朱判男
東京都台東区東上野三丁目十五番八号 台東韓僑会館
電話(八三三)九九〇〇番・九五四番

在日大韓民国居留民団台東支部
議長 趙辨訓
東京都台東区東上野三丁目十五番八号 台東韓僑会館
電話(八三三)九九〇〇番・九五四番

韓国人台東納税貯蓄組合
韓国人台東商工協同組合
組合長 李鎮浩
東京都台東区上野三丁目十五番八号
電話東京〇三(八三三)九九〇四〜五

在日本大韓民国居留民団東京台東支部
副団長 尹正男
東京都台東区東上野三丁目十五号八号 台東韓僑会館
電話(八三三)九九〇〇番・九五四番

在日本大韓民国居留民団東京台東支部
経済課長 金京洙
東京都台東区東上野三丁目十五番八号 台東韓僑会館
電話 〇三(八三三)九九〇四〜五番

在日本大韓民国居留民団東京台東支部
文教課長 金琳澤
東京都台東区東上野三丁目十五番八号
電話(八三三)九九〇四〜五番
自宅 東京都台東区浅草二丁目十三番九号
電話(八四四)五七八六番

在日本大韓民国居留民団東京台東支部
監察委員 金守畓 (三光旅館)
東京都台東区上野六ー七ー九
電話(八三一)一〇五〇番

謹賀新年
西紀1974年

大栄プラスチック工業株式会社
代表取締役 李順千
本社 東京都荒川区町屋1丁目35番地
電話(892)3521番(代表)

湯島商事株式会社
社長 金坪珍
東京都台東区上野4-6-9
(03) 831-5231

幸進商事株式会社
社長 金鶴鎮
東京都千代田区神田鍛冶町一ノ一五
電話 〇三(二五六)三七三一番

三木シャーリング工場
社長 金賛模
東京都江戸川区松江五ノ十九ノ八号
電話 〇三(六八〇)九四一六~九番

モナミ商事
社長 許弼奭
東京都新宿区西大久保一ノ四四八
電話 〇三(二〇〇)一一一六

不二興業株式会社
社長 李慶晩
東京都北区赤羽二ノ一四四ノ五
電話〇三(九〇二)〇七五五

永信物産(株)
不動産・金融アパート・駐車場経営
社長 朴石銅 (松田欣也)
〒一五〇 東京都渋谷区渋谷三ノ九ノ一二
電話四〇七ー一五七八(代)

三友鋼業株式会社
社長 廉廷燮
〒一三六 東京都江東区南砂一ノ三ノ一
TEL 六四五ー六一五五ー六

大星商事株式会社
ニュー亀有会館
社長 朴鐘大
[illegible]

株式会社東信商事
代表取締役 金憲洙
東京都千代田区神田鍛冶町三ノ二 共同ビル(神田東口)
電話二五四ー五九六六(八)

株式会社金鳳百貨店
[illegible]
板橋区中丸町11

池栄沢
新宿区南榎町57

申西澈
板橋区大谷口1-32

在日本大韓民国居留民団
中央本部顧問 李寿成
東京都文京区春日2-20-13
電話03(811)2539

東京商銀信用組合
副理事長 安禧中
東京都新宿区西大久保1-449
電話03(208)5101(代)

三大産業
会長 崔淳悦
東京都新宿区四谷4-2-4 (トラヤビル)
電話03(357)3854

金田商事株式会社
社長 金文培
東京都目黒区自由ケ丘2-7-17
電話03(717)5803

株式会社三興商会
社長 鄭順相
東京都[illegible]5-4-4
電話03(617)3555

平和商店
代表 朴南富
東京都北区岸町5-14-18
電話(906)6556

京浜物産株式会社
社長 林源吾

海外観光株式会社 (旧海外旅行社)
取締役 金同元
東京都台東区東上野2-22-9 (三興ビル)
電話03(831)4151(代表)4

株式会社富士
代表取締役 高山敬敏 (高[illegible])

鋼鉄商店
青山春吉 (韓[illegible])
東京都目黒区大岡山1-31-40
電話(717)2437

代表 木村博成
純喫茶ラタン 東京都品川区上大崎2-17-3 電(491)8657・(493)8727
純喫茶ロイヤル 東京都品川区上大崎2-17-15 電(444)3351(代表)

松山鋼鉄商店
松山哲朗 ([illegible])
〒[illegible] 東京都目黒区[illegible]1-5-1
電話東京(713)4719 (711)6595

韓国大東電子工業KK
代表取締役社長 [illegible]高元
[illegible]2-15-3
TEL 713-8[illegible]7[illegible]-9

有限会社泰文社
全泰元
東京都文京区白山三ノ一ノ一五
(八一二)七四六〇・八九五二

株式会社スタイル商会
金井泰男
東京都文京区白山一ノ一三ノ一六
TEL 八一二ー〇八二四一 八一二ー〇七二二

志村会館
金宇琮
東京都文京区本駒込六ノ九ノ一五
TEL 九四四ー六五八一~三

李錫均
東京都墨田区京島1-53-14
TEL(611)0253

金奎会

丁賛鎮

呉奉亀

孔安植

株式会社エース電研
代表取締役 裵鐘城
東京都台東区東上野3-20-2
電話(832)6271-6

ヤナギ商会
代表 楊秉赫
東京都北区赤羽1-27-2
(901)2305

金介童
東京都北区赤羽1-2-6
電話(901)5675・2661
自宅(900)5011

共栄物産
孫永晧
東京都中央区日本橋通り3-2 [illegible]ビル4階
TEL(273)7887・7888

サウナハヤマ
社長 李相来
板橋区大山東町58

株式会社東邦プリント
代表取締役 李学文
本社 東京都板橋区前野町六ノ三ノ一四
電話(九六九)四五五一番(代表)

有限会社城北産業社
社長 崔甲出
(金[illegible]世煥)
東京都板橋区小茂根二ノ五ノ七
TEL(九五八)三二七一

ミリ遊技場
新宿支部副団長 馬宇楽
[illegible]

中山工業株式会社
代表取締役 崔喆林
〒174 東京都板橋区若本一ノ六ノ二〇
電話(九三四)五二五五番

山田金属興業株式会社
取締役社長 金洛龍
[illegible]

寿物産株式会社
代表取締役 崔容奎
[illegible]

誠徳商事(株)
代表 韓義孝
東京都新宿区東大久保二ノ一二三八
TEL 三四一ー〇七四五

羅針盤商事株式会社
社長 羅大煥
東京都北区西ヶ丘一ノ三ノ一
自宅 九〇〇ー七二三五 会社 九〇二ー七七〇〇

キムス・ワールドトラベルサービス
代表 金福満
東京都新宿区西大久保一ノ三〇九 鳳月堂ビル八〇三号
TEL(二〇九)三五四八

株式会社大韓旅行社
取締役社長 郭鍾涼
取締役 柳漢英
東京都港区赤坂一ノ一ノ一六 細川ビル
TEL 五八五ー〇四〇〇(代)

世界各国観光旅行案内
韓国観光旅行案内
ペガサス エアー サービス
代表取締役 吉本義雄
東京都新宿区西新宿7丁目15番1号 (朽ビル5階)
電話(369)六九九九・五八八八・二七七七・五五四四番 (夜間連絡)

アサヒ観光株式会社
社長 曺允具
東京都台東区上野六ノ八ノ一九 小野田ビル
TEL(八三二)〇二九九 (八三四)二四一三

有限会社大栄電化工業所
代表取締役 洪良植
東京都足立区関原一ノ九ノ一四
TEL(八八六)〇八九二

ミヤコ電話本店
東京 03(八〇七)[illegible] 03(八〇六)[illegible] 03(八〇二)[illegible] 03(八〇一)[illegible]

株式会社日本特殊研磨工業
会長 尹達鏞
代表取締役 高村澄子
東京都港区東新橋1-3-1
電話東京(573)4766-7

湯島プラザーホテル
取締役社長 金奉佑
東京都文京区湯島3-30-6
TEL 代表 831-2313

純喫茶アモール
慎時範
東京都台東区浅草観音通り
TEL 843-4428

共和商事 ビニール製品卸
鄭鎮鎬
東京都文京区千石3-13-8
TEL 942-1665

輸入品小売販売業
松屋
金柄沢
TEL 831-1961

李慶容 (東不動産社)
〒[illegible] 東京都新宿区三光町[illegible]
[illegible]

在日大韓民国居留民団新宿支部
監察委員 李明浩
〒160 東京都新宿区三光町二五
電話(三五二)四〇二〇七四〇四

株式会社安田製作所
宋命南
[illegible]
川崎市日ノ出一ノ六ノ一〇
TEL(二八)一四九〇一

非鉄金属一般
(株)戸山商店
社長 金守業 (墨田支部監察委員長)
東京都墨田区八広三ノ三六ノ一五
TEL(六一一)四三二二番

二葉不動産
代表 姜渭鍾 (墨田支部団長)
姜尚用 (墨田支部副団長)
〒131 東京都墨田区東向島五丁目13番12号
電話東京03(611)7214(代)

墨田製鋼株式会社
ナイトプラザ ナビ
代表取締役 金三岩
本社 東京都墨田区墨田三丁目十番三号 電話六一四ー〇二五(代)~三〇
ナビ 東京都港区赤坂三丁目十三番十一号 電話 五八二ー四八八六七

在日本大韓民国居留民団
東京北支部
副団長 金政男
東京都北区赤羽南一丁目二番六号
電話(九〇二)二六六一・五六七五
自宅(九一九)〇三六五

韓文鳳
電話 八一一ー三五五五 八一一ー五七〇三

新年歳時記

ウリウリ ソルナルン☆☆ ☆☆☆☆☆☆オヌリレヨ

子供達は凧を上げ、板飛び遊戯

鍾路普信閣で 除夜の鐘鳴る

「カチカチ ソルナルン オジヨケゴヨ
ウリウリ ソルナルン オヌリレヨ」
（かささぎのお正月は昨日だったが、私達のお正月は今日だよ。）

これは韓国のお正月、子供達が声をそろえて唄う歌である。読者の皆様もよく覚えていると思うが、この歌を聞くと、何となくお正月の気持が出る。なつかしいメロディである。なぜ、かささぎのお正月と、われわれのお正月を比較して歌ったかは、よく分らないが、とにかく李朝時代の雰囲気がよく現れているから、愛唱されたのであろう。

さて、歳時記的にいうと、本当の正月は陰暦の方だが、今は西暦の一月初が休みになっている。が、韓国では今も陰暦のお正月に休む所や家庭もかなりある。やはり風俗と伝統は強いらしい。昔は、陰暦の一月一日から一月十五日の大望月（ボルム）までお祝いをやったが、今はそうではない。

お正月の朝、子供達は色とりどり美しくは着合わせた晴着を着て、お父さんやお母さんや親戚の皆様に年始のあいさつをする。すると、歳拝を受けた人はお年玉をくれる。それが、子供達にとってはとても楽しい事である。もちろん、大人達も子供を連れて年始まわりをして、昨年のお世話に感謝したり、今年の計画を語り合ったりする。

なお、新年の朝には"トック"を食べるように決まっている。"トック"というのは日本の"ゾーニ"のような食物だが、日本の"ゾーニ"と比較にならないほど美味しい味である。おふくろの味は誰も一生忘れられないだろう。この"トック"を食べる事には、年をもう一つとるという象徴的な意味がふくまれているから、なお意味が深い。

それから、男の子は凧あげをする。青空の高くへ白い凧をあげると、やがて、子供達の心も青空のように広くなるだろう。それから凧のように高い希望を持つようになるだろう。

一方、女の子達は板とびをやる。空に向ってとびあがる女の子達の姿は本当にすばらしい。

この板とびは、高麗時代から伝わるもっとも韓国的な風俗の一つである。記録によると"陰暦の正月、婦女が中央を支えた長板の両方に乗り、交互に跳ねてとびあがる遊戯。ギッコンバッタン"と書いてある。

お正月には食べきれないくらい沢山の食物を準備する。だから、正月の準備は何日も前から始まるのが普通である。おふくろやお姉さんが食物を作る時、台所へ行って手で一つつつ、つまみ喰いするのも楽しみの一つ。

特に十二月の晦日の夜、即ち除夜には子供は寝てはいけないという習慣がある。で、おふくろは子供に"今夜寝るとまゆげが白くなるよ"という。すると子供達は自分のまゆげが白くなるのはいやだから、寝ないで、おふくろの仕事を手伝ったり、いろんな話をしたりする。もし、眠くて仕方なくて寝てしまう子供がいると、おふくろはその子のまゆげにメリケン粉をぬる。それから、子供をおこして"あなた、寝ちゃったから、まゆげが白くなったよ"という。子供は心配になって鏡を見る。なるほど、まゆげが白くなってしまったんじゃないか。子供はびっくりして泣く。それも楽しい事。

除夜になると、全国の寺が一斉に鳴る。その音は全国津々浦々に新年の新しい希望を伝えてくれる。今は"除夜の鐘"といって、放送で中継するから、誰も自分のうちで鐘の音を聞く事が出来る。ソウルの場合は鍾路にある"普信閣"の鐘を三十三回鳴らせる。その音を聞きながら各々自分なりの新年計画をたてる。まもなく、新しい太陽が昇ってくるだろう……

誰にもお正月の思い出があるだろうが、韓国のお正月は楽しい。それから深い意味のある節句でもある。

それから、十五日の満月の夜には、子供達にお金を隠し入れたお人形をやる。この人形は、稲の藁で作ってある。この人形を貰った子供達は人形からお金を取ったあと、人形を火で燃やす風俗がある。これは、家の中にある不吉な気運を持ち去る人形と一緒に燃すという呪術的な意味を持つ風俗である。それから、新年には幸運だけがいっぱい家の中に満ちてくる事を祈るのである。

新年随想

計画と夢

夢は美しいが方法論ではない　実現可能性のある目標設定を

「一日の計画は朝に、一年の計画は正月に…」という言葉がありますが、どうもこの頃は計画を立てるのも難しくなった気がしますね。

何となく現代の社会は急速度に変化しますから、その社会の動きに、我々はどう対処すればいいのかが非常にデリケイトな問題になります。現代社会における事件というのは爆発的に発生しますから、それに対処するのにはかなり柔軟性が必要ですね。

石油の問題だってそうでしょう。以前にもすこし心配はあったけど、まあ大丈夫だろうと思いましたね。しかし、今の大騒ぎを見ると、まるで今にも世の中の石油が全部なくなるような危機意識さえあるようです。それから、エネルギ問題、物不足、公害……とにかく大変ですね。こんな状態になると"今年は車を買おう"と思った人も計画のほうき、あるいは保留を余儀なくされるでしょう。

誰も正初には来る一年の抱負と来る一年の計画を立てるのが人の常と思えますが、この計画は、あくまで現実的で具体的じゃなければ意味がないと思えますね。計画と夢ははっきり区別しなければいけません。というのは我々は計画と夢を混同する事をしょっちゅう見るからであります。もちろん"少年よ、大志を…"という有名な言葉がありますがこの野望と計画もまた違うと思います。

つまり、野望や夢はただ行って見たい理想郷でとってもいいですが、計画とは現実的で確実に現実可能性のある目標であります。いいかえれば夢は空を飛ぶのだとすると計画は地の上を一歩々々進むのでしょう。

言わば、夢は大きい方向設定で計画は方法論であります。ですから、夢も計画も重要なのですが、この二つを混同してはこまりますね。

時々、我々は夢を見ます。すると、夢が夢を呼んで空想になる。やがて、我々は風船のようにふくらんで空を飛びます。しかし、これにはいつ破れるか分らない危険がふくまれています。ですから、我々は現実にこの世を一歩ずつ歩くことの大切さを忘れてはいけないのです。

勿論、夢もない生活は面白くないですが、もっと大事なのは実現性のある計画です。夢は潤滑油にはなるけど、動力にはなりません。

しかし、小さいところでも一つ一つ積んで行くと、やがては立派な家になり、大きい城にもなるのです。

小さい計画でも大事にしましょう。それが我々の力になります。自分に合わない計画はいくら立派なものでも無駄です。小さいところでも根気よく一つ一つ積み上げて行きましょう。

さて、今年は虎の年ですが、虎のすばらしい性質のような計画を立てる必要があります。虎はいくらおなかが空いても卑劣な行動は絶対しないらしい。それからえものを取るのも、根気よく観察して決定的な瞬間にすばやく取ってしまいます。取るのは瞬間なんですけれども、実に長い間、根気もよく観察するのです。まさに、動物の王様らしい行動だと言えるでしょう。虎にも夢をさがしてあちこち放浪することがあるかも知れませんが、やはり、観察しているのは目の前の目標物です。その他にも虎から学ぶべき事はいろいろあります。

とにかく、今年も素晴らしい悔いのない一年になるためには、自分に合う、いい計画を立てて堅実に実践する他ありません。それから、やれば出来るという自信を持つ事です。"心ざしある所に道あり"というのように…。

（西　乙喜）

新生活運動

物不足時代に―― 捨てない心を

現代は物不足の時代です。使えるものは捨てないようにしましょう。物の命をそまつにする心は人間の命もそまつにする心かも知れません。

今、我々の生活の状態では使えるものを捨てるなんてぜいたくすぎるんじゃないでしょうか。にもかかわらず、ごみ箱にはまだ使えそうなごみ、ぜいたくとしかいいようのないごみ、新品のままのごみなどがよく見えます。物を節約しましょう。それは我々の為に必要な事ではありませんか。

統計によると、東京の家庭から出るごみだけで一日一万三千トン、十日もすると、あの三十六階の霞ヶ関ビルが、いっぱいになってしまうそうです。これは大変じゃないですか。それから東京都の『夢の島』に捨てられた十年間のごみのみが、家庭用のごみ容器にすると、地球から月まで行って、その間を十六回もまわったのと同じ長さになるそうです。おどろくべきです。もちろん、この中には誰かが捨てたものも入ってます。

使えそうなものは捨てないようにしましょう。生活改善は大きい革命によるものではありません。何でもない小さい事から始まるものです。生活の中から不合理な点を発見して、一つ一つなおして行く心ざしが大事です。

自分を大事にする事、物を大事にする心掛けから生活改善は始まるのです。もちろん、こんなせまい所、すてないともっとせまくなるかも知れませんが、いくら考えても使えそうな物がごみになるのはよくないですね。

今日からでも、ごみを捨てる前にもう一度点検して、使えそうな物は捨てないようにしましょう。捨てなかった分だけ生活が豊かになりますからね……

笑いが止まらない諧謔野談 鄭寿童伝

妻の出産時に、薬買いに出たまま 金剛山遊覧に出かけるとは

李朝の中ばころ鄭寿童という希代の人柄だったと伝えられる非常に面白い人があった。彼は相当高い皮肉が得意で、いたる所に面白い話をのこしたので有名な人である。しかし、彼の皮肉にはただ面白さだけじゃなく、哲学的な味、または世のすべての不条理を告発する庶民の抵抗精神があふれているから、もっと貴重なのであろう。もちろん、韓国の歴史の中には少なくない反骨の諧謔があったが、庶民側の不満を大いに解消させたのはかの有名な鳳伊金先達と鄭寿童であろう。

さて……

× × ×

ある日、鄭寿童の妻がいくら腹が痛いと言った。訳を分らない鄭寿童が面白く"どうして、急に出したように、腹が痛いのか"

すると、妻曰く"情けのない人、子供を産むのよ。"

「……それじゃ、大変だ。ちょっと待ってよ。お医者様に行って『敗毒散』を作って来るからな……」

鄭寿童は早足で薬屋に行って『敗毒散』を作ってもらった。宝物のように『敗毒散』を持って帰る途中、道で仲間達に会った。何んか、仲間達は全部、旅立つ格好じゃないか。

鄭寿童は好奇心を持って聞いた。

「おい、手前達、何処へ行くのか」

仲間の一人朴先達曰、

「金剛山見物に行くのさ。お前も一緒に行かないか」

風流が大好きな鄭寿童はすぐのりきったのは当然だった。

「行くよ、行くよ。ちょっと待ってくれよ。家に寄って来るからな…」

しかし、仲間達には鄭寿童を待つ時間がなかった。

「そんな時間ないぜ。それじゃ、おれらはまず行くよ」

「いや、待ってよ。行こう。今行こう」

そうなって、鄭寿童は『敗毒散』を持ったまま金剛山に行ったのだ。

素晴らしい金剛山の景色にほれて、一年くらい遊んでから鄭寿童は『敗毒散』を手に持って、家へ帰って来た。そうすると、家には自分にも知らない、子供が一人いるんじゃないか。びっくりした鄭寿童は、

"これは誰だ？ 隣の人の子供か"とききに聞いた。

すると、妻曰く

"よく言うのね。これはあなたの子供よ。情けのない人……"

鄭寿童はびっくりして曰く

"ああ、もう十カ月経ったかな。なるほど、時の経つのは早いな"

"あっそうか、そうなったか。……しかし、子供よりは金剛山がよかったぜ……"と言う鄭寿童は一人笑を言ったのだ。

こんな鄭寿童だった。

〈読切短編〉 血

露　道　楽

両親はもう四時すぎ。太吉の写真よりも静かな闇の中で浮子は暗い天井、いや空を見つめている。いや、何も見ていないかも知れない。どうも、眠られない。

「田中さんぐらい素晴しい人だったらいいじゃない？日本人だって、あたしも日本人と同じじゃない？ どこが違うの？」

「いけませんよっ。」

「どうして？ どうしていけないの？ あたしよく分らんわ」

「血が違う。血が……あなたは韓国人だよ。」

「血って？」

お祖母さんはもう何も言わなかった。言う必要もないと思っているらしい。

「そうすると、私はどうしたらいいかしら？どうしたら……あたし、田中さんが大好きだ――。田中さんもあたしを本当に愛している。肉体関係はないけど精神的にはもう一人前になっちゃったわ。それなのに結婚が出来ないって……それも日本人だからいけない。理由はたったそれだけ。日本人だから……お祖母さん、ひどいわ。お祖母さん知って、女にとって愛がいかに大事な事か分るはずでしょう。」

いくら泣いたり、訴えたりしても、お祖母さんは石像みたいに固い。固くて動けない。つめたい化石みたい。

「もちろん、お祖母さんの心もすこしは分る。いや、よく分るわ。しかし、いくら何でも……」

あちこちから鶏の泣き声が聞こえ始めた。もう明けたか。相変らず太陽はその規則的な運行を始まるのか。……もう、いくつの夜を眠られなかったか分らない。

「もちろん、お祖母さんの気持はよくよく分っている。あたしだって、お祖父さんのこと、それからお父さんのことは一生忘れられないわ。しかし、あれと結婚は別の問題でしょう。ねえ、お祖母ちゃん、理解して下さいよ。お願い、お願い……」

しかし、お祖母さんは何も言わなかった。太古の岩みたいにじっとも動かなかった。血って何かしら……

× × ×

実はお祖母さんも眠られなかった。唯一の希望である孫娘の浮子が日本人と付合っている。ただの付合いじゃなくて、結婚を考えている。いけない。いけない。自分の血族の者が日本人と結婚するなんて絶対いけない。が、泣いている孫娘の哀しみを見るとお祖母さんも胸が痛い。どうしたらいいか。

お祖母さんの眼前には死んだ夫と息子の血が、真赤な血が空いっぱい舞い始める。それから血の流れる日も……はっきりと見える。関東大震災。あのおそろしい記憶はどうにも忘れられない。死んで土の中に埋められてしまっても忘れることは出来ない。五〇年前の事とはどうも思えない。お祖母さんにとってはまるっきり昨日の事……。

それから、息子の戦死。結婚して一年も経たなかったうちに戦争に行ったまま帰らなかった息子。来たのはただ一枚の冷たい紙。「………」……。ひどい、ひどすぎる。浮子を生んだ嫁も浮子が小学校に入ったばかりの頃死んじまった。それからの辛い生活。心苦しさの連続。希望はたった浮子一人だった。浮子の為に今まで生きて来た。その浮子が日本人と結婚したいと申し出ている。いけない、どうもいけない。

× × ×

朝になると、会社に行かなくちゃいけない。今日だけは休みたいと思っても仕方がない。お金がないと生活も……

浮子はいつものようにお祖母さんと二人で朝飯を食べる。いつもと同じの二人だが、この頃は何となく物さびしい。今日もお祖母さんは一言しゃべらなかった。寂しい朝食。心苦しい。しかし、何も言わなくてもお互いに気持は分る。だから言う必要がないかも知れない。いわば以心伝心だ。しかし、結婚の問題だけはどんな形でも決着つけなくちゃいけないと思って、お祖母さんの顔をちらっと見たが、やっぱり化石のような無表情。浮子の心は泣いている。何も食べられない。何かいい方法はないかな……命懸けでも……

電車は相変らずすし詰め。もう悩しやしない。社会の消耗品をいっぱい詰めた電車は毎日、毎日、同じ軌道を走っているのだ。この地球のように……浮子もこの人間の缶の中で一つの分子になって何処かへ行くのだ。ふっと浮浪という言葉を思い浮べる。こんな血が流れている体の中で……。人間の中の気持ってどんなもんかしら……。お祖母さんの心、それから田中さんのこと、二人のあいだであたしはどうしたらいいのか。本当にどうしたら……

浮子は自分も分らない間、機械的に会社についた。会社と言ってもたいしたもんでもない。ハンバーガーの街頭販売、これが浮子の仕事だ。どういう訳かこの頃日本人は、ハンバーガーが大好きで、販売店もいそがしい時にはトイレに行く時間もないくらいだ。子供も大人も、男も女も、おいしいそうにハンバーガーを食べるのを見ていると、"日本人はね、一年けんめいハンバーガーを食べて、"反米主義"するつもりだが、そのうち"平和主義"になるぞ……"と言った田中さんの皮肉が思い浮べる。それからお祖母さんの顔も……

「ちゃんと言って食べなさいよ。立喰いは乞食の食べ方ですよ」……

開店するとは浮子はもう自動販売機みたいになってしまう。お客さんの注文と金をハンバーガーのあいだの一つの時間帯になってしまう。……さて、結婚の問題はどうしたらいいのか。お祖母さんか、田中さんか……どっちもあきらめられない。そうする時に浮子、血が違う……血って何かしら……。

手は仕事をやっていながらも、浮子の心の中はこんなふうでいっぱいになってしまう。

× × ×

同じ時間にお祖母さんも店を開く。のがいやだからこれでもやっているのだ。生活の為に、それから浮子の為に……しかし、この頃、お祖母さんは店の番をしながらも、涙ぐみを見て泣いてるばかり。浮子には涙を見せなかったが、心はいつも泣いているのだ。浮子も辛い。どうも出来ないらしい。いままで浮子がお祖母さんに反対した事はない。しかし、今度は……大事な結婚の事については……

「浮子、血が違うのよ。血が……なぜ、分ってくれないの？」

日本人に殺された夫、それも方々に引っぱられて殺された夫、それから死体さえ片付かれなかった息子……あの血、赤の血。忘れられない血。

ああ、浮子にこの事を、納得させる為にどのくらい努力して来たか。何度も何度も、幼い浮子を連れて、お祖父さんの死んだ現場に行って説明したり、お墓の思い出を見せたりしたのに、日本人と結婚したいと言っている。いけない、いけない、日本人とは絶対いけない。もう祖国には帰りたくても行かれない運命だが、それだけはいけないよ。

しかし、浮子は結婚出来ないらしい。そうすると、どうしたらいいのか……勿論お祖母さんも浮子の幸福に反対したくはない。しかし、血が……

× × ×

血、血って一体何か。浮子は働きながらも血の事だけをじっくり考えている。浮子は今まで赤い食物を食た事がない。お祖母さんがすごく反対したからである。血の色は汚らないと、いつもお祖母さんは言った。食物だけじゃない。うちには赤い色の物は何もない。浮子にも赤い食物を味て見たい欲望があったろうが、今まで食た事がない。そんな浮子である。しかし、結婚の問題だけは……

街は大変うら若い。人混み、車の流れの連続。……それから、お客さん、お客さん……その中で浮子はよくも働いているものだ。

しかし、今はどうも体の調子が悪い。眠らないくらい。何日も眠れなかったせいもあるだろうが、精神的な疲れの方がもっとつらい。その上、眩しい太陽が浮子の涙に強く照らしているせいかも知れない。

いきなり、浮子の眼に血が見える。血の雨。あれはどんな血だろうか。お祖母さんのあの話程な青十字か？ あるいは？

浮子は目まいがして、やっと立っていた。瞬間、その目まいのせいで、棚の上にあったトマト・ケチャップの瓶をおとしてしまった。瓶はカチャンとわれてしまった。カチャン！ それから血、血、血だ……浮子の眼にはトマト・ケチャップが血に見えた。血の流れ、血の波……

それ以後、浮子は何も覚えていない。卒倒したのだ。何も覚えていない。ただ、遠い空からおぼろげに聞こえた"血が、血が違うのよ、血が……"という声だけ、それから、血の色に染められて来る周囲の色が波のように見えた。

婦人会東京本部正常化

直轄大会で新執行部構成

民団東本・婦人会東本・青年会東本　三位一体態勢強化

新会長には崔金粉氏を選出

混乱と背信で、民団の羞恥をさらした、長くて暗い時期は、ついに終りをつげた。民団東京本部が、鄭在俊一派の不純分子らの策動により混乱に陥ったとき、これに迎合して盲従しつづけていた婦人会東京本部が同中央本部の直轄処分を受けて以来、婦人会員たちの組織整備への努力が実って、婦人会東京本部は正常化の第一歩を踏み出すようになった。

去る一九七三年十二月四日、脱…して以来、韓国青年会東京本部が…会東京本部の正常化によって、…執行部の民団東京本部が、正常化…直ちに組織され、また今度の婦人…「東京本部」なる民団全組織は、…名実共に、三位一体の態勢を整え…輝え間なき栄光の道へ向って前進することになった。

熱気溢れる婦人会大会場

婦人会大会で選出された新役員（中央は崔会長）

大韓婦人会東京本部は、去る十二月十一日東京商銀七階会議室で都内代議員（八十名中七十五名出席）と民団有志及び公館、全国婦人会の役員など約百五十余名の参加のもとに、第十三回東京直轄本部臨時大会を開き、歴史的な新執行部を構成し大きな期待と注目が集中された中で、正常化東京本部として、鮮明な未来開拓の「朝」を迎えたのである。

この日の大会は、午後一時十五分に開会、国民儀礼・代議員呼名…開会辞の順で進行、任員選挙に入り、会長に崔金粉氏（元中央財政部長）を選出、次いで副会長、監事、総務と各部長の選出を終えた後、新任員挨拶に立った崔金粉新会長は"婦人会の綱領に基づき、偉大な母と良い妻になろう"とのスローガンを組織に活用し誠実を尽して行きたい"と力強く表明し割れるような満場の拍手を浴びた。

さらに金信三中央会長は、東京本部に対し、直轄解除を宣言、婦人会東京本部の一年半に及ぶ混乱事態に終止符を下した。

また婦人会東京本部の事務所は民団東京本部の東京都港区南麻布一ノ七（電話＝四五三・七・二ニ〇〇〇）に置くことを決定した。大会で選任された新役員は次の通り。

顧問　鄭東淳
〃　金信三
会長　崔金粉
副会長　金貞順
〃　河栄希
総務部長　未定
組織部長　李興福
財政部長　金貞順（兼任）
文化部長　韓福愛
厚生部長　金寅秀
渉外部長　劉貞愛
宣伝部長　金東順
結婚相談部長　未定
監査　姜順子
監査　李[illegible]

「走る組織」を地で行く

港支部金鐘大事務部長の場合

民団東京本部管内には、二十二の支部があって多くの組織員たちが、同胞のために日夜心血をそそいでいるが、組織は人と人のつながりであるから、何といってもこの人のつながりを大切にしなければならない。

民団組織の職員たちは、団員と団員をつなぐパイプの役割りをする任務をもっている。その為には、団員と団員の間を休みなく訪ね歩かなければならない。即ち「組織は走るものなり」である。事務所に座って団員を待ってはならない。団員を訪ね歩かねばならない。そして、団員が何を考えているか、何を望んでいるかを把握しなければならない。このような団員の考え方や希望を組織運営の上に役立ててこそ、その組織は団員から愛され、信頼されるものとなろう。ここに紹介するひとりの民団職員の場合

彼は金鐘大氏（四十五才）といい、港支部（河炳成団長）の事務部長である。彼の日課は、朝九時半に出勤して事務書類に目を通して、女子職員に指示を与えてから、事務所をとび出し愛車？のスクーターに乗って港支部管内をかけ巡る。この時の彼のいでたちたるや、まさしく民団版月光仮面？である。

白いヘルメットをかぶって、スクーターを飛ばすその格好がモノモノしい。安全の為である。それもその筈、彼は奥さんと六才を頭に二男二女の夫であり良きパパであるからである。

彼はいう。私は事務所に座っているのは苦手。団員の家を訪問したり、団員から依頼された書類をもって、東京本部や大使館をかけ巡ることが性に合っていると…。

彼が港支部の団員たちから信頼されるのも、このような彼の活動力からくるものであり、港支部が最近とみに発展しているのも河団長の指導力もさることながら、彼の「走る組織」の為の働きに負うところ大である。

走る金鐘大事務部長

無涯孤児に愛の灯

亡夫の遺志で組織にも貢献

故曹団長の未亡人「東郷」さんの美挙

美談の主東郷道子さん

年末年始になると、世まれぬ孤児らに温い手をのばし、扶け合う運動が、例年に洩れず盛んであるが、東京本部管下の墨田支部で今はなき曹団長の未亡人の美挙が伝えられ、世人の感動を呼んでいる。

民団墨田支部第三代団長であった故曹圭錫氏が、支部組織と会館建設に情熱を傾けているうち、七年前の十月、過労で病臥したが、その未亡人東郷道子さんが故人の七回忌法要を済ませた後、供養をかねて故人の宿志の実現に一助をと金十万円を墨田支部に寄託した。

これを受けた墨田支部では、多くの韓国人孤児を財政的に苦しみながら養育している神戸所在愛神愛隣舎（尹基田院長）に、東郷女史の意向を伝え、寄付することにした。

尚、故曹団長が、生前の夢であった墨田支部会館建設事業は、資金と土地問題が全て解決されて、新会館を目指し現在設計作業にかかりつつある。

今回、寄付した故曹団長夫人も生前亡夫が経営して来た「安田金属株式会社」を継承、女社長として東京西部、非凡の経営と信用でしっかり会社を守り抜き、曹団長生前時以上の発展を成している。

一方東郷女史は大韓婦人会墨田支部副会長として、同胞社会にとけこみ、組織の面でも、婦人の地位の向上に活躍、亡夫の遺志を立派に受け継いで、また二人の遺児を育てる賢母としてもその評判は高い。

民団中央会館着工

東京南麻布・大使館と近接地

在日民団組織の総本山となるわが同胞待望の民族の殿堂、中央会館起工式が、去る十二月十三日午後二時、会館敷地（東京都港区南麻布一ノ二ニ三）において行われた。この起工式には、全国民団の代表と大使館関係者・各機関の有志及び建設を担当した大成建設代表等三百余名の参席で行い金正柱中央団長・尹達鏞建設委員長、宋費鎬公使がクワ入れをし、参加者全員が工事の成功を祈った。つづいて行われた祝賀会では、セマウル運動支援に対する民団の功績をたたえて、朴正煕大統領閣下からの表彰と旗織を公館の宋費鎬公使によって金正柱中央団長に伝達され満場の拍手をうけた。引き続き宋費鎬公使と金正柱団長のあいさつ、つづいて各界からの中央会館建設に対する寄金報告があったあと、洪璣主中央会館建設常任理事の音頭で祝杯を上げ、中央会館の建設に努力し合う決意を再確認し午後三時半頃起工式を終えた。

婦人会足立支部第二十三回総会

婦人会東京足立支部は去る十二月九日第二十三回総会を支部講堂で開き新役員を選出、兼ねて時局講演と映画会を催し一五〇余名の参加者と前途への明るい出発の旗幟を上げた。

総会で選出された役員は次の通り。

会長　玄順淑
副会長　朴敬愛
〃　既貞子

東本新年会10日開催

＝新宿、東京大飯店で

民団東京本部（鄭東淳団長）恒例の一九七四年新年会は、一月十日午後一時から、新宿区三光町「東京大飯店」で内外人士約五〇〇名を招いて盛大に行なう。

また、成人式は一月十五日午後一時から東京商銀本店会議室で開催する。

大使館領事部の窓口拝見

大使館領事部の窓口は不親切だという。大使館はわが国の国家出先機関であり、いわばわが国を代表する公館である。特にその領事部窓口は、在日同胞とは切っても切れない関係にあって、旅券申請や入国申請等本国への旅行には必ずここのお世話になる。その他家族招請・戸籍・除籍等在日同胞にとっては、領事部窓口は日常生活と密接な関係を持つ。

その窓口が不親切だと同胞社会では不評の的となっている。

果して真相はどうか？　本当に不親切な ら是正して貰わなければならないし、心ない人々の無責任な放言なら領事部窓口関係者の為にその名誉を回復してやらなければならない。

そこで本紙では十二月十二日木曜日の午後二時半、領事部窓口へ出かけて実情を調べてみた。

港区麻布の大使館の正門を入った左側の二階建の建物が領事部で、一階は真中にホールがあって右側に旅券関係の窓口、左側に会計・確認・商務等のカウンターがあり、二階は総領事と参事官の執務室になっている。

記者は、一階の窓口を一巡したが、旅券関係の窓口に十二・三名、査証窓口に三十四・五名が並んでいるのが目に入った。

査証の方は日本人の韓国への査証申請が大部分で、西欧人の姿も見られた。旅券の方は、いうまでもなく在日同胞で延長の問題で係員に食い下っている光景が目に入った。記者はそばに行って、それとなく様子を伺ったが、どうも有効期限が切れたものを延長してくれとのことで、しかもすぐやって欲しいとねばっている。係員は書類不備や担当領事の決裁の必要を説明しているが、五十年配のこの同胞には通じないらしい。

さて、記者は二階の李鉉雨総領事を訪ねた。そして来意を告げて単刀直入に質問を試みた。

李総領事は窓口不親切の原因を聞いたのに対し、先ず窓口一般領事事務の取扱件数がいかに多いかを力説した。

その説明によれば、一九七二年十月から一九七三年十月末の一年間、月に平均二万件から三万件を処理しているが、この数は一九七二年十月以前に比して、一六〇％の増加率で、今後も増加するであろうと述べた。この数字は領事業務全般の数字で日に平均七・八百件を消化している勘定になる。

査証窓口担当の李領事は、領事部窓口が不親切だということはたびたび聞いている。確に一理ある話しで自分も頭を痛めている。正直に言って毎日自分が決裁する書類は数百件にも達し、多い時は日に二千回もサインする時があって、夜は腕が痛くて寝れないこともある。こういう時は窓口は大変な混みようで、応待の係員の態度にもケンが立つのではないか。もちろんこのような理由が窓口不親切論者に対する説明になるとは思わないが、このような実情を理解して欲しいとし、激増する事務量に比して係員の不足を訴えた。

また李総領事は、領事部の建物が狭いので一九七二年四月に八十坪の現在の建物を増築したが、それでも根本的な解決にはならなかった。領事部としては窓口の施設改善、係員の生活保障等を含め、係員の訓練を通じて応待時のスマイル精神を植えつけるよう心掛けたい。そして同胞の皆さんから親しまれ、愛されるように努めたいと語った。

一方、旅券関係を担当する李東瑚領事は次のように説明する。

私の方で取扱っている旅券関係は旅券の新規申請、期間延長、入国申請等であるが最近とみにその取扱い件数が増えて、現在の窓口係員だけではさばき切れない。その為に皆さんに迷惑をかけて申し訳ないと思っている。しかし段階的に改善の方向へと策をねっている。特に入国申請の問題については出入国管理の問題があるので、この制度を今すぐ廃止することはできないが、処理の迅速化を計って今は担当領事のサインなしでも、確認のものについては認証を出していると語った。

×　×　×

以上のように領事部関係者は一応問題点があることを認めはしたが、記者が関係者の話しを綜合して判断すると次のようになる。

先ず人員不足である。二十二名（男子七名・女子十五名）の係員だけでは数百件の書類をさばくのは無理なこと。しかも、ここにも問題はある。本国から来た係員は言語が不充分な点で問題があり、日本で採用した係員は給料の問題で長続きしない。人間の能力には限界があってオーバー・ワークの場合は神経がいら立って言葉遣いも態度も荒くなりがち。不親切な感じを与えるのではないか？　もっと訓練された人員を配置して不評を解消して欲しいものである。次に利用側つまり一般同胞にも一端の落度はある。ということは領事館は公館であるから規定というものがある。一般同胞の中には何が何でも領事館に行きさえすれば片がつくという安易な考えを持つ人も、書類不備や規定に違反する無理な請願、例えば旅券書類を持って来て、明日本国へ行くからすぐ出してくれとか、民団の証明書も添付しないで申請書を受理しろとか……と願うのはひとり筆者のみであろうか。

最後に領事部では職員を叱咤していると聞くし、…とにかく、領事部は領事部の事情があり利用者は利用者の言い分があろう。問題は双方がお互いに相手の立場に理解を持つことである。

一九七四年こそ、このような不評を吹き飛ばす決定的な改善を断行して貰いたい…と願うのはひとり筆者のみであろうか。

最近は宋公使や担当領事が窓口に立って係員への監督に当っているし、窓口のサービス改善の為に陣頭指揮に当っている。

前よりは良くなったとの話しもチラホラ耳にするが、親切だとのベタホメは聞かない。とすれば、改善の余地ありと言えよう。

のこと、窓口サービス改善にわれとそはと思う有志者はどうぞ……。

混雑する領事窓口と円内は李総領事

'74年への提言　大使館領事部に　互いに理解を

編集部

支部だより '73〜'74

◎豊島支部

民団豊島支部（…）は年末行事の年末扶助活動…

◎葛飾支部

民団葛飾支部（…）は年末の恒例として、…

◎文京支部

民団文京支部（…）は…

◎中央連合支部

民団中央連合支部（…）は、一月十日午後…

◎荒川支部

◎台東支部

◎墨田支部

◎北支部

◎足立支部

民団足立支部（…）では毎週日曜日午後六時から、国語と国史の講習会を初・中・高の三班に分け、…

体育会最優秀選手きまる

在日大韓体育会の一九七三年度最優秀選手授与式が、去る十二月十四日同体育会会議室で行われた。最優秀選手には、団体賞に大阪の在日韓国人バレーボールチーム…

勝共青の集い

国際勝共連合在日韓国青年会（…）では、去る十二月二十日（木）午後七時、クリスマス・パーティを新宿の東京商銀本社七階ホールで都内の青年と文化人士三百余名を招いて盛況裡に、青年達の理解と親睦を深める有益な年末パーティを開いた。

◎江戸川支部

民団江戸川支部（…）では、去る十一月十四日午後五時…

◎江東支部

民団江東支部（…）は年末救済活動を…

年末・年始の休務

―民団東京本部・支部

自　一九七三年十二月廿九日
至　一九七四年一月四日

謹賀新年 西紀1974年

「セマウム」運動を継続し、祖国統一を推進しよう

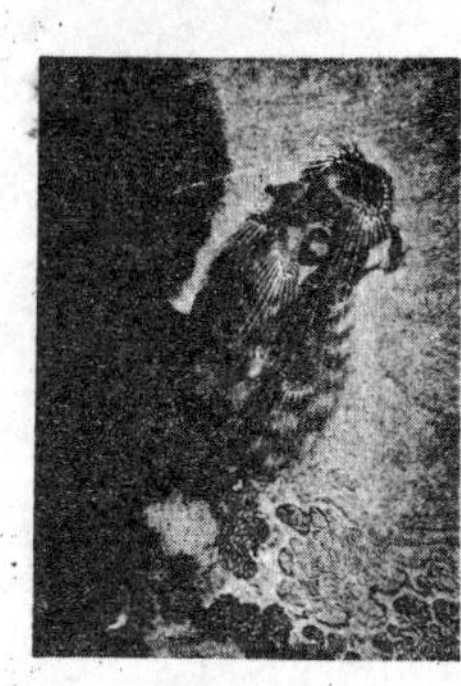

東京 韓国青年

在日韓国青年会
東京本部
会長　尹隆道
住所　東京都港区芝公園2-2-17
電話　437－2002

一、われわれは、大韓民国の国是を遵守する
一、われわれは、在日本大韓民国居留民団の宣言と綱領を守護
一、われわれは、在日本韓国青年として心身を鍛錬して、教養させ、祖国の平和統一課業に献身する。
一、われわれは、在日本韓国青年の矜持を堅守し、在留同胞に先鋒的役割をする。
一、われわれは、在日本韓国青年として有郷青年と親善をはか正な世界平和に寄与する。

年頭あいさつ

会長　尹隆道

必要な共同体意識
民団と一体的活動

新年を迎えて、昨年中お世話になった関係各方面の皆さまに、紙面をかりてみなさまの御多幸をお祈り申し上げます。

祖国と在日同胞にとって、多事多難であった一九七三年もようやく過ぎ、われわれ在日韓国青年会も早や二年目の春を迎えるに至りました。無我夢中、半ばやみくもに突き進んできたこの一年、若干の自画自賛のそしりをおそれずに振返ってみるならば、わが青年会も、少なくない成果を残して来たと言っても過言ではないでしょう。わずか一年の間に、十五におよぶ青年会支部の結成、十数度のあらゆる民団重要大会・集会などにおける活動、これだけとってみても、民団組織内における青年の役割は過去になく、みごとな成果を残したと自負できるものと思われます。

地味な学習こそ組織発展の基礎

一方、青年会の内実の面では、各支部で行なわれている学習会ひとつあげてみても、その自主性と定着性において、過去の在日青年組織には見られなかったものです。私たちの活動にとって、華々しい一大行事や大集会も必要でしょうが、その組織の発展の基盤は、何よりも日常的、定期的に営まれる場を持続させることと民族意識や教養などを相互に高めあえる地味な学習が積み重ねられることだと

……いでしょう。

祖国は、経済建設の途上にあって、世界的な資源危機、わけても石油をはじめとするエネルギー危機に直面しています。国土がそれほど大きくなく、資源も豊かな方とは言えないわが祖国のような場合、国民の勤勉と、努力の合理的な結実がなければならないと思われます。

海外日本に居住する我々同胞の真の繁栄と民族構成員としての矜持は、祖国の発展と民族の再統一によってもたらされることを認識するがゆえに、私たち青年会はさらなる活発な活動と、在日同胞の文化向上、民生安定のために率先奮闘しなければならないでしょう。長い間の本国社会との政治的、経済的遊離状態と日本社会における孤立分散した生活は、在日同胞の間に、運命共同体としての意識を弱め、その共同体の発展向上が、個人生活の発展向上に大きく依存することをわすれてしまい、ひたすら自己利益意識と、共同体組織の否定的な傾向が強くなってきています。特にこの傾向が、在日二世、三世といわれる我たちに色濃くあるのはいなめない事実です。

急がれる、青年隊列の強化

新年を迎えて

結ばれた二世青年達の心
台東　尹淳満

国語文盲撲滅運動を通して
足立　明幸浩

夢にまでみた祖国訪問
新宿　李朝彦

同胞社会を担う青年として
大田　趙鍾日

本格的会員拡大のとき
世田谷　鄭常吉

より多くの会員の参加を
荒川　金昌世

青年会づくりの中で
北　柳時悦

青年と民団との連帯を
渋谷　尹大辰

方向性ある青年会づくりを！
杉並　高吉男

本国に参与できる青年会に
文京　金正秀

暗中模索の中から共通性を
江東　金性洙

青年の手で同胞社会の一新を
品川　柳聖九

会員相互の親睦を
墨田　李忠男

支部だより

映画会、大いり満員！　大田

好評だった映画会　新宿

スキー合宿のお知らせ

演劇サークルにどうぞ！

成人이 되었음을 축하합니다
成人おめでとう

成人式のお知らせ

来る「成人の日」を迎えられ、晴れて大人のなかま入りをされる韓国青年男女のみなさん、心からお喜び申し上げます。さて、在日韓国青年会東京本部では輝かしい未来に羽ばたきそしてこれから在日韓国人社会の担い手となれる成人のみなさんの、新しい人生の門出をともにお祝いすべく、ささやかな記念品を用意して"成人式"を開催いたします。

成人を迎えられる青年男女みなさまの多数の参席をおまちしております。

日時・一九四八年一月十五日(火)
　午後一時より
場所・東京商銀本店、七階(新宿)
　TEL(208)5101
主催・在日大韓民国居留民団東京本部
　・在日韓国青年会東京本部
後援・駐日大韓民国大使館・在日大韓民国居留民団中央本部・大韓婦人会、大韓体育会

在日本大韓民国居留民団 綱領
一、우리는 大韓民国의 国是를 遵守한다.
一、우리는 在留同胞의 権益擁護를 期한다.
一、우리는 在留同胞의 民生安定을 期한다.
一、우리는 在留同胞의 文化向上을 期한다.
一、우리는 世界平和와 国際親善을 期한다.

2.15(金)
(1974年)
第7号
(昭和48年10月13日)(第三種郵便物認可) 毎月1回発行

東京韓國新聞

在日本大韓民国居留民団
東京本部機関紙
東京韓国新聞社
発行人 鄭東淳
〒105
東京都港区芝公園2丁目2-17
電話 (03) 437-2001-5
振替貯金口座東京 157364
(一部30円)

実務指標
一、일하는 民団
一、親切한 民団
一、規律 있는 民団

3・1節第55周年中央記念大会

3.1精神で維新事業達成へ

朴烈義士追悼式も挙行

民団関東地方協議会傘下十二地方本部代表者は二月五日に静岡県熱海温泉「ニュー・フジヤホテル」で、第九十九回協議会を開いて第五十五回三・一節記念集会を開く問題を協議した結果、これを中央民衆大会として、三月一日午前十一時から東京・千駄ヶ谷の日本青年会館で関東一円から約三〇〇〇余名を動員して行うことを決定した。

三・一節とは、わが国が日本帝国主義に武力で併合されてから一〇年目である一九一九年三月一日、祖国の解放を叫んで全国民が全国津々浦々で立ち上り、支配者である日帝に勇敢に民族の良心とエネルギーをぶっつけた記念すべき日である。

三・一運動の規模と成果を評価する尺度はいろいろあるが、韓国民の抗日運動を近代的民族運動へ発展させ、名実共に行動的で生産的な解放独立運動への基礎を確立した点で特記される。

それまでの抗日抵抗運動は、この三・一運動までは個々の、又は単発的で消極的なレジスタントにすぎなかったが、三・一運動を契機に民族解放運動の体制を確立したものであると言えよう。

一部の者は、特に共産主義者はこの三・一運動は失敗したといっているが、歴史観の相違もさること……

三・一運動で日本官憲は多くの同胞を弾圧した

今はなき解放闘士

栄光に輝く生涯

朴烈先生の遺影

七・四共同声明理念を蹂躙

韓国漁船に対する北韓の蛮行

──韓半島西海岸で水原号拉致さる──

さる十五日、韓半島の西海岸の白翎島近くの公海上で韓国の漁船二隻が北韓艦艇の砲撃を受け一隻は沈没し、他の一隻はだ捕された事件につき、韓国政府のスポークスマン尹胄栄文化公報部長官は十六日、全文次のような声明を発表した。

〃北韓の武力挑発は重大な結果招く〃

北韓共産集団は二月十五日、西海公海上で平和裡に漁撈作業中であった我が漁船二隻中一隻を撃沈、一隻をら致した。北韓共産集団はこのように極悪非道で非人道的蛮行を犯したのち、あつかましくも翌十六日午前七時、平壌放送を通じて自らの民族的罪過を反省するどころか、かえって我が漁船がスパイ船であったので撃沈したと強弁した。この瞬間にも漁夫達の家族はやるかたない憤りと悲しみに打ちひしがれて生死の消息を待ち焦がれているにも拘らず、彼らは盗人猛々しくも貴重な漁夫達をスパイに仕立て自分ら蛮行をカモフラージュしようとしている。

我が国民はこのような彼らの不法かつ非人道的な武力挑発行為と破廉恥な欺瞞行為に対して限りない憤りを禁じえない。北韓共産侵略徒党は今後このような武力挑発行為を絶対に再演しないことを五千万同胞の前に厳粛に謝罪すると同時に、公海上で平和な漁撈作業中にあった漁夫は勿論、ら致した漁船を即刻送還するよう促すものである。

我が政府は北韓共産侵略徒党らが再びこのような武力挑発行為をほしいままにするならば、重大な結果を招くであろうことを重ねて警告する次第である。

〃北韓は南北対話を望んでいない〃

〃休戦協定、南北共同声明に対する全面挑戦〃

さる十五日の白翎島事件は、韓半島における休戦秩序に対する挑発行為であると同時に、さる一九七二年七月四日の南北共同声明の根本趣旨に対する挑発行為として注目される。

このような北韓側の武力挑発行為に対し韓国側は即刻南北調節委員会のホットラインを通じて北韓側に、"南北共同声明に定めた武力挑発をしないとの合意を真っ向からじゅうりんする不法かつ非人道的な武力攻撃である"と厳重に抗議したが、この事件で韓半島における"南北対話"……

金永善大使着任

前統一院長官

新任金永善大使

本国各地で声討大会続く

宋賛鎬公使栄転

駐ブラジル大使へ

金在権公使帰国

3・1独立宣言文

朝鮮民族代表
一九一九年三月一日

三・一運動の史的考察

民族解放史に輝く業績

不屈な精神こそ貴重な遺産

◎日帝の武力侵略

[illegible]

…称して検挙の対象としたのである。と同時に、民族精神を主張するすべての新聞を閉刊させ言論機関を封鎖する一方、韓国人のすべての政治活動を許さなかった。

一方、教育の面では、内鮮一体・皇国臣民・同時弘仁などのスローガンの下で、韓国人を徹底的に日本人化しようとする政策で一貫して、多方面で民族自主性が抹殺された。

経済的な面では、韓国人の私有土地を没収する為の土地調査事業を実施して、一九三〇年には全国土の四十%を独占するようになってしまったし、鉄道・港湾・通信・航空・専売の経営権を独占し、すべての経済権を独占した。

このような状態で、韓国人は生きているのがせいいっぱいだったし、口には出さなかったが心の中は抗日精神でいっぱいであった。

日韓合併以後、いろんな形で独立闘争は根強く起われたが、一番代表的なのが三・一独立運動である。

この運動が日本の武力に依って成功出来なかったとはしても、[illegible] …ればいけないのであろう。それは変らない[illegible]…いつまでも意味を持つ民族[illegible]

…一〇年から一九四五年の日本の敗戦…この三十六年の長い植民地[illegible]…重大な意味を持っている。[illegible]…政治の影響は今までも韓国民族[illegible]…一日も早くのりきらなければな[illegible]…うな事がありえないように努力す[illegible]

…を契機として、日帝の植民地政治を[illegible]…軍大臣の寺内正毅を新しい朝鮮の[illegible]…務は他ならぬ併合の実践であっ[illegible]…李完用らの売国分子達が事実上合[illegible]…が、国民の世論もあったのですぐ[illegible]…は条約発表の事前準備として、愛[illegible]…多不法逮捕した後、やがて八月二[illegible]…したのである。そして、韓国は主[illegible]…ってしまった。このような一連の[illegible]…反した一部の売国分子による策動[illegible]…部の代りに総督府を設置して、[illegible]…は韓国の立法権・行政権・司法[illegible]…ぎった。秩序の維持という美名の下で、憲[illegible]…万名の憲兵と三万名の憲兵補助員[illegible]…人を取調べ、泣く子供も憲兵を見[illegible]…在として登場したのである。[illegible]…方名以上、一九一八年には十四万[illegible]…数の韓国人が憲兵に依って検挙さ[illegible]…非協助的な人はみんな不逞鮮人と称して検挙の対象としたのである。

その精神はいつまでも我々韓国民族の心の中に残っているのであろう。

◎民族独立の気運

併合以後、国内での公然な独立運動が不可能になると共にたくさんの民族運動者達が海外に亡命するようになった。この海外亡命人士達による独立運動は大体二つの傾向に分けて考えられる。その一つは軍事的活動によるものと、もう一つが外交的手段によるものである。

まず、武力による独立運動は満州を中心とする独立軍の活動が代表的なものであって、総督府にいろんな面で打撃をあたえた。なお、軍事学校を設立して軍事訓練を実施した所もある。李始栄が設立した新興軍官学校がその例である。

一方、外交的な手段による独立運動も活発に起われた。上海を中心として活躍した人士達は、中国との密接な関係を持っていた。申圭植・金九等はその代表的な人物で、孫文等の中国の革命家達と連絡していた。なお、李承晩・安昌浩等は米国を中心として国際的な活動を展開した。

一方、国内でもいろんな悪条件と闘いながら海外の亡命人士達と連結して、活発な独立運動を展開した。しかし、このような独立運動は秘密結社を通じるしか方法がなかった。文字通り命をかけた運動であったのである。その秘密結社の代表的なものとしては、独立義軍府・光復団・安昌浩の新民会等があげられよう。新民会はかの有名な"百五人事件"等の弾圧で解体されたが、その系統の人士達が経営する教育機関を通じてその精神は全国に広まった。安昌浩自身は米国に亡命していたが、彼は教育の復興と産業の復興を通じて国民の知的・道徳的な水準を向上させ、経済的な基盤を通じて独立を争取しようと主張した。

◎三・一運動の発端

一九一四年に勃発した第一次世界大戦は四年間つづいた大戦争であった。一九一八年終戦と共に米国の大統領ウィルソンは戦後問題の処理の一つとして、民族自決主義を含めた十四個条の原則を提示した。この民族自決主義原則が独立を熱望していた世界の弱小民族に大きな希望をあたえたのは勿論の事である。言うまでもなく日本の武断政治の下で呻吟していた韓国民族から熱狂的な歓迎を浴びたのであった。やがて"武力の時代"は去って"道義の時代"が来たと信じたのである。なお、この民族自決の原則に依って今まで秘密裡に起って来た独立運動は当々と表面化されたのである。

すでに一九一七年以来、各国際会議に代表を派遣して韓国の独立を要請したが、独立運動が本格的に組織化したのは終戦後の事である。

やがて、一九一九年二月八日、東京の留学生の中で独立運動の火がつけられた。つまり、崔八鏞等を中心とする六百余名の留学生達が基督教青年会館に集まって、独立を要求する宣言文と決議文を発表したのである。

この事件は、国内で独立運動を構想していた人士達に大きい刺激をあたえたのは勿論、実質的には全国的な独立運動のきっかけになったのである。

一九一九年三月三日の高宗の葬礼に参加する為に全国の各地から群衆がソウルに集まって来た。この機会を利用して独立運動をやろうとする計画が、天道教・基督教・仏教等の宗教団体を中心として立てられた。

そして、この計画は、高宗の葬礼日の二日前の三月一日に断行されて、やがては全国的な独立運動に発展した。これが三・一運動なのである。

三・一運動は民族代表として独立宣言書に署名した三十三人に依って計画され、点火された。民族代表は、天道教の孫秉熙を始めとする一五人、基督教の李昇薫を始めとする一六人、仏教の韓竜雲を始めとする二名で構成された。彼らは三月一日の正午、ソウルのパゴダ公園で独立宣言書を発表して、韓国が独立国であることを天下に宣言したのである。崔南善が書いた独立宣言書は次のように訴えている。

「吾等はここに我が朝鮮の独立国である事と朝鮮人の自主民であることを宣言する。此で世界の万邦に告げて人類平等の大義を克明し、此をもって子孫万代に告げ民族自存の正権を永有するようにする。半万年の歴史の権威に仗して此を宣言し、二千万民衆の誠忠を合して此を佈明し……」

このように民族自存の正権と人類平等の大義を宣明したこの独立宣言書はこの三・一運動があくまで平和的な運動である事を唱えている。それは、独立宣言書の末尾部分にある公約三章にもよく表われている。即ち、

「自主的な精神を発揮するが、排他的な感情に流れない事。最後の一人、最後の一刻まで、民族の意思を発表する時、秩序を尊重して光明正大を期する事。」

このように平和的な運動を望んだ民族代表達は宣言が終った後、自ら日本の官憲に通報して逮捕されたのであった。

しかし、この三・一運動は学生・農民は勿論全国民の独立運動に波及され、全国の津々浦々から独立万歳の声がひびきわたるようになった。男女老少や職業を問わず全民族の叫びは"独立"であった。

彼らの唯一の武器は太極旗を手に持って独立万歳を唱えるだけであった。

この民族的な示威行動は日本の官憲をおどろかした。緻密な日本の警察網も事前にじっともわからなかったし、その示威行動の範囲が考えもつかないくらいに広がったので、おどろいたのも無理ではなかったろう。

この運動に参加した人員は二百万名をこえだし、集会回数は一千五百余回に達したし、全国二一八個郡の中で二一一個郡した、文字通り全国的な運動であった。

しかし、不幸な事であるが、三・一運動は結局日本の武力に依って失敗に終ってしまった。

日本は、憲兵と警察は勿論陸海軍まで動員して、平和的な宗教運動を武力で弾圧したのであった。その結果、無数な韓国人が犠牲にされた。

この武力的な日本の官憲によって拘因された者は四六、九四八名、起訴された者は一〇、四四一名、被殺者は七、五〇九名、被傷者は一五、九六一名にいたったし、日本官憲に依って破壊されたり焼かれてしまった民家が七一五個所、教会堂が四十個所、学校が二個所にいたったものすごい被害があった。

数字だけを見ると一見何でもないように見えるかも知れないが、実際被害の惨状は目不忍見であった。ひどい事になると、水原の例の如き、礼拝堂の中に数百名の人を監禁した末火をつけて焼け殺した惨酷な非人道的な事件まであった。

しかし、このような非人道的な弾圧にも拘わらず当時韓国の国際的地位がひくかった為に、この大独立運動は失敗に終ってしまったのである。

失敗の原因はいろんな面から考えられるが、組織的な力が弱かったのがまずあげられるだろう。

三・一運動の失敗の決定的な要因の一つで組織力の欠乏があげられたが、この結果、独立運動を総指揮する本拠として一九一九年四月中国の上海に大韓民国臨時政府が樹立された。臨時政府には海外で活躍していた人士達と三・一運動の以後新しく亡命した人達が参加していた。例えこれが臨時政府であったとしても、韓国では始めて民主主義の原則に立脚した政治形態が表われた事と、三・一運動に表われた国民の力の反映、それから韓国国民の政治意識がすでに新しい段階に到達していたのを意味しているのである。

◎同化政策へ

三・一運動の結果、総督府は武断政策から文化政策に政策修正を余儀なくされたが、実はこの文化政策がもっと悪いもので、韓国人の自主意識や民族精神を完全に抹殺させて、韓国人を日本人化するのに目的があったのである。主に教育を中心として実施された文化政策は今までも韓国人の心の中に暗い影を残しているのである。

三・一運動の以後の植民地政治については、紙面関係上ごく簡単に述べるようにしよう。

三・一運動以後解放までの期間に受けた精神的な被害は言い切れないくらいであるが、代表的なものを若干あげて見ると、

④私立学校弾圧及び教育的差別待遇。即ち、韓国人には技術教育ばかりを実施し、大学教育の門は韓国人にはなかなか開かれなかった事。

⑤韓国人の名前まで奪ってしまおうとした強制的な創氏改名。

⑥朝鮮語学会の弾圧。

⑦強制的な神社参拝の強要。等等……勿論、数え切れない精神的被害があったがここでは略する事にしよう。

なお、第二次世界大戦中は、韓国は日本の戦争物資供給の為の兵站基地になってしまって、すべての物資を戦争の為に奪われ、学生達や若者達は学徒兵として戦場に動員されたり、強制労働に動員された。末期には学校まで閉鎖するにいたってのであった。

しかし、こんな悪い条件の中でも、抗日独立運動は絶えずつづけて来た。

例えば、一九二六年の六・十万歳事件、一九二九年に発効して一九四個校五四、〇〇〇名の学生が参加した光州学生事件、その他新義州学生事件、独立軍の活動等がそれである。

その他、義烈団員の羅錫疇の東拓爆弾事件(一九二六年)、愛国団員の尹奉吉の虹口公園事件(一九三二年)、安重根の伊藤博文暗殺等は忘れられない事であろう。

一九四五年八月一五日、日本の敗戦と共に韓国はやがて、三十六年間の植民地支配から解放された。

◎今日的な三・一観

今まで日本の植民地政治の真相と三・一運動についてかんたんに探って見たが、半世紀も経った今日、三・一運動が果してどういう意味を持つのであるのかをもう一度考えて見る必要があると思う。

三・一運動の特色としては、男女老少や職業を超越した全民族的運動であった点、宗教団体を中心として推進された点、完全に平和的な運動であった点等があげられるが、このような形態の特色は別として、精神的・象徴的意味を忘れてはいけないと思うのである。

このように 三・一運動は
全国にわたる
全民族の独立運動であった

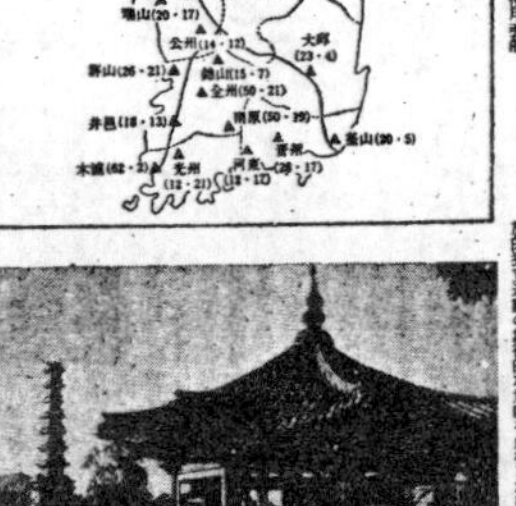

3・1独立宣言文が読まれたパゴダ公園内の八角亭

紙上座談会

東京韓国学校の現況を聞く

安聖出理事長　黄哲秀校長

ウリマルの使用能力培養

特別教室施設の拡充へ

東京に於ける唯一の民族教育の殿堂である東京韓国学校は本年四月で開校二十周年を迎える。

二十年前に開校したころは、オンボロ校舎で寺小屋式の学校であったが、今や地上四階の鉄筋ビルの校舎となりポプラや花壇に囲まれた現代的な学びの校舎を誇るようにまで発展した。

その間、ここを巣立った若者たちも二千余名に達し、在日韓国人社会の次代を荷負う二世・三世として、今や各方面で活躍していることはたのもしい限りである。

本紙は二十周年記念行事を前にして多忙な同校を訪ねて、安聖出理事長、黄哲秀校長にその概要を聞いた。

(一) 開校二十周年を迎えて

[illegible]

(二) 学生数

[illegible]

(三) 教職員数

[illegible]

(四) スクール・バスの運行

[illegible]

(五) 民族教育に対する民団の役割

[illegible]

(六) 学生増員に関する意見

[illegible]

(七) 教師待遇の現況

[illegible]

(八) 現地教師と派遣教師の間の待遇差

[illegible]

(九) 民族教育の基本点

[illegible]

(十) 学父兄の学費負担の状況

[illegible]

(十一) 二十周年記念事業の計画

[illegible]

蹴球部対外試合

民族舞踊

演劇（中高等部）

世界잼보리参加

婦人会中央で計画

三月六日から全国巡回研修会

[illegible]

栄光と茨のみち越えて

東京韓国学校開校二十周年

在日民族教育に画期的寄与 施設拡充、自立運営指向

栄光と悲哀で点綴された四半世紀ー。民族学校として発端を切った東京韓国学校（黄哲秀校長）は来る四月二十六日を期して開校二十周年を迎える。在日同胞の後世育成のため、財政、設備など数多くの難関を克服しながら、成年二十歳を迎える同校は今、他の追従を許せないほど唯一無二の完全な教育殿堂として大きく未来へ向って羽ばたいている。

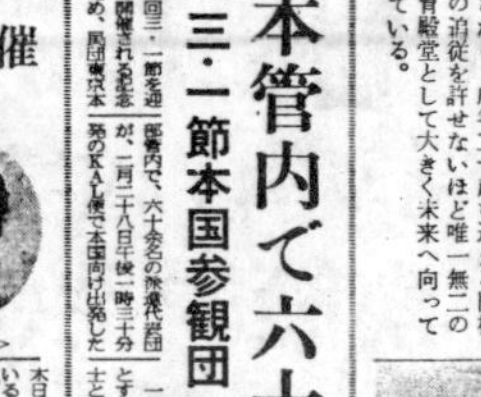

開校20周年を迎える東京韓国学校全景

開校二十周年を迎える同校は記念事業として多角度の計画を樹立（①教育内容の充実、②教育機材の整備、③運営基金の確立）し、同胞の協力を待ちつつ、その期待に添えようとしている。東京韓国学校は、一九五四年四月二十六日に設立され、在日韓国人の子弟に民族的矜持と輝く民族文化を持たせ、民族独自の歴史を積み上げて来た。単一民族の優秀な伝統を受けつぐ後世（在日二世三世）に、民族教育を注入し国際社会に生きる韓国人としての調和がとれた人間形成に努力してきたが、今度開校二十周年記念日の四月二十六日には、午前十時から、東京新宿区若松町の東京韓国学校々内で、①記念式と各種の展示会（写真展、美術展、手芸展、工作品展、書道展、本国名進代表作品展示）②弁論会、③芸能発表会（音楽、舞踊、詩朗読と姉妹学校の進明女中高と、福中高生も出演）等多彩なプログラムが準備されているという。この二十周年の事業を推進するため、関東地域から三百五十五名の実行委員が構成され学校の二十周年記念事業準備に学校当局と協力しながら活動をしているというが、最近学校運営の財政近況を見ると、一九六八年に、約四千二百万円だったのが年々物価高の推勢によって、昨年の七三年度には、約六千万円に達しているので今年の物価上昇推勢から七四年度には、約八千万円の予算策定が不可避となっている。その間、東京韓国学校の収入財源は、政府補助（派遣教師俸給、現地教師俸給補助、施設補助等）と理事会（理事、評議員、財政委員等）の寄付金及び学生納付金などが重になっているが、過去二十年間、政府からの補助で敷地払下と校舎購入、内部施設に充当しているといった大幅な本国の補助で維持してきた。今年成年になる東京韓国学校が政府の補助によって維持されたことはのぞましいことではないことから、学校当局は在日同胞の力で維持運営しなければならないという認識、二十周年を迎えて学校運営を本国に依存してきた現状から脱皮し、自主的で自立的な学校運営を画期的に企図している。現在学校施設は、七三年度の国庫補助で設置した新学実験室を除外しては、大部分の既存施設が、前近代的で老朽な物で、実用性が貧弱な施設であるので、早急に既存施設の補完と拡充、施設の改善及び内容の充実と、教材教具の完備をして、名実相符な教育をして実効的な成果をより効果的に上げなければならない考えで、学校当局は苦心した結果、学校の質的向上と教育成果を上げるには、第一に、学校施設の完璧を期し、教育環境の造成が緊急に要求されている。第二に教職員の待遇を優遇し、優秀な教師を招聘して、学生の教育効果を増大しなければならないとしている。このため、学校運営の基本体制を確立する一方、開校二十周年記念事業推進を契機に、三億円の資金造りに乗り切っている。この資金は、一口、一万円以上の寄付によるもので、後世の教育のために同胞たちの協力を強く呼訴している。

七三年度卒業式案内

三月四日、高等部第十六回卒業式、三月二十日、第十九回初中部卒業式を韓国学校講堂で行う。

趙淇善牧師を 世界伝道会議に 講師として招待

韓国基督教三河島教会の趙淇善牧師（神学博士）は、来る七月旬にスイスのロジャンヌにおいて行なわれる世界基督教伝道会議（ビリグラハム総裁）から講師招待を受け、それに参加する予定。全世界から基督教の各国代表が集まるこの伝道大会に、韓国人として講師招待を受けたのは趙牧師がはじめてのことであるという。趙牧師は、十日間の会議期間中、「農村伝道に関する講演」を行なう。

……一般の人々に大きな感動を与えた。

戸籍整備奉仕団来日

二月二十一日から東京地域巡回

支部巡回日程

領事関係で研修

第二回 事務部長会議終る

東本管内で六十名

三・一節本国参観団 28日出発

恒例の第五十五回三・一節を迎え、ソウルに於て開催される記念式典に参列するため、民団東京本部管内で、六十余名の除籍代表団が、二月二十八日午後一時三十分発のKAL便で本国向け出発した。

一行は、朴大統領閣下をはじめとする政府関係者並びに、各界の人士と国民一般の参席のもとに行われる三・一節記念式典に、在日同胞の代表として参列したあと、午後には、国立墓地参拝、市内観光などの団体行動スケージュルを終え、二日には解散、それぞれ郷里を訪れることになる。毎年と同様ではあるが、今回の参観団の中にも、数十年来はじめて祖国を訪問する団員と、日本に生まれて「見知らぬ祖国」の土をはじめて踏む団員たちがまじえており、涙ぐむ思いにふけるであろうとされている。

一行はソウル市内忠武路所在のライオンズ ホテルに宿泊する予定。

苗木送る運動

婦人会東本 バザー開催

＜崔金粉会長＞

在日大韓婦人会東京本部（崔金粉会長）では、昨年十二月十一日正常化されて二ヵ月が過ぎた今日初の事業として、祖国の緑化運動を支援する「六十万のセマウムシムキ運動」に、歩調を合わせ、来る四月初め苗木を持って本国の植木日行事に参加する計画を立てている。

運動の方法としては、会員の家庭で、使わずに置いてある品物を提出してもらい、これを三月十六・十七両日間、新宿・東京商銀七階ホールで、バザーを開きその売上金で、苗木を購入し本国へ送る。日増しに値上る物価高の折から時期的に悪条件が重なるとき、会員の多数の心ある協力を期待している。

婦人会東京本部は、過去三年間民団東京本部の混乱の渦にまきこまれて、一時は婦人会中央本部の直轄まで受けていたが、昨年の暮れ正常化大会で、現執行部が構成され、婦人会の発展を目指して活発な活動をしている。

一九七四年は、対外的事業として、本国が積極的に推進している山林緑化運動と、民団東京本部が去年から、義務的に進めている「六十万のセマウムシムキ運動」の一環事業として推進している「セマウル」と「セマウル」との姉妹結縁支援を婦人会東京本部も"我らの故郷に苗木を送ろう"のスローガンに支援運動を図めて、六十万の植木運動に参加する決意を見せている。

また、去る二月二十五日には第一回支部会長会議を、東京韓国学校で開き、この運動の再確認と方針を決めたし、家庭の主婦として、母親として、子供に民族教育と、韓国の立派な教育をさせるため、東京韓国学校に就学させ、我らの民族文化と、伝統を持つ優秀な韓国人に育てようと役員の子女を率先的に韓国学校へ移籍または就学させることを万場一致で決議して注目を集めている。

韓国の慶祝節メモ

※三・一節（三月一日）
一九一九年（己未年）三月一日、日本の植民地虐政に抗争、我が国の独立を世界万邦に唱えた全民族的独立運動の記念日。この三・一精神は今も我が民族精神の底に生き生きと残っている。

※顕忠日（六月六日）
一九五〇年韓国動乱の時、戦没した四千余名を追悼し、冥福を祈る日。この日午前十時には全民族が護国先烈及び戦没将士に対して黙念をする。

※制憲節（七月十七日）
一九四八年七月十七日に大韓民国の憲法が公布、施行されたのを記念する国慶日である。憲法とは、国家存立の基本を定めた根本法であり、他の法律命令を以ってこれを変更することを許さぬ国家の最高法規である。

※中秋節（陰八月十五日）
秋夕即ち大望月日は"ハンガウィ"とも言って、お正月と共に我が国の二大名節の一つである。秋夕は、新羅時代からいろんなごちそうを食べながら望月をする他、先祖の墓地に省墓をする。いわば一年の農事が無事に終ったことを神に感謝する「秋収感謝節」である。

※国軍の日（十月一日）
韓国の国軍即ち陸、海、空軍の発展を記念する日。今、我国の国軍は七十万に達して、世界四位を誇っている。この日には国軍の市街パレードや空軍のエア・ショー等みごとな行事が行なわれる。

※開天節（十月三日）
今から四三〇七年前（即ち西紀前二三三三年）の十月三日、檀君始祖が国家を開いたのを記念する国慶記念日。半万年の長い歴史を誇る我が国の始めの日を慶祝するのである。

※ハングルの日（十月九日）
一四四六年十月九日、李朝第四代目の世宗大王がハングル即ち我が国の文字（当時は訓民正音とした）を創制、頒布したのを記念する日。「ハングル」は世界の中でももっとも科学的で優れた文字の一つである。

※国際連合日（十月二十四日）
一九四五年十月二十四日、国際連合を創設したのを記念する日。韓国ではこの日をU・Nデーと呼んで、世界平和に寄与する決意を一層高める記念行事が行われる。

※学生の日（十一月三日）
一九二九年十一月三日、全羅南道光州で発生した抗日学生事件を記念する日。この事件は三・一運動以来十年めに起こった大きな独立運動で、我が国の学生運動の代表的な例である。

故申禹石先生 民団荒川支部葬厳修

反共闘士・初期事務部長で活躍

民団荒川支部（高昌運団長）では、去る一月二十五日、荒川区内にある法界寺において、反共闘士故申禹石先生民団荒川支部葬を行ない、民団有志と心ある多数の団員たちが厳粛に見守る中で、故人の霊前に冥福を祈って追慕の情を捧げた。

故申禹石先生は、去る一月二十三日、約四十年ぶりに初めての韓国旅行を終え、帰宅して間もなく急病に床し、脳溢血が原因で享年五十八才の短い生涯を最後に惜しくも別れを告げた。故人は、一九三〇年頃、日本軍国主義の膨張時代に、青雲の志を抱いて来日して以来、自分の生活をもかえり見ず常に貧しく、数多くの難関に耐えながら生活に挑み、終戦後、民団創立時代には荒川支部事務部長として組織運動に全力を傾けていた。

故人は時代の流れを鋭敏な先見の目で感じ取り、この地に積込んだ共産主義と対決し自由民主主義の旗幟のもとに民団を守り抜くことが真の生きる道であることを自覚、民団組織に参与したのである。民団事務部長の職についていた頃は昼夜となく押し寄せる朝総連の暴力に合い満身瘡痍の苦しみに出くわされたりまた凄絶な血闘のあげく日本警察に呼ばれ拘置されたこともある。

この日、高昌運葬礼委員長は、永訣詞の中で、「故申禹石先生が民団創立の混乱時代に共産暴力組の脅迫恐喝にも屈せず、生命をかけて闘った反共精神が奏効し、今日の民団がこれまで強化された」と述べ、さらに「長い間、荒川支部事務部長を務めながら在日同胞を外勢の妨害から保護して下さった故人の遺志をうけつぎこれからもなお、共産暴力との闘いの過程において、断固と勝ち抜く反共精神的勇気を奮揚させて行くであろう」と披瀝した。

この日の葬礼式には、東京本部からも鄭東淳団長はじめ金致淳副団長と多数の人士が参列し、焼香のあと、生前に馴染んでいた民団荒川支部前を通る故人の水柩車を最後に見送った。

故人の遺族は未亡人金玉礼女史と四人の子女がいる。故人は荒川区東尾久三丁目において「東ヒニール加工製所」を経営していた。

厳粛に行なわれた民団荒川支部葬

蔡洙仁氏に感謝牌

大韓体育会、体育功労讃え

＜蔡洙仁氏＞

ソウルにある大韓体育会は、七十三年度第三回民団文化賞（体育部門）受賞に輝く蔡洙仁（コリアスポーツ社々長）氏が、在日民団社会の体育振興に寄与した功績を讃え、感謝牌を授与した。蔡氏は、在日大韓体育会の創立メンバーとして、民団社会にその名が幅広く知られており、各種の民団スポーツ界のリーダーとして長年間活躍をつづけ、在日同胞の体位向上は勿論、体育を通じての国威宣揚のため、専ら情熱を注いで来たが、このほど、このような蔡氏の功績がかわれ、感謝牌を受けることになったのである。

旅券所持運動

東本強力推進

民団東京本部では、今年度の事業活動として、日韓法務事業（現在本国司法書士会の在日同胞戸籍整備奉仕団が来日活動中）と旅券所持運動を強力に推進することにした。今まで民団の重要事業として、長期間推進して来た本事業を推進するため、今年は大使館の協力を得て一人も残らず旅券を所持するよう啓蒙する。本来外国に滞在する海外国民は、常識として旅券を所持するのが当然だとされている事実に鑑み、在日国民は、特殊な事情と歴史の過程で日本に居住することになったのだが祖国が独立した現在も旅券を所持していない人が多いので、国際化した現代に生きる我らの発展と繁栄の為に、いつ不意の事があった場合でも旅行ができる態勢が要するので、義務的に、旅券所持運動を展開するとのこと。

大使館でも今年は対民奉仕の年に決定、領事業務の迅速・親切をモットーに積極的機能も強化し、従来、入国申告手続も二日かかったのを当日二時間内に処理するなど、果敢な施策が実施されるので、団員の協力を望んでいる。

酒屋のババア「匂い代払え」に 金貨のザラザラ音で返す 鄭

笑いが止まらない 諧謔野談 鄭寿童伝（Ⅱ）

支部だより

民団板橋支部総会

鄭寅錫氏

金竜聖氏

姜相文氏

韓国民族舞踊団公演盛会

製縄機など寄贈

3・1精神をよびおこし、祖国統一につくそう！

東京 韓国青年
在日韓国青年会 東京本部

第五十五回 三・一節記念日迎えて

民族史に誇れる挙族的闘争 在日留学生、導火的役割果す

二百余万人決起 死傷二万三千余

想起しよう 自主独立精神

先烈の犠牲 報われぬ分断

二・八宣言に 鮮血の署名

セマウム青年奉仕団に参加して 模範的役割を果そう！

朴大統領とともに植樹（昨年4月）

一年前の感激も新たに

あの感激の日々から早くも一年が過ぎようとしている。祖国が麗しい山河をとりもどし、豊かな未来への象徴であれと、われわれ在日韓国青年会東京本部が真心をこめ、祈りをこめて植樹した六〇万本の苗木たちは、すぐそこまできた春と、われわれの再訪を待ってたしかな伸長をとげていることだろう。

昨年四月われわれは、在日同胞に先きがけて「セマウル」運動に参与するため、新しい心を植える意味の「セマウムシムキ運動」青年奉仕団百十五名を派遣した。

一年まえ、わたしたちがまごころで植えた苗木は、まちかい春とわたしたちのおとずれを待つて、元気に育つているという。

民族的主体確立をめざして

注目される一挙一動

国づくりは新しい心づくり

セマウル坊や

支部だより

新聞発行・只今奮戦中 荒川

澄んだ空気とスケート 世田谷

湯沢へスキー教室 新宿

鄭在俊一派の虚偽宣伝を駁す

ウソは疑心暗鬼を生じ 民族を根本から滅ぼす

その発想法 総連に酷似

悪意とデッチあげ ゆるせぬ常套手段

いいかげんにせよ 民団同胞もじよく

ウソ言い放題 民主と無関係

成人おめでとう!! チョゴリにあふれる民族意識

青年会成人式開かる 成人(122)含む三百十余名参加

在日本大韓民国居留民団 綱領
一、우리는 大韓民国의 国是를 遵守한다.
一、우리는 在留同胞의 権益擁護를 期한다.
一、우리는 在留同胞의 民生安定을 期한다.
一、우리는 在留同胞의 文化向上을 期한다.
一、우리는 世界平和와 国際親善을 期한다.

5.15(水)
(1974年)
第8号
(昭和48年10月13日 第三種郵便物認可) 毎月1回発行

東京韓國新聞

在日本大韓民国居留民団
東京本部機関紙
東京韓国新聞社
発行人 金致淳
〒105
東京都港区芝公園2丁目2-17
電話 (03) 437-2001-5
振替貯金口座東京 157364
(一部30円)

実務指標
一、일하는 民団
一、親切한 民団
一、規律 있는 民団

東京本部 第33回定期地方大会

地方委決定事項を承認

団長に金致淳氏当選

議長に徐興錫氏・監察委員長 金栄洪氏

16日、東京・日傷会館で開らく

民団東京本部は、去る十六日午前十時から、東京・日傷会館で第十二回定期地方委員会につづいて、午後一時から第三十三回定期地方大会を開き、第十二回地方委員会決定事項報告のあと、任員総辞職に伴う三機関長の選挙の結果、団長に金致淳氏（前東京本部副団長）が金沉泰候補を百二十七票対二十九票の圧倒的大差で破り第十六代目の団長として当選した。議長には徐興錫氏（前東京本部監察委員長）、監察委員長には金栄洪氏（前東京本部副団長）がそれぞれ当選した。

大会は、国民儀礼のあと、代議員資格審査に入り定員百六十人のところ五人欠席で百五十六人参席が確認され、大会成立が宣言された。

第33回東京地方本部定期大会

牛の如く働き―仕僕のように仕える覚悟

金致淳団長 就任あいさつ

金致淳団長

三機関の協力で民団発展に寄与

徐興錫議長あいさつ

徐興錫議長

民団組織発展に全力投球の覚悟

金栄洪監察委員長あいさつ

金栄洪監察委員長

一九七四年度 活動方針案

提案説明

活動方針案・予算案

組織防衛作業に全力

団員の権益守護、青年組織強化

総務部

組織部

経済部

文教部

青年部

民生部

宣伝部

樺太僑胞送還で韓国側が妥協

日本もサハリン僑胞の引受態勢検討

新任三機関任員名単

在日本大韓民国 居留民団 東京本部

議決機関

議長 徐興錫（前監察委員長）
副議長 李鎮浩（台東支部団長）
〃 金光和（江東支部団長）

監察機関

監察委員長 金栄洪（前副団長）
監察委員 梁奉五（前世田谷執行委員）
〃 李石現（前荒川副団長）

執行機関

団長 金致淳（前副団長兼事務局長）
副団長 金九卨（元中央宣伝局長・世田谷副団長）
〃 陳斗鉉（元荒川事務部長・前文教部長）
事務局長 高昶徳（元荒川事務部長・前文教部長）
総務部長 許文哲（前神奈川事務局長、元東本文教、組織部長）
組織部長 尹隆道（青年会々長）
経済部長 定正燦（前民生部長・元対馬島団長）
民生部長 申秀鉉（元東本総務部長）
文教部長 李乙珩（兼）（組織専門委員長兼任）
宣伝部長 李乙珩（兼）
青年部長 尹隆道（兼）（青年会東京本部会長）

73年事業総括報告

要旨

一九七二年においての民団東京地区情勢は一九七二年七月からの鄭在俊一派の反民団反国家的行為によって、混乱状態におちいっていました。

鄭在俊一派の反逆乱動は東京本部が中央本部から直轄処分をうけることによって、東京地区の各級組織はその指導機関の機能麻痺によって多大な損失をこうむることになり、全体団員は民団東京組織指導体系の崩壊に対する不安感にとらわれていました。

鄭在俊一派の反民団及反国家乱動は彼らたちだけの発想ではなく、その背後には朝総連の民団組織破壊と同胞社会分裂の策動というおそろしい凶計があるということを認識できます。

不純分子らの反国家 反民団行為徹底封鎖

東本は組織防衛を勝ち抜いた

一九七二年八月二日に発生したいわゆる〝八二事件〟は、この…

組織部

民生部

文教部

経済部

青年部

宣伝部

北送の日本人妻里帰りで 日赤等に陳情

朝総連の欺瞞的行為暴露

品川支部臨時総会

団長に李学伊氏

議長に許允道氏 監察委員長 李奉男氏

23日、戸越会館で

去る五月二十三日（木）民団東京本部傘下の品川支部が品川区内の戸越公園会館において品川団員（八十余名）と有志の参席のもとに品川支部臨時総会を開き、歴史的な品川支部正常化の第一歩を踏みだした。

この総会は午後一時過ぎから開会し団員の正当な意思による民主的な総会であった。周知の通り品川支部はいぜん〝旧東本派〟の勢力が残存する地区であり、また彼らのもたらした害毒と民団破壊行動によって、四年間にも亘たる混乱が続いて来た同支部でもある。その意味においても臨時総会で、一日でも早急に本来の民団の姿を、本来の健全な支部機能の発揮を望む声が高まり、各民団員の活発な意見が交換された。

当日、〝旧東本派〟は一部青年の応援のもとに、彼らが不当占拠している支部事務所をいぜん占拠すべく籠城し、そして総会を流会させるべく一部人士を送り込んで来たが、多くの団員の声により目的を果すことができなかった。結局たいたいが平穏に進み、団長には李学伊氏、議長に許允道氏、監察委員長に李奉男氏がそれぞれ新執行機関長に選出され、一般団員の熱い声援の拍手を受けて、無事に総会を終えた。

その他決定した品川支部新任員は次の通り。

副議長 朴[illegible]
〃 金[illegible]元
副団長 河[illegible]吉
〃 金[illegible]春
監察委員 李斗[illegible]
〃 金[illegible]

「地方本部」建設方針固める

鄭建永会長を再選

在日本大韓体育会（鄭建永会長）第十二回定期総会が二十五日午後二時から、東京・六本木の同体育会会議室で代議員・来賓など五十余名が参加してひらかれた。

総会は国民儀礼のあと、[illegible]を議長に選出し、来賓として参席した[illegible]民団中央文教局長からあいさつをうけた。

（七二〜七三年）事業報告と同期経常費収支決算及び特別会計報告、つづいて七四年度事業計画及び経常費支出予算案が審議され、満場一致で承認された。

定款改正では、十九章五十二条からなる定款案（第一章第三条で在日本大韓オリンピック委員会「組織が包含されている」）が採択され、同時に「地方本部に関する規定」および「加盟団体規定」も満場一致で採択された。これで、今後各都県所在地に体育会地方本部をつくってゆく方針がかたまったことになる。

このあと来月在米大韓体育会の招請で渡米する親善選手団・役員、それにソウルで開催される全国スポーツ少年大会に参加する選手・役員が紹介された。

役員改選では鄭建永会長が満場一致で再選され、他の役員は会長に一任することが決定された。

午後四時半、体育会の今後一層の発展を確認しあったあと万才三唱で総会は終了した。

【解説】在日本大韓体育会の活動内容は、事業報告や事業計画からみてもわかるように年々充実してきている。これはとりもなおさず、在日同胞のスポーツ人が、在日韓国人の一員として本国同胞や日本人その他の諸外国の人々との間で実力を試し、発揮する機会が徐々に拡大している証拠といえよう。

しかし国体参加選手団をはじめとする各種国際選手団の陣容をみると、同胞居住密度の差を念頭においたとしても選手が一部地域に偏在し、それも民族学校の在校生出身者が大きな割り合いを占めている。

そのために大韓体育会が中心となって、その目的であるスポーツ普及・組織拡張の一環として、広く在日同胞社会にうずもれている優秀なスポーツ選手を発掘する活動が早急にせまられている。

その意味で今総会で採択された体育会地方本部を結成してゆくとの方針を注目されよう。

◇ ◇ ◇

神戸、名古屋領事 総領事に昇格

…総領事館への昇格にともない、政府は[illegible]駐神戸領事と[illegible]駐名古屋領事を去る二十日付でそれぞれ総領事に任命した。

中央全国団長、事務局長会議

28日箱根南風荘で

民団中央本部[illegible]執行部が発足して二カ月、各県本部大会もおわり新執行部が出揃ったことから、全国地方団長、事務局長会議が二十八日箱根の南風荘で開かれることになった。

尋ね人

朱[illegible]さん（五二才）
本籍・慶尚南道[illegible]
当時の住所、[illegible]町三一一
職業・学生（予備学校）

在日本大韓民国居留民団 綱領

一、우리는 大韓民国의 国是를 遵守한다.
一、우리는 在留同胞의 権益擁護를 期한다.
一、우리는 在留同胞의 民生安定을 期한다.
一、우리는 在留同胞의 文化向上을 期한다.
一、우리는 世界平和와 国際親善을 期한다.

6.15(土)
(1974年)
第9号

東京韓國新聞

在日本大韓民国居留民団 東京本部機関紙
東京韓国新聞社
発行人 金致淳
〒105 東京都港区芝公園2丁目2-17
電話 (03) 437-2001-5
振替貯金口座東京 157364
(一部30円)

実務指標
一、일하는 民団
一、親切한 民団
一、規律 있는 民団

民団東京本部管下

三機関傘下団体役員合同研修会

民団近代化へ総力結集を

朝鮮籍から転向した永住権取得者=

完全団員化を強力推進

金致淳団長 基調演説で強調

7日、熱海で開催

民団の新たな体質改善と、言葉より実践で旧態依然たる民団の流れを引き止め、組織近代化のため前進的活動を推進している民団東京本部は、去る七日午後一時四十五分から、「熱海」「ホテルニューアカオ」で、都内の三機関、事務部長及び傘下団体役員合同研修会が二百二十余人の参席のもとに盛大に開かれた。

熱海で開れた三機関及び傘下団体役員合同研修会

金致淳団長

この研修会は、去る五月十六日東京本部第三十三回定期大会で金致淳執行部が構成後初の都内民団支部及び各傘下団体機関組織活動家を総網羅した画期的な合同研修会で今後東京本部が指標する組織のは勿論、一歩前進していまの守勢より脱却だけしていた姿勢を攻勢して朝総連の謀略性を暴露し、組織の防衛と攻勢において現代感覚に合う運動展開のため開かれた。

この日、合同研修会には、民団東京本部三機関役員を始め都内傘下支部及び傘下団体役員二百二十余人のほか、中央本部から尹達鏞団長、金仁洙副団長、呉敬福事務総長、劉逸龍宣伝局長、来賓として駐日韓国大使館から、金永善全権大使、李商憲領事……

……は、新執行部の新しい活動姿勢となる基調演説を行い参加者一同に深い感銘を与えた。

「私は去る五月、東京本部第三十三期大会に団長立候補として公約したように、民団の近代化は言葉より実践にある」と前おき、この実践こそ在日同胞の民生安定と権益擁護・団員の地位向上と体質改善・組織の近代化が成功すると確信し、組織の先頭に立って全心全力を尽くすつもりである。ここには東本、支部傘下団体が一体となって総力を結集しなければならない。朝総連はいわゆる「百二十日間愛国運動」を決定し対民団闘争のキャンペンを開いている。

◎私は、八・一五の光復節まで朝総連の策動を粉砕しながら内部の体制を整備し、都内二十二支部の完全正常化を今年末まで完了する。◎近代化は言葉より実地行動から始まる。東本の行動力を機敏にするため、二、三世青年の民団運動隊列に参加させ機動性ある民団運動を展開していく。

◎東本の新執行部を担当している私は一九六六年から七一年一月十六日まで民団の全力を投入して協定永住権申請運動をし都内で四万に近い永住権を取得した。その……

言葉より実践を民団の「近代化は体質改善から」

主張

朝鮮連の兇謀あばき 北韓の野望うちくだこう

ふたたび、朝総連が祖国の平和統一と在日同胞の大同団結に逆行する危険な道を歩みはじめた。

六月一日から鳴り物入りで開始された「一二〇日間運動」なるものがそれである。

朝総連はさる五月十八日から三日間、全国委員長および傘下団体長会議を開き、いわゆる「祖国の自主的平和統一を促進する愛国運動期間」なるものを設定し、「全総聯、全同胞的」規模の運動を大々的に開始した。

今度の一二〇日間運動は、彼らの対内的には「金日成主義」思想体系を浸透させ、対外的には、金日成方式によって、対南暴力革命を遂行し、全国土、全同胞を「金日成主義」一色でぬりつぶそうというものなのである。

すなわち、対韓国破壊活動の強化をはかるとともに、民団組織への謀略と撹乱を……「民族団合事業の積極化」をこの一二〇日間に集中的に行おうというのです。狂信的な金日成主義で武装した……民団同胞宅個別訪問、群衆大会示威行進などあらゆる手段を講じるとともに、とくに国際世論の中でも日本社会のマスコミを最大動員して、「二日の離間」を企だて、反韓国世論を造成しながら韓国政府の転ぶくを虎視たんたんとねらっている。

無理難題もちだし 会談遅滞させるな

結論からいって、彼らのこの野望は成功するはずのないものである。

第一に、わが韓国は解放後二十五年以上、自由陣営にあって自由と民主主義を守るため、輝かしい闘争の伝統をうけついでおり、民主主義のなんたるかを……

総連は一二〇日間運動即時中止せよ

北韓金日成の火遊びゆるすな

団員は団結して民団を守ろう

母国夏季学校

東本文教部で7月10日まで締切り

都内出身入校生を募集

光復節母国訪問団 ―八月十四日に出発予定―

青年会、年内結成を目標 熱海で、全国青年部長会議

ソウルで韓日食糧会議開く

防衛誠金を伝達

荒川商工会で母国産業視察

第一回東京本部 青少年夏期学校生募集

第一回東京本部青少年夏季学校入校生を次のように募集する。

一、主題
韓民族の誇り

二、趣旨
韓国人でありながら母国の語文、歴史、伝統にうといということは恥かしいことである。
韓国人としての自覚のもとに心身を鍛練し、祖国の語文、歴史と文化を体得することによって誇らしい文化民族としての自信を持って生活を営んでいくことこそ、望ましく価値あることである。
在日同胞の青少年男女が夏休みを利用し、共通の広場で民族の情緒あふれる討論と民族遺産の学習に打ちこめる機会を持つことの意義を痛感し、第一回青少年夏季学校を開設するものである。

三、応募資格
(1) 東京地区に居住する満12才～25才までの青少年男女
(2) 思想が穏健で品行方正な者
(3) 韓国籍の者

四、募集人員
約二五〇名(先着順)

五、応募期間
一九七四年六月七日～七月二五日(木)午後五時まで

六、授業期間
一九七四年七月二九日(月)～8月1日(木)まで
(3泊4日)

七、場所
山中湖

八、学習内容
(1) 国語、(2) 国史、(3) 民話、(4) 時事、(5) 討論会、(6) レクレーション、(7) 各種競技、(8) フォークダンスなど

九、講師
国内外の権威ある講師陣(追って通知)

十、会費
六千円

十一、提出書類
(1) 入校願書 2通
(2) 支団長推薦書 1通

十二、提出先
民団東京本部文教部

十三、出発場所
七月二九日(月)午前10時30分東京本部事務所前(芝公園)に集合、十一時に観光バスで出発。

在日本大韓民国居留民団東京本部
郵便番号一〇五 東京都港区芝公園2―2―17
電話 四三七―二〇〇一―(五)

各支部で定期総会開く

団長に羅大煥氏再選

議長に崔敬鎬氏　監察委員長　金介童氏

6日、北支部

羅大煥団長

韓僑会館を新築

8日足立支部定期大会で決議

民団足立支部（李元団長）では、去る六月八日午後五時から足立区立産業会館で第二十六回定期大会が代議員一四六名中一一五名の出席と多数団員の注視する中で開催され、七三年度の事業経過報告と決算報告、続いて七四年度の活動方針案と新年度予算案が異議なしに決議された。

この日特に話題の焦点になったのは支部庁舎（韓僑会館）新築問題に触れ、老朽化した事務所を新しく建てるため建設促進研究機関設置をすることに意見一致を見た。

この日の大会には、東京本部から金致淳団長、金栄洪監察委員長、婦人会東本金貞順副会長らが参席し祝辞がそれぞれ述べられたし、隣接支部の荒川支部より祝花が、江戸川・江東支部の祝電披露後、顧問の万才三唱で閉会し、第二部に親睦パーティが夜十時まで催された。

第27回文京支部定期総会

団員倍加運動を展開

25日 文京支部総会で推進

民団文京支部は、去る五月二十五日午後一時より、文京支部会議室で第二十七回定期総会が開かれた。

総会は役員改選のないということもあってなんの波乱もなく穏やかに進められていった。

総会は、先ず、国民儀礼のあと、民団規約四二条に基づいて、張議長より、総会成立宣言がなされ、つづいて鄭議長の開会をはじめ、ひごろから団員の親睦と団結をはかってきた、韓文鳳団長のあいさつ、若い指導者、慎時範監察委員長のあいさつ、顧問団を代表して、金坪珍顧問のあいさつ、金致淳東京本部新団長のあいさつがあった。金新団長は、そのあいさつの中で、ビジョンと情熱をもって力強く働く民団に育っていくと強調した。三機関の昨年度の活動報告のあと、新年度の活動計画案に対する活発な討論の中で、次のような決議事項が採択された。

予算案を通過

25日 港支部総会開く

日本漢薬業者と商談活発化

7月末まで 会館竣工を目標

墨田支部役員・団員協力で推進

江戸川支部総会

15日、热海で旅行会も

会員相互理解深める

東京韓国学校PTA懇談会

8日、箱根で開く

領事事務を再開

品川支部監時事務所で

反共教育強化

道教委に示達　文教部

「半島ホテル」が撤去

民団高友会長に　崔学林氏

日本人妻の自由往来実現運動全国に広まる

◇朝総連の欺瞞的甘い言葉に説得され、半信半疑のまま北韓…◇

◇に渡った母、姉妹、娘に一目会わせてほしい!!と日本政府と…◇

◇日赤及び各機関、全国各地に訴えている「日本人妻自由往来…◇

◇実現運動本部」（代表池田文子）では、十数年前・夫と同行し…◇

◇北に渡ったまま消息を絶った日本人妻の安否と実情を人道…◇

◇主義的立場から一日でも早く実現できるよう強力に訴えを…◇

◇続け、日本人と世界の人々に嘆願している悲しい戦後東西…◇

◇南北両断の悲劇が全世界の悲劇の断層を形成していること…◇

◇をしみじみと感じさせている現代版「牽牛織女」のような…◇

◇悲話がここに存在している。…◇

肉親が立ち上がる

"米飯と魚がたべたい"訴えに

北送人数は数千人

全国各地で抗議集会を開く

全てが整っていて地上楽園のような生活ができるから……三年か五年後には必ず里帰りできるようにするから、と甘い言葉の朝総連の人から説得され、半信半疑で北韓へ渡らせたものの、多くの日本人妻が渡航して以来、すでに十数年経っているため、娘を送り出した両親の大半は六十代～七十代。"死ぬ前に一目だけで娘たちに会わせてあげたい"と両親たちの間から"北韓へ渡った日本人妻の安否を調査…

朝総連と日本のマスコミが妨害

解説

在日同胞の母国投資

朝総連糾弾の激文

金致淳団長熱海研修会で発表

激文

品川支部新任三機関役員

〈顧問〉
千順久　南琦煥　金聖煥
鄭時鍾　孫益俊　李基寿

〈議決機関〉
議長　許允道
副議長　金華坤
〃　朴弼鐘

〈監察機関〉
監察委員長　李奉男
監察委員　李斗英
〃　金容善

〈執行機関〉
団長　李学伊
副団長　河鍾吉
〃　金東春
事務部長　金東春（兼）

事務所　東京都品川区上大崎一－三一－六　沖東ビル三階
TEL　四四七－一二五六二

在日本大韓民国居留民団 綱領
一、우리는 大韓民国의 国是를 遵守한다.
一、우리는 在留同胞의 権益擁護를 期한다.
一、우리는 在留同胞의 民生安定을 期한다.
一、우리는 在留同胞의 文化向上을 期한다.
一、우리는 世界平和와 国際親善을 期한다.

7.15(月)
(1974年)
第10号

東京韓國新聞

在日本大韓民国居留民団
東京本部機関紙
東京韓国新聞社
発行人 金致淳
〒105
東京都港区芝公園2丁目2-17
電話 (03) 437-2001-5
振替貯金口座東京 157364
(一部30円)

実務指標
一、일하는 民団
一、親切한 民団
一、規律 있는 民団

北傀蛮行糾弾東京民衆大会

北傀の野蛮的海賊行為に
在東京韓国人が強く抗議

七月五日千住ミリオン座で

去る六月二十八日午前十時三十分、東海巨津海上軍事分界線南方において漁撈作業保護警備中であった、我が海洋警備艇を不法的に北傀の艦艇三隻から集中攻撃を受け沈没させた、北傀の野蛮的海賊行為に対する東京在住韓国人の糾弾大民衆大会が七月五日足立区千住仲町の「ミリオン座」で蕭雨の天気にも拘ず、殺人魔首金日成一党とその忠実な追従者朝総連の無謀な「百二十日金日成主義キャンペン運動」に鉄槌をくわえた。

この日午後七時三十分から「ミリオン座」劇場が超満員の中・国民儀礼後、金光和東本副団長のあいさつをスタートに金致淳東本団長の北傀の近況の侵略、挑戦行為の詳細な経過報告と韓国海警備艇の撃沈された説明が行われ、続いて、声討に入り、権五鎬江東支部団長の北傀と朝総連、民団と称して反政府、反民団運動をして不純分子に猛烈に声討し衝天した我らの憤怒を代弁した声討に満場の拍手をおくった。引き続き文奎元足立団長朗読の決議文と高昌運荒川団長の抗議文を満場一致で採択、別記のスローガンを起立して提唱後 [illegible]

北傀蛮行を糾弾する東京民衆大会の模様

読売新聞本社前にて偏向報道を糾弾する抗議団

抗議文

金日成を偶像とする北韓共産集団は、大韓民国を暴力にて転覆する為に去る六月二十八日午前十時三〇分、東海巨津海上、軍事分界線南方に於いて漁労作業保護警備中であった我が海洋警察隊所属第八六三警備艇を不法的に包囲し、武力攻撃を敢行した。

これに依って北傀艦艇三隻から集中攻撃を受け、我が八六三警備艇は、乗務員二十八名を乗せたまま、その生死すら確認出来ず沈没された。北傀の海上蛮行は去る二月十五日、西海上でおきた水産第三二、三三号の撃沈、拉致事件以来、百三十四日目に発生した北傀の戦争挑発行為として、彼等の暴力赤化統一の野望を再び立証せしめ、全大韓民国々民に激憤を与えた。北傀は、南北分断以来、絶えず暴力と破壊、虚偽宣伝等卑劣な方法をもって、世界の平和共存の為に邁進する我が大韓民国を攻撃する挑発行為を継続して来た。北傀は、最近も大量のスパイを南派し、殺人的な武装組織を拡大するのみでなく、反日感情を刺激して、韓国内の日本大使館並びに企業体を爆破、放火等の暴動事態の敢行を指令し、韓国の南海楸子島まで武装スパイを投入して、無差別殺傷の蛮行を繰り返しても物足りず、今度は再び天人共怒すべき、侵略武力暴挙を敢行したのである。北傀は"韓半島の平和統一は只、暴力的方法に依る、南韓革命だけが可能である"と主張し続けてきた。

又、在日朝総連は、去る六月一日より九月末まで所謂"祖国の平和統一の為の愛国運動"と云う美名のもとに善良な在日民団同胞達を、彼等の勢力圏内に誘引し、窮極的に民団を破壊する為に大々的な策動を展開している。口先では平和統一を唱えながら [illegible] る。

[illegible] 遺体を早く送還することを強力に要求する。

一、被害を受けた我方警備艇と人命損失、又その家族達に対する民族的良心と人道主義精神が、ひとかけらでもあれば即刻応分の補償を行動にて明示せよ。

一、去る二月十五日、西海公海上に於いて我方の非武装漁船を残忍に撃沈、拉致した、北傀の海賊行為に対する責任を負って、拉致船員の即刻送還を強力に要求する。

断呼！偏向報道許せぬ

金致淳団長、談話全文

[illegible]

に読売新聞の反韓的報道姿勢を徹底的に追究糾弾抗議するに至りました。

[illegible] 糾弾行動を行う次第である。今後我々在日韓国人の意思が貫徹されない場合は、我々の要求 [illegible] 善良なる韓日両国民を愚弄し、両国間の [illegible]

[illegible]

決議文

[illegible]

一、所謂"百二十日間の [illegible]"運動と云う美名の対民団破壊行為 [illegible] 朝総連は即時中止せよ。

一、全韓国民族の怨讐、金日成は犯した罪を清算し、死をもって断罪せよ。

一、朝総連の頭目、韓徳銖は民族分裂を計る行為を即時中止出来ない場合は、自己の罪過を通し、死をもって全在日同胞の前に断罪せよ。

一九七四年七月五日

韓国警備艇撃沈
北傀蛮行糾弾東京民衆大会

スローガン

一、北韓は七・四共同精神に戻れ。

一、北韓は赤化統一の野望をすてて、南北調節委会談に誠意を示せ。

一、北傀は天人共怒すべき罪過に対し、謝罪せよ。

一、北傀は兇暴な盗賊行為による善良な自由国民への挑戦を中止せよ。

一、朝総連は反民族的であり、売国的な策動を即時中止せよ。

一、日本言論は歪曲した偏向報道を即時是正せよ。

一、北傀は野蛮的な盗賊行為を即時中止せよ。

一、大韓民国萬才！

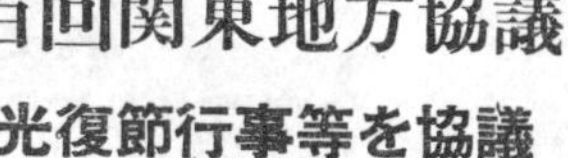

第百回関東地方協議会

光復節行事等を協議

第百回の関東地方協議会が関東地区十二県中十一県本部の団長と幹部四十五名の参席で開かれた。

この日の会議は国民儀礼後、関協幹事金致淳事務局長のあいさつで、民団関協七つのうち首都に位置しすべての面で模範と前衛に立たなければならない関東地協が国内外の諸事情が緊迫と危急する中に開かれた、だが関協は地方連絡の形でも二、三ヶ月に一回は開くのがもっとものぞましいと語りました現在朝総連は「百二十日金日成キャンペン」を開いているし、日本の一部マスコミは、韓国関係の記事において偏派的偏向報道を続く時、我らの結集した行動統一が必要だと述べた。つづいて前事務局長鄭東淳前東本団長から過去の協力に感謝する。今後若くて行動力ある新しい事務局長により関東地協は一致団結して全国的に模範的に仕事をして欲しいと激励のあいさつ。後中央本部のあいさつに立った金仁洙中央副団長は、関東地協は中央本部と距離的にも直結している重要な地区である。民団は朝総連のあらゆる攻撃にも対処しながら団勢拡張と積極的にはかろうと強調した。

また来賓として祝辞にたった李禧元議事は、最近地方本部と都 [illegible]

東南亜産業視察旅行

五個支部が推進

一月十九日羽田出発予定

第二十九回八・一五光復節を記念し都内民団五個支部（港、品川、目黒、大田、世田谷）が合同主催、民団東京本部の後援と大韓旅行社の案内で、東南亜細亜産業視察旅行を八泊九日の予定で行うという

この産業視察旅行団は来る八月十九日羽田出発→香港で二泊し、二十一日バンコック着一泊、二十二日〜三日シンガポール、二十四日台北、二十五日〜六日ソウルで二泊後二十七日朝鳥田解散という。現在申込を「大韓旅行社」で受付たという。（大韓旅行社の住所は次の通り、都内港区赤坂一－一一－十六、細川ビル1F 電話五八五－〇四〇〇（代））

第28回8・15慶祝記念大会の模様

第29回光復節記念大会

8・15日浅草国際劇場で

祖国の光復と独立を慶祝する第二十九回八・一五光復節記念中央民衆大会が来る八月十五日、「浅草国際劇場」で在日本大韓民国居留民団関東地方協議会主催で盛大に行う。

毎年、在日同胞が、祖国の独立のため犠牲になった殉国先烈の崇高な精神を追慕と冥福、祈りまた日帝の野獣的侵略を受けた三十六年間の国家なき悲しい生活から解放された感激を記念しているが、今年は特に民団と祖国の永遠な発展に、海外に住む国民として主体性ある生産的寄与で民団と本国の近代へ拍車を加する一方、北傀と朝総連の「百二十日金日成主義キャンペン」という悪辣な策動を粉砕し、健全なる発展と祖国の平和統一へに我らの意思を正しく伝達し、我が国の自由と平和・繁栄の未来を期する我ら民団の行動姿勢を誇示するのにその目標を置いて行うが昨年六千余名の団員が国際劇場にかけつけた経験から、今年は、午前九時から国際劇場を開場し九時半から、ニュースと文化記録映画を上映、十一時三十分から、記念式典が終ると引き続き民族芸能人による多彩な民謡と舞踊が披露され団員をたのしませるという。

回国際劇場に出演する芸能人は韓国一流の歌手と演芸人で大規模な出演が計画され、今年は夏の踊りはやむえず、取りやめるという。

東京韓国学校、P・T・A

都内各区に委員選定予定

東京韓国学校P・T・A（安鎮圭会長）では、P・T・Aの積極的な活動を広めるため、東京都内の民団各支部に、P・T・A支部委員を選定、学父兄の積的な親睦と [illegible] ながら子女の教育支援に側面から協力して、学校、PTA、父兄の三位一体した教育効果をはかるという。今後の活動が期待される。

第二十九回光復節慶祝記念大会

光復節第二十九周年記念行事を左記要領に依って実施することになりますので多数参加下さる様お願い致します。

行事計画

一、基本方針

祖国独立の為に犠牲された殉国先烈の尊い精神と魂を受け継ぎ、民団と祖国の永久な発展に海外国民として主体性を持ち生産的な寄与をもって民団と本国の近代化に拍車を加えると共に北傀と朝総連の"百二十日間金日成主義キャンペーン"という悪辣な策動を粉砕し、健全な民団の発展と祖国の平和統一にわれわれの意思を伝達し、我が国の自由と平和繁栄を期する為の行動姿勢を誇示する所に目標を置く。

二、大会名称

第二九回八・一五光復節記念中央民衆大会。

三、日時

一九七四年八月十五日
十時〜十六時

四、場所

浅草国際劇場

五、大会順序

九時開場
十時〜十時五〇分（本国映画上映）
十一時〜十二時（式典）
十二時二〇分〜十五時三〇分（民族演芸）

主催 在日本大韓民国居留民団 関東地方協議会
TEL 四三七－二〇〇一－五

「讀賣」の偏向報道抗議、都内に広まる

抗　議

※読売新聞の韓国に対する偏向的報道行為に対し、韓日両国の良識ある人々は読売の悪意に満ちた報道姿勢に強く抗議する糾弾の声が高まっているが、特に過去三十六年間の日帝の残滓性を思わせるほど、読売新聞の主観的報道姿勢は、言論の高い倫理を無視したマスコミの暴挙だと言われるほど、最近の読売側の態度は、感情的側面を現わしているのが紙面から感じさせる。報道は、あくまでも客観的立場から真実を報道すると同時に社会的責任を忘れてはならないにも拘らず、読売新聞の、この一年間の韓国に対する報道は読売韓国支社が撤去させられた感情を露骨的にうち出す異端的偏向報道に抗議する次第である

◇　◇

讀賣は新聞倫理綱領精神に返れ！

最近読売新聞は公正、中立、かつ不偏不党の報道姿勢を持って民衆の正しい世論形成と福祉向上に関連する社会的責任を果す新聞の本領から脱却して、悪意に満ちた対韓国中傷記事を何んの恥らいもなく扇情的なものにして行なっている。

読売新聞のこのような偏向行為は、相互主権尊重と善隣友好精神に基づく韓日両国政府及び両国民の理解関係を離間させようと企らんでいる悪質な策動だと断定せざるを得ないのである。また、〝左右に偏しない社論と報道〟を基本姿勢とするいわゆる不偏不党の原則を貫いて日本国発展と国際社会に寄与して来た日本新聞百年史に見る一般紙の機能とその権威を一朝にして覆し得る自己責任放棄及び自殺行為であるし、韓日両国の国威言論はもちろん、両国民を裏切る暴言行為を仕出かしているものとして特に重大な関心を寄せざるを得ない。

読売新聞の幾多の偏向報道に対し、これをそれぞれ細かく取り上げ、追訴することなく、坂道を転がる岩石のように、その偏向方向にのみ、ひたすらばく進して止まるところを知らない読売新聞の対韓誹謗言動は記事扱いのフィクション化、センセーショナルな報道性から見て善隣友好国であるべき「韓国」を敵視した上、政府転覆をも企まんとする共産暴力革命集団に同調、賛美する事に依って、自由民主々義社会を根底から揺るがせようとした執拗な韓国々民への挑戦行為にほかならない。

従って法的地位が確立された上で日本国に在住する六十万民団社会の権益を踏みにじる大国主義的妄言だと見受けざるを得ないものと断定、ここに読売新聞の偏向行為をただし、新聞本来の社会的公器性を取り戻すことを断固と要求し、次のように強く抗議する。

一、読売新聞は、一記者個人の意見を挿入した主観的記事扱いを取り止め、客観性に富んだ真実報道を持って新聞倫理綱領の精神に帰ることを強く要求する。

一、読売新聞は、対韓国中傷誹謗行為を即刻中止し、善隣友好関係にある韓日両国関係の正常化に、新聞が持つ良識を尽くし奉仕せよ。

一、自由民主社会を混乱させ、暴力革命戦略を陰謀する容共分子を、社内から排除し、日本国益のため、国際親善関係維持のため、善意を尽くすことを強く要求する。

一、我々在日韓国人が、読売新聞の今までの偏向報道に対する責任追及を避ける約束の上、読売新聞が直ちに紙面謝罪を持って自粛の誠意を示すことを要求する。

一、我々のこのような抗議意思が読売新聞側にとって尊重され、相互理解を深め合う契機となることを願うが故に、ここに我々の主張を伝えるものである。もしこのような韓国人全体の意見が無視される場合には、引き続き抗議を行うことを断固と宣言するものである。

西紀一九七四年七月十六日
在日本大韓民国居留民団
東京荒川・北地区同胞抗議団

7/11 〝反韓偏向報道をやめよ〟と糾弾する抗議団

読売新聞社へ抗議に入る各支部部長

7/13 〝新聞倫理綱領を守れ!〟と糾弾する東京青年会抗議団

7/12 読売新聞社に対しシュプレヒ・コールを浴びせる東京婦人会抗議団

7/13 代表警備員ともみ合う東京青年会抗議団

7/11 遠藤読売新聞社会部長に抗議文を読み上げる許文哲東本組織部長

7/12 読売側の不当なる態度に抗議する婦人会代表

7/12 警備員とにらみ合う東京婦人会抗議団

7/16 読売本社ビルロビーにて、読売側の態度を待つ北・荒川支部抗議団

7/15 代表団の抗議中待機する足立・葛飾支部抗議団

7/13 読売新聞社に対し〝謝罪、訂正〟を要求する東京青年会抗議団

7/12 読売本社前でシャットアウトを受けた婦人会東京本部抗議団

7/11 読売側の態度を正す代表団

東京本部 第33—1回支団長、事務部長会議

読売偏向報道抗議運動展開へ

8.15 光復節慶祝行使等を討議

十日駐日公報館で

旅券発給申請事務解説も

第33—1回支団長会議の模様

第33—1回事務部長会議

第10回全国文教部長会議

10日、民団中央文教局主催で開催

'74年度、支部総会終る

団長に趙福奎氏選出

議長・李甲植氏・監察委員長・李外景氏

四日、世田谷支部

団長に林源吾氏を選ぶ

中央連合支部第二十一回総会で

大田支部定期総会

分団、納税組合結成決議

第27回大田支部定期総会の模様

第一回青少年夏期学校

7/29〜8/1(三泊4日)　山中湖に開設

東本主催

在日韓国人体育大会

7/22　奈良県生駒市で行う

母国夏季学校入学生

二十六日東京駅出発

韓国系日本籍学生母国訪問団

八月七日十日間予定で出発

鄭明動君に文化勲章

崔泰一・尹啓守・両氏を除名解除

両氏、改悛情顕著

東本監察委員会が判定

民団品川支部の前団長で崔泰一氏と大田支部元議長尹啓守氏は、民団規約に違反により、一九七二年十一月三十日付で、除名処分となっていたが、崔・尹両氏はその後、前非を深く反省し、再び善良なる団員として大韓民国に尽くしたいとの心情から、かねて「懲戒処分解除」を申請していたが、東京本部監察委員会（金栄洪委員長）において審査した結果、崔・尹両氏の改悛の情が顕著であると認め、民団規約第六十六条運用規程第四条二項に照し、両氏の団員資格を復帰さすべく、一九七四年七月一日付をもってそれぞれ除名処分を解除した。

「参考」

規約第六十六条運用規定抜萃

第二条、次の各項の過誤を犯した者は一年以上五年以下の停権に処する。

6、誹謗的論説または虚偽報道をもって国威または本団及び団…

但し、減免の決定は被懲戒者が所属する支部団長の同意を要する。

モスクワ国際音楽祭で

鄭明勲君二位入賞

今年度大学新入生歓迎会

六日、東京商銀ホールで開催

在日韓国学生の親睦と民団と対話及び韓国人としての会勢確立で日本での生活、特に学究生活に民族的主体性と意識を持って勉学するよう、毎年大学進学を祝賀する一九七四年度大学入学新入生の歓迎会が去る六日（土）午後三時から、新宿区西大久保の「東京商銀ホール」で民団中央本部と東京本部と近県四本部の主催で盛大に行われ、日本の大学に入学した新入生の前途を祝福した。

第十二回在日韓国人教育者研究大会

伊東暖香園で開かれる

在日本韓国人教育者協会（呉培根会長）では来る八月五日から八月八日（三泊四日）までの予定で「伊東暖香園」で〝維新課業遂行のため、教育の質的向上〟の主題で、一九七四年度・第十二回在日本韓国人教育者研究大会が行われるという。

また今年は、東京韓国学校が主管になって準備にあたっているが大会期間研究発表主題及び担当も、東京韓国学校、呉培根校長の〝教育の質的向上のための学校運営の具体的な存方案〟を始め全体発表五人と、分科発表八人が研究の主題を出して真摯な討議・研究がなされるという。

全国青年夏期講習会

中央青年局計劃

民団中央青年局が主管する本年度全国青年夏期講習会が八月十日から十九日までの十日間本国で開かれるが各地方本部から一一三人、十八歳…

読売の非謗中傷に

座視できぬ

台東、文京、墨田団員が抗議

東京韓国学校修学旅行

九月十九日羽田出発→ソウルに

金正柱前中央団長夫妻に

文化部から感謝状

南北赤実務会議で

本会談開催提案

四大国の南北韓統一政策

北韓は武力統一策すてず

統一条件改善が必要

金統一院長官が強調

朱光熙さんの結婚披露宴

池袋東方会館で盛大に開催

偏向報道やめよう!!

韓日関係に水をさすな!!

我々は偏向報道に抗議する

日本言論機関、特に読売新聞の韓国に対する偏派・偏向に対する抗議、糾弾の声が高まっているが、これに対し東京に居住している韓国人の糾弾抗議が都内各地で自発的に行われている。

去る七月十一日には、民団東京本部の役員を始め、続いて十三日には婦人会東京本部、十三日に青年会東京本部、十五日に民団足立支部と葛飾支部が続き、また十六日には荒川支部と北支部、十八日に台東支部、文京支部、墨田支部が……

読売新聞の偏向報道の姿勢を是正するまで続くというが今まで三日間の各抗議団の抗議内容は次の様！

◉婦人会代表

◉青年会代表

◉足立・葛飾支部代表

抗議文

中・校高教科書に漢字併用

支部だより

板橋支部

豊島支部

墨田支部

江戸川支部

文京支部

副団長徐永昊氏

済州開発協会主催

119名　郷土訪問団二十三日羽田出発

済州道入口は四十万

在日本大韓民国居留民団 綱領
一、우리는 大韓民国의 国是를 遵守한다.
一、우리는 在留同胞의 権益擁護를 期한다.
一、우리는 在留同胞의 民生安定을 期한다.
一、우리는 在留同胞의 文化向上을 期한다.
一、우리는 世界平和와 国際親善을 期한다.

8.15(木)
(1974年)
第11号

東京韓國新聞

在日本大韓民国居留民団東京本部機関紙
東京韓国新聞社
発行人 金致淳
〒105 東京都港区芝公園2丁目2-17
電話(03) 437-2001-5
振替貯金口座東京 157364
(一部30円)

実務指標
一、일하는 民団
一、親切한 民団
一、規律 있는 民団

国力成長、輝かしい維新祖国

分断の悲劇乗り越え、平和統一実現へ

今や世界舞台に向けて躍進する維新韓国の心臓として、民族中興の意慾に溢れているソウルの模様

金致淳東本団長光復節談話

「第二の光復」は自由平和統一に
共産暴力打破、祖国繁栄へ参与

親愛なる団員のみなさん！

今日、第二十九回八・一五光復節を迎えて、二十九年前のあの日の感激をよびおこし、第二十九回光復節慶祝記念中央民衆大会を、われわれの新たな決意のもと五千余名が一同に集まり、[illegible]深く挙行されることに至ったことを、関東地方の団員皆さんとともに衷心より喜びたいと思います。

暴悪な日帝に祖国を奪われて三十六年間、苛酷な圧迫とさまざまな被害を受け、貴い生命と財産が蹂躙され、無道な日帝侵略の暗黒があまりにも長った日帝の足枷から解放と自由の光明が[illegible]しいばかりのこの日の喜びをだれがおしとどめることが出来るでしょう？のみならず、この解放の日から祖国は再び独立し、自由と平和と繁栄の足音となり、[illegible]

[illegible]悲劇的現実の中でも、現代世界歴史の潮流に輝く倍達民族の知恵が、大韓民国の国是のもとに統一に向けわれわれの課業に光明を照らしています。

親愛なる関東地方の団員同胞！ 今日祖国、大韓民国は賢明なる朴正熙大統領閣下の領導のもとに国家近代化に向け維新課業成就に伴い、一九八〇年代には輸出百億弗、国民所得一人千弗の目標をもって祖国建設が着々進展されており、一方では南北統一の為に努力しているなど全国民が総力を挙げているのであります。

北傀は、今尚赤化統一武力南侵の機会をねらっており、無謀な状態で挑発のないけちをつけ、全民族が熱望する南北統一を意図的に妨害しながら挑発行為を継続して休戦線で二万四千余件の休戦協定を違反しているし、去る二月十五日西海々上の漁船拉致事件で、去る六月二十八日には東海々上において漁撈船を保護中のわが海洋警察の警備艇八六三号を撃沈した。このような蛮行を盗行し同族の殺傷をくり返している。それはかりか日本においては[illegible]

[illegible]

金 致 淳

光復節の詩

月灘 朴鍾和 作

正義の日は、ついにやって来た。
自由と解放
われらは、この二つの言葉に
どれほど、喉を、からしたことか！
狼のような、日本軍国主義の貪欲な牙で
三千里錦繍江山を、踏みにじられし五十年
三千万わが同胞を、しばりし四十年
われらのあぶらを、血を、飽くなきほど吸いとった。
あー、わが先駆者、終天の恨みをふくみ、万里他方にて挫け去ったその数、何千人であったか！
わが子、わが娘、この日の栄光を見ず、刑枠の上で露と化したその数、何千人であったか！
大義名分すらない学兵
いつわりの志願兵となり
槍先につき刺され、露と化したその数、何千人であったか！
あー、だがわれらはこらえた。
篤実によくもこらえた。
五千年の歴史を持つ
檀君子孫われらは。
大民族たる襟度を持つわれらは、
あらゆる屈辱にもめげずにこらえた。
大高句麗を思いつつこらえた！
大新羅を思いつつこらえた！
正義の日は、ついに、やって来た。
自由と解放
檀君紀元四千二百七十八年乙酉八月十五日！
聖なる灼熱の太陽が
正に、アジア東半球の正午を指すとき
日本の旗竿は地に落ちて
大韓民族三千万は、磐石のような解放の悦びの上に、置かれていた。
天が与えてくれた回天大業！
われらは、無窮の自由の鐘を、力尽きるまで鳴らした。
わが子、娘をひきいて、力尽きるまで鳴らした。
悦びの泪を呑んでは、力尽きるまで鳴らした。

（月灘詩選より＝編集部訳）

慶 第二十九回光復節 祝

各界の光復節記念辞

持続的経済成長追求
不退転の決意今一度確立

駐日本大韓民国大使 金永善

節約と貯蓄励行

東京商銀理事長 許弼奭

維新体制で防壁構築

中央本部団長 尹達鏞

偏向抗議に「讀賣」屈服

読売謝罪に感謝の言葉

抗議に対するお答え

在日本大韓民国居留民団東京本部（金致淳団長）の読売新聞への「偏向報道」に対する抗議については、その趣旨を了解致しました。

当社の記事が[illegible]すれば在日韓国人の心情を傷つけた点については、今後十分に留意し、中立公正な立場で日韓両国民の親善につくす所存です。

一九七四年七月二十三日

読売新聞 社会部長 遠藤徳貞

在日本大韓民国居留民団 東京本部 殿

在日本大韓民国居留民団 東京本部 殿へ

東京都千代田区大手町一丁目七番一号

讀賣新聞社

電話・大代表（東京二四二局）一一一一番 郵便番号一〇〇番

民団東京本部は、日本言論機関特に読売新聞の韓国に対する「反韓的偏向報道」への自発的な抗議糾弾の声の高まりが、都内各支部団員からあるや、七月の支団長会議の決議により、さる七月十一日の東京本部及び各支部役員会を皮切りに、読売新聞東京本社に対して「対韓偏向報道の中止を要求する」、各支部と婦人会・青年会からなる強力な抗議活動を、連日波状的に展開して読売新聞の反省を求……

反韓誹謗止めよ
新宿、世田谷、杉並でも糾弾

殺人侵略蛮行許せぬ
第二回 東京民衆大会で糾弾

権寧敏君大活躍
日本高校野球、甲子園で

第29回光復節記念慶祝大会々順

第一部 記念式

大会々順
一、開会
一、国民儀礼
一、会長団着席
一、開会辞
一、記念辞
①中央団長記念辞
②駐日大韓民国大使記念辞
一、来賓祝辞
一、決議文採択
一、メッセージ朗読
①朴大統領に送るメッセージ
②田中首相に送るメッセージ
一、閉会辞
一、万才三唱
一、閉会

第二部 余興

教育者の民族主体観確立

在日本韓国人教育者研究大会

維新課業 教育の質的向上

八月五日から四日間、伊東暖香園で開催

維新課業遂行のため教育の質的向上を主題とし、在日韓国人教育者協会主催の〝一九七四年度第十一回在日本韓国人教育者研究大会が、東京韓国学校の主管で去る八月五日午後三時から「伊東」のホテル「暖香園」で百二十六名の参席で開会、八月八日まで三泊四日のスケジュールによって盛大に行われた。この教育者研究大会は、今回が十一回目で今年は特に〝反共教育強化と維新課業遂行の為め教育の質的向上を図謀する〟という大会目的に置き、本国から崔永禧・文教部国史編纂委員会委員長と康宇哲・梨花女子大学校教育大学院々長を招へいし、研究主題①学校教育②教育文化センター運営③学園運営に重点を置いて、朝八時三十分から十七時まで講演と全体研究発表・分科別研究発表がなされた。

在日韓国人教育者研究大会の模様

会長に李英勲氏選出

第13回在日韓国人教育者協会

会誌発刊など意欲的な活動

PTA連合総会

「百50日間運動」強力展開

教育訓練で斬新な東本婦人会

第一回研修会 熱海で開かる

韓日離間策動甚だ

宇都宮、今度は「北」訪問

婦人会中央も北傀糾弾決起

団長に金光和氏再選

江東支部22回定期総会終る

江東支部第22回定期総会の模様

「母国理解」教育に画期

―第六回荒川夏期学校続開

補選副団長に高淳厚氏決定

荒川支部16回大会で

関東震災慰霊祭

9月1日 東京商銀荒川支店で

故郷の里民から歓迎を受ける羅さんと功労碑

羅大焕北団支団長に成平郡守が感謝状

豪の北傀承認 甚だ遺憾 外務部

大阪総領事館でも旅券発給権

支部だより

◎荒川支部 海水浴

◎板橋支部

◎練馬支部

論壇

教育とプログラムの評価

不合理点除去、社会正義実現

東京本部団長　金致淳

（上）

（一）プログラムの部門

1、在日韓国人としての自覚

プログラムに充実した参画をしなければならない。

この分野は歴史的に、どうして我らが日本に住むようになり、ここに生れたかを理解させ、この日本社会に立派に生活することを指導し、我らが日本に生きる明確なことを把握させることから始めるよう「在日韓国人教育指針」の精神を体現することと、この時代に生きる生活の方向を明確に明示させ、韓国人の自覚心を銘記させる。そして青少年だけで、在日韓国人に対する問題を研究と講座を持つようにし日本と世界の諸民族のこと比較的に、特性等を知るようにする。

2、民族観と国家観の確立へ

“在日青少年は民族意識”と

ある”というのは常識になっている。世界の潮流は将来の主人公である青少年の教育問題に激んで研究と活動を活発化しているが、大体のことは、青少年の教育訓練は、学校ではなく、夏季に野外と山と海岸にキャンプ生活を通じて生活訓練と知能面に教育をしているのが近代において流行している。

でも在日韓国人社会は“サマーキャンプ”はするが「プログラム」の比重を比較すると、教育と訓練より、興味為主でもなく、科学的な時間表による組織的教育的な面の研究が足らない点が指摘されよう。この点は後述するが、青少年指導をするには、なによりも指導者の確保と水準を高めた企画による、心身鍛錬の計画的な面が先に訓練をしなければならないと思う。優秀な民族の素質も健全な人格完成

5、人類と地域社会に奉仕する青少年育成を

人間は奉仕することによってその奉仕の対象の価値がある。青少年は、奉仕的要素な精神の生活態度から生まれるとしても過ぎた言葉ではない。

この部面においても「プログラム」は幾つかの特別な過程をおかなくちゃならない。

この奉仕は、

①家庭に対する奉仕から

家庭は、社会生活の基本であることから考え、各者の持つ条件と環境から徹底に自分自身がどのように奉仕するかを見て訓練をする。

（二）「プログラム」の原理

①プログラムの定義

プログラムとは？ 団体とか、とのような集まりで授受の一体を意味する。そのため「プログラム」はその団体と集まりの性格によって立てることである。しかし「プログラム」を通って認識すると「プログラム」の為の団体とか集まりがあるような感をあたえる時もある。そのため「プログラム」に対しい明確な認識を持たなければ健全なプログラムは立てない。そのため「プログラム」がなにかを始めからその条目を上げて述べたい。

（A）プログラムは団体と集まりの目的を達成するため計画したコース（通路）だ。

（B）プログラムは、一つの目的に賛同して参加した会員達と指導者間の授受の行動だ。

（C）プログラムは一つの目的を達成するという方法だ。

（D）団体と集まりの精神を見せしめる表現である。

このようにプログラムは重要なものだが、絶対性を持つ不変の真理のようなものでもないし、どこまでも目的を達成するための方法で、目的地に到達しようという過程であるため、変更とか交替も可能なのである。（次号に続く）

◇　◇　◇

明るい表情のソウル市民

胸の底には徹底した勝共意識

荒川韓国人商工会本国産業視察紀行

荒川支部団長　高昌運

世界屈指、浦項製鉄所

慶州仏国寺観光地も端麗

「青雲」の声高らか……

富士山麓　青少年夏期学校

三日間のスケジュール終る

東本主催

…　ソウル大学校にて　尹武丸

母国夏季学校からのたより

東京商銀立川支店新築移転

八月16・17日臨時休務

東海新報
発行所 東海新報社
発行人 李 審 鉉
編集人 成 竜 九
名古屋市中村区
電話名古屋 (571) 6431
購読料 1ヵ月100円

韓国改正憲法公布さる

賛7,553,655票(65.1%)反3,636,369票(31.1%)

朴大統領圧倒的に支持さる

史上最初、首都で与・野伯仲

朴大統領を信任するか否かに連なる韓国憲法改正案に対する国民投票は、去る十七日全国で一斉に行われ、一五〇〇万人の審判を受けた。国内外で多大なる関心をよせたこの国民審判は、与党の圧倒的な勝利で終わり、朴大統領の信望の厚さを示した。

中央選挙管理委員会は、国民投票の開票が終了することによって、国民投票法第八十六条及び八十七条の規定に従い、全体会議で国民投票録を作成し、大統領と国会議長に通報した。一方、政府は二十一日午前十時、憲法第百二十一条二項並びに国民投票法第八十八条により、国務会議を経て、朴大統領の署名と国務総理及び国務委員全員の副署を終えて、改正憲法は、この日をもって発効した。

市・道別開票状況（集計完了）

	賛成票	反対票	無効票
ソウル	756'710	814.521	41.731
釜山	347.014	245.546	16.062
京畿	755.748	451.554	42.141
江原	528'436	178.964	26.550
忠北	405.362	171.360	25.652
忠南	659.980	363.745	50.472
全北	568.077	288.816	44.852
全南	1.100.640	399.220	57.680
慶北	1.387.750	386.514	59.189
慶南	945.098	295.498	39.127
済州	98'840	40.931	6.681
計	7.553.655	3.636.369	413.435

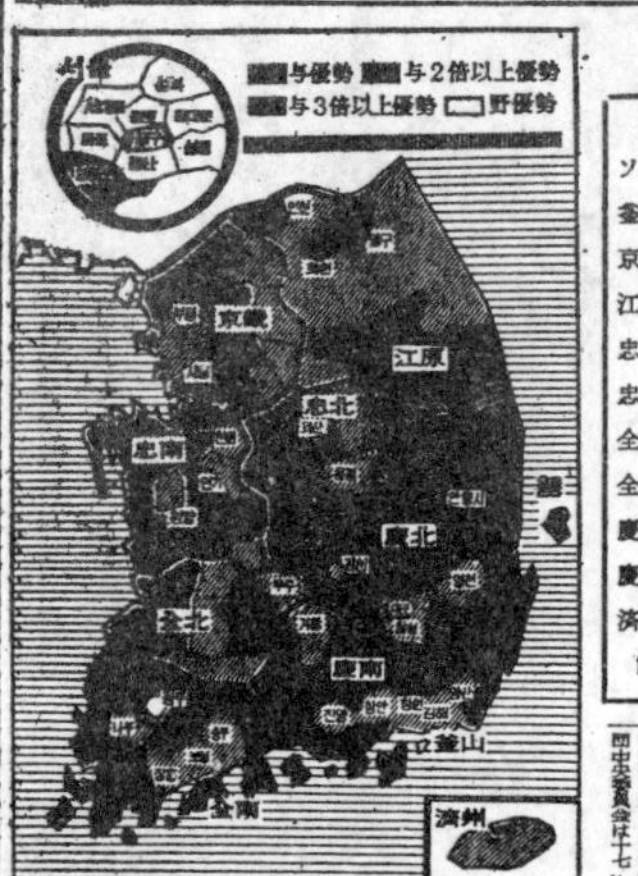

国民投票地域別得票状況

朴大統領

野党の基盤崩れる

僅勝はソウル、光州の一部

投票率七五・七%を示したこの度の国民投票結果、共和党はソウルの十四個区の中、十二個区と、光州市区、乙区だけ僅かな差で敗けたが、全国にわたって、わが国憲政史上稀に見る圧倒的勝利に終った。

万年野党派のソウル市で、史上最初に与野が伯仲する程、朴大統領支持者がふえたのも画期的だが、釜山などでは十一対一の比率で圧勝している。

この度の国民投票で、共和党は去る六七年度の総選挙の時より二倍を越える支持を得たばかりでなく、野党色の強かった湖南、中部地方、京畿地区でも約二対一の比率で野党をおさえた。

国政刷新に一層努力

朴大統領談話

この度、国民投票で、国民の皆さんが再び全面的な支持をもって政府を信任して下さったことに対して、私は先ず主権者国民の賢明な判断に深く感謝すると同時に私に負わされた重い責任を痛感してやみません。

私は心身一致して「国民の期待にそうよう国政刷新に努力すると共に、秩序と安定を確く維持し、祖国近代化の前進隊列を力強く推し進めていくつもりです。

これには、与野も無く官民も [illegible] りません。ひたすら、われわれが"より遠く設定した目標の一つ" [illegible] に向って前進するわが [illegible]

李中央団長

第15回定期中央委員会開かる

万博招請一万名、中央会館買う予定

[illegible]

米議員団が十一月来韓

[illegible]

李禧元執行部

万博など四本柱の上に立つ

[illegible]

日本へ合板輸出実現

僑胞商社で毎月20万ドル

[illegible]

寸言

[illegible]

国慶21周年記念式典

[illegible]

愛団志士

故金龍煥同志

一周忌追悼式・銅像除幕式

愛団志士故金龍煥同志が、我団愛知県地方本部団長として団務執行中、凶刃にたおれてはや一年になります。

我団は、一周忌追悼式並びに故人の銅像除幕式を左記のように執り行います。

記

日時　追悼式……一九六九年十一月十三日午前十一時
　　　銅像除幕式…一九六九年十一月十三日正午
場所　在日本大韓民国居留民団愛知県地方本部会館
追而　小祥は一九六九年十一月十二日、岡崎市故人の自宅で執り行います。

紀一九六九年十一月七日
在日本大韓民国居留民団中央本部
団長　李禧元

韓国民俗芸術団公演

＝＝24日・春日井市民会館で＝＝

民団愛知県本部では、先般新たに創立された管下の春日井支部支援のため、十月二十四日午後六時、春日井市民会館で、韓国民俗芸術団公演を催した。

同日は駐名古屋領事館領事、副領事全員、民団本部役員全員を初め、九百人の入場者で、多大の成果をあげた。

この韓国民俗芸術団は、韓国の伝統的民俗芸術を継承発展させ、これを外国に紹介するために去る一九六一年政府の積極的な後援のもとに発足し、一九六二年パリーにおいて開催された、国際民俗芸術祭に参加、スイス、イタリー、ギリシヤ、トルコ等で公演し一九六四年にはアジア友邦諸国に巡演、一九六八年メキシコオリンピック国際民俗芸術祭に参加、全世界の選手から熱烈な拍手喝采を受けた。

＝扇＝舞＝の＝場＝面

全黄の"農楽"場面

国民投票に思う

金婣根

朴大統領自身が、「私を信任するか、否か」、国民に取捨択一をつきつけた憲法改正国民投票は賛成派の圧倒的勝利で幕を閉じた。

大統領が支持されることは、初めから予期したことであったが、あれ程大差をつけるとは思はなかった。というのは、都市のインテリ層には、現政権批判派が多かったからである。

彼らは批判はしても、これという対案はなかった。

批判者らに私はいつも反論したものである。

それでは一体誰がやるのか、兪鎮午氏に任せるだろうか。国軍の最高司令官として六十万大軍に采配をふるい、驚異的な経済建設を推し進める歴史的大事業の先頭に立ってスーパーマン的役割を果すよりも、兪鎮午氏はやはり、高麗大学で憲法を教えるのが最もふさわしいように思われる。

金泳三、金大中、彼らはすべて演説はうまい。だが仕事は演説で成るものではない。

公務員の無為無能ぶりは、確かに目にあまるものがある。あの凄まじい建設に余念がなく、官紀粛清までは手が回らないのであろう。

借款が多いというが、他人から借金出来るようになればしめたものだ。金を貸すものが、義理人情でただ安易に貸す筈がない。政局安定与否、経済性の有無等を実際的に調査し、科学的に分析し、貸し倒れの心配なし韓国は大丈夫だ、あの工場は採算がとれると太鼓判がおされて初めて借款が成り立つのだから五・一六革命後短期間の内にこれだけの実力をつけ、国際的信用をかち得たことに対して、国民ならば等しく感謝すべきであって、ケチをつけるのは当らない。

政治には門外漢である私のこのような素朴論に対し、大学教授であり、評論家である私の友人は、法哲学をもち出して論じだてたが、政治は現実である。時々刻々流動してやまないのが政治的現象である。法哲学という抽象論をもち出さねばならぬ程、反論の材料がないと見える。

野党に人材なく　攻撃論拠も稀薄

三十年前、彼と机を並べて法理学を学んだ時とあまり変りないような気がした。

法の内在的正義と、法の超越的正義は初めから範疇を異にする。それをごっちゃにするからややこしくなるのである。

彼は徹底的に現政権を嫌ったが、それは朴大統領に対するというよりも、公務員のだらしなさ、社会秩序の乱れ、それを放っておくのは大統領の責任だというのである。

公務員の腐敗が野党攻撃の材料

しかし、大統領も知らぬ筈がない。一応経済建設の基礎工事が終ったら、一大鉄槌が下りるに違いない。私達はそう信じている。

それよりも、私達は朴大統領が、改憲の意思表示をした時、金鍾泌氏の反応を注視した。果せるかな金鍾泌氏が貴賓台に呼ばれた。貴賓台から出て来た金氏は改憲の必要を表明した。その間の事情をわれわれはこのように読みとった。

大統領から、小異を捨て、大義に就けと説かれて、金氏は自分が政界から身を引いた原因要素を除去することを条件に出してOKとなったのだと。それから数日後、"金鍾泌氏再度[illegible]訪問"と報道された。簡単なその報道の裏面を、勝手に解釈してみた。前日の約束を再確認し、今後の政局に関して完全に合意を見る為めだと。

数日後、遂に金鍾泌氏は湖南遊説の陣頭に立った。

共和党議長を突然辞任し、一切の公職から身を引いて不気味な沈黙を守って以来初めてのことであった。

朴正煕・金鍾泌両氏　近代東洋史の主役

朴正煕、金鍾泌この二大人物は、劉備と諸葛孔明を連想さし西郷隆盛と坂本竜馬を想起させる。二十世紀末葉の東洋史を飾る中心人物であろう。

この二人の間に一時冷い風が流れたのは何故だろう。

五・一六革命は、朴正煕将軍という強力な統率の下、金鍾泌中領の英雄的な活躍で成し遂げられ第三共和党は、政府は朴大統領党は金議長と仲よく出発したが時が経つにつれ、いつしか行政権をもつ官僚が根をはり、官僚派、党人派が生れ、党人派の意見が通らなくなって来た。

大統領秘書室は、政策の立案実施の補佐等の本来の性格から内閣の上の内閣という観を呈するようになった。

中央情報部は、対共査察が負荷任務であるが、与党、内閣もままにならぬ一大勢力となり、情報部育ての親である金鍾泌氏さえ無視するようになった。

金鍾泌氏が共和党議長を辞め一切の公職から身を引いたのは、このような事情によるものと、私達は推測したのであった。

朴大統領政府・与党　人事刷新に乗り出す

国民投票が終った後、まっ先に現れたのは、大統領直属機関長の更迭であった。

飛ぶ鳥も落す権勢だった秘書室長と、中央情報部長は一挙に更迭された。

大統領秘書室長は、政治よりも経済専門の明朗な人物が登場した。

中央情報部長は、文武を備えユーモアを解する紳士に入れ替った。

この二大直属機関長の同時更迭は本来の職務だけに専念せよという大統領の決意の現れを印象づける。

さて次の番は、内閣の全面的改造、共和党の人事改編が矢つぎ早やに断行され、金鍾泌氏の政界復帰が実現することであろう。

嶺南地方水害義捐金（中間報告）

名港支部

東中支部（合計六〇、二〇〇円）

熱田支部（合計八〇、七〇〇円）

名南支部（合計六〇、二〇〇円）

名西支部（合計一八八、九〇〇円）

知多支部（合計二九、一〇〇円）

（合計八三、五〇〇円）

発行所
東海新報社
発行人 李春植
編集人 朴性鎬
名古屋市中村区鷹羽町3-56
電話名古屋 (571)6431
購読料 1ヵ月100円

民団綱領

一、我等は大韓民国の国是を遵守する。
一、我等は在留同胞の権益擁護を期する。
一、我等は在留同胞の民生安定を期する。
一、我等は在留同胞の文化向上を期する。
一、我等は世界平和と国際親善を期する。

ソウル

（石山 金）

ソウル。
峻しい運命の都
定都五年で棄て
六年でまた還都
聖王暴君たちが
忠臣逆徒入り
党争士禍に
権謀術数で
勇将烈士、
才子佳人
あの丘、
栄枯盛衰の
悲風四山に
群雄乱舞の
内憂外擾絶
外敵に踏まれ
五色燦爛の文
青山玉水を誇
漢陽、漢城、
名をかえて
歴史は流れた
敵政に敷かれ
赤軍に焼かれ
幾多の受難を
焦土の中から
この街を見よ。
重苦しい歴史の
脱ぎすてて雄
ソウルを見よ。
躍進韓国を象
未来に向って

建設に躍動する祖国の首都

謹賀新年

後進国から離陸！

民団愛知県本部団長 李 春 植

親愛なる皆さん。

瑞気に満ちた新年を迎え、謹んで皆様方の御幸福と御繁栄を慶賀申し上げます。

一陽来復して庚戌年になりました。庚戌年といえば、韓国人ならば誰しも嫌悪感におそわれることと思います。庚戌年というのはそれ程忌わしい年号であります。あれからもう六十年になりました。

五百十九年の李王朝が幕を下ろし、韓国史の進行がこの年から中断して三十六年間の冬眠に入ったのであります。

世界が長足の進歩を遂げてゆくその貴重な三十六年間私達の祖国は、日本の軍靴に踏みにじられていたのであります。

あれから六十年めの新春を迎え、自から発奮興起を禁じ得ません。韓国史の一大汚点を想起しながら、覚悟も新らたに一九七〇年を迎えました。

一九七〇年代は、宇宙時代として、人類文化は飛躍的に発展してゆくことと思います。

わが韓国も既に、第一次、第二次五ヵ年計画で驚異的な成果を収め、来年度から引き続き第三次五ヵ年計画で、一気に後進国から離陸しようとしています。その発展ぶりは亜細亜の奇蹟と称讃されています。

在日居留民団は、四十年代の草創期、五十年代の闘争期、そして六十年代の建設期を経て、今跳躍の七十年代を迎えたのであります。

めざましい進歩がなし遂げられるであろうこの七十年代のスタートラインに立って、私達はやり甲斐のある二大課題を背負って出発するのであります。

韓日協定による永住申請の完遂と、万国博覧会招請事業がそれであります。永住申請は、韓日協定によって確定したわれわれの権利であります。当然取得すべき自分の権利を未だに手続きしていない者が居りますが、今年はその完了をめざして啓蒙を促進する所存であります。

万博招請事業は、世界文明の全貌を目のあたりに見て、科学的視野を広め、在日僑胞と本国同胞との連繋強化に計り知れない効果があると思います。

当本部は、旧蝋その申請事務を終了しましたが、中央と密接な連繋を保ちながら円滑な運営に最善を尽したいと思います。この二大事業の推進には、管下全組織の密接な協力が必要でありますので、皆様方の尚一層の御協力を期待してやみません。

年頭に際し、以上表面の二大事業の抱負を述べると共に皆様方の御健勝を重ねてお祈りするものであります。

歴史に新しいページを

駐名古屋領事 文 鍾 律

親愛なる管内同胞のみなさん、一九六九年を送り、一九七〇年を迎えるにあたりまして、私は先ず管内同胞みなさまが一年間に渡り公私共におきまして絶対的な協調と祖国に対する愛国心と、こちらの我々同胞社会の福祉向上の為に、多大な活躍があられたことに感謝と敬意を表し、一九七〇年を迎える前に同胞みなさまのご家庭に栄光と幸福が訪れることを衷心からお祈りしてやみません。

一九六九年を回顧する時、一九六九年は我が国の発展と民族の繁栄を目指した画期的で歴史的な一年であり貯蓄と勤勉と倹素で増産、建設、輸出に総力を期することにより、祖国の近代化に大きな原動力を与えたとみることができ、一九七〇年は第二次経済開発五ヵ年計画が順調に遂行され、一九七一年の全ての計画が一九七〇年で短縮完了される年と考える時、誠に希望に満ちた年になることでしょうし、再び我々の歴史に新しい頁を飾ってゆく年と確信しております。

管内同胞のみなさま、祖国の近代化と経済確立、そして自主的な国土統一のその日を仰ぎ、力強い前進だけを続ける祖国に呼応し、我々はこちらで出来ることを祖国の発展に助けになることを一つでも履行することが出来なければなりません。

皆さんの国に対する奉仕が、皆さまが日本で暮す意義になりましょうし、又それが皆さまの幸福に、そして日本の人からも愛される国民としての最も近い道ということを皆さまも認識されて、一緒に固り、互いに愛し、互に尊敬してゆくようにしなければなりません。

希望に満ちた一九七〇年を迎えるにあたり、私は管内同胞皆さまに重ねて新年祝賀の辞を述べると同時に未だに本国の暖かい愛を受けられず、苦痛を受けている管内ごく一部の同胞達の将来にも一日も早く祖国の下に帰って一緒に幸福を享有することが出来ることを願う次第です。

最後に一九六九年を無事に保護して下さった神の恩寵と加護に感謝し、一九七〇年には祖国の近代化と国土統一が一日も早く成遂げられんことを切に望んで止みません。

70年代は韓国跳躍の年

朴大統領。"施政"示す

経済自立、繁栄で民族中興　能動的国防力を強化

朴大統領

【ソウル発＝KPI】朴大統領は、さきに政府が国会に提出していた七〇年度予算案に対する施政演説（丁国務総理代読）を行ない、新年度の施政方針を明らかにした。朴大統領は、この施政演説中で「開発の六〇年代」を送り、「跳躍の七〇年代」を迎えるわれわれは、七〇年代こそ「民族中興の年代」として歴史に記録する転機の契機にしなければならないと述べ、さらに「来る七〇年代こそ我々の念願である経済自立と祖国近代化を成就し、国民が繁栄を分け合う福祉社会を建設しなければならない」と強調し、国民には勤勉と貯蓄倹約を呼びかけながら、「今後数年間、我々が何をどのようにするかに国運の進退が左右され、近代化の土台に自由、自立、繁栄、統一の新しい韓国を建設できるか否かが決定されるだろう」と演説した。

朴大統領 新年施政演説要旨

朴大統領は、また政府が編成した四千三百四十三億ウオン規模の新年度予算が、①健全予算の原則下で編成されたこと、②第二次五ヵ年計画を土台に、経済成長の持続を期すること、③自主的・能動的国防体制の確立、④公平で生産的税制への検討、⑤節約と行政機能の効率化をねらった予算であることを強調し、その例として、①各種公債の発行を最少限に抑止し国民の負担を軽くしたこと、②国防費は現年度より百八十二億ウオンを増加し、一千十七億ウオンにしたこと、③各種勤労所得税を下回る方向で改定する反面、物品税法を改定し、課税対照品目を拡大すること、④公務員の給料を七〇年度には二五％引上げること等をあげて説明した。

朴大統領は、特に新年度の施政面においては、①防衛外交を強化し、②量の全将兵を精鋭化し、③経済面においては、高度成長の追勢を安定化すると共に、十一％の成長率が達成できるよう適切な投資を維持し、④財政経済学制の確立と、⑤不正腐敗の社会悪を一掃すること等を説明した。

◇七〇年代概観

[illegible]

◇外交

[illegible]

◇国防

[illegible]

◇経済

[illegible] 国産化と輸出産業を強化すると共に、第二次五ヵ年計画を完成させる。

◇社会福祉

新しい道義観、価値観の正立、消費生活の健全化、人間能力開発の促進を施策の重点に国民を保護する。

◇教育

教育は経済社会、文化の先導的役割をはたすことから、義務教育を正常化させ、学校の格差をなくす一方、高等教育の質的充実をはかり、在外国民の民族意識を向上 [illegible]

◇文化芸術

[illegible]

年頭の辞

安定生活を築こう

在日本大韓民国居留民団中央本部　団長　李禧元

李中央団長

[illegible]

年頭の辞

内容充実の年に

愛知県韓国人商工会会長　金鱗九

[illegible]

独立国民として豊かな経済活動

愛知県韓国人経友会　会長　鄭煥麒

[illegible]

新年の挨拶

韓青本部　梁完玉

[illegible]

確然たる前進を

民団県本部顧問　李康

[illegible]

北傀の暴挙を糾弾

―民間機拉致は世界平和の敵―

[illegible]

説苑

[illegible]

おめでた

[illegible]

慶 1970年は飛躍の年 賀

愛知県民団の新陣容

△愛知県地方本部　△東中支部　△一宮支部　△豊川支部　△西三支部　△中村支部　△名西支部　△熱田支部　△西尾支部　△春日井支部　△名南支部　△豊橋支部　△岡崎支部　△西春支部　△瀬戸支部　△中川支部　△知多支部　△名港支部

[illegible]

△韓国人会愛知県本部　△韓青愛知県本部　△韓学同東海本部　△愛知県韓国人商工会　△信用組合愛知商銀　△愛知韓国学園　△愛知県韓国人経友会　△民団岐阜県本部　△民団三重県本部　△民団福井県本部　△民団石川県本部　△民団富山県本部

▲名古屋領事館　首席領事　尹文鎮　領事　朴仁鉉　副領事　明根律

創立15周年のごあいさつ

信用組合 愛知商銀
理事長 姜求道

本日茲に当組合創立15周年を迎え得ましたことはこれひとえに組合員各位、即ち民団々員僑胞各位の終始変らぬご支援の賜物と深く感謝の意を表するものであります。

ご承知の通り経済変動の激しい状況下にありまして殊に僑胞の経済的繁栄は誠にきびしいものがあります。この間に吾して日夜ご活躍されている組合員の方々に改めて敬意を表するものであります。

皆様と共に歩み、皆様と共に栄える当組合といたしましては更に来る20周年、30周年を目標としてより以上相互扶助の精神に徹し組合員の皆様の幸せに奉仕する覚悟であります。何卒組合の発展は即ち資金量の増強にあることを再認識せられ本日を機に更に倍旧のご支援を賜わり預金の増強に一段とご協力をお願いする次第であります。

組合員各位のご健康とご繁栄を衷心よりお祈り致しましてご挨拶といたします。

波瀾のり越え十五周年

信用組合 愛知商銀で創立祭
映画・歌舞・抽せん会・多彩
＝5日＝

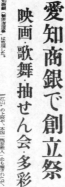

信用組合愛知商銀（姜求道理事長）創立十五周年の記念祭が、さる十二月五日正午より、名古屋市公会堂ホールで開かれた。

昭和二九年十二月二十八日、金剛信用組合として創立されて以来十五年―同組合の歩みは、実に波瀾に富むものであった。遠く祖国を離れた異国の地での経済活動が、如何に難しく、相互扶助する精神がどれほど大事であるかを、身にしみて知らされた十五年であった。

時には、敵対陣営のしょう破壊工作があり、時には、心ない同胞の分派的行動もあった。

祖国が敵は爆攻され、読みにじられた受難の時もあり、夢と、意欲を喪失した悲嘆のときもあった。

しかし、その諸々の障害を商銀は克服した。

力くだける組合員を勇気づけ説得し、夢を与えた。

そして今、祖国が再建の前進を始めたとき、新しい時勢に、息吹く時、商銀は、在日韓国人の商工活動の支柱となった。民団組織とは切り離せね二輪の輪のように、民団が強固なところ組合発展が約束され「商銀あるところ、組織も強化される」といわれる。

岡崎、一宮、今池、熱田と、年々支店も拡張し、今や預金五十億全国屈指の信用組合となった。

当日の創立祭に参加した組合員たちも、みな、こんな想いを胸に秘めているのだろう。会場は、最後まで熱気にあふれ、大盛況であった。

特にこの日は、韓国映画〝八道江山〟の上映や、本国一流芸能人によるアトラクションなどもあり楽しい創立祭となった。

また、参加組合員による抽せん会も催されたが、当せんが発表される度に会場からは歓声と拍手がまき起こった。

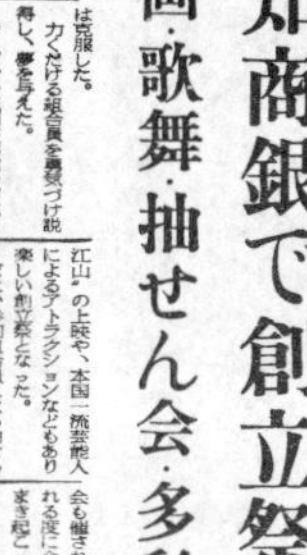

創立祭での抽せん会

愛知商銀15年のあゆみ

▼昭和二十九年十二月二十八日 名古屋市東区杉の町に金剛信用組合を創立開店、初代理事長に松本守市氏就任。
▼昭和三十年十一月二十八日 名古屋市中村区椿町二丁目に本店事務所を移転開店。
▼昭和三十一年五月二十九日 二代目理事長に大山勝治氏就任。
▼昭和三十三年五月二十三日 八分配当を実施。
▼同 九月一日信用組合愛知商銀と名称変更。
▼同 十二月二十八日 名古屋市中村区鷹羽町二丁目二〇番地に本店を移転開店。
▼昭和三十五年八月十四日 三代目理事長に神野春吉氏就任。
▼同 七月五日 岡崎市[illegible]通一丁目四番地に岡崎支店開店
▼昭和三十六年二月二十日 本国よりの中小企業育成資金の取扱い開始。
▼昭和三十七年五月二十一日 名古屋銀行協会手形交換（代理交換）に加盟（本店）
▼八月一日 一宮市[illegible]通り二丁目[illegible]番地に一宮支店開店
▼昭和三十八年六月十日 岡崎支店手形交換（代理交換）に加盟
▼昭和三十九年五月二十五日 名古屋市中村区鷹羽町三丁目一〇一番地に本店ビル新築落成。
▼昭和三十九年十月十五日 名古屋市千種区今池町一丁目四番地に今池支店開店。
▼同 十一月二十日 創立十周年記念式典を挙行。
▼昭和四十一年三月二十六日 名古屋市熱田区神戸町八十五番地に熱田支店開店。
▼同 十二月十二日 一宮市城崎通り二丁目四番地に一宮支店新築移転。
▼昭和四十三年四月八日 豊橋市神明町四六番地に豊橋支店開店 手形交換（代理交換）に加盟
▼八月一日 一宮支店手形交換（代理交換）に加盟
▼昭和四十四年十二月五日 創立十五周年記念式典挙行。

李時雨氏 三年の任期終え帰国

名古屋文化センター前所長、李時雨氏は、任期満了にともない、さる十日、大阪発KAL機便で本国に帰任した。

李氏は、出発に先立ち、民団県本部を訪問して「三年間の在任中いろいろ、団員たちには御世話になった。一々、御あいさつができませんが、いつまでも、みな様の御厚情は忘れません」とあいさつした。

なお、李氏の後任者として、[illegible]氏がすでに着任している。

商銀創立祭抽せん当せん者

◇特等
◎田中己六＝昭和区八事表山四八

◇一等
◎田島静作＝中村区鷹羽町二一四一
◎松田政雄＝[illegible]岡崎市鴨田町両畷場、松田鉄行
◎浅井文子＝一宮市花岡町一一三

厳駐日大使が死去

厳敏永駐日韓国大使は十日午前一時半、東京都港区の[illegible]病院で肝硬変のため死去した。

同大使は五日から同病院に入院していた。[illegible]

死去された厳敏永氏

[illegible] 若くして逝った、大使の死を哀悼した。

故人のめい福祈る
本国で葬儀、朴大統領ら参列

さる十日午前一時永眠した駐日特命全権大使・厳敏永氏の葬儀は十六日、[illegible]自宅で厳かに取り行なわれた。

当日の葬儀には[illegible]はじめ、各界代表が参列し、生前の大使の遺徳をしのび、その冥[illegible]

名古屋領事館にも弔問客が追悼

厳敏永駐日特命全権大使の死去は、本国政財界に大きなショックを投げたが、突然の訃報に、在日韓国人たちも、悲しみと驚きを受けた。

十一、十二日は、駐名古屋領事館にも続々と弔問客がつめかけ、同領事館に飾られた、大使の写真の前に弔花を捧げた。

同領事館も半旗で、大使の死を悼み、文領事以下、職員たちも悲しみにくれていた。

大使の死を聞いた、各国公館関係者も、弔問に訪れ、アメリカ領事や、友邦各国領事たちも悲しみをのべた。

また、桑原愛知県知事、杉戸名古屋市長ら、有志たちも弔問した。

吊花で飾られた遺影 ＝名古屋領事館＝

日本から玄米50万トン
韓国政府が決定 20―30年で返済

韓国政府は十四日、緊急時用の備蓄として日本から玄米五十万トンを来年中に借款方式で輸入することを正式に決めた。この決定について、韓国側は「緊急時用と価格安定用の備蓄が、韓国農民の非協力から百万トンの目標に達しなかったため」と述べている。

購入価格は国際相場より安く、十年据置き、二十―三十年にわたって返済するというゆるやかな条件になっている。

〝税制全面再検討を促求〟

【ソウル発】国会財経委はこのほど、財務部の監査でここ何年間国民の租税の負担率が上昇一路にあるだけではなく、過度な税減免特恵のために一般国民に対する租税負担はより一層加重されているという事実を指摘、合理的で総合的な改革のための税制の全面的な再検討を促求した。

民団人事

[illegible] 事務員 李敬如 十二月十日付

〔預金貸付〕
(単位：億円)
預金
貸付

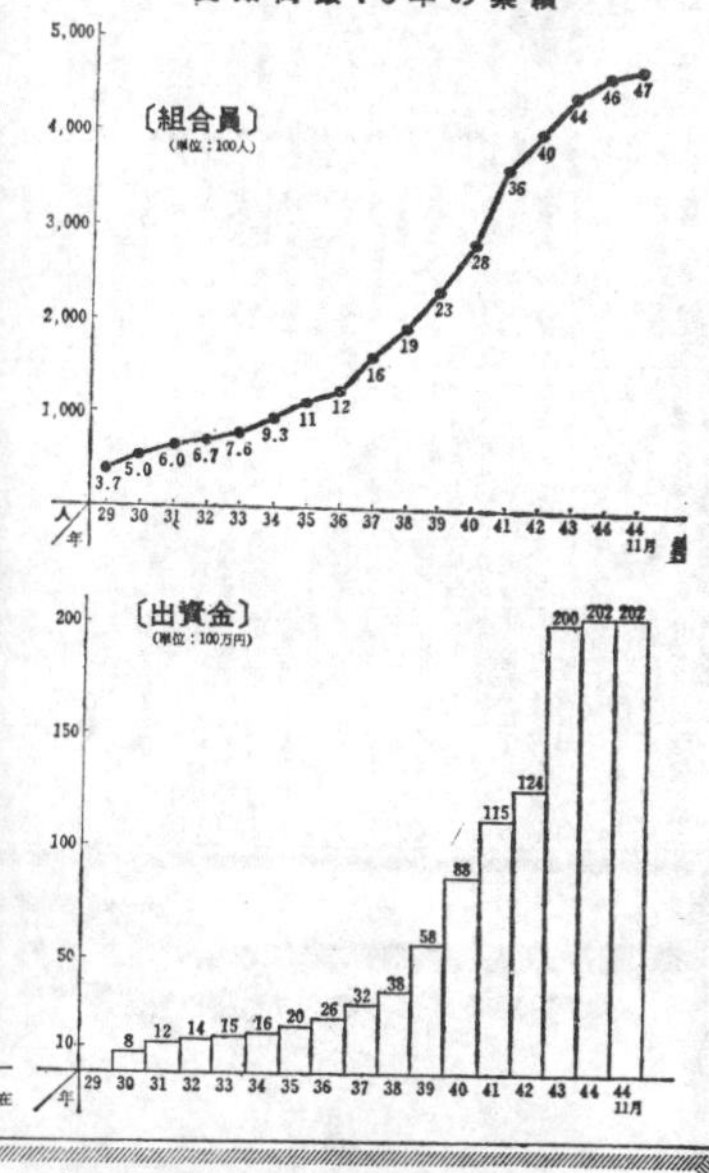

祝 みな様の御協力に感謝致します 祝

商銀役員一同

役職	氏名
相談役	張永駿
〃	鄭煥麒
理事長	姜求道
副理事長	金甲守
副理事長	白南斗
専務理事	李且竜
常務理事	落合照尚
〃	崔燦鼎
理事	李吉秀
〃	孫潤寿
〃	金麟九
〃	李春植
〃	姜秀根
〃	権会俊
〃	崔末燮
〃	鄭煥禧
〃	崔鐘五
〃	劉載圭
〃	金允鎮
〃	崔晃栄
〃	尹泰明
〃	張永泰
〃	金基淑
〃	崔正竜
〃	朴元熙
〃	張学出
監事	桃井雅次
〃	趙顕卜
〃	金相浩

大韓航空機（YS11）乗っ取られる

元山に強制着陸

江陵を出発後　スパイのしわざか

乗っ取られたものと同型のYS11機

北朝鮮スパイの犯行

この暴挙許すまじ

民団中央本部が声明

KNA拉北は二度目

11年前にもスパイが犯行

拉北旅客機乗員名

民団県本部重要日誌

祖国の正月　正月遊びとして古くから伝わっている板跳び。誰の心にもなつかしく生きている。

私達の成果見て下さい

愛知韓国学園で文化祭

韓学同文化祭　盛大に行わる

70年の情勢緊迫

韓国学生同盟東海本部　委員長　朴永吉

就任の弁

地◇味◇な◇話

裵春変

東海新報
発行所 東海新報
発行人 李春植
編集人 朴性鎬
名古屋市中村区鷹羽町3−56
電話名古屋 (571)6431
購読料 1ヵ月100円

民団綱領

一、我等は大韓民国の国是を遵守する。
一、我等は在留同胞の権益擁護を期する。
一、我等は在留同胞の民生安定を期する。
一、我等は在留同胞の文化向上を期する。
一、我等は世界平和と国際親善を期する。

民族史に輝く3・1精神

心新たに先烈から学ぶ

五十一周年記念集会

祖国の発展に寄与を

駐名古屋領事 文鐘律

民族の自信と誇り

民団愛知県本部団長 李春植

六十年ぶりに回って来た戌庚年

庚戌年の三・一節

(金翊根)

独立宣言文(要旨)

全国団長会議開かる

永住権申請促進へ

県下全役職員合同会議

入管法案 国会上程か

万博観覧会

新年会、盛大に

豊田支部誕生

早くも意欲的な活動

一日も早く永住権申請を終了しよう

永住権申請案内

協定永住権の申請期限は後一年余です。

在日同胞の皆さんが、日本で安定した生活を営むためには、ぜひとも協定永住権（又は一般永住権）を取らなければなりません。まだ永住権の申請をしていない方は、もれなく申請しましょう。そして、さそいあい、すすめあいましょう。

協定永住権を受けることによって

(一) 何よりもまず、これまで暫定的であった法的地位をはなれて、権利として日本に永住することができるよう保障され、

(二) したがって、協定永住許可を受けていない者や、一般外国人とはちがい、協定永住許可者は、ほとんどあらゆる場合において、退去を強制されることがありません。

(三) さらに、永住許可者には、海外旅行に必要な再入国許可における制限がなくなり、一家族が離散することのないよう、人道的な配慮が十分ゆきとどくようになっており、

(四) 子女の教育問題においても、日本の公立小、中学校への入学が権利として保障され、また上級学校進学においても、その入学資格が認定されることになっております。

(五) 生活保護を必要とする人には、従前通りに生活保護が受けられるようになっており、特に、国民健康保険に加入することができます。

(六) 外国人財産取得に関する政令の適用を受ける一般外国人とはちがい主務大臣の認可なしに土地・建物などの財産を取得することができます。

(七) 日本から永住帰国する場合には、自己財産の本国搬入または送金などが、協定上保障されております。

在日同胞の皆さん！

去る八月十九・二十日の両国間に開催された「韓・日法相会談」の結果、皆さん方が、安心して永住権を申請することができるようにいろいろの措置が講じられておりますから、一日も早く、永住権を申請されるよう、重ねてお願いする次第であります。

もし皆さん方の中で、永住権申請に関連して、質問または相談なさる事がらがある場合には、居留民団支部または愛知県地方本部（民生部）あるいは、駐名古屋韓国領事館、駐日大使館（第一領事課、または永住権申請案内室）へ直接来訪されるか、書信で同事由を問い合わせて下されば、必らずや皆さんのご期待にそえるよう、全力を尽す所存であります。

なお、皆さんの親戚の方々にはもとより、親しい隣人、知人の皆さんにも、永住権申請該当者は一人もれなく、この申請を完了できるようご協力下さることをお願いします。

一九六九年十一月日

駐日韓国大使館
駐名韓国領事館
韓国居留民団愛知県地方本部

北傀の兇計を粉砕しよう

コレラ菌密輸糾弾民衆大会

去る二月十二日、大阪市北区の扇町公園において、「北傀コレラ菌密輸糾弾全国民衆大会」が全国の各級組織代表一万五千名を集め殺人鬼金日成徒党とそのイヌ朝総連の野蛮行為をあますところなく暴露し、はげしい怒りをこめて決行された。

抗議文

決議文

乗客39人送還さる

大韓航空機乗っ取り事件

"わたしも大人の仲間入り"　成人式行わる

母国語を学ぼう　韓国学園

第十六回中央委員会召集

公　告

本団規約第三章第一節第十八条により左記の通り第十六回定期中央委員会を招集する。

記

日時＝一九七〇年三月十四日午前十時より十五日まで

場所＝大阪市天王寺区筆ケ崎町一七番地　信用組合大阪興銀大会議室

一九七〇年二月三日

在日本大韓民国居留民団中央本部

議長　朴　根　世

細菌密輸・航空機掠奪行為を糾弾する！

東海新報
発行所 東海新報社
発行人 李 吉 植
編集人 朴 佐 昭
名古屋市中村区…
電話名古屋(571)6431
購読料 1ヶ月100円

民団綱領
[illegible]

第16回民団中央委開かる

永住権申請促進を 全組織人が先頭に立つ

[illegible]

「民族中興の指標に」 朴大統領三・一節で語る

朴正熙大統領は一日、三・一節慶祝式において「三・一の歴史的教訓を民族中興のために新たな繁栄と努力の指標にしよう」と語った。

深い感銘を与える

第51周年 3・1節集会盛大に

在日本大韓民国居留民団愛知県地方本部(李春植団長)主催の第五十一回三・一節記念愛知県民衆大会は、去る三月一日午前十一時から名古屋市公会堂において県下同胞約三千名を動員して盛大に行なわれた。

梁完玉文教部長の開会の下で大会は進められ、在日韓国人教育憲章を朗読したあと、会長団を選出した。日帝の支配に抗して、政治・宗教・教育のあらゆる層から三十三人が独立宣言書の起草にあたった、いわば三・一運動の精神がくみとられる独立宣言文が成竜九副団長によって朗読された。

この後あいさつに立った李春植愛本団長は「今を去る五十一年前わが先烈は苛酷な異民族の支配を排除すべく徒手空拳で立ち上り、わが国が独立国であり、わが民族が自主民族であることを世界に宣布し、日本当局に強く反省を求め世界の世論に深い感銘を与えた」と当時を回顧するとともに、現在祖国が近代化をめざして躍進しているが、北傀のカイライ徒党が武装ゲリラを南派させたり、コレラ菌を密輸入したりの狂気じみた蛮行事を厳しく糾弾した。そして在日同胞の法的地位について「引き続き要求貫徹運動を推し進めるが、当面永住権申請を挙団的に推進していかねばならない。」と強調した。

続いて、顧問を代表して鄭煥麒

李春植団長

決議文

今日愛知県下に居住する在日韓国人代表三千名は、五十一年前にわが愛国愛族先烈たちが祖国の独立と民族の自由を争取するために旧日本帝国主義に対する挙族的な抗争に決起して、わが民族史に不滅の金字塔をうちたてた三・一独立運動第五十一周年記念日を迎えて、ここ日本国名古屋市公会堂において第五十一回三・一節記念民衆大会を挙行し、崇高な愛国愛族先烈たちの三・一精神を正しく継承し、在日韓国人の権益擁護を叫とする本団の内外的全ての懸案に対処していくため、組織整備を一度徹底にするものにするべく、大会の総意で次のごとく決議する。

一、われわれは、祖国の光復のために命を捧げた愛国愛族先烈の崇高なる三・一精神と高貴な教訓を再度銘記して、民族中興の祖国近代化事業に積極的に参与する。

一、われわれは、北傀金日成徒党の赤色侵略と非民族的蛮行を徹底的に粉砕して、民族の念願である勝共統一を成し遂げるために献身する。

一、われわれ在日韓国人を抑圧しようとする意図を内包している出入国管理法案の立法化に絶対反対する。

一、われわれは、永住権を取得して、われわれの既成権益を確保して、法的地位および待遇に関して引き続き全力を傾け

る。

一、われわれは、万博後援および家族招請事業を成功させ、国威を宣揚して国勢を拡張しよう。

一、われわれは、朝総連の民団に対する浸透工作と非民族的策動を強力に排除し、かれらの虚偽宣伝に幻惑されている善良な同胞を救出して民団に総結集しよう。

県本部顧問が記念辞を、来賓記念辞として文鎮律駐名古屋領事がそれぞれ行った。決議文・抗議文・朴大統領閣下に送るメッセージ、佐藤首相に送るメッセージを採択し、金允鎮顧問の万才三唱で第一部の記念式典を終えた。

第二部の記念映画会は、祖国の最新ニュース、総天然色35mm「七人の公主」が上映され、久しぶりの本国の映画鑑賞を心ゆくまで楽しんだ。

万博招請事業を推進

募金目標額完遂へ

[illegible]

…の目的を達成しなければならない。

しかし、現在はまず永住権申請促進運動に全力を傾けなければならない。

…従前通り一万名を本国から招請し目標額五十万ドルを確保して禍対策を強化することになった。特別委員会が…

万博後援事業は、わが民団が本国家族および親類を日本に招請することによって、両会の機会を与えるとともに民団組織の強化を期して、一万名の招請を決定して同事業を推進してきている。

ところが昨年十一月二十八日突然、当初の一万名招請を五千名に変更するとの本国当局の通告を受けた。これに対して当時呉大使および関係者と緊急会議をもち、善後策を検討した結果、十二月五日に関係当局者を訪問、さらに大統領閣下に陳情書を提出して万博事業の純粋性と組織強化に必要を説明し、従前通り一万名の線を確定するまでの時点の事態とある。

万博家族招請事業を推進することになった。

第十五回中央委員会にて決定、報告事項によれば、大阪に後援会事務所を設置して役員を構成し、昨年十一月から強力に募金運動を展開している。

この募金運動は、さる十月二十二日に開催された万博後援会拡大運営委員会において、目標額五十万ドルを策定して民団組織管内に割当し、経済人中心に募金し特に全国団長会議ならびに経済分科委員会を通じて、民団全組織があとおしをし、目標額完遂を期するよう強調してきた。

万博招請事業を推進することにおいて、本国政府の各関係部局との事務的な連絡と中央本部との連絡を迅速にする一方、参観団に関する本国内における全ての業務を執行するために、李成甫所長を任命した。

万博家族招請事業を推進すること

とにおいて、保安対策がしめる比重は大きい。特にこの機会に、北傀と朝総連がねらっている招請者と被招請者に対する狡猾な謀略工作に対しては、本団組織の総動員であるだけでなく、国家的な次元からも全組織力を動員して対処しなければならない。

各級組織は万博開会の九月十五日まで、保安対処において、全国に配置された保安指導要員を中心に、地方保安、現場(出入空港および万博会場)保安、輸送、案内誘導にわたる保安対策を確立しなければならない。

諸般事業のひとつである万博後援ならびに招請事業は、韓国館建立募金目標額一億八千万円の募金達成のために、各地方において順調な募金活動を展開しているが、今後地方組織も完遂をめざしていく。

万博に参観させる本国家族招請事業は、民生局と同じく複雑な問題が内包されているが、①、身元に対する保証、②、安定した旅費の完納、③、保安対策、④、国内同胞との紐帯強化、⑤、国威宣揚などに注力していかねばならない。

信用組合の育成

税務対策も論議

在日韓国人の企業育成、融資貸付のために、われわれの信用組合は各組合の役職人の熱誠的な努力と同胞大衆の要求と必要性にともない、近来飛躍的に発展を重ね韓信協傘下の各信用組合の今年一月末現在の預金高は総額七二五億三二九四万円にのぼっている。

二月二十四日に誕生した秋田信用組合を除き、現在長野、茨城、山梨など十県で新規認可を申請中である。

在日同胞商工人に対する課税攻勢は、最近とみに増し、同胞に大きな衝撃をあたえている。今後この問題に関しては、各地方本部および納税組合単位に実務者に対する専門知識普及に力を注ぎ、指導啓蒙に努力を続けていかねばならない。

教育委員会

第十二回中央委員会決定により二世教育全般の政策立案とその実施を目的とする教育委員会を設置し、現在、中央委員会特別委員会から離れて傘下団体として全国的規模の組織として拡大発展させるため継続して推進する。

韓国学校

東京韓国学校は、理事陣を改編して関係方面に新風を注入しつつ発展が期待される。京都韓国学校は、理事陣と学校当局が表裏一体となって、模範学校新築の準備を着実に推進しており、竣工の最終段階に来ている。大阪韓国学校は二千余万円の予算で百八十坪の校舎増築に着工している。神奈川県本部では、土地を確保して民族学校建設の準備にかかっている。

新年度韓国学校新入生数は、東京は小学三三人、中学五九人、高校七九人となっており、京都は中学三八人、高校一八人、そして大阪では小学四四人、中学三八人、高校五十人とそれぞれ第一次の募集では入学している。

留学生派遣

一九七〇年度自費韓国留学生募集は、全国四ヶ所で銓衡試験を実施し、志願者一六五名のうち一四二名が推薦された。内訳は、大学九八名、大学院および編入生が十六名、予備校が二十八名となっている。

このように文教局では、教育委員会を傘下団体として拡大すること、韓国学校を強化すること、在日二世を本国に留学させるなど、さまざまな方策がとられている。民族教育問題は、二世教育にとってもっとも重要な課題といわれるだけに、今後これらの方法がさらに質的に向上するよう各方面から期待されている。

特別委を構成

中央会館建立

多年間の宿願である中央会館建立は、一億円の建立基金を土台にして必ず成就させる。これにともない、中央会館建設特別委員会を構成する。

李麟基氏再選

軍人会会長

大韓民国在郷軍人会日本支会では、さる二十二日午後二時から民団中央会議室において第五回定期総会をひらいた。

同総会においては、全国地区代表が参加して別項のとおり役員を改選するとともに経過報告を承認するほか①新年度事業計画として第三回駐ベトナム韓国軍慰問団の派遣②在郷軍人会本部招請による母国訪問団の派遣③在日会員に政府からの定額金支給を推進する④在日会員の永住権申請は完了した。⑤新年度予算案〈五一三万円〉の審議(可決)などがあった。

最高顧問大使李厚洛 顧問公使金在権 顧問参事官許亨淳・韓国新聞社長鄭畑和・日韓経済協会事務局長金学鳳

会長 李麟基(留任) 副会長 趙基南(〃)・池復鎮(新任) 事務局長(保留) 参事 朴道学、李泰男、李根根、金泳水、朴英甫、金文栄、金斗元 監査 朴明煥、八イ光道

監察委研修会

万博保安問題を協議

現在挙団的な事業のひとつとして推進中の万博家族招請事業は活発に進行しているが、本国から一万名に及ぶ家族を招請するとあって、その保安問題は重大である。

敵対陣営たる朝総連からの妨害な妨害工作が浸透させないために、監察委員たちの活動と役割は大きく要求されている。

来たる三月十八日から二十一日まで本国で、反共教育をかねた万博保安教育を研修する目的で、全国監察委員研修会が開催されることになった。

愛知県本部からは、鄭昌実(県本部監察委員)金年成(中村支部監察委員長)の両氏が参加している。

韓国パビリオン

アジアで初めて開かれる歴史的な"日本万国博覧会"は、大阪の千里丘陵を舞台に世界七十七ヵ国が"人類の進歩と調和"をテーマの下に参加して去る三月十五日その輝々しいスタートを切った。

この博覧会には祖国大韓民国も積極的に参加して、わが国の固有の文化、産業、科学を紹介して躍進韓国の威容を大きく宣揚しようと早くから"韓国館パビリオン"建立に意欲的な努力をしてきた。

本国政府においては、この万博をさらに効果的に運用するために韓国館建立に総予算二百万ドルを計上、そのうち政府負担として百万ドルを決定して本国経済人に五十万ドルを割当、そして在日韓国人の負担額として五十万ドルが割当され、挙国的な大事業に直接寄与献貢できる道を与えた。

韓国館パビリオンは"深い理解と友情"をテーマに設立され、わが国の固有文化と産業、科学を紹介することによって、近代化に邁進している韓国の威容を誇っている。韓国館は万博会場のほぼ中央お祭り広場と水鏡広場の間に位置し、二ケの展示館とその外側に二十八本の円柱で構成され、内部は大韓民国の躍進する国家の未来像である平和の船、各種展示品と韓国の力強い今日の姿を画いた現在館、国宝や固有文化産物が展示された過去館などから成り立っている。

団長に崔載錫氏

豊田支部 三機関正式に決定

管下豊田支部は、さる三月七日の結成大会によってそのスタートをきったが、このほど三機関が正式に決まった。

崔載錫団長

朴性俊議長

田炳旭監察委長

執行機関
団長 崔載錫
副団長 呉長会
〃 鄭乃善
事務部長 朴鎮燦
総務部長 朴仁俊
文教部長 河炳市
組織部長 徐基成
宣伝部長 金鉄均
経済部長 朴世昭
民生部長 田炳燦
執行委員 朴外順
〃 崔柄竜
〃 金正燦

監察機関
監察委員長 田炳旭
監察委員 朴東信
〃 金成照

議決機関
議長 朴性俊
副議長 呉鐘羽
〃 陳作文

顧問機関
顧問 河台洪
〃 朴相酒
〃 鄭優寿
〃 李四用

豊橋支部定期大会終る

金八道氏を団長に選出

豊橋支部では、三月二十二日支部二階講堂において、県本部成竜九副団長兼組織部長、鷹森(?)議長外支部代表団員のもと九一名の団員を集めて、第四回定期大会を開催し、選挙の結果次の新役員を選出した。

規約における各月支部大会期を早めて各支部属下会期の支部大会を開いたのは、朴鳳仁団長の長期本国旅行の予定のために開かれたもので、定刻1時から午後5時過ぎまでの六時間を、熱烈な討論と規約的運営によって整然と進められたことは、支部発展の望ましい姿現象として歓迎される。

団長 金八道(元団長)
議長 金時道(前議長)
監察委員長 朴元煕(元副団長)
事務部長 金鶴龍(前事務部長)

尚三機関の役員は、各機関長が数日中に最終決定するとともに割当ての地方役員の代議員は三機関で早期に協議の上に選任するよう一任された。

とうかい

日本万国博が、大阪の千里丘陵でその幕をあけた。世界七十七ヶ国、国際機構、州などを含めて九一ヶ国が参加しており、文字通り"世界の祭典"である。万国博正式には、国際博覧会にもとづく第一種一般博覧会というのだそうだ▼博覧会の会場三百三十万平方米の広大な敷地には、あざやかな色彩とすばらしい曲線を画いたーパビリオンがいくつも立ちならび、さながらおとぎの国か、未来の領土に足をふみ入れたかと錯覚するくらいである。独創的な原案をいくとおもスケッチし、複雑な構造計算をコンピューターを使って処理したしたろう。屋根を上から糸でつるしたかっこうのオーストラリア館、巨大なソ連館、柱を一本も使わず空気で屋根を形づくっているアメリカ館、お国の民族性を浮きぼりにしたアジア、アフリカ館など話題に事欠かない。欲張って全部歩きまわりたいのが人情だが、足と相談してみなければなるまい▼万国博では、また、さまざまな催し物がくりひろげられる。会場のお祭り広場では、ナショナルデーとして各国が民族舞踊をおりなす。水上ステージでは、水上カーニバル、万博ホールではポピュラーエキスポランドにある野外劇場では、各国の青少年たちの音楽会、場外のフェスティバルホールでは、クラシックというぐあいに、世界の芸術が一同に会すわけだ。人々が皮膚の色のちがい、民族国境を越えて、芸術交歓しあうのは有意義なことである▼しかし、もっと楽しいのは、本場の外国料理が食べられるところにある。「フランス料理」「イタリア料理」「インド料理」に舌つつみをうつ姿を想像するのは、なんとも結構ではないか。食い道楽ならずも、世界の全ての料理を征服してみたくなる▼万国博は、こんな具合にわたしたちに夢と希望をあたえるが、同時にその戒戒も考えておかなくてはなるまい。日本万国博のテーマは「人類の進歩と調和」であり、技術化、科学化にともなう現代社会のひずみがりとどうしても生ずるヒズミをどうやって融合していくのかをいったものである。社会は著しく発展したが、まだまだ人間の世界には問題が山積みしている。人類は今後ますます進展しつづけ、やがて万博パビリオンさながらの未来都市を形成していくだろう。こんな時になって機械が人間を統導しないかを恐れたってはじまらない。調和をいかになくしていくか、努力していかねばなるまい▼さて、日本万国博にはわが国も積極的に参加している。テーマは「より深い理解と友情」で陶磁器など民芸品の展示と、現在の韓国の発展した姿が紹介されている。韓国パビリオンのまわりは、祖国近代化を象徴する十五本の柱が勇壮に立っている。わが国の進む道を、直截に表現していて理解できる。日本の国民のみならず世界から観衆が訪れるというから、この機会を通じてどしどしPRすることだ。

意義をたどる必要も

ハングル専用教科書の発刊

㊤＝ハングルの創始者である世宗大王の銅像。
㊦＝新しく発刊された教科書には漢字がなく、ハングルだけである。

金山日本大使に覚書

外務部 北韓往来許可方針に抗議

愛知日本外相に取消を要求

李大使

四閣僚を更迭

新長官略歴

国税庁69年度 高額納税者発表

個人姜錫鎮氏、法人石油公社トップ

ソ連人の入国許可

新研究所長に李言求氏就任

本国論調

歴史的経験を忘れずに

現時期の米軍撤収論は危険

国民総務会、入管法不提出を決める

北韓の実体

六六年ごろから深いミゾのできていた北韓・中共関係は、昨秋から好転のきざしをみせはじめ、今年にはいってからは相互間で友好気運が濃くなっている。こうした動きの最も如実な転換点は昨年十一月の佐藤・ニクソン声明であったようだ。これを機に、以前から激烈にくり広げていた"日本敵視宣伝戦"はいっそう猛烈たるものとなり、最近平壌と北京は日本に対する敵がい心でいっぱいである。両国とも最近、アジア地域に増大しつつある日本の経済進出を"軍国主義"と呼び、手きびしく反日宣伝を展開させているが、平壌の方が北京よりもいっそう顕著な論声を浴びせかけている。

最近の平壌と北京の関係をみる

日本の進出を非難して接近か

晴れやかに巣立つ学園生

韓国人として誇りを
第四回愛知韓国学園卒業式

第四回愛知韓国学園卒業式は、去る三月十九日午後七時から同校講堂に、学園生や父兄百余名りが集い厳粛なうちにも熱っぽいふん囲気のなかで行なわれた。

まず徐載君学園長が、教育憲章を朗読した後学校側を代表して卒業生に激励の言葉を送り、鄭煥麒理事長、李春植愛本団長がそれぞれお祝いの言葉を述べた。

恩師をまじえて記念写真をとる今年の卒業生たち

これにこたえて、今年卒業する十八名の生徒を代表し、呉正雄君が「三年もの長い間、いくどか学園に来るのをやめようかと思い悩んだことも度々ありましたが、自分の国の言葉を学ぶために歯をくいしばってがんばって来ました。今日卒業するにあたり、はっきりと誇りをもって韓国人として生きていけると思います。」と立派な韓国語であいさつをのべた。また在校生を代表して洪一[illegible]君が、「今後も学園のことを忘れず、陰ひなたにアドバイスしてくれるようお願いします。」とのべた。

卒業にあたって　李絹江

月日のたつのは早く、私が学園に入学して約三年、長いようで短い日々でした。ただ漠然と親から「行け！」と言われて顔を出し、「アボジ、オモニアンニョンハシムニカ。」こんなちょっとした言葉でさえ満足に話せない私に、祖国へ行く勇気を付けて下さいました。

話に聞いていた祖国、目で見た祖国はあまりにもひらきがありました。日本語は多少通じる。日本から来たといえば、誰でも日本語を使ってくれる。こんな甘い考えの私は、祖国に足を踏み入れ……あまりにも未熟なハングル……名だけの韓国人、そんな気がしてなりませんでした。

でも現在の私、読む事、書く事、話す事そして韓国のチング、仲間、苦しい事、楽しい事ひとつひとつが良き思い出として、私の心の中に残るでしょう。

李淳康

今回、第四期の卒業式を行なうことになりました。

私がこの学園に入学した時、やさしく声をかけてくださり、今では"ヌニム""ヒョンニム"と呼び、一緒に悩みそして時にはケンカもした先輩、私はいやこの学園に来ている二世、三世はなにかを求めてくるはずだと思います。それが、韓国語を学ぶためであっても、たとえヒマつぶしであっても韓国人としての自信をもつためであっても、私はそれでもいいと思います。

でもそのなかで、私はすごくすばらしいものを見つけたと思います。それが何であるかは、はっきりと自分自身わかりません。私はこの学園に来る前は、さびしいと思った事もありました。でも、今はちがいます。私には、同じ二世三世の友達、兄弟がいます。今卒業生の"ヌニム""ヒョンニム"には心から"カムサハムニダ"と一言のべ、これからもこの韓国学園を忘れることなく、そしてわたしたち在園生は、まだこの学園を知らない二世・三世の兄弟たちにこのすばらしい場を知らせてあげたいと思います。

（いずれも"無窮花"より）

新規旅券発給さる
旧旅券は全面切替え

外務部は旅券法一部改正にともない、一九七〇年一月一日以降、新規旅券を発給するようになった。

これにより、在日同胞も新規旅券を受けているが、一九六八年七月十五日以前の旅券（外務部発給のもの）は有効期間を更新する場合、新規旅券申請と全く同じ手続をふまなければならない。尚詳細は次の通りである。

1、旅券更新は、一九七〇年一月一日から領事館経由で大使館から"同胞旅券"として更新発給する。

2、新規旅券は、従前通りKJ番号と共に、旅券最終ページに印刷される。

3、既に発給されたKJ旅券は原則的に、有効期限まで使用し、期間完了と同時に新規旅券に切り替える。

4、一九六八年七月十五日以前外務部で発給されたKJ旅券の更新発給は、従来の新規旅券申請と同様の手続による。

5、一九六八年七月十五日以後駐日大使館で発給されたKJ旅券の更新発給は、従来の新規旅券申請と同じ手続であるが、戸籍謄本と中央の推薦状は不要。

韓国館開館式
関係者千名が集って
エクスポ70

テープにハサミを入れる李大使夫妻

韓国館の開館式は去る三月十三日午後三時から、李厚洛駐日大使、菅野万博協会副会長、中馬大阪市長、それに李禧元民団中央団長をはじめ関係者千名あまりが集うなかで盛大に行われた。

金鎮弘駐大阪総領事が、万博本部長として開会の辞をのべたのに続き、韓準石公使が万博政府代表として韓国がエクスポ70に過去のニューヨーク・ワールドフェア、モントリオールエクスポ67よりもはるかに大きな規模でとりくんでいることを発表し、韓国館建立に関係してきた各位に感謝の意を表わした。

また万博最高顧問である李厚洛大使は「今度のエクスポ70はアジアで初めてもたれる世紀的行事であるだけに、われわれアジア諸国は特別の関心と期待をもたざるをえない。」と前置きして「地理的、歴史的にも最も近い国として政治経済、文化、社会のあらゆる面にわたり、不可分の関係にあり、六十万同胞が日本に居住している事などを考えると、われわれは大阪万国博を意義深く感じます。」と祝福しながら「人類の進歩と調和というテーマを通じて、人類の文化と福祉の向上を願いつつ、韓国館は"より深い理解と友情"を世界の人々に知らしめ、国力を誇揚するために全員が結束して貢献するように」とあいさつをのべた。

このあと、[illegible]、日本を代表して中馬大阪市長、菅野副会長がそれぞれ祝辞をのべ、さいごに李禧元民団中央団長が次のようなあいさつで式を結んだ。「祖国大韓民国が万博70をいちはやく参加することを決めると同時に、在日同胞も在日韓国人万博後援会を組織して、本国と手をあわせてとりくんでき、韓国館の完成をみることは喜びにたえません……。この開会式において責任の重大さと韓国民としての誇りを感じながら、さらに全力を尽くすことを誓います。」

そして、李大使夫妻、中馬大阪市長、菅野万博協会副会長らによって、韓国館を開くためのテープにハサミを入れ、式はとどこおりなく終った。この日の式典に参加した参加者一同は、このあと館内をみてまわり展示品や館内を心ゆくまで観賞した。

この開館式には、愛知民団からも、李寧福団長、鄭煥麒顧問・金元鎮顧問ら多数が出席した。

"韓国デー"に丁一権総理も

五月十八日は、"韓国デー"として丁一権総理が政府代表として万博会場を特別訪問する予定であり、この日は韓国の古来から伝わる伝統行事など数々の催し物がくりひろげられる。

今のところ、三十名の舞踊団が三日つづけて古典民俗舞踊を行ない、万博きっての人気と期待を呼ぶことだろう。

人気ある韓国館

大阪万国博の展示館は、すでに百万を突破しているが、[illegible]館では毎日長蛇の列を組む程の盛況である。そのなかにあって、わが韓国館の人気をこのところうなぎのぼり、特にその民族的な出し物は評判が高い。

学同大会
新委員長に尹秀彦君

一九七〇年三月八日（日）午後一時より愛知韓国学園にて、第四回韓学同東海本部定期大会が挙行された。朴永吉前委員長の昨年度一年間における活動を総括する中で、現在の在日同胞を取り巻く問題から、七〇年代展望、並びに、個々人の韓民族としての主体性確持といった観点からの感銘深い「委員長人事」があった。このあと、活動方針説明、審議と進み、次の三項が主要目標として確認された。

一、韓学同東海本部組織を拡大[illegible]発展し、根強い闘争を強力に推進する中で七〇年闘争へ内包する。

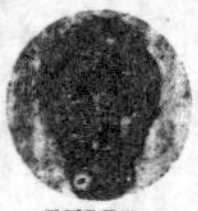

尹新委員長

一、日本の学園を通じて、学生としての民族主体性を強化堅持すべく民族文化探求を図る。

一、在日同胞社会における、民主勢力の先頭部隊として自からを位置づけ、民団民主化を志向する。

そして新委員長選出に入り、満場一致の拍手で、前愛知県本部で副委員長を勤めた、尹秀彦君が選出、今後七〇年代に入り、様々な矛盾が同胞を取り巻いている時、韓学同の果す役割は何か、といった趣旨のもと、決意新たな新委員人事があり、新執行部人事、活動方針案は満場一致で承認すると共に大会を無事終了した。

この後、新委員長は本年度の新執行部を率いて[illegible]していく。

韓青中央本部主催の第六回全国冬期講習会の全体写真

韓青の大きさに感激
名西支部　朴信男

初めに、韓青全国冬期講習会に参加できたことを大変嬉しく思い、そして御世話になった先輩諸氏に心から感謝と御礼を申し上げます。

まず感じた事は、「韓青」という組織の大きさと、遠くから来ている同胞の皆さんの熱心さに驚きました。そして同じ目的に向かって進む各同志が持つ親近感が感じられました。

今までの自分を振り見ますと、学生の頃は特に、回りの人達が皆日本人であったので、自分が韓国人であると言うことを、時々忘れていた様に思います。それが、この講習会に参加したことによってなくなり、これからの、自分が歩まなくてはならない道がはっきりと把握でき、自分が韓国人であるという当然の自覚を心新らたに持てたことが最大の収穫であると考えます。

まず具体的に考えていることは、①韓青活動にできるだけ参加し勉強すること。②できる限り、通名を使わずに本名を使う様にすること。（これは先輩達が行なって来た様に、急にできることではないので、徐々にやっていきたいと思います。）③韓国語を勉強すること。（これは今、韓国学園に行って勉強中です。）またこの他いろいろあることと思いますが、身近な問題として、この三つの事柄を、完全に実行することによって、今持つことのできた自覚を忘れないようにしたいと思います。

セミナーについては、初参加であり勉強もしていなかったので、わからないことが、いろいろとありましたが、これはこれから勉強することによって、理解できる様になると思います。主題である"韓民族の現代史に主体的な参加を"というセミナーの中に、いままでまったく聞いたことのない事実がいろいろあることに、気が付きました。特に日本人の一方的な理由で、強制的に日本に連れてこられた、我々の両親達のことを聞いた時には、腹から煮え繰り返るような憤りを感じました。

こうした事実を、正しく理解することによって、現代史に少しでも触れることができることと思います。そして出入国管理法案の問題等々、知らなくてはならない重大な問題を、このセミナーで学ぶことができたことも大きな収穫であったと考えます。又、民族的討論では、皆さんの貴重な体験談や、これから我々が、解決して行かなければならない問題を教えていただき大変参考になりました。

表さに、こうした数々の教えを、踏み台にして、自分が少しでも人間（韓国人）として、大きく成長していきたいと考えます。

もその印象が鮮烈に焼きつく位の成果を納めたいものです。

指導に工夫が欲しい
東中支部　金清子

此の度韓青中央本部主催の第六回全国冬期講習会に参加して感じた事は、

第一次目的である講義の方が達成的な意味でよい成果を上げられなかったという事（Bコースの場合、講義の内容そのものより、その進め方に問題があるように思われた。

プリントを配布する事はいつの場合にも行われる事。

さて！説明する段階になると、まるで歴史の本を丸暗記しているかのごとく、これでは我々受講生は意欲を無視せざるを得ない。

すばらしい講義を探求しているのではなく、初心者にも"なるほど"と気づける何かを納得するのである。

一昨年中部地区の講習会に参加しました。これには初参加ということもあって[illegible]の中で何か新しいものがありました。それゆえ今度の冬期講習会は中央主催ということもあってより以上の期待をかけましたが、三日目には講義時間が予定の半分に短縮されるという時間のルーズさも伴って期待どころか失望させられました。

たとえ素人であっても講師という名で講義するならば、[illegible]、そして目的地をはっきり伝へしかも"自分が舟をこぐんだ"という自覚を持って川を渡る、こういう船頭さんであってほしい。

講習においても四百五十人もの熱気が集まる一室では人の意見を聞くという状態より、[illegible]、三日間通しても、講師のみならず我々受講生も多分に反省すべき点がありました。

次回の講習会は[illegible]

佐藤首相におくる　メッセージ
3.1大会で採択

佐藤総理大臣閣下

本日われわれ愛知地区に居住する在日韓国人三千名は、わが民族史上永遠に輝く三・一独立第五十一周年記念日を迎えるに当り、ここ名古屋市公会堂に参集して、人道と平和と正義の道標をうちたてた、わが愛国先烈たちの崇高なる精神を継承することに依り、自由と独立と繁栄を守ることへの民族的決意を新たにしながら、在日韓国人の日本における人権と生存権を正当に守る為の、第五十一回三・一節記念愛知民衆大会を開催し本大会の総意に基づき、閣下にメッセージを送ることを光栄に思うものであります。

佐藤総理大臣閣下

われわれ在日韓国人は、西紀一九六五年韓日条約締結以後、互恵平等の立場で相互の繁栄を願い、友好国家の国民として、日本において日本国民と同等な納税者であることと自然的条件で、永住することに照し、大韓民国国民であるばかりでなく、日本社会の構成員として深い自覚をもって、尊敬と信頼を得るような生活を営み、日本国民との友好と親善を増進することに全力を注いで来ましたが、今[illegible]に対し、[illegible]、出入国管理法案を上程するという動向に対し、誠に遺憾に堪えず、閣下の御配慮が強く要請されている次第であります。

（以下次号につづく）

ソウルの旅情

▽…あざやかなソウルの夜景…▽

ソウルの概観

ソウルは一三九二年李王朝初代の太祖によって首都と定められるまでは、小さい町に過ぎませんでしたが、王都となってから五七七年の歳月を経た今日では面積六一三平方㌔、人口四五〇万を擁している現代的な大都市となりました。

ソウルは韓国の政治、経済、産業、教育、学術、文化など、あらゆる面でのセンターであります。

東洋的な壮観を誇る李朝時代の王宮は、市内のホテルから歩いて行けるところにあり、韓国古有の音楽舞踊なども常に催されて昔日のわだちが刻まれているのを感ずることができます。

悠々と流れて海へそそぐ漢江はソウルの南を横切り、両岸の山々は、あるいは高く雄壮に、あるいは低くなだらかに市街をとりかこんでおり、中でも街の中央に聳えたっている南山にのぼれば、美しいソウルの全景がパノラマのように展開されます。

ソウルにはモダンなホテル、レストラン、映画館、ナイトクラブなどがたくさんあり、また、りっぱな音楽会場、博物館、ギャラリー、各種のスポーツ施設など、すべてが備わっています。

年中殆ど、空は青く明るく、日光は南仏のようにすがすがしくきらめき、山紫水明な自然の色、季節の移りゆきの微妙な変化などは、絶えず……。

どれもこれも、皆様に旅先きの不便や心細さのかわりに心のやすらぎを覚えさせるに違いありません。

なお、国交正常化後、大手商社や銀行、報道機関など、お国からの進出が目立っており、その支店や支局が繁華街のビルに設けられています。

ソウルの名所

徳寿宮（Duk-Su-Kung）…ソウルの中心部にあり、李王朝時代の古い王宮の中で最もよく保存されてきたものであります。徳寿宮内の建物は、国立博物館や美術館として使われているところもあり、そこには韓民族の歴史を物語る幾多の資料や美術作品が展示されています。

優雅な王宮の広い庭園は、春には花が咲き誇り、夏は蓮池が清雅に彩られ、秋は菊の香も芳しく冬ともなれば池上スケーターがすべるなど、四季を通じて都市生活に疲れた市民の憩いの場所となっています。

景福宮（Kyong-Bok-Kung）…中央庁（政府の庁舎）の裏手にあるこの宮殿は、歴代の王と王妃、それに内侍や女官などの住んでいた建物が美しい庭園とともにそのまま残っていて、そぞろに昔を偲ばせます。

昌徳宮（Chang-Duk-Kung）…一四〇四年に建てられたこの宮殿は、広い城内のあちらこちらに立派な建物がいくつもある大規模なもので、いまでは観光客が跡を絶たず訪れています。

李王朝最後の王妃である尹妃は、ここに長らく……ていたが一九六六年亡くなりました。

秘苑（Bi-Won）…もと、王宮の庭園であり、一七世紀の初頭李太祖のとき造られたもので、約八万坪の広い苑内には常緑樹がこんもりと茂り、奥深い谷間の丘陵、散在する瀟洒な楼閣、鏡のような静かな池に咲きほこる花蓮など、庭園美の極致を極めた仙境ともいえます。

心の温かさと情の細やかさ　韓国女性の美しさ

社会のあらゆる分野に活躍

貞淑と烈烈は、韓国女性の伝統的な美しさの代名詞といわれてきた。内面の細かさ、情の深さをもっていることはたしかであるが、近代化の波とともに韓国女性は内にとどまらず、地位の向上をめざして社会のあらゆる分野に進出してきた。家庭の母として、また働く女性として、韓国女性の昨今の活躍はめざましく、特に国防の一担を担う女軍、文学活動、教育、スポーツの世界などに眼を見張るものがある。そこには、明るく純朴な女性が生まれて来ている。

▽…歴史的な美しさ

韓国女性の美しさは貞淑と烈烈にあると昔からいわれて来た。これはいいかえれば無口であり、冷……

한국 선수단 주장 심 풍옥(14번) 양이 회일 제2회 아시아 여자 농구선수권 대회에서 우승 트로피를 받고 있다

アジア大会で優勝した時のバスケットチーム

□…伽倻琴を弾く女性…□

▽…解放と女性

▽…新刊紹介

東海新報

発行所 東海新報社
発行人 李春植
編集人 朴作佑
名古屋市中村区鷲ノ津町73－56
電話名古屋（571）6431
購読料 1ヵ月100円

民団綱領

一、我等は大韓民国の国是を遵守する。
一、我等は在留同胞の権益擁護を期する。
一、我等は在留同胞の民生安定を期する。
一、我等は在留同胞の文化向上を期する。
一、我等は世界平和と国際親善を期する。

永住権促進に重点

万博招請は保安の強化へ

地方委を迎えて

…以上の権利を取得することが先決であることは論を待たない。

万博招請事業は既に二万名を本国から招請するが決まっており、その第一陣が先頃大阪に到着したところがこの機会に、北傀と朝総連が招請者あるいは被招請者に接近し、懐うつなだき込み工作を企画している。このため招請にともなう保安問題は、厳重かつ慎重に対処しておかねばならない。

万博はとにかく九月十三日まで開催されており、現場ないしは地方においてもあらゆる面での保安を確立しておかねばならず、敵対陣営たる朝総連からの好ましからぬ工作を浸透させないことが肝要である。

来たる五月の愛知地方委は、これらの問題を焦点に論議が進められるだろうし、先きの第十六回中央委員会の事件が追認されることになろう。

…積極的に打ち出し現在に至っている。

協定永住権申請状況は二月末現在、十七万余人となっているが、今後残された期間内に全ての同胞が申請をすますよう全力をかけていかねばならない。このため民団は宣伝侍案を強化すべく実務要領を作成して広範な活動、例えば日本の新聞やテレビなども活用して展開する考えである。

協定永住権を取得することによって、①権利として日本に永住することが保障され、②ほとんどあらゆる場合において、強制退去されることがなく、③子女の教育問題においても、日本の公立小・中学…

李春植団長

人気を呼ぶ韓国館

韓国デーに丁総理来日

丁一権国務総理

大阪万国博の観覧者はさる十九日、すでに二千万人を数えているが、韓国館は会場のほぼ中央近くのお祭り広場と水照広場の間に位置する好条件もあってか、日平均四万人の入場を数え、つねに上位の人気をたもっている。

ところで来たる五月十八日は、いよいよお待ちかねの韓国デーがくりひろげられることになっている。これは連日お祭り広場で行われてきている世界各国のお国自慢の催し物であるが、韓国はこの日に、十名の舞踊団をふくむ韓国の民俗芸術団をくり出し、古来から伝わる伝統行事を花々しく実施しようと準備に余念がない。おそらく十八日の万博会場は韓国色に塗りつぶされることだろう。

本国政府はこの韓国の日に際して、大統領代理として丁一権国務総理と両国協力者をはじめとする一行十名を参席させることになっている。

民団としては、一行を歓迎して、全国的規模で動員を計画しているが、特に十八日の韓国の日、参観には中部・近畿、全国団長会員、万国博協賛会、特に近畿地区の在日韓国人学校生徒などを動員して積極参させる予定である。

またこのあと政府主催のパーティーがロイヤルホテルで内外の関係者五百名を招待して行われることになっている。

万博客を韓国に

本格的な観光シーズンを迎え、今日の万国博覧会を通じてわが国をおとずれる外国人のあしげがぐんとふえてきた。三十日法務部出入国管理所集計によれば、三十日までの十六日間の間の入国者数は合計で五四九〇名となっており、この間の観光客の数は昨年度の二二〇九名より…

湖南高速道路建設着工へ

木浦空港がオープン

強い精神力で武装を

朴大統領、海の勇者に諭事

朴大統領は十日午前、第二十四期海軍士官学校の卒業式へ参列、論事を通じて「われわれは北傀の侵略企図に対処して、全面攻撃であれ、ゲリラ浸透であれ、いかなる敵の進攻をもただちに撃退できる万全の態勢を常にもっていなくてはならない」と強調した。

朴大統領はまた「軍人の使命は祖国と民族を守護するためならば生死を越えた立派な犠牲精神と祖国愛でもって、世俗的な誘惑に屈しない強い精神でもって武装することである」と語った。

朴大統領は続いて「忠武公の教訓を一生の座右の銘として、より大きな祖国の発展を促進する、海の勇士」となるよう望む」と結んだ。

朴大統領はまた去る四日の郷土予備軍創設二周年目を迎えて次のような談話を発表した。

「北傀の侵略を粉砕し、共産スパイ活動を完全に封鎖するためには何よりも官民が一致団結し、汎国民的相互協和体制を確立せねばならない。」

共産の結束に対処

崔圭夏外務部長官は東南アジア四ヵ国の巡訪を終えて十日夜、KAL機で帰国、金浦空港での記者会見で次のように語った。

「わたしはラーマン・マレーシア首相、チュー南ベトナム大統領、タノムタイ首相、蒋介石国府総統など各国首脳たちと会って、これらの国家との共同関心事について存分に意見を交換した。特に最近のアジア共産諸国の結束は、韓北島をふくむ東北・東南アジアの自由陣営諸国の安保に大きな脅威になっていることに意見の一致をした。なおラオス・カンボジアなどベトナム隣接国家の情勢が安定することが肝要で、これはベトナム戦争の解決にも役立つことになろうということでも意見が一致したが、アメリカなどで論議されたカンボジアにたいする韓国軍派遣問題論議などは全く出なかったし、またベトナムからの米軍撤収にともなう駐南ベトナム韓国軍撤収問題なども論議されなかった。」

乗客救出に成功

乗っ取られたＪＡＬ機

金浦空港

赤軍派学生に乗っ取られ韓国ソウル郊外の金浦空港にクギづけにされていた日航機「よど号」（石田真二機長）の乗客、スチュワーデス一〇二人は、三日午後二時十六分、事件発生以来七十九時間ぶりに監禁状態から解かれ、機外の自由の地に降り立った。

犯人側が一般乗客の釈放に同意した午前十一時十分すぎから、韓国政府が差し向けた韓国人の医師六人、看護婦九人が搭乗口から機内にはいり、乗客全員の健康診断を行なった。

正午すぎにはタラップを降ろすと思われた、救出作は、乗務員の交代をめぐり、犯人側と日航、政府側の主張が対立したため、当初予想された時間より大幅に遅れた丁国防部長官は、石田機長ら七人の乗務員の対労を理由に、全員交代を強く要求したが、犯人側はこれもこばみ、午後二時二十分乗務を変えないことで受け入れるとともに、ただちに荷物の積みおろしが再開され、午後二時十五分作業が完了した。

同二時十八分、山村次官は白旗をつけたジープに乗って「よど号」のタラップ横に到着、まず乗客とスチュワーデス五十三人が空港に降り立った。

午後二時五十九分、日本山村次官は乗客の身代わり人質となるため「よど号」に乗りこんだ。これと同時に第二陣の乗客も降り始めた。

二日夜の日航機で届けられた薬品は、政府の対策本部に届けられさらに空軍の手によって「よど号」に届けられたが、長時間を耐えぬいた乗客九十八人とスチュワーデス四人は、空港で記者会見のあと出迎えの日航特別機「ひだ号」で日本へ無事到着した。

政府は三日「よど号」から乗客が降ろされれば、出入国規程第二十一条の仮着上陸許可公理により入国を認可した。

また政府スポークスマンは三日正午前、日航機乗っ取り事件の解決にさいし「乗客全員を救出する…

機外の自由の地に続々降り立つ乗客

日本政府、韓国に感謝の意

本国論調

中共・北傀共同戦線

看過しているタイデ議員

第十四回「新聞の日」標語

国家と民族とともに伸びる新聞

韓国新聞協会と新聞編集人協会と通信協会および記者協会など四言論団体は、四月七日の「第十四回新聞の日」を迎え、今年の新聞標語を「国家と民族とともに伸びる新聞」と決め、六日午前十時三十分から新聞会館講堂で記念大会を開いた。そして次のような宣言文を採択した。

「国家の文化構造は、その国の存立与件によって規定される。文化構造の一形態としての新聞は、無色透明な空間の中でぼかして存在するわけにはいかない。民族が道理に暗くなれば、われわれの新聞はこれを仿って、国家が危急存亡に至れば新聞は警鐘を打ち鳴らしてきた。新聞がその理想を失して動揺した時、民族がこれを叱咤した。

われわれの新聞は、民族とともに呼吸しながら、国家とともに永続することが生きるという教訓を伝統によって理解する。今日七十年代の最初の新聞週間において、われわれは国家とともに民族とともに伸びる新聞の確固たる姿勢をもう一度確認するわれわれの新聞の理想は、国家の悠久たる命運の中に、民族の生きている意識の中に開拓していかねばならない。」

外国から借款

導入者に課税

十八日のソウル放送によると、政府は十七日の閣議で、外国から導入する現金借款の金利と国内一般貸出金利との差に課税し、借款導入者から取り立てる「臨時金利平衡税法案」を決定した。

同法案によると、外国政府または外国商社から導入する現金借款と物品に対し、借款金利と国内金利との差に三〇％の税金をかける。韓国の現在の貸出金利年二四％、借款金利が一〇％の場合、その差一四％に三〇％の税率をかけ、四・二％の税を徴収することになる。

とうかい

国際無法許すまい
人道主義の立場貫く

政府税調「改正大綱」の答申案

……は、税制は常に国民に信頼されるものでなくてはならないとの見地から、多年にわたり存続されてきた利子・配当課税の優遇措置について、制度の改正が国民の貯蓄態度に与える心理的影響に配慮しつつ、その整備合理化のため一歩踏出すことである。

四十五年度の税制改正は、国税について、所得税の減税、法人税負担の調整合理化、利子・配当課税の特例をはじめとする租税特別措置の整備合理化等、地方税について、住民税の軽減等地方税負担の軽減合理化の措置をとるべきである。

一、所得税の減税

現行	改正案
30万円以下の金額10%	30万円以下の金額10%
60・14・	60・12・
100・18・	90・14・
150・22・	120・16・
200・26・	150・18・
250・30・	200・21・
300・34・	250・24・
400・38・	300・27・
500・42・	350・30・
700・46・	400・34・
1.000・50・	500・38・
2.000・55・	600・42・
3.000・60・	800・46・
4.500・65・	1.000・50・
6.500・70・	2.000・55・
6.500万円超の金額75・	4.000・60・
	6.000・65・
	8.000・70・
	8.000万円超の金額75・

2、給与所得控除の拡充

3、税率の緩和

	現行	改正案
80万円まで	20%	20%
100万円まで	15%	20%
200万円まで	5%	10%
300万円まで	2.5%	5%

4、その他の控除の引上げ

二、法人税負担の調整合理化

1、法人税負担の引上げ

2、同族会社留保金課税の軽減合理化

3、引当金制度の拡充合理化

4、耐用年数の短縮（略）

三、利子・配当課税の合理化

四、租税特別措置の整備合理化

五、その他（略）

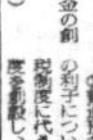

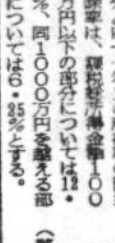

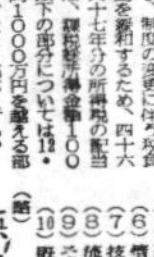

韓国防衛論争　米国
緊迫する情勢に再び焦点

名西支部 立派な会館が堂々完成

活動強化のために

26日には瀬戸支部も落成式

広範な民団の活動を強化するためには、団員が有意義な事にいつでも自由に交流しあう"広場"が必要であるが、その主旨にのっとって管下支部では最近新しい会館を続々建設している。名西支部（尹翰玉団長）ではこのほど新しい会館の工事を終え、去る十九日に民団関係者、来賓を多数迎えて落成式を行った。真新しい会館は建坪八二坪余、二階だてで、民団と傘下団体の室、礼式場を備えた立派な建物で、参席者は関係者の努力をねぎらうとともに、その前途を祝した。また県下瀬戸支部の会館も完成し、来たる二十六日に落成式が行われる。

会館建築の基本的趣旨は、①団の基本財政の確立②合理的組織への向上③生活改善の一助④民族教育啓蒙⑤広報活動の展開⑥傘下団体の育成といったさまざまな課題を円滑に企図することになる。

名西支部では数代前から、団運営全般を向上させようと「名西韓国人会館」建築への準備がととのえられ、まず尹翰玉現団長を委員長とする建築委員会を発足させ、二十五名の建築委員を選出した。建築目標額は一三〇〇万と決められ、四月十五日現在九四八万を集めほぼその目標を達した。建築の設計、施工は株式会社長谷川鉄工所が負った。

会館の構造は、敷地総面六六坪五合三勺、総建坪数八二坪五合、建物は二階で民団、韓青、婦人会の団体室、団長室、事務室、便所、宿直室、礼式場ならびにホールが完備されている。

このような立派な会館が完成したので、さる四月十九日には内外の関係者が参席して晴れやかに落成式が行われた。午前十一時にはじまった式典は、まず名西支部から尹翰玉団長、金命辰議長、曹昌圭監察委員長が、領事館から文領事がそれに県本部李春植団長らの手によって開館のテープにハサミが入れられた。

金在伸事務部長司会の下で式典が進められ、李宗晴副議長が開会の辞をのべたあと建設委員会を代表して尹団長が次のようなあいさつを送った。「わが名西支部会館の落成式を挙行するにあたって、諸先輩・諸賢・団員のみなさんに衷心より感謝の意を表わすとともにわたくしたちも喜びにたえません。…名西支部は長き歴史をもち、県内の一区・支部として多くの先輩たちを輩出してきました。この栄誉をうけ、わたくしたちは数代前団長時代から支部建築を計画推進してきましたが、今日このような立派な会館が完成されたことはひとえに団員の方々の愛国心のあらわれだと思います。…今後もひとつ力を合わせ、ともに民団の発展に奮闘しましょう。」

この後、経過報告ならびに祝辞・感謝状授与などが行われ第一部の式典を終えた。続いて会館では、郷土勲章氏の祝杯先唱で落成式祝賀宴に移った。

完成した名西支部会館

感謝状を授与される尹名西支部団長

瀬戸、駐車場完備

瀬戸新会館完成予想図

女子二連勝を飾る

アジア卓球、四種目制覇す

参加国は、男子11カ国、女子8カ国、選手もあわせて二百三十七人という史上最大規模の第十回アジア卓球選手権大会は、四月六日から七日間にわたって名古屋の愛知県体育館で行われた。

臥牛アパートが倒壊

ソウル市長に梁鐸植知事

韓青文化祭近ずく

熱っぽい雰囲気のなかで演劇のけいこに励む青年たち

韓国学園入学式

住民登録法施行令改正

ハイジャック保険を認める

韓国冷蔵入札

韓国人原爆被爆者ヒロシマに慰霊碑

新羅の民俗を訪ねて

宋錫夏

花郎、僻邪、タブー　リンカ、嘉俳とは何か

地理上からみた新羅が韓国の他の国より非常に多く外国と隔離された関係と、またひとつはその進取的気象からはじめて統一をしたことから、後期朝鮮（訳、李朝）の民俗中では勝者新羅のそれを伝承するものが相当な数に達する。また伝承されないものと他の形態に変えて伝承されるものも、あるいは多くのものは韓国の史料はもちろんであり、日本や中国の資料に比較してみても明らかにわかる。

この度わたしが、新羅民俗に関して書こうとするものはその全部については到底できないが、ただ特殊な種類いくつにとどめた。またその標準も大略として、専門的でなく通俗的なものである。

花郎

新羅の民俗をいう場合、はぶくことのできないものは"花郎"だろう。しかしこの問題に対しては内外学者たちの研究焦点となっているほど、それに関する論述も相当にあるので、仔細なことは一切それにまかせ、ただ簡略に史実（歴史）にあるがままに紹介でもしようと思う。

花郎の始初は、ほぼ真興王代と推測される。しかし真興王三十七年に最初に作り出した源花（三国遺事には原花となっている）に由り、女子を選び出す（南毛、俊貞）以前にすでに花郎が存在していたことはほぼ明らかである。すなわち三国史記列伝に真興王二十三年、加耶戦役時の斯多含がそれである。

しかし学者によれば、それは氏族時代の習俗とは別に、原始時代社会に存在する成年式"成丁"の発達形として見て三国志東夷伝には「……諸年少勇健者　皆鑿脊皮以大縄之　又以丈許木之　通日嘩呼力作不以為痛　既以勤日以為健」という句節を採用して、宗教的秩序だと解釈する人もいる。

花郎を制定した最初の動機問題については、三国史記・三国遺事の両書ともに……材料用の根因だとする社会学的見地をもつものと、孤致遠と同じく儒仏仙（儒教と仏教の仙人的身分とでもいおうか・注）とみる人、李仁老のように風流遊侠派と親解する人もあり、古朝鮮の神君信仰と関連させる学者もいる。

しかし最初の動機目的がどうであれ、その発達形態と結果えたものは西洋の騎士道とでもよく似ているだろう。

新羅をして韓国最初の完全統一をしたものは、真興王の納石の功による者が多い。七歳の幼冲に即位して、国勢振興に安らかな日がなかったかれは、不惑の域に達するまもなく年若くして死んでしまった。

たとえ真智、真平、真徳、武烈、太宗、文武など英主たちがこの衆智を継承して統一はたしたとしても、その肥料は真興がしたものである。羅代千年はもちろんであり高麗李氏朝を通じて真興王以後一世紀のような内容が充実したものは前後になかった。これはすなわち真興王と花郎の因果関係に、そのコンビネーションが完全に取られたものとみられる。

このような花郎が、なぜ衰退したのかということも念頭におかねばならない問題である。これに関しても、各家の意見が完全に統一できず論断を避けたが、歴史上からみれば約一世紀間が全盛時代であり、その後は次第に衰退の道をたどって来た。大略としてみれば外面は確実に統一以後、文弱の風という潮水にのせられたものであり、内面的にはいろいろデリケートな理由が存在する。そして民俗学的には、現今まで命脈が残っているといえるが、論ずる時期ではないので割愛する。

僻邪

憲康王が鶴州（今の蔚山）の……

[illegible]

タブー

[illegible]

リンカ崇拝

[illegible]

乙夜賽陣と嘉俳

[illegible]

郷土文化の育成と発展に新しき可能性を模索する新羅芸術祭は年例的に慶州で催おされる

おめでた

李承根氏の三男氏（東京理大卒）と金和鎬氏（愛知県本部顧問）の長女嬢との結婚式が、さる四月二十日正午から名古屋のホテル・キャッスルで内外の名士多数が参席して盛大に行われた。

新刊紹介

「アジアの新しい地平線」

韓国の大統領秘書室・文化公報部は、韓国の指導者像を海外に広く伝えるため、英文版大統領選集「アジアの新しい地平線」（An New Horizon in Aisa）を刊行した。

「わが民族の進むべき道」（Our Nation's Path）「国家と革命と私」（The Country, The Revolution And I）「朴大統領主要演説集」（Major Speeches）など三巻で一セットとなっている。この選集は、八一四ページ洋装クラウン版。

韓国史への主体化

王朝史中心叙述を止揚

[illegible]

尋ね人

[illegible]

釜山の旅情

【沿革】釜山は、三韓時代（弁韓）には加耶の領土であった。李朝時代、世宗の時から日本との条約を結び、貿易港として開港された三つの港の中の一つである。当時富山浦と呼ばれ、東萊府の管轄の下にあった。……

[illegible]

……大学、釜山師範大学など大学が、高等学校四十、中学校四十六、その他国民学校並びに幼稚園と図書館を含め九十八カ所がある。

言論機関としては釜山日報、国際新報があり、釜山放送局、市庁税関、地方法院と各級金融機関、各報会社がある。

【名勝古跡】釜山の指定文化財は、宝物、史蹟、天然記念物の三種に大別され、それぞれその二つずつがある。

梵魚寺は東萊邑金井山に所在している名刹で、新羅文武王（六七八）時代に、華厳宗の高僧であった義湘大師が創建した。建立当時の規模は大きかったが、秀吉侵寇の当時焼失され、現在のものは今から三百余年前に重建されたものである。釈迦如来を安置している大雄殿の外、山霊閣など四個の閣と、曹渓門など八個の楼子と、三層石塔がある。

宋公壇碑は李朝宣祖二十五年（一五九二）秀吉侵寇当時に、東萊府使、宋象賢は、軍をなして攻撃して来る日本軍と戦い、衆寡敵せず自決したが、公の殉節を後世に伝えるために建てたのが宋公壇であり、東萊区にある。同壇の外側には宋象賢とともに節に殉じて壮烈な死を遂げた兵士や官民たちに至るまでの多数の碑石がある。

松島は天馬山と将軍山の山裾が海岸線で出会ったところが松島海水浴場である。砂浜の狭いのが欠点であるが、各種施設などはよく完備されている。また老松が茂り市民のよき遊覧地として知られている。

東萊温泉は東萊区に位置することの温泉は、百余年前の新羅時代から利用されたが、今日のように発展したのは一九一〇年頃からである。温度は五十五度C～六十度C程度、水質はアルカリ性、食塩泉としては無色透明である。

海雲台温泉は、東萊郡にある温泉で、水質は東萊温泉と同様である。海水浴場を兼ねた保養地であるが、伝説によれば古くから温泉が噴出したが、度々の民乱があったため、一度は閉鎖したこともあったが、その後一九〇五年に始めて今日のような施設を設けるようになった。

UN軍墓地は釜山郊外にあり、韓国動乱当時、参戦した十六ヵ国から成るUN軍将兵の中で、戦死した二千余柱にのぼる戦没者を安置した墓地で、一九五五年十一月UN総会で採決された決議案によって設けられたものである。

釜山に行けば必ず一度はおとずれる松島海水浴場

東海新報
発行所 東海新報社
名古屋市中村区鷹羽町3-56
電話名古屋（571）6431
購読料 1ヵ月100円

民団綱領
一、我々は大韓民国の国是を遵守する。
一、我々は在留同胞の権益擁護を期する。
一、我々は在留同胞の民生安定を期する。
一、我々は在留同胞の文化向上を期する。
一、我々は世界平和と国際親善を期する。

進歩にむけて

強力な促進運動を 永住権

第12回愛本地方委契機に

民団愛知県本部第十二回定期地方委員会は、五月二十八日に愛知商銀四階会議室で行なわれる。今地方委ではこれまでの活動の報告ならびに活動方針が、先きの第十八回民団中央委員会報告を基として提出、討議されることになる。また地方委に先だって、二十五日には組織・経済・民生の三委員会、二十六日には企画・文教・宣伝の委員会がそれぞれ分科委員会を召集することになった。

地方委を迎えてまず第一にあげなければならないテーマは、われわれ在日韓国人の生活を守る永住権申請問題である。

昨年八月十九・二十日の二日間開催された「韓・日法相会議」の結果、今までよりも認定の基準が緩和されるようになった。しかし申請の締切りが来年一月十六日にせまっているため、残りの期間にどうしても全員が申請をすませなければならない。

協定永住権を取得すれば①これまでの暫定的な措置であった一二六—二—六の地位にくらべ、権利としての日本永住権が保障され②したがって、協定永住権をもっていない者や一般外国人とはちがってほとんどの場合退去を強制されない③またいろいろな事情で本国へ帰ったことのない人は、早速、申請取得することにより、懐しい故郷への訪問、祖先の墓参りなど本国訪問事業ができるようになるなど特点がある。

これとは逆に、永住権を取得しない場合は①この協定によって特に類例のない本人とその子や孫に保障される協定永住の権利をみずから放棄し②その結果、たとえばほとんどの場合、退去を強制されることのない協定永住権取得者とちがって、何かのあやまちで一年以上の実刑を受けた時、退去を強制されてもそれに対抗できなくなる③在留そのものが不安定で、子や孫にも当然得られる権利を失なうことになる④また出入国管理令の制約をうけ不利益をこうむる恐れがあるのはいうまでもない。

このため永住権申請には、在日同胞の生活安定と密接な関係をもっており、今後さらに各支部と強力な連けい作業なかで、実践活動を通じてあるいは宣伝啓蒙を注力することによって進めていかねばならない。

同時に永住権問題について、朝総連は欺瞞的な宣伝と悪らつな破壊工作をしているが、取得すればはるかに有利になることは動かせない事実なので、もっとこの点を積極的に打ち出す必要があろう。

次に万博招請に関しては、今月はじめに本国から参観団第一陣が到着して以来続々愛知県管内の被招請者が来名している。

このため万博招請は、保安にその比重が移ることになった。敵対陣営からの奸悪な妨害工作をさせないよう万全な構えをとらねばならない。各支部と協力して、当地方の保安を責任をもって対処していかねばならない。

第三番目に在日韓国人の企業育成、信用組合、商工会の拡大といった一連の経済問題である。愛知商銀は、組合員の努力と同胞の要求にともない発展をつづけている。

むしろ問題とされるのは在日同胞商工人に対する課税攻勢がはげしくなり、大きな衝撃を与えている事など各企業の保護育成をいかにしていくかである。現在各支部に納税組合があり積極的な啓蒙・指導をはたしているが、さらに専門的な知識あるいは実務者をおくなど努力を続けていく必要があるだろう。

続いて文教問題に目を移せば、一九七〇年度留学生派遣・韓国学校の強化、今年度の夏季学校等がある。

特に本国文教部主催の第五回夏季学校は、七月下旬から三週間の予定でソウルで行なわれる。日本で生まれた二、三世が、祖国に対する正しい認識と民族精神をもつために有意義な行事だけに、多大な成果が期待されている。

愛知韓国学園は現在、月・水・木の週三回普通授業（ハングルと歴史中心）とそれ以外に特別講義が編成され着実に行なわれている。

留学生派遣は、毎年在日二世を本教に留学させる制度で、昨年末に全国的に銓衡試験がすでに行なわれ、愛知県からも八名が派遣された。

宣伝関係では、なんといっても東海新報を中心とした広報活動の拡充が望まれる。東海新報は、民団愛知県本部の機関紙として重要な役割り一つまり団員と民団とのパイプをつなぐだけにいっそう強化していかねばならない。現在毎月一回の定期発行を続けているが編集面、財政面を補強して、さらに内容を高め団員のための新聞になっていかねばならない。

このように地方委で話しあわれる問題は、重要な問題が多く組織・民主・文教・宣伝など広い領域にわたっている。永住権申請はなかでもわれわれが強調してもしすぎることのないほど大切な問題である。

……組織のみならず国家的な次元からも対処していかねばならない。

丁総理一行来日

万国博韓国デー出席のため、さる十八日、丁一権国務総理、李洛善商工部長官、申範植文公部長官ら一行が、日本政府ならびに日本万国博協会の賓客として来日した。

常駐代表部を設置

カンボジア支援検討へ

崔圭夏外務部長官

ジャカルタの「アジア会議」に出席した崔外務部長官とロン・ノル政権のサンボウル外相は十八日夕ホテル・インドネシアで会談のあと共同声明を発表、両国関係をより緊密にするため、相互に常駐代表部を設置することを決めた。両国は一九六六年以来、いっさいの公式関係を断絶していたが、ロン・ノル政権の誕生後、急速に友好関係を深め、今度のアジア会議でも、南ベトナムやタイとともに、北ベトナム、ベトコンのカンボジア領内への浸透を激しく非難し、ロン・ノル政権の立場を強力に支持していた。

今度決った常駐代表部の設置は、領事、通商関係はもとより、外交特権と免除を伴うもの。共同コミュニケは、両国が早急に正式の外交関係を結ぶことをうたい、これが実現すれば、常駐代表部はただちに大使館の地位に昇格することになる。

ロン・ノル政府誕生後、いままで外交関係がなかった国の中ではタイ、南ベトナムに次ぐ三番目の友好関係回復措置である。

アジア会議に出席した韓国代表団のスポークスマンは十八日、記者団の質問に答え「韓国はすでに人道主義的な立場から、ロン・ノル政権を援助することを考慮している」と述べたが、これがただちに武器援助に発展するかどうかについては言明を避けた。

崔圭夏外務部長官は二十九日、国会外務委員会での証言を通じ、カンボジア政府が正式に支援を要請してくる場合は、これを慎重に検討するとの韓国政府の態度を再確認した。

崔長官は、……カンボジア政府からの正式要請があれば難民救護や医療提供などの支援を行なうことを考慮していると語った。

崔長官はまた、カンボジア事態は内乱ではなく明らかに外部からの侵略であると指摘、従って韓国政府はただ黙視しているわけにはいかないと語り、また、インドネシアが主動的に推進している二十一ヵ国アジア・太平洋国家会議が招待されているが、これに出席するかどうかは現在検討中であると証言、さらに六月中旬ウェリントンで開かれるASPAC（アジア・太平洋協議会）会議でもカンボジア情勢が論議されるだろうと述べた。

一方、車智澈議員らは同席上で、北韓の挑発行為がいっそう増加している折から駐南ベトナム韓国軍の撤収も考慮しなければならない時期であるだけに、カンボジア支援問題は慎重を期すべきだとの意見を強調した。

人道的な面に

国会外務委（野党不参加）は崔外務部長官を出席させ、①カンボジアに対する政府の支援如何、②北韓と外交関係を結んでいるカンボジアに対し、韓国が支援すればどういう形態が生じるか、などについてただしたのに対し、崔長官は、「カンボジアから正式支援要請を受けていないが、公式要請があればこれを慎重に検討する」と、政府立場を明らかにし、政府はカンボジア事態が、韓国軍と技術者を派遣しているベトナムに大きな影響を与えていることから深い関心を持っており、支援問題は難しい点が多いので主に人道的な面に重点を置き難民救護、医療支援などを考慮したい、と答えた。なおカンボジアとの関係改善問題は外交技術に属するとして明らかにしなかったが、現政府が韓国に対し友好的であると述べ、インドネシアのアジア国家会議への参席如何はさらに検討したいとつけ加えた。

崔圭夏外務部長官は二十五日の記者会見で、北ベトナムとベトコンの侵略脅威を受けているカンボジアから支援要請がある場合、韓国政府はこれを慎重に検討する方針だと明らかにした。

崔長官は「まだカンボジアあるいは米国から正式の支援要請は受けていないが、こんごもし要請があれば適切に考慮する計画である。派兵問題を除き、避難民救護、医療団派遣および技術援助などが考慮の対象となるであろう」と述べている。

米国の介入を歓迎

韓国政府および与・野党は一日、ニクソン米大統領がカンボジア内の共産聖域掃討を期して、米軍が南ベトナム軍の作戦支援を敢行したのにたいし歓迎の意を表しつぎのように述べた。

▽崔圭夏外務部長官＝わが政府はこれを歓迎する。……

▽共和党スポークスマン＝……

▽新民党スポークスマン＝……

アジア会議

カンボジア問題に関する「アジア会議」は十七日……共同コミュニケを採択して……

臨時国会11日召集

新民も登院、会期は30日

共和党は四日、金振晩院内総務ほか98人の名儀で第七十三回国会召集要求書を国会に提出、李孝祥国会議長は同日付で臨時国会を来る十一日に召集することを公告した。なお共和党単独……

国会議員選挙法の改正など、朴大統領の良識にまかせ見守る。

登院決定の理由は①カンボジア戦の拡大②現政府の長期執権がもたらした基本的民主秩序の破壊③経済破綻と表面だけの建設④極度……

……期中の与・野対立は尖鋭化するものとみられる。

なお、共和党はこんどの国会で補正予算など緊急案件だけを処理する方針である。

産業技術機構を常設

韓日民間経済委員会 11項目の共同声明

第二回韓日民間合同経済委員会会議は十五日、東京経団連会館で開幕、午前午後にかけて経済協力、産業技術、貿易など3ヶ分委にわかれ、従来の間接投資（借款導入）から直接投資誘致に方向が転換して行く70年代韓、日経済協力の促進方案を検討した。

経済協力分委では、対自由中国および対韓国投下協力に積極的な日本業者との去来はしないという中共のいわゆる周恩来の「四原則」に関心が集中したが、日本側がいわゆる周四原則が高度に政治性を帯びていると強調しながら、概括的基準がなく韓、日経済協力に与……

新会長に朴斗秉氏

アジア商工会議所連合会

姜求道氏再選さる

愛知商銀定期総代会

新韓銀総裁に金聖煥氏起用

司法試験改正令 年30名ずつ選抜

本国論調

効果と節制の調和

カンボジア支援に考慮すべき条件

政府・与党連席会議は七日、動乱中にあるカンボジア情勢をいろいろ分析、検討し、来たる十五日ジャカルタで開かれるアジア、太平洋国家会議に代表団を派遣、またロン・ノル新政府の正式支援要請に接した場合医療および難民救護など非軍事的援助を提供するなど一連の対応策を講究するに至ったということである。カンボジアとの領事関係復活ないしは大使館設置も並行、推進するということ、そして八日の合同参謀会議は軍事支援可否と北傀挑発可能性も検討したということである。

いずれにしてもカンボジア事態を袖手傍観するわけにはいかない立場から、韓国次第で明白な政策の選択が不可視的形勢である。韓国はベトナム戦の主要参戦国であり、東南アジア集団安保に大きな関心を表明してきた立場にあるので、北傀動向を勘案する対応策樹立が緊要である……

とうかい

来月24日からソウルで開催

自由戦線の糾合に
有力新聞の社説にみる
カンボジア

カンボジア領内における共産軍の聖域本拠をたたく米地上軍の攻撃は続いている。ニクソン米大統領のカンボジア進攻発表以来、その賛否両論のあらしは世界中をゆるがした感があったが、韓国論調の多くは「これを支持する」というものである。以下は主要新聞の社説の要約である。

東亜日報

アジア人の"自衛・自助"を強調したニクソン・ドクトリンは「これ以上の米地上軍介入を回避する」ことを公にしたが、これは

事介入をみるとき、われわれは二クソン・ドクトリンが決して形式にとらわれるものではなく、伸縮性、適応性のあるものだと示めされ心強さを覚える。

そしてニクソンは彼の政治生命

いる。

朝鮮日報

カンボジア領土へは米軍介入の作戦行動は、われわれに様なる関心を覚えさせるだけでなく妙な

実質的にはカンボジア支援であるという結果になるという点で"ニクソン・ドクトリン"が現地の情勢をじゅうぶんに考慮したものであることをみせてくれた現象だといえよう。

無論、ニクソン政権の"介入方

入管法案練直しか

今特別国会で成立した法案
在日同胞の生活に関する法律を抄録

7430メートルのジュレンヒマール峰にむかう韓国登山パーティー

浦項製鉄拡張計画

ジュレンヒマール峰を征服

世銀総裁来韓

見事な韓青文化祭

史劇"元述郎"を熱演

民族舞踊も美しく表現

在日韓国青年同盟愛知県本部（梁元[illegible]委員長）の第[illegible]回文化祭は十七日正午から、春日井市民会館に二千名にも及ぶ県下同胞がつめかけるなかで盛況裡に行われた。今回の文化祭には、第一部が舞踊「美しきわがふるさと」（舞踊指導・[illegible]）、第二部が演劇「元述郎」五幕七場（[illegible]作・梁元[illegible]演出）と構成されていたが、わが国固有の民族舞踊を美しく見事に開花させ、演劇ではハングルを知らない在日韓国人二世青年たちが自分たちの国の言葉で立派に演じて、会場の喝采をあびた。

さる一月二十九日に開かれた第[illegible]回文化祭[illegible]で、史劇「元述郎」と舞踊の上演が決まって以来、韓青盟員たちがこれにうちこむ情熱はすごいものがあった。

まず劇団[illegible]氏が本国に飛び、原作者の[illegible]氏をたずね上演のあいさつをするとともに、舞台専門家から時代考証の説明をうけ、舞台装置、衣装、小道具の図案などを購入してきた。

そして演出を担当した梁元[illegible]委員長を総指揮者として、台本読みから始まった。

しかし本格的な行事を遂行する場合には、つねに難問が待ちかまえている。過去二度の文化祭を経験しているとはいえ、わずか三ヶ月余で仕上げなければならないと時間的制約、これほど大がかりな舞台にかかる財政上の悩み、それに百名近くにもなる出演者をどのようにプールしていくかという人間の問題など数限りなかった。

特に演劇に出演する青年たちには、日常の仕事があり自由自在に時間を選ぶことができない。

こういうさまざまなハンディキャップをおしのけて、文化祭上演にまでこぎつけたのは、やはり青年たちの若い情熱であった。仕事が終ってから夜八時頃になると、団員たちは民団本部四階の講堂に集まってけいこに入ったが、時が立つにつれて[illegible]

生まれてきた。日本で生まれた二世青年たちは、母国の言葉や歴史にふれる機会が少なく、ややもすれば卑屈になりがちであるが、演劇を通じて自分の国を知り、民族としての自覚を深めたといえる。

午後十二時すぎ、第一部の舞踊「美しきわがふるさと」の幕があがった。

プロローグは、男子全員による「忘れまい三・一精神」である。続いて「花咲く春の山」（雪解けとともに大自然にも春がおとずれ新しい息吹きを謳歌しながら登場する仙女の踊り）「働く娘たち」（チゲをかついで鎌を手に山へ仕事に出かける娘達。韓国の田園でよくみかける光景）「乙女とチョンガ」（韓国南部民謡の若者と娘が春情に駆られ愛の告白をする光景をベースでおって表現したもの）など全部で十[illegible]種目がくりひろげられた。

なかでも「[illegible]」という人形劇をコミカルな[illegible]じて木彫りの人形のかたくななさまを表現したもの、そして終盤の「アリラン」（[illegible]律にのり、流れるような線と波の中に女性の諸々の仕草を織込む）と「抗争と解放」（日帝統治下で呻吟していた韓民族が独立を[illegible]する姿を描く）になると、舞踊は最高潮に達し、観客と舞台がすっかりひとつに溶けこんだ。

そしてエピローグの「[illegible]」では、男女全員が観客席と舞台[illegible]の四方いっぱいに喜びと楽しみにあふれた絵巻がひろがった。

舞踊は、集団的な美しさが見[illegible]に浮きぼりにされ、素人とは思えないほどの上手な出来ばえであった。

第二部は注目の演劇「元述郎」五幕七場である。

[illegible]

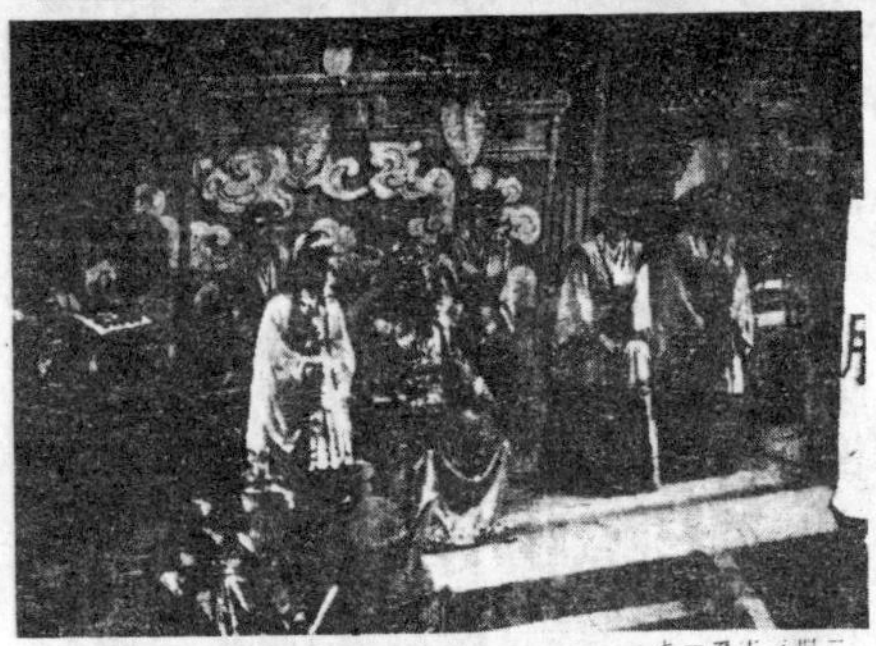

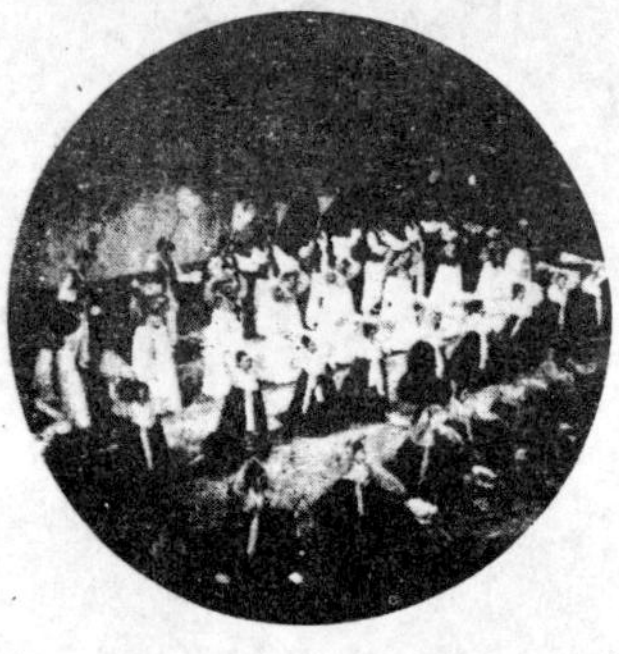

（上）すばらしい出来ばえの演劇「元述郎」の一コマ
（下）舞踊「美しきわがふるさと」は集団的美しさを見せてくれた

農機具生産の完全国産化を

[illegible]

合弁会社設立推進へ　韓日自動車部品業界

[illegible]

金星社、日立と提携

[illegible]

韓国フェアひらく

[illegible]

現代韓国料理展示会

[illegible]

韓国デー花やかに　万国博

エクスポ70韓国デーは五月十八日午前十時から丁一権国務総理臨席の下、シンボルゾーン"太陽の塔"のあるお祭り広場で花やかに挙行された。

お祭り広場を埋めつくした在日同胞らのさかんな拍手をうけて、丁国務総理は歴史的な日本万国博が"人類の進歩と調和"をテーマに開かれたことに敬意を表し、わが国もはやくからこの万国博に積極的に取り組み"深い理解と友情"をテーマに参加しており、世界の人々が民族と国境を越えて交歓しあうことは意義深いことだとあいさつを行った。

この後、会場では韓国民俗芸術団による韓国の伝統的な舞踊が披露され、万博会場は韓国色にぬりつぶされた感があった。

主な内容は、韓国の代表的な宮中の祝賀舞踊"寿宴"巫女の踊り"巫図"新羅時代から伝わっている剣舞"武魂"春香伝の愛の場面を描いた踊り"恋恋"チャングのリズムに合わせる女性の賑やかな踊り"香炭"農村の老人の踊り"晩秋芳草"美しい線の動きを描く"綵"仏道に帰依する求道の姿を描く僧舞"錦帆"竹刷の動きで美しい踊り"花刷"農村特有の伽倻琴の合奏と合唱"伽倻琴合奏と併唱"即興的な農民の踊り"農楽"一同がそろって韓国の民俗舞踊を楽しむ"カンガンスウレ"となっている。

この韓国民俗芸術団は、韓国の伝統的な民族芸術を継承、発展させ、これを外国に紹介するために一九六一年政府の積極的な後援により創立された。この芸術団は、一九六二年パリで開かれた国際芸術祭に参加し、帰国の途上、スイス、イタリア、ギリシャ、トルコなどで巡回公演を行ない、六四年にはアジア諸国を巡回して、大きな成果を収めた。六八年にはメキシコオリンピックの国際民俗芸術祭に参加して、称賛を受けた。

こんどの韓国民俗芸術団の公演は、韓国の代表的舞踊家、金文淑、金白峰、金璡、[illegible]氏らの振舞で行なわれ、公演物の内容や形式は伝統的な韓国の民俗芸術をもとにして、現代感覚に合わせて脚色したものである。

夜に入って同じお祭り広場では、アリランの夜まつりと題して、午後七時から九時まで"カンカンスウォレ"などが演じられた。韓国の映画も十八、九の両日野外劇場で行なわれた。

丁総理一行名古屋通過

丁一権国務総理は、十八日の国博ナショナルデー出席のため十四日午後二時四十五分、羽田着の大韓航空機で来日した。夫人同伴の丁首相一行は[illegible]

名古屋で懇談

[illegible]

悲運の生涯閉じる

李根氏、李朝最後の皇子

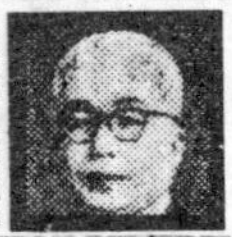

[illegible]

二万のソウル市民が見送る

[illegible]

地下党スパイ検挙

陸軍保安司令部は四日、忠清南道唐津とソウルに拠点を作って暗躍していた北韓地下党所属組織責任者の[illegible]（六一）など三十一名を検挙したと発表、これらスパイと接線しようと試みていた北韓の工作船を三日夜十一時ごろ、瑞山郡安眠島で補足し、上陸した案内員三名を射殺したと明らかにした。

同発表によると、三日午前十一時ごろ、安眠島の旅館前での検閲でスパイ団の総責[illegible]（四〇、[illegible]）を検挙したところ、彼の自白によって同スパイ団の全貌が明らかにされたもの。スパイ団の頭目は[illegible]ンで、ソウル地区の地下党組織責任者は[illegible]（五四）、一般連絡員は[illegible]（五九）など二味は一網打尽となった。また、これらの固定スパイを北韓に運ぶために派遣された工作船の案内員たちは三人とも射殺、武器保安部は[illegible]を押収したが、ピストル二ちょう、AK小銃二十ちょうなど四十余点を押収した。

[illegible]が、ろ獲品の中には暗号表がはいっていた。

調べの結果、このスパイ団はさる五[illegible]四年以来、韓国に定着して"固定スパイ"として活動、地下共産党組織をつくることを目的に動いていた。

なお、同スパイ団は北韓から工作金として米"四千三百万"ウオンを韓国通貨で百四十万ウオンをはじめ、乱数表三組、ラジオ三台など三十四種類の諜報品を受けていたが、頭目の[illegible]は二回にわたって北韓を往復・連絡していた。

万博参観団来名

民団招請の万博参観事業は現在順調に進行しており、第一陣千名はすでに帰国、現在第二陣が参観中である。

第一陣千名は、大阪府見で到着後、大阪民団など保安要員の手で宿泊に落ちつき、千里丘の万博会場を見物したが、参観をすませた一行はそれぞれ招請人のいる各地に散らばって行った。

愛知県管内でも、このほど第一陣十名が来名し、民団の案内で招請人に引きとられた。

今後第二陣、第三陣…と万博参観が来名することになっており、愛知県民団本部では県下支部と密接な連絡を保ちながら、これらの参観団の人々の案内、指導、保安確保などに適切な措置がとられるよう常時待機している。

特に民団創立以来の大招請事業だけに、朝総連の悪辣な工作が懸念されるため、保安問題にいっそうの努力が要求される。

社会 科学130点に

ソウル大入試要項発表

[illegible]

韓国とテレビ中継　日本の国際電電

[illegible]

韓国、三位に入る　アジアユースサッカー

[illegible]

日本に伝播した韓国説話
文化的影響を与える

孫　晋　泰

民族説話とはなにか

民族説話というものは一民族史における説話となる神話・伝説・古談・童話・寓話・笑話などの総称であるが、この特質はこれを社会学的にみれば一生活群団における集団的自然発生的あるいは自然発展的なものでなければならない。つまり一社会集団の集団生活における自然的に生長したその集団の思想・感情あるいは生活事象を表現しているものである。

そしてまた外民族のそのような説話を受入するにしても、それがかれらの集団生活に合致し自身の説話化の過程でそれはその集団の民族説話となるものである。だから民族説話は個人的・貴族的なものではなく、集団的・平野的・民族的なものである。

民族説話は実に民族生活上重要な一所任をもっているものである。さらにこれは支配階層を除外した一般民族層の直接生活においてのみ取捨選択され成長発達した芸術なので、その民族の性格と思想・感情を非常に素直に表現しているものである。

それはまた韓国の民族文化が遥遠な古昔から決して孤立化した文化を意味するのでなく、世界文化の一環として存在しているということである＝世界的に分布した共通説話をわれわれももっているのをみてもわかる。

民族は意識上の問題

同時にわれわれの周囲にある他民族との文化関係をみると、われわれの文化は中国文化と非常に深く複雑な親密関係をもっていて、……常、被影的地位にあったことがわかる。

三国時代末に百済・高句麗の流民たちが多数日本に移住帰化したことは、日本の記録上に数多く見出されているが、有史以前にも大韓民族が数多く移住したことは最近の日本史学者たちが主張しているところである。……

……仮面下で、韓国を政治的・経済的に支配隷服しようとした運動も決してその理由がないわけでない。しかし人種と文化に若干の共通点があるからといって、両者がつねに同一な民族であるというわけではない。民族というものは意識上の問題であって、過去のわずかな血縁関係と文化関係で現在の問題をそれらと同じく論じてはならない。

……影響はごく少ないが、韓民族がわれわれに与えた影響は莫大なものである。日本民族との関係をみると、それは大体において韓国から日本に輸出されたものであり、日本からわれわれに輸入されたものはごく少数であり、その輸出はあるいは記録としてあるいは人によって伝えられているが、……

……なかったが、その数は全くの前者の比ではない。ある日本学者が日本民族の人種的構成を大別して、先住民（アイヌ）、南方族として大和族その後の征服種族を大陸族と……大部分は韓国を通して……と主張しているくらい過去の韓国文化は日本に非常な感化を与えた。

日本の俗学者たちが、いわゆる日鮮民族同源論という……政治的……い。

しかし昔日の韓国と日本史に文化的・人種的接触が比較的多かったことは否定することのできない事実なので、説話上にもその影響がみられる。

笑話の使臣間手問答

昔中国の使臣がやって来ると、韓国は非常に苦しんだ。そのなかでも中国使臣と韓国の接待使臣に……

それからあちらの使臣は、あごひげをなでた。こちらの使臣はそれが「それだけ食べて口を洗うのか？」という意味であることを理解して「もう満腹だ」という意味で腹をなでた。そうすると中国の使臣は韓国には、まれなる偉人がいるものだと逃げて行ってしまった。ある者がその理由をたずねると、中国の使臣は答えた。

虎よりも恐ろしい干柿

虎が子供を食べようとして夜、村に下りてきてある家の窓の外に耳を傾けて家の中の動静を盗み聞いていた。その時運よくその家には、赤ん坊が泣きはじめた。母は「ほら、虎が来たよ。泣くのはおよし」といった。虎は心のなかで「こりゃ、こやつらわしが来たことをわかったとみえる」とびっくりした。

しかし赤子は泣くのをやめなかった。虎は心のうちで「こいつらオレをこわがっていないとみえる」とけしからんと考えた。母はふたたび「ほら、干柿をみてごらん」というと赤ん坊は急に泣くのをぱっとやめた。虎はこんなふうに考えた。「やや、これをみろ。干柿という奴はわたしよりも恐ろしい奴とみえる」

この説話は日本にもあるが、ごくまれなようで、虎狼が出てくる日本の説話は韓国のものから起源したといえなくもない。

三年啞婦伝説の教訓

これは一種の伝説を叙事歌にしたものである。この伝説は……にだけあるものでなく、年前に慶南東萊郡亀浦にいるわたしの叔母からわたしもこのような話を聞いた。仔細な記憶はないが、要は嫁つぐ前の女が口数多ければ、嫁にいけないという親の教訓である。

毎年5月になると女子大学校では"5月の女王"を選ぶ

済州島の旅情
観光地として脚光
島全体が自然の宝庫に

わたくしたちが母国を訪ねるのは、兄弟親戚が現に住んでいるからで……もしわたくしたちが韓国を旅行するとすれば、どこをたずねるだろうか。おそらくだれもが、韓国の古い文化の歴史の香り高くただよう歴史の跡に東洋文化の誇りと人間の心のふるさとを肌に感ずるからと答えるだろう。新羅の古都、百済の都、李王朝の輝しい文化が、……人々を迎えてくれる。

済州道をそういう意味でいうならば、古い文化を訪ねるというよりも島全体が自然の宝庫に恵まれむしろ観光対象としての新しい面をもっている。……海女、……死火山の黒石岩、これらは済州島の名物である。……秋は島の心臓部を火の海かと見まちがう紅葉の森、冬は南国の情緒そのままのみかんの海、済州島は四季を通じた観光客の楽園でもある。

飛行機でソウルから二時間、釜山から五五分、船では木浦から七時間、……三泊四日程度なら済州島の全貌を一通り探ることができる。

沿革・地勢・気候

古代には島夷と呼ばれ、その後東瀛州、耽羅、耽牟羅、耽羅などと呼ばれた。伝説によると、太古時代に漢拏山北麓の毛興穴から高・良・夫の三姓の神が現われて建国したという。はじめは独立していたが、新羅時代に入朝し、百済を経て、高麗の太祖二十年（九三七）からは完全な属国となった。高麗時代に……済州と改め、李朝の太宗二年（一四〇二）にいたり州・郡制がしかれ、……済州には牧使（行政長）が派遣された。高宗三二年（一八九五）には牧使を観察使に、同四二年（一九〇五）には牧を郡に改更し、一九四六年には郡を道に昇格し、その下に南、北の二郡を置いて今日にいたっている。

韓国の南端、……に位置し、島からなる道である。北は済州海峡、西南は太平洋に面するこの道は、……楕円形をしている。中央からやや西寄りに、海抜一九五〇㍍の漢拏山がそびえ山頂には往年の噴火口である白鹿潭という池がある。山勢はだいたい緩傾で、四方に傾斜をつくりながら海に至っており、山から流れ出る水は地下水となり海辺近くにきてはじめて湧き出るため、河川はない。……

……っているので、城山浦、翰林港など三、四ヵ所の港に汽船が出入りするのみで、そのほかは、……小さな船が出入りするぐらいである。……と大静邑の一部を除いては全部玄武岩であり、地面は黒色の火山灰に覆われている。付属する島は兎子島をはじめ大小合わせて40余りもある。

海洋性気候のため温和であるが冬期は強い季節風が吹き、多少、三寒四温の傾向がある。一月の平均温度六度内外、八月の平均温度二四度内外。

行政区域および産業

済州市をはじめ北済州郡、南済州郡の2つの郡と、翰林邑など3つの邑および12の面に区分されている。

農業のほかに、四方が海にかこまれているため昔から水産業と牧畜業が盛んである。農業においては、総面積の約20％が耕地であるがそのうち60％が海岸地帯にある。

主要物は粟・麦・豆などの雑穀類で年間約五万四千㌧が生産される。米はやっと四千五百㌧程度しか生産されない。平均作の場合、道民の食糧の60％が充たされ不足分は本土から移入する。……とみかんが特産である。

牧畜業は盛んで牛が六万余頭、馬が二万頭、豚が六万余頭、にわとり約十万羽のほかにやぎ、ひつじ、うさぎなどが多数飼われている。漢ら山山腹の大草原に放牧しているが、五七年度から北済州郡旧左面に国立済州牧場を設置して牛・羊などを飼育している。済州道は馬の名産地として知られている。

済州島に欠くことのできない主な産業の一つである水産業は、その業者の70％が海女である。……は韓国の三大漁場の一部で、韓国遠洋漁業の基地である。産物としては、さば、いわし、たい、さわら、ふか、いか、太刀魚、ぼら、うなぎ、あわび、さざえ、わかめ、寒天などがあり、……

……業は、その役割の重要性はさておき、きのこ、わらび、……貝殻のボタン、かんづめ、アルコール、……薬草、ゴザなどがある。「この項の数字は数年前のものなので現在は少し上である」

済州島の名勝と古蹟

漢拏山はこの島の中央にそびえる休火山で、山頂には円周3㌔の大噴火口があるが、これがすなわち現在の白鹿潭である。杞、山桜、かえでなどの灌木をはじめ、熱帯、温帯、寒帯の植物が分布し、研究資料の収集地となっている。水と草を背景にした眺めもすばらしいが、牛馬の放牧風景も済州道の特色といえよう。漢拏山は韓国第二の高山で海抜一九五〇㍍である。

三姓穴は済州市内の東門の外にある穴で、古称は毛興穴である。太古時代に良乙那、高乙那、夫乙那の三姓の神が現われ、天神が遣わしてきた三人の処女をめとって耽羅国を建てたが、これがそもそも済州の始まりだと伝えられる。現在三つの泉の跡が残っており、……門を建て、三姓の神の後裔を祭るようにした。その後、正祖九年（一七八五）に特使が……「三姓祠」という扁を掲げた。今でも毎年冬至節（十二月二十二日頃）には島民祭が行なわれる。

天帝淵瀑布は西帰浦の西にある滝で、高さ33㍍の韓国第一の滝といわれ、水清らかで夏も涼しい。

五百羅漢は白鹿潭から西帰浦に下りて行く途中にある。天然の石柱の中に一見仏像のような奇岩が数千個もきり立っている姿は壮観である。五百羅漢あるいは石羅漢という別名がある。

訪仙門は済州道の東、漢拏山の入口にあり、奇岩が屏風をたてたように並んでいて、入口は石門できている。訪仙門の下を流れる小川の水は美しく澄んでいて、仙人がある日ここを訪れてその美しさにびっくりしたという伝説がある。

挟子林は旧左面所在の天然の林で、約三万本の木が密生している。樹令は三百年から六百年ぐらいであり、高さ3㍍ないし10㍍ほどあって、学術研究の参考林として伐採が禁じられている。

蛇窟は旧左面所在の天然の石窟である。高さ9㍍内外、幅約9㍍、奥行きが300㍍ほどのこの石窟に、昔、大きな蛇が棲んでいて近所の住民を苦しめたという伝説がある。

三姓祠は三姓穴の奥にあり、李朝の中宗21年（一五二六）に済州……使が碑を築き紅門（陵や宮殿の前に建てる屋根のない紅いさんを……

森島は西帰浦の沖にある島で、一名森林の島ともいう。……の植物が繁っているので植物研究によい地域となっている。

正房瀑は西帰浦の東にある滝で、漢ら山南側の高さ数十尺……の絶壁から落下して、海に注ぐ景観はまさに壮観である。また海岸の……は美しく、秦の始皇帝が……この地に不老草を求めさせたという伝説を秘めた……滝でもある。

◇…風・岩・女は済州島の三大名物である…◇

民族文化を体系化
無形文化財と民俗資料

69年に「無形文化財および民俗資料記録保存五ヶ年計画」を立て、業務を推進してきた文化財管理局は最近、その主な実績として「韓国楽器大観」（張師勛著）と「韓国仮面劇」（李杜鉉著）などを刊行した。この二つの図書は……無形文化財および民族資料面からみると、非常に大きく範囲が広く、そして体系的であり、総合的に叙述されている点でさらに注目される。

有形文化財とちがって、無形文化財は人がその機能を保有しているので、機能保有者が年寄り、なくなればそのまま消滅してしまう。現在指定された重要無形文化財は31種で、機能保有者は一八〇名。重要無形文化財第1号は、宗廟祭礼楽である。

一方、主要民俗資料は昔の衣裳、料理、道具、古家などに現在整理されているのが17種。第1号は、「徳温公主唐衣」1着（石宙善所有）である。

文公部文化財局はこのような無形文化財と民俗資料のさらに効果的な保存策のために、69年に「保存記録五ヶ年計画」を立てた。保存と記録のために具体的な措置は①無形文化財（69年以後8点新しく指定）と民俗資料（69年以後、1点新しく指定）の調査指定作業……③記録保存作業などである。

記録保存作業はもう一度の書籍編纂②、映画制作③、テープ録音に区別される。文化財管理局は69年以前にも、散発的保存記録作業などを推進、58年には金千興著「韓国舞踊の基本舞踊」を出しているが、69年から本格的保存作業をさらに強化するために五ヶ年計画を立てた。

「韓国舞踊の基本舞踊」は①、手のもち方②、足を踏む法③、舞踊式歩く法④、四拍長短の歩く法⑤、基本練習などに分けられ、詳細に記述されている。

「韓国楽器大観」（4・6倍版320面）は張師勛教授（ソウル大音大）が一九四六年に初稿を書いてから、二十余年を重ねて発刊できた力作である。雅楽器・唐楽器・郷楽器（音楽系統による一区分）を合わせて64種を取扱ってきたがそれを……大きく分類、各々その楽器の略史、制作、音域、音色、演奏法、用処などを事件と図解をあわせて解説した。そして国楽科の編成法と国楽……

文化ニュース

アポロ11号記念メダル 金相玉氏が製作

去る六九年八月、ワシントンのホワイトハウスでアポロ11号の月着陸成功を祝って開かれた夕食会で世界各国の有名人二千余人に配られた記念メダルと記念カップは韓国人、金相玉氏の製作になるものであることが、この程明らかにされた。

標準語再査定 文教部語い頻度調査

二十九日文教部は、国語純化計画にともない、今年中に標準語法の使用実態と標準語再査定のための語い頻度調査に着手決定した。この調査は、来る七三年まで現行標準語を査定するために、一次調査としてハングル学会と国語国文学会、ハングル国語教育学会など学術団体が文教部の委嘱で実施する。

延世大、開校八五周年記念式　延世大学は九日、開校八五周年記念日をむかえ、同校大講堂で記念式を行ない、あわせて総合教室起工式を行なった。

新刊紹介 「東亜日報索引」

東亜日報社は四月一日創刊五十周年を迎え「東亜日報索引」第一巻を発刊した。新聞の索引作業は外国の例でみると、英国の「ロンドンタイムズ」紙が……、アメリカの「ニューヨークタイムズ」が一九一三年に、「クリスチャンサイエンスモニター」紙が一九六〇年から着手し、フランスの「ル・モンド」紙が現在着手中であることは知られているが、アジア地域においては日本の朝日新聞が……を作成しているだけである。

一九六九年一月に着手したこの作業は、第一巻が出版されるまでのべ五千三百余名の人員が動員されて、現在第二巻となる一九三三年から3年分の索引カードが作成完了した。この作業には延世大の……教授が、専門的な立場から書いた。四・六倍版・八百八十余面。価格は一冊あたり一万五千ウオン。

韓国学園バス 半島号で運ぶ

韓国学園（鄭煥麒理事長、……学園長）では、本国の全北大学にバスをプレゼントすることに決めたが、これを名古屋港に停泊している「半島号」（海洋大学校練習船）で運ぶことになった。「半島号」の……船長の好意と学園関係者の努力が実ったもので、手続がすみ次第来月早々にも出発する計画になっている。

ペンクラブ作家基金 南廷賢氏など九名に

七〇年度ペンクラブ作家基金が九名の小説家と評論家に与えられた。小説では、……南廷賢……など四名の作家に各七万五千ウオンずつ、評論では……など五名の作家に各三万ウオンずつ、全部合わせて四十五万ウオンが与えられた。

読者諸兄に

東海新報は民団愛知県本部の機関紙として、団員の皆様に民団の行事、本国ニュース、経済ニュース、文化面を中心に報道してきました。今月号で二百号を迎えるにあたり、読者の方々からの意見あるいは問合せなども掲載していきたいと思いますのでどしどしおたよりを……へお寄せ下さい。名古屋市中村区……3—58 東海新報社 （……）6431

東海新報

発行所 東海新報社
発行人 李春植
編集人 朴性昭
名古屋市中村区鷹羽町3-56
電話名古屋 (571)6431
購読料 1ヵ月100円

民団綱領

一、我等は大韓民国の国是を遵守する。
一、我等は在留同胞の権益擁護を期する。
一、我等は在留同胞の民生安定を期する。
一、我等は在留同胞の文化向上を期する。
一、我等は世界平和と国際親善を期する。

愛本地方委　成果にふまえて前進を

ふえる永住権申請　家族招請は順調に進む

第十二回民団愛知県地方委員会は五月二十八日午前十時半から愛知商銀四階会議室で、管下各支部から地方委員が出席して挙行された。今地方委は激動する内外の情勢の下に開かれ、七十年代を展望するなかで民団の活動を討議するとあって全般かつ内容の深い地方委員会であった。当面する重要課題である永住権申請促進運動の強化と万博招請事業を成功裡に推進するために、新たな決意でとりくむことが強く表明された。また故金竜煥前団長の銅像が、このたびソウル特別市の奨忠洞山に建立されることが報告された。第十二回地方委員会はこれらの問題を中心に経過報告および活動方針を採択し、成果的にその幕を閉じた。愛知県内の永住権申請者数は五月末現在で一万五千九百九十六名となった。

愛知県管下各支部の地方委員をはじめ顧問が参席するなかで、第…

今年は吹上ホールで　第25回光復節記念式典

第25回八・一五光復節は来る八月十五日午前十一時から市内吹上ホールで行うことが、このほど支団長会議で決定した。

六月十五日に開催された同会議ではまた、万博参観団追加招請、故金竜煥同志銅像建立にともなう除幕式参礼団派遣および愛知商銀の"しあわせ預金"運動を推進することを確認した。

故金龍煥同志銅像を建立へ ―ソウルの奨忠洞山―

総括報告

民族意識昂揚が課題

文教部報告

国文使用を推進へ

民生部報告

基本財政確立に拍車

経済報告

安定にむかう団勢

組織部報告

正しい認識の下に

宣伝部報告

合理的事務体系に傾注

総務部報告

真昼の赤い蛮行

海軍放送船西海で拉北

駐韓米軍 現水準必要

朴大統領強調

朴大統領

第73臨時国会閉幕

「民主前戦」事件で空転

錦山通信衛星地球局開通

全米にTV交換も

錦山衛星地球局での開通式

第3次経済開発 工業計画を推定

テレビ10人に1台

本国論調

言論の自由について

ペンクラブ大会を迎え

韓日ビザ発給緩和

短期滞留者60日に

本国への電報料金

国際締連

韓国の加盟認める

崔圭本優勝

25年間で終わる

文学とかいぎゃく

ソウルペン大会テーマ

一日も早く永住権申請を終了しよう

永住権申請案内

協定永住権の申請期限は後半年余です。

在日同胞の皆さんが、日本で安定した生活を営むためには、ぜひとも協定永住権（又は一般永住権）を得なければなりません。まだ永住権の申請をしていない方は、もれなく申請をしましょう。そして、さそいあい、すすめあいましょう。

協定永住権を受けることによって

（一）何よりもまず、これまで暫定的であった法的地位をはなれて、権利として日本に永住することができるよう保障され、

（二）したがって、協定永住許可を受けていない者や、一般外国人とはちがい、協定永住許可者は、ほとんどあらゆる場合において、退去を強制されることがありません。

（三）さらに、永住許可者には、海外旅行に必要な再入国許可における制限がないばかりでなく、一家族が離散することのないよう、人道的な配慮が十分ゆきとどくようになっており、

（四）子女の教育問題においても、日本の公立小、中学校への入学が権利として保障され、また上級学校進学においても、その入学資格が認定されることになっております。

（五）生活保護を必要とする人には、従前通りに生活保護が受けられるようになっており、特に、国民健康保険に加入することができます。

（六）外国人財産取得に関する政令の適用を受ける一般外国人とはちがい主務大臣の認可なしに土地・建物などの財産を取得することができます。

（七）日本から永住帰国する場合には、自己財産の本国搬入または送金などが、協定上保障されております。

在日同胞の皆さん！

去る八月十九・二十日の両国間に開催された「韓・日法相会談」の結果、皆さん方が、安心して永住権を申請することができるようにいろいろの措置が講じられておりますから、一日も早く、永住権を申請されるよう、重ねてお願いする次第であります。

もし皆さん方の中で、永住権申請に関連して、質問または相談なさる事がらがある場合には、居留民団支部または愛知県地方本部（民生部）あるいは、駐名古屋韓国領事館、駐日大使館（第一領事課、または永住権申請案内室）へ直接来訪されるか、書信で同事由を問い合わせて下されば、必らずや皆さんのご期待にそえるよう、全力を尽す所存であります。

なお、皆さんの親戚の方々にはもとより、親しい隣人、知人の皆さんにも、永住権申請該当者は一人もれなく、この申請を完了できるようご協力下さることをお願いします。

一九七〇年六月

駐日韓国大使館
駐名韓国領事館
韓国居留民団愛知県地方本部

相ついで支部大会

団の強化にそって
東中、金在永団長を再選

[illegible]

金在永団長

朴甲徳議長

朴末秀監委長

議長　朴甲徳
副議長　李[illegible]
副議長　金四業
監察委員長　朴末秀
監察委員　鄭旭在
監察委員　權鍾五
顧問　金允鎮
顧問　[illegible]晃栄
顧問　金甲守
顧問　金小特

以上の報告を基礎に討議がなされ可決された。また新年度活動方針はさる第十六回民団中央委員会[illegible]案によった。

このあと人事選挙にうつり、金在永団長、朴甲徳議長、朴末秀監察委員長をそれぞれ再選した。

団長　金在永
副団長　金[illegible]平
副団長　鄭哲永
事務部長　鄭[illegible]
総務課長　李哲[illegible]
組織課長　金成[illegible]
民生課長　朴大均
経済課長　洪在駿
文教課長　金炳浩
宣伝課長　李成[illegible]

春日井、名南も
意義ある大会

民団春日井支部（[illegible]）の第二回定期大会がさる十三日に行われた。

春日井支部は昨年五月十六日の結成大会によってその出発をみ、現在あらゆる角度から組織強化に励んでいる。

午前十一時には会場の春日井産業会館に熱心な代議員が45名出席して、結成大会以後の活動成果と目標について討議した。

特に支部事務所造成のために、七月十八日の第三回執行委員会で募金運動を展開することに決め、団員の協力の下に百五万七千五百円が集まった。

現在民団が重要事業として取り組んでいる永住権申請は六七五名中六一三名がすでにすませた。

班組織は管内に14班、百七十戸あり、支部委員10名、班10名、代議員85名、計百四十五名と内訳はなっている。

このように経済・組織・経済などの各種報告を了承した後、一九七〇年度の民団活動方針を全会一致で採択し、意義深い大会を閉じた。

一方、名南支部（朴[illegible]団長）の第二十六回定期大会はさる五月二十四日南図書館で行われた。

同支部は昨年六月一日に定期大会をもち、現執行部を選出しているので、今大会は支部財政の充実化、会館建設資金募金の達成、組織体系確立、協定永住権申請促進、万博招請事業推進の諸点に論議が集中した。

なかでも会館の会館建設は、南区呼続町7―8番と7―9番地の77坪と41坪さ、建物延坪数は150坪、建設予算総額は三千六百九十万円にのぼる。現在募金運動を展開中であるが、各戸に義務配定された金額中八百六十余万円が四月三十日現在愛知商銀に預金されており、建設用地買取として百二十万円が支払われた。

また活動方針として、協定永住権を土台としたわれわれの生活権益と福祉向上をめざす現実的かつ長期的な計画を推進するために全体的な内容が打ち出された。

永住権申請については、六五七二名中約三千名が完了している。

午後十二時半から開会された同大会は、百二十名の代議員のうち六五名が参加し成果裡に終えた。

もいっそう民族的自覚を呼めることを強調した。

活動方針を採択した後、人事改選に移ったが、執行部推薦の金徳秀氏を全会一致で選出した。

岡崎団長に具泰氏

具泰　団長

李適根議長

朴永鎬監委長

民団岡崎支部の第二十一回定期大会はさる六月七日午前十一時からはじまった。

第十九回の前回大会で執行部を選出して以来、法的地位問題と万博招請事業を成功させるために努力してきたといってよい。

永住権申請数は二二五十名にのぼり、当支部管内の約八十%が申請を完了している。

また昨年六月日本国会に上程された出入国管理法案は在日韓国人に対する同化、追放、抑圧性を内包している限り容認できないとして各地で抗議運動が展開されたことは記憶に新しい。当支部はこれに対して積極的に取り組んできた。

万博招請事業には管内の被招請者60名中、5月28日現在で25名が入国し6月2日までに大多数が入国している。

豊田支部がさる二月七日に結成され、意欲的に活動しており今後の発展が期待されている。

傘下機関の納税組合は三月二、三の両日に、確定申告を行い組合員の税務対策と租税意識を正しく指導している。

岡崎支部管内にはまた、愛知韓国学園の分園があり、満三年を迎えてハングルと歴史を中心に継続して民族教育が行われている。岡崎市立梅園、井田の両小学校ではハングルを中心に民族教育が行われている。

このあとただちに人事改選に入り、団長に具泰氏を再選し、新議長に李適根氏また監察委員長に朴永鎬氏をそれぞれ選んだ。

新役員は次の通りである。

団長　具泰
副団長　陳[illegible]徳
副団長　洪仁徳
事務部長　金南秀
総務部長　陳[illegible]徳
組織課長　李紀旭
民生課長　金長辰
文教課長　金正次
宣伝課長　李[illegible]安
経済課長　[illegible]

議長　李適根
副議長　河守泰
副議長　李宗孝
監察委員長　朴永鎬
監察委員　鄭道熙
監察委員　金述寿
顧問　金萬出
顧問　李延変
顧問　朴永鎬
顧問　金次実
顧問　金容詐

新委員長に金佳秀氏
愛知韓青も定期大会で

韓国青年同盟愛知県本部の第十二回定期大会はさる二十一日午前十時から本部五階講堂で行われ、経過報告および活動方針を採択するとともに新委員長に金佳秀氏を選出した。

出席した98名の代議員は昨年から厳しい真剣な態度で過ぐる期間の活動を真剣に論議をかわした。特に昨年春における入管法闘争の総括および好評を博した文化祭などさまざまな行事に焦点をあて今後も[illegible]

同時に、副委員長、金炳[illegible]副委員長、李ヒチャン、安貞[illegible]監査委員長をそれぞれ選出し、常任顧問に梁完玉前委員長（一名保留）を選んだ。

新委員長に決った金佳秀氏は、過去三年間にわたる梁完玉執行委員長部に大きな成果があったことを高く評価し、これを土台に愛知韓青の今後を築きたいと力強くあいさつした。

このあと愛知民団本部から、愛知韓青発展のためにつくした梁完玉前委員長、金佳秀前副委員長の両氏に李春植愛本団長から表彰状がおくられた。

また、先輩を代表して丁海竜事務局長、金栄顕経済部長が激励の祝辞があり、午後三時すぎ大会をおえた。

金佳秀新委員長

訂正

5月25日付東海新報第200号の記事のなかで、愛知韓国学園新役員を紹介しましたが、次の両氏は理事に選出されていませんので取り消しするとともにお詫び申し上げます。
鄭載圭、孫錫準の両氏。

とうかい

5月28日の第十二回愛本地方委は七十年代最初のそれとあって、熱意ある代議員たちの討論は終始一貫真剣な雰囲気のなかで行われた。また地方委を契機に管下各支部でもあいつぎ年次大会をくりひろげ、これまでの活動の歩みを点検し新しい年度の方針を決定した。執行部提出の報告書の多くが、法的地位問題・出入国管理法案など在日同胞の民生安定、あるいは当面する民団の一大事業たる万博招請などに大きなページをさいているのは当然な理であろう。あるいは二・三世による世代交替の問題にふれ、民族教育を含めていかにして次の代を創っていくのかという質問が多い。これらの諸問題は今まで時あることに再検討が叫ばれてきただけに決して目新しいことでない。けれども変化と激動の予想される七十年代を前にして、われわれが同胞のあらゆる問題をもう一度原点に立ちかえり、今後の指針をはっきりとしめす動きはいっそう要求されているにちがいない。▼なかでも経済生活の見通しはきびしい。情報化社会をむかえ、企業の大型化・機械化が進んでいる昨今、同胞の企業体が時代の波をいかにのりこえていくか。また日本で生まれた子弟をどのようにして立派な韓国人として育てるかという教育の問題、あるいは在日同胞の民生安定など現実の生活をみるにつけて、組織がはたす役割は大きく、民団・商銀・商工会・民族学園などが率先して取り組まねばなるまい。

李圭正氏知多団長に

李圭正団長

[illegible]議長

安朋基監委長

民団知多支部では去る五月三十一日、第二十三回定期大会を挙行した。

大会は、まず前回大会以後の活動が総括的にのべられたが、それによると永住権申請促進に重点がおかれ、支部で代筆した申請数は一八六件にのぼった。

次に活動方針として一、法的地位および待遇問題に継続注力する。二、永住権申請促進を行う。三、万博事業を成功させる。四、国民登録更新を完了し、朝総連系同胞を救出し団勢を拡充する。五、民族教育を振興し、傘下団体を育成するなどの大綱を了承した。

引き続いて人事に移り、新団長に李圭正氏を再選した。また同じく議長の[illegible]永燁氏、監察委員長の安朋基氏も再選されたが、執行部は団長に一任された。

新役員は次の通りである。

団長　李圭正
副団長　金鎮元
事務部長　[illegible]基治
議長　[illegible]永燁
副議長　朴[illegible]方
監察委員長　安朋基
監察委員　李[illegible]
監察委員　申乙徹
顧問　金[illegible]
顧問　李[illegible]石
顧問　金[illegible]伊
顧問　[illegible]大宝

※なお地方委員は自動的に、団長と議長に、地方代議員五名は三機関に一任された。

新年度活動方針　要旨

一九七〇年代は変化と飛躍の時代であり、繁栄と安定を促求する時代である。

新しい時代を迎えた、われわれは、これをわれわれ自身のものとするためには、変化と飛躍の本質を探求しなければならないし、繁栄と安定を保持するためには、努力と勇気が必要である。

われわれはこのような新しい時代に呼応して、可能性を最大に吸収するためには、70年代の展望と民団の運動たる協定上永住権を土台とする日本における生活条件、民団活動の強化などを主軸として運動方針を決定しようと思う。

一、国際情勢

60年代は東西間の緊張が、国家間に生ずるというより、一国家内で生じ、自国内の矛盾によって紛争が東西陣営をして危機状態を造成し、それによって局部戦争が継続されてきた。

しかし60年代の末期に至っては米ソ両国を中心とした東西間における対話の機会をもつようになると、緊張状態から脱出しようと方案を相互間が模索しく模索している。今世界のあらゆる国は、自国の経済的発展と国家利益をどのように結合させるかという問題を提起しつつ、対外的に[illegible]を極力に追求している。

東西間のこのような交流が増加していくと、共産陣営内部は自由陣営のそれよりも混乱と変化があることは必然的事実だとみられる。このような国際情勢は、われわれが生活しているアジアにおいても変動の徴兆をみるに至った。

すなわちベトナムにおいては、カの対決がパリ会談に移され、自分の国は自由で守らねばならないというアメリカの政策が積極的によって転向していった。

ベトナムにおける対決は、多くの犠牲をへた後、漸次に[illegible]とみる。[illegible]

それだから各国は、国民的利益を増加させる過程で、今日までの東西間に組かれている国家と機構体が互いに異なるといっても、経済協力から相互間の利害打算が成立するならば、経済的面で接近しており、政治面よりも先に交流が漸次その進展を加えている。

このような動向は、ソ連を中心とする共産陣営内部で急速に台頭しているが、現在はソ連の威圧からぬけでることのできないまま、国家的利益を追求する欲望は漸次広がっている。

和と民主的秩序の確立を意味しないことは明白である。

しかしこのような事態が、アジアにおける緊張の解消を指向する大きな転機となるとみる。

二、本国情勢

国際的緊張が漸次解消を指向している情勢であるのにくらべ、本国では北韓傀儡集団の策動によって緊張度は漸次増大している。

最近においては、われわれの民族航空機YS11機の拉北事件、[illegible]

孤立化した北傀集団は、このような策動で国際的緊張を造成し、最後的段階を延長させて凶悪をしている。

済発展と安定した政治によって国際的地位を強固とし、70年代の祖国は世界的には新しい役割をになうという飛躍的発展をみることができる。繁栄の道を遠進する祖国の現況は、北韓傀儡集団をして焦燥と恐怖感にみちびいたあまり、あらゆる凶悪を強行することで、北韓同胞たちを緊張の中に陥れさせている。

ジアのみならず、全世界がその動向を注視している中共問題を新しい角度から取扱うと予測される。

日本はわれわれが期待する対共政策とは異なり、従来から叫ばれている政経分離の政策を一層強化し、アジアにおける経済的優位性を絶対的なものとして力を注ぐとみられる。

最近起きた在日中共系中国人の往来措置、朝総連系同胞の北韓往来許容などは、われわれが警戒してきた事実のひとつとして、今後の変化から発生する欲求不満・人間疎外・価値観の喪失など新秩序の策動力が生じている点を重視しないわけにいかない。

このような時代的変化は、世界的な問題となっており、われわれ後世がこの問題にどのように対応するかということで、われわれは関心をもつと同時に、これに対する正しい指標を模索しなければならない。

三、七十年代の日本

日本は60年代において、世界的な経済大国となった。[illegible]

四、七十年代の民団

①民団の役割と運動の流れ

民団は反共を理念として、在日韓国人の権益と福祉向上のために主体的な条件を整備しつつ、客観情勢に対応する運動を強力に推進し、組織運営を重ねてきた。

われわれが今日に至るまでの運動を回顧してみれば、全ての運動路線はどこでも正当であり、今後も全団は前進と発展をもって前進しなければならない。

しかし運動と紛争の過程で、全てが効果的であるというわけではなく、強固な自省をしなければならない。

の新鮮な政策を作戦しつつ70年代に対処しなければならない。

②長期的展望に立った運動の推進

われわれが目標の成果を実現させるために、運動を推進するのでその時その時なおす活動としては不可能である。

過去・現在・未来を継続的発展的に展望して、長期的、計画的な運動を推進し、成果を蓄積させるのにはじめて勝利の前提があり、われわれが展望する70年代が変化と飛躍の時代だとするならば、民団は新しい角度から長期的展望に立った運動を計画的に推進していかねばならない。

③長期計画と綜合ヴィジョンの確立

民団組織の発展と在日韓国人社会において、真の権益団体を指向するわれわれは長期的展望に立つ計画的運動を推進すると同時にこれを一層強化するためには、総合的なヴィジョンを樹立させ実現化する運動を展開しなければならない。[illegible]

朝総連の妨害排除
一宮

民団一宮支部（安[illegible]団長）の第二十三回定期大会はさる七日午前十時半から多数の代議員が参加するなかで行なわれた。

同支部は昨年五月十八日に第二十二回定期大会をもち、新執行部を選出しているので、前大会以来の活動経過ならびに活動方針が執行部から出され、熱心な論議がかわされた。

早くから会場につめかけた代議員は九十八名中六十四名が出席、また来賓を代表して[illegible]、[illegible]文化センター所長らが祝辞をのべた。

わが民団の今年度の二大課題である永住権申請促進と万博招請事業については、申請者は[illegible]八九・三%がすでに永住権申請を完了しており、残る世帯についても近日中に調査し完遂するとし、後者はすでに十四名が万博参観をすませ本国に帰り、現在二名が滞在中である。

新執行部誕生してから基本財政を確立し、その目標に到達、現在支部会館内に運用している。

一宮支部組織内にあった小牧地区が昨年九月一日付で春日井支部に移管し、今年の三月二十一日には大山分団が自立で再出発した。

団員動員に関しては三・一節と八・一五光復節などの重要行事に動員させるため、義務金制度を適用している。

わが子弟の民族教育に対しては、[illegible]並び日曜学校を開設し、愛知韓国学園一宮支部で授業を行なっている。

また4月には支部主催で本国団体旅行を実施し、三十二名がこれに参加した。

われわれの唯一金融機関である愛知商銀は昨年創立満十五周年行事をもったが、商銀一宮店は六二年八月一日開店後、年々躍進し現在預金高五億二千万円に達している。

一宮納税貯蓄組合は年間二回税務研究会を開き、三月の確定申告時には申告書類を代行しているが、いろいろな特典もあるのでさらに会員数を伸ばすことが望ましい。

このように一宮支部の団勢は順調に伸びているが、たださる五月十八日の朝総連幹部による暴力事件が発生している。それによると万博参観団に対して悪質な妨害を目的に、われわれ一宮支部周辺に宣伝ビラを貼付したので、執行委員が撤去したところ、かれらが暴力を行使してきたというもの。しかし本国参観団と支部団員九十名が協力して妨害を排除して、万博参観を成功裡に導いた。

一宮支部はこれらの対内、外にわたる活動をくりひろげ発展しようとしている。この大会ではまた支部事務所の移転と新築計画が発表されたが、それによると敷地は百坪程度で五百万とし、出来る限りの設備をととのえ、支部の明日を築きたいといっている。

班組織活動基礎に
中村

中村支部（[illegible]団長）では、さる六月十四日午前十一時から同支部二階で第二十三回定期大会が開かれた。昨年六月二十九日の第二十二回定期大会ですでに人事を選出しているので、今大会はさる一年間の文化活動の報告と新年度活動方針を中心に審議が進められた。

管下支部中で大所帯であるだけに百名の代議員がほぼ出席し、また県本部から[illegible]、[illegible]、東海新報文化センター所長らが参席し、次のような活動報告と方針が採択された。

①班組織活動に関しては、前段大会の活動方針と変わらない[illegible]

た必要にともない、[illegible]を開催し、朝総連の虚偽宣伝と懐柔な工作を粉砕してきた。

②永住権申請に関しては、本国とわれわれの組織のあらゆる会合で機会あるごとに申請の促進運動をしてきた。当支部管内の永住権申請状況（支部で代筆した数）は、協定永住権申請数が520件、一般永住権申請数は0件となっている。

③万博招請に関しては、同支部では七十三名の家族が招請されており、現在までで三十八名が入国して、日本訪問を終えた三十四名は帰国準備した。しかしこの招請を推進するなかとなっていた。

④民族教育に関しては一、二、三世の将来のためにその重要性を再確認する。また毎年行われている本国夏季学校を通じて民族的自覚の方向に指導する。

⑤傘下団体活動に関しては、婦人会はさる四月十五日の春季遊楽会や秋季遊楽会を通じて会員相互間の親睦をはかっている。韓青は五月十七日に第三回文化祭を開催した。

新年度活動方針のなかで特に注目されるのは①全組織の総会結集を通じて支部財政を刷新せねばならない②大衆指導と[illegible]

以上の内容を検討して午後[illegible]

付表を改定
韓日航空協定

李厚洛駐日大使は五日、愛知日本外相と東京日本外務省で韓日航空協定の付表改定の文書を交換した。これは昨年十二月に東京で両国が合意した①韓国側のソウル—大阪—台北—香港—サイゴン—バンコク線の運航②日本側の済州への乗入れと韓国以遠権の二点追加—の二点を正式に文書で交換したもの。交換と同時に発効する。

テレビでPR中
永住権申請促進

韓国大使館と日本法務省が協議し、日本法務省の名でNHKTVを通じて永住権申請促進に関する内容の広報放送をすることになった。

同放送はすでに中京、[illegible]地方放送局にも送信しておりこの放送は[illegible]

홍도

해신이 절묘한 조화를 갖추어 섬을 배열한듯한 홍도는 거울같은 바다 면에 그늘을 드리우는 섬의 모습이 더욱 아름다운 한국의 유일한 해상공원이다.

巫歌と神話

国際大専任講師　金泰坤

巫払いの儀式をする時、巫女が神前で歌う歌を巫歌という。

巫歌といえば、ひろく一般的には巫女が自然のままの天声で語り散らす降神術によって口走る言葉程度と考えられている。

▽…巫歌は民族神話の源…△

しかし文学的な面からみてみても、巫歌ほどスケールが雄大で尨大な叙事詩もないし、神話の角度からみても、巫歌ほど論理的で体系のある科学的な思考をパターンとして展開している神話もない。

巫俗研究に心を注いで巫俗調査のために、巫女をさがし通ったのがこれで十二年となった。その間手中には三百余編の巫歌が録音整理された。その中には二千行から六千行に達する叙事詩形態をもっているものが相当数あって、これはそのまま神話となって神の世界や自然、人文事象の起源を叙述している。しかし巫歌・巫俗の学問的比重を理解できる人は若干の学者だけである。

巫歌を収集・整理してみると、このなかに国文学の母胎がみられ檀君神話をはじめ建国神話の原形も発見できるようになった。それだから檀君神話の形態を巫俗の立場から、巫歌と比較して論文を発表していることもある。

このような点でみれば、巫歌は現在までわかっている民族神話の原流であると同時に、韓国関係精神科学分野学問に新しい学問的比重を与えている。

▽…古代生活を写す神話…△

わたしが神話学に関心をもつようになった理由が、すなわちこのように巫歌が神話の領域に属するものであるがために、巫歌を分析するためにはまず神話の理論からふれなければならないためであった。それだからわたしの場合は、巫俗を研究するために神話学までも補助科学として活用して神話学の方法を利用しなければならない必要性を感ずるようになって、それで神話学関係文献を求め読まねばならなかった。

神話学に対するこのような補助科学の必要性は、人文・社会科学分野の学問で必要的なものであるが、特に宗教史学・心理学・民俗学分野の若干の学者が関心をもっているだけで、未だわが国では神話学に対する理解・研究が非常に低調な実情である。

神話といえばふつう科学性が欠如した非現実的・不合理な話だとすっかりみることができなくなってしまわないならば、神話を寓話的だと錯覚認定して漫画式に認識してきた傾向があった。

しかし神話はそんな単純な性質のものではない。民衆の共通意識による生活共同体の中で発生・成長して久遠な時間性を伝承している神話は、人間の非常に深い思考の深淵となるものである。神話のなかには、生活共同体としての民族の歴史・思考・哲学・宗教・文学などのもとの姿が少しもかわらないまま静かにおさまっている。

雄大な規模の叙事詩

古代生活の現実を描写

神話は結局、不合理なものであっても、彼岸の神などを歌う神話的なものでだけではない。古代であれ、原時代のままにさかのぼって行けば、神話がすなわち当時の人間の生活的現実であった。それらかれらの科学的思考の結果だとすが自然を、人間を、そして自然と人間の関係をどのように見、どのように考えたのかをそのまま科学的思考による所産が、そのまま神話となったものである。

それがために神話のなかには、古代人の歴史、思考・哲学・宗教・文学・科学などが未分化で綜合のまま保管されているものであるそうでありながらも、今日まで神話をそのまま見る方法上の錯誤として神話の本質をありのままに明らかにするか、ないしはできないものである。その方法上のつまずきというのが、他でもない時間性問題である。神話のなかに語られている数千年前の古代人の思考を現代という時点にもってきて、現代人の思考立場からそのままみるがためである。

神話が原始人の宗教・歴史・教育・社会など生活上の現実的基盤をもっているものは「B・メリノウスキー」によってすでに明らかにされていることで、それと類似した例として原始人の呪術行為はかれらの科学的思考の結果だとする。

▽…口伝神話に属する巫歌…△

るものは「J・ブレイジョ」が指摘しているところである。神話こそが一民族の原初的精神相をもとのまま保存してきた精神的宝庫だということができる。

▽…わがくにの文献神話…△

わが国の神話で、今日まで学界に知られているものには、一然の「三国遺事」に収録されている建国神話があり、その他文献にも神話の断片的なものが発見されているが、変形潤色されて「三国遺事」など神話のもとの姿を伝えることができないでいる。

「三国遺事」に伝わる文献神話は、最古の「檀君神話」をはじめとして首露王降臨の「駕洛国記」、新羅の建国を語ってくれる朴赫居世の誕生神話、高句麗の建国を語ってくれる高朱蒙の誕生神話、そして新羅の脱解王・金閼智の誕生神話、延烏郎、細烏女に関係する神話などがその代表的なものとみることができる。

そこでこれらの神話は一つのように、天神崇拝を背景にして天神下降の要素を内包しており、このような神聖崇拝要素に卵生的要素が複合されているが、卵生的要素が複合された後、変化した痕跡をさがし出すことができる。

このような文献神話は、口伝神話がいったん漢字に本釈記録されている点において記録以前の口伝過程にあった原神話の形態がどのようなものであったか、その原形態の推出を必要としている。ここに文献神話がぶちあたる神話的限界性を同時に発見するようになる。

文献に伝わる神話の外に、民間の信仰を通じて根強く口伝されてきた数多い神話がある。その口伝神話は文献神話のように化石化した神話でなく、現在のこの瞬間にも神話的機能を発揮しているものがあるので、その神話がそのまま巫女の口を通して巫払いの儀式の時、歌を歌う巫歌がある。

神話を宗教的機能を基準において分類する場合、宗教的儀式と無関係な俗性的神話と宗教的儀式と関連した聖性的神話に区分する時巫歌こそは巫払いの儀式という宗教的な意義と関連した聖性的神話として宗教的機能をもっているものである。聖性的神話が俗性的神話より先行しているものとみるとき、聖性的神話としての巫歌はそのなかにわが国神話の原形を保管している最古の神話であり、文献神話の原型推出と文献的限界性も巫歌の中に保存されている。

▽…望まれる方法論樹立…△

この度わが国の神話研究のために今後しなければならないことはなによりもまず、土のなかに埋もれて、いん滅直前におかれている口伝神話を収集処理して文献として保存することと神話の分析・研究に必要とされている方法論樹立の課題が残っている。そして今後、その研究結果をどのように活用するのかという応用問題もある。

宗教的機能による巫払い儀式の時、巫女が語う巫歌、そのなかには文献神話が記録される以前原神話の姿を未だに生々しくさがし出すことができ、また文献神話のなかにさがし出すことのできない天地開闢であれ人間の生誕、古代生活など自然、人文事象を追究する数多い神話・類型がとどまっている。このような点において、巫歌はわが国神話研究に新しい資料を提供しており、巫歌の分析・研究結果にともない、わが国精神科学分野の学問に新しい指標を提示してくれることもあるようだ。

慶州の旅情

脈うつ新羅の精神

おびただしい遺跡遺物

慶州を訪ねて古都巡礼をしてみると、三国を統一し国力が充実した新羅の時代の栄華を誇った面影な文化がほうふっとしてくる。

新羅文化はふつう仏教文化であるが、韓半島に今だかってみられない壮大華麗な文化を築きあげた慶州をとりまくおびただしい遺跡遺物をながめていると、新羅の時代精神に感動を覚えずにはいられない。

慶州市は面積一八七平方キロ、人口八十万以上の都市で、九九三年間新羅の千都であったため、行政区内に80余カ所の国宝、古蹟、名勝地がある。

わたくしたちが帰国してはじめに旅するのは大抵の場合が慶州の古蹟を見て回わることからはじまる。そこにはたしかに新羅文化を存分にたんのうさせるものがちりばめられているとともに、近代史を通するわが白衣民族の歩みをこの眼で確めることもできる。

わたしたちはもう一度、今度は紙上バスで慶州を訪ねてみることにしよう。

【仏国寺】慶州吐含山の中腹にある巨刹で、新羅法興王22年（五三五）に創建したもので、景徳王10年（七五二）に宰相金大城が大改築を行なった。石造の外はすべて焼失したのを李朝の時に再建された。大雄殿のうしろにある舎利塔は、一時日本に移されたが再び戻されたもので、全体の形がスマートで変化のある反面統一された調和の美を保っている。

【武烈王陵碑】新羅第29代太宗武烈王は金庾信とともに新羅統一の創業を完遂した。陵は円形土墳で、三国時代後紀に属する墓地の形式である。

【芬皇寺塔】慶州のすべての古墳のうちでもっとも古い塔。新羅27代・善徳女王3年に百済からすべての建築師を招聘したという。

【石窟庵】仏国寺から少しく谷間を下ると、吐含山の東側の中腹に自然の巨岩を背に前方の東海岸を望むこの石窟庵は、新羅時代の遺物中最もすばらしい芸術品のひとつであろう。石窟庵中央に安置されている本尊仏の釈迦如来座像は純白花崗岩で造られ、高さ3・43メートル、幅は6メートルである。

【瞻星台】現存する東洋最古の天文台で、新羅善徳女王時代に建られ、高さ9メートルの石造建築物である。

【雁鴨池】文武王14年に三国統一を記念せんがために立てられた別宮である。城内に池を掘り、池の中に石を積み山を造り草花を植え珍らしい鳥獣を飼育したという。

【鮑石亭】新羅55代景哀王がここで宴遊の最中、後百済軍に捕われ最後をとげた場所であり、旧日帝時代に日本軍が本国にもち去ろうとしたことはよく知られている。蛇のごとき水路に氷のように冷たい水を流せ、その水路に流れるようにして酒がこぼれないように盃をのせ、祝杯をあげた。

【鶏林】新羅時代からある林で、後に鶏林と呼ばれるようになったが、国名をさすこともある。

【影池】一名（影陵）ともいわれ墓地は五つで一カ所にある。

【影池】石工アサダルの妻アサヒが塔の完成するのを待つに待たれず、失神して池に落ちて死んだ池である。この池に多宝塔は影をうつすが、釈迦塔は影がうつらないので、多宝塔を一名有影塔、釈迦塔を無影塔ともいう。

大邱から慶州へ向うバスのなかで、新羅千年の古都を訪ねて行くうちに、いつしかいにしえの文化地帯に自らが足をふみ入れその生活圏にすごしていると思われてくる。とてもこの短いスペースには書きつくせない古墳の群れが、付近一帯に静かにしかもどっしりと置かれており、夢が生まれわたしたちの心情を深く感動的にゆり動かす。新羅の精神は今もなお生々と脈うっている。

□…慶州吐含山の中腹にある仏国寺…□

「朴正熙選集」

指導理念とあふれる愛国心

朴正熙大統領の指導理念を集めた「朴正熙選集」全三巻が、日本の鹿島研究所出版会によって発刊された。

編集は申範植氏が担当しており、A5判上製・カバー付である。

第1巻「韓民族の進むべき道」では、大統領の指導理念と苦難の歴史を語る。おもな内容は、人間改造の民族的課題、韓民族の受難の歴史、第三共和国のかすべきことなどとなっている。

第2巻「国家・民族・私」では、熱烈な愛国心と、祖国統一に対する情熱を伝えている。主な項目に、革命はなぜ必要であったか、革命二年間の報告、祖国は統一されるだろうかなどとなっている。

第3巻「主要演説集」では、韓国の近代化と、明日にむかって前進する国民の先頭に立つ大統領の自信と希望にあふれた演説集で、主な目次に民族の大道に前進しよう、歴史は燃えている、偉大な前進などがある。

価格は、第1巻から順次に、七八〇円、八二〇円、九〇〇円となっている。

なつかしい思い出

泰山市　趙□済

山野を緑色に染めた五月が過ぎ去り、炎天下の六月となりましたが、団長さんはじめ同志のみなさんおかわりございませんか。このたびはわたしの妻が日本で開かれた万国博に招待を受け、そちらにまいりました。妻を招待していただいた方は名古屋中村区に住んでいらっしゃる趙鍾約という人です。妻は25日間にわたる日本滞在期間を楽しく過ごし、さる五月二十六日無事帰国しました。

二十四・五年前、わたしが民団西春支部を組織した当時、中央本部団長の朴烈先生と連絡をしつつ権尚基氏、鄭学変氏、朴哲氏、新聖鎬氏らの助力の下に、現西春支部内に住んでいらっしゃった李正守氏、趙順礎、卞在玉氏と生死をともにしました。そして西春支部と一宮支部を結成し、不肖わたくしが西春支部初代団長の重責をになり、朝総連の圧力と暴力に対してそれこそ生命を賭して闘ってまいりました。

その後わたくしは事情あって、祖国に帰り生活することになりましたが、時がたつにつれて当時のことを懐しく思い出すのです。

愛知県本部や西春支部などが、立派に活動を展開されていることを聞きおよび、本当に喜んでおります。このたびはまたすばらしい歓待を受け、申しわけなくいうことばもありません。今後末永く忘れないでしょう。感謝します。

最後に団長さんはじめ幹部一同の健闘と各家庭に幸福がおとずれることを祈りながら筆を置く次第であります。

文化祭をみて感激

気持のつながりも

名西支部　鄭敏夫

わたくしは第三回愛知韓青の文化祭をみてとても感激しました。専門でもないのにあれほど上手に、また各自の仕事があるのに時間をさいて練習をしたのだから、きっと人知れぬ苦しみやつらさがあったのではないかと思う。

けれども、舞台の幕が閉じた時自分たちが果した事への喜び、どこからともなくわきあがる歓声が今までの苦しみ、つらさを忘れさせたのではないかとも思う。

貴重な時間を用やし一生けんめいガンバった者、そしてその資金をできるだけ有効に使おうと練習に励んだ者それぞれが一体となって文化祭を見る人を動かしたのであろう。

ところで先日、文化祭の慰労会の席上で、「文化祭で表面に出た者と裏で協力した者とでは差が山たのではないか」という意見がありましたが、この意見には賛成できません。当日たくさんの観客のなかには韓漢や演劇をみて感動したし、青年たちも韓国人であることを誇りに思うならば、誰と誰がいい役で誰かが損をしたという表面的なことにとらわれてはいけないと思います。

気持と気持。いわゆる心のつながりを強める必要があるのではないか。愛知韓青がより飛躍する上にも各々がたがいの立場をよく理解し、協力していかなくてはならないと思います。

わかちあいたい歓び

韓国学園　李朝□

「チョーセン、チョーセン人」今でも忘れられない。あれはたしか、小学校四年生の時、工作教員会議のため先生が「自習しろ」といわれた時、私はささいなことから10人ぐらいを相手に口げんかになり、そういわれたのだ。

女の子たちもむろん見ていたし聞いていた。わたしは恥しさのあまり、教室にカバンを置いたまま家まで走った。涙がとめどもなく流れ落ちた。くやしくはないけれどただ恥しかった。

なんでわたしはチョーセン人なんかに生まれてきたのだろうか。「バカヤロ！」わたしは心の中でこう叫んだ。オモニが心配してどうしたのかと聞いても、悲しみのあまり思うままにしゃべれず、ただ「どうしてぼくは日本人じゃないの。早く日本人になろうよ」とだだをこねるばかりであった。

今わたしはあの時を思いうかべている。こんな経験はわたし一人だけではあるまい。わたしたちのアボジ・オモニはもっとひどい仕打ちを受けてきたにちがいない。

今わたしは韓国学園や韓青に行って、ハングルや民族の歴史を学んでいる。この学園は今のわたしにとって楽園なのである。この歓びをわたしの同胞に分けてあげたい。

今わたしは日本で生まれた一韓国としてのびのびと生きていこうと思っている。

広場

セックス解放

「母子保健法」草案作成

セックス解放は今や世界的な傾向となりつつあるが、わが国でも最近セックスに関する研究が盛んになってきた。

町の映画館にはピンク映画の思わせぶりな宣伝が目立つし、週刊誌や新聞が毎日セックス記事をのせている。

折りも折り、政府は63年7月から保留にかかっていた「母子保健法」の草案作成を行った。全文十九条の同法の第八条には、次の場合、人工妊娠中絶をしてもよいとしている。すなわち①本人または配偶者に遺伝性精神疾患、精神障害があった場合②本人または配偶者が伝染病にかかり、生れた子どもを消極養育しなければならない場合である。強姦、近親結婚や経済的、身体的に母子の健康保持がむずかしい場合の法律上結婚できない血族および姻族間で妊娠した場合である。第四のケースを適用すれば、中絶はほぼ思いのままになるので、賛否両論。

大学や研究団体も、セミナーやシンポジウムをひらくようになった。しかし韓国には民法で禁じている結婚もあり、民法で禁じている結婚や故郷の戒律を破ることにまでなるかもう少し時間がかかるようだ。

セックス解放のかけ声とともに性犯罪はこのところウナギのぼり。68、69年度犯罪白書によると、女性の不良化の罪がふえているという。マスコミの影響だろうか、ソウルの女子のスカートは、思い切ったミニスカートになった。

大韓航空はKAL747導入

72年にジャンボ時代

大韓航空は、ジャンボジェット機（ボイング747）一台を導入するため、十九日午後一時アメリカのボーイング会社との間に契約を締結した。2千5百万ドルで来る72年に1月に導入するこのジャンボジェット機は、乗客数4百50、最高速度7百25マイル、最大巡航高度4万5千フィート、航続距離6千7百マイルである。

文化ニュース

自動車で本国へ

「フェリー航路」就航

自動車で本国へ行くという夢がとうとう実現した。韓国の釜山と日本の下関を結ぶ関釜カーフェリー・フェリー関釜（三、八〇〇㌧）は十六日午後三時、招待客約四百人を乗せて下関のフェリー埠頭から一路釜山に向け処女航路の途についた。

韓日両国で就航を計画して二年たったこの日実を結んだわけで、これで両国がますます近い国となるよう期待されている。

午前十一時からはじまった就航記念レセプションには、韓国側から朴泰俊駐日韓国大使ら、日本側からは岸信介日韓協力委員会長をはじめ地元関係者千人が参加、関釜の就航を祝った。

フェリー関釜は同夕十時ごろ無事釜山に到着、翌朝釜山に接岸しターミナルビル前広場で就航歓迎式が行われた。

「フェリー関釜」は、乗客百五十人、車両十九台。上甲板から上は三層になっていて、食堂、ロビーがおかれ、六十台を収容できる。

十九日から正式に営業を開始するが、出港は下関側が月、水、金、釜山側が火、木、土でいずれも午前九時出発、相手港へはその日の午後四時につく。

スポーツ

韓国男女参加

国際バレーボール大会

韓国・日本・ポーランドによる国際バレーボール大会が十九日を皮切りに全国各地で試合が行われる。

第八回NHK杯全国選抜優勝大会には、韓国女子・ポーランド男子、日本男女などが出場リーグ戦形式で優勝を決める。韓国女子はメキシコ・オリンピックに五位に入賞している。

韓国チームは二十三日から三日間、名古屋などで開かれる三国対抗などに出場するが、十五日には韓国男子ナショナル・チームが羽田着の大韓航空機で来日した。

【NHK杯】（東京体育館にて）日本女子3－0韓国

【三国対抗】

▽二十三日　韓国女子×全日本（五時三十分、愛知県体育館）

▽二十四日　韓国男子×全日本（七時三十分、四日市体育館）

▽二十五日　韓国女子×全日本（五時三十分、岐阜県民体育館）

▽二十五日　韓国×ポーランド（七時三十分、岐阜県民体育館）

【国際対抗試合】5試合計画されている。

中小企業銀行も

東南アジア実業団バスケット

東南アジア実業団バスケットボール選手権大会は二十日、愛知県体育館で幕をひらくが、強豪フィリピン・日本にまじわって韓国から中小企業銀行が参加する。試合日程は次の通りである。

▽21日（愛知県体育館）韓国中小企業銀行87－70日本鋼管

▽24日（大阪市中央体育館）中小企業銀行－松下電器

▽25日（京都市体育館）企業銀行×ユーロン（自由中国）

▽27日（東京代々木体育館）企業銀行×マリワサ（フィリピン）

▽28日（東京代々木体育館）企業銀行×日本鋼管

出入国管理法案

次期国会に提出

小林日法相が表明

小林日本国法相は十七日午前九時半から法務省でひらかれた全国の入国者収容所長、入国管理事務所長会同で訓示し、その中で前国会に提出を見送った出入国管理法案については一部内容を修正したうえ、次期通常国会に提出する方針であることを明らかにした。

東海新報
発行所 東海新報社
発行人 李 寿
編集人 朴 仲 勲
名古屋市中村区鷹羽町3−58
電話名古屋(571)6431
購読料 1ヶ月100円

民団綱領
一、我等は大韓民国の国是を遵守する。
一、我等は在留同胞の権益擁護を期する。
一、我等は在留同胞の民生安定を期する。
一、我等は在留同胞の文化向上を期する。
一、我等は世界平和と国際親善を期する。

支部大会つづく

瀬戸、権会俊団長を再選

永住権申請期限はあますところ半年余とさしせまってきた。現在申請者数は全国的にふえる状況にあるが、さらに強力な運動に取りくんでいる。すなわち七、八月を強化月間と決め、未申請者に対しては家庭訪問などによってうながすとともに、宣伝カーに啓発活動を展開している。ところで管下民団支部では先月につづき、瀬戸、名港、豊川、西春で各々支部大会をひらき、永住権…び活動方針を採択した。

民団瀬戸支部の第22回定期大会は六月二十八日正午すぎから完成したばかりの瀬戸韓国人会館二階で行われ、権会俊団長、尹松局議長、李般興監察委員長の現三機関長を満場一致で再選した。

権会俊団長　尹松局議長　李般興監委長

永住権申請

運動の盛り上げへ

戸別訪問、宣伝を強化

各級任職員総動員

永住権未申請者一掃にむけて運動の第一線にある各級任職員の仕事は大きい。永住権申請促進に関する義務分担をこのため強力に推進することになった。すなわち各支部の三機関任員(団長・副団長・議長・副議長・監察委員長・監察委員)と事務部長、それに各傘下団体任員(婦人会県本部会長・副会長・監査・韓青県本部委員長・副委員長・監査・学同地方本部委員長・副委員長)傘下機関任員(商工会会長・副会長・事務局長・商銀理事長・副理事長・学園長・教頭)県本部任員(三機関・事務局長・各部長・次長・執行委員・顧問)の組織全任職員に一人あたり毎月2世帯以上の永住権未申請者を訪問し、これらの家族を全て申請させ、その結果を組織部に報告するよう強力に指示した。

宣伝カーでPRへ

協定永住権の特典

民団支部で代筆も

団長に黄允性氏

豊川

黄允性団長　林福三議長　鄭明錫監委長

写真はさる6月28日に行われた瀬戸支部の大会

団長に曺壬生氏

名港

曺壬生団長　李東明議長　金甲周監委長

西春支部定期総会

"しあわせ預金"に協力を

商銀

南京被害者支援

中北協議会ひらく

韓青キャンプ

学生も志賀高原で

金相鉉氏就任

新旧副領事歓送迎パーティー

今年も八・一五記念式典にこぞって参加しましょう

一九四五年八月十五日、失われた国土を再びとりかえした。その日の感激も新たに今年は二十五周年を迎える。光復節記念慶祝記念行事に参加して、韓民族の誇りと自信を高めましょう。

記

日　時…一九七〇年八月十五日(土)
　　　　午前十一時
場　所…吹上ホール
内　容…記念式典その他
主　催　在日本大韓民国居留民団
　　　　愛知県地方本部

ソウルへ出発

母国夏季学校

文化ニュース

文学を海外に

韓国ペンが四巻出版

永住権を取得して、生活安定を築こう

1、協定永住権がもつ意義は何か

2、永住権の現況―協定永住・一般永住・特別在留について

3、協定永住権許可を受けるにはどのような手続きをすればよいか

4、協定永住権はいつまでに申請しなければならないか

5、協定永住権許可の通知が届いたあとの手続きは何か

6、永住許可申請書の記載方法はどういうものか

7、継続居住経歴とは何か

8、協定永住が許可されればどのような特恵待遇があるか

9、在日韓国人の法的地位に関する韓・日間の協定以外に韓・日実務者会談で合意した諒解事項があるといわれるがその内容はどのようなものか

10、先般の韓・日法相会談で合意した事項は何か

11、永住権申請についての問い合わせは管下民団支部へ

支部名	住所	電話
中村	中村区則武町4-102	五七一-七七一七
名西	西区野町6-18	五二一-二二八八
東	東区東大曽根町南3-1-34-3	九六二-七七六一
名南	南区呼続元町2-101	八二二-一七五八
中川	中川区運河通1-14	三五二-四三五一
港	港区港栄町6-102	六六一-六八四七
熱田	熱田区旗屋町187	六八一-二七〇八
一宮	一宮市城崎通2-2	（〇五八六）七三-四九二一
瀬戸	瀬戸市西吉田町6	（〇五六一）八二-六〇九一
豊川	豊川市山道町2-140	（〇五三三八）六-二三八八
岡崎	岡崎市八幡町2-51	（〇五六四）二二-一一五〇
豊橋	豊橋市中原町63	（〇五三二）五二-六〇九七
知多	半田市昭和町2-149	（〇五六九）二一-一二九一
西宝	蒲郡市三谷七舗	
西碧	西尾市下町神明下73-4	（〇五六三五）七-三三〇五
西春	西春日井郡西枇杷島町芳野町3-46	（五〇二）一〇〇三六
春日井	春日井市鳥居松町8-137	（〇五六八）八一-四五〇八
豊田	豊田市陣中町4-61	（〇五六五）三二-四三五〇
愛知県本部	中村区竃羽町3-156	五七一-六四三一

◎……済州島にある天帝淵瀑布……◎

国軍の近代化促求

在韓米軍の削減

ホノルルで韓米国防会議

在韓米軍の削減が本格化するにつれ、本国では与野党が反対声明を出すとともに政府も未だその時期でないとしてアメリカ側と交渉をつづけてきた。あわただしい情勢下にホノルルでは、第三次韓米国防会議が召集された。おりしもソウルではこの二十一日から三日間、第四回韓日閣僚会議がひらかれ、日本からの財政借款が決った。

朴正熙大統領

ニクソン米大統領

アメリカが在韓米軍の削減を正式通告したことにより、本国内は大きな動揺をうけているが、二十一、二十二の両日ホノルルで第三次韓米国防会議がひらかれ①対スパイ作戦装備をはじめ国軍装備の全般的な改善②駐韓米軍の継続駐屯問題③M16小銃生産工場設立に関する韓米間の条件調整④北韓の挑発に対する韓米間の対応策について話しあわれた。

韓国には現在米軍二個師団六万四千人が駐留しているが、米政府は①板門店情勢から判断して六十二万の韓国軍の近代化により北傀からの脅威には一応対応できる②米軍兵力の削減によりニクソン・ドクトリンに基づく極東自由諸国の地域防衛体制を促進する③米国内で国防予算の圧縮要求が強いことなどの見地から削減にふみきったもようである。

しかし十日の朴大統領の談話にある通り、一、ニクソン・ドクトリンによって駐韓米軍が一方的に削られてはならないし、政府が了解した事実はない。二、北韓との対話はまず、北韓が南侵をやめ、挑発行為をやめることによって最小限の誠意をしめすことが前提である。三、韓米日三国共同体制の現実性を検討する必要があることを明らかにした。すなわち北傀との軍事比が1対3と米戦略研究所が評価しており、戦闘力が北傀をはるかに上回るには七十年代にわたるとみられる。北傀は潜水艦四隻、ミサイルの充実、七百機にのぼる航空機と軍事力に拍車をかけている。このところ武装ゲリラによる国軍基地の破壊事件や海軍放送船の拉致事件などがあいついでおり、丁国務総理は国会に出席して「政府は米軍の減縮説に備えて外交交渉を通じてアメリカ側へ駐韓米軍の減縮時期ではないという点を強調しており、韓国軍の装備近代化の約束を履行するよう促求している」と語った。

与野党は八日アメリカが駐韓米軍の減縮を通告してきたことに対し、それぞれ反対声明を発表したばかりでなく、政府も高位層緊急対策会議をひらき削減計画の撤回を求めていた。

外機労も反対

全国外国機関労組（委員長・李鍾朝氏）は九日、駐韓米軍の一部削減計画に反対する声明を発表した。

財政借款を要請

ソウルの韓日閣僚会議

第四回韓日閣僚会議が二十一日から三日間ソウルでひらかれ、韓国は日本に対し財政借款の増額分について要請した。これは第三次五ヵ年計画（七一年—七五年）の重工業化政策のための四大工場の建設に要する外資にあてるためである。

この会議には、韓国側から金鶴烈副総理、崔圭夏外務部長官、李洛善商工部長官らが、日本側から愛知揆一外務大臣、福田赳夫大蔵大臣、倉石忠雄農林大臣らが出席した。

韓国側はこんどの会議で話し合いたいとして、総計約二億三千万ドルの新しい借款を申入れたが、日本側は一億三千九百万ドルについて協力することになった。その中心は第三次五ヵ年計画（七二年—七六年）を作るための"一億ドル"で、昨年の閣僚会議で日本が約束した浦項製鉄所の周辺に機械工業、対鉄鋼業などをつくる方針。

在韓米軍の削減にともない、わが国と日本とのむすびつきは今度の新規借款によって深くなりつつある。李厚洛駐日大使が佐藤日本首相と会見した際に、韓国に対する日本の経済協力はいっそう進めてほしいと要請したのに対し、日本側は閣僚会議前に同意を与えていた。朴大統領は二十日、新民党の第一次議員ら二十人の国会議員が提出した質問に答え「現在の状況では韓米日の共同防衛体制を樹立する構想についてはその現実性を検討、研究しなければならない」という注目すべき見解を明らかにしていた。

韓国の北漁を排除

米議会修正案強行

三十日午後アメリカ上院本会議で、修正通過させた対外武器販売法案のなかに、今後韓国の北洋漁業を大きくおびやかし、ひいては韓米外交関係に新しい問題点を提起する要素を多分に内包した修正条項がふくまれている。

それによると、他でもない韓国漁船が西経百七十五度線以東においてサケ、マス漁をした場合、アメリカの対韓経済援助を中断することを要求するというスチーブンス・クラベル議員らの修正案が採択されたもの。

この修正案の提案者たちは、すべてがサケ・マスの本場であるアラスカ州出身者でマイク・クラベル（民主）議員とテイト・スチーブンス（共和）議員らがこの張本人たちである。

KAL機の送還を

国際民間航空機構が採択

カナダのモントリオールでさる16日からひらかれていた国際民間航空機構（ICAO）は一日、北傀が強制拉北したKAL機の送還を求めた韓国の提案を満場一致で採択した。

総会は決議文のなかで「不法的に拉致した全ての飛行機、乗客、乗務員が、それらの本来の目的地に行くように認められねばならない」と促求した。

京釜高速道路完成

一日生活圏に結ぶ

ソウル　釜山

ソウルから釜山まで全長四百二十八キロを四時間余で結ぶ京釜高速道路が先月二十七日、着工以来わずか二年五ヵ月と世界にも類例のないスピードと安い費用で完成した。総工費四百二十九億七千三百万ウオンを投入して、資材も技術も韓国のものを使い、国家の総力を結集して工事に当たったといっても過言ではない。

最大の難関工区は、十七ケの大橋と五ケのトンネルが横たわっている秋風嶺であったが、山間地帯を走るだけにトンネルは六ヵ所、橋は三百五十八ヵ所にものぼる。インターチェンジは十八ヵ所、バスストップは四十二ヵ所。

料金はソウル－釜山間で、普通乗用車で千三百ウオン、観光バスで三千二百ウオン、スピード制限は五〇－百二十キロ。

京釜高速道路の完成により、人口の44％、国民総生産の47％、工業生産の六一％をしめる地域が一日生活圏になったわけである。物価上昇をおさえる役割をはたし、経済開発に拍車をかけるものと期待されている。

ただガソリンスタンドや修理所や休けい所が未整備で、安全施設を補充しなければならない。

政府では将来、周辺地域を中心に国立公園や付帯施設をも開発する計画である。

◇……開通した京釜高速道路……◇

新兵役手帳を発給

[illegible]

西海岸にスパイ船

[illegible]

GNP一六・七％増加

71年総予算案を策定

【ソウル二日発＝東海新報】[illegible]

76年に人口三千五百万

[illegible]

金圭南ら死刑確定

[illegible]

金宗允さんを偲ぶ

金　翊　根

[illegible]

9－10月 大陸棚交渉

[illegible]この発言は「日本政府としては「日も早く韓日大陸棚協定を締結することを希望している」とのべた。この発言はつづいて「日本政府のこのような方針を韓国政府が指定、発表した鉱区のうち日本九州の東南方男女群島と鳥島近辺の3ヵ所が、日本が設定出願した鉱区と重複するため解決へもちこむ気構えだ」としている。

朴和鈞氏が講演

「馬山輸出自由地域について」

[illegible]

高田事件

原判決を破棄

[illegible]

本国銅像除幕式参礼団募集

既に御承知の通り国務総理をはじめ本国関係要路の尽力により、故金竜煥愛知県地方本部団長の銅像がソウル特別市奨忠壇内に建立されることになりました。このため去る五月九日行なわれた起工式に引続き、来たる十月二日に当地において その除幕式を全国組織の協力の下に遂行することになりました。

愛知県本部と中北地協所属、各県地方本部としては、特に挙団的にとりくむことになっており、団員のみなさんが多数参礼団に参加して下さるようお願いする次第であります。

—記—

一、出発日時　一九七〇年九月三十日午前十一時

二、出発地　小牧空港

三、募集人員　二百名

四、申込締切　一九七〇年八月三十一日（延期なし）

五、経費　一人六万九千五百円

六、日程　九月三十日（水）11時KAL特別機でソウルへ　12時25分ソウル着　市街を一望銅像建立地下見　歓迎夕食会

十月一日（木）「国軍の日」記念式典参観　慰霊参拝

十月二日（金）銅像除幕式に参席

十月三日（土）ホテルで朝食後解散

一九七〇年七月二十五日

在日本大韓民国居留民団　愛知県地方本部

PEN ソウル大会

東西文学の交流を

アジア文学翻訳局設置

第三十七回国際ペン大会が二十八日から六日間「東西文学のユーモア」をテーマに、世界三十四ヵ国から二百余名の作家が参加してひらかれた。

国際ペン大会がアジアでひらかれるのは五十七年の東京大会につづいて二度目であるが、朝鮮ホテルを会場にして予定通りのスケジュールを消化成功裡に幕を閉じた。

特に大会前の執行委員会でのアジア文学を欧米に紹介するための「アジア文学翻訳ビューロー」の新設や各国ペン会員の交流促進に関する決議などが採択された。また一九七一年の第三十八回大会開催地はアイルランドのダブリンに正式決定した。

また朴大統領の決断で共産圏八ヵ国にも招請状を送ったが、ユーゴの女流作家一人が参加するだけにとどまった。

雅楽〝成楽曲〟が流れるなかを毛允淑準備委員長が大会宣言、続いてデイビッド事務総長がペン憲章を朗読した。

白鉄大会長の開会の辞につづきあいさつに立った朴大統領は「ペンは剣よりも強しという言葉が東西の人たちの格言になっているものと思います。武器が人類に形式的な平和を強要するのに反し、ペンは実力的に世界平和を達成する感化力をもっているためだと信じております。」と強調し、かってインドの詩聖タゴールが「アジアのともしび」のなかでコリアがともしびをはなつとき東方の明るい光となるとうたったことを例に出して、今や韓国がアジアの灯火の役割をはたすため政府と国民が一心協力してくることを訴えた。そして「このような時に第三十七次世界作家大会が韓国でひらかれることは、われわれの視野を世界的にひろげ、文化創造の意識を飛躍させるのに画期的な契機となるものと確信する」とのべた。

会議は三十日から七月三日まで六回の分科会を通して東西文学の接近方法を討論した。主要議題は〝小説におけるユーモア〟〝現代社会におけるユーモアの機能〟〝演劇におけるユーモア〟などであった。

ここでは六月三十日の分科討論で一、二次会議のもたれた〝ユーモアの地域的特性〟について要約してのせる。

第37次世界作家大会は34ヵ国、40センター、69名の韓国代表を含めて215名に達する世界の文人が参加して東西のユーモアを論じあった。ソウルペン大会は韓国文学史上空前の規模と収穫を残してその幕を閉じた。

〝韓国文学のユーモア〟　黄順元
生活のなかからわき出、具体性をおびる

韓国のユーモアは芸術意識によって作られるというより、直接生活のなかからわき出てきたところにその特性がある。生活のなかから直接出発したがために、自然遊離した概念でなく、具体性をおびている。

二百三十余年前に書いた朴趾源の小説〝両班伝〟のなかのユーモアについて考えてみましょう。小説〝両班伝〟には多くの穀物を与えて、両班の称号を買う一人の賤民が登場する。

両班称号をうける式典で、儀式をつかさどる郡守が両班の特典をいうなかで「両班になれば、となりの家の牛を思いのままにひきつれてゆき、自分の畑をまず耕すことができるし、農民たちをつかまえてただでえたもので自分の畑の雑草をかることもできる。万が一これをいやという奴には、鼻にも灰水をぶっかけ、しゅぜんをぬいてもよい」というと、その賤民は「この野郎。オレさまを盗っ人にするつもりだな」とその場でことわり逃げてしまった。

主人公が行動でみせてくれたこのユーモアの終りの場面での健康な態度は、韓国国民中の精神生活にみられる諦念の色あいも少なくないが、健康な面が強く漂わせてくれる例である。

しかし日本の植民地統治と韓国動乱により深まったペシミズムを克服して、健康に呼吸するにはいかにひっぱっていくかが今後の宿題である。

〝ペルシア文学のユーモアと諷刺〟　チャイン・ラネーマ（イラン）
専圧に反抗　作品浄化剤として

ユーモアと諷刺（ふうし）は、ペルシア文学において重要な役割をはたしてきた。これはある時は読者たちを笑ばせるための方法として使われてきたのみならず、文学作品を純化させる浄化剤の役割もはたしてきた。

民衆は一方で支配層の民衆抑圧に対する反抗として、あるいは被支配者層に発生する悲しみに対する非常に強力な武器として使われてきたがために、大衆には人気があった。民衆を弾圧する支配層とかれらに寄生してこびへつらう二つの形態の人物は、東洋においてはほとんどどこでも出てくるがために、諷刺の詩や文学がこの地域にさらに流れ出てきたものである。

ペルシアの偉大な学者であるシャーイク・バハイのユーモアスタイルのなかに「狂人」に対する部分がある。

ある人が狂人に「この世に狂った人は全部でどれくらいいるのか」とたずねた。その狂人は「それはとてもむずかしいことだが、あなたがしいてというならば、わたしは狂っていない人の数を簡単に教えてあげましょう。」

また十四世紀イランにペルシア文学のヴォルテールと呼ばれた諷刺文学の父、チャザンのオッバイドという学者が住んでいた。

かれはペルシア文学と特に深遠な知識をもっており、多くの本を後世に残したが、そのなかで「貴族たちの性格」という本が特に有名である。オッバイドはユーモアや諷刺をその時代の腐敗と貴族たちの欠点に反抗するために非常に強い手段をとった。

〝中国文学に出てくるユーモア〟　謝冰瑩（中国）
春秋戦国時代から　棄として発達

中国人は遠い昔からユーモアに対して深いセンスをもっているが、ほぼ三千年前にさかのぼる。中国には春秋戦国時代から数多くのユーモア専門家がいた。

「史記」には代を経て、ユーモアを直接編む人々の記録がみられる。宮廷できかれる話をこっけいにまとめたものもあるが、民間に伝わって下りて行ったユーモアも数限りない。

特に劇中のこっけいさや俳優のおかしな行動は、春秋時代からあったものと考えられる。

時代になって特にとらえられ、時代に全盛期を迎えた研究のなかでのこっけいさやおかしさは、中国文学でははずすことのできないものである。

舞台でのこっけいさは俳優学者のようなこっけいさ、こっけいな老優、おかしなこっけいさなどに分けられるたびに、役におもしろみが加わった。

今日中国人が別に学識がなくとも、ユーモアを理解して楽しむのも、劇中のこっけいさのセリフを多くとり入れたためだといえるだろう。

〝ソ連のブラックユーモア〟　レオニード・ブルラテローブ（亡命ペン本部）
独裁な感情の気質　地下新聞などに反映

ゴーゴリやチェーホフなどロシアの偉大な作家の作品に出てくる[illegible]独特なユーモア感覚に、ロシア人の気質をよく表わしている特性のひとつである。

しかしソ連のユーモアリストの立場では、結局容易なことではない。詩人エフトシェンコの最近作「王さま・上監・皇帝たちがおり／社会のすみからすみまで統治し／その多くの軍隊を率いて／兵士たちは心の底から喜々楽々はときにできず」という詩は、作曲家ショスタコヴィッチがその交響曲13番[illegible]

[illegible]時代には二百〇巻のユーモア本[illegible]作家たちが口述したこっけいな話を五百巻の本に訳したこともあった。

[illegible]書の原本の一部として使ったが、公演が停止をくらったことが指摘されている。しかしこのような困難や迫害にもかかわらず、サミーズ・ダートという地下出版によるユーモアは文学の独特な形態とし、政治的[illegible]三年までの刑[illegible]て出てきた。

ロシアの一人のおばあさんが「戦争と平和」を熱心に学んでいたが、これは単に「サミーズダート」というだけで読んではならないという冗談もある。

大六年九月の新しい検閲では[illegible]ソ連の子供が入っており、小説の詩とか書信が明らかでない最近の作品にはソ連のユーモアをよく表わしている。

バス到着しました

全北大学教授　白泳基

いつの間にか蒸し暑い夏となりました。その間みなさまいかがおくらしでしょうか。われわれ僑民族の子女教育のために昼夜献身的な活動をしていらっしゃる僑民はじめみなさんの姿が目の前に浮んでくるようです。

ところでわたくしたち全北大学校の二千余名学生と三百余名の教職員が、待ち望んでいましたバスがついにわたしたちの校庭に到着いたしました。寄贈していただいてから輸送にいたるまで、みなさんの積極的な協助がなければ実現できなかったでしょう。衷心より感謝の意をささげたいと思います。

特に終始骨折って下さった林敏君学園長、郵燐理事長、朴相根社長、それに東奔西走しながら迷惑をかけた金東重先生に深く感謝します。熱と誠と、あたたかい情で実をむすんだのであり、決してむだでなく道がひらけたのだと確信しております。

これを契機にして愛知韓国学園と全北大学校、さらには在日同胞と国内居住民が、満足のいく情でかたく、たがいを理解し協助し、より緊密な紐帯をむすばれんことを祈祝しております。

今般のあたたかい援助内容に関しては、わたくしたちの大学新聞にも報道されることになっています。ただ金東重先生からのたよりによれば、今般物心両面で援助して下さった朴相根氏がなくなられたと聞いております。謹しんで哀悼の意をささげたいと思います。

さいごに、愛知韓国学園の短期大学校設立認可に関しては、どのようになるのかわかりませんが、今般文教部に僑胞教育担当官制が新設されましたので連絡しておきます。

国家はじめ、みなさんの健康と愛知韓国学園の無窮なる発展をお祈りいたします。

愛知韓国学園から贈られたバスは無事全北大学の校庭に到着した。

広場

北韓系同胞に啓蒙したい

釜山市　趙頭済

このたびの万国博覧会に妻が招待していただき有りがとうございます。その上、民団愛知県本部から贈っていただいた感謝状と記念品に感謝の意をささげたいと思います。

この贈物を受けとってみると、わたしはいつしか過ぎさった過去の出来事を思い起しました。二十年も前のことですが、当時愛知民団の組織の一員として、同志とともに心をあわせ力をつくして朝総連を転覆させるため、民団支部の看板を堂々とかかげ、かれらの暴行や迫害工作に生命を賭することもしばしばありました。

いつかは朝総連の連中がわたしを襲い、暖炉の前でなぐられたこともありました。いつのことでしたか、太極旗を降ろそうとするので、わたしは怒る気持をおさえることもできず、かれらの事務所にひとりで乗りこみ襲撃したこともあります。十年ほど前でしたか、在日僑胞北送問題が起った時に、李承晩大統領の命令の下に、われわれは北送反対宣伝を行なったこともあります。

いつか、わたしが日本に行く機会があれば、西春支部地方に居住して、大韓民国の存在を知らない同胞に啓蒙したいと考えています。

「広場」の係では読者のみなさんからの投稿をお待ちしております。▽住所、氏名、職業、年令、所属支部名を明記▽六百字程度、趣旨をかえない程度に短くすることあり▽名古屋市中村区寿羽町3―56「東海新報社」広場の係へお送り下さい。

水原の旅情

史話に富んだ古都

ソウルを囲む衛星都市

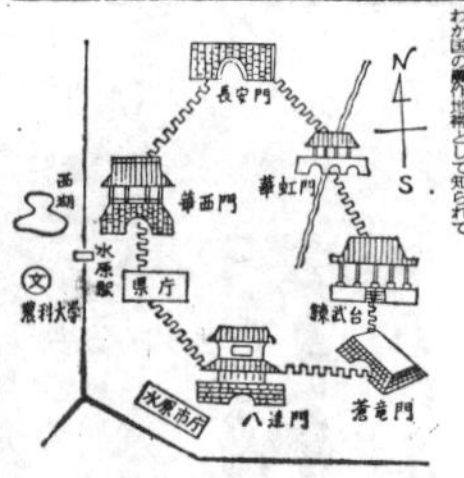

ソウルから京釜線で四〇分、わずか30キロたらずの距離に水原がある。釜山行きの急行列車の最初の停車駅であり、ソウルからバスで一時間ちょっとで到着する。京釜高速道路の完成にともない、マイカーで30分程度で行くことができるようになった。

人口15万の首都を囲む守護都市水原は、いちごの名産地であり、わが国の農作地帯として知られている。そのうえ、水原は韓国でもこぢんまりと整った小都市であるとともに、古蹟に富んだ名跡でもある。

水原の中心をなす水原城ができあがるまでの史話は、現在にまでそのおもかげを残している。時は李氏王朝末期、第22代王正祖の御代。第21代英祖王の子荘献世子は病気がち、学問修養を怠り、父王の怒りをかい朝廷内一部の謀略も手伝って、米びつの中に閉じこめられ、餓死するという悲惨な事件が起きた。

王位についた正祖は父子荘献の死を悲しみ、楊州にあった父を水原の華山に移した。父に対する正祖の限りない孝行心は、三年の歳月をかけて水原城郭を築き、華城と名づけたというのである。

水原市内は高さ7メートル、長さ4キロの城郭に囲まれ、東、西、南、北4つの楼門があり、[illegible]古都で交通の要地でもあり、韓国農業の中心地として農村振興庁はじめソウル大学校農科大学・蚕業試験所・種苗園など農業研究機関が集中しており、今後の発展が多方面で約束されている。

【八達門】水原城の南門にあたり石造のアーチをひらく巨大な築台の上に立つ重層の楼門で、ちょうどソウルの東大門のように門の外側にむかって半円形の甕城を備えている。

【長安門】水原城の北門にあたり、八達門から1キロたらずの位置にある。城壁はすべて石築とし、その高さが約7メートルに達し、八達門にはなくなってしまった敵台が、ここには今も残っている。

【華西門】水原城の西門にあたるものであるが、その位置は西北隅に位置し、八達門よりやや小さい石築台上に立つ3間2面の単層の門である。この門の東北方に建てられている望楼は空心墩とよばれ、射撃の用をなすものであった。

【蒼竜門】水原城の東門にあたるもので、規模や様式は華西門と同じであったが、韓国動乱によりその門を失った。

【華虹門】婦人が岩に火をたいて洗たく物をあたため、木の棒でたたいてあかをおとす風景とともにこの華虹門の風情は雑誌のグラビヤに好んで使われる。3間2側の単層の建物である華虹門は、地下に7個のアーチ状の水門が設けられており、水門を流れる光教川の光景は趣がある。

【錬武台】東将台とも呼ばれ西の方にあった西将台に対していて、蒼竜門の北の丘の上にある。上・中・下の3層の台からなっており、下台は兵卒の訓練場、中台は将校の兵卒を訓練するところ、上台は将軍の指揮台であったといわれる。今では弓を引く人の練習場となっている。

△……華虹門と洗たくをする婦人は風情がある……△

スポーツ

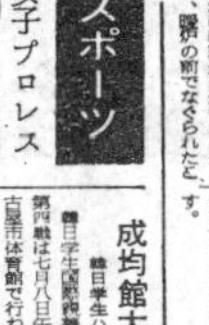

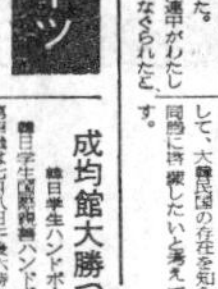

女子プロレス

韓日親善名古屋大会

韓日親善女子プロレス名古屋大会は、韓日芸能親善協会、林エーゼント主催、民団愛知県地方本部、韓国新聞社の後援をえて来たる八月六日夜から名古屋市体育館で行われる。

韓国側からは、全韓国チャンピオン表相根、オール韓国中量級チャンピオン朴順子、オール韓国軽量級チャンピオン朴貞玉らが、日本側からはIWWAチャンピオン小畑千代、東洋チャンピオン有田ユキらが東洋選手権のタイトルマッチを競う。

入場料はリングサイドが前売三千円、当日三千五百円、A席前売二千五百円、当日三千円、B席前売二千円、当日千五百円などとなっており、市内各プレイガイド、韓国、林エーゼントにて発売中。

成均館大勝つ

韓日学生親善ハンドボール

韓日学生親善ハンドボール第四戦は七月八日午後六時から名古屋市体育館で行われ、前半15―6、後半10―10のスコアで成均館大が日本の東海学生選抜チームに勝った。成均館大の成績はこれで3勝1敗となった。

成均館大 25（15―6、10―10）16 東海学生選抜

大韓体育会創立五十周年記念式

大韓体育会創立50周年記念式が十三日午前九時半、丁一権国務総理、洪鍾哲文教長官および多数の体育人が参席して体育館競技場で挙行された。

アマスポーツの総本山として半世紀にわたって、韓国のスポーツ運動を推進して体育界の業績に貢献し、今後の発展をちかった。この日韓国体育のためにつくした二百二十六名の有功者が表彰をうけた。そのうち六名に国民勲章が与えられた。

東海新報

発行所 東海新報社
発行人 李 春 植
編集人 朴 性 諮
名古屋市中村区鷹羽町3-56
電話名古屋（571）6431
購読料 1ヵ月100円

民団綱領

一、我等は大韓民国の国是を遵守する。
一、我等は在留同胞の権益擁護を期する。
一、我等は在留同胞の民生安定を期する。
一、我等は在留同胞の文化向上を期する。
一、我等は世界平和と国際親善を期する。

記事内容

光復節 25周年

盛大に慶祝大会

県下同胞四千余名集う

八・一五光復節は今年で二十五周年を迎えた。この日はわが韓民族がかっての日本の植民地支配から解放され、祖国大韓民国の自由と独立の再出発点となった忘れることのできない重要な記念日であることはいうまでもない。八・一五をうけるたびに、われわれは旧日帝治下で民族の独立のために命を賭して闘争した英霊に感謝の祈をささげるとともに、愛国愛族の精神を受け継いで、今現在われわれは祖国と民族のためになにをすべきかを考える。日本で居住するわれわれ在日同胞にとってもこの意義は決して例外でない。それどころかすすんで、祖国の発展に寄与するとともに、全体在日同胞の権益擁護にむけて邁進せねばならない。愛知県下団員四千余名はこれらの意義を胸にこめて、第二十五回八・一五光復節記念愛知県民衆大会に集った。記念式典では決議文、朴大統領におくるメッセージ、佐藤首相におくるメッセージなどを採択して、午後一時すぎ晩晴なうちにも和気あいあいとした盛大な行事を終えた。

今年の8・15光復節は悪天候のうちにも盛大な慶祝大会が行われた。悪天候にもかかわらず会場の吹上ホールは4千余名の県下同胞でうめつくされた。

民団愛知県本部（李春植団長）主催による第二十五回八・一五光復節記念愛知県民衆大会は、八月十五日午前十一時から市内吹上ホールでひらかれた。ホールの表玄関には大会を告げる大看板がかかげられ、そのすぐ下に各支部べつに入口が作られた。おりから台風……

……ガン」がくっきりと浮きぼりにされている。

第二十五回八・一五光復節記念民衆大会の方針はこのスローガンにうきぼりにされている。

一、永住権を取得して、われわれの権益擁護し、全体在日同胞の地位向上に全力を尽くそう！
一、在日六十万同胞は、民団傘下にかたまって、祖国大韓民国の国威を宣揚しよう！
一、北傀金日成徒党の赤色侵略を徹底的に粉砕して、国土統一を達成しよう！
一、永住権申請促進運動を通じて朝総連勢力を完全に粉砕しよう！
一、日本政府は韓日協定の精神に立脚して、北傀訪問および北傀との経済交易企図を即時中止せよ！

記念辞

永住権促進に全力

民団愛知県地方本部団長 李 春 植

親愛なる団員のみなさん！

今日われわれは祖国大韓民国が旧日帝から解放され、自由と独立を再びとり戻した八・一五光復節第二十五周年記念日を迎えました。

この意義深い日に際して、団員のみなさまに記念辞をのべる機会をえましたことはかぎりなく名誉と感じ、心からこの日を慶祝する次第であります。

親愛なる同胞のみなさん！

われわれはこの日を迎え、二十五年前の民族的歓喜と感激をふりかえることだけでなく、祖国光復のために献身した殉国先烈の高貴な精神をうけつぎ、国内外の全体同胞が一致団結して民族の宿願である国土統一という第二光復のために、かぎりなく邁進することを再び銘記しなければなりません。

これはすなわち第一、二次に続き全国的に推進している第三次経済開発五ヵ年計画を中心とする民族中興の聖業に積極参与することであり、民族運動を基盤とした民団の全ての事業を完遂することを通じて、朝総連傘下に呻吟する多くの同胞を自由大韓のふところに包容することを意味します。

親愛なる団員のみなさん！

変化と飛躍の一九七〇年代に入……

……った重大な時期に、われわれはまず在日韓国人の永住権取得を促し日本における法的地位を安定させ、在留同胞の権益と生活を確保することにいっそう力を注がねばならないし、北傀とその手先朝総連の侵略的赤化策動を粉砕し、万博招請および後援事業を通じて国威を惜しみなく内外に宣揚して、本団組織の拡大と強化に拍車をかけねばなりません。あわせてわれわれは日本という地域社会の構成……ばなりません。

親愛なる同胞のみなさん！

ひとえに固い団結とあたたかい協力のみが、われわれの繁栄を約束するものであり、創意と努力のみが前進を招来するものであります。

この意義深い第二十五回八・一五光復節記念日を契機に、いっそう固くかたまり、本団組織の無窮なる発展のために、とどまることなく前進しましょう。

慶祝辞

第二光復に覚悟を

駐名古屋大韓民国領事 文 鍾 律

親愛なる管内居留民のみなさん！

今日、第二十五回光復節を迎えわたくしはまず居留民のみなさまとともに、反日独立闘争に献身した殉国先烈の英霊の前に頭を垂れ冥福を祈り、崇高な愛国愛族の精神を仰ぎ称える次第であります。

……

佐藤総理大臣に送るメッセージ

……

決議文

われわれ在日本大韓民国居留民団愛知県地方代表四千余名は、今日ここ名古屋市吹上ホールに集い意義深い八・一五光復節第二十五周年慶祝大会を盛大に開催するとともに、この大会の名において次のごとく決議する。

一、われわれは祖国の光復のために命を捧げた先烈の気高い教訓を受け継ぎ、民族の念願である国土統一を成就させ……

……

朴大統領に送るメッセージ

……

南北韓障壁除去に画期的方法

朴大統領8・15祝辞で宣言

朴正熙大統領

北傀武力放棄実証すれば

開発建設の競争を

国土統一にむけて団結

民族中興を完遂する70年代

試錬を克服し明るさ取戻す

北韓全域は兵営化密閉社会

統一の画期的現実的な方法

全ての力を生産的な目標に

受難の百年から新しき黎明

成長度評価は歴史の里程標

解放四半世紀

自己実力で新環境開拓段階

本国論調

追加された僑胞支援基金

運用において非効率浪費をなくせ

訂正　さる八月十五日に発行された第25回光復節記念愛知県民会用のパンフレットにおいて、一部に誤りがありますので……ように訂正するとともにお詫び申し上げます。

一日も早く永住権申請を終了しよう

永住権申請案内

協定永住権の申請期限は後四ヶ月余です。在日同胞の皆さんが、日本で安定した生活を営むためには、ぜひとも協定永住権（又は一般永住権）を得なければなりません。まだ永住権の申請をしていない方は、もれなく申請をしましょう。そして、さそいあい、すすめあいましょう。

協定永住権を受けることによって

(一) 何よりもまず、これまで暫定的であった法的地位をはなれて、権利として日本に永住することができるよう保障され、

(二) したがって、協定永住許可を受けていない者や、一般外国人とはちがい、協定永住許可者は、ほとんどあらゆる場合において、退去を強制されることがありません。

(三) さらに、永住許可者には、海外旅行に必要な再入国許可における制限がないばかりでなく、一家族が離散することのないよう、人道的な配慮が十分ゆきとどくようになっており、

(四) 子女の教育問題においても、日本の公立小、中学校への入学が権利として保障され、また上級学校進学においても、その入学資格が認定されることになっております。

(五) 生活保護を必要とする人には、従前通りに生活保護が受けられるようになっており、特に、国民健康保険に加入することができます。

(六) 外国人財産取得に関する政令の適用を受ける一般外国人とはちがい主務大臣の認可なしに土地・建物などの財産を取得することができます。

(七) 日本から永住帰国する場合には、自己財産の本国搬入または送金などが、協定上保障されております。

在日同胞の皆さん！

昨年八月十九・二十日の両国間に開催された「韓・日法相会談」の結果、皆さん方が、安心して永住権を申請することができるようにいろいろの措置が講じられておりますから、一日も早く、永住権を申請されるよう、重ねてお願いする次第であります。

もし皆さん方の中で、永住権申請に関連して、質問または相談なさる事ががある場合には、居留民団支部または愛知県地方本部（民生部）あるいは、駐名古屋韓国領事館、駐日大使館（第一領事課、または永住権申請案内室）へ直接来訪されるか、書信で同事由を問い合わせて下されば、必らずや皆さんのご期待にそえるよう、全力を尽す所存であります。

なお、皆さんの親戚の方々にはもとより、親しい隣人、知人の皆さんにも、永住権申請該当者は一人もれなく、この申請を完了できるようご協力下さることをお願いします。

一九七〇年八月

駐日韓国大使館
駐名韓国領事館
韓国居留民団愛知県地方本部

万国博家族招請事業を成功させよう！

肉親と感激の再会

万博参観団名古屋に来る

[illegible]

愛知県管内の"万博参観団"は八月に入って、十日、十一日、十七日と日を追って続々来名している。さる十日には一行が大阪万国博を観覧した後、あらかじめ用意されていた特別バスで被招請人の待つ名古屋にむかった。[illegible]らの引率で、無事肉親の待ちうける名古屋に到着した。

（写真上）愛知民団前に到着した万博参観団のバスから下りた老母に再会できた喜び。久しく時間と距離が二人の間をへだてていたのか、老母はあらぬ方に頭をやりながら一瞬茫然と立ちつくす。（写真左）愛知民団ではただちに万博参観団の歓迎会をひらき、長途の労をねぎらった。

"万博参観団"とたれ幕が横に長くかかげられたバスが民団愛知県本部にあらわれた時、待ちわびていた家族の一団からどよめきが起り、写真機のフラッシュが走った。バスのなかからは自分の肉親を見つけ、うれしそうに手をふる人もおり、感きわまってついに泣き出してしまう人もいる。

扉がひらかれタラップを降りてくる参観団の人々は、長旅の疲れひとつみせず自分を招請してくれた肉親や友人と再会すると、きつくだきあい、しっかりと手を握りしめていた。午後七時、[illegible]

この後一行は本部五階に上り、"万博参観団歓迎会"にのぞんだ。丁海竜事務局長の司会ではじまった歓迎会では、一行の点呼と簡単な手続が行われたが、[illegible]副団長が民団を代表して次のような歓迎辞を述べた。

「みなさんようこそ名古屋へおいでくださいました。心から歓迎します。本来ならば民団を代表して、[illegible]当本部団長がお祝のあいさつをのべるところですが、団長自らこの万博家族招請を推進するため本国に帰国していますので、不肖わたくしが民団を代表して一言あいさつしたいと思います。この万博家族招請は、わが民団が本国家族および親戚を日本に招請することによって、再会の機会を与える目的で実施されています。

われわれは日本という地域社会の構成員として、韓日両国民の親善の役割をはたすとともに、大韓民国の国民として、[illegible]民族主体性を発揮しております。万博招請ならびに後援事業を通じて国威を宣揚しようと努力しております。ただ北傀の手先朝総連が、招請者と被招請者に対して狡猾な謀略工作を画策しているので、充分に対処していただきたい。万一そのような事が起きた場合、民団に連絡をしていただきたいと思います。

最後に、日本滞在中を存分に楽しまれ、ひとつ元気な姿で帰国していただきたいと思います。」

この後、丁海竜事務局長の方から再度、注意事項が告げられ、参観団を代表して男女二名に本部女子職員から歓迎の花束が贈られた。

歓迎会を終えた参観団の一行は各支部の引率で、それぞれの被招請人の手に引きとられていった。

翌十一日もまた参観団が大阪万博会場から丁海竜事務局長の案内で来名するなど八月に入って招請事業はフル回転している。

政府当局の発表によるとさる七月末現在、旅券発給者五、七七五名。ビザ発給五、二四一名。出国者四、〇〇〇名、ビザを発給されながら出発を見合せている者一、〇四〇名となっている。民団中央本部李禧元団長の談話によれば「この招請事業は、どこまでも永住権申請の促進を目的に計画され[illegible]民団の姿勢がいかに積極的であるかを知る術であり、その脱線に対する不当な慣例や後援は止揚すべきである。

ただしつぎの各項に該当する者は残念ながら来日は不可能であろう。

—被招請者の場合—

① 兵役忌避者
② 精神病患者
③ 長途の旅行が危険な病人
④ 経済的破綻のため、国外逃亡のおそれのある者
⑤ 被招請者が夫であり、その夫に日本人の妻がある場合

—招請者の場合—

① 子弟を朝総連系の学校へ就学させている者
② 朝総連系信用組合と取引きをしている者

このような人たちは、表面上は民団員を装いながらも、裏面では朝総連に協力している利敵行為であり、そのような者が本国の家族に招請状を出すこと自体が鉄面皮きわまる行為だといえる。ただし朝銀と取引きを断ち、韓信協傘下の信用組合と取引きすることを誓い、これが確認された場合には、私が責任をもって入国させる用意がある」とのべている。

いずれにしても、万博家族招請事業は肉親に再会の機会を与えるとともに、民団組織の強化を期すものだけに、今後とも我々たちが一丸となっていかねばならない。その際、北傀と朝総連がねらっている悪らつな工作に対しては、国家的次元からも全組織力を動員して対処していかねばならず、万博閉会の九月十五日まで、保安対策[illegible]一切について現事保安、地方保安、輸出、案内と指導のあらゆる面にわたる対策を確立しておかねばならないだろう。

万博有功者を表彰

全国で90名が派遣さる

在日韓国人万博後援会（会長李[illegible]）では、当会後援事業に積極的に協力した特別貢献者[illegible]による祖国訪問団を派遣した。

さる八月十三日から四日間にわたって90名が参加したが、愛知県管内からは[illegible]本部団長、[illegible]顧問が万博後援有功者代表として派遣された。

これはさる七月三十一日、李会長が万博後援会の目標額一億八千万円を達成したのを機に、後援会が国務総理の招待で本国に派遣団をつのったもの。

朴甲徳氏（民団[illegible]支部顧問）

八月二日午後十一時五五分永眠。本籍、慶尚北道[illegible]。住所、名古屋市千種区観月町一ノ六二。[illegible]一九二九年八月十五日生れ。朴甲徳氏は一九五二年三月に中央大学[illegible]卒業後、民団[illegible]を歴任した。

故朴甲徳同氏の告別式は八月五日午後一時から覚王山の日泰寺で故人と親しかった[illegible]による葬儀委員会の手によって行われた。

ソウル地下鉄着手

ソウル市当局はこのほど七三年[illegible]

夏季学校成功裡に終了

[illegible]

教育者大会ひらく

[illegible]

奈良で役員講習

[illegible]

永住権促進に協力

日本の外務、法務、自治の三省

[illegible]

日本の教師を韓国に招待

文教部

[illegible]

文化交流を強める

韓日協力委員会が決議

[illegible]

コレラ発生

[illegible]

本国銅像除幕式参礼団募集

既に御承知の通り国務総理をはじめ本国関係要路の尽力により、故金竜煥愛知県地方本部前団長の銅像がソウル特別市奨忠洞内（反共センター前）に建立されることになりました。このため去る五月九日行なわれた起工式に引続き、来たる十月二日に現地においてその除幕式を全国組織の協力の下に遂行することになりました。

愛知県本部と中北地協所属各県地方本部としては、特に挙団的にとりくむことになっており、団員のみなさんが多数参礼団に参加して下さるようお願いする次第であります。

—記—

一、出発日時　一九七〇年九月三十日午前十一時
二、出発地　小牧空港
三、募集人員　二百名
四、申込締切　一九七〇年八月三十一日（延期なし）
五、経費　一人六万九千五百円（手数料など含まず）
六、日程　九月三十日（水）11時KAL特別機でソウルへ
　　12時25分ソウル着
　　市街を一望後銅像建立地下見
　　歓迎夕食会
　十月一日（木）「国軍の日」記念式典参観
　　墓地参拝
　十月二日（金）銅像除幕式に参席
　十月三日（土）ホテルで朝食後解散

一九七〇年八月二十五日

在日本大韓民国居留民団
中北地協事務局
愛知県地方本部

梁山の旅情

釜山からバスで三時間余、すばらしく舗装された国道を飛ばし、田舎の稲作地帯を通りぬけると目的地梁山郡内にたどりついた。わたしたちが便乗したバスははじめからここに来ることが決められた観光用のバスでなく、仲間が急に行ってみようと提案したために急ごしらえの乗合バスとなった。釜山のはずれあたりからオンボロ道は、石とホコリの敵と闘わねばならなかった。日本の歌に"田舎のバスはオンボロ車……"というのが一時はやったが、まさしくのどかでゆったりとした風景を連想させてくれる。ガタガタ揺れるバスにもめげず、仲間は韓国民謡を歌いながらむしろ楽しんでいるようでもあった。その時パシッ！という刺れる音が聞えたとたんにバスの屋根をささえる柱が倒れた時、わたしたちは新しい敵をむかえて拍手かっさいした。

美麗のバスが梁山の山麓に歩を休めた時、うっそうとした長松のしげみから涼しい風が送られ心がさわやいだ。茶店のおばさんから冷たい飲物を買いこみ、ニッポンから来たキョッポウだといって話題に花を咲かせた。さてここから少しく歩いてめざす通度寺へとむかわねばならぬ。数百年、数千年も生きぬいた大木の間をぬい、清流のせせらぎづたいにそって歩いた。

風雪に耐えぬく
通度寺　三大寺の一つ

通度寺は新羅第27代、善徳女王15年（六四五AD）に慈蔵律師が建てたもので、創建以来一三〇〇年あまりの風雪に耐えてきた韓国三大寺の一つである。この寺には金剛戒壇をはじめ大雄殿、舎利塔、霊華殿、観音殿、応真殿、大寂明殿など大小35棟の建物がずらりとならび、最盛期には六百三十人の僧が起居していたという。それに三層石塔や銀入糸銅製香炉などの宝物や遺物が多い。寺宝として慈蔵律師が着ていた袈裟（けさ）が保存されている。この寺は釈迦の舎利を祀った場所だというので、世人の信仰の的となっており、もう一つの特色は本堂に仏像がないことであるが、これは金剛戒壇の舎利塔に釈迦の舎利が安置されているという信仰にもとづいているからだそうだ。

寺内を案内してくれた修行僧は煩悩（ぼんのう）をたちきった解脱（げだつ）僧のように飄然（ひょうぜん）としたなりでゆっくりとつ動かさす奥の方からとろとろとまくしたてた。入口に立っている木鬼、いわゆる四天王のあざやかな美しさに驚き、寺内の庭園にあたる九竜神池の静けさに目をみはった。勤行（ごんぎょう）をしている若い僧がちらほらうかがわれる。

歴史が古く貴重な宝物が数多く所蔵されている通度寺もこの案内僧によれば、日本の豊臣秀吉の朝鮮侵入によって勃発した壬辰倭乱の際ほとんど焼尽（しょうじん）してしまったと。秀吉がおくった倭軍は二十日足らずで首都漢城を占領し、軍をわけて全国八道をおさえ、いたるところで家を焼きはらい、食物、物資を略奪した。しかし名将李舜臣のすぐれた戦略と亀甲船の活躍によって倭軍が撤退したことはよく知られている。ところが倭軍は引揚げにさいして通度寺を焼きはらったというのであるからまことに惜しいかぎりである。案内僧はこのくだりをなんどもくりかえし述べた。

いにしえの世界に足をふみいれたとたんに、わたしたちはすっかり歴史の渦にのまれてしまった。帰りのバスのなかの合唱は、はなやかなじゃわつきのなかにも哀愁をおびたメロディーが流れ旅情をそそった。うしろをふりかえるといつしか梁山郡内の霊鷲山に夕陽がせまり、うっそうとした老木にかこまれた通度寺が歴史のなかにすっかりつつまれてしまった。

母国の夏は暑くながい。二年前の夏訪ねた梁山、通度寺がまだ忘れられない。

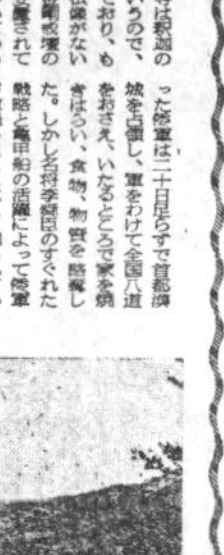

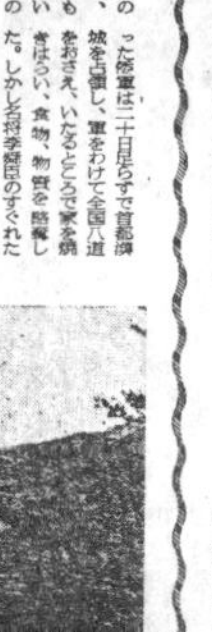

＜うっそうとした老松にかこまれた梁山＞

韓国映画の主人公
その性格を分析する

20万以上の観客作品

映画は一九六五年から一九六九年までの五年間、ソウル封切館では20万以上の観客を動員した作品をえらんでみよう。以下サンプルとしては除外されているが、観客動員数がほぼ20万に肉迫している作品としては"お前の名前は女"（一九六六）が19万8千5百名、"男子女中"（一九六八）が18万4千3百名などをあげることができる。

演劇は事実映画のように広範な受容者をもつことができず、したがって製作システム自体あまり発達することができない境遇にあり、未だ映画における場合と同じサンプル基準をもつことはむずかしい。演劇を製作するアマチュア劇団は大部分観念的な価値観に立脚した芸術運動を心想的に期待するだけで、商業主義的なマスコミとしての演劇を発達させようとする努力はほとんどみることができなかった。一九六九年になって初めて、いくつかの劇団が商業主義的なレパートリーをあげてきたが、比較的多くの受容者にアピールさせることになった。この研究ではただ一九六九年にはじめて観客動員に成功した次の三作品だけに内容分析の対象として選んでみる。

以上8篇の映画と3篇の演劇に登場する主人公は、観客の肯定的な同情を非常に多く集めた登場人物にちがいない。いかなる人物が肯定的な同情を集めるかという問題も簡単ではないが、いったんストーリーのイニシアテイブを主人公の方に観客の同情を駆り立てるものとみなせば、次のように定めることができる。

便宜上作品の中の名前のかわりに、出演俳優の名前を書くことにする。

「にくしみももう一度」　文姫
「有情」　南貞任
「内侍」　尹静姫
「八道江山」　金喜甲
「あの空にも悲しみが」　金千万
「続、にくしみももう一度」　文姫
「清日戦争と女傑閔妃」　崔銀姫
「青春劇場」　尹静姫
「孟進士宅慶事」　金恵卿
「ヒカロの結婚」　金恵子
「その女に服を着させろ」　孫淑

主人公の年齢と性別

主人公たちの社会経済的背景に関する分析カテゴリーは、性別、年齢、出身地、結婚、状態など基礎的な社会的範疇と、家庭、背景、教育、職業、収入など社会階層的要因に区分される。以上8種類に区分析カテゴリーは、社会学において ふつう書くものであって、各々次のような尺度をその分析単位に使用できる。

① 性別＝男、女
② 年齢＝少年、青年、中年、老年
③ 出身地＝都市、農村
④ 結婚状態＝未婚、既婚、離婚、死別
⑤ 家族背景＝上、中、下
⑥ 教育＝大学教育以上、大学教育以下
⑦ 職業＝専門職、事務職、サービス業
⑧ 収入＝上、中、下

性別は断然、女子が圧倒的である。映画の場合「八道江山」と「あの空にも悲しみが」を除外すれば、すべての主人公が女性であり、演劇はすべてのヒロインが情の観客同を集めた。「内侍」の場合、題名を見て内侍である不具男子が主人公であるかのようにみえるが、かれは女の主人公のプラトニックラブとしての対象にすぎ

公としている。「青春劇場」すなわち一九四〇年代作品である金来成原作の話は指示結婚した本妻と恋愛の相手である愛人との間に、苦悶する男子主人公を描いているが、映画のなかでは既婚男子を愛する女主人公の方にアングルをあわせている。いうならば「にくしみももう一度」においては、そのようなやっかいな問題が必要なく、はじめから既婚男子を愛する女の主人公が設定されている。演劇においても題名と異なり、女性が主人公として同情を集めた。「ヒカロの結婚」や「孟進士宅慶事」は、すべて男の主人公の名前であるが、演出者は観客の同情がヒロインに行くようにみせてくれたので成功した。もちろん「その女に服を着させろ」の場合は、はじみから女の主人公を主張しているのだから再言する必要もない。

年齢は、断然若い青年が大部分である。女主人公の場合「清日戦争と女傑閔妃」を除外すれば、すべて20歳前後の青春である。「閔妃」も清日戦争当時40代女傑であるが、10代青春はじめの物語を30えている。男の主人公は各々他の年齢層を代表している。「八道江山」は老年、「あの空…」は少年である。

出身地と結婚状態

出身地からみると、この研究の対象に出てくる映画主人公は[illegible]

[illegible]

演劇においても、ヒロインが基本的に都市出身者をもつことはまちがいないとみられる。「ヒカロ…」であれ「孟進士…」であれその舞台が地理的には農村といっても、伯爵のシャトーや進士家大家が農村的な雰囲気をもっていたということができないがためである。封建時代のシャトーと大家にしても、もちろん付近の村方の出身であるが、今日でいうならば充分に都市人の性格を具備しているとみてかまわない。

結婚状態は今までは未婚者がはっきりと既婚者よりは多い。潜在的な不和状態はいつでもありうるが、離婚であれ死別と同じ具体的な解決をうむ主人公はない。男子は、老年の「八道江山」と少年の「あの空…」の場合、結婚状態は問題とならない話である。女子たちに結婚状態は深刻な問題となっているが、「閔妃」を除外すれば正式既婚者はいないとみることができる。「内侍」の場合、宮女は現代観念に正式既婚者とみせることはむずかしい。また「青春劇場」においても、原作的には主人公がまだ未婚結婚をしているが、それよりは指示結婚をまた合法的な結婚とみなしている。

このようにあいまいもことした[illegible]まいに置いていもあにはいくつかの理由がある。

第一には、政府が直接行使している統制制度以外にも、一般社会の特殊職業団体が運用中に行使している圧力も、製作に大きな影響を与えている。

どんな映画でも、悪徳弁護士を登場させれば、ただちに弁護士団体の抗議を覚悟しなければならない。ただ弁護士のみならず、そのような団体組織をもっている職業公務員、軍人、医師、新聞記者、大学教授、国会議員等々、そのような明白な職業表現をさけねばならない。

第二には、映画製作者は小規模の投機的な企業主であるので、できるだけ興行安定すると考える方向で作品を作ろうとする。定石的な作品のなかの登場人物は自然と抽象的な意味であるが、流れてその社会階層的な要因をあいまいに作っている。

第三には、映画、シナリオは大体においてオリジナルのものはめずらしい。一時人気放送劇の映画化が流行したが、またいつの時も文学小説あるいは戯曲の映画化が流行する式の原作を脚色あるいは潤色するその徒に、登場人物の社会階層的要因は事がえしにすることもあるが、大部分抽象的に描写することが度々ある。

家族背景は映画の場合、大部分中流以上上流家庭出身から出ている。それは特に女主人公の場合、一流の傾向がある。演劇ヒロインも充分に上流家庭出身の性格をもっている。

映画の男主人公からは、中流以下、下流家庭背景がでてくる。「八道江山」は中流であるが、庶民層であることにまちがいなく、「あの空…」は完全に現代社会の都市下流家庭をみせてくれる。

教育程度と職業・収入

教育程度は社会学的な尺度としては、分析することがむずかしい程度にもとづいている。職業なども、映画では「にくしみ」「有情」「青春劇場」、演劇では「その女子」が大学教育以上を終えた女主人公という程度である。もちろん「閔妃」では大学教育以上と推定してもかまわないが、「内侍」「孟進士」「ヒカロ」ではそのような推定がいつもあたっているとするわけにはいかない。ただ男の場合は、すべて大学教育以下であることがほぼまちがいないと期待するわけにはいかない。ただ映画の女性は大体において、中以上とみてまちがいない。

職業すなわち非常にあいまいな社会階層的要因の一つである。演劇「その女子」を除外すれば、専門職が多くないということがまちがいなく、このことがある意味において効果的な要素となっているかもしれない。また一つの特徴があるとすれば、サービス業が目につくぐらいのことである。「内侍」「ヒカロ」「孟進士」の女性は、現代式職業分類でいうならば、サービス業だといえる。「にくしみ…」「有情」「青春劇場」の女性は、ほとんど無職に近い。再言するならば「にくしみ」「有情」や「青春劇場」の女性たちも、事務職程度の職業ぐらいはいつだれでもやることができるもののようにみられる。男子も「あの空を」の哲学少年を除けば、その職業がはっきりしない無職状態に他ならない。

収入は、職業がはっきりしないので正確な把握がむずかしい。それだから現在の財政状態、あるいは経済能力を評価することはやめる。そのままある一律的な特徴を推定することはむずかしい。

広場

家庭で韓国語を使おう

[illegible]

無窮花一株を植える

[illegible]

「広場」の係では読者の[illegible]

東海新報

発行所 東海新報社
発行人 李春植
編集人 朴性範
名古屋市中村区鷹羽町3-56
電話名古屋 (571)6431
購読料 1ヵ月100円

民団綱領

一、我等は大韓民国の国是を遵守する。
一、我等は在留同胞の権益擁護を期する。
一、我等は在留同胞の民生安定を期する。
一、我等は在留同胞の文化向上を期する。
一、我等は世界平和と国際親善を期する。

記事内容

参礼団30日に出発
本国で銅像除幕式行う

故金竜煥愛知県本部前団長銅像除幕式は、いよいよ来る十月二日にソウル特別市奨忠洞内（反共センター前）で行われる運びになった。本国銅像建立については、丁一権国務総理をはじめ、本国関係要路ならびに李禧元民団中央団長をはじめ全国の民団のあたたかい御支援の下に実を結んだ。すでにさる五月九日には、現地に親族と民団本部から丁海竜事務局長らが参加して、起工式を無事すませてある。

今回の参礼団派遣にさいして、民団愛知県本部では他地方の協力をえて広く参加者をつのった。

参礼団は九月三十日に、愛知の小牧空港からKAL特別機で出発することになっている。参加者は二百名であるが、現地参加を含めるとこれ以上の団員が除幕式に参席する。

銅像除幕式参礼団の現地での日程は次の通りである。

九月三十日午前十一時 小牧空港からKAL特別機でソウルへむかう

九月三十日午前十二時二十五分 ソウル金浦空港到着、その後ソウル市街を一巡し、銅像建立地下見、歓迎夕食会

十月一日 「国軍の日」記念式典参観、墓地参拝

十月二日 銅像除幕式に参席

十月三日 ホテル朝食後解散

ところで、11・13対策委員会（崔晃栄委員長）ではさる九月三日、故金竜煥銅像除幕式に関する諸般方針を決定するための会議を午後一時から愛知商銀五階会議室で行った。

会議ではまず、当参礼団に参加する人員を二百名以上つのるとともに、また「銅像除幕式」にともなう総予算を二百五十万円と策定した。

そして、十月二日の金竜煥銅像除幕式には、これまで尽力して下さった丁一権国務総理はじめ内外関係者約百名が参席することになった。

ところで故金竜煥志士は、一九四八年十一月から民団岡崎支部事務部長をふり出しに、韓青岡崎支部団長、民団岡崎支部団長、同議長、そして一九六一年六月から六三年十一月まで民団愛知県本部団長と、民団組織史において輝しい経歴を残しているばかりか、信用組合愛知商銀理事、愛知県韓国人商工会理事、愛知県日韓親善協会副会長と幅広い活躍をした。当然ながら一九六八年十一月二十三日には栄えある国民勲章を受賞した。

そこへ二年前の十一月十三日、地方委開催中、凶悪な暴徒の刃に倒れたのである。多くの同胞に惜しまれながら、命をこの組織に捧げた人である。

金竜煥同志の功績をたたえ、義金を集め、銅像を建て、永遠に記憶しようという運動が全国的にひろがり、それは一年後の十一月十三日にひらかれた追悼式において結実することになった。民団事務所に銅像が建立され、同志たちの前に披露されたのである。

金竜煥同志のえいよはこれにとどまらず、反共の闘士として、また愛国の志士として、ひろく記念しようという声がもちあがり、この度の本国における銅像除幕式が遂行されることになった次第である。

近づく申請期限 永住権
促進運動追込みがける

永住権申請期限は来年一月十六日にひかえ、あますところわずかに三ヵ月余。七月末現在の集計によると、全国で二十万九千五百六十九名がすでに申請をすませており、愛知県地方管内では一万七千八十二名の同胞が手続きを終えている。九月末現在の統計はまだでていないが、未申請団員家庭はむろんのこと今後、中立系および朝総連系の同胞に対しても、民団中央を軸に永住権促進運動に拍車をかけていかねばならない。

七月末現在の永住権申請状況は大阪の六万六千七百四名、東京の三万五百名、兵庫の一万八千八十五名などで、全国合計すると二十万九千五百六十九名が申請をすませている。当本部管内では、一万七千八十二名が手続を完了しているが、この数字を県内同胞人口で割った比率は全国で非常に高くランクされている。

申請の割合は全国的にみると、都市部が比較的よく、地方によって差があるようだ。その原因として、永住権の内容がよくわからないといった宣伝不足によることが多い。このため、民団中央では全国の地方本部と協力して、さる七月一日から八月末まで宣伝カーを配備し、二ヵ月間にわたって宣伝啓蒙班をくり出した。西日本を中心に展開された宣伝活動の成果は大きかった。そして、現在では東北・北海道を中心に、宣伝カーなどによる啓蒙活動をくりひろげているところである。

またこれまでバラバラに行われてきた永住権申請運動に対して、日本側では法務省を中心に外務省・自治省が協力することになった。

しかしまだまだ運動の余地は残されており、九月には韓日法相会談がひらかれるかもしれない。

いずれにしても、民団はこれから未申請の団員家庭はもとより、中立系および朝総連系同胞に焦点をあてて運動をすすめることになっている。来年一月十六日の申請締め切りまであとわずか三ヵ月余、促進へのラストスパートをかけねばならない。

ところが、最近に至って朝総連の悪質な妨害や宣伝が目立ってきており、断固とした防衛が必要なようだ。大阪における区役所の窓口で申請を妨害した事件や、愛知県管内各支部で実施した家庭訪問やビラはりを妨害した事件などである。

また「永住権を申請すると、徴兵制にかかる」という悪質な宣伝を流し、民団が本国の兵役法にてらして事実無根を証明したほどである。永住権申請期限が切迫するとともに、今後朝総連による悪質な工作は強まるものと思われる。

民団としては、これまで万博招請事業にともなう案内と指導と保安のために、相当な力を注がねばならなかった事も手伝い、この部分における対策はもっと考えられねばならなかった。

永住権の申請目標を民団中央では、三十万から三十五万に置いているが、残りの期限を全幹部が第一線に出て運動を強行していく必要がある。また愛知民団の申請状況はよいとはいえ、まだまだこれから働きかけねばならない仕事も多い。管下幹部職員はもとより一般団員もふえて、強力な運動を推進していく覚悟をもたねばならない。

このためには、どうしても永住権の内容を当然ながらよく知っておかねばならない。

第一は、協定永住権取得によって、今までの一二六ー二ー六という暫定的な資格から日本に永住できる法的資格をうけることを意味する。

第二に、永住権は大きく分けて協定永住権と一般永住権の二種がある。その区別は、解放以前から引き続き日本に居住していたかどうかによる。それ以外の場合は、特別在留という形がある。

第三に、協定永住権によってどんな権利があるかという点については、下記の永住権申請案内にくわしい。またこの他にも、韓日両国事務当局の了解事項および韓日法相会談での合意事項などがある。

第四に、永住権の申請方法については、管下民団支部あるいは居住地区役所でたずねればよいが、写真2枚を持参すれば他の書類は備えてあるので決してむずかしくない。

第五に、協定永住権の申請期限は来年の一月十六日までとなっている。但しこれ以後に出生する者は、出生した日から六十日以内に申請しなければならない。また期[illegible]

全国団長会議 第三次活動方針

全国地方本部団長、事務局長および傘下団体機関長、信用組合理事長の連席会議はさる八月二十三・四の両日、箱根湯本ホテル南風荘で李禧元団長はじめ、全国の各地方本部団長らが参加して行われた。

会議は「永住権申請促進運動」ならびに「万博招請事業推進」な[illegible]

また団員家庭はもとより、中立系ならびに朝総連系同胞に対して説得攻勢に出るよう最善をつくすことを決めた。

なお愛知県本部から丁海竜事務局長、愛知商銀から李見甫専務理事が参加した。

サヨナラ万国博'70
韓国館入場者 六百万人を突破

[illegible]

入場者総数600万人を突破した韓国パビリオン

保安に万全な体制

[illegible]

民団愛知県本部の歓迎会で花束を受ける万博参観団代表

永住権促進が焦点
第17回中央委ひらかる

[illegible]

武装スパイ

[illegible]

世界反共大会

[illegible]

一日も早く永住権申請を終了しよう

永住権申請案内

協定永住権の申請期限は後三ヶ月余です。

在日同胞の皆さんが、日本で安定した生活を営むためには、ぜひとも協定永住権（又は一般永住権）を得なければなりません。まだ永住権の申請をしていない方は、もれなく申請をしましょう。そして、さそいあい、すすめあいましょう。

協定永住権を受けることによって

（一）何よりもまず、これまで暫定的であった法的地位をはなれて、権利として日本に永住することができるよう保障され、

（二）したがって、協定永住許可を受けていない者や、一般外国人とはちがい、協定永住許可者は、ほとんどあらゆる場合において、退去を強制されることがありません。

（三）さらに、永住許可者には、海外旅行に必要な再入国許可における制限がないばかりでなく、一家族が離散することのないよう、人道的な配慮が十分ゆきとどくようになっており、

（四）子女の教育問題においても、日本の公立小、中学校への入学が権利として保障され、また上級学校進学においても、その入学資格が認定されることになっております。

（五）生活保護を必要とする人には、従前通りに生活保護が受けられるようになっており、特に、国民健康保険に加入することができます。

（六）外国人財産取得に関する政令の適用を受ける一般外国人とはちがい主務大臣の認可なしに土地・建物などの財産を取得することができます。

（七）日本から永住帰国する場合には、自己財産の本国搬入または送金などが、協定上保障されております。

在日同胞の皆さん！

昨年八月十九・二十日の両国間に開催された「韓・日法相会談」の結果、皆さん方が、安心して永住権を申請することができるようにいろいろの措置が講じられておりますから、一日も早く、永住権を申請されるよう、重ねてお願いする次第であります。

もし皆さん方の中で、永住権申請に関連して、質問または相談なさる事がらがある場合には、居留民団支部または愛知県地方本部（民生部）あるいは、駐名古屋韓国領事館、駐日大使館（第一領事課、または永住権申請案内室）へ直接来訪されるか、書信で同事由を問い合わせて下されば、必らずや皆さんのご期待にそえるよう、全力を尽す所存であります。

なお、皆さんの親戚の方々にはもとより、親しい隣人、知人の皆さんにも、永住権申請該当者は一人もれなく、この申請を完了できるようご協力下さることをお願いします。

一九七〇年九月

駐日韓国大使館
駐名韓国領事館
韓国居留民団愛知県地方本部

平和と安全に寄与

71年度 朴大統領施政方針

成長率10%を維持

民主的統一基盤の造成

朴正熙大統領

重工業を推進

与野両党が談話

中小企業を育成

第四次中小企業政策委

マイケル駐韓米軍削減に反対

高度成長にひずみ

経済白書 質的改善を指摘

酒 一人平均二八・八ℓ飲む

一〇・四%上昇 ソウル消費者物価

韓国都市論

メガロポリス誕生

ソウルだけが都市か…

開化期の都市

極大化傾向に

大衆都市化へ

資本の効率性

韓国の政治経済社会の中心地として発展するソウル

国産高速バス 来年から生産

農地用水開発 72年から実施決定

北傀の武力放棄が前提

「反共法改定意味ない」

丁総理

日議員、大統領を礼訪

築豊に眠る韓国人遺骨

朝日新聞社が実体調査

一万ウオン券発行か？

10月韓米漁業会談

ろんちょう

ヒューマニズムへの挑戦

二人分働く運動

北で見た

林鐘文

夏季学校に参加して

「もう一度行きたい」 自分の祖国を見て歓喜

=アンケート=

在日同胞の高校生、大学生を対象とした第五回本国夏季学校は、七月二十八日からソウル、釜山、大邱の各地で授業と民宿や観光をへてこのほど成功のうちに終了した。今年は全国各地から七百二十名の男女学生が参加し、はじめて見る祖国に感激の毎日であったようだ。とくに首都ソウルの発展ぶりや古都慶州で民族文化の伝統に接して感銘を新たにしたという。そして夏季学校を修了した学生たちは元気な姿でそれぞれの両親のところに無事に帰った。ところで民団愛知県本部文教部（梁元玉文教部長）では、県下から参加した学生を中心に座談会をもち意見や、感想を聞くとともにアンケートを求めた。これは毎年文教部で実施しているが、アンケートの結果をみる限り、学生たちは「母国訪問してよかった」としており、技術的に改善の余地はあるが、今後もぜひとも続けてもらいたいというのが全般的な意見である。

民団愛知管内からは62名が夏季学校に入校したが、このほど行われたアンケート調査には高校男子9人、女子11人、大学男子14、女子10人の計44名が回答を寄せた。

▼第一問　夏季学校に入校した動機はなんですか？
①自分の意思で－高校男4人、女6人、大学男8人、女10人
②父母のすすめで－高校男5人女5人、大学男4人、女なし

▼第二問　入学するにいたった大きな目的はなんですか？
①母国を理解するために－高校男7人、女7人、大学男11人、女9人
②好奇心から－高校男2人、女4人、大学男1人、女1人
③今後本国で生活するために－大学男2人、あとなし

▼第三問　もう一度こういう機会があったらどうしますか？
①積極的に参加する－高校男9人、女6人、大学男11人、女7人
②参加しない－大学男1人、高校女3人
③わからない－高校男なし、女2人、大学男2人、女2人

▼第四問　入校する前と修了した以後の祖国に対する認識のちがいはありますか？
①非常にちがう－高校男5人、女4人、大学男10人、女6人
②そのままで変化ない－高校男2人、女3人、大学男2人、女2人
③まだわからない－高校男2人女4人、大学男2人、女1人

▼第五問　修了した所感はどのようにおもちですか
①非常に満足している－高校男3人、女5人、大学男6人、女3人
②不満足だ－高校男6人、女6人、大学男8人、女6人

▼第六問　友だちや弟にすすめたいと思いますか？
①すぐにでもすすめたい－高校男9人、女11人、大学男12人、女9人
②すすめたくない－大学男2人あとなし

▼第七問　将来、母国留学をする考えはありますか？
①事情がゆるせばすぐにでもしたい－高校男2人、女9人、大学男9人、女9人
②する必要性を感じない－高校男7人、女2人、大学男3人

▼第八問　夏季学校の運用面での問題点はどこにありますか？
①教科内容がとてもむずかしい－大学男1人、あとなし
②教科内容が充実していない－高校男8人、女9人、大学男8人女5人
③旅行が多すぎる－高校男4人女9人、大学男5人、女6人
④教師があわなかった－高校男なし、女4人、大学男5人、女5人

▼第九問　言語問題を除外して、入校期間中非常に困難な点はなにでしたか？
①食事関係－高校男2人、女5人、大学男5人、女4人
②生活環境の変化－高校男7人女3人、大学男3人、女5人
③その他－高校男2人、女2人大学男2人、女なし

▼第十問　今後より多くの教育効果をあげるためにはどうしたらいいと思いますか？
①寄宿舎および教育施設の改善－高校男6人、女6人、大学男5人、女6人
②教育水準をあげる－高校男1人、女1人、あとなし
③改善の必要なし－高校男1人女1人、大学男2人、女2人
④その他－高校男なし、女1人大学男1人、女1人

▼第十一問　政府（本国文教部）に望む点はなんですか？
①当地方に韓国学校（昼間部）を設置して民族教育施設を充実してもらいたい。
②本国の現実をより詳細にわかるようにしてもらいたい。
③化粧室施設が不備である。梅洋大学の宿舎に対する不満。
④勤労青年もより多くの参加ができるようにしてもらいたい。

▼第十二問　民団に対して何を望みますか？
①引率者の人員数が不足している。
②事前教育を徹底してもらいたい。

▼第十三問　全般的な面からみてどんな要望がありますか？
①教師との親近感がない。複雑な問題に応じてくれない。
②本国の人たちとの対話がほしかった。バス旅行の途中で説明が足りない。
③高速道路沿いの施設がたりない。

（上）第5回母国夏季学校生をのせて釜山港にむかうフェーリ（下）顕忠祠を参拝する一行

前むきの対処望む

アンケート調査の結果を分析してみると、まず夏季学校に入校した動機は、友達に聞いたり、募集要項を通じて、自分から積極的に参加した人が多い。次は、やはり親のすすめであるのもうなずける。単なる旅行気分というのはほとんどない。

第二に、入学した目的については、自分の母国を自分の眼でたしかめるためと答えた人が圧倒的にしめ、好奇心の人もいたようだ。

第三問のもう一度母国訪問する機会があればどうするかというのに対して、積極的に参加するとする人が大勢である。これは、第五問にみられるように夏季学校を修了した所感の項目で、不満足だと答えた人が意外に多いのに対立しているようである。しかし、今回の七百二十名の大所帯の生活ではなかなか細かい点まで気が配れず技術的な改善を求めるために指摘していると考えられる。

その具体例として、第八問の運営面で、教科内容を充実してほしいなどの要望がはっきりと出ている。続いて、第九問では、食事があわないなど生活環境のちがいによって、困難な点もみかけられたようだ。

このように、学生たちは初めて訪れた母国でいろいろな自戒や不平・不満もあった。しかし、第六問にみられるように、ほぼ全員が友達や弟にすぐにでもすすめたいと答えている。母国に行ってみて、貴重な体験となったという意味であろう。

それは、第七問の母国留学を事情がゆるせばすぐにでもしたいと考える学生が多いのをみても理解できよう。

では、夏季学校に参加してどのような成果があったかを考えてみると、第四問の祖国に対して認識のちがい、つまり祖国を見る眼が変ったかどうかの項目が答えてくれそうだ。あまりはっきりしないが、非常に変ったという人がやはり一番多い。変化がない、またわからないという中味を分析するのはむずかしいが、学生たちの方にも事前の勉強がもう少しあったらと望まれるところだ。

さいごに、政府と民団に対する要望についてみてみると、学生たちの考えや望みが浮きぼりにされてくる。その第一番目は、韓国語を覚えたい。そのための短期間の民族学級を作ってもらいたいという切実な要望である。また、当然のことながら、言葉が理解できないために本国の実情にうとく、もっと現実を知りたいと望んでいる。

勤労青年にも夏季学校参加への道をひらいてもらいたいという意見は傾聴したいものだ。

民団に対する要望について、引率者の増加と事前教育の実施を望んでおり、今後充分にしんしゃくしたい。

全般的な要望としては、本国の人たちともっと対話がしたかったという意見が強い。今回は特に多人数の参加のなかで行われたことあるいは、夏季学校修了時にコレラが発生したため故郷を訪れることができなかったことに関係しており、おわびしたい。

このように、学生たちは「母国訪問してよかった」ようだ。自分の人生観の上で、相当な影響を与えていくのはまちがいなく、今後とも継続してもらいたいと望んでいる。ところで、本国文教部主催による夏季学校はこれで五回目を終え、ひと区切りができたようだ。第六回目以後は、参加者対象（大学・高校の区別、勤労青年の参加、募集人員の数）、教科内容と施設の充実、帰日後の方針など前むきの対処が望まれている。

韓青野球大会 東中支部に栄冠 女子もソフトボール対抗

金佳秀委員長

韓青愛知県本部（金佳秀委員長）では、恒例の第十回愛知韓青野球大会を九月六日瀬戸市の名古屋学院大学グランドで挙行した。好天にめぐまれたこの日、県下各支部から二三五名の選手が熱い熱戦をくりひろげた結果、男子では東中支部、女子部ソフトボールでは岡崎支部がそれぞれ晴れの優勝旗を獲得した。

大会はまず金佳秀委員長のあいさつで始まり、商会後援本部副団長の激励の辞、選手宣誓が行われたのち、多数の声援をバックにくりひろげられた。

成績結果は次の通り

―野球大会―

（第一戦）
東中支部　10－7　豊橋支部
中村支部　6－5　瀬戸支部
名古支部　10－0　名西支部
岡崎支部　6－3　一宮支部

（第二戦）
東中支部　10－0　中村支部
名南支部　7－0　岡崎支部

（決勝戦）

―ソフトボール大会―

（第一戦）
東中支部　3－2　名南支部
東中支部　32－9　一宮支部
瀬戸支部　23－5　名西支部・豊橋支部
岡崎支部　21－6　中村支部

（第二戦）
瀬戸支部　12－3　東中支部
岡崎支部　15－4　名南支部

（決勝戦）
岡崎支部　21－9　瀬戸支部

愛知韓青の野球大会は十回目を迎えすっかりなじみになったが、今年から新しく女子団員による各支部ソフトボール大会が実施され……大成功のうちに終った。

"敬老の日"を祝う

九月十五日は敬老の日であるが県下民団支部では、それぞれ団員家庭におられるお年寄りの長寿を祝して歓迎の宴を催した。

民団一宮支部（安鍾徳団長）では去る十三日日曜日、敬老の日を祝し、市内の料亭で歓迎の宴を催した。一宮市内からお年寄りが参加したが、料理をほおばるとともに、団員からさかんなる祝辞を受けた。お年寄りに対する方法は日頃からの方にやられ、敬老の日を迎えるたびに新ためて引き出されるといった……もっと関係機関が欲しいところである。

第一回韓国人射撃大会

第一回韓国人射撃大会が、愛知射撃協会ならびに愛知県韓国人射撃クラブの主催で、去る9月13日東山射撃場に腕に自信のある射手80名が参加するなかで行われた。

接戦のすえ、輝く優勝旗は李鍾一氏（知多支部）がかちとり、準優勝には金鐘祚（名南支部）、第三位には朴八竜（名南支部）の両氏がそれぞれ入り、民団本部両委員をはじめたくさんの賞品が贈られた。

韓国人射撃大会はこれがはじめての催しであるが、当日発足した同クラブでは今後とも続けていきたいと話していた。

海外公報館を増設

国務会議は八日、海外公報館官員を五人増やし、アルゼンチン、タイ、イギリス、チュニジア、ベルギー、アラブ連合、スウェーデン、インドネシア……

日本のアジア進出

南載熙氏が特別レポート

私はこんどの東南アジア韓国……訪の旅で、ニクソン・ドクトリンの発用以後、これらの諸国がどのような転換ぶりを見せているかを非常に興味深く見た。特に中共周辺の国ぐにの中共に対する感じやその態度、またソ連との関係……

[illegible]

〈フィリピンとシンガポール〉

[illegible]

〈インドネシアとマレーシア〉

[illegible]

……日本の進出に対する警戒を「経済的進出の後には、これを保護するために軍事的進出を呼ぶだろう。すると、日本の経済的脅威は中共の膨張以上にこわいものだ」というように述べた。しかし、ストレーツ・タイムズ紙（英字）のリ・シュ・イ副編集局長は「日本は交易をしようとしているのであって、領土的な野心は全く持っていない。従って日本よりは中共の方が脅威だ」と語った。

〈タイの場合と行政的措置〉

タイ＝タナット・コーマン外相の見解は「日本はトランジスター・ラジオのような商品を売る商人である。いまでこそ日本は漸次、政治的な役割にも参加するようになったが、こうした役割りと、こんごの問題については日本国内でも論難がある。日本の経済的進出が脅威になるのではないかとの危惧は、行政的な措置でコントロールできるものである」というものであった。なお、この"行政的措置"に関し同外相はバンコク・ポスト紙のインタビュー席上で、「外国資本の四〇%ないし五〇%が日本資本だが……」という質問に答えて、次のように述べている「タイ政府は日本人ならびにその他の外国人によって設立される企業に対し、一定の目標年限を設定するようにしている。そしてその年限が過ぎるとその企業の株式をタイ国人に売却するよう決定している」と。

以上のように、東南アジアの人びとが日本に対して持つ期待のウラに警戒と不信の心がうかがえるのは、かって軍国主義日本の侵略を経験したわれわれの心をのぞくに似た感があったことは否めない。それは日本に対する愛憎のからまりを持つ韓国人の意識の深層を見る思いであった。

〈"軍閥"という映画の製作意図に〉

東南アジア旅行の帰途、われわれが日本に立寄った日は偶然、八月十五日であった。これは日本にとっては敗戦の日、われわれ韓国にとっては解放された日の二十五周年記念日であった。折から、日本各地で上映されていた「軍閥」という映画をみたが、それは日本が次第に大きくなって行った軍閥に誤って率いられるようになった……

[illegible]

東中、講習会

瀬戸支部でも

一日も早く永住権申請を終了しよう

母国の旅情 ⑦

海の見えない内陸道

人情厚く、教育が高い

忠清北道

（一）

本道は古代馬韓の領有であったが、百済が起こるとその支配するところとなり、やがて三国時代に入り互いに争奪をくりかえした結果、新羅が統一しその領土となった。忠清道の由来は、高麗6代成宗の時にはじまる。大宗成った帝は全国を10の道に分け、この道を中原道と呼んだ。李朝に至って分清道と称し、公洪道、忠洪道を経て始めて忠清道と称した。その後、高宗のときに、全国を23区に分割するさい忠清府に編入され、翌年新たに13道に分けるときに現在の忠清北道という名がつけられ、忠州に道庁がおかれた。一九〇八年には清州に道庁が移され今日に及んでいる。

忠清北道の中心地は、この清州市と忠州市である。清州市は、他の道庁とは異なり、行政の中心地というより教育都市としてよく知られている。決して大きな都市とはいえないが、市に忠北大学、清州大学をはじめ多くの学校があり学生数が全市民の3割以上をしめるほどである。

忠州市はかつて道庁所在地でもあり新しい韓国の近代化都市でもある。繊維、食品加工、陶磁器煉瓦、石材と各種工業が活発である。

（二）

しかし道民の一番重要な産業は農業であり、80%以上もしめる。米の生産量はそれほどないが、タバコの産地として有名で、他に綿花や生糸を栽培する。

忠北はまた、昔から政治、経済文化の各方面が均等に発達した地域で、中部地方の中枢的役割をになっている。忠清北道はわが国の11道のうち、周囲が5つの他の道に囲まれた内陸道のため、海を見ることができない。

気候は緯度が比較的に低く、大陸的気候上にありながら内陸性気候で、夏には雨が降らなかったり冬にはひどく気温が下がったりすることがあるが、全体として温和である。海岸線がなく、大部分が山岳地帯で、耕地面積が狭く、時として、気候のはげしいうつりかわりに苦しめられたためか、この地方の人々は「なかなか賢く、しぶとい人々」といわれる。もっとも昔からこの地方は、儒林の総元で、教育と文化が発達しており、道義と礼節がしっかり守られてきた。

現在の忠清北道は、このようなよき風土に育まれながら、農作の改良を通じて農業の近代化をとりくみ、山岳地帯に埋蔵された資源を開発して産業の発達に寄与せんとしている。

ここで忠清北道を旅する時、ぜひとも見てもらいたい所はたくさんあるが、おおよそ次のような所があげられる。

俗離山法住寺　国内八景の一つでわが国でも指折りの名勝地である。海抜一〇五七米、古蹟と天然記念物にめぐまれ、美しい山岳と静じゃくな渓谷の妙がすばらしい。俗離山とは、俗世間を離れ仏の道に励んだところからこのような名前がつけられた。法住寺はこの俗離山にあり、開祖は義信祖師である。有名な大仏は20年の才月をかけて、六年前に完成した。

鳥嶺国有林　この地方は大きな山脈が走り数里の間日光の映射を見られない密林があり、林野面積は大きい。他に、法住寺の五里林があり、こんもりと茂る林が5里続いており時節によって変化する様相は壮観である。また秋風嶺の美しさを忘れることができないが、次回にゆずることにする。

丹陽三峰　丹陽八景の一つで、鄭道伝が、自分の号である三峰をとって命名したといわれる。静かな漢江の上流に3つの峰が浮かび、このかしわの樹木がはえて幽寂な趣がある。

忠北大学前　教育都市である清州のなかにあって、清州大学とともに、地域開発に貢献する若きエリート群を輩出させている。最近学科を増設して名実とも総合大学としてのしあがった。忠清北道には大学5校高校35校、中学61校、その他国民学校、幼稚園など多数ある。

忠州肥料工場　忠清北道は地下資源が豊富で、南韓第一の金鉱である無極金山をはじめ、沃川、永同の黒鉛丹陽の石炭、石灰石などが採掘される。

五九年度より大量生産にはいったセメント工場やこの忠州肥料工場は、地の利を生かして産業発展に一役買っている。道農民たちにとって多くの利便がある。

美しい山岳と静寂な渓谷の妙をもつ俗離山

夢にまで見た祖国

中村支部　朴政基

ぼくは初めて見る祖国に胸をふくらませて、名古屋の町を離れた。下関まで汽車にゆられながら、頭のなかはもう祖国のことばかりであった。一晩おいてぼくたちが乗船したフェリーボートが日本の岸壁をつきはなし、釜山にむけて錨をとった時、期待と不安交じった思いがつのってきた。父母が生まれた大地、ぼくの祖国はいったいどんなところだろう。

いよいよ視界に釜山の港がはいると、ぼくの心はいつしかジーンとあつくなるのを覚えた。仲間もデッキから離れようともせず、じっとただ見つめているようだった。

船から降りたとたんに、すばらしい出迎えにあい、涙が抵抗なく自然に流れおちる。夢にまで見た祖国、ぼくはこの目と足でしっかりと確めた。

税関で検査をすませたところで出迎えに来てくれた女子高校生とたどたどしいハングルでしゃべった。ただ話をしたいという一心でしゃべる。ぼくのへたなハングルでも、アガシに話は通じたようだ。「万才！」うれしくて、うれしくてたまらなかった。

そしてこれから始まる夏季学校に大なる期待をいだきながら、ソウル行ノンストップ特別急行列車に仲間とともに同乗した。みんな長旅の疲れか、ぐっすりと寝こんでしまった。だがぼくは母なる大地をふみしめた感激がさめやらず汽車の窓外に静かに流れて行く祖国の灯をじっと見つめていた。なにかを見つけるたびに、ぼくは心のなかで叫んだ。

列車が長い旅の歩を休めた時、ぼくたちはソウルにいた。いっしゅんびっくりした。日本とまったくかわらぬソウルの町。「これが夢にまで見た首都か、高麗ビルディングが立ちならびこんなにも発展していたのか」

ここからぼくたち男子は、出迎えのバスに乗ってソウル工科大学にむかった。すぐ三・一節記念での国慶式に参加、視察官を見学、ふたたびソウル工科大学へと息をつくひまもなかった。でもちょっとおかしな出来事が起こった。いつも、ぼくたちを送り迎えしてくれるバス、総勢10台が2台の白バイを先頭に混雑するソウル市内をかきわけるように走っていくときだ。ぼくたちのバスに他の車が近すぎるものなら、すぐに白バイがえいとばかりにどかす。ぼくたちはなにもえらいことをした人物でもないのにこんな特別待遇が許されていいものかと疑問に思った。だがあいもかわらず、ぼくらのバスは走った。ひたすらに走った。信号も歩行者もおかまいなく。歩行者の一人が「在日僑胞、僑胞」と笑いながら叫んでいた。ぼくはわからなかった。どうしてあの人が笑ったのか。

翌日からまた強行スケジュールが待っていた。夏季学校の授業のはじまりだ。ぼくは教科をサボッテ寝ようとしたけれど、どうしてもできなかった。

あの人がどうして笑ったのかまだわからない。一日目が過ぎた。翌朝バスは目的地のコースを走っていく。自由センター、国立墓地……訪ねる先々をくいるように見入った。だが、ここでもぼくは聞いた。「韓国語も知らず、まるっきり日本人じゃないか」とハングルで話をしている声を聞いた。

「民族の魂はことばだ。韓国語をしゃべれないギョッポはチョッパリだ」仲間の学生たちは口々に「韓国語をもっと勉強してくればよかった」「民族教育が行なわれればよかった」「ぼくたちはことば一つ満足にできないのに、目上の人の前で平気な顔をしてタバコを吸い、大きな声で日本語をしゃべりつづけている」「はじめて見る祖国なのに、九州や北海道にでもいるような気分の学生もいる」と反省しあった。ぼくもそうだと思った。太田に行った時も同じような話を聞かされた。「あなた中国人をみなさい。外国にいてもちゃんとしゃべれるのですよ。どうして在日僑胞の青年はしゃべれないのですか。日本に住んでいたらやがて日本人になる運命にあるのかもしれない。それなら少なくとも民族意識だけでもしっかりともってもらいたい」

ぼくはこの問いを新ためて、在日僑胞全体の問題として考えた。

こんなぐあいに、ぼくは真夏の祖国の旅のなかで、ぼくの悩みと考えとこれからについて深くたっぷりと味わった。釜山で涙を流したこと、ソウルの発展ぶりにびっくりしたこと、慶州で文化に接したこと、38度線で緊張したこと、すべてがパノラマのようにぼくの目に写し出される。

仲間たちの多くが民族意識を新たにして、日本に帰ったらともにがんばろうとはげましあった。むろんぼくらの未来はきびしい道のりが待ちかまえている。ぼくはどんな境遇にあっても、この体験を生かし、しっかりと大地をふみしめていきたいと思っている。

「広場」の係では読者のみなさんからの投稿をお待ちしております。▽住所、氏名、職業、年令、所属支部名を明記▽六百字程度、趣旨をかえない程度に短くすることあり▽名古屋市中村区鷹羽町3−56「東海新報社」広場の係へお送り下さい。

東海新報を大切にしたい！

名西支部　金玉便

久しぶりに家に配達された東海新報を読みました。過去、民団の傘下団体に勤務したことのある私は何度となく、この新聞を見、また山すみにしてある新聞を手にふれることさえ出来ながら、その時はただ、普通の新聞としてしか見ていませんでした。

そして、今、一児の母として家庭の中にとじ込もりがちな毎日がつづく時、フッと一息つきながら手にして読んだこの新聞は、我々僑胞の存在と、その為に日夜頑張っていられる多くの人々のことを私は思いおこさせてくれました。

東海新報を受け取る立場の一個人となり、この新聞のいかに意義あるものかを知りました。

今後、我々民族（僑胞）の栄える限り、在日韓国人であるが為に知らなければならないあらゆることを教えてくれる、通信機関として東海新報の末永い繁栄を願います。

入国管理法案

修正内容をみつめる

韓日協定の精神から離脱した非友好的、非人道な内容をもつ「出入国管理法案」は、来たる秋の日本国会に提出されることが確実とみられている。

民団が猛烈に展開した反対運動の理由として、遵守事項の新設、行政調査権新設、退去強制事由の拡大をあげた。日本法務省はこれらの項目の規制強化の色あいを薄める方向を打出しているといわれ、とくに退去強制手続きについては、従来通り裁判による救済方法を残すなどとしている。一部修正がされたとはいえ、「新出入国管理法案」の具体的内容は注意深く見守っていかねばならないようだ。

東海新報

発行所
東海新報社
発行人 李 春 植
編集人 朴 性 昭
名古屋市中村区鷹羽町3-56
電話名古屋(571)6431
購読料 1ヵ月100円

民団綱領

一、我等は大韓民国の国是を遵守する。
一、我等は在留同胞の権益擁護を期する。
一、我等は在留同胞の民生安定を期する。
一、我等は在留同胞の文化向上を期する。
一、我等は世界平和と国際親善を期する。

記事内容

愛国志士金竜煥同志銅像除幕式

(右上) 奨忠壇に建立された金竜煥志士銅像
(左上) 今や遅しと除幕を待つ銅像
(左中) 除幕式に参列した…(中央)
(左下) 幕をひく李春植愛知県本部団長、金竜煥同志夫人ら

奨忠壇に立つ

盛大に式典を挙行
丁国務総理臨席の下に

愛国者の足跡

民団創立以来の組織功労者である金竜煥民団愛知県本部前団長が、暴漢の凶刃によって殉職されてから、十一月十三日ではや二周忌を迎える。故金竜煥志士の経歴は輝しく、そのまま愛知民団の歴史であるといっても過言ではない。一九四七年の民団の創立に際して積極的に参加し、地元の岡崎支部団長をふり出しに、一九六〇年には民団愛知県本部団長の重責を見事にはたした。愛知商銀、商工会の育成にも大きな役割をになった。そして、一九六八年十一月十三日、民団愛知県本部団長として在職中に急逝されたのである。

金竜煥同志はその生涯を在日六〇万同胞の権益擁護と民生安定のために捧げ、祖国大韓民国の発展のためにつくした愛国者としての一生であった。政府は、愛国・反共の闘士金竜煥同志に国民勲章を追叙した。時、一九六〇年十一月二十一日のことである。

金竜煥同志の功績をたたえ、その偉業を永遠に記憶しようという声は、他ならぬここ愛知民団をはじめとして全国的にひろがっていった。一年後の十一月十三日にひらかれた一周忌において、金竜煥同志の銅像建立が決定したのである。現在、愛知民団事務所には金竜煥先生の像がおかれている。

金竜煥同志の栄誉は、これにとどまらず、この度の本国における銅像除幕式へと発展したのである。

刻まれた碑文

金竜煥志士銅像除幕式は二日午前十時、ソウル市中区奨忠洞の自由センター前で挙行された。在日大韓民国居留民団の創団以来の功労者である同志の銅像除幕式には、丁一権国務総理、金永善統一院長官、朴基錫援護処長、梁鐸植ソウル特別市長、金山駐韓日本大使をはじめ、李禧元民団中央本部団長、李春植民団愛知県本部団長、故金竜煥氏の遺族、それに在日同胞約千名が参列した。

除幕式は、ソウル市警音楽隊の奏楽ではじまり、李(?)援護処次長の経過報告があった後、丁一権国務総理、梁鐸植ソウル市長、李春植民団愛知県本部団長、それに故金竜煥同志夫人らの手によって除幕がなされた。

続いて、丁国務総理による献花、女高生による讃歌が流れ、除幕式は終った。式後、南山にあるタワーホテルで民団主催によるパーティーがひらかれた。また夕方六時から、コリアハウスで、崔圭夏外務部長官主催のレセプションが行われた。金竜煥志士の銅像には、次のような碑文が刻まれた。

ここに立つ金竜煥志士は、慶北義城出身で居留民団のかがみである。民団創団以来二十余年間、反共隊の先頭に立ち、在日同胞の団結と組織の強化に奮闘努力した功労者である。民団愛知県本部団長として、同会館で会議中、暴漢の凶刃をうけて殉職したのが一九六八年十一月十三日であった。惜しくも五十一歳の一生で、尊い命を捧げたが、全在日同胞は義金をつのり、政府要路の物心両面にわたる積極的な支援でこの銅像を建てたのである。

同胞の成果に

母国ソウルに金竜煥志士の銅像を建立するまでには官民一体の協力関係がしっかり結ばれていた。

一九七〇年二月三日、在日本大韓民国居留民団中央本部団長から国務総理閣下に、金竜煥志士銅像建立に対する建議書が献金とともに提出され、国務総理閣下は一九七〇年二月十三日援護処長に銅像を建立することを指示したところ、援護処では一九七〇年二月二十一日金竜煥志士銅像建立推進委員会を構成して、銅像の建立地、銅像の形および規模などを協議、決定したのである。一九七〇年四月子白弘益大学美術学部キム・ギウオン教授が制作を担当し、一九七〇年五月九日、ソウル奨忠壇公園にて起工式が挙行された。

この銅像は総工費五百万ウオンで、その規模は58㎡の敷石の上に既台3・6㍍、銅像の高さ2・6㍍の総高、銅像の重量は1・5トンになる。

本工事は3ヶ月をかけて原形彫刻、6ヶ月間の鋳物工程など、全工程を5ヶ月を要した。

ソウル奨忠壇に立つ金竜煥志士の銅像は、このように本国関係要路のあたたかい配慮と在日同胞の熱意の成果である。

一日も早く永住権申請を終了しよう

グラフに見る
銅像建立にいたるまで

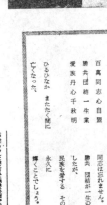

（右上）11・13慰霊、東別院で行われた民団葬
（右中）1969年11月13日の一周忌
（右下）愛知県団事務所における銅像除幕式

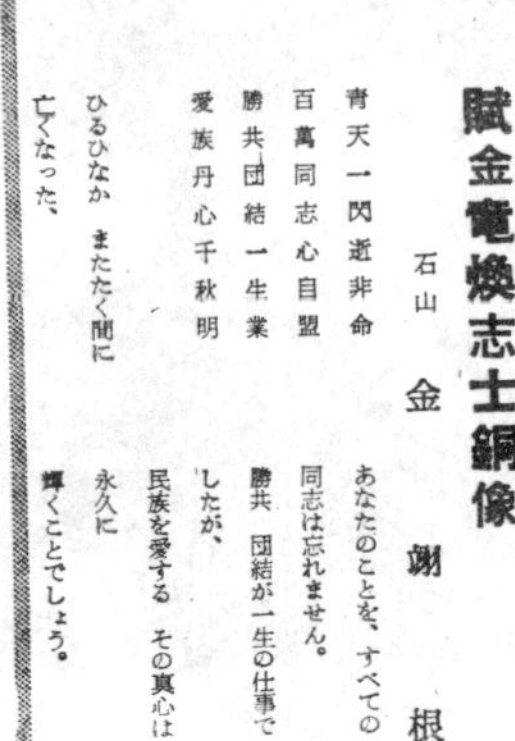

（中央）ソウルに建立された銅像を正面から見る
（左上）反共センターを真下に望む
（左下）同じくタワーホテルにレンズをむける

賦金竜煥志士銅像

石山　金　謝　根

青天一閃逝非命
百萬同志心自盟
勝共団結一生業
愛族丹心千秋明

ひるひなか　またたく間に
亡くなった、
あなたのことを、すべての
同志は忘れません。
勝共　団結が一生の仕事で
したが、
民族を愛する　その真心は
永久に
輝くことでしょう。

林鐘文

電力が足らないので明暗地帯で暮して居ると言う北韓カイライの宣伝とは反対にどの家庭でも電気洗濯機、冷蔵庫、電気アイロン、電気コンロを使うほど、豊富な電力を所有している。市場に行って見れば、驚くほど沢山の日用品がならべられている。その質も日毎に良くなって行くのである。

日本の商品が東南アジア地域を牛耳って居たが、近頃は韓国製商品に圧倒される品目がだんだん増えて来たとの事である。

外国に行ってのお土産に韓国製品を外国製と思って買って帰った人の話をしばしば聞かれるのも、嬉しいとの事である。

香港に立ち寄る外国人の大部分が、韓国産の明太や鰯やを、必ず買って帰るのがうわさである。ほんとに隔世の感がある。

私は北韓で起ったナンセンスの一駒を思い出さずにはいられない。

一九六二年正月の或る日の事だった。

夜おそく町から帰り道で、二〇号検閲員に検問された。

「同志、衛生通過証を見せてもらいましょう」

女の検閲員は鋭いまなざして、私をこらしみすえた。私にポケットから衛生通過証を出してやった。

「ボタンをはずしてもらえませんか?」

シャツを見たいと言うのである。私は気まずかったが仕方なくボタンをはずした。

彼女はシャツを見るや、

「在日僑胞ですね」

言いながらフラッシュを照らしてシャツを調べだした。

二〇号検閲というのは北韓にあまりにも蚤が多いので「しらみをとれ」という決定をいわゆる内閣決定二〇号で決めたのである。それで二〇号決定を実行する検閲をいつの間にかこう呼ぶようになったのであった。

「これは何ですか? これはしらみじゃないですか?」

彼女は、しらみをゆびさしながらこう叫んだのだ。私は恥かしさに顔をしかめながらしらみを取ってふみつぶしてしまった。

不幸にも、彼女に依って二匹のしらみが発見された。私は顔も上げられなかった。

着物にしらみがうようよいている様とはなんの比較が出来ようか――。

肥料は自給自足出来るし、セメントが有り余って外国に輸出されるし、後進国には、技術支援を与える所まで発展した韓国経済は、今や中進国の上位圏をしめるようになったのである。

一九七三年には外米輸入を中止しても、自給自足出来るほどに農業が発展したし、最近は世界最高の単位生産量を誇る新種の稲の栽培に成功したし、除草剤の新品発明によってこれからは除草作業が手易くなった。

これぞ何とたのもしい事か!

北韓カイライ徒党は在日僑胞を連れて行ってから、彼等を土着民と同じ水準に引き下げるための期間を三年間と定めた。奴らはこの期間を「教育期間」と呼んだ。

僑胞達が持参した所持品をみんな売り払い、土着民と同じ生活水準にまで転落した時、その時こそ始めて彼等共産党の命令に服従するであろうとの判断からであった。

事はそのように運ばれて行った。

僑胞達は暮しが苦しくなるたびに時計やら洋服やら持って来た物を次々に売らねばならなかったのである。

此の品物を買いつける所が、収買事業所という機関である。南派間諜の工作用のための品物も買い入れるのである。

かれこれ三年も経ったら、誰でもすっからかんになってしまうわけだ。

すっからかんになってしまったら、どうしてもカイライ党の指示に逆らう事が出来ない。仕事をせねば給料が取れないのだから、生きて行くためには何でもせねばならない。どんなに苛酷な命令でも――千里馬運動の如き――従わねば、生きて行けないから、ただ牛馬の如く虐げられて行くのである。

私は三年はおろか二年経ったらすっからかんになってしまった。

私はいま国営会社で課長級の待遇を受けて居る。ホントにもったいないと思って居る。

ときたま、何で僕がこんな立派な待遇を受けて居るのかと思うのである。その度に自責の念に打たれる一方、祖国の温情と国民の寛大なる理解に、深く感謝せざるを得ないのである。私は今、故郷に残しておいた家族達と再会して、楽しくて幸福な生活を営んで居る。私は私が朝総連で活動していた間、必ず家族達は被害があるものと予想しておった。

然るに家族達はかえって僕の生死を案じて困ったのみ、何の障碍も受けず子供達を教育させて居ったのである。

これが若しも反対に北韓カイライに家族を残して困ったのだったら彼等はみんな殺されてしまったに違いない。

共産主義の生理と自由主義の生理には根本的にこのような差異があるのである。

大韓民国の国民思想ほど、反共思想の徹底した国民は、世界にそう類が無いであろう。

【以下次号に続く】

自主、自衛の決意を
第22回国軍の日を迎え

朴大統領は、さる10月1日「国軍の日」22周年を迎えて演説し、八・一五談話にふまえ平和統一へさらに努力するとともに自主、自衛の決意を新たにし、一面国防、他面建設に拍車をかけねばならないと強調した。朴大統領諭示のあと、恒例の陸、海、空軍兵士による分列行進がくりひろげられ、ミサイルやギャラクシー輸送機など最新兵器が登場した。ソウル市汝矣島で行われた記念式典には、愛知民団など日本から千名あまりの同胞が参観した。

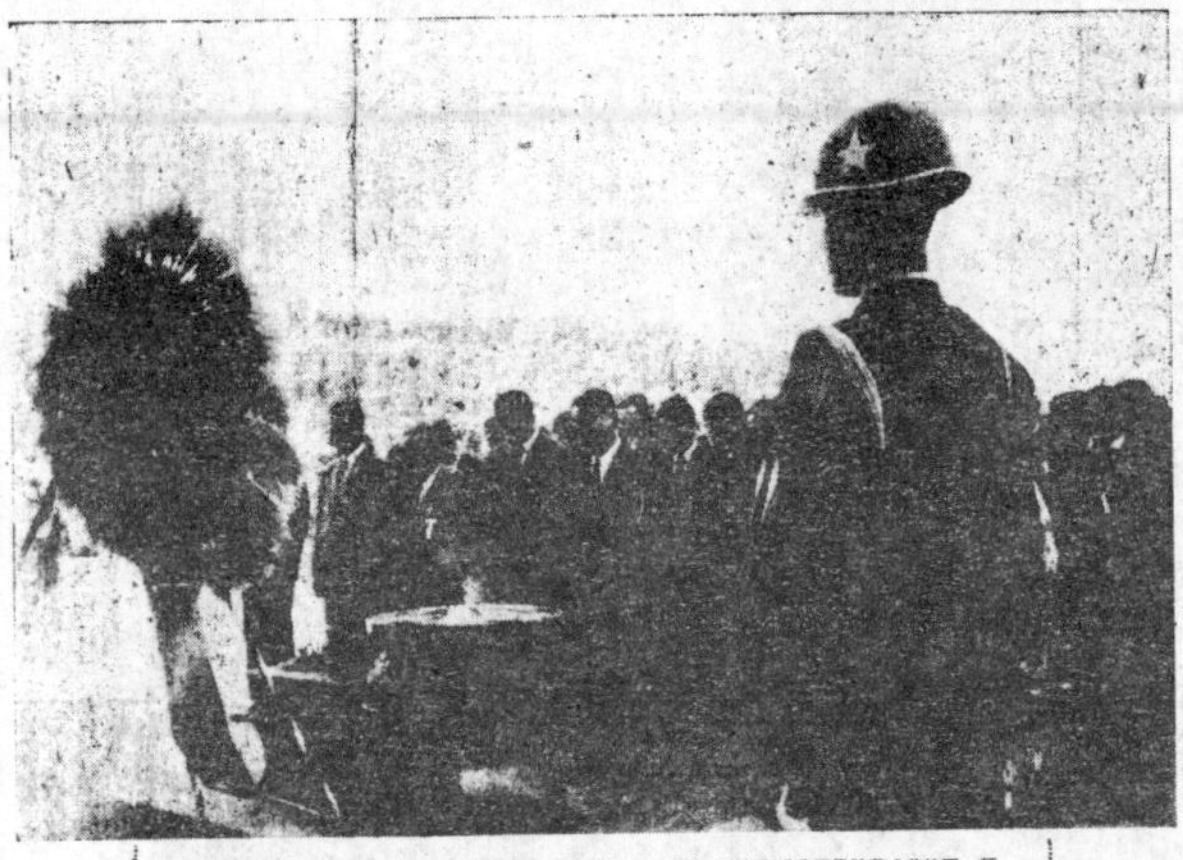

李寧植民団愛知県本部団長を先頭に国軍墓地で英霊たちに献花をささげる銅像除幕式参礼団一行

10月1日は第22回「国軍の日」民族の防衛である国軍が、そのあらん限りの威容を誇示する日である。「国軍の日」記念式典では、ソウル市汝矣島に朴大統領をはじめ来韓中のサンチェス大統領など各国代表臨席の下に、華麗なパレードをくりひろげた。

式はまず国軍音楽隊の奏楽ではじまり、朴大統領による閲兵式が行われたあと、国軍のために功労のあった陸・海・空兵士に勲章と表彰が授与された。

続いて、朴大統領は次のような諭示を送った。

一、一九四八年に国軍が創設されて以来二十二年間、共匪テロ分子の騒動を鎮圧し、悲惨きわまる六・二五動乱において祖国を共産の魔手から守るといった、試練と逆境の険難なる道であった。

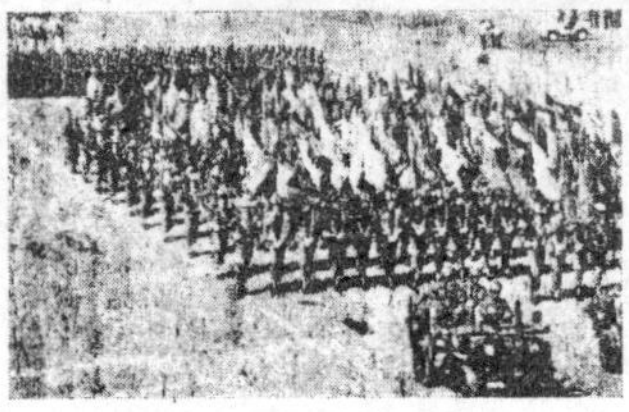

陸、海、空軍兵士によるパレード

一、わたしの八・一五談話では、かれらが真心から、平和と緊張緩和を願っているのかを打診するために、いくつかの先決条件を行動で示すよう要求した。しかし金日成集団はこれに対して、口にもできぬほどの誹謗中傷でわれわれの努力を全面的に拒否した。

一、しかしわれわれは絶対に失望してはならない。もちろんわれわれとは、根本的に政治哲学と世界観を異にする共産主義者に対し、暴力の放棄を宣言させることは容易ではないが、人間性を抹殺する

国軍墓地を参拝

愛知県民団本部の母国訪問団は九月二十八・三十日それに十月一日の三班にわけて出発し、二百九十名が参加した。今回の訪問目的はいうまでもなく、故金鐘彬氏の銅像除幕式に参席するためである。金浦空港に到着した一行は、市内の世宗・大然閣・ニューソウルなどのホテルで宿泊し、ソウル市内観光を楽しんだ。

十月一日参礼団の一行は「国軍の日」記念式典に参観して後、国軍の墓地をおとずれ国土守護と郷土防衛のために散った英霊達の冥福を祈った。

十月二日、銅像除幕式に参加したあと、市内のレストランで昼食をとり解散した。

しかし友邦の支援は、あくまでも支援であり、われわれの国土はまずわれわれが守るという自主的努力があってこそである。そのためには、自主、自衛の決意を新たにし、一面国防、一面建設に拍車をかけねばならない。

朴大統領の諭示のあと、陸・海・空・海兵兵士による分列行進がくりひろげられた。ミサイルやC5ギャラクシー輸送機など装備現代化の威容が、パレードにおいて実証され盛んな拍手をうけた。

ろんちょう

統一論議の限界

統一論議「南北韓にひかれた人為的障壁……国家利益……権を段階的に除去していく……」

（中央日報10月13日社説）

孤児院に10万寄付
婦人会がソウルで慰問

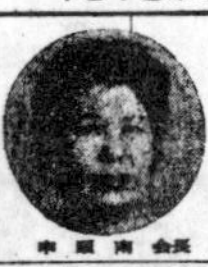

申鳳南会長

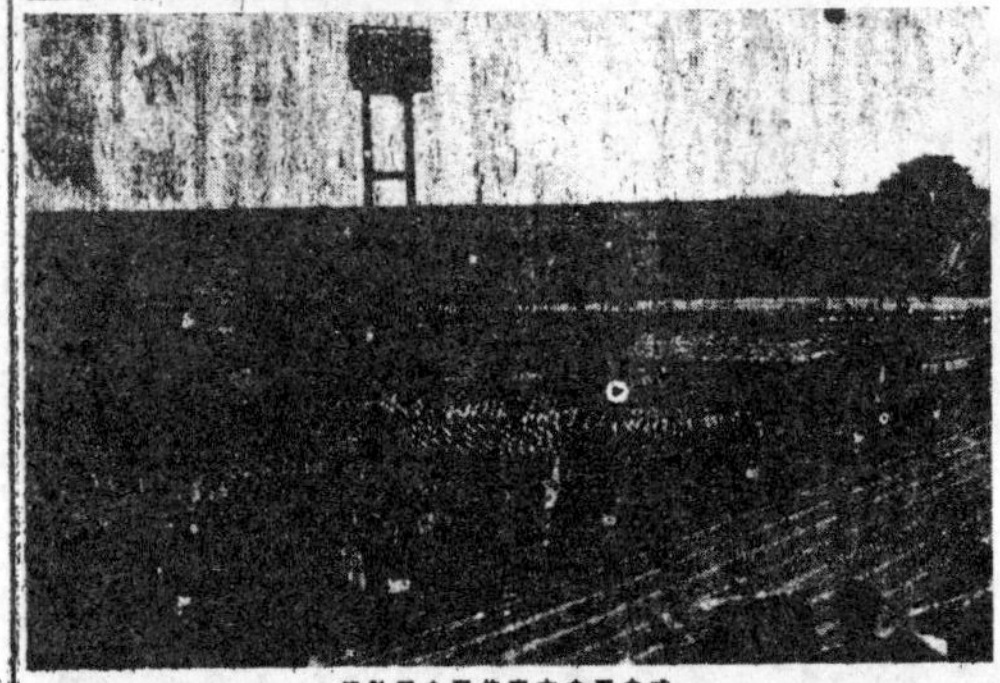

第51回全国体育大会開会式

第51回国体 慶北が優勝
健闘した在日僑胞選手団

修学旅行バス惨事
東西中学生45名が死亡

777組の合同結婚式

金大中氏 大統領候補に

永住権を取得して、生活安定を築こう

ふるさとの民俗競演

祝祭の月　文化と伝統の香気

ハングル発明追慕　世宗文化祭

[illegible]

□……国立国楽院楽士による雅楽……□

□……国を救うための戦術として使われたカンカンスウオレー……□

殉国の美妓を讃美　論介祭

[illegible]

楽聖の偉大な芸術　蘭渓芸術祭

[illegible]

三忠祭太鼓で開幕　百済大祭

[illegible]

□……古くから伝わる仮面劇……□

忠武公の偉業画く　木浦芸術祭

[illegible]

活発な新羅人気性　安東文化祭

[illegible]

お知らせ

■学園文化祭
日時…11月3日(水)午後1時
場所…愛知韓国学園大講堂
内容…演劇と舞踊
主催…愛知韓国学園

■慈善公演
日時…11月8日(日)午前10時30分、午後3時30分（二回）
場所…春日井市民会館
内容…演劇と舞踊
主催…韓青愛知県本部

一日も早く永住権申請を終了しよう

永住権申請案内

協定永住権の申請期限は後二ヶ月余です。

在日同胞の皆さんが、日本で安定した生活を営むためには、ぜひとも協定永住権（又は一般永住権）を得なければなりません。まだ永住権の申請をしていない方は、もれなく申請をしましょう。そして、さそいあい、すすめあいましょう。

協定永住権を受けることによって

（一）何よりもまず、これまで暫定的であった法的地位をはなれて、権利として日本に永住することができるよう保障され、

（二）したがって、協定永住許可を受けていない者や、一般外国人とはちがい、協定永住許可者は、ほとんどあらゆる場合において、退去を強制されることがありません。

（三）さらに、永住許可者には、海外旅行に必要な再入国許可における制限がないばかりでなく、一家族が離散することのないよう、人道的な配慮が十分ゆきとどくようになっており、

（四）子女の教育問題においても、日本の公立小、中学校への入学が権利として保障され、また上級学校進学においても、その入学資格が認定されることになっております。

（五）生活保護を必要とする人には、従前通りに生活保護が受けられるようになっており、特に、国民健康保険に加入することができます。

（六）外国人財産取得に関する政令の適用を受ける一般外国人とはちがい主務大臣の認可なしに土地・建物などの財産を取得することができます。

（七）日本から永住帰国する場合には、自己財産の本国搬入または送金などが、協定上保障されております。

在日同胞の皆さん！

昨年八月十九・二十日の両国間に開催された「韓・日法相会談」の結果、皆さん方が、安心して永住権を申請することができるように、いろいろの措置が講じられておりますから、一日も早く、永住権を申請されるよう、重ねてお願いする次第であります。

もし皆さん方の中で、永住権申請に関連して、質問または相談なさる事がらがある場合には、居留民団支部または愛知県地方本部（民生部）あるいは、駐名古屋韓国領事館、駐日大使館（第一領事課、または永住権申請案内室）へ直接来訪されるか、書信で同事由を問い合わせて下されば、必らずや皆さんのご期待にそえるよう、全力を尽す所存であります。

なお、皆さんの親戚の方々にはもとより、親しい隣人、知人の皆さんにも、永住権申請該当者は一人もれなく、この申請を完了できるようご協力下さることをお願いします。

一九七〇年十月

駐日韓国大使館
駐名韓国領事館
韓国居留民団愛知県地方本部

東海新報
発行所 東海新報社
名古屋市中村区篭羽町3-56
電話名古屋（571）6431
購読料 1ヵ月100円

民団綱領
一、我等は大韓民国の国是を遵守する。
一、我等は在留同胞の権益擁護を期する。
一、我等は在留同胞の民生安定を期する。
一、我等は在留同胞の文化向上を期する。
一、我等は世界平和と国際親善を期する。

地方委員会ひらく

目標の達成めざす
永住権促進に全力投球

民団愛知県地方本部第十三回地方委員会は十一月二十八日愛知韓国会館四階に地方委員が参席するなかでひらかれた。今地方委員会は第十六回中央委員会以後の民団の二大事業を中心として、すなわち、万博後援および招請事業の総括報告と、あますところ一ヶ月余と迫った永住権申請運動へどのように追い込みをかけるかについて真剣な論議がかわされた。

万博に関しては、全団的に展開した結果当初の目的を達成することができたとして全般的に評価された。一方永住権問題に関しては、さまざまな要因によって力量が充分に発揮されていないとして反省するとともに、今後目標を達成するために邁進することが強く表明された。愛知地方委員会はまた、民族教育を中心とする在日二世の育成について建設的な提案が地方委員からなされ、この問題は…することになった。

（上）民団愛知県本部第13回地方委員会
（下）力強く決意をのべる李寛植団長

らない。残す期間はあとわずかであるが、在日韓国人に永住権申請を呼びかけるために、日本のテレビ・ラジオ・新聞などのマスコミを通じてPRを強力に展開していくとともに、民団として宣伝カーを使った街頭運動に取組まねばならないなどが表明された。

次に万博家族招請事業は、一人の事故者もなく五一二名にのぼる本国家族および親戚を招請することができたことは成功であった。全招請予定者中の約十%にあたる未入国者に関しては今後とも中央を通じて解決することとし、なんらかの救済措置を中央と交渉していくとした。

これらの問題と関連して、今地方委員会においては文教問題に論議がかわされた。

まず夏期学校は今年五回目を迎えたが、内容を充実してさらに継続してもらいたい。愛知韓国学園の財政運営を補助するために実施している教育費を現在十六支部が実行しているが、残る支部も今後協力する。…

豊田会館完成す

待望久しかった民団豊田支部の新会館「豊田韓国人会館」はこのほど完成しさる十一月十五日にその落成式が行われ、会館落成を祝った。

財政活動に留意　総括

一、組織全般に関して

第十六回中央委員会以後の本団組織規約は、いうまでもなく、永住権申請促進運動と万博後援および招請事業の二大重点活動に集約されてきた。

永住権申請促進運動については、その間に万博招請事業および故金載華志士銅像除幕式参礼団派遣などにより、全力量を傾けることができなかったとはいえ、初期の実績を充分にあげることができなかったことは遺憾なことであり、今後残す期間中に必ず目標を達成するよう猛烈に邁進することを確認する次第である。

万博後援および招請事業については、組織をあげて積極的な動員がなされ、いかなる国にもまして偉大な万博"韓国デー"を発行し、長期間にわたる朝総連の執ような妨害工作にもかかわらず、保安および輸送面においてなんの事故もなく、本国家族親戚が帰国することができたことは本団組織が健全であることを誇示したものとして高く評価されなければならない。

しかし、この二大重点活動に力が注がれたあまり、財政活動が円滑に推進されなかったことは今後とも特に留意して対処しなければならない。

二、一般団務に関して

二大重点活動に全力量が投入され、敏捷な一般団務取扱に留意できなかったことを遺憾だと考え、組織現況に比して合理的な団運営のための具体的な作業は永住権申請促進運動を完遂する時点において…次第である。

三、故金載華同志銅像建立に関して

われわれの組織の誇りである故金載華志士の銅像は、当愛知地方のみならず中央をはじめとして本団各級組織のまごころこめた協力とそして本国政府の格別の配慮により、さる十月三日ソウル特別市に建立されるにいたった。

これは故人の組織に貢献した功績にとどまることなく、在日韓国人の燦々たる民族運動の実績が後世にしるされたという事実をみることができ、今後本団の組織強化活動に大きな力となるものと確信する次第である。

成果的な参礼団　民生

一、万博参観団招請事業に関して

団の近代化求める　組織

効果的な体系を　総務

重要な公報活動　宣伝

優遇される永住権取得者
韓日実務者会談で合意

さる十月二十七、八両日にわたってひらかれていた韓日両国実務者会議で、韓日法的地位協定にもとづく協定永住権取得者に対する優遇措置をとることに合意をみた。（2面に関連記事）

それによると、協定永住権取得者の配偶者、直系卑属、または直系尊属として在留を許可されたもので、韓日法的地位協定の発効前に（一九六六年一月）日本に入国し、特別在留許可をえて五年をへたものは、出入国管理令による一般永住権を取得できることを明らかにした。

小林日法相は二十八日夜、異例の大臣談話を発表、この新措置を発表するとともに「協定永住者が許可を受けていないものより優遇されることはもとよりである。協定永住者が定着した生活を営むよう努力する方針だ」と述べた。

これによって、協定永住権取得者の家族の中に、かりに不法入国して特別在留を認められている者がいても、この家族に一般永住権を取得する道がひらけたことになった。協定永住権者の妻、親、子供ならば講和条約発効後、韓国法的地位協定発効までの間に入国したものであっても、入管令にもとづく一般永住を許可することになった。

またこの他、来年一月で永住権申請期限が切れるのにともない、協定永住権の申請について、申請期限などをラジオ、テレビなどを通じて、在日韓国人のできるだけ多くの者が韓国人として永住権をとれるよう協力することになった。

東京で行われた韓日実務者会談には、韓国側から呉法務次官、李出入国管理局長、日本側から津田法務事務次官、吉田法務省入管局長らが出席した。

したがって協定永住権を取得した人は、優遇されます。

さる十月二十七日、二十八日の二日間、協定永住権取得者に対する優遇問題ならびに、永住権申請手続きの簡素化、その他を協議する韓日法務次官会談が東京で開かれましたが、その結果、韓日協定発効の日（一九六六年一月十七日）以前に入国した協定永住権取得者の家族で、在留を許可されて五年を経過した者に対しては、一般永住を許可することになりました。

すなわち、現在、一般永住を許可する対象者として、サンフランシスコ講和条約発効以前（一九五二年四月二十八日まで）に入国し、在留許可を受けている者となっているのですが、これが協定永住権を取得している者の家族（配偶者・直系卑属　直系尊属）に限り、優遇するというもので、協定永住権取得者が、家族そろって安定した生活が出来るようにするための特別措置であります。

これは、協定永住権取得者が、一般外国人とちがっていろいろと優遇されるほか、特に、永住の面でいかに大きな法的保障を受けているかを証明している一つの良い例であります。

いわゆる中立系または朝総連傘下同胞の皆さん！

皆さんの家族の中にも、永住に不安のある人が多いと思います。

この際まず、あなた自身が早く協定永住権を申請し、不安のある家族を一般永住で救いましょう！

そして一家そろって安定した生活をしましょう！

なお、韓日法務次官会談の結果、発表された日本国小林法務大臣の談話文は次のとおりであります。

小林法務大臣の談話内容

日韓両国および両国民間の友好親善関係の増進に寄与するため、日本政府は「日本国に居住する大韓民国国民の法的地位および待遇に関する、日本国と大韓民国との間の協定」の実施に、継続して協力すべきであり、この協定により永住権を取得した者に対しては、永住権を取得していない者よりも優遇することが当然である。

日本政府は、こんごとも永住権取得者が、日本国の社会秩序の下に安定した生活を営み、よりよい待遇を受けられるよう努力する方針である。

なおこの協定により永住を許可された者の家族についても、人道的な見地で考慮をはらい、永住権取得者の配偶者、直系卑属または直系尊属で、この協定前（一九六六年一月十七日以前）に日本国へ入国し、在留を許可されて五年を経過した者に対しては、その者の申請に基づき出入国管理令による永住を許可する方針である。

後継者育成に対処　文教

一、夏期学校

第五回（一九七〇年度）在日韓国学生夏季学校入学生は、全国七百二十名中愛知県では五十九名が入校修了した。

内訳は大学生男十五名、女十五名、高校生男十二名、女十七名、合計五十九名。

特に今年度は移動教育を実施しまず試図したので、教育期間中予期せぬ困難もあったが、例年にくらべ教育効果は大きかった。

二、奨学生選抜

一九七〇年度在日韓国人教育後援会奨学生は、高校生3名に決定された。支給月額は大学生七千円（自然科学）五千円（人文科学）高校生三千円。

三、教育費

愛知韓国学園の財政運営を補助するために実施されている教育費納入は、現在十支部が実行しており、一宮、岡崎、瀬戸、豊橋、東中、知多、名南、西春、名西、豊川。

四、愛知韓国学園文化祭（3面に掲載）

五、体育活動

①、韓商第十回野球大会
②、第五十一回全国体育大会
③、愛知県韓国人射撃大会
④、その他

基本財政の確立を　経済

一、基本財政確保に関して

基本財政確立にさいしては、幅広い範囲の有志団員からの所定賛助金でもって経常費に充当させるという決議たる第十回地方委員会の方針にしたがって活動しようとしたが、永住権申請促進、万博後援および招請事業、故金載華志士銅像除幕式参礼団派遣など多難な事業が重なり、所期の目標を達成できず遺憾な実情であるが、有志団員間に自発的な財政協力に対して動きがみられ、今後永住権申請…

二、人事関係

—顧問機関—
顧問　姜求道　鄭煥麒　鄭東淳　金允鎮　李康

—議決機関—
議長　盧恭憲
副議長　尹松局　余命辰（7月28日付で辞任書を提出している。）

—監察機関—
監察委員長　鄭学変
監察委員　田九培　鄭甚実

—執行機関—（執行委員会）
委員長　李寛植
副委員長　権会俊　成竜九
委員　丁海竜　金相根　金栄顕　金鍾和　梁泰玉

一日も早く永住権申請を終了しよう

永住権を取得して、生活安定を築こう

永住権申請案内

協定永住権の申請期限は来年の一月十六日です

2、永住権を受けられる人は

3、協定永住権を受けられることによって

4、申請の方法は

5、永住権を取得しない場合

6、永住許可申請書の記載方法はどういうものか

7、永住権申請についての問い合わせは傘下民団支部へ

支部名	住所	電話
愛知県地方本部	中村区鷹羽町3-56	(〇五二)五七一-六四三一
中村支部	中村区角割町4-102	(〇五二)五七一-七七一七
名西支部	西区押切町6-18	(〇五二)五三一-三六八八
東中支部	東区東大曽根町南3丁目1334-3	(〇五二)九六二-七七六一
名南支部	南区呼続元町2-101	(〇五二)八二一-一七五八
中川支部	中川区運河通1-14	(〇五二)三五二-四三五一
名港支部	港区港栄町6-102	(〇五二)六六一-六八四七
熱田支部	[illegible]一八七	(〇五二)六八一-二七〇八
一宮支部	一宮市地蔵通2-2	(〇五八六)七二-四九六二
瀬戸支部	瀬戸市[illegible]	(〇五六一)八二-六〇九一
豊川支部	豊川市[illegible]2-40	(〇五三三)八六-三八八八
岡崎支部	岡崎市八幡町2-51	(〇五六四)二二-一一三〇
豊橋支部	豊橋市[illegible]	(〇五三二)五二-六〇九七
知多支部	半田市[illegible]	(〇五六九)二一-一二九一
西宝支部	[illegible]	(〇五三三)五七-四一五一
西碧支部	[illegible]73-4	(〇五六三)七-三三〇五
西春支部	[illegible]3-46	(〇五二)五〇二-〇〇三六
春日井支部	春日井市[illegible]8-37	(〇五六八)八一-四三〇八
豊田支部	豊田市[illegible]4-61	(〇五六五)三二-四三五〇
駐名古屋大韓民国領事館	東区東大曽根町南1-18	(〇五二)九六一-九二二一

在日六十万同胞の安定した生活のために

在日六十万同胞の皆さん

●十月二十七日、二十八日に開かれた「韓日法務次官会談」の終了に際して、協定永住権取得者の家族で、韓日協定発効以前に入国した者に対しては、一般永住を許可することを明らかにし、要旨次の様な日本国小林法務大臣の談話文が発表されました。

●小林法務大臣談話文要旨

一、この協定により永住することを許可された者が、この協定の基本精神により、許可を受けていない者より優遇される。

二、日本国法務省は、今後ともこの協定により永住を許可された者が、日本国に安定した生活を営み、よりよい待遇を受けるよう努力する方針である。

三、この協定により永住を許可された者の家族についても、その入国および在留につき、家族構成その他の事情を勘案したうえ、人道的見地に立って妥当な考慮を払うこととしている。

四、この協定により永住を許可されている者の配偶者、直系尊属または直系卑属として在留を許可されたもので、この協定発効前に入国し、その許可後五年を経過したものについては、その者の申請に基づき、できるかぎり、出入国管理令による永住を許可する方針である。

●申請締切が来年の一月十六日にせまっています。

●永住権申請方法

市町村役場へいって用紙をもらい、それに記入捺印し、写真二枚を添え、外国人登録証を提示すれば受理されます。

一九七〇年十一月九日

在日本大韓民国居留民団
愛知県地方本部
名古屋市中村区鷹羽町三ー五六
電話（五七一）六四三一（代）

同胞のみなさん！申請はおすみでしょうか

朝総連のデマにまとわされてはなりません

ウソその1

ウソその2

永住権は生きた権利

韓日法相会談合意事項とは

躍進する豊田支部

韓国人会館が落成さる

韓国居留民団豊田支部（□□□団長）はさる二月支部を結成して以来精力的に活動を展開してきたが、このほど豊田韓国人会館が完成し、さる十一月十五日に落成式が盛大に行われた。新会館は豊田市陣中町四丁目四八番地に位置し、総面積七八坪、二階だての建物である。

①記念のテープにハサミを入れる関係者たち　②完成をみた豊田韓国人会館

去る二月七日結成をみた豊田支部（□□□団長）は、その後団勢が拡張するにともない、新事務所を建設するためにたえまない努力を払ってきたが、管下団員の誠心のこもった義金をもって、豊田韓国人会館をこのほど完成した。

十一月十五日午前十一時、豊田市陣中町四丁目に建てられた新会館……

会館建設にいたるまでの道のりには、つねに団員たちの熱い支援があった。今年二月七日、豊田市民センターで行われた結成大会で採択された方針にともない、執行委員会において会館建設に関する具体案を決定した。

孤児たちに愛の手

愛知韓青チャリティーショー

在日韓国青年同盟愛知県本部（金信秀委員長）ではさる八日、在日韓国人養護施設「愛神愛隣舎」のために慈善公演をおこない、純益金十七万八千五百六十二円を同舎に寄付した。

これは父母をもたない在日韓国人子女に愛の手をさしのべようと愛知韓青が演劇と舞踊のチャリティーショーを午前と午後の二回にわたって催したもの。……

国籍変更で訴訟も

日法務省表明

経友会第八回総会

経友会会長

盛大に文化祭祝う

第八回韓国学園開校記念

☆…第八回韓国学園文化祭における民族舞踊…☆

戸籍の申告を

講習会

名古屋支部

建青25周年記念祝賀会

国籍問題

春日井支部

29日に卓球大会

中央委閉じる

永住権キャンペーン

韓青本部

忘年会開く

一宮支部

忘年会開催

中村支部

地鎮祭

名南支部

週刊誌ブーム到来

望まれる品位向上
急げ！専門誌の発刊を

わが国は今ちょっとした週刊誌ブーム時代である。ソウル新聞の「ソンテイソウル」、京郷新聞の「週刊京郷」、韓国日報の「週刊女性」がもっとも大衆的な週刊誌でいずれも大新聞社が発刊している。この他にタブロイド判の「週刊韓国」「週刊中央」「週刊朝鮮」などがある。大衆に人気のある週刊誌は、スキャンダルやセックスを売りものにしたイエロージャーナリズムとみられないでもない。わが国の新聞は、つねに国家と民族に指標をしめす役割を果たしてきただけに、週刊誌が国の文化に与える影響が気になるところである。逆にあらゆる分野における科学的な専門雑誌は発刊されていない。韓国の週刊誌の現状をさぐってみることにしよう。

十四年前にひとつの総合週刊紙が「新聞的な雑誌、雑誌的な新聞」というキャッチフレーズで登場してきた。現在あるところの「ソンテイソウル」と同じく、大きな裏白の人物写真を表紙に載せていた。

内容はアメリカの「タイム」や「ニューズウィーク」と同じく時事問題を主とし、随筆や小説のような読物を少しくかねあわせ、新聞が消化できない娯楽や興味ある話題を名士との対談などでおもしろく編集していた。

新聞と雑誌の性格をおしなべて配合し編集した雑誌が、すなわち「週刊希望」である。その当時が国民指の大衆誌であった「希望」を発刊した希望社が、社運をかけて全力を傾けたこの週刊誌は期待とは裏腹にやがて廃刊させられてしまった。

今日では大新聞社が内容を充実している新聞の力をバックに、比較的たやすく広告をとれる利点もあり、発行部数も飛躍的にのびた。

「週刊希望」は新聞記事とほぼ同じく報道に力を入れ、興味ある記事もいくらか掲載したが、従来の新聞の体裁をぬけ出ることができず、大衆雑誌の関心をひくことはできなかった。

4・19革命時に「週刊三千里」などの週刊誌が出現したが、「週刊希望」ほどの規模と年数ももたなかった。5・16革命政府が洪水化した言論を規制したことが大きな要因となったが4・19革命後の言論の洪水は明らかに退潮しかけた。このかな状況下で力強くでてきたのが「週刊韓国」である。「週刊韓国」はその全盛期に40万部を刊行し、本紙の「韓国日報」を圧倒するほどの勢いをみせた。すでに1964年9月に発行された「韓国日報」を除外して、閣協によって週刊誌を発刊しないという協約を解き、各々が進んで週刊誌を発行するようになった。この年8月、中央日報が「週刊中央」を、9月ソウル新聞が、「ソンテイソウル」を、10月に朝鮮日報が「週刊朝鮮」を、11月に京郷新聞が「週刊京郷」を、翌年69年当初には韓国日報が「週刊女性」を発刊した。この他にも、全南日報が「週刊少年」、女苑社が「週刊TV」、ソウル新聞が「少年ソウル」など週刊誌ブームの到来をつげた。

「週刊韓国」「週刊中央」「週刊朝鮮」などは、タブロイド判であり文公部でも新聞として登録されているのに対し、「ソンテイソウル」「週刊京郷」「週刊女性」などの三誌は4・6倍版の雑誌形をしており、文公部でも雑誌として登録されている。したがって、これらは週刊新聞ではなく、週刊雑誌としての性格をもっている。

週刊物がやってくるという期待を最初に担ったのが「週刊中央」である。それをはじめて見た印象は「週刊韓国」にくらべ娯楽を主としていたが、後に出てきた「ソンテイソウル」はこれをさらに徹底して娯楽雑誌として強く受けとられた。このために、報道性週刊誌のみが本当の週刊誌であるといった考えから当初は白眼視されもした。個人のスキャンダルのような私生活、未亡人と青年の不倫劇情、スターの裏面生活、女体の神秘さ、オナシスの絶倫的精力などをとりあげた。

しかし不足する人数でもって、本紙に比して記者の数も少ないのに、この週刊誌は発行部数10万ないしそれ以上の収入を獲得した。独立した編集権と充分な経営の後押しをうけつつ、都市で、農村3の比率で消化されている当誌は日毎に部数を拡大している。

「ソンテイソウル」がマスコミ界でいわゆる前衛的作風をかかげて登場した後、思想性をもった時事評論を主とした「週刊朝鮮」があらわれ知性読者に多くの感銘を与えた。はじめから「現代エロチシズムの分析と批判」を特集して、低俗一路にある週刊物の新しい傾向に対して正面から対立することになった。

その後、11月に出た「週刊京郷」は「ソンテイソウル」と編集内容と体制面であまりにも似ていたので本格的な競争相手となった。創刊号5万を刷って出発した同誌は現在、10万部を維持しているといわれる。都市と地方で半々の読者をもっている「週刊京郷」が「ソンテイソウル」と内容面でちがうところがあるとすれば、それはなにか。「ソンテイソウル」が新聞の3面的現象が濃く、「週刊京郷」は時事性がやや豊富であるといえよう。そのせいか、最近ではセックス物がへっている。

69年正月はじめに発刊された「週刊女性」は、早くから「週刊韓国」の記録を保ってきた「韓国日報」がさわがしい週刊誌競合の[illegible]してきた。「週刊女性」は名前だけ女性誌で、じくふつうの週刊誌として出発したが、今日では女性教養誌として積極的に転換した。他の週刊物にくらべ、裸体写真は少ないのに反して、女性問題にまつわるスキャンダルを好んで取り扱っている。発行部数は8万から10万、読者層は都市70%、地方30%の割合になっている。

今日の週刊誌の問題は、エスカレートしていく猥乱性の限界をどこにおくのか、エロチシズムの風潮を読者をしてどのように配慮すべきかである。週刊誌が低俗していく傾向は、わが国のみならず欧米や日本などでもみられる。わが国の新聞ほど、言論と大衆の啓蒙に傾注した新聞はないと自負できる。大新聞社が品位をもって、芸術専門誌や科学専門誌を併に問い、国の文化発展に貢献できるように願いたいものである。

文化

広場

「広場」の欄では随想その他みなさんからの投稿をお待ちしております。[illegible]

娘達は結婚適齢期

東京　高命竜

わたくしの家には、二十三を頭に二十と十八の三人娘がおります。娘達は毎日家の仕事を手伝ってくれますが、そろそろ嫁入りさせなくてはと考えております。

わたくしは渡来、組織の経験もあり、子供たちに韓国人としての誇りをもつよう教育してきました。できればしっかりした民族意識をもった青年にとつがせればとつねづね考えております。他人様に娘をやるのはとてもさびしくて、まだ早いと自分をいい聞かせてきましたが、いざ嫁入りさせようと思うとなかなか相手が見つからずあぐねているしまつです。

男の子であれば、自分一人でも生きて行かれると思うのですが、娘の結婚についてはいろいろむずかしい問題があるようです。その原因を考えてみますと男の子は長男でもないかぎり家業をつがずに他所へ行って独立する傾向があり、日本の社会で新天地をひらいていく機会があるようです。おヨメさんには、したがって、日本人をもらう人も多くみかけます。これとは逆に、女の子の場合はやはり両親のふところで育ちともに生活しているケースが多く、おいそれと新しい環境を求めていけないのです。

韓国人の女性が日本人男性と結婚している例を時に耳にしますが、まだその数も少なく、さまざまな困難もひかえています。外国でくらしているわたくしたちにとってみれば、六十万という人口は決して少なくありませんが、この広い日本の社会でチャンスを見つけることは容易な業ではありません。風俗や習慣、言葉のちがいもあり、在日韓国人の生きる道はきびしいものがあります。日本で生まれた二世たちは、複雑な意識をもったまま一生懸命わが道を歩いております。若者たちの考え方はわたくしたち一世とはまた大きくちがい、意識の変化もみられるようです。

このような二世の現実のなかで結婚問題はその大きなテーマのひとつだと思います。民団では婦人会を先頭に縁結びの役を買おうと毎月一度その機会を作っており、また傘下機関として結婚相談所が組織されていますしかし正直に申してあまり成功しているとはいえないようです。それはなにも当該機関の責任ではなくして、もっと深い社会的問題があると思います。在日二世子弟の結婚問題は今後さらに困難なものになると予想されるだけに、そういった機会を数多く計画するとともに、人的交流の場をもってもらいたいと思います。

日本のマスコミに思う

大学生　李柄錫

最近の日本のマスコミが韓国人についてどのように報道しているかについて一言のべたいと思いペンをとりました。

たまたまわたしは「朝日ジャーナル」11月1日号に、八百長や暴力団とのつながりでさわがれている日本プロ野球の特集記事をみつけ興味をもって読んでみました。

ところがその記事内容とくると韓国や韓国人に対する偏見に満ち満ちているではありませんか。例えば「いわゆる第三国人の金主」か、やくざがつき出した」「いまの現役の場合、韓国系選手にかなりの者が関係をもっているのが目立ちます」と、韓国人はタチのワルイ人間、といわんばかりの口ぶりである。はては「韓国OB」とつながれが出てくる」とオマケまでつく。

もちろん在日韓国人選手のなかに黒い霧事件に関係がある人がいるかいないのかはしらない。ただあまりにも安易に在日韓国人問題を取り扱っている気がしてならない。

同じく「朝日ジャーナル」11月22日号の風速計の欄では、多数少数というテーマのなかで「がんらい、少数民族問題をかかえておらぬ国では民主主義は発達しないといわれ、韓国が一例にあげられる」と記述している。

私自身別に「朝日ジャーナル」の編集方針に意義を表明しているわけではないので、このようなわが国に対する中傷はとりあげたくもありません。ただジャーナルがいわんとする内容の誤りを正しておきたいだけである。およそ国家・民族を分析する時にはその個別的、具体的な歩みをしらべ、とりまく国際環境・国内状況をはかることはそのイロハである。唯一な韓民族の国家に民主主義が発達していないという考え方は、わが国の歴史や文化や風土はおそらくなにも知らぬに等しいではありませんか。

さいごに、富士銀行不正融資事件について付記しておきたいと思います。あの事件以来、日本の銀行は韓国人を白い眼でみるようになったという声をあちらこちらで耳にします。事件の全容はまだ明らかにされていませんが、要は金を貸す者と借りる者との間に起きたことで、日本人と在日韓国人という対比でみるべき性質のものではありません。日本のマスコミは、「事件の主犯格馬こと金中勲」「韓国人」「第三国人」の見出しで、その内容は偏見と差別をもりこんだものばかりでありました。わたくしたちは日本のマスコミの姿勢を問い正し、民族的怒りを発するべきではないでしょうか。本当の韓日親善は、お互いの民族を理解しあい、前むきに批判するところからはじまると信じます。

名山古刹を訪ねて
僧伽寺
ソウル西大門区

碑峰
卍 僧伽寺（西大門区）
セゴムジョン国民学校
3Km
セゴムジョン
北岳山
フンチェントン
ヒョジャトン

休日を利用し、家族でハイキングをかねて行く場合に、おあつらえむきなところが僧伽寺である。

このお寺は「セゴムジョン」バス終点から北に三キロばかりのところに位置しているので、若い人ならば半日で充分に行って来られる。

このお寺は新羅景徳王十五年（七五六）、銀跡寺の僧秀[illegible]殿が創建したが、寺の名を僧伽としたのは唐の高宗年間に長安にあった薦福寺から教化しに来て入寂（僧が死ぬこと）した西域僧僧伽大師を敬慕する意味があった。高麗史や李朝実録をみると、僧伽寺というより僧伽窟と呼ばれる方が多かった。

その後、高麗時と李朝時、数回にわたって重創重修が行われたが、現在の堂宇は一九五七年に道田という比丘尼によって新しく重創されたものである。

このお寺の規模は大きくないが、新羅、高麗時にも歴代王君がここに出かけ祈りを献げ、特に李朝初の高僧無学国師が、ここで仏門に入り、李朝、後期にはこの寺で精進した坡月大師が八道都僧統となり、当時衰えていた教勢を復興させたことなど、有名なお寺である。とくにこの寺は昔から祈りを献げるところとして広く知られていたが、寺の北西百歩ほどのところに自然な岩石にうきぼりにされた巨大な磨崖釈迦如来坐像（宝物二一五）と薬師殿に安置されている薬師如来の霊験、そして清水の神秘な効果などは、このお寺を祈祷所としての内容がその名にそむかない。

寺から西へ四〇〇mほど登っていくと、新羅真興王の巡狩碑が立っていて、有名な碑峰に至るようになる。現代式マンモスビルディングがまく見下ろす碑峰に立ってみると、昔と今が一点で交錯している。

僧伽寺を訪ねる道は、歴史のあとかたを物語る。例をあげれば、碑峰が然り、「ヒョジャトン」から「セゴムジョン」にいたる小の跡の彰義門と、「セゴムジョン」は「イジョ・パンジョン」とともに忘れられないところであり、現在「セゴムジョン国民学校」教場にある遊筆支柱をみて武烈王六年（六五九）に建てた蔵義寺を連想させることができる。これは世宗時、禁書蔵の書庫が建って行ったところであり、英祖時には李朝の乱以後軍隊を総備した総戎庁があったところであり、北方には世宗時に、はじめてもけられた高宗時にはなくなった造紙署があったところなので、僧伽寺を訪ねる道は決まって歴史のあとを強く感じさせてくる。

北で見た ③

林鐘文

実のところ、北韓カイライの幽霊なき闘争の浸透と、彼等の数々の蛮行がかえって国民の反共思想を高めてくれているのかも知れない。

「一・二一事態」、蔚珍・三陟地区に現れた武装共匪、そしてまた非武装地帯に現れた武装共匪の蛮行は実に非惨なるものであった。

赤ン坊の胸に刀を刺したかと思えば、やっと九歳になる国民学校の児童が「私は共産党は嫌だ」と叫んだからと言って、子供の口を引き裂いて殺した仕業など同じ血を分けた同族とは思えない残虐ぶりである。

然し、このような悪魔の群れであっても、その中から自首したり生き捕られた共匪——金新朝はじめ八名——は、罪をゆるされて今は国民の一員として平和な日を送っているのである。

そして共産党と言えば不倶戴天の敵だと歯ギシリして止まない敵愾心に燃え立って居る。若い青年達は、「共産党は悪魔の集団」と認識して居る。かくの如く共産党[illegible]

準備されてあり、米や食糧などが、家族数にあわして、備えられてあった。その上なにかと不便をしのぎ易くするためだと言って小間使いの女までつけてくれるのであった。

こんな有難い事がまたと有り得ようか！

「ほんとうに、地上の楽園だな……」

彼等は清津では味わえなかった人情の温さに大いに満足した。

「何を言われますか。みんな同じ同胞なんですもの。不便な事があったら何時でも……」

案内の女のサービスは満足であった。

帰郷達は完全にあざむかれてしまった。

「さあ、皆さん！日本にお便りを出しなさい。もうすぐ郵便がありますから……」

こんなにして住み込んでから間もなく、幹部の人びとがあらわれた。

みんな手紙を書き始めた。

「ほんとうに人情の良い所です」

なんて、美辞麗句を書き並べる術です。

手紙を集めて持って[illegible]

一極節米運動

再び日本を訪れて

[illegible]

東海新報

発行所 東海新報社
発行人 李 春 植
編集人 徐 海 鎬
名古屋市中村区鷹羽町35-6
電話名古屋 (452)6431
購読料 1ヵ月100円

民団綱領

一、我等は大韓民国の国是を遵守する。
一、我等は在留同胞の権益擁護を期する。
一、我等は在留同胞の民生安定を期する。
一、我等は在留同胞の文化向上を期する。
一、我等は世界平和と国際親善を期する。

特集記事

セマウム体制を推進

セマウル運動を支援

中央委・幹部講習経て

本国では激変する国際情勢に対処しつつ、祖国の近代化と民族の中興をなしとげるために、維新体制を確立し、大業完遂めざし邁進している。このような時点にあって在日同胞の福祉向上と権益擁護に先導的役割をはたす一方、本団も本国の維新精神に積極的に呼応していくことが要請されている。全国で行われた講習会での理論学習およびさる三月二十二日に開かれた中央委員会での一連の決定を経て、本団では新しい民団づくりに出帆していくことになった。

民団幹部教養講座 講演する曹寧柱先生

民団中央本部主催の下に、七三年度民団幹部教養第一期全国巡回講座を開催してきたが、当愛知県本部はさる三月二十三日午前十時から愛知商銀四階ホールにおいて実施した。

…委員会に分かれて審議した。
なかでも懸案の中央会館建設に関しては、在日韓国人の総殿堂であり、海外において国威宣揚はもちろん、団内の結合を一層図るために、全国組織を通じて募金し、来年八月の竣工をめざすことになった。

在日同胞の七〇％をしめる二、三世の…

…中委で決定された…団務に拍車をかけ、…に邁進していく。
愛知県本部ではこ…から、地域の特色を…新しい体制づくりに…三十五回臨時中央大会…づき、地方本部内に…部長、成曦九）が新…部に青年課を置くこ…今後は当部を通じ、…年の指導育成を図って…で現在展開中にある…事業を支援する一環と…所定の"本を贈る運動…けている。…より現場で従事する…にバックアップし、…技術を向上させたいと…

毒素条項の削除を促求

出入国法案

…

新学園長に金胤鎰氏

愛知韓国学園 卒業式を挙行

金胤鎰学園長

…

峠

…

警鐘を叩く

…

本国論調から

韓国軍の越南撤収

平和と自由の十字軍

国力培養は平和の近道

駐ベトナム韓国軍は、八年にわたる戦闘を終えて続々と撤収している。韓国軍の撤収は、ベトナム休戦が発効した一月二十八日から三日目に開始された。百二十人の将兵からなるその先発隊が駐ベトナム韓国軍副司令官カン・ウォンチェ少将の引率のもとに、ソウル南方四〇キロの水原空軍基地に到着したのが一月三十一日で、引き続き猛虎師団の撤収が二月六日までに完了し、いま白馬師団が空輸中である。

数千年にわたる韓国史に始めての海外派遣軍として、ベトナムの戦場で人類の自由と平和のために奮戦し、国威を世界に宣揚して帰るこの誇り高き十字軍のがい旋を迎えて、本国の父母兄弟は熱烈な歓迎ムードにあふれている。韓国軍の撤収は休戦後満六十日にあたる三月三十一日までに完了する。

韓国軍のベトナム参戦は、一九六四年に始まった。韓国政府はベトナム国民の自由と独立守護のために派兵をしてくれるようにとのベトナムと米国両政府の要請を承諾することに決定した。というのは、一九五〇年から三年間の韓国動乱中、十六カ国の自由国家が軍隊を送って韓国を共産侵略から救ってくれた歴史的な恩義に報いるべき義務があったのだ。

韓国の派兵は二百七十人からなる第一移動外科病院が、ベトナムの軍人と民間人を診療すべくブンタウに駐屯した一九六四年九月二十二日に始まる。翌年の三月十六日には"鳩部隊"と呼ばれる韓国軍工兵大隊がサイゴン近郊のジアンに着いて、ベトナムの建設事業を支援しはじめた。駐ベトナム韓国軍司令部は、その年の九月二十五日サイゴンに創設された。

数多くの伝説を生んだ韓国軍は来る三月三十一日までにベトナムから完全に引き上げる。ベトナム休戦にあって、韓国の国家最高国防長官は「この十字軍は撤収後、ベトナムのジャングルで共産軍と闘ったその勇気と意志を以て、祖国の繁栄と平和統一のための建設事業に献身するであろう」と語っている。

ベトナムから八年…した将兵の歓迎大会が、三月二十日ソウルで行なわれた。この日朴正熙大統領は歓迎の辞の中で「われわれは平和を維持するために内には国力培養を加速化し、外には互恵平等の原則により友好的な国際協力を推進する」と語った。次は歓迎の辞の要約である。

われわれは、平和十字軍としてベトナム戦線で輝々たる戦功をたてその勇名を轟かせた国軍将兵の凱旋を歓迎するため、ここに集まったのである。私は国民と共に熱い感謝と、赤誠と国家ならびに将兵の武勲を心から歓迎するものである。また、輝かしい武功と不滅の業績を永く讃え、平和の象徴す…

…る全人類の名において、正義の勇士である凱旋将兵の犠牲精神を称賛する次第である。

顧みれば、われわれが友邦の要請によりベトナム戦線にわが国軍を送ってから八年になる。その間勇者は戦線なき戦場で、世界の戦史上類例のない勝利の記録を残した。のみならず、戦争で荒廃したベトナムに自由を植え平和を植えそして大韓の魂を植えつけて帰って来た。このような壮挙はわが国の歴史上にもなく、人類史上にもまれな自由と平和を尊ぶ十字軍の使命を完遂したと誇り得るであろう。

いまやベトナムには戦雲が去り平和の黎明が訪れつつある。しかし、八年間わが将兵たちが注いだ汗と情熱、そして犠牲が無駄にしないためには、この平和の黎明を一日も早く恒久的な平和へと定着させなければならない。そのためには、南北ベトナムはもとより、…

（コリアン・リポート）

卒業式であいさつする…

セハン教育月報
…

재일동포는 민단산하에 단결하자

文化

…抱き合って　野宿するとき
随民に秘めて来た
祈願の　息づかい
しとどに頬濡らす　熱い涙
ああ　崩れる形象のために
膝　折りしき　手を組んだ
私……
生きるということ
それは一つの真実を貫くこと

時えんぴつ

任那日本府説の虚構 (上)

金廷鶴

は主に〈日本書紀〉の神功紀から欽明紀までの任那関係記事であるが、このほかにわが方の記録としてかの有名な高句麗、広開土王陵碑文の一部内容が、この説に絶好な口実を与えた。

このように日本がすでに古代において韓国南部を占領統治した、との説は、ちょうど明治維新以後の国勢の膨張に従って大陸への侵略野欲が高まっていたときだけに、もっとも彼らの興味を引く資料となった。当時一八八四年に参謀本部の酒匂景信中尉が満州で広開土王陵碑の拓本をもち帰ったことは、ますます御用学者を刺激する好材料となり、一〇八九年代に…

学者もいたけれども、今西竜、池内宏ら、いわゆる官学派の御用学者たちの任那経営説が支配的な学説になっていた。こうして日本統治時代の国定歴史教科書は、神功皇后の新羅征伐物語と任那統治説を大書特筆し、韓国は早くも古代から日本の植民地だったことを強調したのである。今日の四十代以上の世代は、このような歴史の教育を受けたことが記憶に新しいけれども、若い世代はこれを信じえないかも知れない。しかし、当時の歴史教科書をみるとだれでも驚くはずである。

記事が載せてあり、任那統治を歴史として、どの教科書にも記述している。実例として、もっとも新しい中学校社会科（歴史的分野）教科書の新訂「新しい社会」から、次のような叙述を抽出してみよう。

「一、八世紀初につくられた〈古事記〉や〈日本書紀〉には、神功皇后が大軍を率いて朝鮮を服属させたというように記されている（傍点筆者）。

二、大和朝廷が国土を統一したころ、朝鮮では、このとき…

国家的意識による叙述
今日の歴史教科書にも

新戦後、日本におけるアメリカ占領当局は、まず手始めに、歴史教科書から皇国史観をなくすことに力を注いだ。こうして歴史教科…

近世末期の開化運動 (1)

自主的に育くむ

韓国文化センター所長

近代化の気運は成熟

西洋文化との接触

開化思想の芽生え

西洋列強の接近

封建制度没落の兆

「現代の結婚」入門 =5=

紹介する時は男子側を先に

見合いの対話

見合いを主宰した後の文章は

見合いをする費用は

ノーの返事をする時は

（東山大学教授）

3.1節　54周年の意義ふまえ

維新課業の推進を

県下同胞が多数参集

崇高な三・一精神を正しく継承し、在日韓国人の権益擁護を主軸とする本団のあらゆる課業に対し組織交流を確固にすることを基本目標に置き、第五十四回三・一節記念愛知県民衆大会はさる三月一日名古屋市公会堂に、県下同胞の圧倒的な参加の下盛大に挙行された。「維新課業を完遂し、経済力増強および国威宣揚するために先頭に立つ」ことを決議して大会の幕を閉じた。

民族史に輝く三・一節五十四周年を迎え、民団愛知県本部ではさる三月一日午後一時から名古屋市公会堂において記念民衆大会を挙行した。

会場には早朝から県下各地より二千五百名以上の団員がつめかけ熱気あふれる雰囲気のなかで大会の幕があげられた。

まず参席者全員が起立して、祖国と民族のために尊い命を捧げた英霊に黙礼を献げた後、丁海竜事務局長が「在日韓国人教育憲章」を力強く朗読した。

本大会の会長団には、李春植団長・盧宗燕議長・崔鍾五監察委員長の三機関長が選出され、盧宗燕議長が直ちに開会の辞を述べた。

三・一独立運動の精神的バックボーンとして、民族の自主と独立を闡明（せんめい）した独立宣言文を権赫彩瀬戸支部事務部長が朗読した。

続いて中央団長記念辞に入り、成竜九組団長が代読した後、李春植地方本部団長が次のような記念辞を通し、力強いあいさつをのべた。

「今日われわれは民族の解放と独立のために、空拳で日帝に抗拒した三・一運動の第五十四回記念日を迎えました。周知の通り、この三・一運動の崇高なる独立精神は、大韓民国の国是の基本となっており、民族中興のためにセマウル運動を後押しする自立・自助の精神の基本でもある。

親愛なる県下同胞のみなさん！今日われわれは五十四年前に、国家と民族のために殉国した幾多の先烈と愛国志士の英霊に対し、謹んで冥福を祈る一方、この崇高なる犠牲精神を受けつぎ、激動する内外情勢のなかで本国の英知と知恵をもって、鉄桶のような団結の下に絶えまなく努力することのみが、民族の将来を栄光にするものである。

親愛なる団員のみなさん！今後われわれは民団組織を中心に、小我を捨て民族大義のために国内同胞と呼応し、統一祖国と栄光たる民族の明日のために、共に邁進しましょう」

引続き来賓あいさつに移り、裴錫弘駐名古屋領事が三・一運動の意義とわれわれのあり方について強調した。

この後直ちに次のような決議文を採択した。

3.1節式典で力強くあいさつする李春植団長

会場では朴大統領の著書「民族の底力」に人気集中

決議文

五十四年前の今日、わが愛国愛族先烈の崇高なる三・一精神を具現し、十月維新を推進し、祖国統一の先頭に立ち、在日韓国人の権益擁護のために組織を一層強固たるものにすることを確認しつつ、大会の総意により次のように決議する。

一、われわれは祖国の自主独立のために、犠牲となられた愛国愛族先烈の崇高なる三・一精神に従い……先頭に立つ。

一、われわれは変動する国際潮流に対処し、あらゆる離間謀略を断固として粉砕して、民族的宿願である祖国統一を成就するために献身する。

一、われわれは在外国民としての矜持と義務を守り、われわれの権益と民生安定のために組織を強化し、対内外的に積極活躍する。

一、われわれは祖国大韓民国が自由陣営に固く結束していることに呼応し、国際親善と世界平和に貢献する。

……地区第五十四回三・一節記念民衆大会

また朴大統領閣下に送るメッセージも満場一致で採択した。それによると「尊敬する大統領閣下　われわれは海外に居住する大韓民国の国民として、祖国の維新課業達成に直続した民団維新の課業解決のために固くかたまり、前進することを確認する次第である。最後に、われわれは尊敬する大統領閣下に在日六十万同胞の法的地位の確立と永住権申請に対する救済策を講求して下さるよう措置を願い……を実施して下さる措置を願いつつ躍進するわが祖国の無限なる栄光と閣下のご健勝を衷心よりお祈りする次第であります」と結んだ。

崔鍾五監察委員長が閉会の辞を述べた後、鄭煥麒顧問の音頭で全員が起立して万歳三唱を行い第一部の記念式典を終了した。

引続き第二部の映画に移り、最新の大韓ニュースおよび劇映画「反乱」を上映し、午後五時前に成果裡にその幕を閉じた。

認識を深めて

三・一節本国参観団

故意な仲先生の前に立つ本国参観団

民団愛知県本部では、三月一日本国において挙行された第五十四回三・一節記念式典を例年の如く本団を代表して、多数の団員たちが参観した。

一行は二月二十七日大阪空港を出発した後、二十八日には外務部長官礼訪、ソウル市内観光を実施し、三月一日に記念式典に参加し、国立墓地参拝の後、現地解散した。

ところでソウル奨忠体育館において開かれた第五十四周年三・一節記念式典に参席した朴正煕大統領は「われわれはいかなる場合にも、特定階級や党派を主体としてみる史観は絶対に承服することが出来ない」と前って「全国民が一……

と促求した。

今回派遣された母国訪問団は知多支部を中心に初行者も多く……

体育会再建総会開かる

詮考委員を選出

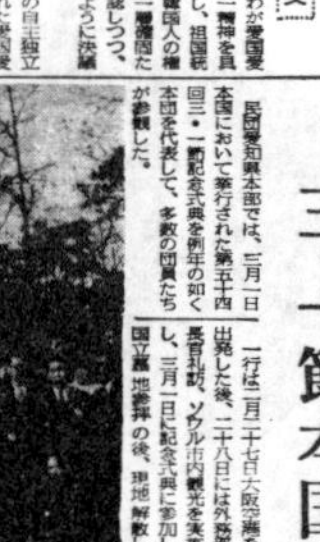

若い青年たちが参加して開かれた体育会の再建総会

愛知県韓国人体育会再建総会はさる三月二十五日、県下民団各支部代表および体育人などが出席して開かれた。

国民儀礼の後、直ちに会議に移り、保完王議長から大会の成立が宣言された。この後経過報告に立った丁海竜理事は「愛知県の体育会は幾多の試練と闘いながら、今日までアマチュア精神の下に輝しい伝統を築いてまいりました。しかしここ数年当会の活動は停滞を余儀なくされました。そのため体育を通じ、民族体位を向上させ、韓国スポーツ発展に寄与し、親睦と団合を強化すべく体育会再建が課題となっていました。その間県民衆会長には物心両面にわたる指導と教示をいただいたことに対してこの場を借りて御礼を申し上げたいと思います。今日の体育会再建総会を契機に、体育会の建設をふまえ、明日の飛躍となげていきたい」とあいさつした。

真新しくお目見え

改築を祝う

名港支部

……な姿の名港韓国人会館

支部便り

尋ね人

華燭の典

民団愛知、歩んできた道

ニュースグラフ

1971年

◀割当金再調整と安定財政確立
第23回定期大会（5月28日）

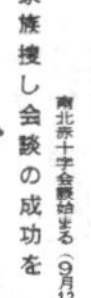

◀家族捜し会談の成功を
南北赤十字会談始まる（9月12日）

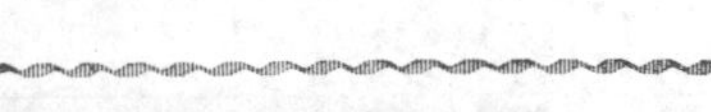

(左)木浦から船に乗って
海洋専門学校生来名（11月11日）

(上)韓日間貿易を促進
コトラ名古屋開設さる（12月13日）

◀祖国の統一原則で合意
歴史的な南北共同声明の発表（7月4日）

▶共同声明支持集会開く
赤十字本会談も激励（9月12日）
阜

1972年

▲(上)学びつつ活動しよう！
成果的な幹部研修会（4月7日）

▲(左上)納税貯蓄の啓蒙
納税貯蓄組合連合会発足さる（1月18日）

◀家族招請事業を推進
札幌五輪の開幕（2月3日）

◀空前の民族体典
民団愛知県韓国人大運動会（5月28日）

▼(下)27周年の感激も新たに
光復節記念式典（8月15日）

◀(左)母国の胸に抱かれて
第7回本国夏季学校（8月）

1973年

▼新しい門出を祝う
愛知県韓国人成人式（1月16日）

東海新報
発行所 東海新報社
発行人 権会俊
編集人 尹海鶴
名古屋市中村区鷹羽町135-6
電話名古屋(452)6431
購読料 1ヵ月100円

民団綱領
一、我等は大韓民国の国是を遵守する。
一、我等は在留同胞の権益擁護を期する。
一、我等は在留同胞の民生安定を期する。
一、我等は在留同胞の文化向上を期する。
一、我等は世界平和と国際親善を期する。

特集記事
①面　第一回支団長会議ひらく、韓日懇…
②面　支部大会、中村・東中・西将…
③面　支部大会、名南・豊川・西春…
④面　「現代の結婚入門」、韓国旅行…

高まるセマウム運動

支団長会議ひらく

新しい村づくりを支援

民団愛知県本部で行われた第1回支団長会議

権会俊執行部が誕生して以後、初めての管下支団長会議が去る六月一日民団愛知県本部講堂に於いて開催され、組織の自立、自助をめざすセマウム運動を全国的に推進するに際し、協調と団結の民団づくりを構築するとともに、本国の新しい村づくり（セマウル運動）を支援するために、県下一斉に組織募金を実施することを決議した。

席上あいさつに立った権会俊団長は「くらしよいわがふるさと、繁栄したわが祖国を建設するために、祖国では新しい村づくりのための"セマウル運動"が挙国的に展開されております。セマウル運動参与については、これまで郷土を中心に個別的な活動に重きを置いてきましたが、新年度方針として本団を中心に団体活動を展開していくことになりました。

また団が自立、自助することの出来る組織的与件を整備して、協調と団結の気風を団内に造成し、新しい生活意識を注入していくための"セマウム運動"を推進しております。具体的には、自立財政を翔した団費納入の徹底化、生活協調態勢の確立、冠婚葬祭の簡素化など旧習是正に傾注していかねばなりません。

このように本国におけるセマウル運動、本団におけるセマウム運動を二本柱に、各級組織は積極推進していただきたい。最後に今後二年にわたり私達が執行部を担当することになりましたが、みなさんのご協力をえながら、団務を誠実に遂行していきたい」と強調した。

続いて金宗植事務局長が、第二十一回中央委員会の決議にともなうセマウム運動の実施要領を発表した。（意義と趣旨は後述）

それによると、団組織の自立、自助を期し、セマウル運動を支援するために、七月五日まで県下一斉に組織募金を実施する。

またセマウム運動を全面的に推進するために、徹底した戸別訪問を主軸し、宣伝啓蒙を強化することを示めた。

新しい村づくり"セマウル運動"支援については、これまで各地方で自発的に推進されてきた支援を全国的に統一した事業として挙団的に推進することになった。その際本団と本国の模範セマウルと結縁することを原則とし、第一次段階（七月五日まで）の募金運動を終えて、本格的な結縁に着手する。本団では前記目標を達成した後、中央本部ならびに関係当局と協力して、具体的に入国し、結縁計画を施行する方針である。

支団長会議では、東中支部がセマウル募金を母国訪問を通じ、関係当局に伝達したことが報告されたが、本団では今般の県下一斉に行われる第一次募金運動をへて継続的に取り組んでいくことを明らかにした。

引続き付議事項に移り、六月六日午前八時ソウルの国立墓地で挙行された殉国学徒慰霊碑除幕式の件が報告された。一九五〇年六月二十五日北韓共産集団の南侵により、祖国大韓民国が危機に遭遇した時、愛国心に燃える青年学徒が義勇軍として日本から馳せ参じ、戦死した英霊五十一株が現在ソウル国立墓地に安…

団長就任に際して

誠実に団務を遂行

民団愛知地方本部団長　権会俊

（写真）権会俊新団長

去る五月一日に挙行されました第二十四回民団愛知県本部定期大会におきまして、皆様のご推挙により団長に選出された事を光栄に思う次第であり、諸賢の支援に厚く感謝致します。

団長就任に際して、私に与えられた任務の重大さを痛感しつつ、ここに所信の一端を述べ、県下団員各位のご協力をお願いする次第であります。

今日の国際政局は、ニクソン米大統領の中共訪問、日中国交正常化、米ソ戦略兵器制限交渉などにみられる通り、平和共存及び緊張緩和への趨勢を顕示させ、韓半島をめぐる内外情勢に急激な変化を招来しております。民族史に一大転換をもたらす七・四共同声明が昨年発表され、四半世紀にわたる南北分断と相克を止揚し、五千万同胞の念願である平和的統一を南北韓の対話により模索するに至ったのであります。

最近の激変する国際情勢に、能動的に対処しながら、平和統一を志向する南北間の話合を今一層効果的に支援、保障するために、朴大統領は一九七二年十月十七日特別宣言を発表しました。…

…終え、近代化の基礎作業として、環境の改善に拍車がかけられております。新しい村づくりとは、農民の自助、自立、協同心を土台とした、愛する子孫のために、住みよいわが故郷繁栄する祖国を創る汎国民的運動であります。

農民だけでの運動でなく、全国民の団合した新しい村づくり運動に、政府の財政支援とともに、全国民のあたたかい激励と参与を必要としています。…

民族的次元において、国内同胞と歩調をそろえ、セマウル運動に積極的に参与するとともに団が自立、自助することのできる全ての組織的要件を整え、協調、団結の気風を団内に造成して、新しい生活意識を涵養し、民族主体性の確立を期するために、われわれは現在セマウム運動を提唱しております。

第二十四回定期大会において…

（二）次期民団を背負っていく青年の指導育成および人材確保については、民族文化継承に対する意欲と学習を通じ、円滑な世代交替を図り、老朽化した組織に新たな気運を造成する。

（三）組織の発展を密接不可分の関係にある安定財政確立する事業に関しては、傘下各級組織の積極的な努力により所期の…

…自主的な財政の土台を構築した…季春植前執行部の成果の上に立って、毎年の運動目標を策定し長期的な展望を提示していく所存でございます。

県下五万同胞を代弁し、包摂する本団の置かれた立場と役割は厳重であります。われわれの法的地位に関連する処遇問題を含め全ての権益を擁護する運動民生安定にわたる一連の経済的基盤を構築するために、抜本的な姿勢を確立しなければなりません。

また日本国内の諸状況に便乗して内外に策動している朝総連の一連の動向に対し、間断ない説得で臨み、我田引水的な宣伝…

相互の理解深める

韓日懇親会　県議が報告

さる四月十日から四日間訪韓した愛知県議会議員を招き、その報告会が六月十八日県一棟に民団各支部代表が出席して行われた。

まず民団を代表して、権会俊団長があいさつに立ち「韓日両国は歴史的にも社会、地理的にも非常に関連が深い隣国であります。韓日協定以後、不幸な過去を清算して、新しい時代に共存共栄するために、互恵平等の立場から親善を深めてきました。この意味において、今般、愛知県議員の皆さんの韓国訪問は相互理解を深め、さらに親善を…で大きな意義があるのみならず県下五万四千名に達する在日韓国人の実情を理解する上で大き…

愛知県議訪韓団報告会

四たび廃案へ

出入国管理法案

動乱の真相

力強い息吹き

本国映画巡回

セマウル運動とは

母国訪問団を派遣

光復節記念

ソウルで実施

セマウル運動を挙団的に推進しよう

온게 뭉치자!

中村・東中・岡崎・知多・西碧・熱田支部大会

新団長に姜秀根氏

中村支部　団費調整を継続

民団中村支部の第二十六回定期大会はさる六月十日、多数の団員が出席して挙行され、総括活動報告および活動方針などを採択した後、任員改選に移り、団長に姜秀根、議長に盧恭徳、監察委員長に金一容の各氏をそれぞれ新三機関長に選出し、同支部の再スタートをきった。

新団長に選ばれた姜秀根氏は就任辞を通じ「栄光ある中村支部定期大会において、未熟なわしを団長に選出していただいたに対し、深甚なる感謝の意を表します。団員の皆様からのご支援ご鞭撻をお願い致します」と述べた。

同大会において選出された役員は次の通りである。

中村支部大会であいさつする姜秀根新団長

積極的なセマウム

東中支部　力量を培養

金在系団長

辛得根団長を選出

西碧支部　参与意識高める

辛得根団長

李宗甲議長

李朋仁監委長

セマウルに貢献を

岡崎支部　質的向上期す

鄭泰浩団長

朴魯珍団長選ばる

知多支部　人材養成急ぐ

朴魯珍団長

李圭正議長

趙甲守監委長

新団長に金漢坤氏

熱田支部　会館建設が課題

金漢坤団長

曹圭換議長

曹泰換監委長

民団 아래

名南・豊川・西春・名港支部大会

李在根新団長なる

名南支部 財政確立に全力

李在根団長

朴八竜議長

[illegible]監委長

全仙吉団長を選出

西春支部 班組織の強化

全仙吉団長

石[illegible]議長

[illegible]監委長

葛千秀団長再選さる

豊川支部 団結精神の下に

豊川支部大会で再任された任員

民族教育に重点を

名港支部 下判変団長を再選

下判変団長

大山分団総会

成果をふまえ前進

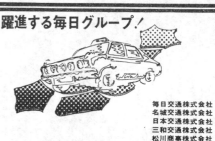

ニュース・グラフ

力強いスタート

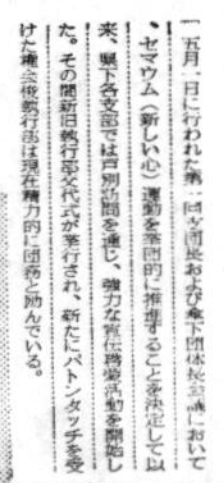
五月一日に行われた第二回支団長および傘下団体長会議において、セマウム（新しい心）運動を全団的に推進することを決定して以来、県下各支部では戸別訪問を通じ、強力な宣伝啓蒙活動を開始した。その間新旧執行部交代式が挙行され、新たにバトンタッチを受けた権会俊新執行部は現在精力的に団務と励んでいる。

大会後初めての執行委員会であいさつする権会俊新団長

愛知県民団議長にあって二世青年の育成に大きな役割をはたしてきた

韓日懇親会で

参席者から惜しみない拍手がおくられる李春植団長、崔泰　議長、崔　監察委員長の前三機長（左から）

現代の結婚入門 -6-

二人の結婚を誓約
大切にしたい健康診断書

婚約式

約婚書				
本籍 住所	姓名 〇〇	〇年	〇月	〇日生
本籍 住所	姓名 〇〇	〇年	〇月	〇日生
上両人は婚約する事を誓約する				
添付 1、戸籍謄本	1通			
2、健康診断書	1通			
約婚者	〇〇〇 認			
	〇〇〇 認			
同意者（男子側）	〇〇〇 認			
	〇〇〇 認			
（女子側）	〇〇〇 認			
	〇〇〇 認			

※同意者の署名捺印は同意を要する場合に限る

約婚書の交換を

家庭儀礼準則をみれば、第三条（約婚）に「約婚は当事者が合意した後戸籍謄本と健康診断書を添付した別紙第一号書式により約婚書を交換する。ただ約婚式はしない」となっている。

約婚は結婚をするため、当事者間の誓約である。従って度のすぎた虚礼や物質的な奢侈に傾よることではなく、実質的な誓約が必要であるという意味において、約婚式は必要がないのだ。

実質的な誓約をするならば、まずお互いに相手方の内容を充分に把握しなければならないので、その意味において戸籍謄本と健康診断書を交換することになっている。

戸籍謄本の必要件に対しては、前にいったのでここでは省略する。お互い身元調査をする過程で、相手方の戸籍謄本を添付してきた場合にも、約婚の手続として戸籍謄本は交換しなければならない。身元調査する時の戸籍謄本は、その家をそっと調べるためである。

そこでわれわれが非常にそこつにしやすいものは、相手方の健康診断書である。われわれが生活していく上でその根本となるものは、健康であろう。家の健康状態は外観で判断することが出来ず、明日の幸福のために直ちに必要な手続といえるだろう。考えてはいたが、少し照れくさいとか、相手方に失礼とならないか、ちゅうちょする人が多いようだが、これは結局現代人としての自覚がなかったというほかにない。

健康診断書は仲人が主張し、直ちに交換するようにしよう。健康診断書を受けた病院は、小さな個人病院より大きな総合病院がよい。この病院も仲人が中間に立ち、同じ病院を選択するようにすればさらによい。

万一相手方が健康診断書を交換することを不快とみなし、繕うならば、そちらになにか欠かんがあるものとみなすのが至当である。

約婚書の書式は次の通りである。

（表を参照）

四柱を送るならば…

昔は六礼があって、納采、問名、納吉、納徴、請期、親迎の六礼の段階を経てプロポーズし、婚礼を行なうことになっていたが、現在ではこのような複雑な礼式を催す人はほとんどいない。そのかわりそれ以前には、別になかった約婚式というものが生まれた。

これは外国の風習に従ったもので、現在でも地方においては未だ四柱を送ることを、同く我を張る人もいる。そのような場合のために、参考として説明申し上げる。

四柱は白紙に新郎の生年月日などを書いたもので、四星ともいう。これは男性側の親戚となる人が、女性側にもって行く。ふつう幣帛（贈り物）と同じく送るが、幣帛はチマ生地一、二着である。

四柱	
甲辰	五月初七日寅時
捐吉	
奠雁	三月十六日
納幣	同日先行
	辛亥年三月　日

四柱だけ送って、約婚式をしない場合には、約婚指輪も同じく入れて送る。

四柱の書式を書けば、次のようになるが、現代の生活様式からみると、四柱を送ることは必要がない見せかけだと考える。出来れば、両家においてよく相談し、ないようにするのがよい。

約婚式は簡素に

結婚式は新郎新婦二人の結合と新しい出発を神明に誓い、対外的に知らせる礼式であるが、約婚式は当事者と家族同志の一つの約束である。従って対外的にまで大きく掛けることはいけない。西洋では、男子が女子にエンゲージリングを送り、キスをすることによって、約婚式が終る。家庭儀礼準則は、約婚式はあげないよう規定されているので、このような虚礼は慎しむのがいいが、そのまま見送るのが惜しく、同く約婚式をあげるならば、非常に簡素とするのがよいだろう。

①約婚式日どりの決定

家族同志の行事であるため、両家で相談して、家族が全て集まれる日を選ぶ。お互い職場生活にさしさわりがないように、土曜日か日曜日の昼食時間をとるのもよく、平日であれば、夕食時間をとってもよい。仲人とも相談して、お互い便利な日どりと時間を定めるようにしよう。

②約婚式場所の選定

約婚式を盛大にする人は、大きなホテルの食堂とか一流の料亭のようなところでする人もいるが、つつましやかな家庭的な雰囲気がつりあう。女子の家や仲人の家において簡素にするのがよい。やむをえず外で場所を借りる時は、趣のある食堂がよいだろう。しかしこの時は、招待するお客さんが訪ねて来られるのに、容易な共通の便利な場所を選択するのがよいだろう。

③約婚式招待の範囲

約婚式に集まる人は、両方の家族と近い親戚、そして仲人程度がよいだろう。他のお客さんは招待せずに、近い親友何人かだけ招待すればよい。そうしてこそ雰囲気も非常に家族的であり、本人たちも気を落ちつけて話することが出来る。またお客がいないので、くつろいだ話も出て、いい印象を残すこともできる。

④約婚式の進行

約婚式には別に他の式順がない。そして一つ間違えば、ぐずぐずしたり、食事をして別れたりして、約婚式をあげて昼食をとりに来たかどうかたずねる時がある。即ち、誰か一人にたのみ、司会をまかせるのがよい。仲人とか両家をよく知っている人か、新郎の親友のなかで一人をえらび、司会をたのもう。

大抵式順を作れば、司会者は約婚式をするとの宣言に続き、両人の略歴を紹介した後、贈物の交換をさせる。男子の側では、エンゲージリングをあげる。女子の側では、これに対して、贈物を出す必要はない。しかし最近では女子の側でも万年筆とか時計程度の贈物をしている。これはわが国固有の礼式でなく、欧米式でもないのにあたりまえのこととみられる。

贈物交換が終れば、父母と親戚に対して、両人があいさつを行なった後、司会者は両方の親友を一人ずつ紹介しよう。紹介が終れば、それでもって約婚式は終わり、その場で会食に入る。

⑤約婚式における身なり

約婚式においては、女子や男子は自然の身なりがよいだろう。ふつう約婚式においてみると、両人が情深くヒソヒソと話をして、時にはクスクス笑っているが、度がすぎてよくないようにみえる。だからといって、お互い知らないままする必要もないが、即ち坐って、大人の話に傾けて、微笑む程度がよい。二人が話をする時間がいくらでもあるので、この場だけは度がすぎないのがよい。

また一つはこの日の主人公となる両人が、あまり忙しくせき立てないのがよい。どの程度周囲の人にまかせ、出来れば元の場所にきちんと坐っているのがよい。男女は酒のようなものが出た場合にも、遠慮しないように、無用の冗談はもちろん、言葉が多すぎて雰囲気をこわす。

⑥約婚式の費用

約婚式に使う費用は、女子の側で負担するのがふつうとなっている。元来約婚式は四柱を受ける式の延長と考え、女子の側の家ですることとなっているようだ。それほど簡素にあげるのが道理だということができるだろう。

エンゲージリングは左手の中指に

エンゲージリングは女性にとって非常に貴重で、はじめて受けとる高価な贈物であるといえる。エンゲージリングは必ずダイヤモンドにしなければという女性がいるが、これは度のすぎた虚栄心といえる。少しは男性のポケットの事情も考えなければならないであろう。

エンゲージリングは、誕生石を使用するのがふつうである。これは自分が生まれた日をあらわす宝石を身につけていれば魔よけとなり、幸運を呼び込むというヨーロッパの伝説によるものである。

エンゲージリングの裏には、お互いの名前のイニシアルと約婚日を彫ることもある。

現在世界で通用している誕生石は、一九一二年にアメリカ宝石商組合大会において選定した次のものである。

1月・ガーネット（石榴石）ー友愛・変わりない情操、そして忠実を意味する。

2月・アメジスト（紫水晶）ー誠実・心の平和・虚飾のない真心。

3月・ブラッドストーン（血石）あるいはアクアマリン（藍玉）ー情熱・勇敢・そして機敏な聡明。

4月・ダイヤモンドあるいは水晶ー情操・清純潔白・永遠なる幸福。

5月・エメラルド（緑玉）ー幸福・魅力。

6月・真珠あるいはムーンストーン（月長石）ー健康・長寿。

7月・ルビー（紅玉）ー嫉妬や疑いを知らぬ純正の情熱。

8月・サードニクスあるいは縞瑪瑙石ー和合、色々の人の手をへて最後にこの石を入れた人に幸せが来るという。

9月・サファイアー清純・徳望。

10月・オパールあるいは電気石ー温和・忍耐。

11月・トパーズ（黄玉）ー和楽・友愛。

12月・土耳其石ー成功。

エンゲージリングは、ふつう左手の中指にはめる。エンゲージリングも約婚式をあげる場合には、その場で男性が女性の手に直接はめてあげる。

（歌手）鄭薫姫　日本でデビュー

ハニー・ジューン
つやと伸びのある声

韓国の歌手が、日本のキングレコードから歌謡界にデビューする――最近ではそうめずらしい出来事ではなくなったが、本国で爆発的なヒットとなった「アンゲ」を歌った女性歌手〈鄭薫姫〉といえば注目する人も多いだろう。

音楽一家の末娘として恵まれた音楽的環境のなかで育ち、すらりとバランスのとれたスタイル、明るくて気さくな身ぶり、つやと伸びのある声に早くから"大型歌手"と期待されてきた。一九七〇年の世界歌謡祭に参加して、それまであまり知られていなかった彼女が入賞したのに続き、一九七二年の同フェスティヴァルに参加した時は「孤独は重く」をうたい、なみいる諸外国の歌手達を大きくひきはなし、見事歌唱賞を獲得した。

彼女の日本でのデビュー名は、ハニー・ジューン。

さる六月十一日彼女のデビュー曲「名づけて愛」発表会が、名宝「ジロー」で開催され、その実力のほどを披露した。A面の「名づけて愛」（作詩　大島美恵子　作曲　栗合和徳　編曲　ボブ佐久間）は、ヤングのためのラブ・ポップスで、すがすがしい若者の愛を画いている。B面の「孤独は重く」（作詩・作曲　リー・ボン・ジョー、上原敬訳）は、一九七二年度ヤマハの世界歌謡祭の歌唱賞曲でスケールの大きな構成と、声域の広さでたっぷりときかせる曲である。

ハニーは一見すると"伊東ゆかり"に似ているが、深みのある歌唱力はその比ではない。記者会見の席上、彼女は「演歌はすきデス。ガ…歌えません」と覚えたての日本語であいさつしていた。

父親が大学で日本語を教えているので、日常会話はマアマアできる。キャンペーン会場では、出席したマスコミ関係者に「どうぞよろしく」をくりかえしていたけれども、ハニー・ジューンの態度や歌には育ちのよさがみうけられる。

最近本国の歌手が、続々日本で歌を吹き込み、レコーディングしていくケースが多い。パティ・キムをはじめイ・ジュラン、ジュンとシュク、韓明淑など実力派から新人まで活躍している歌手はさまざまである。

訪日する外人タレントが、一様にめんくらうのはバターくさい日本独得の"演歌"の世界であろう。

その点ハニー・ジューンの「名づけて愛」も、歌のおとなしさと育ちのよさをどう克服するかが、今後ヒットするためのカギといえそうだ。

また発表会には、本団から激励にかけつけ、崔東佑経済次長が「今日ハニージューンの偉大なデビュー祝いに対し、同胞の一人として感謝致します。韓日両国がこのようにして、親善の実をあげるようがんばりましょう」とあいさつをのべた。

これに対し、ハニーが特に「民団をはじめ同胞の皆さんのご声援に心より感謝します。一生懸命がんばりますので、皆さんのご支援をお願いします」とのべ、発表会の幕を閉じた、今後のハニージューンの活躍を期待したい。

韓国原住の鳥と動物

民話と伝説を生む
自然は踏みにじられて

遠征してくる渡り鳥

鳥にまつわる民話が多いとでは、わが国では「かささぎ」が断然トップであり、国鳥だとも言われる。逸話が多いだけでなく、どこでも見うけられるからであろう。親しみのあるその平凡な姿も好まれているが、古来から伝わる民話と伝説は教科書にまででているくらいである。

かささぎはうれしい便りを伝え、七夕には牽牛織女のあうせのかけ橋になるという民話などは、民衆の哀歓そのものであり、ひとしお親近感をいだかせる鳥である。

これにくらべ、われわれは「からす」を凶鳥としてあつかっている。しかし、お隣の中国では最大の吉鳥とされ、よく家の屋根に巣を作ってやったり、えさを与えたりしている。お客がきたときにはだみ声で鳴いて知らせ、犬のかわりにもなると言う。

わが国の野鳥は渡り鳥まであわせると大体三百六十余種に達するが、このうちわが国で生まれそして死ぬナショナルな野鳥は四十八種にすぎない。

かささぎ・すずめ・はと・きじなどがその代表的な鳥である。

しかしこれらの鳥は、見かけのうえで多少の違いはあるが、日本とか中国大陸にも住んでいる。

わが国だけの固有品種もいくつかはある。いま絶滅の一歩前だといわれる木たたきをはじめ、だるまえなが、野すずめ・きじ・野きじ・かんむりひばりなど。

一方、渡り鳥は二百八十五種。そのうち冬にくるのが百十一種、夏にくるのが六十四種、そのほかの九十種はただ素通りするだけである。

冬の候鳥としては、雁・鴨・野鶴・こくまるがらす・おしゃれなかしだかなどがある。

夏の候鳥には、うぐいす・ほととぎす・郭公などがあり、渡りグループには、いわせきれい・こまどり・はらじろほおじろなどがあげられる。

そのほかにも五十二種におよぶ迷い鳥がある。季節によって新しいすみかを探しに行く途中、台風にあうとか進路からはぐれてきた純粋な迷い児があるかと思えば、えさを求めて遠征にきた侵入者も混じっている。みつゆびかもめ・鶺・おうじゅなどは、よく進路からそれて迷いこんでくる鳥であり侵入者のケースは、いすか・きれんじゃく・べにひわなど。これらの鳥はおおかたの本籍が北方大陸であるが、ときたまこれらの故郷が豊作の年には、ひなをたくさん孵むそうだ。しかし家族がふえたため、そのよく年には食い物にあぶれる数が多くなり、遠くまで出かせぎにくるわけである。

鳥の受難史

シーズンにつれて遠い旅に出てきた渡り鳥たちは、ハンターたちにねらわれて命を落とすことが多い。とくに韓国動乱のあとでは、休戦ライン一帯と、東部山岳地方でたくさんうたれたという。

国際鳥類保護協会（ICBP）や国際自然保護連盟（IUCN）などで、その実態を指摘した報告がなされるたびに韓国の鳥類学者たちは、身の置きどころを知らなかったとか……。産卵期を迎え産室を作りにきた大事なお客さんをかえさなかったからである。鶴・かも・白鳥など、すうたいの大きな鳥がおもに鉄砲打ちのえじきになった。

鳥たちの受難は、化工薬品のような劇薬を使用する密猟者によってもっと激化された。

サイナなどの劇薬を撒った豆をたべたきじは、いくどかはばたいた末にたおれてしまう。鶴や白鳥が水べりでどじょうを食べてはほんの二、三分もすぎずにばったり倒れる。

いつも冬になれば、ソウルの秘苑に巣を作りに飛んでくるとびも今年はいっこうその姿を見せない。

野ねずみと蛙をえさにするとびが古宮をきたなくし、そのフンが美観をそこねるというので木をゆすぶっては、とびを追い返したことがあった。

数年前までも秘苑の名物として知られていた鶴の群れが、姿を消したあとを追って野性的なとびまでが秘苑から遠ざかったのではないかと、元炳旿博士は心配している。

生息地を奪いまくることは都市だけで見られる現実ではない。忠南の唐津から全南の木浦にいたる西海岸一帯の干拓地では、水鳥が足場を失ったのもだいぶ前の話である。

都市の発達と産業化にともなう公害は、鳥類に深刻な影響をおよぼしている。

大気の汚染と騒音にいたたまれなくなった鳥たちは、都市からにげてしまった。洛東江の下流では白鳥の群れが工場地帯から流れる廃油のため、翅だらけになって倒れる姿が目撃された。近ごろ、かささぎやからすさえもめったに見かけられなくなったのは、それらの鳥が農薬によって死んだねずみなどを食べたからであろう。

冬の候鳥で人間様に食いつぶされる野鳥のかずもばかにならない。おどろくなかれ一季節に二百万羽が人間様の胃袋に入ったと記録されている。

ひところ、ソウルから遠征にくりだされた密猟者は三百人をこえたといわれるが、彼らがとってくるのはすずめでなく、シベリアから東南アジアを往来するこまどりとかしかたかなどの渡り鳥である。これらは遠い旅先でしばし休むため、この地におりたのが運のつきで、鳥網の集団ぎせいになったのである。

絶滅直前の希鳥

すずめは農作物をあらすというので害鳥にかぞえられたが、これが狩猟禁止令によって保護を受けることになった。

毎年十一月一日から翌年の二月末まで捕獲が許されあとは禁猟になったのである。すずめは穀物の粒をたべるので中共やドイツなどで絶滅させたところ、今度は害虫がわがもの顔に繁殖し、農作物の被害はいっそう大きくなった。

わが国ではすずめの禁猟期間を設けるとともに、空気銃の所持を法律で規制して乱獲を防いでいる。これまで空気銃の所持は自由であったが、去年から銃砲と同じように登録することになった。

この結果、空気銃の携帯が少なくなり、一丁で一万五千ウォンもしたのが今は二～三千ウォンでも売れなくなっている。

また八月に制定された狩猟禁止法は、一九七五年の七月末まで二年の間、いっさいの狩猟を禁止している。

絶滅の危機にある特定の野生動物に対しては、すでに狩猟禁止令が出される前から天然記念物として保護させてきた。そのなかでも鳥類が二種多く、十二種におよんでいる。

京畿道の光陵に一～二羽が残っているだけだといわれる木たたきをはじめ、「とき」・「こうのとり」・「つる」・「おおとり」・「なべこ」・「土鳩」・「へらさぎ」・「おみなさどり」などは絶滅直前にあり、また「まな鶴」・「白鳥」・「野鶴」・「とび」は希鳥に属する。

「木たたき」は、この地球上に一～二羽しか残っていないかも知れない。第二次世界大戦前までは、開城の松岳山や京畿道の光陵など、中部地方一円で「かささぎ」「からす」を見かけるように沢山いたが、二次大戦と韓国動乱以後は完全に姿を消したのである。それが去年、光陵ですずが一羽発見され厳格な保護を受けている。

「とき」も、二次大戦前までは沢山見かけられたが、今はかろうじて日本で命脈を保っているという。

忠清北道の陰城にすんでいた一つがいの「こうのとり」のうち去年オスが死んでメス一羽だけが残っているが、「こうのとり」も昔は珍らしい鳥ではなかった。しかしそれが今は、日本にたった三羽が残っているだけで、これが地球上最後の「こうのとり」になるかも知れないのである。尾の方が黒ずんでいる「くろこうのとり」は、毎年一つがいが飛んできて、慶尚北道安東郡陶山面の天馬峰鶴巣に巣を作り、ひなをかえしている。白鳥の群れは、今でも数百羽ずつ群れをなして洛東江の下流に飛んでくる。しかし、廃油によごれた水のため死んで行き、また密猟者の銃弾のギセイにもなっている。「つる」も、昔にくらべて数はだいぶ減ったが、今国内三カ所に飛んできて住民たちの歓迎を受けている。

鳥の中で一番貴い奴といわれる「やいろちょう」は以前から希鳥であったが、近ごろは見かけられない。また希鳥としては「烏骨鶏」がある。文字どおり骨が黒い鶏に似た鳥だが、釜山市東萊で檀世元氏が百四十羽を飼っているだけである。

一〇六種が姿を消す

魚とねずみが遊離した遠い昔、そのころは爬虫類の黄金時代でもあった。動物学者の通説によれば、この時期は、今から約一億万年前であると言われる。いわゆる恐竜と呼ばれる巨大な体物は、数千万年の長きにわたって威張っていたのであった。

ところが、鳥類と哺乳動物の出現によって恐竜時代の地図はぬりかえられ、ついには人類の文明時代がそれにとって変わったのだ。

動物はつねに進化した。恐竜もとうとう姿を消し、現在生きているのはすべて体が小さい爬虫類だけである。新しい動物が生まれては滅び、そしてまた新しいのが生まれ……今日に至ったのだ。しかし近ごろは、ある種族が亡んだあと、ただちにそれにとってかわる新しい動物が生まれることはない。

動物学者元炳旿博士によれば、現在、全世界には約二千二百種の動物があると言う。

これは、過去二千年の間に百六種が地球から姿を消し、なおこれから滅亡の瀬戸ぎわに立たされているのが六百種以上もあると言う。

このなかで約六十七％は過去一世紀の間にとうたされたが、元博士は、動物の滅種速度が非常に急テンポになっているのが問題点であると語った。

野生の山羊は天然記念物に

まんしゅうあかじか、くろはたねずみなど、十九種が、済州などの他国にないこともないが強いてあげれば韓国の特産だと考えよう。

韓国の魚類は六百五十種にものぼり、両生類は十四種、爬虫類は二十五種。

そして南韓で見られない北韓系の動物としては白頭山の虎を筆頭に、こうらい鳴きうさぎ・おおやまねこ・ひぐま・茂山こうらいいたち・白頭山ノロ（鹿の一種）など二十余種がある。

滅亡の危機にさらされ人間の保護を必要とする動物も少なくない。それは狭い土地と木の少ない山野でえさとすみかを失いつつあるのである。智異山あたりに何匹かあると言われるジャコウ鹿も、天然記念物第二百十六号として保護指定をうけた。

発情期にオスがジャコウを噴射するというので乱獲され、今はほとんど見かけなくなった。

雪嶽山と大関嶺一円に生息する野生山羊（天然記念物第二百十七号）も数年前の大雪のおり、人里に逃げてきたが、そのほとんどが心なき人間様によって殺された。

そのほかにも全羅南道珍島産の珍島犬（天然記念物第五十三号）と、うすりおしかみきり（天然記念物第二百十八号）が天然記念物に指定され保護されるようになった。

また、冬のひととき、鯨がよく現われる蔚山海と済州島のかにくいおしうなぎの生息地（天然記念物第二十七号）、江原道伴岳寺と慶尚北道介化地方のまんしゅうます生息地（第七十三、第七十四号）が天然記念地として指定された。

ノロの生血は強精剤として人気があるので、ハンターたちが鹿をあげる。とれたらその場で生血をすするのがふつうである。鹿の肉はうまくないが、その肝は万病に効くといわれちょうほうがられる。

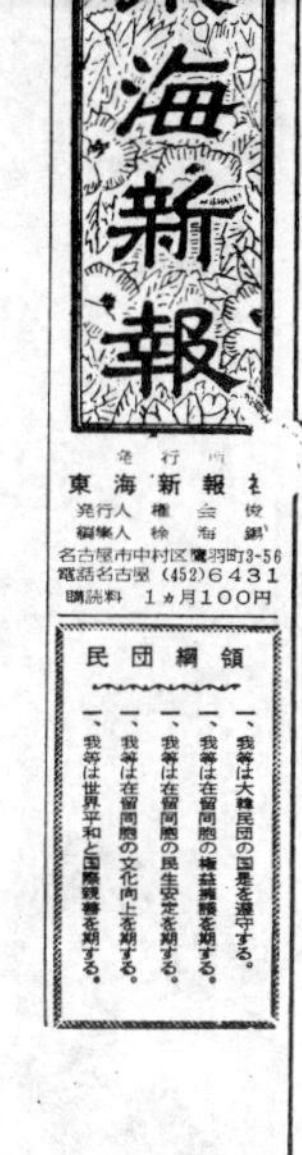
東海新報

発行所
東海新報社
発行人 権 会 俊
編集人 検 海 錫
名古屋市中村区鷹羽町3-56
電話名古屋 (452)6431
購読料 1ヵ月100円

民団綱領

一、我等は大韓民国の国是を遵守する。
一、我等は在留同胞の権益擁護を期する。
一、我等は在留同胞の民生安定を期する。
一、我等は在留同胞の文化向上を期する。
一、我等は世界平和と国際親善を期する。

民団 아래 굳게 뭉치자!

第6回愛知県韓国人大運動会

日 時　1973年9月16日(日)午前10時

場 所　名古屋市鶴舞グラウンド

主 催　在日本大韓民国居留民団愛知県地方本部

主 管　愛知県韓国人体育会

光復節28周年　平和統一の成就に献身

民団、新体制を推進
実に四千名以上が参加

八・一五光復節記念事業… 大会はさる八月十五日午前十一時から名古屋…加の下に、盛大なうちにも秩序ある大会を挙行し、祖国の平和的な統一を推進する…の幕を閉じた。

第一部の記念式典は午前十一時…青年たちによる"光復節の歌"の斉唱で幕が上げられた。…ライトにくっきり写し出された…

名古屋市公会堂で盛大に行われた今年の光復節式典

中北地協　韓日親善を図る

第45回中北地区協議会（於三重県の長島）

慶祝辞
民族の威信高める
駐名古屋大韓民国領事　姜　錫　弘

姜錫弘領事

記念辞
自主性を固く堅持
民団愛知県本部団長　権　会　俊

権会俊団長

盛況なレセプション
本山市長ら来賓も参席

名古屋観光ホテルにおけるレセプション

国会法司委議員が来名

戸籍の整備を促進

政治活動禁止条項などを削除

出入国法　張法司委長が言及

愛知県で行われた国会法司委懇談会

六・二三宣言に関する解説

体育会力強いスタート

第一回理事会開く

会長　李承権氏　理事長　丁海竜氏

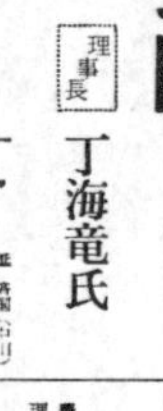

あいさつする李承権愛知県韓国人体育会会長

セマウル結集報告

婦人会が西浦で集い

講習会盛り上がる

六百名以上の会員があつまった婦人会西浦講習会

青年課の機能を検討

第一回青年課長会議召集

今後のあり方について討議する県下青年課長会議

千七百九十万ウォンそのうち愛知県単位で七ヶ所に千四百二十九万ウォンがそれぞれ伝達された。

また来たる九月十六日に開催される第六回愛知県韓国人大運動会は、県下同胞のスポーツ交流を通じ、在日韓国人の体位を向上させ、われわれの親睦と団合を図り、ひいては激動する内外情勢に積極的に対処することの出来るよう本団の組織力量を内外に誇示して、民族的・愛国的な役割を発揮し、あらゆる課題に対処する闘い態勢を確立するために行う。

（実施要綱は四面に掲載）

任員通知

組織課長　曹自根

—民団名港支部—

トピック

明朗でキャンプ

知多支部

岡崎チームが首位

青年バレー大会

戸籍講習会を計画

中北地協主催

朴大統領の六・二三宣言が発表されるや、今日彼はその日夕方平壌において、チェコ共産党幹部のための歓迎会席上において南北韓国連国時加入に反対し、南北大民族会議および高麗連邦国家を提起しているが、我々が何のない反対のための反対の態度をしめし、われわれの誠実な提案をいつものごとく拒否している。またいわゆるかれらの「南朝鮮革命」戦略は決して放棄したわけではなく朝鮮的なあるまじき準備をしている。

「現代の結婚」入門 ＝8＝

当事者間の合意から

結婚式の日どりの決め方

結婚式日は当事者間の合意で

[illegible]

本精神に従うものだということができる。

当事者間の合意により定めるといっても、新郎、新婦が勝手に定めてもよいという意味ではもちろんない。父母や目上の許しを受けるのが、われわれの美風であり、子供としての道理だといえるだろう。

は当事者間の合意により決定するのが原則である。それならば当事者はこの結婚日をどのように決定すればいいのか、次に結婚日を定める場合に考慮すべき事項を書いてみよう。

①季節はいつがいいか……ふつう結婚といえば、秋でなければ、春に結婚式をあげるのが常識となっている。それだから春秋に結婚シーズンということで、都市生活をする人の机の上にうず高く請願状を包み、結婚をあげている。

これはこの時節が寒くも暑くもない好シーズンであり、そうするのであるが、特に秋を多く選ぶようになったことは、わが国の農村において秋に非常に多く婚事をあげるために、これが慣習化したものである。

農村においては秋の農事を収穫した後の陰暦九、十月に婚事が多いが、これは秋の取入れをして、食糧が多いのみならず、農事を終え一時入れて休むためである。また一方ではこの時は、日が短くお客をもてなすのに役立つためでもある。

昔農村においては誰かしの家に婚事があるといえば、何日か前から準備して、男女老若がすることなく村中の人々がみんな集まり、一日中腹いっぱい飲み食いする。またそんなにあきるほど食べ、飲んでこそ、大事を催したものと認定を受けることになる。そこで日が短いという事は、非常に役立つのである。

しかし結婚式は家庭的に経済的な条件がいい時節を選ぶのがよい。

②日どりの決定は新婦が優先権をもつようにする……日どりを決める事、即ち日選びは昔も新婦の側に優先権があるが、即ち新婦が先ず決定し、新郎と相談するのがよい。新婦が日どりを決めるのはなによりも新婦の生理日をまず考慮しなければならない。

新婦は結婚式という一生の大事をさし控え、精神的にさまざまの衝撃を受けやすい。それならば予定日よりも早く近道がありやすいとして、出来れば月経が終った一週間以内が理想的である。

二人の生活設計で何日間か家族計画をすることにしたのならば、その程度は考慮するのがよい。

さまざまの事情で生理日をさけることが出来ない場合には、医師と相談して、薬で生理日を変更することも一つの方法となるであろう。

③新郎の生活程度を考慮する……次には新郎の生活程度をみる。会社に通っている人であれば、決算期とか、月末とかの忙しい日どりはさけるのがよい。いくら大事だとはいえ、職場に支障のないようにするのが、将来のためにいいのである。

④親戚とか来賓の生活態度を考慮する……いわゆるツイテナイ日吉日は別にないと考える。天気がよく祝賀客が来やすい日が吉日で

はないだろうか。

即ち来賓のためには、公休日とか土曜日のような時がもっともいい日ではないかと考えられる。職場生活をする人も神経を使う必要なく結婚式に参加することができるだろう。

最近レジャーブームが起こり、日曜日であれば都会から登山や釣りなど野外に多く出かける傾向がある。それだから公休日に結婚式をあげれば、お客さんが少なくないかということで、公休日をさける人が偶然あれば、これはウマクない考えだといえる。

公休日は結婚式をあげるからといって、結婚式に参席せず、釣りや登山に行く人があれば、その人はそんなに近い間がらとなっていないのではないか。結婚の祝いはまごころからにじみ出る祝いを受けることであり、虚礼的な祝いを受けることではないと考える。

⑤時間はどのように定めるのがよいか……時間も暑はあわせてみることがあり、時を定める場合が多い。しかしこれも即ち別に根拠はない。

披露宴をする場合ならば、昼食時間にあわせるとか、結婚式後のスケジュール（新婚旅行など）に従って定めるのがよい。やむをえず暑い夏に結婚式をあげる場合なら、涼しい朝の時間を選ぶのも一つの方法だといえる。

まず両親が日どりを決定して、当事者間の可否を問う場合もあり当事者がまず日どりを決定して、両親の許しを得て決める場合もある。

結婚の日どりを決定する時は、当事者間の職業による事情、その他の与件を参しゃくするのがよい。職場に行く人は、職場の勤務に支障のないよう、農漁村や自由業に従事する人であれば、農閑期かあるいは出来ればヒマな日どりを選んで、結婚日を定めるのがよい。

このようにヒマな日を結婚日に定める理由は結婚する当事者に対する便宜のみならず、祝賀のために結婚式に参席する親戚とか親友にもよい便宜となる。

結婚式の日どりを決めるならば

前に述べた通り、結婚式の日時 [illegible]

旧式の結婚式

運動会実施要綱

第六回愛知県韓国人大運動会は九月十六日（日曜日）名古屋市鶴舞グラウンドに於いて開催されるが、県本部では八月七日・十七日の二回にわたり運営委員会をもち次のような実施要項を決定した。

〈名称〉第六回愛知県韓国人大運動会

〈場所〉名古屋市鶴舞グラウンド

〈日時〉一九七三年九月十六日午前十時〜午後五時

〈主催〉在日本大韓民国居留民団愛知県地方本部

〈主管〉愛知県韓国人体育会

一、全体を「青」「白」軍に分ける。

青軍＝①中村②名西③中川④知多⑤熱田⑥春日井⑦名南⑧西川⑨豊田

白軍＝①岡崎②瀬戸③名港④西春⑤西春⑥西尾⑦一宮⑧豊橋⑨東中

選手入場は青軍が先に、白軍が後とし、各軍の入場順序は右記青白軍区分表の番号順序とする。

二、全ての競技は支部対抗とする事を原則とし、得点制とする。

三、点数

①、トラック競技　1位＝6点　2位＝5点　3位＝4点　4位＝3点　5位＝2点　6位＝1点

②、フィールド競技（青白別）1位＝3点　2位＝2点　3位＝1点

③、特別競技　六百メートルリレー（40才以上）男子五千メートル　女子四百メートルリレー　男子千六百メートルリレーだけそれぞれ点数を2倍とする。

玉入れおよび綱引き種目は、勝組は七点づつ、敗組は五点づつ所属支部に与えられる。

入場行進に参加した支部に、十点づつ与えられ、さらに一位に六点、二位に四点、三位に二点がそれぞれ追加される。

応援は参加した支部に、五点づつ自動的に与え、審査により一位三点、二位に二点、三位に一点づつ追加点を与える。応援賞は一位に六点、二位に四点、三位に二点が与えられる。

四、留意事項

①、出場選手は必ず競技用服装を着用すること。

②、各選手は競技開始十分前までに競技場所に集合し、検録を受けなければならない。ただし検録出来ない場合は失格とする。

③、運営委員会でトラック競技用のスターティングブロックを準備する。スパイクの使用は百メートルトラック競技のみに許可。

④、中食は各自持参し、会場内で個人あるいは支部独自で売店設備、販売行為は一切禁止し、実行委員会が一括して準備する。

エンジェルス後援会が発足

会長に辻寛一氏

さる七月三十日に中区の中日パレスにおいて、リトル・エンジェルス中部地区後援会の発足式が盛大に開かれた。当日会場につめかけた各界各層の幅広い参加者は約百五十名。

民団側を代表して[illegible]団長が「先日旅先でエンジェルスのいる韓国が大好きだという子供に会ってうれしく思っていた矢先、こんな盛大なリトル・エンジェルスの後援会がこの中部地区においても発足することになり、私も韓国人の一人として非常に感激しています。今後も出来る限り後援会に協力していきたい」と祝いのあいさつを述べた。

そして各地方の後援会の活動と中部地区における後援会発足までの詳細な説明とは辻寛一氏が会長に就任されるまでのいきさつが述べられた。

「家庭儀礼に関する法律」施行に思う

冠婚葬祭の簡素化

国民生活の一大革新

金 [illegible] 氏

[illegible]

過じて祖国の近代化に大いに寄与されんことを切に願う次第である。

× × ×

一、法禁止事項（強制性があって違反者は罰金刑）

（1）結婚請帖状または訃告状（死亡通知書）などの印刷物による個別告知

（2）花輪、花献、これと類似した装飾物の陳列または使用（結婚、葬式）

（3）答礼品の贈与（結婚）

（4）屈巾祭服（麻で作った葬儀用の冠と服）の着用

（5）輓章使用（故人を追悼し布地又は紙に弔詞を書いてノボリにして葬儀の行列に加わる）

（6）喪、弔期間中酒類及び飲食物の接待（従って結婚披露宴、問喪客飲食物接待禁止）

（7）還暦祝において家庭外における飲食物接待

二、勧奨事項（強制性のない勧奨事項）

（1）婚礼

①約婚式は省略する。当事者の戸籍謄本と健康診断書を添付した「約婚書」の交換をもって式に代える。「約婚書」には当事者の本籍、住所、結婚予定日、其他の条件を記入し約婚当事者と立会人二人が署名捺印する。

②結婚式順　A開式、B相見礼　C誓約、D成婚宣言、E婚姻申告書捺印、F新郎新婦挨拶、G閉式。今までの礼物交換、主礼辞、両家の謝辞、祝辞、祝電朗読などは省略する。

③結婚式場　当事者の家庭、公会堂、または許可のある礼式場を使用する。

④結納は省略する。

（2）葬礼

①葬日は三日内とする。（特別な場合は五日以内）

②哭哭（声を出して悲しく泣くこと）禁止。

③成服祭（喪に当たり納棺のあと喪主を始め子孫近親が喪服を着るときに行なう祭式）禁止。

④発靷祭（葬式のとき棺が家を出るときの祭式）順序。A開式、B喪主の焼香、C故人略歴紹介、D弔客焼香、E閉式。弔辞其他の挨拶は省略する。

⑤[illegible]順序　A、焼香、B献盃、C読祝、黙念、D拝礼。

⑥几筵（位牌を奉安する机などおよびそれに付随するすべての設備）設置禁止。

⑦団体名義の新聞紙上訃告（死亡広告）禁止。

⑧路祭（葬列すると喪門前で行う祭式）停喪祭、返虞祭（葬式の後、家に位牌を迎えて安置する祭式）、再虞祭（葬式をおえたあと二度目の祭祀）、三虞祭（葬式がすんだ三日目の祭祀と墓参り）廃止。

⑨脱喪　父母、祖父母、配偶者は死亡の日より百日、其他の者は葬式の日まで喪にふくす。

⑩喪服　喪服の場合は白色或は黒色とする。洋服の場合は黒色にし喪章をつける。喪服着用期間は葬式の日までとし喪章佩用期間は脱喪までとする。

（3）祭礼

①順序　A神位（故人の写真があるときは写真、写真のないときは紙で作った位牌である紙榜）奉安　B献盃、C読祝、黙念、D一斉に神位にお別れの拝礼をする。

②紙榜の書式

A父母の場合

어머님〇〇〇씨 신위　아버님 신위

父母の祭祀を一緒に行なう場合（合祀）

B祖父（할아버님）亡夫（부군）亡妻（망실）祖母（할머님）

C父母、祖父母の祭祀を一緒に行なう場合

D節祀の場合

선조 여러어른 신위

※〇〇〇には本貫及び姓を記入のこと。

考位（男の神位）を必ず左に書くこと。

③祭祀の区分　忌祭（毎年死亡日、日没後行なう）節祀（毎年旧八月十五日秋夕の朝、行なう）年始祭（毎年一月一日元旦の朝行なう）

④祭祀の対象　忌祭…祭主の祖父母まで　節祀…直系祖先。従って宗家（本家）に於て行なう。年始祭…祭主の祖父母まで。

⑤祭需（祭祀に供える飲食物、供物）祭需は平素の簡素な食膳に出す飲食物で良く節祀の場合は餅をもって、年始祭の場合はトック（韓国式ぞうに）をもって飯に代えることが出来る。

省墓（墓参り）は拝礼または黙念を捧げるだけで祭需を供えない。

三、許容範囲

「家庭儀礼に関する法律」は婚礼、喪礼、還暦祝に最小限の許容範囲を定めた。

（1）婚礼

①新聞広告、印刷物でない書信による告知、事後告知。

②礼式場の左右に一基づつ二基の花環、花献、または花篭の陳列。

③結婚当事者とその父母、主礼の花佩用。

④家庭における飲食物の接待。

（2）喪礼

①新聞広告、印刷物でない書信による告知、事後告知。

②霊前、墓所左右に一基づつ二基の花環、花献または花篭の陳列。

③運柩または山役（墓を作る工事）に参加した者、墓地まで随行した会葬者に対する接待。

（3）還暦

家庭内で親戚、ごく親しい知人だけに簡素に接待する。

（愛知韓国学園教頭）

東海新報

発行所 東海新報社
発行人 権会俊
編集人 徐海錫
名古屋市中村区鷹羽町3-56
電話名古屋(452)6431
購読料 1ヵ月100円

民団綱領

一、我等は大韓民国の国是を遵守する。
一、我等は在留同胞の権益擁護を期する。
一、我等は在留同胞の民生安定を期する。
一、我等は在留同胞の文化向上を期する。
一、我等は世界平和と国際親善を期する。

美と力と技の民族体典

第6回愛知県韓国人大運動会

民団の底力を発揮

鶴舞運動場 八千名が結集

昨年の第五回大運動会の輝かしい成果を土台に開かれた第六回愛知県韓国人大運動会は一スポーツ交流を通じ団合を図り、また激動する情勢に積極的に対処することの出来る組織体系を確立するために、県下八千名以上の参加をとり、愛国的・愛族的役割を内外に誇示した意義は大きく、明日の民団づくりにむけて貴重な一里塚を構築した。

秋晴れの青々とした空にたなびく太極旗のなか金容淑愛知県本部事務局長総指揮の下に、管下十八団部入場行進開始のファンファーレが高らかに鳴り響いた。

第六回愛知県韓国人大運動会のプラカードを先頭に、総指揮金容淑事務局長そして、民団県中支部所属の女性六名がもつ大きな太極旗に続き、副指揮金栄顕愛知県韓国人体育会副会長そして民団旗、セマウル旗とそれに続く県下団体支部旗の先頭集団は濃紺のユニホームで力強く行進した。

そして民団愛知県本部管下十八支部の入場行進である。まず [illegible] の入場行進の先頭は、薄紫色に黄字の支部旗を掲げた中村支部である。明るいオレンジのユニホームと同色のハチマキを固く結んだ六十名近い青年達に続いて、薄桃色のチマチョゴリの婦人会会員、そして白帽の民団役員の力強い入場行進である。同じく紫色の精悍な [illegible]

開会式に整列する管下18支部の入場行進団の勇姿

各支部が激戦

出物に趣向こらす

民団愛知県本部主催の運動会の壮大さは、他に追随を許さないほどすばらしいが、今年は準備期間が短かくきびしい状況下にもかか [illegible]

一宮支部が総合優勝

東中、岡崎二位に入る

権会俊団長から優勝杯を受ける一宮支部

高く太極旗を掲げて行進

商銀、経友会が大運動会に協賛

参観団を派遣

国軍の日記念

民団愛知県本部（権会俊団長）では来る十月一日、本国で開催される第二十五周年記念国軍の日記念式典参観団を派遣する。

今年は特に水住権取得者であり、民団に新しく入団した人を重点的に選定し、躍進する韓国の姿を直接見聞することにより、以後の団務活動に積極的な参加を期している。

第54回国体は12日に開幕へ

来る十月十二日から十七日まで六日間にわたり、釜山市で開催される第五十四回全国体育大会に在日僑胞選手団が派遣される。

参加する種目は、陸上、水泳、サッカー、卓球、レスリング、柔道、籠球など十八種目であり、…

ゆるぎない連帯

威風堂々と入場行進

力強く選手宣誓
支部旗および傘下団体旗に囲まれて……

はばたく太極旗
金宰淑事務局長総指揮の下に入場行進が始まる

迎える大会役員
堂々とした勇姿に敬意を表す

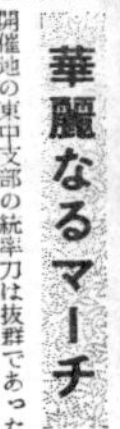
華麗なるマーチ
開催地の東中支部の統率力は抜群であった

挨拶する権会長
すばらしきアーチを背に力強くのべる

[illegible]の足どり
入場行進に優勝した中村支部の整然たる足どり

子供達も元気よく
〃黄色いリボン〃に合わせて歩む子供たちの顔は明るい

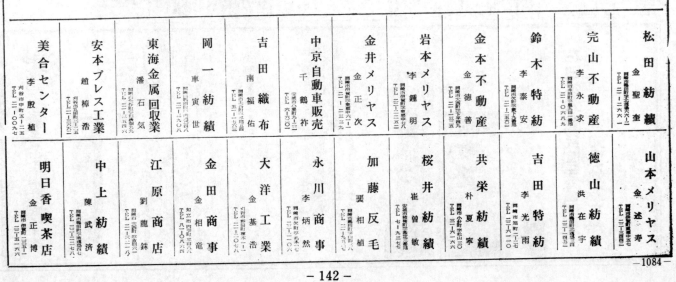

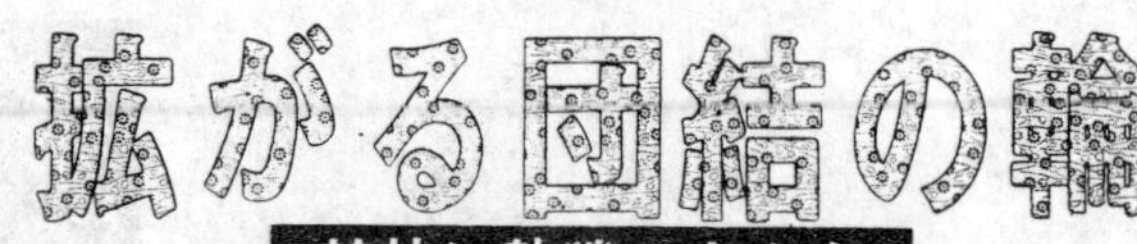

競技に熱戦の火ぶた

熱の入った応援
出場選手に応援を送る名西支部の青年たち

コブクソンも登場
名南支部の農楽隊にはコブクソンに乗船する李舜臣将軍が登場

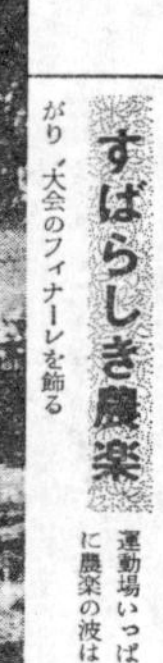

すばらしき農楽
運動場いっぱいに農楽の波は拡がり、大会のフィナーレを飾る

40才以上のリレー
ハッスルする40歳以上の男女600メートルリレーのゴールイン

青白の玉入れ砲火
かごにむけて玉の集中砲火をあびせる子供たち

長路離ランナー
5000mに及ぶ自己との闘いに勝った勇者たち

伝統的な相撲競技
力と力の激突に熱のこもる民族の伝統的なシルム競技

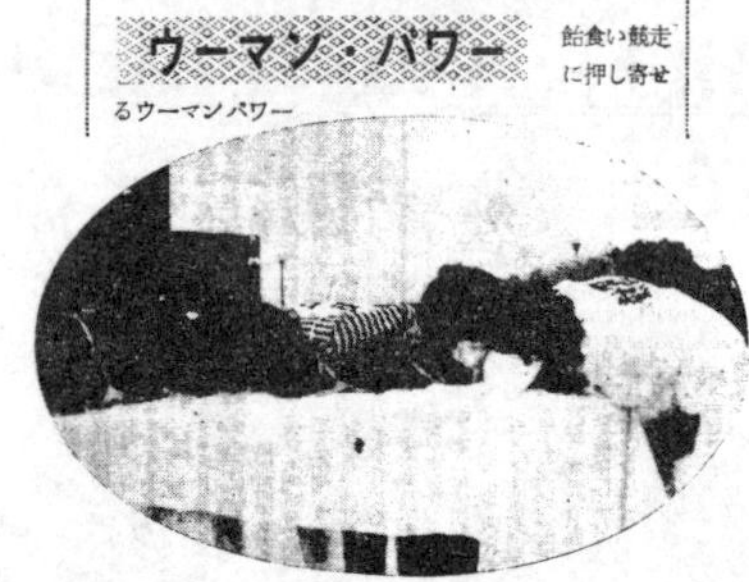

ウーマン・パワー
飴食い競走に押し寄せるウーマンパワー

民俗ショーの青年
恒例となったチャジョンノレに青年たちの血は燃える

非現実的な南北連邦制に反対

支団長会議　金大中事件でアピール

第四回管下支団長会議はさる九月三日開かれ、国内外情勢を報告した後、八・一五行事の総括をふまえ、第六回愛知県韓国人大運動会を挙団的に実施することを再確認した。

まず注目の金大中氏事件について、各支部から団員の反響とその対策が討論された後、民団愛知県本部から統一アピールを発表する事を決議した。

それによると、

このたび金大中氏の事件が発生したことについて、日本の一部言論機関はいうにおよばず、政府与党である自由民主党議員の中にすら、この事件について、韓国政府機関が直接または間接的に関係しているような発言をしているむきが見られます。これは、日本と韓国との間に重大な政治的危機をもたらす行為であり、ひいては日韓両国の親善にまで悪影響を及ぼす行為でもあります。

わが在日本大韓民国居留民団は、ここに至り、このような政治的危機と国際親善の破綻が予測される事態を座視するにしのびず、ここに次の如く声明すると同時に、日本国朝野の各位および言論機関に対し、韓国に対する誤解を一日もはやく取り除き、正しい理解をもって今後に臨まれることを強く訴えるものであります。

しかし、日本の言論機関は、この事件の真相究明のため韓日両国の関係当局が目下捜査中であるにも拘らず憶測による虚偽の放言・報道をすることは不当であり従って、わが民団としては、今後とも日本の言論機関の報道方針、日本政界人の発言信条について、強い関心を持つと同時に警告と抗議を行なうであろうことを明言するものであります。

このたびの事件を通じて、わが民団が最も痛感したことは、日本の言論機関が、民団または在日韓国公館の再三の説明にも関わらず反国家分子たちが意識的に民団を混乱させるために使用する"民団東京本部"なる名称を、殆ど註釈を加えずにそのまま報道していることであります。民団には、民団を運営する規約も、民団が行動の基本とする綱領もあり、すべての活動はこの規約と綱領にもとずいて行なわれるものであります。民団の規約に反し、綱領から逸脱する者は、これはもはや民団員の資格はないのであります。そればかりかこれらの者は、わが民団にとっても、韓国政府にとっても、あい入れることのできない朝鮮人総連合会と関連をもつものであるためであります。謀略と悪宣伝を旨とする朝鮮人総連合会（以下総連と称します）と接触し、総連の言分を代弁することは、韓国の立場から見る立場、これは偽りのない「反国家行為」にほかなりません。

民団の規約に反し、綱領をたがえた上、反国家行為を続ける郭在俊一派は今回の事件で常に韓国政府を誹謗しつつ、金大中氏を日本において籠絡し、最大限に利用していることも事実であります。元来は「反共」主義者である金大中氏が、容共反韓国主義者であるこれらの連中に囲まれることにより、彼らと行動をともにせざるを得ず、金大中氏自ら反国家的行動をとりはじめたことは、また事実であります。

今回の事件が、反国家的行動に深入りする金大中氏を、現在の時点で救ったともいい得るわけであり、郭在俊一派が、あらゆる宣伝を行なって金大中氏を日本へ呼び戻そうとする真意は、それは金大中氏の大看板が欲しいからであるにすぎないのであります。

われわれ在日本大韓民国居留民団（以下民団と称します）は、今回の事件を非常に遺憾とすると同時に、金大中氏が無事にソウルの自宅に出現したことについて安堵し、再びこのような事件のないことを願って止まないものであります。一日も早く犯人が検挙され、万天下にその全貌が明らかにされることを世界の平和と自由を愛する人々と同じく願っている次第であります。

続いて国連総会を目前にして、民族の念願である祖国統一に対し、いかなる姿勢で望むべきかを本部金学淑事務局長が報告し、この問題についても統一見解が後日発表された。

それによると、

わが祖国をとりまく国内外の情勢はいついかなる時よりも微妙で、あり民族の念願である祖国統一に対し、一段と高い次元から決断を追求していかねばなりません。朴大統領はさる六月二十三日平和統一に関する特別声明を通じ画期的な指標を表明しました。

七項目にわたる宣言の中に一九七〇年朴大統領の八・一五宣言、南北赤十字会談及び七・四南北共同声明による南北対話への姿勢をさらに高め、平和統一の成就のために引続き努力することを宣明すると同時に北韓と同時に国連加入を反対しないという開放された態度を表明した事はわが国の統一外交の一大転機であり新しい里程標をたてたものであるということができます。

これは一九六〇年よりアルバニアが金日成の要請を受けて国連総会に継続提案して常に否決されて来た"南北同時撤収案"を前進させた宣言であるにもかかわらずこれに対し六・二三特別宣言発表後金日成は二十八年の長い間イデオロギーと社会制度が根本的に違う現実を無視し非現実的な高麗共和国なる南北連邦制提案など実現不可能な主張だけをくり返しました。

これに加えて金日成の走狗である総連が今般の金大中氏事件を悪用して謀略と宣伝に奔走し秋の国連総会にむけて"南北連邦制"支持署名運動を展開している事に留意しながら真実を広く知らせる努力を要請する次第であります。

そして激動する国際情勢に積極的に対処し韓国の前進的な外交政策である六・二三宣言を支持し推し進めることによりわれわれは一歩一歩確実な歩みで輝かしい統一祖国を成就することに対し益々その信念を深くするとともに民団の旗の下に一層結束することを強く訴えるものであります。

在日本大韓民国居留民団愛知県地方本部

この後当面する諸行事、第六回愛知県韓国人大運動会等を成功裡に運営するために、各支部が一致団結して準備する事を確認し、支団長会議の幕を閉じた。

組織の再点検を討議する支団長会議

あいついで研修会
次期民団幹部養成

民団文教部では「在日韓国人中堅指導者短期養成」を青年層を対象に、九月二十八日から四週間本国文教部主管の下に中央教育行政研修院において実施する。

また青年部でも組織に貢献の大きい青年指導者を本国において実施する研修会および産業施設見学に参加させることを決めた。

民族の雄大さ発見

夏季学校生　感激の涙おさえず

在日同胞高校生・大学生を対象として実施された第八回母国夏季学校は、さる七月二十九日から二週間にわたり全国各地から四百名の学生が参加し、成果裡にその幕を閉じた。

愛知県本部管内では、三十五名が入校し、このほど真黒に日焼けした顔をほころばせ、元気に帰ってきた。これにより文教部では、さる九月九日午後一時から本部講堂に修了生を招き、座談会を開催した。

金徳秀文教部長の司会の下に始まった会合では、まず成南九副団長があいさつに立ち「どうもご苦労さまでした。今日は一つ率直な意見を出しあい、今後の指針にしていきたい」とのべた。

この後直ちに座談会に入り、祖国を初めて訪れた印象について、

①、日本での生活には感じられなかった新しい感覚を見い出した。

②、オモニやアボジの生まれた国がわかった。

③、これまでの自分は孤独であったが、自分の祖国で五百名の若人と共に学び、わが民族のすばらしさを発見した。

④、くらしは楽とはいえないが、自分自身のものだという印象を強烈にもった。

⑤、言葉では表現することがむずかしいが、光復節式典に参加した時、涙をおさえることができなかった。

夏季学校の講習について

①、ハングルを知っている人と知らない人の格差があらわれた。

②、教育内容は上から与えられる一方的なものであり、ディスカッション出来る形式も欲しい。

③、歴史は興味深いが、近代史をとり入れて欲しい。

④、自由時間をもっとふやし、ふだん見られない所へ行ってみたい。過度の保護は必要ない。

また韓国人という自覚について

①、自分が日本人でなく、祖国を忘れることが出来ないために、民族としての自覚を強め、ウルマルを勉強しなければならない。

②、愛国歌を自分で歌い、はじめて君が世との差異がわかるようになった。

③、われわれはいつか祖国に帰[illegible]

卓球、国体参加決まる

愛知代表　選抜大会で大活躍

去る九月九日第五十四回本国国体参加在日僑胞卓球代表選抜大会が東京の東京韓銀の七階ホールで行なわれた。愛知県韓国人体育会からも男女計五名が参加し、結果一般男子一位、二位、高校女子一位、二位、四位の抜群の成績を収めた。

愛知の選手は一般男子二名、[illegible]

一般男子	1位 9対7　オール韓国、2位 5対1　オール日本（男子オープン）
[illegible]	6対3、8対3、オール韓国

[illegible]

一宮支部運動会盛り上がる

民団一宮支部（卞鳳奎団長）主催の第三回運動会は、十月二十三日萱刈公園で団員五百名が参加して開かれた。

今年は県本部運動会で優勝した[illegible]

組織の再点検
熱田支部で熱心に討論

[illegible]

トピック
運動会に驚き
韓国愛好の日本人

[illegible]

「現代の結婚」入門
=9=

落ちついた雰囲気を
結婚式場の選び方

[illegible]

結婚式は新郎の家であげるのもよい

[illegible]

特別な場所を使用する時

[illegible]

教会結婚式は新郎の教会で

[illegible]

礼式場を使用する場合

[illegible]

主礼は尊敬する人に

[illegible]

請譲人と友人代表

[illegible]

（次号につづく）

韓国が雪辱
韓日親善女子フェンシング

[illegible]

国体代表に選ばれた愛知卓球選手

戸籍謄本を取り寄せよう！
―正常な権利確保のために―

東海新報

発行所 東海新報社
発行人 権会世
編集人 徐瑞鎬
名古屋市中村区鷹羽町3-56
電話名古屋(452)6431
購読料 1ヵ月100円

民団綱領

一、我々は大韓民国の国是を遵守する。
一、我々は在留同胞の権益擁護を期する。
一、我々は在留同胞の民生安定を期する。
一、我々は在留同胞の文化向上を期する。
一、我々は世界平和と国際親善を期する。

第19回地方委　自治精神の高揚へ

団勢の拡大図る

割当金の完全化めざす

注目の第十九回愛知県地方委員会はさる十一月十六日、管下十八支部から多数の地方委員が出席して開催され、組織の自立、自助、自衛のセマウム運動を強力に継続推進することを確認するとともに、①懸案の商工会再建のために整備委員会を構成し、早急にその機能発揮を促求する。②商銀二十周年記念行事に際し、預金の当面目標を達成するために積極的に助成する。③青年対策については、本団の将来を担う若人を長期的展望の下に育成していくために、世代間の不信を完全に……勢をもって、青年たちの集いである"花郎会"を継続育成し、新しい組織を再発足するための準備を民団と歩調をあわせながら進める。④本団の重……民族教育に対しては、財政補助を含む学園の方向性を次期地方委までに専門委員会を通じ協議することになった。

権会俊団長は自立、自助、自衛のセマウム運動を今後とも推進すると強調

専門委の設置を決める

学園の助成で議論白熱

総括

一、内外情勢に関して

当面活動方針

一、商工会整備に関して

二、組織全般に関して

三、財政に関して

二、商銀助成と二十周年記念行事対策に関して

三、青年対策に関して

四、民族教育に関して

組織論を講習

一斉に起立して愛国歌を合唱する地方委員

民族財産の保全

峠

第19回地方委報告書

議決機関報告

……議決機関は五月下旬に完全な事務引継をへて、その間地機関と合心し団運営に参与してきた。

一、中北地区協議会参加

1、第四十四回中北地区協議会　於石川県本部　五月二十八日

2、第四十五回中北地区協議会　於長島温泉　八月十日

二、セマウル結縁事業に参加　七月十五日〜十七日

……姉妹結縁事業に参加した。

三、八・一五光復節記念……

開会の辞をのべる尹松周議長

執行機関報告

総務部

一、人事関係

二、公文書受発信関係（略）

三、収支決算報告（略）

組織部

一、一般組織状況に関して

三、第二十八回光復節、第二十五回政府樹立慶祝行事に関して

四、愛知地方大会参加

五、第二十二回定期中央委員会出席

五、中央委員会に関して

六、時局講演会開催に関して

七、その他の会合に関して

八、日本団体に対する活動に関して

九、婦人会現況に関して

十、組織防衛に関して

二、セマウル姉妹結縁事業に関して

四、大運動会開催に関して

国民教育憲章を朗読する金宰淑事務局長

経済部

一、一般財政内容に関して

民生部

一、戸籍一般に関して

二、中小企業融資申請に関して

三、商工会議所に関して

四、商銀現況に関して

五、納税貯蓄組合連合会に関して

宣伝部

一、宣伝活動に関して

二、公報活動に関して

青年部

文教部

一、夏季学校に関して

二、韓国学園に関して

三、第五回愛知県韓国人大運動会に関して

四、体育会に関して

三、国民登録に関して

四、領事業務に関する統計（略）

戸籍の整備に際して　＝1＝

法的地位の現況

残された待遇改善

一、在日同胞の実態

二、法的地位協定の概要

三、法的地位向上の為の懸案問題

四、協定永住権許可と関連した問題

五、その他の問題

六、その他領事業務

領事事務講習会を受講する民団の実務者

監察機関報告

（一）人事、規約、会計業務に関して

（二）団員身分に関して

（三）議決会に関して

（四）その他各種会合参加に関して

監察機関を代表してあいさつする尹致玉監察委員長

敵性団体規定に関して

中央会館建設来春にも募金

韓日親善へ第一歩

自民党県議団韓国を訪問

愛知県自民党県議団三十七名が参加した「韓国行政産業視察団」は、十月十一日から四日間にわたり、民団愛知県本部の案内で韓国を親善訪問した。韓日両国の親善を図る好機として実施された今年二度目の訪韓により、さらに相互の友好と理解の増進に寄与し当地方においては韓日議員連盟（仮称）を早急に発足させ、親善の輪を大きく広げていくものと期待されている。

愛知県自民党県議員の訪韓団はさる十月十一日、権会民団長以下民団役員の案内で金浦空港入りした。

一行は入国手続をすませた後、直ちに李長官を訪問し、李長官はあいさつを通じ「南北に分かれているわが民族は統一を希望しており、われわれは忍耐強く話しあいを進めているしかし北韓は金日成の唯一思想に固まり、恒常的戦時体制をしているのが実情である。南北の対話にともない、国内情勢が慎重となっている現状を認識してもらいたい。韓国の安全なくして日本の安全もないというあの共同声明の重みを日本の県議員の皆さんは理解していただきたい」と強調した。

これに対し石川団長は招請のお礼をのべた後「今回の訪韓を契機に両国の親善を図り、帰国したならなるべく早い時期に日韓議員連盟を作りたい」と決意を表明した。

一行は続いて経済企画院長官、共和党事務総長などを礼訪し、夕刻七時からは高麗苑で行われた李長官主催の晩餐会に臨んだ。パーティーの席上でも李長官は「両国の親善を図るための県議員の訪韓団が続けて下さった心暖まるご努力に対しては、衷心より厚くご礼申し上げる。今後とも韓日両国の友好増進と親善を図るためにお互い努力していきたい」とあいさつをのべ、県議一行の訪韓を歓迎した。

翌十二日、国際文化研究所を訪問した後、京釜高速道路経由で水原へ向い、水原市庁、農村振興庁などを訪問した。

この後ソウルに戻り、市庁を礼訪し、夜七時からは民団主催の晩餐会を梧桐庵で披露した。

第三日目は板門店へ出発し、「自由の家」や「会議場」などを訪れたが、県議の一行は三八度線の現実にふれ、情勢のきびしさに驚いた様子だった。臨津閣にて昼食をとった後、景福宮、国立中央博物館などを観光した。そして最終日の十四日午前十時三十分KAL二〇一便で大阪空港に到着した。

今次訪韓団には石川松次郎自民党愛知県議員団団長をはじめ三十七名の県会議員と随行の権会民団愛知県本部団長以下十三名の計四十名が参加し、韓国のわが国と日本の親善を深める好機として実施された。

愛知県議団の一行は、国民の総力で国土の充実に努めている韓国の経済建設に深く感激し、認識を新たにしたという。真の韓日友好の実をあげるために、今後ともこのような試みをどしどし計画していき、質的に改善しながら当地方における親善の輪を着実に拡げていきたいものだ。

韓日親善協会 三重県に発足

わが国と韓国日本との友好の増進を図ることは急務とされているが、さる十月二十三日津市の会議所では双方の関係者が多数出席して、三重県韓日親善協会の設立総会が開かれた。

会場には発起人の陣且府民団三重県本部団長、山本卓治郎氏など県内の政財界の名士がつめかけ、両地方における韓日親善の輪を高めていくことを決議し、新しくスタートをきった。

韓国学園文化祭ひらく

国語劇を熱演

民族教育発展の契機に

むずかしい喜劇を力演する学園生徒たち

愛知韓国学園（鄭煥麒理事長、金尚鎬学園長）では十一月三日午後一時から本国講堂において、第十二周年開校記念文化祭を開催した。

国民儀礼、国民教育憲章朗読の後、あいさつに立った鄭煥麒理事長は「自国語を知らない子供たちが増えていく今日、本学園の存在価値を切実に感じる。同胞社会の明日を担う若い世代を育成する上で、その責任と使命の重大さを痛感し、学園に一層の愛護協助をお願いしたい」と力強くのべた。

祝辞あいさつを通じ、鄭副領事も「今日の意義深い文化祭を契機に、民族教育の殿堂として本学園がより発展するよう強く望みたい」と強調した後、民団を代表して尹松局議長が「一九六一年十一月三日に本校舎の完工をみて以来、数限りない子女を在日同胞社会へ送っており、将来わたくしたちの社会の主人公として、民族のたいまつを受け継ぎ、誇り高い韓国人として生きていくのは、この学園で学び、巣立っていく若い青年たちであります。今後ともわれわれの子供たちに民族の魂を教え、韓国人としての誇りをもって生活するよう、ともに絶ゆまない努力を続けていく覚悟を確認したい」とのべた。

祝辞の後、学園生徒が全員起立して校歌を斉唱し、第一部記念式典を終了し、直ちに第二部文化祭に入った。

本国、分団による合唱の後、演劇「フルブウォン」（金成八原作・金大晌演出）を舞台狭ましと演じ、異国で生まれた二、三世が民族の文化を学びつつ守っていく姿勢を新ためてしめした点で大きな意義があり、文化祭を契機に学園の更なる発展を願いたい。

〈解説〉二人の対照的な兄弟の面白いお話です。

兄は、父親の残した財産を元手に高利貸しを営む貪欲な守銭奴、弟は兄の援助により、大学・大学院を出、結婚し、食しい上に子だくさんな、うだつの上がらない小説家。

旧暦の正月のさし迫ったある日、兄ノルブの営む金融会社に弟がやってくる。久方振りにやって来た弟フンブの用件は、ほかでもなく〝子供達にお正月ぐらいは、トック（韓国の雑煮）を食べさせてやりたい〟とお金の無心。兄のノルブは今はタバコも止め、冷たい事務所の中は昔ながらの練炭暖炉一つという徹底したけちんぼ。弟の懇願にしぶしぶ出した有金全部は、たったの三五〇円という有様。

数日後、五人の子供をひき連れて弟が、正月の挨拶に来る。トックも知らず、騒ぎたてる五人の子供に唖然とする兄は、総務部長に云って、小銭を五つ持ってこさせ、お年玉を十円ずつ与える。

数日後、興奮した弟が雑誌をかかえてやって来る。一千万円の懸賞付きの戯曲に弟が当選したのである。昨日まで貧しい生活だった弟は一夜明けて今は、銀行の利息だけで生活出来る大金持ちとなっていた。

〝つばめの御恩返し〟というその戯曲は、二週間という日時と、一万円という費用がかかっただけと聞き、金に目のない兄は、つばめとすずめを入れかえ、その他はそっくりそのままの戯曲を書き始め、一千万円懸賞の夢に溺れてしまいます。弟は、今まで借りたお金三、五三〇円に対して一万円を兄に返し、〝すずめの御恩返し〟で兄に忠告する兄だ。〝すずめの復讐〟という戯曲の題材を与えてやる。〝つばめの御恩返し〟は自分のことであり、〝すずめの復讐〟は兄のことの様に……という、世間によく有るとてもコミカルな喜劇です。

13名に奨学金伝達

韓国教育財団

韓国教育財団の七三年度前期分奨学金伝達式がさる十月二十九日駐名古屋領事館に愛知・岐阜・三重の新旧会員が多数出席して開かれた。

愛知県内における今年度奨学生は、大学生五名、高校生六名、計十三名に決定し、そのうち韓国教育財団から七名、日韓ライオンズクラブ奨学生として六名にそれぞれ奨学金が伝達された。

名古屋領事館において行われた奨学金授与式

支部だより

広場

国民総力に感銘

愛知県会議員　杉江喜一

実生活に見る所感

大学生　李敬一

外登の記載に物申す

会社員　金致鉄

韓国勝ち越す

ベスト4決る

東中支部が優勝

カイロの贈物

15日に忘年会

愛知、卓球で入賞

ダンスパーティー

来春、中日劇場で登場
江利チエミ　春香伝

世界の恋の物語「春香伝」が江利チエミ、松方弘樹の主演で来春一月九日から二十九日まで中日劇場で公演されることが本決まりとなった。

わが国の季節劇に現われた代表的なロマン「春香伝」が、日本人の手で上演されるというのは、非常に珍しく、かつ意義深く、新宿コマ劇場四月公演で大ヒットした記憶も新しい。

安永貞利脚色、松浦竹夫演出の「春香伝」は、南原の県、妓生の家に生まれた「春香」と、文武に秀れた若者「夢竜」の二人が、幾多の障害をのりこえ命をかけて御愛と歌いあげる。共演者には、二枚目「夢竜」役に松方弘樹、春香の母「月梅」にはベテラン清川虹子、夢竜の従者で三枚目役を引き受ける「房子」にはクレージー・キャッツより単独参加の谷啓、仇敵役「学道」には金田龍之介、春香の師「良善」には井上孝雄、その他、南利明、茶川一郎、それに金剛団長以下十名の「韓国民俗舞踊団」も特別参加する絶妙のキャステングである。

今日に至るまで、小説に、歌劇に、演劇に、はたまた映画に上演され、広く知られている「春香伝」は、なおその生命力を失わず、民族文化圏に新しく脈打っている。「春香伝」のストーリーのあらましを韓国人はよく知っており、主役とワキの絵画的交錯のおもしろさと「夢竜」と「春香」の恋の世界に胸を躍らせる。「春香伝」の底流をなす中心思想は、烈女すなわち女性の貞操観念の強調である。

しかし李朝の身分体制における妓生は、庶民の中でも最下層に属する八賎の中の一つであって、奴婢とあまり変らない。そのような身分の妓生には、貞操などは通用しない倫理観である。それを春香が一身を賭して守ったということは、人間解放の叫びであり、……国古典劇に大きな関心と興味をいだかすにはおかないだろう。

主役の江利チエミはいわずと知れた日本の代表的スターであるが、今回の「春香伝」に出演するにあたり、本場韓国の演劇をつぶさに見てまわってきたが、そのむずかしさと期待感の大きさのあまり「もしこの公演が失敗すれば第一線からおりるかもしれない」と親しい人に語ったという。今年の春、新宿コマ劇場での旗上げを前に、公報館から「春香伝」の映画版を借用し、連日連夜自宅でガリ勉したエピソードもある。

いずれにしても韓国の古典を外国人の俳優が、異族のもつ風土と人間性をいかに表現するか、それに「春香伝」のもつテーマをどう掘り下げていくのか注目していきたい。また日本に住むわれわれにとって、民族の代表的作品を日本の友人たちに紹介することは、なお一層親善を高めることになるだろう。

「春香伝」は「沈清伝」「興夫伝」などとともに、庶民大衆のなかに深く根を下ろし、民族最高の古典としての価値を享受しており、儒教的な春香中信をその基本的なテーマにもちながら、その構成と修辞の方法論において、完全に庶民的な特性を発揮し、わが国の近代文学の曙光を告げる文学作品である。過去の貴族的な歌詞文学から大衆的な写実文学の登場をうながした客観的な意義を無視出来ない。

このような民族文化史上大きな役割をはたしている「春香伝」の重みに焦点を合わせる一方、日本流の新しい解釈への期待ももっていきたい。近くて遠い国といわれる韓日両国の文化が相互に紹介され、交流を緊密につみかさねていく事はこの上なく大切である。二月の中日劇場での「春香伝」は、韓日親善を増進する上でさわやかな話題を提供し、これをバネにより親密な世界へ旅立つことを願わざるをえない。

春香役の江利チエミと夢竜役の松方弘樹

「現代の結婚」入門 =10=
形式でなく真心を
請牒状の書き方

請牒状をやたらと配らないように

請牒状を配る範囲に対しては、色々といわれるが、是止されないでいる。請牒状を受け取って、新郎側から出したものか、新婦の側から出したものか分別が出来ず、しばらく考えた末、やっと誰かということがわかる場合が多い。このような時はそれこそ請牒状でなく、告知書のような感じが入り、祝ってあげたいという心どころかかえって不快さえもする。このような悪習は、一日も早く是正しなければならない。家庭の儀礼則にも、この請牒に対し次のように規定している。

〈第五条　婚礼式には親族と親しい人に限り招請し、請牒状を出さないようにするのを原則とする。〉

結婚はわれわれの一生を通じ非常にうれしく喜ばしい大事であるために、新郎新婦の親戚と親しい人が一ヵ所に集まり、祝いをわかちあうことがいいことである。

この非常にうれしく喜ばしい結婚に節制のない招請で混雑してそわそわした結婚式をあげるよりは、本当に祝ってくれる親族と親しい人々が集まり、厳粛かつ鄭重ななかに婚礼式を挙行することがはるかに意義あることである。

それだから結婚式に祝いの客を招請する方法においては、親戚や親しい人々としばしば会う機会に婚日と時間、場所を口頭で伝えることであり、別に請牒状を出す必要がないのが原則だということができる。

しかし都市生活をする人は、その生活がいろいろと多忙で、どうしても毎日会って伝言するのがむづかしい。そこで請牒状を郵便で発送する簡便な方法が生まれたのである。

近来流行している請牒状の弊害は、一言でいうと〈納税告知書〉のように見なされたことは、あまりにもよく知られている事である。

請牒状の弊害は、特に公務員とか、特殊な職場にいる人に多い。その職務に関連した業者をさがし出すことが多く、お祝いの金品を間接的に強要する結果をもたらしている。

請牒状を作成する要領

①請牒状はどちらで作るのか？

請牒状は大抵新郎の側で作るのが慣習となっている。新郎の側で作るといって、新郎の側が勝手に作ってはいけない。請牒状の形式や請牒文の様式などは、二人が事前に充分に協議して相談しなければならない。相談が終れば、新婦の側は新郎の側に必要な枚数を教える。

新郎の側が手が足りず、忙しい場合には新婦の側で作ってもかまわないだろう。この時も勿論二人が相談して作成しなければならない。

②請牒状はどれくらい印刷するのか？

結婚式準備に追われてみれば、請牒状を送るにも、思わぬしくじりをしやすい。直ちに送らねばならない時は、失って送れず、惜しく与える人が生れるならば、新郎側、新婦側から重ねて送る事もある。

このようなしくじりを防止するためには前もって請牒状を送る人名簿を作るのもよい。父の親友、同窓関係、職場関係などに分け、名簿を作成する。新郎の側がそれぞれ名簿を作成した後、互に対照すれば、重ねて発送するしくじりがなくなる。またこのようにすれば、請牒状をどれくらい作ればいいのか確実な数字が出てくる。

請牒状は大抵予定より足りない場合が多い。もれなく全部送ったと思ったが、後で考えてみると誰れを落とし、誰れもそこまで考えなかったというふうにいえる。従って請牒状は十余枚程度は余分にもっているようにするのがよい。

③請牒状はいつ送るものか？

請牒状は、婚式日の二週間前頃に到着するように送るのが礼儀である。あまり遅く到着すると、他の予定と重なり、参席したくとも先約関係で参席出来ない場合が生じる。またあまり早く到着すれば多忙な生活のなかで忘れやすい。

それだからこそ請牒状は受けた人が次の注意、他の約束をする前に充分にスケジュールをとるように二週間前には受けられるように発送しなければならない。

④封筒はまごころをこめきれいに書くこと

請牒状を新婚人の二倍の紙に印刷し、白い角封筒に入れておくのが非常に見た目にもよい。請牒状は鉛文でする印刷書があり、色々とさっぱりした紙、字体様様の見本があるので、好きなように選べる。

封筒はスミを使い、筆で書けば郵重に見えていいが、インクで書いてもかまわない。最近はサインペンがあるので、それを使用すれば、筆で書いても違わない。

乱筆はよくない。正字でまごころこめて書かねばならない。その書体を見て受けた側では形式的な請牒か、まごころから送ってきた請牒かを判断される場合が多い。

名前をよく知らない時は、韓国語で書くようにしよう。直ちに漢字を使う必要はない。よく知らない漢字を金とか明とかいって、困って書くことよりも、韓国語で書く方がはるかによい。

⑤むずかしい漢文書式は使わないのがよい

請牒状の書式には漢文で出来ているもの、韓国語で出来ているものなど色々とある。いかなる書式を使ってもかまわないが、純漢文で出来たものはさけるのがよい。

請牒状を送る人の有意を伝えるのではないので受け取った人が容易に理解出来るように書式を作らなければならない。

参考として、昔多く使った漢文書式（例一参照）を紹介してみた。

⑥われわれの呼吸に合う書式で

即ち請牒状はぴったりでなくとも、われわれの呼吸に合った韓国語で作成するのが、非常に無難だとみる。

第二の請牒状のものは、われわれの韓国語に少し漢字をまぜて書いたものである。

純韓国語で書いた第三のような書式もよい。

⑦本人の名前で請牒を送る場合

以上にあげた例は、請牒人の名前で請牒状を出したものであるが最近では本人の名前で請牒を出すこともある。（例四参照）このような書式は、新郎、新婦のうち一方の父母がいない時に使えばさらによい。一方は〇〇の大きな息子あるいは二番目の娘として出てきて、一方はそうすることができないので、少し感じが入らないのか。

このような書式を使用した場合新郎新婦の父母が親しい人に請牒状を出す場合は請牒状の最後に「わが家の二番目の娘〇〇の新出発を格別に見守っていただきたく」

⑧「〇〇〇貴下」には直ちに名前を書く事

> 請　牒（例一）
>
> 金〇〇氏　長男　〇〇君
> 李〇〇氏　三女　〇〇嬢
> 右両人　華燭之典　如左挙行　玆敢奉邀
> 共祝幸賜　光臨之栄　寔此敬望
> 日時　四月十日（陰三月十日）十一時
> 場所　〇〇結式場
>
> 年　月　日
>
> 主　礼　〇〇〇
> 請牒人　〇〇〇
> 〇〇〇
>
> 貴　下
> 同令夫人

三重県日韓親善協会が10月23日設立された

地方委を前に開かれた支団長会議

韓日親善野球大会で両大学に花束を贈る民団のアガシたち

10月1日ソウルの汝矣島に愛知県本部から300名以上が参加した

建軍25周年を迎えた今年の「国軍の日」式典

東海新報
発行 東海新報社
名古屋市中村区
電話 名古屋(453)6431
購読料 1ヵ月100円

民団綱領

特集記事
1面 本部ニュース
2面 本国情勢
3面 支部だより
4面 文化

力強くスタート
難局打開へ結束呼掛け

緊迫した内外情勢下で幕明けをした一九七四年の初頭に際し、民団愛知県本部（鄭会俊団長）では第一回執行委員会を通じ、本団が当面する諸問題と積極的に取り組み、結束して局面を打開しつつ、組織活動に邁進するために力強いスタートをきった。

一月十七日に開かれた本年最初の執行委員会では、本団をとりまく情勢を検討した後、当面する諸課題を積極的に遂行するために、決意も新たに力強いスタートをきった。

昨年来継続して推進中の「セマウム運動」は、本団に既存していた悪習や陋弊を抜本的に是正して自立、自助、自強をめざす創造的な改革運動であるが、本国の施策に呼応した全国的なセマウル運動（新しい村づくり）展開の際みせた団結と協調の相互精神を組織活動につみかさね、本団がより前進的かつ主体的に成長していくために、新たな第一歩を踏み出さなければならない。

なかでも自主財政の確立、人材養成および団勢の拡大強化の三大目標は、早急に取り組むべき課題である。全組織の経常費を出費によって捻出するよう策定し、組織の自主力量で財政を補てんするために、一昨年九月から割当金システムをしき、現在その実施完結をみつつあり、今後その完全化をめざし、自主財政の確立に邁進する。また世代交替の波が押し寄せている昨今、次代を担う青年をして、誇り高き民族幹部に養成し、同胞社会の指導者づくりを促進するために、人材養成のテーマは、すでに本団が将来への展望をもちつづける絶対条件となりつつある。三十年近い歴史をもつ本団は全在日韓国人を結集する唯一の指導団体であるが、時代の要請を適確にとりいれ、理論と組織の体系を図りながら、未団員の入団を促進させ、その力を組織化することに全的に傾注していかねばならない。

第一に、第十九回地方委員会において討議された在日同胞子女の民族教育をいかなる観点から、どのように進めるかという問題である。民族教育の成敗は、在日同胞が民族として生きるための死活問題であり、母国の歴史と文字を学ぼうとする精神姿勢を自主的に確立することが肝要であることに異論はない。このため同地方委では民族教育の殿堂である韓国学園の助成につき、財政補助を含む教育のあり方を協議するために、専門……

県庁に要請書を伝達
KJ旅券 外登変更記載の撤回を

任職員が参席
（県本部新年会）

1974年最初の執行委員会

以上の理由により、外国人登録法第九条及び第十八条の適用は、在日同胞の現実と意志を一方的に無視した弾圧政策の一環であると断定し、不要な義務を強いる今回の通達を即時撤回するよう強く要望するとともに、真の韓日友好と協助を推進するために、両国が互恵平等の原則の下に、相互繁栄と発展を図るべきことを再確認する次第であります。

一九七三年十二月二十六日

在日本大韓民国居留民団愛知県地方本部
団長 鄭会俊

愛知県知事
桑原 幹根 貴下

母国訪問団派遣
第55回三・一節式典

例年と同様に、本国で挙行される三・一節記念式典に参加する在日同胞母国訪問団を次の要領で派遣する。

一、人員構成　本団団員として出来る限り、新規入団員および初行で構成する。

二、日程　二月二十八日　大阪→金浦到着（二泊三日）　三月一日　三・一節記念式典参加　国立墓地参拝など　三月二日　午前中現地解散

三、経費　航空運賃・宿泊・手続料などを含めて六万五百円

12名が参加
全国支団長研修会

全国支団長の本国研修会は、二月三日から十五日までの十三日間ソウルの民団本国事務所講堂において実施される。

近畿、中北地協は、第三陣として二月十二日から四日間、民団の当面する問題、南北対話、セマウル運動の現況と展望、組織論などの講義を受講する。愛知県本部管内からは、十二名の支団長が参加する。

当面する情勢を報告
婦人会 盛況な時局講演会

在日本大韓婦人会愛知県本部（李寿姫会長）主催の講演と映画の会は、一月十一日午後一時から愛知県中小企業センターにおいて行われた。

五百人の会員を前にあいさつに立った李会長は「家庭の主婦が集うわたくしたち婦人会は、真摯な組織愛をも持し、奉仕の精神をもって、在日同胞社会発展のために活動を継続していきたい」とのべ、観衆から盛んな拍手を受けた。

続いて祝辞に入り、成竜九愛知県本部副団長が「民団の組織動員、各支部大会などでその大きな組織力を発揮し、民団と共に歩む婦人会の今後の活躍を期待する」とのべた後、姜副領事が未来学者ハーマンカーンの論文を引用し「韓国は今後二〇年ないし三〇年の間に、急速な成長をとげるだろう。また韓国は世界各国の実情のなかで、比較的〝自民主主義的な国家〟であり、今日の内外情勢を冷静に受けとめ、今後に対処してもらいたい」と強調した。

この後直ちに時局講演に入り、金副会長は「一月八日の大統領緊急措置権発動は、韓国の国家安全保障上不可避であり、祖国の当面する問題を確実に把握するよう望む」と力強くのべた。

引続き国防大学院の講師である崔谷爾氏が立ち「憲法第五十三条に基づく大統領緊急措置は、国家保衛という崇高な任務完遂のため、止むを得ず発動したもので、このたびの緊急措置を支持し、赤化野望を捨てていない北韓の脅威な挑発行為に配慮しながら、韓国を民主主義的理念の下に体制確立していかねばならない」と熱っぽく講演をした。

次に映画に移り、「春香伝」「興夫伝」とともに民族最高の古典といわれる「沈清伝」が上映された。

春香伝は李朝の女性の典型として、烈女春香を描いているのに対し、沈清伝では孝行の女の典型として、沈清を登場させ、婦道の亀鑑としている。ストーリーの進展は、前半は悲劇の連続であるが、後半では喜びと幸福の場面が次から次へと展開される。孝行娘の沈清が父の目が見えるようにと、お寺に供養米三百石を寄付すべく、貿易船の船人に自分の身を売り、無辺際の大海の真ん中、臨堂水に身を投げるくだりでは、女性たちの涙をそそる場面もあり、久しぶりに韓国の古典を映画を通じて鑑賞できた。

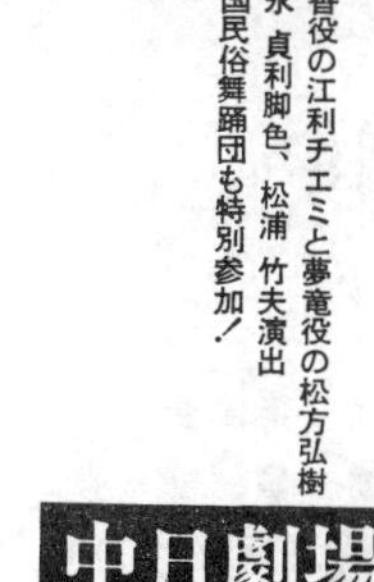

500名の会員が集う婦人会の講演会

韓日友好の促進へ
愛知県自民党 議員連盟を設立

日韓友好自民党愛知県議会議員連盟の設立総会は、去る十二月二十日午後六時から都ホテルにおいて内外関係者多数が出席して盛大に行われた。

世話人の今枝敬雄議員が司会席に着いた後、真木島氏が力強く開会のことばをのべ、設立総会の幕を上げた。

先ず世話人を代表して、玉腰常義県議が次のように経過報告をのべた。

当地方の居留民団の案内により、二度にわたる韓国を訪問したのを契機に、韓国の韓日両国が親善の絆（きずな）を強め、その実を上げる事が今日の内外情勢下で一層の急務と感じ、今枝氏をはじめ世話人が中心となってこの議員連盟を設立するに至った。

引続き来賓あいさつに入り、まず日羽正一愛知県議会議長が、愛知県にある企業体が最近韓国との貿易を盛んに活発化しており、経済交流を促進する上でも、当議員連盟が後押し出来ればと念じているとのべた。

韓国側からはまず李実領事が一無任所長官が祝辞に立ち、石油危機に端を発した今日の緊迫した情勢下で、歴史的にも、社会地理的にも、非常に密接な関係をもつ韓日両国はそのいつの時よりも、着実かつ前むきの姿勢で、友好親善を深めていかねばならずその大きな第一歩として「韓日議員連盟」の結成をみたのである。ただ韓国は現在も、三八度線を境に北韓と対峙しており、そのきびしい情勢下で経済建設に着々とりかかっており、今後共皆さんの活躍に期待したいとのべた。

激務の間をぬってかけつけた桑原幹根県知事も、李長官のあいさつに全的同意をしめし、韓日親善の新たな気運を高めていきたいとのべた。

この後、福永喜共和党国会議員、尹河珽公使、金正柱民団中央団長などがそれぞれ来賓あいさつをのべた後、直ちに議事に入った。

まず座長に杉浦喬市県議が座長に満場一致で選出された後、直ちに規約審議に移り、第四条（会員）のうち特別会員として、民団関係者も含むことを提案し、原案通り規約を可決した。続いて役員選出に入り、会長に玉腰常義、副会長に今枝敬雄、真木島の両氏をそれぞれ満場一致で選び、新会長の力強いあいさつとともに閉会となった。

日韓友好自民党愛知県議会議員連盟規約

（名称）
第一条　この連盟は、自民党愛知県議会議員……「連盟」という。）と称する。

（目的）
第二条　連盟は、日本国と大韓民国との間の外交関係……の促進をはかることを目的とする。

（事務所）
第三条　連盟の事務所は、……議会事務局内におく。

（会員）
第四条　会員は、自由民主党所属の県議会議員で設立の趣旨に賛同するものとする。なお……員をおくことができる。

（事業）
第五条　連盟は、第二条の目的を達成するため、次の事業を行う。
(1)調査研究の実施
(2)情報の交換並びに資料の収集

第七条　会長は、会務を総理し、連盟を代表する。
2　副会長は、会長を補佐し、会……

その他の収入をもってあてる。
2　会費は、会員一人当り月額五百円とする。

（雑則）
第十一条　この規約に定めるもののほか、連盟の運営に必要な事項は、会長が役員会にはかって定める。

附則
この規約は、連盟設立の日（昭和四十八年十二月　日）から施行する。

以上の規約は、昨年十二月二十日開かれた連盟設立総会で採択された原案である。

日韓友好自民党愛知県議会議員連盟設立総会

愛知県自民党の議員連盟設立総会

1091

改憲運動を全面禁止

大統領緊急措置権宣布

朴正熙大統領は八日午後五時、憲法第五三条に基づき、大統領緊急措置第一号、第二号を宣布、七二年に制定された「維新憲法」に対する否定、批判、反対、歪曲の行為を一切禁止した。この緊急措置を批判した者を法官の令状なしに逮捕、拘束、捜索し、新たに設置された「非常軍法会議」で審判、十五年以下の懲役に処するというきびしいものである。十四日には物価抑制、国民所得の増大など国民生活の安定に重点を指向した緊急措置第三号を発表した。

一月八日朴正熙大統領が発動した、憲法五三条に依る「緊急措置」の内容は次の通り。

緊急措置第一号

●大韓民国憲法を否定、わい曲、ひぼうまたはこれに反対する一切の行為を禁止する。

●大韓民国憲法の改正または廃止を主張、発議、提案または請願する一切の行為を禁止する。

●この措置をひぼうした者は非常軍法会議で審判、処断する。

●この措置は一九七四年一月八日午後五時から施行する。

緊急措置第二号

●大統領緊急措置に違反したものを審判するために次のように非常軍法会議を設置する。

朴正熙大統領

朴大統領特別談話

国内人士の慎重を期す

中央団長が支持談話

緊急措置宣布背景

政府発表

現在は超非時局である

国論分裂をさせるのか

南北対話を強く後押し

自由民主主義の土着化

国務保衛上の責務もつ

戸籍の整備に際して

＜3＞

南北不可侵協定を提案

李都前駐日大使が合同通信社社長に

明日にはばたく若人

民族の旗手たらん 新しい門出を祝う

成人式

愛知県下で今年二十歳になる韓国人青年男女は三百七十名を数える。民団愛知県本部では、恒例の成人式を多数の先輩が参席するなかで盛大に挙行し、若人の新しい門出を心から祝福した。社会人としてのスタートに際し、誇り高き韓国人として民族の旗手たらんことを期待したい。

◇◇◇……青年を前に、力強くあいさつする権会長団長……◇◇◇

民団愛知県本部主催の七四年度韓国人成人式典は午後六時、東別院青少年会館で開かれ、三百七十名の対象者のうち、百九十名の [illegible]

成人を代表して答辞する金英子嬢

った第一部の記念式典で、会員起立して国民儀礼をすませた後、権会長民団愛知県本部団長が次のような記念辞をのべた。

一九七四年の新春を迎えるにあたり、満二十歳になられた青年諸君に心から祝福の意を表する次第であります。

成人になるということは、この社会にあって新らたな権利と義務をもつようになる記念すべき日であり、今日から皆さんは独立した社会人として巣立ち、大人の社会へ仲間入りすることになります。従って、成人になったことを深く自覚し、自己の責任において行動をとるべきであります。

異域日本で生まれて育った皆さんにこの場を借りて、ぜひとも強調しておきたいことがあります。

既に、民族が解放され、祖国は独立しましたが、日本社会の偏見と差別にも拘らず、この地において生活の基盤を築いてきた先輩たちの汗の結晶をかみしめながら我々はここでもう一度考えを新らたにし、祖国を仰ぎみつつ、異域で生活しつつも、祖先の歴史を継承し、韓国人として、生きていくことが真の道であることを確信し、民族の輝しい魂と伝統を永く継承していくべきだと考えます。

即ち、今日の新しい出発に際し、誇り高き韓民族の栄えいとして、悠久とした民族史に進んで参画していく任務があります。

そのためには祖国語を習い、民族の歴史と文化を学び、民族的にめざめた韓国人として成長していかねばなりません。

あなたがたは、社会人としてのスタートを今日から踏み出したのであります。

どうかこの成人式を契機に、知性をみがき、情熱あふれた韓国青年として、強く、たくましく行動されることを期待します。

最後に、あなたがたの発展と多幸をお祈りしつつ私の成人式の祝賀にかえさせていただきます。

引続き祝辞に移り、まず成竜九総団長が金正柱中央団長祝辞を代読した後、公館を代表して金相鎬駐名古屋総領事が要旨次のように力強く祝福あいさつをのべた。

厳しい社会環境のなかで育ってきた二世青年は、韓国人としての矜持を堅持し、海外で活躍しているわが同胞が手をとりあい、自分のみならず、われわれ後孫の繁栄をもたらせ、祖国の栄光を輝かすよう努力してもらいたい。目標はわが韓民族が優秀であることを誇りとし、先輩たちが歩んできた道を受けつぎ、ここに参席している来賓諸氏は若人を正しく先導するよう勤めてもらいたい。

最後に愛知韓国学園理事長の鄭煥麒先生が祝辞に立ち、迫力あふれるあいさつをのべた。

国家がないために、六百万のユダヤ人がナチスドイツにより、無残にも虐殺されました。旧日帝植民地時代に、われわれ韓国人も想像を絶する経験をしました。

しかし今やわれわれは、三方海にかこまれ美しい祖国も世界に誇る文字も所有しました。東南アジアの各国は、漢語を母国語として使用しているが、自国の文字がありません。先進国である日本にも、独自の文字はありません。

南北に分断されているが単一民族であるわれわれには、立派な文字があります。母国の言葉、ハングルを知らないのは、なんと悲痛なことでしょう。どうか韓国人としての自覚と誇りをもち、祖国と民族の発展に寄与できる人物になって下さい。

それにはまず祖国語と母国の歴史を愛知韓国学園に来て、熱心に勉強し、民族意識をはっきりもった韓国人になって下さい。

各界の祝辞の後、記念品贈呈が行われ、民団からアルバム、文化センターから朴大統領著書「民族の底力」、商銀から粗品が、成人を代表して名南支部の朱正展君に手渡された。

最後に新成人を代表して、東中支部の金英子嬢が「韓国の輝しい伝統と美しい言葉を受けつぎ、誇り高き韓国人として歩んでいく」と決意も新たにのべた。

二部では、商銀職員のバンド"キムチーズ"の演奏にのせ、ダンスパーティーを心ゆくまで楽しんだ。

……さっている皆さんが、このように一堂に集い、組織の研修を受け、おたがいの親睦をより一層深める上で絶好の機会であり、今後とも在日同胞社会発展のために尽していただきたい」とのべた。

この後直ちに研修会に入り、成竜九総団長から"事務部長の性格と役割"について具体的な講義がなされ、引続き、一月八日の大統 [illegible]

事務部長研修会を受講した一行

橋梁建設を援助

慶山 セマウル　県下有志が募金

[illegible]

銘金伝達式における鄭学文顧問

韓国が全勝記録

韓日学生バスケット

韓日親善学生バスケットボール大会第三戦は一月十五日名古屋市体育館において行われ、102—78の大差で韓国学生選抜チームが中京大学に快勝した。

前半、中京大にゴール先行された韓国は、後半鋭い動きから中京大のマークを振り切り、朴李英、金京泰らがシュートを連発し、大きくリードを奪った。

韓国学生選抜は来日以来3戦全勝。大会場には、民団、体育会など地元関係者が大勢観戦し、若人のファイトに熱烈な応援を送っていた。

韓国学生選抜 102（62—36／40—42）78 中京大

バスケット大会

体育会が計画

組織拡充が著しい愛知県韓国人体育会（李承棟会長　丁海竜理事長）では昨年の一連の競技大会に続きこの二月三日に新川体育館にて第一回愛知県韓国人バスケットボール大会を実施する。

体育会では昨年以上にその競技技術と質の向上に重点を置きながら

本国情勢を検討

[illegible]

盛大に新年会催す

経友会

[illegible]

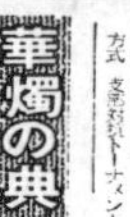

華燭の典

寿　李昌根民の長男、昌吉君と金相植氏の次女、仙子嬢の華燭の典は、一月十五日午後一時から鯱和閣において盛大に行われ、若いカップルは第二の人生へスタートした。

寿　具成会氏の長男、富明君と金判昌氏の三女、貴子嬢の結婚式は、李丰正先生主礼のもとに一月十日鯱和閣トヨタビルにおいて行われた。

日時　二月二日午前八時
場所　新川体育館
方式　支部対抗トーナメント

鄭瑛錫氏永眠

民団豊川支部監察委員長、鄭瑛錫先生は一月十二日、心筋梗塞に因り逝去された。享年五十五歳。

鄭氏は一九六八年から同支部の監察委員長として、組織発展に多大の貢献をなしており、その死去は惜しまれる。十五日自宅で行われた葬儀には、鄭氏が松岡製紙の社長でもあり、県下製紙業界の関係者など五百名余りが参列して、しめやかに行われた。

拡がる愛の輪

年末相互扶助運動を展開

[illegible]

支部だより

江南支部総会を開く

一宮支部

[illegible]

社会福祉を誠情

中南支部

[illegible]

婦人会、再建へ

名南支部

[illegible]

元旦に新年祝賀会

豊橋支部

[illegible]

任職員と新年会

西春支部

[illegible]

組織拡大を誓う

東中支部

[illegible]

朴烈氏、平壌に死す

[illegible]

……づいた功績は現在まで民団運動に脈々と流れているといえよう。金子文子との恋愛、大逆事件、拉致北などその一生は波乱に満ち、革命家朴烈の運命的なつながりとともに、強烈な個性の大きさをうかがわせる。

文化

日帝によって祖国と精神的自由まで奪われた悲運をなめさせられたのに……

美風の中の倭色論調

李承萬

いくら何でも、日本の軍歌を歌ってまねた学徒歌を歌ってウサを晴らしたとは……

押し寄せる日本の波

伝統と主体性への関心熱

倭色論調に染まった言葉使いの大衆相手の政治家や教育者に批判も

日本は韓半島からなみなみならぬ恩恵を被ったという日本人学者たちも……

「現代の結婚」入門

＝12＝

円滑な演出を工夫

結婚式の進め方

旧式結婚式の進行

広場

献血運動をはじめよう

青年　金彦萬

愛知韓国学園本園

東海新報
発行 東海新報社
発行人 権会俊
編集人 [illegible]
名古屋市中村区鷹羽町[illegible]
電話名古屋(451)6431
購読料 1ヵ月100円

民団綱領
一、われわれは大韓民国の国是を遵守する。
一、われわれは在留同胞の権益擁護を期する。
一、われわれは在留同胞の民生安定を期する。
一、われわれは在留同胞の文化向上を期する。
一、われわれは世界平和と国際親善を期する。

組織強化に団結を
三・一精神を受け継ぐ

さる三月一日、第五十五回独立運動記念日を迎え、民団愛知県本部では県下団員三千名が参加して盛大に民衆大会を挙行したが、急変する内外情勢下で、三月二十四日には注目の第三十六回定期中央大会が開かれ、尹達鏞団長を選出するとともに、今後の民団の進むべき方向を確認した。中央大会に続き、愛知県本部の定期地方委員会が開かれ、過ぐる期間の活動を点検し、今後にむけて再出発する運びになっている。本団をめぐる情勢を適確に判断し、あらゆる層が一致団結して組織強化に努め、新たな道のりを開拓していくことが要請されているといえよう。

県下同胞3000名が出席して開かれた第55回3・1節記念愛知県民衆大会

盛大に55周年祝う

「私は誇り高き大韓民国の前で、祖国と民族の無窮なる栄光のため……」と固く確認する」と、国旗に対し力強く誓った後、具泰尚議長が「意義のある記念式典とするよう願う」と開会を宣言した。

一九一九年三月一日、民族代表三十三人がソウル仁寺洞の明月館に集合し、「わが国は独立国であり、わが民族は自主民である」という宣言文を発表すると、独立万歳を高唱する群衆の波がふれて出て、各地でいっせいに立ち上った。この驚くほど大規模な運動は、日本の植民地化に強く反抗する民族全体の意思が内外に表明され、解放と独立を求めた。三・一運動の契機となったこの独立宣言文を権善彩経済局長が声高らかに朗読した。続いて金正柱中央団長の記念辞を成竜九副団長が代読した後、権会俊民団愛知県本部団長が次のように力強くあいさつをのべた。

権会俊団長

親愛なる同胞のみなさん！　わが民族青史に燦然と輝く三・一独立運動の第五十五周年記念日を迎え、国家と民族のために尊い生命を捧げられた愛国先烈の英霊に対し、深甚なる敬意を表し、冥福を捧げる次第であります。

三・一節についてはみなさまはよくご承知の通り、苛酷な日帝の圧制に対し、わが民族が自主民であり、わが国が独立国であることを宣布して、日帝の銃剣下に徒手空拳で抵抗した痛ましくも、崇高なる記念日であります。

この日を期し、祖国光復に全同胞が一致団結して立ち上り、一九四五年八・一五解放を迎えたのであります。

この運動は正義と人道に立脚し、わが民族が生存と繁栄を要求して起ったものであり、自由を希求する正当な意思の発露でありました。それがために、わが大韓民国の憲法はこの崇高なる三・一精神を土台に制定され、現在まで独立精神の象徴としてわれわれの心のなかに銘記されております。

親愛なる団員のみなさん！　今日われわれは三・一節五十五周年を迎えるに際し、自由と平和のために血を流された高貴な先烈の精神を反芻し、それを受け継ぎ内外同胞が心をあわせ、国の隆盛と民族の繁栄のために、民族良心に立脚して、民族のもつべき精神を整え、模索しなければなりません。

親愛なる団員のみなさん！　本国ではくらしよいわがふるさと、繁栄したわが祖国を建設するために挙国的なセマウル運動を継続推進する一方、維新偉業を完遂するための大統領緊急措置が宣布されました。漸次複雑になっていく内外情勢に対処して、たとえ海外に居住していても、われわれ在日韓国人が民族の一員として、国家と民族に貢献する唯一の道はひたすら民団に固く結集し、われわれの権益をわれわれの手で確保するという姿勢に立たなければなりません。

親愛なる団員のみなさん！　今日この意義深い三・一独立記念日を期し、より団結して相互扶助し、北傀と朝総連のあらゆる非民族的策動を粉砕して、民族の正気を高揚宣示するとともに、国威を宣揚し、平和統一をなしとげるために力を注ぐことを確認しつつ、記念辞にかえさせていただきます。

引続き来賓祝辞に入り、李鍚弘駐名古屋領事が金永善駐日大使の記念辞を力強く代読した。また記念講演では、県允台キリスト教東京教会牧師が熱っぽい調子で三・一精神とはなにかを次のように訴えた。

わが国の歴史は、他国から侵略され圧迫されたことはあるが、他国を侵略し圧迫を加えたことはない。蒙古や日帝などいくたびか侵略されながらも、しかしわが民族は生きながらえた。

三・一精神とは、第一に花郎道精神を継承することであり、思想・信条をのり越えて、一つに団結することである。第二に三・一独立宣言文にある通り、愛国・愛族精神を発揮することである。第三は日本に生きるわが同胞が正しく受けつがなければ意味がなく、民団は在留同胞の民生安定に全力を尽くさねばならない。日本において、よく祖国を批判する人をみかけるが、それは丁度自分の顔をいいか悪いとかいうようなものではないか。海外に居住するわれわれは、まず生活の安定を築くために力を合わせ、闘うことが第一義的目標である。

決議文

五十五年前の今日、独立宣言を契機としたわが愛国先烈の崇高なる三・一精神を受けつぎ、維新課業を成就するための大統領緊急措置に呼応して、祖国の繁栄に貢献し、在日韓国民の権益擁護と民生福祉の受益権争取を期し、民団組織の強化を確認しつつ、この大会の総意により次のように決議する。

一、われわれは民族の自主独立のために殉死された愛国愛族先烈の崇高なる三・一精神を生かし、維新課業を完遂し、経済開発および国民総和事業に積極参与する。

一、われわれは政治的・経済的に推移する国際情勢に対処し、あらゆる謀略工作を断固として粉砕し、大統領緊急措置に呼応し、民族の念願である祖国統一を成就するために邁進する。

一、われわれは在外国民としての矜持と国際的感覚で、在日韓国社会繁栄のために、組織強化に対内外的に積極活躍する。

一、われわれは祖国大韓民国国民として、日本とは勿論、自由陣営国民と親善を図り、世界平和に貢献する。

一九七四年三月一日
在日本大韓民国居留民団
第五五回三・一節記念愛知県民衆大会参加団代表
権会俊
具泰尚
尹瀚玉

続いて朴大鉉組織部長が力強いメッセージを朗読した後、尹瀚玉監察委員長が力強い閉会の辞をのべた後、鄭学元顧問の音頭で祖国と民団の発展のために万歳三唱し、記念すべき三・一節の幕を閉じた。

引続き第二部映画上映に入り、最新ニュースの後、「義士 安重根」を観賞した。

さわやかな感激
迫力ある民俗舞踊団
春香伝

江利チエミ、松方弘樹主演の「春香伝」名古屋公演はさる二月二十六日、韓日文化交流のさわやかな感激を残して成功裡にその幕を閉じた。

わが国の代表的なロマンを日本のトップスターが演ずることはきわめて意義深く、両国親善の役割をはたすとあって、民団愛知県本部では十七日、二十日、二十一日の三日間午後の部を借切り、組織動員を図り、多くの県下団員が楽しく観劇した。

十七日の公演の幕間あいさつに立った権会俊団長は次のようにあいさつした。

団員の皆さんはよくご承知の通り、春香伝は今日に至るまで小説または、歌劇に、演劇に、はた映画になり、本国ではもちろんのこと、世界各国の人々に広く親しまれております。

このような民族文化史上に大きな役割をはたしている"春香伝"が、今回日本の一流俳優により上演されることは、わが国の古典を広く日本の人々に紹介する契機となり、近くて遠い国といわれる韓日両国が、文化の交流を通じ、親善の絆を強めていく上で、大きく貢献するものと信じます。

どうか今日の公演を共に楽しく観劇され、今後相互の親睦を重ね、在日同胞の権益擁護するわが民団組織発展に心を一つに合せ、一致団結して前進することを強調する次第であります。

今回はわが国の古典を日本の俳優がいかに演ずるか、民族のもつ風土と人間性をどのように表現するか、「春香伝」のテーマをどのようにアプローチしていくかポイントである。

「春香伝」の底流をなす中心思想は、烈女すなわち女性の貞操観念であり、李朝期にみられた両班制度の不合理を打破して、この作品では、妓生という最下層のものと、両班の中でも上位にいるものとが恋愛し、結婚までしたところにある。

江利チエミ「春香伝」は、日本流の解釈をしているものの、このテーマにそって、わかりやすくかつ絵画的に演じることにより、その構成と展開において、庶民的な特性を遺憾なく発揮している。また民団の団体観劇の時は、舞台と客席が一つにとけこみ、感激のウズがとりまくなかで行われ、名古屋公演は二十六日成功裡にその幕を下した。

団体観劇した団員の声を拾ってみると「春香と夢竜の再会場面では、思わず涙を流しました」「日本の一流俳優が韓国の古典を演じたことは意義深い」「韓国民俗舞踊団の演技には迫力があり、とても素晴しく感じ、舞台に厚みを加えた力は大きい」とほとんどが手ばなしのほめようで評判はよい。また「唐辛子の入っていないキムチ」と分析した人も「わが国の代表的な作品を日本人が演じることにより、互いの文化交流を大衆レベルにまでもっていった点は評価できる」とのべた。

昨年の春、新宿コマでの旗上げ以後、大阪、名古屋での公演を終了して、江利チエミは「もう一度東京で凱旋公演をもちたい」ともらしたという。いずれにしても、近くて遠い国といわれた韓日両国が、これを契機にさらに文化を相互に紹介しあい、交流をつみかさね、韓日親善を増進していくことを願わざるをえない。

会費割当制を採択
納税連合会総会開かる

確定申告を前に開かれた第2回税連絡会

この後直ちに報告に入り、まず朴大均副会長からの一九七三年十二月三十一日現在の決算報告を承認した後、県下十八支部の実施状況がのべられた。

それによると、現在連合会の直接指導支部は名南、岡崎、豊田、中川、名西、名港、西春、熱田の八支部。組合を自主的に実施している支部は西尾、一宮、東中、中村の四支部。未実施支部は、瀬戸、知多、春日井、豊橋、豊川、西宝の六支部。

このうち納税組合既設支部は、名南、岡崎、豊田、中川、名西、名港、西春、西尾、一宮、中村、瀬戸の十一支部となっている。そのために着実に機構づくりを実施し、今後の納組を強化することを確認した。

引続き審議事項に移り、規約改正に関する件を了承した後、新年度予算案の趣旨説明に入り、組合或るいは支部に会費を割当し、基本的に会費制による運営を実施することを全会一致で決議した。また緊急な場合に備え、連絡をとることのできる態勢を確立するために、役員を選定すること、基礎帳簿備置奨励、納税貯蓄実施などの各案件をそれぞれ可決した。

任員選出に関しては、各支部の理事を選出した後、互選により会長団を選出することを確認した。

確定申告を指導

三月十五日の所得税確定申告の期限日を前に、民団愛知県本部管下十八支部では各納税貯蓄組合を通じて、組合員の納税相談および申告の指導業務を実施した。主な実施状況は次の通り。

日付	支部
二月二十六日	西春
二月二十七日	名西
三月一日	東中
三月五日	名南
三月五日～八日	中村
三月七日	岡崎
三月十一日	熱田
三月十二日	豊田
三月十三日	中川
三月十四日	名港

各納税組合では、朝早くから足を運んだ組合員たちは数字とにらめっこしながら、確定申告書の提出をすますと、さっぱりした表情となったが、われわれの多くは零細企業で、事務員を置く余裕をもたないために、資料不足で困る場合もみられた。

各支部の納税組合を巡回した成竜九会長も、この点を指摘しながら「青色申告の方向に流れている現在、基礎帳簿を備置するなど諸資料を収集、整理して、積極的に対処していき、事業を計画的に推進していきたい」と強調した。

また確定申告に来たある組合員は「税金の申告はむずかしく、いつも頭を悩ましているが、われわれの納税組合を通じてやってくださるのでとても助かります。在日韓国人に共通の問題を私たちの協力によって合理的に対処していくために、ぜひ納税組合の組織強化を図ってもらいたい」とのべていた。

青年奉仕団を派遣
60万セマウム運動

昨年はじめて実施した六十万在日同胞のセマウムと心をこめた六十万本の苗木を在日青年奉仕団の手で植え、本国造林緑化事業に貢献した活動成果を継続拡大し、今年からはその規模を全国的に展開し、全団的に実施する。本事業は民団中央本部青年局が主管し、来る四月一日から十二日まで約百七十名の青年参加をつのり、セマウル運動を正しく把握させ、参与意識を啓発したいとしている。そして出来れば、本事業を毎年の年例行事として定着させ、在日青年組織運動の新しい里程表を設定することを期待している。

金鐘任会長を選出
婦人会名港支部

在日本大韓民国婦人会愛知県名港支部ではさる二月三日第五回定期大会を開催し、金鐘任会長以下新任員を選出して、新たなスタートをきった。新任員は次の通り。

顧問 曹壬生、安永福、卞判変、朴道伊
監査 高子近、郭順愛
会長 金鐘任
副会長 李相順、安年伊
総務部長 尹得詐、金点曷
・次長 曹勝性
組織部長 揚順模
・次長 鄭正順
財政部長 孫鍋梁
文化部長 鄭春帆
・次長 金正字
厚生部長 南必連
・次長 李福連
渉外部長 朴貴雨
・次長 金士連
宣伝部長 申玉子
・次長 千福善

峠
抬頭する世代

世代は、一般的に三十年を意味する。人間が誕生して成熟するまで、次の世代をもうける一循環を三十年とすれば、祖父母・父母・子供たちの三世代がだいたい一世紀にあたる。現在の在日同胞社会を構成する世代層をこれにあてはめれば、日帝の植民地支配を体験し日本に渡航してきた一世と異域日本に生まれ全く祖国を知らない二・三世、それに戦争を体験しながらも戦後日本社会と深いつながりをもつ、いわば両の両世代をつなぐ中間層によって成り立っているだろう。

これらの世代の断層は、家族、地域社会、あらゆる組織や団体等のなかにあらわれ、風俗、感覚や生活様式それにものの考え方などの次元のちがいにより大きな亀裂を生じている。

主導勢力である一世が、一般に伝統的な生活意識や身分感覚が強く、生活や社会について保守的であるのに対し、若い世代は伝統的な趣味や風俗から解放され、日常生活のすみずみまで技術化し、合理化され、旧い世代へ反抗する。

在日韓国人の七〇%以上は日本で生まれた二・三世がしめているにもかかわらず、例えば民団組織の第一戦で活動している指導勢力は依然として一世が中枢をなしているし、激しい経済変動下で業績を拡大してきた商銀に対して、若い層が民族金融機関というよりも経済機関としてのイメージを強く持っているのが現状である。[illegible]層に最も必要な民族[illegible]なか進展しない。こうした状況のなかで一世から二世へのバトンタッチを迎え、世代間にあらわれた考えや行動のちがいは家族や組織体のなかで大きなあつれきを引き起している。しかしわれわれにおける「世代」の問題は、いわば祖国意識の喪失と民族的自覚の欠如である。

三十六年にわたる日本植民地支配の鉄鎖から解放され、戦後日本社会の混乱期をのり越え、今日の在日韓国人社会を形成していった一世は、文字通り風雪の時代を生きた証人であり民族的意識は必然的に骨肉化され、強じんである。これに対し、大衆社会化現象と密接な関連を[illegible]

民族主体性確立に根ざした方向意識の上にたって、若い世代が旧い世代を批判しながらも、旧い世代の人生経験のなかの知恵を学びとる本来の世代交替がなされてこそ[illegible]精神と魂を不断にはぐくむのではないだろうか。

このような世代の断層をなくし、円滑な交替を図る際に、組織における後継者づくりに意欲の喪失は最も警戒すべきであり、単に技術的に消化するところからは次代を展望することは無理であろう。

文化

国語のなかの外国語

金圓卿

言葉は民族の魂

混乱した現実に対処を

ある喫茶店でのできごと。注文をとりに来た女の子に、「卵をください」と言うと、早速「エッグですね?」ときた。そこで私は「卵が欲しいんだよ」と同じことを、少しきつめの口調でくりかえした。ところが、その女の子は「ですから、エッグでしょう?」と言いながら、「シングルですか、ダブルですか?」とうけくわえて訊いてきた。

瞬間、いささかムカッとしたが、それを抑えて「なんだね、きみは韓国語が話せないの?」と言いながら、どうしても「エッグ」に直さないと気がすまないわけをたずねた。

しかし、その女の子は、ざらにある客たちのからかいぐらいに思ったようだ。とり合わずにつっ立ったまま、レジに向けて「エッグ、シングルひとつ」と叫んでおいて去って行った。しばらくして、卵を持ってきてから「シュガーは一スプーン入れましょうか?」と言う。

何たることか。あきれはててものが言えない。もはや私たちは、これくらいの外来語には無感覚になってしまったような感じがする。だれもそのことを不思議に感じない。

もちろん、外来語使用問題については、その道の学者たちの間で意見の相違があるにはある。しかし、外来語は何が何でも使ってはならないと主張する人はいない。わがくに固有のことばにない外来的な生活内容を表現するとか、国語で表現することが不可能な場合には、いたしかたがない。例をあげれば、私たちのよく知っているハングル学者の中には、かたくなすぎるほど、そういうことに神経をとがらしている人もいる。その人は、喫茶店ではいつも牛乳を注文しているが、注文をききに来た女の子に、きまって「乳を下さい」と言う。そのたびに女の子は、「乳って、何の乳をですか」とききかえしながらうろたえてしまう。すると彼は、「なんだ、乳もわからんのか」と言いながら皮肉るのである。それでやっと、その女の子は「あ、ミルクですね」と、そうそうに引きあげてしまう。

そばから、私たちが「先生、ただ乳をくれとでなく、なんでしたら牛乳をくれとでもおっしゃらないと……」冗談のように、「乳をくれなんて……」と笑ってしまうこともあった。これはちょっと行き過ぎた例ではあるが。

ともあれ、最近のわが国の言語使用の現実は、どう考えても極度に混乱している状態にある。このことはとりもなおさず、われわれの生活内容、ひいては精神生活状態が乱れているということになる。

言葉は、その人の人格を表すうつわである。そして、生活と文化、歴史の根を盛るうつわでもある。したがって、それは、一つの民族の、精神と魂がすがって立つところの根であり、花である。

われわれの国語の中へ外来語がどっと流れこんで、国語にとってかわったということは、そのくらい、私たちの生活や精神価値観が、外国的な要素に同化され、侵蝕されたということになるし、われわれ固有の土壌を喪失したという結論になる。

私たちは今日、私たちの周りにあまりにも異質的なしっくりしない対話が、日常用語として通用している現実を見る。「ヘーイ、ミスタ・キム　ノムーン・ティー・ルームに行って一杯どう?そこのカオダム、アラエスかノーまよ!」

「オーケイ、そいつはワンツウ(一理一二という韓国語に通じる)ハブ・イエス(あり)だ。ワリカンでイッパイやってから、スポク(寿福)キャバレーによって、シマイする前に、いっちょうどうだ」

こんなぐらいのことは論外もなしに、かえって分別のせころの人たちの間で、ちっともためらうことなく通用しているのをよく見かける。

も少し若いのになると、いっそうはなはだしい。

「いるでしょ?ホラ、そのボーイ・フレンドのことよ。ファースト・インプレッションはちょっとハンサムに見えるけど、ふたをあけたらカントン(缶詰一つ分カン)で、パーソナリティーがノーグッドよ。背たけだけがジャイアントで、頭が何としてもシングリスト(いけすかないやつ)みたい」

「そう、じゃあ、わたしがアドバイスしようか?高尚デック(高尚的)に。だけど、ミス李のライバルにはなりたくないわ。といって、サクラ役になるのは、プライドの問題だし……」

こんな言葉でやりとりしている、わが若き世代たちの言語環境とか、価値観を推しはかることは難しくない。言語は、単に意思の交換手段だけにとどまるものではない。一つの民族が持っている言語は、彼らの心理構造であり、論理の基であり、思想の源泉でもある。われわれは今日、あまりにも私たちの固有性を喪失している異邦地帯の言語に出くわしている。

「やあ!こいつ笑わせたな。おまえ、勝ったりかけているが、汁もないぞ(汁の実はさておいて、その汁にさえありつけないという意味)。血を吹く前に消え失せろ!」

「イカスなあ、ジョニー・クラークよりスマイル・クッキーの方がよいぞ。カンヤブラボーやジャンボにしようよ!」

このような言葉が、わが国の愛らしい、若者のようないたいけな子どもたちや、学生たちの間で使われている。私たちは、言語実態を通して見た明日の韓国の姿に、一抹の暗い影がさしていることを限りなく憂うように思う。

わが国は国語教育はあっても、言語教育というものはなく、文字政策はあっても、言語政策は皆無い。そこで、言語の無国籍状態を清算しなければならなくなってしまったのだ。これは伝統の喪失であり、固有性の喪失を意味するものである。つきつめれば、言語の独立は民族の独立であり、言語の統一は国家の統一に直結するのであってみれば、今日この時点でわが国民は、われわれ固有の美しい言葉を損なわずに守り通すことが、民族の精神的統一を保ちつつ目指す道なのである。

フランスやドイツのような国では、外来語が紛れ込むと、その語を国家的な次元の言語会議にかけて、長い時日にわたり吟味した末、通用させるように規制している。英国人は自国語(英語)の試験に合格してからでないと、博士学位を授与しない。

ところで、わが国民はどうであろうか? 留学に出かける若い人たちは、自国語をまともに勉強する前に、外国語から習っている。国家試験としての留学生試験は、外国語だけで九十パーセント以上の点をとればよい。国語や歴史は、何と十パーセントにも満たない点数が割り当てられている。ある学生に向かって教師が「きみは歴史の点数が悪い」と言ったところ、その学生いわく「ぼくは将来外国に留学するつもりですから、歴史の点数などにはあまり気をつかっておりません」と答えたそうだ。なんと、嘆かわしいことではないか。

わが国民は、母国語に対する自覚と尊敬心を持っていない。批判なしに、分別もなしに、外来語、隠語、雑言、卑語を使っていながらも、全然意に介さない。それだから、わが国の繁華街である明洞の街を歩いていても、外国の街を歩いているような錯覚を起こしてとまどったり、なじみにくい、よそよそしさを感じてしまう。そこにある店の看板、とりかわされる言葉、身につけている衣服、考え方までもが、すべて自分の故郷を失ってしまった異邦人地帯のように思われてくる。

「言葉はどうだろうと、意味だけ通じればよいではないか」といった考え方は、ひいては、国籍はどこだろうと、着ることさえできたら、それで構わないではないか、というような思考方式と、何ら変わるところがない。このような思考方式はとどのつまり「韓国はあっても、韓国人は存在しない」といった、逆説を生み出してしまう。これまた、なんと、恥ずかしい限りではないか。

ある研究者の統計によると、ソウルの繁華街である明洞一帯の看板の四四・三パーセントが西欧式の看板であり(そのうち、洋装店の六〇・三パーセント、洋服店の五九・八パーセント、新屋の五五・三パーセント、洋菓店の三六・四パーセントが、すべて西欧語看板である)、薬品の名は九六パーセント、子ども向けのお菓子の名まえですら八四パーセント、そしてさらに、わが国の外国留学生の中には、金エリーとか、朴ハッピーといった、外国人名に変えている人もいるそうだ。

毎日、ラジオ、テレビから、数限りなく流れている国内の放送用語、それに、商品広告用語など……。私たちは、あまりにも言語の無節制と無国籍ぶりを思い知らされる。私たち国民全体がこの時点で、求めなければならないのは何だろうか。それは民族の言語であり一つの統一祖国を志向させるためである。ところで、そのための欠くべからざる重要かつ緊急なことは、国民のだれかれを問わず、みな一様に国語を守り通し、これを正しく使い、磨きあげることと言えよう。

「アジア公論」

「現代の結婚」入門 =13=

神の前に夫婦宣言

教会で式をあげる時

教会での結婚式

教会でする結婚式は、各教会により少しずつ異なっているが、大抵次のような順序で進行される。

教会堂では、親戚、親友、信者などがまず参席して式を待つ。正面にむかって、右側が新郎側の席、左側が新婦側の席である。

新郎新婦の父母が一番前に坐って、その後に兄弟姉妹の順で坐わる。

オルガンでウェディングマーチをひけば、一同が立ち、新郎新婦の入場を迎える。新郎新婦が入場する方法は、礼式場の場合と同じである。

その次の式順は次の通りとなっている。

①新郎新婦入場
②礼拝(賛美歌・祈祷お祈り)
③聖約式
④礼物交換
⑤牧師教訓
⑥宣言
⑦お祈り
⑧新郎新婦退場

教会での結婚式の時も、聖約式をした後、婚姻申告書に署名する手続をしておけばさらによい。

聖約式の時は、新郎新婦はていねいに「ハイ!」と答え、コウベをたれ、肯定の表示をあらわす。そして結婚指輪を交換する。

牧師教訓は、牧師が両人に手を握り合わせ、その上に自分の手をのせ、お祈りをした後、誓句を引用し、教訓を与える。

宣言は主と参会者の前に両人が夫婦となった事を宣言するものである。

新郎新婦退場時には、メンデルスゾーンの結婚行進曲に合わせ新郎が真っすぐ前に立ち、新婦が左側となり、仲人が後に立ち、二列縦隊で退場する。

いったん退場した後、再び入口に出てきて、お客さんからお祝いの握手を受ける。

しかし最近の教会の結婚式も、礼式場結婚式の手続が多く加味されているようだ。

信者でなくお客が教会結核式に参席する時

信者でない人が教会でする結婚式に参席する場合は、ふなれでぎこちなく感じやすい。

しかしふつう入場をする時、式順を印刷した案内状が配布され、その時その時毎に司会者の指示があるので、これに従い周囲の人々と共に行動すれば足りる。

賛美歌を歌う時は、わからなくとも立ち上り、静かに立っていれば足りる。聖書の言葉を朗読してお祈りをささげるとともにコウベをたれ、新郎新婦の新出発をお祝いしてあげる。

カトリック聖堂においてする結婚式は、おごそかな順序が多い。信者でない人がカトリック聖堂においてする結婚式に参席した時は、お祈りをする時ヒザをまげず、イスにすわっていて、[illegible]い。また女性の場合は、頭にヴェールをかぶらなくともよい。ただ司会者の指示に従い、周囲の雰囲気をこわさないよう注意すれば足りる。

仏教式結婚式

仏教式は法堂で行うものであるが、最近はそれ程多くはない。式順は大体次の通りである。

①一同着席
②新郎新婦入場
③司婚者(住職)入堂
④読経
⑤教白文朗読(司婚者)
⑥新郎新婦[illegible]
⑦焼香授与(司婚者が新郎新婦に)
⑧新郎新婦焼香
⑨司婚者訓話
⑩読経
⑪司婚者退場
⑫参席者退席

教白文はシャカムニと祖先に結婚を報告するものである。[illegible]ある。司婚者が読経をする時は、コウベをたれ謹聴する。

結婚式の日新婦が知っておく事

女の一生で結婚式のように感慨無量な日はおそらくない。それを新しい人生が展開される日である。今日から父母の膝を離れることを考えると、名残り惜しくさびしくもあるが、一方では重い責任感を感じるようになる。今までは家のなかでお嬢さんとしてかわいがられてきたが、これからは一つの家庭の主婦として、進んで人生を開拓していく段階である。結婚式の日、新婦が注意すべき事を書いてみよう。

①朝食を充分にとる事

緊張と興奮でよく眠れなかったために、この日の朝食を充分に食べない場合が多い。しかし結婚式の日は、一日中緊張をして、立ったり動きまわる時間がまた多く、ひょっとすると一日中ぬきになる。それだから朝食をぬいてはいけない。

朝食が出来ないと、すぐに疲れ、しくじる場合があるのみならず、なによりも化粧がよくのらない。そして顔色が黒ずむ。口びるがつねに乾き、耳がぼんやりとして、病人のようになり、ひどい場合には、卒倒する事態が起こることもある。それだからよく食べておかねばならない。トースト一切れ、牛乳かジュースを飲み、一日中の大事に対処するようにしなければならない。

②家から出る時、父母に別れのあいさつを忘れない事

[illegible]

③化粧はいつも通った美容院で

[illegible]

女子挺身隊 ①

民俗学者 林鍾国

死の南方航路

〈戦時中、朝鮮女性が挺身隊として多数戦地に動員されたが、その数はおよそ十四〜二十万人に及んでいる。〉と、「朝鮮人強制連行の記録」には記されている。[illegible]

[illegible]

生理を喪失した女

[illegible]

(つづく)

戸籍の整備に際して <4>

五、罷養

1、罷養の意義

[illegible]

2、罷養の種類

[illegible]

六、婚姻

1、婚姻の意義

[illegible]

2、婚姻の成立要件

[illegible]

中川支部 晴れの会館落成

管下団員の念願実る 民族権益保全に邁進

待望久しかった民団中川支部の新会館が完成し、さる三月十六日午後一時から内外の関係者が多数参席して晴れの落成式を祝った。同会館は新築三階建物で、事務室の他に応接室、会議室、駐車場などが完備されており、管下団員が交流する広場として新たなスタートをきった。

落成式のテープにはさみを入れる金永楠中川支部団長（中央）権会俊本部団長（右端）姜錫弘領事（左端）

「祝 落成式」の祝賀の幕が一階会場に張られ、各界各層から贈られた花輪がまわりに飾られるなかを中川韓国人会館の落成式の幕があげられた。

多数の来賓と管下団員を前に、崔楨鎬議長が「ただ今から中川支部落成式を挙行致します」と力強く開会あいさつをのべた。

次に建設委員会委員長を兼ねる金永楠団長があいさつに立ち「長い間の懸案であったわれわれの会館建立は、管下団胞の皆さんの一致団結の下に、惜しみない各級任委員の努力と有志諸賢のあたたかい協力そして県下各級組織の支援のなかで、ここに中川韓国人会館として結実をみるに至りました。その間会館建立に物心両面にわたり協助を惜しまなかった各級任員はじめ管下団員の皆さんに、この晴れの日に際して、深甚なる感謝の意を表する次第であります。中川支部はこれにより、内外に権威をしめし、民族的矜持と品位をもって、団務を遂行することができます。本団は今後、この会館を土台にして、われわれの権益のより一層の保全を期しつつ、民生を安定させるあらゆる事業に積極注力することをこの場において確認しつつ、あいさつにかえさせていただきます」と結んだ。

完成した民団中川支部会館

引続き経理報告に入り、金佳秀文教部長が次のようにのべた。

一、一九七一年七月十二日、中川支部の第十七回定期大会において、会館建立に対する方針を決議した。

二、一九七一年七月十六日、中川韓国人会館建設委員会を設立した。

顧問	安成太　金鍾基
委員長	金永楠
副委員長	崔楨鎬　李今述
委員	禹相峰　鄭万石　金洪周　李東煥　申竜和　崔有春　金在奇　安鍾瑜　金彦秀
常任委員	明昌旭　崔淑恵

三、建設委員会は次のような事業を推進した。

① 予算
〈収入〉 三〇〇〇万
〈支出〉 土地 一二〇〇万
建築工事 一二〇〇万
備品費 四〇〇万
その他 二〇〇万

② 敷地選定
慎重な検討の下に、数ケ所の候補地中、次のような場所を選定して、一九七三年三月三十日に購入した。
名古屋市中川区八島町三丁目二十五番地 三十四坪余

③ 業者選定
設計施工業者 平山工務店（代表者 申竜和）

④ 起工式
一九七三年七月十日

⑤ 竣工式
一九七四年三月十六日

⑥ 会館規模
1F 24坪 機械室 車庫
2F 24坪 事務室 団長室兼応接室 化粧室 湯沸室
3F 24坪 会議室 化粧室
〈延坪 七二坪 三階建物〉

経理報告の後、祝辞に入り、まず権会俊愛知県本部団長が力強くのべた。

「団長をはじめ中川支部の団員のみなさんおめでとうございます。長い歴史をもつ中川支部の会館建設に際して、同胞の皆さんの物心両面にわたるご協力の下に、本日ここに待望久しかった落成式を迎えたことは愛知県本部団長として喜びに堪えません。この新会館は文字通り"団員の広場"として大きな役割をはたすものと期待されていますが、特に同胞社会の明日の力となる人材をこの広場で育成、修錬され、立派な結果を収めるものと信じて疑わないものであります。どうか新会館の落成を契機に、われわれの権益を一層保全して、民生を安定させる全ての事業に積極的に力を傾けることをこの場において確認しつつ、本団組織のさらなる発展を期して、祝辞にかえさせていただきます。」

また当地方出身の朴太煥中央議長が、以前活動の場であった中川支部の晴れの出発に感激の祝辞をのべた後、姜錫弘駐名古屋領事が公館を代表して「団員の皆さんの固い団結の下に待望の会館落成をみましたが、今日はまた新たな出発点であることを銘記し、中川支部の飛躍なる発展を期待します」とのべ、最後に日本側を代表して中川区役所からお祝いのことばがのべられ、各地から送られてきた祝電が披露された。

この後表彰に移り、まず金永楠団長に感謝状が姜錫弘領事から授与された。また金正柱中央団長表彰状が李今述氏以下十名に朴太煥議長から、権会俊本部団長表彰が金鍾基氏以下十一名に、金永楠中川支部団長表彰が呉尚虎氏以下六六名にそれぞれ授与された。

続いて愛知県韓国人経友会、韓人会、設計施工者申竜和にそれぞれ中川支部から感謝状が贈られた。

最後に明昌旭副団長が閉会の辞をのべた後、力強く万才三唱の音頭をとった後、テープカットに移り、権会俊本部団長、金永楠中川支部団長および姜錫弘領事が紅白のテープにはさみを入れ、参加者全員で新会館に入場し、祝賀宴に出席し、同会館の落成式を祝った。

学園卒業式 社会へ巣立つ

使命と責任感をもって

愛知韓国学園の第八回卒業式および一九七三学年度終業式は三月十八日午後七時から同学園講堂において挙行され、卒業生八名が学舎を巣立ち、五十一名の生徒が今年度修了生となった。

金兼先生の司会により、開式がつげられると、白い胸花をつけた卒業生が会場に入場し、直ちに国民儀礼を終行した。後、力強く教育憲章を朗読した後、金兼先生が愛知韓国学園の生徒たちから今日までの道のりを報告し、卒業証書および修了証の授与に移った。

全課程を終了し、晴れて卒業する生徒一人ずつに鄭理事長から卒業証書が授与された後、初・中・高級科の各修了者が呼名され、代表者に修了証がそれぞれ授与された。また皆勤賞、精勤賞、努力賞の各賞がとどこおりなく授与された後、記念品贈呈が行われた。

まず学園から時計、民団からアルバム、経友会から万年筆、親睦会から花びんがそれぞれ卒業生に贈られたのに対し、卒業生一同から掛時計が学園に記念として贈られた。

続いて鄭煥麒理事長が立ち「今日卒業するあなた方は、われわれ在日同胞社会において非常に貴重な存在であります。学園で学んだ事をぜひ社会に出て役立ててほしい。愛知県下には三万五千人の民団同胞が居住しているが、ウリマルを知らない二・三世が多く、民族教育はへいそく状態にあります。民団が民族教育を推進しなければ、その将来はありうべくもない。明日からは、一人一人が団結して、民族教育のためにやっていかねばならない」と熱っぽく訓話した。

続いて金相鉉副領事が祝辞に立ち「われわれが学んだ事、もっているものを使わなければ、失われたと同じ状態である。二・三世の民族教育のために、よりよき方針を樹立し、当地方において実施されるよう願う」とのべた後、金正柱民団中央団長が「わが同胞社会の七〇%は二・三世がしめ、ますます増加している現在、愛国、愛族的精神を後代に引継いでいくことがわれわれの責務である」とあいさつした。

[illegible]あいさつをのべた。続いて[illegible]経友会会長なども、民族教育を充実することを訴えて祝辞を終えた。

次に在学生代表が卒業生に対し「この学園にともに学び、楽しい思い出がいっぱいありますが、[illegible]日同胞社会において立派な韓国人として活躍され、われわれ在校生を見守ってくださるよう願う」と送辞がのべられた。これに答え、[illegible]

多数の父兄が出席した第8回学園卒業式

愛国同志逝く

豊田、豊橋で支部葬

[illegible]

支部だより

映演と講演会

[illegible]

母国訪問団を派遣

[illegible]

ボーリング大会

[illegible]

盛況な弁論大会

[illegible]

華燭の典

[illegible]

中北版

「中北版」は、民団中部北陸地区協議会に所属する愛知、岐阜、三重、福井、石川、富山の六地方県本部の最新ニュースを報道するコラムであり、本団での伝達事項をはじめ各支部および傘下団体の活動および消息、そしてニュース……

相互の連帯を図る

中北地協　緊急措置に呼応

第三十六回中央定期大会を前に開かれた第四十六回中部北陸協議会（権会俊事務局長）では、本国で宣布された大統領緊急措置に呼応するとともに、各地方本部との組織的な横のつながりを図ることを確認した。

第四十六回中北地区協議会は二月十二日岐阜せいらん会館に愛知県本部をはじめ所属各地方本部の代表が参加して開かれた。

文栄奎岐阜県本部事務局長の司会により始まった同地協を代表して、成竜九副団長があいさつに立ち「権会俊事務局長は本国出張により参加が不可能となりましたが、地方本部間の親睦の絆を図るために一層地協の充実を図りたい」とのべた。続いて金洪範岐阜県本部団長が開催地を代表してあいさつに立ち「組織に対して未熟であり、今後とも地方本部間の横の関係を重視していきたい」と強調した。

来賓祝辞に立った金相鉉副領事は「組織強化に際し、現時点において成就することのできる話をする必要があり、段階的に発展させていくのが望ましい。本国の非常措置に対し、祖国に自由がないと考える人が多いが、今回の規制は維新憲法の範囲内で規定されており、それ以外の事項は自由生活が保障されている。民主主義と自由主義の良所を誰もが理解しているが、国家の事情によりある程度は制限されることを理解してほしい」と強調した。

次に事務局報告に入り、昨年八月十六日名古屋観光ホテルにおいて行われた光復節祝賀会に対し、また十一月十九日石川県輪島港で……

岐阜市で開かれた中北協議会

糾弾文

盛大に三・一節祝う

三重県本部

意欲的な青年育成

岐阜県本部　奨学金制度も

本国論調から

重大な安保脅威

北韓艦艇の漁船砲撃

北韓の蛮行

（東亜日報）

広場

私の青春論

愛知韓国学園　崔　明　秀

訪韓の印象

岡崎市立井田小学校校長　川島　良夫

1、ソウルのくらしをみて

2、学校を参観して

3、各自最善の努力（人事）についての

4、おわりに

東海新報

東海新報社
名古屋市中村区
購読料 1ヶ月100円

民団綱領

一、我等は大韓民国の国是を遵守する。
一、我等は在留同胞の権益擁護を期する。
一、我等は在留同胞の民生安定を期する。
一、我等は在留同胞の文化向上を期する。
一、我等は世界平和と国際親善を期する。

特集記事

新たな前進の契機に

地方委員会を迎えて

民団愛知県本部（権会俊団長）の第二十回地方委員会は、第二十三回中央委員会の決定を受けて来たる五月八日に開催される。今地方委は、過ぐる期間の活動報告総括および新活動方針案を討議し、今後の展望を打ち出す。県本部の地方委に引続き、管下各支部では大会が予定されている。

めまぐるしく変化する昨今の国際環境は、世界の各国が国益優先という現実政策を積極的に推進し、新しい世界の秩序と安定を模索している段階である。

本国では年初以来、大統領緊急措置が連続して発動され、国家保衛の任務完遂のために重大な措置をとった。二月には北韓艦艇が公海上で漁労作業をしていたわが国の漁船を砲撃し、漁夫を強制拉致した蛮行に全国民の憤怒を招いた。

このようなきびしい内外情勢下で挙行された民団第三十六回定期中央大会では、尹達鏞団長、朴太煥議長、鄭泰柱監察委員長の新三機関長を選出するとともに、祖国の自由民主体制を守護しつつ、民団員相互の融和を図り、全組織の強化に取りくむことを確認した。

また、さる三月二十二・三の両日開かれた民団第二十三回定期中央委員会において、次のような諸事項を総括し、新たな活動方針を打出した。

在日韓国人の総殿堂である中央会館建設は、民族的な気風を団内に造成しつつ、愛国愛族精神を高揚することに力点を置き、全体団員の一致団結した協助の下に、誠金で建立する。また賀詩応答の多かった移地問題について、その真相究明のための特別委員会を新設、査委員会一任の下に構成することを決議した。

次に、われわれ民団組織の重要課題の一つである次世代育成については、青年会の結成および育成強化を図ってきたが、その活動状況は全国的に停滞遅延している。今後各地方本部は、中央路線に従い、積極的に各地方の青年会結成 [illegible]

を新設し、組織活動家としての教育を実施するために中央に組織学院を設立して、朝総連ならびに不純勢力に対処する。

一九七五年七月二十日から一九七六年一月十八日まで六ヶ月間、日本国主催沖縄で開催される海洋博覧会に際し、国威宣揚を図るために、韓国館を拡強化、母国団招請等の事業に対備している。

さらに世代交替期にある在日韓国人社会と民団組織は、なによりもわれわれ二・三世の教育問題を重視しなければならず、韓国学校（園）育成強化のために、根本的かつ恒久性のある対策を樹立していかねばならない。[illegible]

[illegible]月二十一日から三月二十一日まで実施された第一次在日同胞の母国無料奉仕団に引続き、五月中旬から八月中旬にわたり第二次の派遣を予定している。

創団以来二十八年を迎えた民団の歩みをまとめ、将来の指針とするために、来たる一九七六年十月三日の創団三十周年を記念し、「民団三十年史」を発刊する。

ところで中央大会に続き、全国各地方本部ではいっせいに地方委員会ならびに地方大会を開くことになっている。

民団愛知県本部（権会俊団長）では第二十回地方委員会を来たる五月八日に予定しているが、地方委を前に組織活動全般にわたり正しく総括するとともに、新しい展望をきりひらいていくことを確認していかねばならない。

特に一九七二年九月から実施されている団費納入および割 [illegible]

[illegible]

かねばならない。

この他にも、当地方における民族教育の殿堂である愛知韓国学園を助成するために、現段階における当面方針を打出し、積極的にバックアップしていかねばならない。創立二十周年を迎える愛知商銀の助成に対し、民団組織活動と金融活動を有機的に合致させ、紐帯のなかで二十周年記念行事の方向を模索しつつ、各級組織と団的に後押ししていかねばならないだろう。いずれにしても今地方委がわれわれの権益を一層保全し、民生を安定させるすべての課業に全力を傾けていく新たな契機となるよう期待されている。

創意力と決断力そして忍耐を発揮しなければならない。

権会俊民団愛知県本部団長

送還希望毎年減少

サハリン同胞

サハリンに居住する韓国人のなかで、韓国や日本に帰るのを希望 [illegible]

中北各県で大会

崔季守団長を選出　石川

民団石川県本部の第十九回定期大会は去る四月十五日午前十一時から、石川県婦人会館に代議員が多数出席して開催し、新役員を選出した。

大会に先立ち行われた同地方委員会では、総括をはじめ各案報告を承認するとともに、中央会館建設募金運動の推進、戸籍整備事業の促進、民族教育の振興、宣伝活動の強化など新しい活動方針を採択した。

団長選挙では、崔季守（前県本部副団長）と洪三鳳（七尾支部団長）の両氏が立候補し、投票の結果43対16で崔季守氏が選ばれた。また議長には、洪三鳳氏、監察委員長に黄一千（前県本部組織部長）の両氏がそれぞれ選出され、新三機長の下に力強いスタートをきった。

新潟　新団長に李元世氏

新三機関を選出

新潟県本部

民団新潟県本部の第三十六回定期大会は十三日同本部講堂において行われ、団長に李元世、議長に文錫順、監察委員長に金方淑し各氏がそれぞれ選出された。

28日に大会

三重県本部

民団三重県本部（沈目祚団長）では、来たる二十八日午前十一時から県本部において定期大会を開催する。今大会では報告処理の他に、任期を迎えた執行部の改選が行われる。

県民会館で大会

福井県本部

民団福井県本部（金順永団長）の定期大会は、来たる二十七日午後十二時から福井県民会館において行われる。

今大会では活動報告、方針を採択した後、人事改選が予定されている。

5月中に地方委

岐阜県本部

民団岐阜県本部（金沿範団長）の地方委員会は五月中に開催されている。今地方委は報告中心で、人事改選はない。

5月中に大会

富山県本部

民団富山県本部（河定範団長）の定期大会は、五月中に開催される。

このように中北各県本部では、石川、新潟の両県本部で新執行部が発足し、岐阜、三重、福井の三県本部でもやはり大会が予定されており、新役員を選出することになっている。

愛知、岐阜の両県本部では、地方委員会を開催し、報告を処理することになっている。

新執行部選出へ

婦人会中央大会を召集

在日本大韓民国婦人会では来たる四月二十九日午後十時から、東京の千代田公会堂において全国の代議員が多数出席して、第十一回定期中央大会を開催する。

本大会では、過ぐる期間における活動を総括するとともに、現時局に際しての当面活動方針を打出し、今後二年間にわたり全国の婦人たちを指導すべき執行部を選出して、民団の傘下団体として婦人たちの地道な活動をさらにつみ重ね、新たなる発展を促す契機になるものと期待されている。

なお愛知県本部からは、金寿坤会長以下十五名の代議員が参加する。

北韓の蛮行を糾弾

婦人会が誠金拠出

在日婦人会（金信三会長）は北韓蛮行糾弾大会を第一（近畿、中北）第二（九州、中国、四国）地区につづき第三地区（関東、東北）では [illegible]

来年八月完工めざす

中央会館　業務を強力推進

募金

[illegible]

設計

[illegible]

業務推進

[illegible]

三千本を植樹

[illegible]

本国における踏絵的発行

[illegible]

韓国有力紙が懸念

靖国法案の強行採決

[illegible]

教育勅語についての最近の一田中首相発言と関連させてみる点で、東亜日報は「これ（田中発言からみて）今度の靖国神社法案の内閣委通過を日本軍国主義復活への前兆とみる見解がしも誇張にすぎないとは、いえないようだ」と批判、朝鮮日報も「このようなやり方で進むなら天皇の神格化が復活しない保証はない」と懸念している。

四日付「韓国日報」は、一面、三面に写真入りで「生きる"侵略"の象徴」と題して記事を載せ、「法案の主要骨子は宗教法人・靖国神社を特殊法人化し、国家で運営を補助することができるようにするものである。しかしこの法案は、神社の運 [illegible]

早急に国軍近代化

米下院　膠着する南北対話

[illegible] 公表された。

[illegible]

「しかし、さらに重要なことは、南北対話のちゅうたいによってこの地域における今後のアメリカの安保上の利益がそこなわれている」と指摘した。

この報告書は続いて「このような敵対的雰囲気がみ配しているかぎり、韓半島における安定を追求する努力はむずかしくなるばかりである」と語り、「駐韓米軍の撤縮が当分の間むずかしくなったこと」を示唆した。

米極東政策の有力資料となるこの報告書は、韓国政府が北傀の激化した軍事的脅威に対処するため [illegible]

▲第一に、韓国には政府に対する一部批判があるが、北傀の南侵威脅に対する政府の防衛態勢に対する反対はない。

▲第二に、韓国と同じ開発途上の指導者は、批判と挑戦に対し、[illegible]

[illegible] の手紙往来によりわかったためと指摘した。

（関連記事四面に掲載）

金永善大使が巡視

関西で盛大な歓迎会

金永善駐日大使は去る一月着任以来、八日関西へはじめて巡視した。八日午後五時五十三分京都着、同夜は京都ホテルで、九日正午からは神戸のポートホテルで同日午後六時からは大阪グランドホテルで、それぞれ歓迎会に臨み、十日午後三時半帰任した後、同大使は十五日からソウルで開かれるアジア地区公館長会議に出席するため十三日午前帰国した。なお尹達鏞民団中央団長は関西地区での新任大使歓迎会に出席するため、八日午後愼福事務総長を帯同して西下した。

初めての訪中

在米の貿易商

【ソウル二十三日＝時事】韓国各紙が二十三日報じたところによると、米国に住んでいる韓国人実業家がこのほど、十五日から開かれている春の広州交易会に招請を受け、中国入りすることになった。

中国から招請を受けたのはロサンゼルス市で貿易商を営む金シミョン氏（音訳）で、招請状は中国商業者からロサンゼルス駐在中国国営貿易公社を通じて金氏に届き、二十一日にパリの中国大使館からビザの発給を受けたあと、二十三日に香港経由で中国入りするという。

これまで米国籍の韓国人女性が中国籍の夫と同行して中国を訪れた例があるが、今回招請を受けた金氏は韓国にかつらとマネキン工場をもっており、父親をはじめ兄弟もソウル市内に住んでいるところから、韓国人の訪中はこれが事実上初めてと受け取られている。

峠

桑田変じて滄海となる。時代がもはやそこまで来ているのだろうか、あるいは人の心が変ったのだろうか、はっきりとわからないが、われわれの身のまわりに起る現象はとにかく驚くことばかりである。

われわれをとりまく周囲の環境が、複雑化、多様化していくにつれ、ものの考え方はいくえにも細分化し、価値観は広く多元化現象を呈してきた。ズタズタに神経をすりへらされ、どう生きるかをめぐって、現代人の苦悩は深まるばかりである。くもの巣のようにはりめぐらされた配線から送られてくる情報網のチャンネル権を奪いあい、結果的には画一的な選択、ないしは没社会的な無関心をよそおう。

社会への貢献、環境の改善、人間の調和といったテーマに対する意欲をあらわすことなく、世の流れるままにわが身をゆだねるか、あるいは流れに抗するかにみせかけ、原論的に自己の陣営に有利な方策をとるエゴイストたちのむれであろうか。

そもそも一体われわれ同胞は現在、いかなる地点をどのように歩いているのだろうか。世の中の流れが少しずつ変っていくなかで、われわれ同胞はなにを守り、どう生きようとしているのだろうか。

創意工夫を求め

在日韓国人にとって、本国を離れ、日本で生活している事実は今も厳然として変っていない。異域に居住していても、本国同胞とともに、祖国と民族を案ずる気持はいっしょであるが、現実の状況は全く同様というわけにはいかない。ものの考え方や思いは同じくできても、情勢をつねに先取りし、態勢が全体としてつねに先じていくことはむずかしい。

高論でいえば、在日韓国人は外国で生活している以上、まず自らの生活を確立し、民族全体の権益を守る第一義的目標に立脚しながら、祖国の絶え間ない発展を願い、精神的、物質的にあと押ししつつ、地域社会にあっては、韓日両国の友好を促進するために貢献する、いわば民間外交の役割も担っているといえよう。

ところがこのような目標に対し、実際にその把握の仕方は各人各様でなかなか一つに定まらない。地域、団体、組織などにみられる対立は、ややもすれば出身地や階層また所属する派閥のちがいにより、その人物や事業を評価しがちであり、あまり問題の本質をみつめようとしないところから生まれる。

「東人と西人」「経済人と組織人」「金もちと貧乏人」「慶尚道と全羅道」「大学卒と中卒」といったぐあいに、日常生活ではよくみうける。

組織や団体がはたすべき本来的な役割、そこに所属する人々が担う使命は、正しい目標に対し合心し、共に願うことであるが、それはどこまでも自らの力で立ち、自らの足で歩いていく力強い自立、自治精神を発揮してこそ、創造的な仕事をつくり、展開することができる。つまり進んでタネをまく人となり、人を育て、先ず自らをかんがみ、相互に批判を加えることにより、歩一歩前に進めるのであって、相手方を一方的になじり、そしる態度からはなにも生まれない。

われわれにとって今さら「仕事をやるのかやらないのか」が問題なのではなく、「やる」という前提の上に立って、「どうやるのか」を論じあうべきであり、考えを同じくする人々が派閥や階層をのりこえ、手をとりあい、協力しあって、なにをどう創るのかを実践していくことである。

文化

日本人と同胞

ソウル大文理大教授　崔　載　喜

日本に住んだことのない筆者としては、その地の韓国人民族に対する日本人の蔑視や差別がはたしてどの程度のものであるのかはかり知れない。敗戦前の軍国主義、侵略主義の日本に生きた日本人と、敗戦後の新教育を受けた日本人とでは、韓国人に対する態度にちがいがあるであろうとは察しがつくが、このちがいにしても、どの程度のものであるのかは、じかに感じることはできない。

しかし、在日外国人の九割以上を占めている韓国人に対する日本人の固定的な偏見は、本国在住の韓国人としては、とても想像できない旧態依然としたものがあるらしい。その一例として、日立製作所の入社試験に合格した者を、後になって彼が韓国人と知り、合格を取り消したという、新聞の報道をとりあげることができる。

韓民族に対するそのような偏見は、一九六五年からの韓日国交の正常化以後も、消え去らないようである。だとすれば、このようになった原因はどこにあるのだろうか。

に言うならば、日本人の韓民族に対するあやまち、いや、犯罪が圧倒的である。

いまから千年前の日本の文物は、そのすべてが韓民族から伝授されたものであり、この点、韓民族は日本人に対するあやまちどころか、むしろ文化的に功労があった民族なのである。日本の上古文化史が、韓民族の古代文化史の延

旧態依然たる偏見

新たな国家対策を

時えぴそうど

晋州妓生秘話

戸籍の整備に際して

＜5＞

「現代の結婚」入門

＝14＝

新婦が主人公を念頭に

結婚式における服装

躍進する韓国をみて

各支部で母国訪問団
組織強化に役立てる

[illegible]

済州国際空港における民団岡崎支部母国訪問団

[illegible] 四月二十三日から五泊六日の予定で来韓する。維新課業に邁進する母国の発展相を見学することにより、祖国に対する愛国心と本団の組織強化に大きく貢献するものと期待している。

母国訪問団の日程をみると、ソウル市内観光の後、扶余、大田、順天、光州、馬山、釜山などを歴訪することになっている。

民団瀬戸支部（[illegible]団長）では、老人会が相互の親睦をかねた故国訪問のために、団体旅行を次のような日程で実施する。

四月二日大阪発羽田経由ジェット機にて空路釜山へ着後、国内線にて済州島へ、四日は専用車にて西帰浦へ、五日も専用車にて漢拏山を横断して済州市へ。夕食後、国内便にて光州へむかい、市内観光する。六日で解散。

韓国の経済発展のテンポは速く、資源がないにもかかわらず、アジアでは日本につぎGNP第二位をしめている。各支部の母国訪問団は、ソウルはじめ各地の工業団地を訪れ、日毎に経済規模を拡大していく祖国の偉容に驚き、明日の繁栄を新たにしたという。

また自分たちの生まれ故郷を訪ねた団員たちは、幼かりし頃生活したふるさとが新しく開拓されていく姿をつぶさに観察してきた。なかでも全国津々浦々でくりひろげられているセマウル（新しい村づくり）運動は、今後の韓国の工業化を推進するうえの基礎づくりとして、きわめて期待な効果をあげるものと期待されている。

韓国動乱から二十余年。韓国はそのめん目を一新したが、依然として南北が対峙する休戦下にあり、今なおきびしいものがある。折りからさる二月十五日、黄海の公海上で操業していた韓国の民間漁船に対し、北韓艦艇が砲撃ら拉致した時だけに、緊迫した感じもあったという。

今年はじめて祖国を訪れたある団員は「三十数年ぶりに祖国をおとずれましたが、感激のあまり涙の連続でした。ソウルは近代都市にすっかりかわり、村では新しい村づくりが行われ、自分たちの祖国を建設する意欲にあふれていました。わたしたちは日本での生活もたいへんですが、祖国のことをしっかり覚え、民族のためになにかをしていきたいと思います」と力強く語った。

民団では毎年管下団員による母国訪問団を派遣しているが、これに参加した人々が帰日後、支部組織を通じ、民団活動に積極的に参加し、その発展のためにともに協力していくことを呼びかけている。

重点を県内活動へ
自民党県議訪韓団帰る

愛知県自民党県議による韓国行政産業視察団は、昨年に引続きさる四月十五日から四日間にわたり韓国を親善訪問した。

玉腰常務日韓議員連盟会長以下十四名は、權会俊民団愛知県本部団長、金彰俊事務局長案内の下に十五日午前十一時三十分発KAL二〇二便で板付空港からソウル入りした。金浦到着後、一行はさっそく李秉禧第一無任所長官を礼訪し、夜は同長官主催の晩さん会に出席した。

第二日目以後、名所旧跡を訪ねたり、工業施設を見学するなど躍進する韓国の実像をつぶさにたしかめてきたという。

李秉禧長官も「歴史的にも、社会、地理的にも、非常に深い関係にある韓日両国がしっかりと手をとりあい、連けいを強めることは両国の親善と友好に役立つのみならず、アジアの平和と繁栄に寄与するものと確信します。わたくしたちはその八つの時よりも、一層かつ前むきの姿勢で、両国の紐帯関係を強化していかねばならず、愛知県自民党韓日議員連盟の結成はその第一歩として評価できると思います。どうか三十八度線を境に、北韓と対峙しているきびしい情況下において、韓国が力強く経済建設と取り組んでいる現実をたしかめられ、訪韓の成果を今後の韓日友好親善の分野ではたしていただくよう皆さんの活躍を期待します」とのべていた。

愛知県自民党県議の一行は、さる十八日韓国との友好をたしかめ無事帰途に着いたが、今回の訪問に際し、韓国政府が力強く提唱している緑化運動に協力するため、クリの木の苗木三百本を贈り、話題を呼んでいる。

このような韓日両国の親善を図る好機として実施されてきた訪韓事業のこれまでの成果を土台に、今後は自民党日韓議員連盟を中心に愛知県内における具体的な韓日友好運動をおしすすめる。すなわち昨年十二月に発足した日韓議員連盟は、これまで韓国の実情を知るために、韓国を訪問する活動を中心にすすめてきたが、今後は愛知県議会を中心に県内における韓日友好の気運を一層高めることに重点が移される。

ところで第三次訪韓団の結団式は、さる四月十二日午後二時半から愛知県庁の自民党議員室で行われた。

冒頭あいさつに立った玉腰常務会長は「今般訪韓するわれわれは観光団としてではなく、韓国の実情を直接見聞することにより、韓国の親善のきずなを強め、愛知県における韓日両国の人々との交流を深めるのが目的であり、この趣旨を理解し、行動されたい」と強調した。

続いて来賓あいさつに立った金相鉉駐名古屋副領事は「韓日両国の友好を深めるという信念の下に、時間をかけてでも両国の発展に寄与し、同胞とのよりよき関係を結ぶためにさらに協力を願いたい」とのべたのに続き、成甲九民団愛知県本部副団長も「訪韓の成果を土台に地域社会の実情を掘り下げ、韓日親善の目的をはたしていくためにご協力していただきたい」とあいさつした。

日韓友好自民党愛知県議会議員連盟というのは、昨年十二月二十六日に結成され、大韓民国と日本国との間の外交関係および経済貿易の促進をはかることを目的としている。

連盟の事務所は、愛知県議会事務局に置き、会員は、自由民主党愛知県議会議員であり、特別会員も認めている。

設立総会では、初代会長に玉腰常務、副会長に今枝敬雄、真木崇の両氏をそれぞれ選出し、これまで訪韓使節団派遣を中心とし、韓日友好の促進を図ってきた。

第三次訪韓団の結団式（於 愛知県庁）

崔竜浩が善戦
プロボクシング

[illegible]

外換銀行を訪問
韓信協本国研修会

在日韓国人信用組合協会（韓信協）主催の恒例本国研修会は、さる六日から十一日まで同協会傘下の全国の各信用組合から三十二名が参加するなかで、成果的に実施された。

[illegible]の下訪韓した一行は、第一日目はさっそくソウル市内を観光し、翌日は板門店へ出向し、午後から韓国外換銀行本店を訪ね、韓国のあいさつをするとともに、本国の銀行業務全般にわたりくわしく説明を受けた。

第三日目以後は、大邱、慶州、釜山、蔚山など近代工場や名所旧蹟を訪ね、韓国の発展相をつぶさに見学した。

[illegible]

晴れて看護婦学校へ
本国から来た実習生

去る一月二十五日に本国から来名していた二十五名の女子学生は、日本語の事前教育を民団一宮[illegible]

[illegible] は、長年ソウルで生活してきたのど、一宮はちょっぴり田舎に見える。でもここでしっかり勉強し[illegible]

韓国舞踊団に人気
ラブリイ・エンゼルス

[illegible] ラブリイ・エンゼルスの長期公演は、八月三十一日まで木曜を除く毎日二回行われている。

[illegible] 繍、月夜、剣舞、恋舞、巫女舞など広く企画され、一行は韓国の舞踊を日本に紹介するため、連日大[illegible]している。

新入生が元気よく入学
熱気ある学園開講式

県下同胞の民族教育殿堂である愛知韓国学園の新年度開講式は、さる四月十日午後七時、六十名以上の生徒が出席して行われ、熱いスタートをきった。

開講式に先立ち、全員で国民儀礼をすませた後、あいさつに立った金殊教頭が「国史を学びたい、会話だけでも勉強したいといろいろ生徒の皆さんの要望がありましたが、新学期に際し三十名の新入生が学園に入ることになりました。どうか全員が途中下車することなく、最後まで努力して、有終の美をかざっていただきたい」と力強くのべた。

続いて成甲九民団愛知県本部副団長も「入学おめでとう。生徒の皆さんは、昼間は仕事や学校の関係でそれぞれ苦しい状況にあると思いますが、一度決めたら少くとも一年間は各コースをまっとうしていただきたい。二、三世の日本化が問題となっている折、誇り高き韓国人としての自覚をしっかりともっていただきたい。われわれももっとすばらしい学校を建てるための気がまえを構えていきたい」と激励した。

この後金殊先生が、国語、民族音楽、民族教養などの本科に、今年度から新設された国史研究教室などのカリキュラムが紹介された後、基礎班（朴初子）初級班（洪順愛）中級班（尹貴博）高級班（金瑜）国語会話（黄春姿）の各担任が紹介された。

また四月の開講式にはじまって、十一月の文化祭、三月の本国修学旅行など一年間の行事予定を紹介し、各クラスの教室を案内した後、生徒たちは直ちに各教室にわかれ、担任の先生から授業内容の説明を受けた。

開講式に出席したある新入生は「自分の国の言葉を話すことは全くできませんが、この学園で一生けんめい勉強して、一度でいいから韓国に行き、祖国を自分の眼でたしかめてきたい」と抱負をのべていた。

愛知韓国学園は県下の民族教育の殿堂であり、日本で生まれた若い世代に母国の歴史を教え、誇りある民族精神を培う広場である。青年の皆さんは、母国語を習い、民族の歴史と文化を学び、韓国人としての誇り高き自我に目覚めるために、愛知韓国学園に通学しましょう。

先生の話を真剣に聞き入る新入生

華燭の典

寿 [illegible]氏の夫人長男、金王光君と梁瑞宣氏の次女、在連嬢の結婚式は、四月七日午前十一時から崔泰源先生主礼の下に第一ホテルにおいて挙行され、若いカップルの前途を祝福した。

寿 張守妊氏の三男、吉雄君と文舶徳氏の三女、[illegible]嬢の結婚式は、三月二十七日東京において盛大に取り行われた。引続き四月三日名古屋都ホテルにおいて披露宴を挙行した。

寿 南三熙氏長男、相熙君と李相[illegible]氏の次女、李今子嬢の華燭の典は、四月二十一日午前十一時から余命辰先生主礼の下に、花やかに取り行われた。

寿 朴[illegible]香氏三男、金[illegible]雄君と李鎮明氏の長女、友順嬢の結婚披露宴は、五月一日正午から[illegible]和園において挙行された。

支部だより

沈清伝を上映
民団一宮支部

民団一宮支部（[illegible]団長）では、さる四月二日一宮市勤労会館において、管下団員七十名以上が出席して、映画と講演の夕べを開催した。

席上あいさつに立った[illegible]団長は「支部会館建設、中央会館建設、セマウル運動、財政確立など当面する課題をセマウル推進委の下に皆さんと一緒に強力に展開していきたい」と力強くのべた。

来賓からセマウル運動の実情報告を受けた後、映画上映に移り、韓国の古典「沈清伝」を観賞し、今回の啓蒙運動を成功裡に収めた。

赤岩公園で花見
民団豊橋支部

民団豊橋支部（李鐘實団長）では、さる四月七日、市内赤岩公園に団員四十名が出席して、恒例の花見大会を挙行した。

同支部では宣伝カーをくり出し、一日歌と踊りを楽しんだ。朝のうち雨がぱらつく天候であったが、景気のいい、民族歌謡に同じ花見客の関心を引き、今年の花見は盛り上った。

また三月十六日同支部では、三機関、任員、旅行委員、班長連席会議を行った。

郡上八幡で野遊会
婦人会中村支部

婦人会中村支部の春季野遊会は来る四月二十九日、岐阜県の郡上八幡大滝鍾乳洞において開催される。

団員相互の親睦を図る恒例の野遊会には、バス三台が用意され、管下団員百五十名が参加する。会費は一人当り二千円で、満員になり次第しめきられる。希望者は支部事務所あるいは各班長に予約申込んで下さい。なお雨天決行。

サハリンの韓国人

東京渋谷　林鳳基

[illegible]

民団との連携について

大阪韓国青年会議所会長　朴正準

大阪韓国青年会議所が今年度の事業活動方針の一環として掲げた「民団との連携」について、私の所見を論及致したいと思います。

先ず、われわれ僑胞社会において、現在山積する幾多の問題を抱えて、民団をはじめとする各機関が総上げで民生の安定と向上および権益の擁護に日夜努力されていることは、畏敬の念を禁じ得ない次第であります。

大阪韓国青年会議所と致しましても、われわれの旗印として標榜する「社会への奉仕」「自己啓発」「友愛」のJC基本三原則が集約されているといって過言でない僑胞問題に、例え微力たりともその一角に参画し、われわれの周囲に点在する問題に焦点を絞り、民団およびJCの両者間において慎重にて且つ緊密なる協議、懇談を重ねて具体的な幾つかの共同活動目標を設定し、効果的な研究と検討を施した上、経験豊富な民団の諸先輩の英知、円熟力とわがJCが唯一の武器とする若さと勇気と情熱とを加え、事の成否などという結果を思案することなく目ざすところに向って真一文字に目標達成のため積極的に邁進して参りたいと思っている次第であります。

さて、因みに私が民団との連携において、推進しようとする共同目標について私なりに具体的に考えを巡らして見るとき

一、老人とりわけ孤老に対する福祉の問題。

二、母国留学並びに多様な原因による母子家庭に対する、いわゆる民生保護の必要性の有無及びその可否と対策。

三、青年家庭における子弟の教育及び就職問題。

四、商工業経営者に対する税務、法律、経営及びその他各種相談並びにその指導など。

このことが即座に想定される訳であります。

勿論、これら全ての問題に関しては、必然的に附随する予算、陣容その他様々な要因からして、早期かつ全面的解決は到底望めない深遠性を包含していることを重々承知しておりますが、大阪韓国青年会議所が本年度高く掲げました「成し遂げよう！新しい僑胞社会、JCの力で」のスローガンの下に、長期活動展望に則り、及ばずながらも一つでも二つでも、問題の解決に不屈の熱意と全精力を傾注するに余りある価値ある問題であろうと確信している次第であります。

なお、連携の対象としての民団とは、民団全体を指すのではなく、差当り民団大阪府地方本部団長をはじめとする首脳部との協議を経て、その協力と指導を仰いで指示を受けた一ヶ部との連携であることをここに改めて述べながら、このテストケースが微力なりとも功を奏し次第に伝播拡大され、行き着くところ僑胞社会向上の連結役を全うできれば、これに優る喜びは無いものと思うのであります。

最後に、本件の遂行について総領事館、民団並びに各機関の諸先生、諸先輩方の絶大なるご指導とご協力を偏にお願い申し上げると共に、会員諸賢の一層の強固な覚悟を促したいと存じる次第であります。

× × ×

広場

北韓の蛮行を糾弾

韓国新聞協会

[illegible]……が、不法にも砲撃を加えてうち一隻を撃沈させ、他の一隻を強制ら致していった行為は、一九七二年七月四日、全人類の前に厳粛に誓った韓民族再統一のための平和的な声明の基本精神にもとるばかりでなく、世界の平和を脅かす不法的な挑戦であると判断し、次のような声明を発表した。

大韓民国の全自由言論人は、去る二月十五日、西海の公海上において北韓傀儡集団の不法かつ非人道的な武力行為によって拉致されたわが国の漁船に対する砲撃・撃沈、ら致事件と、その後繰り広げられている一連の事態を注視しつつ、特に二月二十六日付北韓傀儡集団のいわゆる朝鮮記者同盟中央委員会の声明と関連して内外に次のような私たちの見解を表明する。

一、わが方の漁船を不法撃沈、ら致してデッチ上げた北韓傀儡集団のいわゆるスパイ劇は、世界の世論の前においてかえって北側の立場を困難にする結果をもたらした。にもかかわらず北韓傀儡集団はいわゆる記者同盟など、御用団体を動員して激しい宣伝攻勢を繰り広げている事実をわれわれは重大視し、これをただちに中止することを厳重に警告する。

一、北韓傀儡集団が、唯一な証拠として提示している、わが国の漁夫たちのいわゆる「自供書」と「自供録音」などが、北韓傀儡集団が常用している特異な用語と語調に満ちており、自供録音に応じた漁夫たちが恐怖におののいているばかりでなく、どもりがちで語意自体もはっきりしないことなどから推して、北韓共産集団の既定的強要によってデッチ上げられた「自供書」および「自供録音」であることが明らかである。

一、以上のようなわれわれの警告を北韓傀儡集団が無視して犯罪行為を中止しない時には、大韓民国の全体自由言論人は、彼らの陰謀と罪悪をかしゃくなくばくろ粉砕する筆鋒を総動員するであろう。

一九七四年三月一日

韓国新聞協会、韓国通信協会、韓国新聞編集人協会、韓国記者協会

投書規定

内外情勢、組織活動あるいは日常生活のまわりに起る身近なニュースなどご意見、ご希望がありましたら、「広場」の欄へ投書して下さい。住所、氏名、年齢を明記し、四百字以内にまとめ、東海新報社宛（名古屋市中村区鷹羽町三ー五六）までお送り下さい。

尋ね人

☆宋任碩さん

わたくしは金浦空港の案内係、関丙麟であります。

わたくしの父が、日本にいた時分、父の姉妹のたよりを記憶しておりますが、その父の姉の娘さんは韓国で一人ぐらしをしており、夫の関乙龍氏は病気で別世しました。

わたくしの姉は、関香子という名前で七十七歳ほどになり、その夫、宋守用氏の間に、二男一女をもうけており、長女は韓国で生活しており（宋外時氏58歳）、長男は宋任碩51歳、それに名前はわかりませんが一番下の弟であります。

はじめは広島県で生活していましたが、わたくしの父の姉とその夫そしてその子供たちだけは北海道に引越し、宋任碩兄さんは広島県で生活していました。その子供たちの姉さんである宋外時氏は広島で結婚しました。

その後解放とともに、宋外時姉さんと夫の関乙龍氏は帰国して以来、玄海灘をへだてて、故従兄の宋任碩氏との消息はとだえてしまいました。

また一度も顔をみたことのない離散家族の悲しみは、察するにあまりがあります。

在日同胞の皆さんで、宋任碩氏と弟そしてその家族をご存知の方は、左記住所までご連絡して下さい。

〈連絡先〉京畿道高陽郡元堂面新元里一〇七　関丙麟

本国論調から

真実を明らかにする使命

新聞には敵がなく敵をもってもいけない

今日七日は、わが国最初の民間紙である「独立新聞」が創刊された日であると同時に、第十八回「新聞の日」である。新聞は近一世紀の間この地において、言論の主軸を支えつつ、民族とともに呼吸して、民族とともに生きてきた。

しかし近来内外から多くの批判と不信の声を聞くにつけ、われわれ言論人は楽しいこの祝祭日を迎えても、心ゆくまで楽しい表情だけをしめすわけにはいかない。一方からは、今日わが国が置かれている現実状況に照らし、新聞の寄与が不充分であるという声があることをわれわれは知っている。他方新聞は、その属性である批判機能を去勢されたまま、主体意識をもたないおうむに堕落したという不満があることを知らないわけではない。のみならず言論界内部からも、新聞が鋭角を失った微生物のように、方向性を失っているのではないかという自嘲の声をわれわれは意識している。

このような叱責と不満と自嘲が正しいとか誤っているとかいう問題にも、われわれはそのような批判が現実的に存在するという事実だけでも、はずかしさを感じるのに充分である。われわれは今日このやりきれない心情を咀嚼しつつ、社会における新聞とははたしてなにかを再度考えないわけにいかない。一国家社会を人体にたとえれば、言論機関は神経機関である大脳と諸社会集団に該当する身体の各器官、そして国民に該当する各細胞間を連結しつつ、情報を収集して、また伝達する神経組織にたとえられる。しかし神経組織の健全性であるとか、鋭敏性はその組織自体の力だけで維持することはできない。ある細胞に悪性ビールスが侵入したという情報をまっすぐ大脳に伝達した場合、大脳が神経組織を信頼していれば、正しい命令を再び下し、病菌に対備することができるが、同一目標……するが、その情報を黙殺したり、適切でない命令を下したら、結果的にその神経組織はその機能を発揮できないといえる。

また神経組織が丈夫であれば、それをとりまいている細胞や人体内の各器官が丈夫でなければならないのは、あたりまえの道理である。人体の各器官が相互依存的である様に、一社会内の言論の役割も政府や社会集団あるいは国民というさまざまの構成要素と相互連関の脈絡のなかで把握しなければならない。従ってこの地に健全な言論を育てるためには、それを担当している言論人自らの奮発と精進が先行しなければならないのはもちろんであるが、誠実な政府、健全な大衆の存在もまた不可決である点をわれわれは指摘しないわけにはいかない。

われわれはまた言論活動の本質を闘争的側面から求め、言論と政府は当然対立的な関係にあるものであり、またあらねばならないと考える一部の誤った発想を排撃する。このような図式は、日帝下の総督府対民族紙間には成立することができるが、同一目標をもつ民族国家内の政府と新聞間には適用することができない性質のものである。

まんがいち政府がこのような発想にとりこになれば、新聞を徹底的に不信して、敵対視するあまり、正当な批判も悪意的な批判により解釈して、新聞を圧迫する。まんがいち読者がそのような思考方式をもてば、それは政府のよき施策に対する新聞の支持を「権力との野合」により、無差別攻撃を「民衆の代弁」であるとか歓呼するのではないだろうか？　新聞が闘争を捨てた場合、ひたすら真実を守るための闘争であり、新聞の恒久的な敵であるわけにはいかず、新聞がまた誰れの敵であるわけにもいかない。

新聞の本質的使命という環境の変化を監視して、社会構成員をしてその変化した環境に適応することのできるよう情報を提供し、整理して解釈してあげるところにある。従って新聞は「環境の変化」を再言すれば「ある事件の発生」が社会内の多くの人々の生活に影響を与えるほど重大なものであるならば、それを歪曲することなく伝達してあげるのも責任である。時々新聞はその真実が伝達されることにより、不利な立場に置かれている特定人あるいはグループから圧力や干渉を受けることがある。新聞がこのようなグループと衝突するのは、「敵意」からではなく、使命の完遂のためである。

われわれはまた新聞の論説記事から「扇導」、「批判」の機能をあまりに拡大解釈しようとする一部の見解を警戒する。新聞がある論者には致命を与えて、啓蒙をすることは事実である。

しかし新聞は「世論の形成」を手助けすることを使命とするものであって、「世論の誘導」を意図してはいけない。現実政治の世論であるナショナルコンセンサス（国民的合意）は、世論の自然かつ自由な形成を通じての与えられなければいけないというのがわれわれの信念であるためである。往々にして権力側が物理的な力を通じ、世論の操作を企図しようとするのは新聞の誘導的機能に対する理解不足に由る誘惑だとみる。新聞は第二次的には、社会的現象を伝達すると断定するところに存在理由があるのではない。論評を通じ是々非々を選択するのは、読者をして環境変化の複雑な現象を理解しやすいように交通整理してあげるのであって、ある誰れかを断罪しようとするのではない。新聞はどこまでも「情報の伝達者」であり「創造者」ではないという事実をここに新しく強調するはずである。

最後にわれわれは全てのコミュニケーションにおいては、状況が重要な要素であることを率直に認定する。われわれは世界四強の対角線上において、北傀集団から間断のない破壊活動と南侵の威脅を受けている。

また内では祖国統一という宿願と祖国近代化という課題をかけ、努力を傾けている局面である。

言論は当然ながらわれわれの社会が処している状況をはっきりと認識して、国難克服と課題達成に国民とともに協調しなければならないのは再言するまでもない。政府がうちたてた目標が正しくかつその実現方法が妥当であるならば、われわれはこれを支持して協調することにちゅうちょしない。社会が深刻な局面に処するにつれ、社会全員の協和が要請されるものであり、そのためには国民的合意が必要となる。しかし合意ということ一方の意見だけが絶対的であると固執する風土では成立することはできない。真正な国民的合意は、自由な言論を通じてのみえられるというのがわれわれの信念である。

〈韓国日報〉

東海新報
発行所
東海新報社
発行人　権会俊
編集人　徐海鎬
名古屋市中村区鷹羽町3-56
電話名古屋(453)6431
購読料　1ヵ月100円

民団綱領

一、我等は大韓民国の国是を遵守する。
一、我等は在留同胞の権益擁護を期する。
一、我等は在留同胞の民生安定を期する。
一、我等は在留同胞の文化向上を期する。
一、我等は世界平和と国際親善を期する。

大会特集

1面　愛知県本部地方委
2面
3面　支部大会
4面　中北地協大会

着実な活動蓄積を

第20回地方委員会開く

セマウムを強力推進

全国に先がけ自主財政

◇……民団愛知県本部の第二十回定期地方委員会は五月八日愛知商銀において行われ、着実な活動業績の上に立ち、セマウム運動を……決議し、力強い再スタートをきった。なかでも李春植執行部以来全国に先がけて取り組んできた割当金制度は、県下団員のあた……に、今日ここに定着化するに至ったことは大きな成果といえよう。同地方委では、今後とも諸情勢に充分対処しうるよう改定し……一層図っていくことを確認した。懸案の青年問題は、次代を受けつぐ後継者養成と関連するだけに、民団活動と青年活動とを……つよう努力し、当地方の現実に立脚した組織整備を図っていくために、花郎会を組織化させる方向性を打ち出した。前段地方委……もたれてきた教育特別委員会は、民族教育の緊要性を認識し、教育全般にわたる一元的かつ恒久的な方針を樹立するために、……発足させることを決議した。在日韓国人の総殿堂である中央会館建設は、第二十三回中央委員会の決定に基づき、支部毎に募金……中央会館募金運動を発団、愛族精神にのっとり、協力に開始することになった。本国のセマウル運動については、すでに結縁さ……連絡を密にし、支援を継続するが、特に風土に合致した「苗木を送る」運動を重点的に実施することを呼びかけた。同地方委で……出された経過報告、新年度活動方針など全ての案件を採択し、成果裡にその幕を閉じた。

地方委員五十八名(二名欠員)中五十名が参加した第二十回定期地方委員会は、午前十時すぎその……

5月8日愛知商銀で行われた愛知県地方本部の第20回定期地方委員会

権会俊団長

全地方委員が起立して国民儀礼を行う

活動方針

第二十三回中央委員会において決定された中央方針と、当地方が今日まで蓄積してきた成果の上に立ち、新年度活動方針を次のように提案する。

一、重点活動に関して

二、組織活動に関して

五、文教活動に関して

六、宣伝活動に関して

七、青年活動に関して

中央会館　募金運動を開始

教育委員会新設決議

新理事長に鄭煥麒氏

預金量百億円　愛知商銀総代会

陳且祚氏再選

三重県本部大会

正常な運営を期す
議長代行に具泰氏

議決機関

第十九回地方委員会以後の議決機関活動経過を次のように報告する。

一、今期の第二十回地方委員会を四月中に召集しようと意図したが、各級組織の諸般行事により遅延されていることはやむをえないことと考え、その他は正常に運営されていると判断する。

二、さる第十九回地方委員会以後、本機関は他機関と心を合わせ、団運営に参与してきた。

三、一九七四年一月二十一日付で、当地方本部議長尹…

成果ある諸般事業
総連浸透工作に対備

組織部

一、一般組織状況に関して

南北対話の過程において、なにが民族的な實蹟と良心的な希望により、祖国平和統一の気運が生じるかを期待したわれわれは、あいもかわらない北韓の常套的な欺術による宣伝政策としての対処に失望せずにはいられない本国情勢とともに、朝共の代弁人としての金日成の奴隷であることを自証している朝総連の機動も、一時的な微笑接近政策を豹変し、最近では民団議壊分裂工作のみを企てている…

監察機関

綱領の定着めざす
反共思想固く堅持

青年部

自律的な活動促す
花郎会の支部組織化へ

総括

権益保全する姿勢
割当金制度が確立

経済部

安定した財政確保
商工会整備に継続努力

宣伝部

拡張する東海新報
内外情勢を正しく分析

文教部

民族教育に展望を
根本的な対策を立てる

民生部

戸籍整備に重点を
学ぶ姿勢をしめす

総務部

合理的事務体系確立

支部大会シーズン入り

基本財政確保に全力を

豊田支部 新団長に貝長会氏

第二十回定期地方委員会に続き、管下各支部では定期大会シーズンに入り、過ぎる期間の活動を総括するとともに、活動方針を採択し、再スタートをきった。五月十二日の一宮支部を皮切りに、十九日には名港、豊田、名西の四支部ではすでに挙行されたが、二十六日には東中、中村、瀬戸などの各支部が大会を予定している。このうち豊田、名港、名西支部では人事改選があり、すでに新執行部を発足させ、新たな活動の第一歩を歩みはじめた。豊田支部団長には貝長会氏、名港支部団長には安永植氏がそれぞれ新しく選ばれ、名西支部では金秉鎬氏が団長に再選された。この他、東中、瀬戸支部なども任期を迎えており、新執行部を選出することになっている。

民団豊田支部の第四十回定期大会はさる五月十九日同支部講堂に百名以上の管下団員が出席して開かれ、経過報告および活動方針を採択した後、人事改選に移り、[illegible]長に貝長会、ほかに朴性俊、監察委員長に鄭乃善の各氏をそれぞれ選出した。

色あざやかなチマチョゴリを着た婦人会員たちによる美しい愛国歌で幕を上げた豊田支部大会は、始終一貫熱烈な雰囲気のなかで行われた。また大会場の舞台横に愛国団団長故[illegible]先生の遺影がかざられ、故人の志をしのばせた。

今大会で特に注目される点は、新執行部発足とともに、同支部の組織的発展と密接不可分の関係にある基本財政確立をめざすところであろう。安定した財政が確保できないために、その時その都度援助をあおぎ、充分な活動が展開できないというケースはよくある。

鄭乃善団長代行は「団結支部のように基本財政をつくり、健全な団運営を図っていきたい。[illegible]

[illegible]

新団長に選ばれた貝長会氏は就任あいさつを通じ「なにもわかりませんが、団員の皆様とともに、支部発展のために一生懸命努力し[illegible]

就任あいさつをのべる豊田支部新執行部

い。

三、民族教育に関しては、組織の重要課題の一つとして時間をかけて実施しなければならない。同支部では教力月間中止されていたが、数次にわたり決議した結果、七三年九月から再び開講し、現在継続している。若干受講生の動員が少ないが、今後とも青年・子女の教育を強化したい。

総括の後、各課報告に入ったが、今大会で最も注目される経済課報告は次の通り。

(一)財政確立は組織の基盤と言っても過言では無いと思います。皆様も良く御承知の通り、当支部においては基本財政が無い為[illegible]

支部会館建設に邁進

副団長 李琪植氏 事務部長 朴雪雄氏

一宮

民団一宮支部の第二十七回定期大会は、さる五月十二日真清荘に多数の代議員が参加して開催され今大会を契機に懸案の支部会館建設運動をさらに強力におしすすめることを決議した。同時に会館建設にあたっては、支団長に権限を一任した上で、三機関長の合意をえられるよう方向づけをしながら推進することを確認した。

開会あいさつに立った李慶元議長は「今大会は支部会館建設をはじめ重要な問題を抱えており、最後まで充実した有意義なものとなるよう、また組織を強化する契機となるよう願う」とのべた。

続いて執行機関を代行し、卞両変団長が要旨次のようなあいさつを力強くのべた。

第二十七回一宮支部定期大会を迎え、多数の代議員が参席して下さったことに敬意を表する。

前大会において、執行部を担当して以来、われわれが満足になしえたものは一つとしてないが、ただ団員の皆さんのあたたかい協力のおかげで、今日の大会まで無事やってこられたことをうれしく思う。

報告事項に対し、充分に討論され、一人一人が明日のためになにをなすべきかという大きな意義をもつ今日の大会において、最後まで慎重に討議され、今後支部の発展のために一層努力して下さることを訴える。

引き続き鄭昌実監察委員長が立ち「団員のための民団、団員とともに歩む民団をめざし、より多くの同胞を入団させよう」と強調した。

また朴尚根一宮支部顧問、李承権本部副団長らが、民団発展のために激励のあいさつをのべた後、直ちに報告処理に入った。暫く後質疑応答に入り、総括、総務、宣伝、文教、民生、経済などの各報告を満場一致で採択したのに続き、一九七四年度活動方針も原案通り可決した。

人事については、李相来副団長、李琪植事務部長の辞職願が受理され、新たに副団長に李琪植、事務部長に朴雪雄の両氏がそれぞれ指名され、満場一致で了承された。

同大会で採択された総括報告は次の通り。

一九七三年五月二十日当支部第二十六回定期大会以後、われわれが承認している七・四共同声明の理念が、北韓の南侵政策のために進展をみることができず、朴大統領が年頭記者会見において「南北不可侵協定締結」を提案したにもかかわらず、以北政権がこれを拒否、二月二十五日公海上でわが国漁船を北送、漁夫を強制連行した。

二月二十三日~二十五日に開かれたいわゆる総連十全大会において「統一促進事業と組織団合事業」という題目をかかげ、民団撹乱を重点的に討議して、同二十六日にはかれらの議長名で各地方に秘密指令を出した。四月には日本学生を含む総連スパイが、対南暴力革命路線と歩調をあわせ、わが国において地下工作をした事実。

また石油危機に起因する狂乱物価というべき未曽有の不景気のなかで、われわれをとりまく経済活動がマヒしている。このような情勢下で、わが支部では大会の活動方針に依拠し、支部会館建設、中央会館建設協助、セマウル事業支援、支部財政確保をふくむ「セマウム運動推進委員会」を発足させ、募金目標を五千万円以上と定め、募金に関する効果的な方法を協議し宣伝する段階を迎え、その推進中にある。

支部会館候補地十カ所中、有望な三カ所が検討途中に他に売却されたために候補地を本大会に報告できないことを遺憾と考える。と同時にセマウム運動推進委員長である支団長に、現会館売却、候補地選択、会館建設に関する権限範囲が明示されてこそ、明るい進展をみることができると考える。

また満場一致で可決された一九七四年度活動方針の主な項目は次の通り。

一、セマウム運動を積極的に推進する。
①中央会館建設協助および支部会館建設
②セマウル運動参与
③本部財政募金および割当金調整
④支部財政確保

一、韓日親善促進

一、組織活動を強化する
①体系維持と組織力量を培養
②学習を通じた質向上
③永住権取得者および未入団者の団員化
④傘下団体および機関指導育成
⑤幹部教育参加義務化
⑥総連と不純勢力の民団撹乱工作粉砕

一、民生活動を活発にする
①戸籍整理運動促進
②旅券所持運動
③沖縄海洋博覧会の対備
④保険事業推進

一、文教活動に絶え間なく努力する
①分団で民族教育を徹底化する
②母国夏季学校に参加する
③運動会に挙団的に参加し体育会を支援する

一、其他 経済活動に関して、商工会再整備、消費生活協同組合設置促進。

民生活動に関して、待遇問題改善運動、学園助成。

宣伝活動に関して、公報活動、日本政界および言論界に対する宣伝対策強化。

青年活動に関して、青年の組織化本国との紐帯強化、青年指導教育策等に関しては、県地方本部の指示に従う。

力強くあいさつをのべる卞両変団長

安永植新団長選出さる

名港支部 団費再調整を決定

民団名港支部の第十四回定期大会は、五月十九日同支部二階に多数の団員が出席して開かれ、団長に安永植、議長に鄭判華、監察委員長に張仲竜の各氏をそれぞれ選出した。

午前十一時すぎ、成数事務部長司会の下に大会ははじまり、過半数以上の代議員が出席して成立宣言が行われた。

続いて三機関報告に入り、これを満場一致で採択した。

まず議決機関報告では、各種活動に関し、正常な団運営に寄与してきた。支部代議員は七十名で構成されていることが報告された。

次に執行機関報告に移り、今地方委員会で通過した内外情勢を分析した後、組織全般に関して、激動する内外情勢下で、自立、自助、自衛、協調のセマウム運動を強力に推進し、祖国統一をはじめとするあらゆる民族的課題に全団員を結集すると総括し、[illegible]を養成すべき問題、在日同胞の民生安定を期す権益保全などについてその間の活動経過が了承された。

また今期の各課別活動経過が報告された後、監察機関が会計、団務[illegible]これも了承された。

この後一九七三年度活動方針および予算案が提案された。

その重点活動に関して、セマウム運動を強力推進しつつ、中央会館建設、組織、民生、文教などの各課方針を満場一致で採択した。

そのうち特に、内外情勢に積極的に対応しつつ、団組織強化につながる安定財政確立の土台を確固とするために、団費を現在より五〇%引上げして、団費の再調整をはかることを決定したことは注目される。

また文教活動に関して、二―三世の教育問題を重要視し、当支部二階で夜学を設け、民族教育の強化に力を注ぐとともに、民団活動と青年活動とを結びつけ、一体感をもつようにさせることを確認した。

従来から推進している戸籍整理、旅券所持運動を今年から本格的に推進すること、また婦人会と心をあわせ、一層の組織強化を望むことなども確認した。

全ての報告処理がすんだ後、[illegible]団長から日頃組織のために貢献されている各班長に記念品が贈られ、任員が総辞職した。

いったん休会した後、直ちに新任員選出に移った。

団長選挙では五名の候補者がいったん推せんされたが、全員辞退したため改めて四名が推せんされ選挙した結果、安永植氏が過半数[illegible]長選挙では、三名が立候補し[illegible]新団長に決まった。

安永植団長

名古屋でアジア消防長総会

[illegible]

卞千鎬氏が優勝

[illegible]Aクラス(ハンディー15以下)とBクラス(ハンディー16以上)に分け行われた成績結果は次の通り。順位、氏名、所属支部名。

〈Aクラス〉
優勝 卞千鎬(西春)
二位 金乃彦(西春)
三位 鄭[illegible](西春)
四位 金[illegible]
五位 張[illegible](一宮)

〈Bクラス〉
優勝 李[illegible](西春)
二位 呉[illegible](中川)
三位 辺[illegible](西春)
四位 朴性佑(中川)
五位 孫[illegible](瀬戸)

三時半から表彰式が行われたが席上参加者から「県内にゴルフ協会を設立する」ことに意見がしめされた。

文教部長官の感謝状を伝達

韓国教育財団

韓国教育財団は、在日韓国人学校の育成、在日韓国学生に対する奨学金の給与その他教育事業を推進しているが、当財団に協助している人士に文教部長官感謝状が贈呈される。

来たる五月二十八日午後四時から駐名古屋総領事館で行われる伝達式で贈られる愛知県内の有志は次の九名である。(うち団体一つ)

姜求道 金宙守 金允鎬
金任水 [illegible] 李[illegible]
金東植 [illegible] 経友会

国語講習会に熱気

民団西春支部

民団西春支部([illegible]団長)では、毎週土曜日七時から二時間にわたり国語講習会を開催している。

毎回青年たちを中心に三十名以上の受講者が参加して、母国の言葉と歴史を熱心に学んでいるが、講師には韓国教育文化センター所長が招かれ、会話など基礎的な面に力を入れ、講習会の成果をもりあげている。

同支部では、より多くの青年が講習会に参加し、自国語を理解することのできる韓国人となるよう呼びかけている。

班組織の強化を確認

名西支部 金秉鎬団長を再選

民団名西支部の第二十六回定期大会は五月十九日同支部二階において挙行され、報告処理に続き、人事改選に移り、金秉鎬団長、余命岳議長、[illegible]監察委員長の三氏を再選した。

同時に、副団長に申昌[illegible](一人は未定)、副議長に李根洪、李允[illegible]の両氏にそれぞれ決定した。監察委員を委員長に一任した後、事務部長に李[illegible]根氏を選んだ。

十一時すぎ大会の幕を上げられたが、余命岳議長は開会辞を通じ「組織は一致団結しなければならない」とのべたのに続き、金秉鎬団長が「昨年のセマウル運動に対し、支部団員の誠金を本国に出張して、伝達した。今後とも、基本財政確立をはじめとするあらゆる団務をセマウム運動として継続推進しなければならない」と強調した。

[illegible]監察委員長も相当辛辣による団運営を訴えた後、権会俊県本部団長が力強い激励のあいさつをのべた。

同大会で採択された各課報告の主な項目は次の通り。

一、組織課報告

常任委員会を月に一回は開き、社会情勢と任員の役割などを論議し、組織面に総力を集中しており、団員との密接な連絡をとり、成果を確認する方法をさぐっているが、あらゆる面において微弱な点を反省する。

二、セマウル運動に関して

当支部は江原道原城郡文幕面浦津里を直接訪問し、姉妹結縁を結んだが、今後とも二次、三次にわたりまごころを尽し、援助支援をしていかねばならない。

三、青年課報告

現在青年組織育成問題は、緊急な課題の一つであると認議し、対話を通じ、民族意識を徹底させ、誇りある韓国人として育成しなければならない。

四、経済面に関して

組織を運営する上で、財政問題はまた中心となる。現在団員の寄付団費でもって運営しているが、さらに基本財政を確立することが緊要な課題である。

五、事務面に関して

事務一切を担当して、団員の手足となり、便宜を図り、親切、迅速、敏速な事務処理をモットーに運営しているが、いたらない点も多く、今後心身を研磨し、能動的な事務処理を期したい。

この後新年度活動方針審議に入り、中央および地方本部の決定事項に基づき、中央会館建設、セマウル支援などを決定した後、班長と団員間の紐帯を強め、密接な関係を維持して、連絡を正確にとるようにし、班内が一体感を堅持すると同時に、冠婚葬祭の簡素化と旧習是正に力を注ぎ班組織を強化することを確認した。

また青少年の育成指導に対しては、既存組織である花郎会を通じ、民族教育の振興、民族意識の高揚、同胞社会の権益擁護の先頭に立つ主役として指導育成することを決めた。

再スタートをきった名西支部の定期大会

桑原知事に光化章

日本人二人目 功労ある韓日友好

外国人として最高の修交勲章・光化章が、桑原愛知県知事に贈られることが決まった。

光化章受章は、日本人としては外務大臣当時の自民党椎名悦三郎氏について二人目で、桑原知事は長年にわたり韓日友好のために尽し、全国知事会会長としての功労などが評価された。

さる五月二十一日の出発に際し組織関係代表者五十名が、桑原知事一行を見送った。同知事は四年前にも訪韓しているが、今回は夫人のほか、昨年十二月に結成された韓日友好愛知県議員連盟の玉置常委会長、今枝敬雄副会長ら、民団側から権会俊民団愛知県本部団長らと同行する。

知事一行は、大阪空港を出発、同日は李秉鼎第一無任所長官を表敬訪問し、二十二日午前、金鍾泌国務総理を訪問のあと、光化章を受章する。

6日、県体育館で

韓日学生ハンドボール

韓日学生親善ハンドボール名古屋大会は、来たる六月六日愛知県体育館において、東海選抜と韓国学生の間で行われる。

今年八回目を迎えた男子大会には、成均館大学、第三回目の女子は梨花女子大学が来日し、二日の九州大会を皮切りに、関西、関東の各地で熱戦をくりひろげる。

名古屋大会の日程は次の通り。

日 時…六月六日(木)
午後三時半 開場
午後五時半 女子試合
午後六時四十五分 男子試合
主 催…日本ハンドボール協会

知多支部から参加

ソウルの美人コンテスト

韓国日報社主催の「眞・善・美」を競う恒例の美人コンテストに地元知多支部から[illegible]嬢が参加するために、ソウルへむけ出発した。

中北版

「中北版」は、民団中部北陸地区協議会に所属する愛知、岐阜、三重、福井、石川、富山の六地方県本部の最新ニュースを報道するコラムであり、本団での伝達事項をはじめ各支部および傘下団体の活動および消息、そしてニュースの解説と評論を取扱っております。

この欄を通じ、各地方本部間の連帯を強め、各級組織間のコミュニケーションを円滑にする一方、組織と団員間の交流を深めていくところにその目標を置いています。

日常生活のまわりに起る身近かなニュース、また組織に対するご意見、ご希望がありましたら、左記へご連絡下さい。

東海新報編集部
名古屋（四五二）二九〇〇

青年を本国へ派遣

福井　金順永団長を再選

民団福井県本部の定期大会はさる四月二十七日午後十二時から福井県民会館において開催され、金順永団長、鄭慶植議長、呉基栄監察委員長の三機関長をそれぞれ満場一致で再選した。

新執行部発足にともない、今後二年にわたり団務を担当するが、その経過報告および活動方針を大会に先立ち第二十回地方委員会で討議可決した。

その主たる活動目標として、

一、福井県に金大年文化センター所長が赴任するにともない、[illegible]

三、民団の二大行事である三・一及び八・一五式典に、県下団員は必ず参加することとなり、その集会までの間、団員資格を停止することを決めたが、これは民団自体の対内外に対する組織動員を誇示する意味はもちろん、団員自身に歴史的意義とその役割の認識を深めてもらう好機として一層位置づけたいとしている。

再選された金順永団長も「さる三月に開かれた民団中央大会での方針に基づき、これらの重要課題を精力的に進めていくが、組織強化を期するために、幹部の学習を急務と考える。激動する内外情勢を分析研究し、それと積極的に対処することのできる組織づくりを推進するために、中央本部から講師を招くなどしたい」と強調した。

第二十回地方委員会で処理されたその他の主な経過報告は次の通り。

一、セマウル運動支援事業 [illegible] その後姉妹セマウルとの関係を緊密にするために、さる四月二日十七名の母国訪問団を県本部事務局長を引率者とし、セマウル事業の進展度を見聞してきた。訪問の際に、テント一式を同セマウルに寄贈した。

二、支部巡回

朴大統領の六・二三宣言と、その提案に逆提案した北韓のいわゆる五項目の内容、一月から連続して発動されている大統領緊急措置など、内外の情勢をその時その都度正しく理解するために、十二月と二月には支部巡回事業を展開してきた。

三、遭難船員救助保護活動

さる一月十六日韓国の遭難船が玄海灘で機関故障漂流したが、通過中のリベリア船に救助され、敦賀港に入港した後、内外の関係当局のあたたかい配慮はもとより、県下団員の協力に対し、遭難した船員が所属する韓進海運から感謝の手紙が届いた。

四、韓日アマチュアレスリング親善試合に対して

十一月二十三日福井アマチュアレスリング協会の招請により、韓国選手二十三名が来日した時、県選手と民団幹部が福井の駅頭で盛大な歓迎会を催するとともに、試合中を通じ選手を激励、士気を高めた。

ただ関係者が試合に熱中している時、朝総連が選手室に潜入し、金日成宣伝と不穏ビラをまくなど幼稚きわまる工作をし混乱させたことに万全な対策を欠ったものと反省し、今後は保安対策を強化する。

五、対外活動について

県会議員が設立した韓日議員連盟との相互関係を緊密にし、両国の親善関係をさらに発展させるために努力しており、三月三十一日には懇談会を開き、新年度の事業を熱心に討議した。

また四月七日には小浜市長の招請で、朴幸徳慶州市長一行が小浜に来県して以来、慶州、奈良、小浜の三姉妹市が実現する可能性が高まっている。

金順永団長

姉妹セマウルを訪ねた福井県本部の一行

崔季守体制が発足

石川　セマウル継続支援

民団石川県本部の第十九回定期大会はさる四月十五日石川県婦人会館において開催され、崔季守団長、崔三鳳議長、韋一千監察委員長の新三機関長を選出し、新たなスタートを切った。

同大会で討議採択された主な活動方針は次の通り。

一、財政確立に関して

予算の執行に厳しく合理性を期すとともに、経済の変動に対処しうる団運営を図るために、従来の特別団費を中止して、県下全団員の団費を一律的に定め、団費と事業収入により運営するが、その他は賛助金で充当する。

二、民族教育の振興

今年はじめに本国から北陸三県を担当する韓国文化教育センターの所長が派遣されたこともあり、国語講習会を積極的に開催し、多くの参加をつのる。

三、傘下団体育成に関して

その傘下団体自体の性格を尊重した上で、本団活動方針に従い、統一した活動を期し、母体との一体感が堅持するよう指導育成する。

四、セマウル支援事業

七四年度の事業としては、すでに結縁された姉妹部落と地方本部との連絡を緊密にし、可能な限り継続支援し、特に苗木を送る運動を重点的に実施する。

五、信用組合育成に関して

県下団員の重要な金融機関である石川商銀を育成するために、全団員に一人一通帳運動を促進する。

新三機関任員の構成は次の通り。

〈顧問〉孫商東　姜敬男　李竜演　[illegible]

崔季守団長

教育委員会を設置

岐阜　地方委員会開く

民団岐阜県本部（金浩範団長）の第二十七回地方委員会は、さる五月十八日岐阜県本部会議室に地方委員が出席して開かれた。

同地方委は終始一貫真摯な雰囲気のなかで行われ、次のような重点方針を確認した。

一、組織を受けつぐ後継者を育成するために、組織が全面負担して留学させる奨学金制度確立や、子供たちの民族教育を振興するため韓国学園の育成など教育全般にわたる問題を取り扱う教育委員会を新たに発足させた。

二、次代を担う青年たちを育成するために、早急に各支部内に青年会を結成し、その自主的な活動を促す。

三、県下団員の唯一たる民族金融機関を育成強化するために、積極的相互協助の下に「一世帯一通帳運動」を継続して展開する。

四、団員の要望が多い税務対策と積極的に取り組み、生活の擁護をふくむ運動を展開する。

組織強化に団束を

富山　新団長に姜且生氏

[illegible]

姜且生団長

「現代の結婚」入門 =15=

結婚の答礼品

金額よりも心に残る物

度のすぎた数物洗礼やテープ投げは慎しむように

[illegible]

結婚答礼品について

[illegible]

記念撮影をする時は

[illegible]

結婚答礼品をあげる時

[illegible]

婚姻申告は結婚式当日に

[illegible]

東海新報

東海新報社
発行人 権会俊
編集人 徐海鎬
名古屋市中村区鷹羽町3-56
電話名古屋（452）6431
購読料 1ヵ月100円

民団綱領

一、我等は大韓民国の国是を遵守する。
一、我等は在留同胞の権益擁護を期する。
一、我等は在留同胞の民生安定を期する。
一、我等は在留同胞の文化向上を期する。
一、我等は世界平和と国際親善を期する。

大会特集

組織再整備に着手

支団長・事務部長会議開く

民団愛知県本部（権会俊団長）の支団長、事務部長および傘下団体長会議は十一、十四の両日開かれ、非団員の団員化、朝総連侵透に対備するなど組織整備を再点検し、青年の組織化、民族教育の充実、商銀の助成そして割当金増額などを決定した。

支団長、事務部長および傘下団体長会議において力強くあいさつする権会俊団長

金永善駐日大使が巡視

名古屋で盛大な歓迎会

金永善駐日大使歓迎会には、中北各県から二百名の代表が参席（於キャッスルホテル）

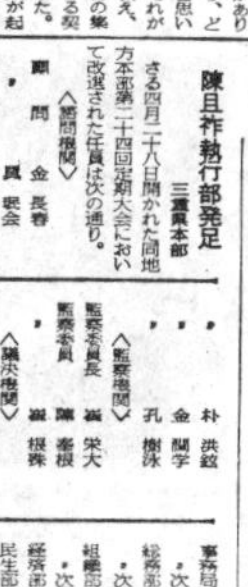

韓日親善の増進へ

桑原知事叙勲を祝う

"光化章"を前に祝賀会に臨んだ桑原愛知県知事（左は同席した金永善駐日大使）

奈良で体育大会

峠

汗と泥と風

勇士・遺家族 晩餐会に招待

6・25動乱24周年

セマウム運動を精力的に展開しよう

第26周年「国軍の日」記念式典参観団募集

来たる十月一日本国で挙行される第26周年「国軍の日」記念式典参観団を今年度は民団愛知県本部単位で派遣します。

一、参観団人員数
三百名

一、人員構成
本団団員でできる限り初行者、新規入団者を中心に参観団を構成する。

三、所要経費
七万二千百円。大阪←→ソウル航空代、三泊四日の宿泊費国内交通費、パーティー代金などを含む。

四、出発予定
九月二十八日予定

五、申請締切
八月二十日本部必着

※詳細は追ってお知らせ致します。

在日本大韓民国居留民団
愛知県地方本部

1974年第9回夏季学生募集

一九七四年度第九回夏季学校入学生を次の要領により募集する。（七月二十四日から八月二十三日まで四週間）

一、目　的
夏休みを利用して、日本系の高等学校および大学に在学中の在日韓国学生に母国に対する新たな認識と愛国精神をかん養することを目的とする。

二、志願資格
①日本校在学中の在日韓国人高等・大学正規学生
②過去に夏季学校に入校した事実がない学生
③品行が方正で思想が穏健で身体健康な学生

三、提出書類
①入校志願書（所定様式）　一通
②在学証明書　一通
③所属支部団長推薦書　一通
④国民登録済証　一通
⑤外国人登録証　一通

四、募集締切
民団地方本部文教部に七月五日まで

※その他詳しいことは所属支部に電話して下さい。

支部だより

東中、中村、岡崎、豊橋、瀬戸、春日井、中川、西碧　定期大会行わる

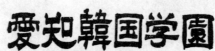

質的発展を追求
東中支部　金在永団長を再選

民団東中支部の第二十五回定期大会は五月二十六日同支部二階において行われ、報告承認の後任員改選に移り、金在永団長、金四業議長、鄭裕永監察委員長の三機関長を再選した。

金在永団長は就任あいさつを通じ「当支部は創団以来幾多の難関をのり越え、団員数四千名近くを数えるほど大きな成長をとげました。しかしわれわれは、大韓民国の国民として、本国の発展に寄与し、組織の強化のために、より一層の覚悟をもたねばならない」と、量のみならず、質の点でも充実しなければならないことを強調した。また当面する課題として、中央会館建設、青年の育成、朝総連系同胞の啓蒙などをかかげ、「組織に奉仕する覚悟をもって、組織拡大をめざしたい」と結んだ。

三機関任員については、慎重に考慮した上で、選出することを決め、人選は各機関長に一任された。

午前十一時から始った大会は、三機関長あいさつを受けた後、金光鎬顧問と金宗板本部事務局長が激励のことばをのべ、直ちに報告に入った。

まず内外情勢を分析した後、組織全般に関し、次のような総括が採択された。

①、セマウム運動推進に際し、本国の新しい村づくりに積極的に支援し、その目標を達成することにより、団の品位を堅持した。

②、本団の自立、自助、協調の体制確立に対し、団の運営を団費で充当する体制確立が大体において達成され、組織力量を内外に誇示するとともに、われわれの民団はわれわれの手で構築するという意欲が高揚され、団員の参与意識が高まっている。第六回運動会および各種民衆大会の動員力は増えており、今後より強組織強化を期す土台を次第に造成されている。

③、同胞の経済生活に直接的な関連をもつ納税問題は、根本的な打開策を講究できないでいるが、組織を通じ、合理的な納税を期すための所得税申告を指導してきており、同胞企業体振興を保護する民族金融機関"愛知商銀"の百二十億預金目標達成に率先団体である本団はこれを積極的に後押し、予想外の成果を収めたことは、今後の経済活動を具体的に推進することのできる明るい展望をもつことができたと考える。

④、一年間の諸般活動を通じ、体系に依拠した地方本部との組織的運動を強固にしてきており、信頼と良識に基づく支部組織運営に力を注ぎ、団員の積極的な参与をみるに至ったことは、任職員をはじめ管下団員の協力のおかげであると総括する次第である。

この後、総務、組織、経済、民生、文教、宣伝、青年の各課報告が採択されたのに続き、新年度活動方針および予算案などを了承した。

任員改選の後、新団長就任辞に続き、信用組合愛知商銀の新理事長に選ばれた鄭煥麒氏が「東中支部は一時の混乱期をのりこえ、管下団員が一致団結した結果、今日の発展がもたらされた。わたくしも商銀の理事長として、誠心誠意で仕事をする決心であるが、何事も一人ではできるものでなく、皆さんのご協力を心からお願いしたい」とのべた。

最後に、金四業議長が閉会辞に立ち、「長時間にわたり円満かつ順序よく議事が進行し、無事ここに終ったことを感謝する」とのべ大会の幕を閉じた。

熱っぽく就任あいさつをのべる金在永東中支部団長

民族教育強力推進
中村支部　青年の母国訪問も

[illegible]

李秀植中村支部団長

組織体系の確立
春日井支部　議長に崔泰厳氏

民団春日井支部の第六回定期大会はさる六月二日春日井産業会館において行われ、セマウム運動を継続して強力に推進しつつ、団費の再調整、組織体系の確立、二・三世の指導育成など新たな活動方針を採択した。

午後一時半すぎ、金龍寺副議長が開会の辞をのべた後、代議員の点呼により、七十名中四十二名が出席して、大会の成立が宣言された。

崔泰厳議長代行が「順序よく議事を運営されるよう協力して下さい」と訴えた後、あいさつに立った具[illegible]団長は「何もわからないわたくしがこの一年間無事に団務を遂行してこられたことは、ひとえに団員の皆さんのご協力のおかげであります」とのべ、本国での研修会の成果を報告し、「今後春日井支部管内にいる朝総連系同胞を包摂するとともに、われわれはより発展性のある[illegible]し、自主的な活動を[illegible]たい」と強調した。

[illegible]

執行機関を代表してあいさつをのべる具[illegible]春日井支部団長

豊橋

豊橋支部大会において選出された新執行部

戸籍整備を促進
豊橋支部　新団長に金炳漢氏

民団豊橋支部の第二十四回定期大会は六月九日同支部二階において行われ、団長に金炳漢氏、議長に崔斉周氏、監察委員長に金永泰氏の新三機関長を選出した。

同時に副団長に金炯黙、洪達源、副議長に[illegible]福緑、金伯泰、監察委員に[illegible]敦淑、李石俊の各氏を選んだ。

代議員総数百八名中八十一名が出席した同大会であいさつに立った李錫有団長が「わが民団が着実に歩んで行くため今後とも地道な活動を推進していかねばならない」と強調した後、権会俊県本部団長は「創団されて三十年となるが、日本社会での生活を確立するためにわれわれは民団の旗の下に団結せねばならない。多数の団員を包摂する豊橋支部は、新執行部の下に一致団結して協調し、飛躍的な発展を望みたい」と力強くあいさつをのべた。

次に来賓あいさつに入り、金相銘副領事が「日本のマスコミはわが国について歪んだ報道を大幅に流し、さる五月二十日名駅で逮捕された北のスパイについてはわずかなスペースしか扱わない。このような行きすぎにもかかわらず、大韓民国は経済的発展をとげていることをしっかりと認識して欲しい」とのべた。引続き郭勲愛知商銀理事長が立ち「商銀の発展は即ち民団の発展であり、全力を尽して貢献をはたしたい」と決意をのべた。

この後経過報告に移り、金健罪事務部長が朗読し、次のような総括と記念行事、国軍の日参観、愛知県韓国人大運動会、セマウル運動、民団中央本部会館建設募金、財政確保、学識、青年の育成、戸籍事務、国民登録などを原案通り採択した。

総括によれば、本国ではこの一年間に七・四南北共同声明、十月維新、金大中事件など国内情勢が急激に変化している。一方維新近代化をめざすセマウル運動は、国家政策の一つとして成功裡に展開されており、本団も愛国愛族精神の下に、全国的に組織募金を通じ維新事業であるセマウル運動を推進してきた。

外国で生活するわれわれ自身の生活をみる時、差別が多い状況で民団組織下に団結し、事業を活発化させる一方、わが組織に浸透し攪乱を目的とする朝総連に対しても、全力をあげて組織防衛を固ってきた。今後とも民団の下に団結し前進していかねばならない。

中央会館建設に対し積極的に協力し、一日も早く完成させ、わが同胞社会を指導する唯一の組織体として一層の発展が望まれる。

総括報告に続き、収支決算も満場一致で承認され、一九七四年度活動方針案として、①戸籍整備促進②国民登録申請促進③韓国語教育強化④青年活動強化案が上程され予算案とともに採択された。

ここで任員総辞職に移り、李錫有団長が執行部を代表してあいさつをのべ、代議員から二年間の苦労に対し惜しみない拍手が送られた。

次に新三機関長選挙に入り、まず団長選挙には金炳漢、金八道の両氏が立候補し、投票の結果69対12で金炳漢氏が当選した。議長選には崔斉周氏、監察委員長には金永泰氏が推せんを受け、満場一致で選ばれた。

新団長に選ばれた金炳漢氏は就任あいさつを通じ「豊橋支部発展のために全力を尽くしたい」と熱っぽくのべた。

豊田

五月十九日同支部の第四回定期大会において、任員改選をした結果、左記のように人事構成を行った。

〈諮問機関〉
顧問　李四用
・　洪台洪

監察報告も了承したのに引続き新年度活動方針案を上程し、これを満場一致で採択し、成果裡に大会の幕を閉じた。

このように活動経過を総括すると同時に、各課別活動経過を報告し採択された。

[illegible]

名港

五月十九日同支部の第十四回定期大会において、次のように任員を選出した。

〈諮問機関〉
顧問　李錫洪
・　朴東述
・　曹壬圭
・　卞[illegible]

〈議決機関〉
議長　鄭[illegible]
副議長　劉国元
・　李[illegible]

〈監察機関〉
委員長　洪性能
委員　朴成奎
・　金四道

本国で研修会
愛知婦人会も参加

在日本大韓婦人会中央本部(李寿坤会長)では、六月十七日から本国において研修会を開催した。同会は所期の目的を達成するために、全国地方本部の会長以下幹部八十名を召集し、内外情勢および組織論を学習した。愛知県本部からも代表が参加し、当面する課題と任務について学び、成果的に本国研修会を受講した。

瀬戸

第二十六回当支部定期大会において、次のように任員改選された。

〈執行機関〉
団長　安永植
副団長　金鳳祚
事務部長　成教玉
・次長　金鳳祚
総務課長(兼)　金鳳祚
・次長　李在禎
組織課長(兼)　朴[illegible]
・次長　朴[illegible]
経済課長　安[illegible]
・次長　朴[illegible]
民生課長　曹[illegible]
・次長　成[illegible]
文教課長　曹[illegible]
・次長　金[illegible]
宣伝課長　金[illegible]
・次長　金[illegible]
青年課長(兼)　朴[illegible]
・次長　金[illegible]

後継者育成に傾注

岡崎支部　陳奉徳団長を再選

民団岡崎支部第二十五回定期大会はさる六月十六日同支部二階において行われ、執行部から提出された経過報告および活動方針を採択した後、人事改選に移り、団長に陳奉徳氏を満場一致で選出した。また議長に金神植氏を再選、監察委員長には新たに河守春氏が選ばれた。

李達根事務部長司会の下に、代議員総数百十名中八十二名が出席して大会成立が宣言され、金来鎮副団長が国民儀礼を朗読した。

執行部を代表して陳奉徳団長が「執行部として反省すべき点は多々あるが、一年間大過なく団務を遂行できたことは、ひとえに団員の皆さんの愛国愛族精神のおかげである」と謝意をのべた後、「激動する内外情勢下で、本国ではセマウル運動を推進しており、今後も朝総連の対民団工作を徹底的に分析しつつ、中央会館建設、商銀助成、民族教育の充実、青年の育成などの課題を真剣に検討し、強力に果していかねばならない」とのべた。

この後経過報告に入り、議長、執行・監察の三機関から活動経過報告を受け、直ちに質疑応答に移った。その要点は次の通り。

一、青年の役割は、民団組織の支柱と考える。当支部でも数次にわたり対話を継続してきたが、現実に立脚した運動方針により、将来の組織を担う後継者育成に力を注ぐ。

二、愛知韓国学園岡崎分園では、初級、中級、高級を分担し、民族教育講習日と予定して、熱心に学んでいる。今後全団員の子女に受講運動を展開する。

岡崎支部大会で選出された新執行部を代表してあいさつをのべる陳奉徳団長

崔元通会長を選出
瀬戸婦人会

婦人会瀬戸支部の第十回定期大会はさる六月十六日同支部において開催され、新会長に崔元通女史が選ばれた。

百名近くの会員が出席した同大会では、活動経過報告などを採択した後、人事改選に移り、崔元通新会長の下に再出発することを確認した。

なお大会の席上、本国で推進されている防衛誠金に協力するために、瀬戸婦人会が三十万円を寄付したことも報告された。

男女とも圧勝
韓日親善ハンドボール

韓日学生親善ハンドボール名古屋大会は六日夜、愛知県体育館で行われ、男女とも韓国チームが両日本側に圧勝した。男女とも本国からの遠征。

交歓試合八回目を迎えた男子は成均館大学が、三回目の女子は梨花女子大学が来名し、女子はポイントゲッター李尚妍選手の活躍で一方的に勝ち、男子はチームプレーにまさる成均館大学が徐々に実力を発揮し、圧勝を収めた。

▽女子（韓国3勝）
梨花女大11（9－1）（2－2）3東海学生選抜

▽男子（韓国3勝）
成均館大22（12－10）（10－9）18東海学生選抜

試合に先立ち行われた開会式で朴準哲団長は「韓日国交正常化以後、芸術、文化、スポーツの交流が盛んになっている。本大会がお互いの技術の進歩に役立つのみならず、両国の友好を深める契機となるよう望む」とのべたのに続き、李承禄民団愛知県本部団長（愛知県韓国人体育会会長）も「本大会の開催を心から歓迎し、関係者各位に感謝の意を表する。このような機会を通じ、韓日親善が一層深まることを期待する」と歓迎のあいさつをのべた。

中村支部が優勝
愛知県韓国人野球大会

第十二回愛知県韓国人野球大会は六月二十三日東海市の大池公園球場において準決勝および決勝戦が行われ、中村支部が堂々たる優勝を飾った。

昨年十一月二十五日中川野球場で開催された本大会で十二チームが参加、ベスト四として一宮、瀬戸、中村の三支部と愛知商銀が進出したが、準決勝では一宮が六対四で商銀を、中村が六対〇のスコアで瀬戸をそれぞれ下した。

中村と一宮の決勝戦では、エースピッチャーの好投と三本のホームランを出した中村が快勝し、栄光の優勝カップをさらった。

両チームに、民団、体育会、商銀などから花束が贈られた後、選手たちは直ちにプレーに入ったが、会場には多くの同胞がつめかけ、韓国学生の活躍に盛んな声援を送っていた。

表彰式が行われ、一位中村、二位一宮、三位瀬戸、商銀の各チームにカップが贈られた。雨模様の天候下にもかかわらず各支部から熱心な観客がつめかけ、黄色い声援を送り、大会の雰囲気を盛り上げた。

▽準決勝
一宮支部　6－4　愛知商銀
中村支部　6－0　瀬戸支部
▽決勝
中村支部　4－1　一宮支部

新しく瀬戸支部団長に選ばれた梁周承氏のあいさつ

納税組合の結成を

瀬戸支部　新団長に梁周承氏

民団瀬戸支部の第二十六回定期大会は五月二十六日同支部二階において開催され、総括および活動方針を採択した後、新団長に梁周承氏を選出した。

同時に、李殷観議長、金日不監察委員長を満場一致で選び、副団長の任命は両機関長にそれぞれ一任された。

新団長に就任した梁周承氏は「組織についてはなにもわかりませんが、とにかく団員の家を一軒一軒戸別訪問し、心の通った団務をとれるよう最善を尽くす。団員の要望が強い納税貯蓄組合をぜひとも結成し、われわれの経済生活の安定を期したい」と抱負を語った。

瀬戸支部大会には、代議員総数六十名中、四十八名ら数多くの管下団員が出席し、県本部から成鶴九副団長、領事館から金相鉉副領事らが参席した。

成副団長がセマウム運動を強力に推進することを訴えた後、直ちに活動報告に入った。

それによると、①、きびしい経済事情にもかかわらず、民団組織の経常費を全団員の団費で充当しつつ、セマウム運動の一環として安定財政のための寄付運動も、団員のあたたかい協力により実施され、財政が確立された。

②、民団組織の核的な役割をもつ班組織は、班長を中心に、団員との接触をもち、支部に密接な役割をはたすべきであるが、世代交替と人材不足により合理的な運営を図ることができず、今後は完全かつ理想的な制度の下に運営されねばならない。

③、二、三世青年を対象に、韓国語講習会を継続してきた。その他卓球、野球、ボーリング大会などに積極参加し、よい成果をあげていることは、若い青年と民団とがつねに対話を通じ、努力してきた結果ということができる。青年育成問題を抜本的に取り扱い、第二十回地方委員会の方針に従い、自律的な青年指導を模索しなければならない。

引続き一九七四年度活動方針案が次のように提案され、討議の末満場一致で可決した。

①、セマウム運動を継続推進し自立、自助、協調するに充分な組織基盤を造成する。

第二十三回中央委員会において中央会館建立費は今年八月十五日まで完納することを決議しており、さる第二十回地方委員会においても、重点活動方針として採択され、当支部割当金は百三十五万円となっている。上記方針によれば、当支部でも期間内に完了しなければならず、充分な対策を講じなければならない。

②、班組織を補強して運営するためには、まず班長を中心とした完璧な組織体系が要求され、充分な理論と誠意のある指導力を発揮することのできる班長を養成し、永住権取得者および未入国者を国民登録を完了させ、団員化させなければならず、ひいては民生安定にも積極対処しなければならない。

③、わが民団がしなければならない重点事業中の一つである納税貯蓄組合の結成は、他地方に比しすでに時期が遅れた感もあるが、連合会および関係当局の指導を受けて結成し、われわれの経済生活の安定を期さねばならず、ひいては民団財政の完全管理を促求する。

④、民族教育問題、青年団体の結成指導問題を継続推進する。

理事長に就任して

同胞の経済向上に全力

愛知商銀理事長　鄭煥麒

私は、今度はからずも、信用組合愛知商銀理事長の重責を担うことになりました。何分浅学非才の身でございますが、一生懸命献身的な努力をいたす覚悟でありますので、各位の絶大なご支援とご協力を心からお願い申し上げます。

かえりみますれば、私が第二代理事長を退任しまして以来十三年を経過いたしましたが、当組合はますます成果をあげ今日にいたりました。

この間日本経済は飛躍的発展成長をとげ、当時の池田内閣の所得倍増計画は現在においては[illegible]であり、実質的には五倍、六倍と驚くべき指数を示しております。しかしながらこの経済急成長のヒズミとして、インフレ、公害等の恐るべき弊害を生じ、特に三年前のドルショックおよび昨年の石油危機を契機として物価高騰と、これに便乗した売惜しみ、買だめ等全く狂乱怒濤の様相を呈しました。特に大企業のカルテル、大商社の不当利益追求等反社会的行為は、一般の指弾を受け、この影響が中小企業、零細業者にしわよせされ国民生活を圧迫したことは、まぎれもない事実であります。

このような情勢下にあって金融界は政府の総需要抑制策の一環として、公定レートの四次にわたる引上げと預金金利の四次の引上げが実施され、日銀の窓口規制の強化と相まって超引締時代を現出いたしました。

このことは必然的に中小企業零細業者に強いしわよせを余儀なくされ、特に私共在日同胞は身にせまるものを感じるのであります。

経済変動の激しい状況下にある現在、同胞企業の経済的環境は殊にきびしいものがあります。

このときにあたり、私共の商銀は同胞社会において、唯一の金融機関として組合員の経済向上と生活安定に役立つ内容を確立することが目下の急務であると信ずるものであります。信用組合愛知商銀の定款第一条には「この組合は、愛知県に在住する韓国人の中小規模の事業者、勤労者の協同組織により、これらの者に必要な金融事業を行ない、もって組合員の経済的地位の向上を図ることを目的とする」と定めている通り、相互扶助の精神に徹し、同胞企業の育成強化に奉仕する事を第一義としています。

また当組合に対する組合員の期待は大きく、特に中小企業や零細業の経営者から切実な声が寄せられていることも承知しております。幾多の難局をのり越え、今日の商銀を築いてきたのは、組合員の皆様のあたたかいご支援ご協力の賜物であると信じ、民族金融機関として成長してきた商銀は、今後とも組合員への奉仕を一層強め、組合員のために誠心誠意努力する覚悟であります。

そのためには民団組織とも密接な連けいをもち、県下同胞各位を一人でも多く組合員としてお迎えし、商銀の地位向上に努め、業績の拡大強化をはかりたいと存ずるものであります。あたかも本年は私共商銀の創立二十周年にあたりますので、役職員一同一丸となって当商銀の画期的発展、ひいては同胞各位の経済力を高め、生活基盤の確立にお役にたつよう全力をつくすことをお誓いして、私の就任のごあいさつといたします。

なお新役員は次のとおりでございます。

相談役　張永駿
〃　金鎮九
理事長　鄭煥麒
副理事長　金允鎮
専務理事　金漢永
常勤理事　権寧鎬
理事　李日館
〃　崔煥福
〃　金甲守
〃　白南斗
〃　李吉秀
〃　姜秀根
〃　権会俊
〃　崔晃栄
〃　尹泰明
〃　金基淑
〃　崔正龍
〃　朴元熙
〃　金鳳鎬
〃　金学達
〃　李相来
〃　金栄顯
〃　卞禹変
監事　高命龍
〃　陳泰植

団費調整に拍車を

中川支部　崔潤積団長選ばる

中川支部の第十九回定期大会は六月二十三日、盛況なった同支部の新会館に多数の代議員が出席して行われ、経過報告および活動方針を採択した後、人事改選に移り、新団長に崔潤積氏を満場一致で選出した。

崔潤積中川支部団長

議長に金大植、監察委員長に鄭順石の両氏をそれぞれ選出し、新たなスタートをきった。

新執行部は、役員選出の下に内外情勢を分析した。それによると内外情勢を分析し、目標に達するよう一致して努力している。

長い間の懸案であったわれわれの会館建設は、管下同胞の皆さんの固い団結とあたたかい協力で結実をみるに至った。自立、自助、自衛をめざし協調を目的とする「セマウム運動」の一環事業として成功をみたのである。

わが組織の経常費は、全団員の団費で充当するという方針の下に団費徴収の徹底に努力してきた結果、悪化する経済事情にもかかわらず、団員の皆さんの理解と誠意により、大過なく運営してきたのであり、会館建設の募金運動に積極協力して下さり、満足する成果をみたのである。

一、財政に関して

一、中央会館建設に関して当支部の募金割当金は百十万円であり、八月十五日までに完了する。

二、組織強化に関して組織の強化があって三機関の協力が発揮される。永住権取得者中の未入団者の国民登録をさせる。

三、納税貯蓄組合に関して現在組合に参加しているのは三十余名で弱体であるため、納貯を強化させ、経済生活の安定を期する。

四、民族教育問題と青年問題は重要であるので、継続推進する。

五、支部財政安定に関して

浦項製鉄が勝つ
新日鉄と親善サッカー

韓国親善招待サッカー浦項製鉄と新日本製鉄の一戦は、六月二十四日新日鉄名古屋製鉄所グランドにおいて行われ、二対一で韓国の浦項チームが勝った。

試合の前半は互角のうちに得点なく、ハーフタイム後は試合に余裕をとった浦項チームがやや押し気味で二対一のスコアで勝利を手中に収めた。

浦項総合製鉄は大韓民国第一の製鉄会社で、蹴球部は国家代表選手を有するトップチームとして知られ、今回同社と関係の深い新日鉄の招待により来日した。浦項チームは、六月二十七日に姫路、二十九日に八幡でそれぞれ新日鉄と対戦する。

在日サッカーチームが渡米

在日韓国人訪米サッカー団一行二十一名（金東宰団長）は十四日午後十時半、羽田発のKAL002便ジャンボ機でロサンゼルスに向け出発した。

一行は、十四日午後ロサンゼルス着後翌日、在米大韓体育会主催の歓迎会に臨み、同地で同胞チーム、十七日にはサンフランシスコの同胞チーム、また二十日ロサンゼルス大学選抜チーム、二十三日シカゴ韓国蹴球団とそれぞれ親善試合を行う。

また今秋本国体の開会、在米チームが在日同胞チームと交流試合をする話も進められている。

事務体系の確立を

西碧支部　孫潤寿氏新団長に

民団西碧支部の第十四回定期大会は六月二十三日午前十一時すぎ同支部二階において開催され、新団長に孫潤寿氏を選出した。

同時に次のような実践型の新執行部が選ばれ、力強いスタートをきることになった。

顧問　辛甲根
〃　李宗甲
〃　林寿慶
〃　鄭文相
団長　孫潤寿
副団長　権命泰
〃　李瑀殷
議長　金泰鎮
副議長　呉勲深
〃　保留
監察委員長　李韶仁
監察委員　諸勝鳳
〃　李栄植
事務部長　保留
総務課長　李中大
組織課長　金相泰
文教課長　李英学
宣伝課長　金鎮八
民生課長　金和哲
青年課長　保留
経済課長　黄彰元

孫潤寿西碧支部団長

新執行部には若い人材が積極的に登用されたことも手伝って、仕事をする実行型としての期待は大きい。また現在西碧支部は総会制を実施しているために、班組織を拡充強化しつつ、代議員制による大会運営を図るなど今後の具体的な方針については、新執行部に一任された。

西碧支部大会には、成鶴九本部副団長、金相鉉副領事らも参席し同支部の活躍を激励した。

この後直ちに経過報告に入り、内外情勢に関する総括報告、人事関係および収支決算などを軸とした総務課報告、領事事務に関した民生課報告などを満場一致で採択した。

また組織活動に関しては次のように報告され、それぞれ了承された。

①、第二十八回八・一五光復節記念式典は、名古屋市公会堂において盛大に行われたが、同支部から五十四名が参加した。

②、第五十五回三・一節記念大会は、名古屋市公会堂において開催されたが、当支部から五十七名が参加した。

③、第六回愛知県韓国人大運動会は、九月十六日名古屋瑞穂公園において実施され、西碧支部より百名以上が参加し、成績は総合第四位に入った。

④、毎年九月十五日の敬老会は今年は七十才以上を対象とし、今年から式典をなくし、記念品を贈呈することになった。

この後直ちに活動方針、人事改選に移り、組織の再整備を図り、事務体系を確立することを確認して大会の幕を閉じた。

金漢坤団長が急逝

熱田支部で組織葬

金漢坤民団熱田支部団長は、五月二十五日午後五時頃心不全のため急逝された。享年五十三歳。

金漢坤団長は、一九六六年民団熱田支部経済課長にはじまり、六年間にわたる副団長、それに昨年六月の大会において支部団長に就任、熱田支部組織発展のために多大な貢献をしてきた。

さる二十七日午後一時から白鳥山の法持寺で行われた支部葬には県本部をはじめ管下各支部の組織関係者が参列し、故人の霊の安らかならんことを祈った。

本籍地は、全羅南道宝城。

広場

日本の世論考える

金承泰

金大中氏問題をキッカケに韓日関係の雲行きが怪しくなり、日本人学生逮捕事件によりその度合は一層はげしくなっている。

日本国内世論は総じて日本外交の"弱腰"を非難する声が上り、韓国に対し断固たる措置をとるよう要求している。日本の主要新聞が連日報道する反韓的記事は、ややもすれば事態の本質をつきとめるというよりは、日本の物差しで韓国を批判し、居丈高になる日本人の"大国主義"の現われと映る。

その影響だろうか、私の日本の友人は「韓国は一体なにをやっているか、サッパリわからない」という。しかし日本人二学生逮捕事件は、もし韓国検察当局の調査結果に誤りがないとすれば、明らかに韓国の法律を犯した事件であり、かれらが日本人だからといって免責を求めるのはスジちがいである。問題はかれらが日本人であるということより、韓国でなにをしたかであり、事件の真相が究明されるのが先決である。

韓日両国は一衣帯水の隣国であり、また同じ自由陣営に属する友好国として密接な協調関係を確立せねばならない。両国がコミュニケーション・ギャップの除去に最大限の努力をはらい、相互理解を軌道にのせ、危機に立たされた [illegible] 日帝時代の延長線上にあるし、日本人の大国意識も、同じラインに位置しているのではないだろうか。

われわれはなにも過去の不幸な出来事をいちいちもち出し、謝罪せよとはいわない。ただわれわれ韓国に対して、真に理解しようという努力をしめして欲しい。

例えばわれわれが居住している各地方でも、韓日交流のカケ声は大きくなりつつあるが、民衆レベルで実際にどのような交わりが進んでいるのかいささか疑問である。

私がここで特に強調したい事は言葉の問題である。

日本はアジアの一国でありながら、よくアジアを知らないといわれる。東南アジアを訪れる日本人観光客は、その国の風習、文化、国民性に学ぶというより、円札ビラをきることによって、彼の観光ぶりをいかんなく発揮している。

真の国民交流は、その国の民衆の心を知ることからはじまる。韓国を理解するためには、まず韓国人の心を理解せねばならない。心を知るには、その国の言葉を知ることがその大きな手がかりの一つ [illegible]

さ迷える同胞の霊
共同墓地購入を提言

民団団員　K・R

何時の日か故郷に錦を飾るべく異域日本で牛馬の如く働いた幾歳月！　功成り名遂げ、子孫万代の礎を築き、波乱万丈の生涯を閉じ夢にまで見た故郷の省山に祖先の霊と共に安らかに眠るラッキー組もあれば、その労苦途に報いられ [illegible] 帰国するということは、事実上不可能である。そこで、この際、われわれ在日同胞を代表する民団が音頭をとって、われわれ居留民が募金を拠出し、県又は地区単位に霊園を購入し、わが同胞の遺骨をそこに収納し、個々の命日は別と [illegible] した民族的な行事になり、日本におけるわれわれの民族教育と相俟って、健全な祖先崇拝の思想が培われるであろうし、民族的に共通な連帯感を持つようになり、わが民族の美しい風習が更めて、この異域日本において花開くのではな [illegible]

時のえんぴつ

韓国人差別打破につくす　日本人弁護士の良心

日本人弁護士の身でありながら、在日韓国人への差別待遇に深い関心を寄せ、自ら進んで韓国人の法廷闘争を支援し続けてきた中平健吉（四十九歳）氏。一九七〇年、日本の日立製作所の入社試験に見事合格していながら韓国人という、たった一つの理由から、採用を拒まれた朴鐘碩（二十三歳）くん事件と、昨年十一月、大村収容所の強制退去命令等によって、[illegible] への送還まぎわとなっていた [illegible] 煥（二十六歳）くん事件、[illegible] 近には、道路事業をしていた [illegible] の在日韓国人のむざんな民事事件を引き受け、その弁護に専念している。

敬虔なキリスト教会の長老である中平氏は、国際救援運動にも参加しており、[illegible] とめてから二年前に辞職、弁護士生活をしている。訪韓はこんど初めて。

[illegible]

――在日韓国人が自ら取らなければならない望ましい行動と姿勢はどうあるべきだと思うか。

「在日韓国人の忍耐と自制は非常に強いようだ。しかしながら、不当な差別待遇を堪え忍ぶだけではいけない。人権と権利のために堂々と抵抗・闘争しなければならない。若い世代の在日韓国人たちには、このような権利意識が高まっているようだが……。もっと [illegible]

[illegible] 中平氏は、在日韓国人の法廷闘争を支援していくのは、ただ単に [illegible] 一つの方便だと思う。[illegible] 作に対し、同社製品の不買運動な [illegible] 日韓国人の人権擁護に対する支援をおこたってはなるまい。たとえば、朴くんの就職を拒んだ日立製作所の [illegible] その韓国人差別待遇に対して、政府当局と世論に訴えるのがその目的であるといっている。〈東亜日報〉

本国論調から

日本社会も韓国語熱を　実際の韓日交流望む

青年　鄭相成

[illegible]

…本人尊敬をもち、民衆の心を知ることから再出発したいものだ。

原爆被害者たちの救護

東亜日報

[illegible] というから、最終判決を待たなければならないが、今後、この判決 [illegible] 救護措置も受けていなかったばかりでなく、あるいは不具という苦悩に限らず、被害補償など、諸般 [illegible] 問題に属すると主張する関係の意見は妥当であるといえる。にもかかわらず、韓国人被爆者に対する補償や救護問題は請求権協定にも漏れていた。戦後三十年近くの現在まで放置されていたということはなげかわしいことである。

国交正常化以後、国内および [illegible] 人などによる後援で、[illegible] 被爆者たちに対する救護運動がなからも展開されてお [illegible] の十二月、慶尚南道陜川に被爆者診療所が建立されたのである。

しかしながら、このような民間ベースの慈善だけでは、とうてい根本的な解決は期待し難いであろう。

これまで、韓日閣僚会議や議員懇談会などを通じて、韓国人被爆者の救護問題が、両国政府のレベルでいくらか争論されたこともあり、日本の外相も、韓国人被爆者をはじめ、外国人被爆者全体を救護するための特別立法の必要性を言明したこともあるが、しかしその後、これといった進展には及ばなかった。

このような点から、このたびの福岡地裁の判決を高く評価するとともに、それが核問題解決のきっかけとなってくれるよう願ってやまないものである。

随筆　田中首相と海苔

元釜山水産大学長　鄭文基

[illegible]

進んでいる養殖技術　日本の海苔増産に寄与

[illegible] 苔よりも一段と優っていた。

これまでの説明は、韓国と日本の海苔養殖の歴史と、養殖方法、養殖場、養殖技術などにおいての、併合のときから解放までの実情である。日本から韓国に海苔養殖技術者を派遣したという事実は、全然なかったのである。

あえていうとすれば、ただ、一九二五年ごろに、広島県人の中村来吉ら何人かが慶尚南道（全羅南道）に侵入して来て、海苔養殖業を集約的に経営しようと試図したが、失敗して帰国していることがある。この失敗の原因は技術指導が目的でなく、韓国の海苔漁業を企業化、これを独占しようともくろんだことにあったのである。

当時韓国には、海苔がふんだんにあって、漁民たちが、自家の海苔養殖事業に追われ、日本人業者に雇われる人がいなかったのであり、莞島では、ここ独特の挑簾式海苔養殖法に熟達していて、日本人たちに、かえってその方法を教えてやったほどであった。

このような事情だったので、広島県人たちはわがくにでの海苔養殖事業を断念、早々と引き揚げてしまったのである。

一方、釜山の水産試験場に就職した日本人たちは、夏季における海苔胞子の生活史と、イワノリの養殖法と韓国式海苔養殖法の調査研究に力を注いだ。だが、胞子生活史は、終戦のときまでついに究めえず、また、沿岸の岩にセメントを塗りつけ、そこに海苔胞子を付着させて養殖する、イワノリ養殖法も失敗に帰したのである。

当時総督府は、日本向けののり養殖用の海苔の収集と販売を、漁業組合だけが一手に取り扱えるよう漁業組合法を制定した。こうして、終戦直前には、全韓国産の海苔の九割以上である千万束以上の韓国産海苔が日本へ運びこまれている。

当時の漁業組合制度は、権力階層にある者が漁民の労働力と生産品を搾取、安値で収集販売するのに便利なものであった。

大学出の日本人たちが総督府に就職、韓国人漁民を搾取する漁業組合法を立法化したのである。

このような制度は、日本ではとてもまかり通らぬ法であったため、これを韓国でおおっぴらに立法化したのである。

漁民たちが汗水流して養殖、漁獲した水産物を、ただも同然な安価で容易にかき集め、そして販売するに便利な制度なのである。

当時総督府は、こんなやり方で、慶尚南道の巨済島にある [illegible] 公漁場をはじめとして、底引網漁業、巾着網漁業、潜水漁業など、主な漁業のほとんど全部を日本人に許可しており、その他の、とるに足らない零細漁業だけを韓国人漁夫たちにやらせたが、その漁獲物すら、漁業組合だけが収集、販売できるよう仕組まれていた。

釜山水産試験場の研究員（日本人）たちの不首尾に終わった夏季における海苔胞子の生活史研究は、その後、英国の植物学者であるドリユ女史がなしとげた。日本では、このドリユ女史がつきとめた海苔の胞子を、低水温に貯蔵することに成功、これを海苔養殖に応用している。わが韓国で数十年間海苔養殖の技術を習得した日本人たちは、終戦後日本へ引き揚げてから、海苔の増産に大いにつくしている。

終戦によって、それまでに入っていた韓国からの一千万束あまりの海苔が入らなくなると、日本は、日本全国を、九州、瀬戸内海、東京および東北の四区域に区別、各区域に海苔養殖研究所を新設するとともに、各研究所に技術指導責任者一人ずつを物色して配置した。この四人のなかには韓国で数十年間技術を習得した二人がえらばれている。九州の富士川氏と瀬戸内海の金子氏である。こうして日本海苔は、最近三倍の増産をみせている。韓国で技術習得した人たちが、大いに寄与しているわけである。

つまり、わがくにの海苔養殖においては、とりたてるほど、日本から技術的に負うところはなかったのである。

それはかりか、むしろ日本の海苔増産には、技術的にわがくにの海苔養殖方法が大きく寄与しているのである。

河口沿海だけを海苔の養殖場としていた日本は、韓国によってはじめて、全ての海水にでも海苔が養殖されるという事実を知ったのである。

海苔養殖業において、韓国が日本に教わったこと（あえていうならば）といえば、漁業組合をつくって、零細漁民の漁獲物をたやすく収集し、かつ安値で買い上げる漁民搾取方法ぐらいのものである。

朴君採用拒否に寄せて

アジア公論

日本で指折りの大企業である日立製作所、入社試験に合格した朴鐘碩くんを、彼が韓国人だという理由だけで採用を拒否した事件は、国内外に物議をかもしている。

特に、韓国のキリスト教団体が繰り広げている日立系メーカ製品の不買は、欧米など世界的な規模に発展する気勢を示している。

事件の発端は、在日韓国人の一人である朴鐘碩くんが、一九七〇年八月、日立製作所の工員募集に応募、試験には合格したが、彼が韓国人だという理由だけで採用を拒否されたことにある。その後朴くんは、このような不当な措置の取り消しを要求、日立製作所を相手に訴訟を提起して三年間にわたる法廷闘争を続けて来たが、まだ結論をみていない。

ところで、当事者の朴鐘碩くんは、このたびの法廷闘争を通じ韓国人であるという民族的自覚を新たにし、ともすればなおざりにされていた在日韓国人の正当な地位 [illegible] を回復するためにも、この闘争を続けなければならないという使命感みたいなものを抱くようになったと語っている。また、朴くん事件の公判進行過程において示された日本人の良心的な記者や朴くんを弁護するために判事の職を投げだした日本人判事がいるなど、良識を持った日本の人々がいるということを物語っている。

しかしながら、一般的にみて日本人たちの意識の底辺には、韓国人に対する差別的偏見が根ざしているということを否定できない。

このような韓国人に対する日本人たちの偏見は、日帝時代の韓国侵略を正当化するために、当時の為政当局者たちがデッチ上げた韓国観に由来している。「朝鮮人」という語調が含蓄している韓国人を劣等民族視するイメージは、必ずしも日本人一人一人の個別的な経験によってできあがったものではない。

これは一部侵略者らが植民地支配という政治的な目的意識から誇張し、ゆがめてしまったものである。したがって日本の戦中世代が、一部の人々によってデッチ上げられた韓国人に対する偏見の犠牲になったのはやむをえないことだとしても、戦後三十年の今日においてさえも、日立の幹部のように偏見を持って韓国人を差別する人々がいるということは、日本人にとっても恥であり、また悲劇である。

韓日サッカー　選手が乱闘

二十三日午後三時から大阪長居競技場で行われたサッカーの韓日親善試合、ヤンマー対高麗大戦で選手が激しくもみ合い、スタンドのファンが騒ぎ出し、警官隊が出動したニュースは日本の新聞にも報道された。

それによれば、ヤンマーが2－0のリードで迎えた試合終了寸前、ブラジルから移籍してきたヤンマーのネルソン山本選手が高麗大の洪晃杓選手の足にタックルしてファウル、二人が小競りあいをしているうちに山本選手が倒れている洪選手の後頭部をけり、主審は山本選手に退場を命じたが両軍選手が入り交じってもみ合った。両軍の監督が中に入って収め、試合はそのまま終わったが、高麗大の応援に来ていた約八百人の観客が騒ぎ出し、空きかんやカサを投げつけ、一時ヤンマーの選手がかん詰め状態になったという。

サッカーの国際試合は南米あたりで死者を出すほどの熱狂ぶりが知られているが、日本国内で警官隊の出動を要請する騒ぎになったのは初めてとあって一時はその成行きが心配された。親善試合であるならば、選手は国家の代表であることを自覚し、グラウンドでフエアプレーの精神を一層発揮してもらいたい。

北韓の反日感情の誘発

ソウル新聞

北韓は、七・四南北共同声明の基本精神を完全に忘却したまま、対南赤化の機あらばとばかり、あらゆる画策をめぐらしている。

最近、共産主義の正体をかくしいわゆる統一戦線なる美名の下に各界各層へ浸透、わが国における一部の反日感情に便乗して大衆扇動を誘発し、それを赤化の好機として利用すべくたくらんでいるという新たな事実が、自首スパイ [illegible] によって暴露された。

彼によると、これまで反米を建て前とした対南工作が失敗を重ねるや、こんどは反日に工作の重点を転換させ、駐韓日本大使館および日本人、あるいは日本企業などに対する放火爆破、ら致およびテロ行為を敢行することによって、韓・日関係を離間させるとともにそれを暴力革命の情勢に誘導するというのである。

公示のとおり、北韓は彼らの対南赤化戦略に対する決定的な障害が、わが政府の反共政策、および韓・米の紐帯関係であるとしていたのであるが、韓・日関係も韓米関係と同次元のものとみなし、それの離間化ないしは瓦解を画策してきたのである。したがって反日を対南工作の重点としているのは、戦略の修正というよりは、戦術の変化とみるべきである。

東海新報

東海新報社
発行人 権会俊
名古屋市中村区鷹羽町3-56
電話名古屋(452)6431
購読料 1ヶ月100円

民団綱領

一、我々は大韓民国の国是を遵守する。
一、我々は在留同胞の権益擁護を期する。
一、我々は在留同胞の民生安定を期する。
一、我々は在留同胞の文化向上を期する。
一、我々は世界平和と国際親善を期する。

大会特集

県本部で国軍の日参観団派遣
光復節慶祝行事も実施

民団愛知県本部では七月九日午後一時から愛知商銀に於いて、管下支団長および事務部長会議を開き、今年は国軍の日に際し県本部単位で参観団を派遣、八・一五光復節記念行事の実施、その他夏季学校の案内など当面する活動方針を討議し、決定した。

一、第二十六周年国軍の日記念式典参観団募集

来たる十月一日は、国軍が創設されて二十六周年を迎える。解放直後にみられた混乱、六・二五動乱時における北韓共産軍の南侵、また日帝三十六年間にわたる植民地支配時代を想起するまでもなく外圧に抗し自らの国を守ることがいかに重要であり、祖国の自由と平和を守護している国軍に対する認識を深め、近代化に邁進する祖国建設に積極的に参与するために今年は愛知県本部単位で本国で挙行される第二十六周年国軍の日記念式典参観団を派遣することになった。

今回の参観団派遣は、民団愛知の組織力を内外に誇示する意味で総勢三百名にのぼる県下団員を募集するが、初行者、新入団者もできる限り多く参加することを呼びかけている。

参観団一行は九月二十八日（予定）に出発し、国軍の日式典など……

……砕して、自由大韓の平和統一方案を誇示するために展開する。

〈スローガン〉
一、国是遵守は民団の生命であり、自由大韓の栄光のなかでわれわれの組織は発展する。
一、朝総連の悪辣な民団破壊企図を徹底的に粉砕して、組織の強化拡充に全力を尽くす。
一、祖国の平和統一のために、十月維新に積極参与する。

……ることは出来ず、団員の正常な権利たる身分人権確保まで強力に推進しなければならない。このため当地方本部では、戸籍整理奉仕団要員（本国司法会会員）一名が派遣されるにともない、県下各支部を戸籍整備を処理することになった。

戸籍整理無料奉仕団巡回予定表は次の通り。

七月二十五日　場所　愛知商銀　講習会
七月二十六、二十七日　場所　……

当面する行事実施に関して真剣に討議する支団長会議

愛知県韓日協会総会開く
新会長に三宅重光氏

土川元夫前会長の死去などで一時活動が中断されていた愛知県日韓協会総会は、七月十九日午前十一時から名古屋商工会議所に多数の会員が出席して開かれ、新会長に満場一致で三宅重光東海銀行頭取が選ばれた。

総会ではまず事務局から経過報告がのべられ、商工会議所の栗田副会頭を議長代行の下に議事が進められた。引続き役員改選に入り東海銀行の三宅重光頭取を推挙したいという発言があり、満場一致で賛成の表示がなされ、新会長に決まった。本会の規約により、副会長以下、理事、監事の役員選出については議長一任することで了承された。

この後三宅会長から次のようなあいさつがのべられた。

私、只今、皆様方のご推せんにより当日韓協会の会長をお引き受けすることになりました三宅でございます。

日本にとって韓国は最も近い隣国でありまして、両国の交流は古来永年に亘って続けられておりますす。私は、今日のような国際化がますます進展していくなかで、こうした国際交流が一層積極的におし進めることが、本当に必要であると確信いたしております。

韓国は独立以来、幾多の困難な諸条件を克服しつつ着実な経済成長の路を歩み、見事な発展を遂げておられますことは同じアジアの一員として心より敬意を表するところであります。

とくに経済面からもうしあげますと、両国は深いつながりがございます。

この名古屋地方におきましても韓国からの輸入が急増し取引はますます活発化いたしております。また、国際分業という観点からも韓国の企業と合弁あるいは技術提携を結んでいる企業が数多く見られます。

このように交流の盛んな両国の友好と親善が益々推進されますよう少しでもお役にたちたいと存じますので、今後ともよろしくご支援、ご協力をお願いいたします。

次に姜錫弘駐名古屋大韓民国領事が「経済連繋を通じ、韓日両国の友好増進を図るために、会員の皆さまの健闘を願いたい」と強調した。その他事務報告があり、愛知県日韓協会の総会を終えた。

この後名古屋大学文学部史学科樫田正一教授が「高松塚古墳にみる日韓文化の交流」について講演した。

名古屋商工会議所で行われた愛知県韓日協会総会（左端が新会長に就任した三宅東海銀行会頭）

反韓国報道に抗議
読売新聞へ波状電報

最近日本の一部言論機関（特に読売新聞）が、韓国関係報道について報道原則である中立性と正確性を無視して、悪意による歪曲、中傷と誹謗を事とする偏向的な報道を重ねている。

このような報道姿勢は新聞倫理に違反するだけでなく、国際的信義にも背反しており、良心的な日本国民まで韓国に対し、よくない印象を与えると同時に、在日同胞社会にも民族感情を衝撃させている。

民団愛知県本部、管下十八支部および傘下団体では、日本の一部言論機関に対し、抗議する意志をあらわすために、読売新聞社社会部ないしは編集局に抗議電報を打ち、偏向記事の訂正を要求した。その主な内容は、反韓国報道を直ちに取りやめ、真の韓日親善を期せ！　偏見報道を中止し、公正な報道に努めよ！　中傷と誹謗の姿勢を正し、国際的信義に反する報道に抗議するなどとなっている。

民団では今後ともこのような抗議運動を全国の組織はもちろん、一般団員個々人にも積極的に展開する方針である。

南北韓対話を促求
アジア議員連盟

ソウルで開かれていたアジア議員連盟（APU）第十六回理事会は十六日、韓国議員団が提出した「南北韓の間の対話促求に関する決議案」など、各国が提出した各項の決議を採択して閉幕した。また、この日の会議は、第十回APU総会をきたる十一月二十八日から十二月二日までタイのバンコクで開くことに決めた。

この日、理事会の通過をみた南北韓の対話を促求する決議案の内容は、「韓国の提案した南北韓……

韓日シンポジウム
韓国語を新設
オーストラリア大学

初の協同組合認可
北海道商銀信組

未入団員入団勧誘運動

朝総連浸透に対備

23日から支団長本国研修会

31日に総領事館長歓送迎会

人事発令

峠

プライド

盛大に第12回総合体育大会
卓球独占 愛知代表が大活躍

第12回在日韓国人総合体育大会

奈良市で行われた体育大会において力強く入場行進する愛知県代表選手・役員

中央会館全容を発表
地上八階、十一階の宿舎も

三室（大会議室を連結させ）
地下十二層　三〇坪×二室、民団宿舎（訓練員および地方組織員）
3、駐車場　約一六六坪（十四台）
エレベーター　九人乗×一基
十二台）以上　容積率一〇〇%限度使用
（民団使用六、七層、八層（会議室）十層（小会議室）十一層（宿舎））
二、構造
鉄骨鉄筋コンクリート
三、設備
○各種メーター設備（給水、ガス、電気）事務所及び住宅各室
○動力線　灯油（コスト分析結果）
拡声機完全設置
○各種警報及び火災報知機、煙感設置
○各種警報（火災、非常、水位、ボイラ等）管理室集中表示設置
○事務所　各層及び十層（小会議室）八、九層（A住宅）十一層（民団宿舎）に冷暖房用パッケージ設置（セントラル方式）
○住宅　冷暖房各自設置
○停電時用充電設備
○全館電話一五〇本（電話局は倍増設可能）
○民団交換器一〇〇回線
○空調、給排水完全設備
○大会議室（多目的用）同時三国語通訳装置（可動型）、防音、
○拡声放送、全館非常放送、民団関係部分および大小会議室用（管理室設置）
四、工期
現場告示　六月八日
建築確認申請　七月十日
本工事着工　八月初旬

民団強化に結束確認
中北地協　体育会中北本部設立

韓国人の進取性
民族の自由を志向
新しく生まれる価値観

東亜日報論説主幹　宋建鎬

29日に母国へ出発
夏季学校　盛況な事前教育

伊東温泉で行われた愛知韓人会の親安会

真夏に集う若人
花郎会　県下青年200名が参加

琵琶湖にみなぎる若い力

親睦を深める

民主主義守り国力の培養を
朴大統領制憲節祝辞

民団30年史編纂のお願い

尋ね人

シリアと外交協議
柳特使ダマスカス訪問

張柄龍団長を再選

西宝支部　蒲郡に名称変更へ

民団西宝支部の第四回定期大会は七月七日同支部において開催され、経過報告および活動方針を採択した後、張柄龍団長、千永善議長、金容述監察委員長の三機関長をそれぞれ再選した。

また西宝支部の名称変更について、創団当時同支部が宝飯郡の西部に位置していたことから西宝と名づけられたが、その後市町村合併により蒲郡市に組み入れられたために、現状に合わせて今後「蒲郡支部」とし、次回の地方委員会に建議していくことを決議した。

大会ではまず張柄龍団長が、過ぐる期間の活動を財政面から報告し、満場一致で了承された。引続き新年度活動方針案審議に移り、第二十回地方委員会決議と、当支部が今日まで蓄積してきた成果の上に立ち、当面する方向性を打ち出した。

中央会館建設は、在日同胞の民族殿堂として、管下団員の一致団結した総意の下に、誠金で建立することを確認し、目標額を割当していくことを決めた。同時に支部移転問題も話しあわれ、今後積極的に推進していくことも確認した。

次に第二十九回光復節記念慶祝母国訪問団派遣および来たる十月一日に本国で挙行される第二十七回国軍の日記念式典参観団を募集することを報告した。特に国軍の日参観団には、今年度は愛知県本部単位で三百名を派遣する一大行事であるために、初行者、新規入団者も出来る限り多く参加するよう呼びかけていくことになった。

また西宝支部の新しい発展を期すべく創団から今日に至るまでの史蹟を発掘し、後代に記録を残して、「民団三十年史」の編纂に着手することになった。

新執行部の陣容は次の通り。

〈諮問機関〉
顧問　鄭鳳山
〃　金滝大
〃　方且仲

〈議決機関〉
議長　千永善

[illegible]

西宝支部三機関長（左から金容述監察委員長、張柄龍団長、千永善議長）

青少年母国訪問募集

[illegible]

めざましい発展をとげている祖国の姿や、急変する国際情勢の中で、我が祖国が現在どの様な立場におかれているかを実際に自分の目で確かめることにより、祖国に対する正しい認識を持つことが出来るものと確信し、今回の母国訪問団を計画されている。同支部ではこの趣旨を充分理解して、可愛い我が子が民族意識に目覚める機会を達成するよう多数参加を呼びかけている。

記

一、期間　一九七四年八月十七日〜八月二十五日迄（七泊八日）
一、募集人員　三十名（男・女）中学生以上二十五歳迄
一、費用　一人当り七〇、〇〇〇（飛行機、フェリー、国内宿泊、交通、諸雑費含）
一、募集締切　七月十四日迄　中村支部迄御連絡下さい電話（四五一）四七二（一）

班組織の力発揮へ

熱田支部　金弘中団長を選ぶ

金弘中熱田団長

[illegible]

一、在日韓国人の民族殿堂である中央会館建設募金運動を推進する。

二、組織強化に関し、班組織の強化を通じた指導力を発揮する。永住権取得者中の未入団者の入団を促進する。民族教育と青年育成は重要問題であり、継続推進する。

三、支部財政の安定を図るために、団費を調整し、受益者の賛助で補充する。

また基本財政委員会から支部の基本財政を確立するための特別報告も同時に承認された。

最後に任員が総辞職し、十一名の銓衡委員により三機関長の銓衡が行われ、新団長に金弘中団長を選出した後、曺聖煥議長、曺泰煥副議長、監察委員長を再選した。副団長、事務部長は団長に一任、地方代議員、顧問選出に関しては両機関にそれぞれ一任された。

熱田支部大会には、県本部から成竜九副団長、金宗俊事務局長、また東中、名南、名西、中川、西春の各支部団長、商銀から鄭煥麒理事長、また金相鉉副理事らが参席した。

熱田

〈諮問機関〉
顧問　洪性大
〃　李琪泳
〃　朴慶栄
〃　李炳朝
〃　河相竜
〃　慎相変
〃　張寅灼
〃　林其満
〃　金泰道
〃　朴鳳鶴

〈議決機関〉
議長　曺聖煥
副議長　金昌綻
〃　朴昭徳

〈監察機関〉
委員長　曺泰煥
委員　張憲斗
〃　李採潡

〈執行機関〉
団長　金弘中
副団長　朴永栄
〃　朴相麟
〃　朴相麟
事務部長　鄭正煥
〃次長　李甲鎮
総務課長　西甲文
組織課長　李甲宰
経済課長　李昌桂
文教課長　朴麒吉
宣伝課長　韓五祚
民生課長　金輝鉄
青年課長

財政確立継続推進

名南支部　充実した組織体を

李在根名南団長

[illegible]

中川

〈諮問機関〉
顧問　安成大
〃　金鍾業
〃　金

〈議決機関〉
議長　金
副議長　金
〃　金

〈監察機関〉
委員長　[illegible]

岡崎

〈諮問機関〉
顧問　金萬出
〃　金次実
〃　陣鍾根
〃　李延変
〃　朴永春

〈議決機関〉
議長　[illegible]

〈執行機関〉
団長　崔昌旭
副団長　明昌旭
〃　安鍾輝
事務部長　明昌旭
総務課長　安鍾輝
組織課長　柳然佳
経済課長　安鍾太
文教課長　安貞錫
民生課長　金徳實
宣伝課長　金泰鍾
青年課長　金宗秀

〈議決機関〉
議長　金作
副議長　李遠根
〃　金正浩

〈監察機関〉
委員長　林守燦
委員　陳武済
〃　金永圭

〈執行機関〉
団長　陳慶植
副団長　金栄顕
〃　洪仁植
事務部長　李聖圭

総務課長　金周洙
〃次長　金文瑾
組織課長　金甚辰
〃次長　李琪栄
経済課長　尹錫鉉
〃次長　金正次
民生課長　洪仁杰
〃次長　申重星
文教課長　李元大
〃次長　趙揚浩
宣伝課長　李鐘綱
〃次長　李宗栄
青年課長　朴高将
〃次長　鄭貴鎮
　　　　　金長

青年の組織化図る

知多支部　本格的に戸籍整備

朴魯珍知多団長

[illegible]

上、傘下団体指導育成などを推進した後、朝総連お よび不純分子による民団組織破壊攪乱策動に警戒心を高めつつ、愛国精神により組織を強化していくことも確認した。

また対内外むけ公報活動に注力し、戸籍整備、軍務所書、特別在留運動などを展開し、税金対策および商銀助成など経済活動、二・三世の民族教育を重視した学費助成なども了承した。

民団活動と青年活動を直結させ一体感をもつよう努力し、青年組織として花郎会を八月中旬までに結成することを決めた。

プロフィール

七四年度ミス・コリア大会で友情賞を受賞
知多支部
李甲子さん

まる五月十九日午後七時からソウル市の奨忠壇体育館で行われた恒例の「知と美の祭典・ミス・コリア一九七四年度決選大会」において、わが在日代表の李甲子さん（19・愛知県常滑市）は「友情賞」を獲得するという栄誉に輝いた。これは五月十四日から六日間にわたる予備審査の期間中、本国の道美人代表をはじめアメリカ、カナダ、日本からの同胞代表四十三名との誠意のこもる友情の交流と謙譲なマナーにより与えられる賞で、今年は李甲子さんに参加者の圧倒的な票が集まった。

この大会に在日代表が正式に参加して以来、今年で五度目になるが、真・善・美・貞・淑・賢の各ミスに交って、この特別賞が李さんに授与された。

――入賞した感想はいかがですか。

「友情賞に入ったことはもちろんうれしいですが、それよりも生まれて初めて祖国を訪れ、韓国語のわからない私にとても親切にして下さり、素顔にたくさんの良き友達ができたことを喜んでいます」と率直に語る。

いう李さんは「自分の国へ一度行ってみたい。想像よりも素晴らしかった」という。民団の機関紙をみて応募したという。

「金浦空港に到着してからずっと街並みがきれいなことと」「カラフルで新しいファッションが自然にきこなされ、洗練されていたよう進んでいるのに驚きました」「親切で良心的な国民性。あたたかい人間的なふれあいが」と李甲子さんは家業の焼肉屋を手伝っており、時々モデルのアルバイトもしているとあって、なかなか印象を残してくれ

――自分の国で見た祖国はどうでしたか？

――韓国人としての自覚について……。

「日本で生活していて差別されたという経験がないせいか、民族としての自覚といわれてもピンときません。でも自分の国へ来てみて、誇りというか自覚めというか、自分は韓国人なんだということにあらためて出会った感じです」

「だから韓国語を早くおぼえたい。もう一度祖国に行ってみたい」という。

李甲子さんはソウルの美人コンテストに参加してから、人間が一回（ひとまわり）大きくなった感じがする。また「本国の専門家からお化粧を伝授されたせい」と本人は謙遜しているが、行く前にくらべてさらに美しくなった。願わくはこの栄誉を契機に、誇り高き韓国人として民族的自覚をしっかりと認識し、責任ある行動をとり、人間的にも大きな飛躍を望みたい。

本籍　慶尚南道
現住所　愛知県常滑市
四人姉妹の長女。十九才。身長一七一センチ。B八七・W六三・H九二。

みがかれる美しさ

責任ある行動を自覚

民団豊橋支部で行われた商銀との懇談会

預金増強運動展開中

鄭理事長先頭に立つ

愛知商銀

県下唯一の民族金融機関愛知商銀はさる五月二十三日に開かれた第二十一回定期総代会において、事業報告および事業計画などを承認した後、新理事長に鄭煥麒氏をはじめ新役員を選出して以来、力強い再スタートをきっている。

鄭煥麒理事長、金允鎬副理事長ら執行部は、県下民団県本部および管下十八支部などを訪問し、就任のあいさつをのべるとともに、新しい商銀づくりに積極的に参与するよう協力を訴えた。七月四日中村支部にはじまって、五日一宮、名南、六日西春、瀬戸、七日西宝、知多、十日春日井、十三日豊橋、豊田、十四日熱田、十五日東中、十六日岡崎、豊川、十七日名港、十八日中川、十九日西尾の各支部を県本部代表とともに精力的に巡回している。

七月十三日午後一時から豊橋支部で行われた懇談会には、商銀側から鄭煥麒理事長、金允鎬副理事長、民団側から成竜九県本部副団長そして支部から金炳圭団長以下三機関役員および総代らが出席した。

まずあいさつに立った金炳圭団長は「民団と商銀がしっかり手をとりあい、商銀に負けないよう金融機関発展のために協力していきたい」とのべた。続いてあいさつに立った鄭煥麒理事長は「総代後一カ月余がすぎたが、商銀を育成しようというムードが多団的に盛り上っており、懇談会を通じ組織が生きているということを感じた。

創立二十周年を迎える愛知商銀が、飛躍的な発展をとげていないのは民団と商銀の意思がかみあわなかったところにもある。われわれ商銀の組合員は、そのまま民団の団員であり、商銀の発展は即ち民団の発展である。どうか今日の集いが、商銀の百年の大計のためになるよう願う」と力強くのべた。

これに対し、県本部を代表し成竜九副団長が「商銀の今後の発展のために、民団としても積極的に助成していきたい」とのべたのに続き、金允鎬副理事長が愛知の現状について具体的な説明があり、直ちに出席者一同から質問を受け、今後のあり方を含め成果的に懇談会の幕を閉じた。

民団愛知県本部ではさる五月八日に行われた第二十回地方委員会において、商銀助成に対し、各級組織との紐帯のなかで挙団的に後押しし、団員中小企業育成のために、より一層の努力を傾けることを決定している。これを受けて六月十一日に行われた支団長会議の席上、創立二十周年を迎え、預金運動を挙団的に強力に展開する。また七月九日に行われた支団長会議でも、県本部の指導の下に預金増強運動を強力に推進することを決めている。

越前海岸で研修会

西春支部

民団西春支部（金仙吉団長）の幹部研修会はさる六月二十二日から一泊二日にわたり福井県越前海岸において行われ、支部組織拡張、青年問題、財政確立等々について熱心に討議し、懇親会を通じ相互の親睦を深め、成果的に研修会を収めた。

国語講習会始まる

名西支部

民団名西支部（金東鎬団長）ではさる七月十六日午後七時から管下団員の祖国に対する自覚を深める啓蒙活動の一環として、国語講習会を実施している。開講式には青年、婦人など約五十名が参加したが、同支部では今後継続して毎週火曜七時半から九時半まで、とりあえず八月いっぱい行うことにしている。講師は韓春愛文化センター所長が担当している。

転換期を迎えた東南アジア

京郷新聞

ニュース・コメント

日本の対韓関心の度合い

韓国日報

日本人妻の里帰り問題

韓国日報

反韓ムードの中の民団

東亜日報

神のお告げに民団破壊行為

KP通信

太刀川・早川事件

中日新聞

京都韓国学校建設問題

教育権の正当性を訴え

いわれなき住民反対

東海新報

東海新報社
発行人 権 会 俊
名古屋市中村区
稲町1番20号
電話名古屋(451)6431
購読料 1ヵ月100円

民団綱領

一、我等は大韓民国の国是を遵守する。
一、我等は在留同胞の権益擁護を期する。
一、我等は在留同胞の民生安定を期する。
一、我等は在留同胞の文化向上を期する。
一、我等は世界平和と国際親善を期する。

住居番号変更通知

新住所名
郵便番号　四五三
名古屋市中村区稲町一番二〇号
在日本大韓民国居留団
愛知県地方本部

光復節に力強い結集

組織強化へ全力を

県下同胞四千名が参加

◇…名古屋市公会堂で行われた盛大な8・15の集い…◇

られ、朝総連の破壊工作に対し、団結して粉砕しようという基調があった。

即ち一、国是遵守は民団の生命であり、自由大韓の栄光のなかでわが組織は発展する。一、朝総連の悪辣なる民団破壊企図を徹底的に粉砕して、組織の強化拡充に全力を尽そう。一、祖国の平和統一のための十月維新課業に積極参与しよう。一、在日同胞の民生向上と教育権の守護伸長のために、一つに固まり努力しよう。一、われわれはセマウム運動により、祖国のセマウル運動に積極的に協助する。

会場は三階席まで立錐(りっすい)の余地もないほど同胞でうめつくされるなかを式典の幕が上げられた。国民儀礼に続き、金寿淑事務局長が力強く国民教育憲章を朗読した後、会長団選出に入り、権会俊団長、具泰議長代行、尹瀚玉監察委員長が代表に選ばれた。

ここで開会の辞に具泰議長代行が立ち「この大会が終始一貫盛大のうちにも秩序のあるものとなる

決議文

朝総連の破壊工作粉砕

権会俊民団愛知県本部団長記念辞

権会俊団長

親愛なる団員の皆さん！

苛酷な日帝統治下において、民族と祖国が解放され、自由と独立を再びとり戻した八・一五光復節第二十九周年を迎え、管内同胞の皆さんに記念辞をのべる機会をえましたことを光栄に思う次第であります。

二十九年前の今日、全国津々浦々で太極旗を高く掲げ、涙にぬれ大韓民国万才を声高らかに叫んだその日、長い間抑圧と諦観に呻吟していた国民は歓喜と感激に包まれ、祖国光復を迎えました。日本の暴政下にも、全て心のなかに深く愛され旗が韓半島全体にな四五年八月十五日。

われわれ韓国民は、その日から二十九年到来を光復節と呼びまれました。

陸英修女史が死去

犯人・文世光逮捕さる

朴大統領狙撃事件

朴正煕大統領は十五日午前、ソウル市内奨忠洞国立劇場で挙行された第二十九回光復節慶祝式典で演説中、ピストルでそ撃されたが、演壇のカゲに身をひそめ危うく難を逃れた。しかし演壇にいた陸英修大統領夫人は頭に被弾して倒れ、ソウル市大付属病院に収容され五時間余の手術のかいもなく、この日午後七時なくなった。

(関連記事二面)

故陸女史の遺体は、この日夜青瓦台に運柩された。当年四十九才になる陸女史は、忠北沃川で出生し(一九二五年十一月二十九日)、一九四二年ソウル培花高等女学校を卒業、解放後女子中学校教師をして、一九五〇年朴大統領と結婚した。

金鍾頻青瓦台代弁人は十五日午後零時四十分、次のような発表を行った。

一、光復節記念式場で演説中の朴大統領に男がそ撃したが、とり押えられ失敗した。犯人は即刻現場で逮捕された。

一、式場の前の方に坐っていた男が午前十時二十分ごろ、席から突然立ち上がり、大統領にそ撃したが、第一弾は不発に終わり、第二弾は演壇の右部分にあたり貫通した。

一、そ撃犯は引続き壇上に座っていた陸英修女史にそ撃を加え、警護員たちと場内にいた女子学生一名の手助けで退場、ソウル大付属病院に収容された。

一、朴大統領はそ撃犯人が逮捕されたあと、すぐ中断した演説を再開した。朴大統領が会場から退場する時、場内の聴衆たちはあらしのごとき拍手を送り、朴大統領はこれに丁重に答えた。

一、警察当局によると、犯人は取調べを受けているが、日本国の旅券を所持しており、今後取り調べが進み次第発表する。

少年少女合唱団の合唱のうちにも行われた。

おごそかな国民葬

テロに憤りと悲しみ

朴正煕大統領夫人、陸英修女史の国民葬は、十九日午前十時からソウル市の中心にある中央政庁前広場で三千人が参列して行われた。

三軍の兵士に守られた陸女史のひつぎは、青瓦台から悲しみの式場に午前九時四十分到着、にこやかに笑う陸女史の生前の写真の下に安置された。

式は金鍾泌首相、旧民主党幹事・朴職天女史の弔辞で始まり、カトリック(金寿煥枢機卿)、プロテスタント(韓景職永楽教会牧師)、仏教(李西雄大禅正)がそれぞれの宗教儀式によって告別した後、陸女史の生前の肉声放送があり、会場内は一層悲しみに包まれ

北傀工作員が指令

ソウル地検特捜部の発表全文

【ソウル十七日】朴大統領そ撃事件ソウル地検特捜本部(一時金一斗本部長)による、犯人文世光の取調べ結果の全容を

一、犯人文世光は朴大統領を暗殺せよと指令……ために……した背後の人物

峠

なにを継承するか

名古屋でも永訣式

内外関係者三百名が参席

哀悼の意を伝える

本国へ弔電

北傀と朝総連の陰謀と暗殺指令を断固糾弾する！

―大統領狙撃事件に関して

文世光が韓国大統領を狙撃したのは、北のカイライとその手先朝総連の指令によるものであることが、文の自白で明白になった。

彼等は、文が大統領を狙撃した時点で射殺されることを予期していた。それがなければ文が自殺する筈であった。しかし文は死ぬことが出来ず生捕りとなった。そうして犯行に至るまでの事実を逐次自白しはじめたのである。北のカイライと朝総連は、ここで思わぬ手違いによって真実が明らかになることに大いに慌てふためき、彼等の陰謀と指令事実が万天下にさらけ出されるのを恐れ、急ぎ記者会見を行なって「デッチ上げ」だとか、「事実無根」だとか、韓国政府の「延命策」だとかを強調し、むしろ韓国側が一方的に悪いかのように宣伝した。われわれは北側の悪辣極まる今回の行為を、彼等の計画的犯罪であると確信するものである。

北カイライの外務担当チャ・ビョノクは五月五日に文が万景峰号で工作員から指示を受けたという日は、万景峰号が朝早く大阪港を出発したから、接触していないとしているが、この日付は単に文自身の内容の記憶違いであることを示すもので、否定の根拠にはならない。これは五月三日のことを指すとも見ることができるからである。

文が朝総連の金浩竜から韓国大統領暗殺の指示を受けたのは、一九七三年十一月だと韓国が発表したのは、日本の警察が押収した文の手記の、一年前からの計画と矛盾していると主張しているが、これを否定の材料として取上げるのはき弁である。文が心情的に持っていた反韓国の感情に具体性を与えたのが九月で、実行を指令したのが十一月であるというにすぎない。その証拠に、文と吉井美喜子が十一月十九日から同二十二日まで香港を旅行したことが日本警察の調べで判明したが、文自身が香港旅行は武器入手が目的であったことを認めており、金浩竜から日本円五十万円を受取ったことも自白している。しかも金と文の接触が七三年九月五日ごろだと金自身が認めているので、文は金にこの頃から扇動されたことを証明するものである。

朝総連も、金浩竜も、好んで〝デッチ上げ〟という言葉を使っているが、彼等は、都合の悪いことはすべてデッチ上げだと否定する。これらは彼等の常とう用語にすぎない。今日までデッチ上げだと否定したことの、ほとんどが事実であったことは、よく知られている。

日本の警察の調べによれば、文の収入は月間五万ないし十万円までなのに、今回直接使った費用だけでも巨額であると見られるだけでなく、文の家具調度も月収不相応である。これは当然背後に資金を提供したものがいることを証明するものである。金額その他は既に新聞、TVなどで報道されている。文が大統領と、陸夫人を狙撃するときの写真を見た。過去に軍隊で教育を受けたことのある人は、あの写真を一見して直ちに判断したことは、素人の射撃姿勢でないということである。日本警察の調べでは、今年二月から三月にかけて、文が入院したことを確認しているが、文が、そのときに朝総連の金浩竜から照準の合わせ方、射撃の姿勢の訓練を受けたと、韓国の捜査当局が発表していることを裏付けするものである。警察当局が保管してある当時の現場資料では複数犯としか考えられないとしており、文のクツより小さいクツの足あとがあるとのことから、ここにも共犯者があることは間違いない。見張役の外に、他の巡回警察官が戻った時に、交番の戸口で質問をして警官が内部に入る時間を遅延させる役目の「女性共犯」者もあったと考えられる。

文世光の名が始めて確認された当時、いわゆる〝韓青〟の金君夫なる者が、文は〝韓青〟を離脱したので無関係だとウソの声明を出した。しかし実際は、七三年二月長野県美ヶ原で〝韓青〟の冬季講習会があったとき、文は班の指導助言者として出席しており、また七三年八月まで〝韓青〟の事務所は文の自宅であったし、七三年九月に、りた〝韓青〟の事務所は、文が名儀人となっている。文世光が〝韓青〟の一員であることを否定することは不可能である。

われわれは、これらの事実を総合判断した結果、朝総連又北カイライが、どのように否定しようとも、それらは取るに足らない偽装声明であり、必ずや、彼らの真の姿が白日のもとにさらけ出されるであろうことを確信するものである。それと共に、これらの殺人集団の全実態の調査が完了次第、満天下にそれを発表するであろう。

大韓民国居留民団

李春秀総領事が着任

姜領事は栄転　名古屋で歓送迎会

さる五月昇格した駐名古屋大韓民国総領事館の李春秀初代総領事が着任するにともない、民団中北協議会では、ともに、前領事の姜■■氏を歓送した。

駐名古屋大韓民国総領事代理姜■■氏の退任と新任の李春秀総領事の新旧歓送迎会は、さる七月三十一日午後一時から栄町の中日パレスに中北地協愛知県本部、民団愛知県本部管下十八支部および傘下団体の代表三百名が出席して、盛大な雰囲気のなかで挙行された。

まず主催者を代表して、権会俊中北事務局長が立ち「さる五月に総領事館に昇格したところに、三年数カ月にわたり韓日両国親善外交に貢献し、在留同胞の権益擁護……

……の皆さんのあたたかいご協助に対し、心より感謝の意を表します」とお別れのあいさつをのべ、われんばかりの満場の拍手を受けた。

続いて新任の李春秀総領事の紹介に移り、李勝珍副領事が略歴を報告した。

それによると、一九四五年四月……

駐名古屋大韓民国総領事……
主催　在日大韓民国居留民団……

初代駐名古屋総領事としてあいさつする李春秀氏（左は姜鍾弘前領事夫妻）

李総領事あいさつ

陸英修女史安らかに眠れ

こごえる子供たちの大合唱が聞えるか

光復式典の悲痛

この国民的不詳事再びくりかえすな

本国論調から

（韓国日報八月十日社説）

南北対話を中断させた要因は何か

南北調節委員会ソウル側代弁人　李　東　馥

1 はじめに

2 対話は存在するか

3 対話中断の原因

同胞間本国送金の差別撤廃を要求へ

緊急措置一部解除

時価一億円贈る

支団長本国研修行わる

情勢認識新たにして

民団愛知県地方本部支団長本国研修会は七月二十三日から二十六日まで実施され、権会俊県本部団長はじめ管下十八支部団長ら二十二名が参加し、祖国の現情勢に接して新しい認識をもち、今後の民団活動を推進する上で大きな活力素になった。

一行は金浦空港到着後、六・二五動乱当時日本義勇軍戦没者墓地のある銅雀洞国立墓地さらに梨忠壇公園にある故金曜植団長銅像を参礼して、第一日目はコリアナホテルに投宿した。

第二日目は、政府中央庁舎に金東祚外務部長官、政府合同庁舎に内務部長官を礼訪した後、民団本国事務所で時局講演を受けた。

まず金泳光内外通信主幹が「最近北傀の赤化統一戦略」のテーマで講演し、北韓は南韓に革命基地を醸成して自己の主導権下に赤化統一を企図しており、最近の西海五島事件、統一革命党事件、民青学連事件などを通じ緊張状態を造成しているために、われわれは冷静に分析、対処していかねばならないと強調した。昼食後午後からは、李道先国会議員が時間に関して時局し、弱小国と強大国の安保について報告した。この後映画を鑑賞、さらに辺英宪共和党研究院教授が「指導者論」の講演があった。

第三日目は安川に向け出発し、

〈一江原道庁で支団長研修会に参加した一行一〉

民族教育へ大進軍

教育委員会発足さる

着実に進む事業

愛知の姉妹結縁マウル

班組織確立に傾注

西春支部定期大会開く

民団西春支部の第[illegible]回定期大会は八月十一日[illegible]民団[illegible]を取り[illegible]ならびに活動方針を採択した。

石[illegible]議長が開会の辞をのべた後、資格審査が行われ、代議員三十三名が出席して大会の成立が宣言された。

あいさつに立った金仙吉西春団長は「団員一人一人が力を合わせ組織を育てよう」とのべたのに続き、権会俊県本部団長が全団の一層の発展を呼称し、鄭煥麒愛知商銀理事長らが来賓あいさつをのべた。

この後直ちに報告に入り、議決・執行・監察の三機関からそれぞれ代表して報告があり、質疑応答の末採択をみた。

それによると、第[illegible]十回地方委員会報告にのっとり、組織全般に関し次のように分析した後、内外情勢を分析した後、組織全般に関し次のようにのべている。

一、去年六月十日第二十三回定期大会において選出された金仙吉団長以下執行部は、最初の目標を毎日事務所の門を開き、いつでも団員の要請に応じられるよう執務をとることであったが、その期待[illegible]達成できた。

二、班組織確立については、[illegible]町、堀江、西枇杷島、清州、豊場、西春、直轄の各七班が大略整備されたとみる。また班会など班組織を通じ、団員各自の団結を固くすると同時に、新規入団員獲得運動を強力に展開しなければならない。

三、財政確立問題は団費調整によって完成されるが、今後とも団員各自の協力を要請し、これを着実に推進すれば、財政は確立されると確信する。

四、民族教育問題は約半年間、

金仙吉団長

四回目の来日 リトルエンジェルス

三勝二敗の成績 韓日高校野球大会

学生、元気よく帰日

28日に映画と講演

戸籍奉仕団が来名

正当な権利確保を強調

愛知商銀で行われた戸籍整備のための説明会

が、みなさんの持ってきたうちから参考になる話があればお話し下さい」と大略以上のような自己紹介をかねあいさつがあった。

来場者たちからは"戸籍謄本の請求がスムーズでない"とか"戸籍申告書類を提出後、その書類の返還確認がとれない"。"申告書類の返送、連絡が充分でない"等の実例を挙げながらの話があった後、奉仕団より各支部巡回ときの戸籍処理に対する打合せがあり閉会した。

支部巡回日程は、次の通りである。

七月二十六、二十七日、中村支部事務所（対象支部 中村、中川、名港、名西、一宮、西春、熱田）・七月三十日 岡崎支部事務所（対象支部 東中、春日井、瀬戸）・七月二十九日 東中支部事務所（対象支部 岡崎、豊田、豊橋、豊川、西宝、西尾）・七月三十一日 名南支部（対象支部 名南、知多）。

主に、この巡回期間中に処理された申告例は、次のようなものであった。

就籍申告＝戸籍の無い人が、戸籍を作ることである。例えば、幼少のとき来日したため本籍が分からない人、動乱のときに面事務所が焼失したため戸籍原本が取り寄せられない。父母を早失したため本籍が分からない。出身地が、北韓である。以上のような人たちが就籍申告することによって戸籍を作ることである。

次に、戸籍は、あるものの事実と合致しないために申告する戸籍訂正が多かった。

例えば、生年月日、出生地、名前、性別などの訂正申告があった。

以上のように、戸籍の無い人の戸籍を作る就籍申告と、戸籍は、あるものの事実に合わないために訂正しなければならない戸籍訂正申告において愛知県下巡回中における奉仕団の戦果が多くみられた。

愛知での奉仕を終えたソウル司法書士会の一行は「戸籍は人間として、身分、人権に関する基本要件として親族、相続関係の法的根拠となるものであり、また国民となる要件のある国籍有無得失を公示、公証する重要な機能をもっています。同胞の皆さんはこの意義をよく認識され、正当な権利確保のために戸籍の整備運動を強力に推進されたい」と強調した。

花郎会支部結成へ

青年組織を正しく育成

記念および名古屋総領事館開館祝賀会を来たる八月三十日に中北地協主催で開くことを決定した。この後直ちに青年組織化の問題に移った。

二年前の七月七日第二十回中央委員会において、韓青および韓学同が傘下団体の認定を取消され、中央執行委員会において常任委員会の下に青年学生指導局を新たに設置し七局とすることを決定し、八月八日第三十五回臨時中央大会において青年局設置を可決して以来新たな青年組織の育成に取り組んできているが、未だに全国的に統一した組織体が確立されていないのが実状である。

民団の発展は、民団を背負っていく青年育成にあることはいうまでもなく、後継者養成は今後の民団を左右するといっても過言ではない。このため民団愛知県本部では、青年組織がない状況からこの年の十月一日に正式結成された花郎会を愛知県在住の韓国人青年の有力な指導結集体と認め、若い世代との対話を深めてきた。

一九七三年四月二十七日第十八回地方委員会では、絶え間ない対話と説得により、本団から離れないよう努力してきた結果、現実に立脚した組織の育成と青年対策をとりまく諸般の状況を正視するために、青年学生の自由な活動が必要であり、大体において明るい展望をもつに至り、花郎会を対象に指導することのできる端緒を開くことができた。また在日青年の健全なる育成をするために、実質的かつ効果的な組織化、そしてその運営を指導監督する目的をもつ青年局（地方は青年部、支部は青年課を置く）が設置されたのにともない八月七日の第一回青年課長会議では、青年課の機能および青年組織等に関して討議した。

一九七三年十一月十六日第十九回地方委で、第六回大運動会実施に際し青年たちがその実践力を充分に発揮したことが報告され、青年の集いである花郎会を青年組織としてより重視していくことを可決した。十一月十六日に行われた第十九回地方委では、意欲あふれる大多数の青年学生を包容していた過去の実績を参酌し、現実に立脚した組織の再整備と組織の混乱を止揚するために青年学生の自律的な動きを評価して、民団の後継者としての意識を高め、同胞社会の発展に寄与することのできる民族

幹部として成長させるために努力しなければならないとし、指導力をもつ青年の集いである花郎会を継続育成し、新しい組織を再発足するための準備を民団と歩調を合わせることを了承した。

今年五月八日に開かれた第二十回地方委では、一昨年結成された花郎会を通じ、青年たちの自律的な活動を促求する一方、民団活動と青年活動を直結させ、一体感をもつよう努力してきたが、当地方の実情に合致した青年の組織化を期し、花郎会を支部毎に結成を図ることを決定した。さる六月十一日に開かれた支団長、事務部長および傘下団体長会議に於いて、当地方では第二十回地方委員会と第二十三回中央委員会の決定に基づき、花郎会の下に結集している青年を善導し、かれらの組織化を後押しする。また全国組織が結成されるまで、当地方では組織化のために、名称を花郎会とし、全国組織に呼応するようにして、支部組織を結成する。

このような現在までの経緯をふまえ、在日同胞青年をいかなる方向にどのように指導していくかは民団の基本的問題だとして、八月七日に開かれた支団長会議では、青年の自律的な活動を促求する一方、民団活動と青年活動を直結させ、一体感をもつよう努力してきており、当地方の実情にそって花郎会を支部毎に結成し、青年の組織化を図ることを再確認した。

またこの日の会合に花郎会代表が出席し、同会の趣旨および会則を説明するとともに、今後民団との連けいをより一層密にし、次代を積極的に担うことを銘心し、在日同胞青年の民族意識を高め、民族文化を継承し、在日同胞の権益擁護のために献身して、自由と民主主義の正しい発展と祖国統一のために献身することを強調した。

本団における今後の青年組織の基本的姿勢と方向性については、現在中央段階でも論議されているが、その名称にはじまって綱領、規約等が真に青年の自律心を促し、名実共次代の民団を担うものでなければならない。また一部地域団体や宗教団体が、自らの勢力拡張のみに奔走している点に留意しながら、民団の後継者は民団内部で育成強化するという原則をしっかりとふまえねばならないだろう。

いずれにしても青年組織の健全なる発展は、即民団の発展につながるだけに、このような基本的な姿勢を再確認しておく必要があろう。

文化

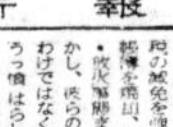

韓国料理 調理の特色

＝1＝

食は薬なりが大切
受継がれる好みと習性

いろいろな薬味を思いきりつかうことです。

韓国は地図をご覧になってもわかっていただけるように、三十八度線は日本の宮城、米沢、新潟付近の緯度になりますし、大陸性の気候なため、寒暖の差が大きく、気候条件は北海道の旭川と同じくらいです。

薬味（唐辛し）を食べると体があたたまるので厳しい寒さをしのぐため、勢いよく食べるようになったとか、あるいは、本国の内陸部では、塩が不足しがちなので、それを補うため唐辛しまで加えて食べたからだとも言われています。

人びとの薬味好きは、けっして近代にはじまったことではなく、古く長い間の好みと習性によって生まれたものなのです。

薬味とは字のごとく"薬効"があり、すべて薬用植物であります。

薬味は、たんに風味を増すだけではなく、食物の栄養分と補い合って、全体の栄養価を高めることがたいせつなのです。

たとえば肉のビタミンB1を、薬味のニンニクで吸収しやすくしたり、ゴマ油で解毒をして、唐辛しで消化を助けるのです。

このため薬味がいちばん出るように薬味をつかいます。そして韓国料理のほとんどは、ネギ、ニンニク、ショウガ、ゴマ油、トウガラシの組合わせをベースにして複雑なうまみをだしているのです。

"ひと味ちがいます"。

▼韓国料理につかう主な薬味料

○ネ ギ

料理の材料としてキムチやスープなどにつかわれるときは、だいたいせん切り、ときには4～5センチくらいのぶつ切りにすることもあります。下味の薬味としてつかうときは、みじん切りにします。

消化液が弱ったときによく、魚貝類の中毒に対して解毒の効果があり、便通をスムーズにするほか、下痢どめの作用もある。

☆健胃、発汗、整腸、安眠、駆虫消炎など。

○ニンニク

韓国料理でニンニクをつかわないものといえば、エビや白魚などのタマゴのころも焼きくらいのもので、あとのほとんどのものにはつかわれています。下味の薬味としてはほとんどみじん切りをつかいますが、きざむ前に包丁の背などで軽くたたいてつぶすと、風味がよくききます。

親分格のニンニクはスタミナ食品です。ニンニクは、動物性タンパク質の消化をうながしたり、ビタミンCを保護して栄養のバランスをとり、料理にうまみを与えるのです。

ニンニク臭の原因となるアリシンを作るのに必要な酵素アリナーゼには、熱に弱いという性質があるため、焼いたり炒めたり揚げるように料理すれば、ニンニク臭をおさえることができます。

☆健胃、発汗、利尿、去痰、整腸、殺菌、駆虫、伝染性胃腸炎、赤痢、チフス、動脈硬化症、高血圧、肺結核、ガン、消炎など。

○ショウガ

大根キムチの材料にするときは薄切りにしますが、そのほかはせん切りかみじん切りがほとんどです。

☆健胃、感冒、去痰など。

○ゴ マ

砂をきれいに洗いおとし、よく乾かし、フライパンで炒ったのちに半擂りにしてつかうと、風味が出て消化もしやすくなります。

ゴマ（ゴマ油）には、コレステロールを溶かす力があって、動脈硬化を防ぐ効果があります。そのほかにも血行をよくして内臓のはたらきを助けたり、便通をよくしてハダにつやを与える効果もあって、体力づくりに大いに役立ちます。

☆強壮、解毒、消炎、肋膜など。

○トウガラシ

熟した赤トウガラシを干して、種をとって粉末にするか、細く糸きざみにしてつかいます。

☆胃弱、消化不良、胃炎、肋痛、健胃、神経痛、凍傷など。

以上のほかにニラ、コショウ、カラシ、肉桂粉、松の実、ナシ、クリ、ナツメなどもつかわれています。

○松の実はチョウセンマツからとれる実のことで"海松子"とも呼ばれています。

その成分は脂肪七三・九%、タンパク質一四・八%、水分一・六%で、脂肪はエネルギー源となるオレイン酸とパルミチン酸を含み、タンパク質はリジン、ロイシンなど必須アミノ酸を生じさせる良質のものです。

そのため松の実は、スタミナ源として小粒ながらも、なかなか、大きな役割を果たしています。

一般の食べ方は、そのままピーナツのように噛じるか、ゆでて、肉料をお茶、コーヒー、スープなどの飲み物に浮して食べたりします。

また、できあがった肉料理やあえものの上にのせて食べる方法もあります。

薬味を利用したキムチ、食卓にかかすことのできない漬け物です。

キムチがおいしいことはいうまでもありません。

キムチは、タンパク質食品を発酵させ、複雑なうまみを出しています。そして同時に発酵作用は、アミノ酸、ビタミン、乳酸など新たな栄養素をつくります。ビタミンのある大根や白菜、タンパク質の魚肉、スタミナ源のニンニクやトウガラシ、カルシウムゆたかなアミの塩辛などが発酵して、食欲をそそるあのおいしいキムチの味ができるのです。

韓国のことわざに「薬での保養はやさしいが、食物での保養はむずかしい」。でも、本当の保養は食物にあり、これを作ることが本義だ」といわれています。

「食は薬なり薬は食なり」へ食品プラス薬食いの考え方をこれからも大事にしてゆきたいものです。

東学革命運動の性格

文博・中央大教授　金　龍　徳

東学思想の温床

日本社会に対する要望

東京韓国学校高等部三年生　白　洋　子

広場

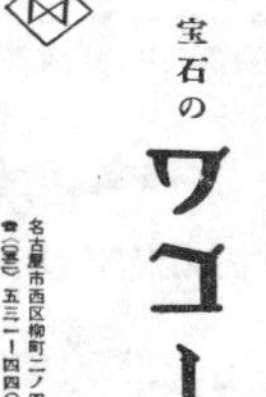

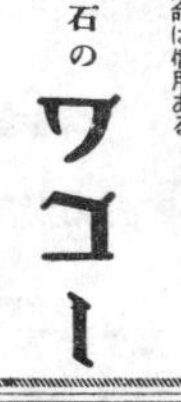

在日韓国人社会

大阪韓国高等学校三年　洪　栄　子

1973年1月20日（土）　　創刊号

綱 領

一、우리는 大韓民国의 国是를 遵守한다
一、우리는 在留同胞의 権益擁護를 期한다
一、우리는 在留同胞의 民生安定을 期한다
一、우리는 在留同胞의 文化向上을 期한다
一、우리는 世界平和와 国際親善을 期한다

千葉民團時報

在日本大韓民国居留民団千葉県地方本部
千葉民団時報社
千葉市新宿町2丁目9－8
電話 0472(42)4621～3
発行人 鄭 渕 秀

黎明

詩 金泰佑

이젠
손을잡고 마음을 모아
消盡해가는 소리를 들으며
눈밭에
사슴의 무리가 뛰노는
清雅한 아침
그
燦爛한 햇살을
받으러 가자。
너도
나도
白의 깃발을 날리고픈
부풀은 가슴으로
피오르는
푸른잎을 보러 가자。
감기듯이
포근한 새 아침의
향그러움이。
모두의 얼굴에 빛나도록——
접어둔 나래 펴
훨훨 날며
꿈같은 音声이
하늘에 닿는——
맑은 소리 굴리듯
到来하는 黎明。
그
玲瓏한
새 아침을 반기러 가자。

希望의 새해를 祝賀합니다

職	氏名
顧問	孫晋協
〃	鄭徳和
〃	鄭鳳和
〃	全鳳学
〃	宋吉萬
〃	南政広
〃	姜日九
〃	安邦俊
〃	張在衵
議長	曺允具
副議長	丁一鳳
〃	朴道源
団長	鄭渕秀
副団長	李鶴洙
〃	羅正相
事務局長	高権錫
総務部長	朴吉龍
組織部長	李寿教
〃 次長	朴東文
〃 〃	丁源昊
経済部長	安承男
〃 次長	李錫魯
〃 〃	嚴昌一
民生部長	趙秉云
〃 次長	辛容辰
文教部長	孫秉燊
〃 次長	張正武
宣伝部長	姜聖元
〃 次長	李光春
監察委員長	金洙成
〃 委員	韓撫観
〃 〃	申基文

—1119—

새 각성으로 奮起하자

―維新々年에 本報를 発刊하면서―

団長 鄭渕秀

団員 여러분 새해에 안녕하십니까。

빛나는 一九七三年의 新春을 맞이하여、여러분의 宅内의 萬福과 事業의 繁栄을 衷心으로 祈願합니다。

昨年은、複雑하고 多元化하는 国際情勢 아래서 우리 나라에서는 오랜동안의 南北의 対立에서 対話에의한 自主平和統一에의 気運이 造成되고 対話가 크게 前進되고 있음은 全民族의 限없는 기쁨이 아닐수없읍니다。

뿐만아니라 祖国에서의 「十月維新」과 「새마을運動」에 의한 体制의 改革과 祖国建設의 새로운 気運이 高潮되고、빛나는 展望이 서고있는 이때、海外에 있는 우리들도 이와같은 新時代에 即応하는 마음의 姿勢를 確立하여、한층 団結을 견고히 하며、우리의 나아갈 方向을 注視하고 在外国民으로서의 責務를 다하여야 하겠읍니다。

県下在留同胞 여러분!

今年은 祖国으로 보나 在日 우리 民団으로 보나 가장 重大한 의미를 가지는 해가 될것으로 생각됩니다。祖国이나 民団이나 남의 것이 아닌 우리 自身의 것입니다。그러므로 우리 自身이 民団을 사랑하고 祖国의 建設에 寄与하는것은 곧 우리 自身을 위하는것이아니겠읍니까?

維新의 새해를 맞이하여、新時代에 対処해야할 覚醒과 奮起가 促求되는 이때、우리 民団組織에있어서의 弘報活動의 미약함을 痛感하고、이번 작은 新聞(月報)을 発刊하기에 이르렀읍니다。

団員여러분의 組織発展을위한 意見・感想 또는 叱責의 말씀을 사양마시고 寄稿하여 주시기 바라며、부디 이 작은「千葉民団時報」가 길이 継続되도록 여러분의 声援과 協力을 아끼지 않아 주시기 바랍니다。 또한 이처럼 작은 신문이오나、이것이 発刊되기까지의 物心両面의 努力과 辛苦가 行間에 스며 있음을 생각하셔서 마지막까지 熟読하여 주시고 愛護하여 주실것을 바라며、「千葉民団時報」創刊辞와 新年의 인사말씀을 드리는 바입니다。

우렁찬 前進을!

組織各機関長의 新年 포부

組織刷新へ躍進の年に

議長 曺允具

一九七三年の新春を迎えて謹しんで新年のごあいさつを申し上げます。

過ぎ去った一九七二年は国際的に見れば緊張緩和が定着しはじめたと言えます。ニクソン米大統領の中国、モスクワ訪問、そして田中首相の訪中に依る日中国交正常化に伴い、新しい国際環境が生まれ変って来はじめました。こうした新しい動きとして緊張緩和の進行と共に、五極間の多角外交交渉も多様化され、軍事安全保障以外、経済協力、宇宙、環境、人口といった全人類共通の課題を、イデオロギーを越えて話し合う動きが強まって来ています。

こうした動きは、我々の祖国韓国にとって誠に歓迎すべき傾向であります。したがって、国内政策も流れを変えるべき要求が強まって来るのも当然で国家体制の確立のため、維新憲法宣布、統一主体国民会議講成、朴大統領の第四次就任、歴史創造の南北会談の中で新しい村づくりに全国民挙げて国家の繁栄と福祉増進に全力を傾注し、民族中興の歴史的なる課業を成し遂げようとしています。この様な激変する情勢にあって、日本国に住む我々は、どう歩んで来たか年頭に当り自問自答して見ようではありませんか。十月維新の歴史的な意義を認識し、祖国の同胞にふるって声援を送りましょう。在日我々の民団も維新まではいかずとも刷新し、我々の生活安定と権益を守る力強い組織体として、真に団員のためとなる民団、祖国に貢献でき得る民団に、中央の金正柱団長を先頭に立てて協力体制を固める躍進の新年を迎えた事と確信したいものです。

今こそ祖国の偉業に習い、民団の発展向上にいさゝかならずとも寄与すべく「千葉民団時報」創刊の決意に燃える鄭渕秀団長を始め執行部役員皆様の御健闘と在日同胞社会の結束と繁栄を祈りながら新年のあいさつと「千葉民団時報」創刊のお祝いの言葉と致します。

動揺せず組織守ろう

監察委員長 金洙成

一九七三年癸丑の新年を迎え、県内組織幹部および団員みなさまに謹んで祝詞を申し上げます。

過ぐる一年を顧みますと国際国内情勢は多事多難な年で、変化と激動の年でありました。

国際的には、米ソ二大極関係から中国（中共）の国連加盟により三極関係となり、さらに日本の経済的実力の向上による多極化の現象がそれであります。

国内情勢も、七・四南北共同声明により歴史的大転換が行なわれ、祖国統一への道に向かいつつあり、また一〇・一七特別宣言による新憲法が国民絶体大多数の支持を得て成立し、維新体制が確立されたのは、祖国統一への歴史的大課業を成し遂げるための必要な過程であったといえましょう。

以上のような国内外の情勢のもとに、われわれ民団組織では、約一年間混乱状態をつづけていた東京本部が最近直轄が解除となり、正常に向かっていることは喜ばしいことですが、あのような混乱に乗じて、虎視耽々とねらっていた総連系は、民団組織から離脱（除名・停権）された一部分子らと手を結び、南北共同声明支持という名目をたくみに利用して共同大会などを企て民団組織破壊を企んでいた点については、われわれ組織責任者たちに覚醒を促すことでありました。幸いに当県内ではそのような騒動もなく、皆さまが組織人本来の立場を堅持して下さったことは、監察機関の一員として深く感謝する次第であります。

さて新年を迎え、本部執行部では「千葉民団時報」と題する民団機関紙を発行して強力な宣伝啓蒙活動に踏み出したことは、まことに喜ばしいことであります。執行部の多事多忙な活動の中で、機関紙を発行するということは、至難なことであるにも拘らず、新年に際して創刊号を発行したことは、執行部の活動への意欲を示すものであり、組織強化に絶大なる効果のあることを確信します。今後継続発行されて、他の各県地方本部機関紙の中でも模範的なものに発展するように願ってやみません。

最後に、七〇年代の国内外情勢の激変する中で、動揺せず、組織人本来の立場を守り続けて下さるよう、切に願う次第であります。団員の皆さま、今年こそ心機一転組織強化に努力しましょう。

変革期の民団の在り方

千葉支部団長 李栽坤

もしわれわれが、われわれ自身の発想—自立性の確立—をもってわれわれ自身の未来を方向づけ、かつそれをより効果的に現実の社会に具体化させようとするならば、われわれが立っている現在の位置を確認しなければならない。

こうした思考方法は、周知の如く過去一年間の多難な国内外における政治情勢の激変を通じて体験しているように今日のわれわれにとって最も緊要な課題である。

われわれがわれわれ自身の現在の位置を把握すると同時に—言い換えるならば—「時の流れを知る」ということであり、われわれはこのように「時の流れを知る」ことによって差し迫った新しい時代に対応し得る処方箋を講究することが出来るのである。

過去一年間の民団史に見出される不名誉な内紛は国内外における政治過程の中に新しい時の流れが巻き起されたことによるものであり、それはまたこうした新しい時の流れに即応していかに適合していくべきかということへの方向づけとその具体的な実践方法をめぐっての対立の過程であった。

私はこのように時の流れに適合して行こうとする遂行過程の一つが、すでに最初に提示したわれわれ自身の自立性の確立であると思うのである。

それでは、在日韓国人の唯一の団体である民団を軸とする私達の自律性の確立とはいかなるものであろうか。これを一言で言えば、民団の内実化である。民団の内実化とは、一つは民団が外—朝総聯、日本国民、世界—に対して民団自身の確固かつ統一的な意思を具現しうるように民団の構成員である団員皆さんの政治的総意を形成することであり、二つはその政治的総意をより効果的に運用するために組織体系を確立することである。

激しい時の流れは、すぐれた政治的操作によって決定的に方向づけられる。かくして、われわれ団員各自は、何よりもこうした時の流れに適合するための最少限度の政治的国民であらねばならない。

くわしくは、在日韓国人としてのわれわれが最少限度の政治的国民になるべきであるということは、祖国の国家統一を目指して南北対話の段階に突入した本国における急激な状況変化に即応する上において最も緊要である。

本国における憲法改正、統一主体国民会議の成立、大統領権限の強化を基盤とする強力な政治体制の構築は、言うまでもなく激しい時の流れに対応するための政治的決断による所産に他ならない。

われわれはこうした本国における政治体制の漸次的変化に対して、外—朝総聯日本におけるマスコミ—から作為された見方をわれわれ自身の主見として偽装化するのではなく、作為された見方に対して確固たる自らの意見を築いて行くことによって自律性に富んだ民団の内実化を図るべきであると思うのである。かくの如き指向が結果的には本国における国家統一聖業に呼応する民団の在り方であると私は確信する次第である。

維新의 새해에 더

本報創刊에대한 各界의 祝辞와

우리도「새마음運動」을

中央本部団長 金正柱

希望에찬 癸丑年을 맞이하여 日本地域에서 祖国統一과 民団発展을 위하여 昼夜로 活躍하시는 団員여러분께 삼가 새해 인사를 드립니다。

今年은 "소"의 해입니다。소는 主人을위하여 黙黙히 일을 합니다。우리도 祖国과 民団을 위하여 黙黙히 일을 해야겠다는 決意를 굳게할 새해가 되어야 하겠읍니다。

·本国에서는 이미 大統領이 断行하신 十月維新으로 祖国의 自主的인平和統一을 実現할수있는基盤이 마련되었고 또한第三次 五個年経済計画도成功的으로 끝내어 이제는 低開発国家에 援助할수있게까지 経済力이 増加되었읍니다。한편 全国의坊々谷々에서는 새마을運動이 힘차게 展開되어過去 어느때보다 農村의活力이 充実하게되었읍니다。뿐만아니라 大韓赤十字社가 提唱한 南北離散家族찾기運動도 数次会談을거듭하는동안에 七·四共同声明의 基本精神을 바탕으로하여 着着前進中에있읍니다。

우리民団도 宿年동안의 課題로되어왔던 本国事務所의 設置가 官民의 協助로써 드디어 旧年十一月에 実現되었고、이로써 在日国民과의 協力体制는 強固하고 緊密한 紐帯가 形成되었읍니다。

組織内部에 있어서는 지난八月大会以来로 急先務로 負課되어있던 東京本部의 正常化가 旧臘에断行되었읍니다。

우리는 祖国周辺의 急転하는情勢와 民団外縁의 多様、또 어느길이 自衛自決인가를 正確히 分揀하여 全組織이 突進하고 全団員이 団合할수 있는 未来像은 確立해야 할것은 再言할余地도 없는것입니다。四十万団員各自가 이제야 従前과같은 在外同胞라는 漠然한 態度에서 벗어나、在外国民이라는 立場에서 祖国에対한 権利義務를 明白히 規定할時期에 이르렀다고 믿어집니다。

新年劈頭에 祖国維新의 基本理念을 体得하고 在外国民의 今後方向을 堅持하여 말없이 実践하는 소의 生態와같이 黙黙한 가운데도 団結된 民団組織의 莫重한 底力을 発揮하도록、그리고 本国의 「새마음運動」에 呼応하여 在日地域에서도 「새마을運動」을 일으킬것을 真心으로 祈願하는바입니다。

県内同胞の指針に

千葉商銀信用組合理事長 張在昶

皆様あけましておめでとうございます。このたび一九七三年の新春を期して民団千葉県本部が企画された千葉民団時報の創刊を心からお祝い申し上げます。かねてから私達はこの新聞を熱望しておりましたところ、実現の運びとなり、県内の同胞が今後どうあるべきか?について、一つの指針ともなり、嬉びに堪えない決第であります。

申すまでもなくわれわれ団員の協力によって生れたこの千葉商銀信用組合もあらゆる機会を通じて皆様方に認識され、いろいろと御指導を仰ぎたいと念じております。

この創刊を祝して一言申し上げさせて頂くならば、昨年は、ご高承のとおり金融界にとっては、多事多難といっても過言でなく、このきびしい状態にありながら皆様方のなみなみならぬ御支援と御協力を頂き、預金高も昨年来目標額を突破し、新たな目標に邁進する決意であり、来たる四月には船橋市に支店を開設し、又手形交換の加盟ができると意欲を燃やしております。今年こそはさらに躍進の年と致したいと存じておりますので、この上とも御支援を賜わりたく創刊号をお祝い申し上げて簡単ながらごあいさつと致します。

교포教養指導에 期待

大韓民国駐日公報館長 尹泰魯

今般「千葉民団時報」의 創刊에 즈음하여 祝辞를 드리게됨을 栄光으로 生覚하는 바입니다。

民団 스스로의 組織의 健全한 発展과 弘報活動을 為해 創刊한다는 貴紙가 今後 無限한 発展이 있을것을 祈願하는바입니다。

바야흐로 우리祖国은 十月維新으로 우리歴史上 그 類例를 볼수없었던 飛躍的発展을 期約하고 우렁차게 前進하고 있읍니다。

오로지 富強한 統一祖国을 이룩하고야 말겠다는 執念으로 国民과 더불어 일하는 朴正熙大統領閣下의 第八代大統領就任式도 온国民의 歓呼속에 挙行되었읍니다。

一九八〇年代는 우리도 百億弗輸出에 一千弗国民所得이 꿈이아닌 現実로 登場하게 될것입니다。

그러나 이것은 우리들의 비상한 努力과 勤勉으로만이 이루어질수 있음은 두말할 나위조차 없읍니다。

비록 우리들은 海外에 居住하고 있지만 一心団結해서 各自의 生業에 充実해야함은 勿論 祖国을 為해 무엇인가 하여야할 것입니다。富強한 祖国은 나라의 안팎에 있는 우리 国民한사람한사람의 피어린 땀의 結晶으로 이루어진다는것을 잊어서는 안될것입니다。

貴紙는 이러한 時期에 創刊을 보게된다는것은 자못 그 意義가 크다 아니할수 없읍니다。

在日僑胞社会에 本国의 消息을 迅速正確하게 알리는 同時에 僑胞의 権益保護와 教養의 指導的役割을 다해줄것을 期待해 마지않습니다。感謝합니다。

駐日大使新年辞

維新精神 받들어 祖国建設에 앞장서자

親愛하는 在日六〇万同胞 여러분!

一九七二年을 보내고 보람찬 希望의 새해 一九七三年을 맞이함에있어 本人은여러분과 더부러 우리 祖国의 繁栄과 発展을 祈願하는 同時에 여러분의 家庭에 万福이깃들기를 비는 바입니다。

우리 祖国의 平和的인 統一과 栄光을 期約하는 歴史的인「十月維新」의偉業은 바야흐로 全国民의 絶体的인 支持와 協調속에 着々 進行되고 있읍니다。

急変하는 国際情勢에 能動的으로 対処하기 위하여 国力의 能率化와 組織化를위한「十月維新」이야말로 우리 民族의 活路를 찾으려는 救国의 英断인 것입니다。

国際情勢는 韓国을 위해서만 움직이는것은 아니며 韓国의 運命에 対한 審判者는 다름아닌 우리 自身인 것입니다。

그러기 위해서 무엇보다 必要한 것은 우리의問題는 우리를 스스로의 힘으로 解決할 수 있는「힘」인 것입니다。

우리는 物質的인 힘뿐만 아니라 精神的인 힘 即団結과 協力으로 歴史的인 維新事業을 成就하는 것만이 우리의 살길인 것입니다。

朴正熙大統領은 第四次 五個年計画이 끝나는 一九八一年에는 一人当国民所得을 千弗、輸出은 百億弗을 達成하겠다고 宣言한바 있읍니다。

우리들은 五千年歴史위에 처음으로 近代化와 経済開発의 旗幟를 든 朴正熙大統領의 統一意志에찬 領導力을 求心点으로 하여 祖国과 民族의 平和的統一을 위한 堅固한 基盤이 될 모든 改革을 期必코 이룩하고야 말것입니다。

이미 祖国에서는 十月維新을 위한 改憲案国民投票에 九一퍼센트以上의 有権者가 賛成票를 던짐으로서 聖스러운 改革의 隊列에 뛰어 들었읍니다。

親愛하는 在日同胞 여러분!

한나라의 隆盛発展에는 이를 이룩하려는 強力한 国民精神이 반드시 必要한 것입니다。朴正熙大統領은 이 国民精神으로서「国民各自가 国家와 民族을 위해서는 自己스스로를 犠牲할 수 있다는 올바른 国民意識」을 強調하셨읍니다。

우리들은 비록 海外에 居住하고 있지만 이 時点에서 各自가 国家를 위해서 무엇을 해야할것이며 이를 하고야 말겠다는 굳은 決意가 要求된다고 생각합니다。

우리들의 가슴속에 끓고있는 뜨거운 祖国愛로 우리 모두의 힘과 뜻을 합하여 維新의 役軍이 되어 栄光된 統一祖国을 建設하는데 앞장섭시다。

本国과의 架橋役割을

大韓民国駐日大使館総領事 李龍勲

新年을 맞이하여 여러분 家庭에 萬福이 깃들기 祝願하오며 아울러 "千葉民団時報" 創刊에 즈음하여 祝賀말씀을 드리게 됨을 大端히 기쁘게 生覚합니다。

只今 우리 祖国에는 우리의 念願인 祖国의 平和的 統一을 이룩하고 民族의 繁栄을 期約하는 十月維新課業이 国内外 国民의 絶対的인 支持下에 착착 進行되고 있읍니다。

우리 在日国民은 民団을 中心으로 하여 維新課業에 積極参与하고 있음은 참으로 意義있는 일이라 하겠읍니다。이와같이 우리 在日国民의 祖国発展에 対한 奇与는 一層 더 期待되는 바 있읍니다。

이러한 重要한 時機에 民団千葉県本部에서 우리 民団組織을 더욱 強化하고 活発한 公報活動을為하여 今年부터 機関紙 "千葉民団時報"를 創刊하게 되었음을 가장 適切하고 매우 뜻 있는 일이라고 生覚합니다。앞으로 "千葉民団時報"는 機関紙로서 民団員을 啓蒙 시키는데 盡力할 뿐더러 우리 本国政府와 在日国民社会를 一層緊密히 連結 시키는 架橋의 役割을 하고 나아가서는 韓日両国間의友好関係의 보다 発展에努力 할것을 당부하는 바입니다。

오늘날 現代 社会에서 "메스콤"이 가지는 役割과 責任은 実로 큰 것이라고 생각하며 이 까닭에 앞으로 "千葉民団時報"가 우리 在日国民이 大韓民国 国民으로서 自負心을 높이고 健全한 僑胞社会를 이룩 하는데 貢献할 것을 또한 期待하는 바 입니다。오늘 "千葉民団時報"를 創刊하기까지의 民団千葉県 幹部 및 関係者 여러분의 労苦를 致賀하며 앞으로의 큰 発展을 期待합니다。

多彩、盛大に新年会

京成ホテルで250人集い　成人式兼ね

民団千葉県本部新年会と管下四十六名の成人になる韓国青年男女の前途を祝う成人式が、十五日正午から千葉京成ホテルで催され、中央本部姜学文副団長、金載華前韓国々会議員、張在昶千葉商銀理事長、韓承五千葉韓国教育文化センター所長、渡辺一太郎参議院議員の秘書鈴木英男を始め、県本部の役職員、民団各支部役員、婦人会役員、成人になる青年など二百五十余名の大盛況裡に、高権錫事務局長の司会ではじめられた。

国民儀礼についで、鄭渕秀本部団長、丁一鳳本部副議長、金洙成本部監察委員長らのあいさつに、今年こそ祖国での輝やかしい「十月維新」に歩調をあわせ、民団組織の強化と五大綱領の目標を指向して、団員のための民団、団員から愛される民団、祖国統一に総力を結集し得る民団にしなければならないという力強い新年のあいさつにつづき、成人になる若人に、この日から皆様は、家庭、社会から立派な一人前の成人として、認めてもらうと同時に、与えられた責任と義務を自覚し、両親に対する恩返しは勿論のこと、民団組織活動に積極的な参加と祖国のために貢献しうる国民たらんことを切に願い、みなさまの前途に栄光と希望に満ちた第二の人生のスタートを祝うあいさつがあり、あわせて新年の祝辞が述べられた。

これにこたえて、成人になるひとを代表して柏市に往む車栄均君から、異国で汗と血を流し苦労しながら満二十才まで育ててくれた親に感謝し、わたしたちはこの成人式を契機にして父母に孝行を尽し、在日韓国人として模範的に生き、愛国心を発揮して、将来祖国のため励むことを誓う、要旨の力強い答辞があり、つづいて鄭渕秀千葉県本部団長より記念品を成人一人一人に手渡した。

なお、この日には、閔寛植文教部長官より在日国民民族教育事業に功績の多い方に授与される感謝状の伝達が千葉韓国教育文化センター韓承五所長より行なわれた。

また、当県内において現在実施されているハングル講習所（九カ所）の模範的で成績優秀な講習生四人に千葉韓国教育文化センター韓所長より表彰し、鄭鳳和本部顧問の音頭で祝杯をあげ四時ごろまで和やかではほえましい祝宴がつづいた。

新しい成人ひとりひとりに記念品が贈られた

迎新随想

千葉韓国教育文化センター所長　韓　承　五

牛は角を持つ。恐い。

牛は体がでかい。威圧を感じる。

牛は力が強い。すごい存在だ。

とかく人間は自分の気にいらなければ嫌になる。然し牛は未だ嘗て人間を脅かし害を与えた覚えはない。角と巨軀は悪者に対する膺懲のシンボルに過ぎない。彼はおとなしくてまめであり怨みを吐かない。黙々として人間に駆られ、人の為に働き人の手に死んで尚且つ滋養を与え皮を残す。彼の印度人の牛を尊ぶ所以が首肯ける。すっきりしたグリン・フィルドの川辺に立ち竦んで一声、福音を伝えれば、都市公害と世塵に汚れ果てた人心はすっかり平和をとりもどす、その単調なしかも素朴な韻律は巷の人間鬢の弾き奏でる悪戯では、とてもよりつけない天上楽であろう。その上、彼は傲慢を売らない。彼は又人間の残虐とか奸智を買わない。さりとて又彼は人間を嘲笑したり怨んだりする事をも知らない。むしろ人間のあくせくさを憐れんでいるかも知らない。

牛は馬よりのろい。そこに牛の賢さがある。

牛は馬より低い。そこに牛の偉さがある。

牛は躓いて倒れた事がなく中途で働きを止めた事もない。とかく此の世の中はスピードを好む。一瞬の素適さが人命を催促し世を滅ぼす。然し牛はそういう悪戯を知らない。牛には仮飾もなければ虚構もない。ただ「真面目」そのものである。

その牛が今年人間の前にやって来たのだ。燦然たる元旦の旭光を全身に浴びつつ数々のお年玉を撒き散らしながら、我々の眼前にそのたくましい姿を現わしたのだ。

よろずびとよ！荘厳なる調べに手拍子合わせ、きそわう今年の為に、挙ってめでたき今日に彼を迎えようではないか。そうして彼の果しなく広い胸に抱かれ、彼の底なき深い哲学に身浴びして、怨むことなく、高ぶることなく、止むことなく、幸ある彼方、平和謳う彼岸え、櫓を漕ごうではないか。

"祖国"よみがえる感激

模範講習生表彰式

わが民団事業の根幹である同胞教育問題は、緊且つ急なるもので、現に県下各支部では、講習所を設け早くから国語・国史並びにその他母国の文物を勉強しているが、韓国教育文化センターでは、一九七二年を総決算し本国の維新事業と相呼応して、七三年の飛躍をメドに、教育の量と質をより充実になすべく、その活力剤として各講習所で最も優秀であり模範的な学生を選んで、その功を称え表彰した。

一月十五日正午、千葉市内京成ホテル大ホールで盛況裡に開かれた民団の新年会・成人式場では、かつてはなかった異彩的な行事が大勢の目をひいた。すなわち小学生から大学生に至るわが第二世たちがその名を呼ばれると「ネ」とはっきりした歯切れのいい母国語で返事をして檜舞台の表彰席に立ち並んだ誇らしいわが子たちのいかにもたくましくまたはつらつたる姿を目のあたりに見たからである。

教育文化センター所長からいちいち表彰状と賞品とを受け、堅い握手を交わす度ごとに嵐のような激励と祝福の拍手が場内を揺がした。「うちのやつも出すよ」……ひそかなざわめきが場内のあちこちで沸いた。しわよりの老父母たちの面面、そして若き青少年の目と目には瞬間何物かがきりと輝いた。ともすれば忘れがちな祖国の姿、もしくは華やかな未来への夢でも見たのであろうか。胸々に秘める一つ心ゆえに真冬の無暖房場内も寒くはなかった。なお、表彰された講習生は、次の四名である。

全孝翼　千葉院内講習所　中等班
文基洙　〃今井〃　初等班
車栄均　東葛講習所　中等班
具美会　君津〃　初等班

文教部長官よりの感謝状の伝達式

文教部長官より感謝状

張在昶・張　暁両氏へ

センター所長により伝達式行なう

在日国民教育発展のために物心両面において、多大な貢献をなした張在昶・張暁両氏に、国民教育憲章宣布四周年を記念して、本国政府閔寛植文教部長官からその功を讃え犒う感謝状が贈られた。

一月十五日正午、京成ホテル大ホールで行なわれた今年の新年会並びに成人式場で、老若男女立錐の余地もなく場内を埋めた同胞の熱い拍手を浴びながら、千葉韓国教育文化センター韓承五所長により伝達された。なお、両氏の功労のあらましは次のとおりである。

▲張在昶－現千葉商銀信用組合理事長

氏は民団の組織または信用組合の役を果しながら常に同胞教育に心がけ、その振興発展に先駆的役割をなし、特に教育後援会が設けられるや率先巨額の大金を潔く喜捨して他を導いた。

▲張　暁－現通信韓国語学校代表

氏は祖国が解放されるや韓国学院を設立して同胞を教育し、また京都・東京韓国学校で教鞭を執る一方、著述活動と同胞教育に従事し、また韓国語通信教育機関を設立して国語普及につとめている。

韓日親善ラグビー試合

養正高チームが全千葉と

両チームへ花束の贈呈

韓日親善試合のため来日中のソウル養正高校ラグビーチームと全千葉高校選抜チームは十四日、市立銚子高校グラウンドで親善試合を行ない、6対6で引き分けた。

この日、県本部では李副団長、高事務局長、李組織部長をはじめ多数の人が応援にかけつけ、地元の民団旭支部では朴道源団長の呼びかけにより青年男女二十五名と婦人会など四十余人が応援席に陣どった。試合は千葉県体連の久保田一磨ラグビー部長の開会のあいさつではじまり、千葉県ラグビー・フッドボール協会の森茂ラグビー専門部委員長の進行によって進められたが、当本部では、開会の際に韓日両チームの監督とキャプテンにそれぞれ花束を贈呈して激励した。美しい民族衣裳のチマ・チョゴリをまとった若い女性四人(銚子市宋吉燮氏令嬢、旭市朴道源氏令嬢ほか)による花束の贈呈は、親善試合をいっそうなごやかなものにした。

熱烈なる応援の成果あり、前半戦で3対0で負けていた試合が後半で養正高の地力発揮により6対6の同点においあげた。

ソウルの養正高チームは今年度全国高校ラグビー大会で優勝し、この度来日して大阪、名古屋、東京、千葉で親善試合を行ない、二勝一敗一引き分けの好成績を上げた。

全千葉チームは、千葉県高校大会で三年連続優勝をかざった市立銚子高校と三位にはいった県立銚子商の連合チームである。

実力的には、養正高校のチームが優勢で、常に全千葉陣内でプレーし走力にまさっていたが、全千葉はよく食い下がって引き分けとなった。

なお、養正高校チームは十三日、千葉市に入り、川崎製鉄千葉工場を見学、十四日の試合後、銚子市内の見物、同夜はスキ焼パーティーレセプションが盛大裡に銚子の早船ホテルで行なわれ、十五日午前八時に銚子を発って東京に向い、全日本ラグビー選手権大会試合見学後帰途につく。

本国から16人研修生

千葉市中央技能センターに

研修生たちの千葉市内見学の一日

アジア地域の「国際技能開発計画」にもとづく第一回目の海外技術研修生三十人の技術研修の基礎訓練であるオリエンテーションが千葉市六方町にある雇傭促進事業団、中央技能センターで昨年十一月十六日より行なわれ旧臘二十日修業した。

この事業は、日本国労働省が計画したものだが、実施に当っては公、労、使の協力の下に行なうのが望ましい、という理由から日本ILO協会が推進母体となって、アジアを中心に発展途上国の人的能力の開発と向上を図り、併せてこれらの国の人達と友好関係を深めていこうとうたっている。

このたびの研修には、韓国から16人、シンガポール9人タイ2人、マレーシア1人、フィリピン1人、インドネシア1人と30人で、年齢はいずれも22才から27才。

当県本部では、韓国から来た16人の若い前途有望な青年たちを温く迎えるため最初から高局長が案内、通訳をつとめたり、千葉韓国教育文化センター韓承五所長等と慰問に行ったり、十一月十八日、県本部と千葉支部の共催で16名の研修生を招待し、国鉄千葉駅前の大都苑において晩餐会を開き、母国料理と歌で楽しいひとときを過ごした。

十六日、千葉県韓青主催のXマス・ダンスパーティーに全員招待し、在日二世三世の青年男女と共に語り歌い大いに踊りまくり、十七日には、焼肉中村食堂にて謝恩会を開き、二十日の修業式には、韓国社会開発協会々長鄭熙燮、駐日韓国大使館の沈大燮、沈崗燮両労務官、千葉韓国教育文化センターの韓承五所長、民団千葉県本部高局長等多くの韓国側の来賓臨席のもと、意欲的でありながらもなごりおしい式を終え、二十一日からは、民間各企業の職場へ本格的な技術研修のため散っていった。

なおこのたびの研修生は次の企業体にて、来る九月までミッチリと技能修得に入るという。

東芝川崎工場＝柳鋼軾、崔溶鎬、郭元信、安鍾善、李東旭。

日本特殊金属＝韓敏成、李喆、鄭址英、梁伯坤、李大烈。

日本電機＝宋鍾九、金玟洙、金渕植、趙泰憲。

富士通株式会社＝金深圭、李華錫。

旭支部青年ボウリング大会

一月十四日、八日市場ボウルで、旭支部朴道源団長率先参加し、管内青年男女二十五人総動員され、第一回ボウリング大会が催された。

当日の大会に、民団千葉県本部鄭渕秀団長盃、朴道源支団長盃、八日市場ボウル経営者李相律社長盃等がだされ、はなやかでかっきある大会にもりあがった。

民団千葉県本部では、青年活動と育成の一端として今後、各支部ごとに青年ボウリング大会を奨励させ、県本部主催で各支部対抗試合をも企画している。

なお、当日大会での成績は次のとおり。

優勝　朴在晧
準優勝　鄭福松
三位　曹明美

生活貧困者に慰問金贈る

旧臘二十三日、民団千葉県本部では毎年行なって来た歳末助け合い運動補助金を、生活貧困者には直接手渡し、社会福祉施設には送金した。

これは、千葉県一円に居住する在日韓国人の生活困窮者に例年年末になると民団各支部団位で歳末助け合い運動を行なっており、山武郡大網地区と八街町地区は県本部直轄地区であるため、大網地区六名と八街地区三名に一人当り参千円の慰問金を手渡し、千葉県内の社会福祉施設　香取学園　五井平和園、朝日の森学園　光楽園養護老人ホーム、神戸にある同胞経営の愛神愛隣舎等に五千円ずつ送金した。

各施設からの受領書

母国語教室

担当　韓　承　五

1. 한글字母について

1. 基本字母24字の排列とその音声

(1)子音14字の排列とその音声

ㄱ ㄴ ㄷ ㄹ ㅁ ㅂ ㅅ ㅇ ㅈ ㅊ ㅋ ㅌ ㅍ ㅎ

[カ ナ タ ラ マ バ サ ア ザ チ' カ' タ' パ' ハ…の初声]

[k,g n t,d r,l m p,b s a dʒ tʃ k t p h]

(2)母音10字の排列とその音声

ㅏ ㅑ ㅓ ㅕ ㅗ ㅛ ㅜ ㅠ ㅡ ㅣ

[ア ヤ アよりやゝ口をせまく イ+ㅓ オ ヨ ウ ユ ウより口をよこにさく イ]

[a ja ə jə o jo u ju (ɯ) i]

2. 字母の組み合わせ方

上の字母一つ一つを音素(オンソ)と云って、此等を組み合わせて一つの音の節(音節＝オンセツ)を作りますが、此れには次の二つの型があります。

① 子音(左)(初声) ＋ 母音(右,下)(中声)　② 子音(左)(初声) ＋ 母音(右,下)(中声) ＋ 子音(下)(終声)

※此の際"ㅣ"の入った母音は子音の右側に、"ㅡ"の入った母音は子音の下に組み合わせます。

例 나(ナ－私), 소(ソ－牛), 산(サン－山), 몫(モク－分け前)

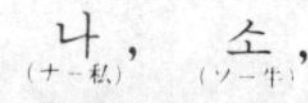
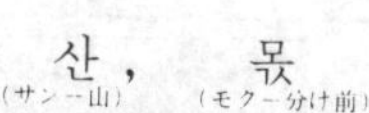

和気あいあいな韓青ダンスパーティー

県内青年200人集い

韓青ダンスパーティー盛況

千葉韓青では、旧臘十六日午後六時よりクリスマスダンスパーティーが千葉県労働者福祉センター大ホールで催され、県内二百余名の青年男女が参加し、金容福副委員長司会ではじまり夏のサマーキャンプに続く盛況のうちに終えた。

はじめに、民団千葉県本部鄭渕秀団長の、青年は国家の柱であるという有名な言葉のごとく、われわれの祖国での光州学生運動、四・一九革命にみられるように国家の運命は青年の両肩にあることを肝に銘じ、まず私は誰で誰の子でどんな家庭のなかの一人であるかどこの国の国民で、いま何をしている自分なのかこの自覚から出発しなければならない、という力強いあいさつにつづき、来賓の祝辞があり、民団千葉県本部高局長音頭で乾杯をあげ、午後九時すぎまで、和気あいあいな雰囲気の中で民族衣裳のチマ・チョゴリが蝶のように舞っていた。

祝 千葉民団時報 創刊

今月のMEMO

▽十二月

二日　旭・成田支部訪問。佐倉支部任員会参席。鄭漢寿氏病慰問。

三日　君津・長夷支部訪問。安房支部任員会参席。

五日　執行部任員及支団長会議(本部会議室)

六日　成人病集団診断。

七日　佐倉支部団長李快守氏子婦告別式参席。

九日　東葛支部任員会。

十一日　髙局長茂原市出張。

十二日　千葉支部任員会及忘年会参席。

十五日　金奉祚氏三男鐘嗣君・申基文氏妹順姫嬢華燭。

十六日　韓青ダンスパーティー(千葉市労働福祉センター)

十七日　国際技能研修生謝恩会参席。

二十日　国際技能研修生終業式参席(中央技能センター)

二十二日　鄭漢寿氏告別式。

二十八日　県本部忘年会

▽一月

一日　元旦。

五日　始務。

七日　旭支部新年会。

八日　中央本部新年会。

十日　東京本部新年会。

十一日　婦人会千葉本部新年会。

十四日　韓日親善高校ラグビー大会(養正高対全千葉高校)。

十五日　千葉県本部新年会・成人式(京成ホテル)。

原稿募集

みなさんの投稿をお待ちしています。

組織の強化、発展のためのご意見、各地方の同胞の生活、各支部の活動状況や体験談、子女教育の問題、その他何でも結構ですが、採否は当方におまかせください。

——編集部

綱　領
一、우리는 大韓民国의 国是를 遵守한다
一、우리는 在留同胞의 権益擁護를 期한다
一、우리는 在留同胞의 民生安定을 期한다
一、우리는 在留同胞의 文化向上을 期한다
一、우리는 世界平和와 国際親善을 期한다

千葉民團時報

在日本大韓民国居留民団千葉県地方本部
千葉民団時報社
千葉市新宿町２丁目９－８
電話0472(42)4621～3
発行人　鄭　渕　秀

主張

「三・一」の真の意義問おう

三月一日、——われわれはふたたびこの日を迎える。今年もこの日、各地で例年のごとく記念式が催され、型どおりの記念行事が行なわれることだろう。

しかし今年こそは、きびしい国内外の情勢の中で、われわれにとって三・一運動とは何であるかが問われなければならないと思う。

もういちど三・一運動の経過をふりかえり見よう。

一九一〇年、日帝に祖国が強奪され、土地が収奪され、苛酷な武断統治の下に抑えられた国民の間には、異民族の支配に対する反感が深まっていったが、一九一八年、時あたかも第一次世界大戦が終り、その戦後処理に関してウィルソン米大統領はいわゆる民族自決原則を唱え、戦後、世界被圧迫民族の間では独立する国があいついだ。この機をとらえて、上海など国外に出ていた志士たちにより、われわれも独立を要求する一大宣言と示威を行なうべく計画と準備が進められた。あらゆる政治・社会団体は解散させられたため、残りの唯一の組織として宗教界——基督教・天道教・仏教の代表が民族代表として署名した独立宣言書を発表し、正々堂々と示威行進をする計画であった。

このような計画と準備こそは、実に三・一運動の導火線であったし、これを軽く評価すべきではないと思う。しかし、独立宣言書などで見る限り、自力で闘うということよりも当時の世界の潮流にたより、平和的に示威を行なって民族の意思を表明することにより、日本の良心に訴えようとしたものであった。

「ああ、新天地が眼前に展開せり、威力の時代が去り、道義の時代来たる」と日本の過ちを罪とせす、同生共存の「道義」の時代が到来したことを宣言したものであったが、日帝は良心どころか平和的に示威する群衆への銃弾の洗礼と斬殺とさらし首でもってそれに応えた。「道義」の時代は当時はおろか半世紀たった今日までも到来していないのである。

もうひとつの三・一運動の側面は、自ら街頭に出て闘う群衆の中にあった。民衆は世界の潮流にたよることを知らなかった。残忍無比の日帝に良心などあろうとははじめから信じなかった。自ら進んで運動に参加して自分の生命の犠牲をもかえりみず自力で異民族の支配にたち向った。しかもこのような闘いが全民族的な闘いに拡がったために巨大な力となった。この巨大な力は、世界の注目を集めたし、日帝の統治方式の変更を余儀なくさせた。このような民衆の闘いがもしなかったとしたら、自分たちの居場所をわざわざ日本警察に知らせて逮捕を待っていた「民族代表」たちの運動は、その時点で終ってしまったことであろう。

世界の潮流がわれわれを助けないことは、今日も同じである。助けるところか大国間の利害や取引きのためには小国の犠牲をも強いるのが現今の国際情勢である。このようなわれわれをとりまくきびしい情勢の中にあって、われわれ国民ひとりひとりが率先して祖国発展に寄与し、われわれの生きる道を、繁栄の道をわれわれの力で切り開かなければならない。これが正しい三・一精神の継承ではないだろうか。

このような精神革命こそが民族の新紀元であり「維新」ではないだろうか。朴大統領は新年初の記者会見でいった——「十月維新とは、正しい歴史観と民族史観に立脚して民族の安定と繁栄を期し、統一をなしとげるのにわれわれの力と英知でしようとするものである」と。

今年の三・一運動記念日こそは、その真の意義をわれわれ自身に問いて迎えたいものである。

54돐 맞는 3・1節

各支部서 記念行事

中央民衆大会는 日青館서

파고다公園에는 3・1運動当時의 光景이 浮刻으로 새겨져 있다. 이것은 바로 우리들의 가슴에 새겨진 「3・1」인것이다.

本部에서는 지난 十七日、管下各支部団長・事務部長 및 本部任員合同会議를 召集하고 오는 三月一日의 第五四回三・一節記念行事에 관하여 今年에는 各支部에서 自主的인 記念行事를 挙行하고 東京의 中央民衆大会에는 本部任員과 千葉支部를 中心으로한 代表者만 参加하기로 決定보았다。

今年의 三・一節中央民衆大会는 日本青年会館（東京都新宿区）에서 開催되는바、同会場에서는 四千名에 達하는 関東地域의 参加者를 다 収用할 수없기때문에 今年에는 各支部에서 記念行事를 挙行하는 同時에 될수있는대로 많은 団員이 支部의 式典에 参加하기를 要望하고있다。

今年度 三・一運動記念行事의 슬로간은 다음과 같다。

一、三・一精神 받들어 民族中興 이룩하자！
一、새마을運動에 呼応하여 잘살기위한 隊列에 발맞추자！
一、十月維新課業을 完遂하여 祖国統一을 成就하자！
一、日本政府는 自由民主主義에 立脚하여 韓日協定을 遵守하라！
一、우리는 在日国民의 権益擁護와 法的地位向上을위하여 더욱闘争하자！
一、大韓民国万歳！
一、在日本大韓民国居留民団万歳！

幹部研修会開催など決定

支団長会議

県本部では、去る十七日本部会議室で管下十一支部団長・事務部長および本部執行部会議を召集し、幹部研修会開催、三・一節記念行事などについて協議した。

当日の会議で決議されたおもな議題は次のとおりである

①二月二十四日から二十六日夜（二泊三日）まで館山市で幹部の教養向上を図る研修会を開く

②三・一節記念行事について、本部と千葉支部は、関東地協主催で行なわれる中央民衆大会（東京）に参加し、残りの十支部は、支部ごとに開催する。

なお、団員二〇名を当県を代表して本国（ソウル）で開かれる記念大会に派遣する。

③千葉民団時報と韓国新聞の発送は、各支部で全団員の家庭に配布する。

千葉民団時報は、みんなが協力（編集と広告）して永久的継続発刊に努める

④経済委員会の出資金勧誘は三月末まで完了する

⑤県本部直轄地域と三〇世帯未満の支部の合併を積極的に推進する。

信号燈

民団活動方針に民族教育は歌の文句。民族学校不足にも新学期になると先生達は誘いに多忙。なんともわびしい話。

◇

金中央団長、昨日は群馬、今日は静岡と洪吉童顔負。二七年ぶりに「第一回全国教養講座」とは。

◇

千葉民団幹部研修会、二十四、五、六と二泊三日。朝は七時から夜は十一時までと、大変な意気込み。

◇

祝慶弔の際、請牒状他人に出せば罪となる。チット淋しい東方礼儀之国の話。

◇

三・一運動精神受けつぎ「セマウム」運動起したら……。差別偏見なくすのは他力本願ではどうにもなるまい。ボヤボヤしてたら私は誰かのいい子になっちゃうワ。

◇

北韓の新憲法に「主席」はあるが「首領」「元首」は見当らぬ。金日成「首領」と呼ばわるのは暴力団か略奪者のカシラか。「元首」が怨讐（ウォンスウ）にならないように、言葉づかいに一考を。

◇

同胞の死亡者急増。一世の末期来た感。あなたの戸籍整備と二世民族精神面は大丈夫？今日なすべきことを明日に延ばすな。

鉄筋3階の会館完工
2月10日 落成式盛大
船橋支部

船橋支部（金永甲団長）では、昨年八月同支部管内同胞の総力を結集して着工をはじめた、船橋韓国会館（船橋市本町四丁目三一一一三）をこのほど完工、その新築落成式を去る十日正午より新会館の三階会議室で盛大に開催した。

この日の落成式には、駐日大使館秦寛燮領事、千葉韓国教育文化センター韓承五所長、前国会議員金載華氏、元同支部団長朴到春氏（東京在住）、元同支部事務部長金東燮氏（神奈川県在住）、千葉商銀専務理事彭元五氏、船橋警察署長代理大綱氏ら多くの来賓を迎え、千葉県本部、支部三機関任員および船橋支部管内の団員二百余人が参席して行なわれた。

落成式は、同支部李大徑事務部長司会ではじまり、まず同支部金永甲団長のあいさつがあり、孟哲輝副議長より会館建立の経過報告と同支部四半世紀の歩みが詳しく説明された後、千葉県本部鄭渕秀団長から「待ち望んだこの会館、なくてはならないこの会館、永遠にわれわれの魂を受け継ぐべき会館が建築委員をはじめ管内同胞の努力と協力によって、このような立派な会館が建立されたことに深く感謝します。いくらすばらしい会館ができあがっても、十分利用しないときには、ただの建物の価値しかありません。新らしい会館で新らしい気運を盛り上げ一層組織を強化し、われわれの生活の利益を守り、われわれの子孫に真の韓民族の魂を受け継がそうではありませんか」との要旨の力強いあいさつがあった後、秦領事、韓所長、金載華氏、彭専務理事、朴到春氏、金東燮氏等の同支部の躍進を激励する祝辞が述べられた。

そして、同会館建立のため功績の多かった建築委員十名に県本部団長より感謝状が授与された。

また同支部金団長より同会館の建設を担当した業者（三友建設KK）に感謝状と金一封を、会館建立のため献身的な活動をされた金聖基氏に表彰状授与と記念品が贈られた。つづいて洪汶興議長より金永甲団長への納鍵があり、鄭徳和本部顧問の先唱で、万歳三唱をもって落成式の幕を閉じた。

つづいて新築落成記念宴会に入り、豪勢な料理を前にして楽団にあわせ民族の歌と踊りが日の暮れるのも知らず延々とつづいた。

新築された会館は、総建坪五一坪、鉄筋三階建のモダンなビルで、総工費一千四百万円。会館の配室は、一階が四月頃より千葉商銀船橋支店の開設予定、二階が民団支部事務所、三階が会議室となっている。

写真は新築された船橋支部会館の偉容（左）と盛大をきわめた落成祝賀パーティーの模様（右）

李団長の決断実る
千葉支部会館全面修理

千葉支部李栽坤団長は、在日本韓国人としての衿持を失わず、より一層の民族意識の高揚と組織の質的向上を図るには、まず会館をわれわれの生活のより所とすべきであるとキッパリ語る団長であるだけに、老朽化していく同支部会館を、団長就任後数個月のうちに修理着手、このほど見違えるように全面修理を終えたことは組織指導者として讃えるに値する人物である。

修理費の捻出は、在日本韓国人千葉地区商工会金五〇万円、民団千葉支部金三〇万円、李栽坤団長金四〇万円で、合計一二〇万円をもって建物の修理は終えたが、ネオン入りの看板（二月下旬取付）等の費用が一五万円あまりかかるものと予想され、同支部財政も底をつき、なげかわしい立場に置かれていると同支部事務員は語っている。

君津支部　建立準委結成
会館なき悲哀かみしめ

君津支部（李東熙団長）では、去る一月二十八日正午より木更津市「龍園」で君津支部韓国会館新築準備委員会が団員二十余名参席のうちに開かれた。

そもそもこの日の会合に至ったのは、現在君津支部で使用中の借り事務所（木更津市新田一丁目九一三）が貸主の事情で移転せざるを得なくなり、来る三月末までの明渡し条件で、いくらかの立ち退き料をすでにもらったためである。それでこれを土台にして会館を新築しようではないかと、支部管内の団員たちからの気運も盛り上がり、この会の運びとなったものである。

当日は、高熙泰（顧問）氏を臨時議長に選び、なごやかな雰囲気の中で、円満に話し合い、会館建立準備委員を選出し午後四時頃閉会した。

とくに、顧問金奉祚氏の、会館なき君津支部同胞の痛哀さを物語る過去話には、座中一同を涙ぐませた。

なお、準備委員名単は次のとおりである。

金大者、李東熙、鄭乙燦、金奉祚、金鍾化、黄庠渕の諸氏。

念願の母国留学へ
本県の5名、3月入国

母国に留学したい熱望は在外国民特に青少年学徒の切ない夢である。そのため本国政府では、国立ソウル大学に「在外国民教育研究所」を設置し、また同大学附属高等学校では国費母国留学生（高等部）を受入れて、在外同胞の未来の指導者を教育養成しているが、七三年度に留学を目指す数多くの志願者のうち、昨年十二月二十一日大使館で所定の詮衡を行い、去る一月末その合格者を発表した。

それによると千葉県では例年に上回る合格者を出し、県下同胞の向学熱を誇示している。

▲合格者名単

(A)自費留学生
張恒星＝ソウル大医科
尹厚子＝梨花大史学科三年編入
朴哲珍＝予備科程
鄭福溶＝予備科程（申請中）

(B)国費留学生（高等部）
丁明昊＝ソウル大学附属高等学校

なおAの場合、三月末までにソウル大学内にある在外国民教育研究所に登録を終え、一年間の予備科程で言語・歴史その他生活訓練を行い、来年の三月上記した希望校に入学するのであるが、ソウル大学だけは当校自体のテストを行い、一定水準以上の者だけを入学させるようになっており、起宿はソウル大学の寄宿舎を利用する道がある。

Bの場合は、毎月（四年間）二万ウオンの学費を国家が支給し、ソウル大学附属高校長並びに専任指導教師の責任の下で教育が行なわれ、起宿は学校が適当と認める有志学父兄の家庭にあずけて生活指導をも施すという手落ちのない仕組を取っている。

韓国人教育後援会が法人に

一九六三年末、任意団体として設立された在日韓国人教育後援会を財団法人になすべく長い年月にわたり推進してきたところ、ついにその実が結ばれ、去る二月一日付をもって本文部省による設立許可に至った。

韓日親善を深め両国の繁栄は勿論、人類の平和と幸福を図り、教育または科学の振興、文化の向上、社会福祉その他公益の増進に寄与することをその趣旨とする同財団のおもな事業を一瞥すると次のとおりである。

韓国国籍の学生生徒に対する——
①奨学金の給付
②学生館の設置および維持経営
③研究助成金の給付
④奨学金の給付を受ける学生生徒の補導
⑤その他必要な事業。

なお、同財団の事務所は東京都新宿区若松町二一、学校法人東京韓国学園内となっている。

世界一周・東南ア視察 旅行団募集
千葉商銀信用組合

昨年九月、千葉商銀信用組合では、東南アジア視察団と祖国訪問旅行の企画を立てて試みたところ、百人近い参加者があり好評を得たので、この度は組合員の要望も熱ぽく、世界一周旅行を計画してほしいとの申込みが多かったので、左の要領で視察旅行団を募集中であるが、係員の話によると、すでに二月二十二現在で、世界一周コース十六名、東南アジアコース二十二名の申込者があるという。

なお、二月十四日から日本政府は、円の変動相場制に移行し、実質的な円の切上げとなり、海外旅行者にとっては可成りの利益となり、豊富な御土産品も可能ではないかと推測され、前回を上回る参加者が集まるものと見込まれる。

申込みまたは詳しくおたずねしたい方は、電話〇四七二(42)〇一七六番へ。

旅行団募集要領

(旅行区)	(出発)	(日程)	(費用)
世界一周コース	一九七四年七月上旬	二十四日間	六〇万円（預金積立期間＝一カ年、毎月五万円×12回）
東南アジアコース	一九七四年四月上旬	七日間	二万五千円（預金積立期間＝一カ年、毎月二万円×12回）

海外同胞の誠金35億원（ウォン）
새마을（セマウル）運動は精神革命
林特別補佐官講演

새마을（セマウル）運動とは、一言でいえば①よりよき生活をするための運動であり、②実践し行動する運動である。もう少しくわしくいえば、全国民が豊かな生活をするために、すべての人が勤勉で、自助・自立精神が旺盛になり、その精神を行動と実践に移し、衣・食・住に余裕をもち、品位があって文化的な生活を営み、隣人同士愛し、相互扶助し合い、古くから受けつがれた隣同士の人情と美風があふれる村づくり運動である。

この運動に参加し声援をおくる海外同胞の陰の力も大きな力となりつつあるが、このほど日本に立ち寄った大統領特別補佐官林芳鉉氏は、一月二十九日午後三時、民団中央本部で行なった時局講演の中で、この運動を支援するためにおくられた海外同胞からの誠金が三五億ウォンにのぼったことを明らかにして注目をひいた。

つづいて同特別補佐官は維新体制について次のように述べた。

「十月維新は、日本の明治維新の前例にならったものであるが、この明治維新の成功こそは、やはり農民を背景にしたこととそれに加えて日本人の勤勉精神が先進西洋諸国の技術を導入した結果である。われわれも農村の精神革命を支柱に十月維新を成功させなければならない。また解放後西欧的民主主義を取り入れたものの国民のGNPとも合致せず、民主主義の発展を見ることができなかった。われわれは民族的民主主義から真に体質に合った韓国的民主主義を指向せねばならないのである。」

年平均15%成長へ
経済長期開発試案

経済企画院とKDI（韓国開発研究院）が作成した長期開発計画試案によると、七二年のGNPを九八億ドル（1ドル三七三ウオン）とし、毎年十五%（経常価格）の成長率を維持し、八一年度のGNPを三六〇億ドルにふやすと、一人当りGNPも一千ドルとなる。

実質成長率は年間平均一〇・三%となるが右の目標達成のため、八一年まで卸売物価上昇は三%に抑え、レートも現在の一ドル四〇〇ウオンを維持しなければならない。

同胞愛で助け合い
長夷支部団員の火災に

二月十日午後二時五〇分ごろ、長夷支部（朴吉龍団長）管内の同胞高仁煥氏経営のパチンコ店「富士」（勝浦市墨名七二五）から出火、木造二階建一棟約五〇坪が全焼した。

現場は勝浦市の繁華街に面していたが、勝浦消防署などから七台のポンプ車が出動したことと幸いに風がなく水利がよかったので、隣家への延焼はくい止めた。

なお、出火当時、店内には約三〇人の客がいたが、全員避難し無事だった。

同日には民団船橋支部会館の新築落成式があり、支部三機関任員は、全員落成式から帰宅するや「富士」火災の話を聞きその足で同支部管内の多勢の団員とともに慰問にかけつけ、当夜遅くまであとかたづけをし、即刻金一〇万円を見舞金として店主高氏におくった。

このことは、長夷支部の一つのできごとに過ぎないようであるが、そこに同胞愛と民団組織力が発揮されたものである。

* *

安房支部会館と同支部結成（1946,10,23）当時の顔ぶれ

支部めぐり

安房支部
多くの人材ここから
県内でも立派な会館

一九四五年八月十五日、在日同胞が日本での民族の解放を迎えてすでに二八年の歳月が経過している。安房支部も、解放後初めて同胞の自治団体として設立されてからは、在日朝鮮人連盟、新朝鮮建設同盟、建青などを経て、在日本大韓民国居留民団となってから現団長蔣煥文氏に至るまで実に二十二代にわたって連綿と活動が続いている。

ところで、解放直後に組織された安房支部には、今では信じられないくらい多くの人材をようしていたようだ。

当時の役員構成を見ると顧問には、韓日会談当時、民団中央本部の団長であり現在弁護士で、前民主共和党の国会議員であった権逸博士と現民団東京本部副議長の権寧珣氏がおり、李百承氏はいまなお館山に在住して会社々長の位についており、総務部長であった高庠秀氏は、現在済州開発協会専務理事の地位にある。

また当時の初代情報部長であった金鳳吉氏は、現在も館山に在住し、安房支部の長老格として尊敬されているが、金老人はそれ以来安房在住の同胞子弟に対する民族教育家としての情熱を傾注して、団員からは安房支部の教育長という愛称で親しまれている。

現在の団長蔣煥文氏は、一九六九年から現在までの四期（支部団長の就任順位からいうと一九代から二二代まで）安房支部の団員から推されて団長の地位にあるが、蔣団長の同胞愛と積極的行動力、団員に対するリーダシップは、時にはワンマンと陰口を聞かれることもあるほど群を抜いている。

殊に特筆に値いすることは、二年前に実現を見た安房支部韓僑会館の建設である。云うまでもなく会館の建設は、下は支部から上は中央本部に至るまで歴代団長に課せられる最大の任務であり、多くの場合がその実現をみないうちに後進に団長職を譲るというのが一つの傾向となり、民団全体の悩みにもなっている。ところが蔣団長は、積極的にこの問題をとりあげ、県との交渉の下に県有地の払下げを受けて、またたくのうちに千葉県内の各支部の中で最も立派な会館を建設したことは、県内民団関係者の称賛の的になっている。

また、団員のためには常に心を配り、結婚式には喜んで仲人役を買って出るなどして、県下の地域同胞社会のまとめ役も随一という定評がある。

常任事務員の一人、徐日生（通称宮本）さんは、十七年前から一貫して民団事務にあたり、親切で事務的に明るい専門家として団員たちから親しまれている。

知ってますか

国民登録とその関連規定

大韓民国の国民であることを証する「大韓民国国民登録証」は、一九四九年十一月二十四日付の法律七〇号——在外国民登録法——大韓民国にもとづいて、在外国民であるならばこれを携帯することが義務化されている。

その後、韓日国交正常化と共に、一九六六年八月一日付で、国民登録の更新・新規申請が民団組織を通じて公館に受付けられ登録証が交付されているが、在日韓国民として生きるわれわれの生活上に密接な関係を保ち必要とされるのがこの国民登録証である。

まず、必要とすることについては、①韓国籍を証明する（外国人登録証明書の国籍欄の「朝鮮」を、役場で国民登録証を提示すれば「韓国」に変更できる）。②本国訪問・里帰りの場合、旅行手続の場合は必ず国民登録証を必要とする。③子弟の韓国学校の入学・進学・母国留学の場合。④在日同胞の各機関（例えば銀行・信組・学校・言論関係・公館・大企業等）に就職する場合など在日韓国人社会の生活環境には絶対必要とされ、特に本国の戸籍整備（例えば婚姻届・出生届・死亡届・戸主相続等）の場合、外国人登録証の国籍表示が韓国でなければならない。

つぎに国民登録証の留意事項は、①日本国内の一定した場所に住所または居住を定める大韓民国国民は国民登録をしなければならない。②この国民登録証は常に携帯せねばならず、③紛失または汚損の場合は、再発行申請できる。④記載事項の変動があったときは、変動日から二十日以内に民団を通じ駐在公館長に申告しなければならない。⑤当初は十五歳未満の者は、世帯主の家族欄に記入することになったが、現在は韓国民であれば全員申請することになっている。

しかし、韓国民でありながら、無関心である認識不足型、関心を抱きながらも申請を延々と戸惑っている人の中には「本国に旅行のとき必要とされるので、急ぐ必要がない」「国民登録申請により民団に団費をおさめなければならないから」というチャッカリ型、「時が来れば申請したい」といったのんびり型などとなっているが、申請率の低調の原因は、国民登録証に対する認識不足よりもPR不足の感がする。

一九六六年八月一日以来、実施された国民登録の更新・新規申請済の千葉県件数は、一九七三年二月十日現在二九六五件で、協定永住権申請件数の一九七一年十二月三十一日現在の四一一三件を見れば、何を物語っているか数字がハッキリわかる。

国民登録未申請者は、一日も早く無知の認識より招く不幸・損害から目醒め、それぞれの民団支部に行かれ国民登録申請をなさることを要望する。

両国間の小さな架橋

韓国女性ここに学ぶ

去る二月六日、県本部の事務局長高権錫、金泰佑の二人は、目下、館山市で看護婦の研修を受けるため滞日中の一八人の韓国女性を慰問するため菓子や果物をもって同市を訪れた。

この一八名の韓国女性たちは、社団法人安房医師会（斉藤仁会長）の招請で、昨年三月四日に来日したものですでに一年近く滞在していることになるが、安房医師会側の研修計画では、三年間館山に滞在させて全員に日本の看護婦の資格を取得させて帰国させるように計画している。

館山に看護婦研修生たちをたずねて

実習に余念のない看護婦研修生たち

そもそもどういう経緯で本国の女性が館山市に看護婦研修に来日するようになったか、高事務局長が同日安房医師会を訪れて水谷信三事務長にたずねたところやはりこれまでにこぎつけるためには、言葉では表現できないいろいろな苦労があったようだ。

話の発端は、戦前、満洲の医大で学び、現在忠清北道清州市で病院を経営している金熙模氏とかつての大学の同窓であった安房医師会所属の岡野和夫氏との間に親交が続き今日まで文通をしていたようである。そうしているうちにお互の立場で相互に役立つことをとりあげて、協力関係をもっとふくらましていきたいと考えた末、清州医師会を通じて、韓国女性を看護婦研修のため日本に送りたいが日本側の意向はどうかと打診があり、岡野氏はそれを自分の所属している安房医師会に提案し、それは韓日親善を深める上からも大変結構な話だということで、トントン柏子にまとまり、水谷事務長自身韓国に飛んで、清州医師会を訪れ、受入のための諸問題を協議するかたわら研修生の人選を依頼。他方では、日本の外務省、韓国大使館等の関係官庁に日参して趣旨を説明し、この招請計画の実現に奔走したようだ。

本国の清州医師会側も、最後には安房医師会側の熱意にうたれて、清州市所在のミッションスクール・信女子綜合高等学校の金鍾声校長を動かし、同校卒業生の中から、将来看護婦として社会に役立ちたいという意志の固い女性を厳選し、日本へ送り出したようだ。

水谷事務長は「実現までには本当にいろいろ苦労しました。しかしそれだけにすでに多くの成果が実っています」と語っており、現に安房医師会と清州医師会長は、研修生派遣―受入計画の実現にともなって固い信頼関係が生まれて姉妹団体として提携しあっているという。

来日した研修生たちは、安房医師会の寮に合宿しているが、医師会側は、寮の管理と賄いに新たに同胞の婦人朴二文さんを寮母に雇うという気の配りようだ。

彼女等は、毎日、午前中は安房医師会所属の病院で看護婦の実習をする外、午後は、安房医師会立高等看護学校で熱心に勉強を続けているが、毎週火曜日と木曜日は、夕方六時から二時間、館山在住の安鐘鳳氏から日本語の指導を受けている。

ところで、この研修実現のため終始一貫、全面的に協力している人たちが民団安房支部の役員たちである。蔣団長は、研修生が館山市に落ちついてからは、いよいよ本領を発揮して、生活に不便はないか、困ったことはないかと細かく気を配り、食事に招待したりして面倒をみているので、医師会側も彼女等の世話は蔣団長と相談し、研修生たちも「日本の아버지」として慕っている。

高事務局長が彼女等と直接面談した折も、全員いきいきとした表情をしており研修生活に困ったことはないかという質問にも「最初の頃はホームシックにかかる人もいれば、大手術の現場にたち合ってショックを受けたり、死んだ患者が病院から搬出されるのを見て気持が沈んだりした人もいましたが、今は慣れてだんだん平気になって来ました。そういうことは私たちも少しずつ看護婦になりつつあるんだなという感じで、今では郷愁を感じることも殆んどありません」と断言していた。

最後に、水谷事務長は、「彼女等はとてもまじめでしかも規律正しいのにほとほと感心させられています」「第一回目の研修で最初はわれわれも多少の不安がありましたが、今は全くありません。その証拠に、われわれは今年の三月にもまた新たに二〇名の研修生を受け入れることに決定しました。これからは毎年二〇名ずつ受け入れてこの研修の事業を恒常的に続けていくつもりです」「そして帰るまでには必ず全員に看護婦の資格をとってもらいます。そのためにも日本語の勉強もしてもらっているくらいですから」と自信に溢れていた。

따뜻한 歡待에 感謝

ILO研修生 韓 敏 成

在日同胞여러분 안녕하십니까。祖国에서는 海外에서 居住하고 계신 同胞들에게 積極的인 弘報活動을 하고있는 요즈음 在日本大韓民国居留民団千葉県地方本部에서도 自主的인 弘報活動의 一環으로 今般「千葉民団時報」를 創刊하였음에 대하여 祝賀의 말씀을 드리는바입니다。

여러분들께서도 잘 아시는바와같이 祖国에서는 十余年前부터 経済開発計劃에 의한 高度의 経済成長率을 記録하여 지금에 와서는 安定期에 접어든 福祉社会를 이룩하였으며 健全한 社会気風과 새마을運動에 全国民의 積極的인 協調와 参与속에 힘찬 前進을 継続하고있읍니다。

그리고 七〇年代의 経済開発計劃의 成功과 工業国家로서 科学技術의 振興이 必要하고 生産教育과 科学技術教育의 強化가 必要하다는 計劃아래 海外에 많은 留学生과 技術研修生을 派遣하고있읍니다。저희 ILO研修生들도 그 計劃의 一部로 現在 日本에 와서 金属・電気・通信等의 分野에서 研修教育을 받고있는것입니다。

저희들은 学問探求와 技術研磨로 祖国의 来日을 위한 힘찬 役軍이 되겠다는 目的意識을 念頭에 두고 배우고 익히는데 努力하며 健全한 精神力의 培養에도 努力을 게을리 하지않고 있읍니다。저희들은 研修期間동안 熱心히 배우고 닦아 祖国에 돌아가서는 各自가 習得한 技術을 祖国의 工業発展에 寄与할것입니다。

저희들이 約二個月間 千葉의 中央技能센터에서 오리엔테이션教育을 받는동안 居留民団千葉県本部와 千葉支部로부터 받은 따뜻한 歓待에 深甚한 感謝를 드리며、처음부터 끝까지 民団業務에 바쁘신데도 不拘하고 激励와 労苦를 아끼시지 않은 民団本部 高権錫事務局長과 教育文化센터 韓承五所長께도 謝意를 表하는바입니다。

끝으로 在日同胞여러분의 健康과 「千葉民団時報」의 無窮한 発展을 祈願합니다。（現在東京都板橋区所在特殊金属工業株式会社에서 研修中）

母国語教室

担当 韓 承 五

2．単語と文章

(1)単語の成り立ち

前回で説明したように，各音素(字母)が寄り集って一つの音節を作り，この音節が幾つか集って，一つの単語になり，始めて或意味を持つようになります。

即ち，① 사(サ)：ㅅ，ㅏ二つの音素で一つの音節

② 람(ラム)：ㄹ，ㅏ，ㅁ三つの音素で一つの音節

①，②は各々意味を持たない音節であるが，①+②"사람"は"人"と云う意味を持つ一つの単語となります。此の場合一つの音節自体が単語になる事も多くありますので，要するに或音声に意味の有無を確かめるべきです。

아버지(アbəジ)：父親　어머니(əmə ニ)：母親　사랑(サラン)：愛　해(hæ)：太陽　밥(パプ)：飯　집(ジプ)：家

(2)文章の成り立ち

上述した単語に，語法的つながりを持つ言葉が添加して語節を作り，その語節が秩序的につらなって文章となります。

即ち，① 나는(ナヌン) 한국사람이다.(ハンコクサラムイダ) —— 私は韓国人である。

② 나라를(ナラルル) 사랑하자.(サランハジャ) ——国を愛しよう。

①，②は何れも各単語に意味を持たない所謂"虚辞"（・部分）を添加した語節が二つずつ語法的に相連なって文章となっております。

※以上の関係を綜合して図表に示せば次のようになります。

音素(単音)→音節→単語→語節→文章

音声だけを表わす　意味だけ　語法を示す　意味のつながりを完結する

お詫び

本報創刊号新年広告欄の安房支部「事務部長鄭運先」は「副団長鄭運先」、横芝支部事務部長「金容厚」は「金容原」の誤まりでしたので、お詫びして訂正いたします。

今月のMEMO

▽一月

二十一日　東葛支部新年会（柏天神会館）

二十八日　黄貴祚氏四男正男君・佐野政夫氏次女加代子嬢華燭（館山市民センター）。

三十日　林方鎬氏四男崔光男君・全七善氏長女貞順嬢華燭（鴨川グランドホテル）。

▽二月

三日　旧正月。長夷支部新年会。

六日　安房支部尋訪。安房医師会訪問。韓国人看護婦研修生慰問。

九日　三機関長会議。

十日　船橋支部会館新築落成式。

関東地区協議会々議、曹允具議長、李鶴洙副団長参席（大宮市清水園にて）。

十五日、高局長中央本部・韓国大使館へ出張。

十六日　下総支部映画会。

十七日　支団長・執行部任員会議（本部会議室）。君津支部映画会。

千葉民團時報

在日本大韓民国居留民団千葉県地方本部
千葉民団時報社
千葉市新宿町2丁目9－8
電話0472(42)4621～3
発行人　鄭　淵　秀
編集人　高　権　錫

綱　領

一、우리는 大韓民国의 国是를 遵守한다
一、우리는 在留同胞의 権益擁護를 期한다
一、우리는 在留同胞의 民生安定을 期한다
一、우리는 在留同胞의 文化向上을 期한다
一、우리는 世界平和와 国際親善을 期한다

本部·支部任員研修会 개최

2泊3日間 50余名参加하여

"機関員訓練" 못함을 反省
組織人의 각성을 促求

当本部에서는 本部와 管下十一支部의 三機関任員 및 傘下団体幹部의 研修会를 지난 二月二十四日로부터 同二十六日까지의 二泊三日間、館山ニューきくや호텔에서 五〇余名이 参加한 가운데서 開催하여 盛況裡에 終了하였다。

本団規約第五七条에도「本団各級機関員은 本団의 所定訓練을 받을 義務를 가진다」라고 規定되어 있으나、이 規定이 遵守되지 못하였음을 反省하는 가운데서、組織이 沈滞된 原因은 組織構造보다도 組織人에게 큰 原因이 있으므로 組織人의 覚醒을 促求하여야 할것이라고、研修過程에서 指摘되었다。

第一日인 二十四日午後四時、開講式의 三機関長 인사에서 먼저 鄭淵秀団長은「公私로 多忙하신데도 不拘하고 이렇게 많이 나와 주신데대하여 깊이 感謝드리고、五十一名이라는 多数의 参加、이것은 바로 여러분들의 愛族愛団精神을 立証하는것이오니、우리 다같이 끝까지 組織発展을 위하여 研修하고 討議해 나갑시다」라는 인사에 이어、議決機関을 代表하여 丁一鳳副議長과 金洙成監察委員長의、幹部研修의 必要性을 強調하는 인사가 있었다。

이어 高権錫事務局長으로부터 日程表의 配布와 研修期間中 지커야할 注意事項에대한 説明이 있은後、開講式을 마쳤다。

午後六時로부터 七時까지 李鶴洙副団長의「民団史」가 끝난후 羅正相副団長의 司会로 「組織強化策에대한 再検討」라는 主題를 건 討論会가 열렸다。이 討論会에서 三十世帯未満支部合併과 松戸地区同胞는 東葛支部所管임을 再確認하여 事務体系確立을 期하는데에 合意를 보았다。

二十五日午前中은 執行・議決・監察의 各機関別로 나누어 研修하고 午後에는 全員이 安房支部会議室로 会場을 옮기어 高局長의「対南・対日工作」과 千葉韓国教育文化센터 韓承五所長의「民族教育問題」와「成人国語講習」에 대한 真摯한 講演에 一同은 큰 感銘을 받았다。

마지막 二十六日은 中央本部 姜学文副団長、梁豪辰講師를 맞이하여「組織論」「十月維新과 祖国統一」「反共論」等의 講演을 들었다。

이번 研修会에는 婦人会에서는 金和順会長과 黄玉子씨가 参加하여 熱心히 受講하였으며 特히 食事時에는 여러가지 수고가 많았다。

同日午後四時、二泊三日間의 全研修課程을 마치고、現場에서 解散하였다。

研修会에 参加한 本部・支部 任員

主張

全団員の覚醒を望む

日本国内には、六十二万人を越える同胞が住んでおり、中央本部をはじめとして四十九の地方本部とそれに何倍する数多くの支部、分団をもつ大きな組織体としての在日本大韓民国居留民団が存在している。そしてこの組織体はすでに四半世紀を越える歴史をもつようになった。

しかしこのような大きな組織体と歴史をもつ民団に、今日なお〝主体性の確立〟とか〝組織の体系化〟とか〝組織強化〟が叫ばれなければならないのはなぜだろうか？

そのもっとも大きな要因のひとつは、この組織をつくり運営している第一世の体質にあるといえる。本国で生れ育ち、苛酷な日帝時代の苦難を身をもって体験した一世たちは、確固たる民族意識をもつといいながらも、日本に引続き在留するという慣習と事業上の都合とかで解放後も通名（日本名）と日本語を常用してきたことが特殊な人間像をつくりあげたし、根底においてこれが作用しているのを無視するわけにはいかない。

そのような惰性が及ぼす悪影響は、今日において一世と二世との民族的断絶を深め、二世三世の日本への同化傾向がひとしきり増加していく結果となったことは否定できない事実である。

多くの一世たちは、祖国や故郷に対する思慕と日帝に対する怨念が重なって、一世特有の民族意識を持っているが、二世三世らは、日本で生れ育ち経済的に安定した生活環境の中で、日本人と同様に教育され、その上、家庭での民族教育どころか自分の本名が何であるかを知らない場合すら多く、民族意識は完全に喪失されつつあるのである。

そのため、自分の正体をかくし、韓国学校へ行きたがらず民団や商銀などに勤めたがらない、二世三世たちの心境を思うとき、かれらを責める前に、一世たちの誤まった思考方式、通名使用、家庭における民族教育等の問題についておそまきながら今からでも覚醒を要望する次第である。

今日の国際感覚をとらえ、独立国の国民として正々堂々と本名を使い、日本人のアジア人への微妙な軽視を新たに認識させなければ、われわれはいつになっても日帝の虜として自己を見失い、子孫にもうひとつの罪悪と煩悶を与えることになろう。本名の使用は、現状からはいささか抵抗を感じ勇気のいることであるが、本名を使用することにより日本人からも尊敬されるに違いない。また韓国人が日本人としてふるまっても時間の問題であって長くつづくものではない。

民団の構成員である団員の以上のような状況の上に、いくら〝組織の体系化〟を叫んでももはやどうにもならないのではないか。たとえ民団組織が永久に続いたとしても、中央・地方本部でいくら立派な施策と企画が示達されても、多くの団員たちには関知したことではない。組織の指導部の意思が全団員に疎通され、全団員の意思が反映されるとき、はじめて組織は生命があり、はじめてわれわれの権益と福祉が守護できるのである。従って民団は、その運営にあたるいわゆる組織人の覚醒と全団員の新たな自覚をいかにして起こすかにその運命がかかっている。

団規解釈の厳正期し
本・支部監察委会議

本部監察機関（金洙成委員長）では、去る十一日午後一時から本部および十一支部の監察委員会議を千葉京成駅前篠原ホテルで開いた。

この日の会議は、四、五月になると地方委員会や各支部総会が開かれる時期になるので、それを前にして監察機関の規約上における任務、責任についての研修で、金委員長から各支部監察機関にいくつかの項目にわたる示達がなされた。

特に、大会を前にして、会計監査と任員改選には、慎重、厳格、公正を期して欲しいと強調された。その他、教育問題、金融機関の取引問題についても討議され、午後五時ごろ閉会した。

信号燈

二一九人の韓国国会議員揃う。人生八字は八（八日）でなく七（二月二七日、三月七日）に決定。初志忘るべからずして清く流れる水の如く前進前進！……止まると水は腐る。

◇

国会史上最大の女性議員団誕生。黙って働き死に耐えた女性時代去るか。千載一遇の好機。紅十点の維新女性議員頑張れ！

◇

三・一記念式に参列すべく、本国に帰った某県代表、モーニングコーヒー一杯すって会場にたどりついたら、時間が三分遅れて締め出される。たのむコリアンタイムはとっくに消えてなくなっていた。

◇

春は学校と家庭から社会へ出て行く若者の季節。社会の現実は甘い香りに満ちているよりきびしい現実である。暖冬寒春か。これは吾人の子の話。

◇

南北調節委第二次会議平壌で開催。二十七年間の断絶、日照りにおひやを飲むようにはいかぬもの。湖畔の森がさわげばかえって湖水が涸れるおそれあり。気長くじっくり見守ろう。

式典挙行코決議文채택

各支部이 三・一節記念行事

去る三月一日の三・一独立運動第五十四周年記念日には、本部と千葉支部では、関東地区協議会主催による日本青年会館で開かれた中央民衆大会に参加し、残りの管内十支部では、それぞれの支部会館において記念式典を開催した。特に今年は、三・一運動の意義と殉国先烈たちの愛国愛族の精神を銘記して、次のような決議文を採択した。

一、われわれは、祖国の自主独立のため犠牲となった愛国愛族先烈の崇高なる三・一精神に総集結し、維新課業をなしとげて経済力増強および国威を宣揚するための実兵となる

一、われわれは、変動する国際潮流に対処し、あらゆる謀略と誹謗を断呼粉砕し、民族の念願である祖国統一をなしとげるため献身する

一、われわれは、在外国民としての矜持と義務を守り、われわれの権益と民生安定のため組織を強化し、対内外的に積極的に活躍する。

一、われわれは、祖国大韓民国が自由陣営にかたく結束していることに呼応し国際親善と世界平和に貢献する

なお、当県本部を代表して、二十一名が本部趙東云民生部長引率のもとに母国において行なわれる記念式典に参加するため、去る二十八日羽田をたち本国に向かった。

東葛支部の三・一記念式の模様

全団員家庭に国旗贈る

千葉支部団長

李栽坤団長

いかなる国の国民でも、自国の国旗一枚ぐらいはもっているのが当り前である。とくに海外に居住する場合はなおさら贅言を要しない。万里の異国で夢みる祖国の象徴としてまたわれわれの繁栄を祈るわれわれの真心のシンボルとしてぜひ同胞各家庭に一枚の太極旗を持ちたいものだ……

このようなことを痛感していた千葉支部李栽坤団長は、このほど自腹を切って本国から国旗（家庭掲揚用）を取り寄せて、二百世帯にも近い管内全家庭に一枚ずつ贈った。

李団長は就任間もなくして同支部会館を修理しており、つづく快挙に、団員は感激している。

君津支部事務所移転

君津支部の事務所は、本紙前号でも既報のとおり、現在使用中の事務所は明渡しせざるを得ない事情におかれているため、去る三月一日、左記のところへ移転した。

李東熙団長、辛容長副団長の熱意と努力の結果、一階事務所、二階会議室兼二年前から行なわれている国語講習の教室に適切な建物が決り、国語講習には支障なく継続されることになった。

新しい事務所の所在地は次のとおり。

木更津市長須賀二二一二
電話〇四七八(23)九三六八番

房総の大自然と意外な三つの突発事

幹部研修会余聞

いかめしい冬将軍が足早やに遠退き、陽気の日がつづいていたが、研修会の始まる十四日には、房総半島の寒さと突風が岸辺から砂を運んではたたきつける厳しい風景に、参加者たちにはこれが人間と自然とのたたかいかという感が深く印象づけられた日であった。

自然の偉力の前に、人間は実にとるに足りない存在でしかないように、多くの人が風邪をひいた。夜が過ぎ、午前六時、ホテルの電話のベルが鳴りひびいた。これが第一のできごとである。研修会幹事役の高局長が受話機をとるや、思いもかけない鄭徳和顧問の声にキョトンとする。船橋支部団長金永甲氏厳親逝去の知らせであった。船橋支部から三人の参加者は早足で帰路につく。

第二のできごとは、二日目の安房支部会議室での昼食の時、美しい民族衣裳に身を包んだ十八名の乙女たちの現われには、寝むけをさましたビックリ日。当地に本国の清州市から来ている看護婦研修生たちが民団幹部たちの研修に励む話を聞き、昼の食事のご馳走を作ったり、食後には全員合唱でなつかしい母国の歌を披露してくれたのである。清州の名のとおり、清く美しい乙女心に強い同胞愛を感じたものだった。

美しい衣裳の韓国女性たちが母国の歌を披露した

第三のできごとは、二日目の真夜中の午前一時二分、ホテルの電話のベルはけたたましく鳴りつづける。高局長受話器を取る。「モシモシ、そちらの韓国居留民団研修生一行の中に羅正相という人いましたら……」

この電話は本国の全南順天市から千葉市へ、千葉市から当ホテルへのリレーテレホンだったのである。これは県本部の羅正相副団長の厳親の逝去の知らせ。羅副団長の眼頭のうるんだ姿を見る。一同の悲しさ、他人ごとではない実感。これが異国に住む宿命なのか？

夜中の〇時半、車を走らせて千葉へと飛んで行ったが、彼は百キロ余りある道程で何を考えただろうか。翌二十六日、羽田をたって故郷への悲しみの旅路についた。故人の冥福を祈る。

品種改良技術学ぶ

韓国から農業研修生来葉

向って左から二人目の玉生農場長と2人の研修生

通産省の外郭団体である海外技術者研修協会の招請で、韓国から十七名の農業技術研修生が、農業・園芸・養殖・食品加工・育苗と品種改良等の研修を目的として去る一月五日来日している。

このたびの研修生は、社団法人全国農業技術者協会からの第五次日本国派遣農業技術研修団で、来日当初大阪所在の海外技術者研修協会所属の研修センターに入所、二週間から五週間のオリエンテイションを終えそれぞれの研修分野の実習地に分散された。

千葉県に来ている二人の研修生は、株式会社みかど育種農場（本社・千葉市星久喜町）、[illegible]の鎌取研究農場で、玉生研究農場長指導のもとに野菜類全般の品種改良に関する育苗と採種研修に励んでいる。二人は、慶南巨済郡巨済面西上里出身の成信享さんと慶北聞慶郡籠岩面連川里出身の朴奉圭さんである。

三月八日、本部では高事務局長と趙東云民生部長それに千葉韓国教育文化センター韓所長が慰問と激励のため同研究農場を訪れ、玉生農業研究長の案内により成、朴両研修生に会い、研修現場を見学した。

二人の研修生は、「同農場で日本人の研修生たちと寝食を共にしているが、何一つ不便もなく、特に玉生研究農場長をはじめみなさんの親切丁寧で懇篤な指導には肝胆相照らす気持であり、徹底した実験と研究には驚歎の限りであります」と語り、また「この一年間の研修をミッチリ行ない、祖国に帰っては維新課業の一端であるセマウル運動に参加、品種の改良・増殖、そして誤りのない適切な肥培管理による優良種子を採種し、立ち遅れた農業近代化につくしたい」と希望に胸をふくらませ、自信に満ちた明るい笑顔を見せていた。

なお残りの十五名も、静岡、群馬、山梨、横浜、高崎、愛知などの各研修所で研修を受けており、帰国するのは今年の十二月頃であろうといっていた。

70歳から医療費無料

韓国人も対象者は手続を

一九七三年一月一日から老人が医者にかかる場合、日本国の老人福祉法一部が改正されたため医療費を国と県と市の三者で負担することになり、丸寿の受給者証と健康保険証を各病（医）院の窓口へ出せば、無料でかかれるようになっている。

無料の対象者

①韓国人でも千葉県内に住所を有する人。

②年齢が七〇歳以上であること（重度の障害がある人は六五歳以上）。

③国民健康保険の被保険者またはその他の社会保険の被扶養者であること。

以上の対象に該当する人は、居住地の市町村役場に健康保険証と印鑑を持参して社会課に届ければよい。

なお「国保高齢者医療給付受給資格証明書」に丸寿の印のついているものを持っている人で、補助対象になる人たちには、社会課からオレンジ色の「老人医療費受給者証」に丸寿の印のあるものを送ることになっているので、その人たちは手続の必要はない。

国民健康保険に加入していない人

千葉県内に住所があって外国人登録をしている韓国人に日本の国民健康保険が適用されることは、すでに周知のことであるが、もし社会保険に加入していない人がいる場合は、世帯主が市町村の役場の国民健康保険課へ次の要領で届ければよい。

①届出に必要なもの＝外国人登録証明書と印鑑。

②国民健康保険の加入は世帯単位となるので、家族全員（他の健康保険に加入している人は除く）について世帯主が届けること。

③家族の外国人登録番号をメモして行くこと。

一読をすすめる
朴大統領著『民族の底力』ベストテンの第一位に

朴大統領の著書『民族の底力』が日本語版（金定漢訳）で刊行され、二月三日から日本全国有名書店で販売されているが、すでに二万三千部を突破する売れゆきで、ベストテン第一位を示しており三月末までには三万部突破は楽な見込みである。

同書は、韓民族の過去・未来・現在を展望する果敢な所信とビジョンを提示し、訳文も平易で解りやすく、在日同胞は勿論、日本人にも悠久五千年の歴史を持つ韓民族の曲折を経て現状へ至る歩みを知る上に、一読をすすめたい良書である。

同書の内容は、第一章「輝く遺産」、第二章「試練と覚醒」、第三章「自由への念願」、第四章「跳躍の60年代」、第五章「太平洋の波」、第六章「中断なき前進」、第七章「静かなる革命」、となっており、B6判、定価五五〇円。

購読を希望する方は、県本部事務局まで御一報くださるか、左記の書店でお求めください。

▲多田屋書店（千葉市中央2－5－11電話(27)二四五八番）

▲ギデイランド（千葉市国鉄千葉駅ビル内、電話(27)六八二六番）

朴大統領著『民族の底力』

金正柱氏に名誉文学博士
韓国嶺南大学で

金正柱氏（中央団長）の一九七一年九月に嶺南大学（李선根総長、大邱所在）に提出した「古代九州の韓三国との血縁的文化的関連性に関する研究」の論文を、同大学で審査した結果名誉文学博士号を贈ることに決め、二月二十日、同大学で授与式が行なわれた。

このため金中央団長は二月二十日帰国、二十六日には全国民団議長研修結団式に出席のため、当県本部研修会には出られず、二十七日帰任した。

今月のMEMO

▽二月

二十一日　柳寿敦氏告別式（長夷支部監察委員）

二十二日　三機関長会議

二十四日～二十六日　本・支部幹部研修会（館山市ニューきくやホテル）

二十六日　曹允具議長、議決機関研修のため本国へ出張。

二十七日　金永申船橋支部団長厳父告別式。

二十八日　三・一記念式典参席のため本県代表21名本国に向う。

▽三月

一日　第54回三・一運動記念式挙行。船橋支部映画会（新らしい江山）。

五日　新宿コマ・スタジアム営業部長太田一大氏来訪。

八日　農業技術研修生慰問（みかど育種農場）。

九日　下総支部講習・スライド映写。

十一日　本・支部監察委員会会議（篠原ホテル）。

十二日　千葉支部任員会。

十三日　ライオンズクラブ国際協会三〇二E－七地区幹事北村泰彦氏来訪。

十五日　東葛支部出張。

支部めぐり

東葛支部会館の全景

東葛支部
頼もしい幹部の若さ
独自の機関紙活動

東葛支部はその管内に柏、松戸、野田、流山、我孫子の各市にわたる広大な地域を占める支部である。

現在一三〇世帯が同支部に所属し、広い地域に同胞が散らばって住んでいるが、このたび本部では組織を整備するため、隣接の下総支部に加入している松戸地域の同胞十七世帯も四月中に移管手続を完了することになると、合せて二百帯に近い大世帯を管轄する大きな支部となる。（参考までに、松戸市内の団員五十二世帯のうち三五世帯が東葛支部に、一七世帯が下総支部に分割されているためである。）

まず同支部の幹部の顔ぶれを見ると、元本部団長の鄭鳳和顧問、趙周七団長、李沢煥議長、洪世裕監察委員長、金潤廷副団長、李士喆副団長いずれも大学出のインテリである。まして鄭顧問を除けば全部四十代という若さであるということである。男ざかりの、気の合ったメンバーがそろった感じで、今後の活躍が期待される。

民団はすばらしい理念をかかげた五大綱領と理想的な三権分立制度からなる規約をもち、二十七年の歴史をもっているが、その理想が実現できたと断言できる人はひとりもいないことは事実である。あすの民団を憂い、従来のイメージから脱皮するためには、どうすればいいかを考えなければならないが、それを考えるということは、やはり知識をもった、なるべく若い層の、そして一人ではなく同志やメンバーがそろっていなくてはならない。その意味で、この支部の幹部の構成には大きな期待がもてるし、じじついろいろなことを考えまた試みつつあるようである。

たとえば、支部として県下唯一の機関紙『東葛だより』の発行もそのひとつである。同機関紙はA4判4ページという小さいものではあるが、昨年一月創刊以来休むことなく紙齢十五号を数えている。

同支部の幹部たちが一丸となって団員から愛され信頼される民団にしようと涙ぐましい努力を続けていることが新年会、総会その他の行事のときに参集する人数に表われている。

とくに本県ではトップを切って青年会を結成し学習会、新聞刊行など自主的な活動にのりだしていることは頼しい限りである。

最後に「幹部全員が連帯責任において組織活動をしてくれるお陰」とすくなめに語る趙団長の言葉にはかくされた統率力がしのばれた。

知ってますか　永住許可者に付随する諸規定

一九六六年一月十七日に発効した、在日韓国人の法的地位および処遇に関する協定により、出入国管理特別法が施行され、協定にともなう永住権申請受付業務がはじまって一九七一年一月十六日までの満五個年期間中の申請件数は三五一九五五件（一九七一年十二月現在、日本国法務省発表）である。現在までの一般永住許可者を含む永住権取得者数は、これをはるかに上廻るものと筆者はみる。

さて、永住権許可取得者がどうしても知っておかなくてはならない、おもな規定を記し、団員の便宜を図りたいと思う。

A、協定永住権許可者の子が出生したとき

一九七一年一月十七日以後、子供が出生したとき、まず病院（産院）から出生証明書をもらい、出生地所管の市・区・町・村に出生届を出し、直ちに出生届受理証明書をとって、居住地所管の入国管理事務所に行き、生れた子供の在留資格を取得する。在留資格を取得したら十四日以内に居住地の市・区・町・村行政当局に行き外国人登録証明書を受取り、即時その場で永住権許可申請書を請求し、記載事項を記入した上、申請する。ここで特に注意しなければならないことは、子供が生れてから60日以内にこの永住権申請をしなければならないことである。

B、再入国許可に関して

①永住権許可者は、再入国許可をとり、本国または第三国への旅行ができる。

②永住権許可者に限り再入国期間中、入国できなかったものは、その事由がやむを得ない事情であったことが両国事務当局間において認められたときは、三個月以内に入国が認められるし、また永住権許可の効力が喪失されないまま再入国が認められる。

③永住権許可者が、再入国期間内に日本国外で子供を出生した場合、両国事務当局間において事実確認の方法その他の措置に関して合意されたときは、その子の日本入国は勿論認められるし、従ってその子も永住権の申請資格者として取扱われる。

C、離散家族の再会について

協定永住許可者は、本国にいる家族・親戚（三等身まで）を日本国に招請して家族再会したいときは、可能であり、現に多くの人が来日している。滞留期間は原則として入国後二個月であるが、事情によっては二回まで滞留期間を更新できる。

D、配偶者、老父母の招請に関して

協定永住許可者は、配偶者・未成年・老父母（65歳以上）を、同居を目的とする者は最初から合法的な手続きをとって、家族招請をすることができる。

E、子供の教育について

永住権をもつ子供は、日本の公立小・中学校に入学を希望する者はその入学を認め、中学卒業後上級学校にも入学できる資格を認めている。日本人と全く同じ資格である。

F、生活保護について

永住権許可者で、生活保護が必要である者には生活保護を日本人と同じく受けられる。——高記

（次回は旅券申請規定）

第九代国会議員219人決る

地域区選出146人、国民会議選出73人

第九代国会議員地域区選挙は、二月二十七日、全国七十三選挙区で、百四十六名が選出され、朴大統領が一括推薦した七十三名の候補者および十四名の予備候補者に対し、統一主体国民会議は、三月七日、全国十一個の市・道別の地域会議を開き、賛・反の投票を行ない、在籍代議員二千三百五十九名のうち、出席二千三百五十四名、賛成二千二百五十一名、反対八十二名、無効二十一名をもって、その当選を決定した。

これによって、定数二百十九名の第九代国会議員全員が選出されたわけである。

▲地域区選出一四六人の名単は次のとおり（共＝共和党、新＝新民党、無＝無所属、統＝統一党）。

◎ソウル
張基栄（共）鄭一亨（新）鍾路・中区
姜尚郁（共）宋元英（新）東大門
閔丙岐（共）鄭雲甲（新）城東区
丁来赫（共）高興門（新）城北区
呉有邦（共）金在光（無）西大門区
金元萬（新）盧承煥（新）麻浦・龍山
鄭熙燮（共）金守漢（新）永登浦1
姜秉奎（共）朴漢相（新）永登浦2

◎釜山
申基碩（共）金相鎮（新）中区・影島
朴燦鍾（共）金泳三（新）西区・東区
金任植（共）鄭海永（新）釜山鎮区
楊燦宇（共）李基澤（新）東莱区

◎京畿
柳承源（共）金殷夏（新）仁川
李秉禧（共）金炯一（新）水原・華城
朴命根（共）李珍鎔（無）議政府・楊州・坡州
車智澈（共）呉世応（新）広州・利川・驪州
徐相濂（共）柳致松（新）平沢・龍仁・安城
呉学鎮（共）李宅敦（新）始興・富川・甕津
金裕璋（共）金在春（共）高陽・金浦・江華
金鎔采（共）千命基（新）抱川・加平・漣川・楊平

◎江原
孫承徳（共）洪滄燮（無）春川・春城・華川・楊口・鉄原
金龍鎬（共）朴永禄（新）原州・原城・横城・洪川
金孝栄（共）金命潤（新）江陵・溟州・三陟
丁一権（共）金寅起（無）束草・襄陽・高城・麟路
張承台（共）厳永達（新）寧越・旌善・平昌

◎忠北
閔機植（共）李敏雨（新）清州・清原
李鍾根（共）李海元（共）忠州・中原・堤川・丹陽
陸寅修（共）李龍熙（無）沃川・報恩・永同
金元泰（共）李忠煥（新）槐山・陰城・鎮川

◎忠南
金龍泰（共）林湖（無）大田
金鍾哲（共）黄明秀（新）天安・天原・牙山
金済源（共）柳珍山（新）錦山・大徳・燕岐
李炳主（共）朴璨（新）公州・論山
金鍾翊（共）金玉仙（新）扶余・舒川・保寧
張栄淳（共）韓建洙（新）青陽・洪城・禮山
柳済然（新）車儀栄（無）瑞山・唐津

◎全北
柳埼諄（共）李哲承（新）全州・完州
蔡栄喆（共）金顕基（新）群山・沃溝・裡里・益山
崔成石（新）金光洙（無）茂朱・鎮安・長水
梁海焌（新）孫周恒（無）南原・任実・淳昌
張坰淳（共）金鐸河（無）井邑・金堤
李炳玉（共）陳의鍾（無）高敞・扶安

◎全南
朴澈（共）金禄永（統）光州
姜起千（共）金敬仁（統）木浦・務安・新安
金尚栄（共）朴炳淳（新）麗水・麗川・光陽
朴三喆（共）姜信満（無）順天・昇州・求禮
林忍采（共）金胤徳（新）光山・羅州
文亨泰（共）高在清（新）潭陽・谷城・和順
申洞植（共）李重載（新）高興・宝城
吉典植（共）黄鎬東（新）長興・霊岩・康津・莞島
任忠植（共）朴貴洙（無）海南・珍島
尹仁植（共）李義淵（新）咸平・霊光・長城

◎慶北
朴燦（共）韓炳채（無）大邱中・西・北区
李孝祥（共）辛道煥（新）大邱東・南区
鄭茂植（共）権五台（無）浦項・鬱陵・迎日・永川
朴淑鉉（共）李永約（無）慶州・月城・清道
白南檍（共）金潤河（無）金泉・金陵・尚州
金尚年（共）朴海充（新）安東市・安東・義城
朴浚圭（共）朴桂炫（無）達城・高霊・慶山
申鉉碻（共）金昌煥（新）善山・軍威・星州・漆谷
文太俊（共）呉俊碩（共）青松・盈徳・蔚珍
権聖基（共）朴容萬（新）栄州・奉化・英陽
黄在洪（共）蔡汶植（新）聞慶・醴泉

◎慶南
李道煥（共）黄珞周（新）馬山・鎮海・昌原
崔世卿（共）鄭憲柱（新）晋州・晋陽・三千浦・泗川
崔載九（共）金周仁（共）忠武・統営・固城・巨済
金元圭（共）崔烔佑（新）蔚山・蔚州・東莱
李相澈（共）李尚信（新）咸安・宜寧・陝川
成楽鉉（共）朴一（新）昌寧・密陽
金永昞（共）辛相佑（新）梁山・金海
申東寛（共）文富植（新）南海・河東
鄭雨湜（共）金東英（新）山清・咸陽・居昌

◎済州
洪炳喆（共）梁正圭（無）済州・北済州・南済州

▲統一主体国民会議選出七十三人の名単は次のとおり。

○政界（20）＝高在珌　具泰会　権甲周　権逸（元民団中央団長）金鳳煥　金聖斗　金永棹　金龍星　金在淳　金鍾泌　金振晩　魯진煥　閔丙権　白斗鎮　安鍾烈　李道先　池宗傑　崔栄喜　咸鍾빈　玄梧鳳
○学界（7）＝葛奉根　康文用　具範謨　金明会　金兌奎　呉周煥　韓泰淵
○教育界（3）＝金東旭　厳敬燮　張俊翰
○言論界（7）＝文胎甲　徐仁錫　李鍾植　李振義　林森　朱寧寛　咸在勲
○公務員（16）＝姜文奉　権孝燮　金成洛　金聖柱　金世練　金振鳳　徐丙均　呉定根　劉敏相　李成佳　李永根　張東植　全在球　鄭在虎　崔永喆　黄昌杜
○軍将星（8）＝金載圭　金昌圭　宋虎林　安椿生　尹泰日　張昌国　鄭光鎬　咸明洙
○女性界（8）＝具姫會　金玉子　朴貞子　徐英姫　李範俊　李淑鍾　鄭福香　許戊寅
○社会各界（4）＝金基衡　金三峯　李海浪　崔龍洙

母国語教室（3）

担当　韓承五

ミュージカル『春香伝』

春香役江利チエミ・夢龍役松方弘樹

4月1日から、新宿コマ劇場で上演

韓国の二大古典劇の一つである「春香伝」を、コマスタジアム（東京都新宿区歌舞伎町）では、今年の第十二回江利チエミ特別公演に決め、来る四月一日から二九日まで上演するという。

同スタジアムの営業部長太田一男氏がはるばる本県本部にまでPRに来たが、「韓国の代表的な演劇を日本に紹介することは両国間の文化交流の近道であるとの確信をもって、上演企画を進めましたが、皆様の絶大なる御協力、御宣伝、御助言を得てより立派な「春香伝」を上演したいと考えています。」と語っていた。

上演は四月一日から二十九日まで一日二回公演、一回二時間三十分で、春香伝のほかに三十分間「江利チエミの開幕ショウ」が併演され、ファンにたっぷり歌のプレゼントが予定されているという。

春香伝のおもな配役とキャストは次のとおり。

春香＝江利チエミ、夢龍（李道令）＝松方弘樹、房子＝谷啓、学徒（下使道）＝金田竜之介、春香の母＝清川虹子らで、ほかに中村芳子、井上孝雄、中野ブラザース、新宿コマ・ミュージカルチーム、コマスタジオ、ダンサーズ、韓国民俗舞踊団等が予定されており出演者総人数は百余人である。

なお、観覧料は、特別席一六〇〇円、A席一三〇〇円、B席八〇〇円、C席四〇〇円、開演時間は平日は十二時と五時、日曜・祝日は十一時半、四時半となっている。予約専用電話は、東京（二〇二）二一一二番。入場券購入または支部団体観劇の申込みは、県本部事務局長までご相談ください。

1973年7月20日（金）　　第 4 号

千葉民團時報

在日本大韓民国居留民団千葉県地方本部
千葉民団時報社
千葉市新宿町2丁目9－8
電話0472(42)4621～3
発行人　鄭　渕　秀
編集人　高　権　錫

綱　領

一、우리는 大韓民国의 国是를 遵守한다
一、우리는 在留同胞의 権益擁護를 期한다
一、우리는 在留同胞의 民生安定을 期한다
一、우리는 在留同胞의 文化向上을 期한다
一、우리는 世界平和와 国際親善을 期한다

朴大統領、平和統一外交政策을 선언

国連同時加入도무방 統一위한7개項提示

——北韓이 우리와 같이 国際機構에 参与하는 것을 反対하지않는다、多数会員国의 뜻이라면 統一에 障애가 되지않는다는 前提下에 우리는 北韓과 함께 国際連合에 加入하는것을 反対하지않는다——。

朴正熙大統領은、六月二十三日午前十時、平和統一外交政策에관한 特別声明을 發表하였다。(2面에 関係記事)

親愛하는 五千万同胞 여러분!

나는 오늘 우리가 그동안 推進해 온 南北対話의 経験과 国際情勢의推移에 비추어 民族의 宿願인 祖国統一의 与件을 實質的으로 改善하기위한 우리의 平和統一外交政策을 内外에 闡明하고자 합니다。

第二次 世界大戦後 우리는 解放이 되었으나 우리의 意思에 反하여 国土는 両断되고 民族은 分裂되었읍니다。

当初 日本軍의 降伏을 받기 위한 軍事的境界線이라고 하던 三八線이 그後 鉄의 帳幕으로 変하고 南과 北은 政治・経済・社会・文化의 모든 分野에 걸쳐서 完全히 遮断되어 버렸읍니다。

그동안 美・蘇共同委員会가 開催되어 三八線의 解消와 統一民主政府樹立을 위한 交渉이 있었으나 美・蘇間의 根本的対立으로 失敗에 돌아가고 結局 韓国問題는 国際聯合에 提起되었던것입니다。

一九四七年 第二次国際聯合総会는 南北韓을 通한 自由로운 総選挙의 実施를 決議하고, 이를 위해 臨時韓国委員団을 派遣하였읍니다。

그러나 北韓의 拒否로 南韓에서만 自由選挙가 実施되어 一九四八年八月十五日、大韓民国政府가 樹立되고 国際聯合에 의하여 唯一한 合法政府로 承認받게 된것입니다。

一九五〇年六月二五日、北韓共産軍의 不意의 侵略으로 因한 韓国動乱으로 無数한同胞가 生命을 잃고 全国土는 焦土化하였으며、三年間의 戦乱 끝에 休戦은 成立되었으나 分断은계속되고 統一은 遼遠해졌읍니다。

나는 이 分断으로말미암은 同族의 苦痛을 덜고 平和統一의 基盤을 造成하기위하여 一九七〇年「八・一五 宣言」에서 南北韓間의 緊張緩和를 促求하였읍니다。그 다음해 八月十二日 우리側은 南北赤十字会談을 提議하였으며、昨年七月四日에는 平和統一을위한 南北共同声明을 發表한바 있읍니다。

이리하여 南北対話는 시작되었읍니다。그러나 近二年이 되는 오늘에 이르기까지 그 成果는 우리 期待와는 距離가 먼것이라 하지않을수 없읍니다。

우리는 容易하고 実践可能한 問題부터 하나씩 解決해 나감으로써 南北間의 障壁을 漸次除去하고 具体的인 実績을 통해서 相互間의 不信을 信頼로 代替해 나가는것이 対話를生産的으로 運営하는 길이며 平和統一을 成就하는 지름길이라고 主張해왔읍니다。

그러나 北韓側은 不信要素를 남겨둔채 大韓民国의 安全保障을 危殆롭게할 軍事및 政治問題의 一括先決을 主張하고 있읍니다。

그러면서도 北韓側은 統一을 위한 南北対話의 進行中、밖으로는 事実上 祖国의 分断을 固定化시키는 行動을 継続하여 왔읍니다。

이러한 南北関係의 現状으로 보아 우리가 期待하는바 南北対話의 結実을 얻기까지에는 앞으로도 많은 難関이 予見되며, 상당히 긴 時日이 所要되리라고 判断됩니다。

뿐만아니라 이러한 状態가 그대로 放置된다면 結果的으로 不信의 深化와 緊張의 高潮마저도 憂慮되는 바입니다。

한편 最近의 国際情勢는 第二次世界大戦後의 冷戦時代가 끝나고 現状維持를 基調로 하는 列強들의 勢力均衡으로 平和共存을 維持하려는것이 그 主된 潮流라 하겠읍니다。

또한 그間 이 地域에 있어서의 一連의 周辺情勢의 発展으로 미루어보아서도 国土統一이 短時日内에 成就되기는 어렵다고 보여집니다。

이러한 国際情勢는 우리 民族史에 있어서 하나의 커다란問題를 提起하고 있읍니다。即 祖国統一이라는 民族至上의 念願과 目標를 国際情勢의 現実속에서 어떻게 追求할 것인가의 問題입니다。

親愛하는 五千万同胞 여러분!

우리는 客観的 現実에 대하여 能動的으로 対処해 나가야 나가야 하겠읍니다。

우리는 祖国統一을 国内外의 現実속에서 実現하는 賢明하고도 確固한 方案을 樹立하고 이를 強靭하게 追求해 나가야 하겠읍니다。

그것은 곧 現実을 直視하고 平和를 이땅에 定着시킴으로써 그 바탕위에서 우리의 自主力量으로 統一을 기필코 이룩하자는 것입니다。

그러므로 나는 이에 다음과 같은 政策을 宣言하는 바입니다。

一、祖国의 平和的統一은 우리 民族의 至上課業이다。우리는 이를 成就하기위한 모든 努力을 傾注한다。

二、韓半島의 平和는 반드시 維持되어야 하며、南北韓은 서로 内情에 干渉하지않으며 侵略을 하지 않아야 한다。

三、우리는 南北共同声明의 精神에 立脚한 南北対話의 具体的 成果를 위하여 誠実과 忍耐로써 계속 努力한다。

四、우리는 緊張緩和와 国際協調에 도움이 된다면 北韓이 우리와 같이 国際機構에 参与하는것을 反対하지않는다。

五、国際聯合의 多数会員国의 뜻이라면 統一에 障碍가 되지않는다는前提下에 우리는 北韓과 함께 国際聯合에 加入하는것을 反対하지 않는다。

우리는 国際聯合 加入前이라도 大韓民国代表가 参席하는 国聯総会에서의「韓国問題」討議에 北韓側이 같이 招請되는것을 反対하지 않는다。

六、大韓民国은 互恵平等의 原則下에 모든 国家에게 門戸를 開放할것이며、우리와 理念과 体制를 달리하는 国家들도 우리에게 門戸를 開放할것을 促求한다。

七、大韓民国의 対外政策은 平和善隣에 그 基本을 두고 있으며、友邦들과의 既存紐帯関係는 이를 더욱 鞏固히 해 나갈 것임을 再闡明한다。

나는 以上에서 밝힌 政策中 対北韓関係事項은 統一이 成就될 때까지 過渡的期間中의 暫定措置로서、이는 결코 우리가 北韓을 国家로 認定하는 것이 아님을 分明히 하여 둡니다。

親愛하는 南北同胞 여러분!

나는 우리 祖国이 処해있는 오늘의 内外情勢를 冷厳히 評価할 때 이길만이 緊張緩和와 国際潮流 속에서 民族의 威信과 矜持를 維持하면서 祖国의 平和統一을 自主的으로 成就하는 지름길이라고 確信합니다。

슬기롭고 勇敢한 民族 앞에는 결코 失望이나 挫折은 있을수 없읍니다。

우리 모두 希望찬 勇気와 슬기로 韓半島의 平和、겨레의 繁栄、그리고 祖国統一을 위해 힘차게 邁進합시다。

一九七三年六月二十三日

国連で南北対話の場を

金総理、記者会見で背景説明

金鍾泌国務総理は、二十三日、中央庁第一会議室で内外の記者と会見、同日発表された大統領の平和統一外交政策に関する特別声明の背景説明をした。

金総理はその中で、北韓と国連に同時加入することに反対しない、ということは、二つの韓国を国際的に認めさせる可能性が大きいのではないか、との質問に答え、休戦ライン以北の地域を事実上支配している共産政権の存在は認めるが、民族統一への念願からも北韓を一つの国家として認めるわけにはいかない、ことを明らかにした。

つづいて第2項の「南北韓は互に内政に干渉しない」ということは、具体的にいうと、北韓側がわが国内法の改廃を要求したり、わが国の行政権に属する事項を誹謗することも内政干渉であるだろう、といい、国連をはじめその他の国際機構において、韓国統一問題が論議される場合、われわれはこれを能動的に受け入れ南北対話の場を広め、内容を公開し、それによって対話をいっそう促進させていくのが正しい道だと考えることを明らかにした。

本国「セマウル運動」 参観団員募集要綱

この度「セマウル運動」支援事業計画に基づいて、左記の如く姉妹結縁部落訪問並びに第二十八回本国八・一五光復節記念式参観団を募集致します。

一、主　管　千葉県地方本部

二、募集人員　約一〇〇名

三、応募対象

①県下各支部団員、特に青年男女皆さんの参加を期待しています。

②新入団員。

四、旅行日程

八月十二日出発、八月十五日現地解散。

五、経　費

①航空費　五一、八五〇円

②本国宿泊費及交通費二〇、〇〇〇円

③「セマウル運動」支援特別賛助金　一〇、〇〇〇円

④其の他の雑費　三、一五〇円

計八五、〇〇〇円

六、応募期間

①七月十五日まで該当支部に申し込んでください。

②七月二十日までに必要書類及び経費全額を該当支部に提出してください。

㊟応募を取り消した場合は「セマウル運動」支援特別賛助金は一切返還致しません。

七、提出書類

①旅券所持者は納税証明書（所得税及び市県民税）一通及び印鑑。

②旅券不所持者は右①の書類と臨時旅券申請の手続きを取ってください。

③新入団員の場合は右①の書類と国民登録申請及び臨時旅券申請の手続きを取ってください。

八、其の他詳しいことは当県本部事務局または該当支部に問い合わせ下さい。

在日本大韓民国居留民団
千葉県地方本部事務局

朴大統領は、六月二十三日、平和統一外交政策へさらに大きな一歩を踏み出した特別声明（第一面掲載）を発表したが、これに対して、北韓ではいわゆる「高麗連邦共和国」という金日成逆提案がなされた。県本部では、県下団員が、大統領特別声明に対する充分な認識をもち、やがて展開されるであろうと思われる朝総連の宣伝攻勢に対処するよう、二十五日に発表された本団の公式見解ともいうべき中央本部金正柱団長の特別談話（別掲）を、各支部に伝達し、指示した。なお、鄭渕秀本部団長は次のような特別談話を発表した。

統一への遠大な布石

＝大統領特別声明の意義＝

県本部団長　鄭　渕　秀

朴大統領は、去る六月二十三日、平和統一外交政策に関する特別声明を発表しました。

この声明は、祖国の平和統一を自主的になしとげるにおいて、近年来の国際潮流の急激な変化をとらえた上で、祖国統一方法の新しい方向を模索しようとしたものといえます。このような新しい方向性を前提に、指向される南北韓の国連同時加入提案は、祖国の自主的平和統一を遠大な目標とする一つの布石であるといえましょう。

これに対して、北韓側は、国連同時加入は結果的には分断を固定化するものであると非難し、南北連邦制を実施して「高麗連邦共和国」という単一国号による国連加入を提案しました。

われわれは、そのような提案が過去二十八年間の分断された歴史と最近の世界平和構造建設という潮流に照らして、きわめて実現性の薄い政治的策略に過ぎないものであることを見のがしてはなりません。

周知のように、最近の国際情勢は、異ったイデオロギーを主軸とする東西両陣営が、政治的価値としてのイデオロギーの機能の低下を探知し、それによる対立を解消しつつ、経済的協力によってかえって自国の利益増進を図ろうとする傾向を示しています。

このような世界史的な方向の中で、大韓民国政府の、共産諸国とも広く門戸を開放しようとする質的変化を示した昨今の動向に比べて北韓にどのような質的変化が起きたのか、われわれには甚だ疑問でなりません。

それどころか、北韓の最近の、列国議会同盟や世界保健機構への加入、とくに日本に対しての南北韓同距離外交政策の哀願などの一連の動きは、依然従来のイデオロギー的対決を固執する、事実上の二つの韓国への画策以外の何ものでもありません。

それでは、質的変化なしに、北韓が"高麗連邦制"をはじめ、最近の南北対話を通じての、南北の各級政党・団体の参加する全民族会議の提唱などは、いったい何のためでしょうか。それはいうまでもなく、あくまでも共産化による全土統一というイデオロギーによる政治目標に隷属された、一元的価値の上に構築された体制による対決的指向であり、統一という美名の下に展開する一つの政治的策略といえます。

これに対し、民族統一という遠大な目標に向って、北韓を国連という広い場に誘い出し、広い視野に目を向けさせることによって、対話をいっそう進め、悲願の民族統一をなしとげようとするところに、大統領の今般の特別宣言の意義があるといえます。

団員のみなさんは、以上のような、平和統一外交特別宣言の背景と意義を深く認識し、いささかも動揺することなくこれを支持し、在日同胞社会においても、やがて展開が予想される朝総連の誹謗や宣伝策略に対処するよう、望んでやみません。

40万団員의 総意로 支持

大統領特別声明에 対한 中央団長談話

오늘은 六月二十五日、二十三年前 北韓共産軍이 武力南侵을 開始한 바로 그날이다。

四半世紀를 지난 今日에도 如前히 그네들은 韓国側에서 北侵을 先行하였다고 宣伝하고 있는 可憎할 事実은 우리 戦没将兵을 비롯하여 数많은 戦災民에 対하여 慰労의 方途조차 사라질 地境이다。

再昨二十三日에는 아침에 서울에서 祖国平和統一外交政策에 関한 朴大統領의 特別声明이 있었고 저녁에는 평양에서 이를 拒否한다는 이른바 金日成演説이 있었다。우리는 北韓의 国際機構参与와 国連에 同時招請、同時加入까지도 反対하지 않겠다는 開放된 窓門에 対하여 相対는 이를 拒否하고 単一国号 아래 国連加入을 위한 連邦国家樹立과 南北減軍、外軍撤収、軍備縮少등으로 平和協定締結이란 常套的인 主張을 되풀이하였다。

우리의 初步的인 생각이지만 連邦国家의 設立要件에는 우선 두가지의 前提条件이 想起된다。하나는 構成各国의 統一된 外交機関이 必要할것이고 다른 하나는 構成国民의 共通된 目的利益이 存在해야 할것이다。現在와같은 相剋하는 両極体制로서 単一外交機関이 実現될 理가없고 共通目的利益이 또한 可能할 理가 万無한것은 三尺童子라도 指摘할수 있는 일이다。이 事実을 知悉하면서구태여 連邦制度를 主張한다는 것은 無理한 自家宣伝 以外의 아무것도 아닌것이며 또 北韓体制를 中心으로 끝끝내 一方的인 統一実現을 企図한다는것은 愚昧한 判断錯誤라 아니할수 없다。이는 責任있는 政治家로서는 取할바 姿勢가 아니라는것이 分明하다。

연달아 그는 韓国側이 오래 前부터 二個国家의 固定化에 策動하여 왔다고 誹謗하고 있으나 이는 南北韓赤十字会談이나 調節委員会가 始作된 以後로도 IPU나WHO와 国際機構에 同時加入을 遂行하였고 世界各国에 外交使節을 派遣하여 二個韓国의 同時併存을 強行하여온 厳然한 事実을 忘却한 言説에 不過하다。

뿐만아니라 그는 最近에 이르러 이른바 友好国際関係가 前日에 比하여 놀랄 程度로 有利하게 展開되어간다는 観測아래 完全히 自信過剰에 陥落하여 大衆이 迎合할수 있는 実現이 不可能한 巧詐利説로 偽装하는 欺瞞行為、言行이 不一致한 基本原則으로 仮装하는 矛盾行為、自己体制의 蔓延을 為하여는 手段方法을 가리지 않는 野蛮行為등을 거듭하는 동안에 思想을 民族보다 優位에 掲揚하였다는 重大過失을 犯하고 말았다。이들은 모름직이 民族的 罪科에 属하는 非行이라 그는 앞으로노 이같은 一連의 犯行을 계속할 心思인것이 歴然하다。

또한가지 対話를 통한다는 자리에서도 우리가 一事를 後退하면 그들은 반드시 二事譲歩를 強要하고 또 一歩를 前進하면 二歩地点에서 誹謗하는 常套手段을 포기하지 않는 北韓当局이 自己네들 뜻대로 共産体制에移行하는 方案以外의 如何한 提案을 하들 賛成할 理가 없다는것을 銘心해야 하겠다。

大韓民国 朴大統領의特別声明은 流動하는 国際情勢에 能動的으로 対処하려는 韓国의 前進的外交政策을 世界에 表示한 것이다。우리가 特히 留意할 것은 이는 어디까지나 暫定的인 外交政策의 修正에 不過한 것이지 全体民族이 念願하는 統一政策에 対한 基本的인 軌道変更이 아니라는 点이다。

解放以後로 四半世紀동안 両断된 国土에서 分裂된 民族으로서 文化와 言語까지도 異質化하려는 民族危機에 直面하여 遮断된 南北五千万同胞를向하여 「祖国의 平和統一은 우리 民族의 全土課業이다」라고 強烈하게도 呼訴한 大統領의 悲痛한 心中은 우리들 国民으로서 알고도 남음이 있다。在日同胞 역시 海外에居住하는 善良한 国民은自負하여 이와같은 大統領의 苦衷과 民族의 指針에 対하여는 다만 소리없이 順従할 따름이다。

우리는 大統領声明을四十万団員의 総意에 따라 支持함과 同時에 閣下의 祖国統一에 対한 平素努力을 커다란 敬意와 아울러 높이 賛揚하는 바이다。

금번의 南北提案을 契機로 하여 이땅에서도朝総連의 狂乱的跳梁이 民団前面에 展開될 것이또한 予測된다。全国組織의 各級活動家는 総連의 自家宣伝에 조금도 眩惑됨이 없이 傘下団員에 瞬間的인 動揺나마 全無하도록 鉄桶같은 団束을完遂하여 주기를 바라 마지 않는다。

一九七三年六月二十五日

本県代表10名出発

15日「새마을」姉妹結縁式에

本国에서 現在 汎国民的으로 推進되고있는 새마을 運動에 積極協力하기 위하여、当県本部에서는 지난 五月二日、第十回 定期地方委員会에서 同支援事業計画을 今年度 活動方針으로서 採択하였다。

[illegible] 県全目標額五万円을 県下経済人 有志 및 団員들에게 呼訴한바、六月二十日 現在、이미 目標額을 超過하여、県本部에서는 오는 七月十七日、本国에서 制憲節을 期하여 開催되는 全国 民団및 各級団体의 合同 姉妹結縁式에 千葉県代表 名이 参加하기로 되었다。

当県本部와의 姉妹結縁部落은、①忠南瑞山郡大山面大山里 [illegible] 区、②忠南牙山郡温陽邑法谷里 [illegible] 의 2部落으로、結縁式参加代表名単은 다음과 같다。

県本部団長 鄭渕秀、議長 曹九只、副団長 羅正相、経済委員長 李鳳学、千葉支部団長 李栽坤、船橋支部団長 李啓相、東葛支部団長 趙関し、下総支部団長 李万教、安房支部団長 蒋煥文、千葉商銀信用組合理事長 張在昶

새마을（セマウル）支援計画など

千葉地方委、新年度活動方針採択し終る

千葉県地方本部第十回地方委員会が去る五月二日午前十一時国鉄千葉駅ビル五階で開かれた。

同委員会には、中央本部の姜学文副団長、千葉商銀信用組合張在昶理事長、千葉韓国教育文化センター韓承五所長、当県本部顧問らの臨席の下に開かれ、鄭渕秀団長はあいさつの中で、県本部の合理的な運営を図るための経済的な側面における体質改善を強調した。

つづいて、中央本部姜学文副団長は、祝辞の中で、これからの民団がより働く民団、より規律正しい民団であるためには、「セマウム」（新しい心）運動を展開せねばならないと訴えた。

同委員会で論議された今年の主な活動方針は、①従来の懸案であった県下民団の組織強化と行政上の合理化を図るための各支部の再編成問題、②県本部の合理的な運営のための経済委員会の設立、③在日韓国人二世、三世の教育強化、④現在本国で展開されている「セマウル運動」の具体的支援事業、⑤民団中央本部綜合会館建設のための積極的な協力問題などである。

お詫び

本報四・五・六月号は、本部の事情により、休刊といたしましたので、御諒承ください。

期待される青年の活動

6月24日 待望の青年会本部結成

当県においては、一九七二年三月二十六日、従来不振状態に陥っていた韓国青年同盟千葉県地方本部の組織強化を図るため、千葉県労働者福祉センターで県下韓国青年男女の結集大会を開き、同団体の正常的な活動が期待されていたが、同年七月七日民団第二十回定期中央委員会において、同団体は民団の傘下団体としての資格が取り消されたため、県下青年たちの活動は一時的ではあるが、事実上中止されていた。

しかし、同年八月八日民団の機構内に新たに青年局が設けられ、同局の指導の下に日本各地で、旧韓青に代る青年団体として新しく「在日本韓国青年会」の各地方本部結成が進められた。

当県においても、在日本韓国青年会のこうした全国的な組織化の方向に協調して、去る五月二十六日、県本部の主催で県下青年ボウリング大会を催し、同大会後同青年会千葉県地方本部結成大会準備委員会を構成して準備を進めていたが、翌六月二十四日国鉄千葉駅ビル五階ホールで同青年会千葉県地方本部結成大会を開くに至ったのである。

同大会には県下青年男女約百余名が集まり、民団千葉県本部鄭渕秀団長をはじめ羅正相副団長、李鶴洙副団長、金洙成監察委員長、千葉商銀信用組合張在昶理事長、千葉韓国教育文化センター韓承五所長そして中央本部からは青年局次長等が臨席した中で盛況裡に行なわれた。

同大会においては、最初に「セマウル運動記録映画」の上映があり、つづいて同準備委員会から結成大会に至るまでの経過報告、来賓祝辞、青年会の任員選出、綱領及び規約の採択、今年一年間の活動方針並びに予算案が採択された。

特に民団千葉県本部鄭渕秀団長は祝辞の中で、①青年会の組織活動が民団の活動と歩調を共にすると同時に、青年皆さんは将来民団の後継者としての人的能力を培養すること、②漸次"日本人"化しつつある二世三世の皆さんが青年会の組織を通じて青年相互の親睦を図ること、③本国訪問、国語・歴史・文化・風俗等の学習会を随時設けて民族意識を高揚し、韓国人としての矜持と自負心を養うことを強調した。

同青年会ではすでに来る七月下旬にサマーキャンプを計画しており、これからの活動が期待されるが、県下団員の積極的な後援が要望される。

なお、同日選出された同青年会の任員は次の通りである。

顧問　鄭渕秀
〃　張在昶
〃　羅正相
会長　李栄一（千葉）
副会長　辛容辰（君津）
〃　金容辰（千葉）
総務部　金正和（旭）
組織部　張龍圭（下総）
文教部　趙章（東葛）
宣伝部　全寿翼（千葉）
体育部　黄勝鉉（〃）
女子部　李和子（君津）
〃　高春美（千葉）
議長　李池求（千葉）
副議長　金和雄（〃）
〃　宋圭浩（〃）
代表監察　文炳春（安房）
監察委員　李龍雨（船橋）

在日韓国人青年会千葉県本部結成大会の光景

새마을運動の栞

韓　承　五

或る日の昼下がり、事務所に中老の素朴さんが一人現われた。彼の手にはちょっと見なれない一株の植木鉢が抱かれていた。あたかも亡き倅の白木箱でも移すように鄭重に机の上に置いた。事務執りの女御達のせっかちな問いには耳もかさない気配、大物でも揚げた瞬間の釣り手の如く、彼は満面喜悦と感激交々の面持ちで眺め入りながら、徐ろに口を開いた。

「これな、こんど国から持って帰ったんさ、本部に一本おみやげにするよ……」

はちきれそうな蕾みが二つ今にもその真赤なうるわしい唇を開かんばかり、つややかなはっぱの陰で空を仰いでいた。大勢の相交わす話の中でも彼の目はその可愛い宝からはなれなかった。今日も小さい無窮花鉢の影に彼の素朴さんの無造作ながらのたっとい姿を見付けて頭が下がる。

いつかHさんが事務所にやって来た。堂々たる体軀に抜群のマスク、それに名の売れた大学出の錚々たる青年実業家、玉に疵と云えば国の言葉がろくに話せない事だけ、たまたま座中は母国の새마을事業支援策で話がはずんでいた最中、彼に話順が回るや「よその国だってつい数年前までは零状態だったじゃないか？遅蒔きながら、새마을運動ってすばらしい事だよ。やればなるよ」そのでかい上体を一度ぐうっと起して話しつづける。「皆様！俺達の手で直接出来ないのが無念だけど本国の方々が立派にやってくれているじゃないか？ありがたい事よ。俺まだヒヨコだけど少々出すわ、ずいぶん変ってるよ、もう少しは肩身を広くして生きようよ」年令のせいか、人間のせいか、彼の顔は紅潮をおびた若い英知と無限な可能性の何物かが彼の体奥から汲まれた。

ささやかな一本の花木に祖国を発見し、その象徴なる一物を海外幾万里に手自からこれを運んで、大勢のはらからの胸に無窮花魂を植え付けようと希う一尊老の丹心のけだかさは、静かなる朝の国やがてはその津々浦々に甘き春雨となって暗きに眠れる霊を醒ませ起し、半万年古き枝に新しい華かな花を咲かせるであろう。あたかも、彼の老いた体の中で芽ばえ出たうらわかい祖国愛の如く……。身こそ異国の地に置いて祖国近代化にその若さを燃やしきれない一韓国青年の丹念を目のあたりに見ては五十にしてなお天命を悟れない吾が身の愚かさを恥じるばかり。

こうした在外同胞の一尊老の祖国に対する気遣いや二世青年たちのたくましい維新体勢こそ正に祖国発展の原動力であり、새마을運動への栞ではなかろうか。

高権錫本部事務局長入院

県本部の事務局長高権錫氏は椎間板ヘルニアで長らく苦しんでいたが、日ごろの激務のせいもあってか一層悪化したため、去る五月八日千葉市立病院に入院して精密検査を受けたところ最も悪質なヘルニアと知り第一次手術を去る五月二〇日に行なったが、その結果は良好で、来る7月初旬には第二次手術を行なうという。輻輳する民団事務の空白と事業の停滞を防ぐべく6月7日から当分の間千葉市支部朴忠錫氏の手を借りるよう臨時措置を構じた。二回にわたる大手術だけに、県下全団員は氏の一日も早い快癒を心から祈っている。なお、入院室は千葉市立病院305号室。

知ってますか

旅券と付随する諸規定

私たち六十二万の在日韓国人は、母国を遠く離れて生活している。したがって祖国往来のためには旅券を所持しなければならない。

何時どういう事情で帰国しなければならないか予期し得ない生活環境の中で生きている。旅行目的もさまざまの有様で、日に増して旅行者の数もふえつつある。

そこで、旅券に関する知識とそれに付随する規定を知っておかなくてはならない。旅券とはなにか？それは旅行免状である。即ち外国への旅行を許す免状であるが、日本国に居住するわれわれに発給されるKJ旅券の性質は、単なる旅行を許す免状の性質だけではない。

本来旅券とは、政府が外国に旅行したい者へ発給する身分証明書である。ところが在日韓国人に発給するKJ旅券（一名僑胞旅券）は、本国への往来を自由に許す免状でもあり、また目的地追加をすれば第三国へも旅行を許すパスポートである。

日本国に住む韓国人でKJ旅券所有者は、本国から日本入国目的が如何なる理由であろうと日本国滞在中においては、日本政府に対して韓国人としての権利と身分保護を求められる身分保証証明書ともいえる。

われわれ在日韓国人は日本国における滞留資格が、永住権取得者であろうと、特別在留許可者であろうと、日本国からみた場合、韓国国籍を所持する在日外国人であることには間違いない。したがって全員旅券は必要であり、身分証明書のような旅券を大事に保管し、常に所持しなくてはならない理由がここにあるのであって、海外旅行または母国旅行を前にして早急に必要な単なるキップではない。旅行したいときには、いつでも、すぐに、自由に旅行が可能であるようにまえもって旅券の発給を受けるべきであり、自分の祖国政府が発給する身元保証証明書（旅券）を所持すべきである。

ところで、KJ旅券申請に必要な書類は、左記のとおりである。

(1)旅券発給申請書2通
(2)身元確認書3通
(3)身元推薦書（民団中央本部発行）1通
(4)戸籍謄本1通
(5)外国人登録済証明書1通
(6)写真（パスポート用）9枚
(7)ブルカード（身上カード）1枚

但し特別在留許可者は、以上の書類の他に詳しい入国経緯書を作成し、添付しなければならない。

旅券発給の緊急を要したり、戸籍謄本が手元にない人には臨時旅券の恵みを与えており、同伴子供がある場合は、就籍された戸籍謄本と外国人登録済証明書を提出すれば親の旅券で同伴の便宜をとりはかっている。

KJ旅券番号が五万台未満の人で、有効期限が切れたときは、旧旅券を添付し、新らしく更新申請すればよいし、五万台以上の旅券を所持し有効期限が切れた人の場合は期限延長申請をすれば、新たに2個年の期限が延長される。

在日同胞で、協定永住許可者が本国にいる家族招請により、本国パスポードで入国した人の日本国滞留期間が何個年更新されたとしても、KJ旅券に変更することは不可能であるが、但し、同居を目的とした配偶者の場合は、引継き在留居住歴が五年を過ぎると、KJ旅券に変更ができる。

最後に、旅券申請において留意すべきことを記述すれば、まず、写真は端正な服装で撮影すべきであり、とくに女性の場合、日本のきもの姿で写真を撮ることは、礼儀にはずれるのもはなはだしいことであり、民族意識からしても、母国の旅券を取得したい人の態度としては避けるべきである。

旅券申請をなす前に必ず戸籍整備をしておくことも必要であろう。

永住帰国の人は、旅券にかわる永住帰国証明書が発給される。その他旅券に関する問い合せをしたいときは、大使館の旅券課か民団事務所にいつでもお訪ねください。

——高記

安房에 또看護研修生

"友愛있는韓国의딸"第二陣18名

지난 四月十二日午後六三十分、十八名의 看護研修生들이 安房医師会病院 並設看護学校에 2年間의 教育을 받기위하여 安房支部 団長을 비롯한 医師会側의 人士및 1年先輩언니들의 따뜻한 歓迎을 받으며 羽田空港에到着하였다。

第二陣으로 到着한 看護研修生들

이들은、現在教育中에있는 研修生 18名의 母校인 清州一信女子高等学校를 갓 卒業한 後輩들로서 "友愛있는 韓国의딸" 이라는 先輩들이 심어놓은 작은 外交의 뒤를 잇게되는 한편、看護教育의 理論과 実習을 겸하여 日本語教育도 받게된다。白衣天使의 꿈을 안은 이들은、先輩들의 뜨거운 友愛와 民団安房支部同胞들의 따뜻한 歓待는 물론、病院当局의 親切한 指導속에 아무런 不便없이 学業에 熱中하고 있는바、지난 五月七日밤에 千葉韓国教育文化센터에서는 이들을위한 映画会(春香伝)를 마련하고 韓承五所長과 故郷의 애기를 나누며 郷愁를 달랜바 있었다。

한편、NHK및 某日刊紙에 日本에 있는 看護研修生들의 処遇問題를 提起한바 있었는데、県本部에서는 이 問題에 関하여 慎重히 調査한 結果、이들은 不満足함이 없이 지내고 있으며、病院側의 協助로써 教育에 熱中코 있는것으로 알려졌다。

宋吉萬氏の美挙

教育財団に百万円

大都商事社長宋吉萬氏は去る三月二十九日、千葉韓国教育文化センターを訪れ韓承五所長と教育財団並びに在日国民の教育問題等幅広い話し合いを行ったが、四月一日には一金百万円の巨額の金をおしげなく教育財団に喜捨した。

氏はかねがね国民教育に意をくばり 一九七一年には氏の郷里でもある全羅南道霊岩郡都浦面に中学校を建て、や、もすれば放置されやすい農村青少年の教育に息吹きをかけ、ひきつづき教育器材を贈る等、氏のたちの性もあって、このような多大な社会貢献が陰で行われて来たようだ。

この度の氏の快挙に対し関係者はいうまでもなく、千葉県下全同胞は満腔の賛辞を送りながら氏のたゆまない活動に倍前の期待をかけている。

技術研修生9人も

千葉中央技術センターに

日本労働省が計画し、日本ILO協会が母体となって実施している、アジア地域の「国際技能開発計画」に基づく技術研修のための海外技術研修生にまじって去る六月二十日、韓国から9人の研修生が来日した。

この事業は、東南アジアにおける発展途上国の技術向上を図ることをその狙いとするもので、今度の研修生は、シンガポール12人、韓国9人、タイ5人、インドネシア2人、マレーシア1人、ら成り、その中の韓国からの技術研修生は、千葉市中央技術センターの寮にはいった。

彼らはこれより約九ヵ月にかけて日本語教習と技術研修にはげむようになる予定であるが、当県本部では同月二十三日午後、羅正相副団長と千葉韓国教育文化センター韓承五所長らが同技術センターを訪問し、韓国からの技術研修生たちの寮生活上の諸般規則や日本語教習課程についての案内の通訳につとめると共に、日本での研修生活を最も有効に送れるようお願いした。

現在彼らは日本語教習に入っているが、韓国研修生の名単は次の通りである。

(かっこ内は出身地)

孫聖馨(ソウル)関丙賢(仁川) 朴正文(慶南) 秋渕周(大邱)南斗鉉(忠北)朴漢圭(忠南)安基亨(慶北)金文熙(慶北)張孝一(ソウル)。

韓国文学への出合い

感銘深かった一編の詩

李 春 江

私がはじめて韓国文学を紹介されたのは、ちょうど5年前高校を卒業して新たな希望と不安の入り混じった気持で母国のソウル大学校(当時 法律大学内)の中に設けられた語学研究所に通いはじめて数カ月後の"국어"の時間であったように記憶している。国語を読み、書き、理解することが満足にできない私にとって、その時間はまさにリーディングの授業でしかなかった。

故に、韓国文学を楽しむ等ということは、夢にも考えられなかったし、無理な望みでもあり、その余裕さえなかったように思う。正直に言って、その우리말マスターの正味5カ月間を修了して梨花大学に入学当時の私というと口数も自然に少なくなり、いつも周囲に神経を張り巡らし、ひたすら私が触れようとしていたクラスメートの動きに集中している毎日の連続で、一学期はあっという間に過ぎ去っていった。1、2年してやっと自分の意思表示が満足にできるようになって始めて精神的な余裕を持てるようになったと思う。教科以外の雑誌や書物に目を向けられるようになったのもちょうどそんな頃であった。

月日のたつのは早いもので、今年の三月、卒業式に出席のため再びソウルの土を踏むことになり、学校に足がむくついでに、その前にある大学書林の店先に羅列されている雑誌をパラパラとめくっている時、「随筆文学」という目次の中に、いつか私が語学研究所に通っている当時の国語の時間に教えていただいた覚えのある文字が目に入って来た。その中の一つがこれから私が触れようとしている李敭河氏の作品"나무"である。

나무는 덕을 지녔다。(木は徳を備えている)云々で始まるこの文章に共鳴する部分が多いので概略ながら紹介してみようと思う。

この作品は、初めて読む人にとって大変親しみやすい感じを与えている。短かい文章ではあるが、文の運び具合もわかりよく、題材となっている나무の性格を大きく三つにしぼり、一つづつ例を挙げながら説明しており、それを結びで簡潔に表現し、作者の気持を述べてピリオドを打っている。

具体的に作品の内容紹介をするにあたって、ぜひ原文で読むことを推めたいと思う。

この作品は次に示す言葉で要約される。

나무는 훌륭한 堅忍主義者요、孤独의 哲人이요、安分知足의 賢人이다。(木は堅忍主義者であり、孤独の哲人であり、安分知足の賢人である)

この中で述べている堅忍・孤独・安分知足とは何を意味しているのであろうか……。

それは、彼の言葉を借りるなら、"나무는 주어진 分数에 満足할 줄을 안다" 即ち、あれこれとよそ見をして新しい道へと迷ったりせず、得喪で不満足を言わず、自らが与えられた天命であり、[illegible] 孤独に勝ち、孤独を楽しむという意味を含んでいる。[illegible] 月・風・鳥そして同じ仲間の木を挙げて、月に対しては、以心伝心意思がよく通ずる気の合う友として、[illegible]

[illegible] 擇しながらも、いつも敬虔に、社会の複雑性の波にのまれて、地に着いた着実性な姿勢を失わない木の賢さを叙述し、最後に、木は、前向きの姿勢と敬虔な態度で何をも怨まない堅忍主義者であることをいって、このような天恵を備えている木[illegible] 見分けて、そしてその人と交際しながらも、期待したり[illegible]しがちであることを忘れてはならないのだという。

[illegible] 仏教の輪廻説が本当であるのなら、死んでからは木になりたい、という結びでこの作品は終る。

何故、彼が木になりたいと願うのか？それは、彼の示すところの木の備えている徳を人が備えるには、大変難かしいからだと思う。人は誰でも自己の運命、与えられた環境に絶対と言って良い程満足しないで、コンプレックスを持っているか常に現状に不満足の状態でいる。が、木は、このすべての友を、それぞれ上手に対する力を備えているとも思う。[illegible] 志で楽しむよりは、自らが与えられた能力をフルに発揮[illegible] 杯生きることが大切ではないのだろうか？現代のよう[illegible]

われわれは若い故に失敗を繰り返しやすいけれど、各自がおのおの自己を正しく見つめ、自分自身を把握し、物事を冷静に客観的に判断できる能力と敬虔で寛容な人柄を備えられたら、われわれの社会も明るく平和な世の中になることはまちがいないだろう。

"나무"という作品は、ほんの1ページに過ぎないものだが、これを機に私たち若い世代が積極的に韓国の文学を愛読されることを願ってやまない次第である。

今月のMEMO

▽四月

一日　金奉祚氏長男華燭。佐倉下総支部青年会結成。支部任員会。君津支部青年ボウリング大会。

五日　植木日

七日　千葉支部・東葛支部任員会。君津支部野遊会。

十二日　韓国教育財団創立。

十五日　安房支部総会。

十九日　四・一九学生革命の日。

二十日　李栄一君結婚式。

▽五月

二日　本部第十回定期地方委員会。

六日　梁秉林氏次男華燭。

七日　安房支部映画上映(春香伝)。金基得氏長男華燭。

九日　船橋支部映画上映(春香伝)。

十三日　千葉支部任員会。

十六日　五・一六革命の日。

十九日　船橋支部定期大会。

二十日　千葉支部青年ボウリング大会。

二十六日　本部主催青年ボウリング大会。

二十八日　県下三機関連席会議及び大使館主催セマウル運動講演会。

▽六月

二日　東葛支部定期大会。

三日　千葉支部定期大会。

五日　執行部任員会。

六日　顕忠日

八日、九日　全国青年部長会議(金泰佑本部青年部長参席)。

十日　青年部結成準備委員会。

十五日　関東地方団長連席会議。

十七日　君津支部定期大会。

二十四日　関東地方協議会。

二十六日　本部青年会結成大会。

二十九日　関東地方青年部長会議。

綱　領

一、우리는 大韓民国의 国是를 遵守한다
一、우리는 在留同胞의 権益擁護를 期한다
一、우리는 在留同胞의 民生安定을 期한다
一、우리는 在留同胞의 文化向上을 期한다
一、우리는 世界平和와 国際親善을 期한다

千葉民團時報

在日本大韓民国居留民団千葉県地方本部
千葉民団時報社
千葉市新宿町2丁目9－8
電話0472(42)4621～3
発行人　曺　允　具
編集人　高　権　錫

臨時大会開き組織整備

県本部、鄭渕秀事件を克服して

団長に曺允具氏選出

議長鄭鳳和氏、監委長金洙成氏

▽…民団千葉県本部は、去る九月八日午前十時、国鉄千葉駅ビル大会議室において、…△
▽…第11回地方委員会を緊急召集し、また同日午後一時からは、ひきつづき臨時大会を…△
▽…開いて、三機関任員を改選し、鄭渕秀間諜事件から一個月ぶりに同事件によるつま…△
▽…づきを克服して組織の整備・強化を図るべく、新しい陣容でスタートをはじめた。…△

この大会には、中央本部金正柱団長をはじめ、姜学文副団長、呉敬福監察委員長、韓承五千葉韓国教育文化センター所長および当県本部顧問孫晋協・全鳳学・鄭鳳和・安邦俊・張在昶・姜日九ら参席のもと、金泰佑本部青年部長司会で始まったが、そもそもこの大会が開かれる所以は、鄭渕秀千葉県本部団長が、自分は北韓のスパイであったと本国で自首した事件の収拾のためであった。現団長がスパイであったこの唖然として驚くべきニュスが発表されるや、民団関係者は勿論、全同胞が驚愕しただろうが、特に千葉県在住の韓国人にとっては大きなショクと衝撃を受けた事件であった。

この事件後、民団千葉県本部では、組織を防衛し正常化を図るべく、たびかさなる数多くの会議を開いてきたが、去る八月三十日の千葉県本部と管下十一支部の三機関長拡大会議で、鄭渕秀の団長辞表を受理、緊急臨時大会及び地方委員会を召集することに決議したのである。

その間、民団中央執行委員会で、千葉県本部を中央本部の直轄にすると定められた旨の通達を受けた千葉県本部は、断呼自らの手で、自らの力によって、自主的に間諜事件による後遺症を収拾すべく、中央本部に二ヶ月間の猶予を求めていたが、一ヶ月のうちに混迷することなく正常化されたことは、不幸中の幸でもありこの試練を経て一層の組織強化が期待される。

この日の午前中の地方委員会は、国民儀礼、地方委員点呼、委員会成立宣言後まず曺允具議長の開会のあいさつに引き続き、羅正相団長代行、金洙成監察委員長のあいさつが行われた。

二機関長のあいさつは、「鄭渕秀事件に責任をとって当然辞任すべきであるが、事後収拾を終え辞任するのが組織者の義務と思い、今日の大会に臨んだのです。この事件に対しては深く責任を感じ、何んとお詫びの言いようもありません。臨時大会で役員改選の際は、二度とこのような汚点を残さないよう慎重に選出することを望む次第であり、本日行なわれる役員改選については、千葉県在住の同胞のみでなく、全国在日同胞の注目的となっており、この時期にも金大中事件を口実にして署名運動を展開しているが、このような不純分子達を徹底的に除去し得る人物を選んで欲しい」と語っていた。

このあと姜学文中央副団長はあいさつを通じ「千葉県本部が因で全国組織混乱と相互不信の状態に陥ったが、組織再点検段階に着手しており、わが組織体が量よりも質的に向上されなければならない。これがわれらの使命であると思う」と強調した。

三機関報告は省略（来年四月に一括報告）し、鄭渕秀団長辞任など緊急を要する重要案件討議のため臨時大会を開くことを諒承し、地方委員会は正午に閉会した。

午後一時より、金泰佑青年部長司会のもとに開かれた臨時大会は、代議員定員八十一名中六十四名が出席し、三機関長あいさつは、丁一鳳副議長、李鶴洙副団長、金洙成監察委員長がそれぞれ二十八年間の千葉民団史上一大汚点を残した自首スパイ鄭渕秀事件を収拾し「雨降って地固まる」の心もちでこの汚点を拭い去り役員改選は敵対陣営と斗い抜く闘士、愛国愛族の人士を人物本位に選んで欲しいと語った。

また、金正柱中央本部団長は「過去一ヶ月間の皆さんの苦哀は十分理解できます。この難局を自主自立的に克服し、組織を防衛し、収拾しようとする努力に敬意を表する次第です。私は中央団長としての道義的な責任と組織上の責任を負い、千葉県本部以上の苦衷があった。県本部現職団長がスパイ活動をしてきたという驚くべきこの事実から、この事件を契機に全民団組織を総点検し、一大整風運動を展開中である。この大会は全組織の成衰の関鍵をにぎっているといっても言い過ぎではない。鄭渕秀自身に対する組織上の処遇問題は、新しい千葉県本部三機関に一任するが、ゆるせないスパイ活動をしたとしても、本人自から自首した状況と心境を受け入れ、寛大に処分すべきと思う」と語った。

その後、새마을支援事業報告が羅正相本部団長代理よりあり、金洙成監察委員長から鄭渕秀事件に関する報告と新任監察機関に対する要望がなされ、曺允具議長から鄭渕秀が提出した「民団々員に送る謝罪文」を朗読したあと、質疑応答に入った。

熱気あふれる質疑応答も終り、本部三機関総辞職に依る新しい任員改選に入り団長と議長に十名が推せんされたが、本人が立候補を辞退し、結局一人づつ残り無投票で団長に曺允具氏、議長には鄭鳳和氏が当選された。監察委員長選挙には金洙成氏と金連斗氏が決選投票となり、金洙成氏が二十七票の金連斗氏を圧し、三十四票を獲得して当選された。つづいて新任曺允具団長より事務局長に高権錫氏を任命、大会の認准を得た。金洙成新任監察委員長より二人の委員を指名発表し、副団長・副議長外役員は、三機関長に一任することが諒承され、新しく選ばれた三機関長の挨拶、高事務局長のあいさつがあり、午後五時過ぎ閉会したが、なお来年四月までの暫定期間中の新顧問および三機関任員は次の通り

顧　問　孫晋協、全鳳学、鄭徳和、宋吉萬、安邦俊、張在昶、南政広、姜日九
団　長　曺允具
副団長　李萬珪
〃　高権錫
事務局長　高権錫（兼）
総務部長　黄徳竜
組織部長　趙秉云
〃次長　許九竜
経済部長　朴常相
民生部長　姜聖元
文教部長　李士喆
宣伝部長　李光春
青年部長　金泰佑
議　長　鄭鳳和
副議長　金連斗
〃　金昌根
監察委員長　金洙成
〃委員　羅正相
〃　朴吉竜

第11回地方委員会および臨時大会の光景（上）と新しく選出された三機関長（下）

市川支部も臨時総会

市川支部（旧下総支部）でも、去る8月28日、同支部会館において、臨時総会を開き、任員を改選した。新しく選任された三機関長は次のとおりである

団　長　李　寛　徹
議　長　金　連　斗
監察委員長　張　　暁

うかがえる固い決意

組織整備に期待される曺団長

不幸にして起きた鄭渕秀間諜事件のあと始末をめぐって、中央で県本部直轄が決ったとき、何としても直轄を避け、自主的に組織の正常化を図ろうと、中央にかけあった人の中のひとりが当時議長であった曺允具氏である。組織を愛するものにとっては、上部機関による直轄ほど耐えがたいものはないからである。

率直にいって、いままでの県本部の組織は、いわゆる〝経済人〟タイプの人中心であった。そのような風潮のスキに鄭事件は起きたともいえる。

新しく選任された曺允具団長は、当県で否全民団でももっとも古い生粋の組織人である。解放後、いち早く組織された「建青」県本部の初代委員長をつとめ、民団が結成されると、県本部の初代議長、第二代団長として県下の民団組織に奔走し、中央でも、社会・商工部長、組織・民生局長などを歴任している。しばらく一線から退いていたが、その間にアサヒ観光株式会社（＝社長）を設立、千葉商銀の監事・理事（現在副理事長）として、経済的にも基盤を固めながら、本部の議長として再び組織の一線に出て来たのである。

団長選任のあいさつの中で述べた、組織の整備のためには生命をかける、といったことばの中には、組織への愛情と決意の一端がうかがえる。生粋の組織人としての曺団長の手腕に県下全団員の期待が寄せられている。（Z）

団長・事務局長、本国で開く研修会へ

全国団長研修会が十一月十二日から十四日までソウルの民団本国連絡事務所において行なわれ、当県本部曺允具団長は、この研修会に参席のため、去る十一日大韓航空便で帰国した。

また、全国事務局長研修会は、十一月十九日より二十四日まで一週間の予定で、この事務局長研修会は、本国政府招請で往復旅費及び滞在費一切政府負担。

高権錫千葉県本部事務局長をはじめ、全国事務局長五十名一行は、十一月十八日東京羽田東急ホテルで結団式を終え、午後一時二十分の大韓航空便で帰国した。

새마을 支援事業

새마을に1000万円喜捨

本部顧問全鳳学氏の美挙

全鳳学氏

民団千葉県本部顧問でもあり、経済委員長である全鳳学氏は、セマウル結縁式に民団千葉県本部代表の一人として参加し、結縁部落現地(忠南瑞山郡大山面雲山里)における熱烈な歓迎ぶりと部落民達の意慾溢れる熱意に打たれ、一金壱千万円を寄附することを即座で発表し、同行の本県代表は勿論、同席した瑞山郡守、雲山里長をはじめ全部落民たちの唖然とした喜びと感激の拍手にセマウル会館が吹きとばされるような思いであった。

誠金壱千万円は、外務部領事課を通じ青瓦台に送り青瓦台からセマウル部落雲山里に手渡された。

この美挙に対し、全鳳学氏に青瓦台朴大統領秘書室長から、鄭重な感謝状が届いた。

7.17 結縁・8.14 追加支援

青年会千葉も姉妹縁結ぶ

새마을では第2次支援団を迎えて，青年姉妹結縁式典が催された

千葉県本部73年度活動方針の一つとしての千葉県セマウル支援団結成は、去る八月十日十二時当県本部において結団式を挙げ、同支援団団員六十五名は、本国セマウル事業計画支援のため、同月十二日午後六時羽田空港を出発した。

この計画は、全民団に先がけた初の試みとしてその成果が注目されていたところ、団員各自の熱烈な支援活動と姉妹部落民たちの大歓迎の中に大成功を納めた。

支援団は、一般団員と青年会団員とで構成され、本国政府が推薦した姉妹部落忠南牙山郡温陽邑法谷一里には一般団員、端山郡大山面雲山里には青年会団員がそれぞれ訪問した。

支援金二五〇万円の中、大山面雲山里に一五〇万円、温陽邑法谷里に一〇〇万円を各部落のセマウル指導者に手渡し、姉妹結縁式を盛大に挙行した。

一行の旅程および行事等は、次の通りである。

〈十二日(第一日日)〉羽田空港を出発した支援団一行全員は、予定より三十分遅れ、九時三十分金浦空港に無事到着。同空港には本国事務所々員と鄭渕秀前団長が出迎いにきていた。鄭渕秀氏は、同乗したバスの中で「私自身のこの度の事件で、いろいろおさわがせし申し訳なく思っており、今後は善良なる一団員として最善を尽す覚悟です」とあいさつしていた。一行を乗せた二台のバスは、警察の白バイの先導でソウル市内に向い、十一時三十分、中心街にあるローヤルホテルに着いた。

〈十三日(第二日目)〉八時ローヤルホテルで食事。八時三十分、専用車便で国立墓地参拝献花後、前戦将兵慰問のため、海兵隊〇〇地区を訪問、TV一台と金一封寄附。北韓が目前に眺められる〇〇地区に到着。年老いたおばあさん一人は、涙ながらに「こちらは、自由に三八度線を訪問できるのに、自由のない北韓の同胞がかわいそうだ」と語りためいきをついていた。

〈十四日(第三日目)〉七時一般団員は、温陽邑法谷一里、青年会は大山面雲山里に向い、それぞれ出発した。三〇度を越す暑さの中にも拘わらず、支援団歓迎のため、数多くの部落の人達が出迎えてくれた。十一時、法谷一里・雲山里で盛大なる姉妹結縁式を挙行。部落の人達と一体になって、この喜ばしき挙式を祝福した。青年会は、雲山里の青年団員と親睦を深め建設的な意見の交換を行った。

〈十五日(第四日目)〉九時八・一五慶祝式場入場。十時、大々的な慶祝式に全員参加した。

〈十六日(第五日目)〉青年会は民団本国連絡事務所において研修会が開かれ、各界著名人の講議があり、全員真剣に拝聴した。

組織拠金759万7千円

誠金賛助者芳名(無順)

県本部

氏名	金額
全鳳学	金参拾萬円
鄭乙燦	金拾萬円
張在昶	金弐拾萬円
趙秉云	金五萬円
金洙成	金参萬円
鄭渕秀	金参拾萬円
全遇琦	金弐拾萬円
李在洪	金五萬円
李萬珪	金壱拾萬円
李炳周(君)	金参拾萬円
李正坤(横)	金五萬円
李鶴洙(旭)	金五萬円
徐海注(船)	金参拾萬円
李文善	金壱拾萬円
黄必龍	金五萬円
安邦俊	金壱拾萬円
羅正相	金壱拾萬円
鄭極元	金五萬円
金景河	金参拾萬円
李光錫	金弐拾萬円
孫晋協(成)	金弐拾萬円
朴且碩	金壱拾萬円
李栽坤	金壱拾萬円
鄭寄燦	金壱拾萬円

計金参百四拾参万円

(注)(君)=君津、(横)=横芝、(旭)=旭、(船)=船橋、(成)=成田、無印=千葉各支部所属

千葉支部

氏名	金額
許九龍	金壱萬円
梁大寿	金壱萬円
鄭渕龍	金壱萬円
朴用己	金壱萬円
丁一鳳	金五千円
李栄一	金壱萬円
李在鉉	金壱萬円
金容普	金五千円
田吉鎔	金弐萬円
全炳喆	金壱萬円
林相培	金壱萬円
金季鎬	金参萬円
金徳坤	金壱萬円
林武男	金五萬円
趙貴任	金壱萬円
白錫順	金壱萬円
郭雲慶	金壱萬円
李萬重	金五千円
金東賛	金弐萬円
崔且用	金弐萬円
彭千五	金壱萬円
金定基	金壱萬円
許明起	金壱萬円
李萬守	金壱萬円
李鍾烈	金五千円
李相元	金壱萬円
丁源昊	金壱萬円
崔広植	金参萬円
魏億俊	金弐萬円
蔣泰桓	金参萬円
権栄会	金五千円
朴東文	金壱萬円
張一奉	金壱萬円
河甲順	金壱拾萬円
厳三女	金五千円
郭小福萬	金壱萬円
文相萬	金壱萬円
金永守	金壱萬円
卞源斗	金五萬円
李明国	金五千円

計金六拾参万五千円

船橋支部

氏名	金額
李虎得	金壱拾萬円
権富仁	金五萬円
李鍾鳳	金五萬円
洪汶興	金五萬円
申基文	金五萬円
孫炳社	金五萬円
趙永来	金五萬円
裵寿根	金五萬円
金清次	金五萬円
洪応文	金参萬円
金基得	金参萬円
韓明成	金参萬円
姜正雨	金参萬円
具順子	金参萬円
趙栄来	金参萬円
李達洙	金参萬円
洪応祥	金参萬円
裵甲用	金参萬円
柳仁述	金弐萬円
金周守	金弐萬円
朴慶蘭	金弐萬円
崔永水	金弐萬円
金聖基	金弐萬円
朱鳴植	金弐萬円
魯世玫	金弐萬円
申敬和	金壱萬円
劉成春	金壱萬円
殷亨基	金壱萬円
金仁植	金壱萬円
呉成権	金壱萬円
金喜権	金壱萬円
徐玄守	金壱萬円
柳占生	金壱萬円
朴承萬	金壱萬円
金丁永	金壱萬円
李鎮基	金壱萬円
崔奎鉉	金壱萬円
韓己善	金五千円
李菊	金五千円
河福連	金五千円
南順南	金五千円
孟哲輝	金参千円
松田	金弐千円
金用卜	金壱千円
李明見	金参萬円

計金壱百八万六千円

誠金有効히 쓸터

忠南道知事、本部・任員들에게感謝状

当県本部와 結縁한새마을 姉妹部落이 있는 忠清南道의 閔有東 道知事로부터 第25周年制憲節을 期하여 뜻깊은 姉妹의 義를 맺은 일에 대히여 感謝를 드린다、는 다음과 같은 内容의 感謝状이 지난 10月20日、県本部와 各 任員들에게 부송되어왔다。

＊　＊

지난 七月十七日 第二十五週年制憲節을 擇하여 貴下께서 母国을 訪問하시고 本道 새마을과 뜻깊은 姉妹의 義를 맺으시면서 精誠어린 誠金을 支援해주신 데 對하여 深甚한 感謝를 드립니다。

우리道에서는 貴下의 그 崇高한 뜻을 오로지 새마을에 새기고자 더욱 強靭한 執念과 不屈의 意志로서「새마을 忠南」의 눈부신 塔을 쌓아가는 途上에 있읍니다。寄託하신 誠金은 住民들의 總意에 依하여 所得増大事業에 全額投資하여 元金과 純利益金中一部를 새마을基金으로 積立、이를 再投資하여 漸次擴大하여가는 方向으로 이끌어나가고 있읍니다。

그리고 마을의 事業을 더욱 成功的으로 誘導하기위하여 誠金管理規程을 만들어 단한푼의 誠金도 헛되히 使用하는 일이 없도록하고 있읍니다。

무릇 誠金이란 받는 사람의 姿勢와 精神의 如何에 따라 그價値가 左右된다는 事實을 銘心하여 貴下의 高貴한 뜻이 萬에 하나라도 어긋나지 않도록 할것을 約束하오며 再次 結縁마을을 訪問하실때에는 보람찬 새마을의 모습을 案内코자 하오니 끊임없는 觀心과 聲援이 있으시기 바랍니다。

끝으로 貴下와 姉妹結縁에 物心両面으로 支援해주신 貴本部傘下全同胞들에게 더욱 큰 栄光과 繁栄이 있기를 祈願합니다。

一九七三年九月　日
大韓民国忠清南道知事　閔　有　東

새마을運動支援事業
決算報告

〈収入之部〉

項目	金額
새마을事業誠金	7,597,500円

〈支出之部〉

項目	金額
第1次姉妹結縁部落支援金	
忠南瑞山郡大山面雲山里	2,200,000円
忠南温陽邑法谷一里	2,200,000円
第2次姉妹部落追加支援金	
忠南瑞山郡大山面雲山里	1,050,000円
忠南温陽邑法谷一里	805,000円
第1次姉妹結縁式参加代表10名宿泊料	150,500円
結縁牌代金・団体寄附金外雑費	477,500円
第2次青年会結縁式参観団費用	215,000円
8・15一般支援団費用	130,700円
残金	368,800円
合計	7,597,500円

挙団体制で進める

本県の青年代表は結縁式を終えて記念植樹をした

安房支部

蔣煥文 金五萬円
朴良護 金五萬円
李六萬 金弐萬円
鄭運先 金弐萬円
張性權 金弐萬円
黄貴祚 金弐萬円
朴興洙 金弐萬五千円
諫山直樹 金弐萬円
崔淳台 金弐萬円
林正一 金弐萬円
李圭仁 金壱萬円
姜龍八 金壱萬円
金暎水 金壱萬円
金鐘夏 金壱萬円
高応植 金壱萬円
李鳳学 金壱萬円
金鳳吉 金壱萬円
崔重洙 金壱萬円
全仁烈 金壱萬円
李鎭孝 金壱萬円
金義男 金壱萬円
李百承 金壱萬円
金容昶 金五千円
朴根文 金五千円
高石俊 金五千円
文炳春 金五千円
鄭運復 金五千円
金壬宣 金五千円
朴順泰 金五千円
裵炳文 金五千円
李萬寿 金五千円
金鐸權 金五千円
嚴又基 金五千円
李圭鎭 金五千円
韓阿只 金五千円
富山勝男 金五千円
金思鉄 金五千円
金思男 金五千円
李相奎 金五千円
辛斗年 金五千円
朴二文 金参千円
計金四拾七万八千円

東萬支部

朴聖鎬 金七萬円
孫永恩 金七萬円
李甲洛 金参萬円
許淳哲 金参萬円
洪世裕 金弐萬円
趙周七 金弐萬円
李士喆 金弐萬円
鄭鳳和 金弐萬円
張箕軫 金弐萬円
尹相權 金弐萬円
南奉龍 金弐萬円
金潤廷 金壱萬円
朴景德 金壱萬円
朴興律 金壱萬円
尹徹重 金壱萬円
裵炳贊 金壱萬円
李完珪 金壱萬円
殷熙彦 金壱萬円
魚相龍 金壱萬円
李明雨 金壱萬円
李忠基 金壱萬円
山本隆夫 金壱萬円
朴四孝 金壱萬円
鄭寅福 金五千円
姜福性 金五千円
高清政 金五千円
申並鉉 金五千円
李東根 金五千円
李根春 金五千円
車柱南 金五千円
金輝完 金五千円
計金五拾万円

市川支部

鄭容德 金弐拾萬円
李寿教 金弐拾萬円
姜海栄 金五萬円
金祥洙 金壱萬円
朴完燮 金壱萬円
金正浩 金弐千円
文相鉉 金壱千五百円
鄭吉男 金壱千五百円
李寛徹 金壱千五百円
成海鎭 金壱千五百円
金東圭 金壱千五百円
計金四拾八万壱千円

長夷支部

高仁煥 金五萬円
安成鎬 金参萬五千円
崔鉉柱 金参萬五千円
金正宇 金参萬五千円
朴吉龍 金参萬円
金昌根 金弐萬円
金振海 金弐萬円
韓撫観 金弐萬円
梁出煥 金弐萬円
千萬石 金壱萬円
陳斗弘 金壱萬円
宋永寿 金壱萬円
朴雲龍 金壱萬円
李在鳳 金壱萬円
元錫大 金壱萬円
金公協 金五千円
金正済 金五千円
鄭鉉朝 金五千円
文秀德 金五千円
鄭圭焯 金五千円
計金参拾五万円

旭支部

朴道源 金五萬円
金奉憲 金五萬円
梁秉林 金参萬円
李永智 金壱萬円
梁京善 金壱萬円
金一圭 金壱萬円
鄭根松 金壱萬円
鄭守根 金壱萬円
金成用 金壱萬円
全龍면 金五千円
裵性必 金五千円
崔笑约 金五千円
李龍守 金参千円
計金弐拾万八千円

佐倉支部

佐倉支部 金参千円
朴載寛 金参千円
金顕代 金参千円
李光春 金参千円
李快守 金五千円
南性元 金弐千円
崔小石 金壱千円
徐圭煥 金壱千円
計金弐万壱千円

成田支部

朴営相 金壱萬円
李実根 金壱萬円
金景植 金壱萬円
姜聖元 金壱萬円
金奉祚 金壱萬円
趙達振 金壱萬円
崔鶴出 金壱萬円
李永昌 金壱萬円
尹八寿 金五千円
朴魯均 金五千円
辛基明 金五千円
金又植 金弐千円
姜末郎 金弐千円
慎重永 金弐千円
李分任 金壱千五百円
黄玉峰 金壱千五百円
姜益秀 金壱千五百円
李順任 金壱千五百円
權東碩 金壱千五百円
計金壱拾万八千五百円

君津支部

君津支部 金七万五千円

横芝支部

李正坤 金五萬円
李亮涼 金弐萬円
金鍾謙 金弐萬円
金昌穆 金弐萬円
李康福 金弐萬円
金容原 金弐萬円
朴命達 金弐萬円
趙鏞述 金五千円
計金壱拾七万五千円

婦人会

婦人会本部 金五万円

総計 金七百五拾九万七千五百円

姉妹部落에 다녀와서
＝青年県代表가 보고온 새마을運動＝

金 泰 佑

지난 8月에 本国에서 擧行된 第28回 光復節記念式 参加와 本県과 姉妹結縁된바 있는 새마을 部落을 追加支援団이 結成되어 一般団員은 忠南 温陽邑法谷一里에、青年団員은 忠南瑞山郡大山面雲山一里에 各各到着된것은 8月14日午前10時였다。

七三年度千葉県本部 活動方針의 하나인 이 새마을 支援事業은 日本全国 民団代表들로 構成된 結縁団이 7月17日 制憲節을 기하여 本国政府協助로서 姉妹部落을 選定받아 結縁을 끝내고、돌아오자 보다깊은 理解와 連帯感維持및 새마을運動의 積極的인 参与를 위하여 이제까지 本国과의 遊離感을 脱皮、国内外同胞들의 関心을 모은 가운데 本国의 姉妹部落을 向해 出発한것이다。

六〇年度初期、政治的인 混乱과 経済的인 不安을 지녔던 祖国은 七〇年代를 目標로한 自立成長을 위하여 꾸준한 努力을 해왔다。이 結果、七一年度에는 国民所得 二五三弗이라는 成長을 보였으며 八一年度에는 一〇一四弗을 目標로 経済計劃을 樹立하고 있다。

六〇年代 産業의 近代化를위한 一・二次経済開発5個年計劃에 있어서 農・漁村에 集中投資를 하지 못하였던것은 事実이었다。이에 政府는 그동안 助成되어온 基礎와 投資가 可能하게된 経済成長에 힘입어 農・漁村近代化와 生活向上을 위한 集中計劃(七〇年代初期)이 本格的으로 始作되자 国民들은 自発的인 協力과 呼応속에서 새마을運動이 일어난것이다。잘살아 보겠다는 意慾은 낡은 生活習性을 뿌리뽑고 大変化를 가져왔다。精神啓発과 生活環境改善、그리고 所得増大를 위한 努力은 燎遠의 불꽃처럼 타오른것이다。

天安에서 약84km 떨어진 西海岸에 位置하고있는 大山面雲山里 農家数는 一六六戸에 人口数 一〇五七名、利用土地七四四ha이었고、温陽邑 法谷 一里(一般団員)는 農家数八二戸에 人口五一七名、利用土地一五六ha의 同一型의 農家였다。

青年会員 一五名이 雲山里에 다달으자 全部落民들은 우리를위한 대대적인 歓迎을 해주었다。검게 그을린 部落民들의 表情은 밝고 따스함을 지니고 있었으며、마을 어르신들은 親子를 대하듯이 하여주셨다。特히 우리들과 結縁을 맺을 青年団団員들의 友情 어린 配慮는 우리 青年会会員들 가슴에 오래도록 새겨질 感激이었다。여기에 우리들 祖国의 故郷이 있었고 우리의 父母任들이 태어난 祖国의 힘찬 모습이 있었다。

雲山里一区의 事業実績을 보면、마을길 改良이 6個所에 9km와 農路四八km가 改良되었고、지붕改良이 六四棟、排水口改良一四個所等 並行事業一三四個所의 環境改善이 끝나있었고、보다 所得的인 土地의 利用을위해、一五ha의 団地를 造成하여 部落民共同으로 採取飼料로 利用하는 한편 支援資金의 利用方法으로는 全農家를 有畜農家로 만들기위한 40頭의 韓牛購入과 이를 分譲委託飼育하기위한 計劃이 進行中에 있었다。이밖에도 養豚二一〇頭 飼育計劃、改良감자栽培、燃料問題解決을위한 燃料林栽培와 부엌改良、附属建物改造와 새마을指導者가 寄贈한 1千余坪의 野山을 가꾸어 果樹園을 만드는等 部落民의 熱과 이를 実践키위한 団結力은 실로 놀라운 것이었다。

이 모든 事業들의 計劃과 実行에 이르기까지 部落民들은 一致団結로써 協助를 아끼지 않았으며 継続的인 마을의 発展을 위하여 奮闘하고 있음을 알수 있었다。

마을의 中央엔 약二四坪의 새마을会館이 建立되어 있었고 이 会館을 中心으로 全部落民이 融和団結되어 있었다。우리는 이 새마을会館에서 精神啓発、環境改善 그리고 所得増大를위한 努力、이 精神을 더욱 익히며 民族의 偉業에 参加키위하여 마을 青年団과 結縁式을 가졌다。

우리들은 이 곳에서 새마을運動의 참뜻을 보고 느끼고 배웠으며、祖国의 이 피땀어린 事業을 希望찬 내일로 転換해 나가려는 새로운 信念과 勇気로써 가슴 가늑이 채우고 夕陽이 질무렵 아쉬운 離別의 情을 나누지않으면 안되었다。

새마을運動!

이것은 새로운 歴史의 創造를위한 民族의 意志였으며 自立繁栄과 統一을위한 念願에 불타는 힘이었다。

後孫들을위하여、先祖가 남겨준 国土를 富強케해야하는 使命이、또한 빛나는 歴史를 継承해야하는 重責이、今日의「우리들의 世代」에게 있음은 避할수 없는 일、이 歴史的인 使命에 応하여、여러가지 困難을 克服하여온 民族의 底力으로서 燦然한 文化를 創造해온 偉大한 智慧가 이 運動속에 살고 있었다。

새마을姉妹結縁式典의光景

李万珪氏に表彰状
外務長官、組織有功者として

祖国光復二十八周年を迎えた去る八月十五日、東京都国際劇場で関東地協民団員約五千六百余名が集まり、盛大な記念式典を行い、この日を期して本国政府では民団組織活動に抜群の功がある人に表彰状を与えたが千葉県では千葉支部顧問、商銀理事の職にあって、民団のため尽力している李萬珪氏が外務部長官の表彰を受けた。

なお同氏は、今回県本部の副団長に任ぜられ、今後の民団活動に大きな期待がかけられている。

(写真は李萬珪氏)

運営資金を設置
君津支部690万円集め

君津支部では、去る七月から十月十一日までの間に、高熙泰支団長を始めとして執行部幹部一同が、支部運営の尚一層の強力な組織を期するため、運営資金を募金した。

その合理的な方法と、各団員の理解ある協力により、六九〇万円の額に達した。この資金は、出資者各自の名儀で、千葉商銀に定期預金にして、その利息を当支部の運営資金に当ることとなった。

これは、同支部の団長をはじめ高熙泰、執行部幹部および全団員の一致団結した熱意ある努力であると、高く評価されている。

船橋婦人会の親睦旅行盛況

在日大韓婦人会船橋支部(李乙任会長)에서는、毎年十月中에 定期的으로 会員親睦旅行을 해오는바、今年에도 神奈川県湯河原의「大伊豆ホテル」에서 지난 10月10日부터 2泊3日의 旅行이 婦人会会員36名을 비롯한 民団支部副団長및 事務部長이参席한 가운데、実施되었다。

特히 今般의 親睦旅行에서는 婦人会의 活発한 運営을 위한 賛助金30万円이 即席에서 걷히었으며、母国訪問計劃、韓国料理講習、民族舞踊講習을構想하는 등의 디대한 成果를 거두었다고 한다。

青年会旭支部結成

旭支部(朴道源団長)管内の同胞青年の組織化は、早くから望まれていたが、その間の関係者たちの努力が実り、去る8月26日、いよいよ在日韓国青年会旭支部の結成を見るに至った。

同支部には在住同胞青年の人員も多く、意欲も漲っているので、県下でももっとも充実した活動が展開されるものと期待される。この旭支部の結成をもって、県下の青年の組織化は7支部を数え、だいたい完了されつつあるわけである。

なお、選出された同支部の役員は次のとおりである。

会長＝李永智(副)鄭根松
総務(部長)＝鄭福松
組織＝金重鮮、財政・宣伝＝金正和(次長)金福子
文教＝鄭吉松、体育＝朴在晧、女子＝朴政子

"国軍の日"式典参観
安房支部団員母国訪問団

蔣煥文支団長を先頭に、母国訪問団安房支部団員四十名は、祖国の国軍の日を記念する式典に参加するため、去る九月二十八日九時三十分、羽田空港を出発、三泊四日の旅程を無事に終え帰日した。

母国での民願手続に関連するお知らせ

住民登録関係

このたび民願手続に特例法が生まれました。

今まで在日同胞が本国で、いろいろな手続きを受けるとき、「住民登録」の交付を受けられないため、たいへん不便であったが、このたび政府では在日同胞の便宜を図るため「住民登録」の代わりに民団を通じて駐日大使館に登録する「国民登録」の証明書で代用できるようになりました。

①「住民登録」および、その抄本を必要とする一切の書類には「国民登録証」または「登録済証明書」を代用する。

②住所および居住地確認に証明書が必要な場合は、金浦空港など各出入国管理所で発行する「出入国に関する事実証明」で代用する。

③身元関係を証明するときは、本国の「戸籍謄本」または「戸籍抄本」で代用する。

④確認の際には「在外国民旅券」または「国民登録証」の提示で代用する。

⑤住民登録番号記入を要する諸般書類には、「旅券番号」または「国民登録番号」の記入で代用する。

印鑑証明

在日同胞の本国での印鑑証明は、次のような要領で交付されます。

①印鑑を申告する処は本籍地の区市邑面に本人が出頭、口頭で申告する。

②本人が特殊な事情で帰国できない場合は、代理人をたてる。代理人は成年で印鑑を登録した人。郵送の場合は、大使館の確認が必要である。

綱　領

一、우리는 大韓民国의 国是를 遵守한다
一、우리는 在留同胞의 権益擁護를 期한다
一、우리는 在留同胞의 民生安定을 期한다
一、우리는 在留同胞의 文化向上을 期한다
一、우리는 世界平和와 国際親善을 期한다

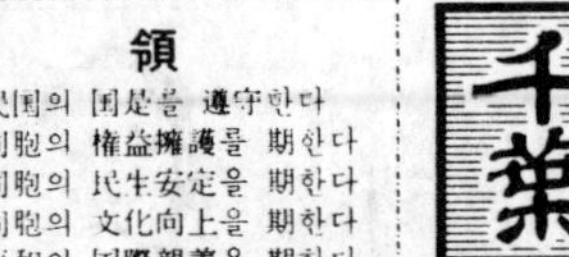

千葉民團時報

在日本大韓民国居留民団千葉県地方本部
千葉民団時報社
千葉市新宿町2丁目9－8
電話0472-42-4621～3
発行人 曺 允 具
編集人 高 権 錫

새 아침의 祈願

韓 承 五

어머니
새해가 밝았어요
白頭靈峯에 瑞気어리고
東海에 五色무지개 서고
三千里 두메마다
착한 당신의 아들딸들이
두손모아 고개숙여
다소곳이 다소곳이
세배를 드립니다

어머니
따뜻한 당신의 품을 떠나
색동옷 한벌 못입어본 채
이리 굶고 저리 흘러
설움과 외롬 달래 씹으며
[illegible] 맞는 [illegible]에
이렇게 태극기발을 보시고
장하고 그리운 당신의
만세무궁을 빕니다

어머니
새 아침의 光明이 솟읍니다
피맺힌 傷処를 씻고
당신의 어진 백성들이
고개를 들어 팔을 펴고
거칠었던 내 고장에
무궁화 새 씨앗 골라
알뜰히 알뜰히
보라빛 정성을 심읍니다

賀一九七四年新正

在日本大韓民国居留民団
千葉県地方本部

職	氏名
顧問	孫晋協
〃	全鳳學
〃	鄭徳和
〃	宋吉萬
〃	安邦俊
〃	張在昶
〃	南政広
〃	姜日九
☆	
団長	曺允具
副団長	李萬珪
〃	高権錫
事務局長	高権錫
総務部長	黄徳龍
組織部長	趙秉云
〃 次長	許九龍
経済部長	朴營相
民生部長	姜聖元
文教部長	李士喆
宣伝部長	李光春
青年部長	金泰佑
☆	
議長	鄭鳳和
副議長	金連斗
〃	金昌根
☆	
監察委員長	金洙成
監察委員	羅正相
〃	朴吉龍

組織強化가 急務

団長 曺 允 具

새해를 맞이하여 団員여러분의 安寧과 幸福이 깃들기를 祈願하면서 삼가 새해인사를 드립니다。

希望에찬 새해의 아침에 지나간 一九七三年度를 回顧해볼때 多難하였던 해였읍니다。祖国에있어서는 七·四南北共同声明의 精神에의해 南北韓의 国連同時加盟을 提唱함으로서 統一外交의 一大転機가 되는 새로운里程標를 構築하였고 赤十字会談을 通한 南北対話는 一方的인 北韓의 野望과 政治謀略으로 말미암아 進展을 보지못하고 있으나 平和的統一을 希求하는 国民의 所願인意思가 反映되어 十月維新事業이 힘차게 推進되어가고 있음은 挙国的인 「새마을運動」과 大幅的인 内閣改造를 볼때 再認識할수 있읍니다。

이곳 日本땅에서 発生한 金大中事件은 韓日両国間의 友好親善과 在日六十万同胞에게 적지않은 傷処를 남기었고 그로말미암아 오래동안 遅延되었던 第七回韓日定期閣僚会議가 지난 十二月二十六日에야 開会됨과 쌍쌍한 経済援助로 変動되었다는 것은 否定할수없는 事実입니다。지난해는 참으로 多難했던 해였읍니다。

또한 石油危機로 全世界가 戦争以上의 経済動揺를 招来하고있는 情勢속에서 새해를 맞아 우리들의 마음의 姿勢는 이에 対応하여 民生의 安定을 期하려면 加一層의 民族紐帯와 相互扶助의 精神아래 確固한 民団組織의 強化가 急先務임과 同時에 우리 金融機関育成問題가 더욱더 要望되는 바입니다。

지난해에는 団員여러분께서 民団組織과 祖国의 実情을 理解하시어 団務推進上에 많은 協助를 아낌없이 하여 주심에 대하여 衷心으로 感謝를 드립니다。

「새마을事業」에 県下에서 募金된 壱千五百余万円(日貨)의 誠金과 当県에서 惹起된 前団長事件의 不祥事가 있었음에도 아무런 混乱없이 早速한 時日에 三機関任員改選을 보아 収拾되었다는것은 오직 여러분의 뜨거운 愛国愛団精神의 結実이었다고 생각합니다。

団員여러분 険悪한 時代일수록 民団組織本来의 使命인 우리들의 権益擁護와 民族教育、民生安定과 向上에 全力을 다하여야 하겠읍니다。

그런가운데 우리들의 立場과 家庭의 幸福도 깃들게 될뿐만 아니라 日本땅에서 韓民族으로서 떳떳하게 살수도 있고 国際親善에도 기여할수 있다고 믿는 비입니다。

끝으로 民団은 바로 당신의 民団이란것을 잊지 말아주시기 바라면서 年頭인사에 代합니다。

織的課業의 다짐하면서

機関長의 年頭辞

民団の進路正そう

監察委員長 金 洙 成

多事多端であった一年を送り出し、一九七四年を迎えるに際し、謹んで皆様にご多幸とご繁栄を心からお祈り申し上げます。

かえりみれば、韓日両国において、そして、民団千葉県本部においても、例年に見られない多難な年でありました。日本国民の韓国古代文化の再認識がめばえはじめたかと思えば、金大中事件を表看板として、日本のマスコミは、人道的な問題を政治的に利用し、征韓論的な大衆意識を固めようとするばかりか日本の世論をその戦術に巻き込んで、日本政府(田中政権)の政策転換を迫っていたことを誰が否定できましょうか。最も公正であるべき言論界の偏向は、韓日両国の知識人の意識を正しい方向に伝達したとは思えません。現在、石油危機による物価暴騰とインフレの要因となるアラブ石油輸出国の脅迫じみた出方に対し、いくら日本は自由平和外交といっても、日本のマスコミのとりあつかいは、エゴイズムをむきだしているとしか思えないのであります。

マスコミのアンバランスでは、マスコミの使命を失うものであり、その使命をはき違いし、一種の政治団体の道具化とされては国民はバカでないかぎり黙ってはいやしないでありましょう。

そういう意味でも民団は民団の進むべき方向、進路を今一度ハッキリと打ち出し、実行すべきときが来たのではないでしょうか。

朝総連が、いくら民団系を抱きこみ"団合事業"を活発に展開したとしても、大衆は虚像と実像の見分けには敏感であり、正しく人間尊重の団務活躍には、自然と大衆はついてくるものと信じます。その実例としまして、昨年度一年間千葉県内において、団員増加数を見ますれば、実に八百人に達しているのです。

また、前団長鄭渕秀氏の勇気ある自首事件は、われら団員にとって大きなショックでありましたが、結果的には勝利でありました。

本年は世界的な石油危機に加え、経済状況の激動化が伴って、昨年にまして多難な年になっておりますが、こういう時こそ、組織人の覚醒と民団の内実化による組織強化が望まれております。

なにとぞ新年を迎え、みなさんの事業が、隆盛一路をたどり、ご家庭の幸せを心から祈願いたします。

同胞企業に奉仕

千葉商銀信用組合 理事長 張 在 祀

あけましておめでとうございます。

年の始めにあたり、皆様方にごあいさつを申しあげる機会を得ましたことを大変嬉しく光栄に思います。

ご承知のとおり一昨年は景気回復期上昇期で明るい雰囲気に包まれ、昨年は自然環境の破壊、公害、土地の高騰、物価高、オイル・ショク等々数えれば数多いことで寒風が吹きすさび、火がついたように容易ならぬ年でありました。

金融機関にあっては日本政府も、日本銀行も強力な引き締め政策を打ち出し、第五回の公定歩合の引き上げ、窓口規制(貸出制限)などが強化され、一般的に企業体質の弱い中小企業者の倒産が目立って多くなってまいりました。

このような環境の変化状態は専門家の意見では「三四月」説あるいは「四、六月」説などといわれております。そこで信用組合に求められるものは経営の健全化であり、体質の強化であります。

私どもは皆様方の期待している民族金融機関として与えられた重大な使命を忠実に守り、時局をよく認識して皆様に貢献することに徹し、住みよいくらし造りに奉仕をしたいと念願をいたしておりますので、皆様方のご理解ある団結と協力をお願いし、一層の発展を心から祈念して新年のごあいさつといたします。

自我를 再創造하자

千葉韓国教育文化센터
所長 韓 承 五

送旧迎新 天理는 어김없이 이 宇宙에 年輪을 더하여 또다시 새해를 맞건만 우리의 悲願인 祖国의 統一은 저들의 억척같은 凶計로 말미암아 急変하는 世界潮流속에 期約없이 漂流하고 있읍니다。그러나 우리 배달겨레는 半万年의 歴史를 하나로 살아왔고 또 앞으로도 億万年을 한겨레로 살아야 하겠기에 올해도 밝은 새 해에 期待와 希望을 걸어봅니다。

뿌리깊은 나무는 바람에 아니밀리고 샘이 깊은 물은 가뭄에 마르지 않는 법。統一에로의 民族的熱望이 強하고 祖国発達에로의 源泉이 깊다면 어찌 統一이 難事리요。国内外에서 惹起되는 모든 障碍要素들에 浮動하지말고、헤아릴 수 없이 많은 外敵들로부터 殺身成仁 国土와 겨레를 保全한 先人들의 슬기와 勇気를 오늘에 되살려、내 사랑하는 祖国大韓을 지키고 復興시키는 役軍이 바로 「나」라는 것을 自覚하고 祖国再建에 솟아있는 「나」人類共栄에 이바지하는 「나」로 再創造하여、몸은 비록 異域万里 他国땅에 있을망정 배달의 後裔로서의 矜持와 自負를 가지고 来日있는 오늘에 더욱 忠実하여야 하겠읍니다。

올해는 「호랑이」해입니다。山中 万動物의 王者 그는 知慧와 勇気로 끈기있게 邁進하는 우리의 앞길을 지켜 줄 것입니다。

三·一節母国訪問団員募集

本国 서울에서 挙行될 第五五周年三·一節記念行事에 参加団員을 左記와 같이 募集합니다.

(一)主　管＝千葉県地方本部
(二)募集人員＝約八〇名
(三)応募対象＝県下団員 特히新入団員
(四)旅行日程＝二月二十八日出発　三月二日現地解散
(五)経　費＝六九、〇〇〇円
〈内訳〉航空券代金 五二、七〇〇円
宿泊及交通費 一三、五〇〇円
再入国手数料 一、〇〇〇円
其他雑費 一、八〇〇円
(六)応募期間＝①旅券所持者二月十五日까지
②旅券不所持者二月一日까지
(七)申　請＝各支部或은本部에 申請
以上

在日本大韓民国居留民団
千葉県地方本部事務局

謹賀新年

千葉支部　団長 李栽坤　議長 丁一鳳　監察委員長 崔広植

船橋支部　団長 李虎得　議長 韓明成　監察委員長 孫炳燊

市川支部　団長 李寛徹　議長 金連斗　監察委員長 張暁

安房支部　団長 蔣煥文　議長 崔重洙　監察委員長 張性権

東葛支部　団長 趙周七　議長 金潤廷　監察委員長 洪世裕

君津支部　団長 高熙泰　議長 黄痒淵　監察委員長 千南植

長夷支部　韓長 韓撫観　議長 千萬石　監察委員長 金正宇

成田支部　団長 姜聖元　議長 金奉祚　監察委員長 朴魯均

旭支部　団長 朴道源　議長 裵應浩　監察委員長 梁栄煥

横芝支部　団長 朴命達　議長 金義坤　監察委員長 金鍾謙

佐倉支部　団長 李快守　議長 李光春　監察委員長 南性元

千葉韓国教育文化센터　所長 韓承五

民族的 組 大前進을

1974年을맞는 各

百年大計세워猛進하자

中央団長 金 正 柱

甲寅年을 맞이하여 異域에서 祖国의 平和統一과 民団의 健全한 発展을 위해 昼夜로 活躍하고계시는 全国団員 여러분께 새해 인사를 드립니다.

今年은 "범"의 해입니다. 勇猛하기 비길데없는 「범」의 気象을 본받아온갖 障碍와 不正과 怠慢을 물리치고 오직 民団의 結束과 祖国의 繁栄을 위하여 勇敢하게 邁進해야할 해입니다.

지난해를 돌아볼때 本国에서는 朴大統領閣下의 領導아래 十月維新이라는 民族的一大課業이 이루어졌고 維新의 基本指標인 八〇年代의 輸出額百億弗 国民所得千弗이 눈앞에現実化되어가고 있읍니다.

그리고 四十万民団員의 정성어린 「새마음심기運動」과 「새마을結縁事業」이야말로 躍進祖国行列에 在日同胞가 参与했다는 栄光을 意味하는것이라고 믿습니다.

昨年一年동안에 民団은 過去 어느때보다도 多事多難하였읍니다. 그러나 国内에 潜入했던 赤色分子의 自首와 不純分子의 処断等으로 民団正常化의 基盤을 鞏固히하고 金大中事件을 契機로 反体制分子들과 一部 日本매스컴이 韓国에대하여 悪意에 찬 言動을 거듭한데 대하여 全国団員의 義憤에 찬 蹶起로써 東京・大阪에서 벌인 糾弾大会야말로 民族의 尊厳과 矜持에대한 野卑한 中傷誹謗을 除去하려는 民族魂의 発露이었읍니다.

昨年에 이루어진 또하나의 成果는 民団年来의 宿願이었던 中央会館의 起工입니다。民団組織의 象徴이요 民族의 殿堂인 中央会館은 멀지않아 雄壮한 建物에 太極旗가 휘날리게 될것입니다.

本人은 昨年 新年辞에서도 本国의 「새마을運動」에 이어지는 民団의 「새마음運動」을 強調했던것입니다. 그리하여 在日同胞와 本国을 잇는 「새마음」의 불길이 日本全国에서 일어나 本国 새마을事業에 物心両面으로 劃期的인 協力을 実現하게 되었읍니다.

新年부터는 지난해에켜진 「새마음運動」의 烽火를 더一層 発展시켜 民団組織의 一大前進에 全員이 参加해야겠읍니다.

그러기 위해서는 먼저 祖国을 둘러싼 諸般情勢와 우리 民団의 現実을 冷徹히 把握하여 民団의 百年大計를 慎重히 設定하여 団結된 四十万의 힘으로써 「범」과같이 勇敢하고 智慧로운 活動을 展開하여 祖国의 平和統一을 期하는 維新隊列에 積極参与할 것을 서로가 決心해야 하겠읍니다.

새마을運動支援に感謝

駐日大韓民国大使代理 尹 河 珽

一九七四年の新年を迎え敬愛する在日同胞皆さんの御多幸を祈願しながら、今年もわれわれが挙って民族的衿持と愛国心のもとで心を合わせ、このひと年を浩然と乗り切っていくことを誓い合いたいと思います。

年のはじめに、過ぎ去った一年をかえりみて、われわれはよく多事多難のひと年であったと回顧するものでありますが、内外にわたって去るひと年のように多事多難という表現に実感がこもる年も近年稀ではなかったかと思います。

去る六月二十三日、朴正熙大統領閣下は「平和統一外交政策に関する特別声明」を宣言されその現実的で平和志向的な外交政策宣言が内外の高い評価を受けたことはあまねく知れわたっている通りであります。六・二三平和外交宣言は国際情勢の変動に直面して、われわれの外交政策を転換させたものでありますが、このような転換が可能であったのは刮目すべきわが国の国力培養が裏付けになったと考えねばならないでしょう。

近年わが国の発展相は、"漢江の奇蹟"というたとえが決してうつろなものでない実質の伴ったものでありましたし、著名な未来学者であるハーマン・カーン氏は、韓国は一九八〇年代末までには現在の米・日の一人あたり国民所得水準に到達するであろうと予見しております。

われわれはまず一九八〇年代初の未来像として一人あたり国民所得"千弗"と輸出目標百億弗を設定し、これを着実に具体化させております。"輸出立国"を標榜しながらわれわれは去年の年間輸出目標額を前年度比輸出増加率三〇・五%に相当する二十三億五千万弗に設定し、この目標額を十月末に到達させたうえ去年の輸出実績は実に三十二億〟を記録しました。今年もわれわれはたとえ輸出環境の相対的悪化が予想されてはおりますが、野心的な輸出立国政策を果敢に推進していくでありましょうし、初めて四十億〟台の輸出目標を追求していくでありましょう。

八〇年代初の年間輸出百億〟、一人あたり国民所得一千〟の達成は重化学工業育成が可能であるかに大きくかかわっているといっても過言ではありません。このような背景のもとで去年の初めわが国では"重化学工業政策"が宣言され、六〇年代の高度成長で固められた経済的基盤を踏まえて七〇年代には重化学工業育成に政策手段が集中されることがせんめいされたのであります。その具体的な結実として、去年の七月には近代的一貫製鉄システムを誇る百三万ｔ規模の浦項総合製鉄所が"総合竣工"いたしました。私はこの浦項製鉄が韓日経済協力の結果完成されたことの意味を強調したいと思います。

こんにち、一国の経済発展はその国の力だけでなく経済的立地条件が似ている国家グループ間の協同——地域的経済協力を通じてより効果的に推進させうるということはまごうことのない趨勢といえましょう。韓日両国間の経済協力は今後とも相互利益のため増進されるでありましょうし、すでに構築された韓日協力関係の基盤と相互信頼関係はより一層強固になっていくでありましょう。

われわれが自活し、韓半島の平和が定礎され、ひいてはアジアの平和に貢献するためには韓日友好関係は今年もさらに発展せねばなりませんし、また必ず発展させなければなりません。

私はこれまで在日同胞がセマウル運動、工業化推進などを通じて祖国の発展に寄与し、韓日友好関係の深化に貢献した労苦に対して心からの謝意を表するものであり、新年を迎え韓民族中興のため倍旧の団結と貢献を願いまた促したいと思います。祖国の発展なしには在外国民の飛躍も期待しがたいからであります。

おわりに在日同胞の皆さんの御家庭によろずの福がおとずれるよういま一度心から祈願する次第であります。

会館建設해 国威宣揚

中央会館建設委員長 尹 達 鏞

甲寅新年 새봄에 여러분의 家庭에 많은 幸運이 깃들기를 祈願하여 마지않습니다.

今年은 本国에 있어 第3次経済5個年計画의 二次年에 들어갑니다만 韓国의 経済成長率은 年平均10%以上, 八〇年初에는 国民1人当所得 一〇〇〇弗, 輸出一〇〇億弗을 目標하는 史上類例없는 意欲的인 計画이 実現되고 있읍니다.

이와같은 現実속에서, 우리는 海外에서 사는在外国民으로서 祖国復興에 크게 이바지해야 할것은 勿論이며, 特히 七四年은 民団이 従来十数年을 宿願하여오던中央会館建設의 해를 마지하게 되었읍니다.

過去에 恒常 全団組織이나 우리들 団員各者가 組織의 殿堂이며 民族的으로 海外에 있어 祖国 大韓民国의 矜持를 宣揚할수있는 超近代式의 中央会館을 都心地에 建設하는 希望과 抱負속에서 会館建設을 推進하여오던 関係先輩諸位들의 不屈의 努力이 結実하여 아시는 바와같이 지난해 十二月 十三日에 起工式을 盛大히 挙行하게 되었던 것입니다.

小生이 그間 建設委員長을 担当하여 業務를 推進하여 오던 途中 意外에 換地하는 問題가 있었읍니다만, 国益에 置重하여 各機関의 承認을 얻게 되었음에 決断을 하게 되었던 것이며 積極協助하여 주신 各機関関係諸位에게 旧年間의 아낌없는 指導와 鞭撻에 対하여 深甚한 感謝의 念을 금할수없읍니다.

七四年의 建設의 해에 즈음하여 特히 당부드리고자하는것은 在日韓国人은 누구나 할것없이 本事業에 積極参与하여 우리들 四〇万의 誠心에서 모인 誠金으로써 一層一層의 象牙塔을 쌓아올려야 할것입니다.

한결같이 団結하여 우리의 偉力을 充分히 発揮함으로써 宿願이 達成될것이며 民団三十年歴史를 燦然하게 빛낼수가있을것으로 믿사오니 会館建設을 위하여 여러분께서 積極的으로 많은 協助를 하여 주시기를 懇切히 바라 마지않습니다.

韓国学校生徒募集

東京韓国学校では、次のように、一九七四年度学生募集を行なう。

千葉県内からは遠距離のため通学困難な感もあるが、現在市川・船橋・松戸・千葉各市からの通学者も相当数おり、一人でも多くの子女に民族教育を受けさせるようおすすめします。

△**募集人員**　初等部＝五〇名
中等部＝五〇名
高等部＝一〇〇名

△**願書受付**　一月八日から二月八日まで

△**出願手続**　同校所定の入学願書・出身校調査書・国民登録完了証・写真4枚

△**考査日時**　初等部＝二月八日午前十時
中高等部＝二月九日午前九時

△**其　他**　詳しいことは、同校あるいは所轄民団支部または千葉県本部へお問い合わせください。
東京韓国学校＝東京都新宿区若松町二一（電話〇三—三五七—二二三三～五番）

新春随想

日本マスコミの真意問う

議長　鄭　鳳　和

新年初々にこの様なことを書くのは不本意な気も致しますが……一年の計は元旦にあり、と申しますように、今年中に実行してもらいたい為にあえて紙面を借る次第であります

華々しき報道の陰に

善良なる日本国民の豊かなる茶の間に「主権」という名の彼らの自尊心、虚栄心を満す彼らなりの良識を満足させるに足る話題の豊富なことか。この話題は日本国中の新聞に、流行歌手のコンサートと等しく肩を並べて豊かなる彼らの茶の間を賑わせている。あたかも公害と汚職と、利己主義と功利主義とで[illegible]された日本列島の贖罪の[illegible]主のように、彼ら「マスコミ」は鬼の首でも取ったかのように日本の主権を怒号する　まるで今まで自分達はわが同胞の主権を侵したことがなかったかのように　そして今までも泥靴で踏みにじられて、そのまま放り出されているわが同胞がいるのをあたかも知らないかのようによそおっている　私は叫びたい　君達「マスコミ」はわが同胞の主権を、人権を守る意志があるのか、と「マスコミ」は本当に真実を報道する意志があったか」と

サハリン（旧樺太）在留韓国人の運命はどうなる

韓、日関係の未だ治癒しない傷痕があることを日本の「マスコミ」達はまるでへたな藪医者のようにその傷痕を放置し、偏狭な日本の主権論を唱えつつ、自己満足的にひたすら自分達の頭を撫でている　韓国という一個の独立した主権に対して尊厳をもって韓、日関係を論じようとするならば軽々しく主権侵害などとは言えないはずである　韓国の主権、日本の主権を同等に、平等に考える意志が日本の「マスコミ」諸君にあるものならば軽々しく「日本の主権」は語れまい　常に韓、日関係の本質的問題が考慮されていなければならないからであります　それは何か、韓日間の本質的問題の根源的な判断は一朝一夕に突発した事態を特筆大書して怒号することにあるのではなく、歴史的に疑う余地のないわが同胞の民族的惨禍に対してありのままの正しい省察を行うことの上に現われるべきであると私は信じる

ここにわが同胞の歴史的惨禍をそのまま集約し、今に残す四万名のサハリン在留同胞の悲劇がある　日本の「マスコミ」諸君！これを何とする　それは太平洋戦争終結後、今日までひたすら望郷の悲しき28年の悲願を胸に抱きつつ、華々しき報道の陰に葬り去られてきたサハリン残留中の大韓民国人送還問題である。

歴史的傷痕は呼訴する

周知の如く、現在サハリンに居留する韓国人、わが同胞は、太平洋戦争の最中一九四〇年を前後として、日本軍国主義の強制的動員、徴用に依り着のみ着のまま狩出された人々の内僅か何パーセントの人達である　わが同胞は、無権利、無一物の労務者として其処の炭鉱、軍事施設等に収用され非人間的に酷使されてきた　そして、かろうじて生き残った四万余人が未だサハリンの地にいる

八・一五解放を迎え、このわが同胞達の心からの願いは故国に帰り、夢にまでみた家族を探し出し再会の喜びを分つことであった。そして日本軍国主義から解放された自由の身を謳歌することであった筈だ　しかしソ連軍の進駐と、日本の無責任と非人道的な放置によりその願いも空しく砕かれた

今日においてはソ連もサハリンの未帰還韓国人等に対して日本政府が入国ビザさえ発行してくれれば何時でも出国させるとの意思表示をしているではないか！

ここにおいて日本は、世界が監視する中に韓国人に対しても一度負債を返せねばならぬ　日本は遅延の口実を外に廻す術がなくなったはずだ

韓・日間相互信頼を立てる試金石たれ

かかる重大関心事がなぜ日本の「マスコミ」報道及び政府活動において軽視されているのか、私は理解に苦しまざるを得ない　その反面特定政治人に対する事件のなんと煽情的に取扱われていることか、新聞には報道の自由があると同時に報道の限界と責任、そして品格がなければならない　特定政治人に関する日本の報道は、日本の知識人と称する人々のその物事に対する認識がいかに浅く、心の底にいかにセンショナリズムがひそんでいるかを示したか　また「マスコミ」も報道の自由をかさにきて一方的に書き立てることは言論の暴力の外、なにものでもない　最近日本の良識ある人達は韓国の国民感情の刺激と対韓軽視の風潮を大変心配しているがこれは当然である　主権も対等であるし、人格も平等である　但しその動機と問題提起よりもさらに本質的であるものがなんであるかを虚心に省察することが必要である。われわれは唯一人に対した関心も心も大事に考える言論に是非はない　しかし、数万人に対して人道的関心が放置してある事実は納得する道がない　かかる事実に目をつける日本の「マスコミ」に代表される人道主義は御都合主義でなくなんであろう　本当の試練を受けているのは何であるのか！最近の場合それは、韓、日関係の特殊性に照してみた日本の政治的、道義的責任である。

田中総理が昨年十月ごろ西欧諸国を歴訪の後訪ソにおいて、日本の国内関心は北方領土とシベリア共同開発等に限ったようであった　私は日本がわが民族に対して国家的負債と道義的立場を正す意図のないことに対して大きな憤りを感ぜざるを得ない

今の日本にはサハリン居住韓国人送還問題がそんなにむずかしいものではないはずだ　よしんば相当な問題があるにせよ、日本は如何なる代価を払っても、この人達が帰って来る問題を最優先的に解決すべきであり、このことこそが、今日の韓日関係の緊密化、友好化に関してでも、また人道主義の見地からしても大いに意義のあることではないだろうか　日本の「マスコミ」はかかる事実を正当かつ適格に認識する必要がある　私は韓日関係の問題が何処にあるかに関して、日本側の絶えざる自己省察あることを願うのみである

勿論サハリン韓国人送還問題は韓国政府と赤十字社がソ連側と直接交渉するようになるのが理想的である　しかし韓、ソ両国の外交経路が設定されていないことから、またその問題の歴史的責任の所在が日本政府にあることから、ソ連側が明白に示唆しているように[illegible]的には日本が尽力すべきである　私は一方の当事者である日本側が、理由を不問せずサハリンの韓国人送還を納得が出来るように解決することを願うものであります　そして日本の「マスコミ」諸氏は、真実に韓日関係の友好化と両国の平等なる主権、人格の尊重を願うものならば、かかる事実こそ広く国民に伝えるべきである。今こそ日本のマスコミの真意が問われていると信じる

日本政府は今年こそ北方領土、そしてサハリン在留の韓国人送還問題の解決を是非とも成果をあげて下さい。この解決なくしては日ソ間の戦争が終ったとはいえないでしょう

韓国と民団の繁栄を祈願

参議院議員　渡辺一太郎

民団千葉県本部の各位に心から新春のお慶びを申し上げます

私は、民団の団結力と祖国愛の強さに常々、敬意を払っております　民団とのおいお付き合いの中で、[illegible]役を仰せつかり、誠心誠意、ご支援をさせて戴きました　そこで感じましたことは、民団の皆さんこそが、真の人間性にあふれた人々であると感心致したのであります

今回の日本は民族の存亡に係る根本的な問題を内包しております　国民に[illegible]感が薄れ、外交に自主性がなくなり、石油の輸入が削減されたための事態は目をおおいたくなるような国恥であります　この姿は、戦後の経済成長指向のみの政策をしてきた指導者の失政であると言わなければなりません

指導者はやはり、日本のおかれている実情を国民に直視させ、その対処を[illegible]努力に指導すべきなのであります　今までの日本国民には、石油は無限に供給されるものであるとか、平和は無条件にあたえられるものである、といった安易な情況認識が深く支配されておりました　指導の緊張感が根本的に欠けていたと反省しなければなりません

民団の皆さんのように常に祖国のおかれている実情を認識され、そのためには民団は何をなすべきかと難問がふりかかってきてもひるまず、どのように対処するかといった姿勢が日本国民の多くにとられていたならば、今回の日本が石油危機にあわてなくてもよかったろうと思います　そういう意味で、民団のあり方に日本を見るような気がいたします

自らを守る気のないところには、真の向上はありえません　私は新春を迎えてますます民団の相談役としての活動に努力いたす決意でおります

最後に、大韓民国が一層ご繁栄され、民団各位にとってもよりよいお年でありますようお祈りいたします

年末年初の活動協議

支団長・事務部長会議

本部顧問、三機関任員およびまず管下支団長、事務部長会議が、去る十二月十四日県本部二階会議室において中央本部姜学[illegible]の中で行われ[illegible]事務局長研[illegible]催された成[illegible]の後に韓[illegible]輪を深める[illegible]の合同講演[illegible]た韓日親善[illegible]することな[illegible]

席上あい[illegible]允県団長は[illegible]本に住む私[illegible]動の推進か[illegible]の効を成し[illegible]ル運動支援[illegible]件収拾を[illegible]遂行に際し[illegible]により無事[illegible]が出来ま[illegible]も一層の[illegible]ます」と加[illegible]

その報告[illegible]

[illegible]

一、待望の中央会館起工

尚、当日は午後六時から『王将』にて忘年会を催した。

県下同胞青年一堂に

青年会のクリスマスダンスパーティー

去る十二月二十二日午後九時から千葉駅前塚本ビル八階大ホールにて、青年会千葉県本部主催、民団千葉県本部後援で恒例の73年クリスマスパーティは、参加者二百余人を一堂に集め盛大をきわめた。

君津支部事務部長辛容辰氏と千葉支部李春江さんのコンビ司会で始められ、李春江さんの開会を告げる洗錬された母国語は、韓国青年会のクリスマスパーティにふさわしい雰囲気をこの上なくかもし出し、会場全員は躊躇することなく融けこんでいた。

会長李栄一氏の開会のあいさつのあと、来賓の祝辞で民団県本部副団長高権錫氏は「この度の集いは、千葉県内の青年達が自らの手で各々が自覚し団結して努力した結果がこのような盛大な大パーティになったのに対して高く評価するに値する」とあいさつ、つづいて千葉韓国文化センター所長韓承五氏は「ほとばしる若き情熱と、千葉県青年会の結集力を目のあたりに見た感がする。これを何時までも堅持し在日同胞のためしいては国家に寄与して欲しい」とあいさつされた。

県本部の監察委員であり青年会の顧問でもある、羅正相氏は「私は顧問ではあるが皆さんと同じ青年である。おほめの言辞をいろいろ頂戴したが、決して甘えることなく愛族精神と反共を再確認し合って来年度の青年会のスローガンである〝全世界の人々から愛される青年会〟になるよう共に前進しよう」と、ユーモアを混えながらも厳しい内容のあいさつがあった。

このあと、李春江さんの朗読で父母、先輩諸氏、民団各級幹部等に捧げる感謝のことばを祈りをこめながら、特別参加国際勝共連合の方たちのハミング・コーラスにのせ場内に響き渡った。引き続き国際勝共連合のコーラス団による合唱があり、クラッカーの音も賑々しく出演バンドの軽快なリズムにのりそれぞれのカップルでダンス・パーティが始まり午後九時無事終了した。

また中央本部団長と青年局長からそれぞれ祝電があった。今回の青年会を激励する意味での誠金は合計二十万六千円でそのリストは次の通り。

金五万円　千葉商銀
金二万円　羅正相
金二万円　婦人会千葉本部
金二万円　李栽坤
金一万円　李珍顕
金一万円　崔広植
金一万円　李万珪
金一万円　張在昶
金一万円　梁京善
金一万円　朴道源
金一万円　李正坤
金五千円　李龍守
金五千円　梁秉林
金五千円　民団東葛支部
金五千円　勝共連合千葉本部
金三千円　金卜錫
金三千円　崔箕均
計二〇万六千円

熱気あふれる青年会のクリスマスダンスパーティー

中央会館年末に完成

旧ろう13日、盛大に起工式

民団全団員の念願であった民団中央会館が、今年の末頃には完成のはこびとなった。旧ろう十三日、東京都港区南麻布一−一−二の現場で金正柱中央本部団長尹達鏞建設委員長を始めとして四百余人が集り、盛大な起工式が行われ、千葉県本部では、曹允具団長、鄭鳳和議長、高権錫副団長、金泰佑青年部長が参席した。

堂々地下2階地上8階

ここ十数年来、中央会館建設についてはその必要性を誰しもが痛切に感じその実現を願っていたが遂に念願がかなった。

はじめ中央会館の予定地は東京タワーの近所、二百三十四・六四坪で七億五千万円を募金し、八階建のビル工事に着手したところ、地元から日照権、騒音公害を理由に反対運動が起り工事は大幅におくれていた。ところが東京タワー側から当用地が自分たちの事業計画上必要とあって換地を申し入れてきた。

建設委員会と大使館当局者が換地条件を慎重に検討した結果、換地に応ずる方が有利であることが判明し正式に換地を決定した。

有利な条件とは、まず大使館に近く、関東、都内一円の各組織及び団員の交通の便がよく、面積も三百六十・八一坪で百二十六・一七坪も広い。また法律で定められた建ぺい率も旧地に比較し、七百四十二坪増築可能であり、地元の反対運動もない。それに地形上間口が広く使え、東京タワー側から賛助金二億円を受取ることになっている。

新会館は地下二階、地上八階の鉄筋鉄骨コンクリート、延べ二千四百坪の堂々たるビルで地下二階は駐車場、同一階に会議場、地上二階から八階までは民団傘下団体が入居する事務室で同胞の生活と文化向上、組織拡充の中心となるこの民団中央会館は、今年末頃その偉容を見せる予定である。

この新会館建設に当り、千葉県本部に割り当てられた募金額は八百三十万余で八月三十一日までに納めなければならないが、本年の大事業の一つとして、団員諸氏の活躍を大いに期待している。

中央会館起工式のもよう

15日に成人式

当日組織功労者表彰も

例年盛大に行われている成人式が、千葉県内同胞中成人を迎える六十余名の若人達の前途を祝う成人式を一月十五日午前十一時から千葉市京成ホテル三階にて催される。当日は一人でも多くの人々が参席し、祝って下されたく、また当日は、民団千葉県本部において第四回目の組織功労者の表彰式も同じ場所にて挙行される。高価な記念品も授与され功労を華々しい場になりそうである。

青年会千葉の選手たち

青年の親睦深め

青年会、東京チームと野球試合

青年会千葉支部と同旭支部の混成チーム（十三名）と青年会東京本部オールメンバーチーム（二〇名）とは去る十一月二十五日午後一時、東京都江東区夢の島グラウンドで、親睦野球試合を行い、九対六で東京本部に敗れた。

この日は強風注意報が出ていて、しかも相当な寒冷にもめげず最後まで全員良く奮斗し、喉までからしての声援は大会のムードをより一層高めた。

去る十月千葉支部青年会と旭支部青年会の対抗野球試合があり、又この度の試合に臨んだが、試合の内容はともかく、このようなスポーツを通して他県との交流は、その親睦度が一〇〇%発揮されるたいへん意義深いものである。

今後も県本部では、このようなスポーツを大いに奨めている。

国語講習所を開設

長夷支部で、県内9番目に

去る十一月二十四日、長夷支部では長い間にわたる団員の念願であった韓国語講習所を開設し、県内で市川、船橋、東葛、千葉（三個所）君津、安房につぐ九つ目の在日国民の教場として発足した。

この日三十余名の受講生達は老若男女を問わず、母国語は勿論、歴史其の他祖国に関するすべてを学ぼうとして山間僻地の遠い所からも馳せ参じて来た。開所式は、同支部三機関の幹部を始め有志達、県本部、商銀、教育文化センター等から大勢の祝賀客を迎え盛大に行われたが、この席上で韓撫観支団長、曹允具県本部団長、李万珪県本部副団長、彭元伍商銀専務、李教悦講師、韓承五教育文化センター所長等の衷心からなる祝福と激励を受け、恰も道を求める修行者のように一同の眼はいやがうえにも爛々と輝いていた。

長夷支部国語講習所の授業風景

三宝商事株式会社
社長 安邦俊
千葉市栄町四〇ー五
電話〇四七二(22)八八三八番

有限会社 ニューゲームセンター
代表取締役 李栽坤
千葉市中央一ー一ー一二
電話〇四七二(22)一九一一番

千葉綜合レジャーセンター
有限会社大都商事
代表取締役 宋吉萬
千葉市富士見一ー一ー一三
電話〇四七二(27)三三五一～三

良原商店
代表 梁大寿
千葉市生実町二三五三ー二
電話〇四七二(61)三八一九番

三宝物産株式会社
代表取締役 全鳳学
千葉市富士見二ー九ー一八
電話〇四七二(24)三三八一番

石鐘商店
代表 孫炳粲
船橋市薬円台二ー一三〇
電話〇四七四(65)五五〇一番

若松劇場
社長 李虎得
船橋市本町二ー一七ー一七
電話〇四七四(31)六一三七番

国鉄成田駅
パチンコ国際ホール
ゲームセンター
社長 金景植
成田市成田八一六番地
電話〇四七六(22)一五九四番

新年

1974年元旦

有限会社中央商事
社長 朴且碩
千葉市千葉寺町五七一
電話〇四七二(61)四一二一番

韓国料理ソウル館
林相培
千葉市栄町三四ー四
電話〇四七二(24)六二八六番

雀球・ラッキーボール
ニューヨーク
レストランSalad
李萬珪
千葉市栄町二五ー一〇
電話〇四七二(22)六〇五五番

鋼鉄業島田商店
代表 趙秉云
千葉市塩田町三九〇番地
電話〇四七二(61)一六二五番

金田商事有限会社
錦海興業株式会社
代表取締役 張在祀
千葉市栄町一五番地
電話〇四七二(22)三六四〇番

パチンコ丸千
代表 千萬石
夷隅郡大原町大原八七〇〇
電話〇四七〇六(2)〇三三六番

建設業金城組
代表 金正宇
茂原市小林二九四一番地
電話〇四七五二(2)五〇一七番

明月苑
李光春
佐倉市田町七〇
電話〇四七一(85)一〇八一番

高山自動車整備工場
社長 鄭運先
安房郡富山町市部一〇一ー五
電話〇四七〇五七ー三一一八番

菊田鉄工所
代表 金昌根
茂原市高師四九四
電話〇四七五二(2)二七五一番

大和商事株式会社
社長 徐海注
習志野市津田沼一ー一九ー七
(ニュー後楽ビル)
電話〇四七四(72)〇三〇〇番

焼肉の殿堂 王将
鄭徳和
千葉市栄町三六ー三
電話〇四七二(22)七六八八番

西原商店
代表 韓明成
鎌ケ谷市軽井沢一九九八
電話〇四七四(44)三四三一番

大原古鉄商店
代表 丁一鳳
本店千葉市加曽利町五四八ー六一
電話〇四七二(31)一六八三番
支店市原市姉ケ崎海岸一ー五
電話〇四三六(61)二七二六番

有限会社深川商事
社長 崔広植
市原市姉崎五九一
電話〇四三六(61)〇一一一番

東金駅前
パチンコ銀馬車
喫茶クラウン
社長 安承男
東金市東金一一九六番地
電話〇四七五五(2)四五〇六番

食料品・酒類販売
新井商店
朴道源
旭市鎌数四三六〇—四
電話〇四七九六(2)一一六一番

星山精米所
星山食堂
裵性必
旭市鎌数一九三四番地
電話〇四七九六(2)二〇九九番

韓国料理 大阪園
金大者
木更津市中央二—四—二三
電話〇四三八(23)三九一八番

有限会社 高峰重機
社長 高熙泰
木更津市岩根二—七—五
電話〇四三八(41)一四一五番(代)

謹賀

アサヒ観光株式会社
代表取締役 曺允具
東京都台東区上野六—八—一九
電話〇三(834)〇二四一番(代)

綜合食品卸 松和食品
代表 羅正相
千葉市松ケ丘町五六四—四
電話〇四七二(61)七三三〇番

秀和商事株式会社
社長 鄭渕秀
千葉市中央二—二—一八
電話〇四七二(27)八四八一番

明月苑
李東熙
木更津市木更津三五九
電話〇四三八(23)〇二七〇番

フルヤ牛乳西武販売所
代表 姜聖元
成田市成田一一五〇番地
電話〇四七六(22)三三〇六番

焼肉の殿堂浪花苑
代表 李太童
木更津市中央三丁目一番地
電話〇四三八(23)〇六九〇番

成田サウナ
李実根（今村）
成田市成田八一六
電話〇四七六(22)〇四一三番

サウナ旭センター
李鶴洙
旭市ロ一四三五番地
電話〇四七九六(3)一三二七番

あおいドライブイン
崔重洙
安房郡鋸南町元名九八一
電話〇四七〇五(5)〇八一三番

寺本建設株式会社
社長 李六萬
館山市沼一五六九番地
電話〇四七〇二(2)一五九一番

ガソリンスタンド
松本石油
代表 張性権
館山市館山九五番地
電話〇四七〇二(2)一三三八番

有限会社 下田商店
社長 黄貴祚
館山市那古一四七九
電話〇四七〇二(7)二八二一番

カネミツ食堂
金姫喆
山武郡横芝町横芝一五一五
電話〇四七九八(2)〇二七一番

金連斗
市川市国府台二—八—一九
電話〇四七三(72)四三六九番

宮深食糧有限会社
有限会社興栄不動産
社長 李珎顕
市原市姉崎五九一—五
電話〇四三六(61)〇一〇九番

海山メリヤス工業
代表 韓撫観
夷隅郡大多喜町大多喜一七〇
電話〇四七〇八(2)一五二八番

社員募集

◎男女事務員……十名
年齢18〜30歳位迄、高卒以上
男子 運転免許所持の方に限る
女子 珠算三級以上、経理事務経験者優遇
○給与 男子18歳 月手取り八万円以上
女子18歳 月手取り七万円以上

◎現場作業員…二十数名
年齢、経験問わず 作業衣支給
交通費支給
○給与 20歳 月手取り十万円〜二十万円
（なお運転免許所持者は別途手当支給）

千葉県道路標識設備協同組合
首都圏道路設備株式会社
関東道路設備株式会社
国際道路設備設立事務所
株式会社宮間工務店
国際ゴルフ会員権センター
協和信用有限会社
顧問 朴明祺

履歴書送付先 千葉市弁天町六〇番地
電話千葉（51）七六一八・八〇七〇
（54）三三一五〜六

両国民友好の熱気の中で

韓日合同時局講演会

去る十二月六日午後六時から民団千葉県本部では、国際勝共連合千葉県本部と共催で、韓日合同時局講演会を千葉市市民会館において盛会裡に終えた。

当日韓日両国民約三百人があつまったなかで、国際勝共連合会千葉県本部林民雄政策部長司会で始められ、主催者側を代表し民団側では高楠錫本部副団長兼事務局長と勝共連合側では西田正直啓蒙団長からそれぞれあいさつがあり、来賓を代表して参議院議員渡辺・太郎氏が「地図の上から見ると、ちょうど韓国と日本は「心」の字のように見える。韓国はその心の字の第一筆目の点であり、歴史的には諸種の文化が韓国から日本に渡り、現在に至っては日本の国際的な防壁を為しているからこそ日本は経済成長を謳歌している。その韓国と日本とは不可分の間柄であるから、今後ますます親善を深め、また日本国内においては民団こそ韓国を代表する唯一の団体であるから日本は認識をあらため共に手を取り合って世界平和に寄与しなければならない」と力強い熱演をした。

引き続き講演の部では、国際勝共連合江利川安栄女史の真実性にあふれる熱弁で「危険な日朝友好ムード」と題し、まず大韓民国が韓半島における正統な唯一の国家であるという国際法的背景を一九四五年八月十五日にさかのぼり、今日までの歴史的論証を解明しこれに対抗できる法的根拠が何ものもない金日成のみにくいあがきと数々の卑劣の極まりない策略と陰謀の実例を列挙し、昨今無責任な平和ムードをあおる偏向マスコミ報道による日朝友好ムードは、真実の報道を忘れた邪悪なことでしかいえない。

「米ソのバランス・オブ・パワーで保たれている今日の世界情勢の中で、アジアの運命のキーポイントを握っている韓半島の情勢は、対話のない対決から、対話のある対決へと移行したが、自由、共産、両陣営の対立は実質的にはその緊張度を増している。われわれ日本はこの諸情勢をしっかりと見極め、韓国の真実を、韓国との友情を一層深め真の平和を築こうではありませんか」と力の限り訴え続けていた。

そのあと「第一六八次北送船」の映画が上映され、会場の熱気が一段と盛り上がった中で、韓国国際通信社KP・社長金龍中氏の「これが共産首都だ」と題し、北朝鮮を見たままありのままを講演した。

講演が終り幕を閉じようとする瞬間、一般聴衆から、「今日の講演は非常に感銘深く意義あるものと思う。ここで私は、同じ自由陣営でもっとも隣国である日韓両国間の親善協会設立を今日参席した三百名が発起人となって推進することを提案する」と緊急提訴があり、司会者が、この提案を受け入れ聴衆に問い直したところ、会場がわれるような賛意の拍手があり、韓日友好親善促進ムードの熱気に満ちた雰囲気の中で、同夜九時四十分に閉会した。

韓日合同時局講演会のもよう

強力な新内閣発足

外務ら10閣僚新任

政府

朴正煕大統領は十二月三日午前、金鍾泌国務総理と国務委員長が提出した一括辞表を受理し国務総理と副総理兼経済企画院長官、財務、第一、第二無任所長官など十名を留任させ、外務、内務、法務、国防、商工、建設、保社、逓信、総務処、統一院長官など十名の長官と中央情報部長を更迭した。新内閣の名単は次の通り

国務総理　金鍾泌47（忠南）留
副総理兼経企院　太完善58（江原）留
外務　金東祚55（釜山）新
内務　洪性澈49（黄海）新
財務　南悳祐49（京畿）留
法務　李鳳成58（忠北）新
国防　徐鐘喆49（慶南）新
文教　閔寛植55（京畿）留
農水産　鄭韶永41（慶北）留
商工　張禮準49（黄海）新
建設　李洛善46（慶北）新
保社　高在珌59（全南）新
交通　金信51（黄海）留
逓信　[illegible]泰51（全南）新
文公　尹冑栄45（京畿）留
総務処　沈興善47（京畿）新
科技処　崔亨燮53（慶南）留
統一院　金溶植60（慶南）新
第1無任所　李秉禧47（京畿）留
第2無任所　具泰会50（慶南）新
中央情報部長　申稙秀46（忠南）新

새마을視察団来葉

育種農場など見学

去る十一月二十七日午前十時、本国の새마을指導者視察団副団長金鐘林以下二十三名は、中央本部民生局長の案内で千葉市鎌取町にある株式会社みかど育種農場鎌取研究農場を視察のため来葉した。

民団千葉県本部では組織部長趙秉云氏、青年部長金泰佑氏と千葉韓国文化センター所長韓承九氏が県本部の自動車で先導し、同農場の研究農場長生温氏の懇切丁寧な説明を韓承九所長の通訳で、同視察団員は、少しでも同農場の研究結果を吸収しようと真剣に聞き、十分な納得と参考になったように見受けられた。

視察を終えた一行は市内大都苑で昼食をとり、同団副団長と本部民生局長の感謝の意を表するあいさつがあり全行程を終了した。

団員子女に侵透工作

朝総連の策略に対策指示

最近朝総連は、わが民団系子女に対し、悪辣な謀略を開始した。

それは「朝総連と民団が子女教育問題に関して合意に達したから、学齢期にある在日韓国人子女及び小・中・高校在学生名簿を提供して下さい」と日本各都道府県及び市長村教育委員会に要請して、猛烈なる共産化教育運動強化を目的として、日本側に工作しており、この運動は全国的に急速なテンポで展開されている。

民団中央文教局では、朝総連系各級学校の在学生がここ数年来減少を続け、その責任問題が生じており、あせった朝総連幹部が下部に対して児童増加のノルマを課した結果、朝総連系だけでは足りるはずもなく、遂に韓国籍同胞の子女を引きずりこもうとする悪辣な策意を露呈したものであると断定した。

そして次のような対策を民団全組織に通達した。

一、管下都道府県及び各市長村教育委員会に、韓国人児童名簿を朝総連側に提供しないよう要請すること。

二、子女を通して学校側にその旨を知らせる措置を各家庭でとるようにすること。

三、この種の朝総連の策動を阻止するための措置を各地方の実情にしたがってひきつづき講究し、その結果を中央へ報告すること。

すでに千葉県内にも、このような悪辣極まりない魔手が忍びよっているので、県本部では、全団員に注意を呼びかけている。

施設等にお歳暮

本部の年末助け合い活動

例年の行事となっている歳末扶助運動は、各支部単位でそれぞれの実情にあった方法で始められた。

本部　十二月二十日、本部直轄地区である山武地区に四名、八街地区に三名に対し越冬資金補助金として各五千円也を本部高橋鐘事務局長が手渡した。

同日次の施設に対し、各一万円也を送金した。

香取郡　香取学園
茂原市　朝日の森学園
匝瑳郡　光楽園
神戸市　愛神愛隣
岡山県　長島愛生園

船橋市部　十二月二十六日同支部管内四名に対し、同支部の民生部長が越冬資金補助金を手渡した。

千葉支部では高齢者慰問

千葉支部では、古来から言い伝えられているわが国の[illegible]東方礼儀[illegible]、去る十二月十七日から十八日の両日、管下団員の中で満六十五才以上の高齢者朴柳根氏以下十二名（一名市原）を支部の役員を代表し各個別訪問し、清酒一升をお歳暮として贈呈した。

時代と環境でとかく忘れがちなこのような事は[illegible]支部の美挙であると評価されている。

本部の新年会　今年も15日に

県本部恒例の新年会は、一月十五日午前十一時から千葉市京成ホテル三階宴会室で開かれる。県内支部・機関任員と傘下団体役員は勿論一般団員のご参席も要望している。

綱　領

一、우리는 大韓民国의 国是를 遵守한다
一、우리는 在留同胞의 権益擁護를 期한다
一、우리는 在留同胞의 民生安定을 期한다
一、우리는 在留同胞의 文化向上을 期한다
一、우리는 世界平和와 国際親善을 期한다

在日本大韓民国居留民団千葉県地方本部
千葉民団時報社
千葉市新宿町2丁目9－8
電話0472(42)4621～3
発行人　曺　允　具
編集人　高　楠　錫

第55週年を迎えた三・一節

北傀蛮行糾弾文を採択
県内では各支部で記念式典

三・一独立運動第55回記念式典については、去る二月十六日、国鉄千葉駅ビルで開かれた県本部・各支部三機関長会議で決定された通り、千葉支部・船橋支部・東葛支部・市川支部等比較的東京寄りの支部は、中央民衆大会に参加し、他の支部は、各支部単位でそれぞれ記念式を行なった。

とくに今年の記念式典では、決議文などのほか「北傀蛮行糾弾文」が各大会の名において採択された。決議文および北傀蛮行糾弾文は次のとおり。

決議文

五十五年前の今日の、独立運動を契機として、わが愛国先烈たちの崇高な三・一精神を手本とし、維新課業を成就するために、大統領緊急措置に順応して祖国統一に貢献し、在日韓国民の権益擁護と民生福祉問題解決を期して、民団組織の強化を再確認しつつ、この大会の総意により次の如く決議する。

一、われわれは、民族の自主独立のために殉死せられた愛国愛族先烈たちの崇高な三・一精神を活かし、維新課業を完遂し経済開発および国民福祉事業に先導となる。

一、われわれは、政治的経済的に激変する国際情勢に対処して、すべての謀略誹謗を断乎として粉砕し、大統領緊急措置に呼応して民族の念願である祖国統一を成しとげるべく邁進する。

一、われわれは、在外国民としての矜持と、国際的感覚をもって在日韓国人社会繁栄のために、組織強化をめざし内外に対して積極的に活躍する。

一、われわれは、祖国大韓民国の国民として、日本とは勿論、自由陣営国民たちとあいはかり、世界平和に貢献する

北傀蛮行糾弾文

지난 二月十五日의 北傀海軍砲艦에 의한 野蛮的인 우리漁船砲撃拉致事体에 대하여 在日本大韓民国居留民団中央本部에서는 二月十六日에 이를 糾弾하는 声明書를 発表하여 強制拉致한 新体및 船員들의 即時送還과 死傷船員및 沈没船体에 대한 完全補償을 促求하고 民族的罪過를 다시는 되풀이하지않도록 全民族앞에約束할것을 要求하였다。

北傀의 蛮行에대한 衝天하는 憤怒는 本国의방방곡곡에서도 話어올라金日成에대해 漁夫와 漁船을 即時送還하고 武力侵略野慾을 粉砕할것을 다짐하는 糾弾大会가 連日열리고 있다。

그러나 北傀는 自己들이 저지른 残忍無道한蛮行이대해 全民族的憤怒와 国際的糾弾이 集中하자、唐慌하여 "스파이船"云云의 悪辣한 虚偽날조宣伝으로 궁색한 변명을꾀하고 이重大한 事態의責任을 韓国側에 転嫁하려고 급급하고 있다。

미국의 뉴욕・타임스는 二十三日 権威있는 消息通에 의해 北傀가 軍備増強에 狂奔하는 모습을 伝하고있다。그들은 五千万民族의 念願인 平和的統一의 理念을 外面하고 赤化統一을 노리기위해戦争挑発의 口実을 찾으려고 온갖 悪辣한 行為를 다하고 있는것이 事実이다。

北傀가 今般의 挑発行為와 過誤를 反省하고是正하지않는限、그들이 祖国의 平和的統一이라는民族의 所願을 배반하는罪悪은 더욱 커지고 그는 이 民族의 激憤에찬 糾弾에 粉砕될 날은 더욱 가까와질 뿐이다。

우리는 日帝의 圧制에 대해 全民族이 蹶起한三・一精神을 되새이는 이날 強制拉致한 船体및船員의 即時送還、死傷船員및船体에대한 完全補償을 即時履行하여 民族 앞에 行動으로 謝過할것을 다시 厳粛히 促求하는 이다。

또한 우리는 今般은 北傀의 蛮行이는 일어나지 않도록 底한 膺懲을 加하고 萬一의 予防措置를 強化할것을 本国政府에 建議하며 第五十五回三・一節記念民衆大会의 이름으로 北傀蛮行을 徹底히 糾弾하는 바이다。

三・一母国訪問団員たちは祖国の文化遺蹟を見学した

本国の式典に参加
三・一母国訪問県下団員57名

本国で行われる三・一節記念式典参加者を、本紙では、第六号で募集したが、当県本部管下では団員五七名が参加した。

二月二八日午後一時半、KAL便で出発、ソウル・コリアナホテルに旅装を解き翌日の記念式典には参加人員制限があるため、二つのグループに分かれ、会場に参加できなかった一行は三八度線近接の臨津江に向い午後からは合流して本国の名勝徳寿宮、南山公園、国立博物館等を見学した。

記念式典に参加した一行は、朴大統領のあいさつ等のその整然とした式典に感動、感激し、わが祖国に対する愛着をますます強め、母国訪問団の目的を達した。

なお当県本部の職員金順子嬢は、日頃のまじめな勤務ぶりをねぎらい、又民団に勤めるには祖国を知る必要性を役員各位の取計いで今回参加した。

感激派の同嬢は、生まれて初めて見る祖国に感動して、今後ますます民団勤務に励み、貯金をして何回でも本国に行きたいともらしていた。

牛豚飼育・苗木栽培など
새마을姉妹部落から現況報告

本国で挙国的に展開され、既に数多くの成果が現われている「새마을事業」には、本紙第五号で既報の如く、千葉民団本部でも、去年七月十七日結縁された姉妹部落、忠南大山面雲山里・忠南温陽邑法谷一里に、各団員からの誠金合計七百五十九万七千円、又本部顧問金鳳学氏の喜捨一千万円、総計一千七百五十九万円也を手渡しているが、その資金で次のような事業成果があったことを各部落から伝えられてきている。

▲忠南・大山面雲山里
①韓牛－40頭
②仔豚－60頭（中10頭は既に母豚に成長している）
③15haの韓牛飼育のための草地造成を行う。
④栗団地・りんご団地
⑤苗木生産育成のための設備等を行った。

▲忠南・温陽邑法谷一里
①韓牛40頭を育成している。
②四月二日青年会奉仕団で送られてきた苗木、栗八百本、桐五百本は、両部落で半分づつに分け、今仮植樹中であるが、来年適当な季節に本格的植樹をする。

以上のような報告と同時に「千葉県の皆さんからの支援金でもって、数々の事業成就は、我々の生活に活動力となったのは勿論いうまでもなく、今後も蓄産団地造成のため、希望に燃えています。そして大韓民国が世界のどの国よりも、りっぱな福祉国家になるまで終始変らぬ努力をいたします。部落民全員が揃って千葉県民団各団員に心から深く謝意を表していることを伝えて下さい」と、雲山里長金茂雄氏、雲山里三区青年団長金柄翰氏、法谷一里青年会長沈英輔氏等からたよりがあった。

第12回定期地方委員会
第25回定期地方大会

召集公告

本団規約第四章第一節第三十六条에 依拠하여 左記와 같이 第十二回定期地方委員会및 第二十五回定期地方大会의 召集을 公告하오니、地方委員및 代議員各位께서는 公私로 多忙하시겠사오나、期必参席하여 주시기 바랍니다。

記

時日　一九七四年四月三十日(火)
　午前十時　第十二回定期地方委員会
　午後二時　第二十五回定期地方大会

場所　千葉市民会館
　千葉市要町一番一号
　電話〇四七二(24)二三四一番

議題
　一、一九七三年度経過報告
　一、一九七四年度活動方針案및 予算案審議
　一、三機関任員改選
　一、其　他

一九七四年四月六日

在日本大韓民国居留民団
千葉県地方本部
議長　鄭　鳳　和

上がりで今年も力強くスタート

一九七四年度在日韓国居留民団千葉県本部主催の新年会は、一月十五日午前十一時三十分千葉京成ホテル大ホールで開会、中央本部姜学文副団長、彭元伍千葉商銀専務、韓承五千葉韓国教育文化センター所長、渡辺一太郎参議院議員の秘書鈴木英男氏を始め、当県本部団長曺允具氏以下各役職員、顧問、各支部役員、婦人会、青年会、民団千葉県下の団員約3百余名が、組織有功者12名と本年度成人該当者94名を会場中央に囲み、千葉民団有史以来の大盛況を収め、本年度からますます期待される千葉民団組織活動の大きな意義ある第一歩を踏み出したのである。

県本部有史来の盛況

3百余名参加し多彩に新年会

当県本部では、三大行事の一つとして、毎年新年会を催しているが、本年度参加人員は約三百余名で千葉京成ホテル大宴会場に立錐の余地もないほどの大盛況であった。

民族衣裳チマ・チョゴリの色鮮やかさは会場の雰囲気を豪華絢爛に色彩り、加えて成人式と組織有功者表彰式を兼ねたため、老若男女が一団となって和気あいあいと語り合い、異国に住むことを余儀なくされているわれわれの民族性は、何時までも失われていないことが立証されている。

一月十五日午前十一時三十分当県本部高権錫事務局長の司会で幕が開かれ、厳粛な国民儀礼では三百余名の愛国歌奉唱の一大ハーモニーが壮厳に響き渡った。

次いで曺允具団長のあいさつは「韓国民団千葉県本部にとって昨年は、類例のない多事多難で、加えて国内外の情勢が複雑多難を極めたにもかかわらず、各団員諸氏の協力により、数々の成果をおさめ、一九七四年の新年会をこのような大盛況で迎えられることは、過去われわれが組織強化にたゆまぬ努力をした賜ものであると信じ、この上ない喜びである。エネルギー不足と悪性インフレーションで幕を開けた今年は、日本に居住している我々にとって尚一層のキビシさが加えられるでしょうが、ここで各団員の団結力が一段と固められ挙ってこの難関を突破し、われわれが四半世期に亘ってあらゆる困難を克服して築いたこの生活基盤を死守していかなければならない。それにはわれわれの生活を総点検して、時代に即応した勤倹節約を実施し、私達の商銀を盛り立て貯蓄増強の体制を確立しましょう」と熱弁で訴え、当県本部の議長鄭鳳和は成人に対し祝辞を述べ、同監察委員長金洙成は組織有功者に対し、民団組織に対してのその功労が過去から現在に至るまで如何に至大であったかを話し、感謝の祝辞を述べた。

中央本部団長のあいさつは、姜学文中央本部副団長が代わりに成人式祝辞を代読し、有功者に対して謝意とお祝いの辞を述べ、来賓祝辞では、千葉商銀専務理事彭元伍、渡辺一太郎参議院議員の代理鈴木英男秘書、韓国教育文化センター韓承五所長がそれぞれお祝いの辞を述べた。

引続き有功者表彰と記念品贈呈を有功者代表として千葉支部金杉田氏に手渡し本国文教部長官から在日国民教育発展に多大な貢献があった人に対し、国民教育憲章宣布第五周年を記念して、千葉市の朴忠錫先生、安房支部団長蒋煥文氏に韓国教育文化センター韓承五所長が代理でそれぞれ各氏に授与した。

次いで成人に対する記念品授与は曺允具団長から、成人代表延基順嬢（韓国看護研究生）に手渡され、同嬢から答辞を元気一ぱい朗朗と朗読され、万雷の拍手を浴びた。

有功者及び成人の記念撮影後、当県本部の顧問鄭徳和氏の音頭で全員祝杯をあげ、第二部余興では、安房支部韓国看護研修生一同の「아리랑」「黄色いマフラー」等、場内のリクエストにより美しいコーラスを演じ、会場内はうっとりと聴き入っていた。

又、当県本部の監察委員であり青年会の顧問である羅正相氏を中心に青年会の若者達の力強い合唱があった。閉会午後三時まで、終始例年にない新年会のムードが盛り上っていた。

尚この日の誠金は左の通り。

東京本部	一万円
千葉支部	三万円
市川支部	三万円
船橋支部	二万円
安房支部	二万円
成田支部	二万円
横芝支部	二万円
東葛支部	一万円
佐倉支部	一万円
旭　支部	一万円
長夷支部	一万円
君津支部	一万円
李万珪氏	二万円
朴且碩氏	二万円
宋吉万氏	二万円
金景仁氏	二万円
曺允具氏	一万円
蒋煥文氏	一万円
鄭徳和氏	一万円
林相培氏	一万円
李虎得氏	一万円
鄭万守氏	一万円
李春浩氏	一万円
黄必竜氏	一万円
朴明祺氏	一万円
金奉憲氏	一万円
渡辺一太郎氏	一万円
梁大寿氏	五千円
金如煥氏	五千円
姜日九氏	五千円
林武男氏	五千円
黄哲秀氏	三千円
計四一三、〇〇〇円	

4年有功者表彰式成人式新年会
祝
在日本大韓民国居留民団千葉県地方本部

写真は，成人式・有功者表彰式・文教部長官の感謝状伝達式をかねた新年会のもよう

蒋煥文・朴忠錫両氏に

文教長官の感謝状を伝達

国民教育憲章宣布第五周年を記念し、在日国民の教育事業に献身努力した下記二人に対して、その功をたたえ本国文教部長官から感謝状が授与され、去る一月十五日京成ビルで行われた県本部新年会・成人式席上で韓国教育文化センター韓承五所長に依り伝達され満場の同胞から惜しみない喝采を受けた。

この日感謝状を受けた二人の功労の内容は次の通りである。

▲蒋煥文（安房支部団長）

①長い間休講中のハングル講習所を再建するに当り講師の招聘、講習生の募集その他経費等の諸問題を良くまとめ健実に講習所を運営している。

②安房医師会病院附属看護学校に留学中の本国女性三十五名の「育ての親」として、あたたかい愛と至せり尽くせりの世話で彼女達はこころおきなく勉学に励んでいる。

③青年達をよくまとめてハングル講習等の教育は勿論、母国訪問団を組織し、率先して若者達を引導して祖国に帰り、真に祖国を見、また悟らせ自己再創造への架橋を作り与えた。

▲朴忠錫（千葉支部講師）

氏は本国留学生として渡日以来十年間東京大学修士博士科程を経る間、深奥な学理を究めるかたわら常に千金に値する時間を割いて千葉支部院内・今井両講習所の講師として十年一日の如く在日国民教育に献身的努力を捧げ、今日では千葉市に住む同胞青年達は誰もが彼を「先生」としてはいうまでもなく親しみ深い兄としてその高邁な人格を慕いその深い学問を学び、または人生問題や社会・祖国に関する色々な問題をもちかけて相談するソシアル・カウンセラーとしてもなくてはならない存在となっている。

空前の組織の盛

会場を色どった韓服姿
祝福受けた新成人94名

例年にない大盛況を極めた成人式は、千葉民団の各役員並びに教多くの来賓の方々それに三百名に達する団員の祝福を受けた。

中央本部の団長代理姜学文副団長は「二十才を迎えるみなさんは、大人としての権利をもつと同時に、これに附随する義務も遂行しなければならない。それには、新たな固い決意と覚悟の心の武装をして下さい。

日本社会で生活しているみなさんも、いろいろな苦痛と逆境にあえいでいられるでしょうが、先ず父母に対し感謝し、何時も変りない祖国愛を忘れることなく在外国民としての義務を完全に遂行するよう努力して本国発展に寄与しなければならない。その為には、各自の心身を日頃研磨して、韓国人としての誇りを堅持し、模範的青年としての真の姿を見せてくれることを期待する」と祝辞を述べられた。

又、今年度の成人該当者は、九十四名にも達し、それぞれ晴姿の晴舞台で、この佳き日の祝福を厳粛に拝聴していた。

成人該当者は次の通り。

（カッコ内は保護者）

△千葉支部
金美津子嬢（金季鎬）
南広良君（厳三女）
全孝翼君（全炳喆）
文竜洙君（文相万）
金三雄君（李春岳）
張英男君（張一奉）
高春美嬢（高文植）
朴広富君（朴泰瑢）
丁文昊君（丁一鳳）
金栄治君（金東賛）
朴吉江嬢（朴奇鍾）
朴美喜夫君（金景雲）
崔龍夫君（崔広植）
金日坤君（金容普）
梁美恵子嬢（金貞姫）
鄭成裕君（鄭万守）
呉洋子嬢（李淳基）

△船橋支部
徐正準君（徐海注）
朴弘子嬢（洪昌植）
金文子嬢（金用ト）
洪淵洙君（玉秀任）
林枝美子嬢（林華烈）
呉漢均君（姜喜連）
洪起植君（洪広祥）
韓正生嬢（韓己善）
権愛純嬢（権富仁）
孫声春君（孫炳粲）
金佳美嬢（金基得）
李鍾市君（李圭敞）
洪彩植君（洪応文）
洪彩順嬢（〃）

△安房支部
高達雄君（高石俊）
金大吉君（金公益）
高房子嬢（高順先）
李和則君（李鍾夏）
朴相秀君（朴興洙）
厳恵美子嬢（厳又基）
金公三君（金成豪）
朴敏弘君（李貞珩）
文和恵嬢（南玉順）
韓美登利嬢（韓阿只）

△市川支部
鄭和子嬢（鄭容徳）
李洋善嬢（李寛辰）
金英子嬢（金洙玉）
金英姫嬢（朴一来）
李美枝子嬢（李守好）
盧孝一君（盧正奎）
安鍾洪君（安永道）

△東葛支部
洪悠子嬢（洪世裕）
鄭昞柱君（趙元出）
姜良夫君（左成圭）
趙章君（趙周七）
権初恵嬢（権赫焘）
尹明美嬢（尹相権）
李公代嬢（李守憲）
許敬喆君（徐鳳南）
金健二君（金禧竜）

△君津支部
金美佐子嬢（金且峯）
千国憲君（千万石）
梁在喆君（梁出煥）
韓君代嬢（韓撫観）

△成田支部
黄秀男君（黄玉峰）
姜秀雄君（李順任）

朴禮子嬢（朴道源）
李和子嬢（李永智）
裵忠善君（裵性必）
金福子嬢（金奉憲）
宋吉男君（宋吉変）
朴孝男君（朴承開）

△横芝支部
朴誠泰君（朴命達）

潘幸治君（潘在洲）
金福順嬢（金教洙）
金順子嬢（金元鎬）

△佐倉支部
高京子嬢（高斗寛）

△本部直轄
朴絹子嬢（朴鍾栄）
李英淑嬢（李命天）

組織に尽した労たたえ
有功者12名に表彰状

一月十五日新年会の日に千葉民団組織活動においてその功労の顕著な人たちが千葉県本部団長から表彰された。

この表彰は、二年毎に行われるもので、現役職員を除いた団員の中、千葉の民団組織に対する長年にわたる献身的な功労を労い感謝する意味でおくられるものである。

今まで表彰された人は、故朴鍾夏氏以下38名で、今回は12名。その名単は次の通り。

黄白渕氏（千葉支部）
金杉田氏（〃）
金永甲氏（船橋支部）
金鳳吉氏（安房支部）
李守好氏（市川支部）
李澤煥氏（東葛支部）
安成鎬氏（長夷支部）
朴壬善氏（旭　支部）
黄梓渕氏（君津支部）
趙鏞述氏（横芝支部）
朴魯均氏（成田支部）
李曰祚氏（佐倉支部）

会館建立への期待こめ
中央大会開かれ、任員を改選

第三十六回民団中央大会は、三月二十四日午前十一時より、東京・九段会館で開かれた。

全国四十九地方本部代議員四五〇人のうち、四〇五人が出席した。国民儀礼、教育憲章朗読、資格審査、大会成立宣言、三機関長のあいさつ、顧問代表のあいさつ、金永善新任駐日大使の祝辞などがあり、二十二、三日の両日間にわたって、東京・日傷会館で開催された第二十三回中央委員会で審議された活動方針と予算案を各分科委代表から報告され、これを承認した。

この後、三機関任員は、全員総辞職し、新三機関長の選挙にはいった。

まず団長選挙の推せんがあって、金正柱氏、尹達鏞氏、李禧元氏らが推せんを受け、それぞれ十分間の政見発表後投票に入り、総投票数四〇五票のうち、尹達鏞氏一六一票、金正柱氏一四五票、李禧元氏九八票、無効一票となった。どの候補も過半数に達しないため尹、金両候補の決選投票の結果、尹達鏞氏二〇一票、金正柱氏一九七票、無効二票、総投票数四〇〇票で、規約上団長選挙は在席数の過半数を得なければならないとなっているため、朴太煥議長は、最初の四〇五票を在席数と見做し、尹達鏞氏当選宣言せず、歴代団長監察委員長歴任者たちと協議し、再投票をすべきであると発言するや、議場は混乱状態になり険悪な雰囲気に突変した。このとき金正柱候補は演壇に立ち「こんな雰囲気で投票はできない。私は民団の発展のためここで降りる決意をした。」とあいさつ、万雷の拍手の中で退場し、朴議長は尹達鏞氏当選を宣言した。

引続き議長、監察委員長の選挙に移り、朴太煥氏二〇八票、尹奉啓氏一三八票で朴太煥氏が再選され、監察委員長には五人が推せんされたがそれぞれ自退し、鄭泰柱氏一人が残って結局無投票当選した。

新三機関長のあいさつと新任員紹介があり、民団発展と大同団結を意味する全国代議員の金正柱前団長と新団長尹達鏞氏が会場われんばかりの拍手の中で握手をかわしたあと午後七時ごろ大会は終った。

なお尹達鏞団長は、あいさつの中で「民団中央会館は、なくてはならないわれわれの殿堂であるから私の任期中には必ず完成することを約束し、民生問題とからむ納税貯蓄組合の組織徹底化、対朝総連対策、青年学生指導に万全を期し、公約が履行できないときはいつでも辞任する」と語った。

新三機関任員の名単は次の通り。

△議長　朴太煥
副議長　白丁赫
〃　崔成源
△団長　尹達鏞
副団長　金仁洙
〃　李鐘鳴
（大阪からの一人未定）
事務総長　呉敬福
総務局長　宋鎬用
〃次長　姜徳才
組織局長　呉敬福兼
〃次長　高用煥
宣伝局長　鄭達鉉
〃次長　朴英勲
経済局長　李建鎬
〃次長　孫赫寿
青年局長　沈種孝
〃次長　鄭辰竜
文教局長　姜仁煥
〃次長　成根容
民生局長　安商権
△監察委員長　鄭泰柱
〃委員　朴炳憲
〃委員　柳申録

第36回中央大会のもよう

今年は6名が母国留学

年を経るにつれてその量と質の両面において著しい向上を見せている母国留学生は今年千葉県においても下記六名の前途有望な同胞子弟が応募し、去年十二月所定の詮衡を経て合格を認められ、去る三月末までに全員渡韓。四月四日国立ソウル大学校附設在外国民教育研究所で入学式を行い、予備学校で一年間、国語、国史、英語、数学等の学科は勿論色々な生活訓練を施して来年の三月（新学年度）に各々の志望校に進学するようになった。

次にその学生を紹介する。

金武植（男）千葉市今井
予備学校・大卒
宋吉男（男）銚子市和田町
予備学校・大卒
権愛純（女）船橋市前原西
予備学校・短大卒
権道子（女）船橋市前原西
ソウル大医学部・高卒
呉成均（男）習志野大久保
高麗大商学部・高卒
尹淑香（女）市川市真間
ソウル大医学部

本・支部三機長会開く

本部および各支部の三機関長連席会議が四月二〇日国鉄千葉駅ビル5階ホールで開かれた。

この会議は、本部の三機関長と全鳳学、安邦俊両顧問をはじめ、各支部の三機関長約三〇名が出席して、午前一〇時三〇分にはじまり、まず去る三月二二、三日の中央委員会および同二四日の中央大会の概要が報告された後、来る四月三〇日に召集されている第12回定期千葉地方委員会および第25回定期千葉地方大会を前にして、その準備と県本部が当面する諸問題とそれを推進する新執行部担当者の模索など、長時間にわたり活発な意見が交わされた。現三機関が昨年の臨時大会で鄭潤秀事件を克服して組織の正常化を図るための暫定的性格をもっていたため、本部会館建設のビジョンから組織整備問題、それを推進する次期団長の問題など熱意あふれる論議が継続した。つづいて領事事務および保証業務に関する案内、새마을姉妹部落事業現況の報告、青年奉仕団派遣による苗木寄贈に関する報告などがあり、午後二時四〇分散会した。

祖国の山野に植樹

青年奉仕団、本県では５名派遣

セマウル運動の一環として、祖国の山林緑化運動を展開し、在日同胞は各自の郷土、縁故地、姉妹結縁地等に苗木を送っているが、当県本部では、去る四月二日、栗の苗木八百本（森早生三〇〇本、銀寄三〇〇本、石槌二〇〇本）と桐の苗木五〇〇本を当県本部姉妹結縁部落（忠南瑞山大山面雲山里と忠南牙山郡温陽邑法谷里）に送った。

民団中央本部青年局では、昨年につづき今年も"새마음심기"運動として、在日同胞の数と同じ六十万本を母国の山々を緑で覆うと在日韓国青年奉仕団九十九名が、四月二日、東京羽田空港を飛び立った。この奉仕団の中に当県本部青年会々長李栄一君をはじめ厳昌一、全寿翼、孫声韓、李春江嬢等五人が参加した。

朴正熙大統領は、四月五日午前一〇時から午後三時まで、金정렴秘書室長、朴鍾圭警護室長など青瓦台の職員達とともに在日韓国青年奉仕団一行を迎えて、京畿道始興郡儀旺面旺谷里の山地で植樹を行ない、僑胞青年奉仕団員たちを激励した。朴大統領をはじめとする青瓦台職員と在日僑胞青年奉仕団員たちは、この日五・二町歩の山地に、桐・栗など二千九百二十本の植樹をしたが、このような僑胞青年奉仕団による植樹について、国内各紙はその意義を高く評価し、大きく報道した。

湯沢スキー場ではしゃぐ船橋支部の少年たち

預金高20億円突破

千葉商銀の育成のため　本部、１家１通帳運動

われわれが、日本国の地で安定と繁栄ある永住をするため、経済的に自主、自立の道を確立する目的をもって創立した金融機関、千葉商銀信用組合である。

一九六三年三月十九日創立し、その間幾多の困難を克服しながらも預金高二十億円を突破するに至り、商銀関係者をはじめ組合員各位に敬意と労を讃える拍手をおくる次第である。

民団の当面の課題は二つある。その一つはいうまでもなく、二、三世民族教育問題ともう一つは、この地に住むわれわれの企業防衛と地盤確保ならびに団員の経済的地位向上の問題である。そのためには民族の紐帯をより一層強化し、金融機関の育成による経済力の培養である。

従って、民団の組織指導者と商銀の理事たちは、この時点に真剣な対策を講じ何らかの勇気ある対応策を打ち出し、新しい出発がのぞまれる。

来る五月には、商銀の総代会もあることながらこの転換期をどのように受け止めるか、遠からず行われる総代会が期待される。

さて、千葉商銀の創立から今日までの預金高増加の状況は次の通りである。

一九六三年三月　創立
一九六四年三月末日
預金高　一六二百万円
一九六五年三月末日
預金高　三五五百万円
一九六六年三月末日
預金高　五三三百万円
一九六七年三月末日
預金高　一六三百万円
一九六八年三月末日
預金高　二六六百万円
一九六九年三月末日
預金高　三一〇百万円（初配当三分）
一九七〇年三月末日
預金高　四一一百万円
一九七一年三月末日
預金高　四三三百万円
（現理事長張在昶氏就任）
一九七二年三月末日
預金高　九一三百万円
一九七三年三月末日
預金高　一、四〇〇百万円
一九七四年三月末日
預金高　二、〇〇七百万円

右記の預金高増強実態から照らして見た場合、現理事長張在昶氏、副理事長徐海注氏、同曺允具氏、専務彭元伍氏、常務鄭淑秀氏、同和泉俊雄氏、理事朱吉萬氏をはじめ多くの理事、監事及び職員たちの一大奮闘努力の結晶と同胞の商銀に対する認識度が向上したと現われたといえよう。

長いこと伸びなやんでいた千葉商銀は、ここ数年飛躍的な発展により、昨年から手形交換にも加盟しており、名実ともに千葉在住同胞の金融機関として、今後さらにその躍進が期待されている。

県本部では、団員の経済的向上のために、商銀の育成を常に活動方針として掲げてきており、とくにこの度は、各家庭に貯金箱を配り、一家庭一通帳所持運動を強力に推し進めているので、全団員の協力を願っている。

湯沢でスキーキャンプ

船橋支部の国語講習所で

新しい団舎を建て、特に民族教育に熱を入れている船橋支部では、去年八月には夏季臨海学習を行ない父兄連れ五十余名参加の下、熱海海岸で心身を鍛えたが、この度は一月四、五両日にかけて同支部文教課長（兼講師）孟哲輝先生の引率で二十二名の初等部生が湯沢スキー場で耐寒スキー訓練を行なった。

雪にめぐまれない千葉県に育つ子供等は、天国にも来た気持で、おぼつかない足もと等気にもせず、いやにきれいな雪の斜面を思うぞんぶん滑りころんで、ふんだんに童心を播き散らした。学びながら楽しみ、楽しみながら学ぶ彼等のあどけない童顔には無窮花色の明るい未来がはばたき、吹きしきる雪風もこごえた小さな手をあたためてくれた。

勿論この陰には、李虎得団長、趙永来副団長、金清次、姜正雨諸氏の後世を養う撑誠樹愛の真心があってこそ高嶺の花も咲いたのである。

33,333,333人

韓国の人口

57秒ごとに１人増加

韓国の人口は去る三月三十一日午後五時十五分を期して、三千三百三十三万三千三百三十三人を記録したものと推定される。

これは、経済企画院統計局が発表した人口数で推定された電光人口時計が指す数値で推定したものである。

人口動態調査結果によれば、三十七秒ごとに一人出生し、百五秒ごとに一人が死亡、五十七秒ごとに一人づつ増加することが表われた。

昨年中の出生率は、二・五四％、死亡率は〇・七九％、海外転出率は〇・一〇％を記録、七三年度の人口増加率は一・六五％で、これは七一年人口増加率一・九％よりはるかに鈍化したものである。

七三年末現在の総世帯数は六百三十四万八千三百三十九世帯、年間出産児数は八十三万二千四百九十七人、死亡者数は二十五万九千人で、年間自然増加人口は、五十七万二千五百四十七人に達するものと推計されている。

婦人会東北地方研修会

県下では15名が参加

在日大韓婦人会（金信三中央会長）では、さる三月二十七日から二十九日までの三日間、熱海市ニューアサヒホテルで、第六回東北地区春季研修会を開催、全参加人員一三八名で、当県婦人会では、金道子県本部副会長を始め、船橋支部会長李乙任、東葛支部会長李大順以下十五名が参加し、意義ある講義を受けた。

この研修会は毎年春と秋に定期的に行われる年中行事の一つで、今年は去る三月六日から三日間白浜温泉で近畿ブロックが開会したのをトップに、同十八日から三日間、中国、四国、九州ブロックが山口県長門市で開催そして熱海温泉で関東、東北ブロックが開催されたものである。

千葉婦人会で旅行団を募集

在日大韓婦人会千葉本部では、来る五月二十六日、三泊四日の予定で、各団員相互の親睦を深めるため、四国フェリーの旅を企画している。

これは、同婦人会が毎年行う旅行会の一つで、今回は千葉港から出航するオーシャンフェリーで徳島港に向い、翌日鳴門公園、鳴門観潮見物をし、屋島から高松市に、更に栗林公園を経て琴平（金比羅）から松山城、道後温泉で一泊、翌日今治から水中翼船で尾道に行き、つばめ四号で岡山に向い、岡山から新幹線で東京に着くコースで、数多くの参加者を募っている。

2日間の野外学習会

青年会横芝支部

三月二十三日、二十四日の二日間、横芝支部青年会では、民族意識高揚、親睦、団結をスローガンにして、同青年会会長朴成吉君を始め、約十名が幹事役金淑江嬢の世話で、千葉県内の行川アイランド、鋸山、マザー牧場等を巡りながら、学習会を開いた。

これは、当支部青年達の意志で盛り上った行事で、当支部民団団員もこの趣旨に賛同激励の意志表示の現われで金十七万円の誠金が集った。

同青年たちは、意義深い二日間を過ごし、今後ます異国に住む逆境の中で民族意識高揚と団結を確め合っていた。

華燭

寿　文相萬氏（民団千葉市今井分団長）の長男光洙君と李補邦氏長女春枝嬢の結婚式と披露宴が、在日大韓基督教船橋教会孟哲輝牧師主礼の下、三月二十一日、千葉京成ホテルで盛大に挙行。

寿　金洙成氏（民団千葉県本部監察委員長）の長男容辰君と朴奇鍾氏の長女吉江嬢の結婚披露宴が孟哲輝牧師主礼の下、三月二十八日、千葉京成ホテルで三百余名の来賓が参席して盛大に挙行。

寿　李分龍氏次男福松君（故鄭漢寿氏次男）と田辺米造氏の長女弓美子嬢の結婚披露宴が、四月一日千葉ニューパークホテルで盛大に挙行された。当日は韓国オリンピック委員会の孫基禎氏をはじめ多数の来賓があり、華やかな披露宴であった。

寿　張在昶氏（千葉商銀理事長）三男武龍君と鄭貴洪氏三女鳳珠嬢の結婚式と披露宴が石井光次郎先生主礼の下、四月十九日東京赤坂ホテル・ニュージャパンにおいて挙行する。

寿　朴興洙氏長男相敏君（千葉商銀職員）と徐龍起氏二女淑江嬢の結婚式と披露宴が、四月二十一日館山市海幸苑において、千葉商銀専務彭元伍先生夫妻の仲媒、孟哲輝牧師主礼の下に挙行される。

1970年2月15日（日）

昭和35年2月22日第3種郵便物認可　第340号

在日本大韓民国居留民団
綱　領
1. 우리는 大韓民国의 国是를 遵守한다
1. 우리는 在留同胞의 権益擁護를 期한다
1. 우리는 在留同胞의 民生安定을 期한다
1. 우리는 在留同胞의 文化向上을 期한다
1. 우리는 世界平和와 国際親善을 期한다

神奈川通信

大韓民国居留民団神奈川県地方本部機関紙

発行所　神奈川通信社
発行兼編集人　孫張翼
横浜市神奈川区鶴屋町2丁目18番地
電話　横浜　311―4903～5・6738番
支局→横浜・川崎・鶴見・高座・湘中・横須賀・南部・湘西
旬刊・毎月5、15、25日発行・購読料1ケ月100円

北傀コレラ菌密輸糾弾大会ひらく

死の商人、天下に謝罪せよ

一万五千の同胞が市街をデモ

恐るべき北傀の野蛮行為、コレ菌密輸事件を糾弾する在日韓国人全国民衆大会が、十二日大阪市北区の扇町公園でひらかれ日本全国から約一万五千の同胞が参加し「殺人鬼金日成徒輩とその手先朝総連の兇計を粉砕しよう」という要旨の決議文ならびに「事件の真相を公開し、当事者の厳罰を」要求する日本政府への抗議文、さらに「いまこそ朝総連傘下の同胞は、祖国大韓民国の国民として民団に参じるべきである」という要旨の呼訴文などを採択したあと会場から約三・五キロの大阪城公園まで約二時間にわたるデモ行進を行なった。また、北傀の手先となって動いた柳田商会への抗議団も同時に出発抗議文を手交（別項記事）した。なお、関東地方協議会からは孫張翼神奈川本部団長をはじめ管下各地方本部ならびに婦人会から約三〇〇人が大型バス三台で前夜午後十時三十分東京を発ったほか多くの同胞たちが他の交通機関を利用してこの日の糾弾大会に参加した。

（写真は北傀コレラ菌密輸糾弾全国民衆大会のもよう）

正に糾弾デー

糾弾大会は、大極旗やスローガンを飾った特設の壇台を前面に「糾弾」のはちまきにたすきをかけた参加者たちが地区別にならび晴れ渡った青い上空では、同じく本大会の趣旨を高らかに叫ぶ宣伝飛行機が旋回していた。正にこの日は、共産赤狗と死の商人が結託した非人道的行為を日本国民とともに憎むにふさわしい糾弾デーであった。

大会は、定刻正午から丁海竜中央組織局長の司会でひらかれ、市街にとどろく愛国歌の合唱について崔鳳学大阪団長が開会の辞をのべて大会々長団（中央三機関長、関東、近畿、中北、東北、中国、九州、四国の各地方協議会事務局長、京都、兵庫の両地方本部長、婦人会代表、韓信協会長、万博後援会長）を選任した。

会長団着席のあと李中央団長の辞、事件の経緯報告、決議文（別項）決議文（別項・朝総連同胞に送る呼訴文採択があって朴根世中央議長が「非人道きわまる北傀の行為は断じて許せぬものであり、在日韓国人の総意をもってこれを糾弾する」という要旨の閉会の辞で大会を終りデモ行進に移った。

民団中央が声明と抗議発表

北韓の細菌密輸事件は単なる密輸事件とちがい重大な問題を提起しており、全人類の名において犯罪者金日成を糾弾すると、民団中央本部（李禧元団長）では、三日、要旨次のような声明文を発表する一方「一、日本政府は事件の真相を明かにせよ、二、捜査当局は事件の真相を逐次公開せよ、三、日本政府は責任をもって北韓との密貿易を厳禁し、関係者を厳罰せよ」との抗議文を愛知外相に伝達した。

〈声明書要旨〉一、平和統一と愛国愛族を修飾語で常用する赤狗金日成徒党よ！コレラ菌ペスト菌を密輸し我が民族を大量殺戮せんとするのか。殺人鬼金日成徒党の手先、朝総連幹部達よ！汝らが盲従する北傀集団が祖国と民族に対し、何をなさんとするか、今度の細菌密輸事件一つを見ても、その野獣性をよく知ることが出来よう、今度は君らが間違いを覚醒すべき時だ。三、朝総連の甘言利説に惑わされている同胞も自分の祖国が何処かを悟り一日も早く祖国の懐に還えることを望む、四、平和を愛護する日本人商社が本密輸事件に介入していることを遺憾とする。

軍人会も声明

李麟基大韓軍人会日本支部長は五日夜、六本木鐘路苑で記者会見し、民団中央本部発表と同趣旨の声明を発表すると共に、先般行なった第二回ベトナム派遣軍慰問旅行の成功について「在日同胞も是非一度ベトナムの第一線を慰問する必要がある」と慰問の感想を述べた。

事件の真相公開せよ

決議文と抗議文の内容

糾弾大会において採択された決議文ならびに抗議文の内容はつぎのとおりである。

抗議文　金日成共産徒輩たちは、重なる挑発的策動に引きつづいてまたもや非人道的行為である細菌戦を企図し、コレラ・ペスト菌などの密輸による善良な大韓民国国民の大量虐殺を画策した。

われわれは、北傀の兇策と非人道的事実を全世界に訴えるとともに天人ともに許すことのできないこの兇悪な行為と営利を目的に北傀の手先になった柳田株式会社の犯罪行為に対し憤怒を禁じえずこれを糾弾するために、全体在日韓国人一五、〇〇〇名は、きょう大阪扇町公園に参集し北傀コレラ菌密輸糾弾全国民衆大会を開催し、大会の名をもってつぎのとおり決議する。

一、殺人鬼金日成徒党とその手先朝総連の兇計を粉砕しよう！

一、殺人鬼の手先柳田株式会社は、全人類のまえに事件の真相を明らかにして謝罪せよ！

一、日本政府は、事件の真相を調査しその全貌を公開せよ！

一、日本政府は、極悪無道な当事者を厳重処罰せよ！

一、日本政府は、北傀とのすべての交易を即時中止せよ！

一、全体在日同胞は、朝総連の非民族的策動をしりぞけて民団に結集しよう！

決議文　われわれ在日韓国人は、このたびのコレラ菌密輸事件に対し、日本商社の"死の商人"的極悪非道の所業と天人ともに許し難い北韓カイライの兇計を、心底から憎悪するとともに激しい怒りを表明するものである。

日本の商社が、商魂のみにかられて北傀と結託し、多くの本国同胞がコレラ菌によって尊い生命を奪われた事実を思いおこすとき、その犯罪行為は人道の名において断じて許すわけにはいかない。

われわれ在日韓国人は、きょう大阪扇町公園において、コレラ菌密輸事件を徹底的に糾弾するとともにつぎのとおり抗議する。

一、日本政府ならびに捜査当局は、事件の全貌を明らかにし、その真相を全世界に公開せよ。

一、日本政府は、今回の事件に責任をとり、現在放任状態にある北韓カイライとの一切の貿易を直ちに中止し、再びこのような事件が発生しないことを約束せよ。

在日本大韓民国居留民団北傀コレラ密輸糾弾全国民衆大会

本号八面・特集内容

本号記事ふくそうのため八ページに増面、三面にコレラ菌事件その他本国ニュース、四・五面に永住権申請促進への啓蒙要領と大韓航空ラ致来客の帰還記事、六面に万博韓国館関係記事などを特集しました。

（写真はパコタ公園にある三・一運動を浮彫りにした青銅作品）

李厚洛大使着任さる

16日、天皇に信任状

李厚洛新任駐日大使は、さる九日午後四時二十分羽田空港着日航機で赴任した。

姜大使代理㊧の出迎えをうける李大使㊨

李大使は、この日午後一時四十五分到着の予定であったが空港上空の強風のため着陸できずいったん大阪国際空港に緊急着陸し約二時間ほど休んでから国内線にのりかえて東京に到着した。

羽田空港には、姜永奎大使代理をはじめ駐日公館職員、李禧元中央団長、鄭在俊東京本部団長、孫張翼神奈川本部団長など居留民団関係、東京婦人会、韓国青年同盟在日軍人会、商工会、東京韓国学校生徒ら百余人の在留同胞たちが出迎えた。

李大使は、夫人とともに姜大使代理の案内で空港貴賓室に入り民団東京本部、東京婦人会、韓国学校生徒代表らから歓迎の花束をうけたが、"あいさつはいづれつぎの機会に"と簡単な一言をのこして大使館へ向った。〈写真は羽田空港貴賓室で〉

愛知外相を訪問し要談

李厚洛新任駐日大使は十日、日本外務省に愛知外相を訪問、新任状を伝達し約四十分にわたって要談した。李大使は同席上、韓日両国関係は共同運命体であることを強調、とくに「韓国の安保なくしては日本の安保は期待できない」と、今後両国間の懸案を相互信頼と寄与の精神で解決して行くよう協調を要請した。なお李大使は十六日午前十一時、皇居に日本天皇を訪問、信任状を提呈し第三代駐日韓国大使として正式に就任する

3月14・15日大阪で

第16回中央委員会を召集

朴根世中央議長は、さる二月三日第十六回中央委員会を、きたる三月十四・五の両日大阪市天王寺区筆ケ崎町一七番地信用組合大阪興銀ビル三階大会議室（電話大阪七七二ー一三八一番）においてひらくことを公表した。

会議事項は、三機関ならびに各委員会の経過報告の受理ならびに①一九七〇年度活動方針案②一九七〇年度予算案③規約改正試案④規約にともなう規定案⑤規約にともなう規定改正案⑥地方建議案⑦その他が討議されることになっている。

なお、三月十三日午後三時から行なわれる万国博韓国館開館式には、全中央委員が招請されて参席することになっている。

公告

第十六回中央委員会をつぎのとおり召集する。

時日・一九七〇年三月十四日
　　　〃　　　　　　十五日
（両日とも午前十時開会）

場所・信用組合大阪興銀大会議室
大阪市天王寺区筆ケ崎町一七番地　電話七七二ー一三八一

在日本大韓民国居留民団中央本部
議長　朴根世

主張

宣伝事業を強化

機関紙拡張によせて

団長・孫張翼

民団神奈川県地方本部機関紙「神奈川通信」が、今第三四〇号から従来のB五版（半紙半分）から、タブロイド版四頁に変り、発行部数も従来五〇〇部に足りなかったものを一躍六倍の三〇〇〇部という驚異的な発展をみる事になりました。これは私の就任以来の念願が、ここに実を結ぶことになったのであり、私の大きな喜びであるとともに創刊以来の困難にもめげず第三種郵便の認可を守り続けて下さった歴代団長およびこれに携った関係諸氏に対して衷心から感謝の意を表するものであります。何とぞ今後とも「神奈川通信」の使命完遂に倍旧の御支援を賜りますようお願いする次第であります。

回顧致しますと一九六九年は多事多難な一年でありました。新年の祝詞を申し上げたのが昨日のような気も致しますが、早や二月も中旬となり、新年の挨拶にも幾つかの抱負と課題を申上げて皆様の御協力をお願いしました。わが機関紙の飛躍的な内容の充実を期しながらわれわれ組織人に負荷された重大使命の一つである永住権促進事業についてこの機会を通じ一言お願い申し上げたいと思います。

韓日国交が正常化され、法的地位協定が結ばれてすでに四年を経過して居りますが、未だに期待の成果を上げる事が出来ずに今日に至りました。

それというのは、在日韓国人の生存権が左右される法的地位および処遇問題に対する要求貫徹運動が優先されて来たが、昨年八月十九、二〇日の両日、東京において開かれた韓日法相会談において、朴大統領閣下を始め、韓国政府関係要路の厚意ある配慮の反影もあって、永住権申請の手続き条件が大幅な緩和をみたのであり、さらに第十五回中央委員会においてもこれを高く評価して永住権促進運動を強力に展開する事に決定したのであります。民団神奈川県地方本部においても昨年十月の地方委員会を経て促進運動を推進して来たことは周知のどおりであります。また本年一月二十三、二十四の両日、熱海ホテル八景において全国地方団長、事務局長、傘下団体機関長の連席会議が開かれ、中央本部の強力な進推方針に合意を見て同じく二十七、二十八の両日栃木県塩原において開かれた第82回関東地方協議会においてもこれが再確認されました。引きつづき本県地方本部においてはさる五日、毎月開かれる定期支団長会議を拡大して、各支部三機関長、事務部長連席会議を、民団中央から張聴明監察委員長、朴性鎮中央法対委副委員長、駐横浜領事館、金在春領事、鄭副領事、大使館から劉副領事らの臨席の下にひらき、朴性鎮副委員長から韓日協定の条文、出入国管理令、韓日両国法相共同コミュニケ等を中心に長時間に亘る講議と張聴明中央監察委員長の補足説明、金在春領事の見解表明等があり、各支部代表者から質問があってそれぞれ理解を深めました。したがって各部の責任者は確信を持って団員諸氏の家庭を訪問される事と私は信じるところであります。

なぜ永住権申請をしなければならないのかというと協定永住権は在日韓国人が日本に居住する上において重要な法的保障であり、権利でもあります。協定永住権を取得することは我々ばかりでなく、この国に永住しようとする子孫にまで法的に保障される権利でもあり、同時に我が民団は、この機会を通じ組織強化と敵陣営の朝総連傘下にいる多くの善良な同胞を救出しなければならない民族的良心と義務があるのであり、彼等朝総連幹部の虚偽宣伝を粉砕しなければならないからであります。

万博が大阪において開かれることは皆様周知のとおりでありますが、祖国大韓民国からも「深き理解と友情を」テーマに一三〇〇坪の敷地に、延建坪一〇二三坪の韓国館を設立、一階に舞台、二階に未来館（平和の船）三階に現代館（各種展示品陳列）、四階に過去館（固有文化遺物紹介）を展示、わが国の固有文化、科学、産業を紹介する事により、近代化に邁進している韓国の映像を大きく海外に宣揚しようと努力しており、在日同胞もこれに応分の協力をしなければなりません。この万博を契機に本団においても、本国政府の厚意ある配慮により本国家族参観団招請事業を行っておりますが、約一万名に上る観覧者が一人も事故なく、それぞれ帰国される事が望まれております。

民族教育の必要性は民族生存隆盛の上に不可欠な要素である事は再言の必要もありません。我が神奈川県本部においても神奈川韓国学校設立期成会が出来て一部敷地は確保致しましたが未だその完結を見るに至ってない事を非常に遺憾に思うと共に県下同胞の皆様に是非御協力下さる事と、我が神奈川通信は組織の原動力である事を御諒承下さいまして、絶大なる御支援を重ねて御願いしてやみません。（写真は孫団長）

新築開館した日本国大使館

"トーチカ・ハウス"

中央庁から安国洞へ約二百メートル、韓国日報社裏に去る一月二十六日、奇怪な一つの建物が機能を発揮し始めた。ガラス窓を多く用いる現代感覚とは全くかけはなれた重苦しい壁が特に目につくこの建物、ニック・ネームは人呼んで「トーチカ・ハウス」ー我国とは「忘れられない深い関係」にあった、また今後別の意味で深い関係を持つ日本ー日本国の駐韓大使館である。檀君以来独立した建物の日本大使館が出現したのはこれが初めてである。

一八七九年、花房義質公使が西大門外の青水館に公使館を設けたことはあったが、しかしこの公使館が後の「朝鮮総督府」である。韓日国交正常化と共に六五年に日本政府が半島ホテルの九一〇号室を借り「在ソウル日本政府事務所」を設置、その年の暮、五階に移って「大使館の看板」を上げ仮住い四年目に「マイ・ホーム」へ移った訳だ。

この新築の日本国大使館は敷地面積が二千五百四十三平方メートル（約七百七十坪）で、建坪は二千七百三十七平方メートル（八百二十九坪）、地下一階（自家発電機、暖房施設など）地上五階の鉄筋で工事費は約五十万ドル（約一億五千万ウオン）。このトーチカ・ハウス一階の領事部のほかに近く図書室を設置（現在の蔵書約一千冊）一般に公開する予定で、いわば対韓文化活動の中心部である。二階から五階が外交の厚いベールにつつまれた「聖域」であり、ここで彼らの言う「協力外交」が立案、論議される訳である。職員は現地採用の韓国人を含め五十余名韓国人と日本人が半半とのこと。

北傀のコレラ菌発注事件

日本の政治責任追求

政府、人道的見地で重視

北韓が日本商社を通じて対南工作用戦略物資など30万9千9百3個(7千9百万円相当)を密輸入し、コレラ、ペストなど伝染病の細菌菌株を秘密注文した事実が日本海上保安庁第五管区によってこのほど摘発された日本商社の密輸出事件で明るみにでたが、(別項関係記事参照)これは韓・日間に新たな政治問題としてクローズアップされた。

韓国側は北韓がコレラ菌などを秘密発注していることを特に重視しており、これは北韓の金日成が目指している〝70年代初期の赤化統一〟策略の一環として対南破壊工作に使われる恐れのある点で憂慮している。

朴正熙大統領は3日午前、丁一権国務総理を始め崔圭夏外務部長官、金泰東保健社会部長官、李厚洛駐日大使金桂元中央情報部長、金正廉大統領秘書室長らを青瓦台に招き、日本商社の北韓にたいする細菌密輸事件の真相について報告を受けその対策を協議した。

朴大統領はこの事件が人道的見地から非常に重視すべき問題だと見て政府の強力な対策を要望、さらに外務部には公式的な声明を発表するよう指示した。

これに伴い、政府は日本の民間商社がコレラなど伝染病の細菌とCOCOM(対共産圏輸出調整委員会)の制限物資品目に含まれている軍事用無電機などを北韓に密輸した事実を重視、これを徹底的に糾明するため、日本側にたいし重大な政治的責任を追及する方針である。なお、崔圭夏外務部長官は同日、金山駐韓日本大使を招き、日本政府にたいし遺憾の意を表明し適切な是正措置を取ってくれるよう強く要求、金山大使はこれを本国政府に伝達すると答えた。

一方、姜永奎駐日大使代理は、本国政府の緊急訓令に従い、日本外務省側(須之部アジア局長)に追及したが、日本側は「速やかに各関係当局と共同調査を行なった上韓国政府に通告する」と答えた。

なお、崔外務部長官は三日、コレラ、ペスト(黒死病)などの細菌を日本に秘密発注し、スパイ用無電機など戦略物資を密輸入したことを糾弾する特別声明を発表、世界保健機構(WHO)にこの事件の真相を報告する方針だと明らかにし〝北韓の非人道的な陰謀に同調して策略を共にした〟日本商社にたいし「人間の良心と人道主義的な立場から警告を発する」と語った。

日本海上保安庁の調べによると、北韓が注文した伝染病菌株は炭疽菌株、ペスト菌株(大陸型と大洋型)、アジア・コレラ菌(ビブリオ菌など)天然痘菌およびバシルス・アントラシス(BACILLUS・ANTHRACIS)などの五種である。

日本海上保安庁によると、この対北韓密輸事件でつかまった七人はその主謀者である佐野彦弘(大阪市南区塩町丁目)が年前に設立してみずから社長をつとめる共邦産業とその代行会社である貿易商柳田株式会社の事業として、過去三年間、北韓の対南工作用物資を在日朝総連を通じて発注を受け秘密裡に北韓に送っていたが共邦丸(379トン)と富士丸(200トン級)の2隻で北韓の興南港を往来しながら日貨5億円相当を密輸出していた。

秘密に注文うけた

日本当局捜査進める

北韓向け電子部品密輸出事件で貿易商社柳田株式会社(大阪市南区塩町通り1)を捜査中の第5管区海上保安本部(神戸)は1日、同社が北韓の国の機関の一部からコレラ(ビブリオ菌の)やペスト菌などの細菌菌株(細菌の集落)を密輸出するよう秘密注文を受けたことを明らかにした。同事件で逮捕された柳田会社の者たちは「細菌菌株を注文されたが密輸出していない」と主張しているが、5管本部では伝染性の強い細菌類が自由に国外に持出されたとすれば社会問題、人道問題であるとして、海上保安庁と連絡を取りながら、さらに捜査を進めている。

同本部は昨年11月21日、神戸港から共邦産業所属貨物船きょうほう丸(379トン)でトランジスタなど電子部品2千8百32個(時価約9百万円)を北韓に密輸出しようとした柳田株式会社の取締役第二営業部長兼同船事務長佐野彦弘(35)ら7人を次々に関税法違反容疑で逮捕した。

調べの結果、佐野らは昨年1月から逮捕されるまでに12回にわたり、トランジスタ、ダイオード、ビデオコードなど30万9千9百3個(約7千7万21万円相当)を密輸出したのがわかったが、同本部はこの事件で柳田株式会社を捜索したさい、きょうほう丸が各航海で受けた北韓側からの注目リストを発見、押収した。

このリストの昨年初めの部分に「細菌菌株」という項目があったので、調べると佐野らは「細菌菌株の注文は確かにあったが、大学や研究所に当たったところ入手困難なため密輸出しなかった」と否認している。

しかし、同本部は当時の状況から①大学紛争と管理がルーズになって盗難にあったり②大学の教職員から横流しを受けたことも考えられるし③培養液と一緒に凍結乾燥すれば持ち運びが簡単である——などの点を考慮して捜査を続けている。

なお、神戸大学医学部中央検査部微生物室の話によると「細菌菌株」はコレラや天然痘などの細菌が細胞分裂して何百万、何千万個も集まった集落で、この型になって初めて毒性を持ち、研究用などに使えるという。

微生物の研究には国際的に認められた菌株が必要で、日本では東大応用微生物研究所や国立予防衛生研究所など数ヵ所で厳重に保存され、大学や研究所で必要なときだけ公文書で譲渡を受ける仕組みとなっている。

問題は、もし北韓が研究所で学究のために必要な場合はソ連など国交のある国から堂々と輸入すればよいものを、国の機関がこっそりと密輸業者と手を組んでコレラ菌やペスト菌など伝染性の強い菌を入手しようとした企図についてである。従って捜査関係者たちは、佐野らの強い否認にもかかわらず、裏付け捜査を続けている。

ソウル市民と学生が糾弾大会

ソウルの市民、学生ら約四十万人が5日、ソウルの南山野外音楽堂に参集、北韓が日本商社にコレラ菌など細菌を秘密注文したことを非難し、また、対南工作用の戦略物資を北韓が日本から密輸入していた事件に抗議した

同抗議集会では北韓の非人道的な〝細菌戦策略〟を糾弾するとともにさる12月11日北韓に乗取られたKAL機搭乗員の即時送還を促求する決議文およびウ・タント国連事務総長に送るメッセージを満場一致で採択した。

大韓民国への露骨な挑戦

金昌権共和党スポークスマン

金昌権共和党スポークスマンは三日、日本の一部商社が北韓に細菌とスパイ物資を密輸出した動きにたいし声明を発表し「日本の一部親共商社のこうした動き大韓民国にたいする露骨な挑戦であり極東およびアジア自由地域の安全保障に重大な脅威である」と述べた

なお、新民党の高興門事務総長は同日「政府はこのさい対日外交で国民が納得するような対策をたてるべきである」と主張した。

輸出の可能性濃厚

崔外務長官が声明発表

大韓民国駐日公報館は去3日、北傀の細菌株密輸入企図事件に関する崔外務長官の声明を次のように伝えた。

すでに報道されたように、北傀が年初にコレラなど細菌菌株を入手するため、日本のある商社にこれを発注した事実が、日本警察当局によって明らかになった。この細菌菌株がすでに北韓に渡ったかどうかに関しては、日本警察当局で捜査中だというから、その真相は遠からず明らかになると思うが、われわれは、これまで無数に犯してきた北傀のあらゆる蛮行をかんがみて、このような恐るべき病菌をすでに北傀が入手した可能性は濃厚だとみざるをえない。1969年9月韓国西海岸にまん延したコレラの病菌の元がどこから来たかは推測するに足るものがある。また、この度の北傀の細菌菌株対日密輸入企図事件は、こうした北傀の蛮行に新しい事例を添えるものであり、とくにこの事件はその性質上人命を脅かすものであり、全世界の自由愛好国民の糾弾を受けてしかるべきものである。また私利をむさぼる余り、対北韓密貿易に従事する一部の心ない日本商社に対して、人間の良心と人道主義の名のもとに厳重に警告する。

昨年のコレラ再検査へ乗出す

保社部は北韓の対日細菌発注事件を契機にに昨午昨年流行したコレラの疾学調査結果のうち、はっきりしていなかった点について再検討に乗出したが、①コレラが海岸地帯に集中発生したこと②ゲリラ侵透可能性の濃い島から集団発生したこと③釜山の場合、魚1匹を20人が食べ皆コレラにかかったこと④他の鮮魚からの感染はなかったという奇異な現象などの解明に全力を尽すことになった。

〝北韓、すでに細菌入手〟金保社部長官が断定

金泰東保社部長官は「北韓が既にコレラ菌をはじめ各細菌を入手したものとみる」と述べ、東京大学などカ所しか細菌を扱っていないとの日本側の解明とは別に、数十の医大、細菌研究所がある事実から見て昨年のコレラは間違いたく北韓により撒布されたものであると断定した。

日本、細菌北送事件報道を管制

北韓への密輸事件を捜査中の日本海上保安庁では細菌受注に関し、一切言及を避け、厳しい報導管制を行なっている。

日本の対北傀貿易の実態

日本の貿易商社が北韓と対韓国間諜用物品を交易している事実は目新しいものではないが、伝染病菌の取引まで行われているとの報導は国内は言うまでもなく、全世界に大きなショックを与えたのである。柳田商社(本社・大阪・社長柳田恭子38)とその傍系会社である共邦産業が日本の第五管区海上保安部の捜査線に上ったのは昨年の十月、当時柳田商社がココム・リストに入っている電子工業用品(約1千9百50万ウオン相当)を神戸から興南へ運ぼうとして発覚、その後罪追及した結果、北韓が発注した品目リストとその対の対北韓交易実態が明るみに出、コレラ菌、ペトス菌など5種の細菌を北韓から頼まれたことが明らかになった訳である。調べで持出された形跡はないというものの、昨年の全国的なコレラ流行があっただけに政府もある種の推測をせざるを得ない状況にある訳だが、北韓へ密送された対南間諜用品をザッと並べて見ただけでも、無電機材、撮影機材、電子工業品、ソウル市内電話帳、ソウル及び各市道の最新地図、最新発行の雑誌、最近撮影の各機関の写真とフイルム、映画十余編(軍事施設が一目で判る赤いマフラーなど)44種に昇る。現在北韓と取引のある日本商社は約六十社、このうち朝総連系を拾って見ると、秋山洋行(呉子竜・資本金3百万円)、新亜細亜貿易(尹太性・8百万円)、太古産業(金田泰蔵・帰化・5百万円)、以上大阪所在、東海社(梁宗高・5億円)、日隆商社(吉永重光・5千万円)以上東京所在で、これらを操っているのは北韓の対外科学技術交流協会委員長・鄭松男と書記長方永模、貿易促進委員会委員長・韓寿吉、設備輸入会社々長・金秉然らで、朝総連の貿易担当責任者であり、朝総連系商工人会幹部の吾某が日本商社と接触、現金決済で北韓へ物品を密送している訳だ。いずれにしてもこの事件で、朴大統領が直々に対策会議を召集、各部長官に真相究明を指示しているだけに、若し事実だとすれば韓日問題だけでなく、世界的な問題となり，日本政府がどう裁くかその帰趨が注目されている

永住権申請促進のしおり

永住権者と否との違い　協定文と入管法で示す

1、永住権の現況

①一九五二年四月二八日、日本が桑港条約を通して日本が独立することにより在日韓国人の日本国籍離脱の法的手続が完了した。

②日本国籍離脱と同時に在日韓国人の法的地位は臨時措置法令一二六～二～六号として、在留資格が確保される時まで在留資格なしに居住できるようになった。

ポツダム宣言の受諾に伴い発する命令に関する件に基く外務省関係諸命令の措置に関する法律

（全文）（昭和二十七年四月二十八日法律第百二十六号・昭和三十九年一月一日現在）

日本国との平和条約の規定に基き同条約の最初の効力発生の日において、日本の国籍を離脱する者で、昭和二十年九月二日以前からこの法律施行の日まで引き続き、本邦に在住するもの（昭和二十年九月三日からこの法律施行の日までに本邦にて出生したその子を含む）は、出入国管理令第二十二条の二第一項の規定にかかわらず、別に法律で定めるところによりその者の在留資格及び在留期間が決定されるまでの間引き続き在留資格を有することなく本邦に在留することができる。

③韓日協定（一九六五年六月二二日）の法的地位協定において、在日韓国人の法的地位が確定された。即ち在留資格が定まった。

その内容は、

イ、協定永住権

一九四五年八月一五日以前に日本に入国して永住権申請時まで継続して居住した者。（協定文第一条）

第一条

日本国政府は、次のいずれかに該当する大韓民国国民が、この協定の実施のため日本国政府の定める手続に従い、この協定の効力発生の日から五年以内に永住許可の申請をしたときは、日本国で永住することを許可する。

ロ、一般永住権

一九五二年四月二八日以前に日本に入国して永住権申請時まで継続居住した者は、出入国管理令に依拠した永住権を取得できる（入管令第4条）

ハ、出入国管理令第4条に依拠した特別在留許可（入管令第4条）

（在留資格）

第四条① 外国人（乗員を除く。以下この条において同じ。）は、この政令中に特別の規定がある場合を除く外、左に掲げる者のいずれか一に該当する者としての在留資格（外国人が本邦に在留するについて本邦において左に掲げる者のいずれか一に該当する者としての活動を行うことができる当該外国人の資格をいう。以下同じ。）を有しなければ本邦に上陸することができない。

一、外交官若しくは領事官又はこれらの者の随員

二、日本国政府の承認した外国政府又は国際機関の公務を帯びる者

三、通過しようとする者

四、観光客

五、本邦で貿易に従事し、又は事業若しくは投資の活動を行おうとする者

六、本邦の学術研究機関又は教育機関において特定の研究を行い、又は教育を受けようとする者

七、本邦の学術研究機関又は教育機関において研究の指導又は教育を行おうとする者

八、本邦で音楽、美術、文学、科学その他の芸術上又は学術上の活動を行おうとする者

九、本邦で演劇、演芸、演奏、スポーツその他の興業を行おうとする者

十、宗教上の活動を行なうために外国の宗教団体により本邦に派遣される者

十一、外国の新聞、放送、映画その他の報道機関の派遣員として本邦に派遣される者

十二、産業上の高度な又は特殊な技術又は技能を提供するために本邦の公私の機関により招へいされる者

十三、本邦でもっぱら熟練労働に従事しようとする者

十四、本邦で永住しようとする者

十五、第五号から第十三号までの各号の一に該当する者の配偶者及び未成年の子で配偶者のないもの

十六、前各号に規定する者を除く外、法務省令で特に定める者

②前項各号（第一号、第二号及び第十四号を除く。）に規定する者の在留期間は、三年をこえない範囲で法務省令で定める。

③第一項第六号、第七号、第十二号又は第十三号に該当する者が、本邦に上陸しようとするときは、法務省令で定める手続により、あらかじめ、当該外国人がその在留資格に該当する旨の証明書の交付を法務大臣に申請しなければならない。

④前項の申請があった場合には、法務大臣は、当該在留資格に属する者の行うべき活動に係る行政の所管大臣に協議し、その者が当該在留資格に該当すると認めたときに限り、同項の証明書を交付することができる。

⑤第一項第十四号に該当する者が、本邦に上陸しようとするときは、法務省令で定める手続により、あらかじめ、永住許可を法務大臣に申請して、その許可を受けなければならない。

⑥前項の申請があった場合には、法務大臣は、その者が左の各号に適合し、且つ、その者の永住が日本国の利益に合すると認めたときに限り、これを許可することができる。

一、第五条第一項各号のいずれにも該当しないこと。

二、独立の生計を営むに足りる資産又は技能を有すること。

2、協定永住権について

①韓日協定で確定された協定永住権は、自西紀一九六六年一月一七日～至西紀一九七一年一月一六日まで五年間に申請取得しなければならない。

②期限内に協定永住権を取得できない者は、協定永住権取得資格を喪失する。

③協定永住権を取得できない者は臨時措置法令である一二六－二－六号によって在留資格を確定せねばならないので、出入国管理令に依る一般永住権、特別在留許可を受けるほかない。

第一条

日本国政府は次のいずれかに該当する大韓民国国民が、この協定実施のため日本国政府の定める手続に従い、この協定の効力発生の日から五年以内に永住許可の申請をしたときは、日本国で永住することを許可する。

④申請できる範囲は実施面において西紀一九五〇年一月から一九五二年九月までの間に実施された第二次外国人登録を所持した者で、不法入国容疑で退去強制の手続を踏まなかった者まで緩和された。

韓日法相会議共同コミュニケ　（一九六九年八月一九・二〇）

西郷吉之助日本国法務大臣と李皓大韓民国法務部長官は、一九六九年八月十九日及び二十日の両日に亘り東京において会合し、在日韓国人の法的地位及び待遇に関する協定の実施に関する意見を交換し、同協定のより円滑かつ効果的な運用を図るため、実務者会談において了解された左記の事項を確認した。

記

一　協定永住資格のある居住経歴について

1　協定永住許可の申請者が、第二回外国人登録（昭和二十五年一月から昭和二十七年九月まで）を終えており、申請時までに昭和二十七年法律第一二六号第二条第六項に該当しないとされたことのない者（例えば不法入国容疑により退去強制の手続を経たことのない者をいう。）については、あらためて事実の調査を行うことなく、協定永住を許可する所存である。

2　戦前樺太に渡航し、戦後引き揚げた韓国人からの協定永住許可の申請については、協定の討議の記録日本側代表発言@の趣旨を尊重して好意的に検討する。

二　戦後入国者に対する出入国管理令上の永住許可について

1　一九六五年六月二十二日の日本国法務大臣の声明による戦後入国者に対する特別在留許可は法令の範囲内において可能な限り迅速に許可することとし、かつ、その者の一般永住許可申請は特別

2　右の大臣声明の精神を十分に尊重し、永住許可の審査基準を今後さらに緩和し、かつ、提出書類や申請手続を簡素化する。

三　協定永住者の再入国許可について

1　協定永住者の再入国許可については、引き続き好意的に配慮する。

2　協定永住者（協定永住有資格者を含む。）が真にやむをえない理由により再入国許可期限内に入国できなかった場合における遅延理由の確認については、再入国許可期間経過後三箇月以内に入国できる見込みの者については、在外公館においてこれを行なうこととし、この確認を受けた者は、協定永住者（協定永住有資格者を含む。）として入国を許可する。

四　協定永住者の家族の入国及び在留について

1　協定永住者の家族の入国及び在留については、家族構成その他の事情を勘案したうえ、人道的見地に立って妥当な考慮を払う。

なお、韓国側は

1　協定永住者に対し、本国との往来の便宜のため数次有効の再入国許可が与えられることが望ましいことを表明した。

2　協定永住者の家族のうち、特別在留許可又はその他の資格によって在留が認められている者については今後出入国管理令上の永住許可を与えられることに関心を表明した。

3、退去強制について

①退去強制（協定第三条）

第三条

第一条の規定に従い日本国で永住することを許可されている大韓民国国民は、この協定の効力発生の日以後の行為により次のいずれかに該当することとなった場合を除くほか、日本国からの退去を強制されない。

(A)　日本国において内乱に関する罪又は外患に関する罪により禁錮以上の刑に処せられた者（執行猶予の言渡しを受けた者及び内乱に附和随行したことにより刑に処せられた者を除く。）

(B)　日本国において国交に関する罪により禁錮以上の刑に処せられた者及び外国の元首、外交使節又はその公館に対する犯罪行為により禁錮刑に処せられ、日本国の外交上の重大な利益を害した者。

(C)　営利の目的をもって麻薬類の取締りに関する日本国の法令に違反して無期又は三年以上の懲役又は禁錮に処せられた者（執行猶予の言渡しを受けた者を除く。）及び麻薬類の取締りに関する日本国の法令に違反して三回、（ただし、この協定の効力発生の日の前の行為により三回以上刑に処せられた者については二回）以上刑に処せられた者。

(D)　日本国の法令に違反して無期又は七年をこえる懲役又は禁錮に処せられた者。

出入国管理法（退去強制）

第二十四条　左の各号の一に該当する外国人については、第五章に規定する手続により、本邦から退去を強制することができる。

一、第三条の規定に違反して本邦に入った者。

二、第九条第五項の規定に違反して本邦に上陸した者。

三、前二号に該当する者を除く外、寄港地上陸の許可、観光のための通過上陸の許可、転船上陸の許可、緊急上陸の許可又は水難による上陸の許可を受けないで本邦に上陸した者

四、本邦に在留する外国人（仮上陸の許可、寄港地上陸の許可、観光のための通過上陸の許可、転船上陸の許可又は水難による上陸の許可を受けた者を除く。）で左に掲げる者の一に該当するもの。

イ　旅券に記載された在留資格の変更を受けないで当該在留資格以外の在留資格に属する者の行うべき活動をもっぱら行っていると明らかに認められる者

ロ　旅券に記載された在留期間を経過して本邦に残留する者

ハ　らい予防法の適用を受けているらい患者

ニ　精神衛生法に定める精神障害者で同法に定める精神病院又は指定病院に収容されているもの

ホ　貧困者、放浪者、身体障害者等で生活上国又は地方公共団体の負担になっているもの

ヘ　外国人登録に関する法令の規定に違反して禁こ以上の刑に処せられた者。但し、執行猶予の言渡を受けた者を除く。

ト　少年法（昭和二三年法律第一六八号）に規定する少年でこの政令施行後に長期三年をこえる懲役又は禁こに処せられたもの。

チ　この政令施行後に麻薬取締法、大法取締法、あへん法又は刑法（明治四〇年法律第四五号）第一四章の規定に違反して有罪の判決を受けた者

永住権申請促進宣伝啓蒙要領（四面のつづき）

リ　へからチまでに規定する者を除く外、この政令施行後に無期又は一年をこえる懲役若しくは禁こに処せられた者。但し、執行猶予の言渡を受けた者を除く。

ヌ　売淫又はそのあっ旋、勧誘、その場所の提供その他売淫に直接に関係がある業務に従事する者

ル　他の外国人が不法に本邦に入り、又は上陸することをあおり、そそのかし、又は助けた者

ヲ　日本国憲法又はその下に成立した政府を暴力で破壊することを企て、若しくは主張し、又はこれを企て若しくは主張する政党その他の団体を結成し、若しくはこれに加入し、又はこれと密接な関係を有する者

（1）公務員であるという理由に因り、公務員に暴行を加え、又は公務員を殺傷することを勧奨する政党その他の団体

（2）公共の施設を不法に損傷し、又は破壊することを勧奨する政党その他の団体

（3）工場事業場における安全保持の施設の正常な維持又は運行を停廃し、又は妨げるような争議行為を勧奨する政党その他の団体

カ　オ又はワに規定する政党その他の団体の目的を達するため、印刷物、映画その他の文書図画を作成し、頒布し又は展示した者

ヨ　イからカまでに掲げる者を除く外、法務大臣が日本国の利益又は公安を害する行為を行ったと認定する

②教育権（協定第四条）
③生活保護、国民健康保険（協定第四条）
④帰国時の　財産携帯（協定第四条）

第四条
日本国政府は、次に掲げる事項について、妥当な考慮を払うものとする。

(a)　第一条の規定に従い日本国で永住することを許可されている大韓民国国民に対する日本国における教育、生活保護及び国民健康保険に関する事項

(b)　第一条の規定に従い日本国で永住することを許可されている大韓民国国民（同条の規定に従い永住許可申請をする資格を有している者を含む。）が日本国で永住する意思を放棄して大韓民国に帰国する場合における財産の携行及び資金の大韓民国への送金に関する事項

⑤財産取得権（土地等）

外国人の財産取得に関する政令

（認可）

第三条①　外国人が日本人、日本国の政府若しくは、地方公共団体又は第二三条の二の規定により、主務大臣の指定する外国人から左に掲げる財産を取得しようとするときは、主務大臣の認可を受けなければならない。外国人が自己の計算において日本人又は第二三条二の規定により、主務大臣の指定する外国人をして取得させようとするときも同様とする。

一、土地、建物、工場、事業場若しくはこれらに付属する設備又は鉱業権若しくは、これに関する権利。但し、自己の居住の用に供するために通常必要と認められる土地及び建物並びに、これらに付属する設備を除く。

二、　前号に掲げる財産の賃借権、使用貸借に基く借主の権利、地上権、永小作権、若しくは質権、抵当権その他の担保権又は前号に掲げる財産の取得の予約に基く権利若しくは前号に掲げる財産を取得するかどうかを選択する権利。但し、賃借権、使用貸借に基く借主の権利、地上権及び永小作権については、その存続期間が五年をこえるもの又は契約の更新の結果その存続期間が通じて五年をこえるに当るものに限る。

三、特許権（特許権に関する権利、実用新案権及び意匠権及びこれらに関する権利並びに特許、実用新案、登録又は意匠登録を受ける権利を含む。）

②前項の規定による認可は、当該財産の取得、それに関する契約若しくは取引き又は、これにともなう日本国への送金もしくは物資の輸出等について、他の法令の規定により必要とされる認可、許可、その他の処分を排除するものではない。

在日韓国人の法的地位協定に関する討議の記録

日本側代表

(a)　日本国政府は、協定第一条一(a)の適用に当たっては、兵役又は徴用により日本国から離れた時から復員計画に従って帰還するまでの間を日本国に引き続き居住していたものとして取り扱う方針である。

(e)　外国人の財産取得に関する政令に基づく告示において、同政令の適用除外国として大韓民国を指定しているが、日本国政府は、協定の効力発生に際してこれを削除する意図はない。

4、朝総連の虚偽宣伝

①徴兵云々は根拠のない虚偽宣伝である。

兵役法第四七条
大統領令に定めたところに依って国防部長官、在外同胞の兵役任務を延期または免除できる。

（要旨）国防長官の通知が公布された。

②〝協定永住権でも一二六—二—六でも違いがない〟という説は、協定文と現行入管令を対照すれば明白であり、出入国管理法案にうかがえる日本政府の姿勢を分析すれば明白である。

（例）第五〇条（送還先）
一、本邦に入国する直前に居住していた国
二、本邦に入国する直前に居住していたことのある国
三、本邦に向けて船舶または航空機に乗った港、または飛行場の属する国
四、出生地の属する国
五、出生後にその出生地の属していた国
六、前各号に掲げるもののほか、退去強制される者が希望する国

③協定永住権を取得した者が多ければ多いだけ朝総連の勢力が減少され、彼らが信奉する北傀との協定がなされないために認定することができない底意をもった虚偽宣伝をしている。（同協定第三条と現行出入国管理令第条との対照によってわかる）

39万名申請を目標に

在日韓国人永住権申請　9ヶ公館に人員割当て

政府は在日韓国人の協定永住権申請推進目標を三十九万名に決め、駐日大使館を始め、日本内の九つの総領事館および領事館別に目標人員数を割当て、協定永住権申請に最後の追込をかける方針である。

政府がこのように僑胞たちの永住権申請を促進しているのは、在日韓国人の法的地位および待遇にかんする韓日間協定の〝満了日〟が来年の一月十六日に迫っているからであり、あと一年しか時日が残っていないにもかかわらず、同協定発効（一九六六年一月十七日）後四年たったこの二月現在で永住権（協定永住権）申請者は十六万五千四百名にすぎない。

政府当局者の観測では残りの一年間で協定永住権申請者数は四年間の年平均獲得よりは比較にならないほどふえるだろうと楽観している。

こうした見方は①昨年八月の十二日の二日間東京で開かれた韓日法相会談の結果、協定永住権申請要件が大幅に緩和されたためだということで、②また、在日居留民団は昨年四月に執行部改選をして以後、協定永住権申請促進事業に非常に積極的だという点などから起きている。

居留民団はきたる三月十五日までに、第一次的に民団所属僑胞たちの協定永住権申請を全部終え、三月十五日以後からは在日韓国人社会内の中立系および朝総連系にたいしても協定永住権の申請勧誘運動を繰拡げる方針である。

昨年一月から八月までの月平均協定永住権申請者数は四千名程度であったが、九月以後からは六千五百名にふえている。これは月平均六千五百名であるが、それでさえも来年一月十六日まで三十九万名の目標を達成することはむづかしいと見て政府は日本内公館長の責任において、目標人員をつぎのように割当てている。

▽駐日大使館（東京地域）＝三万九千三百五十一名▽駐札幌総領事館＝四千三百二十名▽駐仙台領事館＝五千五百九十二名▽駐横浜領事館＝一万二千四百七十七名▽駐大阪総領事館＝七万八千百二十七名▽駐名古屋領事館＝三万八百六十二名▽駐神戸領事館＝三万一千五百三十二名▽駐下関領事館＝一万四千五十九名▽駐福岡総領事館＝一万五千六百三十八名（合計二十三万一千九百五十八名＝すでに申請した者まで入れると三十九万名）

海外同胞の財産搬入手続きを簡素化

政府は、海外同胞の国内財産搬入を、より合理的に勧奨するために財産搬入業務手続きを簡素化する一方、一部業務を税関長に委任する方針であるという。

関係当局者によれば、現行多岐化されている財産搬入事務を単一簡素化させるのと、財産搬入制度を基準化させるため、関係規程の綜合統合作業に着手し、搬入要件と限度を定めるなどなど、財産搬入業務も、下部機関である一線の税関長に委任するというものである。

いままで、海外同胞の財産搬入は、関連部署の業務が複雑であり、また関係規程が面倒くさく、実効をあげられなかったといわれ、大幅な簡素化にふみきったといわれる。

北傀、39人を送還

大韓航空のラ致乗客

北傀は十四日午後四時四分すぎ、板門店を通じ、昨年十二月十一日、北傀にいったままの大韓航空（KAL）旅客機YS11の乗客男三十三人、女六人計三十九人を六十五日ぶりに突如送還した。問題のYS11にはパイロット二、スチュワーデス二、乗客四十七の計五十一人乗っていたが柳炳夏機長（37）崔石満副機長（37）鄭敬淑（24）成敬姫（24）両スチュワーデスの乗員全員と、乗客のうちさきに韓国側が乗取りの共犯として発表した病院長と元憲兵の二人、それに嶺東地方放送局の記者二人ら計八人は帰って来なかった。

送還者記者会見

六十五日ぶりに十四日北傀から送還された大韓航空（KAL）旅客機YS11の乗客三十九人全員が十五日午後、中央情報部で記者会見し、「事件は乗客の一人、趙昶熙元憲兵（42）の単独犯行である。抑留中は〝学習〟を強制された。これに反発したものが帰ってこれなかったと思う」と語った。

乗客たちは送還後、帰宅せぬまま政府当局の調べを受け、この会見に臨んだもので、一様に疲れていたが質問にはきはき応答した。

元憲兵の単独犯行の理由として乗客たちは①その男が操縦室へ飛込むのをみた②北韓に着陸後、その男だけが迎えの車で去った③〝義挙〟をしたといわれる二人のパイロットは、着陸後も一般乗客と同じ扱いを受けていた、などの点をあげた。

乗客たちの話によると、抑留中一同は平壌市内の二つの旅館に個別収容され、〝学習〟の時だけ一緒になっていた。その間、乗客の一人が拷問で言語障害、精神異常になった。〝学習〟に反発したものは途中から姿がみえなくなった、という。

なおこの会見に先立って中央情報部、内務部治安局は「趙元憲兵は北傀の地下スパイで、軍事情報を集める任務を帯びていた。今度のKAL機乗取りも指令に基づいてやった。KAL機が強制着陸させられたのは、これまでの調べと違い元山の北、蓮浦飛行場である。まだ帰されていない十二人は強制抑留されている」という合同捜査結果を発表した。乗客たちは十五日も引続き精密検査などを受けており、帰宅は十六日以降になると見られる。

ところでこの日の発表と会見で今度の事件がすべて明らかにされたと考えられていない。というのは、韓国は北韓に残っている十二人の乗客、乗員の送還をあきらめるわけにいかず、そのために彼らの安全をそこなうような事実まで明らかにすることは出来ないだろうからだ。

12人も早くかえせ

政府は十四日、申範植文化公報長官名で、北傀は直ちに、無条件で抑留されている十二人と航空貨物ならびに機体（YS—11機）を返せ、と強く北傀に要求する声明をだした。

ついに国会再提出にきまる

日本政府　出入国管理法案

日本政府は、十四日から再開される特別国会に、人権の無視等世界類例のない悪法として、民団をはじめ全ての在日外国人、日本世論の一致した反対と糾弾を受け、昨年の通常国会で審議未了、廃案となった「出入国管理法案」を無修正のまま再び提出する方針を決めた。これはさる一月二十三日のNHKニュース、翌二十四日付東亜日報の報道に続き、二月に入って五日午後のNHKニュース、翌六日の朝日新聞等で明らかになったもので、同出入国管理法案は日本政府が今国会に提出する法案百三件、条約二十一件のうち中心案件のひとつとなっている。

断固として闘いぬく

入管法反対へ　在日韓学同が名のり

日本政府の出入国管理法案の国会再上呈への動きに対して、在日韓国学生同盟（金光沢委員長）では去る七日付で、要旨次のような声明を発表した。

声明書　われわれは昨年八月五日の日本国会々期終了とともに廃案になった出入国管理法案に対して、現在まで日本政府の同法案再上呈の動向を注視してきたが、世界史上類例のない悪法である「入管法」が、在日外国人の圧倒的多数を占める在日韓国人に対する「同化」と「追放」の治安、抑圧立法である事は、昨年の入管法決死反対闘争の過程ですでに明らかである。この度報じられた同法案の特別国会への再度上呈も同じ意図と背景を持つ事はいう迄もない。

そもそも日本政府当局は、われわれ在日韓国人の存在が、過去日本との一方的歴史関係によって生じたものであるという責任ある立場を放棄し、解放後も一貫して弾圧的姿勢を固執してきた事は、われわれがたび重ねて警告してきたところである。にもかかわらず、またしてもこの悪法が出現した事は、われわれ在日韓国人の基本的人権を脅やかそうとする、執拗で悪辣極まりない挑戦行為であると断定せざるを得ない。

日本政府が一方に於ては韓日友好のスローガンを掲げながら、外国人学校法案、外国人登録法とならんで、この非人道的抑圧立法を策動しようとする意味は極めて重大であり、従って我々の反対闘争は、韓日友好の欺瞞的現状と、我が民族に対する蹂躙とに対する民族的立場からの極めて正当な闘争である。

我々は一九六五年の韓日会談を頂点とする在日韓国人に対する露骨かつ陰険な圧迫政策が、増々体系化の度を加えている事を感じさるを得ない。最早日本政府当局は我々に対する一切の人道的姿勢と誠意ある立場を自ら放棄したものと断ずる。すべての人間的自由及び権利がそれを求めてやまない大衆の闘争に拠ってのみ獲得されて来た事を想起し民族の名に於て次のように宣明する。

我々は、今や、日本政府当局による在日韓国人抑圧のための一連の黒い策動と、それに加担するあらゆる勢力に対して、断固として最後まで闘い抜くであろう。

一九七〇年二月七日

在日韓国学生同盟入管法反対闘争委員会

民団政策の研究

正民会が活動計画発表

在日同胞社会の政策研究団体として、さきに発足した「正民会」（李裕天会長団）は七日、東京・千駄ケ谷のレストラン外苑に、在日韓国人報道関係者を招き、正民会は「正しい民団、正しい民主主義、正しい民族精神を一般に広く訴え民団組織を結束して、朝総連と闘おうとするものである。われわれは民団がもっと宣言や綱領を実践できるよう側面から助言や研究をし、政策に強く反映させるつもりだ」と説明した。

また、正民会の活動計画については次のとおり説明した。

一、正民会に組織宣伝（委員長尹翰鶴）、教育問題（同金東春）、経済問題（同呉敬福）、民生問題（同申晧）の四研究委員会を設け毎月一回以上、各研究委員会を定期的に開く。

一、四研究委員会の各委員長を中心に政策審議会を設ける。

一、機関紙〝正民〟を月一回発行する。

一、民団の基本事業の推進に協力するため、民団幹部とも必要に応じ協議するが、当面の方針として永住権申請の促進運動に積極的に参加する。ただ、待遇問題の改善、六七年の了解事項の実践などの要求運動も強力に進める。そこで民団、政府関係機関、在野人士などを網羅した委員会の結成を希望する。

現在の民団中央本部執行部に満足しているか。

答　現執行部は発足一年未満で仕事中だろうが、私として満足はしていない。

問　春の中央委員会で不信任案を出すうわさもあるが…。

答　不信任案は歴代団長の中で任期中に退任させられた例が三、四人いるが原則として不信任案はよくない。しかし団員の総意で不信任案が出ることがあるかも知れないが、いまのところ私として考えてない。

問　日韓文化協会土地売却事件についてどう思うか。

答　感心したことではない。売却決議の時、某団長経験者が「民団には事後承認でよい」と発言したそうだが、当時の団長の私は事前も事後も相談をうけたことがない。

スケッチは韓国館本館中央部のＯＰＥＮＷＥＬＬと１階舞踊場の全景

完成した韓国館の外景

万国博「韓国館」が完成

民族未来の夢を多角化

展示品の搬入いそぐ

韓国の国力を世界に示す万国博の韓国館が完成した。会場のシンボルゾーンに面する四、五〇〇平方㍍の敷地内に二、四〇〇平方㍍を使って建てられた韓国館は、いま内装もほとんどでき上り、近く到着する展示品を待っている。

大空にそびえる十五本の円柱に囲まれたパビリオンは四階が文化遺産館として過去の文化の繁栄を、三階は現在館として産業の発展を、二階は未来館として国土開発の明日の姿を展示する。

韓国館は韓国総合開発公社の金壽根氏が設計したもので、展示装飾は弘益大学工芸学部の韓道竜教授が担当し、二月一ぱいにすべての展示装飾を完了する予定である。

四階に展示される韓国の文化遺産は貴重なものなので万全を期すためすべて模造品になるが、すでに本国で立派な模造品がつくられている。この中でももっとも有名なのが韓国の国有文化財である「エミレ鐘」でこの模造品は重量五千㌔もある豪華なものであるが、この鐘のほか高麗青磁など由緒ある文化財の模造品二十一点とともに貨物船ニューチャンス丸に積込まれ二十一日仁川港を出航二十五日には日本に到着している。

このエミレ鐘は西暦七七一年、新羅の恵恭王が仏教に帰依し当時の名匠に命じて作らせた梵鐘であるが、この鐘にまつわる伝説は韓国古代人の信仰のあつさを物語っている。

これにつづいて展示品はぞくぞく送り込まれてくることになっている。

活発な運動展開を

永住権申請促進と万博招請など

支部三機関長・傘下団体長連席会議

連席会議のもよう

民団神奈川県地方本部（孫張翼団長）では、さる二月五日正午から本部二階の会議室において管下各支部三機関長・事務部長ならびに傘下団体機関長の連席会議を開いて、さきの一月二十三・四日熱海で開かれた、全国団長・事務局長傘下団体機関長会議において討議された永住権申請促進と万国博後援ならびに招請事業の推進について討議し、指示を行なうとともに県本部当面の諸問題について協議した。

連席会議には、参席有資格者約四十名が参加したほか中央本部から張聡明監察委員長、朴性鎮法地委副委員長、駐日大使館から劉副領事、駐横浜領事館からも金在春領事らが参席した。

会議は、鄭泰浩事務局長の司会で開かれ国民儀礼のあと孫張翼団長があいさつに立ち、組織一線で在日同胞の福祉向上のため活躍しているみなさんの労をねぎらうとともに「居留民団が当面している重要な課題——永住権申請の促進と万博招請事業の推進になお一層の努力をお願いする」と激励した。

つぎに張監察委員長、金領事の来賓祝辞があって朴法地委副委員長が永住権申請促進運動の実施要領と宣伝啓蒙の要領〈別掲〉について詳細な説明を行ない同運動に対する一般の理解を深めた。この朴副委員長の説明に対しては活発な質疑が行なわれそれぞれ適切な応答があった。

ついで鄭事務局長が「支部役職員はきょうの会議における結論をもちかえって活発な実践運動を展開してほしい」と指示した。

また孫団長は、とくに組織の体系確立について発言し「本部の示達事項は一本のパイプになって支部へ通じそれが実践されてこそ民団運動の成果といえる」と強調、さらに「永住権申請の促進については、支部でも各機関連席会議をひらいて各役員に責任配当をするなど一大運動を展開してもらいたい」と組織人の使命完遂を訴えた。

この日会議の席上において行なわれた永住権申請についての主な発言はつぎのとおりである。

①民団の各級任職員は、ひとを指導するまえにまず自分がさきに永住権申請をすませよ。②この運動を妨害することは民族的罪悪を犯すことになる。したがって朝総連の虚偽宣伝は断固しりぞけよ。③この運動には民団の命運がかかっている。④名前が違っている場合は一まずそのまま申請しておいてもらいたい、その後の対策については民団中央で考えている。⑤朝総連が宣伝している徴兵云々は明らかにウソだ。⑥一般永住権の申請は来年一月十七日以後でもよい。

会議はさらに中央機関紙「韓国新聞」の配送達問題について二、三の支部から現状改善策について要望があり、最後に田炳武議長が「慎摯な討議に感謝する。永住権申請の促進事業が有終の美をもって成功するよう望んでやまない」旨の閉会の辞をもって午後五時すぎ閉会した。

三・一節の意義

団長　孫　張　翼

青史に残る民族精神

殉国先烈の労苦を偲ぶ

過去52年前のこの日を三・一独立運動を回顧しながら、私の如き浅学非才な者が、この一文を記すことは読者諸氏に歴史を論ずるというよりも、共に過去をふりかえり殉国先烈たちの労苦を偲ぶとともに、その冥福を祈るためであり、われわれの世代はもちろん子孫に対しても民族精神培養に資するところがあれば幸甚に思うからである。

日米は丙子修交条約により、韓国の独立を明言し、日清戦争を終結する下関条約において、清国に韓国の独立を確認させたにも拘らず、韓日合併直前に自ら約束を破り、韓国に統監府を置いて、言論、集会を禁止する策に出た。

そのため地方によっては、武装義挙もあったが、日本の弾圧施策によって義挙の志士たちは、地下組織に入り表面的には一応平穏であるかのように見えた。しかし最初から野望充満の下に仕組まれた日本は、総督官制を発布し、初代総督に寺内が就任して、憲兵制度が実施され弾圧改築は日増に強化されていった。

その代表的なものは枚挙にいとまもないが特に反日愛国記事で有名であった大韓毎日申報を買収して自分たちの機関紙である京城日報に吸収合併し、他の新聞を廃刊させて我が国民をして目、耳、口を塞ぎ徹底的な武力弾圧政策が施行された。したがって善良な国民を不純分子と断定して投獄するなど我が民族を暗黒の世界へと追い込み、隷属生活を強要した。これと同時に日本の官吏、商人、高利貸金融業者、農民その他、実業家が連続して来韓し、貧農韓国人に高利で金を貸し、返済が不可能な者から土地、家屋、その他の財産を収奪して巨額の富を占めた日本人その数を知れず、巨大な資本の日本商人は、全韓土の主要な都市にその座を占め、自己経営の会社の本支店網を拡張したり、一部はヘンピな農漁村にまで侵蝕を始めたのである。

このような状態を見るに忍びないわが愛国の志士たちは弾圧に耐え兼ねて愛する故国を背に近くは満洲と中国本土、上海方面はもちろん、遠く米国本土、ハワイ、或はシベリヤ等へ亡命してそれぞれの地を根拠に国権の回復を図ったのである。我が先烈がこのように各方面において呻吟している間に中国大陸においては辛亥革命が起り、欧洲大陸においては第一次世界大戦が勃発したのである。

このような衝激の中に米国の参戦によって、一九一八年独逸の降服を見るに至った。これに一九一七年九月米国ニューヨークにおいて開かれた世界二十五弱少民族会議や、これに類似した会議に亡命家たちは、それぞれ代表を送り我が国の民族自決を[illegible]えて来たのである。これはわが民族青史に高く評価されなければならない。

第一次大戦終結のまえに米国のウイルソン大統領は、講和条約の大前提である声明の中で「総べての民族の統治はその民族の自決に[illegible]

[illegible]これが成功した。

日本の侵入以来ユウウツな世を送って来た高宗皇帝が一九一九年一月二十日逝去されたので、我が国民に一層のフンゲキを与え、三月一日を期して世紀万才事件という民族独立運動の義挙が行なわれたのである。

この日民族代表三十三人が署名した大韓独立宣言文を朗読、大韓独立万才の悲痛な叫びは、韓国全土津々浦々を震かんさせたのである。これにキョウガクした日本官憲は、武力でこれを弾圧して犠牲者の数ははかりしれないものであった。

三・一運動[illegible]万才事件は数年間、その余インを引き、これに参加した人員はインペイにあくせくした日本官憲の統計ですらも、参加人員百三十六万九千余名、虐殺された者六千六百七十余名、投獄された者五万二千七百七十余名にのぼった。以上のような過去の歴史を繰返さないためにもわれわれは常に団結して、民団組織強化は勿論、祖国大韓民国発展のためにこの機会に新たな覚悟が必要であることを銘記すべきである。

わが民団においては、この三・一独立運動を記念して毎年盛大で意義ある式典を行なっているが、

今年も日比谷で

今年も中央式典大会を三月一日、東京日比谷公会堂で民団関東地方協議会の主催で行なうことになった。この式典にはわが神奈川県本部も主催者の一員であるから県下の全団員がこぞって参加するよう望んでやまないものである。

> **お知らせ**＝県本部の機関紙神奈川通信は、本号から、ご覧のとおりスタイルを一新しました。団員みなさまの建設的な批判をうけ入れながら今後なお一層内容の充実をはかりたいと思います。編集、その他についてお気付きの点はどしどしご意見をおよせ下さい。
>
> 大韓民国居留民団神奈川県本部宣伝部

各支部の活動

納税組合問題を中心に討議

鶴見支部月例役員会

民団鶴見支部（具宗鎬団長）では、去る十日午後七時から同支部会議室において毎月定期的に開かれる役員会を開いた。

開会は孫永[illegible]支部民生課長から慎支団長が本国旅行中で欠席した旨の報告があって、貢副議長からもあいさつがあり討議に入った。

討議は、(1)一月分の決算報告に対する質疑応答の後、(2)納税貯蓄組合の総会並に、青色申告の件、(3)韓国人商工会理事会開催の件、(4)永住権促進、万博招請事業の件、(5)組織整備強化の件等が熱烈討議され、それぞれ強力に推進することに合意を見た。

なお同支部における一月中の新規入団者が四十六名に達している旨の報告があって、午後十時散会した。県本部から鄭泰浩事務局長が参席した。

永住権促進と三・一記念式

南武支部定期役員会

民団神奈川県南武支部（河仁植支団長）では、去る十日毎月おこなわれる定期役員会を開いた。

同夜午後七時から開かれた会議には県本部から朴勝福副団長、李元博文教部長を始め支部三機関、顧問十八名が参席した。

会議は、河仁植支団長から、定期役員会に参席された各位に対する謝意を表し議題の説明と、建設的な討議を望む旨のあいさつがあって討議に入った。

討議には①大阪扇町公園において開かれるコレラ菌密輸抗議集会に参加の件②第五二回三・一節記念式典参加動員の件③永住権促進の件等を主に討議しそれぞれ執行部原案通り合意を見て午後十時閉会した。

事務所建築基金問題を討議

湘南中部支部役員会

民団湘南中部支部（田鶴善支団長）では、去る十日午後六時から同支部において三機関役員会議を開いた。

田鶴善支団長から平素の協力に対する謝意と議題に対する熱烈な討議を望む旨のあいさつがあって討議に入った。

討議は尹載一事務部長の司会で(1)永住権促進 (2)万博招請事業 (3)支部事務所建築基金一部不足に対する問題等を主に討議してそれぞれ執行部原案通り合意を見た。

なお同支部は既報の通り、永年懸案であった支部事務所の新築が念願かなって工事中であり三月中には落成することになっている。

この会議には県本部から孫張翼団長が参席した。

万博招請事業の全面推進へ

川崎支部定期役員会

民団神奈川県地方川崎支部（金鍾照支団長）では、去る九日（定期役員会は三日であるが金支団長病気の為め延期されていた。）午後六時から役員会を開いた。

会議は金鍾照支団長の平素民団組織運動に対する労苦に感謝する旨のあいさつにつづいて毎月役員会に報告される決算書を配布、これに基づいて質疑応答があってこれを諒承し、曹在竜団長から去る五日神奈川地方本部で開かれた本部三機関並びに各支部三機関長、事務部長、傘下団体機関長の連席会議で討議された永住権申請促進問題、万博招請問題の詳細な説明がなされ、これを全面的に推進することに合意した。

また、第五十二回三、一節中央大会の動員、大阪のコレラ菌輸出事件抗議集会参加の件などについて執行部の要留に対し同意した。

한국의 발전

3. 우리 나라의 기후

(1) 살기 좋은 기후

우리 나라는 중위도 지방에 있다. 위도로 보아서 남북으로 약 10°의 길이를 갖는 반도이므로 남북에 따라 기후가 다르고, 또 동서에 따라서도 다르다. 그리고, 지형, 바다와의 거리, 높이에 따라서 기후가 변하므로 등온선(等溫線)은 남쪽을 향하여 혀모양의 곡선(曲線)을 나타내고 있다.

우리 나라는 일본과 같이 대륙의 영향을 크게 받는 동안 기후(東岸氣候)를 이룬다. 그러므로, 같은 위도에 있는 유럽의 지중해 여러 나라에 비하여 우리 나라의 기후는 대륙성(大陸性)을 나타낸다. 여름에는 강수량이 많은 위에, 기온(氣溫)이 상당히 올라가기는 하나 일본처럼 무덥지는 않으므로 지내기는 훨씬

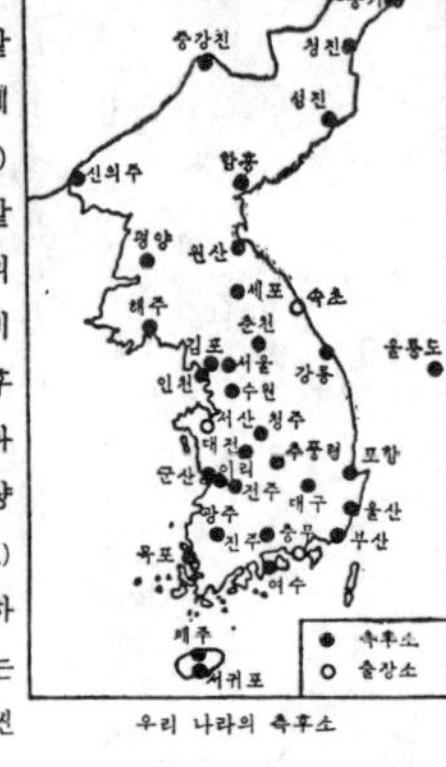

우리 나라의 측후소

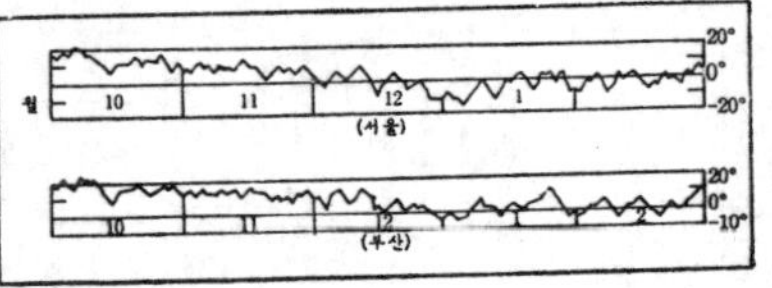

삼한사온

좋다. 다만, 겨울에는 몽고 지방의 한파(寒波)가 강하게 우리 나라에 밀어닥치므로, 북부 지방에는 다소 견디기 힘든 곳도 있다.

겨울 옷이 두툼한 솜옷으로 되어 있는 것이나, 온돌(溫突)이 널리 보급되어 있는 것으로도 겨울의 추위가 약간 심하다는 것을 알 수 있다. 그러나, 추운 겨울이라 할지라도 삼한사온(三寒四溫)이라는 현상이 나타나므로 지내기가 좋다. 삼한사온은 겨울에 추운 날과 따뜻한 날이 3, 4일씩 번갈아 나타나는 현상으로, 우리 나라에서 남만주 일대에 걸쳐 나타난다.

특히 남한 지방은 온화한 기후 지역으로 사람이 사는 데 알맞다. 가을 기후는 세계 어느 나라에도 비길 곳이 없을 만큼 좋으므로, 우리 나라를 방문하는 외국인이면 누구나 맑게 갠 가을 하늘과 아름다운 경치에 매혹(魅惑) 되지 않는 사람이 없을 정도이다.

(2) 계절풍 기후

아시아 대륙의 동부와 남부에는 여름철과 겨울철에 따라 기압 배치(氣壓配置)가 바뀌져서 계절풍(季節風) 또는 몬순(monsoon)이라는 바람이 분다.

겨울에는 몽고 지방에 고기압(高氣壓)이 생기고, 일본 남쪽 바다에는 저기압(低氣壓)이 생긴다. 이 때문에 겨울에는 대륙에서 대양으로 향하는 계절풍이 분다. 건조한 대륙에서 불어 오는 바람이므로, 공기가 건조하여 강수량이 적다. 여름에는 몽고 지방이 더워져서 저기압이 생기고, 일본 남쪽 바다에 고기압이 생긴다. 그러므로, 태평양에서 대륙 쪽으로 계절풍이 분다. 바다 위를 부는 동안에 습기를 받아

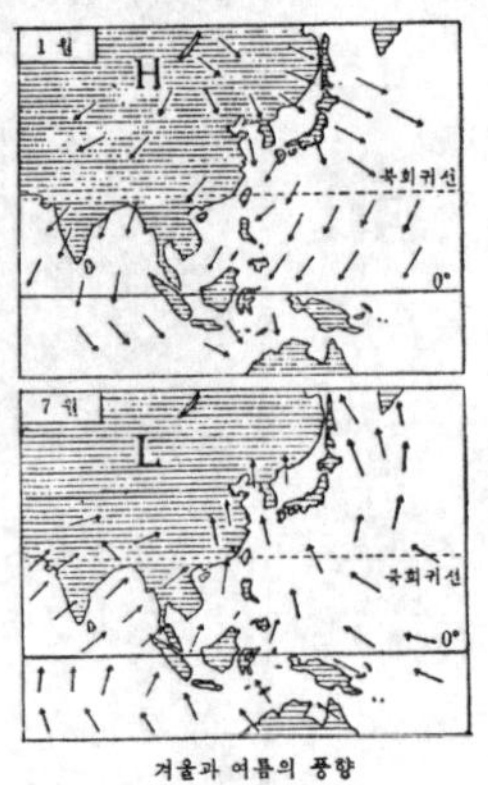

겨울과 여름의 풍향

들여서 많은 비를 내리게 한다. 이 계절풍은 세계에서도 우리 나라를 비롯하여 아시아 대륙의 동안과 남안에 뚜렷이 나타난다.

우리 나라는 세계적으로 볼 때 비가 알맞게 내리는 지역이다. 그러나, 대체로 6~9월의 4개월 동안에 1 년의 총 강수량의 60~70 %가 내린다. 또, 지형에 따라서 강수량에 차가 생기는데, 섬진강(蟾津江), 한강, 청천강(淸川江)의 중·상류 지방에는 비가 많이 내리고, 울릉도에는 겨울에 눈이 많이 내린다.

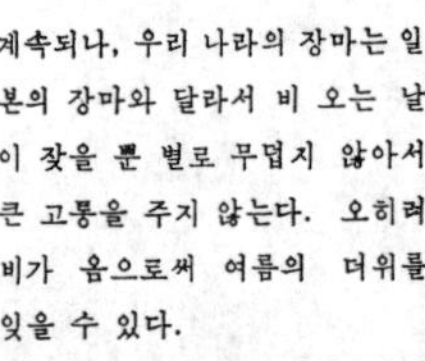

주요 도시의 기온과 강수량(1958~65년 평균)

중국의 양쯔강 유역에는 여름에 저기압(低氣壓)이 생긴다. 이 저기압은 이동하여 우리 나라의 남부와 일본 일대를 덮어서 많은 비를 내리게 한다. 이것을 장마〔長霖〕라고 한다.

일본에서는 장마철이 되면 음울하여 견디기 어려운 날씨가 계속되나, 우리 나라의 장마는 일본의 장마와 달라서 비 오는 날이 잦을 뿐 별로 무덥지 않아서 큰 고통을 주지 않는다. 오히려 비가 옴으로써 여름의 더위를 잊을 수 있다.

그리고, 장마비가 많이 내리므로 벼농사를 하기에 알맞는 기후라고 할 수 있다.

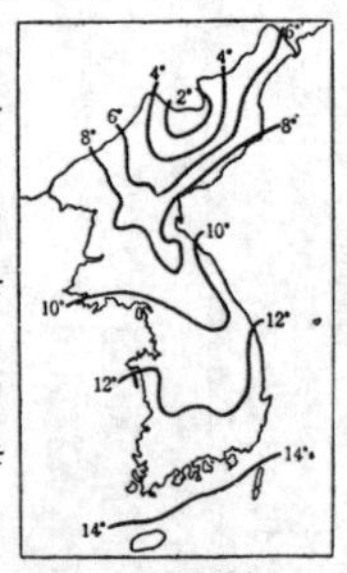

연 평균 기온

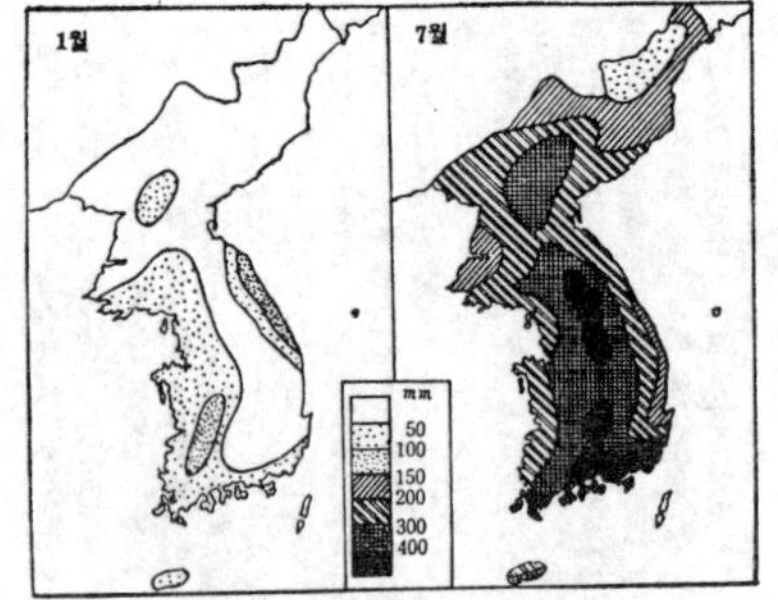

우리 나라의 강수량

(3) 자연 재해

한발과 홍수　세종 대왕 때 발명된 측우기(測雨器)는 세계 어느 나라보다도 앞선 강수량의 측정 기구로서, 서울의 청계천의 물 높이를 재던 수표(水標)와 아울러 세계에 자랑할 만한 것이다. 농업을 국가에서 가장 중요한 산업으로 여겨 왔고, 또 많은 사람이 농업에 종사하고 있으므로, 기후에 대한 관심이 크지 않을 수 없었다.

우리 나라는 계절풍 기후에 있는 다른 나라들과 마찬가지로, 강수량이 많은 해와 적은 해가 있다. 강수량이 많은

기상 관측(중앙 관상대의 노장 : 서울)

해에는 홍수(洪水)가 나고, 비가 적은 해에는 한발이 드는 수가 있다. 그런데, 천수(天水)만을 바라고 벼농사를 짓는 농가가 아직도 남아 있어 해를 입는다. 이 때문에 정부에서는 어떠한 기후에서도 마음놓고 농사를 지을 수 있도록 전천후 농업(全天候農業)을 서두르고 있다.

우리들은 관측 사업을 더 활발히 일으켜 농업을 더욱 발달시키는 데 노력하여야 할 것이다.

태풍과 해일　일본에서, 태풍이 불어서 집이 쓰러지고, 나무가 뿌리째 뽑혀 넘어지는 것을 보았을 것이다. 우리 나라에도 이와 같은 태풍이 불어 온다. 태풍이 불 때는 마침 벼농사가 한창일 때인만큼 농부들의 걱정이 대단하다. 태풍이 바다 위를 지날 때에는 거센 파도와 해일(海溢)이 일어서, 항구의 시설이나 기선, 어선이 부서지는 일도 있다.

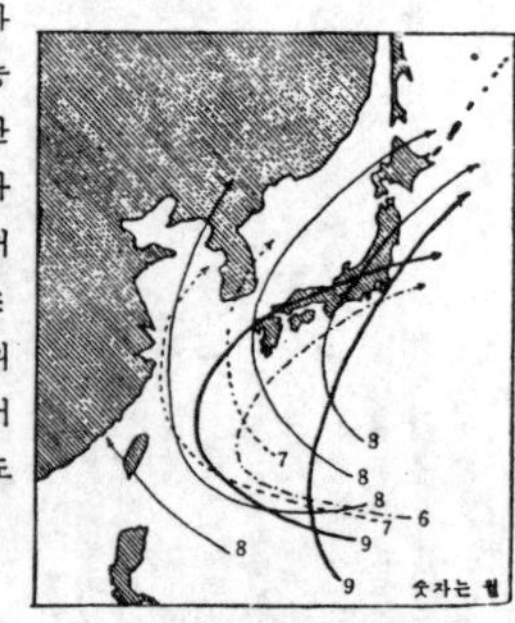

우리 나라 부근을 지나는 태풍의 진로

1970年2月25日（水）

在日本大韓民国居留民団
綱　領
1. 우리는 大韓民国의 国是를 遵守한다
1. 우리는 在留同胞의 権益擁護를 期한다
1. 우리는 在留同胞의 民生安定을 期한다
1. 우리는 在留同胞의 文化向上을 期한다
1. 우리는 世界平和와 国際親善을 期한다

神奈川通信

大韓民国居留民団神奈川県地方本部機関紙

昭和35年2月22日第3種郵便物認可　第341号

発行所　神奈川通信社
発行兼編集人　孫張翼
横浜市神奈川区鶴屋町2丁目18番地
電話 横浜 311―4903～5・6738番
支局→横浜・川崎・鶴見・高座・湘中・横須賀・南部・湘西
旬刊・毎月5、15、25日発行・購読料1ケ月100円

統一を望む声90%
「南北交流」論もかなり
世論調査結果
国土統一院が発表

韓半島が分断されて今年は二十五年目。最近では分断がより一層固定化の方向に向っている、ともいわれる。これに対する民意をつかむため政府は昨年暮れ、全国的な「統一世論調査」をおこなったが、その結果が二十日、申泰煥国土統一院長官から発表された。南北統一論議を長いことタブーにしていた政府が今度のような大がかりな世論調査を実施し、結果を公表するのは初めてである。

こんどの調査は国土統一院がソウル大行政大学院に委託して実施したもの。昨年九月の予備調査のあと全国五十ヵ所二千十四人を無作為抽出して面接調査した。

その結果①ほとんどの国民（九〇・六%）が「南北統一は民族の至上課題」と思っている②統一方案は「国連監視下の南北総選挙」を望む者（三一・九%）が多い③しかし、統一時期は「わからない」と答えたものが四〇・五%もあり、問題のむずかしさを示した④統一前の南北交流についてはかなりの者が「スポーツの交流」（三五・六%）報道関係者の交流」（二九・三%）を考えていることなどがわかった。

これらの内容をさらにくわしく分析してみると①「統一すべきか」について十八歳から二十五歳の青年層は九四%が「すべきである」としているのに反し、四十五歳以上は八七・六%がそう思っているだけで、中高年層が比較的現状維持的になっている。

これとまったく対照的にこれまで北韓ゲリラの浸透した東海岸部や軍事境界線近くの住民は「武力統一」を主張するものが多い。

残りの乗客も無条件返還を
中文公長官談話

（大韓民国駐日公報館発表）韓国政府スポークスマン、申範植文化公報部長官はきょう北韓に乗っ取られた大韓航空機乗客の一部送還について、次のような談話を発表した。

私は、北韓のスパイによって不法に乗っ取られた大韓航空機乗客がきょう送還されたことを、そのご家族の皆さんと共に歓迎する次第である。

北韓がこのたび乗客を送還したのは、激高する国民の圧力とそのような非人道的な蛮行に憤る世界の世論の高まる非難に屈服したことを意味する。

私は韓国国民の皆さん、国際赤十字社、その他国際的関係機関、ならびに自由友邦諸国が乗っ取られた航空機乗客及び乗員の送還のため協力と支援を惜しまなかったことに対し、ここに深甚なる謝意を表するものである。

また私は、乗っ取った航空機と共に残りの乗客、乗員、ならびに乗務員を、北韓が直ちにそして無条件、送還することを強く要求する。

北韓がスパイ装備と戦略物資を輸入し、また細菌戦争を注文しているのは、韓国に対するかれらの武力挑発が韓国国民の強い反共姿勢のため失敗に終わるや、さまざまの極悪な手段で再侵略の準備に狂奔している証拠である。

北韓は人道主義の名のもとに糾弾されて当然である。

この事件を教訓にして、われわれはいまこそ揺るぎない反共思想で武装しなければならない。われわれは今後北韓が企り得る挑発と侵略行為に対処し、またそれを粉砕できるよう万全の準備と力を養わなければならない。

国連の影響力行使を
本国で北傀糾弾のデモ

韓国では、二十三日北傀が昨年十二月大韓航空機を拉致したさい抑留した乗客のうち十一人をまだ釈放しないことに抗議する大規模なキャンペーンが始まった。ソウルでは三千以上の大群衆が参加してデモが行なわれ、ウ・タント国連事務総長や国際赤十字に対し、十一人の釈放を実現するため影響力を行使するよう求める決議が採択された。

この集会は、また北傀が韓国に対し、細菌戦争を企てていると非難した。

昨年のコレラ流行を再究明

世界保健機構（WHO）の太平洋地区の事務局長フランシスコ・Jディ博士は去る十九日午後六時五十分JAL機便で来韓し保健社会部長官の招きで来韓した、ディ事務総長は「昨年韓国で入路不明のコレラ菌が発生したことに対して世界に正しい状況を知らせるため来た」と語り、「万一、このコレラ菌が北傀によるしわざであることが明確にされれば、日本と韓国へ強力な調査班を派遣する」と語った。

また、ディ博士は約一週間滞在して保社、内務、科学技術処などの関係機関を訪問して昨年度発生のコレラ菌侵入についての基本調査を始める。

海外留学生の90%が帰らない

わが国の海外留学生のうち九〇%が勉学を終えても帰ってこないことが明らかになった。

文教部調査によれば、わが国の海外留学生数は一九五三年から六九年十月末現在、四二ケ国に一万四百二十七名でこの中、学士、碩士、博士学位などを得て帰国した者は僅か一〇%の一、一六〇名である。

留学生が帰国しないもっとも大きな理由は帰国後の職業と待遇問題である。全体の留学生中男子七七〇四名、女子二、三六三名で、人文系五、一四九名、自然系学系四、九八八名である。

本国新聞論調

戦争防止と緊張緩和
統一方案に関する省察

（一）

国土統一院が実施した統一問題に関する全国輿論調査の結果が発表されて、七〇年代にさしかかるわれわれの統一に対する関心と念願をあらたに呼び起こしている。

この度びの輿論調査は、国土統一院が発足以後初の比較的広範な国民層を対象に大胆とも思われる設問を掲げて実施したもので、統一を追求する事業の貴重な資料になるものと信ずるそして申泰慎統一院長官がその調査結果を分析した後「政府の統一政策がより弾力性をおびなければならない」と抽象的ではあるが含蓄性のある見解を表明したことも注目される。今日まで統一問題の核心として考えてきたことがいわゆる「統一方案」というもので、この度びの調査にも「南北統一を成就するもっともよい方案は何んであると思うか？」との設向を掲げた。その結果「UN監視下の総選挙」三一・九%「わからない」二三・七%「武力統一」一二・八%「現状態」一〇・三%「南北協商」九・五%「中立国監視」三・三%「北韓のみ選挙」一・四%というふうにあらわれた。統一方案に対してこのように国民的含意がまた充分でないことは、重大な問題であるようにうけとられる。しかしここで考えられることは今まで核心的だと看做されてきたその「統一方案なる」ものがそれほど重大な意味をもつものでないということである。その理由は「統一方案」そのものの基本前提が統一をするようになれば「即時」なしうるということである、分断四半世紀後に、また戦乱まで体験した南北統一が、主挙方式等だけに合意を見れば「即時」可能であるという考え方はあまりにも素朴である。

統一は即時出来るものではなく可能であるとすれば「長い間より多くの段階」を経てこそ可能であろう。また今いう選挙方式中心の「統一方案」は、その「多くの段階」の最終的な段階としてのみ意味があるのである。

（二）

南北の統一は、周知の通り国際的要因と国内的要因が合致する時にはじめて可能であろう。国際的要因としては米―ソ、米―中共、中―ソそれに小さくは日―ソ、日―中共等々の関係変化があげられ、現在そのような諸関係は微妙な推移を見せている。

このような国際的状況から南北を含む国内的には統一の為になすべきことは何にが何んでも先づ「どうすれば戦争を防止できるか」ということであろう。戦争の防止、それが第一であり基本的関門といえる。それに次ぐ関門が「どうすれば緊張を緩和させられるか」ということである。また、これに次ぐ関門が状況の変化に関連してあるということである。ここで第三、第四、第五の関門を論ずることは実益にならない。

ただ第一、第二の関門は現段階において統一問題の最も重要な作業として論議され、実践されなければならぬであろう。戦争防止と緊張緩和においてもまた国際的要因が決定的役割を果たすはずであるが、われわれが主体的に寄与する面も多大であるといえる。然るにそれは南と北の相対的なものであるから。高度且つ細心な政策を必要とする。

幾つかの例をあげると、韓国においての防衛的な（もちろん防衛的か？攻勢的か？は曖昧であるが）国防態勢の強化が要請される。国防態勢の弱化はかえって緊張と戦争を誘導するからである。また南ベトナム型を回避するためには治安の完璧な強化が重要である。

いずれにしてもわれわれは統一のためわれわれが現段階においてなすべきことは戦争防止と緊張緩和にあることを強調しながら、統一論議の焦点に合わせたが、より現実化され具体化されることを望むものである。

＜朝鮮日報社説より＞

二つの三・一運動

チャンヒョ

きょう、われわれは第五一回の三・一独立運動記念日を迎える。

解放後だけでも二十数年、われわれは大いなる記念日として、毎年ひとしく祝っているうちに、三・一運動はいつしか過去の歴史的事実として遠ざかり、記念行事は形式化した感すらなくはない。ようやく、半世紀を過ぎた今日、この運動に対する新しい評価と意義の発見は、各方面から試みられているが、さて、この運動はどうして起きたのであり、またわれわれにとって何であろうか。まずこの運動の経過をかえり見ることによって、それを考えよう。

三・一運動の前年である一九一八年の一年だけでも、一四万名もの無実の韓国民が検挙されたが、これは武力的脅迫による日本の統治方式を物語るものである。この年には五年ぶりに第一次大戦が終り、その戦後処理をめぐって、米国大統領ウィルソンは、いわゆる民族自決の原則を唱えたが、それは世界被圧迫民族の独立運動を鼓舞するものとなり、じじつこの大戦後、独立する国があいついだ。このような世界の大勢に呼応して、志士たちの間では民族の独立をはかろうとする準備を進めていた。翌一九年二月には、実質的に韓国最後の皇帝であった高宗が日本人医師によって毒殺された、といううわさが伝わると、韓国民ははげしい怒りをいだいていた。その葬儀に全国から人が集まる機会をとらえて民族自決権の一大宣言を行ない、平和的な示威によって独立への願望を示し、日本の良心的反省を促して、民族の独立をもたらそうとしたものであった。

張暁氏

その独立宣言書は、次のようなことばではじまっている。

「われらはここに、わが朝鮮の独立国たることと朝鮮人の自主民たることを宣言する。これにより世界万邦に告げて人類平等の大義を克明し、これにより子孫万代に告げ民族自存の正権を永有せしめるものである。半万年歴史の権威によりこれを宣言し、二千万民衆の誠忠を合せてこれを佈明し、民族の恒久如一なる自由発展のためにこれを主張し、人類良心の発露に基因する世界改造の大機運に順応並進せんがためにこれを提起するものであって、これ天の明命であり、時代の大勢であり、全人類共存同生権の正当な発動である。……」

こうして、「ああ新天地が眼前に展開するのである」と、「武力の時代が去り道義の時代が来る」ことを信じて疑わなかった。そしてこの運動は、「日本の無信を罪とせず」「日本の少義を責めず」いっさいの暴力的闘争を否定し、あくまでも堂々と民族自決の宣言を行なうことがもっとも大きな目的であった。そのため独立宣言書に署名した「民族代表」三三人は、三月一日、旅館に集まって宣言書を発表し、日本警察へそれの所在を知らせるまでしたのである。このような運動も、それがある絶対的運動への導火線的役割をはたしたことは事実であるが、このようなやり方では、この運動は宣言書の発表で終ってしまうものであった。

ところが、もう一つの三・一運動がそこに展開された。パゴダ公園に集まって「民族代表」たちの現われるのを待ちくたびれていた群衆がついに示威運動を開始すると、独立万歳を高唱する人の波は街にあふれ、あらかじめ準備を進めていたため、運動はまたたくの間に全国にひろがった。じつに全国二一八郡の中、二一一郡でこの運動が起き、二〇〇万人以上の人が参加し、七千五〇〇人が殺され、一万六千人が負傷する、という文字どおり空前絶後の大運動であった。

そこには、「民族代表」は考えてもいなかった事態が現出したのだ。それは、一つは平和的示威に対して日本は陸海軍まで投入って武力でそれを抑えたということ、もう一つはそのような武力弾圧に対して群衆は素手で立ち向ってたたかい、想像だにしなかった巨大な民族的エネルギーが示されたこと、である。そしてこの運動は、日本の支配体制を大きくゆさ振り、威圧による統治をそのまゝつづけ得なくしたのである。

ではこの巨大な運動を貫く原動力は何であったろうか。江華条約以来の日本の侵入と国家の破壊的併合、土地の収奪、産業の独占の中で、日帝に抗してたたかおうとする意識は、国民の間に広く深くひろまってきたのである。これがすなわち外勢の侵略に際して、世界各民族の維持発展のための原動力として登場する近代ナショナリズムであったのである。じつにあの二〇〇万の人の、死をも恐れない、たたかいの原動力となったのは、難しい「世界の大勢」や「自決権」ではなく日帝へのはげしい怒りであり、対決であった。そして三・一のたたかいを原点として、抗日独立のたたかいは、以後の民族運動へと継承・発展していく。韓国近代史は日帝への抗日の歴史であるが、それはまた韓国ナショナリズムの発展史であった。

以上のように、三・一運動には二つの性格があった。一つは、ナショナルな性格をのり越えたものであり、一つは、ナショナルな意識をもったたたかいであった。それは単なる運動の方法的なものではなく、民族観、世界観のちがいに基因しているように思われる。独立宣言書と「民族代表」は帝国主義的な性格がどんなものであるか、という認識がかけていたように見える。日本の良心的反省は思いもよらぬことであり、「道義の時代」は、当時はおろか、半世紀後の今日でも来ないのではないか。そして独立宣言書の起草者をはじめ、「民族代表」の中には後に民族を売って日帝に協力する道を歩むものさえ現われたのである。

ナショナルな意識なき民族運動、それは原動力のない運動である。それは、今日の在日韓国人の民族運動においての基本的課題である。在日同胞に対する日本の伝統的な弾圧と追放の政策の下にあって、ナショナルな意識をもたないとき、その場の正しい認識すら不可能であり、「民主日本」を信じ、韓日条約を信じ、たたかいは名ばかりとなる。在日同胞の基本問題としての法的地位、出入国管理法案、または先年の外国人学校法案などをめぐる考え方の根底にあるものも、この点である。

(通信韓国語学校長)

独立運動につながるエピソード

韓晛相

韓民族が、住んでいる大地であればどこでも三・一独立運動の日が巡り来ると、記念行事が繰りげられる。一九一九年三月一日独立宣言が発せられるまでは、朝鮮人は日本の自称所謂「仁政」に心服協力しているとして、日本の韓国併合の事実を合理化するのに宣伝これ努めていたのが、日本であった。それほどまでに、彼等は韓民族の愚民化政策は成功したものであると、うぬぼれていた。しかし、一九一〇年八月以来期して待っていた韓民族は、亡国十年にして早くもフェニックスのごとくに、大きく羽ばたきした。今を去る五一年の昔三月一日の日。

この国内運動にさきがけて、在日わが韓国留学生の先人達は当年二月八日在日本韓国YMCA会館において、祖国独立のノロシを打上げた。国内での三・一独立宣言に先立つこと二十日間という時間的余裕は、独立運動に非常に幸をしたことであった。民族解放の鐘が轟き渡るまでに、表面ではわからない直接間接独立運動につながるエピソードは、相当数あると思われるが、わたくしが記憶しているものの中から、拾ってみることにする。(写真は韓氏)

〝亡国の日〟の前後 教科書の訂正にすゝり泣く先生

一九一九年をさかのぼること十年の一九一〇年は亡国の恥辱で全民族が、痛哭と悲嘆にうちのめされ、自由なき受難の一時期を、迎えることになった。その年、わたくしは普通学校二年生のときのことである。今日なら中央の出来事はTVやラジオで、その日のうちに全国が知ることになるが、当時ソウル以外の地方の一般民家が中央での政変を知るようになるのは相当な日数がかかったことでもあり既に六十年という歳月が廻った昔のことになるので、いわゆる〝亡国の日〟のことはどんなものであったかはっきりしない。がしかし、その前後のことだけが、いまでもはっきりしてくる。

日本の韓国合併工作を推進した主動的人物伊藤博文が北満ハルビン駅頭で安重根義士(一八八一—一九一〇)により謀殺されたのは一九〇九年のことであり、この事件がきっかけとなった日本の韓国併合工作は、いよいよ露骨にスピーデーとなったことである。

いま考えてみると、これは伊藤博文の葬式日であったらしい。何んでも冬の寒い日のことであった。郡庁々舎の丘の上に建てられた神社には、祭壇が設けられた。校長浅沼先生に引卒されて全校生徒が神社におまいりさせられ、伊藤の位牌の前でわけのわからない罪を詫びさせられたことを、覚えている。

つぎのことは、一九一一年春の新学年の授業始めの時間のできごとである。韓国併合を前年一九一〇年八月強行した日本は、植民地として朝鮮統治の手始めに、先ず旧独立国朝鮮色を一掃することであり、先ず文化面から日本化に着手した。このときの授業始めの事件が、それである。

始業のベルと一緒に、担任の曹先生が悲壮な面持ちで教壇に立たれたときのことが、とても印象的であった。われら学童たちは、何事だろうと心配顔でそれとなく緊張して先生の出方を注目していた。先生は、やや暫らくの間、如何にもはやる感情を抑制するのに相当、苦心してる様子であった。先生は、よけいな無駄口は一言もおっしゃらず、ただ「国語読本」を出すように言われたので、一同机の上に読本を、置いた。すると皆のもの、よく落着いて聞け!これから読本の中で訂正しておかなければならない個所があるから、と言われた。生徒たちはただ、先生がいわれる通りに、訂正をはじめた。

先ず、表紙からはじめた。「国語読本」という表題を「朝鮮語読本」と改め、目次、本文中にまで及んだ。「日本」を「内地」に、「韓国」は「朝鮮」に、「皇帝陛下」を「李王殿下」といった具合に、全部訂正をすませたことであった。この作業は、当時子供りにとてもつらかったことを、思い出す。殊に曹先生—この先生は故郷の先覚者で思想的にも影響力を持った人であった人だけに、訂正個所を読まれるときの、泣きのすすり声であったことが、いまでも鮮かに心にうかぶ。

二・八宣言

さて予定の枚数がなくなるので直接三・一運動につながるものを書いておく。平壌崇大大学長尹温博士(本名メクキユン・米人宣教師)が、安息年休暇から平壌へ帰任する一九一八年冬東京に立寄った際に、彼の弟子達から伝言されたコトバ「商売はうまく行っている」と。丁度この時である。東京二・八運動の地下準備が進められていたときで、国内の同志への連絡の用語(商売)であった訳。尹氏もさるもので、ヒント来た、それで彼は釜山大邸、ソウル、沙院、平壌、宣川等々で、駅で会った同志に忠実にメッセンジャを果たした。これで東京二・八運動の秘密情報が完全に伝達されたとのことであった。この話は、後年、博士が戦時中総督から追われて母国へ帰る途中、東京で会ったときの話である。一九一八年一月ウイルソン米国大統領が、提案したパリ講和会議の原則一四ヶ条の中の「民族自決」の主張は、韓国の独立意欲を刺激し、きわめて貴重な[illegible]

ところがウソみたいな話で、留学生を取締る[illegible]のスパイも[illegible]。それで、祖国独立という重大運動[illegible]革命家が、いささかの機密漏洩もなく、二・八運動から三・一独立宣言までの[illegible]を遂行し得たことも[illegible]。革命家には、革命家だけが持つ[illegible]たちのウイット、ユーモラスを考えると、腹の底から笑いがこみあげてくる。

大韓婦人会 神奈川県本部

新春 敬老の集い開く 楽しくなごやかに

新年会をかねて 百二十余名参加

大韓婦人会神奈川県本部（申鳳順会長）では、さる十八日午前十一時から民団神奈川県地方本部二階会議室において、県下の会員百二十余名が参加し、新年宴会を兼ねて敬老の集いを開催し好評を拍した。

この集りは同婦人会が例年行なう重要行事の一つで、今年はとくに年寄りの方を多く参加させるため新春早々の寒冷期を避けて旧正月十五日にあたる暖陽和日を選んで開催した。ことがこの日の会合を盛況に導いた要因の一つでもあるが、申会長をはじめ役員一同の誠意ある不断の努力が実を結んだものと思われる。

また、この日の諸般準備のため会長陣頭指揮の下に役員一同が鋭意料理材料の仕入れや運搬に当り独得の調理法で宴会をなお一層賑わせた。

会は鄭恵子婦人会神奈川県本部総務部長の司会で国民儀礼の後、申鳳順婦人会々長、孫張翼民団神奈川県地方本部団長、田炳武民団神奈川県地方本部議長、同金正大顧問のあいさつ、駐横浜大韓民国領事館鄭燦植副領事の祝辞があって、六十五才以上の老令者六十四名に申鳳順会長から記念品を贈りつづいて新年宴会に入った。

宴会は時がたつにつれて盛況を極め「ジャング」をたたいたり祖国の民謡を歌うなどして午後六時までつづき意義深い集いとして話題になった。（写真は婦人会役員中心の参席者の一部。）

一年間よくやった

韓国学園川崎分園で修了式

神奈川韓国学園（安太守学園長）川崎分園では、さる十八日午後七時から民団川崎支部会議室において、過去一年間万難を克服しながら母国語を中心とする民族教育を受けた二十二名の晴れの修了式を行なった。

修了式は安太守学園長、孫聖文理事長、金元述副理事長、許担当講師　成根容横浜分団講師　民団側から川崎支部曹在竜副団長（本部からの臨席は同じ日に婦人会主催の敬老会がありこれに参席のため実現しなかった）等の参席した中で、行なわれた。

式は、安学園長を始めとする役職員ならびに来賓がそれぞれ受講生の誠意と労苦を讃え講師陣の功をねぎらうあいさつと祝辞をのべ「新学期がはじまる四月末頃には従来にない多数の受講生が参加するよう」との要望があった。

なお、修了生に対しつぎのような表彰が行なわれた。

△学園長賞　兪文子△理事長賞　朴春美△教育文化センター所長賞　南　愛子

6委員を増員

中央教育委員会

民団中央、第二回教育委員会がさる十九日正午から民団中央会議室で委員18名のうち兪錫ジュン委員長のほかに委員が出席して開かれた。

委員会は姜仁煥中央文教局長の司会でひらかれ兪委員長ならびに李中央団長のあいさつがあり教育委員会からの李中央団長に対する要望事項を論議したあと①教育委員の増員の件②会則の補正などを討議した。

教育委員の増員については、同委員会の円滑な運営と事業推進のためにつぎの諸氏を新たに教育委員に迎える。

尹致夏（中央文教委員長）金東出（大阪本部副団長）安聖出（東京韓国学校理事長）羅鐘卿（東京本部副団長）李根洙（埼玉本部副団長）のほか大韓婦人会が推薦する一名。

会則の補正については、全九章三十六条からなる同委員会の会則を可決。

ソウルで監察委研修会開く

民団では、いま挙団的な事業の一つとして万博招請事業を推進しており、これに対して朝総連の奸悪な妨害工作がはじまっている。

これには、民団監察委員の適切な活動が重要視されている、にかんがみ「全国監察委員研修会」を本国政府の特別な配慮のもとにきたる三月十八日から二十一日の四日間ソウルでひらくことになった。

同研修会においては、反共教育のほか万博保安教育について研修がなされる予定で全国地方本部の監察委員はもちろん東京・大阪・京都・神戸・広島・横浜など六大都市の支部監察委員も参加されるよう中央監察委員会では望んでいる。

横須賀支部役員会

永住権申請と三・一節行事を中心に

民団神奈川県横須賀支部（金点介支団長）では、さる二十四日午後三時から当支部事務所において役員会を開き、永住権申請促進問題を中心に第五十一回三・一節記念式典参加動員問題等を約三時間にわたり熱烈に討議した。

役員会は、金点介支団長から、平素民団運営に主動的活躍をされる関係者諸氏に謝意を表すると共に、本日の議題をよく検討して実りのある会議にしてほしい旨のあいさつに続いて、県本部孫張翼団長から「永住権申請促進は当面した民団々員の至上使命であり、この事業を遂行することにより、わが民団の飛躍的発展を期することが出来るから支部役員の皆様には公私ご多忙とは存じますが、この事業推進に従来に増す協力を得たい旨のあいさつがあって討議に入った。討議は、(1)永住権申請促進においては来る三月十五日までに支部管内団員全員に申請を完了させると共にその実態把握をしてその後、中立系はもちろん、朝総連の虚偽宣伝に惑わされている善良な人々を救出する。(2)第五十一回三・一節民衆大会に積極的に参加する。(3)掲示板設置に関しては、支部事務所の立地条件等を勘案しながら善処するなどに合意を見た。

鶴見支部役員会

納税貯蓄組合の理事6人を選出

民団鶴見支部（慎宗鎬支団長）では、さる二十日午後七時支部会議室において、十日の月例役員会につづいて二度目の役員会を開き①納税貯蓄組合強化策の件②納税貯蓄組合理事選出の件③商工協同組合強化及び運営の件などに関する真摯な討議をし、つぎのような六名の新理事を選出した。

鶴見納税貯蓄組合理事　安太守、黄二柱、白鐘善、李源植、安清治、金四根。

総連系の同胞続々転向

民国鶴見支部へ27名が入団

朝総連の常套的欺瞞策動と虚偽宣伝に惑わされ暗たんな心境で苦悩していた朝総連傘下の同胞がたち全国各地から多数わが民団へ転向している事実は既報の通りであるが、昨年の十一月同じく県下鶴見支部（慎宗鎬支団長）への集団入団につづいてこの度びまた多数の入団があった。

なかでも朝総連鶴見支部商工会の理事をつとめ幹部級であった金雙竜氏は、

今になって真の祖国愛に目醒め」一家揃って入団、「悪夢の様な過去を精算し今後は善良な大韓民国国民としての衿持をもって国家民族に貢献すると共にいまなお朝総連の欺瞞策略に眩惑され自由大韓民国の尊厳性と同族愛を知らぬ同胞たちの救出に努力し、民団の発展に貢献したい」と固く誓う声明を発表して入団の手続をすませた。

なおこの様な民団への転向がふえたことは鶴見支部慎宗鎬団長をはじめとする崔炳達事務部長、孫永起民生課長等支部役員諸氏の抱容力と間断なき活動の成果であることを賞讃し、今後も継続して健闘することを期待するものである。

朝総連から転向入団した同胞はつぎのとおりである。

金仁奎氏（家族とともに二人）、金英子氏（〃一人）、姜成鳳〃四人、金雪子〃一人、李日班〃四人朴鍾煥〃六人、任京宰〃一人、金現得（家族共四人）、金正浩（〃一人）、金勝彦（〃四人）

金雙竜氏の声明書

私は、今般朝総連を脱退し大韓民国居留民団々員として、入団するに際し左の通り声明します。

戦後二十有余年間朝総連傘下鶴見朝鮮人学校の教育委員長及び鶴見朝鮮人商工会理事としてつとめて来ました。ところが最近気が付いて見ると朝総連の一方的なやり方とその虚偽宣伝、欺瞞策略の下で現在に至った事を知り、ただちに一家揃って民団へ入団することにしました。

今後は朝総連からの如何なる巧妙な策略にも動じることなく善良な大韓民国々民として国是を遵守するは勿論、民団々員として民団発展に貢献することを天下に声明します。

一九七〇年二月十八日、横浜市鶴見区生麦町一一一四ー四九、金雙竜

（写真は金氏）

高座支部役員会

永住権申請促進等 当面事業を議題に

民団高座支部（宋恒植支団長）では、さる二月十九日午後一時から支部会議室において月例役員会を開き①永住権申請促進問題②万博招請事業推進の件③三、一節記念中央民衆大会参加問題等に対する真摯な討議がなされた。

県本部からは姜鍾起総務部長が参席し当面の懸案に対する具体的且つ従来にない強固な指示を興えてその実践方を強く要望した。

訂正　本紙二月十五日発行第三四〇号一面広告欄に第五十二回三、一節記念式典とあるのは第五十一回三、一節記念式典の誤りでありました。ここに訂正しお詫び致します。

母国留学の問題点〈学父兄との懇談会〉

在日韓国人の二世三世の自費母国留学生の面倒をソウルで見ている崇徳学舎学長朴永出先生は、留学生の親たちと直接面談するためこのほど来日した。

そこで、民団神奈川県地方本部（孫張翼団長）では、去る二月一日午後五時から八時三〇分までの間本部二階の会議室において 学父兄多数参席の下で 懇談会を開き、現に母国留学生が 本国で直面している色々な困難を打開するための諸問題について真摯なる討議をおこなった。討議に先きだって、まず孫張翼県本部団長から朴永出先生の経歴を紹介し、在日韓国人の二世三世の母国留学を強調したが、当日朴永出先生が語った談話要旨は次の通りである。

盲目的な愛情捨てよ

入学希望校選択は実力に応じて

一、李承晩政権時代に私は国会議員として外務委員長を勤めていたが、当時のいろいろな失敗のうち一つは在日韓国人の放任であった。北傀は、これとは反対に、朝総連を通じて積極的に魔手を延ばし、今までの教育投資だけでも公式に発表されているのが八〇億円であるが、実際の金額はその何倍に達していると思う。

在日韓国人に対する民族教育が今までのように放置すれば自然に日本人化されるのは疑いなく、数年たてば民団の事務要員さえも求められない現状である。このような傾向を打破するためには是非とも母国留学生を奨励し、途中学校をやめることなく、一生懸命に勉強して無事学校を卒業し、日本に戻れば、韓国人の誇りと祖国愛に燃える有能な若き指導者となることである。若し、中途退学をして日本に帰ってきた学生は、自分の怠惰、不勉強は棚に上げ、祖国に対する不平不満をもらし善良なる在日韓国学生に悪い印象を与える危険性が濃厚で、かえって国家施策に悪影響をおよぼすから、このような落伍者をださないために学父兄皆様と今から具体的な方策を討議したい。

二、自費母国留学生制度が一九六二年に実施されて以来、一九六九年までに留学生として本国に来たものの総計は三九五名である。現在一般大学に在学中の学生数は一一一名、予備校に行っているものは九五名、合わせて二〇六名であって、今年は約一五〇名になるらしい。この中、一九六九年までに卒業した者の合計は、わずか二二名にすぎない。この数字から見れば、中退者は無慮一六七名にも達する。

三、このような結果は、もちろん本人の不勉強によるけれど、親の子供に対する盲目的愛と教育の不徹底から生ずるものである。本国の事情、特に、二〇代の学生生活の環境を知らない親としては、ただ、子供だけを信じてむやみにお金を送り、子供は 勉強どころか、かえってお金のために悪い道に走り、遂には勉強するのがいやになってくるわけである。

四、母国留学生は、ほとんどソウル大学を希望し、また、それに応じて本国政府も本人の希望を酌み学校当局に入学させるべく指示してきた。しかし、本国の学生がソウル大学に入学しようとすれば、秀才でなければ入学できない狭き門であり、また社会の登竜門でもある。

このような学生らと肩をならべて勉強を継続するには必死になって勉強しても追いつけないところであるのに、特に、母国語も英語も弱い母国留学生は、一層の苦痛を感じ学校に行くのが死ぬよりつらくなってくる。ですから大学選択をソウル大学とか高麗大学、延世大学等の一流大学だけに片寄らず自分の実力に応じて地方の大学をも希望した方が良いと思う。

五、北海道の王氏が私財一〇〇〇万円を寄附してソウル大学内に寄宿舎を建て母国留学生の便宜を図っているが、これらの学生に対する責任指導者がないためさほどの成果をあげていない。ただ、留学生だけが纏まりしているからその私生活は、自由放任であり、親の代りとなって指導する人がいないから悪友と付き合う恐れが多く、それに日常語で話しているから母国語が上達しない。

六、以上のような欠陥を是正するため私の腹案を卒直に申し上げると、日本に住んでおられる留学生の親と本国に住んでおられる教育者、宗教家などの指導者と結縁関係を結ぶことである。本国で在学中の家庭教育は、すべて親の肩代りとなって引受けてくれる人をさがすことだ。それで、私は日本に来る前に責任指導をして下さる指導者を約五〇〇名位交渉しておいた。

今、ソウルでは母国留学生の下宿代がほとんど月一万二千円位であるが、このような血縁関係の家庭に下宿すれば、月六千円位で足りるようにし、家庭教育においても自分の子供と同じく指導して下さる人格者を選んでおいた。

ただ、私の願うところは、母国留学生が学校を中退せず無事卒業して日本に帰り、日本で祖国のために尽してくれることだけである。それで、私は母国留学生の親と直接会ってこの趣旨を理解してもらい家庭の血縁関係を結ぶがため来日した。

七、民団要員の後継者養成については、在日 韓国人の二世 三世は、母国語は知らず祖国観の認識には欠け、現在の自分の位置づけさえも知らず、またそんなことを知ろうともしない若者がだんだんと増えてきている。今の現状がつづけば、これからさき一〇年たらずで民団の事務要員さえも求められない状態になるであろう。このような事情から民団は、自分等の後継者養成に全力を尽すべきである。誰も自分がやめた後はどうなっても良いと思う非良心的な指導者は民団に恐らくいないと思う。

この問題を解決するために、また私が日本に来る前に大邱の啓明大学の学長と相談したことがある。その骨子は、本国の地方大学に短大科（二年）を設け、この期間に在日韓国人の二世三世で将来民団の指導者となれる有能な若者を厳選して派遣することである。この科で二年間祖国語と祖国の歴史それに反共精神を鍛えさせ、立派な指導者として民団の責務を果す実力を養成するわけである。祖国の統一は、在日韓国人が朝総連系を民団に包摂し、その存在を壊滅させた時はじめて達成できると思う。

統一世論調査の全容

〈一面から〉

◇統一に対する望み（%）▽必ず果さねばならない（九〇・六）▽どうでもよい（三・二）▽このままでよい（六・二）

◇統一の時機 ▽十年以内（三・五）▽十年内不可能（十九・五）▽知らない（四〇・五）

◇戦争しないで可能か ▽到底不可能（三七・九）▽可能（二一・七）▽無答（二〇・二）▽知らない（一九・七）

◇南北韓工業部門比較 ▽韓国が進んでいる（五四・五六）▽北韓が進んでいる（一一・六）▽同じ位（一三・六）▽知らない（二〇・六）

◇南北衣食住比較 ▽韓国が進んでいる（六六・二）▽北韓が進んでいる（一・五四）▽同じ位（三三）▽知らない（八・五）

◇南北書信交換 ▽その程度ならよい（三四・八）▽統一時まで不可（三八・一）▽どうでもよい（五・四）▽無答（一七・一）

◇親戚と知人の往来 △その程度ならよい（四四・九）△統一まで不可（四〇・一）△当分の間不可（一六・六）△どうでもよい（五・四）△無答（一七・一）

◇記者往来 △その程度ならよい（二九・三四）▽統一まで不可（三一・九）△当分の間不可（一一・六七）△どうでもよい（五・二）△無答（二〇・四）

◇体育の交換競技 △その程度ならよい（三五・六）△統一時まで不可（二八・三）△当分の間不可（一〇・三）△どうでもよい（六・三）△無答（一九・三）

◇統一方案 △国連監視下の総選挙（三一・九）△北韓だけの総選挙（一・四）△中立国監視下の総選挙（八・三）△武力統一以外ない（二〇・八）△方案ない（一〇・八）△南北協商（九・五）△知らない（三・七）

◇統一と個人生活（自由統一）▽生活がよくなる（七四・八）▽殆んど同じ（四・九七）▽知らない（一二・六）

◇統一と個人生活（共産統一）△生活に変化がある（五五・二）△変化がない（二〇・五六）△知らない（三・八八）△無答（〇・三四）

◇統一と個人生活（共産支配下の生活状態）△生活が悪くなる（七四・〇）△生活がよくなる（七・五五）△同じ位（三・八七）△知らない（一三・一三）△無答（一・三五）

3・1独立宣言

2・8宣言が行なわれた当時の在日韓国YMCA会館 写真は1907年神田西小川町にあった旧会館

指導者協議会ひらかる 韓国YMCA

在日韓国YMCA（兪錫ジュン理事長）では、さる二月十、十一の両日静岡県御殿場東山荘にて、同理事、監理、クラブリーダー職員など十七名が参加して指導者協議会を開催した。

同協議会は、昨年一年間の同YMCA事業の評価と新年度事業方針などをきめるためにひらかれたもので初日には兪理事長のあいさつにつづいて①韓国YMCAの基本的姿勢について（玉文錫総務）②会員事業について（金聖恩・金広照の両会員）③教育事業について（李泰雨幹事）④拡張事業について（黄在烈協同総務）⑤研究調査事業について（孟哲模牧師）⑥国際親善と奉仕事業について（李仁夏牧師）それぞれ発題があった。

天下泰平

県本部の機関紙である本「神奈川通信」は先号からモデルチェンヂを行ないご覧のとおりタブロイドの活字版へと飛躍した。人間社会の文明が発達するにつれてマス・コミの発達も目ざましい現代である。世はまさにマス・コミの時代とも言われているとおりわれわれの周囲にはありとあらゆる大衆伝達の機関がウズをまいている。空気の有り難さを知らぬようにわれわれもあまりにもマス・コミが氾濫し自然化したために、その価値を考えずに生活しているといっても過言ではない。▼昔は山の上に火をたいて、いわゆる峰火（正しい書き字かどうかはわからないがボンフアブルと言ったそうだ）をもって国家の大事を全国津津浦浦に知らせたというが、なかなかオツな伝達方法ではある。現代人として考えればユーモラスではあるが、光を信号に利用して、最大多数に最少の時間をもって伝達が可能であった点まさにTVの原始版といえよう。さて話しが大分オーヴァになったがわれわれの組織機関におけるマス・コミすなわち宣伝伝達事業の現状はどうかというと一般社会水準に比べてまだまだの感が深い。▼大衆伝達への最良武器としての電波は、もてないにしてもいまのわれわれの近代国民機関としてせめて活字印刷による高率な伝達方法ぐらいは利用したいものである。わが民団神奈川県本部も日本全国屈指の大地方本部であり幸い団員みなさんのたゆまぬ協力と組織的にはますます強化されている。したがって従来の油印物による機関紙ではあきたらざる不便もありこの度装いを新たにして団員みなさんにお目みえしたわけ▼もちろんまだはじまったばかりであっていろいろな隘路もあって団員みなさんの期待にそえるものかどうかは判断しがたいが、民団という公共機関の機関紙である以上その使命は忘れずに、紙面の内容はもとより配送などあらゆる点の点に向上を目ざして努力していきたい覚悟である。どうかお気付の点はどしどしご鞭撻あらんことを願ってやまない。天下が泰平かどうかわからないがそうありたいと天下泰平子はこれであいさつにかえる。（鄭）

在日本大韓民国居留民団
綱　領
1. 우리는　大韓民国의　国是를　遵守한다.
1. 우리는　在留同胞의　権益擁護를　期한다.
1. 우리는　在留同胞의　民生安定을　期한다.
1. 우리는　在留同胞의　文化向上을　期한다.
1. 우리는　世界平和와　国際親善을　期한다.

神奈川民團新報

在日本大韓民国居留民団神奈川県地方本部機関紙

8月1日(水)
(1973年)
創刊号

発行所
神奈川民団新報社
発行人　朴成準
臨時事務所
横浜市中区末吉町3　45
電話045(261)4497・(251)6349番

民族平和統一外交の新時代開く

南北同時加盟反対せず

朴大統領、「国連」など新政策声明

朴正熙大統領は、六月二十三日午前十時、祖国の平和統一外交政策に関する特別声明を内外に発表した。この声明で、「南北の国連同時加盟」と国連総会での韓国問題討議にあたり、「南北同時招請」に反対しないことなどが明らかにされたが、朴大統領の特別声明に続いて、金鍾泌国務総理は一時、特に記者会見を行ない、声明発表の背景について説明した。朴大統領の声明は別掲の通りであるが、その要点は(1)韓半島の平和維持と南北双方の内政不干渉・侵略中止(2)統一の障害にならない前提として、北韓の国連加盟と加盟前の国連総会南北同時招請に反対しない(3)北韓の国際機構参加に反対しない……などの七項目である。

朴正熙　大統領

朴大統領の特別声明全文

全団員の総意で支持

大統領特別声明に対する金正柱中央本部団長談話

一九七三年六月二十五日

『새마음』으로 奮起하자

＝機関紙를 発刊하면서＝

団長　朴成準

県下団員の誠金1500万円

"姉妹結縁"本県代表出発

浅草国際劇場で

関協、8・15行事等協議

維新体制에 呼応하여 祖国에 이바지하자！

成果あげ、定期地方委終る

不純分子対策の決意新た
維新民団作りに熱意

民団神奈川県本部第十二回定期地方委員会が、田炳武議長の召集により、四月二十八日正午から開かれた。[illegible]

第十二回定期地方委員会のもよう

総括報告（要旨）

団長人事要旨

組織整備活動

青年指導活動

経済活動（省略）

宣伝活動

[illegible]

県下同胞の糧に

議長　田　炳　武

このたび、地方本部執行部が「神奈川民団新報」発行に踏み切ったことを歓迎します。今後民団神奈川本部の機関紙として、正しい使命を果してくれることを強く信じ、毎月定期的に発行されるよう要望するとともに、その内容においては、内外情勢を適確にとらえ、県下団員の"糧"となるよう、各支部のでき事も余すことなく報道して、団員相互間の親睦を図るよう願います。

本国において、朴大統領閣下が、万難を排した強い信念のもとに、世界各国の注視の中に"セマウル運動"を実施し、維新体制の確立とともに、着々その成果を上げつつあることは、海外居住の同胞として同慶にたえません。

県下同胞の皆さん！祖国のこのような新しい国造りに積極的に協力されるよう切に願いながら、私の祝辞といたします。

団員の指針となれ

監察委員長　崔　龍　岩

神奈川県本部が「神奈川民団新報」を発行して、強力な宣伝啓蒙活動に乗り出したことは、民団から処分された不純分子らが、今なお「民団神奈川新聞」なるものを継続発行して、あらゆる虚偽と悪宣伝をもって[illegible]

協同精神의 함양을

駐横浜領事　李　元　鎬

親愛하는 神奈川県内同胞 여러분！ 오늘 神奈川民団新報가 그 胎動을 하게 여는 날을 맞이하려는 바입니다.

여러분에게 刷新된 人事를 通해 就任의 無限히 기쁘게 생각하며, 民団新報의 出帆을 보기까지 여러가지 不備한 関係件下에서 애써주신 役員 여러분의 労苦에 対하여 深甚한 敬意를 드리는 바입니다.

最近 몇해동안에 우리나라를 囲繞한 国内外情勢는 急激히 変遷해 가고 있으며 特히 国内에 있어서는 八・一五宣言에 뒤이은 南北赤十字会談과 七・四南北共同声明等 우리 民族의 念願인 統一問題는 한층 加熱되었으며 온国民의 関心과 焦点을 모으고 있는것이 事実입니다. 그러나 北韓側은 南北対話에 있어서 実質的인 問題의 解決보다는 政治的이고 軍事的인 問題의 先決을 내세움으로써 그들의 非現実的이고 不合理한 主張으로 因해 南北対話의 成果는 統一을 苦待하는 民族的念願에 比하여 極히 微微하고 [illegible]

各界의 激励와 祝辞

適確な報道を熱望

横浜商銀理事長　李　鍾　大

みなさまの機関紙「民団神奈川新報」の発刊、お目出とうございます。[illegible]

激動する日本社会にあって、団員のみなさんの基本的人権を守り、事業や家庭生活を安定せしめ、団員相互の親睦を深め、文化的向上を目指す民団の使命達成のため、新報がお役に立つことを期待し、私のお祝いの言葉とさせていただきます。

「새마을」・「屋舎収復」など
七三年度活動方針案採択

神奈川県本部としては、懸案である中央綜合会館の建立基金募金に進んで協力する一方、地方本部からの中央割当金引上げによる「支部割当金再調整」により、"地方本部の基金活動財源捻出のため、地方委員諸氏の協力を願い、中央本部の活動方針に従って、本国の"セマウル事業"に対する協力方案"と、"不純勢力に対する防衛対策"などの、挙団的事業を始めとし、次のように一九七三年度の活動方針を提示する。

1、総務部
①団費（支部割当金）内調整
②事務体系の確立で団務の円滑を期する

2、組織部
①不純分子の排除と朝総連攻勢からの組織防衛
②傘下団体の育成強化（婦人会・青年会・商工会）
③永住権取得と団員の入団勧誘＝組織拡大を期する
④幹部学習会の開催で、一般組織家の資質向上を期す

3、経済部
①基本財政の確立
②商工会の育成強化＝民団との連繫緊密化
③横浜商銀信用組合の育成＝百億予金目標達成運動
⑤セマウル運動（支援）＝姉妹結縁運動展開

4、民生部
①戸籍整備の促求
②協定永住許可者の入団運動の展開
③団員台帳の整理
④中央綜合会館建立基金募金の完遂に積極協力する

5、文教部
①神奈川韓国学園受講生増加運動（期間中継続）
②教育費義務規定化（上納）
③国際文化親善運動＝韓日
④出入国法案に対する情勢なる対備

6、宣伝部
①機関紙（月刊新聞）の発行
②一般宣伝活動の迅速処理
③親善協会の結成化
④国民教育憲章の朗読実施（民団各種集会時）

7、青年部
①未結成支部の継続結成と潜在会員の発堀
②青年会員の教育による資質向上化
③青年会行事への支援

以上

本部活動方針に沿い
各支部総会終る

今年度の神奈川県本部管下各支部の定期総会は、五月十三日の鶴見支部を皮切りに、六月三日の高座支部で全部終了した。機関部で、選出された新三機関任員は次のとおりである。

▼鶴見支部
団長　李　源　植
議長　鄭　南　徳
監察委員長　崔　聖　卿

▼湘中支部
団長　尹　錫　鳳
議長　張　寿　錫
監察委員長　尹　富　韶

▼高座支部
団長　金　甲　植
議長　柳　在　完
監察委員長　郭　文　秀

今年の各支部総会での特色は、昨年来の、不純分子による組織の混乱を反映してか、不純分子に対する処分問題が熱心に討議され、かつて見られなかったほど組織の強化が論われ、二度と混乱を繰返させまいとする意気込みが見られたことである。

各支部とも県本部の定期地方委員会で採択された共通する活動方針を打ち出して、本国の「セマウル運動」支援と、中央会館建設基金募金に協力することになったが、県本部に対する割当金の大幅増額もあって支部活動の基本財政の出所である団費の再調整が今後の課題でもあろう。

それにしても、任員改選のない支部では、団員世帯数に比べて、総会出席者が余りにも少ない傾向もあり、執行部の努力だけでなく、一般団員がもっと組織に関心をもってくれるよう望みたい。

なお各支部の総会は次の通り行なわれた。

五月十三日＝鶴見支部（於同支部）
五月二十日＝南部支部（於同支部会館）
五月二十六日＝相模原支部（於横浜商銀ホール）
五月二十七日＝横浜支部（於同支部会館）
五月二十七日＝湘中支部（於横須賀市勤労会館）
五月二十七日＝湘西支部（於協会館）
五月二十七日＝横須賀支部（於横須賀市勤労会館）
六月三日＝高座支部（於同支部会館）

川崎支部は、今年一月十一日に臨時総会を開いたばかりなので、開催を見合わせた。

「새마을 運動」을 挙族的으로 支援하자！

鄭楽善領事帰国 後任に李元鎬氏赴任

駐横浜大韓民国領事館の鄭楽善領事は、このほどの外務部人事異動により、外務部企画管理室に転任することになり、代って駐横浜領事館領事には、駐日大使館の李元鎬総務課長が新たに赴任することになった。

鄭領事は赴任以来、民団神奈川の正常化、神奈川県日韓協力有好会の結成、領事館増築落成などの業績を上げたが、去る七月十日午後四時のKAL便で帰国した。

なお七月七日午後六時、横浜山下町の"華正楼"で民団神奈川県本部主催による、鄭楽善領事の送別会が盛大に行われた。（写真は鄭楽善前領事）

李新領事は平安北道出身当年42才。外務部研究部企画調査課長、駐ベトナム大使館、ニューデリー韓国総領事館領事を経て、駐日大使館勤務（一等書記官）

領事事務迅速化に期待
駐横浜領事館増築落成

増築なった駐横浜韓国領事館

横浜市中区山手町の駐日韓国横浜領事館は、このほど増築（四十坪）と改修工事が完工、五月二十八日午後五時、落成式が県下団員多数参席して行われた。横浜領事館は七年前、神奈川県在住の韓国人有志の協力により、各国在外公館が集結している山手の五百四十三坪の敷地に設けられたものだが、業務多忙のため今回増築したものである。

落成式には、李澔駐日大使を代理として姜永奎公使、民団神奈川県地方本部朴成準団長、商銀信用組合李鍾大理事長、神奈川韓国人商工会尹珠宅会長をはじめ、関係者など約二百人が参席した。

鄭楽善領事はこの席で、功労者達に感謝状を授与しその労をねぎらった。受状者には、神奈川民団組織の多年の功労者前県本部団長、現本部落任顧問朴述祚氏、増築・改修工事に協力した神奈川韓国学園長金落云氏、領事館設置以来、庭園修理や整備に奉仕してきた鶴見支部民生課長李植道氏など、特に高病に悩む韓国の少女を救うため、多年にわたっての貯金百六十万円全部を送金し、日本人青年冨永与四郎さんにも感謝状が贈られ、その好意に報いた。

青年の親睦深め
6月17日、青年会でソフトボール大会開く

六月十七日、在日韓国人青年会神奈川県本部（李敬一会長）主催によるソフトボール大会が、県下各地から60名の青年参加の下、県立緑ヶ丘高校グラウンドで行なわれた。

大会は民団県本部金恒徳副団長の始球式で始まり、各支部（南部・湘井・横須賀・高座・鶴見・相模原）から6チームが出場して、二ブロックに分れたリーグ戦により、決勝戦進出を競った。試合には女性会員も数多く出場し、又金副団長及び尹珠宅商工会会長も青年たちといっしょにゲームを楽しんだ。このためか珍プレー・ハプニングが続出し、球場は笑顔と汗の中で楽しい雰囲気につつまれた。

昼食の後、勝ち残った湘中、鶴見両支部チームによる決勝戦が行なわれた。試合は双方の鉄の壁を誇る守備陣のため、一点差を競う緊迫した展開となり、観戦者も息をのむ好ゲームとなった。

結果は3－2で湘中支部が、長打力により優勝し、団長杯を獲得した。敢闘賞として、鶴見支部・趙賢男君にトロフィーが贈られた。この後李会長のあいさつがあり、3時すぎに散会。楽しい想いを各支部ごとに運んでいった。

▲写真は、青年ソフトボール大会のもよう

同胞의 눈・귀・마음

横浜韓国教育文化센터所長　鄭鎮邦

[illegible]

不純分子の欺瞞性糾弾を

中央本部団長　金正柱

[illegible] その間における関係者一同の心労は並々ならぬものがあったが、特に、不純分子らが発行している、いわゆる「民団神奈川」による言論を悪用した虚偽報道と流言蜚語には、真相を知らない一般団員が大いに惑わされたのであります。

民団としては、中央の「韓国新聞」のみが唯一の民団機関紙ではありますが、神奈川の場合は、さきのような特殊事情に照らし、不純分子らの欺瞞性を糾弾し、民団の組織発展の指針を示しかつまた祖国における維新事業完遂のための支援と、民団のセマウル運動推進を機関紙を通じて積極的に展開してくれることを望んでやみません。

本報創刊에 부치는

[illegible]

組織強化に一役

神奈川韓国人商工会会長　尹　珠　宅

神奈川民団新報の創刊をお慶び申し上げます。

私ども神奈川県韓国人商工会としましても、本紙が民団神奈川県本部の機関紙として、より充実した内容に発展することにより、組織強化に一役買うものと期待し、微力ながら協力をしていきたいと思います。

[illegible]

会長に鷹崎正見氏
神奈川日韓協力友好会結成

[illegible]

在日同胞義勇軍慰霊碑除幕式行わる

[illegible]

会員税務対策の指導
川崎韓国人飲食業 納税貯蓄組合創立

さる五月七日午前十時、川崎市労働会館において、川崎市韓国人飲食業納税貯蓄組合創立総会が挙行された。国民儀礼ののち、発起人金舜東氏より経過報告があり、来賓祝辞として民団川崎支部田耕作団長、神奈川県民団地方本部金恒徳副団長、神奈川韓国人商工会尹珠宅会長から激励の言葉があって、規約審議等質疑応答ののち規約改正、修正などを可決、役員選出にて組合長に鄭点岩氏、副組合長に韓昌鎬氏、金舜東氏を決め、創立総会を無事終了した。

前途を祝って乾杯した韓国人飲食業者の納税貯蓄組合結成は誠に有意義な事で、今日世界経済動揺情勢からして、業者同志が団結し自からの権益保護、福利増進のため納税貯蓄組合を設置する事は慶ばしいことといえよう。

青年会に参加しよう

青年会神奈川県本部会長　李　敬　一

神奈川県下在住の青年の皆さん안녕하십니까。在日韓国青年会神奈川県本部が結成され、早くも八カ月が過ぎました。その間に民団組織の混乱も鎮まり、青年会本来の活動を転開する条件が整いました。この間の活動を通して、多くの先輩諸兄から、民団の後継者として期待されております。

しかし、私たち韓国人青年は、組織的経験が乏しいため、民団への参加が消極的になっています。また私たちには、日本の社会の中で人間として個性を伸し、発揮する場が非常に限られています。個性を伸し、発揮するということは、韓国人であることから生じる障害をのり越え、誰に対しても韓国人青年の実情を広く理解させ、精一杯努力し、その努力を継続することです。この努力を一人で続けることは非常に困難です。

私たち青年は、かなり高い水準の知識を持っています。が、社会的経験が少なく、知恵がありません。日本の社会で生きて行くことの難かしさは、御の経験を見ても明らかです。

現在、韓国人青年の極一部には、親睦会、無尽のグループがありますが、大部分の青年は、てんでんバラバラの状態です。このことから、韓国人青年の誰もが莫然とした不安を感じていることでしょう。私たち青年層による神奈川県下の輪の広い地域共同体を作る必要性を痛感します。

在日韓国青年会は、過去の青年運動の一部に、政治的な批判にのみ終始した青年たちを、また、逃避的になり、自分の狭い範囲にとじこもるような例を、数多く見て来ました。本来、青年運動は、文化的活動、スポーツ等を通じ、組織的経験を積み、社会的、文化的、政治的視野を広げ、個人の個性を伸し、その上で全体としての方向性を見つけ出すものです。

私たち青年は、一人一人の生活を守り、発展させるために、大勢の仲間と協力し、信頼し合い、知恵を寄せ合うことが必要です。そのことができれば、どんなに身も心も豊かになるでしょう。

韓国青年会神奈川県本部は、韓国人青年が常日頃、毎日の生活の中で感じている屈辱と苦しみと希望の中から生れたものです。この生れたばかりの小さな共同体を大きく育てる活動に共に頑張りましょう。

団員消息

▽還暦

横浜松影町で、焼肉「仙宝苑」を経営する明相鎬さんは、七月十八日をもって満六十才の還暦を迎えることになったので、同日午後三時から、知人および、同郷忠清南道出身の友人など多数を招いて、心づくしの還暦祝いを行なった。

▽華燭

趙議鶴君（趙翰令氏長男・横浜市鶴見区居住）と朱妙子嬢（朱順道氏三女・横浜市鶴見区居住）は、六月七日、民団中央本部文教局長金永錫先生の主礼により、鶴見琴華楼で挙式。

鄭在洙君（川崎支部副議長鄭点岩氏長男・川崎市桜本居住）と石正子嬢（石成基氏次女・川崎市塩浜居住）は、六月十五日、横浜市山下町の寿宴で、民団川崎支部団長田耕作先生の主礼により挙式。

朴吉子嬢（川崎支部監察委員朴末竜氏長女・川崎市冨士見居住）は、六月二十五日、東京板橋区の崔二鎬氏長男瑞洛君と金仁洙先生の主礼により、上野東天紅で挙式。

社告

一九七三年七月二十五日付をもって、当社の編集スタッフを次の通り発令する。

主幹　許文哲
編集委員　盧昌殿
〃　申勝集

神奈川民団新報社

▽開店

民団神奈川県本部の元組織部長・宣伝部長をつとめた鄭善仁さんが、このほど韓国料理店「一龍」（横浜市中区曙町一ノ十一 電話二六一・二六八四）を開店した。店主鄭さんは「皆さんのお気に召すお店になるよう努力する」とのこと。

編集だより

創刊号は、当初「タブロイド版」6ページを予定したところ、各種記事が輻輳したため、割りつけの段階に至って予定を変更、大版4ページとなりました。今後は大版2ページで発行の予定。

手狭な臨時事務所で、団務の傍らの原稿書きは到底無理な「ハナシ」。能率も上がらないので、原稿は専ら夜間に集中。発行予定も準備の遅れに比例して大幅に延びていたが、七月に入って、補助の「編集スタッフ」が揃ってから、原稿整理も急ピッチ。その間いろいろと迂余曲折もあったが、ようやく創刊号が日の目を見ることになった次第。

本報の編集方針は、民団の全国機関紙として『韓国新聞』があるので、記事の重複は、できるだけ避け、国内ニュース・時事問題などは、必要欠くべからざるものを重点的に取扱い、文化教養の面も考慮しながら、主に県下民団各支部、傘下団体の動きや一般団員皆さまの「冠婚喪祭」、「開店」など、日常の生活に密着したニュースを限なく掲載することにより、県下団員の皆さんから「親しまれるよう」努力するつもりです。みなさんの投稿を歓迎します。何でも結構ですから奮って御投稿ください。採否は編集部が決めます。

「새마음 運動」으로 民団組織 強化하자!

神奈川県韓国人商工会	在日韓国青年会 神奈川県本部	在日大韓婦人会 神奈川県本部	相模原支部	湘南西部支部	湘南中部支部
会長 尹珠宅	会長 李敬一	会長 趙義順	支団長 李瓚浩	支団長 尹仲守	支団長 尹錫鳳
副会長 趙忠来	横浜市中区末吉町三－四五	副会長 丁粉出	議長 許再煥	議長 金守億	議長 張壽錫
〃 林春先	電話〇四五(261)四四九七	総務部長 任玉卿	監察委員長 李廷圭	監察委員長 金日生	監察委員長 尹富旺駐
専務理事 鄭南徳		川崎市川崎区浜町四－一	事務部長 金用鐸	事務部長 金鍾徳	事務部長（兼副団長） 尹畿一
横浜市若葉町三－四三－四		電話〇四四(35)八六二一三	相模原市矢部四－一四－七	小田原市板橋二四八－八	藤沢市藤沢一八九三
電話〇四五(261)二五二六			電話〇四二七(54)八四四八	電話〇四六五(22)三五八八	電話〇四六六(22)九四七四

不純分子らの破壊策動からの組織防衛の経過と資料

新生神奈川県本部の誕生以後、旧三機関を中心とする一部不純分子らは、もはや民団とは何の関係もない、いわゆる「民団神奈川」を悪用し、あらゆる機会を通じて、反民団、反国家的内容の悪質な中傷記事や宣伝ビラなどを県下に流しつづけています。わが民団神奈川県本部は、彼らの逆宣伝に惑されかかっている県下団員を彼らから守り、組織防衛の必要から、これまで声明書数通を作成して県下団員に配付したが、ここにそれらを資料としてまとめて掲載することにします。不純分子らの策動の全貌と正常化なった神奈川民団組織の現状を把握するため、熟読下さるよう願う次第です。

県下民団組織混乱の真相

本部調停裁判其他についての声明

親愛なる神奈川県下団員の皆さん！

わが国では、過去四半世紀以上分断されている祖国の平和統一指向と、急変する国際情勢に適応でき得る体制改革をなしとげるため十月維新事業が着々進行されています。

観念的混乱と無秩序を招いてきた西欧式民主主義を清算して、韓国的民主主義を土着化させ、国際情勢には能動的に対処して、国力の能率化と国民の福利増進国家の発展を図り、祖国の平和統一という歴史的使命を完遂することが可能な、体制の整備強化と見て、昨年末の憲法改正を、わが民団は支援歓迎してきましたが、今回の国民投票は91％の投票率と賛成率92％という驚異的支持率をもって、新たな体制に改革した、第四共和国が誕生しました。

このような時に当って、われわれは在外国民として民団の旗幟の下に固く団結して、本国政府に呼応し、国家に尽くすべきでありますが、わが民団は、一部不純分子らの妄動により、一大混乱が生じております。既にご存知のように、鄭泰浩・金允鍾一派の不純分子らは、民団組織の基本原則を違反したので、全団員から不信糾弾を受け、民団幹部から失脚、"不純分子"として指摘され、本団から除名処分を受けた者たちであるが、本団の神聖な公共物であり、全団員の共有財産である県本部屋舎を、不当占拠して、全団員に莫大な被害を与える一方、民団の破壊弱化を目的とする、朝総連と手を結んで、あらゆる虚偽浪説をもって、大衆を眩惑させ、組織破壊の攪乱工作を広げ、本国政府と駐日公館を公然と誹謗するばかりか、中央本部まで否認しています。

県下全支部と婦人会、商工会から全的支持を受け、中央本部と駐日公館から、正当本部として認められている、朴成準執行部に対して、鄭泰浩ら一派は、共産系弁護士8名を代理として横浜地方裁判所に、"職務停止仮処分"を申請し、さる十月二一日、仮処分決定がなされたが、当本部としては、即刻この件に対して、わが方の弁護士を通じ、"仮処分執行停止申請"と"異議申立書"を裁判所に提出した結果、横浜地裁第三民事部板垣範之裁判官より、わが方の申立を理由ありと認め、四〇〇万円の保障金を供託して、本訴における判決があるまで"仮処分執行停止"の決定が下りました。

皆さんも御存知のように民団は大衆団体であり、その主権は団員にあります。従って、われわれは、県下全団員の利益のため、あらゆる機会を通じて、金允鍾・鄭泰浩一派"に民団正常化を呼びかけましたが、彼らは、一向に応じないばかりか、収入の道が閉ざされているにも拘らず、屋舎維持費、人件費、新聞発行などの莫大な費用がどこから調達されているのか、甚だ疑問視されるのであります。

いずれにせよ、組織から除名された分子らがわれわれの公共財産を不法占拠している、ということは、絶対許されません。また、金允鍾一派"は、わが本部が直轄している川崎支部をも不法占拠して、さる十一月四日夜九時頃、県本部から依頼されて、同支部所有管店舗4軒の管理をしていた余東水氏を、事務所に呼[illegible]結果、余氏は、脳髄液が鼻から流れ、危篤の重傷を受けて入院中であります。そればかりか、九月十日の川崎支部大会でも、臨時議長をつとめる金桂善氏に暴力を加え、ついに同大会を流会させました。

余・金両被害者は、直ちに告訴したので、いずれ法の裁きを受けるものと思われますが、このように善良なる団員に対して、このような暴言脅迫を日常行ない組織破壊の反逆行為を続けている分子たちに、どうして大衆のための組織を任せられましょうか 彼らには大衆の審判をもって、鉄槌を下し、再び民団社会に登場できぬよう、永久追放せねばなりません。

以上、不純分子たちの罪過の概略を述べましたが、団員諸氏は、充分認識の上彼らの妄言妄動に惑わされず、所属支部役員の指示に従う一方、県本部の組織整備事業に、全面的支持をもって、御協力くださらんことを切に要望いたします

一九七二年十一月 日

在日本大韓民国居留民団神奈川県本部

三機関長 連名

不純分子破壊工作の全貌

川崎支部正常化に関する声明

県下団員に告ぐ

親愛なる神奈川県下団員の皆さん！

さる一月二十一日付民団神奈川県地方本部及び川崎支部と鶴見神奈川県本部及び川崎支部連名の怪文書が県下団員皆さんに送付された事実があります

周知の如く、この怪文書に連名された民団神奈川県本部とは、その動きが民団の基本理念と国是に違反する、反民団・反国家的行為を行なっていた県本部三機関が、組織関係有志の自重勧告があったにも拘らず、反省する態度が見えないので、そのような県本部の事態を憂慮した愛団的県下代議員の定員一六八名中、圧倒的な一四三名の署名により不信任されました

そして、民団規約により当時の金允鍾議長に臨時大会開催要求通知をしたが、同議長は規約を無視して、これを履行することを拒絶したので、中央本部の指示により、昨年七月十六日、第三十回臨時大会を開催した結果、わが神奈川県地方本部が新たに発足し、中央本部からの認定を受け、現在に至っているので、彼らは民団神奈川県本部名を詐称しております

民団川崎支部も、去年二回にわたって開かれた大会で、彼ら不純分子一派の暴行乱動により流会したスキに乗じて、同支部混乱の収拾を十個分団長に委任されているにも拘らず、各分団長の合意もなく昨年十月二十一日に僅か数日前に大会を不法召集（規約によれば大会召集は十日以前に発送しなければならない）し、それまで朝総連と野合、団規を違反したかどで、同九月二十二日、民団から除名・停権等の処分を受け、組織の役員となる資格を喪なった者の中から、朴禧福・朴鎮納・白致珠の三人が、それぞれ川崎支部を代表する三機関長だと詐称して居ります

民団傘下唯一の青年団体であった韓青もまたその間の動きが総連の対民団破壊工作に利用された集団化することにより、さる中央委員会で、民団の傘下団体取消し処分を受けたので、民団傘下の青年組織として「在日韓国人青年会」が新たに発足し神奈川県においても昨年十一月五日、青年会神奈川県本部（李敬一会長）が結成され、民団の方針に沿った活潑な青年運動を展開しながら、既に瀬中、横須賀、高座、鶴見、相模原などの5支部が誕生しました

このように、民団および民団の傘下団体を詐称している彼らは、祖国における南北赤十字会談の進展とし・四南北共同声明が発表されたことを奇禍にした、朝総連の欺瞞戦術に眩惑され民団名を盗用して、平和統一促進の美名のもとに、朝総連と数次にわたって、県下で集会をもつなど、民団組織に対する破壊行為を引き続いて行ない、反省の余地がありません

彼ら不純分子の声明によれば、当地方本部が、民団組織の分裂を策動しているといいます 果していずこのだれが神奈川の民団を分裂させているのでしょうか

昨年の神奈川県本部第三十回臨時大会を契機として、県下民団9支部のうち、一支部も彼ら不純分子に従っていないという現実を、皆さんはどのように見ているのでしょうか？それは彼らが口癖のようにいう"官権の介入"でもなく、真の自由民主主義基盤の上に立った、愛団的県下団員皆さんの意思を、各支部三機関役員が正しく反映して、当県本部を進んで支持していることでなくてなんでしょうか。

川崎支部の混乱によって生じた真空状態を憂慮した県本部は、善良なる川崎団員を保護するため、一時、同支部を"直轄"してきたが、同支部の早期正常化のため、各分団長と協議してさる一月二十一日、第三十八回川崎支部定期総会を開き、新三機関長が選出されたので、同日付きで、直轄を解除して今日に至っています。

このように、形式的には県本部や川崎支部の正常化はなされたものの、神奈川全体団員の共有財産である県本部屋舎に対する不純分子らの不法占拠と同じく、川崎支部においても、彼ら一派が建物を強占しており、その解決こそ、時急の問題であります

川崎支部定期総会は、前回の流会大会の決議によるは勿論、規約上においても正当なる集会でしたが、不純分子らが昨年の県本部臨時大会を妨害した例から見て、彼らの暴力妨害を予想し、横浜地方裁判所川崎支所から"総会保全に対する仮処分"の許可を予じめ受けて総会に臨んだのです

当日彼らはわれわれが予期したように、総会妨害工作に出たが、彼らの動員は僅か三十名程度に過ぎず、これに対して、約四百名もの団員が参加し、"実力をもって彼らを排除しよう"という大衆の声もあったが、流血沙汰を避けるため、隠忍の上、総会を成功させました。そして、彼らはわれわれが"日本警察と結託した"と根拠のない誹謗をしているが、われわれは日本警察を導入した事実はなく当日の川崎警察署機動隊はただそれまでの経過から、不詳事を未然に防止するため、会場を警備しに出動したのに過ぎません。

以上をもって、県下団員の皆さんは彼ら不純分子の最近の動向を熟知なさったことと信じ、このような真相を御理解の上、民団神奈川県本部の今後の組織整備事業に対して、積極的に御後援くださるようお願いします。

県下団員の皆さん！

わが民団神奈川県地方本部は、いつまでも彼らを、"不純分子"だといいたくはありません。彼らが今までの誤ちに目覚めて、清算する実証を明らかにし、善良なる民団員にかえって、過去のように祖国大韓民国に尽してくれるよう、期待しまたそのようになってくれるよう、われわれは努力する雅量をもっています。

しかし、そのようなわれわれの善意に反して、従来と変りなく反民団・反国家的言動を、彼らが続ける場合は、本団から永遠に追放することをここに言明する。

一九七三年一月二十七日

挙って署名しよう

本部屋舎明渡要求署名運動趣旨文

親愛なる県下団員の皆さん！

さる四月二十六日に開催された、第十一回定期委員会で、昨年七月以後、不当にも県本部屋舎を占拠している一部不純分子から、われわれの共有財産である屋舎を彼らからとり戻すため県下全団員の総意をもって明渡し要求署名運動を展開するよう、満場一致で決議されました

皆さんも周知のように昨年から発生した民団の混乱事態は、民団の基本理念と国是に反して、反民団反国家的行為を重ねてきた不純分子が引き起したのを彼らの影響を受けて、同調加担した、前神奈川県本部の傾向を憂慮した、愛団愛国的な各支部代議員が、規約に従って不信任の署名運動に依り、前県本部は不信任された結果、中央本部の指導により、昨年七月十六日開かれた、臨時大会で、新たに県本部三機関が選出され、民団中央と公館に協力し、国家施策を積極支持する態勢で今日に至っています

しかし、不純分子らは、臨時大会と川崎支部総会などに対する妨害工作として民団内部問題を、日本の裁判所にまで提訴したばかりか、本国においての南北対話を奇禍に、朝総連と公然各種集会を敢行することによって、民団から除名・停権などの処分をされたのみならず、県本部屋舎の登記が彼らの手中にあるのを利用して、わが正統県本部の要求があるにも拘わらず、屋舎登記共同名儀権移譲手続きを拒否したまま、相変らず反民団行為を継続しています

わが地方本部は、止むを得ず臨時事務所（横浜支部）で執務していますが、事務所が手狭で、来訪する団員に不便を与え、団務執行に多くの支障となっているので、彼らを排除し、屋舎をわれわれの手に回復せんとしましたが、トラブルを避けながら、我慢強く、平穏裡に屋舎問題を解決しようと、彼らを説得してきました

しかし、一年近い混乱により、これ以上、県下団員の神聖な殿堂であり、共有財産を、彼ら不純分子の手中に任せたまま、放置することはできない、という大衆与論が日増しに高まっているところへ、今回の地方委員会で可決されたように県下二十才以上団員の皆さんの総意を得て、県本部屋舎明渡要求運動を強力に推進して、必らずやわれわれが県本部屋舎を確保するための根拠資料を得たいと思います

県下団員の皆さん！

以上のような趣旨に御賛同の上、全団員が署名することによって、神奈川民団正常化に協力されるよう訴える次第であります

口号

一、民団から処分された不純分子らは、県本部屋舎を使用する、何らの権利もない！

一、不純分子らは、全体団員の共有財産である県本部屋舎を、即刻明け渡せ！

一、金允鍾は県本部屋舎及び空地の"登記共有権"を、即刻民団神奈川県本部三機関に移譲せよ！

一、不純分子らは 民団神奈川県本部名の詐称を即刻中止せよ！

一九七三年五月 日

在日本大韓民国居留民団神奈川県地方本部

団長 朴成準

議長 田炳武

監察委員長 李龍岩

死人を悪用し歪曲宣伝

鄭泰浩の死に関しての声明

親愛なる神奈川県下団員の皆さん！

昨年六月以後、反民団反国家的行為を繰り返し、民団神奈川県本部団長代行を自称して民団から除名処分を受けた鄭泰浩前神奈川県本部副団長が、"肝硬変症による消化器官出血"のため、さる二月七日午後三時過ぎ、横浜市瀬谷区の三ツ境病院で死亡しました

民団神奈川県本部は、民団組織に混乱を齎らした中心人物である故人ではあるがいま幽明を異にした故人に対して、彼が過去神奈川民団組織に残した功績を思い心から故人に対する冥福を祈ります。

しかし、故人と共に行動することにより、除名・停権処分を受けた一派が故人の死因に対して根拠のないデマを全国に流しているので、黙認することができずここに真相を明らかにします。

二月六日午後一時に、団に提訴中の民団神奈川県本部名称行使に関する調停民事裁判が横浜地方裁判所で開かれました。事実審理後裁判長が仲裁を勧告したところ、彼らがこれに応じないまま、閉廷されたところ不純分子側の共産系宮代弁護士が「お前たちは韓国に帰れ」との暴言を吐いたので、憤激したわが方の傍聴人との間で口論が生じ、互に押し合いしている内、この日、酒に酔っていた故人が、一人で尻もちをついた事実はあったが、互に暴力行為はありませんでした。

翌七日、故人が急死するや、不純分子たちは、わが方の傍聴人の暴力が死亡の原因であると事実を歪曲して宣伝しています。このような噂を聞いて、われわれは三ツ境病院で、故人を担当した井守医師に問い合わせた結果「前記病名による急死で、負傷又は暴力による死因は何らない」とのことで、某不純分子が暴力致死の根拠を同医師に問い合わせた事実があったが「そのような徴候は全くなく、必要であれば、遺体を解剖してもよい」と返答したとのことです。

元来、医師は死亡者の死因が疑われる場合、即刻警察に通報せねばならず、井守医師は何らそのような必要を認めなかったばかりか"故人を平素から診察して健康管理上節制を勧めてきたが、飲酒を始めとする本人の不節制が死因になった"とのことでした

既に他界した故人を誹するのは本意ではないが、故人はアルコール中毒といわれるほど大量の愛酒家であり、長らく肝硬変で入院し[illegible]たことがあり、回復以後、医師から"絶対禁酒"を言い渡されていたが、これを守らない彼に対して、関係者からも、本人の飲酒についての忠告もあったにも拘わらず、相も変らぬ彼の生活態度が死を招いたのでした。

このように、彼の死が暴力とは何ら関係がないにも拘らず、彼らは、理由にならない"暴力致死云々"を警察に告訴して、本人の遺体解剖を要求したのです。

われわれはこのように死因がハッキリしているので故人にはしのびないが、可能であるならば、遺体が解剖されることを望んでいたところ、彼らのたっての要請により、横浜市立大学病院病理学教室で解剖した結果、暴力による痕跡は見当らず、死亡診断書の病名に依る急死であることが完全に判明されました。

親愛なる団員の皆さん！

"金允鍾・金尚竜"等民団神奈川県本部を詐称している不純分子らは、鄭泰浩の死を利用して、このような虚偽宣伝をすることにより、一般団員とわが地方本部との間を離間させ、組織を破壊させようとする卑劣な手段に出たもので、以上のような、鄭泰浩死亡の真相を正しくとらえ、巷間に流れている不純分子の悪質なデマに動揺することなく今後彼らに対して確固不動の姿勢で臨んでくれるよう切望します

一九七三年二月十一日

在日本大韓民国居留民団神奈川県地方本部

川崎支部も正常化

川崎支部総会に対する本部証明

在日本大韓民国居留民団神奈川県川崎支部は さる西紀一九七二年七月三十日に開かれました定期大会が混乱したことから、流会となりましたので、新たに九月三十日に前回の続会を開催しましたところ、暴力事件が発生したため、収拾困難となり、同支部管下の十個分団長が、次の会を召集して収拾することを決議して、止むなく再び流会しました

その後、川崎支部は代表責任者のいない状態から、一般団員からの諸般依頼事務に支障を来たしておりましたので、民団の内規である、規約・第四章第一節第三十五条および第二節第四十一条によりまして、「支部が支部としての機能を発揮できないか、又はその義務を実行できない時には該当本部が支部を直轄することができる」。当本部は 同十月二十日をもちまして、正常化の見通しがつくまで、川崎支部を直轄し、その後今年一月二十日まで同支部に関する事務一切を代行してきました

その間、前記続会におきまして、川崎支部困難に関する収拾と大会召集権が各分団長の会議でとりきめ[illegible]はならないのにも拘らず、前記大会において暴力を働いた一部分子と共に、団に団規に違反したかどで、昨年九月二十二日、団から除名・停権など一部団員を動員して、規約を無視して同十月二十二日、抜き打ちに集会を開いた上、前記の処分を受けて役員に任ぜられる資格を喪失した朴禧福、朴鎮納、白致珠の三人をそれぞれ支部を代表する三機関長に就任したと自称しております

このような行為に対して同支部管轄の各分団長、同は、別項の如く「宣言文」を発表して、不法大会の無効であることを一般団員に知らせましたが、当日は、上部機関である民団神奈川県本部はもとより、本国政府出先機関である駐横浜大韓民国領事館からの出席がなかったことから、在日本大韓民国居留民団の認定のない不法集会であることは論を待つまでもありません

その上にも、ことあるごとに暴力に訴える彼らは、さる十一月四日には、川崎支部直轄により、同支部所有の貸店の管理をしている余東水氏に対して集団暴行を加え、同氏は脳髄液流出によって、一時生命危篤状態に陥入るなどのほか、垂なる民団規約の無視と反民団行為について、漸次一般団員がその真相を知るようになり、われわれはそれにも拘らず、機会あるごとに彼らの反省を求めて来ましたが、一向に反省する様子もなく、支部屋舎を占拠したまま、依然川崎支部を代表するかのように行動しております

このような現状に鑑み、当本部としては、直轄という変則的な措置をもって、管下団員に生ずる不便さを一日でも早く解決して、一般大衆が待望する正当な川崎支部を再建させるべく、同支部の各分団長と協議の上民団規約第四章第二節第十三条により、西紀一九七三年一月二十一日に川崎支部第三十八回定期総会を召集し、駐横浜大韓民国領事をはじめ、上部機関から中央本部副団長などが出席して右総会を正当なものと認め新たに選出された同支部三機関（田耕作支団長、李康九議長、裵奉朝監察委員長）に一般団務を移譲すべく、同日、同支部に対する直轄処分を解除して、今日に至っていることを証明します

合法的臨時大会開かる

第30回臨時大会に関する中央証明

在日本大韓民国居留民団神奈川県地方本部の第三十回臨時大会についてでありますが、県地方本部の臨時大会は、民団規約第十三条により、「大会構成員の三分之一以上の要求があるときは、その要求通知を受けた後、五十日以内に地方委員会の議決で、必要があると決定されたとき、議長がこれを召集する」とあり、これに従い、西紀一九七二年六月二十四日、議長金允鍾に対して、大会代議員一六八名中、一四三名の多数をもって、臨時大会開催の要求通知をなしたにも拘らず議長は、右要求書の受領を拒絶したばかりか、規約に定める手続を何ら履行をしようとしないとの申入れを受けましたので、中央本部としては、中央委員会の統一見解として、団員の意思を尊重し、代議員によって大会準備委員を作らせ、臨時大会を開催するよう指示し、西紀一九七二年七月十六日の第三十回臨時大会に領事館から鄭乗善領事や中央本部の議長、組織局長らも出席して、右大会を有効なものと認定し、今日に至っていることを証明します

西紀一九七二年十一月 日

在日本大韓民国居留民団中央本部

団長 金正柱

議長 朴泰煥

監察委員長 余泰[illegible]

在日本大韓民国居留民団
綱　　領
1. 우리는 大韓民国의 国是를 遵守한다.
1. 우리는 在留同胞의 権益擁護를 期한다.
1. 우리는 在留同胞의 民生安定을 期한다.
1. 우리는 在留同胞의 文化向上을 期한다.
1. 우리는 世界平和와 国際親善을 期한다.

神奈川民團新報

在日本大韓民国居留民団神奈川県地方本部機関紙

1月10日(木)
〈1974年〉
第 2 号

発行所
神奈川民団新報社
発行人 朴 成 準
横浜市中区若葉町3丁目43－4
電話 045(251)6349(代)・6271／2

高速道路沿いの豊かな農村風景

海外国民의 올바른 姿勢堅持

새마을支援事業協助에 感謝

朴成準団長 新年辞

새해를 맞이하여 親愛하는 神奈川県下団員 여러분의 家庭에 万福과 事業의 繁栄을 衷心으로 祈願하는 바입니다.

지나간 一九七三年을 回顧하면, 再昨年七月의 神奈川県本部第30回臨時大会에서 不肖 이사람이 地方本部団長으로 選出된後, 우리 民団神奈川県本部는 朝総連의 民団破壊工作에 巧妙하게 利用되어 民団의 混乱을 継続하고 있던 反民団反国家分子들에게 誘引된 前神奈川県本部의 一部不純分子들로부터 우리 組織을 防衛하고 県下9支部의 絶対的인 支持와 더불어 神奈川県下民団組織의 正常化와 整備에 努力한 結果, 一月에 열린 臨時総会로써, 川崎支部의 正常化에 成功하였으며 第12回地方委員会의 開催로써 中央本部와 本国政府施策에 積極呼応하는 体制를 確立하였던 것입니다.

昨年度에 있어서의 우리 民団의 가장 挙団的인 事業이었던 本国農村振興을위한 「새마을事業支援」에있어서 県下団員 여러분이 直接喜捨하여 주신 精誠어린 一五〇〇万円의 義金을 持参하여各支部代表와 함께 昨年七月에 帰国하여 全羅南道下5個部落과의 姉妹結縁式에 団員여러분을 代表하여 参席할수있었던것은 平生 잊을수 없는 感激이었으며, 새마을事業支援에 協力하여주신 県下愛国団員여러분께 다시 深甚한 感謝를 드립니다

한편 昨年八月에 뜻밖에 発生된 「金大中事件」을 政治的으로 悪用하고있는 県内의 一部不純分子들은, 같은 宣伝手段과 術法으로써 朝総連을 代弁하듯이 祖国에대한 誹謗과 中傷에 始終할뿐만 아니라 組織的인 訓練이 不足한 善良한 団員을 誘惑하고 있으므로 賢明하신 団員 여러분께서는 充分히 留意하시고 그들의 甘言利説에 속지말아야 할것을 당부하는 바입니다.

우리 民団은 政治団体가 아닙니다. 民団規約에 明示된바와 같이 우리는 大韓民国의 国是를 지켜나가면서, 그때그때의 本国政府에 積極協助하여 在日同胞의 総力을 기울여서 祖国의 安全과 経済発展에 側面으로부터 積極寄与하도록 努力하는것이 民団과 在日国民의 가장 올바른 姿勢일것입니다. 그럼에도 不拘하고 不純分子들은 祖国大韓民国의 混乱을 바라 「反対를위한反対」를 일삼고, 日本의 左翼政界와 偏向 매스컴界와 結託하여 韓日会談後 着実한 親善協調関係를 쌓아올린 韓日友好関係의 中断을 노리고 祖国의 経済発展을 反対하고있읍니다.

그와같은 行為는 海外에 居住하는 우리 国民으로서 到底히 容納할수 없는것이므로 우리는 断乎한 態度로써 그들의 暗躍을 뿌리쳐야 하겠읍니다

賢明하신 우리의 朴大統領에서는 平和統一을위하여 内外에 宣布하신歴史的인 「六・二三声明」과 「南北共同声明」의 基本精神을 背反하고北韓側은 非現実的인 提案을 거듭하는 同時에 巧妙하게 対話를 継続하면서 最近 休戦線隣接西海岸島嶼一帯에 있어서의 挑発은 如実히그들의 侵略性과 赤化統一策을 満天下에 暴露하고 만것입니다.

本人은 지난十一月에 本国政府의 招請을 받아 서울에서 열린 全国団長研修会에 参加하여 朴正熙大統領閣下를 礼訪하였읍니다마는 中東動乱의 再発로써 全世界에 波及된 石油波動으로因한 衝撃은 무섭고 激動하는 情勢에 対処하여 그동안 驚異的인 経済成長을 主台로 果敢한 内外政策転換으로써 国家発展을 위하여 昼夜로 奮闘하고 계시는 朴大統領을 비롯한 政府首脳들의 労苦에 限없는 敬意를 느꼈으며 크나큰 自信을 얻는 同時에 帰任後의 責任의 重大함을 痛感하였읍니다.

神奈川県本部는 그間 横浜支部二階의 臨時事務所에서 執務하여 왔으나 事務所가 狭少하여県下団員諸位께 많은 不便을 끼쳐왔으므로 적지않은 財政負担을 覚悟하고 昨年十一月一日에 神奈川県韓国人商工会館으로 事務所를 移転하였읍니다. 事務所移転을 契機로 心気一転하여 県下団員여러분으로부터 委任받고 있는 団務를 履行하고자 다짐하는바입니다.

그러나 今般移転한 事務所는 永久的인것이 아니며 이미 本団으로부터 除名된 不純分子가 우리들의 明渡要求가 있음에도 不拘하고 鶴屋町의 本部屋舎를 強占하고있으므로 取해진 臨時措置인것이며 団員여러분으로부터의 「本部屋舎明渡要求署名運動」에 따라 現在 訴訟中에있으므로 未久에 반드시 収拾되도록 最善을 다하여 努力할것이오니 団員各位의 積極的인 支援이 있으시기 바라는바입니다.

県本部三機関의 任期는 오는四月로써 終了됩니다마는 一九七四年의 民団의 当面重要事業은 昨年末에起工式을 마친 中央綜合会館建立基金募金인것으로 昨年의 새마을事業支援이 優先되어 中央会館建立募金運動이 뒤져있었던것입니다. 在日韓国人의 象徴的殿堂인 中央会館建設을 위한 挙団的인 募金運動에 県下団員여러분께서도 応分의 協調로 積極後援하여주시기 바랍니다.

親愛하는 神奈川県下団員및 各支部組織幹部여러분! 今年에도 旧年과마찬가지로 民団組織発展을위하여 物心両面으로 아낌없는 支援을 해주시기를 期待하면서 一九七四年을 맞이하는 新年辞에 代하는바입니다.

새해에도 모든 困難을 克服하고 힘차게 前進합시다

74年을 맞는 各機関長인사

よりよき滑り出し期待

議長　田炳武

反民団分子は索出処分

監察委員長　崔龍岩

預金百億達成に協力を

横浜商銀信用組合　組合長　李鍾大

中央会館建立으로 民団組織의 一大前進을

中央本部団長　金正柱

相扶相助로 大同団結

駐横浜領事　李元鎬

同胞企業에 便益図謀

神奈川県韓国人商工会　会長　尹珠宅

同胞青年の信頼の輪を

在日韓国青年会神奈川県本部　会長　李敬一

会員の親睦と向上に

在日大韓婦人会　会長　趙義順

教育事業에 注力해야

横浜韓国教育文化센터　所長　鄭鎮邦

大団結로 組織의 躍進 이룩할 1974年을 祝賀합니다

横浜支部
支団長　李七斗
議長　田炳武
監察委員長　徐泰玉
事務部長(兼副団長)　金正河
横浜市中区末吉町三-四五
電話(045)251-[illegible]

川崎支部
支団長　田耕作
議長　李康元
監察委員長　裵奉朝
事務部長(兼副団長)　朴点圭
川崎市川崎区浜町四-[illegible]
電話(044)35-[illegible]

鶴見支部
支団長　李源植
議長　鄭南徳
監察委員長　崔聖卿
事務部長　李石堂
横浜市鶴見区下末吉町[illegible]
電話(045)581-[illegible]

南武支部
支団長　朴鎮夏
議長　河正孝
監察委員長　黄光義
事務部長　朴炳一
川崎市中原区新丸子東[illegible]
電話(044)41-[illegible]

高座支部
支団長　金甲植
議長　柳在完
監察委員長　郭文秀
事務部長　李相烈
大和市中央五-[illegible]
電話(0462)61-[illegible]

横須賀支部
支団長　金点介
議長　姜基先
監察委員長　李昌椿
事務部長　張豊翼
横須賀市日の出町[illegible]
電話(0468)22-[illegible]

写真で見る 神奈川民団 1973年

臨時総会が開かれ、川崎支部の正常化なる

第12回定期地方委員会開かる

1月15日の成人式には新しく成人になった多くの同胞青年男女が集まった

関協主催三・一節記念中央民衆大会で開会の辞を述べる朴成準団長

各支部の定期総会あいつぐ。上横浜、下南武支部

県下在住のアジア各国人の親睦のため開かれた懇話会

새마을に民団から贈られた大牛 本国での새마을姉妹結縁式

青年会夏季キャンプ 神津島のもよう

駐横浜領事館増築落成式に集まった人々

総合教育センター建立促進の夜あいさつする閔文教部長官

国軍の日 母国訪問団員たち

競技に熱中する団員たち 青年会主催神奈川県韓国人運動会

73年重要行事メモ

▷1　月◁

5日　南武支部許文哲副団長、事務局長就任。
11日　地方本部新年会（横浜商銀ホール）。
15日　県下同胞青年成人式（勤労会館）。
21日　第30回川崎支部臨時総会（寿会館）川崎支部直轄解除。
27日　神奈川韓国人商工会定期総会（横浜商銀ホール）。

▷2　月◁

2日　樺太抑留同胞洪萬吉氏一行帰還出迎（横浜港）。
6日　県本部調停裁判に各支部三機関任員傍聴（横浜地方裁判所）。
10日　関東地方協議会（大宮）出席
22日　県下各支部「幹部教養講座」開催（横浜商銀ホール）
28日　三・一節記念母国訪問団出発

▷3　月◁

1日　第54周年三・一節記念中央民衆大会（日比谷公会堂）。川崎支部は組織強化のため別途開催
22日　第18回定期中央委員会（日傷会館）
24日　神奈川韓国学園合同修了式（横浜商銀ホール）
26日　田炳武議長本国研修会参加報告会

▷4　月◁

5日（陰3月3日）同胞無縁仏春季法要祭（菊名蓮勝寺）
20日　世界卓球選手権大会韓国代表チーム来日歓迎（羽田空港）。
28日　第12回定期地方委員会開催（神奈川県韓国人商工会館）

▷5　月◁

13日　鶴見支部定期総会。
16日　神奈川県韓国人商工会会館落成式
20日　南武支部定期総会。
27日　神奈川県日韓協力友好会結成（横浜重慶飯店）。
28日　「時局講演会」開催（横浜商銀ホール）　駐横浜大韓民国領事館増築落成式。

▷6　月◁

2日　県本部及び各支部三機関連席会議。
3日　高座支部定期総会。
6日（顕忠日）　韓国動乱出征在日義勇軍慰霊碑除幕式に朴成準団長参席（서울国立公園墓地）。
8日　全国青年部長会議（東京大栄ホテル）。
10日　東京大田支部臨時総会に各支部幹部応援参席
26日　関東地方協議会参席（韓国公報館）
29日　川崎韓国人飲食業納税貯蓄組合創立総会（川崎労働会館）。

▷7　月◁

6日　姜溶奎駐日韓国公使送別会（東京パシフィックホテル）。
7日　鄭楽濟駐横浜大韓民国領事送別会（横浜華正楼）。
9日　全国文教部長会議（韓国公報館）。
12日　神奈川県韓国人綜合教育センター設立期成会総会（横浜商銀ホール）。
16日　새마을姉妹結縁事業参観団出発。
18日　새마을姉妹結縁式（母国姉妹部落）。
26日　本国国会法司委員懇談会（大栄ホテル）。
27日　母国夏季学校入校生結団式。

▷8　月◁

2日　各支部三機関及び事務部長合同会議。
10～13日　青年会神奈川県本部夏季キャンプ（伊豆神津島）。
12日　緊急全国地方本部団長会議（大栄ホテル）
14日　光復節記念母国訪問団出発。
15日　第28回光復節記念中央民衆大会（浅草国際劇場）

▷9　月◁

1日　関東大震災犠牲同胞慰霊祭（横浜宝生寺）。
3日　中央本部及び神奈川県地方本部三機関合同懇談会
7日　緊急関東地方協議会（韓国公報館）
14日　在日大韓婦人会主催「敬老敬親会」（横浜商銀ホール）。
18日　緊急支団長会議。
21日　第20回中央委員会（日傷会館）。
23日　母国夏季学校修了生座談会。
28日　金大中一派糾弾中央民衆大会動員参加（九段会館）。
29日　国軍の日記念参観団出発。

▷10　月◁

4日　同胞無縁仏秋季法要祭（菊名蓮勝寺）。
22日　神奈川県韓国人綜合教育センター建立促進の夜（横浜商銀ホール）。
24日　閔寛植文教部長官歓迎午餐会（箱根宮の下富屋ホテル）。

▷11　月◁

3日　関東地方領事事務実務講習会（東京商銀）。
10日　管下各支部実務者研修慰安会（湯河原温泉宝荘）。
12～15日　全国地方本部団長研修会（本国）朴団長参加。
18～24日　全国事務局長研修会（本国）許事務局長参加。
19日　大韓婦人会主催、北韓に拉致された張兄弟救出蹶起大会（九段会館）。
24日　大韓婦人会川崎支部定期総会。

▷12　月◁

1日　民団神奈川県地方本部事務所を横浜支部より神奈川県韓国人商工会館4階に移転。
13日　中央会館地鎮祭。
16日　青年会川崎支部を結成（菅原会館）

大団結로 組織의 躍進 이룩할 1974年을 祝賀합니다

誠金賛助者芳名（無順）

昨年4月28日に開かれた第12回県地方委員会で採択され、七三年度の本団のもっとも大きな事業の一つであった母国새마을運動支援事業は、県下団員みなさんの御協力により、誠金一五〇万円が集められたことは、本紙前号でも発表されましたが、昨年七月15、16日、県下代表25名は直ちに現地に赴き、全羅南道下5部落との間に姉妹結縁を済ませ、誠金を伝達しました。ここに紙面（本号及び次号）を通じて誠金賛助者芳名を報告します。なお川崎支部の分は、同支部発行の「川崎民団新報」に掲載されていますので、ここでは省きました。

神奈川県本部関係

横浜支部

高座支部

湘南中部支部

湘南西部支部

相模原支部

1月中旬に手続完了を
三・一節母国訪問団でお知らせ

毎年三月一日、ソウルで開催される三・一節記念式典参加母国訪問団の募集について、民団神奈川県本部民生部（全東輪部長）では、旅券所持者は勿論、特に旅券未所持で初行の団員の結構多い場合は臨時旅券を申請するは、日本への再入国許可申請に一定の日数を要するので、支部からの募集公文が届く前に、参加希望者は一月中旬中に旅券申請手続きを済ませてくれるよう呼びかけている。

なお、従来は永住権未申請者は、旅券の発給は許可されなかったが、その後緩和され、発給されているし、朝鮮籍からの新…

お詫び

「神奈川民団新報」は、昨年八月創刊以来、种々の事情により継続して発行することができませんでした。皆様の期待にそうことができませんでしたが、やっと第2号を新年号として発行に漕ぎつけることができました。

創刊号記事の中、主として人名関係に誤植がありましたことにつきましては、深くお詫びいたします　編集責任者　許

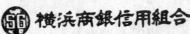

在日大韓民国居留民団
綱　領
1．우리는 大韓民国의 国是를 遵守한다．
1．우리는 在留同胞의 権益擁護를 期한다．
1．우리는 在留同胞의 民生安定을 期한다．
1．우리는 在留同胞의 文化向上을 期한다．
1．우리는 世界平和와 国際親善을 期한다．

神奈川民團新報

在日本大韓民国居留民団神奈川県地方本部機関紙

5月25日（土）〈1974年〉
月　刊（毎月25日）

発行所　神奈川民団新報社
発行人　朴　成　準
横浜市中区若葉町3丁目43－4
電話　045(251)6349(代)・6271－2
支社　横浜・川崎・鶴見・横須賀・湘中・湘西・高座・相模原・南武各支部

第31回定期地方大会

本部団長に朴成準氏当選

議長に金桂善氏、監察委員長に金大栄

―神奈川県地方本部第三十一回定期地方大会―

写真（上）は地方委員会と地方大会

民団神奈川県地方本部第三十一回定期大会は、去る四月二十六日第十三回同本部地方委員会につづいて、同日午後三時から横浜・教育会館でひらかれた。金大栄（湘南中部支部顧問）氏の司会により国民儀礼と教育憲章朗読（神奈川韓国人教育文化センター所長）につづいて、全代議員百八十四人中、百八十四人全員が出席する中で田炳武議長が大会成立宣言をし、[illegible]開会の辞をのべた。

代議員全員出席

朴成準氏、百三十三票獲得　田炳武氏、五十票・無効一票

このあと、朴成準団長と崔龍岩監察委員長がそれぞれ大会成功のための意義あるあいさつをのべ、李心鋪駐横浜領事が政府機関を代表し「代議員全員出席裡に開かれた意義深い大会において政府機関を代表して祝辞の言葉をのべることができるのを嬉しく思う。最近、特に北韓共産集団は武力挑発行為をより激化させると同時に平和協定を云云し侵略意図を隠蔽する常套的な偽装宣伝策謀を企らんでいる。これは武力赤化統一をなしとげようとする野望を露呈したことにすぎない。一方、この地においても同胞皆さまの平和な暮らしを乱すための共産集団の背後組織により少数の不純部分があらゆる妄動に出ている。此れらの事態を賢明な代議員皆さまは良く見きわめ、これを粉砕し、常に民団を中心に秩序ある団結のもと大なる前進と発展をもたらす意義ある大会になるよう期待する」との要旨の祝辞をのべられ万雷の拍手をうけた。

つづいて、顧問、李鍾大顧問それぞれのあいさつと鄭東淳東京地方本部団長の祝辞があり、李心鋪領事、鄭東淳東京本部団長、金数事同副団長ら来賓退場のあと、同日の地方委員会での採決をきれた決定事項、建議案の報告が各機関により行われた。

このあと三機関全役員が演壇の前に参列して総辞職を宣告、労をねぎらう全代議員万雷の拍手を受けた。

午後四時から同大会最大の関心事である地方本部団長選に移り、前執行団長朴成準氏、前議長田炳武氏の二候補が名のりをあげた。

此れら二候補は前期二年間団長、議長の職務を負い互いに協力しあった仲であるが由、当落にかかわらず選挙のあとも協力しあうという証しの堅い握手を交す場面も見られた。

まず"立候補者の弁"が各自五分間の制限された時間でのべられ"無記名投票"に入った。

全代議員数百八十四名のうち出席代議員数百八十四名全員出席というかってない好出席率をもち、投票数百八十三票、無効票一票のうち朴成準候補が百三十三票、田炳武候補が五十票をそれぞれ獲得し、両者のあいだには八十三票という大差が出た。

これで朴成準候補は前期二年間の業績に対する絶大なる信任をうけ再選された。

次の議長選に入ってからは、本部団長職を一期勤めた経歴をもつ金桂善氏が全投票数百七十五票のうち百四十二票を獲得、孫一氏の三十三票をおさえて乗選された。

議長選につづく監察委員長選出では金大栄湘南中部支部顧問、崔龍岩前執本部監察委員長の二候補が名のりを上げたが投票寸前崔候補の辞退により金大栄候補が無投票当選した。

三機関長全員選出のあと、朴 …

不純部分一掃を再確認

組織力集結と本部屋舎収復

本部第十三回地方委員会

民団神奈川県地方本部第十三回地方委員会は、去る四月二十六日午前十一時から横浜教育会館で、神奈川県全域からの地方委員総数六十二人のうち六十二人全員出席のもと開かれた。地方委員会では、議決、執行、監察各機関の経過報告がおこなわれたが、なかでも懸案である不純分子一掃と本部屋舎収復の課題をめぐる健全な質疑応答と新たな提案が大部分をしめ、そのなかで朴成準団長の"本部屋舎収復に関する早期実践案"が満場一致で採決された。

地方委員会で提出された執行部の活動方針案と予算案は、本部屋舎収復問題を除き簡単な質疑をへて承認されたが、本部屋舎収復問題は全組織力を集中し必ず年内に収復すると決めた。

その他"各支部管轄区域の整備案"（李石貴地方委員提案）"支部割当金の増加案"（李七斗地方委員提案）"各支部並び傘下団体に配定する代議員数増加案"（金在寓、尹珠宅、各地方委員提案）ら建議案は、活発な討議をへて、その技術面の難点を重視し、本部三機関及び各支部団長連席会議に地方委員会名儀で一任、具体化することを採決された。

同地方委員会で承認された執行部活動方針案の主なものは次の通りである。

団費・割当金再調整増額案、商工会の活動助苗木基金案、横浜商銀信用組合育成案、消費生活協同組合設置案、戸籍整備運動案、神奈川県韓国人総合教育センター建立促進案、未組織支部の青年会結成推進案。

三機関長新任の抱負

朴成準団長

組織力を集結し屋舎収復の公約を実現する

地方本部団長として団務遂行にあっては、既に表明された公約を実行することは勿論でありますが、民団の諸情勢を考える子一掃と本部屋舎収復の重大課題を必ず解決することが急務であり、この課題の解決なしには団員同胞の福祉向上をもありえないと思います。さらには、情勢を前にするとき、より一層強化された組織力を集結し、不純分子一掃と本部屋舎収復の重大課とき、先ず、中央本部の施政と指導による組織力の強化に万全の努力を傾くつもりであり、特に神奈川県地方本部の激動する事情を前にするとき、より一層、年違との数多い対話を通じ彼らの要求を充たすためのあらゆる共精神の再武装のもと、不純分力に務め青年会拡充を図り、"神奈川韓国人総合教育センター"建設に積極協力し、二世民族教育の確保に正しい姿勢で臨むつもりであります。

金桂善議長

議決機関の研修と正しい規約運営に務める

第三十一回定期大会で私が議長に選出されたことに対し、私は重い責任を感じるのでありますが、此の責任感というものは、情勢、特に不純分子らに対するあらゆる闘争を前にして考えますと、何によりも規約運営においてより一層の明解な正しい運営が要請されると信じるのであります。従って、本部議決機関が中心になって各支部の議決機関と共に規約運営に必要な研修を重ねていくつもりであります。此のたびの大会で全代議員が私に対し、より一層の努力と奉仕を求めたものと思い、今後全団員の支援に応じた活動をする覚悟でありますから宜しくお願いします。勿論議決機関の長としてのその任務を全うすることに対するものでありますが、今一度神奈川県地方本部が置かれた難難な諸

金大栄　監察委員長

不純部分一掃と団紀確立を図る

最近、本国並びにわが民団社会においてより一層、北傀共産集団を背後にした不純分子の妄動が激しいのであります。この一連の妄動を排除し、わが民団社会に平和な秩序をもたらし、団員同胞の権益を擁護するため民団の紀律を確立することが先決だと思います。このために任期中全力を尽し監察機関が担うべく任務を全うする所存であります。

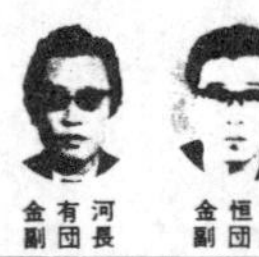

白甲成 委員　李一揆　韓時泰 副議長　黄二桂 副議長　金有河 副団長　金恒徳 副団長

相模原支部第五回定期総会

団長に李甲述氏当選

議長に李延圭氏　監察委員長に黄斗煥氏

（相模原支社発）民団相模原支部第五回定期総会は、去る四月二十七日午後一時正刻、相模原商工会館ホールで民団県地方本部朴成準団 …

南武支部第21回定期総会

本部顧問に李康元氏ら12名推載

朴述祚　常任顧問

金允鍾ら 不純分子糾弾民衆大会開く

—五百余名団員参加裡に— 不純分子一掃の誓こめて

決議文

不純分子糾弾 神奈川民衆大会

商銀ホールで式典

団員有志ら三百余名参加

金永善大使 民団神奈川県地方本部 を初度巡視

元商工会会長 故 洪勺杓氏, 国民勲章柊栢章授与兼ね

写真㊤は本部団長室で金永善大使を囲み本部三機関及び各支部団長の懇談光景

孫張翼 元神奈川県地方本部 団長

声明文を出す

写真左は金大使・洪性久氏右李元鎬領事

千六百余名診療

—無医村医療奉仕団—

済州・無医村での成果

在日韓国医師会

韓国教育財団総会

今年度事業計画決定

写真㊨は教育財団総会 前列中央朴団長

商工会第10回定期総会盛況裡におわる

4月19日、商銀4階ホールにて開催

金允鍾ら……

共産党員 陶山圭之輔弁護士を顧問弁護士に選任

声明文

北韓共産集団의 武力挑発과 偽装된 平和攻勢의 危機속에서 歴史的인 維新事業의 偉業을 遂行하고있는 祖国의 現実을 直視할때、本人은 大韓民国의 一個在外国民으로서 또한 元在日本大韓民国居留民団 神奈川県地方本部団長의 重責을 担当하였던 한사람으로서 本人의 過誤를 反省하여 다음과 같이 声明의 形式을 取하여 同胞社会에 이를公開 하는바입니다。

激動하는 国内外情勢속에서 오로지 祖国의 興隆만을 생각할때 누구나 할것없이 透撤한 反共精神을 堅持해야만 하며 国是을 遵守하고 또한 한결 같이国家와政府의 모든 施策과 事業을 積極支援하여야만 될것입니다。

特히 日本이라는 地域社会에 在留하는 우리들은 在日本大韓民国居留民団의 宣言과 綱領에 모든力量을 集結시켜 団結을 鞏固히 하여 国家와 政府의 모든偉業의 完遂를 위해 또한 在日同胞大衆의 福祉向上을 위해 心血을 傾注해야만 될것입니다。

本人은 이러한 認識과 自覚밑에서 国家와 政府에 対한 反動과 居留民団에 対한 害団的인 不純勢力의 一掃가 干先寸眉의 急務라고 確信하고 本人의 姿勢를 明白히 합니다。

去四月二十六日民団神奈川県地方本部第31回地方大会에서 選出된 執行部아래서 民団의 모든事業遂行에 総力을 集結하여야하며 鶴屋町所在民団神奈川県地方本部屋舎의 収復을 위해 힘있는限으로 努力하겠읍니다。

本人의 以上과 같은姿勢는 始終祖国과 在日同胞大衆의 将来를 念慮한 自主的인 本意에 依한것임을 明白히 闡明하는바 입니다。

西紀一九七四年五月一日

孫張翼

在日大韓民国居留民団
綱領
1. 우리는 大韓民国의 国是를 遵守한다.
1. 우리는 在留同胞의 権益擁護를 期한다.
1. 우리는 在留同胞의 民生安定을 期한다.
1. 우리는 在留同胞의 文化向上을 期한다.
1. 우리는 世界平和와 国際親善을 期한다.

神奈川民團新報

在日本大韓民国居留民団神奈川県地方本部機関紙

6月25日（火）
（1974年）
月刊（毎月25日発行）

発行所 神奈川民団新報社
発行人 朴成準
横浜市中区吉浜町3ノ目43-4
電話 045（251）6349（代）6271～2
支社 横浜・川崎・鶴見・横須賀・湘中・湘西・高座・相模原・南武各支部

管下九個支部で総会

朴成準指導体制を確立

容赦なく不純分子一掃

組織強化誓い、使命感に徹した総会

管下九個支部は、去四月二十六日第三十一回地方大会と第十三回地方委員会の後をうけ、去四月二十七日、相模原支部総会をスタートに五・六月各々（五月十一日南武、五月十八日鶴見、五月十九日湘西、五月二十六日川崎、六月二日横浜、六月九日横須賀、湘中、高座、各支部）総会が開かれた。

朝総連の破壊工作を粉砕

強力な活動方針案など採択

李七斗氏三選団長に（横浜支部）

朴点圭氏（副団長）を団長に選出（川崎支部）

李七斗横浜支部団長

朝総連の「百二十日運動」徹底粉砕

金桂香議長、金大栄監察委員長談話

既に報道された如く、川崎支部は他の八個支部とは異って支部懸案問題を始め新年度において必ず解決すべく組織上の諸般難題をかかげている。由に同支部の総会においては、十余年程副団長の要職を務めながら歴代団長の良き補佐役を担い、一線組織を指導してきた朴点圭氏に対する絶対多数の信任をおくり両氏は対抗馬のない無投票当選の栄を迎えた。また同支部は諸般難題を円満に解決し、支部組織の足場をより強く築くにおいて朴点圭新団長の長年にわたる組織指導者としての経験に対する大きな期待をよせ、朴点圭団長はこのような団員達の期待にかなえるよう全力を傾くと公約した。

又、最近の此れら一連の破壊策動に関連し、地方本部金桂香議長と韓時孝副議長は本部の議長室で記者会見し次のような談話を行った。

■金桂香議長談話要旨＝「朝総連の謂る“百二十日運動”は終始民団及び我が祖国に対する武力的侵略のための前奏的策略に過ぎない。民団組織の役職員は、規定された団務執行に励み体制と原則をより忠実に守り、赤色分子が侵略するすきをあたえない完璧な心構えを持つことを強く要望する」。

■韓時孝副議長談話要旨＝「体制と原則に対するより忠実な務めは何によりも規約運営に対するより深い心構が大事である。われわれ議決機関の役割は、如何なる突発的な議事運営上の事態が起きても常に身につけてきた知識を有効適切に活用し組織の秩序維持に務めなければならない。このことは、反動勢力の侵透に対しすきをあたえない心構とも相通じることである」。

論説

金允鍾一味らは 虚偽と暴挙から覚醒せよ

民団神奈川県地方本部団長 朴成準

朴成準団長

実務経験者の進出目立つ

管下九支部総会の三機関役員

新年度の各支部において選出された三機関役員は従来とは異って……

横須賀支部

議長＝金正甲
副議長＝許文郎、李炳吉
監察委員長＝金秉朝
委員＝李南圭、河基元
事務部長＝李石堂
団長＝[illegible]
副団長＝[illegible]（一名保留）
委員＝[illegible]
監察委員長＝[illegible]
委員（二名保留）
事務部長（保留）（一名保留）

湘南中部支部

団長＝尹錫重
副団長＝[illegible]、[illegible]
議長＝張寿錫
副議長＝郭道谷、崔宋浩
監察委員長＝尹富昭
委員＝朴東秀、李長寿
事務部長 尹載一（兼）

湘南西部支部

団長＝尹仲守
副団長＝下鋼述、李進水
議長＝金在万
副議長＝張甲洋（一名保留）
監察委員長＝張庠植
委員＝高昭万、洪秀明
事務部長＝李鍾和

高座支部

団長＝金甲植
副団長＝崔元鋼、許俊
議長＝林在完
副議長＝金甲作、鄭達春
監察委員長＝郭文秀
委員＝康命世、李相諸
事務部長＝李相烈

相模原支部

団長＝李申述
副団長＝許留煥、金宗雄
議長＝李延圭
副議長＝金寓京
（一名保留）
監察委員長＝黄斗煥
委員＝李三煥
（一名保留）
事務部長＝金用鋼

横浜支部

川崎支部

鶴見支部

南武支部

74年度活動方針案

第三十一回地方大会後、地方本部組織は神奈川県内に潜在する不純部分を根こそぎ掃蕩するため最も効果的な組織整備作業を完了し、又民団本然の活動を遂行するにおいて必要な機構の補強作業をも完了した。即ち、確立された朴成準本部団長の指導体制下に県下各級組織は組織力量の総結集を図り、又上下組織の渾然たる一体の下、新年度のあらゆる活動は稼動することになる。新年度各支部活動方針としてその一貫した特徴は組織活動のうち何によりも朝総連の民団破壊工作と北傀が試図した謂る「百二十日運動」を徹底に粉砕する活動と金允鍾一派の触手から苦痛に耐えない幾人の団員たちに対する指撫及救済と金允鍾不純勢力の足場を根底ぎ粉砕する活動といえよう。これらの活動は、その策定段階においてすでにその効果を成功裡に遂行している支部もいる。湘南中部支部の大局的で根強い活動の展開により同支部管下係張翼氏の声明文（既報五月二十五日号）発表に至ったのがその代表的例といえる。湘南中部支部尹錫團団長、同張寿錫議長、同尹富昭監察委員長と同支部三機関役員は係張翼氏に対する頻繁な接触と説得を重ね係氏はその声明文を通し大韓民国の施政と民団事業に対する積極支援するとの姿勢を規定し神奈川県不純勢力粉砕のため健全な覚悟を表明するようになった。新年度活動のスタート過程においてすでに成功的効果をあげたという事実は終始朴成準執行部の組織体制が確立されたことを物語る証しといえよう。

各部署を通じた本来の支部活動のうち、特記すべきものは、団員大衆の生活権確立において緊要な課題であった戸籍整備と生活協同組合設立に関する事業（民生課）を始め領事業務中入国申告手続の一部委任事業（民生課・組織課）である。即、本国政府の特別配慮に依り“戸籍整備特例法”の施行に従い団員達の未整備戸籍に対する整理活動の積極化が図られ、税金対策の合理化と零細業者の救済機構としての協同組合の設立運営に対する活動らかそれである。団員の入国手続中一部である新入国申告手続の委任事業は新年度の新しい事業として注目を集めている事業である。同事業は各支部の運営活動如何によって組織強化においての立派な効果をあげることができた。

抜萃した新年度各支部活動方針案は次の通り。

9個支部組織活動方針

傘下九個支部の今年度活動方針は、県本部の組織指導方針に依るが、各々の地域に適合する方針は左記の通りである。

一、組織強化
二、民生問題
三、永住権許可者で民団に未加入者問題
四、旅券所持運動
五、沖縄海洋博覧会
六、民族教育強化
七、韓日親善協会の結成促進
八、中央会館建立
九、セマウル事業支援
十、機関紙の利用問題
十一、青年会の育成

一、組織の強化

神奈川県地方本部の組織強化方針に依る組織管理及運営に臨み朝総連対策に対しては従前と同じく徹底を期するが南北間の対話は本国政府方針に従うべく民団は関係する性質でない事は明白である団員各者は、朝総連の嘘偽宣伝に動揺してはならない。

二、民生問題

去年度の継続事業としては戸籍整備促求事業に於いて未だ数多い戸籍整理が必理とする。特に韓国の民法上同姓同本は結婚を許さないのでありますが、我々海外同胞中には、同姓同本が事実上結婚して子女まで生んで居る実情なのでこの事実をどう処理するのかが問題である。

故に今年度は全団員の戸籍を整備する年である。

新しく制定された在外国民就籍及戸籍整理に関する臨時特例法の効力満了日である一九八〇年十二月三一日前に全団員の戸籍整理が出来る様に努力する。

三、永住権所持者で民団未加入者問題

①永住権申請で韓国籍を取得したが非加入団員の名単を入手する次第本格的に団員化運動を展開して国民登録をする様に勧告する。

②上記事業と関連して初訪問者母国訪問優先原則に従い初行者の母国訪問を勧告する。

四、旅券所持運動

海外国民として当然持参しなければならない旅券を未だ持参しない、海外国民が沢山ありますので全団員が旅券を所持する様民族意識昂揚と強力なる愛国愛団の精神を鼓吹し一人一旅券所持運動を展開する。

五、沖縄海洋博覧会

来る一九七五年九月十五日から一九七六年三月十五日まで六ケ月間日本国主催の沖縄で開催する海洋博覧会に国威宣揚韓国館支援及参観団招請等の事業を推進する。

六、民族教育強化

①各支部地域から小学校児童を東京所在の韓国学校に通学する様に勧告する事は難しいが、中学校以上は東京韓国学校に入学する様勧告する。

②成人及青年に対する民族教育実施の為に例年と同じく国語普及講習を開講中でありますから団員皆さんが旧倍の協力をお願いします。

③成人及青年との間に月又は週一回程度の時局討論会を開き国内外勢情に関する見意を交換する計画である。

七、韓日友好協力会支部結成

我等が居住する処が日本であるから国際親善を図謀し我等の主張を理解増進させるが為に神奈川県日韓友好協力会の支部結成を急ぐつもりである。

八、中央会館建築の問題

民族最高の殿堂になる民団中央本部会館建立事業に於いて、特別に寄附して下さった団員皆様に感謝の意を再び申し上げると共に、今年度の継続事業でありますから御協力して下さる様にお願い致します。

九、セマウル事業の支援

農漁村と都市間の差をなくするため挙族的に海外国民も挙団的に参加して愛国心を発揮する様に又七四年度事業として既に結縁した姉妹部落との緊密なる連絡の下に可能な支援を望んで居る。

十、機関紙の利用問題

民団の機関紙である韓国新聞を民団各支部団長は韓国新聞の支局長又は分局長になり実務は事務部長及宣伝部長が担当し同時に各地方の記事及広告に関しても義務的に履行する様に又購読料の収納を義務づける。

十一、青年会の育成問題

我が民団社会では恒に挙論されて居る青年問題が現在まで不振状態です。

青年の指導は教育以外にはありません。優先的に民族教育強化を重視して同胞社会に対する正しい認識を持たすのが問題である。

組織の指導強化策として民団活動と青年活動を直結させ一体感を持つ様に、又本国との紐帯強化と共に祖国の発展状況を見学させ、堂々たる韓国民の精神を養う。

4個路線高速化

清項～盛慶・大邱～馬山 順天～晋陽・ソウル～利川

建設部は、ソウル～利川（43㎞）、清項～盛慶（42㎞）、順天～晋陽（23㎞）など4路線、百八十七㎞を高速化道路に建設する計画である。

15日、建設部によれば、この4個路線に対する実施設計を年内におえ、継続、東海高速道路建設工事が終りしだい、76年に着工できるように、IBRD（世界銀行）側と借かん問題などを協議中である。

肉牛牧場で

ニュージーランドと協定

韓国にモデル肉牛牧場をつくるためのニュージーランドとの約定に合弁投資者と協議ニュージーランド代理大使が十五日明らかにした。なお米国外国開発会社から平均畜産と三資会社の二社に肉牛飼育事業のための合作投資申入れがあった。

金日成よ、日本人妻を返せ！

朝総連よ、生地獄が地上楽園か！

悲惨！飢えて強制労働

北韓の惨状訴える日本人妻六千人

四月三十日、東京の日消会館で「日本人妻自由往来実現運動本部全国大会」が開かれ、また五月三十一日には新潟市の下越婦人会館、六月十二日は大阪市の青少年会館でも、同じ名称の集会がもたれた。

この「日本人妻」は、第一次北送船から、最近の北送船に至るまでの二百回近い北送船で、理想天国の宣伝につられ、朝鮮籍韓国人の夫と一しょに北韓に行った約六千人の日本人女性のことである。はじめは喜こんで北韓に連れていかれたのであるが、聞くと見るとは大違いの現実に失望した。しかし、その内容を日本に知らせるすべもなく、ただ毎日をノルマ労働に追われながら"生きているにすぎない"生活を送っていることは、同じように北送船で北韓に送られ、韓国に逃げてきた人たちの話から十分に察しられていた。それが、一人の日本人女性のふとした目覚めから、この「日本人妻」を里帰りさせようという運動になったのである。

今年の四月七日、東京の新宿で「日本人妻自由往来実現運動本部」の発会式が行なわれたのがそれである。この団体は「本会は一切の政治・宗教・思想等にかかわりなく人道主義に徹して、日本政府による北鮮帰還の日本人妻の安否調査団派遣及び里帰り（自由往来も含む）が実現するまで運動を展開することを目的とする」だけの非政治団体で、その代表者も全く無名の「池田文子」さんである。

この団体の最初の集会である日消会館での大会では、池田さんが全国各地からやっと集めた八通の手紙が、日本で初めて公開された。しかも、この手紙を寄こした人たちの中には、その後消息の絶えた人もあって、生死さえ判らないといわれている。六千人の中の八人、氷山の一角などといえることではないようだ。これらの手紙はどれも発信年月日が古く、現在はこんな手紙を書く自由さえないと判断されている。

澄江さんの手紙

私の行るところは雪がとけると道がぐちゃ／＼で長くつがないとあるけない所です　はそのころ何べん足をよごしてくるやら　その御蔭で大分すかりました　お姉さま東京でいらない物はめんどでしょうか私に送って下さるとたすかるのです　はよく　に行くのでうでどけいがなくてこまるのです　質流の物のでもいつかうおねがいします　私のかってなことばかり書いてやるのですがお姉さん理解して下さい　お母さん長生きして下さいとつたえて下さい　私はお母さんお姉さん達にあえる日を待って居ります　お米を食べないからおちちが出ないのですミルクを送って欲しう（ママ）ございましたが　できずって居ります　うどんおそかな一度食べて見たいわ　この手紙よく理解して読んで下さい　お姉さんお母さんお母さんお体を大事にして下さい　今日はこれでペンをやめます　お姉さんからのお便りをお待ちして居ります

傍観出来ない人道的問題

なぜ日本のマスコミは黙殺するか

この日本人妻の悲劇は、その最大の責任はもちろん北韓にあるが、日本政府にも、そしてわれわれ在日同胞にも責任が無いとはいえないようだ。

池田さんは訴えている。

われわれの知っているケースがあれば、それを池田さんに知らせてあげることがせめてものわれわれの罪ほろぼしだという声も起っている。

連絡先・東京都世田谷区下北沢三丁目三五―一三―A号　日本人妻自由往来実現運動本部

朴成準団長〈民団神奈川県地方本部〉

金日成個人崇拝を強要される北韓同胞を、一日も早く、解放するのが、自由主義国家の義務であるにも拘らず……

石附氏

李浩氏

木内氏

高坂氏

高奉国氏

林炳翊氏

李玉基氏

今泉正二氏

金用雨氏〈大韓赤十字社総裁〉

関係機関で積極的な広報と指導をして欲しい。

「うどんと餅を一度だけでも食べたいと書いた手紙、よく察して読んで下さい」との手紙内容はすべての状況を物語っている。赤十字社を通じ日本人妻と家族たちの自由訪問が一日も早く叶えられることを望み、離散家族の苦痛を……

宇野宗佑氏〈日本衆議院・自民〉

共産主義の誘惑にまどわされ、北韓を天国と思い夫について行った人が共産体制下には自由がないことを体験した生き地獄だ。……これこそ人道的な問題であり、同じ同胞の立場で適切の処置を講じねばならない。

中古の腕時計でもいいです

日本人妻自由往来実現運動本部が公開した八通の手紙（原文）

お乳が出ない断腸の訴え

＝めんどうでしょうが薬もミルクも送つて下さい＝

お米のご飯が食べたいわ

望郷

金竜煥

日本共産党は韓国に謝罪せよ

早川離党していない

事実告白

武装供給を暗示 背後で郭東儀が操縦

韓国での二人の日本人逮捕事件について、韓国はさる二十七日早川嘉春、太刀川正樹の二名を非常軍法会議に起訴した。この起訴内容によって、二人が「民青学連」の学生首謀者らを激励、決起を扇動し、韓国の法律と民主主義を踏みにじる重大犯罪を犯していた事実がいっそう明らかにされた。それとともに、起訴事実の内容でとくに注目されるのは、四月二十四日の逮捕時に共産党員と発表された早川嘉春がじつは、上部党員(都高教組教育文化部長ら)から「韓国に入国して、身分を隠し機会をとらえて共産地下運動に協力し、韓国共産化を支援せよ」との指令を受けていた。これにより、早川は偽装離党(九年間の党員時代にも秘密党員であったと言われている)し対韓革命工作員であった事実が判明した。

日共は国際的謀略機関

北傀の武器で日本転覆陰謀も

日本共産党および北韓=朝総連などの国際共産勢力による日韓分断・共産化工作図

朝総連の悪辣な策動粉砕しよう

尹達鏞中央団長　対民団工作「百二十日運動」に警告

祖国防衛誠金　五拾万円寄託　＝朴成準団長＝

日本人二人は首謀者

早川は共産党の秘密工作員

起訴事実内容

国際勝共連で声明

被疑事実を認める

太刀川正樹氏、早川嘉春氏ら二人

韓国軍法会議検事尋問の内容

朝総連の陰謀に逆攻勢

団長、事務局長会議で　民団の対備方針決まる

第一代、総領事に　李起周氏　赴任

神奈川県韓国経済人懇談会

この命を救って下さい

ご恩は必ず返します

先天性心臓病で苦しむ

慶北大医大で人工心肺器なくて手術不能

祝 横浜総領事館昇格

支部	団長	議長	監察委員長
横浜支部	李七斗	崔龍岩	徐泰玉
川崎支部	朴点圭	裵奉朝	鄭宗坤
鶴見支部	鄭南徳	李晋九	張華翼
南武支部	郭鍾河	金正甲	金東湖
相模原支部	李甲述	李廷圭	黄斗煥
横須賀支部	姜基先	金喆洙	李昌権
湘南中部支部	尹錫鳳	張寿錫	尹富駠
湘南西部支部	尹仲守	金在萬	張漢植
高座支部	金甲植	柳在完	郭文秀

5月23日、横浜商銀本店大講堂で開かれた第13期総代総会
(円内は李義大理事長)

横浜商銀

第13期総代総会

新年度事業計画案など承認

(常務理事)

李義吉氏常務理事に

KBS権美恵さんが慰問来訪　韓国放送公社（KBS＝TV）専属人気タレント権美恵嬢は去る6月5日民団神奈川県地方本部朴成準団長を礼訪した。権美恵タレントは日本放送及芸能界を視察する目的で来日した機会に朝総連及不純分子の宣撫工作を一線で指揮する朴成準団長を始め役員一同を慰問するため当地本部を訪問し朝総連及不純分子の現況を傾聴して朴成準団長の労苦をねぎらい帰国した。

韓日友好は理解と信頼

黄石淵博士互恵原則を強調

黄石淵博士

6月15日、横浜で友好懇談会開く

在日韓国人の高齢者に大阪市が福祉令を適用

民団の民間外交成果実る

青少年よ衿りを持て

諸君は大韓民団の主人公だ

在日韓国青少年へ金永善大使が激励

金永善駐日大使

危険無責任な男

全日成とカダフィーは戦争を望む

アンダーソン氏指摘

北傀の蛮行想起せよ

六・二五動乱24周年に談話

団長　朴成準

韓日美術界交流実現

―アジア現代美術展終る―

南武交部婦人会長

李末蓮氏当選

在日大韓民国居留民団
綱領

1. 우리는 大韓民国의 国是를 遵守한다.
1. 우리는 在留同胞의 権益擁護를 期한다.
1. 우리는 在留同胞의 民生安定을 期한다.
1. 우리는 在留同胞의 文化向上을 期한다.
1. 우리는 世界平和와 国際親善을 期한다.

神奈川民團新報

在日本大韓民国居留民団神奈川県地方本部機関紙

7月25日(木)
1974年
月刊 (毎月25日発行)(一部定価30円)

発行所 神奈川民団新報社
発行人 朴成準
横浜市中区若葉町3丁目43-4
電話 045(251)6349(代) 6271~2
支社 横浜・川崎・鶴見・横須賀・湘中・湘西・高座・相模原・南武各支部

第2回支団長会議盛了

団務遂行を誓う

八一五記念集会動員など討議

県本部会議室で開かれた第2回支団長会議（円内は朴成準団長）

去る16日、県本部会議室において74年度第2回支団長会議を召集し、八・一五記念中央民衆大会及民団中央本部会館建設資金募金に関する諸問題など朴成準地方本部団長から指示があった。八・一五中央民衆大会（浅草国際劇場）には千名の団員が参加するよう各支団長は任務遂行する決議を満場一致で可決した、なお、朴成準本部団長は『民団の誇りとなる中央会館』建設基金も九月三十日まで完納するように強調し各支部の割当金を示達した。会場の雰囲気は朴成準地方本部団長の指導体制に固まる決議をなし閉会した。

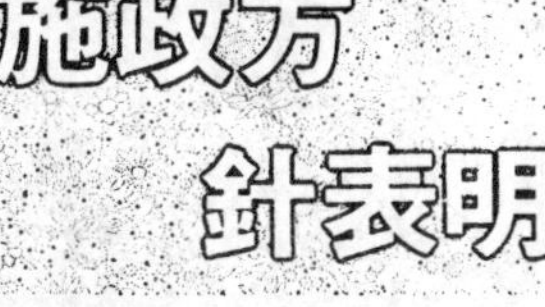

施政方針表明

権益保護と生活安定を図る

人和団結に努力

国民登録と戸籍整事業を積極支援

李起周総領事就任談

李起周総領事

▼プロピル▲

在日同胞の希望

ある未来像に感銘

国会議員ら、神奈川民団本部と歓談

金沢河国会議員

李晩和領事着任

—横浜総領事館—

金国務総理 奇襲対備に訓辞

カトリックジャーナリストクラブ定続

論説

代議員による大会制運営

宣言・綱領の効果的具現のため各支部への提言

民団神奈川県地方本部議長 金桂善

金桂善議長

戸籍整理の重要性

今年も本国の司法書士会から戸籍整理奉仕団が来日し協力（上）

民団神奈川県本部団長　金侑河

一、序論

1、戸籍の意義

2、戸籍の申告

3、申告の種類

二、出生

1、出生の意義

2、子の姓と本

3、子の婚姻中の出生子、婚外の出生子の区別

4、父母の姓名および本

5、子が入籍した家

三、認知

1、認知の意義

2、認知の種類

祖国に旅して

紀行文

婦人会神奈川県本部総務部長　任玉卿

◇写真説明

自立、産業革命に深い感銘

＝都市美は世界10位ランク＝

朴大統領の維新政策の成果

第29回光復節慶祝典

関東地協主催で開催

8月15日 午前十時 東京・浅草国際劇場で

第二十九回光復節記念慶祝式典は、民団関東地区協議会主催で、来る八月十五日、東京・浅草国際劇場で関協十一県地方本部傘下団員が集り、盛大に開かれる。今回の式典は、特に最近において北傀集団が七・四共同宣言を一方的に踏みにじり我が祖国に対する武力挑発を行っている一方、此の地においては朝総連の対民団破壊工作が繰り返されているという情況を前にして、此れらの妄動を粉砕するには八・一五を契機に韓国民の総意によって確立された維新事業の遂行と民団の〃セマウム運動〃の精神を一層強化するという意義ある祝典である。

「決議文」

「スローガン」

崔泰一、尹啓守氏除名処分解除

〃韓国人の誇りを持て〃

大学新入生歓迎会で民団関係者が激励

75年まで百%国産化

横浜商銀信用組合 預金百三億円突破

好評！千万円くじ付き定期預金も

川崎婦人学校盛況

―川崎支部民族教育活動の成果―

防衛誠金500万伝達

民族憤怒爆発

民団を積極的に育成

李起用横浜総領事、歓迎会で所信表明

赴任歓迎会席上で所信を披露する李起用横浜総領事

〃反韓偏向報道には強力な抗議行動を〃

神奈川県地方本部 建議案を活発に討議採択

6月26日、東京・ホテル大栄で開らく

第一〇〇回関東地方協議会

8月1日から 戸籍整理に着手

第二次奉仕団迎え、支部単位に

川崎支部で展開 韓日親善事業活発

朴点金会長

婚礼

新亜日報日本支社 上野に事務所移転

科学技術シンポ 29日からソウルで

韓国文化研究会を結成

学習・集会・文集も発行

神奈川県青年会、高校生中心に発足

さる六月三十日午後一時から、民団神奈川県地方本部会議室において「在日韓国青年会神奈川県本部・高校生韓国文化研究会」の結成式が、県下高校生二十余名が参加裡に開かれた。

神奈川県青年会・高校生が中心になって韓国文化研究会を結成した

神奈川県 青年会ニュース

6月30日、民団神奈川県本部で結成大会

主張

韓国は主権国家だ

日本の一部言論界・知識人の妄言を戒しむ

〝読売〟は反省、謝罪せよ！

活動計画を決定

青年会各支部代表者会議盛了

国語講習会開く

私も一言

児童写生大会

青年会主催…　横浜・三渓園で

本名の名札をつけて胸を張る児童たち

在日大韓民国居留民団
綱　領
1. 우리는 大韓民国의 国是를 遵守한다.
1. 우리는 在留同胞의 権益擁護를 期한다.
1. 우리는 在留同胞의 民生安定을 期한다.
1. 우리는 在留同胞의 文化向上을 期한다.
1. 우리는 世界平和와 国際親善을 期한다.

神奈川民團新報

在日本大韓民国居留民団神奈川県地方本部機関紙

8月15日（木）
1974年
月刊（毎月25日発行）（一部定価30円）

発行所
神奈川民団新報社
発行人 朴成準
横浜市中区若葉町3丁目43―4
電話 045(251)6349(代) 6271～2
支社 横浜・川崎・鶴見・横須賀・神奈川・湘南・高座・相模原・湘武各支部

再びあばかれた正体

金允鍾一味らの狙いは何か？

あくまで破壊工作が目的
反国家・反民団の妄動繰り返す

去る六月四日、川崎市中央商店街通り大沼屋で同日午後二時、当本部管下川崎支部有志趙□領、金□熙両氏の仲介により、金允鍾は彼の手下である金尚龍、呉恒領、尹守斗、朴曰淳、金仁石ら五人の不純分子を帯同し当本部執行部代表者との対談が行われた。本部執行部では本人（註＝朴成準団長）と金恒徳副団長、朴述祚常任顧問が列席した。これら不純分子とのいわゆる対談はなんら一考の価値もないがしかし彼らが対民団攪乱乃至破壊工作という妄動を繰り返している過程で少しも彼らに反省の道でも開いてやるということと当地域民団社会の平和な秩序を保全するという大局的見地に立って彼らとの対談に応じたのである。

六月四日、川崎・大沼屋で
朴成準団長、五人の不純分子と対談

朴成準神奈川県本部団長

大沼屋での対談内容

総和による維新課業遂行
新たな覚悟で反共独立精神を

◇……光復節二十九周年をむかえ、民団神奈川県地方本部朴成準団長は、県下三……◇
◇……万同胞に記念辞を送った。同団長は記念辞を通じ、本国においての全国民……◇
◇……総和による維新課業の成功をたたえ、一方北傀による武力挑発が全国民の……◇
◇……徹底した反共精神により余儀なく粉砕されている際、われわれ同胞も一層……◇
◇……反共思想を堅持しこの地における朝総連の破壊工作を粉砕すべく新たな覚……◇
◇……悟が要するとの警戒心を高めた。……◇

第29回光復節迎え
朴成準本部団長記念辞

親愛する県下同胞皆様！

光復節二十九周年を迎え皆様と共に光復節を祝うことは限りない悦びの致りと思います。

三十六年におよぶ日本帝国主義の侵略をしりぞけ韓民族の自由と権利を取りもどした感激のこの日をかえりみるときわれわれは新たな感激を感じます。

しかし今日、光復節はわれら民族にとって単純に過ぎ去った日の不幸への終幕を祝う日ではありません。この日は希望に満ちた新しい時代の展開を約束する大お祭りであります。同時に当面する苦難を乗り越え、あらゆる障害を排除するための限りない努力を誓う日でもあります。

一九七四年の今日、二十九周年を迎える光復節のこの時点において国内外の情勢と民族の課題を見きわめるとき我らは祖国の現在に無限の希望と誇りを見出す一方われらに対する類例のない挑戦を発見するのであります

我れらの希望と誇りというものは、英明な民族の指導者朴正煕大統領の領導下に十月維新の大偉業がとどろきわたり輝く成果をあげており、北傀と赤色分子の妄動が余儀なく粉砕されているという点であります。

又、一連の大統領緊急措置はわれら自由民主体制の安保強化のため適切な防波堤になったと切に感じるのであります。

我れらに対する挑戦とは、北傀が民族の聖なる公約であった七・四南北共同宣言を一方的に踏みにじり武力挑発を露骨的に強行しようとする所業であり、朝総連は、北傀の拍子に合わせ民団組織の破壊を企らんでいることであります。

親愛する県下同胞皆様！

我れらは、今日第二十九回光復節を迎え我れらの祖国大韓民国が成し遂げようとする希望と誇りの結実のため全力を尽し、奉仕することをお願いする次第であります。

又民団組織に対する朝総連の破壊企図を再び思いもよらないよう撤底粉砕しようではありませんか。

民団の維新課業と民団のセマウム運動とは即、我れらの希望と誇りを実らせるのであり、われらに対するあらゆる外部の挑戦を粉砕する事業であります。

今日、第二十九回光復節を迎え祝いのこの日が我が同胞の勝利と栄光を期約する日になるよう堅く信じ祖国の光復のため犠牲になられた先烈の冥福を祈るものであります。

不純分子 一掃に全力投球
但し反省・改悛の情ある者は抱摂

金允鍾の狙いは？

中央会館建立に積極呼応を われらの殿堂はわれらの手で！

神奈川県本部で
基金完納運動を展開

民団神奈川県地方本部では、朴成準本部団長が先頭に立って県下各支部三機関役員と共に中央会館建立基金完納月間をもうけ募金運動を開始し成果をあげている。中央会館の建立に対する神奈川県同胞の九月末納期を目ざした熱意はなみなみならぬものである。

被爆手帳の交付拡大に焦点努力
日本人団体も働きかけ

防衛誠金五百万円
神奈川県韓国人総合教育センタ建立期成会 母国訪問役員一同

北傀スパイを逮捕
日本人名義で韓国往来暗躍

日共と北韓の親密の中

孔の仕掛は

〈韓国工作〉

〈小河内村工作隊〉事件に関係

リンチに到るまで協力

人道的問題を傍観するのは卑怯

里帰り協定なぜ結べぬか
日本政府は原状回復の責任をとれ

理想天国の宣伝につられ、朝鮮籍の夫と一しょに北韓に行った約六千人の日本女性の里帰り（自由往来も含む）が実現するように運動が展開されている(既報)「日本人妻自由往来実現運動本部」では全国的に同運動を展開して行きながら、北韓の惨状を訴える日本人妻の手紙を日本で初めて公開した。しかも、その後消息の絶えた人もあって、生死さえ判らないともいわれている。この「日本人妻」は、第一次北送船から、最近の北送船に至るまで約二百回近い北送船で、生地獄の北韓に行ったのである。

日本人妻自由往来実現運動全国大会あと街頭をデモ行進する全国で集った地域代表ら

人情の世界に政治の力を
報道黙殺する日本マスコミは反省せよ

朴成準団長談
〈民団神奈川県地方本部〉

木内氏
〈日本赤十字社外事部長〉

石附氏
〈日本外務省東北亜課〉

宇野宗佑氏
〈日本衆議員・自民〉

今泉正二氏
〈日本参議員・自民〉

手紙を出した日本人妻に迫害か
その後、消息絶ち生死さえ不明

日本人妻里帰り運動本部が公開した八通の手紙（原文）

中古の腕時計でもいいのです

まず物二流品でよろしいのです

クツ下入れて下されば助かります

写真もうつせない

思いもよらぬ苦労を

この悲惨な惨状を見よ！　金日成よ日本人妻を返せ

荷物受け取り通知

生きているなら聞いてもらいたい

涙なしに読まれない手紙
お乳がでないミルクも送って下さい

断腸の肉親は途方に暮れ
手紙百回以上もよみ返し涙ふくのも忘れ

祖国からの手紙を読んで―祖国へ

「日本人妻自由往来北海道大会」開く

北スパイ船を一般公開

肉親を恋う綿々の情
嫁ぐ娘に――母からの手紙

姉へ―荷物送付を依頼した手紙から

民族分裂への悪辣な手段 無惨!「120日間運動」完敗

失敗…査問におびえる

神奈川県朝総連の幹部ら

金日成傀儡集団の指令を受けた朝総連が民族分裂への悪辣な手段として謂る「百二十日間運動」と名をつけて「祖国の自主的平和統一を促進する愛国運動」だという常套的な偽装らっぱを吹き始めたのは今年の六月一日からである。朝総連は全国的規模で決起集会なる怪しげな集いをもちかなりハッスルしている。此の「百二十日間運動」の真目的は①民団を破壊、撹乱し②日本において反韓国世論を助長し韓国政府の威信を落す③日本を基地とする韓国人の反政府運動を支援、強化するによって民族分裂を徹底化させる④民青学連暴動事件のような謂る韓国内の平和を乱す。ということである。

見るも悲惨

神奈川総連集会

門前払い喰った

朝総連の全戸訪問運動

李道先国会議員が時局講演

大韓民国国会 李道先議員時局講演会

写真＝県本部で講演する李道先議員

読売の偏向報道糾弾

県下各支部で波状抗議行う

旅行と税関

酒三本・煙200本

免税範囲

貴重品は税関の持出し確認書を

故朴烈義士の弔慰金

張義淑女史に伝達

未納地方は早急に納入

7月の通貨動向を発表

韓国銀行

ソウル観光ホテル開業

柳文錫氏(元県本部副団長)本国に進出

族閥独裁に血走る

金日成次男登用、世襲体制築く

世界的に定評ある好戦魔であり自家宣伝の妖怪ともいえる金日成は、最近においては族閥独裁のためあらゆる術策をこなしている。彼の過去が全てねつ造されているように彼は"偉大なる神"として君臨するため愛国、愛族の"愛"の字も分別できない彼の先祖達を"愛国の聖なる神"として神格化することによって、自身を"聖なる神"の後継"人民の太陽"と称し偶像化へと狂奔したかと思えば、今日においては又自身を頂点とした世襲族閥独裁工作に血走っている。

もともと、彼自身が法であり、彼の口から発する教示とかメッセージなるものが全ての物を左右する法であり倫理でもあったがこれにあきたらず独裁のためのあらゆる気狂い沙汰を繰り返している。

この秘書局長という地位には、金日成の実弟金英柱が就いていたがこの金英柱を政務院副総理という副首相の地位に移した。

金正一をして党の秘書局長に昇格させた金日成はただちに金正一に対する尊称をつけるよう北韓二千万同胞に強いはじめた。

北韓においての尊称使用は金日成と彼の夫人であり北傀女性同盟委員長の地位にいる金聖愛に限られていたが今やもう一人増えたということになる。

この尊称使用が意味するものは言うまでもなく世襲制確立の布告である。又北傀労働党は党員に対して「金正一労作」なるものを学習させる一方「代を引き継ぎ忠誠を尽します」という内容の歌を普及させた。

このような世襲工作のため金正一を推立する強力な機構として長い間の心腹である呉振宇人民軍総参謀長、李根模政務院副総理、延亨黙、金仲麟、朴守東党組織指導部長、楊亨燮党対外事業部長らを党政治委員兼秘書にすわらせたのである。

金正一の歌も強制普及

30代の青年(ソ連名は金エーラ)秘書局長に昇格

金日成は、彼の息子(次男)金正一を党の実権を握る秘書局長に浮上し、世襲独裁体制の基礎を築いた。もともと金日成には、ソ連在留当時の二男があったが長男はシューラと称し、大同江で水泳中溺死した。次男が問題のエーラこと金正一でこれが即ち後継者。

この金正一を北傀労働党中央宣伝部員から首相秘書、党中央委員会秘書、と要職に就かせ一躍党秘書局長という最上級大臣に昇格させた。

日本では韓徳銖が猿まね

朝総連議長という地位を利用し猿まねよろしく金日成族閥独裁工作如く彼の族閥独裁工作に血走っている。

韓は彼の妻を朝総連女性同盟副委員長に、韓今鉄(韓の妹)の夫・金炳植を朝総連中央副議長の地位に就かせ又東京朝鮮大学学長に任命した。

しかし金炳植の造反に遭い今になっては韓の夢は影も形もなく消え去ったが最近、韓徳銖は又も族閥独裁工作へと新な手段を講じているという。

県君"ネロ"顔負けの金日成の横暴さに生地獄の思いを強いられている北韓二千万同胞を思い今、日本にいるわれわれ同胞は、金日成、韓徳銖らに対する限りない憤りにもえている。

各支部を巡回奉仕

戸籍整理奉仕団が来団

実りあるサマーキャンプ

神奈川青年会、白樺湖で

民団神奈川県本部 実務者研修会開く

22日 湯河原温泉宝荘で

東アジア地域海底資源共同探査案

第10回韓日漁業協議会開かる

妖怪 金日成を斬る

今日の北韓を知るためには大きく二つの側面から検討分析されなければならない。その一つはわが民族の至上課業である統一政策の面からであり、それを規定しているところの金日成体制そのものについての総合的な把握と分析を行うことである。

いま一つは、「北韓＝金日成」という現実の公式からして、金日成なるものは一体何んなのかについて知ることである。

ここで、まず「金日成」そのものを知るための試みは決して金日成個人の誹謗・中傷を意味するものではない。

今日の北韓の金日成（金成柱）は、いわゆる「人民の太陽」だと自称している。そればかりか「七・四南北共同声明」の原則をふみにじり武力の挑発に狂奔するあまり最近に至っては「金日成主義でこの世を一色化させよ」とのスローガンが歌われている。またしも看過してならないことは、このような金日成の妄想狂的な行為が北韓だけでなく、数十億［illegible］をつぎこみながら海外にまで流布させている。

八・一五解放二十九周年をふりかえるに当り、あの希望に満ちあふれた新祖国建設の夢が一瞬にしてきえ祖国分断を余儀なくさせたあの六・二五動乱を思い出すとき、韓半島での平和こそが絶対に確保されなければならない。

そして平和的に「七・四南北共同声明」の原則にのっとって統一することこそがわが民族の至上課題である。この中心課題を前にして見るならば、今日の金日成北傀政権の悪行こそが是正されなければならない。

結論的にいって、金日成は史上類例のない妖怪であり好戦狂である。また彼の北韓での横暴ぶりはかの有名な暴君ネロや粛清王ジョセフ・スターリンをはるかに越える。

従って北韓では別に法が本当の意味で存在しえない、同じように倫理もありえない。金日成がそのときどきの気分に応じて出されるいわゆる「教示」や「メッセジー」なるものとか、彼の意思を反映した党の決定だけが実際的な法であり、神聖な倫理として二千万北韓同胞の死活を左右させている。さらに金日成は自分の「神格化」に終わることなく、はなはだしくは愛国の「愛」という文字すら知らない祖先までも愛国聖神として立奉るよう人々に強要している。

このような冷厳な事実を通じて金日成を反民族、反人間的な世紀的な犯罪人だと断定せざるをえない。

われわれはこのゆるすことのできない犯罪人、金日成のこれまでの足跡を追って彼が犯した数々の非人間的で反民族的・反統一的な犯罪行為をノンフィクション的に述べることにする。これは、民主主義と自由を愛するすべての人々に暴露・告発するものである。

残忍・横暴スターリンをはるかに越える

正妻＝金静淑を毒殺

護衛局女秘書金聖愛を妻に（現・女盟委員長）

今から半世紀、つまり約五十年……

[illegible]

隣家の娘を犯し

満州に浮浪

[illegible]

女優文芸峰にも暴行

文の夫林仙圭は連行強制監禁

[illegible]

金の父はもっと悪辣

賭博常習者・酒・色の名人

[illegible]

美女略奪には

妖怪も顔負

[illegible]

（次号につづく）

綱　領　在日本大韓民国居留民団

1. われわれは大韓民国の国是を遵守する。
1. われわれは在留同胞の権益擁護を期する。
1. われわれは在留同胞の民生安定を期する。
1. われわれは在留同胞の文化向上を期する。
1. われわれは世界平和と国際親善を期する。

広島韓国新聞社
発行人　崔　成　源
編集人　徐　聖　鉄
広島市東蟹屋７番９号韓国会館
電話(61)6171～3
定価　1ヶ月100円

初の民団・政府合同会議
卒直な意見出る
——民団強化に一歩前進

政府在日居留民団の組織強化と僑胞の育成のための方案をたてるため、さる八月七日午前九時、ウオーカーヒルで陳弼植外務次官主宰下で「民団対策強化会議」を開いた。

ソウル・ウオーカヒルで開かれた合同会議のもよう

政府代表と民団幹部あわせ百十余名が参席した。会議で崔圭夏外務長官は開会の辞を通じて、在日僑胞らに ①在日朝総連の策動に対抗する反共努力を一層強化すること。②外国での地位向上のため永住権申請を早速に終えること ③駐日各公館との緊密なる協調でもって僑胞間の団結を図るよう望んだ。

会議は組織、経済、教育、法的地位など四カ分科委員会にわけ八日まで継続された。会議は、①在日公館と民団との組織秩序の体系化 ②民団の組織活動を効果的に推進するため民団の事務要員の訓練及び養成 ③在日僑胞の法的地位向上、特に協定永住権資格の附与問題 ④僑民庁の新設問題 ⑤国会に対する僑胞オブザーバー派遣問題 ⑥これから日本と締結される租税協定に僑胞の免税条項のそう入問題 ⑦大学新設と僑胞子弟の本国上級学校進学資格問題など民団の要望事項を土台に広範囲な問題を討議した。

広島からは崔成源団長と朴漢圭理事長が出席、崔団長は組織分科委員会の一員として民団の組織、運営にわたる諸問題について討議に参加した。

また朴理事長は経済委員会に出席、在日韓国人の経済問題について発言した。

永住申請者に朗報
居住経歴調査を緩和

去る八月十九日、法務省で李法務部長官と西郷法相による韓国法相会談が開かれた。席上、李法務部長官は、在日韓国人の法的地位協定に基づく韓国人の永住権の取得問題をめぐり、永住権を認める基準や調査などについて、日本側の弾力的な運営を要望した。

これをうけて、このあと直ちに同省で両国法務事務当局による実務者会談が開かれ、在日韓国人の協定永住許可に当たって、弾力的な運用を図り、昭和二十五年の第二回外人登録を終えている在日韓国人に対しては、不法入国者であることがすでに発覚した者でない限り、永住申請のさいに改めて身元調査をしないで「戦前からの継続居住」と認めて許可することに了解をみた。

このあと二十日には李法務部長官は、西郷法相と再度会談し、①協定永住無資格者に対する一般永住許可基準の緩和 ②協定永住資格取得者に対する優遇措置などを含めた七項目を了解した。

（解説） 韓日法的地位協定に基づく協定永住は、ことし七月で協定発効後三年半を経過し、期限切れまで二年半となったが、これまでの永住申請者は約十三万人、うち協定永住を許可された者は十一万六千六百六人と進行状況ははかばかしくなかった。

その理由として二つ考えられる。つまり、在日韓国人は昭和二十七年にできた法律第百二十六号により、戦前から継続して在日居住している場合は無資格のまま日本在留が認められるが、実情は戦後一時帰国したり、終戦後平和条約発効までの間に密入国してきた者もかなり多く、協定永住申請のさい身元を調査されると、身分が不安定になるのを恐れているのがその一つ。また、もう一つの理由は、現在は法律第百二十六号の対象者のままでも生活保護を受けられたり、公立中学校へ通えるので協定永住資格取得の利益があまりないということにある。

今度の法相会談では、こうした理由も勘案して、協定永住の促進の為に、申請資格認定基準の運用緩和と協定永住者の優遇措置について一応の了解をみたものである。

法相会談でまとまった主な内容は次の通り。

◇協定永住資格 協定永住の許可は、現在、第一回外国人登録（昭和二十五年一月—二十七年九月）を受けており、また、事実調査によって戦前から日本に住んでいることがはっきりしている在日韓国人（法律第一二六号該当者）にだけ認めているが、今後は第二回の外人登録を受けており、協定永住を申請する時までに、例えば不法入国で退去強制の手続きを受けるなど、法律一二六号の資格を失うような行為さえなければ、申請があればこれを許可する。

◇戦後入国者に対する永住（いわゆる一般永住）許可 いま認めている特別在留（昭和二十年九月から対日平和条約発効の二十七年四月までに入国した、いわゆる戦後入国者について、一年ごとに認めている在留資格）の該当者がおこなう一般永住許可申請については、現在のような十年—五年間の行動を調べたうえで受理する建前を緩和し、特別在留が許可されれば、申請を受理することにする。

◇協定永住者の再入国 協定永住者がやむをえない理由で再入国許可期間（現行は一年未満）内に入国できなかった場合、三カ月以内に入国できる見込みがある者については、協定永住者として入国を許可する。

◇協定永住者の家族の入国と在留 協定永住者の家族の入国と在留は、家族構成などの事情を考慮し、人道的な見地で処理する。

全体会議報告書
—民団と政府合同会議—

一、民団中央本部および地方本部団長、民団幹部それに在日韓国人社会指導者七十三人は、政府の招請で母国を訪問、在日韓国人の権益保護と民団の強化のため政府が主催した会議に参加した。政府関係部処の当局者と連席で開かれたこの会議は八月七日から八日まで二日間ソウルで開催された。

二、崔圭夏外務部長官は会議の開会式で政府を代表して祝辞をのべ特に政府と国民が民族中興の偉業を成功裏に推進させている今日なによりも重要なことは国内、海外を問わず、国民が一致団結することだと強調した。

民団本部李禧元団長はあいさつを通じ、民団の組織整備と事業活動をより敏活にし、民団自体が一日も早く自らの力で民団の業務を遂行することをめざしている。この時期にこのような会議を催し、政府当局者と民団幹部がともに民団が当面している問題について腹蔵なく意見をかわす協議をもつことができたことは大きな意義があるという点を強調した。

三、陳弼植次官の主宰で開催されたこの会議は二回にわたる全体会議と三回にわたる四分科（組織・教育・経済・法的地位）委員会で討議をしたが、会議は終始一貫なごやかな雰囲気のなかで各問題について真摯な検討を行なった。

四、会議は在日韓国人社会の指導自治団体である民団の活動を強化する必要性を認め、政府側が民団に対する協力をより効果的にするため、駐日大使館と民団中央本部間で定期的な懇談会を開催するとともに、この民団強化対策会議を可能な限り定期的に開催するのが有益であるということで意見が一致した。

五、会議は在日韓国人の法的地位および処遇改善の重要性を再確認し、政府は民団が建議した事項について韓日法相会議、韓日定期閣僚会議および適当な外交経路を通じてわれわれの願いが実現されるよう交渉を継続する方針を明らかにした。民団は韓日法的地位協定に立脚した永住権申請を最大限に促進することに総力を傾けることを約した。

六、会議は在日韓国人の経済活動において商工会および信用組合が大きく貢献していることを認め、商工会と信用組合を育成強化することで意見が一致した。また在日韓国人の母国の経済建設に対する参加を積極的に奨励することが望まれることに意見が一致、政府はこのため門戸が開かれており、運営面でより円滑を期する方針であることを明らかにした。

七、会議は在日韓国人子弟に対する民族教育の重要性を再確認、効果的な努力をつづけるべきであることに合意、政府は現在二十一ある教育文化センターを今年中に九ヵ所増設方針で、今後より拡大させる予定であること、母国留学の途を漸次ひろげていく方針であることを明らかにした。民団は教育活動拡張のための努力を強化することを約した。

八、民団が建議した僑民庁の新設問題に関して本会議はこれを検討した。

九、民団側の会議出席者は朴大統領閣下の卓越な指導のもとに政府と国民が一面国防、一面建設の国家目標を成功裏に達成して、特に経済面で刮目すべき成果をおさめていることを実際目撃、祖国発展に深い感銘をうけた。さらに本国政府の施策のもとで固く団結、すべての在日韓国人が大韓民国国民としての誇りをもって反共闘争と本国経済建設に積極参加することを約した。

十、民団側の会議参席者は政府が今般の会議を開催、真摯な討議を行なう機会をもうけたことに対し敬意を表し、大統領閣下と政府指導者および国民のあたたかい歓待に深く謝意を表明した。

こだま

全国民団長ら韓国政府との合同会議に大挙ソウル行き。顧問十名も同行、この中には先日妄言だと吊し上げられた人も同行。呉越同舟。

×

韓日定期閣僚会議これで三度目。話せば分る、対話は理解と共感を生み、協力を促す。総合製鉄所協力を約束。土産品も出来た。

×

貴国の経済成長は世界注目の的と愛知外相の賛辞に、金副総理は世界第二の工業国日本に敬意を表すると賛っこ。衣食足って礼節を知る。

×

永住権、再入国など弾力的運用で韓日両法相合意成る。日本側大巾に譲歩というから韓国側としては成果？何れにせよ一歩前進。

国軍 世界第4位の戦力

10月1日は国軍の日
共産侵略に六〇万将兵の防壁

韓国軍は陸海空軍および海兵隊によって構成され、総兵力60万で世界第4位といわれている。そのうちわけは次の通り。

△陸軍▽ 総兵力は約57万であり、このなかで約60%が第一軍に所属しており、5個軍団に編成されて韓半島を横ぎっている一五五マイルの休戦ラインに配置されている。

第一軍は対原子力戦装備をはじめ、最新重火器および各種車輌で装備しているが、更にホーク誘導弾部隊、ナイキ誘導弾装備をもって増強されている。

第二軍は第一軍を支援するもので4個管区司令部の統轄下に10個予備師団をもって編成され主として訓練と補給の任務を遂行している。

△海軍▽ 総兵力は約2万人、現有艦艇は駆逐艦を主力にフリゲート艦、護衛艦、掃海艇、水陸両用船など合計75隻で5万3、000トンである。

韓国海軍は戦闘艦で構成された第一戦団と上陸船で編成された第二戦団に分かれており、輸送、掃海等の4個戦隊を率いて韓国沿岸の警備に当っている。韓国は海路による補給に依存している地理的条件のために、船団保護が主任務であり対潜作戦にも注力している。

△海兵隊▽ 約2万5、000人、海軍の支援陸上作戦を主任務とする一個師団と一個旅団で編成されている。陸軍よりもよく装備されており、最近局地戦の特性は海兵隊の活動を高く評価させている。

△空軍▽ 総兵力約1万5、000人、F86D（全天候迎撃機）を主力戦闘機として三百機を保有している。作戦司令部下に3個戦闘飛行団と一個輸送戦隊（C46）、一個救助大隊（ヘリコプター）、一個偵察隊（RF86写真偵察）等3個独立戦隊と航路を統制する1個航路保安団、レーダ等、対空装備を保有している。また今度の韓米頂上会談の結果、最新攻撃用戦闘機ファントム一個中隊を韓国に引き渡すことに決定をみた。その他、1個防空管制団、補給と警備の航空廠がある。

以上の他に、「戦いつつ建設しよう」という旗印のもとに国家自主防衛のため一九六八年四月に発足した郷土予備軍二百万がある。これは、最近とみに激化している北韓ゲリラに対処するための民兵組織といえよう。

ふえる38度線付近の紛争

		65年	66年	67年	68年
主要事件	非武装地帯	42	37	445	542
	韓国内	17	13	121	219
交戦回数	非武装地帯	23	19	122	236
	韓国内	6	11	96	120
北傀軍	射殺	4	43	228	321
	捕虜	51	19	57	13
米韓軍	死亡者	21	35	131	162
	負傷者	6	29	294	294
韓国警察及び民間人	死亡者	19	4	22	35
	負傷者	13	5	53	16

（在韓国連軍司令官の安保理事会への報告による）

国民所得一人当138・9ドル
本国の経済情勢

最近の韓国経済のめざましい高度成長ぶりは世界各国の注目の的となっている。第二次五ヵ年計画の始まった一九六六年が一三・一%、六七年は八・九%、そして昨年は一三・三%、六九年も一〇%をこえるだろうといわれる成長率は、目標年七%を大幅に上回るもので、日本と並んで世界の最高水準を行くものである。

一人当たり国民所得は百三十八・九ドル、政府は失業者四十九万六千人で失業率は五・一%と公表している。

このような高度成長は、朴大統領が政権をとって以来の第一次、第二次五ヵ年計画によるものであり、それ以前の動乱、インフレが続いた時代には考えも及ばなかったことである。五・一六革命政府登場により、国民の念願であった政治的安定がともかく確保され、国民の資質と意欲が結集され発揚された結果ということができよう。

しかし、この本国経済にも問題がないわけではない。むしろ非常に困難な幾多の問題（国際収支問題、農工格差問題、インフレ傾向、企業経営の前近代性等々）に当面している。

そうした成長の要因と当面する諸問題をみるとき、日本の場合と非常に似ている点が多いが、同時に異っている点もある。国民の資質、意欲、教育水準、工業立国、貿易立国を目指す積極的な経済政策、自由諸国の国際協力等は前者であり、今後の高度成長を約束する重要な要因といえよう。

他方、分裂国家として三八度線を境に北韓ときびしく対決していること、従って軍事予算が国家予算の1/4を占めていることは、本国の成長に大きなハンディキャップとなっていることは事実である。

いずれにしても、政治、軍事環境にはなはだしい変動がない限り日本経済のタイプに似た工業、貿易国家が遠からず大きく姿を現わすことは間違いない。

みなさまの利用価値
（その2）

信用組合 広島商銀 常務理事 梁在植（やん じぇ しっ）

この信用組合は、在日僑胞一至して云える唯一の金融機関である。日本国法によって中小企業等協同組合法の制度を摘要され許可による信用組合である。この法律は、中小規模の商業、工業、鉱業、運送業、サービス業その他の事業を行う者、勤労者その他の者が相互扶助の精神に基き協同して事業を行うために必要なる組織について定め、これらの者の公正な経済活動の機会を確保し、もってその自主的な経済活動を促進し、かつその経済的地位の向上を図ることを目的とすると、その目的が定められてある。

この信用組合は法人として営業を行う。信用組合広島商銀は商法第十九条から第二十一条まで（商号）の規定を準用している。

この信用組合の事業区域は、広島県内にして県外組合員は認められない。

又出資金（一口一〇〇〇円以上）を持たない取引者、即ち組合員はありえない。

広島商銀の設立された目的は明確に定款で示されている。組合員の資格については、原始定款より多少変更している。これは時代の趨勢に従って、韓国人のみの組合員では、組合員の要望する資金量を、お応えすることが難しいので、拡大策を拠る意味を加味して一部定款変更を今春総代会に於いて承認されました。

このように広島商銀の主体性を失わず、日進月歩の本体が肉盛りされていっている。

大局的には、信用組合の能力は、組合員の質的向上と、役職員の業務精通にあり、その両面がしっくりいってないと、業績は挙らない。

多くの女子職員は、この業務に精通することは、即ち組合員の体質を近代化して行く源泉ともなる所以である。

創立当初は色々諸々の想い出がある。出資金募集を連日連夜同胞の居住地を尋ずね歩いた、或る家では、とても出資金一口も覚束ないと思った家より、意外なる大金で我々を感激させてくれた。

また或る有志は、心にもない中傷され、警戒もされてなかなか協力も得られなかった。かって帰化人で伊藤斗福なる保全経済会の如き部類と混同されて困惑したこともあった。

開業以来三年目から漸くにして、組合員の自覚と利便さが重宝されて、急速に業績が伸展した。

開店当初十万円位の取引から今日では千万円以上の取引へと拡大伸長した組合員も数多い。

銀行とか、公けの金融機関に取引をした経験もない組合員が民族の銀行だ、我々の銀行だと惜しみなく愛情と期待をかけてどしどし組合を利用されたことによって、自からの力を（経済観念）養い、今日の日本経済高度成長の波に乗った組合員も多い、まことに同慶に堪えない次第である。

韓日閣僚会議
製鉄所建設を援助

去る八月二十六、七の両日、東京・芝白金の迎賓館で第三回韓日閣僚会議が開かれた。韓国側からは金鶴烈副総理ら六閣僚が出席し、韓国国営総合製鉄所建設の資金援助、両国間の極端な貿易不均衡の是正などについて話し合った。

韓日定期閣僚会議は、両国の国交回復に伴ない、経済的な協力関係を打ちたてる目的で、一昨年以来、毎年開かれているが今回は特に、韓半島の緊張や秋に行われる朴大統領の三選をかけた憲法改正のための国民投票などの緊迫した本国政情を背景とするため、一層、政治色の強いものとなった。

なかでも、浦項総合製鉄所建設に対する日本の資金援助が、会議の最大の焦点となり、日本側は大筋として協力を約束、共同コミュニケにも「これに協力するため調査団を派遣することを約した」ことを明記、韓国経済協力の一層の緊密化がはっきりした。

同製鉄所建設の計画は、本国東海岸の浦項地区に一九七二年までに資金一億六千万ドルで高炉一基、転炉二基、圧延工程などを備えた粗鋼年産百万トンの鉄鋼一貫製鉄所を建設、一九七四年から本格操業しようというもので、うち一億を外貨でまかなう考えで、日本には全額ないし八千万ドルの援助を求めたもの。また政治問題についても、アジアの緊張に関連して韓日両国の密接な安全・繁栄について意見の一致をみた。

韓国原子発電明年に

朴正熙大統領は、このほど明年初めには原子力発電所建設を着工する方針であり、七二年までは、四百十七万キロワットの電力を、開発する計画であると述べた。同大統領は、また造船公社は日本造船所と業務提携を結び、数億ドルの外貨を獲得する方案を考究するように指示する一方、民間資本で建設が困難な主要産業は、政府がこれを建設して民間に払下げる方針であると語った。

韓国芸術団広島公演
十月二十二日、見真講堂

韓国国内で最高峰の民族舞踊と歌曲を総網羅した一行三十[illegible]名の韓国芸術団が来る十月二十二日午後五時、広島市内見真講堂で公演することになった。

同芸術団は一九六八年、メキシコオリンピックのときメキシコシティで開かれた世界の民族舞踊オリンピック大会で堂々第一位の栄冠に輝いた舞踊団が主となって、一大民族芸術の祭典を広島においてくりひろげる。

同芸術団は今回特に韓国交化交流の一環として来日するもので、東京をはじめ日本国内各地一五カ所で巡回公演することになっており、中国地方では唯一の公演地として広島が選ばれた。

主催者側の一人、日韓親善協会の人は「このすばらしい芸術団の公演を一人でも多くの日本の人々に観賞してもらい、韓国の伝統的民族芸術を理解してもらうことは両国国民の親善に役立つまたとない機会になることを確信しています」と語っていた。

「永住権」申請促進に力点

第2回支部分団団長会議

地域単位に巡回指導

要望あれば事務代行も

民団広島地方本部は第二回支部分団団長会議を去る六日、韓国会館一階で開いた。

今回の支部、分団団長会議は去る六月二十二日の第一回会議以来二ケ月半ぶりに開らかれたもので民団県本部からは崔成源団長ほか執行部全員と議長団、監察委員会が参席し、各支部・分団からは団長・事務部長が出席した。

討議の内容は、㈠政府・全国団長合同会議報告、㈡韓日法相会談で確認された法的地位問題点解説㈢永住権申請促進の件、㈣民族舞踊団広島公演の件（本国政府派遣）、㈤韓国芸団広島公演の件（広島本部招請）、㈥万博招請事業経過報告、㈦国軍記念式典広島代表団派遣の件、㈧上納金完納の件、㈨ソウルにおいての野遊会、㈩広島原爆被爆犠牲者慰霊碑建設の件⑪事務部長に対する要望事項、⑫其の他、である。

まずソウルでの合同会議に出席した崔成源団長、徐漢圭理事長から会議の成果について報告が行われたのち、永住権申請に関する大幅緩和の韓日法相会議の声明を高く評価する検討があった。同法相会談で示された第二回外人登録所持者に対する決定は今後の申請事務促進にプラスするものとして歓迎された。県本部では複雑な申請事務を督励、指導、代行するため、支部、分団から要請があれば担当者が出向いていくことになったほかできるだけ、今年度内に完了することになった。

民族舞踊広島公演は予定どおり十月二十二日見真講堂で催されるので多数の参観が望まれた。このほか民団広島が招請した韓国芸術団広島公演は、すでに前評判もよくその入国が待たれているが、入国次第広島で公演する。万博招請事業は締切り期日九月末を待たず九月三日、予定人員オーバのため、止むを得ず受付けを打ち切ったが現在、中央に対して増員を交渉中である。

「国軍の日」参観、広島代表団派遣については、民団、婦人会あわせて約五十人が決定され、婦人会は二十八日大阪から、民団三十日福岡からソウル向け航空便で出発式典参加後、政府要路訪問、三十八度線視察、名所探訪などがある。ソウルで花見を！の民団初の五百人にのぼる大旅行団の決定は、組織強化のためばかりか、国内旅行なみの安い料金で、本国へ行けるとあって、出席の支部、分団々長によろこばれ、商銀と協議の上、旅行積立の具体策を決定することになった。また、上納金は三ケ月以上遅れないこと、遅れた場合は事務受付を停止する場合もあることなどが申し合わされ、民団広島の組織強化と発展が約束された。

最後の議題は、広島原爆被爆犠牲者慰霊碑建設についてで、主趣説明が行なわれたのち、広島県及び市から建設予定場所の借地につき正式に許可が得られた旨の報告がなされた。建設予定場所は、平和公園一角（本川河辺）で、今後、民団を中心に二五〇万の募金活動を行なうことになり、在日同胞のみならず、日本人の間からも賛助金を獲得する方針をうちだした。

光復節盛況裡に終る

慶祝ムードいっぱい

去る八月十五日、広島市公会堂で開れた光復節慶祝広島県大会は近年にない盛況裡に挙行された。会場は光復節を祝うマーチでかざられ、慶祝ムードいっぱいの中を県下各支部、分団の愛国同胞二千余名の熱意が溢れ、一、二階とも超満員にふくれあがった。

大会第一部記念式典は法的地位要求貫徹をスローガンに国民儀礼、殉国先烈への黙祷があったのち崔成源団長の記念辞ではじまった。つづいて朴大統領からのメッセージを徐聖鉄監察委員長が朗読し、来賓祝辞は広島韓国教育文化センター魚宗徳所長、日韓親善協会熊平会長（代読梁在植氏）記念講演は張泰熙顧問、朴大統領へのメッセージは張鳳基副議長、佐藤首相へのメッセージは鄭泰浩副団長、決議文は張泳徳議長が朗読しそれぞれ万場一致で拍手採択された。式典のしめくくりは市内分団々長を代表して都町崔基台分団長が祖国と民団の発展を祈念して万歳三唱を先唱、李文熙副団長が閉会のことばをのべて閉会した。

ひきつづく第二部本国映画は、天然色豪華な"春香伝"が上映され韓国人なら誰でも知っている昔ながらのストーリーがスクーリンいっぱいにくりひろげられ、クライマックスになると場内は、拍手がわくありさまで久しぶりの本国映画は好評であった。

つづく第三部本国芸能人による歌踊パレードは二時間にわたって舞台をはなやかに彩り、懐しのメロデー"木浦の涙"から現代のジャズに到るまで、歌声とリズムと観客席の人々の呼吸がぴったり一つになって8・15にふさわしい慶祝の祭典となった。歌踊パレードの専間に出演した婦人会のママサンコーラスも、練習不足をカバーして心をこめて歌いあげた。韓青が劇「[illegible]」一幕をもって登場し、爆笑あり、涙ありして、観衆を釘づけにした。

こうして終った今年の8・15大会は、再び来年への意欲がすでにもやされていた。

ソウルへ慶祝使節団　広島から22名出席

十五日ソウルでは中央庁広場に国会、政府、立法院の三府要人、日本、米洲各国在住同胞代表をふくむ三万五千人が集って式典をあげた。

広島からは尹栄鋒さん（安芸支部監察委員長）以下二十二名が慶祝使節団として出席し、東部分団朱龍出分団長は外務長官から組織功労者として表彰をうけるため一行とともに帰国した。

祖国で花見を！　広島から500人

祖国で花見を!!民団広島は来年春、ソウルの昌慶苑で大々的な花見を行う。人員は五百人を予定しており、出発は航空便または船をチャータする。

国内の団体旅行に四、五万円かかる最近の旅行ブームにくらべて、同じ金額で、懐しい祖国の、花咲く昌慶苑のさくら見物、またとない絶好のチャンスといえよう。

希望者は商銀へ月掛五千円で楽々行ける。支部、分団で取扱中。

× × ×

「国軍の日」参観団　民団、婦人会二班が出発

去る十月一日は第二十一周年国軍記念日。建軍当時九万余の国軍は、現在では世界第四位の偉容を誇る六〇万の大軍に成長した。

民団ではこうした国軍の威力と優秀性を直接見聞するほか、本国のめざましい発展のもようを認識してもらうためこのたび、国軍記念式典参観団派遣を決定した。

参観団は民団と婦人会の二班にわかれ、民団は崔成源団長引率のもと来る三十日福岡空港からソウルへ向け出発する。

また婦人会は柳連秀副会長が二十人の婦人会員を引率して二十八日大阪伊丹空港からソウルへ向い十月一日の国軍記念式典に参席、国軍墓地参拝。その他朴大統領はじめ政府要人を礼訪した後、休戦ラインを見学。十月四日に現地解散することになっている。

「万博招請」募集締め切る　割当人員オーバー

民団広島県本部では去る七月来より万博参観団招請についての手続を受けつけていたが、このほど割当定員数を大幅にオーバーし、二二四人に達したので、九月三日付で募集を打ち切った。

万博招請事業は東京オリンピック以来の団体ケースで本国に居住する家族や友人・縁故者などを招く絶好の機会として好評をよび、しめ切り一週間前には招請希望者が殺倒し、民団では招請書類の作成に多忙をきわめた。

万博参観団は、来年三月十五日から日本入国許可順に航空便で日本に入国することになっており、在ソウルの民団本国連絡事務所はすでに事務を開始したといわれる。

善意の米二俵　困窮被爆者に寄贈

広島市大手町三丁目三一四に住む李鳳守さん（会社々長、47才）は原爆被災者の実情を訴えた先月号の広島韓国新聞を読んで、このほど民団中部分団を通じ、原爆の被災者でいまなお後遺症に悩み、日々の生活に困っている人達に贈って欲しいと、善意の米二俵を県本部に送ってきた。

これを受けた民団県本部では、李さんの善意に感謝するとともにさっそく市内尾長町に住む李相■さんに一俵を伝達し喜ばれた。

慶祝欄（九月十日）

新郎　李錦斗氏長男　東植君
新婦　鄭鐘煥氏長女　順臨嬢

現代のブーム　＝焼肉と韓国クラブ＝

現在、広島市内では約七十軒の「焼肉専門」店と三軒の本格的「韓国クラブ」とがある。いずれも僑胞の経営になるものであるが、この数は数年前と比較すると約三倍にもなる盛況ぶりをみせているのが注目される。

伝統的な「焼肉専門」店がふえたことは、それだけ焼肉を愛好する人が増したことを意味するが、殊に、純韓国ムードをキャッチ・フレーズとする韓国クラブが出現し、日本人の社交場として大いに利用されている事実は、彼らの娯楽趣味の新たな傾向を窺わせるものとして興味深い。

こうした焼肉と韓国クラブのブームは、単に広島に限ったことではなく、全国的な傾向として現われている。

勿論、その店舗規模は千差万別であるとしても、その数は着実に増加していることは確かのようである。

焼肉は特にサラリーマン達に愛好されているが、その客層にも昔日と比べれば変化のあることを示している。もともと焼肉は体力をつけるために好んで食べられていたし、殊に焼肉料理の際に用いられるニンニク等の調味料は、精力の回復増進を図る作用をすることが知られている。

従って、当初の焼肉料理店の店内には、肉体労働で疲れた人達であふれていた。それが今日においては普通の勤め人や家族連れなどが多く食べにくるということは、ある意味で、都市地域に住む人達の体力減退を象徴的に表わしているともいえよう。

このことは逆に言えば、都市化に比例して＜焼肉料理＞の需要が増加することをあらわしている。そして焼肉愛好者がふえればふえる程、店舗規模は拡大し、経営は堅実となり、確立した商業として定着することになる。

一方、韓国クラブのブームは、右の＜焼肉＞の場合と少し趣が異なって、その新奇さにも人を魅き寄せるものを含んでいることに原因を見出せる。

純韓国的な雰囲気のなかで、韓国の自由奔放な踊りと情緒に満ちた歌に接すると、日本人はそこに（異国）を感ずるのだろう。心のやすらぎを神秘的なものに求めるのは人の常である。

韓国クラブのエキゾティックな雰囲気に魅かれてくる客は少くない。ある常連の客に言わせると、韓国クラブでは心おきなく楽しめると云う。例えば、踊りひとつとっても、ステップがなくて気ままに踊ることができる。そうした気安さが韓国クラブにあるという。これからも、こうした気安さを求める人はあとを断たないことであろう。

いずれにしろ、数年前までは所謂「飲み屋」や中華ソバ屋が、この広島にも、また全国的にも圧倒的に多かったが、今やそれにとって代わって「焼肉専門」店や韓国クラブが進出して脚光をあびはじめている。

すばらしいソウルの街

―母国夏期学生座談会―

去る七日、韓国会館三階において、このたびの母国訪問夏期学校を終えて帰ってきた学生達を招いて、食事をともにしながら母国での想い出などを語ってもらった。

民団からは崔成源団長はじめ姜文熙(?)副団長、金潤傘総務部長、金甲運組織部長らが出席し、また徐聖鉄監察委員長、教育文化センター魚宗楠所長も加え座談会は始終、和気あいあいのうちに進められた。

母国での想い出を語り合う学生たち

司会　夏休みも終り学校が始まっているわけですが、学校の友達に今度、母国の夏季学校に行ったことを話しましたか。

鄭美佐子　夏休みに韓国に行ったことを学校で話したら、私が韓国人なのを知らない友達が驚いていました。今度の夏季学校で私なりの民族意識が目覚めてきたと思います。（鈴峯高校）

河三枝子　帰ってから先生に話しました。（広島電機高校）

全朝子　私は予め夏休みの計画に夏季学校入校を考えていましたので学校の友達には話しませんでした。（比治山女子短大）

司会　韓国が二つに分れていることについてあなたはどのように感じますか。

金啓子　本国に初めて行って首都の建設のありさまなどをみて韓国がいま、まさに発展の途上にある印象を受けましたが、三十八度線に行ってみると今にも戦争が起きそうな感じなのです。戦争が起きて建設している首都の建物などを破壊してもらいたくないのが私の願いです。（増川高校）

司会　統一はできると思いますか。

金啓子　同じ民族だから戦争は理屈抜きにするべきではないと思います。統一はして欲しいが、現実的にはほど遠いように思います。

司会　宋さんは田舎に行ってみましたか。

宋岐美子　病気などをしたので田舎には行きませんでした。叔父さんと面会しましたが日本語が上手だったので話を通じました。（増川高校）

朴景姫　初めて韓国に行きましたが、韓国で父とおち会って田舎に行きました。大邱です。父が一緒だったので父の想い出話などを聞いて案内してもらいましたが、あまりピンとこなかった。（県立観音高校）

朴石鎬　自分の両親が昔こんなところで苦労していたんだなあと感じました。（鈴峯高校）

司会　自分たちの親の代は、その当時最低のみじめな生活をしていた。そして今日このような生活の中で育った自分たちが祖国に行って何を感じたか。そうした点から親に対する感謝の念を持てば良いのですね。韓国について何か物足りないとか韓国に対してもう少しこんな所に力を入れて欲しいという要望がありますか。

李明子　道路が悪くてほこりっぽいです。韓国にいる人は韓国が日本より遅れているのをわかっているのですが、その中で皆が頑張っているのに感激し、私も日本に帰ってからも韓国人として頑張りたいと思いました。全体的にいって、韓国に行く前は悪い評判が多いのですが、行ってみて本国のすばらしさに感動しました。（広島韓国学園）

司会　夏季学校に行って一番印象に残ったものは何ですか。

朴宗達　夏季学校にソウル大学で生活し、全国の同胞学生と話し合って有意義でした。特に印象に残っているのは本国の学生と通訳を通じて（笑い）話し合ったことです。

司会　友人はできましたか。

朴宗達　同胞の友人ができました。またどうした機会があれば是非行きたい。

司会　学校の設備などはどうでしたか。

朴宗達　学校の設備は普通ですが、環境はよかったです。（県立工業高校）

司会　金君は、専門的な観点から祖国をみてきたと思いますが、専門的でなくても結構ですから祖国に対して感じたことはありませんか。

金仁洙　わずか三週間ほどだったので自分の感じたことを話すのは気がひけるのですが、ある面での遅れた点を除いて全体的には[illegible]そうという意気込みは感じましたがやはり多少問題があると思います。（広大大学院）

司会　都市計画などは、うまくいっていると思いますか。

金仁洙　都市計画はテンポが早いようですが、スケールが小さい。

司会　自分だと都市計画について、こんな計画を練ってみたい、またどうすればよいかなど、いいアイデアはありませんか。

金仁洙　例えばソウルについていえば、市内の丘が多いのですが観光としてならともかく建設のためにはそうした丘は全く利用価値がないので全部潰してしまうべきです。またハイウエーはただ道をつくっているだけの感じで、土が真砂土なので雨に弱い。雨が降るたびに真砂土がハイウエーに流れ込んでいるので十年ももたないと思います。道をつくったのはいいがその擁護のための技術がないと　しかし、まずは道をつくることが必要なのは痛感しました。いったわけです。

司会　自分達と同じ世代の人と会ってみて感じたことはありませんか。

朴秀根　親せきの人と会ったが言葉ができないので、あいさつしかできず残念でした。（広島韓国学園）

司会　日本での親せきと比べて本国の親せきとは血の連帯感を強烈に感じ、親しみが深くわくものですね。

朴秀根　田舎で親せきが四軒あるので四泊しました。（笑い）

司会　祖先の墓まいりをした者はいますか。

金啓子　（手をあげながら）いっぱいありました（笑い）。こっちの山から向うの山へと、往復二時間もするところにあったりしたので途中で止めました（笑い）。それに墓をみて土葬だったので気味が悪かった（笑い）。

司会　全君は田舎の人と話をしましたか。

全和子　母の通訳で話しました。話題になったのは私の韓国語のことなどです。（比治山女子短大）

司会　韓国の学校や学生達をみてどう感じましたか。

全和子　韓国の学校は日本の学校と比べると規模が大きいようで、学生達は日本の学生と比べてすごく勉強しています。

朴京鎬　小さい子供が学校に行かずに街でウロウロしているのをみましたが……（山陽女子短大）

司会　それは韓国では就学率が98%のところ教育設備が不足しているので二部制、三部制の教育制度をとっているからですね。

司会　みなさん民泊をしたと思いますがどうでしたか。よかったですか。

鄭守連　わたしの場合、とっても悪かったです。二畳ばかりの部屋に案内されて食事もまずく、またくさんでした（笑い）。（広島女学院大）

鄭美佐子　わたしの泊ったところでは食事のことなどいろいろと気をつかってもらい、それに普通本国の人達は日本のことを話すと嫌がるのですが、そうしたことも感じず、また旅行にもつれていってもらい大変楽しかったです。

司会　韓国へ行くのが決まって三ケ月前から韓国語や地理などを勉強しておくことが大切だと思います。最後に来年度の夏期学生のために参考になるようなことがありましたら言ってください。

李明子　韓国へ行くのが決まった三ケ月前から韓国語や地理などを勉強しておくことが望ましいと思います。

金仁洙　行くからには参考本をよく読むことです。それから研究テーマをもつことが必要で、それを日本にいて考えたことと本国で考えたことを比較検討することが大切だと思います。

司会　それでは皆さん、ずい分ながい間、どうもありがとうございました（拍手）。

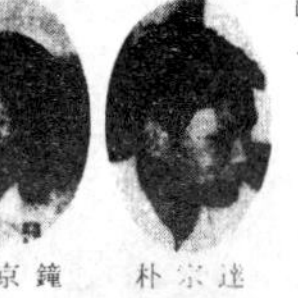
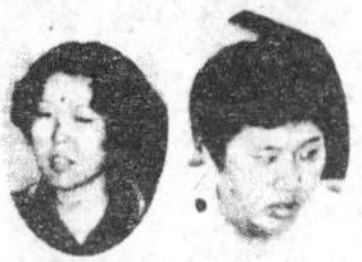
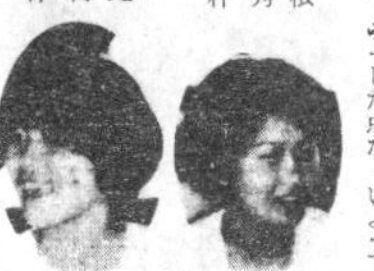

金仁洙　鄭美佐子　朴宗達　朴京鎬　朴秀根　朴石鎬　鄭守連　宋岐美子　全朝子　全和子　李明子　河三枝子　朴景姫　金啓子

支部分団めぐり ③

民団安芸支部といえば、県下は勿論のこと、全国的にもその底力は相当評価されている。

二五〇世帯、団員約一、八〇〇人を抱えて、広範な地域を管轄するだけあって組織活動ひとつをするにも大変な苦労が必要、それだけに、ひとたび安芸支部が動けばその影響力は大きいわけである。

市外船越町入川にある事務所には、本国政府、大使館、民団中央、民団広島県本部から贈られたそれぞれの表彰状がずらりの飾ってあり、民団安芸支部の功績を語るものとして印象的だった。

楽天的な団員たち

これだけの団員数を抱えながらも、職業別に分類すると養豚業と土木とが圧倒的に多い。それにこの支部管内の同胞達は、集団的に部落単位で居住しているのが特色で、十部、軍艦、花都、トンクル（?）、浜田等々、思いつくままにもこれだけの部落名が浮び、異常なほどの人口密度の中で、豚と赤ん坊がやたらと多く目につく。それにしてもこの地域の同胞達は、かなり政治的関心は高く、ひとたび身近な問題として起れば、食事を忘れて翻弄する人が多い。それだけに組織活動をやるには見易くもあり難しくもあるわけである。

連続四期在任の張団長

とかく世評に問題はあるにしても安芸支部を今日あらしめた張禹基団長の功績は無視しえない。あまりにも個性が強すぎるため団員の間からは独善的だとの批判もなくはないが、六二年に団長に就任して以来連続四期その間立派な韓僑会館の成完に尽力し、同胞子弟の民族教育に情熱を傾けて安芸韓国学園の創立に努め、又在日同胞最高の栄誉である組織功労章を受け、県本部の副議長も兼任しており、その力腕は高く評価されている。殊に共産主義となると話に熱気を帯び、さしづめ反共闘士といった感じである。この団長の下で今年六月四日の定期総会において選任された李昌烈議長と尹栄赫監察委員長が、どのような活動を展開するか、興味深々である。

永住権申請七割

安芸支部管内の団員の永住権申請の割合は七割、国民登録の更新は八割で、今年中には一〇〇%完了を期すると、張り切っていた。その為目下、説得に各家庭をまわっているとのことだった。

対総連関係

安芸支部には、他の支部にはみられない特殊事情がある。それは管内に所謂朝中、朝高があるということで、県下各処より生徒を集めて教練している。管内には総連系の人が少ない割には、そうした学校の教師達が、民団内部の撹乱を意図して、くい込もうと常に策動している。

そうした極めて危険な状態に直面して、張団長は「現在安芸支部にとって最大の課題は団員の理論武装ということである。その為の理論講習会をぜひ設けたい」と語っていた。

綱　領　在日本大韓民国居留民団

1. われわれは大韓民国の国是を遵守する。
1. われわれは在留同胞の権益擁護を期する。
1. われわれは在留同胞の民生安定を期する。
1. われわれは在留同胞の文化向上を期する。
1. われわれは世界平和と国際親善を期する。

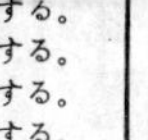

広島 韓國新聞

広島 韓国新聞社
発行人　崔　成　源
編集人　徐　聖　銖
広島市東蟹屋７番９号韓国会館
電話(61)6171～3
定価　１ケ月100円

改憲国民投票は十七日

三選への道を開くか
―与・野党の動き活発

青瓦台スポークスマンは三日、政府と共和党は改憲国民投票の日取りを十月十七日に最終決定したと発表した。二十日以降の予定をくり上げたのは収穫期をさけたのと、遊説が長びくにつれ政局が混乱することを心配したためとみられ、閣議決定のあと正式公示される。

韓国の三選改憲案はいよいよ国民投票の段階に入り、政府・与党は来る十月十七日に改憲国民投票を行うことにすると発表した。

改憲案は八月の臨時国会で議員発議され、九月十四日に定期国会を通過しており、国民投票で有権者の半数の投票とその過半数の賛成を得られれば最終的に確定する。

改正案の骨子は、(イ)大統領は三期（十二年）まで就任できるとしたこと（現行憲法第六十九条では二期）。(ロ)国会議員の大統領、閣僚などの兼任禁止規定廃止（現行憲法第三十九条ではそれを禁止している）。(ハ)国会議員定数を二百五十人とすること（現行憲法第三十六条では百五十人以上二百人以下となっている）。(ニ)大統領弾劾訴追発議手続制限（現行法では第六十一条）である。

このうちこのたびの改憲案の中心は大統領の三期（任期は四年）継続連任を禁じた現行憲法条項を改正し、七〇年六月に任期が切れる朴大統領の三選出馬を可能にすることにある。

従って、朴大統領はこの国民投票で現政権と朴個人に対する国民の信任を土台として、敗れれば下野すると宣言、その政治生命をかけているのである。

問題の現行憲法第六十九条の三選禁止規定は、一九六二年七月十一日の第七次改憲の際に、当時の軍事政権によって大統領責任制と単院制の採用とともに、〝長期政権は、独裁と腐敗を産む〟ものとしてとり入れられた。

その背景には李承晩政権時代の独裁政治への反省があったことはいうまでもない。

ところがこんどは、七〇年代のアジア情勢からして強力なリーダー・シップを必要とするという観点から三選改憲が推進されているわけである。

三選改憲賛成論者（共和党）が挙げる主な理由は①国防の危機、②経済建設を中断できないということ、③次期の政権担当者がいないということ、④憲法に改憲条項が明示されているなどである。

これに対して新民党など反対論者は①民主主義の確立、②破綻に瀕した経済政策への責任追求などを主張して、与野党間の院内外における激突は日増に加熱していた。

そうしたなかで、憲法改正に必要な国会議決が、去る九月十四日に変則可決され、あわせて可決した改憲案を国民投票にかけるさいに必要な国民投票法案も一挙に可決された。

現憲法の規定によると改憲案可決から六十日以内に国民投票をし、可決のためには過半数の有権者が投票し、その過半数が賛成する必要があるが、与党は十七日に国民投票を行うことに決定したものである。

なお、中央選挙管理委員会の発表によれば、有権者総数は千五百三万二千、政府と与党民主共和党は投票率七〇％とみて、その約千百万票のうち六百万票以上の賛成投票を目標に全力をあげて改憲工作を進めている。

▽一一九条＝憲法改正の提案

①憲法改正の提案は国会の在籍議員三分の一以上、または国会議員選挙有権者の五〇万人以上の賛成があった上ではじめて行ない得る。

②提案された憲法改正案は大統領が三〇日以上の期間にわたって公告しなければならない。（国民は改正案がどういうものか、よく知らなければならないので）

▽第一二〇条＝国会での議決

①国会は憲法改正案が公告された日から六〇日以内にこれを議決しなければならない。

②憲法改正案に対する国会の議決は在籍議員三分の二以上の賛成を得なければならない。

▽第一二一条

①憲法改正案は国会が議決したのち、六〇日以内に国民投票に付し、国会議員選挙有権者過半数の投票と投票者過半数の賛成を得なければならない。

②憲法改正案が前項の賛成を得た場合は憲法改正は決定、確立される。そこで大統領は直ちにこれを公布しなければならない。

改憲は確実
＝賛否の開きに興味＝

解説

十七日の国民投票を前にして、与・野党の動きは活発になっているが、与党の共和党は、主に農村地帯に重点を置き、そのために与党幹部の地方遊説が本格化している。

また、野党のほうも、農村から大都市へと遊説を進めており、与・野党間の国民投票にかける対決は激化の一途をたどっている。

確かに、民主政治のためには、政権がながびくのはよくないが、現在の本国の国民の底辺には、朴大統領への期待が大きいのは拒めない。その背景には北韓の脅威があるわけで、一九六三年に政権を担当して以来、六年間に亘り韓国の防衛と安全を守ってきた朴大統領の実績は、このたびの国民投票に大きく影響することであろう。

また、一九六二年に三選を禁止した政治的状況と、今日の状況とは当然に変化があるべきで、順調な経済の発展を維持するためにも、政局の安定を要望する声は多い。

従って、改憲案が国民投票によって承認されるのを確実視するのが一般の見方である。

この度の憲法改正の国民投票の結果、朴大統領の三選への道が開かれると、現在進行中の本国の近代化作業に対する基盤が確立され、韓国が当面する国内的・国際的、また北韓に対する内政と国防面の諸問題が解決されると期待するむきが多い。また、韓国を含めたアジア情勢に微妙な影響を及ぼすのは当然考えられるべきであろう。

しかし、一方では、三選を許すと朴大統領が十二年間、本国の政局を担当することになり、その結果、組織的な腐敗を招来するのではないかと危虞する人もかなりいるのは事実である。

問題は、改憲案の国民による承認が確実視されているなかで、その賛否の累差がどのくらいであるかということで、現在の段階としては、その点に興味がもたれる。

朴大統領は、この国民投票に政治生命をかけているが、仮に国民によって信任されても、反対票の票数も考慮して、国民全体の意志を土台とした民主的な政権を指導することを望みたいものである。

〝いかなる挑発も紛砕〟
建軍21周年記念式
朴大統領諭示

朴大統領は一日建軍二十一周年「国軍の日」記念式典に参席して諭示を通じて今日、国軍勇猛と闘志、それにその実力は全自由世界から激讃されて話題を集めていると述べて「しかしながらこれで満足するとかうぬぼれは絶対禁物でわれわれがこれから経験しなければならないかもしれない北傀の挑発などに備えて全将兵は一層高水準の国軍精鋭化のために努力しなくてはならない」と強調した。

創建二十一周年を迎えた韓国軍は一日午前十時からソウルの汝矣島で盛大な記念式を行った。式典には朴正熙大統領夫妻はじめ三府要人、友邦十六カ国外交使節、特にこの日、米合参議長ホイラー大将、駐越米軍司令官エイブラムズ大将、西独陸軍監シュネス中将、日本幕僚会議板谷議長ほか在日米越等海外僑胞と十余万の市民らが参席した。朴大統領は記念辞を通じ「北韓傀儡集団は七〇年初に武力で南韓を赤化統一するとの野望を抱き過去十余年間戦争準備に狂奔、時機を狙っている」とのべ「北傀が再び六・二五のような全面戦争を挑んできた場合、如何なる犠牲を払っても軍民が一致団結し最後まで戦い抜いて統一の契機を作らなければならない」と力説「一面国防、一面建設、自主国防と自立経済達成が至上課題であり至上目標である」と強調した。国軍のパレード式場上空を五色煙、輸送機から百二十名の特挺団員パラシュート降下、それに国軍初の女軍空輸団員八名を交えたパラシュート降下が一きわ喝采を浴びた。

〝繁栄と統一の70年代を〟
朴大統領、開天節で慶祝辞

朴大統領は三日、開天節記念日式で慶祝辞（丁一権総理代読）を通じて「一つの民族の興亡盛衰は全面的にその時代を創造する国民らの精神と努力如何にかかっているということは古今東西を通じての歴史の教訓である」と前提して「わが民族の堅い意志と力量でもってこの一時的な試練に打ち勝って、繁栄と統一を七十年代には必ずや成就してやまないことを確信する」と述べた。

「国軍」式典参観団出発
広島では三班に分れて

「国軍の日」記念行事に参加するため広島からは、婦人会、民団先発隊と三班に分れて帰国した。

婦人会参観団の一行二十六人（引率者婦人会柳璉秀副会長）は、去る九月二十七日、市内平和公園に集合、バスを借り切って一路、大阪空港へ向った。

当日には、民団県本部裵文熙、鄭泰浩両副団長はじめ金甲運組織部長、婦人会金命今会長、韓青役員のほか、家族の人たち約七十人が盛大な見送りをした。一行は翌二十九日に全国の婦人会参観団と合流し、大阪空港を出発、十月一日、ソウルで開かれる国軍記念式典に参列した。

一方、崔成源団長はじめ徐聖銖監察委員長、趙三碩監察委員ら民団の先発隊五人は、二十九日朝、ひと足さきに広島空港を出発し、福岡経由で釜山に向った。

一行は駐下関領事館の招待により、釜山海運台の極東ホテルで一泊し、三十日に民団参観団と合流してソウルに向った。

民団参観団の一行二十二人（引率者金甲運組織部長は、三十日、広島駅から福岡空港へ出発し、釜山経由でソウルに向い、十月二日までの各種行事に参加すると共に三八度線の一線部隊を視察し、政府要路を礼訪した。

在日大韓婦人会員が訓練所に一日入隊

「国軍の日」行事に参列のため帰国した在日大韓婦人会員百十二人が九月三十日女軍訓練所に一日入隊し女軍と共に苦しい訓練の一日をすごした。婦人会員一行は入隊記念にテレビ一台を訓練所に寄贈した。

こだま

北韓が五年振りに北京へ慶祝使節団派遣。この派遣、招待されたのか、招かざるの客かは知らぬが久し振りの旧交。勘当許されたか？

× ×

さきに日本では大学立法の際起立採決、今度は韓国で別館採決。何れも強行採決には変りなし。これも日本の技術援助の一つかナ。

× ×

コレラ騒ぎの後がこの変則改憲国会、その日の午後は三南地方に豪雨被害甚大。扨てお次は国民投票だが、この方も奇襲戦法有りや？

本国の動向

韓国における憲法「改正」の歴史

大統領責任制への変遷

韓国の憲法は、国連の決議によって「実施可能な地域で選挙」を一九四八年五月一〇日に三八度線以南だけの単独選挙が行われて成立した制憲国会で六月三日三〇名の「憲法起草委員」と一〇名の専門委員からなる憲法委員会を設けた。最初の草案では個人の自由と基本権の保障と三権の分立、両院制と内閣責任制を骨子としたものであったが、採決の寸前に当時国会議長であった李承晩の発言によって一夜のうちに大統領責任制に変ってしまった。内閣責任制を大統領中心に移したことによって起きた矛盾を整理しないまま、国会の政府不信任権と政府の国会解散権を削除して一九四八年七月一七日に制定された。（大統領は国会で選出することになっていた。）

民主制確立へ苦難の歩み

大統領権限強化

①内閣責任制改憲の試み

一九五〇年一月二七日内閣責任制にする改憲案が七九名の議員によって出されたが、尹致暎（現共和党議長代理）ら政府与党の猛反対工作によって白票が六六票も出て三月一九日否決された。

②直接選挙制改憲の試み

一九五〇年五月三〇日の総選挙で成立した第二代国会は、韓国動乱のため釜山で開かれた。

第二代国会は野党的性格が強く、大統領を国会で選ぶ間接選挙では再選される見込のない李承晩は、任期終了の半年前に一院が野党に占められても他の院で与党で占める事を目的とした両院制と、正副統領を国民投票による直接選挙にする内容の改憲案を出したが、一九五二年一月一八日、賛成一九、反対一四三、棄権一の圧倒的な多数で否決した。

③抜萃改憲

政府提案の改憲案（第二次改憲）が否決されるや、野党は逆攻勢に出て内閣責任制を骨子とする改憲案を提出した。李承晩は先に否決された直選制、両院制を一部修正し、再び提案して対抗、いわゆる「釜山政治波動」と云われる国会と政府が真向から対決した。

院外では、官製による改憲反対民衆大会や、国会解散デモが頻発し、釜山は恐怖の町と化した。その中で与党系民族青年団長の李範奭が内務部長官に任命されるや、共産軍の残党掃滅の名目で五月二五日に慶南、全北一帯に戒厳令が布かれ、同日五一名の国会議員が共産党に関連があるという理由で憲兵隊の手によって逮捕された。残る議員も見つかり次第逮捕される状態になった。与党は野党側の改憲案を審議させないように連日流会戦術をとり、極度に緊張した政局に張沢相を中心とする新羅会が調停役となって、各派と交流し、国会案と政府案を折衷した抜萃改憲案を作りあげた。改憲案は公告後一カ月を過ぎた後でなければ表決を出来ないにも拘ず、この抜萃改憲案は公告もせず、国会に提出されるや警察を動員し、国会議員を狩り出して、与党議員の発行した許可書のないものは外出を禁止して二日間国会に議員を監禁して一九五二年七月四日、賛成一六三棄権三で通過、七月七日に公布した。これで大統領は直接国民投票で選出されることになった。

④四捨五入改憲

法理論的にも問題の多い抜萃改憲を強行し、大統領の座を確保して野望を達成した李承晩は次なる野望である永久執権をめざして、大統領の重任制限を初代大統領に限り適用しない事と副統領継承権を骨子とする改憲案を議長の李起鵬ら与党の自由党議員一三六名で発議させ、一九五四年九月八日公告、一一月二七日票決した結果、在籍二〇三在席二〇一賛成一三五反対六〇棄権七で三分の二に一票たりないため崔淳周副議長は改憲案の否決されたことを宣布した。正副議長がこれを大統領に報告すると、李承晩は「二〇三名の三分の二は一三五・三三…名であるが、〇・三三三…一名は人の人間として見做せないので四捨五入して三分の二は一三五名であるから改憲案は成立した」と云った。

同月二九日、本会議は与野激突し、野党が総退場した後に、前日の議決顛覆可決動議を賛成一二五反対二で可決、悪名高い四捨五入憲法が出現した。

しかし老齢の李承晩は後継者として一九五六年五月一五日の大統領選挙で副統領に李起鵬を立てたが、野党の張勉が副統領に当選したため一九五八年一二月二四日、国家保安法を強行通過させ、野党の活動を封じて次の選挙にそなえた。

⑤四・一九革命と内閣責任制改憲

先の四捨五入によって、大統領に事故があった場合、副統領が大統領職を継承することになっていたので、李承晩に万が一の事があれば野党に政権がまわってゆくのをふせぐため一九六〇年三月一五日の正副統領選挙であらゆる不正な手段を駆使して副統領選（大統領の対立候補は急死）にのぞみ、ある地区では李起鵬の得票数が全体投票数を上まわる奇蹟をやってのけて当選させた。この不正選挙を糾弾する馬山デモから発した四、一九革命によって、一二年間の独裁体制は打倒され、時局収拾のため登場した許政過渡政府によって独裁体制の再出防止するためには、内閣責任制に改憲すべきだとして、改憲起草委員会を構成して、単に内閣責任制というだけでなく、言論、集会、結社の自由の保障と司法権の独立、警察の中立化、地方自治の民主化を内容とした改憲案を提出、一九六〇年六月一五日、賛成二〇八、反対三の圧倒的多数で通過、即日公布、第二共和国の憲法が誕生した。

⑥附則新設改憲

七月二九日、選挙で出現した張勉（民主党）政権下で、司法府は政治的影響から離れたものの、いろいろの政治的配慮が先立ち、正しい裁判するに至らなかった。三、一五不正選挙関係者、四、一九デモ発砲主謀者に対して国民の期待に反するところの無罪、または執行猶予か軽い体刑を宣告した。

これに多くの国民が憤激し、特に四、一九革命の負傷学生は国会に乱入して占拠する行動に出た。これにあわてた国会は、不正選挙関連者処罰法、反民主行為者公民権制限法、不正蓄財特別処理法、特別裁判所および特別検察部設置法の四つの特別法を制定しうると附則新設する改憲案を法司委員会で作成、一一月二三日民議院で賛成一九一、反対一、無効六、棄権二で通過、一一月二八日参議院で賛成四四、反対三、無効二、棄権三で通過した。

⑦国家再建非常措置法と大統領責任制への改憲（現行憲法）

一九六一年五月一六の軍事革命によって出現した軍事政権は、同年六月六日に国家再建最高会議が民政復帰まで、立法、司法、行政を統轄する「大韓民国の最高統治機構」であるとし国家再建非常措置法で公布、憲法中にこの法に抵触するものは非常措置法を優先させることによって、憲法の効力を停止した。またこの法を根拠に軍事政権が危険視する者を処罰しうる特別法と、政治活動を禁止する政治活動浄化法を立法した。

六二年七月一一日、民政移譲のため憲法審議委員会を構成、大統領に強大権を与えた大統領責任制と単院制と〝長期政権は、独裁と腐敗を産む〟と大統領の三選を禁じた内容の改憲案は、六二年一一月五日公告、三〇日に最高会議で議決、六三年一二月一七日国民投票で投票総数一〇、五八五、九九八名、賛成八、三三九、三三三名反対二、〇〇八、八〇一で可決、同日二六日公布された。

北韓の内幕

北韓「労働党」の歩み

金　南　植

あいまいな党創立日

毎年、一〇月一〇日になると、北韓の労働党は、この日を党の創立日だとして、盛大な記念大会を開く。

しかし一〇月一〇日を党の創立日に決めた根拠がどこにあるかは、すこぶるあいまいである。北韓の労働党が構築されるまでの歴程と、その前身である「朝鮮共産党」の秘史をひもといてみても一〇月一〇日の記録にはいっこうに出くわさないのである。

韓国の大地に、共産党が踏み台を置いたのは、一九二五年四月のことである。ソ連一〇月革命の影響を受けた数名の共産主義者によって、はじめて歴史の上に顔を出したが、それも派閥争いとイデオロギー上の不統上、「日本帝国主義」の弾圧などからわずか数年後の一九二八年、「朝鮮共産党」は[illegible]音を告げた。

その後、解放に至るまで、共産主義者の組織活動は、殆んど見られなかった。散発的な地下運動があった程度である。

解放になった、翌日の一九四五年八月一六日、ソウルでは李英、鄭栢などを中心とする「朝鮮共産党」が組織され、これと対立して朴憲永を中心にした「朝鮮共産党再建準備委員会」が、一九四五年九月八日につくられた。これより四〇数日後の一〇月一三日、ソ連軍の進駐した北韓で、ソ連共産党じきじきの指令によって組織されたのが、ソ連の手先き、金日成を頭にいただく「朝鮮共産党北朝鮮分局」である。

さらに、「朝鮮共産党」が許憲の「新民党」、呂運亨の「人民党」と合同して「南労働党」を創建したのが一九四六年一一月二三日「北朝鮮分局」が延安から帰って来て組織された「朝鮮新民党」と合党、北労働党（以下北労党）に改編されたのが一九四六年八月二八日、北労党が北へ逃げて来た南労党と合同したのが、一九四九年六月のことである。

以上のような共産党の歴史の中には、一〇月一〇日という日は、一カ所にも見当らない。しかも、創立年度を一九四五年とするのは言語道断もはなはだしい。事実をおおいかくし、ひんまげねばならない、なんらかの秘密の事情がありそうな気がある。

その事情とは何か。

「朝鮮共産党」の創建について金日成自身が知らないはずがない。一九二五年四月、すでに国際共産党が「朝鮮共産党」の創建を認めたことは、世界周知の事実である。

当初、北労党は、共産党創立日を「朝鮮共産党北朝鮮分局」設置日にあたる一九四五年一〇月一三日と定めていた。それが、一九六一年の第四次党大会で、はっきりした理由もないのに、創立日を一九四五年一〇月一〇日に決定した。

その事情は、推測に難くない。創党日を一九二五年当時にまでさかのぼると、共産党の創建功労を金日成に帰せしめることが出来ない。創建年度を一九四五年に設定した理由は、まさにここにある。

一九二五年当時の金日成の年齢はわずか十五、六歳に過ぎなかった。こんな少年が共産党を創建したと、誰に向かって宣伝することが出来るだろうか。

それに、一〇月一三日の北朝鮮分局設置日を踏襲しない理由も明らかである。北朝鮮分局では、どうしても南に対する劣等意識から救い出されない。

かくして北労党の創立日は、金日成を偶像化し、すべての功績を金日成に帰せしめようとする徒党どもの策謀から、歴史の真実とは無縁に取り決められたのである。

韓国の諺に、∧お祭りなどはどうあれ、お祭りの料理が目的である∨というのがある。これと同じように、共産党創建の歴史的な事実が問題なのではなく、金日成個人をどのようにして崇拝するかに目的があったのである。

みなさまの利用価値

（その３）

信用組合　広島商銀
常務理事　梁　在　植（やん じぇ しっ）

とかく利息が高いと云われる組合員も中には居られるが、それは広島商銀を信じ、又内容的によく知って云われる方は少ないのである。だからこの紙面を借り、職員を叱咤教育して説明と説得にこれ努めている。

全面取引をされると、金利は僅かしか負担されない。取引には貸金だけでなく、預金が前提である、その預金に利息がつくので実質金利は驚くほど高くはない。

寧ろ、タンスの底とか、ポケットに入れて何日も寝かし金とか、自分の事業でもないのに仏心で他人に貸金したり、生産性の無い設備資金とか、不必要な高級車を乗りまわすとかの死金に注ぐことが、最も高い金利となる計算になる。

即ち合理性ある生活環境を創ることである、誰れ人も豊かで倖せな生活を営みたい、その意慾があればこそ、日常苦労しても決して屈しない。

栄枯盛衰は人生につきものである。だが一つだけは失わないように、お互い心がけましょう、それは誠実である。

誠実は信用である、それがある為小生ごとき浅学非才でありましても、皆さまから託されて精勤出来るのである。

〝虎は死んでも皮を残す〟と諺あり、我々は信用と顔を残す。

誰れ人でも人間としての顔、つまり誇りある人格である、だがこの人柄による信用度を計ることは非常に難しい。

広島商銀開業当時は、よく顔で信用しろと借入申込みをされる組合員が多くて、その判断に苦慮された、その当時から約束した事はお互いに大事にして取引を継続して来られた組合員は今日では立派に成長されている到底信用組合では賄いきれなくて銀行へ栄進された。このケースは商銀として目的を達したことになる。

さて今月の商品は、三段とび預金、ホップ、ステップ、ジャンプ、小額なる定期預金である。月々二〇〇〇円三〇〇〇円五〇〇〇円と、ほんのヘソクリで忘却預金です。一〇回二〇回と月々掛けて居る内、一寸まった預金が出来ます。

その預金を定期預金にして、又続いて三段とび預金を掛ける、そして結婚仕度金とか、進学資金とか、家庭電化製品とか、海外旅行とか、目的を定める。

チリも積れば山となる例え、小額といえども無駄金、死金とするなかれであります。貯蓄慾は未来に夢があるからです、父に母に又、兄弟姉妹、友人先輩（誕生祝、結婚祝等プレゼントするのも心やさしい情感が湧くものです。

その資金に当てる小額預金、楽しいものです、人に与えて祝福することは、また別の意味で尊敬と親しみがもたれます。目的預金、結婚の仕度資金を目標に月々据置預金を実行される、金利も有利です。定期預金と同率の利息がつきます。美しい通帳で種類は、進学、旅行、住宅建築、家庭電化、等あり長期に亘り計画をお樹てになり、ご相談にも気軽く応じます。その一にもご案内申して居りますように機動力にて、お宅までお伺い申し上げます。

本国の舞踊団広島で初公演

豪華絢爛—世界の芸術—

韓国民俗芸術団広島公演

二十二日午後六時 広島市見真講堂

来る十月二十二日、午後六時より広島市見真講堂において、独創的で芸術性の豊かな韓国の古典舞踊として世界に知られる「韓国民俗芸術団」の広島初公演が行なわれる。

同芸術団は、本国政府から韓日文化交流の一環として派遣されたもので、金文淑さんはじめ総勢三十二人で構成され、色とりどりの民族衣裳で着飾った舞姫たちが古典音楽に合わせて特異な技法で集成された韓国の古典舞踊の真髄を舞台いっぱいにくりひろげる。

有名な扇の舞いや、剣の舞い、僧舞など、第一部、第二部とも韓国の伝統的な古典舞踊が演じられ、絢爛豪華な趣向をこらした本格的な韓国舞踊が広島においてみられるとあって、前評判も好評で、はやくも主催者である民団広島県本部に問合せが殺倒している。

また、在日同胞のみならず、広く日本人にも観賞してもらうため、精力的なキャンペーンが行なわれており、広島日韓親善協会の人も、韓日両国民の親善交流のために、この舞踊団の広島公演を歓迎している。

主催者側の民団広島県本部婁文熙副団長は「かねて同じ広島に住む者として韓国人と日本人の一層の親善を深めたいと思っていたが、このたび、本国の舞踊団の広島公演が実現し、その機会が得られてうれしく思っています。踊りに興味のある人は勿論、広く日本の人にも観賞してもらい私たちの伝統的な古典舞踊を現解してもらえれば幸いです。」と語っていた。

永住権申請を促進

大使館からの要請

大韓民国駐日公報館（館長洪泉）では九月二十二日付の公文でもって在日僑胞経営の各新聞通信社に対して大要次のような内容の「永住権申請促進を要請」する勧告文を発送してきた。

△勧告要請文

今年は永住権を申請する年であります。在日同胞の皆さんは一日も早く安定された生活ができるよういまだ永住権を申請していないかたは一人もとり残されることのないよう申請をするよう互に勧誘しあいましょう。

△協定永住権を受けることによって

(一)なによりも今まで暫定的であった地位からぬけ出し権利でもって日本に永住できることが保障され(二)従って協定永住許可を受けなかったかたや、一般の外国人とは違って協定永住の許可者はどのような場合でも「退去を強制されない」のです。(三)また、同永住許可者には海外旅行に必要な再入国許可にあっても制限がないのみか、同一家族が離ればなれにならぬよう人道的な配慮を充分にするようになっており、(四)子弟らの教育問題にあっても日本の公立小・中学校への進学が認められまた、上級学校の進学にあってもその入学資格が認められております。(五)生活保護が必要な人には従前通り、同生活保護を受けるようになっており、特に国民健康保険に加入することができます。(六)外国人の財産取得に関する政令の適用を受けた、一般外国人とは別に主務大臣の認可なく土地や建物等の財産を取得することができます。(七)日本から永住帰国する場合、自分の財産の本国搬入または送金などが協定上保障されております。

在日同胞の皆さん。さる八月十九日、二十日の両日開かれた韓日法相会談の結果皆さんらが安心して永住権を申請できるよう措置されておりますので一日も早く永住権を申請するよう要望します。

もし、皆さんが同永住権申請に関連して問い合せがある場合は駐日大使館（第一領事課又は永住権申請案内室）又は地方にあるわが国の各級領事館に直接来訪するか手紙で問い合せてくれれば皆さまの期待に副うよう万全を期しております。

また、皆さまの親戚は勿論のこと知人らにもひろくこの事実を知らせて今年内に永住権の申請該当者は一人としてとり残されることのないよう申請を完了するよう協力してくれることを願ってやみません。

養豚業の周辺

養豚組合の結成を

広島在住の韓国人社会において「養豚業」の占める割合はかなり高いといえる。殊に市近郊ないし郡部に至ると生活基盤に密着したものとしてみることができる。

しかし、規模としては頭数千頭以上といった、いわば企業化したものはごく僅かで、その大部分が百頭前後である。

一般に養豚は職業的には専門の分野であり、指導技術員もいる。また、個人よりは団体で、土地の将来事情ともにらみ合せて、長期計画を設定する必要がある。

こうした営業としての長期計画を度外視すると、さまざまな弊害をもたらすことになる。今日においての環境衛生との関係で困難な問題に直面しているのも、この点に遠因を見出せる。

実際、住宅地域における養豚の弊害、例えば汚物処理、排水問題、悪臭、ネズミの繁殖、等々の問題は今日、深刻なものとなっている。

この問題はつまるところ処理場の不足、排水路の完備、汚物処理のための設備投資への融資、さらには廃業補償の問題につらなるが、そうした具体的な解決へのアプローチがあまりなされていないように思える。勿論、根本的な解決は営業者と環境衛生を管轄する役所の実体的な共働に待つ他ないが、役所側はともすれば一方的な規制強化をもって問題の解決を図ろうとする傾向が強い。前述したように養豚業を営む同胞の多くは零細的な営業でもって生計の維持に努めているのであって、企業に対すると同じ尺度で規制を考えるのは当を得ない。

養豚業者側にも解決すべき問題は多い。例えば飼料の配分についても、「よい飼料をより安く」ということは養豚経営にとって重要なことであるが、実情は飼料が限らずしも「より安い」とはいえない。これは無用な飼料獲得競争をするためで、全くもって不合理なことである。

こうした飼料の問題も含めて、合理的なことは、同胞間で養豚組合を結成して実効的な営業を確立することだが、同胞たちの共同生活体内部における利害関係は必ずしも一目瞭然に一致しないところに問題がある。特に養豚は周期的な価格変動があり、しかもその経営形態にしても韓国人の日本での生活基盤の不安定さに呼応して諸々雑多で、確定的な利害の共通項も見出し得ないのである。

最近の状況としては、養豚にまつわる諸々の問題解決のため、山村僻地への養豚場移転が同胞間において真剣に検討されている。そうした場合において、養豚組合の必要性はより痛切なものとなってくると思われる。

祖国で花見を！

広島から500人

祖国で花見を!!民団広島は来年春、ソウルの昌慶苑で大々的な花見を行なう。人員は五百人を予定しており、出発は航空便または船をチャーターする。

国内の団体旅行に四、五万円かかる最近の旅行ブームにくらべて、懐しい祖国の、花咲く昌慶苑のさくら見物、またとない絶好のチャンスといえよう。

希望者は商銀へ月掛五千円で楽々行ける。支部、分団で取扱中。

教育後援会の奨学生

広島関係では六人合格

在日韓国人教育後援会が募集していた奨学生に、このほど広島関係に次の者たちが合格し、一九六九年度奨学生として採用された。

金　徳鏞（広工大土木科二年）
金　仁洙（広大大学院二年）
金　恵子（広島エリザベト音大三年）
張　炳権（広陵高一年）
朴　宗達（広島県立工高三年）
郭　昌鎬（県立観音高三年）

盛大に敬老会

婦人会主催で一二〇人

広島に住む韓国人老人たちの日ごろの労をねぎらおうと、去る九月十四日、市内比治山公園において婦人会（金命今会長）主催の一日早い敬老会が行なわれた。

会場には、朝十時ごろから六十五歳以上の老人たちがつぎつぎと家族の人に連れられて車や徒走などで、三散五伍につめかけ、開会時には約一二〇人にふくれあがり、会場はいっぱいになった。

婦人会金命今会長の挨拶のあと、来賓の婦人会中央金信三会長が、日ごろのねぎらいの言葉をのべ、そのあと昼食会に入り、踊りや歌などに興じ、老人たちにとっては、なごやかな一日であった。

慶祝欄（十月十三日）

新郎　丁海明君（丁相根氏次男）
新婦　李広子嬢（李栄根氏長女）

韓青ソフト・ボール大会 観音チームが優勝

韓青広島県本部（鄭達男委員長）では、四月二十九日の春季行楽を初め、入管法反対運動、断食闘争参加、夏期講習会（八月二日〜四日）、八月十五日の光復節など、新執行部が発足して、多くの行事を成功裡に行なってきた。

さらに、去る九月十四日には、韓青の組織活動の一環として、六月来、企画されてきた韓青ソフト・ボール大会が、市内を貫流する太田川上流の放水路河辺において開催された。

韓青ソフト・ボール大会は、毎年開かれており、第一回目呉市、第二回目三原市、第三回目安芸郡と開催されて回を重ねるたびに参加チームも増え、県下在日韓国人青年男女の有意義な交流の場となっている。

今回の大会には、基町、都町、観音、中広、安芸、呉、三原、福山、佐伯など十一チームが参加し、韓青各支部より、よりすぐった選手たちが、日頃の練習の成果を競い合った。

大会は、午前十時頃から午後六時近くまで各チームによって熱戦がくりひろがれ、韓青女子盟員の声援のもと、優勝トロフィーをめぐって、好ゲームが演じられ、道行く人も、しばし立ち停って見物していた。

今回は激戦のすえ、韓青観音チームが優勝の栄冠に輝き、二位には都町チーム、三位基町と佐伯支部の二チームであった。

韓青〝秋季行楽〟二十六日・仏通寺

韓青広島県本部（鄭達男委員長）では、来る二十六日、三原の仏通寺に於て〝秋季行楽〟を開催する。この秋季行楽は、韓青が一連の組織活動として行なうもので、秋深まった紅葉が楽しみにされている。韓青では、本部の定期大会を目前に一年の総括的行事として取組んでおり、団員の協力と、多くの盟員の参加を呼びかけている。

国際マラソン二時間20分の壁破れず

九月二十八日仁川ーソウル間で行われた国際マラソンで日本宇佐美選手が二時間二〇分一八秒で優勝しエチオピアのマモウ選手は二時間二二分七秒で二位だったが韓国勢は金政治選手が二時間二三分四九秒八で三位、四位妻明光二時間二四分五二秒五位金次煥二時間二七分と振わなかった。

30歳代エリート
華麗な学歴と家庭環境で昇進

官僚のスターが外務官僚とすればエリートは財務、理財官僚であろう。かれらの前途は洋々たるもので出世速度も早い。しかも五・一六後は年功とか年令との関係さえなくなった。さきの理財課長から局長、財政次官補、次官が一階ずつ昇進した理財エリートの例が正にこれである。長官級の青瓦台経済第一首席秘書官に昇進した鄭韶永財政次官は一九三二年生れ次官に昇格の李載瀛氏やはり三二年生れ、財政次官補兼青瓦台経済第三首席秘書官（一級）に任命された張徳鎮氏は三四年生れ、理財局長に昇進の金昌熙氏は三二年生れといずれも三十代後半期のエリートである。

かれらの昇進の動力となった学歴、経歴をみよう。鄭氏は慶北高校ーソウル商大ー米ワシントン大経済博士、李氏は京畿高校ーソウル大医大予科ーペンシルバニア大学院碩士、張氏は高麗大法科ソウル大司法大学院ー高試行政、司法外交三科合格ー弁護士資格等、金氏はソウル大法大ー韓銀調査部出身で学歴は文句のつけ所がない。

鄭氏は六六年大統領秘書官から税務次官補へ、李氏は長官秘書官から理財局外換課事務官へ、張氏は軍服務をおえ理財課事務官に、金氏は六一年韓銀から財務部入りしている。

異常な出世にも「毛並み」も作用するとうらやむ向きもある。鄭氏の父は大邱で有名な医師で、義父は農銀総裁を経て韓肥社長の朴琇熙氏、駐ベトナム大使申尚澈氏とは義兄弟、李国会議長とも姻戚関係にある。李氏もソウルの名門出身、商工次官李喆承氏、元韓銀総裁閔丙燾氏らの一門。張徳鎮氏は夫人がファーストレディ陸英修女史のめいに当る。同じ財務部でもなぜ理財系だけが出世が早いかという不平もある。外換局もあり税制局もあるという。しかし、鄭張氏の場合にしても毛並ばかりか学歴をみればその出世ぶりもうなずけよう。

就職率は好調
本国の大学の卒業者

韓国の大学卒業者の就職率が大幅に好転している。S新聞の調査によると、今春大学を卒業をした学生の就職率は七〇ー八〇%で、経済が順調に成長していることを物語っている。

同調査によると〝実業系〟は卒業前に一〇〇%就職が決まりしかも中央と地方の差がほとんどないという。たとえばソウル大学の場合卒業生二千三十八人のうち千八百十八人（八九%）が就職、うち師範、商科、薬科、歯科などは一〇〇%の就職率。また工科は九九・三%、農科九八%、音楽科八六%、美術科八四%などでかなり高い率を見せている。一方、文理科と法科は七七%、三七%と低いが大学当局では、法科卒業者は高等高試準備のため就職を希望する率が少ないと説明している。

広島に〝国語〟ブーム
各地の講習所盛況

現在、韓国語講習会が広島韓国教育文化センター（魚宗徳所長）をはじめとして、県下各地いたるところに設けられている。

講師には、教育文化センター魚宗徳所長や本国からの留学生などがあたっているが、母国語をすこしでも習得しようとする熱心な主婦たちや青年、学生たちがつめかけ、各講習会は、いずれも盛況ぶりをみせている。

教育文化センターが主管する広島韓国学園の場合には、去る五月に第二回目の授業を始めて以来、初級班、中級班と分れて、学生たちの理解の程度に従って勉強をすすめている。

また婦人班も、より多くの人が受講できるように二部制の授業を行なっており、時間のあまりとれない主婦たちの間では好評である。

受講者のなかには、日本人や中国人も参加しており、最近の「韓国語」熱の一端をうかがわせる。

このなかで韓青が行っている講習会は独自なものとして評価されており、国語を学ぶうちにも在日韓国青年たちに民族的な自覚を覚醒しようとするもので、講師（兪勝司副委員長）のもと、毎週木曜日と土曜日に、青年男女多数が出席して活発な学習を行なっている。

他の講習所においても、講師と生徒双方の熱意と協力とで、楽しい雰囲気のなかで国語の勉強が行なわれており、こうした成果をふまえて、母国語を学ぶ機会を多くするため、これから開設される講習所も検討されている。

広島韓国教育文化センター魚宗徳所長は「韓国人が韓国語を学ぶということは単に〝言葉〟を習うということ以上の意味があります。自分の国の言葉を読み、書き、聞くことのできるようになって、はじめて韓国人としての誇りが持てるのです。これまで何も知らなかった人でも、韓国人なら積極的に講習会に参加して自分たちの言葉を習ってほしい。」と、広く国語講習会への参加をよびかけている。

次に各地域の講習所を紹介する。

学園及び講習所現況

(1969.10.1現在)

＜名称＞	＜講習曜日時＞	＜場所＞	＜電話＞	＜備考＞
広島韓国学園				
学生及び成人班	毎週水19：00〜21：00	韓国会館	61-6174	
婦人班（A）	〃13：00〜15：00	〃	〃	
婦人班（B）	月19：00〜21：00	〃	〃	
基町講習所	木19：00〜21：00	基町分団	28-6059	
天満〃	水20：00〜22：00	広島教会	32-4739	
呉〃	土19：00〜21：00	呉支部	21-6351	
福山〃	未定	福山支部	23-5320	10月中開講予定
統一教会〃	金10：00〜12：00	統一教会	33-0614	8月以後休講（日本人）
勝共連合〃	火10：00〜12：00	学生部（加古町）	―	
商銀講習所	未定	商銀本店	41-3151	10月中開講予定
安芸韓国学園	金20：00〜22：00	安芸支部	82-3779	
韓青講習所				
本部班	木・土19：00〜21：00	韓国会館	61-6171	
安芸支部班	月・金20：00〜22：00	安芸支部	82-3779	

＜お断り＞このたびは、都合により、支部・分団だよりは休みましたので、御了承下さい。

綱　領　在日本大韓民国居留民団
1. われわれは大韓民国の国是を遵守する。
1. われわれは在留同胞の権益擁護を期する。
1. われわれは在留同胞の民生安定を期する。
1. われわれは在留同胞の文化向上を期する。
1. われわれは世界平和と国際親善を期する。

広島 韓國新聞

広島 韓国新聞社
発行人　崔　成　源
編集人　徐　聖　銖
広島市東蟹屋７番９号韓国会館
電話(61)6171～3
定価　１ヶ月100円

崔　一　恵

娘はできるだけ平凡であればいい
たいした大きいこともできなければ
そのくせ料理もへたでいい
娘は花嫁になるために
ふだんのままの姿でいい
娘は朝つゆの玉のように
花や葉や茎や根といっしょに
自然の中に生きづいているのがいい
こぼれそうなしずくが
地上におちてしまわないように
必死にすがっているその姿でいい
娘の心はお城のように
静かにけだたく守られていて
娘の心はお城のように
固く固くとざされていて
悲しい時には悲しいままに
嬉しい時には嬉しいままに
ときにはなにもないならないままに
けれどもたくましいほどに
その大地に根におろして
太陽の日の光のしあわせを
いっぱいに受けて咲くのがいい
咲く花に名前はなくても
人はふりかえり
咲く花の
土はあわれでそまつなものでも
自然の力は公平に愛をはこんでくる
ああ、娘は
その土といっしょに
耐えしのんで咲くもの
ああ、娘は
土の中によろこびを
つつみかくして生きるもの
愛を誓う星の前に
純白のドレスがいちだんとはえて
娘はいつまでも美しい
いつまでも……

謹賀新年

1970年

工業国へ脱皮する韓国

近代化へ躍進する七十年代
工業国家に改善された経済構造

過去八年間の急速な経済成長は、自動的にあらゆる事業面の構造を「工業化」へと転換させた。

これは、経済構造面で第二次産業を大いに発展させたことを意味する。

一九五七年度の国民総生産額のなかで第一次産業である農林、水産業が占めていた比率は四五・二%、第三次産業の社会間接資本およびその他サービス業が四二・三%、第二次産業の鉱工業は一二・五%にすぎなかった。

ところが、昨年度をみると、第一次産業は二八・〇%に下がり、反対に第二次産業は二一・四%、第三次産業は五〇・六%を占めるにいたった。

製造業分野の驚くべき成長

もちろん、このような経済構造の体質改善は、製造業分野の急速な成長があったからだが、この製造業分野の成長率は数多くの工場建設によって実施されたのはいうまでもない。

製造業を中心とする第二次産業分野は五七～六一年に八・〇%だった成長率が第一次五ヵ年計画期間中に一五・三%にのびた。とくに昨年は二七・一%という驚くべき成長を記録した。

一九六七年に記録した二三・九%の成長率は、世界でもっとも高い成長率で、日本の二一・一%、自由中国の九・一%を上回るものである。

このような製造業分野の驚くべき成長率（六二年一四・九%、六三年一七・三%、六四年四・九%、六五年二一・三%、六六年一六・六%、六七年二三・九%、六八年二八・五%）がこんご数年間変わらず持続すれば、工業国家の実現が早くなることはいうまでもない。

建設、また建設
そびえる工場群

第一、二次五ヵ年計画期間中に建設された工場はあまりにも多い。世界最大の単一尿素肥料工場である韓国肥料をはじめ、東洋最大の東洋セメント工場が建設された。第二次五ヵ年計画の六七年に建設された工場だけでも、〔蔚山〕石油化学のP・V・C工場をはじめとする石油化学工場

〇製鉄・製鋼部門では連合鉄鋼、日新産業の二つの冷間圧延工場
〇韓国肥料、豊農肥料の二つの肥料工場と四つの肥料工場の設備拡張
〇東洋、双龍両セメント工場の設備拡張
〇合成繊維、ポリアクリルなど四つの繊維工場

などがあり、そのほかにもソーダ灰工場、セロハン工場、ポリエチレン工場、ケーブル工場、タイル工場、ピアノ工場、時計部品など四〇余の工場が新しく建てられたり、あるいは拡張された。

また、六八年度に東洋大単位セメント工場をはじめ四二の工場が建てられたし、六九年度には、湖南精油、蔚山アルミニュウム工場など九つの工場が完成する予定である。

したがって、一般の機械部分では旋盤機・動力耕耘機・エンジンなどの生産が可能となり、電気機械の部門では電動機・ラジオ・電話器・変圧器・電線・テレビ・発電器・魚群探知器などの国内生産が可能となり、客車・貨車・自動車などの国産化が促進された。

機械工業を育成するため、一九六五年度には機械工業育成資金二億ウオンを放出し、一九六六年には四億ウオン、一九六八年度には前年度の六倍の二四億ウオンを放出した。

さらに、一九六九年度には財政資金として一八二億ウオン確保して放出する計画だ。

豊かな動力資源
明るくなった電力事情

韓国の電力事情は五〇年代後半までも、発電施設容量三六万七、〇〇〇キロワットにとどまり、産業施設の動力はいうまでもなく、家庭用まで制限しなければならない深刻な電力不足をきたしていた。

こういう実情を改善するため第一次五ヵ年計画の一環として電源開発に力を入れた結果、六六年度には七六万九、〇〇〇キロワットへと倍増した。

一方、電力需要も当初計画した需要増加率二七・二%をはるかに上回り、一九六八年には三三%となった。

一九六八年度には、このような電力需要にそなえて群山火力、釜山火力など新たに三五万七、〇〇〇キロワットを確保、施設容量は一二七万四、〇〇〇キロワットに達し、無制限送電を再開することになった。また一九六九年度には唐人里火力五号機二五万キロワット、釜山火力四号機一〇万五、〇〇〇キロワットを完工し、総施設容量は一六二万九、〇〇〇キロワットとなり、第二次五ヵ年計画の目標をさる六月に達成した。七〇年度以後に完成する仁川火力、嶺南火力、嶺東火力、南江水力、八堂水力などの建設をすすめると同時に、東海火力、京仁火力、湖南火力など民間資本の発電所を建設するので、一九七一年度には四一七万キロワットに達することになる。

縦横に伸びる鉄道

韓国では全輸送貨物の八〇%以上を鉄道が占めており、旅客の約五四%は鉄道が輸送するという、鉄道一辺倒のきらいがあった。一九六〇年の鉄道事情をみると、客車が一、三〇八台、貨車九、五四一台、蒸気機関車四五七台で、一年間に旅客約一億名、貨物約一、七〇〇万トンを輸送するのがやっとだった。

しかし、第一次五ヵ年計画の結果、一九六六年度には客車が一、四一八台、貨車が一万一、四五四台に増加した。またディーゼル機関車一三五台を外国から輸入して、一九六七年には完全ディーゼル化を達成した。

韓国の鉄道は、日本の植民地政策によってできたものなので、産業開発的な性質のものではなかった。しかし、第一次五ヵ年計画では地下資源のねむる江原道山岳地方の鉄道建設につとめた結果、黄池線、旌善線など二〇路線、延べ四一九キロの鉄道をしいた。

また一九六七年には、嶺南地方の晋州と湖南地方の順天を結ぶ八〇・五キロの画期的な横断鉄道が建設された。

朴大統領施政演説要旨
七〇年代は民族中興の年

◇…七〇年代の概況＝われわれは今や、開発の六〇年代を送り、跳躍の七〇年代を目前にしている。

われわれは、この七〇年代を祖国の歴史の上で「民族中興の年」として記録に残すために経済の高度成長を継続する一方、過去のいかなる時よりも共産徒輩らの侵略的野欲を粉砕して国土を保衛する堅い決意と挙族的な団結でもって自主国防の力量をより増強しなくてはならない。

六〇年度には、わずか九十四ドルでしかなかった一人当りの国民所得は今や十%内外と成長、今年は二百ドルの水準に達するようになり、第三次五か年計画が終る来る七六年には四百ドルの水準に迫るものと思われる。

六二年度には三千万ドルの水準にしかならなかった商品の輸出も毎年四十%以上ずつ伸びており、今年度は七億ドルを達成することになっている。また七〇年度には十億ドル、七六年度には三十六億ドルを突破することになっている。

農業部門での急速な機械化と営農技術の向上は、われわれの宿願であった食糧の自給自足を七〇年代には必ず成就させ現在建設中の京釜高速道路に続いてソウルと嶺東、湖南間の高速道路も建設し生活圏の拡大及び輸送の隘路を完全に打開して所得や文化が地域的に均衡のとれた発展相をみせることになっている。

◇…外交＝①北韓傀儡集団の侵略行為で惹起されるやも知れない、あらゆる事態に対処できるよう、現在の韓・米相互防衛条約をパタンとする防衛外交をより一層強化し、米国の〝新アジア〟政策によって軍需産業の発展をはじめとする自主国防態勢の基礎を確立するために米国との協調をより増進させる②韓・日間の外交を強化するために両国は互恵の原則下に貿易の不均衡を是正し経済協力を強化して六十万在日僑胞の地位問題の解決により努力する③アスパクなどの諸機構及び協定などを通じて東南アジア各国間の地域安全保障や経済協力に努力する。

特に対越政策についてはパリ会談などが、マニラ会議の基本精神に立脚して解決されるよう外交的力量を傾注し、韓・越間の通商及経済協力を通じて越南戦後の復旧事業に積極的に参与する。

④対中立外交を積極化して従来の名分的親善外交よりも実利外交に重点を置く⑤資本及び通商条件の改善のため経済外交を拡充する⑥UNでの裁量上程制度を通じて対UN外交の自主性と伸縮性を強化する。

◇…国防＝①軍の戦闘態勢を強化して北傀の戦争挑発行為を封鎖して実戦的な訓練を強化、全将兵を戦闘要員化する②軍の紀綱確立と精神武装を強化し、軍需支援体制を整備して戦時支援態勢を確立、予備軍を戦力化、後方地域の防衛態勢を強化する。

◇…経済＝①産業の合理化及び大規模化による国際競争力の強化と原料及び機械類の国産化、輸出産業の施設拡充と多様化でもって経済体制を強化する。綜合製鉄、石油化学工業などの建設で工業構造を高度化し、長期償還能力を勘案して外換受給運用を計画化し、国内貯蓄を増大する②農業生産及び農漁民所得の増大と中小企業の施設の近代化と経営の合理化でもって低生産部門を補強する③鉄道、道路、港湾などの建設、職業訓練の強化、研究投資及び技術導入の拡大などを通じて輸送と人力の受給の隘路を打開する④消費の健全化、物価の安定、開発金融制度の整備、均衡ある財政でもって経済の安定と健全財政を堅持する⑤国際収支を改善して科学技術を改善する。

◇…社会福祉＝①保健部門では各種の危害から国民の健康を保護し、労働力保存に主力を注ぐ②有効援護対象者と保護対象者の生活を補助し、自助の勤労作業を通じて低所得層の生活基盤を確立する③労使協助を強化して勤労者の福祉のための施設を拡充する。

◇…教育＝科学技術教育の拡充、義務教育の正常化、学校平準化作業の継続推進による無試験進学制の確立、高等教育の質的な充実を期する②急変する発展の趨勢にともなう教育内容と方法の改善、都市と農村の均衡ある発展のための社会教育の強化、僑胞教育を拡充する③体育の大衆化を通じて国民体位の向上を図り優秀選手の養成に積極的に努力する。

◇…文化芸術と其の他＝①文化芸術人の自主的創造活動に対しての積極的支援、大衆の文化意識及び文化国民としての衿持と精華、有形無形の文化遺産の発掘整理及び保存、大衆娯楽としての自率的な浄化を通じた国民情緒の順化の促進を期する。②特に、勝共理念を培養し中断することのない強靱な意思を育てる。③経済発展や社会安定をめざし「不正」「暴力」などの社会悪に対しては果敢にして持続的な掃蕩作業を実施、各種の犯罪から国民の生命と財産を保護する。④公務員の紀綱を特に正し、彼らをして安心して職務に徹するよう処遇改善を通じて忠実な国民の公僕として再教育する。

'60年代 韓国十大ニュース

4・19学生革命から三選改憲国民投票まで

＜一九六〇年＞

▲ソウル駅圧死事件＝陰暦十二月二八日帰省客多数のため八〇名圧死（一月二六日）▲趙炳玉氏米国で急逝＝病気治療のため一月二九日出国した趙氏はウォルター・リード米陸軍病院で死亡（二月十五日）▲正・副統領選挙＝不正選挙で李承晩、李起鵬氏がそれぞれ当選（三月十五日）▲四・一九学生デモ＝ソウルの全大学、中高生および市民による不正選挙糾弾デモ（四月十九日）▼李承晩下野＝李承晩大統領職を退き梨花荘に移る（四月二六日）▼李承晩ハワイに亡命＝許政内閣首班の斡旋でフランチェスカ夫人とともに（五月二九日）▼アイク米大統領訪韓＝外国元首としてはじめての公式来韓（六月十九日）▲七・二九総選挙実施＝許政過渡政府下で行なわれたこの選挙で民主党が議席の三分の二を占める（七月二九日）▲尹潽善氏大統領に被選＝新憲法により国会で被選さる（八月十三日）▲東亜日報襲撃＝朴泰善長老教徒二月十六日付同紙掲載「聖火」写真に不満を抱き急襲（十二月十日）

＜一九六一年＞

▼ドル換算率引上＝民主党政府により六五〇対一ドルを一、二五〇対一に引上（二月一日）▲黄允石女判事変死＝韓国最初の女性判事で死因ついに不明（四月二二日）▲五・一六軍事革命＝夜中の三時革命部隊ソウルに入る（五月十六日）▲高利債整理＝最高会議は農漁村高利債整理法を制定公布（六月十日）▲軍部反革命事件＝最高会議は張都暎前最高会議議長など四四名を反革命行為で拘束中であると発表（七月九日）▲南原孝基里惨死事件＝南原二白面孝基里住民は夜中に堤防が崩れ一一四名が濁流にのまれて惨死（七月十一日）▼教育制度改革＝革命政府の文教当局は中、高、大学の入学試験の国家管理と共同出題を決定（七月十五日）▲暴力団頭目死刑執行＝革命裁判所は暴力団頭目李丁載、中廷湜に死刑執行（十月十日）▼朴議長訪米＝ケネディ米大統領の招請で訪米（十一月十四日）▲革新系死刑執行＝崔仁圭、林和秀、趙鏞寿氏らに死刑執行（十二月二〇日）

＜一九六二年＞

▲政浄法公布＝旧政治家の政治活動を禁止（三月十六日）▲尹潽善大統領下野＝六〇年八月当選から二十カ月目（三月二二日）▲産業博覧会＝軍事革命一周年記念として六月六日まで（三月二〇日）▲反革命陰謀事件＝曹仲瑞、金相敦など「旧民主党」の陰謀事件と現役軍人数名が関与した第二主党陰謀事件の二つ。（五月二四日）▲通貨改革＝十日零時を期して断行決定、五三年二月十五日の通貨改革以来九年四カ月目に十分の一に切下げ、円をウオンに。（六月九日）▼新聞単刊制実施＝政府の言論政策施行規準にしたがい二〇日から朝夕刊二回発行していたものを単刊制に改める（八月二〇日）▼順天水害＝二〇〇ミリの暴雨で一四〇名死亡、六〇名失踪、一万余名の罹災者を出す（八月二八日）▼韓国日報筆禍事件＝「社会労働党云々」の記事で十二月二日から三日間休刊処分。（十二月二日）▼戒厳令解除＝六一年五月十六日宣布したものを十二月五日二四時を期して解除。（十二月五日）▲憲法改正および国民投票＝第三共和国の憲法改正案に対する国民投票の結果可八三三万余票（支持率七八・七八%）で可決。（十二月十七日）

＜一九六三年＞

▲政治活動禁止解除＝一年七カ月目に政党組織、集会、示威などを許す（一月一日）▼多島海で燕号沈没＝一三八名死亡、生存者一名（一月十八日）▲金鍾泌外遊＝軍政内部の軋轢によって外遊（二月二五日）▲二・二七宣言＝朴議長政局収拾の宣誓を通じて政治的報復をしないと宣言（二月二七日）▼軍の一部クーデター陰謀＝朴議長、閣僚、旧政治家全員を暗殺する陰謀を摘発（三月十一日）▲コレラ猖獗＝釜山市に発生、十一月はじめまでに七五名死亡（八月十六日）▼朴正熙大統領に当選＝十七名の候補者のうち共和党の朴候補当選。（十月十五日）▼李中領一家皆殺し事件＝江原道麟蹄郡内で李得周一家を逃亡兵高在鋒が夜中に殺害（十月十九日）▲潮浦渡し船沈没＝遠足に行った安養邑の興安国民学校の児童、父兄一三七名を乗せた渡し船が沈没、四九名溺死（十月二三日）▲李垠氏帰国＝十一歳のとき日本につれ去られた英親王李垠氏が五六年ぶりに還国（十一月二二日）▲第三共和国誕生＝新国会開院。第三共和国大統領として朴正熙氏正式に就任（十二月十七日）

＜一九六四年＞

▲換算引上＝零時を期して一五〇対一を二五〇対一に引上げ（五月三日）▲武装軍人法院侵入＝午前四時三〇分、八名の武装軍人が法院に乱入、デモ学生に拘束令状を出すよう強要（五月二一日）▲内閣改造＝第三共和国の崔斗善初代内閣が総辞退し、十一月丁一権内閣発足（五月九日）▲学生デモで非常戒厳＝三月二四日対日屈辱外交反対の学生デモが全国に広がり、政府はソウル一円に非常戒厳を宣布（六月三日）▲中部地方集中豪雨＝人命被害二六五名（六月十二日）▲言論法波動＝言論倫理委法を通過、しかし言論界の猛反対で施行保留（八月三日）▲辛金丹父娘相逢＝十五年間南北に別れていた父と娘東京オリンピックを機会に相逢う（十月九日）▲智異山盗伐＝十一月に摘発された盗伐犯だけでも四九三名、被害額二億ウォン相当（十一月八日）▲朴大統領訪独＝十日間の予定で西独訪問に出発（十二月六日）▲東京オリンピックでメダル三つ＝レスリングで張昌宣が金メダル（十月十五日）、拳闘で鄭申朝が銀メダル（十月二三日）、柔道で金義泰が銅メダル（十月二二日）それぞれ獲得。

＜一九六五年＞

▲単一変動換率制実施＝政府は外換売渡率をドル当り二五六円五三銭に決定（三月二二日）▲デモによる休校＝四・一九五周年を前に全大学と一部高校一斉休校（四月十八日）▲朴大統領訪米＝師団規模の韓国戦闘部隊ベトナム派兵の用意を表明し、経済援助を要請するため（五月十六日）▲メサトン波動＝薬材師林国善は三十万円の原料で一千万円分を合成（五月二四日）▲韓日協定調印＝十四年間の交渉に終止符をうち国交正常化に必要な諸協定に正式調印（六月二二日）▲李承晩逝去＝ハワイ亡命五年目の十九日ホノルルの病院で没す（七月十九日）▲韓日協定批准案、与党単独通過＝本格的質疑五日目に、野党議員の行動を暴力で封鎖し抜きうち可決（八月十一日）▲衛戍令発動により軍隊の高、延大乱入事件、大学休校政治教授波動。（八月二六日）▲金利現実化＝韓国銀行の預貸金利を預金年三〇%、貸付年二六%とすることに金融通貨委員会で決定。（九月三〇日）▲猛虎部隊派越＝三十万市民汝矣島で歓送会。（十月十二日）

＜一九六六年＞

▲鉄道貨物運賃横領事件＝虚偽証票、定期購賄の方法で横領した同事件関係者八〇余名大量検挙。（一月七日）▲尹妃逝去＝最後の皇后尹氏三日歿す。十三日裕陵に埋葬する。（二月三日）▲アスパック会議＝十ヵ国の代表七五名参加して開かる。（六月十四日）▲金基洙世界チャンピオン＝イタリアのニノ・ベンベヌティを判定勝ちして金選手世界チャンピオンになる。（六月二五日）▲韓米行政協定調印＝十四年目に協定に達す。（七月九日）▲白馬部隊増派＝猛虎、青竜につづいて白馬隊ベトナムに派遣。（八月二七日）▲韓肥密輸事件＝韓国肥料会社のサッカリン密輸事件はついに九月二二日金斗漢議員が国会壇上に汚物を投げる事態となった。（九月十六日）▲ロンガリット論争＝甘い毒薬ロンガリットの有害、無害論争は有害の結論に達す。（十月十日）▲朴大統領東南巡訪＝マニラ頂上会談にも出席。（十月二十日）▲ジョンソン大統領訪韓＝ジョンソン大統領二泊三日の訪韓。（十月三十一日）

＜一九六七年＞

▲忠南艦韓一号と衝突＝海軍のDE73忠南艦と旅客船韓一号が加徳島水域で衝突、旅客九三名溺死。（一月十四日）▲56艦沈没＝56艦艇が北鮮江岸砲の直撃弾に当り沈没、乗務員三九名戦死。（一月十九日）▲野党統合＝尹潽善、兪鎮午、白楽濬、李範ヤキ氏ら四者会談によって単一野党である新民党に統合することに成功。（二月七日）▲第六次大統領に朴正熙当選＝尹潽善四五三万票、朴正熙五六六万票。（五月三日）▲六・八後遺波動＝六・八不正選挙に抗議して新民党の登院拒否闘争と共和党単独国会の事態がつづいた。（六、七、八月）▲七〇年来の旱＝三カ月余にわたる旱りのため一七万五千名の絶糧農家を出した。（六、七、八月）▲韓肥献納＝五一%の株を国家に献納することによってサッカリン密輸事件のケリをつけた。（十月十一日）▲高速道路着工＝京釜間の高速道路着工。（十一月一日）▲与野協商成功＝六・八不正選挙後遺症で混迷をつづけた政局、両党の全権協商で成功。（十一月二〇日）▲東ベルリン工作事件＝西独、フランスの韓国留学生、芸術家多数関連、一審公判で趙栄秀、鄭圭明に死刑判決。（十二月十三日）

＜一九六八年＞

▲武装ゲリラ侵透事件＝夜九時五〇分ゲリラ三一名青瓦台に近い紫霞門に侵入、交戦の末鍾路署長崔圭植殉職、民間人朴容瑋ほか五名が殺され、ゲリラのうち金新朝一人生捕られ、他は交戦の末殺された。（一月二一日）▲郷土予備軍創設＝ゲリラ侵透に備えて二百万の郷軍を組織。（四月一日）▼韓米頂上会談＝朴大統領はホノルルを訪問、ジョンソン大統領と二回にわたる会談を行なう。（四月十二～三日）▲電車七〇年目に退役＝一八九九年からソウル市民の足であった電車が姿を消すことになった。（五月十七日）▼金鍾泌氏政界隠退＝共和党内の国民福祉研究会事件を契機に政界隠退を声明。（五月三〇日）▲ソウル市内中学入試廃止＝六九年度から実施。（七月十五日）▲山清バス惨事＝慶南山清郡内で告別式から帰る弔問客を乗せたバスが転落、四八名死亡。（十月三〇日）▲住民登録証＝市、道民証を廃し、住民登録証に代える。（十一月二一日）▲教育憲章宣布＝新しい国民像を示す憲章を宣布。（十二月五日）▲京水京仁高速道路開通＝ソウル－釜山間は七〇年夏まで竣工する予定だが、ソウル－仁川間、ソウル－水原間はすでに開通。（十二月二一日）

＜一九六九年＞

▲雪嶽山遭難事件＝海外登攀を目ざして訓練中の韓国山岳会々員十名がなだれに逢って全員死亡。（二月十四日）▲フォーカス・レチナ作戦＝米本土に基地を持つ戦略打撃部隊が一三、六〇〇キロを二二時間で空輸される大空輸機動作戦が十六日から二〇日まで実施さる。（三月十六日－二〇日）▲欧州と日本にまたがる北鮮間諜団検挙＝この事件の主動者は朴大仁であり、共和党所属国会議員金圭南ほか六〇余名が関連。（五月十四日）▲李穂根死刑執行＝板門店を劇的に脱出し、さらに海外に逃亡しようとして逮捕された李はソウル拘置所で処刑された。（七月四日）▲中部・嶺東地方に大水害＝七月三〇日から降りつづいた集中豪雨による中部嶺南地方の水害により死亡二四一名、失踪および負傷者一三六名、罹災者三五、九四〇名、被災総額三三億七千余万円。（七月三〇日－八月八日）▲朴大統領訪米＝二十一日両日サンフランシスコでニクソン米大統領と二回会談。（八月二〇－二五日）▲世紀航空旅客機墜落事件＝六人乗りの旅客機安養郡山中に墜落、趙昌大議員など乗客六名全員死亡。（八月二二日）▲コレラ騒動＝八月二七日忠南沃溝に発生した最初の患者をビブリオ食中毒と誤認、九月八日にコレラと公表。九月末現在全国五〇余所の発病者千七五名、中死亡者百一名。（八月二七日－九月）▲学生デモと休校波動＝六月からはじまった各大学の「三選改憲反対」デモで繰上げ夏休みとなり、八月末登校と同時に再燃したデモのため休校措置がとられ、国民投票がすんだ十月二〇日から開校。（六月－十月）▲三選改憲国民投票＝九月十四日変則国会で通過した三選改憲案は国民投票において七五五万余の賛票（支持率六五・一%）をえて可決された。（十月十七日）

ハイライト

江陵発KAL拉北
元山南方の宣徳へ強制着陸
搭乗者51人、副機長もからむ北韓スパイの犯行

十二月十一日午後十二時二十四分江陵空港からソウルへ向った大韓航空（KAL）の六十四人乗りYS11が離陸後二十六分たった十二時五十分江陵基地との通信を最後に総ての交信を断ったまま拉北、北韓元山南方の宣徳飛行場に強制着陸された。

同機には柳炳夏（三十七）機長、崔石満副操縦士、二人のスチューワデスと乗客四十七人（男四十三人、女四人）の五十一人が乗っており、一千三百ポンドの荷物が積まれていた。

離陸直前スチユーワデスの成敬姫さんが乗客名簿の四十六人より一人多いのを確認、支店長金世根氏に報告、空航券は四十七枚、名簿に載っていない一人が確認されたという。

また陸軍准将の軍服の男がVIP扱いを要求して断わられ係員と口論したが、この男と連れの副官らしい四十歳位の男が乗り込んだことが後になって確認されたそうだ。離陸当時江陵上空は三千から七千フイートまで雲に被われていた。

同機は七千フイート上空を「視界飛行に移る」とタワーに知らせ大関嶺の方に向け飛び去ったのである。そして北へ。捜査当局は名簿を一人一人洗い、犯人追及に全力をあげた結果、副機長の崔石満（三十七）、乗客として乗込んだ元憲兵曹長・韓昌基（本名趙昶熙四十二）、江陵慈恵病院長・蔡憲徳（三十八）ら北韓地下スパイの犯行であることをつきとめたのだ。

離陸直後機首をすぐ北に向けたこと、操縦席と客席は二重ドアになっているなどから乗員の共犯として調べたという。そして政府は旅客機の休戦ライン付近の飛行禁止、民航に武装保安官の搭乗などあわただしい措置をとる一方、国際赤十字、軍事停戦委などを通じ乗客の即時釈放を要求したが、北韓は両飛行士の義挙であると発表し、旅客機乗っ取りを讃えた。

北韓は二十二日の板門店の軍事休戦委員会秘書長会談、二十五日の朝鮮中央通信などを通じて、乗員、乗客などの送還は韓国と直接交渉する旨提案していたが、韓国政府は二十六日それを拒否、無条件即時送還を繰返し要求した。

来る年
年をふりかえって

三機関顧問連席会議
当面の重要案件を討議

11月6日、韓国会館1階において、民団広島県本部の崔成源団長をはじめとする執行部一同、議長団、監察委員会、顧問、商工会、経済委員会の代表者など多数が出席して、新執行部発足以来2回目の3機関顧問連席会議が開催された。

議題として、①万博招請事業の件、②本国での野遊会について、③永住権申請促進に関する件、④地方巡回に関する件、⑤芸能団広島公演に関する件、⑥商工会強化育成の件、⑦韓国人原爆被爆者慰霊碑建設に関する件、⑧万博招請資格審査について、⑨其の他、など当面の民団広島県本部に課せられた重要案件について、出席者によって真摯な討議が4時間余りに亘って繰り拡げられた。

第9回地方委員会開かる
民団広島が抱える課題を検討

第9回地方委員会は11月14日、韓国会館3階において、各支部・分団の代議員の賛同を得て開催された。去る5月24日以来の民団広島の諸活動の経過報告と、今後の方針を検討するため地方議員による真摯な討議が展開された。

特に永住権申請促進については、執行部より詳細な説明がなされ、団員の全部が完了する方向へ一応の了解をみた。

前崔団長・李副団長
外務部長官表彰状の伝達

前団長の崔錫範氏と前副団長の李相熙氏は、永年にわたって民団組織の発展に寄与した功績で、去る11月14日、外務部長官から組織功労賞を駐下関韓国領事館金副領事を通じて授与された。

第2回支・分団長会議
永住権申請促進が重点

第2回支・分団長会議は、9月6日、韓国会館において開かれた。この会議には、民団県本部からは崔成源団長ほか執行部全員と議長団、監察委員会が出席し、各支部・分団からは団長、事務部長が出席した。

討議の内容は、(1)政府・全国団長合同会議報告、(2)韓日法相会談で確認された法的地位問題解説、(3)永住権申請促進の件、(4)民族舞踊団広島公演の件（本国政府派遣）、(5)韓国芸術団広島公演の件（広島県本部招請）、(6)万博招請事業経過報告、(7)国軍記念式典広島代表団派遣の件、(8)上納金完納の件、(9)ソウルにおいての野遊会、(10)広島原爆被爆犠牲者慰霊碑建設の件、(11)事務部長に対する要望事項などであった。

民団広島県本部崔成源団長ほか22人は、10.1国軍の日式典参加のため本国訪問の際、去る9月に韓国嶺南地方を襲った水害による被災の惨状をみて、義捐金として5万円を釜山日報社を通じて贈った。

（写真は右から徐聖供監察委員長、趙三碩監察委員、崔成源団長、崔釜山日報社長）

島根にも文化センター
所長に魚宗徳氏兼任

広島韓国教育文化センター魚宗徳所長は、10月29日付で島根韓国教育文化センター所長を兼任することになった。

島根教育文化センターの事務所には毎週1回、広島の事務所から出張して、島根県下在住の韓国人、日本人に韓国の風俗、文化などを紹介し韓日親善に努めると共に、国語講習、夏期学校、奨学生、留学生関係の事務を取り扱うことになっている。

なお島根韓国教育文化センターの所在地は、江津市郷田後浜新開1188（電話②2660番）である。

写真は魚宗徳所長

6月22日

第一回支・分団長会議
出入国管理法反対を打ち出す

第1回支・分団長会議は、6月22日、韓国会館1階会議室において開催された。

議題としては、来るべく8・15光復節記念行事や、問題の出入国管理法案反対運動についての資料提供と反対決議文採択、各支部・分団に対する割当金の調整、領事館建設基金について、国民登録更新促進、経済委員会の構成の件、国語講習所設置について、大阪万博招請事業の件などである。

夏季学校に24人が参加
今年も応募者増加か

恒例の夏季学校は7月28日から開催された。本国での楽しい夏休みに広島からは金仁洙君ほか24人の学生が参加した。

8・15、今年も公会堂で
クジ運強い民団

8・15光復節は、広島市公会堂において県下在住の韓国人多数の参加によって、例年になく盛大に行なわれた。

午前、記念式典、午後、本国の一流芸能人による民族舞踊、歌謡大会、最後に本国劇映画の上映などが行なわれ、久し振りの本国ムードで大いに喜ばれた。

今年の8・15記念式典も、クジ引きの結果広島公会堂で行なわれることが決定されており、盛況ぶりが予想される。

行く年

広島民団の一

被爆韓国人問題に関心
厳敏永大使、広島で語る

11月9日、駐日大韓民国厳敏永大使は、夫人同伴、一行12名と共に民団岡山県本部会館落成式に参席した後、広島に立ち寄り民団広島県本部を視察した。

大使は、民団崔成源団長はじめ幹部一同の案内で、広島市平和公園内の原爆慰霊碑を参拝し、原爆犠牲者のめい福を祈るとともに、原爆投下当時の悲惨な広島のようすを再現した資料を納めている原爆記念館を見学した。

宿舎の広島グランド・ホテルでは、韓国の被爆者援護について、日本人専門医の派遣実現に積極的に協力したいなど、被爆韓国人問題について積極的な姿勢を示した。

厳大使永眠さる
同胞社会にショック

厳敏永大韓民国駐日大使は、先般来、肝臓疾患で東京・慈恵大病院に入院加療中であったが薬石の効なく12月10日午前1時30分逝去した。

遺体は12日午前10時から同11時まで東京麻布の大使館で告別式をおこない同日午後1時、日本政府差回しの特別機で羽田発空路本国へ向った。

◇厳大使略歴—1915年2月4日生れ、慶北慶山郡出身、日本の九州帝大卒、米国のノースウエスタン大学院修了、高文合格、全北任実・茂朱郡守、解放後全北農商部長、全北農林局長、ソウル大教務課長、法大、商大、延大で行政学を講義、慶熙大法学部長、60年参議院議員、最高会議議長顧問、内務部長官、駐日大使。

母国留学生懇談会
広島の印象など和気あいあいに

12月19日留学生6人に民団役員、商銀常務、広島文化センター所長などが加わって、広島での印象、本国の学生たちのようすなど興味深い話題について食事を共にしながら語り合った。

団長先頭に県下一円を巡回
永住権促進運動に総力を結集

永住権申請促進は、民団広島が緊急かつ当面する最大の課題といえる。9月末の調査に依ると、申請件数は島根県99%、山口県54%と比較して、広島では43%という中国地方では最低の状況。その為、民団広島では11月25日から地方巡回を開始し、県下在住の韓国人に対して永住権申請促進を積極的に推進している。地方巡回のトップは県北部の三次からはじまり、庄原を経て広島県のチベットといわれる比婆支部にわたった。11月下旬とはいえすでに積雪がみられ、辟地の団員と夜遅くまで語り合いをした。引き続き、賀茂、呉、備後、三原など各支部を文化センター所長と共に巡回し多大な成果をあげ残り支部巡回は新年へもちこされた。

李連実舞踊団・民俗舞踊団
各地で絶讃

テレビにも紹介された小学校在学中の少女たち12人を含む総勢31人の韓国歌舞団の広島公演が去る11月20日、昼夜2回にわたって広島市見真講堂において開催された。現代風にアレンジした李連実舞踊団の舞踊と歌謡曲で観客を魅了させた。特に少女達の出演は好評であった。

この歌舞団は、福山、岡山、島根、山口、福井、石川を慰問巡回し各地の同胞の間で絶讃好評を拍した。

なお本国政府文化公報部が派遣した韓国民俗舞踊団広島公演も空前の盛況で参観の日本人観客に深い感銘を与えた。

韓青第12回定期大会
副委員長に郭秀鎬君を選出

さる11月23日、韓国会館3階において韓青広島県本部（鄭達男委員長）の第12回定期大会が開催された。

大会は韓青中央金宰淑委員長を迎え、過去1年間の広島韓青の活動を再検討し、韓青のより発展の為に来年1年間の活動方針、予質案の採択、役員の補充など総括的な討議が行なわれた。なお空席中の副委員長に郭秀鎬君を選出した。

故金寛植氏、民団・商銀の合同葬
12月6日、浄満寺において

民団広島県本部金寛植顧問は、かねて入院加療中であったが、去る12月6日、肝硬炎で死去した。

葬儀は広島市内浄満寺に於いて、民団・商銀の合同葬で厳粛に行なわれた。

金寛植氏略歴—1916年5月12日生れ。平壌出身で、東京満蒙学校卒業。

三信商事、マツヤホール、パラダイスホール、プリンス会館など経営。その間、県本部団長2期、議長、監察委員長などを歴任、広島商銀理事など民団社会にあって重要な地位を占めた。特に団長就任時の功績は大きく、民団広島の韓国会館建築には氏の力によるところ大であった。

備後支部会館落成さる
組織活動に便宜

民団備後支部（ハイ海植団長）では長年の念願であった韓国会館の落成式典を去る12月16日、福山市霞町4丁目8－24号の同所在地において盛大に挙行した。

同韓国会館は面積40坪の2階建てで、事務室、応接間、会議室、宿泊室、台所、浴室などを整備した豪華な建て物で、建築費5百50万円は、団費や民団有志などの募金によって賄っている。

式場には、午前10時頃から福山市内及び備後地区在住の団員が続々とつめかけ、会場入口は、民団県本部、各支部・分団・傘下団体などから贈られた花輪で埋められ、太極旗も飾られて会館落成の慶祝気分を盛り上げていた。

民団県本部からは張泰熙顧問、張泳徳議長、張禹基副議長、崔成源団長、姜文熙、鄭泰浩両副団長、金甲運組織部長、李在斗宣伝部長がお祝いに駆けつけ、また徐聖鉄監察委員長の他、各支部・分団の団長も多数出席した。

挨拶に立った民団県本部崔成源団長は「このようなすばらしい韓国会館をもつ支部は広島県下はもちろん、全国的にもまず見当らないだろう。福山支部は民団活動も活発で、組織的にも強固なうえ、更にこのような活動基盤である韓国会館も備え、今後の発展が大いに期待される。」と祝辞を述べた。

これに対して備後支部ハイ海植団長は、「いままで自分たちの会館がなかったので、活動上の不便を痛感していたが、この度皆様の御協力と声援により韓国会館の完成をみたことを喜んでいる。今後はこの会館を結婚式場として、会議場として、また青年達の教育の場として最大限に利用していきたい。」と応えた。

このあと、駐下関韓国領事館金副領事を交え昼食会に入り、アトラクションとして行なわれた韓国歌舞団の少女達による歌と舞いに興じた。

教育番組国際コンクール
「特別賞」に韓国作品（広島）

第5回「日本賞」教育番組国際コンクールに韓国国営放送から出品された「かや琴」（製作者朴仁採氏）が特別賞を受賞し11月19日、広島NHK放送会館第1スタジオで賞状とメダルの伝達式が行なわれた。

同「日本賞」は、テレビ・ラジオの教育番組の質的向上にあわせて国際親善・文化交流を目的として1965年に設けられたもので、教育番組を対象とした世界的に有名なものである。

在日韓国系金融機関・信用組合の実態

「銀行昇格」と本国政府の積極策が必要

政府の金融機関の日本への進出努力とは別に傘下信用組合である在日韓国人信用組合協会では本国の金融機関の日本進出を反対しているという。同組合は本国政府に対し本国の銀行が日本に支店を設置すれば双方の競争による業務の強化で信用組合の銀行昇格にも大きな支障をもたらすからだと理由をあげ日本での営業許可、輸出金融などは外換銀行の東京、大阪支店と一銀行東京支店だけで間に合うというのである。従って本国政府が六十万、僑胞の唯一の金融機関である信用組合の銀行昇格を積極的に後援すべきであり、先に韓国開発会議でも原則的に決定しているので政府の積極的な後押しがあってしかるべきだというのが同協会の言分である。このように韓信協が本国市銀の日本進出を心よく受け入れないのにもう一つ理由がある。去年六月にも日本政府が実施した金融二法である。つまり配当金及び預金金利の自由化で金融機関の自由競争をあおり国際競争力を养うことを前提としているので零細な僑胞信用組合はたちうちできなくなるからである。

大阪に事務所を設け支店への地固めをしている第一銀行は日本との貿易量からして換銀だけでは間に合わず現に日本銀行を通じた輸出入金の決済が多いとし韓国の金融機関が食込むべき余地は僑胞資金を吸収する考えは毛頭ないとして真向うから対立しているのが現状である。このように在日僑胞信用組合側と本国市銀側との対立は深刻なものがあり、双方の円満な妥結のための政府の政策調整が望まれている。去る八月末現在の僑信協傘下二十八組合の総預金額は六百五十六億一千二百万円で、朝総連系の朝信協の八百三十九億九千六百万円に比べ劣勢を示していることなどを考えても韓僑信協に対する本国政府の積極的な支援や援助も急を要する問題である。在日僑胞信用組合実態は次の通り（単位千円）▲預・積金六六八、〇六五、七九二五▲貸出金二、四四四、二三五、四六▲出資金一、九一一、九〇三、一▲現金預金・金銭信託一四、二六九、二六七▲動・不動産一、七七六、七七六

輸出韓国、過去五年間平均伸張40%強

輸出は93カ国へ、来年度10億ドル無難?

韓国は去る一日、第六回「輸出の日」を迎えた。史上初の輸出一億ドルを突破した六四年十二月一日を記念日に定めてから輸出は毎年四〇%を上廻る目覚しい伸張を遂げた。十一月三日現在の輸出実績は六億一千六十三万ドル、目標達成の八七・六%で良い成績だとはいえないが、現在輸出国は九十三カ国で共産圏を除く殆んどの国へ輸出している訳だ。政府はこれまでの今年度実績が振わないのは先のコレラと水害のためで一時的鈍化余波に過ぎない、七億ドル目標を少くとも六%程度超過すると見通し、また来年度目標十億ドルはこれまでの年間伸張率四〇%に比べ約五%も低く策定したから心配する程の増額でないという。

一方業界では今年度目標の達成は無理だといい仮りに達成されたとしてもそれは来年度輸出分を無理に繰上げ輸出されるもので、従って来年度は予定よりも減少することは間違いないとみている。貿易業界の予測資料にも明年度の韓国商品海外需要は八億五千万ドルを越えないとの結論である。いずれにしても今年度の輸出実績が振わない大きな原因は対日地域への伸びが予想よりも悪く、一億九百万ドル目標の六〇%に過ぎないこと、そのほかに米国向け合板と生糸輸出が制約されたこと、欧州市場の抱和状態でセーターが伸び悩み、コレラの影響で水産物輸出が半分にも減ったからだといえる。

韓国経済が発達するにつれ、経済構造も変ったし、従って輸出商品の構成比も変った訳で六六年度農産物二三%、水産物二三%、鉱産物二八%、工産物二七%と平準化されていた構成比が、今年度には各々三・四%、九・七%、五・四%、八一・五%で主に工産物へと変っている。だが輸出政策はどうかというと政府の工産品輸出政策に対し輸出業界ご満足していないのが現状である。政府は原資材だけでなく外穀など多額導入消費材にも果敢に輸出入リンクを行ない輸出を促進させるのが現実問題であり、韓国業者間の過当競争を禁じ、外国バイヤーが求める高級品即ち品質向上に力を入れることが、目標達成にもつながり、来年度輸出にも大きな原動力となる筈である。

◎韓青「第十四回臨時中央大会」開く

＝12月21日、午後一時　区立台東会館で＝

在日韓国青年同盟中央本部（金宰淑委員長）は去る二十一日（日）午後一時から「第十四回臨時中央大会」を東京・台東区・区立台東民会館八階会議室で開催、委員長に金恩沢君が選出された。

万国博まで74日

異彩放つ韓国館

来年三月十五日の大阪万国博覧会開幕まであと二ヵ月半足らず。アジア初の史上最大と言われる博覧会の建設工事は只今急ピッチで進行されている。大阪都心から北東十五K。

大阪府吹田市の千里ケ丘陵原野は現代建築の精粋を集めた展示館が立並ぶようになった。「より深い友情と理解」をテーマに去年の四月二日起工した韓国館も年内完工二月上旬までに完成する目標のもとピッチを上げている。一方韓国館建設を促進する為万博韓国人後援会も募金運動に着手している。

また民団では一万人に及ぶ本国参観人招請事業遂行のため本国に連絡事務所を設置し活発な動きを見せている。

建面積二、四〇〇平方米の韓国館は十五本の大円柱がつきたつユニークな現代式四階の建物で外観は韓国の伝統と現代の輝やかしい発展、それに未来の夢を総括的に象徴し躍進韓国を表現している。この韓国館の設計は韓国総合開発公社金寿五氏が担当し内部の展示と装飾は弘益大学工芸部の韓道益教授が担当しているが、韓国館の展示内容は次の通りである。

文化遺産館＝①祖先の独創力と智恵に依る文化の遺産を展示する。②美しい韓国の自然と特に仏教との融合が生み出した文化の紹介。③韓国の文字を中心にした文化の発達過程をわかりやすく展示して韓国人の独創性を紹介する。

現在館＝政治外交、経済産業、国防教育、社会、文化観光等全般に亘って躍進する韓国の発展相を紹介する。

未来館＝①未来の夢。人類の進歩に貢献する明日の韓国の模様を将来の理想図に照鑑し印象的に表現する。②一階にはロビー、即売店等を設置し商談室を置く。

なお"万国博覧会在日韓国人後援会事務所"は左記の通り設置された。

大阪市南区谷中ノ町四番地の八・大商ビル六階

TEL (06)251－三〇八三（専用）
(06)252－六八四六（代表）

万国博会場は、開幕まであと74日（1月1日現在）となった。世界の科学と文化の腕くらべ。そして新らしい人類の未来のビジョンが、内深く、調整を重ねつつ、その日のために火花を散らしている。なかでも韓国館は異彩を放つ。新しい伝統の美が、見事に結実しつつあるからだ。

日本万博に丁総理夫妻が出席予定

今年の日本万博期間中、五月十八日が（韓国の日）となっており、朴大統領夫妻を国家元首として招待状を出しているが、朴大統領夫妻に代って丁一権総理夫妻が来日することになった。

大阪万博へ親族一万名を招請

広島からは三百余名

全国民団組織は来年三月十五日から九月十三日まで大阪で開かれる「万国博覧会」へ本国にいる親族及び知人一万余名を招請する事業におわれている。

この計画に基づいて、民団広島県本部では既に三百余名の招請手続を完了しており、許可があり次第、万博開催期間中に日本入国が行なわれるものとみられる。

民団創団以来、最大規模のこの招請計画は①離散家族、知人との再会の機会を与え②これを通じて促進中の永住権申請を積極的に勧誘し③大規模の招請を宣揚して朝総連傘下の中立系僑胞に本国の消息をひろく流伝する機会ともなる。

みなさまの利用価値（その4）

信用組合　広島商銀　常務理事　梁（やん）在（じぇ）植（しっ）

八月より故あって、西支店長、審査部長と常務理事を兼務するといった憎ばった職務である。幸い身体が健康である為、別に苦とも思わない。

むしろ組合員のみなさまと直接肌に接する機会を得たことは、まことに幸福である。

元来信用組合は、庶民の金融機関であり、組合員の利便をモットーとする使命がある訳である。

広島商銀が開業以来急速に発展を遂げつつある為、とかく大型化の構造に眼を向けるきらいがあったことは、今更ながら反省もし、もっと窓口サービスにわたっては、親切第一主義を考えて実行せねばと、役職員一同全力を挙げて業務に励んでいる。

西支店地区は、みなさまが、ご承知の通り、庶民性の強い町であります。

筆者が青年期になるまで、約二十年間住み慣れた町である。物価も安く、人情もこまやかで、珍しくしっとりした雰囲気の街である、今も昔日の面影を残している。

あまり気どらず、安易に生活が出来る下町の住宅地域である。それだけに窓口は、全店中一番忙しい、また業務外の事も多忙である。

今日の世情は、利用価値の追求時代を強く訴えている。しかし底意に善意と信頼がなければ、その果実は得られない、何故なら相手があるからである。その相手が善意の作用がなければ、自己本意の利用価値を訴えても、応えなければ空転するのである。

現代の病める人間感情の喪失は、この地区では薄いように肌に感ずる。小さな商店でも日掛金を積み重ねて、二・三年計画で日銭商売を拡大している。一攫千金の夢は、この地区には通じない。

一言にして言えば堅実なる生活設計である、戦後漸くにしてその基盤が出来、これから子弟の教育、結婚、住宅、老後の安定、又日常における交通戦争の備え、等々考えますと、広島商銀との取引には皆、どれもこれも関係ある問題である。

働く者の強みは、連帯意識であり同胞愛である。それが為に我々が皆様に代って色々とお世話をして居るのである。

だが中には異端者も居ることは否定出来ない。それでも永い年月をかけて祈る気持でつきあいをしている。

即ち平素何等かの取引があって、お互いに知ることが出来、万相談も受けられる訳である。

結婚式場、披露宴、民団の何等かの集会に行ってみると、あのご主人も、あの奥様も、よくみかける方だが、商銀との取引は皆無である。本当に歎しい。どうして、どのようにして生活をしていられるのか、韓国人でありながら商銀を知らないのか、はたまた我々に何等かの手落ちがあったのか"ぐらぐら"と頭の中をかけめぐる血が異様に悲しさと憤りが湧いてくる。

筆者をはじめ職員全員の仕事は、あなたの幸福の為にあり、決して私事ではないことは業務に於いて法律によって、明かに定められあり、逸脱行為は許せないのである。

前回にも記してあるように、この組合の主旨、目的に明確に謳ってある。まず自分の力をもって、商銀にぶつかり、商銀を多くの組合員が支援した力を借り合せて他力をもって稼動力に助成する、すなわち自分の力を倍加して行く、これが今日の経済の成長原則である。俗に云う借金経済を指している。

野遊会 韓国のレジャー

飲み、食い、歌い、踊る
ウサ忘れる楽しい一日

韓国の人たちの大きな楽しみは春や秋のヤユフェ（野遊会）。若い人のグループ、会社のグループ、親族そろってグループ、町内会のグループと思い思いの団体で楽しむピクニックである。重箱につめたいろとりどりのごちそう、コンロを持ち込んであたり一面においを立てながらの〝プルコギ（焼き肉）〟・パーティー、それにもちろん林立する一升びん。お花見に、モミジ狩りに、夏の避暑をかねて涼しい山の湖や、深い森に。バスを借り切ったり、あるいは定期バスを利用し、さらに自家用車をつらねたデラックスを含め、ヤユフェに出掛けて行く。年に一度か二度の〝団体旅行〟だけに、かれらは、おなかいっぱいたべ、たっぷり酒をのみ、一日を楽しくすごす。

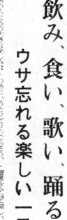

酒がはいると、歌が出る。歌が出ると、踊りの輪ができる。哀調を帯びた韓国の民謡に合わせて、日本の盆踊りよりも、ずっと動きの少ない単調な踊りが続けられる。

年寄りのグループなどは、笛や太鼓を持ち込み、あきることなく踊り続けている。ソウル市内にある李王朝の王宮だった徳寿宮や昌慶園、郊外に出て李王家の御陵のある金谷陵や東九陵、光陵などは人気のある会場だ。さらに足を伸ばしてソウルからバスで二時間ぐらいかかる清平ダム、山上湖水なども季節にかかわりなくにぎわいをみせている。

金谷陵や東九陵などの王陵は広大な敷き地の中に、深い森や広場があって、ヤユフェにはうってつけ。会社のグループで小運動会をやったり、バンドまで引き連れての歌謡曲大会、サッカー、バレーボールと思い思いの楽しみ方をしている。白装束の年寄りグループが童心に帰って、かけっこや二人三脚をしているのはほほえましい。みんな日ごろのウサを忘れて心から一日を楽しんでいるようだ。

二台、三台とバスを連ねた会社のグループなどは、車内から酒をのんで歌を歌っているのは日本と同じ。市内から土曜、日曜などに出る定期観光バスも楽しい。二時間ぐらいの距離のところに一日遊んで往復五百ウオン（約六百五十円程度）。バスの中では口八丁、手八丁のガイドがいて、来客ひとりひとりにマイクをつきつけ、歌を強要する。現場で四、五時間遊んで帰ってくる日帰りのバス旅である。このほか、一泊あるいは二泊で、東海岸北部で〝南金剛山〟と呼ばれる雪岳山への旅もある。雪岳山は文字通りビョーブのように切り立った岩山が目の前に迫り、みごとな景観をみせてくれる。このあたりは学生や若い勤め人の小グループのキャンプが多い。

古宮の春

ソウルで花見を……！

民団広島が新春に贈る大企画

今年の春に民団広島が企画する画期的な団体旅行である〈祖国で花見を……！〉は好評のうちにも具体化を進められている。

総勢五百人を予定し出発は航空便又は船をチャータする大がかりなもの。

釜山一泊、ソウル二泊の三泊四日の日程が組まれている。このうち釜山経由としたのは、旅行者の大半が慶尚南道地方出身者であることを考慮して、親戚の人たちとの再会の便宜を図るため。

この企画は広島商銀とタイアップで推進中のもので、申込者には月掛五千円から一万円の花見用の預金通帳が設けられている。

〆切りは一月二十五日で、費用は広島—福岡—釜山—ソウル（航空、汽車賃）、三泊四日宿泊費、韓国々内貸切バス等諸雑費を含め六万二千七百円。但し旅券を所持しない方は別途。

永住権取得し 安定生活築こう

今年こそ皆さんが一人洩れなく永住権を申請する年です。

私たちが、日本で安定した生活をいとなんでいくためには、何といっても、その身分が法的に保障されなければならないし、この永住権の許可されることによって、今までの不安定だった身分が、いっきょに解消されることになるのです。

次に私たちが協定永住権を得た場合に受けることのできる利点の実例をあげて見ましょう。

（一）まず一般外国人とは違う特別な永住権が法的に保障される。

（二）日本国に大きな損害をあたえるような事（麻薬・内乱・国交など）を犯さない限り原則として強制退去させられない。

（三）特別な在留資格をもっているため、両国間の往来も期間や回数もほとんど制限がない。

（四）本国の家族や親族の招請が好意的に処理される。

（五）配偶者や子女の一家族が離散して住むことのないよう温かい配慮がなされる。

（六）また公立の小・中学校（義務教育）へ入学でき、上級学校へも日本人同等に進学できる。

（七）貧しい人々には生活保護法が適用される。

（八）国民健康保険に加入できる。

（九）永住帰国の場合は、財産搬入が自由であり、さらに送金なども大はばに緩和される。

（十）一般外国人と違い、土地・建物などの取得が自由で、法による保護を受けられる。

在日韓国人の皆さん！私たちが協定永住権を取得することによって受ける恩恵の一部をざっとあげただけでも、このぐらいあるのです。

韓・日両民族間における過去の不幸な歴史をのりこえて韓・日友好百年の大計のもと、新しくひらかれつつある韓・日新時代を迎えた今日、われわれ在日韓国人は一人残らず、永住権をかくとくして、わが家を幸せにする、あらゆる権利を受けるようにしましょう。

この好都合な機会を逃すことなく、朝総連のデマ宣伝に迷わされている善良な同胞の皆さんも、一日も早く永住権を申請して下さい。

夢にまで見る、なつかしき故郷へ一日でも早く帰り、別れていた親兄弟と一家だんらんを楽しむ道は、ただこれ一つだけです。

在日同胞の皆さん！何もちゅうちょすることはありません。今すぐ、民団へ、そして市町村役場へかけつけて下さい。

あなた方が、日本で楽しく、安定した生活を送る道はこの永住権申請しか他にありません。さあ、今年こそ一人もれることなく、永住権を申請しましょう。

次に皆さんの申請方法を記しておきます。

〈永住権申請方法〉

（一）まず最寄りの民団支部へ行って下さい。係員が親切に説明してくれます。

（二）そして次の書類をそろえて住んでいる市町村役場へ本人が提出すれば良いのです。（但し十四才未満は親が代理出願）

（A）協定永住許可申請書二通
（B）旅券または、大韓民国国民登録証か、それに類する国籍を明記した陳述書二通
（C）写真二枚（六カ月以内の五センチ平方）
（D）家族関係と居住経歴書一通

※手数料は一切不用

申請手続きは、いちおう一九七一年一月十六日までとなっていますが申請事務の円滑と、効果的な整理のため、でき得る限り、今年中に申請して下さい。

また、それだけ早くすればするほど、前記の身分が法的に確立され、恩恵を受けるのも早くなるわけです。

さあ、同胞の皆さん、あなたも私も、彼も彼女も、おじいさんもおばあさんも、みんなで明るく、永住権をとりましょう！

在日本大韓民国居留民団

慶祝欄

十二月三日
新郎 鄭炳元（鄭且介氏次男）
新婦 趙求順（玟洙氏次女）

十二月五日
新郎 辛宰一君（辛容宰氏秀弟）
新婦 李静子（李坤錫氏長女）

十二月八日
新郎 黄武平（黄性憲長男）
新婦 李末子（崔古非四女）

十二月九日
新郎 金桂一（全一球氏長男）
新婦 鄭住子（鄭岡洙次女）

十二月十五日
新郎 金琪出（金漢守弟）
新婦 趙成子（金京子長女）

十二月一八日
新郎 李東漢（李成海三男）
新婦 宋初子（宋進洪長女）

「韓国籍」はスキャンダルか
週刊紙がとりあげた都はるみの国籍問題

〝人間ドラマ、都はるみの本名は李春美だった。〟これは週刊平凡の表紙の見出しの一つである。別に歌手都はるみが李春美であろうが北村はるみであろうが、戦後四半世紀にもなればチットも驚くとも感心することもないのだが、週刊紙にこういう記事が出ると在日韓国人が喜んで買って読む、こういうことを血は争えないとか、民族という表現をするのだろう。▼有名芸能人、運動選手で片親が韓国人というのは、目下の日本では余りにもザラにあり過ぎる話なのだが、茲にこれを取り上げたのは他でもない、最近韓国人の帰化が永住権申請のそれと同様、増える傾向にあるので、今一度帰化なり、韓国人を父親に持った家庭の悲喜劇の例を振り返って見たい。

▼帰化を罪悪と思うことも行過ぎなら、これを讃美奨励することもどうかと思う。帰化した人には自分なりの都合と理屈があってのことだ。即ち帰化反対の人は、祖先も知らない奴だ、といい、讃美する人は、選挙権もない人間が一体人間の中に入るのか、と言うだろう。又ある人は、子供の教育のためという人もある。然しここで一番頂けないのが、自ら韓国人であることを卑下しているが故に、帰化した人達である。▼戦前日本女性と養子縁組みした人で、子供が成長すると、奥さんの方が夫であり、父である韓国人を邪魔者扱いし、挙げくの果ては、その老韓国人の主人公は年老いて故国に帰ることも出来ず淋しく死んで行く者が多い。

都はるみの韓国籍をバクロ？した週刊紙の悪ふざけは、その後も執ようにせまり、まるで韓国籍がスキャンダルとでもいいたいような編集ぶりで全く馬鹿々々しい。グラビヤ写真にはアメリカ旅行帰りの都はるみが顔をかくしてそっと逃げるように車に乗りこんでいるような印象を与えるなどまことに念入りである。

李春美となっている中学校卒業証書をわざわざ写真にしたりして週刊誌の知能指数や編集能力を疑いたくもなるほどである。

それにしても都はるみがけなげにも「わたくしは自分の両親を誇りに思っている」といったといわれる言葉に、当然すぎるとはいえ、はるみチャン頑張れ!!と声援を送りたい。

なにはともあれ、スキャンダルを売りものにする低俗週刊誌が今やネタ切れなのか、今後も韓国籍をとりあげるならば、日本の芸能、スポーツ、文化関係者の少くとも何パーセントの有名人が槍玉にあげられ、ちょっとした韓国ブームをよびおこすだろう。

韓国の土地と家のブーム

ソウルの現状と問題点

葛本一雄

韓国はいま、土地ブームであり、土地と家のブームにわいている。「土地分譲」「月賦付アパート分譲」の広告が連日といってよいほど、大新聞の一面に大きなスペースで掲載されている。地図や写真をつけて「駅から車で何分、市庁舎から何キロ」[illegible]な宣伝文句が、うたいこんであって、日本の新聞に出ている分譲広告のスタイルと、ぴったりするほどよく似ているのである。

そういう広告の中で、飛びっきり豪華な一例をあげよう。昨年十月七日付の韓国日報に、全ページ綱、五段分の大広告で掲載された大韓住宅公社の「漢江マンション・アパート第二次分譲」の広告である。

このマンションの所在地は、漢江大橋から上流の竜山区東部二村洞という所で、（洞というのは町の中の一区画をいう言葉）・公務員の大団地と三十米道路をへだてて向かいあい市役所からは五キロ、ソウル駅から四キロ車なら八分という。ソウル市内の住宅地としては最も便利のよい場所である。

建物は五階建て、へや割りを見ると一番小さいのが、二十七坪、これが七十戸。次が三十二坪で百六十二戸、その上が三十七坪で百二十戸、一番広いへやは五十一坪もあって、六百分ができることになっている。広さからいえば、日本のアパートやマンションよりははるかに広く、まさに欧米なみである。（一坪は三・三平方米）

もちろん、韓国古来のオンドルなどは採用しておらず、温水によるセントラルヒーティング式になっており、全部ベッド式で駐車場と完備しているという、いたれり尽せりの設備である。

さて、その値段であるが、われわれ日本人の常識相場に比べて、はるかに安いのである。

二十七坪の分が三百四十万ウォン（一〇〇ウォンが一三〇円）、三十二坪の分が三百九十五万ウォン、三十七坪の分が四百六十五万ウォンで、最も広い五十一坪の分は六百四十五万ウォンである。[illegible]

[illegible]どまん中、交通の便が至極よく設備も最高のマンションが、三七坪もあって、日本の金にして四百五十万円ぐらいで買える、というのは、われわれ日本人には驚きである。

こんなに安く分譲できるのは、なんといっても地価がまだまだ安いからである。

地価が安いということは、昨年（六八年）の夏、私がソウルで直接耳にしただけのことである。ちょうど、京仁高速道路（ソウル～仁川間）の建設の最中であった。ソウル市内でも、もう高架路面がほぼ出来上がっていた。私は南山の頂上から、あちこちカメラを向けながら、そばにいた新聞社の金氏に

「高速道路がついて、あの付近は随分、地価が高くなったでしょうね」

と、西南の郊外を指さしてたずねた。実際、日本の狂乱的な地価騰貴に頭をさえ悩ませている私は、はじめて会う高速道路がついたときの、その沿線の地価騰ぶりを思い浮かべながらたずねてみたのである。[illegible]

「高くなりましたよ」と答えた。「どのくらいですか」「そうですね。もう一万ウォンぐらいでしょうか」[illegible]みとつづく南から西へひろがる美しい郊外の土地である。そのような手近な、いい土地が坪当たり邦貨にして、たった一万三千円ぐらいで、買えるというのである。まさに夢物語、日本でなら、もう十数年もむかしの思い出話になってしまっている。

▽七年に十八倍も△

[illegible]

上がりを示しており、その永登浦区の中でも、第一漢江大橋に接する平洞というところは、十一・五倍、市の東南部で京釜線と京仁線の分岐点にある喇嘛洞の一帯は、住宅公社の宅地造成が進んで、わずか一年間で、三十倍という驚異的な値上がりを示している。

もうひとつは、ソウルの南の永登浦の町で、その郊外では、この七年間に十八・八倍という驚異的な値上がりとなっているのである。

では、なぜこのような土地ブームが起きたのか――。それは日本の場合と全く同様で、激しい都市集中のために住宅不足がひどくなり、少しでも金のある連中が郊外へ脱出をはかり、マイホーム建設に乗りだす――という、お決まりのコースをたどるからである。

この都市集中に加えて、生活程度の向上が大きくものをいっている。[illegible]いてゆくと、五百万人を突破するのは、あと二、三年という計算になる。

ソウルの町に、人間が多いのに驚くのは、夏の夜、通りを歩いてみるとすぐわかる。繁華街に人があふれているということだけではない。駅前の広場や路地にも、あふれるように人がたむろしている。

とにかく、人間が多過ぎるのである。多過ぎて、その対策が追いついてゆけないというかっこうになってしまっている。

ソウルの住宅不足は、五〇%といわれている。つまり半数の人が住むに適した家をあてがわれていないということになるのである。ソウル市当局の話では、取りこわさなければならない無許可建物や不良住宅が、十三万五千棟もあるということである。

この無許可、不良住宅の代表的なものが、いわゆる「ハコパン」である。ハコというのは日本語の「箱」、パンというのは韓国語でへや（房）のこと。つまり「ハコパン」というのは箱のような家という意味である。ソウルでも、いたるところで目についたが、特に南山には、この「ハコパン」が着[illegible]

南山に登ろうと思って、私は途中、山裾の狭い道路でみっていたら、そのうしろは高さ百米ほどの小山である。見上げると、小山の頂上まですきまとなく「ハコパン」が建っているのである。

"一歩上がって天に至る"という言葉があるが、この「ハコパン」の場合は"むらがりて天に至る"という表現がぴったりである。

[illegible]山はソウルに劣らない人口の集中があるが、特に韓国動乱のとき臨時首都となり、人口がふくれ上がって、一時は四百万人にも達した。そのときの余波が、このような「ハコパン」として、いまに残っているのである。

「ハコパン」はいま、韓国の一つのポイントになっている。

このような手造りの「ハコパン」と、片や漢江ぞいに五層の集合住宅群の大マンション――住宅問題を語るとき、どの国にも貧富の差の象徴が取り上げられるが、韓国の場合もその落差と断層はこのようにひどいのである。

▽利子が年に二七・八%△

ソウル市当局は、このひどい住宅難を解消する方法としてすでに今年二十億九千万ウォンを投入し、郊外の十五ヵ所に三百六十一万坪を造成中で、引続き七一年までに、総計二千四百十九万坪を整地して宅地化する計画である。

なるべく郊外へ家を建てさせて、人口を市外へ出そうという計画である。ときどき新聞紙上に市当局の大広告が出る。"当宅地の利点"というキャッチフレーズがついていて、道路舗装が完備しているとか、市内バスが乗入れるとか、上下水道が完備しているとか、土地代金は三回分割でよいとか、宣伝されつとめている。おもしろいのは売却方法で、「当市が決めている予定価格以上で、随時契約」することにして、坪いくらという価格は広告面に出てこないのである。

とにかく人口集中を抑制するためにいろいろの手が打たれるわけで、政府は人口と企業を首都圏の外に移すために、新たに建築税を設け、地方へ移転する企業には減免税することを検討している。つまり、首都圏内で新設する企業や転入して来る企業に対しては、登録税と取得税を高くし、首都圏内に事業用ビルを新設すると、建築税をかけて人口流入を抑制する。地方へ分散して行く企業には、税金を思いきりなくしたり、場合によっては免税にして"脱出"を奨励しようというわけで、九月から市内南部の五ヵ所に工場団地を建設中である。

このように、政府やソウル特別市が鳴物入りで、郊外への分散をはやしたて、郊外の宅地造成を手がけるようになって民間の土地業者がブームに便乗し、より一層、土地熱をあおる結果になってきたのである。

このごろでは、海運会社までが宅地造成にのり出してきた。ソウル二十社をもつ永陽海運である。ソウル西大門区で四十坪から百坪までの分譲をしている。値段は坪当たり、特級の一万八千ウォンからC級の一万五千ウォンまで四段階あって、全額の六〇%を払うと、土地の名義移転となり、残額の四〇%は二十四—三十六ヵ月の分割支払いである。このほか各種の民間会社が永登浦区内や、その他の近郊で分譲しているが、値段は坪当たり一万五千ウォン前後で、公営の土地よりは大分に高い。

公営の宅地造成は、住宅が六五年、郊外の未谷洞というところで一億六千万ウォンを投じて、十万坪の造成をしたのがはじまりである。その成功を見て、ソウル特別市を筆頭に水資源開発公社や道路公社などの公的機関までが、歩のよい宅地造成にのり出してきた。

水資源開発公社は、河道整理事業の一つとして、漢江ぞいに坪当たり二万—三万七千ウォンの高級宅地を開発したし、道路公社も高速道路ぞいの開発事業の一つとして、開興面というところに坪当たり一万ウォンの別荘用宅地を造成している

こうして、土地と家のブームが激しくなると、悪徳の不動産屋がちょうりょうするのは、どこの国とも同じである。

K住宅公社は、二年の長期月賦で宅地を分譲するといつわり、契約金二千余万ウォンをだまし取っていた。このような悪質業者は別としても、一般的に土地への投機がはげしくなる。韓国政府は、この不当な投機熱を抑えるために、六八年四月から不動産投機抑制税法を発動させ、かなりの効果を上げているようである。

余談になるが、韓国の場合、金利というものが非常に高い。日本でなら、定期預金に入れても、せいぜい年六分七・八厘。有利な社債で七分七・八厘というところであるが、韓国の場合、れっきとした銀行の債券で、年配当率が二割七分八厘八毛もある。百万ウォンを三年間据置くと、百六十万ウォンになって返って来るという高利率の国である。このような高利率の国であるから、月賦で土地を買った場合、非常に高くつくわけで、かりに二割七分八厘八毛の配当率を適用して逆算すると、月賦価格で一万六千ウォンの土地は即金なら一万ウォンで買える計算である。しかし、土地分譲の広告を見ると、即金価格というものは滅多に見当たらない。

▽厳重すぎる市当局△

とにかく、なんとかして首都圏の外へ人口を流し出そうとしているのであるが、年々三十万人もふえつづけるソウルの人口を住宅不足のままで放置しておくことはできない。そこで市当局は鉄筋五階建の「市民アパート」なるものを建てはじめた。

現在、市内に十七棟が建っており、八百五十四家族が収容されている。作家の李浩哲氏が、その探訪記を雑誌「中央」に寄せているが、アパートの一戸当たりの広さは七坪ぐらいしかなく、日本の公営の団地住宅よりはかなり狭い。

このアパートは市内の、これかけた家がひしめいている地帯を選んで、その家をとりこわして建てたものである。入居権は、そのとりこわされた家の住人に限って与えられている。

毎月、家賃として三千五百ウォンを市当局におさめると、十五年で自分の所有になる。そのかわり、途中で入居権を他人に売ったり、相住まいをすることは一切許されず、この違法を犯したものは追ちに"追放"される。また、家賃をおさえなくなったものは差押え処分に付されて、これまた"追放"ということになってしまう。とにかく市当局の管理は、極めて厳重なのである。

市民アパートといいけれど、決して貧民救済のアパートではない。入居するには多額の金が必要なのである。建物の基本的な外郭だけは市当局がやってくれるが、内部施設は入居者が直接負担することになっており、その金額が平均二十万ウォン。そのほかに、便所、水道、下水道施設も入居者が共同負担することになっていて、その金額は一戸当り五万ウォンぐらいになるという話である。

探訪した李浩哲氏に、ある婦人は、市当局の管理と監視があまりうるさすぎるということを、次のように語っている。

「いくら国の家だといっても、あまりにも細かい干渉のしすぎで、かえって気を配ることができないくらいです。醤油台はあるか、せんたく場は？せんたく台は？と聞かれてはやり切れたものでない」といい、他の婦人は「月々、義務的に二千、三千ウォンを出しているのに、あれやこれやで五、六千ウォンの公共費用がいる。お金が払えないとすぐ差押えられてしまう。差押えられたら、また郊外へもどって、板の家に住まねばならない」と、費用のかさむことを訴えている。

あるひとり暮らしの老女は「釜山に娘むこがいるので、そこへ引っ越ししようと思うが、このアパートを売ることもできず人に譲ることもできず、どうにもならない……」と悲しみの表情であったという。

滋賀 民団月報

創刊号

発行所
在日本大韓民国居留民団
滋賀県地方本部
団長 趙 鏞 奉
大津市島の関9－5
電話 大津24～3639

発刊によせて

在日大韓民国居留民団
滋賀県地方本部
団長 趙 鏞 奉

今度、"民団月報"を発刊するにあたり、滋賀県韓国人商工会、民団傘下団体の御協力を賜わり、衷心より感謝致します。

わが祖国「韓国」では、賢明なる朴正熙大統領閣下の英断のもとに、四半世紀も分断されていた祖国の平和的統一を起すため、南北赤十字会談を積極的に推進してこられ、さる七月四日には南北共同声明を発表するまでになりました。われわれ在日同胞は、このような閣下の英断に双手をあげて支持、歓迎するものであります。

また、南北共同声明を政治的宣伝に利用している不純勢力を断呼排除し、ますます一致団結をして組織を強化しなければなりません。

このような時機に、県内に居住している同胞に、高度発展している祖国を紹介し、民団事業を広く知っていただくためにも皆様にしたしまれる月報として、永続して行きたいと思って居ります。

最後に皆様の御健勝をお祈り申し上げます。

第二十七回光復節 慶祝大会盛大に開かる！

八月十五日、午前十一時から日吉神社広場で、第二十七回光復節慶祝大会が盛大に挙行され、大会後、韓国芸術団の公演と、参会者の慰安会が開かれ、楽しく光復節を祝った。

＝第27回光復節慶祝大会風景＝

伸びゆく滋賀商銀

理事長　李　正　来

この度、滋賀県韓国人商工会の総会に於いて、役員改選の結果、金相浩(金原)氏が、会長に選任されました事を喜んでおります。

氏は周知の通り、日本と韓国にて電気メーカーとして大事業を営んでおられ、**寸分の暇も無い社長から、色々な要職を兼ねておられる事を知りながら、今度無**理を承知の**上で滋賀県在留の我々**同胞のため、会長の職を引受けて下さった事は感謝に堪えない次第であります。今日、日本に於ける我々韓国人の経済界は、益々多難な時期を迎える時、商工会の進むべき任務も、また複雑多様と思うのであります。今後共、会長の豊かな学識経験**を活かして、事業計画等を御指導賜わり**たく、また我々の金庫であります滋賀商**銀と紐帯の関係を益々密接強化して**、滋賀県韓国人商工会の育成に共に邁進されん事を願ってやみません。

先づ第一の事業として〝民団月報〟が発刊され、相互の情報、其の他を知らせ合うということは意義深いことであります。広く全国には幾つもの我々の新聞がありますが、県内としては初めての試みであり、我々の身近かな事を知ると云うことは、何よりも大事であると思います。人気ある〝民団月報〟になることを期待し、合わせて発刊の紙面を借りて滋賀商銀の近況をお知らせします。

昨年十月、今思い出しても忌わしい事件以来、役職員打って一丸となり、商銀の建直しに必死になって努力して参りました。その甲斐あって預金額も増加し、本年七月末には、約十二億円になりました。これひとえに組合員の方々の御支援御協力のたまものと我々役職員一同感謝しております。併しこの預金額にも満足出来ず、初期の目的たる十五億を達成すべく、役職員一同努力いたしておりますので今後共よろしく御指導、御鞭韃の程お願い申し上げます。

尚、昨年十月以降の業績の推移は次の通りでありますので御報告いたします。

	46.10.31Ⓐ	47.3.31	47.7.31Ⓑ	増減Ⓑ－Ⓐ
	千円	千円	千円	千円
預金	927,080	1,104,825	1,190,891	263,811
貸出金	879,463	929,262	1,063,739	184,276
借入金	90,800	18,000	68,000	△ 22,800
出資金	45,097	46,997	50,713	5,616
組合員数	980	595	1,019	39

滋賀民団月報の発刊を祝して

婦人会滋賀県本部
会長　金日善

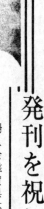

残暑なおきびしき折柄、会員皆様方には御健勝の事と存じます。

今日祖国では、朴大統領の力強い領導下に、国土と民族の統一を目指して邁進していますが、私達も従来に増して会員とのつながりを強め、民族的自覚と、教養を高める事が急務だと思われます。

このたび〝民団月報〟発行を韓国商工会が主になって頂きました事は、本会発展のため共に喜びたいと存じます。家庭の都合上、どうしても婦人会会合に出席できない方々に、どのようにしてその活動を知って頂こうとするのか？これまさしく民団月報に頼る他はないと思います。

会員の皆様に広く親しまれれば、成る程と気づいて頂くもの、月報の活動だろうと思います。在日女性、特に家庭婦人の大多数が二世であり、祖国を身近に感じないままに日本に俗化されつつある現状において、子供の教育、就職、結婚の問題等、多年の悩みは計り知れません。特に結婚問題についての悩みを真に分ち合うため、組織の中に結婚相談所がありますので、本月報を通じて大いに活用して頂ければ幸いです。

今後、民団月報によって団員、会員相互の意思疏通に重要視されまして、親しまれ、読まれる民団月報であるよう、各支部・会員の皆様、身近な事柄何んでも結構ですから寄稿して下さるよう、御協力お願い致します。

最後に今後の発展をお祈り致します。

華燭の典

新郎　張明良（張泰熙氏の四男）
新婦　安基淑（安東爀氏の長女）
日時　一九七二年九月二十九日　蹴上
場所　京都市東山三条
都ホテル　に於て盛大に挙行
されることになりました。

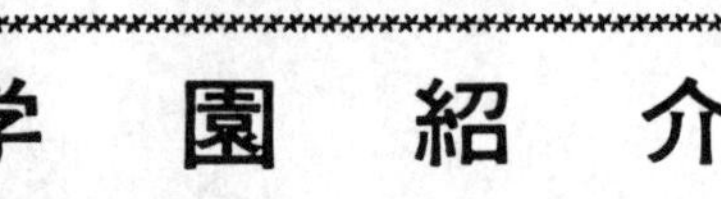

学園紹介

滋賀韓国学園長　朴成圭

私は学園長に就任以来約四ヶ月の間、滋賀民団大会に数回、近畿大会並びに中央定期大会に一回参加しましたが、非常に残念に思った事は、若い声がどこの大会に行っても少ないことです。若い力が一国を左右するものと思いますが、その若い力が、現実に民団ではよわいのが実情であると思います。私はいくつかの大会に出て考えましたが、特に第二十回中央大会には、傍聴席で朝九時から夜六時まで聞き、二十数年民団と共に歩んで来た韓国青年同盟が、民団傘下団体として認めないことが決定されました。

只今の若い人は、祖国に関して無関心の人が多すぎると思います。自分自身で努力する事を忘れて、批判ばかりしております。祖国の言葉も文字も知らず、祖国を見た事もない人が殆んどだと思います。一番感じた事は、愛国心がたりない事です。愛国心を持つにはまず言葉を知り、文字を知り、歴史を知る事です。そうしてまた祖国へ行って実際自分の目で見る事が一番大切だと思います。

滋賀韓国学園は、本国から優秀な先生を招き、また本国からの援助をもらい、理事長初め京都文化センター所長、本国からの先生方、学父兄生徒一致団結して張切って居ります。

また年に一度、韓国政府からの招請があり、毎年八月一日から十日までは、男子はソウル大学、女子は梨花女子大学で勉強し、八月十一日から八月二十日までは、三十八度線から済洲島まで旅行し、今年も滋賀県から高校生、大学生十二人も参加して居ります。

また冬休み、夏休み、５月連休の間、自由に祖国へ往来したい学生は、いつ何時でも簡単に往来出来るように協力します。滋賀韓国学園は、週二回夜六時三十分から夜九時まで、小学校一年生から大学生まで教えて居ります。民団本部二階と高島支部二階で開講して居りますから一人でも多く参加する事を願って居ります。

商工人のプロフィール

県下僑胞中唯一の木材製造業

朴洙性（新井皓一）氏

甲賀郡甲西町三雲駅に近く、創業以来二十三年目を迎え、健全経営を誇る新井材木店。氏は、一九二一年慶南晋陽郡生まれで、一九二九年来日、戦前・戦後には大変苦労されたように聞きました。戦後、木材関係に着目し、昭和二十四年現在地にて新井材木店を創立し、以来堅実経営で着々と業績を上げ、今日の製材工場までになりましたが、氏の業績の一面に一般材木店経営と異なるのは、山より直入の材木から製材までの一貫生産に依る強味と云えるのではないでしょうか。

現在の設備は、

◇敷地　約一、〇〇〇坪

◇建物　約　三〇〇坪

◇設備　帯鋸一、一〇〇㎜台車　一台

〃　一、〇〇〇㎜テーブル　二台

プレナー　一台

チップ機　一式

その他自動車リフト　五台

従業員　男・女　一一名

◇営業種目　立木より住宅建築まで

民団関係には、湖南支部団長を昭和四十二年より、また今年度よりは滋賀商銀監査、商工会副会長等の要職についている。

家庭は、母親、夫人と四女の子宝に恵まれ、長女と次女は既に嫁ぎ、現在は五人家族で平和な生活を営んでいます。

〔家族〕　母　沈仁是　八十五歳

妻　申昌代　四十四歳

三女　朴成実　十六歳

四女　朴弘美　十三歳

商工会員の皆さんには、特に原価でサービスされるそうですから、奮って御利用のほど、お願いします。

公共事業に専念の

権寧崙（権田行夫）氏

草津市草津町で昭和三十四年、草津清掃社を創立、以来十三年目を迎え益々県下一般市民の要望に応えている。氏は一九二三年、忠清北道忠州市生まれで、一九四一年に来日、日支事変の最中でもあり、あらゆる面で苦労されたようです。

戦後、色々な事業に取組まれたようですが、何かにつけて人に嫌われるような、えらい仕事であっても、また人に喜ばれるという仕事こそ、相互利益の精神に乗取った企業ではなかろうか。以上の観点より現事業に取組み、現在では従業員三十三名を擁し、最近の公害問題に、し尿浄化槽水質研究所を設立して公害排除に、公共事業に、従業員一丸となって専念されて居ります。

民団関係には、昭和四十三年より昭和四十七年現在、滋賀県地方本部団長を、また昭和三十八年より滋賀商銀理事を、その上、今年からは商工会副会長をもつ

（五面三段へつづく）

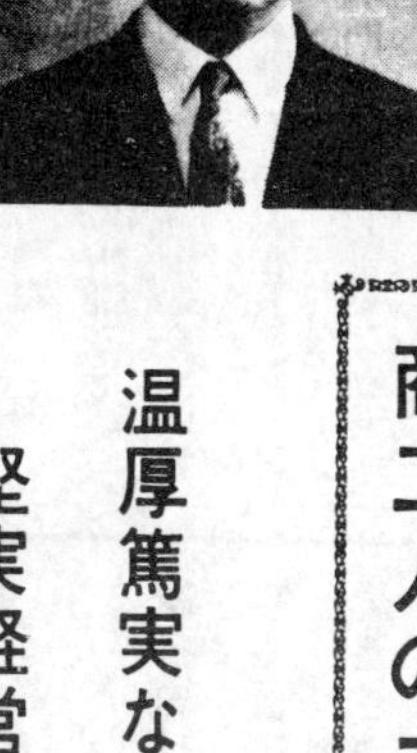

商工人のプロフィール

温厚篤実な人柄
堅実経営の卞璿燮氏

大津市石山の繁華街、鳥居川通の中心地に位置するレストラン「ヴェニス」は、石山商店街でも代表的な名店に数えられている。

「ヴェニス」社長の卞璿燮氏（通称、清水啓治）氏は、一九二〇年慶南昌原の生まれで、県立大津商業学校の出身で、戦前、僑胞がまだ小学校からの進学が難しかった時代の中等学校出だから、その秀才ぶりはおして知るべしである。

卒業後は、中山製鋼所に入社して、日本人の間に伍してヒケをとらぬ活躍をしていたが、約十年間のホワイトカラー生活に別れを告げて昭和二十六年に自立、「ヴィクトリア」パチンコ店を経営、続いてレストラン「ヴェニス」を創立して今日に至っている。

氏の温厚篤実な性格は人も知るとおりで、企業は堅実そのもので、ことに商業高校出身だけに、経理内容は完ぺきである。

民団の組織のために戦後早くから活躍し、一九四八年には李且奉氏、金相浩氏とともに、大韓民国の独立祝賀大会を盛大に開催して、朝総連の弾圧をうけたりして苦労している。同年、民団の結成とともに本部役員として活躍、自来、十三期団長をつとめたのを始め、毎年何かの要職を受けもって貢献している。現在、滋賀商銀専務理事、韓国学園理事長、滋賀県遊技組合副理事長、等々の要職についている。

家庭は、夫人と三男、三女の子宝に恵まれ、平和な暮らしを営んでおり、張花伊夫人は賢夫人の定評がある通り、よく夫君をたすけて店の経営に協力して、卞氏を今日あらしめた陰の功労者で、多忙な中にも婦人会の副会長として活動しており、長女は既に嫁ぎ、二女卞淑姫嬢は

張花伊 夫人

卞淑姫 さん

（四面二段より）

とめている。

家庭は、夫人と三男、三女の子宝に恵まれ、朴善岳夫人は昭和四十三年より婦人会総務部長として活動しており、人も知る美貌と、八頭身のスタイルの持主で社交性に富み、草津清掃社の発展に内助の功をつくし、多忙な日々の内にも平和な暮らしを営んでいます。

〔家族〕
- 妻　朴善岳　三十八歳
- 長女　権五春　十六歳
- 次女　権富士子　十三歳
- 長男　権五雄　十三歳
- 次男　権五明　十歳
- 三女　権五恵　八歳
- 三男　権五仁　六歳

一九五〇年生まれで二十二歳、京都女子短大卒のインテリお嬢さん。お花やお茶の日本的花嫁修行もひととおり了え、洋裁のデザイナーとしてはプロ級の腕前との事。明朗な、近代的なお嬢さんで、としごろの息子が居れば、お嫁さんにほしいと思ったのは記者だけだろうか。

トピックス
甲子園の花形
膳所高　桑村清一君

桑村産業株式会社 社長 桑村清氏（大津市大門通十一ー三）の長男清一君は、膳所高野球部の花形選手で、左翼手・三番バッターの長打力を利して高校野球の滋賀県予選に優勝、ついで京滋決勝戦でも優勝して、晴れの甲子園に出場したが、惜しくも一回戦で名門広陵高に敗れたが、三年生選手の清一君は、攻守に大活躍して注目を浴びた。

韓国国体に出場
大津市の井村嬢

大津市松原町七ー三 朴玉出氏の二女、井村恵子さん（京都家政女子高三年生）は、水泳の名選手で、全日本インター杯で平泳ぎに優勝し、京都府知事の表彰を受けたほどで、このたび十月に開かれる韓国国体に出場する。

また、大津市松原町の卞璿燮氏三女の清水信子さん（日本女子体育大学三年生）は、バレーボールのアタックで全日本二位の実力の持主だが、学校の都合で韓国国体に参加を取消したのは、惜しい限りだ。

謹弔
李寿文（国本謙太郎）氏

元、大津支部団長 李寿文氏（大津市春日町）は、脳内出血のため入院療養中であったが、去る八月三十日死去された。ここに、同氏の生前の功労を讃え、冥福を祈る。

編集後記

「民団月報」創刊号をここにお贈りします。民団・商銀・学園・婦人会の皆さんの絶大な御協力に感謝します。できばえはあまり良くないが、初めてのことで、お許しを願います。いつまでもこの月報が発展するよう、御協力下さい。

‖編集人‖
滋賀県韓国人商工会
会長　金相浩
副会長　権寧崙
〃　朴洙性
会計理事　卞璿燮

滋賀
民団月報

第２号

発行所
在日本大韓民国居留民団
滋賀県地方本部
団長　趙鏞奉
大津市島の関９—５
電話　大津24－3639

南北共同声明・南北赤十字本会談支持激励
滋賀県地方本部民衆大会開く

民族の念願である平和な祖国統一を成就するため、合意声明された〝七・四南北共同声明及び南北赤十字本会談支持激励民衆大会〟を九月二十日、草津市民会館に於て駐大阪大韓民国総領事の光臨のもとで盛大に開かれた。

大会は国民儀礼ののち李正来（商銀理事長）、崔允凰（本部副議長）、柳在洪（本部顧問）を臨時議長団に選出され、李正来議長団より開会の辞があって趙鏞奉団長の〝南北共同声明・南北赤十字本会談を支持歓迎〟するとともに、朝総連がこれら民族的聖業である統一事業を妨害もしくは政治的に悪用、思想宣伝に狂奔し、民団組織を攪乱しようとたくらんでいるが、これらを撃破するためにも内部体制を堅持し結束を固め、真の平和統一のためにがんばろうとあいさつしたあと、来賓祝辞で駐大阪大韓民国総領事のあいさつ、自由民主党滋賀県連合会副会長北川弥助、草津市長代理、両氏の祝辞のあと決議文、朝総連に対する抗議文、朴大統領に送るメッセージを採決して講演には国際勝共中央団長の熱烈な講演があり、安東爀副団長の閉会の辞でしめくくり、第二部には李舜臣の映画上映で幕をとじた。

★駐大阪大韓民国総領事鄭度淳氏祝辞

民団大津支部役員会開催

民団大津支部では組織を強化し、団員の結束、今後の支部運営に対する役員会が八月二十五日午後七時より、琵琶湖園に於て開かれ、民団本部団長趙鏞奉、朴事務局長連席のもとで討議された結果たいへん成果があり、役員の要望で毎月二十五日午後七時より役員会を開催することに決定した。

組織功労者表彰される

この度、永年民団組織に対し献身的努力をして下さった団員に、祖国外務部長官より九月三日午前十一時、民団滋賀県本部で表彰式があり、駐大阪大韓民国総領事館鄭度淳総領事より受与された。

表彰者は次の通り。

大韓婦人会々長　金日善
高島支部団長　張師哲
湖西支部団長　金善造
湖東支部団長　金在徳
湖南支部団長　朴沫性
湖北支部団長　李鍾潤
以上六名

第一七三回近畿協議会が京都地方本部で開かれる

九月十二日、京都地方本部に於て第一七三回近畿協議会が開かれた。滋賀県地方本部より趙鋼奉（団長）、宋学道（監察委員長）事務局長が出席、「南北共同声明・南北赤十字本会談支持激励民衆大会開催」その他の問題に対して討議された。

第二回三機関、支部団長、傘下機関長連席会議開催

九月十三日午後一時より、民団本部会議室に於て三機関、支部団長、傘下機関長連席会議が開かれた。議題には「南北共同声明・南北赤十字本会談支持激励民衆大会開催」について長時間討議された。

〝母国訪問団出発！〟

祖国国軍の日（十月一日）を記念して滋賀県地方本部では、母国訪問団を構成。九月二十九日、伊丹空港より日航機で出発することになりました。

特にこの度は、まだ一度も祖国を訪問していない初行者を優先に、二十四名が祖国式典に参加することになりました。

☆　☆　☆

皆様の滋賀商銀

＝預金高は飛躍的な上昇＝

理事長　李　正　来

最近商銀では、店頭のお客様が目立って多くなりました。非常に良い現象だと思い喜んでおります。親切・丁寧・迅速を旨とするのですが、何分人手不足の折から、皆様に御不便をおかけし、不愉快な時もあろうと思われます。従って、どうかお気付の点がありましたら直接商銀に、又はこの民団月報を利用されてどしどし御注意ください。

尚、店頭を利用される御客様で、韓国の人よりも日本の人が案外多いのはどういうことでしょう。困った時に備えて、もっともっと普段から利用して頂きたいと思います。

◆滋賀商銀職員募集

初任給	高卒	男子	45,000円
〃	〃	女子	43,000円
他に皆勤手当		月額	5,000円

通勤費全額負担・社会保険完備
入社希望の方は、当商銀総務部迄お越しください。

＝商銀預金高稚移＝

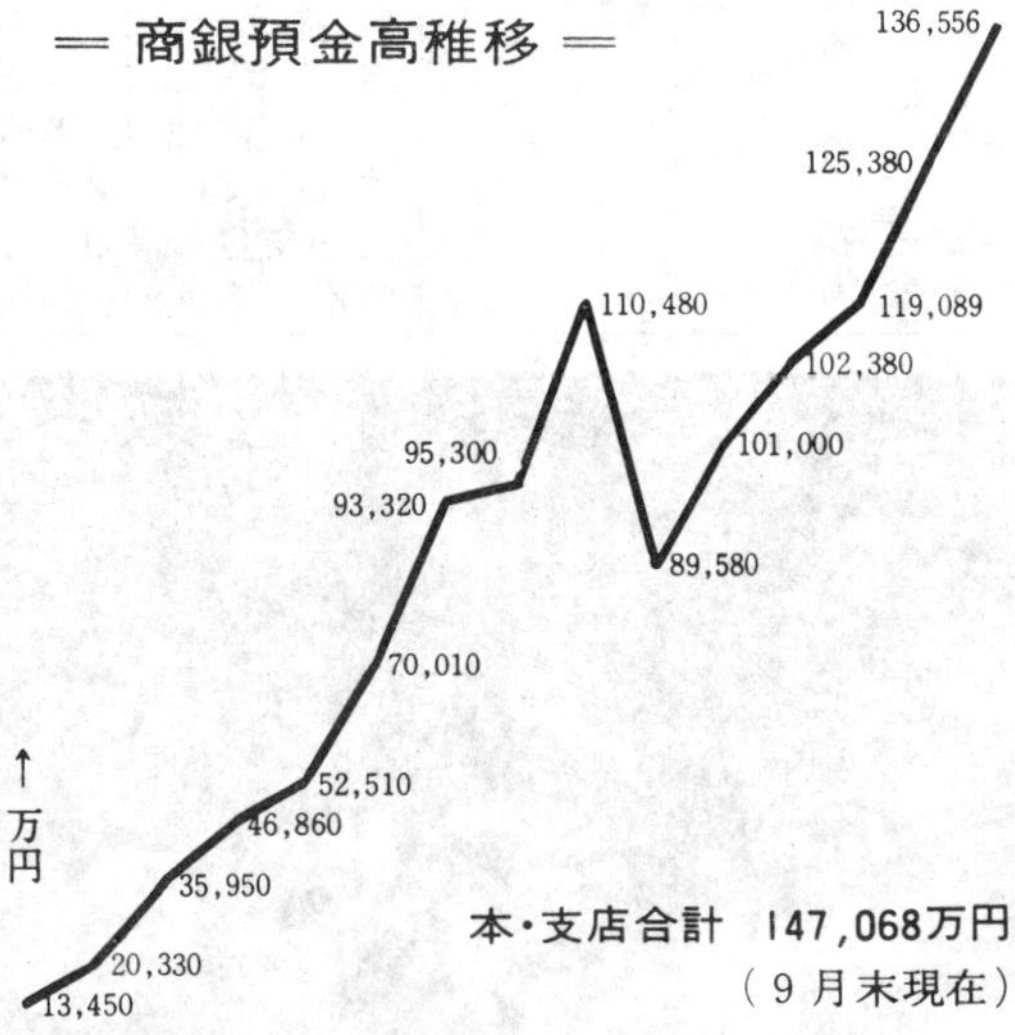

↑万円

13,450　20,330　35,950　46,860　52,510　70,010　93,320　95,300　110,480　89,580　101,000　102,380　119,089　125,380　136,556

39年3月　40年〃　41年〃　42年〃　43年〃　44年〃　45年〃　46年〃　47年3月　〃4月　〃5月　〃6月　〃7月　〃8月　〃9月

本・支店合計　147,068万円
（９月末現在）

商工人のプロフィール

バイタリティあふれた人 多角経営の

李鍾潤（木原繁治）氏

全国的にバルブの町として知られている彦根市は、全国のバルブ生産の約六十％を占めており、その一部を李鍾潤（通称木原繁治）氏の経営する、株式会社城東バルブ製作所で生産されている。従業員二十五名、ほかにサイドビジネスとして喫茶店、モーテル、遠く東京にはキャバレー、また不動産の取扱い等、多彩にわたって事業を経営されている。いづれも、氏の多年にわたっての豊富な事業感覚から立派な実績をあげている。

氏は御存知の方も多いが、滋賀商銀の理事として十年来、商銀発展のため力を尽してこられたが、今また彦根に支店開設の認可申請の準備に専念され、日夜懸命な努力をつくしておられる。

氏は実践型で、これと思いこんだら、是が非でもものにする気概の持ち主で、十月度には滋賀商銀彦根支店の営業認可をとって、是非開店しようと、氏が喫茶店のために新築した建物を滋賀商銀に提供して、何んとしてもとの意気ごみをみせている。そして三月決算期迄には、支店の獲得預金高の目標を二億におき、達成するために地元、僑胞の有力事業家たちの協力を期待している。

氏は昭和十八年、横浜工専在学中、いや応なしに学徒兵として召集されたが、終戦後は彦根に落着き、昭和二十二年、城東バルブ製作所を設立。真っ黒になって働いたそうで、現在でも旋盤の技術には自信を持っている。会社経営の余暇に立命の専科を卒業したという勉強家。

現在、民団湖北支部の支部団長の要職にあり、また、商工会の理事として民団組織強化のため、献身的な努力をつづけておられる。

甲賀郡で活躍する 兄弟実業家

兄　岩城工業所 所長 李相竜（岩城竜夫）氏

水口町の国道一号線に近く、田園風景の中に清潔な工場が立っているが、これが李相竜（岩城竜夫）氏の経営する岩城工業所である。

岩城氏は、甲賀郡の兄弟実業家として有名で、兄は岩城工業所、弟は甲賀建設と、それぞれ異った分野で仲よく発展している。

李相竜氏は立志伝中の人で、誠実経営をモットーとして、今日の隆盛を見ている。昭和二十七年、水口町内殿にて溶接業を始め、次第に規模が大きくなるにつれて昭和四十二年、同町北脇に約二千坪の敷地を買い、新工場を建設して本格的な経営に乗り出している。

近代的な設備と優秀な技術をもち、五十名の従業員とともに、最近は住宅産業の構造材を専門に大量生産しており、さらにその道の大メーカーとなるよう、技術開発の研究をつづけている。

家族は夫人との間に、一男五女の幸福な家庭を営んでおり、金福南夫人は工場創業以来、ともに苦労をして来た功労者で、二女の淳喜さんは二十一歳、高校を卒業後父の事業に協力して、事務員として工場の事務一切をしきっている。

〔家族〕
　　李相竜　四十七歳
妻　金福南　四十四歳
次女　李淳喜　二十一歳
三女　李淳子　十八歳
四女　李由美　十五歳
五女　李末子　十三歳
長男　李竜浩　十歳

李淳喜　さん

弟

甲賀建設

社長　李三竜（岩城三竜）氏

甲賀郡水口町高塚の約二千坪の敷地に野洲川の流れを前にして生コンプラントがそびえ立っており、十八台の生コン車がやすむことなく、ピストンのように往復している。

ここ有限会社甲賀建設は、代表取締役李三竜（通称、岩城三竜）氏の経営で、総合建設業と生コン販売を営んでおり、特に生コン販売に関しては、郡内使用分は一手に引受けているとのことで、甚だ盛大である。

甲賀建設の設立は一九五一年で、氏が二十五歳の時、同郡の貴生川で土木業をはじめ、のち一九六六年に現在の水口町へ移転して、総合建設業並びに生コンメーカーとして、現在は資本金五二〇万、従業員四十名を擁し、設備は生コンプラント一基、生コン車十八台、その他各種の土木機械を備えてフル運転中である。

氏は温厚磊落な人柄で、確立された事業基盤の上に、今後益々飛躍しようと意気込んでいるように見受けられる。

氏は一九二六年、京都に生まれ、その後住居を転々として非常に苦労されたようだが、現在では会社の近くに新居を構えて、八人家族のなごやかな暮らしをしている。

李麗香　さん

趙末岳夫人は賢夫人の名高く、夫君のよき補佐役として家庭を切りもりし、多忙な中にも民団婦人会の厚生部次長として、積極的な活動をしておられる。長男の雨成氏は、父社長をよく助け、陣頭に立って業務にはげんでおり、甲賀建設の次代を担うべき資格を、着々と身につけておられるとのこと。

次女の麗香嬢は本年二十二歳、現在、会社の経理事務をしているオフィス・レディ。非常にスポーツ好きで学生時代からの万能選手、最近はボーリングでめっきり腕をあげたとか、お茶・お花もマスターした快活な近代的なお嬢さんで、お母さんに似て丸顔の美人。年頃の息子さんをお持ちの方には、ぜひ御紹介したいお嬢さんです。

〔家族〕妻　趙末岳　四十三歳
長男　李雨成　二十五歳

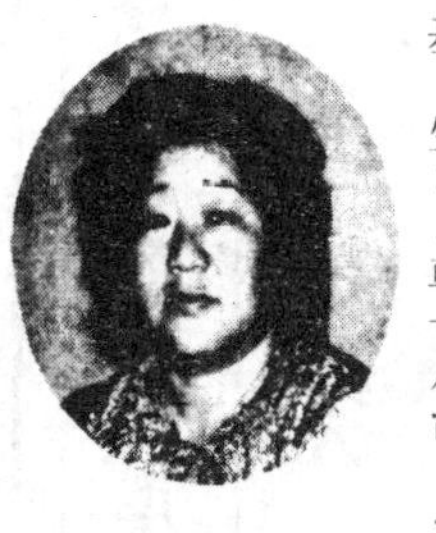
趙末岳　さん

次女　李麗香　二十二歳
三女　李再善　二十歳
四女　李明美　十八歳
子婦　百合子　二十四歳
孫　李伸和　一歳

婦人会だより

水害見舞募金

＝婦人会から四万円＝

婦人会では、このたびの本国の水害に対する見舞金を募金していましたが、県下各支部、分団から次のように合計四万円の協力を得ましたので、九月二十五日、民団本部を通じて本国に送金いたしました。

なお、今回の水害募金は支部、分団単位に行ないましたが、一般会員からは、次回『セマウル』運動の時に募金しますので、会員の皆さんの熱烈な御協力をお願いします。

★募金明細は次の通り

本部　一万円
大津　五千円
守山　三千円
石山　〃
草津　〃
今津　二千円
堅田　〃
新旭　〃
石部　〃
栗津　〃
水口　〃
八幡　〃
膳所　〃
合計　四万円

旅行のお知らせ

婦人部の皆様、テレビ「細うで繁盛記」でおなじみの〝熱川温泉へ行くずら〟。

○**期日**　十月二十四日～二十五日
○**旅費**　七千五百円
○**見物**　奥石廊崎、浄蓮の滝、天城踊り子ライン
○**申込**　旅費をそえて、十月十五日まで、支部会長宅まで
○**集合**　湖南地方・堅田・大津は民団本部。七時半集合、八時出発
湖南・湖北は栗東インターチェンジ八時二十分集合、八時四十分出発

○**お問合せは**……民団本部または、支部会長宅まで。

さて、滋賀民団月報に我々婦人部からも婦人便りを掲載できることになり、皆様方の今後の御協力をお願い申し上げます。

婦人会々員一人一人の結びつきが、よりいっそうに強力なものとなり、皆様方の心の広場として編集して行きたく思っております。

皆様のみじかでおこった事柄や、町のニュース、子供のしつけと教育、読書、レジャー、伝言板、ユーモア、その他どんな事柄でも結構です。編集部までどんどんお寄せ下さい。係では心よりお待ちしております。楽しい広場、全員がマメ記者に！

（婦人部）

花に添えて

貴女の幸せと美しさに
葉月は百合を
如何でしょう
残暑きびしい
日々の明け暮れに
高原の秋風
ススキの戦ぎにも
涼気を感じます
百合、ススキ、トラジに心し
一鉢生けてみられては…

婦人会監査次長　鄭旬子

韓国の童話

今月号から、韓国に伝わる伝説や童話、または史話をご紹介します。

なるべく読み切りの短編か、または二～三回の連載にする予定です。国語を習っておられる子どもさん方に読みやすいものを選んで載せてみました。

今月は「虎とほし柿」のお話です。わが国の童話や伝説には、虎のお話が大へん多くでてきますが、昔はわが国に虎がたくさん棲んでいたようです。そして虎は住民から大へん怖がられて、あるときは悪獣として、或るときは住民の強い味方として、また或るときは変幻自在の魔神として現われています。そして時には人間の言葉（もちろん韓国語）を話すことすらお話の中ではできるようです。

子供さん方も、このお話を読んで、虎に負けないように国語を習いましょうね。

호랑이와 곶감

옛날 어느 산마을 뒷산에, 큰 호랑이가 한 마리 살고 있었어요.

어느 해 겨울, 호랑이는 산속에 먹을 것이 없어 산마을로 내려와 먹이를 찾아다니다가, 어느 집 창 밑에 와서 발을 멈추었어요. 방안에서 아기 울음소리가 들려 나왔기 때문이어요.

"옳다. 저 아이를 잡아 가야겠다."

호랑이는 그렇게 생각하고 창 밖에 웅크리고 앉아서 동정을 살피고 있었어요.

"아가야, 저기 창 밖에 호랑이가 왔다. 울지 말아라."

어머니가 아기를 무섬태우며 달래는 소리가 들렸어요.

"아니, 내가 창 밖에 온 줄은 어떻게 알까?"

호랑이는 고개를 갸웃둥 했어요.

"으앙, 으앙……"

어머니가 호랑이가 왔다고 해도 아기는 조금도 무서워하지 않고, 잇달아 울었어요.

"호랑이가 왔다. 호랑이가. 큰 호랑이가 왔어. 어서 뚝 울음을 그쳐라. 아이 무서워."

어머니가 아무리 아기의 울음을 그치게 하려고 하지만, 아기는 막무가내 하고 울어댔어요. 호랑이는 곰곰이 생각해 보았어요. 산속에서 호랑이를 무서워하지 않는 짐승이 없는데, 이 어린 아이는 호랑이를 무서워하지 않으니 무슨 까닭일까?

호랑이는 이상히 생각하며 엿듣고 있으려니까, 이번에는,

"아가야, 곶감이다, 곶감. 울음을 그쳐라."

하는 어머니의 말소리가 들렸어요.

그 소리를 듣자 아가는 뚝 울음을 그쳤어요.

이 모양을 밖에서 듣고 있던 호랑이는, 겁이 더럭 났어요.

"곶감이란 무엇인가? 나보다도 더 무서운 것인지 모르겠다. 그렇다면 빨리 도망쳐야지 내가 그 곶감에게 잡혀 먹히겠다."

호랑이는 곶감이 무서워 한 걸음 뒤로 물러났어요.

그 때였어요. 무엇인가 호랑이 등에 털썩 내려 앉는 놈이 있었어요. 그렇지 않아도 곶감이 무서워 떨고 있는 판에 무엇이 갑자기 등에 떨어지니 호랑이가 어떻게 되었겠어요. 호랑이는 질겁을 하고,

"이크, 곶감이라는 놈이 뛰어 들었구나."

호랑이는 그렇게 생각하고 걸음아 날 살려라 하고, 뛰기 시작했어요.

그런데, 호랑이 등에 떨어진 것은 무엇일까요. 그것은 소 도둑이었어요. 소 도둑은 이날 밤, 소를 훔치려 왔다가 컴컴한 곳에 쭈그리고 앉아 있는 호랑이가 소인 줄 잘못 알고, 소를 타고 가려고 호랑이 등에 탔던 거여요.

호랑이는 등에 탄 것이 무서운 곶감인 줄 알고, 죽을등 살둥 땀을 뻘뻘 흘리며 산속으로 달아나게 되었고, 소 도둑은 그때야 타고 있는 것이 소가 아니라, 무서운 호랑이라는 것을 알았어요.

그래서 소 도둑은 달아나는 호랑이 등에서 떨어지면 죽을 판이라, 착 엎드리고 목덜미를 꽉 붙잡고 있었어요.

그 바람에 호랑이는 곶감이 자기를 죽이려는 줄 알고, 더욱 힘차게 내달았어요. 그러다가 호랑이는 큰 나무 밑을 지나가게 되었어요. 그때 소 도둑은 나뭇가지에 걸려 호랑이 등에서 벗어났어요.

"아이구, 이제야 살았다."

나뭇가지에 걸린 소 도둑은 후 숨을 내쉬었어요. 온 몸에 식은땀이 쭉 배어 있었어요. 호랑이는 호랑이대로 등에 달려붙어 있던 곶감을 떼어버려 살 것만 같았어요.

"참 곶감이란 무서운 놈이다. 두 번 다시 만났다가는 큰일 나겠다. 하마터면 죽을 뻔했어."

하고 혼자 중얼거렸어요.

그 뒤, 소 도둑도 차츰 없어지고, 호랑이도 산에서 마을로 내리오지 않게 되었대요.

호랑이보다 곶감이 더 무섭다는 얘기는 이때부터 전해진 거여요.

広告掲載のお願い

商工会は、会員から入会金、会費等は一切請求しない方針でおり、経費や「民団月報」の発行費用は、すべて広告でまかなっております。

商工会員の皆さんは、この月報に広告を出していただくことが、すなわち入会することであり、また会費を納めることであり、会員の名簿として登録されることになるのであります。

そのような方針ですから、会員の皆さんは年二回程度は、必ず広告の掲載をして下さい。

積極的な御協力をお願いします。

広告料　四分の一頁一段　五千円
　　　　八分の一頁半段　三千円

申込先　滋賀商銀本店
　　　　清水専務宛

記事募集

「民団月報」は、県下民団団員の消息を報道する方針なので、団員の周囲に起った冠婚葬祭をはじめ、月報に掲載したい記事があれば、郵便または電話で、

滋賀商銀本店　清水専務

までお知らせ下さい。できるだけ掲載いたします。ただし、紙面の都合がある場合の取捨は、編集者に御一任願います。

謹弔

金粉男氏

元、湖西支部団長金泰鳳氏の母堂九月二日、老衰のため死去された。当年八十三才

文昌錫（文沢）氏

大津市園山二丁目は、九月五日心臓まひのため死去された。衷心より冥福を祈ります。

華燭の典

民団地方本部副団長でおられる、張成達（玉山）氏の長男、一満君の結婚式が十月五日、ホテル紅葉館で開かれました。

新郎　権泰根君（季学順氏三男）27才
　大津市富士見台在住
　　湖南精工㈱勤務の技術係長
新婦　鄭昌子嬢（鄭準和氏長女）20才
　滋賀郡志賀町今宿在住
　　滋賀商銀勤務
日時　一九七二年十月二十九日十二時
場所　ホテル紅葉（大津市尾花川町）にて盛大に挙行されることになりました。

新しい事業を御紹介します！

高度成長の副産物として、いまや公害防止は、日本の大きな社会問題となっております。これからの事業として、公害防止関連企業は脚光を浴びており、有望な事業となってまいりました。

商工会では、これに関する事業として公害廃棄物処理事業の紹介をおこなっておりますので、御希望の方は、滋賀商銀清水専務（商工会会計理事兼務）までお申出下さい。懇切に指導斡旋をいたします。

月報が郵送されないときは？

何かの都合で、団員の家庭に「民団月報」が配達されないことがありますが、これは名簿の不備によることですので、ぜひ民団本部まで、郵便で住所氏名を御一報下さい。「民団月報」は、全団員のご家庭にお送りするのが建前ですから、御協力下さい。

編集後記

ここに第二号をお送りします。民団をはじめ、各団体の御協力に感謝いたします。今月号からは、「韓国の童話」のページを入れました。

月報の編集方針に御意見があれば、どしどしお寄せ下さい。

第三号も、さらに充実した誌面になるよう御後援下さい。

編集人　滋賀県韓国人商工会

滋賀
民団月報
第3号
発行所
在日本大韓民国居留民団
滋賀県地方本部
団長 趙鏞奉
大津市島の関9—5
電話 大津24—3639

国体で韓国新記録樹立！
朴恵子嬢（滋賀県大津市松原町在住）

朴恵子嬢は、去る十月五日より開催された第五十三回国体」に、在日同胞チームの一員として、水泳の部に出場、女子百米平泳に〝一分二十三秒四〟、女子二百米平泳に〝二分五十六秒二〟の二つの韓国新記録を樹立、韓国水泳界に一大旋風を巻き起した。←

↓韓国の水泳界では、今まではとんと知られていない無名の大型選手、朴恵子嬢の出現に驚異の目とうれしさをかくそうとしなかった。本国のテレビ、ラジオ等一流新聞にも一感銘のダークホース」「有望株、朴恵子発見」「ジャンボ少女、韓国人の誇り」「大極旗をつけてオリンピックへ出場すれば」等、最大の賛辞で全国民に報道された。

朴恵子嬢の国体においての華々しい活躍は、我々日本に在住する同胞にとって心強いかぎりであり、特に滋賀県に在住する同胞にとっては誇らしいかぎりであります。

〔恵子嬢の横顔〕

朴恵子（通称・井村恵子）嬢は年令十七才、現在大津市松原町より、京都家政女子高三年生に通学しています。

父、朴圭出氏の二女として、粟津中学生の時より水泳に興味を覚え、高校に進学してから頭角をあらわして、全国高校水泳選手権、全日本インター杯等、平泳ぎで度々優勝しております。自己の持つ最高記録は、百米平泳〝一分二〇秒九〟二百米平泳〝二分五十三秒三〟七十四年のテヘランで開かれるアジア競技大会にはぜひ出場したいと抱負をのべている。

李鐘三君 趙善女嬢も 国体に参加

李鐘三（八幡市・李圭祥氏三男）君十八才は、現在八幡工業高校の三年生で、バレーボールの選手ですが、在日韓国人バレーボールチームの一員として参加、準優勝をかざりました。

趙善女（大津市・趙鎌根氏三女）嬢十八才は、現在家事についておりますが、朴恵子嬢の一年先輩で背泳の選手として参加し、立派な成績をあげて帰ってきました。

商工会再発足にあたって

会長　金相浩

いつの時代に於ても、経済の裏づけのない政治は成り立たない。民を富ませ、国を栄えさせるのが、良き政治であると云えます。

民団についても、滋賀県の商工業者の発展がなくては、健全な運営ができ難いと考えられます。このような観点から、去る八月四日の商工会総会に於て、われわれ十一名が役員に選ばれて、商工会の運営に当たることとなりました。

新役員会議の結果、商工会の運営方針として、

一、金融対策
二、税務対策
三、経営研究
四、情報交換

の四項目が採択され、まず第四の情報交換の手段として、ここに「滋賀民団月報」が九月十一日から編集発行され、本日〝第三号〟をお送りすることとなりました。

「民団月報」は、民団を中心として傘下団体の商銀、学園、婦人会、商工会の五団体の機関誌として発行されるのでありますが、商工会としてはこの誌面を借りて、県下の会員商工業者の企業を、記事として、広告として紹介することにより、おたがいの取引きを促進して、互恵互助の精神によって、それぞれの企業の健全な発展を図りたいと存ずるのであります。

そして、この月報の健全な発展が、同時に民団の組織を強化し、活動を促進する原動力にもなると信ずるのであります。

商工会は、年内に第三方針の経営研究を始める予定であり、逐次この四方針を実施して、県下の会員商工業者の皆さんから喜こばれ、親しまれ、利用される商工会にするよう、役員一同微力をつくしたいと念じておりますので、よろしく御協力をお願いいします。

滋賀県韓国人商工会　役員

役職	氏名
顧問	趙鏞奉
会長	金相浩
副会長	権寧崙
〃	朴珠性
会計理事	卞壎燮
理事	金元植
〃	金在徳
〃	李正来
〃	李鍾潤
〃	趙晩壽
監事	金日起
〃	鄭輝元

(氏名はハングル順としました)

☆　☆　☆

経営教室開催のお知らせ

商工会では、県下商工業者の経営近代化のために、第一回経営教室を次のとおり開催いたします。商工業者の皆さん、奮って御参加下さい。

日時　**十二月八日(金)午後三時開催**
六時終了予定
講師の都合上、定刻には開講しますので、時間厳守をお願いします。

場所　**滋賀商銀　三階会議室**

講師　**滋賀マネジメントセンター**
理事長　柴原正一先生

演題　**経営概論及び質疑応答**
質疑応答の時間は充分にとっておりますので、何なりと経営の相談をしていただければ結構です。

受講料　**一人　壱千円(特別価格)**

なお、この経営教室は労務・財務・営業等にわたって、一ヶ月ないし二ヶ月に一度づつ開催の予定です。

また、講習会閉会後、午後六時三十分から商工会の忘年会を開きますので、多数の御参加をお待ちしております。

商工会役員会開催のお知らせ

商工会の理事会を次のとおり開催いたしますので、理事・監査の方々は是非御参加下さい。

十二月八日㈮　午後一時三十分
滋賀商銀　三階会議室

商工人のプロフィール

滋賀商銀創設の功労者

姜相淙（姜山明）氏

姜相淙氏は、一九〇三年二月一月生まれで当年七十才、慶南固城郡巨流面新龍里の出身で、資産家として県下でも有名である。

氏が今日あるのは、若い時の決断がやはりものを云っているようであります。固城公立普通学校を卒業し、代用教員を三年間つとめたが生活に困り、満洲へ行こうか、日本へ渡ろうかとまよったあげく、日本の九州に渡ってきて朝鮮人参を売って、当時の金で三百円を一ヶ月でもうけたと云う。

当時、氏の月給が三十円ばかりであったので、それの十倍をかせいだわけで、その時代からすでに金儲けは大へん上手だったようである。その後、いったんは本国にもどり、一九二八年に再渡日して古物商を営み、戦後は古鉄商をも兼営して、大資産を築き上げたのは人も知るところである。今は、三人の子供達にそれぞれの事業を与え、趣味と実益の骨董品、金融業を営んで、悠々自適の生活を楽しんでおられる。

民団歴は、第十二・十四期団長をつとめ、ことに十四期の任期中に滋賀商銀を創設して、僑胞社会の金融問題を解決するいとぐちを造り出した功労者である。

〔家族は〕

夫人　黄次守　六十七才
長男　姜次瑾　石山で鉄材商「きようやま商店」を経営
二男　東源　草津で「丸和薬局」を経営
三男　一雄　中華料理「石山飯店」を経営

また五人の娘たちは、それぞれ嫁いで幸福に生活しており、ことに、長男夫人の金日善氏は、滋賀県の婦人会長として活躍中である。

現在は民団顧問として、民団の行事には欠かせぬ存在であることは、衆知の事実である。今後とも、ますます健康で活躍され、民団に対しても積極的な御協力を望むものである。

❖　❖　❖

堅実な建設業

東洋建設株式会社

所長　李且奉（星山）氏

田野に囲まれた静かな草津病院の病棟で、悠々と病を養っている李且奉（星山益吉）氏は、長年の幸苦の結晶とも言うべき事業にも成功し、立派に成人した子息たちに事業を委せて療養をしつつ、安息の日々を送っておられる。

氏は、一九〇六年二月二十八日、慶南咸安郡伽倻面の生まれで、当年六十七才。昭和二年、二十二才の時に来日し、大津市馬場三丁目に定住してから四十四年の年月を過した。

渡日直後はご多分にもれず、土方をやりながら資本をつくって、昭和九年からは古物商として自立、また運送業をも営み[illegible]解放後[illegible]昭和十[illegible]、[illegible]を設立し、自来二十年間建設業一[illegible]で今日の盛業[illegible]

東洋建設は資本金千万円、主として官公庁の開発工事を主体[illegible]請負っている。

民団に対する功績は大きく、長老として[illegible]陰に陽に多大の貢献をしているが、民団創設後第十期の団長をつとめたほか、滋賀商銀の理事・監査をも歴任、また学園ができるや初代学園理事長として学園の基礎をつくりあげた。

現在は民団膳所支部団長、および本部の顧問として、民団運営の陰の貢献をしている。

家庭は、夫人と五男五女の[illegible]に恵まれ、

夫人　[illegible]李任　六十二才

長男　李宗基　二十八才は、東洋建設の専務として[illegible]を補佐しており

二男　李相基　二十四才も同社の取締役として協力しており、

三男　李永基　二十三才　大学生

四男　李文基　二十一才　大学生

五男　李洪基　十七才　高校生

また五人の愛娘たちは、すでにみな嫁いで一家をなし、幸福な家庭を営んでいて、ときどき孫をつれて両親を訪れてくれるのが何よりのたのしみとか。

早く李社長が全快されて、幸福な余生を、さらに健康に過されることを祈りたい。

韓僑会館建設の功労者

柳在洪氏

柳在洪氏は、一九一〇年六月二十八日、慶南昌原郡北面の生まれで、当年六十三才昭和五年二十一才のときに渡日し、、細紐等に従事していたが、昭和十六年には徴用のがれのため、守山のレンガ工場に勤務する傍ら、三井生命の保険外交員をするという精励ぶりで、戦後は野洲郡兵主村で干拓事業をして、その後は干拓池で農業に従事していたが、昭和二十六年には、石山に来て細紐業と飲食店を経営、さらに昭和三十年には草津に移って、中華料理「草津飯店」を経営して今日に至っている。

民団の仕事としては、六・七期の団長をつとめあげたほか、十五期の団長として一九六七年には、現在の民団の建物である韓僑会館を建設すべく、昼夜をわかたぬ努力をされたのは記憶が新しい。

柳氏のお蔭で、いままでの見すぼらしい民団の建物は、大津市の中心部に威客[illegible]れが民団組織の強[illegible]われわれのよく知[illegible]柳氏の努力で[illegible]なくてはならない[illegible]

（家族は）

夫人　李末[illegible]　六十四才

長男　柳　烈　四十四才　石山「白樺」経営

二男　柳二烈　四十二才　守山「八方亭」経営

三男　柳範烈　[illegible]十[illegible]才　家事

四男　柳性烈　二十一才　家事

で、それぞれ独立の事業を営んでおり、孫は、二十七人になるという好いお爺さん。しかし元気は旺盛で、さらに将来の発展を計画されているように見受けられた。

今後も民団や商銀、また商工会の発展のため、長老としてますます活躍されるよう期待される。

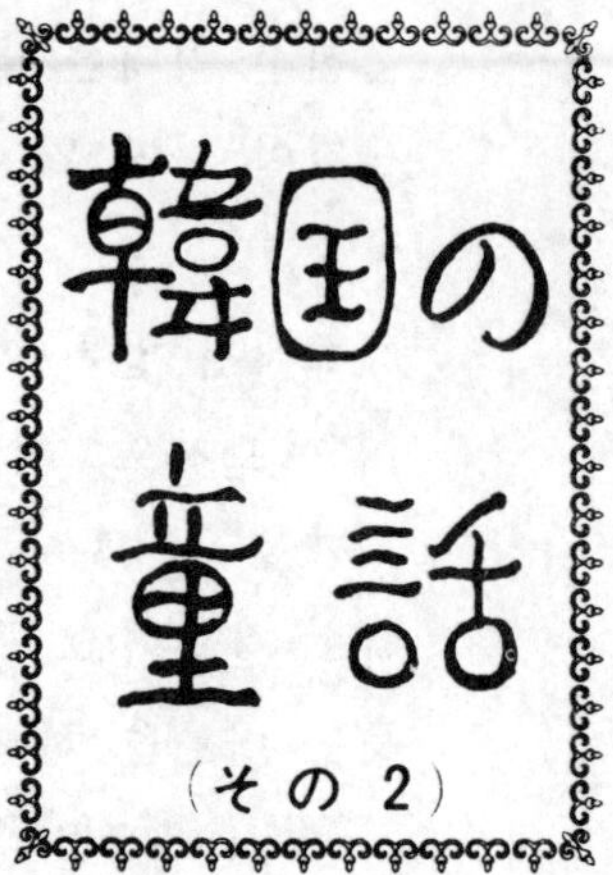

깨진 거울

옛날 어느 시골에, 젊은 부부가 살고 있었어요.

어느 날, 젊은 남편이 볼 일이 있어 서울엘 다녀오게 되었어요. 부인은 서울로 떠나는 남편을 보고,

"여보, 서울에 가거들랑 잊지 마시고 머리빗 하나만 사다 주셔요."

하고 부탁을 했어요. 부탁은 했지만, 잊기 잘하는 남편이라 안심이 안 되어,

"여보, 빗을 잊으시면 초생달을 생각해 내셔요. 머리빗은 꼭 초생달을 닮았어요."

하고 가르쳐 주었어요.

서울에 올라온 젊은 사내는, 부인이 부탁한 것을 까마득히 잊어먹고 말았어요.

사내는 서울에서 볼 일도 다 보고, 내일 아침에는 시골로 돌아가야겠다고 생각하다가, 문득 하늘을 쳐다 보았어요. 하늘에는 둥근달이 걸려 있었어요.

"앗차, 저 달을 보니 생각이 나는구나. 아내가 저 달과 같은 것을 사다 달라고 부탁을 했는데, 그게 무엇이더라."

젊은 사내는 곰곰이 생각해 보아야 사다 달라는 물건이 무엇인지 생각이 나지 않았어요. 그러나 달 같은 물건이라는 것만은 알고 있었어요.

그래서 얼른 가게로 가서,

"여보시오, 저 달같이 생긴 것으로 여자들이 쓰는 물건은 없읍니까?"

하고 물었어요. 가게 주인은 이 시골뜨기 말을 듣고 빙긋 웃으면서, 둥근 거울을 하나 내보였어요.

"이거 말씀이죠? 둥글게 생긴 것으로 여자들이 쓰는 물건이라면 이 것밖에는 없읍니다."

"예, 그래요? 그럼 그것을 주십시오."

사내는 가게 주인의 말을 믿고 거울을 사가지고 시골로 내려왔어요.

빗 대신 거울을 받은 색시는 둥글고 미끈미끈한 유리 속을 들여다 보다가 갑자기 얼굴빛이 달라졌어요.

그 거울 속에 자기와 꼭같은 젊은 색시의 얼굴이 비쳤기 때문이어요.

"여보, 이게 뭐요? 빗을 사가지고 오랬지, 누가 색시를 데리고 오랬소?"

색시는 화를 내며, 시어머니한테 거울을 가지고 갔어요.

"어머님, 이것 좀 보셔요. 글쎄 이런 일이 어디 있어요? 부탁한 빗은 안 사가지고 오고, 이런 젊은 색씨만 서울서 데리고 왔어요."

"어디 보자, 뭘 가지고 그러니? 어디 색시가 있단 말이냐?"

시어머니는 며느리한테 거울을 받아 들고 들여다 보았어요. 그랬더니, 이번에는 주름살 투성인 할머니 얼굴이 그 거울 속에 비치지 않았겠어요.

"아니, 어디 젊은 색시가 있단 말이냐? 이건 건너 마을에 사는 일가 할머니시다."

"아녀요. 틀림없는 젊은 색시여요."

젊은 며느리와 시어머니가 서로 아니라고 우기고 있는데, 떡을 입에 물고 어린 손자가 방으로 들어왔어요.

어린 손자가 거울 속을 들여다보니, 저하고 똑같은 아이가 떡을 꾸역꾸역 먹고 있지 않겠어요.

이 아이는 제 떡을 빼앗은 줄 잘못 알고,

"그 떡 내거야, 이리 내놔."

하고 손을 내밀었어요. 그랬더니 거울 속의 아이도 마찬가지로 손을 내밀었어요.

사내아이는 그만 울음보를 터뜨리고 말았어요.

그 때 마침 할아버지가 방문 밖을 지나가다가, 방안에서 떠드는 소리가 나므로,

"왜들 그리 떠들고 야단들이냐?"

하고 방으로 들어왔어요.

그랬더니 손자가 거울에 손을 내밀고, 떡을 내놓으라고 울고 있지 않겠어요.

"아니, 누가 네 떡을 빼앗았단 말이냐? 어디 보자."

하고 할아버지가 거울을 들여다 보았어요.

거기에도 역시 할아버지 한 분이 무서운 얼굴로 자기를 쏘아보고 있었어요. 몹시 화가 난 할아버지는,

"아니, 이 늙은이가 주착 없이 어린 아이들 싸움에 끼어들고——"

하면서 팔을 걷어올리고, 거울 속에 들어 있는 할아버지를 주먹으로 한 대 질렀어요.

그 바람에 거울은 땅에 떨어져 산산 조각이 나버리고 말았어요.

이건 거울이 없던 때의 이야기여요.

二世達に…国語を覚えさせましょう

韓国学園理事長
卞　璿　燮

民団本部と新旭支部を借りて、毎週二回国語の講習会をやっております が、高島の方は非常に熱心で、成人部も設けて若い母親達が勉強しております。本部に於ては、距離・進学・クラブ活動等の都合で出席率が悪く、成果があがっておりません。子供達に負担を加重さすことは、親心としては可愛想だとどの親達も共通的なお考えかと思われます。

ところが此度、十月六日から十二日まで、韓国の国体に滋賀県から朴恵子はしめ三人の学生が出場しまして、共に優秀な成績をおさめ、特に朴恵子嬢は現在京都家政学校高等部三年生で、粟津中学校の時代からその素質の秀れたものがあって、水泳平泳ぎの百米、二百米においては、本国（日本）の高校記録保持者であります。此度、二種目とも韓国新記録を作って、新聞・テレビの報道機関を賑わしたのです。その時のインタビューで「何よりも言葉が通じないのが不便で恥かしい思いがした。」と述懐しておりました。

一番手近い方法として、親達に提言したく思いますのは、家庭に入ったら親自身から国語を使うことによって、自然と子供達も聞いたり見たりで、多少身につけられると思います。是非これを励行したいと私自身からも思っております。

「セマウル運動」にポンと五十万円寄付

大山建設㈱社長
金　点　植　氏

大山建設㈱社長、金点植氏（高島郡）は、本国において本年度より始められている農業近代化のための「新しい村造り」運動に、少しでも役立ててほしいと五十万円を寄附された。

晴嵐観光協会　韓国訪問

十一月十三日、晴嵐観光協会々長、植村新四郎氏以下三十名は、韓国一円を観光旅行に、四泊五日（費用七五、〇〇〇）で出発します。

これは滋賀商銀の業務の一環として、旅行積立預金の委託をうけ、御利用者の第一回の韓国旅行が楽しく出来るよう計画されました。

水害見舞募金

このたびの本国の水害に対する見舞金について、県下各支部団体の熱烈なる御協賛を得ましたので、民団本部より駐大阪大韓民国総領事館を経て、本国に送金いたしました。

尚、募金明細は次の通りです。

★大津支部　合計金拾壱万六千円也

金壱万円也
孔繁春　卞相九

金五千円也
厳福童　尹永宰　金奉弘
金奉珍　朴永佑　金奉賛
張又文　朴興根　張炳玉
金箱洙　金元得　明魯善

金参千円也
崔銀圭

金弐千円也
曹太植　奉源国　徐又岩
金福助　権敬万　崔勝甲
孔点允　申福永　韓晄錫
韓芳錫　金廷純　安泰俊
李（金山）

金壱千円也
朴順伊　金鎮浩　諸守敬
金性瀚　中本　有本

金五百円也
李東洛　金　沢

★湖東支部　合計金六万円也

金五千円也
金元植　金在徳

金参千円也
金模東　李洛奉　李在考
金在基　姜国元　白楽斌
柳連洙　金在安　金徳祥

朴哲奎　金鐘喆　鄭銀錫
柳夏烈　朴鳳伊
金弐千円也　安相大　朴賛洪　沈史変
金壱千円也　安徳洙　王又鐘

★湖西支部
金四万七千五百円也

★高島支部
金参千円也

★膳所支部　合計参万円也
金六千五百円也　李且奉
金五千円也　大山
金参千円也　巴山　朴太郎　朴成圭
金弐千円也　金仁祚　崔成竜
金壱千五百円也　孫点世
金壱千円也　西本　豊田　香山
清水
（敬称略）

婦人会だより

婦人会秋季慰安旅行　盛況裡に無事終了

前号でお知らせしました婦人会の伊豆半島・熱川温泉一泊旅行は九月二十四・二十五の両日予定通り挙行しました。

当日は晴天に恵まれて、参加人員も五十九名と昨年の倍に近く、予想以上の盛況で、貸切バスが狭くてきゅうくつでしたが、それでも一同は大へん元気で、楽しい秋の日を送りました。

婦人会の活動は、日を追うに従ってますます活潑で、滋賀県民団の中心となって、組織の強化に内助の功をつくそうと、一同張切っていますので、よろしく御後援のほどお願いします。

結婚相談所の御利用を！

十・十一月、まさに結婚シーズンですね。道を歩いていて花嫁姿を見かけ、思わず「きれいね。」と口ばしります。結婚と言うものは、人間にとって記念すべき喜びの時であり、人生の大きな転機時でもあります。従って古今東西を問わず、厳粛荘重に祝われるのであります。

その時には、いつもは宗教に関心のない人でも、とにかく宗教的な重々しさを望んで神前結婚とか、教会で結婚式を挙げたり致しますが、数十年間手塩にかけて育てられた御両親や兄弟、そして親しい友人達に祝福され、幸多い御出発をと常に心しておりますが、結婚に対する考え方も人それぞれ、多種多様なこの頃です。

二人だけで結婚の誓いをされる方、そっと神様だけに永遠の愛をお誓いになったのでしょうか？

さて、婦人会でも我々同胞の家庭の子息のために結婚相談所を開設致しておりますので、気軽に皆様の御利用をお待ち致しております。

第一号のおめでたいカップルを心まち致しております。

知人方、ご近所に素適なお嬢様や息子さんがいらっしゃいましたら、結婚相談所まで御紹介下さいませ。

○金　澄子（夏河）

☎ 草津（〇七七五六）二一―二八八四番

天高く馬肥える秋　読書の秋　そして芸術の秋

最近有名なモナリザの微笑が二枚出た事によって、マスコミ界で大いに論議が交されている。おそらく偽物が本物より、より以上に綿密に描かれているのだろう。むしろ私は偽物を高く評価したい。案外偽物を本物だと思っているかもしれない。

今年もノーベル文学賞が発表された。作家ハインリッヒ・ベルで、受賞理由は広範な時代の展望と、戦後におけるドイツ人の生活を描いた作品が、ドイツ文学に貢献したとされている。それにつけても前年度受賞したソビエトの作家、ソルジェニーツインを思い出す。ソルジェニーツインは、党の圧力によってノーベル受賞にも参席出来なかった作家である。代表作に「癌病棟」がある。なかなかの力作で、ソビエトの政府を刺激している。

私と本との出合いは小学五年の時である。処女読破は菊地寛の大恋愛小説で、矢たらに愛とか恋が出てくるので、父に「恋ってなあに」と尋ね、一喝された想い出が有る。又、淡い初恋を描いた川端康成の「伊豆の踊り子」も当時、私の心を甘酸っぱくさせたものである。

戦後、我々の脳裏から忘れさられていた事を思い出させてくれたのが、三島由紀夫の切腹事件と横井庄一のジャングル生活である。

三島由起夫の軍国主義、横井庄一の日ノ丸絶対主義、はからずも日本人の奥深く秘めている残虐性、服従性、特攻精神そう思うのは私の危惧だろうか。

その服従が、今日の日本経済の発展に貢献したとて過言ではなかろう。

我々韓国民も一致団結し、一日も早く先進国の仲間入りをしたい。最後にも、四共同声明を熱烈に支持し、平和統一の来たらん事を祈る。

（朴善岳）

韓国国体出場選手
歓迎慰労会盛大に開く

去る十月二十一日、レストランベニスにおいて、滋賀県より日本在留チームの一員として、韓国国体に出場した朴恵子、李鐘三、趙善女三選手の歓迎慰労会を、民団、婦人会、学園の役員及び選手の父親参席のもと、盛大に開かれた。

役員の歓迎挨拶の中で国体に出場し、華々しく活躍してきた選手諸君に敬意を表すると共に、同県に居留する我々として誇らしく思う。今後とも益々腕をみがき、再来年に開かれるアジア大会には、韓国を代表する選手として活躍を期待するむねの挨拶をされたが、これに参席された全同胞も、同じ気持であろうと考える。選手諸君が記録を更にのばすべく、又、韓国を代表する立派な若者として成長するために、心から応援するものである。

私の日記から
"一生のおねがい"

何かしてほしい事があると、"たのむし一生のお願い"と、手を合わせてたのまれると、母親としていささか楽しいやら、ばかばかしいやらでついたのまれてしまう。ずい分甘っちょろい母親と思う人があるかも知れないが、母性愛をこのようにして、くすぐられるとどうしょうもありません。

一年生の時はそうでもなかったが、二年生に入ると、大分考え方に技巧が出て来る。人の心理や思考を適当にもて遊び、自分の欲求を通うそうとする。自分の幼かりし頃を思い浮べながら、すっかり寝入っている我が子の顔をそっと見入っている。

（金日善）

花の心

"菊月"くれゆく秋に何かさみしさを感じつつ、早や菊月をむかえて、残菊の色や香にも物のあわれを深く覚えさせられる今頃、ふと平家の中の今様を口ずさんでしまいます。

"旧き都を来て見れば、浅茅が原とぞ荒れにける、月の光はくまなくて、秋風のみぞ身にはしむ"

（鄭旬子）

編集後記

ここに第三号をお送りします。民団をはじめ、各団体の御協力を感謝いたします。

月報内容についての御意見をお寄せ下さい。皆さんの月報として、いつまでも発展するよう育成御協力願います。

滋賀
民団月報
第4号
発行所
在日本大韓民国居留民団滋賀県地方本部
団長 趙鏞奉
大津市島の関9—5
電話 大津24−3639

民団本国事務所開設される

今度本国政府においては、民団の発展のため、協助策として民団と政府当局との諸般業務連絡の迅速と、本国に往来する在日同胞にあらゆる便宜をはかるために、政府は特別に政府合同庁舎内に事務所を提供して、十一月十日より開設しました。本国往来の皆様、せいぜいご利用ください。

名称　在日本大韓民国居留民団本国事務所

所在地　서울特別市鐘路区昌成洞二〇七番地政府合同庁舎四階

電話　七三局　〇一六二・〇一六五・〇一九二

韓日協定永住権者の出生子女に対する永住権申請手続に関するお知らせ！

記

一、出生日より十四日以内に申告すること。

二、外国人登録手続は、出生日より三十日以内に管轄の市・町・村区役所に申請すること。

三、在留資格取得は、出生日より三十日以内に管轄の出入国管理事務所に手続すること。

四、協定永住権者の子女として、一九七一年一月十七日以後に出生した子女は出生日より六十日以内に必ず永住権許可申請をしなければなりません。万一六十日以内に永住権申請をしなかった場合、永住権申請資格を喪失する事になりますので特に注意してください。

湖西支部学園父兄会開催

十一月四日午後六時より、湖西支部学園父兄会を開催し本部より趙鏞奉団長、韓国学園長、朴事務局長、文化センター所長参席、今後一層学園を発展させるため協議した。

湖南支部婦人会国語講習会開かれる

今度懸案中であった『湖南支部婦人会国語講習会』が朴洙性支部団長の努力の結果、十一月十二日より水口町において開講することになりました。講習日は毎週日曜日午後七時。

韓国が生んだ児童民族舞踊団
ザ・リトル・エンジェルス来日

韓国が生んだ平和の天使児童民俗舞踊団『ザ・リトル・エンジェルス』が十一月九日、大韓航空機で来日した。同舞踊団は約四ヶ月間、日本の主要都市で公演するが、この公演には『ザ・リトル・エンジェルス後援会』名誉会長・岸信介元首相、会長・久保木修己氏が主催者となり、外務省、文化庁、駐日韓国大使館、韓国駐日公報館、大韓民国居留民団が後援する。

人形の踊り　可憐

◆京都公演　一九七三年一月二十八日～一月三十日

◆場　所　京都会館第一ホール

◆開演時間　午後一時三十分
午後六時三十分

◆入場券　A席　三、五〇〇円
B席　三、〇〇〇円
自由席　二、五〇〇円

○お問い合わせは民団本部へ

民団湖西支部

強力な組織活動家
金末述団長

本部、朴事務局長とともに湖西支部を訪づれた記者は、そこにすばらしい民団支部の組織と、その組織をがっちりとまとめている組織活動家、金末述団長を知ることができた。

高島郡新旭町・安曇川町を中心に、同胞七十世帯が居住しているこの湖西支部は、県下でも恐らく組織的には最も強固な団体ではなかろうかと思う。二年前に建設したという湖西支部会館は、同支部の約半数以上の世帯が住む新旭町の新庄にあり、湖西支部同胞の牙城として団結の精神的な支えとなり、また会議・学習・集会、あらゆる催し等に共通の心のふれあう場所として、大きな効果をあげている。

ここ湖西地区に住む同胞の大半は、民団活動に心からの理解と関心をしめしているが、このようなことは一朝一夕にして出来たことではなく、金団長の地味な日常活動の蓄積なのであります。

金団長の我が身を顧りみぬその活動と努力が、大きく実を結んで民団湖西支部会館を生みだしたのであります。勿論、これは一人二人の力で出来たものでなく湖西支部同胞全体の力によるわけでありますが、金団長は、この会館が出来た時は、涙が出るほど嬉しかったと述懐している。いちずに、同胞全体の幸せのために共通のなやみを解決し、共通の問題を話し合って、精力的に民団活動を続けられている金末述団長こそ、民団活動家にとって模範とされるべき人ではなかろうかと思う。

慶尚北道義城郡丹密面中洞出身、一九〇八年生まれ当年六十四歳、そろそろ若いものにまかせにゃと言っているが、なかなかどうして意気盛んな団長である。

本部事務局長と打合わせを行なっている　金末述団長（写真・左側）

商工人のプロフィール

湖西に君臨する
㈱大山建設グループの総師

金点植（大山仙吉）氏

国道一六一号線を北へ安曇川町に入ると、国道沿いに、鉄筋コンクリートの屋上に社旗がひるがえっている、スマートな二階建の建物が目につく。これが大山建設グループの総本山、㈱大山建設の本社事務所であります。目と鼻の先に、砂利の山と生コンプラントがそびえたっており、滋賀生コンクリート㈱の社名入りのミキサー車が、盛んに出入りをしている。近くには十二月に営業を始める㈱大山石油が店びらきの準備を進めており、安曇川町この一帯は大山建設一色に塗りつぶされている感がする。

㈱大山建設は資本金三千万、従業員二百名の総合建設業、滋賀生コンクリート㈱は資本金一千万、従業員三十名、国鉄湖西線へ一手納入、㈱大山石油は資本金一千万、従業員六人、十二月に開店。不動産＝坪、最底五万円をくだらない土地七万坪を所有し、月商一億の大山建設グループの総師、金点植（通称大山仙吉）社長は、業界において、湖西地区は勿論のこと、滋賀一円にその名をとどろかせている。

氏は一九二二年六月十二日、慶尚北道義城郡亀川面内山洞の生まれで当年五十一才、渡日が一九三九年の十七才の時である。

終戦後、古物商・農業・鉄スクラップ等やってきましたが、昭和二十四年に材木を扱うようになってから、大山建材として建設業の第一歩がふみだされたわけですが、実際のところ今日の大山建設グループの歴史は、昭和三十一年頃に始まったといえよう。この時、二万円の金で再スタートをした氏は一生懸命に働き、今は取締役の夫人も、当時は三男の光善君を背中に負って、安曇川で栗石をひろい集めて、共々に苦労されたとのこと。

韓粉礼　夫人

氏はその時よりすでに、安曇川の砂利を全部自分のものにしてやろうと、大きな望みを持って、がむしゃらに頑張った。

昭和三十三年㈱大山建設を創立、社長として、また安曇川砂利採取販売協同組合の理事長として、その経営手腕が大いに発揮され、堅実経営のもとに着実に発展していったことは、衆知の通りであります。

大阪、京都に砂利を売るよりも、むしろ生コンクリートにして販売する方が、より有利であるとの立場から、昭和三十八年に滋賀生コンクリート㈱を設立、といった具合に、より合理的な商売の感覚にたって事業を進めて行かれる点は、㈱大山石油においても同じことがいえるのである。

国鉄湖西線完成と共に、交通量の増大を見込んでのことであり、その綿密な計画にたっての事業計画はほとんど自己資金でまかなってやっている点、石橋をたたいて渡ることわざに以て、氏の堅実さの一端をうかがい知ることが出来る。

民団歴は本部の副議長をつとめたことがあり、現在は湖西支部の顧問として、また商銀の理事としても民団の運営、商銀の運営に側面的に多大の貢献をしておられる。

〔家族は〕夫人、韓粉礼四十九才の他、三男一女の子宝に恵まれ、長男・金一範氏二十九才＝同社常務取締役、二男・龍善氏二十才＝同社社員、三男・光善君＝高校生、長女・金春子二十二才＝同社経理事務。

氏も適令期の愛娘には目がなく、どこかいいところがあれば嫁がせたいと心がけておられる様子である。

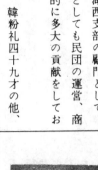

金春子　さん

意欲もやす昌山建材

代表者　曺　漸　復（昌山漸復）氏

氏は現在、高島郡安曇川町南古賀において、安曇川の流れに沿って約四千坪の土地をダイヤシャベル、クレン車等で砂利を採集し、これを販売しております。

従業員十名、息子さん二人も含めて、一致協力して昌山建材の発展に取りくんでおります。国鉄湖西線の建設に伴って益々需要が高まり、嬉しい悲鳴をあげている現状ですが、新しい計画もされておられるようで、多忙が重なる一方であります。

氏は二年前の昭和四十五年迄は、野洲川建設㈱の安曇川営業所の所長として、大いにその手腕をふるってこられたわけですが、その後、氏がこの営業所を買いとられて、昌山建材として新しく発足したのであります。

氏は一九二三年二月二十四日に、慶尚南道河東郡岳陽面梅溪里に生まれ、当年四十九才になります。来日が一九三一年ですから、日本での生活が三十一年間になりますが、この間ご多聞にもれず、苦労ずくめで土方をやったり、ヤミ米を扱ったりして昭和四十年に現在の高島に落ちついたとのことです。同胞の信望も厚く、現在、民団では湖西支部の監察委員長として、民団活動の先頭にたっておられます。

本国に一時帰国された時は、セマウル運動も始まっていて、故郷に子供の遊園地を一ヶ所寄附してきたとの話も、故郷を愛する氏の人がらをよくあらわしております。

〔家族は〕

夫人　昌山　そで　四十三才
長男　曺　命　桂　二十五才
二男　曺　永　時　二十三才

将来、昌山建材を背おってたたれる二人の息子さんに、良い花嫁さんを世話してあげたいものです。

昌山建材の今後の発展を期待するものであります。

誠実さがモットーの 福島土木工業株式会社

社長　趙晩寿（福島晩寿）氏

福島土木工業株式会社＝資本金一〇〇〇万、従業員三十名、下請業者三社を持ち、県下一円に工事場を広めて、特に松下興産、綾羽紡績の仕事が多く、今では湖西地区において、押しも押されぬ存在として、着実にその基盤を築いております。これは氏がすべての工事において、誠実さと良心的な工事を行なってきたための、関係各方面からの絶対的な信用を得ているからにほかありません。事務所に掲げられている何十枚かの感謝状・表彰状がそれを顕著に物語っております。

氏は一九一五年二月三日、慶尚北道軍威郡召保面福星洞の生まれで、当年五十七才になります。昭和十六年に来日し、高島郡に住居をきめ、土方をやって苦労を重ねてこられましたが、戦後昭和二十五年に湖西木材工業株式会社を創立し、製材業を営業されて、着々と地歩をかため、昭和三十五年に福島土木工業株式会社に名義を変更、現在にいたっております。役員は長男の趙炳和氏が同社の常務取締役として、社長をたすけていろいろとりしきっておられるが、氏も安心してまかせておられるようであります。

民団の経歴としては、本部の監察委員をつとめたことがあり、湖西支部の団長としては、何度かその任務を果たせられその功績は大きなものがあります。現在は民団支部の顧門として、また商工会の理事として民団運営並びに商工会運営に陰の貢献をしています。また湖西支部会館の土地は、氏の提供によるものであります。

〔家族は〕

夫人　朴福出　五十五才
長男　趙炳和　三十四才　福島土本工業㈱　常務取締役
次男は、大津石山で焼肉店経営
三男　趙三吉　二十七才
四男　趙三炳　二十三才　——福島土木工業㈱社員

娘二人はすでに他家へ嫁ぎ、むすこ三人は結婚して、今は孫にとりかこまれて何不自由なく生活を楽しんでおられます。

慶弔だより

華燭の典

前民団地方本部副議長でおられた鄭輝元（東本輝光）氏の長女、京子嬢の結婚式が十一月五日開かれ、十一月十日長浜商工会議所で披露宴が開かれました。

民団地方本部副団長、安東燧氏の（妻男）許要龍君の結婚式が十一月七日、京都桃園亭で盛大に開かれた。

謹弔

朴仁九氏　七十二才

長浜市一の宮は長年病気中でありましたが、十一月二十一日死去された。衷心より冥福を祈ります。

쥐의 교훈

옛날 어느 곳에 부모님의 말을 안 듣고 제 몸만 편히 지내려고 하는 계집아이가 있었읍니다.

이 계집아이는 아버지가 심부름을 시켜도 듣지 않았읍니다. 어머니가 부엌일을 도와 달라고 해도 듣지 않았읍니다.

"애, 너는 무슨 애가 그렇게도 말을 안 듣니? 대체 무엇이 되려고 그러니?"

하고, 어머니가 나무라면 딸은 도리어 화를 버럭 내며,

"왜 내게 그런 일을 시켜요? 나는 내 일만 하면 됐지, 아버지 어머니 일까지 하긴 싫어요."

하고 대들고는 어디론지 휙 나가 버렸읍니다.

"너는 부모가 밥을 먹여 주고 옷을 입혀 키우는 데도, 아버지가 시키는 말도 안 들으니 도대체 어떻게 된 아이냐?"

하고, 아버지가 무섭게 나무라면,

"그건 으레 아버지 어머니가 할 일이니까 하는 거지 뭐여요?"

하고 되레 짜증을 부렸읍니다.

이 계집아이의 나쁜 행실은 어느덧 온 마을에 알려져, 동네 사람들은 버릇없는 못된 아이라 하여, 자기네들 아이에겐 같이 놀

지도 못하게 했읍니다. 그래서 계집아이는 마침내 같이 놀 동무도 없게 되었읍니다. 동무가 없으니까 심심하기도 했읍니다.

하루는 계집아이가 혼자 골방에 들어가 놀고 있는데, 쥐구멍에서 아주 작은 쥐 한 마리가 나오더니 쌀알이 흩어져 있는 구석으로 쪼르르 기어갔읍니다.

계집아이는 쥐를 쫓는 것조차도 귀찮아서 숨을 죽이고 가만히 구경만 하고 있었읍니다.

새앙쥐는 쌀알을 물고는 도로 쥐구멍으로 들어갔읍니다. 그러더니 곧 큰 쥐 한 마리를 데리고 나왔읍니다.

계집아이가 가만히 보니 큰 쥐는 새끼 쥐가 끄는 대로만 기어다녔읍니다. 그 어미 쥐는 눈먼 장님이었읍니다. 새앙쥐가 찍찍 울면서 어미 쥐를 데리고 쌀알 있는 데로 갔읍니다. 어미 쥐는 새끼 쥐가 가르쳐 주는 대로 쌀알을 주워 먹었읍니다. 어미 쥐가 쌀알을 다 주워 먹고 나자 새끼 쥐는 다시 어미 쥐를 이끌고 구멍으로 들어갔읍니다.

계집아이는 새끼 쥐가 눈먼 어미 쥐를 데리고 다니며 먹을 것을 찾아 주는 광경을 보고 참 기특한 일도 다 있다고 생각했읍니다. 그 순간 아이는 자기 아버지와 어머니를 생각했읍니다.

<아버지 어머니는, 내게 먹을 것, 입을 것을 다 해 주시는 데도 나는 심부름조차 하기 싫어했는데, 쥐는 어째서 어미 쥐를 먹여 주기까지 할까?>

이런 생각을 하니 자기 자신이 쥐보다 못한 아이라는 생각이 들어 몹시 부끄러워졌읍니다.

그날부터 망나니였던 계집아이는 마음을 고치기로 결심했읍니다. 그래서 심부름은 물론 모든 일은 시키기 전에 부지런히 하여 착한 아이가 되었읍니다.

婦人会だより

1973年度 春季婦人会韓国旅行の御案内

例年、行なわれております本国旅行を来年三月末頃（三泊四日）に予定しております。ふるってご参加ください。

つきましては、まだ旅券をお持ちでない方は、早急に民団本部にて旅券の申請をして下さい。

大きく躍進する母国の春を、会員の皆様と共にこの旅行を楽しく過ごしたいと望んでおります。多数のご参加を期待しております。

民団婦人会の団体旅行に参加して

去る十月二十四日・二十五日の一泊旅行は秋晴の好天気に恵まれ、何等の事故も無く無事に終わることができました。バスでの道中は八時間の長旅の上、予想外に多数の参加者で窮屈な想いはありましたが、旅の疲れを吹き飛ばしても、尚、余りある程の楽しく愉快な旅行でした。

多忙な日々に明け暮れる一家の主婦として、なかなか出にくい中を六十人余りも参加されたのには、皆同様に驚いていました。一回、二回、三回と会を重ねるにつれ、参加者の増すことはとても喜ばしくよい傾向で、来年は今年以上の参加者のありますことを一会員として切に望みます。

右に左に、すばらしい景色を眺めながら、玄人はだしの上手な歌（会員さんの）を聞きながら、おまけに家の雑事を忘れ「本当に私、幸せだわ。」と言いたいところ。バスの中、ホテルでの宴会の楽しかったことは、行ってない人々には、恐らく想像出来ないでしょう。余り親しくなかった人達とも、このような機会に心の底から笑い合う……ホンワカとした親しみが魂をほのかに包んでくれる。言葉は少し位乱暴でも、真実の心の通い合いが出来たのではないでしょうか……。それにつけても会長さんを始め、総務部長さん、役員様方、旅行の事はもとより、日頃の御苦労の程、本当にありがとうございます。この紙面をお借りして、一言御礼申し上げます。

（具有葉）

とじ込み表紙についてお知らせ！

民団月報も第四号を迎える頃となりましたので、とじ込み表紙（ベージュ色の落付のある）がこの度出来上りました。皆様の御家庭で、この月報を大切に保存されるために是非お買上げ下さい。尚、利益金は婦人部運営基金といたします。

(1) 定価　五〇〇円（一部）

(2) 発売元　滋賀県韓国婦人会本部

詳細は各支部婦人会役員まで。

商工会員名簿作成についてお願い

商工会では、このたび県下商工業者の名簿を作成して、会員相互の親睦と取引きの便宜をはかりたいと思いますので、同封の申込書に記載の上、期日までにお送り下さい。

送り先　大津市粟津町五−八　信用組合滋賀商銀　清水専務宛

〆切　一九七二年十二月二十五日必着

名簿は、一九七三年二月十一日に発行し、会員に無料でお送りします。申込書を送っていただけない方は、名簿に載らないことになりますので、必ず御送付願います。

年賀広告募集

一九七三年の新年を祝して、年賀広告を新年号に掲載します。御希望の方は、会員名簿申込書の欄に〇印をつけて下さい。

掲載料　名刺大一欄　三千円

広告料金は、滋賀商銀＝清水専務までごついでの時にお払い下さい。

滋賀 民団月報

新年号

発行所
在日本大韓民国居留民団
滋賀県地方本部
団長 趙鏞奉
大津市島の関9－5
電話 大津24－3639

新年を迎えて

団長 趙 鏞 奉

一九七二年は、まことに波乱にとんだ激動の年でありました。民団中央本部では、東京本部直轄問題、八月八日中央本部臨時大会、韓青傘下団体取消等重大な問題がたくさんありました。滋賀県地方本部においても、商工会再建、信用組合滋賀商銀預金倍増運動、韓国学園育成等組織の強化に全力を傾注してまいりました。おかげをもちまして商工会は着々と前進して居り、滋賀商銀は李正来理事長をはじめ卞璿燮専務、理事、職員の皆様の昼夜おしみない努力によって好成果をあげられた事は、大へんよろこばしい事であります。

またわが祖国、韓国に於ては朴大統領の英断のもとで、二十七年間分断されていた南北間の平和的統一のため、七月四日歴史的な南北共同声明がソウルと平壌で同時に発表され、八月には本会談を平壌とソウルで開催されました。また十一月三十日には、南北調節委員会という強力な高位政治対話機構が正式に発足されました。また平和統一を志向する南北間の対話を緊張から緩和させ、一層効果的に支援保障するため十月十七日非常戒厳令が宣布され、十一月二十一日には憲法改正案に対する国民投票がおこなわれました。九一、五パーセントという圧倒的な支持で確定され、これに基づいて十二月十五日には統一主体国民会議という新しい最高代議機関が新設されました。この国民会議は十二月二十三日、朴正熙現大統領を第四共和国の大統領として選出十二月二十七日には盛大な朴大統領の就任式がソウルで開催されました。このように、わが韓国では祖国の統一と繁栄のための改革がおこなわれました。

われわれ在日六十万同胞は、積極的に祖国平和統一事業推進のため総力をあげて取り組んでゆかなければならないと思います。今年は祖国の平和統一の前進とわが民団では希望にみちた仕事のやりがいのある年であると思います。団員皆様の繁栄と健康をお祈りし、よい年であることを願ってやみません。

飛躍の年を迎えて

議長・商工会長　金相浩

激動の七二年が過ぎて、希望に満ちた一九七三年を迎えました。

韓国の経済は、「八・三緊急経済措置の実施以来、急速に伸長し、今年は恐らく檀君以来の好況・飛躍の年となるものと期待されています。

日本の経済も、これからは韓国との提携なくしては、世界市場に発展することが難しいのではないでしょうか。

われわれ在日僑胞は、韓日経済文流のかけ橋となって、活躍することができる時期が到来したと思います。我々の恵まれた立場を存分に活用して、商工会員の皆さん方の今年の御発展をお祈りします。

民団活動を推進しよう

副議長　崔允鳳

本国では国家建設のために、大統領の指導のもとに、全国民が一致協力して努力しています。

われわれも、滋賀県民団活動を一そう推進して、本国の発展に歩調を合せて、一九七三年を民団発展の年としようではありませんか。

青年会再編成に思う

監察委員長　宋学道

一九七三年元旦を迎えて、団員皆さんの御家庭の御多幸を祈願致します。

過ぎた一年間を回顧すれば、我が組織には多事多難であった一年間と言えましょう。しかし、団員皆さんの絶対的な愛族、愛団心により、民団の発展・商銀の再出発・商工会の組織拡大に大きな前進をなしとげた事は、何よりもうれしいことであります。

新年には、昨年来の難問である青年会の再編成の問題が一番重要な課題であると思います。団員の皆さんもこの青年問題を各自の身辺問題であると言う事を再確認し、お互いに協力して円満なる成果をあげるようお願い致します。最後に皆さんの御健康をお祈りして新年のあいさつと致します。

新年を迎えて

信用組合滋賀商銀
理事長　李　正　来

意義深い一九七三年を迎え、我々同胞の民団各位及び滋賀商銀組合員の皆様、明けましておめでとうございます。

かえりみますれば、昨年は国際的にも我々同胞においても歴史のいちだい転換期であったと思われます。四半世紀に渡る同胞のいがみ合いから対話への時代、即ち南北両民族の話合いが行なわれ、平和ムードがかもしだされたのは史上最大の喜びであると思います。この喜びをかみしめながら新年を迎えることは、誠にすばらしい正月であると考えます。

つきましては滋賀商銀も過去の〝から〟から脱皮すべく努力してまいりました。これも組合員皆様からの〝愛のムチ〟のおかげだと思います。おかげさまをもちまして今年末（十二月）には預金高十六億円台に乗せることが出来ましたことは、皆様の御協力のたまものと我々役職員一同喜びにたえません。私達はこれにあまんずることなく、今年度末（三月三十一日）は預金高二十億円台を目標に努力してまいりたいと思います。我々民族資本即ち滋賀商銀が組合員皆様の事業経営に対し、手となり足となって努めることを喜ぶ者であります。信用組合滋賀商銀は本来の目的達成のために努力するつもりであります。

組合員の皆様におかれましても、全ての御相談をお願いすると共に、昨年にも増した〝愛のムチ〟をお願い申し上げまして新年のごあいさつにかえさせて頂きます。

謹賀新年

滋賀韓国学園園長
朴　成　圭

新春を迎え、心からお喜び申し上げます。本年も南北共同声明をより一層支持発展させるため努力し、又当学園で国語講習をより一層発展させるため努力致します。皆様方の御協力を御願い申し上げます。

商工会理事会開かれる

＝地区委員選出等決議＝

十二月八日、商工会の第二回理事会が滋賀商銀の会議室で開かれ、左記の通り決議されました。

一、事務所移転の件

現在の事務所は、民団本部内にありましたが、これを大津市粟津町五―八滋賀商銀内に移すことになりました。

二、地区委員選出の件

商工会の各地の役員として地区委員を選出し、今後の業務連絡に当ることになりました。

（今津）金日起　（湖西）趙晩壽
（堅田）柳昌男　（大津）尹永宰
（膳所）李宗基　（石山）卞璿燮
（水口）朴洙性　（草津）権寧崙
（守山）金千頭　（八日市）金在徳
（八幡）金元植　（彦根）季鍾潤
（長浜）鄭輝元

☆　☆　☆

第一回経営教室開かる

—内外の経済情勢について—

十二月八日、午後三時から、滋賀商銀三階会議室で、「滋賀マネジメントセンター」理事長柴原正一先生を迎えて、第一回経営教室が開催されました。受講者は二十数名で、現下の経済情勢の講話をはじめ、我々の事業の進め方などについて熱心な質疑応答があり、有意義な成果を挙げました。

午後六時から、有志二十数名が「船岩」旅館で忘年会を開催し、新年の発展のため大いに意気を上げました。

（備考）

個人的に経営相談をされたい方は、右の柴原先生が、格安で指導をされるそうですから、御希望の方は、商工会まで申込んで下さい。

三機関　支部役員　傘下機関　連席会議開かれる

一九七二年度の最後の三機関支部役員傘下機関の連席会議が十二月十六日、本部会議室に於て開かれ、民団組織事項に対する熱烈な論議がかわされ、会議終了後ささやかな忘年会がおこなわれた。

三・一節　祖国訪問団募集

毎年、三・一節祖国訪問団を構成して居りますが、今年は特に初行者を優先に募集して居りますので、希望者は一月三十日までに民団支部団長に申し込みして下さい。詳しいことは民団本部事務局へおといあわせ下さい。

★成人式開催通知

一月十五日、成人式を民団本部会議室に於て、午前十一時より式典を挙行しますので、成人になられた方は参加して下さい。ささやかな記念品贈呈をいたします。

韓民族としての資格
「正しい教育を受けさせせよう」

滋賀韓国学園　呉　東　煥

民族とは「同一の人種的並びに地域的起原を有し、同一の歴史的運命と文化的伝統、殊に言語を共有する社会的共同体」と定義されている。

「同じ言語を共有するもの。」が民族であるならば、多くの在日国民はためらうことなく、韓民族と言えるだろうか?。国民として登録されているだけでは、真の意味においての同一民族とは言えない。数少なくなって行く第一世はさておいて、将来をになうべき第二、三世の現状はどうだろうか?。日本語が国語だと、何のうたがいもなしに考えている青少年が多いのが実情であろう。勿論外国に住む以上、その国の言葉の理解が必要であるのを否認する者ではないが、中国人やイスラエル人のように、自国の言葉に誇りを持ち、かつ伝統を尊重する主体性を我々は学ぶべきではないだろうか?。

我等の祖先は文化的先進民族であり、古代日本において政治・経済・文化等、各方面の実力者であった。問題は現在であり、未来である。「三十六年の恥」を深く反省し、輝かしい伝統を受けつぎ、栄光ある統一祖国の国民となるべき確固たる主体性を堅持して行くためには、まず正しい教育から出発すべきである。

正しい教育は二つの面で考えることができる。第一は、国語を習い使うようにすること。日本の学校の勉強だけでも精いっぱいで、とても母国語を学ぶ時間がないと言うのは理由にならない。外国に住む以上、二重の負担は覚悟せねばならないことであり、父母が平素、日常生活に国語を使用するなら、なんらの負担なく理解できるはずである。国語を教えるところはいくらでもあるし、もしなければつくればよい。要は意志の有無であろう。

第二は、自由民主主義の優越性を信奉せしめ、祖国の維新大業に自主的に参与するよう精神教育を強化すべきである。幅広い教育が必要で、偏向した思想教育を強要してはならない。

我等の祖国は、統一への離陸に成功した。言葉の通じない在外国民を、母国はいつまでもあたたかくむかえいれてはくれないだろう。一方的、偏向的教育だけを受けさせる父母も、受けているその子弟も同一民族、韓民族としての資格を失ないつつあることは明らかである。明日はすでにおそい。今すぐ正しい教育のため立上がるべきであり、韓民族としての誇りと資質をより高めねばならない。

婦人会ニュース

現代女性の在り方について

婦人会長　金　日　善

新しい希望と、より一層の発展を望む一九七三年。新しい年を迎え、謹んで祝賀の御あいさつを申し上げます。

今日、祖国では五千万我が民族が渇望していた祖国統一を、朴大統領閣下の英断と秀でた領導力に依り、平和的統一と国土開発、産業復興に邁進している本国国民と歩調を合わせ奮発しなければならない時だと思います。

特に、私達婦人運動は、いろいろ検討し、反省して新たな精神で道を歩まねばと考えます。古くから人口の半数を占める女性の質的向上なくして、社会の進歩は望めないと言われてきました。故にその国の政治の成・否は、女性の地位や意識水準を見れば判断できるといわれていますが、我々韓国女性の立場はどうでしょうか。表面的に、一部インテリ女性達や文化人達のはなばなしい活躍が目立っていますが、大多数、家庭婦人や労働婦人、今尚文明社会にかけ離れ、その日の生活のみ追われて精神的余裕すらない農村僻地の婦人達とは余りも対象的です。

我々在日韓国女性においては、一層切実な問題として質的向上を目指し、今一度自分の週辺や生活を振り返って見るべきだと思います。我々が日本における永住権を獲得したからといって、すべての問題が解決したとは思われません。如何に我々が日本に住んでいるとはいえ、あくまで祖国々家と韓国民族の立場で考え生活しないではいられないと思う。私達も、もっと目を広く見開いて、祖国の現状や世界の動きを知り、民族の主体性を高める為に努力し、国家の進む道に従って女性の力を合わせ民団発展の陰の力とならなければと思います。婦人の民族的自覚の高まりと質的向上が、すなわち、組織の強化であり、国家の繁栄と民族統一に固く結びつくと思われます。

最後になりましたが、平素の温かい御支援、御協力に感謝致します。祖国の繁栄と組織強化に前進する年であると共に皆様の御多幸をお祈り致します。

夢にのせて幸を

婦人会総務部長　朴　善　岳

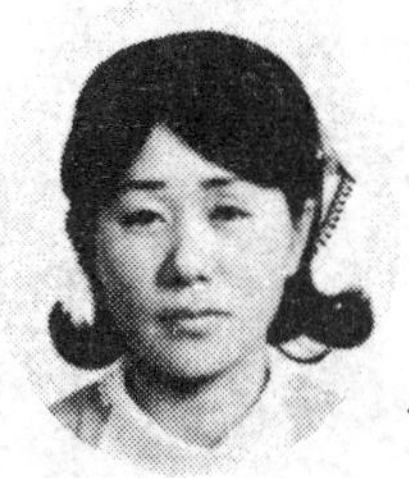

明けましておめでとうございます。

七三年は希望の年、皆様には素晴しい年でありますように、何時も新年を迎えるに当って、今年こそは〳〵と思いながら、一年また一年と過ぎ去って行きました。

〝山の彼方の空遠く〟と昔から私達は幸を求めて来ました。幸……良い言葉ですね。幸の夢が希望を生み、進歩につながるのではないでしょうか。アポロが月を征服し、電波の発達で女性を台所より解放させ、これも夢を製品化した賜物でしょう。

限りなき夢、それは私達に幸福をもたらせ、希望を与え、喜びを運んでくれる青い鳥ではないでしょうか。

皆様もきっと素晴しい夢をお持ちだと信じております。そして、夢に花を咲かせて下さいませ。今年も良いお年でありますように。

×　×

紅葉のような吾子の手
おもちのようにふっくらと
夢と希望を織り混ぜる。

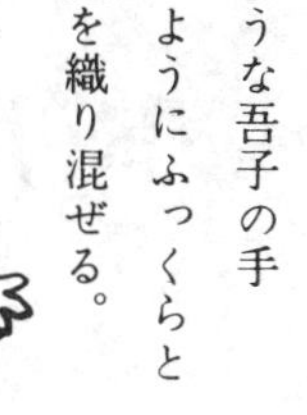

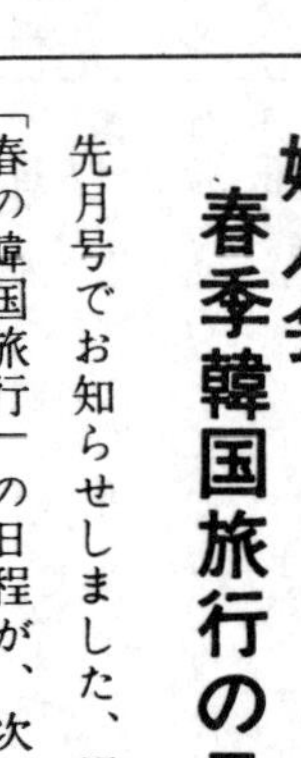

夢をいつまでも

婦人会財政部長　文　順　務

年末から年初にかけて、あわただしくまた、何となく新しい年に期待をかけて仕事に追われていますが、私たちは歳を一つとるたびに平素の家事に追われて、だんだん世帯じみて老けて行っているのではないでしょうか。

婦人会の活動を通じて、いくつになってもくる年に夢と希望を託して、心の若さを失はないようにしたいものと思っております。

婦人会新年会の御案内

一月二十一日(日)午前十時から、瀬田の船岩にて定例の新年会を開きます。会費二千円（当日持参）、各支部でお飲物を持参の上、多数御参加されるよう期待しております。

婦人会 春季韓国旅行の日程

先月号でお知らせしました、婦人会の「春の韓国旅行」の日程が、次のように決まりましたので、御希望の方は早めにお申込み下さい。

○日　程

○三月二十五日(日)　大韓航空の大型ジェット機で大阪を出発、ソウル着、一流ホテルで宿泊

○三月二十六日(月)　観光バスで江原道の名勝「雪岳山」観光後、雪岳山の一流観光ホテルで宿泊

○三月二十七日(火)　雪岳山を観光バスで出発、忠清道「温陽温泉」を観光後、ソウルで宿泊

○三月二十八日(水)　ソウルで解散後、自由行動

○申し込み

定員を二十名にしたいと思いますので　なるべくお早く婦人会各支部役員までお申し込み下さい。

国語を勉強しよう！

湖南支部　甲　昌　代

寒さがひとしお身にこたえるようになったと思ったら、早くもあわただしい歳末が来てしまった。アッという間に一年は終る。そう思うと出る物はため息ばかりですね……。そんなことで年々歳々が過ぎてしまいます。

さて、四十の手習いとはよく言ったものですが、毎週日曜日の夜、湖南支部水口分団では国文を習っております。なかなかむずかしいと私たちは思っておりますが、子供達はなかなか熱心です。でも淋しいことには、第一回目は三十人程、二回目は二十三人とだんだん人が少なくなり、先生は気の毒に思います。もっと熱意を持って、一人でも多く参加してほしいものですね。私たち韓国人は、もっと自分の国のことを深く知り、子供達にも教えることと思っておりますが、なかなか思うようにはまいりません。自分自身をもっと反省して、皆様共々頑張って行きたいと思います。

一九七三年は民団組織をさらに強化し
躍進の年としましょう

在日大韓民国居留民団
★滋賀県地方本部★

議長　金相浩
副議長　崔允鳳
監察委員長　宋学道
委員　卞璿燮

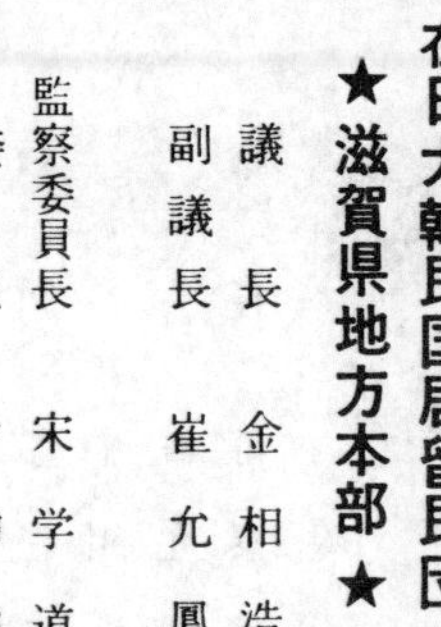

委員　趙晩寿

団長　趙鏞奉
副団長　安東爀

副団長　張双佛

事務局長　朴斗萬

総務部長　趙鏞根

組織部長　柳昌男

経済部長　朴石先

民生部長　朴鳳祚

宣伝部長　李国雄

常任顧問　権寧崙

常任顧問　李正来
顧問　姜相淙

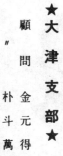

顧問　李且奉

顧問　柳在洪
〃　金奉弘

顧問　鄭輝元

顧問　権寧煥

★大津支部★

顧問　金元得
〃　朴斗萬

議長　金奉賛
監察委員長　尹永宰
団長　阿寿龍

副団長　朴永佑
事務部長　阿寿龍
総務部長　余敏奎

組織部長　金平浩

民生部長　金平浩
文教部長　朴永佑

★膳所支部★

議長　孫点世
監察委員長　李栄雨
団長　李且奉

★石山支部★

副団長 李相洙

総務部長 金麟兆
組織部長 李貞鏞

民生部長 洪福寿
文教部長 崔成龍
宣伝部長 朴成圭

顧問 鄭守洪
〃 金相浩
〃 崔九鳳
議長 権泰思

副議長 張成達
監察委員長 李国雄

★湖東支部★

副監察委員長 金謙吾
団長 趙鏞根
副団長 金煉泰

副団長 沈在萬
事務部長 張二達

経済部長 張二達
文教部長 卞壖燮
民生部長 白正根
組織部長 李正雄

議長 沈史変
監察委員長 金徳祥

団長 金在徳

副団長 李在孝
〃 李洛鳳

総務部長 李在孝
組織部長 柳達洙
民生部長 朴相律

文教部長 金在安

宣伝部長 金模東

★湖南支部★

議長 申且賛
副議長 李春火
〃 李誠洪

監察委員長 李成雨
副 〃 金基溶
〃 盧哲鎬

団長 朴洙性

副団長 宋月変
〃 権赫建
事務部長 盧哲鎬
総務部長 〃
組織部長 権赫建
民生部長 孫永鉒

顧問 宋学道
〃 柳在洪
〃 安東爀
〃 李正来
〃 権寧煥
〃 権寧崙

★湖北支部★

議長 鄭輝元

監察委員長　尹石凡

団長　李鍾潤

★湖西支部★

顧問　趙晩寿
〃　金点植

団長　金末述

副団長　李成基

議長　金承源

副議長　金周哲
監察委員長　韋漸復

副監察委員長　金永珠

文教部長　張一範

文教次長　金貴出
組織部長　趙炳和

組織次長　金順祚
宣伝部長　申順七

宣伝次長　金永祚
総務部長　金昌鎮

総務次長　金泰植

★堅田支部★

監察委員長　禹済文
団長　柳昌男

★今津支部★

議長　安宗鎬
監察委員長　金日起

団長　張師哲

副団長　安晩出
〃　金四岩
総務部長　鄭徳洙

★商工会★

顧問　趙鏞奉
会長　金相浩
副会長　権寧崙
〃　朴珠性
会計理事　卞璿燮
理事　金元植
〃　金在徳
〃　李正来
〃　李鐘潤
〃　趙晩寿
監事　金日起
〃　鄭輝元
地区委員　金千頭
〃　柳昌男
〃　尹永宰
〃　李宗基

★婦人会★

会長　金日善
副会長　張花伊
〃　鄭敬玉
総務部長　朴善岳
総務次長　鄭敬夙
組織部長　李俊子
組織次長　李南求
財政部長　文順粉
財政次長　李水鏡
宣伝部長　張武愛
宣伝次長　朴末熙
文化部長　権光子
文化次長　黄命順

厚生部長　申昌代
厚生次長　趙末岳
渉外部長　李南伊
渉外次長　崔順徳
青年部長　張百合子
結婚相談部長　金澄子
〃　次長　催日出子
〃　次長　朴石任
監査部長　権順英
監査次長　鄭旬子
常任顧問　朱南道
顧問　李学順
〃　黄次守
〃　金玉還

★韓国学園★

理事長　卞瑞燮
副理事長　趙晩寿
学園長　朴成圭
高島文校長　趙晩寿
理事　権寧崙
〃　李且奉
〃　宋学道
〃　金相浩
〃　李正来
〃　趙鏞奉
〃　鄭泰和
〃　崔允鳳
〃　金在徳
〃　金石載
〃　朴洙性
〃　李成雨
〃　李鐘潤
理事　安東爀
〃　金点植
〃　金善造
〃　李国雄
〃　君石凡
〃　明頼伸
〃　金奉弘
〃　金日善
〃　権順英
〃　申且賛
〃　鄭輝元
〃　金日起
〃　張師哲

★滋賀商銀★

理事長　李正来
専務理事　卞瑞燮
常務理事　李鍾潤
〃　金元植
〃店長　河炳林
〃支店長　鄭熙吉
理事　金相浩
〃　権寧崙
〃　柳在洪
〃　金在徳
〃　李福出
〃　大山敏夫
〃　金点植
〃　姜外秀
〃　安東爀
〃　金奉弘
〃　趙晩寿
監事　張隻佛
監事　朴洙性
〃　柳昌男

学園において韓国映画を上映しての子供達の感想文を一、二掲載致します。

韓国の映画を見て！

小六年　卞在瑞

『ソウルの町は大都市や』などと聞いていましたが、ほんとうにソウルは日本の東京なみに人口や工場もあり、ソウルもたいしたもんだなあと思った。

ソウルとは対しょうてきに、美しい緑にかこまれた観光地もあり、韓国はぼくが始めに思っていた予想以上に文化の発達しているよい国と思った。

韓国学校にくるまでは、日本人の人にぼくは韓国人だということを言えませんでしたが、今では少し考えが変って来ました。

あの映画で見た美しい韓国がぼくの祖国と思うとうれしくなって来ました。韓国人から日本人に変わる人はバカな人間だと思う。

ぼくもいち時日本人になりたいと思っていましたが、もうそんな気はありません。韓国の字を習って、りっぱな韓国人になろうと映画を見た時決心した。

我が国

中二年　裵千恵子

私の父は、二度国に帰りました。そのせいか、家でよく国の話を聞きます。話をする時の父の顔は輝いているように思います。

私は思います。『父は国を心から愛している』と。

父の話によりますと、韓国はあまり文化が発達してなく、後進国だそうです。しかし映画を見ていますと、日本とほとんど変りないと思いました。

父の故郷は釜山です。私は父の故郷を一度でいいから、この目で見たいと心から思っています。映画を見て、ますますこの思いは強くなりました。今まで時々韓国へ行こうという話が出ました。でもそれはむつかしいことだったのです。というのは私は十五歳になるまで父の籍に入ってなかったのです。やっとこの夏、父の籍に入り、名前も韓国名「裵千恵子」となりました。

私はこれからも「裵千恵子」をほこりに、我が国をもっとよく知り、父と共に、父の故郷釜山、そして韓国中を歩きたいと心から思っています。

編集後記

明けましてお目出とうございます。この月報も皆様のご協力を得まして、希望の年一九七三年新年号を迎えられたことを厚く御礼申し上げます。

さて新年号には、紙面の都合で商工人のプロフィル及び韓国の童話を休ませて頂きました。次に提出頂きました民団月報ならびに、商工会についての御連絡、お問合わせは左記事務所までお願いします。

◆大津市粟津町五ノ八
滋賀商銀内
編集人　滋賀県韓国人商工会
清水専務理事

謹賀新年

取締役社長 吉漸復（昌山漸復）
滋賀県高島郡安曇川町南古賀
昌山建材
☎（〇七四〇九五）(38)二五八一一二（有線）

取締役社長 金点植（大山仙吉）
滋賀県高島郡安曇川町西林
株式会社 大山建設
☎（〇七四〇三）(2)一二二一㈹

代表者 趙鏞根（山川文吉）
大津市粟津町
南大門
☎（〇七七五）(37)一二四八

代表者 尹永宰（金田政義）
大津市鏡ヶ浜五ノ一
レストラン 琵琶湖園

代表者 卞璘燮（清水啓治）
大津市栄町六ノ二九
ビクトリヤパチンコ店
☎（〇七七五）(37)一三二六

取締役社長 朴洙性（新井皓一）
滋賀県甲賀郡甲西町大字三雲
新井材木店
☎（〇七四八七）(2)〇〇四五

取締役社長 金千斗（島田敏朗）
滋賀県栗太郡栗東町出庭
三陽コンクリート工業株式会社
☎（〇七七五五二）〇九二三㈹

代表者 権寧煥（吉川政男）
草津市橋岡町名林
土蔵組
☎（〇七七五八）(2)二三五四

代表者 張二達（玉山盛雄）
大津市御殿浜
玉山プラスチック工芸加工
☎（〇七七五）(37)五三七五

取締役社長 金日起（鈴木起次）
滋賀県高島郡今津町
株式会社 鈴木商会
☎（〇七四〇二）(2)二一〇一㈹

取締役社長 金相浩（金原久雄）
草津市南笠町
湖南電機株式会社
☎（〇七七五八）(2)二〇〇一㈹

取締役社長 李正来（松山峰芳）
滋賀県野洲郡野洲町野洲
野洲川建設株式会社
☎（〇七七五八）(7)二一三一㈹

謹賀新年

取締役社長 李鐘潤（木原繁治）
彦根市柳町
株式会社 城東バルブ製作所
☎（〇七四九二）(2) 一三〇二㈹

代表者 金元植
近江八幡市仲屋町元
モナコ遊技場
☎（〇七四八三）(2) 三七七八

取締役社長 崔永大（高山義雄）
滋賀県栗太郡栗東町高野
高山観光株式会社
☎（〇七七五五）(2) 二六一一㈹

代表者 柳在洪
草津市大路町
草津飯店
☎（〇七七五六）(2) 〇八一一

取締役社長 金基溶（金田庄吉）
滋賀県甲賀郡信楽町大字長野
株式会社 金田工業所
☎（〇七四八八）(2) 〇八二五㈹

代表者 崔允鳳（高山一郎）
大津市粟津町石山駅前
ビクトリヤパチンコ店
クイン喫茶店
☎（〇七七五）(37) 一〇六〇

取締役社長 安東爀（安田東爀）
守山市立入町三三四ノ一
安田建設株式会社
☎守山 五一一一～五一二〇

取締役社長 李三竜（岩城三竜）
滋賀県甲賀郡水口町
有限会社 甲賀建設
☎（〇七四八六）(2) 一五三四

取締役社長 李命岩（桑村清）
大津市大門通り八ノ三
桑村産業株式会社
☎（〇七七五）(23) 〇六七八

代表者 朴成圭（新井成夫）
大津市瀬田神領町
湖国商会
☎（〇七七五）(45) 二〇二九

取締役社長 権寧崙（権田行夫）
草津市草津二丁目五ノ三四
草津清掃社
☎（〇七七五六）(2) 二二七四

取締役社長 趙晩寿（福島晩寿）
滋賀県高島郡新旭町新庄
福島土木工業株式会社
☎（〇七四〇二五）二〇一五・二〇一六

滋賀
民団月報
第 6 号
発行所
在日本大韓民国
居留民団
滋賀県地方本部
団長　趙鏞奉
大津市島の関 9—5
電話　大津24－3639

成人式開かれる

新春恒例の成人式を、滋賀県本部では五年前より、居留民団主催で祝賀行事を挙行しております。今年成人を迎えた若人五十四名の祝賀式典が一月十五日、民団本部で盛大に開催されました。成人式は午前十一時から開式、民団事務局長の司会のもとで、趙鏞奉団長の挨拶、姜相淙、柳在洪顧問代表、京都教育文化センター所長、大韓婦人会々長の激励の祝辞につづき、洪炯圭先生の韓国人としての自覚の講演のあと、団長よりひとりひとりに祝状と記念品が贈られた。そのあと成人を代表して崔勝七君より答辞を述べたあと、宋学道監察委員長の閉式の辞で式典が終り、つづいて民団・婦人会の合同で祝賀パーティが、なごやかな雰囲気のなかで開催された。

左の写真は、そのときの模様である。

＜団長より祝状授与＞

＜祝賀パーティ＞

―お知らせ―

◆老人福祉法改正に関して

御承知の通り、今度老人福祉法が改正され、一九七三年一月より七十歳以上の老人が負担していた医療費を、健康保険に加入して居る者に限り、日本政府が負担することになりました。七十歳以上の該当者の中で、健康保険にまだ加入していない者は早く市町村役場の国民健康保険課に加入手続をして下さい。特に同改正法の適用対象の範囲及びその他具体的なことは、市町村役場の厚生部老人福祉係に外国人登録済証明書、印鑑、国民健康保険証を持参して手続をして下さい。

＜民生部＞

今年度初の三機関及び支部団長会議開かる

一月五日午前十一時より、今年度はじめての連席会議が開かれた。挨拶に趙鏞奉団長より今年度の活動方針の説明があり、会議のあと新年の初出を祝った。

各支部・傘下団体 新年会盛況

今年、七三年は祖国平和統一の前進、民団組織と傘下団体との組織強化、団結のため各支部、傘下団体の新年会が盛大に各地域で開催されました。

一月七日　堅田支部　ビワコタワー
一月八日　湖南支部　泰豊
一月十六日　膳所支部　金波楼
一月十日　商工会　船岩
一月十八日　滋賀商銀　船岩
一月二十一日　大韓婦人会　船岩

第一七七回近畿協議会が和歌山県双子岳で開かれる

一月十六日午後一時より、和歌山県双子岳に於て第一七七回近畿協議会が開かれた。滋賀県地方本部より趙鏞奉団長、朴事務局長が出席、中央委員会開催に関する件、組織強化に関する件を近畿協議会事務局長＝姜桂重氏(大阪本部団長)の中心のもとで討議された。

躍進を続ける！ 皆様の滋賀商銀

昨年は皆様の御熱心なる御力添えに依りまして、当商銀も画期的な躍進を致しました。一昨年十月、執行部の入替えから僅か一年足らずで、実に倍額の七億四千万円の預金が増えました。これを見ましても、やれば必ず皆様が答えて下さることが、はっきり証明されたと思われます。

尚、商銀は改善せねばならぬ点が多々残されておりますが皆様の声を聞いて、一つ一つ前進したいと思って居ります。また日掛預金を見ましても、現在二六〇口の内、日本人が大部分で、韓国人は僅か六〇口にすぎません。これは、はっきりと我々役職員の努力の足らぬところで深く反省し、浸透につとめたいと思って居ります。どうかよろしくお願い致します。

因に四十七年十二月末の成績をお知らせ致します。

46・10・18　預金高　九一、二〇〇万円
47・3・31　〃　一一〇、四八〇万円
　　　　　増　一九、二八〇万円
47・12・31　預金高　一六六、一三二万円
　　　　　増　五五、六五二万円
　　　　　増計　七四、九三二万円

四十八年一月十八日
滋賀商銀

第2回経営教室ごあんない

人手不足の対策
人事・労務管理について

最近の人手不足は我々企業人にとっては深刻な問題であります。不足する人手をいかにして集め、そして最大限の活用をするかが、企業の成否の鍵となりつつあります。

今回は人事管理・労務管理について、滋賀マネジメントセンターの東野良一先生に講習をしていただくことになりました。県下商人の皆さんには企業発展のため、奮って御参加下さるようご案内いたします。

◆日　時　一九七三年二月二十日　午後二時三十分

◆会　場　滋賀商銀　会議室

◆受講料　無　料

〈商工会〉

★税務相談

二月二十日午後一時から、昭和四十七年度確定申告についての税務相談を受けますので、御希望の方は滋賀商銀までお越し下さい。

〈商工会〉

韓国旅行を終えて

滋賀商銀専務　清水啓治

石山観光協会のメンバーを中心にした商銀主催韓国旅行団一行二十二名は昨年十一月十三日、バスで商銀を出発し、伊丹から釜山、慶州、大邱、ソウルと四泊五日の旅を終り、無事予定通り十一月十七日金浦から帰って来ました。

特にこの度は日本人が多く、初めて韓国の姿を見た人が大部分で、驚く程の発展振りと、秋空に澄み切った美しい青空、美しい空気、行先々の観光地の手入れの行届いた清潔さ、又新羅時代に栄えた古都慶州、奈良朝文化をもたらした一三〇〇年前の昔をいみじく彷彿させられるものがありました。

多くの日本人に、今日の韓国を見て頂き、イメージを新たにしたものと思い、少なからぬ効果があったものと喜んで居ります。

婦人会だより

新年会をかえりみて

大津支部会長　李　南　伊

一月二十一日、恒例の滋賀県民団婦人部の新年会が石山の〝船岩〟で斯も盛大に開かれ、会員の方々も九十数名とか、多数御参加下さいまして、役員始め私共一同喜びに絶えません。

新年会の際に、遠くは湖北・湖東・湖西・湖南・今津その他各支部より、遙々と御参加下さいました。各支部の方々とお顔を合わすのは、年に二～三度しかございませんので、懐しいお顔を拝見できた嬉しさは、口に言い表わしようがございません。

平素、家事に追われた忙しい身ですが、その日はその忙しさから解放され、思う存分楽しく過ごすことができました。我が祖国の民族衣裳を身にまとい、歌ったり踊ったり、そして楽しい語らいもできました。これも一重に本部会長始め、各役員の方々の並々ならぬ御計らいの賜物と存じます。

この楽しい出来事を胸に、これからも本部各支部が一体となり、組織的強化に努力しようではありませんか。そして、このような楽しい集いには、いつもの顔ぶれだけでなく、新しいお顔も拝見できることを心から望みます。

併わせて皆様の御多幸をお祈り申し上げます。

喜びの歌

李　南　伊

明日に向かって
みんなで歩いて行こう
今
この楽しいひとときに
悔いなんてあり得ない
四季も
明日に向かって
歩いて行く者のためにある
太陽も
明日に向かって
歩いて行く者の上に昇る
だから
喜びのために
私たちは
この世に生まれてきた……

婦人会本国旅行 申し込み・費用について

先月号でお知らせいたしました本国旅行の申し込みは二月二十五日にて締切らせて頂きますので、お早く各支部長までお申し込み下さい。費用は七万円です。なお、今回の旅行では特別、境界線三十八度線板門店の見学を予定しております。

会員の皆様、多数御参加下さい。

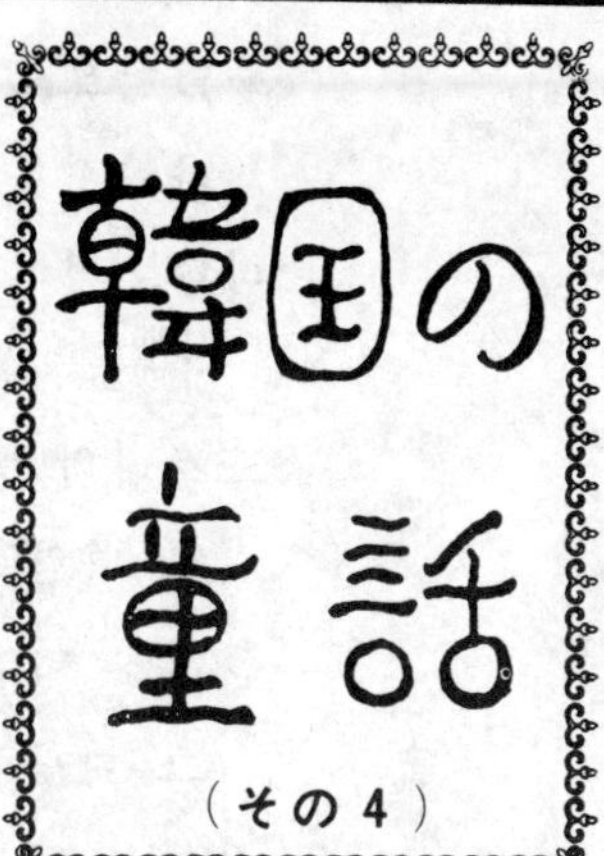

다람쥐의 은혜

옛날 어느 산골에, 늙은 부부가 외롭게 살고 있었어요.

할아버지는 짚신을 삼아서 팔고, 할머니는 이웃집 절구품을 팔아서 겨우 지냈어요.

어느 날이었어요. 할머니가 뒷동산에 올라갔다가, 족제비가 어린 다람쥐를 물고 달아나는 것을 보았어요.

할머니는 얼른 돌멩이를 주워 족제비를 때려 쫓고, 다람쥐를 구해

주었어요.

다람쥐를 안고 집으로 돌아와, 아랫목 따뜻한 곳에 솜을 덮어주었더니, 얼마 뒤에 다람쥐는 기운을 차렸어요.

두 늙은이는 죽을 뻔한 다람쥐가 살아난 것을 기쁘게 생각하고, 도토리와 밤 같은 것을 구해다 먹이며 귀엽게 자식처럼 길렀어요.

이 다람쥐가 한 해쯤 자라더니 새끼 다섯 마리를 낳았어요. 두 늙은이는 더 귀엽게 여겨 잘 길렀어요.

그 다람쥐가 또 잘 자라서, 또 새끼를 치고, 또 그것이 새끼를 쳐서, 십 년 사이에 여러 백 마리가 되었어요.

집 안은 물론 집 밖에도 다람쥐가 우굴우굴 했어요. 자식도 없는 늙은 부부는 늘 흐뭇한 마음으로 다람쥐를 벗삼아 지냈어요. 이젠 하나도 외롭지 않았어요. 다람쥐들과 놀면 괴로움도 사라졌어요.

어느듯 두 늙은 부부는 더 늙어서 이제는 눈까지 어두워, 짚신도 삼지 못하고, 품팔이도 할 수 없어 살림이 더 말할 수 없게 되었어요.

어느 날, 할아버지는 다람쥐들을 모아 놓고 눈물을 흘리면서,

"우리 두 늙은이가 자식이 없어 손수 벌어 먹고 살아왔는데, 이제는 기운이 없어 품팔이도 못하게 되었다. 이런 어려운 처지에, 너희들까지 먹여 살릴 수가 없게 되었구나. 그러니 너희들은 산으로 돌아가서 너희들끼리 살아라. 우리 두 늙은이는 그저 이럭저럭 살다가 죽으면 그만이지만, 너희들을 굶길 수는 없다."

다람쥐들은 할아버지의 말을 듣고, 모두들 눈물을 흘렸어요. 그러나가 어디론지 나가버렸어요. 두 늙은이는 더욱 가엾은 생각이 들어 눈물만 흘리고 있었어요.

이윽고 저녁때가 되었어요. 어디로 나갔던 다람쥐들이 하나씩 둘

석 다시 집으로 들어왔어요. 보니, 모두들 입에 곡식을 한 입씩 물고 방으로 들어와서는 토해 놓았어요. 그 수 백 마리 다람쥐가 물어 온 곡식은 잠깐 동안에 여러 말이 되었어요.

할아버지와 할머니의 놀라움과 기쁨은 이루 말할 수가 없었어요.

"너희들이 이 늙은이에게 은혜를 갚는구나. 우리를 굶어 죽게 하지 않으려고 쌀알을 물어 왔구나. 그렇지만 남의 것을 훔쳐 왔으면, 그것을 우리는 먹을 수가 없다. 차라리 깨끗이 굶어 죽겠다."

할아버지가 이렇게 말하자, 다람쥐들은 일제히 고개를 저었어요.

할아버지가 밖에 나가 알아보니 그 곡식은 남의 것을 훔쳐온 것이 아니라, 여기 저기 흩어진 것을 물어온 것이라는 것을 알고, 할아버지는 더욱 기뻐했어요.

"고맙다, 다람쥐들아. 너희들은 자식보다도 낫구나."

할아버지는 다람쥐들의 머리를 쓰다듬으며 눈물이 글썽해졌어요.

그 뒤에도 다람쥐들은 날마다 양식을 벌어가지고 와서, 두 늙은이는 걱정없이 살아 갔어요. 몇 해를 살다가 병이 들어 세상을 떠날 때, 다람쥐들에게 유언을 하기를,

"내가 죽으면 뒷동산에 묻어다오. 너희 들의 신세를 많이 지고 간다."

하고 말하고 세상을 떠났어요. 다람쥐들은 늙은 할아버지와 할머니가 세상을 떠나자, 모두들 슬퍼하며 유언대로 뒷동산에 산소 자리를 파 놓았어요. 마을 사람들이 이 모양을 보고, 늙은 부부를 잘 장사 지내 주었어요.

그랬더니 다람쥐들은 밤과 대추와 호도같은 것을 많이 물어다가 산소 앞에 놓고, 제사를 지내고는 산 속으로 들어가 버렸어요. 이렇게 다람쥐들도 사람의 은혜를 갚았다는 이야기여요.

商工人のプロフィール

韓国料理で繁盛する 石山南大門

趙　鏞　根（山川文吉）氏

氏が大津市粟津町十六―六に"南大門"の看板で店を出されたのはオリンピックの前の年で、すでに十年を経過、だんだんとハクがついて馴染みもでき、経営も順調なようであります。

（張　順子夫人）

氏は当年五十一才、慶南山青郡矢川面内公里出身であります。

昭和十七年に、片言覚えた日本語をたよりに、日本に渡ってきて二十二才、木之本町にある辻倉鉱石㈱でしばらく仕事をやりましたが、労働がきつく、そこを逃げ出して一週間も山の中をさまよったこともあったと、当時の苦しみをいかにも楽しげに話される点など、氏の明朗性の一面がよみとれます。この性格がこの店の繁昌につながっているのでしょう。

戦後一時、第一工業㈱を協同で設立して鉱山業をやったこともあるが、喰いもの商売はくいはぐれがなかろうと、ホルモン料理「万福」を営業、勿論現在でも張順子夫人の腕によりをかけての料理が人気をよんでいます。南大門においては二女・喜代子嬢、三女・幸子嬢が華々しく家業をとりしきっていて、時たま大阪経済大学三回生の国済君も手伝って、一家総出のサービスぶりであります。

この力強いバックにささえられて、氏は現在、民団本部の総務部長として、石山支部団長として僑胞の生活の連帯と組織化に努力されておられます。氏はゴルフが趣味で六年のキャリアの特主、近江カントリーの会員です。

いつのサンケイ新聞であったか"好きな店"としての標題で、氏の経営する石山南大門が紹介されていた。

推薦されていた人は、県庁の広報課長で、林なにがし氏と記憶している。その人の言葉を借りると、ニンニクをたっぷりと使った肉料理は、スタミナ源として捨て難く、その味の魅力にとりつかれたと。

店は国道一号線、高架道路の下をガレージがわりに使えるのでマイカーでも便利。店内はこざっぱりしていて、家族づれでもゆっくり食べられる。とにかく、安くてうまくて、気分のいい店だ。私の知っているかぎり、こんなところはほかにないと最高のほめようでありました。

東洋レーヨン、日本電気などにきた韓国からの研修生等、必ずや氏の店に訪づれて、やっと本国の味にありつけたとか。

愛妻家人間性豊かな
蓬来亭
店主 張　雙佛（玉山仁一）氏

氏の奥さんである李敬順夫人が、明日をも知れぬ病に倒れて一年と十ヶ月、この間、我が身を捨てての献身的な看病が天に通じてか、夫人の病気も除々にではあるが回復にむかっているとの事です。

氏の愛妻家は周囲のもっぱらの評判となっており、この前も婦人会のある人が〝表彰ものですよ〟などと言っているのを聞いたことがあります。

現在、自宅は大津市御殿浜にありますが、石山の目抜き通りに〝蓬来亭〟の看板をかかげて飲食店を経営されております。店は、こじんまりとしていますが、お客さんはいつもよく入っていて仲々の盛況の様です。今は長男の一満氏が店のやりくりをしており、氏も安心してまかせております。

氏は、慶南昌原郡大山面北部里の出身で、現在五十四才、日本には大正十三年、四才の時に渡ってこられた。それから五十年、県内同胞の中では最も永く日本に在住されている一人であります。

こちらで尋常小学校を卒業、青年学校で学び、当時入社が困難であった三菱造船所に入社、終戦までそこで働き、終戦後、ビクトリヤパチンコ店経営の崔允鳳氏、石山南大門経営の趙鏞根氏等と共に第一工業㈱を設立、代表取締役としてマンガンの採掘・販売を営業、五年間程やられたが、マンガンの質があまりよくなく、経営としてもおもしろみがないのでやめました。その後、二〜三の事業をやられたのですが、いづれもかんばしくなく、現在、大広商事の役員として四年前から不動産関係の仕事をされている。勿論ホルモン料理の蓬来亭は氏のサイドビジネスとして営業、十五年以上となる。

氏には、かくれたエピソードも多々あり、かつては大臣級の人との面識もあって、東京赤坂の花柳界で散財したとの話もあります。また俳句を作って雑誌「花操」に投稿されている俳人でもあり、剣道の達人でもあります。

氏は現在、民団の副団長として、また商銀の監査等非常に多忙であります。夫人の病気が一刻も早く全快されることを祈り、何の心配もない状態でさらに氏が活躍されることを期待して。

悠々と自営の
ビクトリヤパチンコ
喫茶クイン
店主 崔　允鳳（高山一郎）氏

氏が経営するビクトリヤパチンコ店及び喫茶クインは、場所的に非常に恵まれた国鉄石山駅のま前にあって、常に店内は客でいっぱいであります。む論、これは氏の経営のやり方が客を満足させているに他ならないのですが、ところが此の度、大津市都市計画で道路の一部として遊技場の約半分ががかかってしまって、氏もずいぶんと頭をいためているようであ

（十面上段へつづく）

ります。

いずれにせよ、この一等地の処理については氏の持ち前の才覚で、立派に市と交渉されて、よい結果をみちびきだされるでしょう。

氏は、慶南蔚州郡上面吉川里出身で、当年五十三才です。

昭和十六年、二十一才の時、弟や妹をひきつれて日本に入国、三重県鈴鹿で土方や農業をやり、一家の生活をささえてきましたが、終戦後、石山にきてこちらで張氏、趙氏等と共に第一工業㈱を協同で設立したが、事業そのものが思わしくなく解散、当時、野球ブームであったので、野球のバットを製作・販売、学校にも持ち込んだが、学校も金まわりが悪かったのか、とうとう集金出来ずじまいであったとか。

張　武愛夫人

パチンコが子供の世界から大人の世界に入りこんできたこの時、これはいけると、昭和二十八年、現在のビクトリヤパチンコ店を設立、石山では一番のしにせであります。パチンコ台二二〇台、年二～三回パチンコ台を交換、従業員は喫茶クインを含めて十八名、現在悠々と営業をしております。

崔　守煥君

氏は特技があり、玉突きはプロ級の腕前であります。また昭和二十四年頃には県下の僑胞の間で相撲大会などがよくあり、県の大会で優勝された経験があります。

現在、民団の副議長として、本部に週に一度や二度は必ず顔を出しておられ、張武愛夫人も婦人会の宣伝部長として、共に民団発展のため力をつくしておられます。

愛娘の紀子嬢は、本国の利花女子大学に今年度三月に入学することがきまり、長男の守煥君は、ソウル大学法学部に入学するため、目下頑張っております。

氏は、一人息子の守煥君に早く嫁をとって家をつがせたい意向のようであります。

❖　❖　❖

民団月報締切日変更のお知らせ

編集の都合上、三月号からは、原稿の締切りを**前月の二十日**（従来は二十五日）に繰り上げることとなりましたので、御協力をお願いします。

編集後記

商工会会員名簿は二月十一日に発行の予定でしたが、各地の地区委員の方が目下編集中ですので、約一ヶ月発行日を延期します故、御諒承下さい。

また、名簿未提出の方は、至急お送り下さるようお願いします。

滋賀 民団月報

第７号

発行所
在日本大韓民国
居留民団
滋賀県地方本部
団長　趙鑑奉
大津市島の関９―５
電話　大津24―3639

幹部教養講習会開催

二月十一日、民団本部に於て幹部教養講習会を開催した。対象者は民団本部三機関・各支部・分会役員、傘下団体では婦人会・商工会・信用組合・学園役員、六〇余名が参加して熱心に講義をきき、今後の民団組織に対する大きな成果をあげた。

講義には

一、反共論
二、資本論批判
三、国難を克服した歴史から見た韓国進路
四、対南戦略と対共闘争史
五、十月維新と祖国統一

また総連対策では、対象を総連の民団破壊攻勢の現状にしぼり

一、総連対策の必要性と緊急性
二、総連の民団破壊工作のための口実とその現況
三、総連の民団破壊工作の歴史的経過
四、最近の動向

以上の講義の後、民団の発展を祝してパーティが開催された。

講師　直寧柱　先生
〃　朴性鎮　先生

母国訪問団出発

毎年、民団事業の一端として、三・一節記念本国式典に参加するため母国訪問団を構成して居りますが、今年も十七名が二月二十七日、伊丹空港より出発致しました。

今年は特に三分の二以上が初行者であり、年々めまぐるしく発展している我が祖国を初めて見ることができ、また永年わかれわかれになっていた親族・親戚にも逢えたと大へん喜んでおられました。

議決機関 本国に於て受講

今度、議決機関の講習会が本国に於て開催されることになり、滋賀県地方本部からは議長の金相浩氏が参加して下さいました。

◆受講期間は二月二十六日より二月二十八日の三日間

受講期間中

一、維新憲法下初めての国会議員選挙投票場の見学
二、南北赤十字、調節委員会の担当官の直接講義
三、関係要路の礼訪

講義の後、三・一節記念式典に参加。

華燭の典

新郎　李　松雨君（李鐘明氏長男）
新婦　金　春子嬢（金点植氏長女）
日時　一九七三年二月二十五日
場所　琵琶湖ホテル
大津市柳ケ崎に於て盛大に挙行された。

新郎　金　正行君（金烔文氏長男）
新婦　柳　徳順嬢（柳守甲氏四女）
日時　一九七三年三月五日
場所　ホテル紅葉

新郎　朴　永吉君（朴再福氏次男）
新婦　李久美子嬢（李敬出氏三女）
日時　一九七三年三月四日
場所　桃園亭

一月二十八日、張敬順氏（民団本部副団長張双佛氏の姉）二男李清君の結婚式が自宅　大津市御殿浜にて盛大に挙行された。

商銀彦根支店開店

四年越しの難産を続けて参りました念願の彦根支店が、昨年六月から地元の木原常務の肝入りで建築にとりかかり、立派な明るい二階建の白亜の殿堂がくっきりと空高く「滋賀商銀」と看板も鮮かに完成致しました。

二月十四日に当局の内認可を得、二月十六日本認可下附、二月十九日当局の参席の下、神式の儀に依り厳粛な開店式を行ないました。

引続いて二月二十六日には各理事参席の上、韓国信用組合協会専務理事張聡明氏、大阪興銀副理事長金容載氏等、各界代表多数御臨席を抑ぎ、なごやかな披露会を催しました。尚、全国商銀関係及び県下皆様から多額の祝預金を載きましたことを合わせて御礼申し上げます。

〔彦根支店〕
彦根市元町二番三号
電話　〇七四九二—③—六四八一

この度、商銀に新卒者が二人入社しました。皆様に御紹介します。

●李栄雨（池田栄一）横浜第一商業卒業
●朴美叡（新井清子）県立大津商業卒業

二人とも名門校を優秀な成績で卒業されました。将来を属望される立派な青年であります。私達の二世として立派に育てたいと思います。何れ皆様にも御目にかかると思いますから、温い親心で御導き下さい。

商工人のプロフィール

山と取組み前途洋々たる 国本建設株式会社

代表取締役 李春大（国本春吉）氏

県下でも数少ない六十万円もするTI9、米国製のブルドーザーを筆頭に、最新のブルドーザー十六台が昼夜休みなく石部の天狗山、甲西の石ビキ山、菩提寺の山、それぞれ三つの山を、只今征服中であります。

これ等の山の土砂・石材等をとり尽すには、あと二十年はかかるだろうとの事ですが、現在これ以外に三億円もの県工事を進めており、企業活動は活発であります。

国本建設株式会社は資本金四千万、従業員八十四名、下請業者四社をもち、営業は土木工事全般と他に砕石、砂利類、山土砂、石材一式の販売、重機械工事等扱う総合建設業で、年商十五億の中堅どころであります。近々に砕石プラントを新設して、クラシヤラン(製品名)の販売も予定しているとの事です。

ビワコ総合開発計画が進められようとしている現在、その立地条件から云って前途洋々たるものがあります。

氏は一九二四年生まれで当年五十才、忠清北道中原郡蘇台面中青洞の出身であります。

金三連夫人

十九才の時、日本に渡ってきて以来、土木関係の仕事に従事、昭和二十八年に国本組を創り、土木業者として名を連ねた。昭和四十三年に今日の国本建設株式会社として法人組織にする迄は、いろいろ行きづまった点もあり、氏の苦労もひとしおではなかったかと思いますが、生まれながらにしての楽天的な性格が、問題を簡単にかたづけて今日の繁栄をあらしめているのです。

氏は持論として、子供にはあまり財産を残すべきではない。財産があることによって、子供は逆の面に走りがちで、お金さえあれば何んでも出来るのだと思わせたくない。

金三連夫人との間には、四男二女の子宝に恵まれています。子供の教育については、先にのべた観点から気を使っているようであります。長男の辰雄君（二十一才）、長女の勢輝子嬢（二十三才）はすでに高校を卒業して、会社の事務員として父の社長を助けております。

李勢輝子嬢

氏は現在、民団湖南支部の副議長としての要職にもあり、僑胞の生活向上に尽力されております。ゴルフは近江カントリーの会員になっていますが、仲々行く機会がないとのことです。

ビワコ総合開発計画工事に戦略を練る……

安田建設㈱ 富士生コンクリート㈱

社長 安東爀（安田東爀）氏

奈良工場に一億二千万、陸センプラントに壱千万、ヘドロ処理に一億二千万、事務所八千万、王寺生コンプラントに六千万、用地買収に一億二千万、自動車に二億と云った具合に、本年度中に少なくとも五億から七億程度投資して、年商百億迄持って行くようにしないとビワコ総合開発工事に対処出来ないし、一般ユーザーに対しても供給不足となり、めいわくをかけることになるのだと、生コンの使用量もとなりの京都と比較した場合、現在迄は東京一〇〇に対し、滋賀県は二〇程度であったのが、これから以降京都一〇〇に対する滋賀県一二〇、三年後にはビワコ総合開発工事もあり、京都一〇〇に対する、滋賀県は二〇〇となるだろう。ビワコ総合開発工事予定が四千三百億、その三〇%の一千三百億が生コンクリートの費用として、その三〇%を自社で確保するとして約四百億といったあんばいで、ぽんぽんと次から次へと大きな数字が飛び出して、実業家としての氏の緻密な頭脳とすぐれた判断力と、スケールの大きさの一端をみせて頂くことが出来ました。

安田建設㈱・富士生コンクリート㈱本社

国内でも七~八番、近畿では一番の能力をもつ生コンプラントを持ち、砂利採集から生コン製造迄の一貫生産システムで、品質はJISマークの表示工場がしめす通り充分に保証され、ユーザーに対しては納期を守り、絶対にめいわくをかけたことがないという長年の実績が信頼され、信用されて現在、県下では最大の需要地帯である湖南地区において、大手の小野田、住友を押しのけて三〇%のシエアを占めております。

安田建設㈱、富士生コンクリート㈱、資本金二千四百万、本社・本社工場を守山市におき、奈良県に支店、王寺工場をおき従業員二百二十名、生コン車百台、営業は土木が十五%、砂利生コン関係が八五%で、年商二十五億の県下ではトップクラスの総合建設業であります。本国にも二十五万ドルの滑走路工事等請負いその業績はよく知られているところであります。

氏は忠清南道論山郡上月面出身で、当年四十六才。一九四三年、徴用で日本に入国、炭鉱労働に従事、終戦後、運送会社で働いておりましたが、期するところがあって昭和二十五年、砂利採集を始めたのが今日の前身であります。

昭和三十五年に安田建設株式会社の法人組織にあらため、建設ブームを背景に大きく発展し、今では県下の僑胞の実業家の中では一、二を争うところ迄になっております。

田中角栄総理に似たタイプの人、と記

者は印象づけられたが、仲々太っ腹でスケールの大きな実業家という感じの人です。

現在、大津生コンクリート協同組合の理事長、滋賀生コンクリート協同組合副理事長としての要職にあり、この組合をして全国的にも百近くある生コン組合の中で、一番強い組合として知られております。

富士生コンクリート㈱本社工場

それは、氏の名前の東爀をもじって、「東爀方式」なるイズムの実践によるからであります。組合員全般の金融面、仕入、販売等の営業政策面において「東爀方式」が徹底されているからであります。

許鳳仙夫人

遠く関東方面からもこの方式を学ぶため大学の先生方がよくみえられるとの話もききます。

繁忙な氏は、民団の副団長としてもよく僑胞の組織をまとめて、組織向上の全般に渡って気をつかわれています。

家族は、母親の揚徹順（七十一才）と許鳳仙夫人（四十一才）と一男一女があり、長女の基淑さんは昨年他家へ嫁入りし、長男の基佰君（二十一才）は近畿大学土木科に勉学中であります。

氏の碁は初段の腕前、ゴルフはハンディ十六、八日市・日野・近江・皇子山・ミカノ原カントリーの会員です。

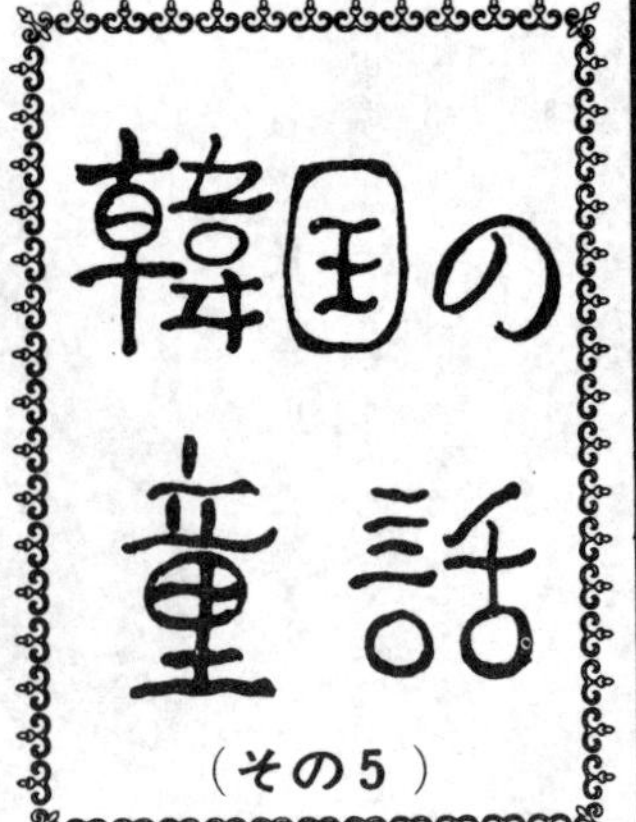

떡　　보

옛날 어느 곳에, 술을 좋아하는 사람과, 떡을 좋아하는 두 친구가 있었어요. 그런데, 술을 좋아하는 친구는 떡을 좋아하는 친구를 만나기만 하면 늘 이렇게 빈정댔어요.

"남자란, 술을 먹을 줄 알아야 하네. 그래야 친구도 사귈 수 있고, 또 출세하는 법이야. 영웅과 호걸치고 술 못 먹는 사람 보았나? 그러니 자네도 술을 배우게. 그래야 나하고 같이 먹을 수도 있지 않나, 자네는 밤낮 어린애처럼 떡만 좋아하니, 다른 사람이 보면 미련한 놈이라고 손가락질을 하지 않겠나. 떡을 꾸역꾸역 먹고 있는 꼴이란 정말 미련하기 짝이 없네. 그러니 자네도 이젠 떡 대신 술을 먹게."

"고맙네. 그럼 자네 말대로 나도 떡을 먹지 않고 술을 먹겠네. 그러면 자네처럼 똑똑해 보이겠지."

"그야 물론이지. 떡 좋아하는 사람에 대겠나."

떡 좋아하는 친구는, 술 좋아하는 친구의 말을 듣고 술을 마시기로 결심했어요. 며칠이 지난 뒤, 다시 두 친구가 만나게 되었어요. 그래서 떡을 좋아하는 친구가,

"자네 말대로 술을 먹었더니, 참 맛이 훌륭하데."

하고 자랑삼아 말했어요.

"그래 얼마나 먹었나?"

술 좋아하는 친구가 물었더니,

"다섯 개 먹었지."

하고 얼른 떡 좋아하는 친구가 대답했어요.

술 좋아하는 친구는 그 말을 듣고 웃으며,

—1262—

"자네가 또 떡을 먹은 것이 분명하이. 만일 술을 먹었으면 다섯 잔 이라고 할 텐데, 떡을 먹었길래 다섯 개라고 말하는 것이지, 그런 거짓말이 어디 있나? 사람 속이지 말게."

하고 또 놀려 주었어요. 떡보는 무안을 당하고, 다음에는 꼭 술을 먹고 오겠다고 장담을 하고 헤어졌어요.

이튿날 또 두 친구가 거리에서 만났어요. 떡보는,

"이번에는 정말 술을 먹고 왔네."

하고 자랑을 했어요.

"그래. 그럼 안주는 무엇을 해서 먹었나?"

술 좋아하는 친구가 의심스러운 눈으로 물었어요. 그랬더니 떡보가 얼른 대답하기를,

"꿀 찍어 먹었지."

했어요. 술 좋아하는 친구는 또 웃으며,

"자네 또 거짓말을 하네그려. 술을 어떻게 꿀을 찍어 먹나? 떡이니까 꿀을 찍어 먹은 게지, 그 따위 거짓말은 다시 하지 말게."

하고 핀잔을 주었어요. 떡보는 두 번째나 창피를 당하고, 또 며칠 뒤에 술 좋아하는 친구를 찾아 갔어요.

"이번에는 정말 술을 먹었네."

하고 또 자랑을 했어요.

"그래, 어디서 술을 먹었나?"

술 좋아하는 친구가 물으니까 떡보가 또 한다는 말이,

"안반 머리에서 집어 먹었지."

하고 대답하지 않겠어요. 마침 그 때, 다른 친구들도 놀러 왔다가 떡보가 하는 말을 듣고 껄껄 웃으며,

"이 사람, 술도 안반에서 먹나? 상에 안주를 차려놓고 먹는 법이지. 아마 떡치는 데 가서 먹고 싶으니까 집어 먹은 게지."

하며 놀려 주었어요.

떡보는 그만 얼굴이 술취한 사람처럼 빨개져서, 아무 말도 못하고 말았어요. 술을 좋아하는 친구는 떡보가 도저히 술은 먹을 수 없다는 것을 알고,

"이 사람아, 이젠 술을 안 먹어도 좋으니, 거짓말 하느라고 애쓰지 말게."

하고 위로해 주었다나요.

婦人会だより

努力する親に

金 日 善

〃ほんの子供〃そう思っている間に、素晴らしい伸び方をする小学生時代。戦時中の教育を受けて、敗戦期に於ける我がデモクラシーの混乱時代に、若い頃をすごした私共親は、我が子を含めて現在の子供達の開放的で、伸びやかな教育を受けられる幸福を羨ましく感じると同時にこんな不足のない世に育ちながらも尚、得体の知れぬ不満も多い現代ッ子の親としての躾のむつかしさと、自信の乏しさを痛感する。自分自身の体験から言うのも好例とは言えませんが、私の母は三十年前の教育に熱心な親でした。ただし現在、世に話題となる「教育ママ」と根本的に異なると思うことは、学校の成績さえ上がれば…その他については大方寛大な(と思われる)、今の親の甘さがなかったことである。子供の反抗や、哀願に対して弱くなかった、母の自分自身に対するきびしい生き方を見る事によって、子供である私も母の言いつけをよく守ったのではなかったろうかと、自分が母になって、つくづく感じました。今日ほど、親としての使命をおびた親はないと思います。

なんとなれば、何もかも自由自由と、親は親で自由、子は子で自由と言う世の中において、悲しい言葉がよく聞かされます。〃親子断絶〃最もこの様な悪の環境においても、親子ほどそのきづなの尊いものがないと言うのに……。子を持つ親としての考えなければならないことと思います。ふと私は世界の聖医「野口博士」の事が浮かびました。

博士の母おしかさんは、只一筋に子供の教育、それは自らが苦労した口で教えるのではなくて、体で教えたその尊い姿が、いつとはなしに少年清作の心に深く入ったのでしょう。どのような環境にあろうとも、他人を責めない。三才の時、手に大やけどをし、他人から「手ぼう、手ぼう」といわれた時でも、この大事な神様から頂いたわたしの子、わたしの不始末でこの様な子供にいたしましたと深く反省し、親としての数限りの努力したその茲愛に満ちた人格品性が、少年清作に映ったのだろうと思います。

子供に〃勉強〱〃と言いながら、つい連続ドラマの前にすわっています。子供がどう思うでしょうか。

其のほか、色々大人を遊ばす最近の世相の中での親の姿勢も、又仲々きびしい勉強と言えるのではないでしょうか。二十一世紀人の現代の子の為に、私達(私も含めて)大人も老いず、努力する親でありたい。

日頃、思ったまま書いてみました。

婦人会本部より

会員の皆様、たくさんの原稿をおよせ下さい。生活日記、育児日記、お料理の紹介、生活の知恵、または詩歌、旅行感想文など、内容はどのようなものでも結構です。どしどしお寄せ下さいますようお願い申し上げます。

滋賀
民団月報
第8号
発行所
在日本大韓民国居留民団滋賀県地方本部
団長　趙鏞奉
大津市島の関9－5
電話　大津24－3639

第五十四回 三・一節 記念民衆大会開く

第五十四回を迎えた三・一独立運動記念日を三月一日、大阪総領事館田益煥領事を迎え、民団本部講堂に於て

㈠、三・一精神を受け継ぎ、民族中興を成しとげよう。

㈠、セマウル運動に呼応し、暮しをよくするため隊列を合わそう。

㈠、十月維新課業を完遂し、祖国統一を成就しよう。

㈠、日本政府は、自由民主主義に立脚し、韓日協定を遵守せよ。

㈠、われわれは、在日同胞の権益擁護と法的地位向上を図るため、さらにより一層の闘争をしよう。

という大会スローガンのもとで民衆大会が開催された。

なお、大会で採択された朴大統領閣下に送るメッセージおよび決議文はつぎのとおり。

決議文

五十四年前のきょう、わが愛国愛族先烈たちの崇高な三・一精神を受け継ぎ、十月維新を推進し、祖国統一の先頭に立ち、在日韓国人の権益擁護をはかるため組織をより一層確固にすることを誓い、大会の総意で次のとおり決議する。

一、われわれは、祖国の自主独立をはかるため、犠牲になられた愛国愛族先烈たちの崇高な三・一精神でもって総結集させ、維新課業を完遂し、経済力増強および国威を宣揚するにおいて先頭に立つ。

一、われわれは、変動する国際潮流に対処し、あらゆる謀略・誹謗を断固粉砕し、民族的念願である祖国統一を成就するため献身する。

一、われわれは、在外国民としての衿持と義務を守り、われわれの権益と民生安定を図るため組織を強化し、対内外的に積極的に活躍する。

一、われわれは、祖国大韓民国が自由陣営に固く結束していることに呼応し、国際親善と世界平和に貢献する。

一九七三年三月一日

在日本大韓民国居留民団

第五十四回三・一節記念

滋賀県地区民衆大会

代表　趙　鏞　奉

朴大統領閣下に送るメッセージ

尊敬する大統領閣下

きょう意義深い第五十四回三・一節を迎え、在日大韓民国居留民団滋賀県地区代表は、先烈と愛国志士たちの英霊の見守るなかで、在日大韓民国居留民団滋賀県地方本部講堂に於て記念式典をもちました。

われわれは、この式典で祖国で繰り広

げられている偉大な歴史的革新事業としての十月維新の精神を土台として、民族の尊厳性と国権の不可侵と韓半島の保有権を血でもって絶叫した五十四年前の三・一独立精神を顧りみ、大韓民国の国民という衿持と自負心をもって維新民団の強化と前進の決意を誓う民衆大会を開催し、同大会の総意として大統領閣下にメッセージを送ることを光栄に思う次第であります。

尊敬する大統領閣下

異域で暮しているわが在日国民六十万は、異域で生を営む故により切実に祖国を慕い、より熱く祖国の発展を希求してまいりました。

日本軍国主義の無慈悲な銃剣の前で素手で抗争しつづけ、聖なる血を流した先烈の魂を追慕し、わが民族の統一と独立を新たにちかう意味をもつきょう、日本で住んでいるわれわれは昔を顧りみるとことさら感慨無量であります。六・二五の惨変が天人共に怒るべき赤狗の蛮行でひきおこされ、錦繡江山のいたる所で貴い生命が露のようにはかなく散った五十年代、海をへだてた当地異国で若い彼れらは祖国のため勇躍出征し、残った彼れらは祖国が当面した不幸に身をうちふるわせながら泣きました。激動と混乱の六十年代初に累卵の危機に当面した祖国が新生の意欲と創造的志向があふれる中進国として成長して行く姿を見て、われわれは母なる祖国の誇らしい復活に涙を流しつつ喜びに躍りました。七十年代に入って世界は、目まぐるしい混乱と旋回を操り返えしました。中央の国連加入、ニクソン大統領、田中首相の中共訪問など急転回する国際情勢の渦巻くなかでも、祖国は新しい局面の輝やかしい発展を内外に誇示しました。半万年の因習と無気力にひたっていたわが江土の心臓である農漁村にセマウル運動の新しい歴史が創られ、われわれも貧者の一燈からぬけ出て、参与する光栄をもちました。また南北赤十字会談の開催七・四宣言は、四半世紀の国土分断のなかで苦しんできた民族に再結合と平和統一の希望をもたらしたものであります。大韓赤十字社の提議で始まり、南北調節委員会の設置を軌道にのせるため始まった南北離散家族さがし運動は、わが民族には七十年代初の大きな福音でありました。そして祖国は、内では一層高い飛躍を記録しました。不正と浪費と悪徳の根をひとつ残さず取り除き、アジアの燈火として一層次元の高い成長発展を成し遂げるため、十月維新のとどろきわたる新しい歴史が錦繡江山の津々浦々で拡がり始めたのであります。

六十年代からはじまり、七十年代に開花して行く祖国の甦生と飛躍は、ただひたすら朴大統領閣下の温い祖国愛と卓越した政治的経倫、確固たる指導力によってのみ可能であったことを、われわれ在外国民は心中深く痛感しております。今日の流動的な国際情勢のなかでいささかのゆるぎもなく、民族の進路と将来を最も適確に透視し提示する朴大統領閣下の英智を仰ぐわれわれは、今日の世界と明日の歴史に対し誇らしく胸をひらくことができることを信じます。

尊敬する大統領閣下

われわれは海外に居住する大韓民国の国民として、祖国の維新課業達成にひきつがれた民団維新の課業完遂のためかたく団結し、前進することを誓うしだいであります。終りに、われわれは尊敬する大統領閣下に在日六十万同胞の法的地位の確立と、永住権申請に対する救済策を講究して下さることに対する措置をお願いしながら、躍進するわが祖国の果てしなき栄光と閣下の御健勝を心から折願するしだいであります。

一九七三年三月一日

在日本大韓民国居留民団

第五十四回三・一節記念民衆大会

第一七八回 近畿協議会が滋賀県 石山の船岩で開かれる

三月十七日午後一時より、石山船岩に於て、第一七八回近畿協議会が開催された。大阪・兵庫・京都・和歌山・奈良・滋賀県地方本部三機関及び支部役員三十四名出席のもとで、第二十一回中央委員会に対する熱烈な討議がかわされた。

第二十一回 中央委員会開催される

三月二十二・二十三日、両日にかけて第二十一回中央委員会が、東京日傷会館に於て開催された。滋賀県地方本部より趙鏞奉団長が出席された。

華燭の典

新郎　韓　正　錫君（韓鎬源四男）
新婦　白　松　子嬢（白正根　妹）
日時　一九七三年四月五日
場所　浜大津　あたか飯店に於て盛大に挙行された。

商工会近畿地方 協議会大阪にて開催

商工会の第五回近畿地方協議会は四月十日、大阪商工会館で開催された。近畿商工業者の本国進出状況を中心に報告があった。

大阪商工会は創立二十周年になり、近く盛大な記念行事を挙行し、本国のソウル児童公園に児童顕彰碑を建設し「商工会二十年史」を発行する予定とのこと。

三重県では桑名の鋳物業者が、本国に八〇〇万ドルの投資が決定し、鋳物生産の本国進出の準備を進めており、神戸のケミカル・シューズ業界は、すでに大邱で工場を建設し、生産と輸出が順調に進んでおり、滋賀でも製紙工場の本国進出の準備が成り、四月十七日から操業を開始することとなった。

日本の僑胞商工業者の本国進出は、最近とくに目ざましいものがあり、本国に企業を持つことが日本での企業活動の発展に大きく寄与している状態になっている。

閉会後、本国から出張している韓国日報、ソウル経済新聞の記者との座談会があり、総領事館の領事も参加して企業の本国進出のための諸問題や、見通しについて活発な討論が行なわれた。

次回の近畿地方協議会は、六月に滋賀県で開催される。

留学生現況

滋賀県出身で、母国に留学している学生は次の通りです。

△自費留学生
李虎雄＝ソウル大学校　政治科
朴基弘＝ソウル大学校　医科大学予科
安隆模＝ソウル大学校　工科大学
姜順義＝梨花女子大学校　英文科
崔紀子＝梨花女子大学校　美術科
△国費留学生
林康幸＝ソウル大学校師範大学付属高等学校

自費留学生は文字通り自費で留学するもので、毎年年末に大阪で行なわれる選抜試験をへて、ソウル大学校付設在外国民教育研究所で主管する〝予備課程部〟に入学し、一年間国語・歴史・英語等を学び、希望校の入学試験に合格した者です。特に、ソウル大学校は天下の秀才が集まるので、非常に入学がむずかしく、本県出身者が数名も入学しているのは大きな誇りといえましょう。本国には立派な大学が数多くありますので、ソウル大学校だけを目標としないならば、在日学生の留学には色々と特別なとりはからいをしていますので、何の心配もいりません。

国費留学生は高等学校課程を国費負担で教育するもので、これも毎年末に大阪で選抜試験があります。寄宿は学校が適当と認める有志学父兄の家庭にあずけて生活指導をも施しています。親を離れて留学することは色々と困難な事もありますが、それだけにまた収穫も大きい事は当然です。

将来、本国で働くにしても、また、帰日して民団社会の指導者としても、これら留学生に対する嘱望は大きいのです。

昨年度は十二名の学生が本国の夏季学校(二十日間)に入校して多大な成果を得ました。今年も多くの高校・大学生が参加する事を望んでいます。夏季学校入校の詳細な内容は次にゆずりますが、この機会にまず母国語の学習に積極的にとりくむことをおすすめします。

「滋賀韓国学園提供」

祖国

鄭　永　姫

四十数年来〝祖国〟を知らない私は、昨秋初の祖国訪問の旅をしました。

近くて遠い思いを抱いていました我が祖国を旅して、身近な祖国であったことは感無量に懐しく、今も私の脳裏をかすめています。

広々とした田園風景、なだらかな山波をぬって道路の銀杏並木が現在の目まぐるしい日本の風景と対称的に、何の公害もないすばらしい祖国の秋を存分に満喫出来えたことは、何よりうれしく思いました。

振り返ってみれば、苦難の風雪に耐えた植民地時代の思い出も数多く心にきざみながら、辛抱強く生き抜いた悲劇の中の同胞ではあるが、他国に居住し、現在は祖国を誇りに思い、精神誠意生きる気構えのできた忍耐強い同胞を私は自分なりに誇りに思っております。

さて、その意気と平和統一の声がささやかれる昨今、よきにせよ悪きにせよ平和統一下の我々民族の暮らしをふと考えてみれば、涙の出る程にむなしさが尽きぬままに痛々しい祖国が懐しく、何としても我々の手掌の中へ風雪を偲んだ祖国を包んでやりたい。僅か一時間十分たらずの飛行時間をへて、金浦空港に降り立つ瞬間、私の目にさりげなく流れ出た涙もきっとそんな祖国を思いやった涙だったように思います。

こんな思い出と共に、未来を背負って立つ我々に与えられた使命感も大なるものがあります。言うより先ず祖国建設という大きな使命感だと思います。

〝我が祖国〟！

水産資源に農産物豊富な我が祖国が、どんなに豊かな国であり統一下に於いては鉄鉱石豊かで、国土せまくとも充実した祖国に間違いない祖国なのです。そんな祖国を訪問出来た私は、しみじみと今うれしさをかみしめております。また再度の訪問をも約束したかのように、心はずむ思いで毎日を送っております。

団員の皆様！一度も祖国を訪問されていない方々は、是非一度訪問され我が祖国を思う存分に満喫されるようおすすめいたします。

夕やみに　もやのかかる如きに
冷え冷えた　体の如きに
炊く　オンドルの煙
かたい　オンドルの床
のら仕事　終えて帰る足どりは
夜の団らん　待つための
暖かな　オンドル恋しいな
暖かな　オンドル懐かしいな

韓国の故事

（その一）

「韓国の童話」は、第五回で一応休載し、今月号からは「韓国の故事」を連載いたします。

内容がおとな向きであり、難解な点もありますので訳文をつけることにしました。対照してお読み下さい。

内容は、史実または古文書に基づいて掲載しますので、韓国の歴史の隠れた故事について、興味を持って御愛読されるようお願いいたします。

（注）訳文は次ページ

□ 꿈을 사서 성공한 문희(文姬)

옛날부터 꿈을 사고 파는 일이 있었다. 신라의 서울 서라벌 김 유신의 집에는 누이 동생 보희(寶姬)와 문희(文姬)의 자매가 의좋게 자라고 있었다. 보희의 꿈에 서악산에 올라가 놀다가 소변을 보는데, 소변이 어찌 많이 나오는지, 온 서울에 꽉 찼다. 이상스러워 잠이 깬 다음 날, 보희는 동생 문희에게 꿈 이야기를 했다. 문희는 이야기를 듣고, 그 꿈을 사자고 하였다. 보희는 무엇을 주고 사겠느냐 물으니, 문희는 비단 치마를 주고 사겠다고 하였다. 여기서 보희는 승락하여, 문희는 비단 치마를 주고 꿈을 샀다.

十여일이 지난 후 김 유신이 김 춘추와 같이 자기 집 앞에서 축국(蹴鞠―제기 차기)하다가, 김 유신이 슬쩍 김 춘추의 옷을 밟아 터뜨렸다. 터진 옷을 가지고 김 유신은 문희에게 꿰매게 하였다. 이것이 인연이 되어, 김 춘추와 문희와 사이에 사랑이 맺어지게 되었다. 모두 김 유신이 자기의 누이를 김 춘추에게 시집 보내기 위하여 한 일이라 한다.

문희가 임신한 후 김 유신은 문희를 보고 부모의 승락 없이 임신한 것은 예의에 어긋난다 하여, 자기 집 앞 마당에 나무를 쌓아 놓고, 누이 문희를 죽인다고 불을 질렀다. 바로 이때 선덕여왕이 남산에 놀러 갔다가, 이 광경을 보고 연유를 물었다. 대신이 나서며, 김 유신의 누이가 남편 없이 아이를 뱄다 하여, 태워 죽이는 연기라고 상주하였다. 그럼 누구의 짓이냐? 고 물을 때, 옆에 있는 김 춘추의 행동이 수상하였다. 왕은 알아 차리고 김 춘추에게 즉시 구해 주라 하며, 정식으로 혼인하라 하였다. 모두가 김 유신의 미리 계획한 잔 꾀이다. 이래서 문희는 태종무열왕 김 춘추의 정식 왕후가 되어, 三국통일의 내조자가 되었다. 꿈을 한낱 헛 것이라 하지만, 꿈을 판 보희는 무명의 여성으로서 끝나고 말았다. 옛날부터 흔히 남의 꿈을 그냥 사고 팔고 한다지만, 그것은 소용 없고, 돈이나 물건을 주고 사야만 효력이 난다고 한다.

△三國遺事 太宗春秋公候▽

（訳文）

夢を買って成功した文姫

昔から夢を売り買いすることがある。

新羅の都守護職、金庾信（後の新羅の大将軍、韓国統一の功臣）の家には、宝姫と文姫の姉妹が仲よく育てられていた。

宝姫の夢に、西岳山に登って遊んでいたが小便をした所、小便があまりたくさん出て都じゅうが小便で一ぱいになった。おかしな夢がさめた翌日、宝姫は妹の文姫に夢の話をした。文姫は話を聞いて、その夢を買いたいと申し出た。宝姫は夢を買うのに何をくれるかと聞いたところ文姫は「絹のチマ（袴）を上げるから夢を売ってほしい」と言った。そこで宝姫は承諾して、文姫は絹のチマを出して夢を買った。

十数日たった後、金庾信が金春秋（後の新羅二十九代の王で、太宗武烈王―在位西紀六五四～六六一、三国統一を成しとげ、始めて韓国を統一国家にして今の国境を定めた）とともに、自分の家でけまりをしていたが、金庾信が誤って金春秋の服を踏んで服がやぶれた。破れた服を持って、金庾信は文姫に繕わせた。これが因縁になって金春秋と文姫の間に恋がめばえた。皆は、金庾信が自分の娘を金春秋に嫁がせようと仕くんだことだと云った。

文姫が妊娠したので、金庾信は文姫に向って、父母の承諾もなく妊娠するのは礼に外れたものであるとして、自分の家の前庭に薪を積み上げて娘の文姫を殺すと云って火をつけた。ちょうどこの時、善徳女王（新羅二十七代の王、在位六三二～六四七）が、南山に遊んでいたが、この光景を見てわけを尋ねた。大臣が出て来て、金庾信の娘が結婚もしないのに妊娠したので、これを焼き殺す煙であると上奏した。それは誰のせいか？と尋ねたとき、傍に居た金春秋の様子が変だったので、女王は察して金春秋にすぐ助け出して正式に結婚せよと云った。すべては金庾信がはじめから仕組んだ小細工である。こうして文姫は後に太宗武烈王となった金春秋の正式な王后となり、三国統一の内助者となった。夢は白昼の虚しいものと云うが、夢を売った宝姫は無名の女性として生涯を終った。

昔から人の夢をただで売り買いすることがよくあるが、それは効果がないことで、金とか物を出して買ってこそ効力が出ると云はれている。

（三国遺事）

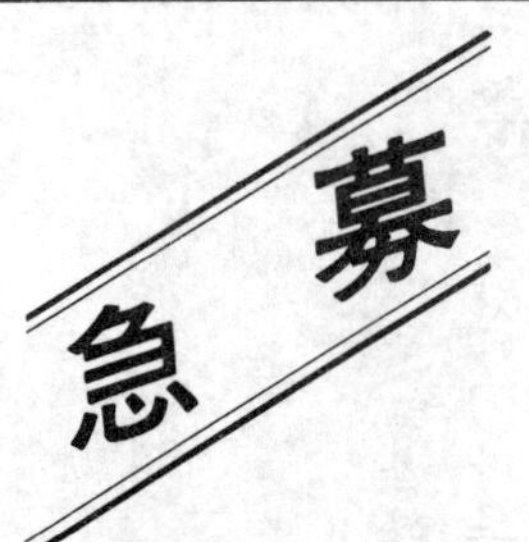

商工人のプロフィール

焼肉料理のチエーン店 "まんぷく"を経営する

金在徳(梅田得市)氏

"おじいさん""おじいちゃん"のニックネームで呼ばれるこの人、金在徳氏は現在、八日市市東浜町に住居をかまえ、焼肉料理の"まんぷく"の八幡店・八日市店・水口店の三チエーン店の店主としてまた梅田砂利を営業している経営者であります。そして民団湖東支部の団長としても十七年間、僑胞皆さんの面倒をみてまいりました。他人の面倒をよくみられる点から"おじいちゃん"の愛称がつけられたのでしょうか。

一九一六年六月の生まれで、当年五十八才、慶尚南道密陽郡府北面退老里出身で、日本には一九二一年に渡日、日本在住は五十二年の永きを数えます。日本で小学校を終え、一九三五年より自動車運転手となりましたが、この運転免許をとるためには現在のように簡単なものではなく、非常にむつかしいものであったと聞いております。それだけに当時では貴重な存在であったと思います。

終戦後すぐ本国に帰ったが、満州乞食と呼ばれ、生活に不安を感じて再度日本に入り、運転手を続けました。一九五九年に梅田砂利を営業、約十年間少々貯えも出来、川砂利も底をついてきたので転職を考え、八年前、現在大津石山で"南大門""万福"を経営する趙鏞根氏に焼肉ホルモン料理店経営のこつをおそわり店名も"万福"の名前より、ひらかなの"まんぷく"をゆづりうけて、八幡市の六枚橋に店を出したのが今日のチエーン店の始まりであります。

いづれも仲々の繁昌で、特に八日市店は二階建てで約二百人収容出来るとのことで、よく団体や家族づれが利用するとのことであります。変っている点は、焼肉の熱源に電熱を使っていることでありこれは関西配電㈱より、ぜひうちの電気と器具をつかってくれとの話もあって設備したのだと。容器は氏の工夫で特別のものがつくられていて、なべ焼きと云うか鉄板焼と云うのか、味も日本の人向きにつくられているようであります。

記者が氏をおとづれた時は丁度、李今順夫人と各店に、肉と味つけと弁当を配るのだと云って出ていくところでした。弁当と聞き記者も不審に思ってたずねたところ、従業員が店の売りものには手をつけないという方針から、そのようにしているのだとのことでした。この材料と弁当配りが氏の日課となっているようであります。

"まんぷく"八日市店

家族は李今順夫人(五十八才)と長女の良子夫婦、孫二人の六人家族で、幸せな団らん生活を過しておられます。おじいちゃんの愛称よろしく、今後も皆さんもよろしくお願いします。

油がのってきた感じの
柳建材店
代表　柳連洙氏

柳連洙氏は、一九一八年六月生まれで当年五十五才、全羅南道高興郡南陽面沈橋里出身で、一九二八年十才の時渡日、日本に在住して四十五年になります。

この間、京都の三谷伸銅会社の工員として終戦迄つとめ、終戦後土木請負業や金属商を経て、現在は八日市市野村町に住居をかまえて、ダンプ四台と重機三台を持って、建材・埋立工事を巾広くやっております。この事業をやり始めてから五年になり、竜王町に十万立方米の正砂のとれる山を買い、いよいよ事業に油がのってきた感じであります。

宋南夫人

本年、一人息子の渕錫君の愛知工業大学への入学もきまり、ほっと一息ついたところで、あとは適令期の五女、貞淑嬢（数え二十三才）の結婚をどうするかが心配のようであります。

貞淑嬢は現在、京都セラミック㈱につとめる容姿端麗で快活なお嬢さんで、氏も愛娘をどこかいいところへ嫁がせたいと気をもんでおられるようであります。

柳　貞淑嬢

家族は現在、宋南夫人の他、一男・三女の幸せな六人家族であります。

氏の御趣味は、映画をみることと読書することのようですが、かなりむつかしい法律の本なども読んでおられるようでした。

氏は、民団湖東支部の組織部長として活躍されております。

♧ ♧ ♧

◎紙面の都合により、金徳祥氏並びに朴哲奎氏のプロフィルは、次号に掲載させて頂きますので御了承願います。

編集後記

○滋賀商銀は、三月末で預金高二十億円を突破、目ざましい発展ぶりである。総代の選出も終り、さぞや活気のある総代会となることであろう。ますます発展することを期待する。

○民団中央本部の会館建設準備が急テンポで進められ、本県にも建設資金の割当が来ているようである。総領事館建設に引続いて、中央の会館建設と、このところ会館建設ブームの時代……滋賀県でも何かひとつ建てるか♠

編集　滋賀県韓国人商工会

滋賀
民団月報
第 9 号
発行所
在日本大韓民国居留民団
滋賀県地方本部
団長　趙鏞奉
大津市島の関 9 － 5
電話　大津24－3639

第十回定期地方委員会開催

四月二十八日、第十回定期地方委員会が、滋賀県民団本部講堂に於て午前十一時から開催した。地方委員定数六十名を招集し、議長の金相浩氏の開会の辞に始まり議事が進行された。

つづいて、①前年度経過報告、②今年度活動方針案、③今年度予算案などが、それぞれ満場一致で決議された。

期満了にともなう役員改選が行なわれ、満場一致で金在徳団長をはじめ三機関が再選された。

大津支部役員会開く

四月一日、大津支部団長河寿龍氏宅に於て、支部役員会が午後六時より開かれた。議題のなかで特に団員の団結が熱烈に討議された。

第二十六回 湖東支部定期総会が 太郎坊に於て開かれる

四月十五日、湖東支部第二十六回定期総会が、八日市市太郎坊に於て盛大に開催された。本部より趙鏞奉団長、朴事務局長出席のもとで経過報告、今年度活動方針、予算編成が決議された。特に今年度活動方針には事務所建設に対し、活発な意見が出された。また三機関役員の任

第十六回 湖西支部 定期総会開かれる

四月二十二日、第十六回定期総会が、湖西支部講堂に於て開催された。団長(金末述)の経過報告に始まり、今年度活動方針、予算編成が決議され、三機関任期満了につき役員の改選が行なわれ、金末述団長をはじめ三機関が再選された。

第五回 本部三機関連席会議開催

四月二十日、本部会議室に於て三機関連席会議が開催された。議題には、第十回地方委員会開催にともなう諸事項の案件について討議された。

華燭の典

新郎　金　哲煥君(金永珠　長男)
新婦　朴美智子嬢(朴玉出　長女)
日時　一九七三年四月十七日
滋賀県高島郡安曇川町西万木の自宅に於て盛大に挙行された。

新郎　山川正行君(山川信奎次男)
新婦　久松一枝嬢(久松フミ次女)
日時　一九七三年四月二十九日　正午
場所　石山湖岸船岩に於て盛大に挙行された。

新郎　金　孝烈君(池蓮伊　長男)
新婦　朴美代子嬢(崔小田　長女)
日時　一九七三年四月二十九日　正午
場所　京都中島産業ビル内　白竜に於て盛大に挙行された。

謹弔

禹　基　正(丹山基正)氏

高島郡今津町の禹基正氏は病気のため入院療養中であったが、去る四月二十五日死去された。同氏の冥福をお祈り申し上げます。

商工人のプロフィール

チャルメラ屋（中華そば）から自動車販売業（平和自動車）に転身の

朴　哲奎（木下哲雄）氏

現在、八日市市野村町の氏が自営する平和自動車には、常時五～六十台の各種自動車を在庫しており、お客様の要望にこたえて、整備された車がいつでも出荷の体制にあります。主にトヨタ系の中古車を扱って、卸売から小売迄やっておりますが、月に四～五十台の引合いがあり、これに対して二名の整備工と、経理事務をあずかる夫人と、営業の氏の四人が万全を期しているため、最近では業績も上むいて、月に、三十台程度の販売を行なっているとのことで、商売も仲々好調のようであります。

朴哲奎氏は、一九三〇年五月生まれの当年四十四才、慶尚南道陝川郡栗谷面本泉出身で、日本には十六才の時に入国、大阪の散髪屋で働き、終戦後より屋台を引っ張ってのチャルメラ屋を開業、八日市市に移り住んだ昭和三十三年迄はこの飲食業を営んでおりましたが、昭和三十四年より、当時高級であった自動車が、今後一般大衆の中に入いり込んで行くだろうから、商売になるとの判断で、全くの素人である氏が、この自動車販売の道に入ったのであります。ようやくして、現在では信用もつき、先にも述べた通り商売繁昌で、買った相手からも自動車に関する苦情は少ないようであります。

氏に言わせると、新車などはもったいない。むしろ、半年から一年の中古車を買うのが利口だとのことで、買う場合ボデイに傷がないか、修理されたあとはないか、足まわりが丈夫であることなど、買うこつを教えてもらいました。

李　末子夫人

今後、益々販売面も充実したいとの希望もあり、大いに期待されるところであります。家庭は十七年間、苦労を共にした李末子夫人と、小学五年生の長男忠男君の三人家族であります。

顔（つき合い）を大切にする

金　山　建　設

代表　金　徳祥（金山利夫）氏

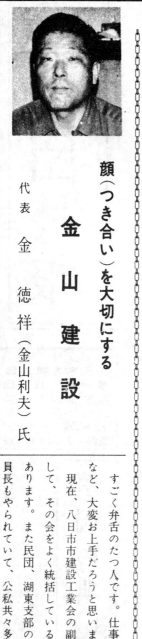

すごく弁舌のたつ人です。仕事の交渉など、大変お上手だろうと思いました。現在、八日市市建設工業会の副会長として、その会をよく統括しているようであります。また民団、湖東支部の監察委員長もやられていて、公私共々多忙で、

現在〝金山建設〟は、市及び県より受注の工事九ヵ所を請負っておられ、この工事をこなすため、懸命であります。常用人夫二十名を使い、重機三台、ダンプ二台、人夫の足であるマイクロバス二台をふるにつかっての作業が、着々と工事を完成していっております。年商は七千万と言うことです。

関係各庁や材料仕入先に顔のきく氏の場合、木材・セメント等不足の折りでも何の不自由なしに、工事が進められる点は、氏の顔が非常にプラスになっているためであります。顔というものは、形は小さくとも非常に大きなものなのだと、顔をつくるためには常につき合いをよくし、日頃からねんごろに気心を通じて、信用を得ておかなければとの氏の意見でありました。

土木請負業〝金山組〟を昭和三十年一月に創立したもの、人夫に払う給料がなくて、自分の背広を質屋に入れて金をかり、賃金を支払ったことなど、土木の道具もなかったため、他へ借用に行ってばかにされたことなど、その苦労は尋常ではなかったようでありますが、現在では氏のワンマンぶりが、大いに発揮されて従横無尽の奮斗であります。

また氏はお酒を何よりも好まれるようで、一升酒とも二升酒とも言われる酒豪家であります。

慶尚南道善山郡山東面東谷洞の出身で一九二五年五月生まれの四十九才です。現住所は八日市市八日市町二番一号で、浜子夫人と二人暮しであります。

◇　◇　◇　◇

滋賀商銀を飛躍的に躍進せしめた立て役者

李　正来（松山峰芳）氏

三月末迄、預金高二十億円を突破、益々躍進を続ける〝滋賀商銀〟は、かつての忌わしい事件の思い出も、今ではきれいにぬぐいとられて、多少とも皆さまのお役にたつところ迄になりました。これは、理事長であります氏の熱烈なる指導のもとでの体制づくりと、預金高倍増をめざしての執行部の並々ならぬ努力に、皆さまがこたえたものであります。

氏が理事長に就任した四十六年十月当時は、預金高が十億たらずの九億一二〇〇万が、一年半にして倍以上の約二十一億に近いところ迄に到達しております。これは氏が滋賀商銀の再建に成功し、この預金額が示すごとく、大きな業績をあげることが出来たのであります。

しかしこの反面、氏が経営する事業は堅実経営をとるべく、ある程度縮少せざるを得ないという犠牲が払われました。それは、この公職を全うすべく、常勤として朝九時半には店に出られて方針を出され、陣頭指揮されていることもあり、氏が経営をしている野洲川建設㈱（資本金六百万）、愛犬砂利㈱（資本金六百万）、㈱守山自動車工業所（資本金四百万）の三社の業務全般にわたり、充分目の行き届かぬ面もあるためです。

事業を大きくすることも経営であるならば、大きな事業を縮少することも難かしい経営であります。一時は野洲川建設㈱において、八十数台ものダンプカーを持ち、四十五台近くの重機を動かして、県下の砂利販売の六十％近くもしめていたという実績もあるのです。

かつて、自社の車を修理するために持った修理工場が、現在では㈱守山自工として着実なあゆみをしており、近く日野ジーゼルとの話もあって、公認車検場としての機能を持つようになり、収益面で期待がかけられるようであります。

氏は慶尚南道河東郡河東邑内洞出身で、一九一五年四月十三日生まれの当年五十八才であります。

日本には昭和四年、十四才の時に内地留学生として渡日してきたのですが、学費・生活費は一切本国からの仕送りはなく、すべて自分の手でかせぎ出さなければならなかったのです。朝早く起きて新聞、牛乳配達等をやって非常な苦労をして、福岡県飯塚市にあります市立実践商業学校を優秀な成績で卒業された。その後、大阪にある朝日ゴム会社に入社、ここでもあらゆる面で氏は大いにその実力を発揮、二年にして同僚との差を三倍から五倍に水をあけ、二十才で四国四県を股に、朝日ゴムの代理店の経営者としておさまっていたのであります。ところがこの人、儲けすぎて飲み屋街でずいぶんと散財し、つい軌道をはずして、しめてみたら大変な赤字であったとか。それで夜にげ同然でそこをおっぽり出て、全々経験のない土木建設の道に入り、いつしか現場監督者として各地の発電所建設工事をやってのけたとの事で、氏の多才ぶりがうかがわれると同時に、波乱万丈の人生模様をうかがいしることが出来ました。

野洲川建設㈱の前身〝野洲川建材〟を一九四八年より設立、昭和三十五年に野洲川建設㈱として法人組織にしてから、その後いくつか会社を設立したのですが現在では前にのべた三社の社長としてとりしきっておられますと共に、滋賀商銀の理事長として、またその他多くの要職についておられて仲々多忙であります。

㈱　守山自動車工業所

韓国の故事

（その 2）

□ 을지문덕(乙支文德)의 시(詩)

을지문덕의 신분은 자세하지 않으나, 지혜와 학문이 뛰어났다고 한다。 수의 양제가 고구려로 쳐 들어올 때〈영양왕 二十三년—六一二〉우문술(宇文述)과 우중문(于仲文)이 압록강 근처까지 와서, 을지문덕이나 왕을 사로잡으려고 하였다。 여기서 을지문덕이 어명을 받고 적진에 들어가 내용을 탐지했다。 이때 우중문이 잡아두려고 하였으나, 유사룡(劉士龍)이 그것은 안된다 하여 돌려 보냈다。 나중에야 적장이 후회하고 다시 오라 하였으나, 듣지 않았다。 여기서 적장은 급히 압록강을 건너 쳐 들어왔다。 을지문덕이 수의 군사들이 피로해 있는 것을 알고도, 자꾸 유도전법을 써 살수까지 들어오게 하였다。 적이 유도작전에 말려 드는 것이 속으로 우스웠다。 여기서 우중문에게 한 수의 시를 써 보냈다。

「그대의 책략은 천문을 연구했고, 묘한 승산은 지리를 다했구려。 싸움에 이겨 공이 높은데, 또 무엇이 부족해 쳐 들어오는고。 공이 이미 높았으니, 그만둘 줄도 알아야 하오。 (神策究天文。 妙算窮地理。 戰勝功旣高。 知足願云止。)」

상당히 조롱한 시이다。 동시에 적장을 책망하는 글이다。 그래도 적장은 깨닫지 못하고, 쳐들어오므로, 살수에서 적의 헛점을 급습하여 대승하였다。

〈三國史記〉

〔訳　文〕

乙支文徳の詩

乙支文徳の出身は、はっきりしないが、知恵と学問に卓越していたといわれる。中国の隋（ずい）の煬帝（ようだい）が高句麗に侵入した時、〈嬰陽王（高句麗二十六代の王、在位五九〇—六一八）二十三年、六一二年〉随の将軍、宇文述と于仲文が鴨緑江近くまで迫り、乙支文徳か王を生捕りにしようとした。乙支文徳は王命を受けて敵陣に入り、内容を探知した。この時、于仲文は捕えようとしたが、劉士龍がそれはいけないとして帰した。あとになって敵将は後悔して、もう一度来るように言ったが、聞かなかった。そこで敵将は急遽、鴨緑江を渡って攻め入った。

乙支文徳は隋の軍兵たちが（遠征のため）疲れているのを知っていても、しきりに誘導戦法を使って、薩水まで進入させた。敵が誘導作戦に乗って来るのが心の中ではおかしかった。そこで于仲文に対して、一首の詩を書いて送った。

神策究天文　妙算窮地理
戦勝功既高　知足願云示

（貴方の策略は天文を研究し、巧妙な勝算は地理を究めた。戦に勝って功名は高いのに、また何が不足で攻めて来るのか。功名が高いのだから、それぐらいで満足を知るべきだ。）

相当に嘲弄した詩である。同時に敵将を責めた文でもある。しかし、敵将は悟ることができず、なおも攻め入ったので、薩水で敵の虚点を急襲して大勝した。（三国史記）

（注一）　高句麗は、西紀前三七—六六八年まで七〇五年、二十八代続いたが、その国土は全盛期には満州の遼河まで伸びた強国で、隋や唐の大軍に常勝したが、六六八年、唐と連合した新羅の金庾信将軍の攻撃に滅ぼされた。

（注二）　薩水（今の清川江）の戦では、乙支文徳将軍は講和談判のために敵陣に入り、その間に軍備を整えて後退作戦をとり、薩水まで後退し、三十万の隋軍を薩水で懐滅的な打撃を与えた。隋軍の生きて帰るもの、わずか二七〇〇余名に過ぎなかったと云う。

（注三）　中国を統一した隋の文帝（在位五八一—六〇四）は、五九八年大軍を卒いて海陸から高句麗を攻めたが大敗し、続いて煬帝（在位六〇四—六一八）は、六一二—六一四年の間、三回にわたって高句麗に親征するが、いずれも敗北し、その敗戦から内乱が起って隋は滅亡した。隋の中国統一は五八一—六一八の間で、わずか三十七年で終った。

（注四）　乙支文徳将軍は、生年も死去の年も知られていないが、韓国史上に残る戦術家である。金浦空港から第二漢江橋に入る少し手前に、抜刃した銅像が建てられている。

婦人会だより

春季韓国旅行記

総務部長　朴　善　岳

婦人会の春の韓国旅行は、予定より三日遅れて三月二十八日に伊丹空港を飛び立ち、一路ソウルに向う。総勢十七名、三泊四日の旅程に期待の胸をふくらませ金浦空港に到着して、直ちに徳洙宮を訪れる。

■徳寿宮を参観

ここで博物館を見学する。古代王宮の生活を物語るかずかずの遺品に、嘆声を発することしきり。続いて故李王垠殿子の妃、李方子女史の住居を拝観する。慈善事業に余生を捧げる方子妃殿下の近況をうかがって、一同感動する。

第一夜の宿所であるソウルで最新一流と言われるコリアナホテルに入ると、早速一行の親戚や知人たち大ぜいの訪問を受けて、久しぶりの旧交を温めるのに大忙し。

■李舜臣将軍を偲ぶ

第二日は快晴に恵まれてソウルの観光をする。来るたびに発展して行く祖国の姿は、心強い限りである。プリンスホテルで宿泊し、第三日の三月三十日は天安の顕忠祠を訪れる。朴大統領が最も尊敬しておられると言う李舜臣将軍の出生の家を始め、壬辰倭乱の大海戦のありさまや、世界最初の鉄鋼船と言われる「亀甲船」の実物。そして将軍の佩刀や甲冑など偉大であった。提督の姿を目のあたりに見るような気持ちであり、世界的な大提督が国を救うために、白衣従軍されたという。その犠牲的な愛国心に涙を禁じ得なかった。

日本海軍が創設されたとき、戦術の研究に当って、先づ最初に李舜臣将軍の戦術を徹底的に研究して、日本海軍戦術の規範としたと、何かの本で続んだことがあるが、我が国が生んだ世界的な大提督を大いに誇りに感じたものである。

■印象的だった俗離山

続いて俗離山に行き、緑の大自然に囲まれた超近代的な俗離山ホテルに入り、本格的な山菜料理のおいしさに驚きの声をあげ、行き届いたサービスに喜びの声をあげ、俗離山の素晴らしさを満喫したものである。俗離山ホテルの印象のよさは、一行の誰もがまたの訪問を心に期したことと思われる。

翌日は大田に向い、ここで一応自由解散となり、それぞれソウルへ、故郷へと次の予定に従って別れたが、この旅行の収穫の大きさに参加してよかったと、喜びを胸一ぱいにして全日程を終えたのである。

終りに当って参加された方々の秩序ある行動と、真面目な参観態度のおかげで春季婦人会旅行が成功裡に、無事終了することができたことを心から喜んでおります。

★商工会だより

大阪韓国人商工会二十周年記念式は、五月十八日、李皓大使をはじめ、内外の来賓及び、多数の会員の参加のもとに、盛大に挙行された。

滋賀 民団月報

第10号

発行所
在日本大韓民国
居留民団
滋賀県地方本部
団長　朴　珠性
大津市島の関9－5
電話　大津24－3639

再刊に当って

議長
商工会長　金　相　浩

『滋賀民団月報』は、一九七二年九月十一日に創刊し、自来毎月刊行しておりました。その間、県下団員の皆さんの御支持・御協力を得て、毎号刊を重ねておりましたが、五月十一日の第九号をもってその後中断しておりました。

この休刊の原因に就いてはいろいろありますが、それはここでは論じないこととして、このたび再刊になった一番大きな動機は、団員の多くの方々が、ぜひ続刊してほしいとの熱望にあったと思います。

正直に申しまして「民団月報」を刊行している時は、いろいろ批判がありました。例えば、

「商工会の仕事は、税務指導にあるのであって「民団月報」を出すことは、無用の仕事である。」または「韓国語で出さずに、日本語で発行するのはおかしい。」

「広告料で刊行せず、商工会で出資金をあつめて、それで賄え。」

等々、あまり当を得ているとは思えない批判が多かったが、いざ休刊して見ると意外にも

「民団月報はよかったのに、なぜ出さないのか。」

「毎月綴じて、楽しみにして読んでいたのに惜しい。」

等と、編集に当る私達を喜ばすような話が耳に入るのでした。世評とは全く図り知れないものだと、つくづく感じさせられたものです。

今回、再刊するに当っては、民団はもとより、各傘下団体の充分な協力を得れることとなって、再び商工会で編集に当ることになりましたが、一度の休刊によって「雨降って地固まる」のたとえのように、『民団月報』がさらに県下同胞の連絡誌として、共通の広場としての役割を果たすことができますように、団員の皆さんの御協力をお願いする次第です。

☆　☆　☆

復刊によせて

団　長　朴　珠　性

うっとうしい梅雨もあけて入道雲がくっきりする季節になりました。団員の皆さんには、お変りありませんか。

私は去る四月、本部団長に就任して以来、どのようにすれば組織活動をよりスムーズにできるのか、どのようにすれば皆さんとのつながりをより強くして期待にそえることができるのか、を考えました。

それには何よりもお互いの活動状況を知り合い、いろいろな問題についていつでも話し合い、相談できるようニュースをお知らせすることが良い方法と思い、

復刊への御挨拶

監察委員長　張一龍

団員の皆さん、お元気ですか。民団月報の復刊を大変喜んでおります。お互いが良く理解し、民族的自覚を高めながら、組織活動に一層の紐帯関係を強固にしなければならない時、活動状況を相互が知り、その声を反映する民団月報の復刊は、我々の身近な活動状況を知るためにはもとより、相互の親密感を高揚するうえにも欠かせないものです。

とりわけ、日本の新聞だけにその情報を頼っている我々には、正しく状況を判断する資料にとぼしく、一方的な記事に反論できないいらだちを感じていました。このような時だけに、民団月報の復刊は我々だけでなく、全ての人に愛され、大いに活用されることと思います。

懸案中であった民団月報を復刊することにしました。この月報によって皆さんともっともっと親しくなり、皆さんの忌憚のない意見をとり入れ、これからの活動にいかしたいと思います。どうか今まで以上に組織活動はもとより、日常行事、その他どんな事についてでもこの月報を活用して下さい。新任後もっとはやく復刊すべきだったのですが、いろいろの事情で遅れましたことをおわび致します。

これからは皆さんの協力を得て、より充実した名実共に私達の月報として発行したいと思います。皆さんの惜しまざるご協力を重ねてお願いします。

☆　☆　☆

団員の皆さん、お互いに力を合わせてこの月報を育成しようではありませんか。そうすることによって、我々の組織力はより拡大するものと信じます。我々の月報が広く団員の皆様に親しまれ、読まれるよう期待してやみません。

団員の皆さん、これからは、どんな事でも、どしどし民団へ相談して下さい。隣近所の団員も誘い合って来て下さい。またお願いもあります。団員でありながら、団員らしからぬ行動をとっている人がありましたら指導して下さい。本部へ連絡して下されば、本部からも出張します。力を合わせてやって行きましょう。

☆　☆　☆

在日韓国人本国投資協会

去る一九七三年六月二十九日、第十六回近畿地区商工会協議会が滋賀県商工会の主催で開催され、席上、本国進出企業の組織をつくり、本国事務所を設置して投資事業の発展を図ることを決定したが、本年二月五日、大阪に於て「在日韓国人本国投資協会結成総会」を開き、出発を決定した。

第1回理事会開催

七月十六日、第一回理事会を開催、滋賀県からは、理事に商工会長金相浩氏が選ばれて出席し、一ヶ月以内に、本国事務所を開設することに決定した。

県下商工業者で、本国に企業を持つ方々にとって、将来いろいろの面で利用できることと思われるので、積極的に参加されるよう希望する。

県下の本国進出企業は、現在八企業に達している。

滋賀県韓国人 商工協同組合（仮称）

設立準備総会開催さる

県下商工業者の協同と融資のため、協同組合を設立するよう商工会で準備中でしたが、七月十八日、石山駅前「レストラン源氏」に於て第一回発起人会と創立準備総会を開催し、県下商工業者の発展のため熱心な討議が行われ、満場一致で協同組合設立が決定いたしました。

創立総会は、諸般の準備を完了して、八月二十日ごろの予定です。協同組合に加入希望者は、左記の発起人にお申出で下さい。

発起人
金　相浩
権　寧斎
朴　洙性
卞　璿燮
金　在徳
金　千斗
柳　光仁
尹　石凡

事務連絡は、大津市湖南精工内
鄭秀湜（龍山）三七－二三八一番

第二十九回 光復節によせて

婦人会々長　金　日　善

日帝の血に飢えた毒牙にさいなまれた悪夢の三十六年、長い苦しい植民地統治より解放されて二十九年を迎えました。

麗しく清らかな祖国と民族を暴虐と圧教の鉄鎖から救うため、民族の悲愁がどよめき、憤怒がたぎった半世紀……。

その血にまみれた毒牙がもろくもくずれ、骨をきざむ鉄鎖が砕け散った一九四五年八月十五日！、その日の歓喜と感激が、白衣民族一人々の網膜にくっきりと刻まれ、子に孫に遺伝子のように伝わって来ました。解放後生まれた新しい世代も、すでに社会の第一線で活躍しています。

しかし平和と礼譲の民族に再び流血と悖倫にけぶる酸鼻の極み、民族の悲劇をもたらした共産侵略であります。私達は北韓の本質と生態を正しく知らなければならない、大変重要な時期に生きています。

現在、非常時局克服において我々は今こそ固い団結をし、精神を強く武装して北韓の赤化統一を防がなければなりません。そして暮らしを豊かにするための維新理念を生活化し、セマウル精神で国力培養を称えている本国施策に、在外国民として積極呼応し、全民族念願の民主平和統一が成し遂げられるまで、民族隊列に参与しなければなりません。

民団婦人会が今後とも積極的な組織活動を展開して、大きな成果が現われますことを望み、皆様の事業繁栄とご健勝をお祈りいたします。

第二十九回光復節を迎える時期に、民団月報が復刊されることは何よりも意義深いことです。心からお喜び致します。

「青年部の主張」

我国は今臨戦体制である

李　龍　徳

臨戦体制とは読んで字のごとく、戦争に臨んでいるという意味であり北韓共産主義者の侵略から韓国を防衛することである。反共という国是のもと巨額の予算を費すということは筆舌に絶する国家的負担を国民が負っている。そこには国民全体の反共思想が土台となって血涙と忍従を持って死守して来たという心情をくみとらないではおかない。

『戦いながら建設しよう』のスローガンが叫ばれて久しいが、これがいかに困難であり至難の〝技〟であるかは、冷静に考えれば理解でき得ると思う。日本のように敵国の直接の脅威にさらされない幸運な国民には理解できないことであろう。日本の一部マスコミなどは偏向した報道により「非民主的な政策を韓日友好の為にも処断せねばならない」と世論をあおっている。立派なご託宣深くいたみいるが、少なくとも大多数の韓国国民と在日僑胞の意を無視した立場で両国民の友好などと軽々しくいってほしくない。

たとえば韓国での友日的世論が単に過去の経済侵略の再来を危具してのものとお思いなのか。その因は、一番隣接している韓国をまったく理解しようとしないところにあった。日本国内においても歴史的蔑視は、今だに根強く残っている。これなど日本史において韓国がいかに日本歴史に文化的影響を与えたかという歴史的諸関係を質量共に充分知らされなかったことに一因があろうと想う。仏教が中国から道程としてだけの韓国を短時に通過し直接伝来されたかのごとき教え方しかしなかった。これになんの不信もいだかない若い学生達には責任があろうはずがない。一部文化人といわれる方々の怠慢としかいえない。

ことほど左様に解りきった批判をあびなければならない我国の急務は国論の統一であろう。時局が非常時であるがゆえに我々としては今一度自己の立場を再確認したい。我々は、韓国国民の一員であり、韓国憲法下で権利・義務の国民的使命を負っている。この立場を明確に認識せねばならない。現時点の困難な状況を本国にいる同胞以上に寛大な理解を持ち軽々な言動は厳に慎しむべきではないだろうか。そして今一つ国是としての〝反共〟の意味を己々がじっくり考える必要があろう。

青年部だより

「青年講」と「時局懇談会」

○各月第二土曜日六時より民団本部
（講の金額一万円）講加入は自由

74年度全国青年夏期講習会

期　日　八月二十日～八月二十九日
申　込　民団本部まで
〆　切　八月五日まで
資　格　三十五歳まで

トピックス

在日韓国人綜合体育大会に、滋賀県代表が優勝！

七月二十二日、奈良県生駒市にある三洋グランドで開催された。在日韓国人綜合体育大会で、我等の代表が他県の代表を圧し、女子高校一〇〇米で優勝した。

他の種目には、惜しくも圏外に甘んじることになった。しかし、その健闘ぶりは、他県代表の強敵として印象づけられた。

団員の皆さん、この日の応援には朝早くから大変でしたね。主催者の不手際でテントもないスタンドでの応援に、腹立ちさはいかばかりだったでしょう。それをがまんして、滋賀県の組織力を発揮したのですから、主催者を大いに驚かせたことと思います。

競技出場者は、

女子高校一〇〇米
　優勝　鄭　良子
男子高校柔道　朴　将司
男子高校卓球個人戦　姜　永根
男子一般すもう　朴　成圭

母国夏季学校学生出発

今年の母国夏季学校入学生が、七月二十六日出発した。

例年より希望者が多く、帰ってからの活躍が期待されます。

○入校生は、

柳 根世 東山高校 一年
朴 昶寿 膳所高校 二年
姜 永根 〃 三年
李 辰信 信楽高校 二年
袁 栄姫 光華女子短大二年
李 由美 大津商高 二年
林 康子 滋賀女子高 二年
金 栄子 比叡山高校 三年

民団だより

第二十九回八・一五光復節慶祝大会は三上神社広場で

今年の光復節慶祝大会は、三上神社で開催します。団員の皆さん、この日は三上神社で大いに祝い語りましょう。

集会場所 三上神社広場 午前十時

アトラクションには、支部対抗家族歌合戦を計画しています。

戸籍を整備しましょう

本国の司法書士会より派遣された戸籍整備奉仕団が来て、未だ整備されていない戸籍上の問題について手続整備する事になりました。丁度良い折ですから、いろいろな戸籍上の事は整備しましょう。

申請者はすぐ所属している各支部に申込みましょう。各支部団長は申請者数をお知らせ下さい。

日時 八月八日～九日 午前九時
場所 本部会議室

未だ国民登録をしてない人は、はやく登録して旅券をもちましょう

永住権を取得しながら未だ国民登録をしてない人は、近くの支部を通じて一日もはやく、家族全員登録をすませましょう。そして旅券を一人残らずもって祖国を訪問しましょう。

となり近所で未だ国民登録をしてない人がいたら声かけて下さい。

日本の一部言論機関による偏向報道に抗議しましょう

日本の一部言論機関(特に朝日、読売)が祖国関係の報道について、報道原則である中立性、正確、忠実性を無視して悪意に中傷しています。他の記事とくらべその偏向報道に電話、投稿で抗議しましょう。又、不読運動をやりましょう。

韓国の故事

（その 3）

□꽃 같은 도화녀(桃花女)

신라 二五대 진지왕은 四년 동안 왕 노릇한 임금이지만, 상당히 여성을 좋아하였다. 사량부의 평민 출신 여성 도화녀는 도화꽃 같이 아름다왔다. 이미 남에게 출가하였으나, 그 아름답다는 소문을 들은 왕은 불러다가 간음하려 하였다. 도화녀가 듣지 않으므로, 왕은 너의 남편이 없으면 듣겠냐고 물었더니, 도화녀는 그렇다 하고, 궁중에서 나왔다. 바로 그 해 왕은 쫓겨나 세상을 떠났다. 三년 후에는 도화녀의 남편마저 죽었다. 이제는 과부의 몸이 되었다. 어느날 밤 꿈에 왕은 생시와 같이 나타나 이제 남편이 없으니, 전날의 약속대로 하자고 하였다. 그녀도 쾌히 승락하였다. 왕의 영은 도화녀의 방에서 七일 간이나 떠나지 않고 있었다. 이때 五색 구름이 그 집 지붕 위에 가득 차 있었다. 이로써 도화녀는 임신하여 아들을 낳았으니, 그 아이의 이름이 비형이다. 二六대 진평 대왕이 궁중에 데려다 길렀다. 비형이 十五세 되던 해, 밤만 되면 밖으로 나가 놀았다. 가만히 뒤를 밟아 보니, 성을 넘어 황천내 언덕에 가서 귀신들과 같이 놀고 있었다. 왕은 이것을 알고, 비형에게 네가 귀신을 부리니, 바로 황천내 옆에 있는 신원사에 다리를 놓아라 하였다. 비형은 귀신의 무리를 데리고 하루 밤 사이에 다리를 놓았다. 이 다리를 귀신 다리라고 한다.

<三國遺事>

〔訳文〕

花のように美しい 桃花女

新羅二十五代真智王（西紀五七六～五七九）は四年間しか王位についていなかったが、大へん女性を愛した。寵姫で、平民出身の女性=桃花女は桃の花のように美しかった。

すでに結婚していたが、その美貌のうわさを聞いた王は、呼び出して意に従わせようとした。桃花女が王の意に従わなかったので、王は、もし夫がいなければ自分の言うことを聞くか、と聞いたところ桃花女は、そうですと答えて、許されて宮中から退出した。

すぐその年、王は、位を追われ死去した。三年後には、桃花女の夫も死んだ。今は未亡人となった。ある夜、夢に王が生きているときと同じ姿で現われて、もう主人がいないのだから、前の約束どおり自分の意に従え、と言った。彼女も快よく承諾した。王の霊は、桃花女の部屋で七日もの間去らずに過ごした。その間、五色の雲がその家の上にあつまっていた。

こうして、桃花女は妊娠して男児を生んだが、その児の名前が飛蛍（ビヒョン）である。二十六代の真平大王は、宮中にこの児を引き取って育てた。

飛蛍が十五歳になった年に、夜になると外に出て過ごした。秘かに尾行したところ、城を出て黄川の堤に行って、鬼神たちと遊んでいた。王はこれを聞いて、飛蛍に対して、お前は鬼神を使うことができるのだから、黄川のすぐ横にある神願寺の橋を架けて見よと命じた。飛蛍は鬼神の集団を率いて、一夜の間に大きな橋をかけた。この橋は鬼神橋と呼ばれている。

(注一)　鬼神は、韓国では人が死んでからの霊が鬼神となり、この鬼神を怒らせないようにしないと、人に祟りをすると考えられている。

(注二)　飛蛍は、真智王の霊（鬼神）の子であったので、多くの鬼神を指揮した。この話の後も吉達と言う名の鬼神を王に推挙して、ある寺の楼門を造らせた。この楼門を吉達門と言う。その内吉達は狐に化けて逃げたので、飛蛍はこれを捕えて殺した。その後は鬼神たちは飛蛍を怖れて、彼の名前を聞いただけで逃げ去った。そのため、飛蛍の名前は符赤に書かれて、人々の家の門に貼り出して鬼神除けとされた。今でも、鬼神除けの呪（まじない）に家に貼られる。符赤には、この飛蛍の名が書かれているそうである。

足立在住韓国青年は 青年会に参加しよう！

足立青年会新聞

在日本韓国人青年会足立支部
発行人 蘇 翼 尚
連絡事務所
足立区千住桜木町2－11－4
郵便番号 120
電話（888）8301－3

結成大会スローガン

一、われわれは、大韓民国の発展と、民族の平和統一に尽力する。
一、在日韓国人青年達は、団結と主体性を確立する。
一、在日韓国人社会の秩序確立の先頭に立とう。
一、われわれは新しい民主的青年運動確立に尽力する。

在日本韓国人青年会 足立支部結成さる
青年代表等80余名が参席
―足立韓青を発展的に解消―

「在日本韓国人青年会足立支部」結成大会は、さる十一月十一日午後八時から、民団足立支部内の講堂において開催された。同大会には、足立区在住の青年五十余名、足立民団役員および一般同胞二十余名をはじめ、民団中央本部からは卞周浩青年指導局長、東京都青年会からは尹隆道会長等を来賓としてむかえ、総計八十余名の参席者をもって盛大に挙行された。

大会は、朴京植青年指導課長の司会で始められ、国民儀礼のあと明学浩前足立韓青副委員長より開会辞があり、つづいて卞周浩青年指導局長、権寧栒民団足立支部顧問、金漢弼同議長、鄭東淳同監察委員長、尹隆道東京都青年会々長等来賓各位から祝辞が寄せられた。

来賓祝辞では、わが民族が祖国平和統一に向けて総力を結集しようとしている今日、在日韓国人社会の団結は急務である。

そのためには、青年と既成世代との協調が必要であることはもちろん、青年たちが韓国人としての自負と自覚を持って祖国のために先導的な役割を担うことが最も望まれている、といった点が共通して強調された。

つづいて「青年会東京本部」の会長である尹隆道君から青年会は親睦を深め、民族素養を身につけるためにだけあるのではなく、在日韓国人青年が全国的な規模で団結し、主体性を確立するとともに祖国統一、民族発展の大課業に、積極的に参与してゆくためにある。これからの組織づくりのために共にがんばろう、との激励辞があった。

大会は、議長に高守君、書記に崔弘美さんを任命し、議事に入った。

まず孔政幸前足立韓青委員長から経過報告があり、足立韓青が民団事態の発生以来、一貫して民団中央を支持し、一部不純分子を民団社会から一掃するために常に先頭に立ってたたかってきたとの報告があった。そして今回、旧韓青と明確にたもとをわかつため、足立韓青を発展的に解消し、青年会に改称するために大会を開催したとの経過報告がなされた。

この報告に対して、裴東和・朴光春両君から発言があり、この大会を準備するにあたって、各家庭を訪問してきたが、大部分の家で、オモニ・アボジが自分たちの息子、娘は忙がしくて出られないという反応があった。しかしこれは口実で、自分たちも勤労青年だが、出ようと思えばいくらでも時間はとれるはずだ。これからの青年会は暇がある人が来るのではなく、時間を見つけて参加できる意欲を持った青年たちが参加できるミリョクある青年会作りをしなければならないという力強い発言があった。

大会は討論につづいて任員選出に入り、会長に蘇翼尚君、副会長に裴茂光・尚幸浩君、代表監査に河福萬君を満場一致で選出し、他の執行部署の選出はこの四名と朴京植青年指導課長に一任された。

蘇翼尚会長は、決意表明を通じて、足立民団指導部の労苦に感謝するとともに、青年会足立支部の組織拡大と発展に全力を尽したいと力強く述べた。

その後大会は、文書採択に入り、李貞子さんの朗読で決議文・アッピール文が採択された。

そして最後に、大韓民国と青年会足立支部のための万歳三唱を持って午後十時半終始熱っぽい雰囲気の中で無事結成大会を終了した。

尚、大会開始前に、足立民団役員が協議した結果、当面した活動資金として十六万一千円もの賛助金が青年会に寄付された。

青年会足立支部結成大会
11月11日足立民団講堂に参集した80余名の青年同胞たち

自分の経験を素朴に語る討論者、柳原の朴光春君

「全国青年会」結成準備進む

さる十月二十二日、杉並区公民館で「在日本韓国人青年会東京本部」が結成されたが、十一月五日には関東と九州で同時に、在日本韓国人青年会神奈川県本部および佐賀県本部が結成された。すでに、広島、兵庫、秋田、新潟など結成後、活発な活動が展開されているが、全国青年会結成準備委（準備委員長）によると、このほかにも、関東、北陸、近畿、さらに東北の各地方でも続々と青年会の結集があいついでおり、全国の韓国人青年たちの要望がいかに強いものであるかを示しているとのことである。同準備委では、全国青年会結成にむけて、追込みに拍車をかけている。

私たち青年会足立支部においてその準備を鋭意進行中である。大会当日には、足立民団事務所前にバスをチャーターして参加するつもりである。区内在住の青年および大衆の積極的参加を希望する。なお、公文は十一月二十日（月）に発送の予定である。

本国に水害義捐金
足立民団、百万円を達成

本国における二度にわたる水害に対し、その復興資金の一助にと、区内同胞有志から百万円にのぼる義捐金が足立民団事務所に寄せられた。当事務所では早速、大使館を通じて罹災者に送金した。

以下寄付者名単。（敬称略）

▽七万円 張相来 ▽五万円 金鍾奉 黄富淳 林鍾大 林教[illegible] ▽三万円 [illegible] 尹秉元 金午南 玄奎元 柳泰永 金竜河 呉昌敦 ▽二万円 金在今 朴鍾信 玄奉全 金振玉 金福来 玄棋洙 金章玉 崔正浩 ▽一万五千円 李昌淑 ▽一万円 韓斗玉 李基煥 千甫殷 金鍾烈 洪良植 鄭在淳 金昇鎬 呉鐘生 ▽五千円 金慶安 李鍾爾 朴鍾漢 金鍋[illegible] 許[illegible]祚 南相鉉 韓柄相 金尚寿 権寧浩 高斗方 張世德 姜致洙 張平順 高東湜 秦竜欽 金仁永 玄宗浩 ▽三千円 李埼雨 朴炳基 足立教会 文貴淑 林補文 金辛出 秦義鳳 ▽二千円 高守 林承官 李鎮道 韓鋼家 金義植 ▽一千円 成永錫 ▽十六万三千円 足立韓国人生活協同組合（以上）

在日本韓国人青年会　綱領・規約・活動方針（草案）

去る十月二十二日、「在日本韓国人青年会結成大会」上において提示された綱領・規約・活動方針案は次のとおり。なお、これらの草案は今後全国青年会結成までに種々検討され、修正される必要があるが、今は青年会の概要を理解してもらう意味で案文のまま紙面に掲載させていただきます。（文教部）

綱領

一、我々は、大韓民国の国是を遵守する。

一、我々は、在日本大韓民国居留民団の宣言と綱領を守護する。

一、我々は、在日本韓国人青年として、心身を鍛錬して教養を向上させ、祖国統一課業に献身する。

一、我々は、在日本韓国人青年の矜持を堅守して、在留同胞の権益擁護に先鋒的役割を果たす。

一、我々は、在日本韓国人青年として、友邦青年たちと親善を図謀して真正なる世界平和に寄与する。

規約

第一章　総則

第一条、本会は、在日本韓国人青年会と称する。

第二条、本会は、本会の綱領と規約を遵守する、満十八歳以上二十八歳までの在日本韓国人青年男女で、国民登録を終えて本会加入手続を完了した者で構成する。

第三条、本会は、真実なる韓国国民の立場から、新しい青年達の自律的で穏健なる団体を、民団傘下団体のもとで組織発展させながら、会員相互間の親睦を図謀すると同時に、本会の綱領実践をその目的とする。

第四条、本会は、中央本部を東京都に置いて、各地方本部と支部を統轄する。

第二章　会員の権利と義務

第五条、本会会員は、各級機関の選挙権と被選挙権を持つ。

第六条、本会会員は、各級機関に対して文書で請願でき、所属機関会議に出席して、自由に意思を提議し、審議、法議する権利がある。

第七条　本会会員は、本会が定める所定会費を納入する義務を持つ。

第八条　本会会員は、本会の規約を厳守して、本会の目的達成を為す決定事項を忠実に履行する義務がある。

第三章　中央機関

第一節　議決機関

第九条、本会には、中央大会、中央委員会、中央執行委員会を置く。

第十条　中央大会は、本会の最高議決機関で、その任務と権利は次のとおりである。

①、綱領、規約の制定と改正

②、基本施策と活動方針の決定

③、予算案の審議、決定

④、会長（一名）、副会長（二名）、中央監査（三名）、中央委員（五名）の選出

⑤、選出された任員は、各級組織に該当する民団団長の認准を受けなければならない。

第十一条　中央大会は、議長を選出して、選出された議長は、会議に必要な任員を任命して秩序ある議事を進行する。

第十二条、中央大会は、中央委員と、中央委員会で配定した比率に従い、地方本部大会と支部大会で選出された代議員で構成する。

第十三条　中央大会の構成定員は、百二十一名と定める。

①中央委員　六十九名

②地方代議員　四十九名

③友誼団体　三名

第十四条　中央大会は、定期大会を毎年九月中に会長が召集し、臨時大会は、中央委員会又は会長が必要ありと認定する時には臨時に大会を召集することができる。

第二節　執行機関

第十五条　中央執行委員会は、会長一名、副会長二名、部長各一名の十五名を定員として構成して中央大会と中央委員会の決議事項を執行する。

第十六条　中央執行委員会は、毎月一回定期的に会長がこれを召集する。但し必要に従い会長が随時に召集することができる。

第十七条　中央執行委員会は、総務部、組織部、文教部、宣伝部、女子部、体育部の六個執行部署を置く。但し、専門部署は必要があれば増減できる。

第十八条　専門部署に関する職務規定は、中央委員会が別途にこれを定める。

第十九条　会長は、本会を代表して中央執行委員会の議長を兼任する。

第二十条　副会長は、会長を補佐して会長の故時には会長職を代理する。

第二十一条　部長は、専門部署の職務を分担して、次長は部長を補佐する。

第二十二条　中央監査は、中央大会から代表監査一名、監査二名を選出して、選出された監査は、次の各項を監査する。

①規約の運営の査察

②事務と人事考査

③会計監査

但し、以外の懲戒規定は、在日本大韓民国居留民団の懲戒規定に準ずる。

第二十三条　本会の各級機関任員と、中央委員と、代議員の任期は一年とし、補選された者の任期は前任者の残期迄とする。但し、任期中、年齢が超過する時は任期迄服務できる。

第四章　地方組織

第一節　地方本部

第二十四条　地方本部は、道府県別に置いて、管内支部を統轄する。但し、集団居住地域都市を中心にすることもできる。

第二十五条　地方本部は、中央本部の指示を履行する義務をもっている。地方本部が、機能を発揮できず　また、その義務を実行しない時は、中央本部は該当地方本部を直轄でき、かつ、中央委員権あるいは代議員権は自然停止されてしまう。

第二十六条　地方本部が未だ組織されていない地方は、中央本部で直轄する。

第二十七条　地方本部大会や地方委員会に関する規定は、中央機関に準ずる。但し、地域の特殊性を考慮して、中央委員会の承認を受けて、一部に例外制を設けることができる。

第二十八条　地方本部大会は、毎年八月中に開催して、地方委員会は、毎年五月中に開催する。

第二十九条　地方本部大会代議員、及び地方委員会委員の定数は、その地方事情に従い、適宜決定する。

第三十条　地方本部執行部署に関する規定は中央本部に準ずる。但し、呼称において会長（中央）を地方会長（地方）と称する。

第三十一条　地方本部の監査は中央本部に準ずる。

第二節　支部

第三十二条　支部は、市区郡、又はこれに準ずる地域に設置して、分会を設けてこれを統轄する。但し、各級組織を新設するときは、中央委員会の承認を受けなければならない。

第三十三条　支部と地方本部との関係は、本規約第二十五条を準用する。

第三十四条　その他、支部の各級機関運営は、地方本部機関に準ずる。

第三十五条　支部執行部署に関する規定は、地方本部に準ずる。但し会長の呼称を支部会長と称す。

第三節　地方協議会

第三十六条　数個の地方本部が相互協調で諸般活動を強化する為に、地方協議会を持てる。

第三十七条　地方協議会は、その地域内の地方本部会長で構成して、代表者を互選して協議会の活動を展開する。

第三十八条　地方協議会から本会全体活動に関して協議された事は、中央委員会の承認を要する。

第五章　顧問

第三十九条　本会各級組織に若干名の顧問を設けて、必要に応じて常任顧問を設ける。

第四十条　顧問は、大会で推戴し、本会各級機関の諮問に応じて意見を提出することができる。

第六章　財政及び財産

第四十一条　本会の経費は、会費、賛助金、事業収入金、補助金等、其他、収入金で充当する。

第四十二条　本会会費は、会員一人当り百円を基準に、会員の事情に応じ適宜加減、徴収できる。

第四十三条　地方本部に対する会費分担金の配定比率は、中央委員会の承認を受けて中央執行委員会で定めて徴収することもできる。

第四十四条　本会の財産全体は本会の公有財産であり、執行機関でこれを管理する。但し、避けられない事情により、財産処分する時には、中央委員会の承認を得なければならない。

第四十五条　本会の会計年度は毎年十月から九月末日迄とする。

第四十六条　本会の予算、及び決算は各級委員会で承認を受けなければならない。

第七章　賞罰

第四十七条　本会会員として、本会発展に対して特別な功労、貢献のあった者には表彰する。

第四十八条　本会会員、又は任職員が綱領、規約に違反して過誤を犯した時には、監査会で査察して処罰する。但し、中央大会で選出された任員の処罰は、中央委員会の同意を必要とする。其他は、懲戒規定に依り措置する。

第八章　附則

第四十九条　本会の綱領、及び規約の改正は、大会在席代議員数の三分の二以上の同意を受けなければならない。

第五十条　本規約施行に必要な細則は中央委員会で定める。

活動方針案

一、在日本韓国人青年会の体質改善による組織の整備強化

①、新しい青年会の秩序確立と組織を拡大して体系化する。

②、民団と一体になって、在日同胞社会の組織整備に総力を傾注する。

二、民族教育活動の強化

①、祖国統一問題に対する正しい教育解説

②、青年会体質改善に伴なう当面課業を認識させる。

③、民族教科として、国語、国史、礼儀等の素養講座を実施する。

三、啓蒙活動を積極的に展開する。

①、青年会の定期刊行物の出版を前提として、これを通じて民

【下2段※印につづく】

統一教室　1

「統一」の必要性

【問】

わが民族の一員ならば「統一」に反対する人はいないと信じます。しかし、分断されて二十七年間も過ぎたにもかかわらず、未だ祖国の統一が達成されておりません。何故でしょうか？　その原因の一つをあげるならば、「統一」はわが民族の至上課業としながらも、その実一歩進んで、なにゆえ「統一」が必要で、「統一」されたらどのような効用を持っているのかという最も基本的な問題に対して深く究明している人が少ないからです。真実、「統一」を成し遂げるならば、そのような問題点を明確に見極めるべきではないでしょうか。そうしないと、混乱のみ生じて、すすんでは「統一」実現に大きな支障をきたすと思います。そして、それに対する体系的な究明がなされていないことに、非常な物足りなさを感じる次第である。

【答】

質問にお答えする前に、先ず私達は、「統一」とは何か、即ち「統一」という概念に対する共通した認識を持つ必要性があると思います。

「統一」とは、次のような三つの規定にわけることができます。

第一は、国土の統合です。即ち祖国南北両地域をわけている分断線と、それに随伴する軍事的・政治的・行政的その他あらゆる障壁を撤廃して、国土を一つにすることです。

第二は、統治権力の一元化です。

即ち、統一中央政府を樹立して、現在南北両地域を支配している二つの政府を吸収して、統一権力を一元化することです。

第三は、南北社会の等質化です。

即ち分断以来、相異なる道を歩んできた南北両地域の政治制度・経済機構・生活様式等を等質化することです。そして、そのような事業等を我が民族が総力をあげて、みづからの手で平和的に成し遂げることが、「統一」ということなのです。質問の内容を要約すれば、前者のなにゆえ「統一」は必要なのか、という統一の必要性の質問になるし、後者の「統一」はどのような効用をもっているのかという質問は、一言でいうならば、「統一」の意義は何であるかという問題となります。

「統一」の必要性と効用性は表裏一体の関係にある為に、ここでは「統一」の必要性を通じて意義を見極めようと思います。

「統一」の意義が「統一」問題の歴史的経過の産物であることを考えるならば、「統一」の必要性が、①民族的側面から、②国際的側面から提起されることとは容易に理解できることです。従って、その二つの側面から検討できるのはもちろん、それと同時に、「統一問題」の歴史的変遷に伴う、その内容の変化が考慮されるべきです。

まず、民族的側面において、「統一」の必要性を見るならば、それは次のように三つに大別できることだと思います。一つは「六・二五」動乱の悲劇によって余地なく実証されたことですが「民族の生存基盤を確保」する為に必要です。

二つは、外勢のいかなる干渉も受けない統一された祖国、即ち「真の民族解放独立」のために必要であり、三つは、今日の祖国の現実が立証しているが、国土分断、民族分裂のために阻がいされている民族の政治的・経済的・社会的・文化的発展を正常化して、飛躍的に前進させるため、即ち民族発展の基盤構築のために必要である。

次に、国際的側面に立ったときの「統一」の必要性は三つに大別できる。一つは、六・二五動乱で実証されたところだが、分断のための対立・緊張はわが民族の生存だけでなく、国際的には、人類の生存と直結している世界平和に対する脅威を排除するためにも必要である。二つには、六・二五動乱を最終的に処理するためである。

周知のごとく、一大国際戦争となった六・二五動乱は、休戦協定の締結で一応の終末がみられたが、同協定第六〇項に依拠して、一九五四年にひらかれた第四回政治会談の決裂により、同協定で重要性をもつ祖国半島における平和樹立問題——具体的には、外軍撤退と「統一」実現に関する諸問題の最終的な解決（同協定六〇項）は、未解決のまま残っている。これら未解決問題の解決は、「統一」が実現されれば解決される。

三つには、国際社会の新秩序樹立のために必要である。わが祖国の「統一」が実現されて、極東に強大国の影響により左右されない国家が生まれれば、それは民族自決原則に立脚した国際社会新秩序樹立に大きく貢献できる。

以上のことから、わが祖国の「統一」の意義は、民族的側面においても、国際的側面においても、実に大きなものがあることを銘心されねばなりません。

（文教部）

注＝休戦協定六〇項

一九五三年七月協定、六〇項「協定が署名された三カ月以内に……高級政治会談を開く……」

リトルエンジェルス公演　11月19日～12月29日　有楽町日劇で

韓国を代表する可愛らしい子供たち、大韓児童舞踊団、リトルエンジェルスが三たび来日することになった。料金が若干、たかいきらいはあるが、その優雅にして華麗な民族舞踊は、わが国の文化水準の高さを示して余りがあろう。東京公演は、「日劇」において11月19日から12月29日までであるが、足立民団事務所でも切符を購入できることになった。なお、座席は三種類あるが、当事務所ではA席（三千五百円、11月中限り）を取扱っている。お問合せは、当事務所、八八八、八三〇一までどうぞ。

※団社会秩序確立と青年会組織の正しい啓蒙を展開する。

②、座談会、講演会、研究会、学習会を各地域別に実施して青年達を多数参加させる。

四、青年会各級組織の在職員と会員の集中訓練

青年学校を、民団中央本部青年局と青年会中央管轄下に置いて、民団後継者養成に努力する。

青年会をいこいの場に

「結成大会」に寄せて

「在日本韓国人青年会足立支部結成大会」において、数多くの声討がなされた。ある者は、旧韓青中執に対する批判、またある者は朴訥な口調ながら、日常活動の必要を訴えた。ここではあいさつを中心に紹介します。

民主主義的運営で

青年会足立支部会長あいさつ　翼尚厳

この度、韓国人青年会足立支部の会長になりました。厳翼尚です。過去二十数年間、民主主義の社会に育ち、民主主義の腐敗した一面も、民主主義の貴い面も、見てきたつもりです。組織においては、私は未熟な点もあります。韓国人青年会足立支部においても、協議をつみかさねて民主主義的に執行会員、一般会員とともに勉強して行くつもりです。足立においては、土地柄、勤労青年の多い所で仕事も大変大事、僕自身もそうです。この青年会を知ることも共に大事なことと思います。韓国人である自覚、在日韓国人の日本での立場、真の韓国人青年の在り方、問題点は多くあります。その疑問を共に勉強しましょう。納得する意義のある青年会を築いて行きましょう。末尾ながら、青年会結成にあたって、深い配慮とご支援を寄せて下さった民団、及び区内同胞の皆様に感謝の意を表します。

青年は未来の鏡

民団足立支部団長祝辞　金周奉

在日本青年会足立支部が誕生したことにまず、祝意をのべたいと思います。青年たちに、健全な生気がなければ、わが民団、ひいてはわが祖国がよどみの停滞に陥ることは申すまでもありません。従って、今後の青年会の役割は、非常に重要なものであり、またその責務もすぐれて重たいものだと言わざるをえません。

折しも、わが祖国では十月十七日の大統領特別宣言に窺れるごとくに、多事多難な時代を迎えて居ります。こういう時期にこそ、わが国の未来の鏡ともいうべき諸君らの落着いた行動が必要だと思います。諸君らも、今まで様々な努力を傾注してきたことと思いますが、今一層の奮起をこの青年会興隆のためにはらわれることを望みます。区内の民団同胞も、この青年たちを暖かく見守ってやって下さい。

はじめての訪問活動

大会準備に参加して

関原・崔弘美

私たちは、ここ数日間、忙がしい毎日を過ごしました。

それは毎日足立民団事務所に韓国人青年会足立支部結成大会を成功させるために出かけたことです。

午後七時に集合して、遅い時は十時、十一時になってしまったこともありました。

仕事の内容は区内に在住する青年達に対して動員活動をすることでした。

私たちは二名を一組にして、青年のいる家庭を訪問する組と、事務所で団員宅に電話で参加を要請する組とのふたつに分けて活動をしました。

私は退社後、直接事務所に行き電話による動員活動をつづけました。ダイヤルを回した時の反応は、多種多様でしたが、その中で最も感じたことは、オモニ・アボジの返答でした。こちらの説明に対して「あっそう、わかりました。息子（娘）に参加するように伝えます。ごくろうさまです。」以前大会の時に電話動員活動をした時と全く同じ返答でした。こういう反応の時は百％参加しないということがわかっていたので、さらに食い下がって、「では、これから青年が直接うかがいます」というと、「いえ、うちの息子（娘）は非常に忙がしくて……」といって結局最初から息子（娘）に伝える意志がなく、適当に電話応対しておけばよいとの考え方なのです。

電話の顔がみえない。だからと言って通りいっぺんの返答でごまかそうというのはオモニ・アボジの民族に対する姿勢が無責任であると同時に、熱心にやっている青年達の情熱に水をかけるようなものではないでしょうか。

また、「当人が参加したがらないもので」とも言われましたが、参加する否かは、本人しだいと言われるけれども、オモニ・アボジの協力や説得も必要だと私は思います。

私たち青年は、より多くの友を得て、韓国人青年としての自覚を持ち、充実した青春時代を送るべきだと思います。十一日の大会では五十余名という多数の青年が参加しました。

このような青年たちが、毎週日曜日の国語・歴史学習会に参加することを希望します。いや積極的に私から呼びかける決意です。

新執行部名単

会長	厳翼尚
副会長	姜茂光
	明淳浩
代表監査	河福方
監査委員	玄圭三郎
顧問	鄭新東
	高　守
	金　満
総務部長	崔弘美
組織部長	李銀宅
宣伝部長	朴光春
文教部長	李貞子
体育部長	金京子
女子部長	玄順姫

十一月十一日の青年会結成大会において、決議文を朗読する関原に在住する、李貞子さん。

結成大会文書

「在日本韓国人青年会足立支部結成大会」において採択された"足立区内に在住するすべての韓国人青年に訴える"決議文"活動方針"は、全文次のとおり。

呼訴文

わが民族は、今、二十七年にも及ぶ祖国分断と同族抗争の不幸な歴史に決別し、世界史上類例のない民族再統一へ歩を進めるべく、民族大団結の原則の基、祖国の平和統一に向けて、大きな前進を始めています。七・四南北共同声明が発表されて以来、幾多の迂余曲折を経ながらも、赤十字本会談が着実に進展し、双方代表団が、交互にピョンヤンとソウルを訪れることは、離散家族の問題は勿論のこと、南北間にわたる不信感を取除くうえで、多大な成果をもたらしつつあります。また、南北調節委員会も、その内実を深め、すでにその機能を発揮しています。

足立区内に在住する全ての韓国人青年の皆さん！

わが民族が、まさに統一の前夜を迎えつつあるといっても過言ではない今日、私たちがただ傍観のみをこととしているならば、それは卑怯者のそしりを免れえないでありましょう。私たちもわが民族の構成員であり、私たちの将来がわが民族全体の将来と不可分のつながりがあることは申すまでもありません。もはや木を見て森を見ない近視眼的思考は許されず、まして民族的な関わり合いを一切否定する"民族虚無主義"も、その存在理由を喪失しています。

足立区内に在住する全ての韓国人青年の皆さん！

私たちは、このような重大な時期に、ただ手をこまねいて傍観していることを潔しとせず、足立区内の青年があまねく結集でき、民族成員としての主体性を強靭にしていくことのできる場を創るために、足立韓青を母体に、区内民団同胞の暖かい支援の中で、きょう、「在日本韓国人青年会足立支部」を結成しました。この「青年会」創りは、東京都は勿論のこと、全国各地で、展開されています。

青年は、その民族の将来を照らし出す鏡のような存在だ、といわれています。私たちが民族再統一と祖国建設の担い手として、充分な気骨と決意をもち、その事業に取り組むならば、この日本においても、一大民族運動が展開されるでしょう。足立区内に在住する韓国人青年は、「青年会足立支部」に固く結集し、共に手をとりあい祖国統一、民族発展の正道に偉大な足跡を印しましょう。

一九七二年十一月十一日
在日本韓国人青年会足立支部

決議文

我々は、今、民族の大団結が最も要求されていることを認識し、新たな歴史の隊列に加わるため、「在日本韓国人青年会足立支部」の名において、次のように決議する。

一、「七・四南北共同声明」を全面的に支持する。

一、「七・四南北共同声明」の精神に基づき、朴正熙大統領の、「十・一七特別声明」を支持する。

一、大韓民国の国是に著しく逸脱し、"不純分子"の暴力集団に成り下がった旧韓青の蛮行を、徹底的に粉砕する。

一、朝総連は、「七・四南北共同声明」の精神に反する、「金日成勝利論」や「共同支持集会」のデッチ上げ策動を、ただちに中止せよ。

一九七二年十一月十一日
在日本韓国人青年会足立支部

活動方針

一、組織の整備強化
㈠足立支部の組織拡大円かつた運営
㈡民団と一体となり、民団の[illegible]

二、民族教育活動の強化
㈠[illegible]を深める。
㈡国語・歴史・礼儀作法等の[illegible]

三、文化・教養の強化
㈠在日本韓国人青年会の定期刊行物発行。
㈡座談会・講演会・研究会・運動クラブ等の組織を通じ、教養を高め、心身を鍛錬する。

一九七二年十一月十一日
在日本韓国人青年会足立支部

在日二世の屈折した意識に照射を

このページは、この新聞の性格をもっとも端的に説明できるページです。今回は紙面の関係から、三名の投稿しか掲載できませんでしたが、当新聞は原則的に毎月一回発行が目標なので二号からは一層多くの青年に開放するつもりです。このページが生きるも死ぬも、読者諸兄姉の協力にかかっています。連載物の「読書案内」は、ジャンルを問わず[illegible]批判と感想を交えながら紹介していく予定です。紹介の本は、青年会事務所で[illegible]。（文教部）

ウリマルを学びたい

柳原・朴光春

高三の春、進路相談で教師になりたい旨を告げたところ、「むこうでやるのか」と言われた。当然日本の国家試験を受けて教師になれると思っていた自分には大きなショックであった。日本人の為に作られた、うそっぱちの歴史を学び、大極旗より日ノ丸に、エグッカでなく、君が代を歌わされてきた自分はいつのまにか自分が韓国人である事を忘れていた。

それまでは受験という目標があり、半チョッパリでも別に恥づかしいとは思わなかった。担任から自分が韓国人であることを改めて思い知らされた時、初めて自分が何ら内実のない典型的な半チョッパリであることに気がついた。サムシャラに勉強して一時でも韓国人の宿命から逃れようとむなしい努力を重ねた。夏休みを終るころにはもう疲れきっていた。自分が韓国人、朴光春の宿命を背負う時当然もちあがる諸々の問題に対して相談に乗ってくれる同世代の韓国人などいなかった。居たとしてもどこに住んでいるのか知らなかった。近所のRさんはあまりにもかけはなれた雲の上の存在であった。自分からRさんの門を叩くには、自分はあまりにも小心でくだらない男であった。将来の展望などまるでなく、いずれは山谷でのたれ死にするのが自分の宿命であると勝手に決めていた。毎日が死ぬ程、退屈であった。何の為に生きているのかさえわからなかった。その日、その日を刹那的に生きていく自分にビートルズだけが救いであった。ビートルズが有れば苦しみに満ちた明日も忘れられた。明日のパンを買う金が有ればビートルズのレコードを買った。明日死ぬようなことがあってもビートルズと一緒なら平気であった。彼女が僕から去っても、ビートルズだけはしっかり抱きしめて離さなかった。明日、慣れない辛い仕事が待っていて眠れない夜も、ビートルズを聴きながらぐっすり眠れた。

毎日を自暴自棄に送る私を救ってくれたのがRさんである。彼の主宰するサークルに参加して初めて自分がパク・カンチュンであることを知った。パク・カンチュンを名乗り、ウリマルを習うようになって、韓国人でも日本人でもないというジレンマから、序々に解放されていった。やっとアヤオヨを覚えたころ、足立韓青からウリマル学習の通知が来た。七二年、初春であった。新しい観点からウリマルを学び、より広い人間交流を期待してきた私にはすべてが期待はずれであった。委員長は初めてみえた私に特に紹介してくれるわけでなく、彼らは学習がすむと半分以上はすぐに帰ってしまう。韓青に一度参加しても次からは失望して参加しない原因がここにあるのではないかと思った。

現在、われわれ青年会が日曜日六時半に行なっているサークルは旧韓青の冷たい雰囲気とはちがい暖かい血が通っている。新しく参加した人に対しては全員で暖かく迎えるし、またそうでなくてはならない。学習会の後は、お茶、お菓子を食べながら気楽な雰囲気で、おたがいに意思の疎通をはかる努力をしている。われわれのサークルが旧韓青と決定的に違うのは個人指導をモットーとしているところである。初めて参加する人にはアヨオヨから親切、ていねいに教えてくれるはずである。

ゴリラか人間か

柳原・河千代子

ゴリラは人間に一番、似ているそうだ。顔つきばかりでなく、フット、ゴリラの何げない動作をみると自分と同じスタイルをしている。実に不快な気持ちになる。ゴリラの方も、この地球上で最も優位を占めている人間様に似ていることに不快な気持ちをもっているような気がする。しかし原始未開社会において、現在、人間の優位を確保させている頭脳はゴリラと同様、生きるための食物の要求やその他の欲望を満足させるための道具にすぎなかった。

しかし、社会の発展にともない頭脳をさらに発達させたのであるそれは人間の欲求や行動を正当化するための、もっともらしい論拠をつけるという機能である。この頭脳の作用が、あまりにも早いので、私達は行動を動機づけるものはこれらの論拠なのだと信じがちである。しかしことばと論理を持てあそべば、どんなことでも正当化することが可能である。ある人がこうだと言えば、こうだと言った反対のことを言えばいいのである。だから、そこには真理がないのである。ゴリラの行動の方が真理的である。

韓国語を学ぶことについても同様、私達が韓国人であるから勉強するのである。このことが最も真理的であると思う。他に理由はないのである。韓国語を勉強することについて価値度をつける必要はないと思う。私達にとって韓国語は外国語ではないのである。自分の国の言葉である。ゴリラが自分は人間であると思っていても、ゴリラはゴリラなのである。私達はゴリラでもなく、日本人でもなく韓国人なのである。それでいいと思う。日本に散在している多くの韓国人二世が自分の権利を得、確保していくためにも、私達の共通のものである韓国語を通して集り話したりして互いに知ることが必要だと思う。そういう中でより自分がどういうところに位置づけられているかが明確になるだろう。あなたはゴリラですか。「バカ！韓国人だよ。」と言った人、一緒に勉強しませんか。

若者と民族主義

関原・李貞子

「青年学生は民族主義的であれ！」これは真理である。

私達はいっけん民族主義という言葉を聞くと、偏狭で排他的な愛国主義を連想し、「え、民族主義！今時そんな代物はナンセンス！」等々という返答を浴びるのが関の山にといえる。

そうして民族主義に無関心な態度をみせ超然的な世界市民主義のポーズをとることが多い。

しかし人道主義的立場からかがみ世界市民主義者にはなれないということとである。なぜならば、自己民族に良心的な仕事の出来ない人が世界の人類に真に奉仕することは不可能だという論理があてはまるからである。そのことを具体的にいい直せば、一つの小さな単位である家庭にもあてはまる。家庭をかえりみず、またその存在を軽視するとしたら当然の結果としてよりよい進歩的な生活への努力はなされないだろう。それでは一体本当の意味で社会に貢献出来るであろうか。その答は明らかに否である。

そして本来的な個人にあてはめることによってそのことは徹底的になる。なぜならば、あるものに向っての出発においてもっとも重要なことは、自分自身への回帰に他ならないからである。

過去の祖国の歴史が明らかにするように近代史が大きく変革されたのがまさに青年学生運動が中心となり、そのはけ口を作ったといえる。では一体なぜほとんど社会的地位もない若者達がその主人公になりえたのだろうか。その解答は若者の本来のあるべき古典的な性格からとらえることができる。

それは若者には現状に甘んじないという不屈の抵抗精神がともなうのが常である。それが若者にとっての貴重な財産でもあり、若者条件のひとつといえるのではなかろうか。

一国において、若者の絶対数はほんの一にぎりの数といえる。しかし、本来的意味での不屈のエネルギーを持った若者たちがコンスタントに存在し活動がなされないとすると、その国ひいては世界は一体どうなるのだろうか。

ひどい停滞をもたらすことは明らかであり、人類の危機とも言える。

それでは一体このように重要な役割を持つ若者達はいかにあるべきなのだろうか。

それには若者の基本的性格であるレジスタンス精神のはけ口を民族主義にもとめ、それを通じて活動するとしたらどうだろうか。そのことは実際に即しているだけに情勢をもつことができ、それゆえに研究する学問にも身がはいり（私達がしばしばおかしがちな学問のための学問に終ることなく）真の意味での不屈の精神力となることだろう。それは何よりも生命力にみちあふれているために当然活動的であり、唯一の民族の生きる道ともいえるのではないだろうか。

読書案内 I

「アリランの歌」「後裔の街」「名を奪われて」

□□□ アリランの歌 □□□

朝鮮民謡として、最もポピュラーなアリランの歌には、古来、様さまな由来がつけられている。あるいは、日帝に対する抵抗の歌、あるいは、その結果としての流刑と投獄の歌、またあるいは、怨念に充ちた民族的屈辱の歌と。アリランの歌ばかりでなく、わたしたちの近代史には、あからさまな表出をさけ、隠やかな旋律をよそおってはいても、紛れもない抵抗の歌が、あまりにも多い。それは、わたしたちの歴史の苛酷さのあかしなのだろうか。もとより、朝鮮近代史苦難の連続の賜物であるといってしまえば、身もふたもないことである。これが、この小論に「アリランの歌」を、まず最初に紹介させる所以である。

この物語は、一九三七年夏、エドガー・スノー夫人として、中国革命の根拠地延安にあった、ニム・ウェイルズが、一朝鮮人革命家金山（六、七個ある変名の一つ）の原寸★の肖像と、金山が、不可避的に直面せざるを得なかった当時の歴史情況を、金山の語りによって再現した報告である。

貧乏な自作農を父に持った金山がその産ぶ声をあげたのは、露日戦争の戦場のまっただなかであった。一九〇五年三月十日のことである。朝鮮における支配権確立のための醜い戦いに勝利した日帝がその野望をまさに遂げんとしつつあった時代の雰囲気のうちに、金山の幼年時代はあった。種痘に行かなかったが故に、母親を打擲した二名の巡査、これが、金山が初めて、目近かに見た征服者日本人の姿であった。拳を振り上げて、その巡査を殴ろうとした金山に、「厄介なことになる」とささやきながら止めた、朝鮮の忍従の母の姿が金山には忘れられない。

キリスト教中学に入った金山はそこで、三・一独立運動に遭遇し最初の「政治意識の目ざめ」を経験する。しかし、パリ講和会議での「ヴェルサイユの裏切り」のショックは、「力の意義と無抵抗の空虚なこと」を知る。

向学心にもえる金山は、次兄の援助を受けて「極東における学生のメッカ」東京で、苦学するが、関東大震災の際の朝鮮人大虐殺を契機に、「新思想の主源地」モスクワに行くことを決意する。十五歳の時である。しかし、連合軍のシベリア干渉による混乱のため、ハルピンで足止めをくった金山は、ここで、南満の朝鮮民族主義者の軍事訓練所に方向を変える。十八歳以上の年令制限があったが、金山は例外として、ここで三カ月の厳しい訓練を受ける。このように金山は、革命家として、次第に刻印されていった。

「意識が生活を規定するのではなく、生活が意識を規定する」を地でいった金山は、やがて当時の「亡命者の杜」である中国上海に赴き、中国に帰化し、中国共産党員になり、国際主義の名のもとに抗日運動を主眼とする、中国と朝鮮の両国の革命運動を調整して共同闘争の形をとらせることに、その生涯の目的を置くに至るのである。

私事にわたるが、わたしが、この本を読んだのは、今から四年前の大学に入学したての頃で、「金日成伝1」を読んだ直後のことであった。抗日レジスタンス運動の成果をすべて金日成に集約させる書き方に、釈然としないおもいを抱いていたわたしは、金山の存在を知って、眼から鱗の落ちるような印象を受けたのを覚えている。

勿論、金山とニム・ウエイルズの邂逅の産物であるこの伝記は稀有な僥倖に属するであろうし、金山と類似した生涯を送った革命家群像が、夥しい数にのぼるであろうことは、容易に想像のつくことである。このような革命家たちおよびその同伴者たちが復権されるのは何時の日のことであろうか。ここにも、分断の影が色濃く投影しているのを痛感せざるを得ない。

□□□ 後裔の街 □□□

あとがきによれば日大芸術科を繰上げ卒業させられた金達寿（キム・ダルス）は、大平洋戦争の開始とともに、神奈川新聞の記者となっていたが、翌一九四三年五月から朝鮮に帰り、ソウルにあった京城日報社に入った。四四年五月にまた帰日するのでこの一年足らずのソウルでの生活が、この『後裔の街』はもとより、これに続く『玄海灘』や『大白山脈』を生み出す原動力となったと語っている。この金達寿の三部作のうち、わたしは、ここにとり上げた『後裔の街』を最も高く評価している。それは、日本において、初期の野間宏、推名麟三、武田泰淳などに代表される。第一次戦後派が日本の戦後社会がおさまったときに、彼らが戦争直後に提起した、ある意味で非現実的であり、内的な問題を拡大して描くという問題意識を保ち続けるのが困難になりその困難に耐ええなくなったときに、第一次戦後派が終ってしまったということと、同じ位相のことが、金達寿にも訪れたのではないかと思われるからである。つまり、小説がうまくなり、成熟し、大きなコンポジションも考えられるようになったが、肝腎の心が感じられなくなるということである。

幸いにして、この作品には、それがない。わたしはひそかに、この作品は、野間宏の『暗い絵』、武田泰淳の『蝮の裔』に匹敵するものだと考えている。ここには、大平洋戦争に突入した日本の植民地統治が、いよいよむきだしの狡知さを深める中で、飼い殺しにされかねない朝鮮人知識人が、次第に、自己を主張する唯一の道——日帝への抵抗にその一歩を踏み出す様子が、持続した緊迫感を持って描かれている。余計なことを考えることを覚えたものを、知識人と呼ぶならば、この時代は、彼らに手を汚さずにすましておくことを許さなかったであろうし、態度決定を迫らずにはおかなかったであろう。直接的に強権のおよぶ圏れを体験したことのないわたしたちは、応々にして、このような情況を文学的ロマンチシズムという眼鏡をかけて眺めてしまうきらいはないであろうか。また、そうしからしむるのも、この作品の持つ魅力ともいえるのだが。

魅力といえば、作品中、従兄高昌倫（コ・チャンリュン）と、許されざる恋をしてしまう南英梨（ナム・ヨンリ）のけなげさは、そのけなげさ故に、この色調の暗くならざるをえない作品に、一つの光を点じている。

□□□ 名を奪われて □□□

『名を奪われて』の作者、リチャード・キムは、在米の朝鮮人作家である。一九三二年北朝鮮咸興で生まれ、ソウル大学在学当時に、六・二五動乱に会い、その後国連軍に加わり、五四年に渡米した。かの地で文学修業に励んだ作者は、六四年に洛陽の紙価を高らしめる小説第一作「殉教者」を発表して、米国文壇にゆるぎない地位を確立したという。

この作品は、副題に——ある朝鮮人作家の回想——とあるように生い立ちから、十三歳で八・一五の解放をむかえるまでの自伝的回想である。

クリスチャンであり、小学生のとき反日レジスタンス運動に参加し、何年かの刑務所生活を送ったこともある地方の名士を父とし、牧師の娘であった母との暖かい庇護のもとに、健やかに育った作者リチャード・キムに、日帝支配下の小中学校教育にまつわる、（当然朝鮮各地で起ったであろうはずの）いろいろな事件が、どのような影響を与えたかを、非常に抑制された筆致で描いている。これにつきるといっては、乱暴にすぎるかも知れないけれど、わたしには、読んでいて、ひどく牧歌的な感じを受けるのを如何ともしがたかった。（U）

『アリランの歌』ニム・ウェイルズ著、安藤次郎訳、みすず書房、六五〇円

『後裔の街』金達寿著、東風社、四八〇円

『名を奪われて』リチャード・E・キム、山岡清治訳、サイマル出版会、五六〇円。

（注）版により、若干の定価の変更が、あるかもしれません。

◎お知らせ

「青年会足立支部では毎週日曜日、午後六時半より九時まで、国語、歴史、時事問題などを学習しています。奮って参加して下さい。尚、青年会新聞に対する投稿はそのジャンルを問わず歓迎します。「足立民団」内青年会事務所

電話（八八八）八三〇一一三

1.われわれは、大韓民国の国是を遵守する。
1.われわれは、在日本大韓民国居留民団の宣言と綱領を守護する。
1.われわれは、在日本韓国青年として心身を鍛錬して、教養を向上させ、祖国の平和統一課業に献身する。
1.われわれは、在日本韓国青年の矜持を堅守し、在留同胞の権益擁護に先鋒的役割をする。
1.われわれは、在日本韓国青年として有邦青年と親善をはかり、真正な世界平和に寄与する。

在日韓国青年会荒川支部機関紙
青　年　の　樹
発行編集人　金　昌　世
発　行　所　東京都荒川区荒川3-32-9
電　　　話　03 (891) 0555～0556

会員拡大が当面課題

民団三機関と連携態勢緊密化　青年独自の催しなど強力推進

一九七二年十一月四日、不純勢力に依る混乱事態を収拾し、国是を遵守する壮嚴な旗じるしのもとに、「在日韓国青年会」が決意新たに結成されて以来、その活動は着実に拡大の方向へ歩みを続けており、後世の民団を担う青年会は今や、揺るがせない組織体として基盤を固めつつある。その間、荒川支部では、新執行部の構成と同時に、会員拡大に全力をあげ、現在荒川区内に居住する青年二百五十人を確保した。

この会員拡大方針は、青年会東京本部より年初に打ち出されたスローガンでもあり組織運動をするにあたって、欠かすことの出来ない最も重要な課題であることは言うまでもない。即ち、動員力がその組織の力であるとさえ言われる通りで、同一なる目的に共鳴し、かつ、参加するという意味でもある。

荒川支部では、この会員拡大運動を強力に推進するため、その一環事業として、レクリエーション・サークル、学習会等々を計画し、様々な行事を行なって来たが、その中でも、民団三機関長と青年会執行部が懇談会などを開らき、民団執行部が一般団員に対しての啓蒙不足傾向に、どう対処するかに依って青年会の拡大問題が問われるとの意見が交わされたことだ。民団三機関長と青年会執行部が、共同関心事を論議するため懇談会を開らいたことはこれが初めてのことであるし、このような懇談会を常に持ち、論議し合うことに依って、青年会組織が強化されて行くという期待は大といえる。

このほかに、総会または、レクリエーション、リトルエンジエルス公演の支援などの集まりを通じて、青年会に関心を示さなかった一般青年の参加を期待したが、この三十有余回に恒る集会において、延べ六百余名の青年がこれらに参加して来ており、その成果が大きく実ったことが挙げられる。

さらに荒川支部では、毎週土曜日午後七時から二時間の定例学習会を催し、青年会発足以来今日までで六十回に延べ六百余名が積極的に参加し、民族教育の足場にして充実な啓蒙運動を繰り広げている。

この学習会では、ハングルの学習を始め、歴史、古民謡、民俗舞踊などの基礎教育が行なわれ、幅広い韓国の知識を身につけている。在日民団社会には、教育機関が数少ないのが現状で、青年会としては、管下区域で出来るだけのことは自分たちの力で成し遂げて行くという信念のもとに、この学習会を開設したわけだが、今後、このような小さなことが模範となり都内全域からも民族教育の火花が咲いてくることを望むものである。

前述したように、荒川支部としては、これからもなお、自主確立と組織拡大の具体的作業を計画し、そして実践出来得る青年会として発展せねばならないし、当面課題である会員拡大問題に、民団々員の協力が最も望ましいとされているのである。

青年が集い活動している民団荒川支部

野球部設置を確定　『韓国料理教室』など開設

第二期活動

第二期青年会は、くじけず、二世、三世が当然持っているはずの悩みや希望等を同じ立場にある人間どうし語りあったり、交流をはかれるよう、青年会はその場を提供して行くことを念頭に入れて具体的な活動を行なって行きたい。

そこで活動方針を箇条がきで述べると、一、今までみられた組織面の悪いところを少しでも打開していくこと。二、体育部の活動を活発にし、その中で仲間をつくっていく。そういう意味から、春先に野球部の設置を確定化させること。三、女子部でも韓国料理等の教室を設けて、定期的に継続させていき、女子会員を増やしていく。四、月に一度は青年会単位で必らずレクリエーションを持つこと。五、定期的に民団、婦人会、青年会単位で座談会を持ち、それぞれの一体化を求めていくこと。以上のような活動を必らず実施していくことを執行部一同の意見で決定された。

主　張

〝祖国〟〝発展〟〝に〟〝心〟〝寄せ〟　〝同胞〟〝社会〟〝に〟〝精〟〝を〟〝尽く〟〝そう〟

月日の流れ早く、荒川青年会も第二期を迎えた。七二年十一月、肌寒い風を感じながら見知らぬ者同士が不安のままにこの青年会が結成された当時を振り返れば飛躍的な成長であると、自負したいものがある。年初に於いて、青年会東京本部より打ち出されたスローガンは「会員拡大」であった。この「会員拡大」というものは、組織運動をするにあたって欠かす事の出来ない最も重要な問題であることは言うまでもない。動員力がその組織の力であるとさえ言われている。ましてや、結成されて一年余経たばかりの我々青年会にあっては、何よりも真剣に取り組まなければならないのが、この問題であると思う。この場に於ける「会員拡大」とは何か？　我々流に言えば、「同志を探すこと」という解答になろうか。志しを共にするということは、同一なる目的に共鳴し、且つ参加するという意味である。組織とは一つの理念、目的から連らなる有機体であり、又共に喜びを分かち合える場ではないかと思う。我々の活動の一環として様々な行事が持たれる。レクリエーション、サークル、学習会等々、どれを挙げてみても、何一つとして一人でやれる仕事はなく、又は共に苦労した後のいたわり合いと、小さくはあるけれど、その満足感は替えがたいものがある。一つになるという事は実に尊く、貴重なものであることを知らされる。小さな輪よりも、大きな輪がより大なる影響圏を造り波紋を拡げる。青年会のその輪を拡大するということは、多くの日本の方々に、祖国大韓民国をより良く知って頂くことであり、関心と理解を深めてもらうことである。そして我々自身は、祖国との繋がりをより大きく強めることであると言えるだろう。青年会の綱領の第一にある「大韓民国の国是を遵守する」というのは、我々は在日同胞である前に、まず大韓民国を形成している一員であるという意味に解釈が出来る。国家と我々一人一人はまさに運命共同体であり、それ以上にこの民団社会が心寄せざるを得ないのが祖国、韓国なのである。青年会に参加するという事は、直接的に間接的に自分自身が住む同胞社会に、或いは国家に寄与するということを意味する。苦境の中にあって、学問、教養を身につける機会もないままに今日の生活を守ることのみに精を尽して来たのが我々の父母である。極端に表現すれば、全体よりも個を大切にしながら生きて来たと、言えるかも知れない。その日の生活は我れらの最も身近な、現実の問題である。しかし、もっと注意深く自分の生活とその周囲に目をやるならば、より全体の動向の中に個々の生活が左右されていることを知らされる。我々は、足らないながら組織の仕事、この青年会の仕事に携わりながらいつも学ぶ事は、見えない力の大きさであり全てがそれによって進められている事実であり、それを看過出来ないのである。今日、この同胞社会を見ても、日本の社会を見つめ直しても、我々に希望を与える目的も理念も探す事が出来ない。この時代は、個人を越え、民族国家を越えている。世界の情勢が直接我々の生活圏内に、影響を及ぼす現実を見ることが出来る。この時にある我々青年会は、より明確に目的を定めその使命の自覚の上に立つことが必要である。組織の為の組織でなくして又民族的次元からなる青年会であってはならないと思う。より国家的、世界的な道へとさし示してくれる或いはその姿勢を養ってくれる場が青年会であると思う。それを築くことの努力をする時に、会員拡大のみならず、民団一世方々、婦人会の方々と共に一体化し得る事を確信する次第である。本紙が荒川青年会の永遠な発展のために根気よく羽ばたいて行くことを自ら誓い、内外に宣言する次第である。

祝　創　刊

「青年の樹」創刊へ祝辞

青年は奮闘精神の源泉
機関紙活動で組織力量発揮を

荒川支部団長　高昌運

青年は民族の理想であり、奮闘精神の源泉であり、もっとも信ずるに足る「向上への力量」でもある。韓国人としての最上の自負心を堅持し、創造と探究への道を絶ゆまなく開拓して行くあらゆる活力素がここから生まれて来る。従って青年達は、世界の中の韓国が置かれている現実を正しく認識し、祖国に対し何を為すべきかを、確認し合い、青年たるレベルで「寄与すべく寄与」をしなくてはならないものと信ずる次第である。このような当面課題を背負い、不純分子らに依る混乱から正常化され、今や、韓国青年らしき青年会組織を整備し、着実に前途を歩みつつある青年会に対し、大きく期待するのが、我々既成世代の心であることを掴んでほしい。正常化以来、執行部を中心とする活発な動きを見守って来た我々だが、青年会ではこのたび、機関紙を発刊することを決定し、もう一つ、躍進の一端を見せてくれたとのことで、最大の祝福を送る次第である。青年会は、この機関紙を通して、組織強化に関連する正当な主張評論を展開し、しかるべき青年会事業を内外に大きく宣伝しつつ在日韓国人社会のリーダとなって邁進して行くことを衷心よりお願いし、また青年会の知性の総和として機関紙が脚光を浴びることを願い私の祝辞にかえたいのである。

団員啓蒙に力注

議長　李昌植

「青年の樹」創刊に際し、企画編集などに力を注いでいる諸君の健闘を祝福する次第である。青年会の機関紙が、これから刮目に値する宣伝紙として、組織発展に寄与して行くことを期待して止まない。

民団周辺には、数多くの機関紙があるが、組織宣伝活動の目的を充分果しているかどうかはまだ疑問に思うので「青年の樹」は、この点を配慮して「特徴」のある新聞として発行されて行くことを願いたい。活字の羅列、美麗辞句だけでは、展示効果を狙ったものにしかならないからである。

とくに、これからは不況の時代に突入するので、我が民団社会の同胞生活もいろいろと難しい試練に直面することを予測し、新聞が常に同胞を啓蒙して行かねばならないといった使命感が持たれるよう強調する。すべての国がみな同じわざわいにさいなまれている現状だけに、結局はその苦痛をよく耐えしのぶ者が最終的な勝利をうるものであるから青年だけの特権ともいえる奮闘精神と英知を集め民団社会に奉仕して行かねばならないと信ずるのである。

また荒川に生きる我々としては、常に他地域の模範となって次々と新たな実行計画のもとに事業を展開して行くことを望むのでもある。簡単ながらこれを以って私の祝辞にかえたい。

宣伝活動に転機

監察委員長　文斗河

「青年の樹」創刊に際し、関係青年諸君へ惜しまない激励と拍手を送る次第である。現執行部の青年会が混乱事態を排除し、新たに結成されて以来、本人はその間絶え間なく青年会の動きに関心を寄せて来たのだが、成程その期待が実って、機関紙発刊に踏み切ったと言うので、非常に嬉れしく思っている。青年会諸君が新聞を発刊するということは、即ち組織とは何かを知っている証拠でもあるし、組織を拡大するには宣伝分野の活動が、もっとも肝要であるという普遍妥当な認識が、早かれ遅かれ生み出されている事実を裏付けるのではないか。この組織運営イコール機関紙活動という平凡な認識は誰もが持っている持論とはいえるものの、今まで荒川地域において新聞らしき新聞を造って出した青年会がなかったことに比すれば今度の「青年の樹」創刊は一つの転機だと言わざるを得ない。青年会は今後、活発な言論及び宣伝活動を展開して行くであろうが、先ず願いたいことは「青年の樹」が確固たる「国是遵守」「民団組織ルール厳守」といった理念と約束のもとに躍進して行くことである。また機関紙だけに止とまらず次の仕事は何かを常に研究し、青年会自力で、しかるべき仕事を成すことを望むものである。

我々既成世代としては青年会が強力なバイタリティの中核として羽ばたくことを期待して止まない。

耐乏経済生活に寄与

荒川韓国人商工会長　秦孔暦

青年会荒川支部が正常化されて間もない今日、機関紙を通して組織拡大に寄与するという趣旨のもと、このたび「青年の樹」を創刊したことに対し、心から慶祝の意を表したい。荒川韓国人商工会長の立場から私自身が、青年の皆さんに強調したいのは「経済生活」に深い認識を持ち、これに積極的に参与していく心がまえである。今や、世界経済は悪循環を繰り返し得るインフレ情勢にあり、我々に及ぼす影響は予断を許すことの出来ないのが現状である。というのも、我々が在外国民であるため、日本においての我々の生活が経済的におびやかされる状態に陥っても、誰をも頼ることが出来ない由縁をわきまえて、着実に生活を維持して行く態度を整えることが大事である。現実に皆さんの家庭では仕事の面や、経済流通のバランス維持面において、以前とは異なる苦しい状態にあると思う。皆さんとしてはごく小さな善行でも出来得ることは自力で成し遂げる位の根気を充分生かして欲しいのである。少ない金銭でも貯蓄し、可能な限り無駄遣いのない徹底した経済観念を持って今日の悪循環を切り抜け、しっかりと自分個々の生活を守って行くのが、当面の課題であり義務であることを自覚して欲しい。

後世を背負って…

婦人会長　梁京順

在日韓国青年会荒川支部の新聞発刊、先ずおめでとう。

子供は親の姿を見て行動するという諺があることを想い出し、今度の青年会の役員達は、なる程、「親の子」だなあと感心させられる。世揃い、今後大きく期待できる。そう信じているのは、私一人だけではないと思います。世故にたけただのが器用で、利功な生き方としたら反対のバカ正直な人もいる。どちらかというと、組織活動は、バカ正直な生き方だろうと思う。いろいろな方向に行動している狂った世の中で、正しく生きるほんの一握りの人間が、なにかをやれば、これが運動といえるだろうかと嘲ける人もいる今日この頃である。それでもいいぢゃないか祖国のため、人の為、世の為になり得るなら、一握りの砂から石となり岩となり、やがて自由と平和の一つの大地となることを信じて頑張って欲しいと思います。

次代の韓国を背負って立つ青年達よ！太陽に向って堂々と咲いているひまわりの光のようにあれ。新聞を通して荒川の青年達の励まし慰さめ合う、親睦に役立つことができればと念じつつ「青年の樹」が今後益々の発展と活躍を成し遂げて行くことを心から祈っております。

画期的着想で躍進

青年課長　張精敦

このたび、青年会荒川支部において、独自の新聞「青年の樹」を創刊するようになったことに対し衷心より祝福の言葉を送る次第である。これから「青年の樹」を通して、青年諸君の真実なる意見を発表し、それを実践に移して行くことを以って、在日同胞社会を福祉の道へ導くよう願うものである。

青年会諸君の先輩として、私自身が常に考えていることは、青年会組織が、単なる組織体ではなく、何か特徴づけられた確固たる組織体として、一般にアピールされるようなキャッチフレーズがあって欲しいものである。というのは、現執行部の青年諸君が中心となって各種の親睦会、レクリエーションなども催すこともよいが、それだけではなく、もう少し、強力に推進出来得る着想を生み出し、それを実行することである。例えば、スポーツ大会、一般団員を対象にしての時局討論会、学究発表会など、考え方によっていろいろなことが出来ると思う。言わば平凡な青年会ではなく、今までやったことのない変わったことを大いにやって欲しいのである。このような意味では、今回の新聞創刊も、一つの大きな進展といえるが、これをきっかけにして、次々と画期的なことを造り出すよう願いながら「青年の樹」創刊祝辞にしたいのである。

＊　＊　＊　＊

▼荒川で八名派遣▲
三・一節本国参観団

民団荒川支部では、ソウルで行なわれる第五十五回三・一節記念式典に参観するため、八名の代表団を派遣した。

一行は去る二月二十八日KAL便でソウル向け出発したが、関東各地域から集まった代表団と合流し、同日ソウルにあるライオンズホテルに滞在した。一行は朴大統領閣下をはじめ各界人士の参席のもとに、記念式を参観したのち、国立墓地参拝の他スケジュールを終え、各々郷里に訪れることになる。今回派遣された代表団の名前は次のとおり。

韓義姫　李内鉱　任祥永　朴春子　高福子　金珍宝　宋貴女　姜成化

（当支部経済次長任祥永氏引率責任）

機関紙有感

韓喜変

新聞マスコミの発達は、最近に至って以前では見られぬほど活発になりつつある。一般報道と評論を主とする商業紙はさておいて、週刊、月刊の雑誌的な刊行物、パンフレットなど、種々雑多な機関紙たるものが、「新聞」の顔をして我々の周辺に汎濫している現状である。この機関紙というものは、政党またはある組織が、自らの政策や綱領を宣伝し、もっとも効力のある組織運営をもたらすための大きな手段であることは否定出来ない。が、このような意味において、民団周辺の全ての機関紙が、その目的を充実に果しているかどうか、疑問に絶えないのである。

機関紙は第一に、定期発刊を維持し、ビラやパンフレットでは浸透しえない確固たる報道とオピニンにより、一般の支持を獲得することが重要である。従って民団機関紙はその普及網を通して団員ならびに団員に非ざる同胞の多くを「組織」することを前提としなくてはならない。東京都内には、民団中央発刊の「韓国新聞」のほか東本機関紙「東京韓国新聞」などが、民団中核の新聞として発刊されているが、そのいずれも、同一の路線、即ち、民団組織を守り、そして同胞社会をリードして行くことに命運がかけられているといえる。もしも民団組織自体がこのような任務と目的を果さなかったとしたら、即ち、民団機関紙たるものがなかったとしたら今日の民団組織が存在し得ることが出来たか、自らに問い直すにも幼稚な話である。だから「組織」と「機関紙」の関係は常にイコールシップ・バランスを維持しなければならないのである。

次に、機関紙であるからには、誰れもが、こぞって読み、関心を示すような卓越した編集と企画が大切で、読者の関心度如何に依って、機関紙が機関紙でない無力なものに落ちぶれてしまうということに心がけておくことである。例えばある種の「事実」を事実でないとかその事実を意識的又は暗に歪曲し、不当な論評を加え、その問題をこちら側へ方向づけられた場合、その種の新聞が如何に権威のある一流であるにせよ、それに当々と挑戦しなければならない。しっかりした論拠を掴み、正面から取り組めばそれが真実の場合、一般紙も他機関紙も無視出来なくなる。このように生かされた機関紙であればそれが大きな「魅力」となって、一般から信頼されることになる。もう一つ機関紙は、一般紙又は他の新聞が全く黙殺し切った事実を取り上げ世論の判断を呼びかけることに依って機関紙としての義務を果すことを使命とする。例えば張康兄弟強制北送事件、大阪大手前短大韓国人入試拒否事件。このことは日本の新聞に一行も報じてない。

前述のような意味において機関紙「青年の樹」が、充実した機関紙と成すために、全員がこれに参画する意気込みで、発展して行くことを期待したい。

（東京韓国新聞常任編集委員）

大盛況，スケート交楽会

…二月十七日富士急ハイランドで…
八十余名参加
民団有志、婦人会も協力

青年会荒川支部では去る2月17日富士急ハイランドに於て、親睦と組織強化を図る趣旨のもとに、スケート交楽会を催し、楽しい1日を過した。

このスケート大会には、民団有志の方々や、婦人会員たちも参加し、青年会の前途を励ました。

八十余名が参加したこの日のスケート交楽会は、青年会発足以来初の行事であったし予想以上に参加者が増え、バス定員をも超過するといった喜びの非鳴を上げた。午前八時半民団事務所前を出発した一同は、十一時に現地に到着すると同時に、参加者全員が記念撮影をした。一同はバスの中で、金昌世会長の挨拶を始め、民団、婦人会方々の激励の言葉と、歌などが披露され、和気溢れるムードでいっぱいだった。現地に着いた一行は、早速、スケートグツにはきかえ、リンクへと滑り込んで行った。青年会員の中には、かなり上達したスケーターもいて、妙技を演出したり、はじめてのスケートに、戸惑いながら、氷の上に転がる場面も相次いだ。白銀の上で、スケートを楽しむ青年会員たちの表情は、極めて明るく、新鮮な富士の山の空気を胸いっぱいにしながら、一日の時間が経つのを忘れるほどの熱中さを見せた。一同は今後もこのような機会を強く要望していたので、青年会執行部としてはその要望に答えたく思っていると意見を述べた。

一同は、午後四時半頃現地を出発し、八時頃東京に戻り、それぞれ疲れの色を見せながら、帰宅を急いだ。

《スケートに熱中》

＝自由と解放の絶叫＝
第五十五回三・一節の意義

日帝の植民地弾圧政治に、民族の主権が完全に奪われた中で自由独立を世界に宣言した三・一節が今年、第五十五回を迎える。今を去る五十五年前、即ち西紀一九一九年三月一日、三千里津々浦々で火花の如く立ち上った民族の自由の喊声は、日帝を刺激し、武断政治、軍事弾圧に依る銃剣につきさされ、数万数千の祖先たちが、鮮血を撒きながら悲惨な殉国の死を成した。もともと、この三・一節は、乙巳保護条約に依り、旧大韓帝国の主権が完全に日本に奪われて十年目に起きた独立運動の発端であった。

その当時、美国のウイルソン大統領が、民族自決主義原則を内外に宣言したことにより植民地支配下にあった我々の祖先たちが、これに自覚心を持ち、日帝からの自由独立を要求し、その運動を大々的に繰広げたのである。この日、ソウルでは孫秉熙氏を主とする民族代表三十三人が、集い、パコダ公園に於て民族的独立運動を宣言してデモ行進を行なうことを決定し、直ちに三月一日予定通り実行に移したのである。この日、ソウルでは全市民がこれに参加し、故崔南善氏の作である「独立宣言文」を朗読したあと一斉に市街行進を展開するや、日本の軍警が、銃剣を持って、これを弾圧、手当り次第に、我らの同胞を無惨に殺し、また連行して行ったのであった。ソウルの三・一独立運動が火花を切ったのを機に、全国津々浦々でも、この運動が起き、それ以来、一九四五年八月十五日第二次大戦に依る、日本敗戦迄、数多くの独立闘士たちが国内外で独立運動を展開したのである。この独立運動以来、日本の植民地政策は、なお厳しい、恐怖的なものと化し、我れらの母国語、姓名まで、日本式に変えるよう強要され、さらに多くの同胞たちが日本国の重要軍事産業に労務者として収容し、あらゆる方法でこらしめ、民族と国家を抹殺しようと企らんだ。日帝が敗亡する三十六年間我らの祖国は最大の暗黒時代に置かれたがその中であらゆる難関に耐えつつ生き生きと生命を維持して来た同胞達は、一九四五年解放の悦びに湧き今日まで韓国国民として発展を遂げるようになったのである。

《呉勉君の新婚旅行》

《洪大奎、金英深さんの結婚記念》

青年会結成後経過報告

一九七二年
十一月四日　在日韓国青年会荒川支部結成大会
十二日　荒川韓国人商工会創立十周年記念式参席
二十五から二十六日　青年会東京本部主催学習会参席
二十八日　リトルエンジエルス観賞会
十二月四日　第三十二回東京直轄本部臨時大会
十八日　民団荒川支部任員合同忘年会参席
二十四日　青年会東京本部主催第一回交歓会参席
三十一日　忘年会

一九七三年
一月六日　執行部新年初会合
八日　支部、商工会、婦人会、青年会合同新年会

《青年会の面々》

二月二十五日　第一回ボーリング大会
三月一日　第五十四周年三・一節記念式
十一日　韓国青年親睦会主催バスハイク参加
十七日　セマウル運動説明会
二十一日　六十万セマウム・シムギ運動奉仕団結団式
四月一日　六十万セマウム・シムギ運動奉仕団出発
十四日　帰国
二十日　世界制覇卓球選手団李エリサ歓迎会
二十一日　セマウム・シムギ奉仕団支部報告会
五月六日　世界制覇記念卓球大会（民団東本主催）
十三日　マザー牧場バス
十四日　六十万セマウム・シムギ運動奉仕団解団式
二十日　民団荒川支部第十五回定期大会参席
二十七日　渋谷支部青年会結成大会参席
三十日　世田ケ谷支部結成大会参席
六月二日　民団荒川支部新任員人事紹介参席
十日　民団大田支部結成大会参席
七月二十六日～二十九日　関東地域合同研修会（サマーキャンプ）
八月十五日　第二十八周年光復節記念式参加
九月八日　第一回映画会及び座談会
二十八日　金大中一派糾弾民衆大会参加
十月十四日　第二回ボーリング大会
二十一日　杉並、渋谷、荒川合同バスハイキング（ボーリング）
十一月四日　神奈川県本部青年会運動会参加
三日　青年会東京本部主催一周年記念パーティ参席
五日　監査洪大奎氏結婚式参席
十一日　青年会東京本部主催ソフトボール大会参加
二十日　宣伝次長呉勉君結婚式参席
十二月一日　第二回定期総会
二十三日　交歓パーティ（東本主催）
二十五日　年忘れダンスパーティ（荒主）

一九七四年
一月十日　東京本部新年会
十二日　民団荒川支部、商工会、婦人会青年会共催の新年会参加
十五日　成人式参席
二月七日　民団、婦人会、青年会座談会
九日　母国語学習会、韓国新聞取材
十六日　母国語学習会
十七日　スケート交楽会

▽民団便り△

◎新年会催し

去る一月十二日、民団、婦人会、商工会、青年会共催による新年会が、龍にて行なわれた。

◎支団長研修会

去る二月八日から十一月までソウルの政府合同庁舎内本国民団事務所で、日本全国の民団支団長研修会が行なわれたが、荒川支部では高昌運団長がこれに参加した。

◎事務部長研修会

去る二月九日、東京管内の各支部事務部長研修会が、伊東のフジヤホテルで行なわれ、当面課題について、論議された。荒川支部では高潤玉事務部長がこれに参加した。

◎店舗開店

去る二月十三日荒川民団々員である鄭在英氏が焼肉南海亭を東日暮里一ノ五ノ八に開店した。

◎定例分団会議

二月二十日荒川支部において定例分団会議が開かれ、組織全般問題について論議された。

◎戸籍奉仕団来団

二月二十六日本国の戸籍奉仕団が当荒川支部事務所に来団して団員の戸籍整理に奉仕した。

◎三・一節記念式典

三月一日神宮外苑にある日本青年会館で午前十一時四十分から第五十五回三・一節記念式典が開催された。

青年会荒川支部現執行部の名単

会長　金昌世
副会長　呉勉
〃（兼総務）呉明美
組織部長　金菊子
次長　高東成
文教部長　高栄一
宣伝部長　玄昶仁
体育部長　文和彦
次長　黄金仙
女子部長　金佑英
次長　高静子

青年会のあり方

「親睦」を中心とした場に

このたび、我々在日韓国青年会荒川支部において、このように立派な新聞が創刊されたことに対し我々青年会執行部一同喜んでいます。また新聞創刊に際して、本欄を通じて、いろいろとお世話になった関係諸方面の皆さまへ、感謝すると同時に、御多幸をお祈り申し上げます。

さて、我々在日韓国青年会荒川支部は、一昨年十一月に第一期執行部が誕生し、早やくも二年を過ぎ去り、今では第二期執行部（昨年十二月以後）が活動を行なっております。第一期時の青年会は、無我夢中に活動を行なってまいりまして、その活動の中には、皆さまも御存知のように我々青年会の親にあたる民団内の組織の混乱があり、青年会自体もその混乱に巻込まれましたが、民団と共に協力し合い、組織内の整備の正常化を推し進めて行き、それらの大会総会などのすべてを数えると、十数回もありました。このようなことは青年会本来の姿とは全く、異質的なものであり、一般青年の青年会への不信感を抱いてしまった中でも、民団、青年会が一体となって本国で推進している「セマウム・シムキ」運動に、在日同胞の立場から、大々的に参加出来たことは、歴史的なことであることは皆さまもおわかりいただけることだと思う。そういった運動の中にも、我々荒川青年会から十数名が参加出来たことは、大変意義のあるものであった。

今まで述べたことのほかに、ボーリング大会や、クリスマス・パーテイーなどのようなレクリエーションをも数少なかったけれども催し、青年の親睦を図ってきました。以上のようなことを、第一期時の活動として行なってまいりましたが、第二期執行部は、初めに述べた本質にそった活動を行なっています。その本質たるものを、皆さまにわかっていただくためにこの欄をかりて述べていきたいと思います。

まず青年会とは、在日同胞の一般青年の民族意識を、より向上させる目的と同時に、数少ない二世、三世の「和」つまり親睦をはかり日本人との付き合いとは違った形の付き合いを容易に出来るようにそういった場所を提供していく役割がある。以上の二つが基礎となって青年会を支えるべきであり、さらにその上に立って、今度在日同胞の一般青年が当然持っているはずの悩みや、希望などを語り合う場の提供と共に、我々が知っておかねばならない母国語や、歴史を知らない青年のために教えていく義務もある。

以上述べた四つの事項を念頭に入れて執行部が活動していくことが、青年会の本質たるものであり又、それが義務でもある。しかしそういった環境があることを知っている人は数少なく又知っていてもその環をフルに利用していこうとする青年も数少ない傾向にあるので、そういう状況をいちはやく知り、そしてどのように対処していかねばならないかを考える必要性も、青年会執行部に課せられている。それと同時に、一般青年自体も青年会が提供するいろいろな場所をフルに利用していただければ、青年会を執行している我々は、大変嬉しく思う。以上が私共の共通の思いであるし、青年会の本質であります。「青年の樹」が永遠に発展して行くことを、心新たな決意で確め合いながら、創刊に際して所感とする次第であります。

※　※　※　※　※

執行部一同の抱負

《第二期執行部の面々》

機関紙の重要性

会長　金　昌　世

私共、荒川青年会において、新聞を創刊したわけでありますが、つきましてはその創刊の意義を皆さまにわかっていただきたいと思います。まず初めに新聞というマスコミの重要性つまり我々在日同胞社会の活動を正確に伝へ、それを読んでいただくとともに、新聞を読むことによって、各自の民族意識を少しでも高めること、これには新聞自体の内容を充実させねばなりませんが青年会々長として出来るだけのことは実行していくつもりです。そして最後に我々の新聞は在日同胞の一世・二世・三世の意見や悩みそしてそれらにまつわる知識を入用し、みんなの新聞を作って行きたいと思う。それには皆さまの御協力を望むしだいです。そういった一つのことに自分自身を参加させることは大変意義のあることであると同時にいままでもっていた視野が倍にも拡大することはまちがいないと思う。このように新聞発刊とは個人個人そして組織としても非常に大きな意義を持っているものなので、是非皆さま方も遠慮せずこの新聞「青年の樹」に参加してくれれば幸いと思っています

青年会の社交性

副会長　呉　　勉

青年会が正常化結成されて早や一年を過ぎました。ヨチヨチ歩きですが、徐々に自立への道を歩んでおります。しかし青年会に参加する人は少なく、その力は微々たるものであることは確かです。その存在すら知らない人もいるかも知れない。荒川には多くの青年がいるのでその人達の多くの参加を望むのであります。それが青年会の大きな力となり、団結への道となるのではないか。自己の主張、問題の提起、討論、認識の場として、社交の場として、青年会を大いに利用し、自己高揚を計って欲しいと思うのです。本来、青年とは行動力のある世代であるが、現状は自分の殻に閉じこもって外に出ない傾向があるのではないだろうか。また、将来に対する希望が失われ、何をしたらよいか解らない人が多いのではないか。日本の社会構造に押し流され、自分が何であるか忘れている青年が多くいるのではないか。中途半端な社会にいる我々青年は何をすべきか。このようにまだ〳〵問題は多く考えなければならない事が多い。その為にも青年会を盛上げ、我々の存在を他に知らしめようではありませんか。我々は多くの青年の参加を望むのです。

会長の補佐役に

副会長　呉　明　美

副会長、総務という兼任を仰せつかって第二期の歩みを努めました。副会長も総務もいわゆる雑務役であり、言わば奥さん役とでも言えましょう。大きな仕事をしようとする時、それと同じ位、あるいはそれ以上の力で支えるものが必要であると言われております。一番苦手な立場に立たされた小生は四苦八苦している最中であります。執行部のメンバーが働きやすい様な頼られる様な存在となり得たら幸いであると思いますし、それがこの二つの役の責任ではないかと考えております。私達も時間のない者同士集ってゴソゴソやっているのでありまして、共に互いの事情をカバーし合いながら正し合いながら歩んで行く努力をしたいと思います。

会員定着に努力

組織部長　金　菊　子

私は、青年会と活動を共にする様になってまだ日も浅いのに組織部長として大役を預かる事になりました。今迄、青年会と接する事もなく、何もわかりませんでしたが、徐々に組織部長として活動しているうちに大きな問題にぶつかって来ました。私もそうでしたが一般青年が祖国に対する認識も薄く青年会や民団の存在にさえ興味を示してくれません。我々日本で生まれた二世や三世は、ほとんどと言っていいほど日本の学校を卒業し、日本の会社に就職し、日本式の習慣が身についているので、韓国人としての意識のある人は少ないと思います。一般の団員でさへ、民団の存在を軽視し、子供達が青年会への参加に反対する人も多いのです。本人の意思も関係してくるわけですが、まず、親から祖国に対する意識を高めてもらいたいのです。日本に住んでいても流れている血はまぎれもない韓国人の血なのです。これからの民団を担って行くのは我々二世、三世なのです。祖国の繁栄の為にも、青年会に参加し、少しでも自分の国の事を知ろうと努力してほしいのです。

気楽に学習会へ

文教部長　高　栄　一

今回学習会を開くにあたって、会員の皆さんが、学習会を通して同じ社会的境遇に置かれている者同士が、親睦を深めて行く事を念頭に入れて活動しています。これらの事から私共執行部が、この様な場を設けましたが、母国語を学びたい人、友人がほしい人、仕事を終え気分転換を要したい人など各人自分なりの目的を持って、参加するのは自由なわけですが、学習会に一度出席した会員が、二回目以後、欠席してしまう事がしばしば見ます。

この様な事は執行部の受入態勢などについて、反省しなければならないと思っています。そこで今期から毎月一度、卓球大会、自由討論会などを思案しています。

学習会の年間計画は現在の予定では、三カ月間単位で第一回を終了しその時点で、会員の要望などを受け入れて、第二回、三回と開校する予定です。そして年間を通して、皆様方が少しでも出て良かったと思われる様なものに、して行くと同時に優秀な人には、皆勤賞、努力賞を授与する事を考えていますので、多数のご参加をお待ちしております。

体育振興に寄与

体育部長　文　和　彦

我々在日韓国青年にとって、青年会とはいったい何だろう。私自身青年会の組織活動に参加して二年近く過つが、いまでも疑問に思えてならない。それというのも、在日同胞の多い区域とされている我々荒川支部管内には、少なくみても二百人の青年はいるはずなのに、青年会という交流の場に集まる青年、果してどれだけいるだろう。誠に残念な事には、十五名集まれば良いというのが現状です。私自身、如何にして同胞の青年を、一人でも多く集めるかのことで、頭を悩ましております。私は体育部長として、お互い知らない同志が、スポーツクラブを作って集い合い、一つの輪を造り、その中で共に苦しみ、共に楽しみ、やがて個人的な心の悩みも打ち明けられる様な友情を深め合える様な場のある体育部でありたいと思っています。それにより我々の一つの輪が、やがて大きな力となりまた団結心となって将来の在日民団同胞社会の基盤を造り、三世、四世をリードする原動力となることを信じて止まない。最後に今回の新聞創刊にあたって、私は題字をあえて「青年の樹」と通した。この中には現在の韓国自身があるからである。荒川青年よ、いざ立ち上れ。

組織内容を宣伝

宣伝部長　玄　昶　仁

初めて宣伝部としての活動は、この荒川青年会機関紙「青年の樹」を発刊する事になりました。

これによって、より多くの青年を中心に、民団、婦人会、商工会の皆様には、宣伝が拡大される様努力する方針です。

機関紙「青年の樹」を通して、自分の言い分、小説、詩、マンガ、ショート（四コマ）などを、読者誰もが参加出来る機関紙の読者欄として特長を持ちたいと思っております。

青年の方々、執筆者、そして編集部の三者が、共通の基盤に立って、意見を述べ、賛同もする項目でありたいと思います。

機関紙「青年の樹」の読者欄は、誰もが気楽に参加していただける様に、常に開放してあります。

より良い機関紙を作るための「読者欄にして行きたい」と思っています。これから、気楽にお寄せ下さい。

女子部の活発化

女子部長　金　佑　英

私は、去年あるきっかけによって今の青年会を知り、そしてさそわれるままになんとなく青年会に出ることによって、いろいろな方達と接する機会が数多くなり、たくさんの青年達と知り合うことが出来ました。そして自分と同じような環境の人達が意外と多くいることを知り私自身とても心強く感じました。また個人〳〵年令的に差はありますが、たくさんの青年達といっしょに談話する機会が増えたことは、私共在日同胞二世、三世にとってとても喜ばしく思う反面、お互いに近くに住んでいるにもかかわらず、会話をするきっかけもないままにいることは、とても残念でたまりません。もう少し積極的に一人一人が、何んらかのきっかけによって、この青年会の存在を知っていただきたいと思っています。そして知ることにより一人でも多くの青年達が参加することで青年会自体が有意義な場になれば幸いと思うと同時に、今年の新執行部の一員として女子部長たる重責を担うことになりましたが、まだ皆さまの御期待にはそえていませんがこれから先いろいろな方法で御期待にそえるよう努力するつもりです。例えば具体的には女子の皆さま方と共に相談しながら活動を決めて行き、前年度の女子部の汚名をなくして行くつもりです。そして少しでも皆さまの相談相手として、どんな些細な事でもいいから気楽な気持で声をかけていただけたら幸いと思っている。是非在日同胞の二世、三世特に女子の方々の積極的な参加を心から願って居ります。

民団荒川新報

在日本大韓民国居留民団東京荒川支部機関紙

民団荒川新報社

発行人 高昌運

発行所 民団荒川支部

東京都荒川区荒川3-32-9

電話（891）0555～6　〒116

綱　領

一、われわれは大韓民国の国是を遵守する

一、われわれは在留同胞の権益擁護を期する

一、われわれは在留同胞の民生安定を期する

一、われわれは在留同胞の文化向上を期する

一、われわれは世界平和と国際親善を期する

団勢拡大、諸事業順調

7月7日　第15期16回支部定期大会

執行部報告の承認

新年度活動方案採決予定

新規登録、旅券手続　著しい伸び

民団荒川支部（高昌運団長）は来る七月七日、東京商銀荒川支店会議室において、第十六回定期大会を開催し、第十五期現執行部の前半期（一九七三年五月一日～一九七四年[illegible]）事業と決算報告を行う一方、後半期（二次年度分）事業活動方針案と予算案を採決する。第十五期執行部前半期事業を見ると、慶事業務を初め、年例行事の荒川夏期学校運営、団員慰安海水浴大会、七三年越冬資金募金事業、内外慶祝行事参列など、重要な支部事業が順調に行われ、その中でも新規国民登録事業、旅券発給手続事務などは前年に比べ著しい伸率を示している。また荒川夏期学校事業では例年とは異なる方針で取組んだ結果、参加生徒たちの人員が、これも例年より著しく増え団員父兄と子弟たちの民族教育に対する熱望が強く示されている。

また民団東京本部が主催となった「セマウル」支援事業では、荒川支部が東京都内の地域より先端を切って、第一次婦人会結成団を構成し済州道に代表団を派遣、[illegible]するなど、画期的な活躍振りを見せた。特に今期においては、青年会荒川支部の活動が際立ち、スケート大会、野外部活動、学習会、機関紙発刊などの組織活動を通じて、後世の民団を担う青年会として躍進する斬新な姿勢が見受けられた。

（写真）1973年5月20日、第15回定期大会に依り決意新に出発した現執行部（第15期）が、もはや1年を経過した（⊙演壇に立った高昌運団長）大会に参加した代議員たち

一九七四年度活動方針

組織強化で前衛的役割

会館完成実現へ総結集

暴力革命輸出　共産党

国際謀略機関の側面、明白

東本監察委員長に　金栄洪氏当選

支部常任顧問

李石現副団長は委員に決定

今後の活躍に期待

主張

慎め、対韓大国主義妄言

――一部日本言論機関に望む

荒川春秋

――朝総連の悪辣な策動を粉砕しよう！――

声明文

朝総連は、六月一日から九月末まで、いわゆる"百二十日間愛国運動"と称して「祖国の自主的平和統一を促進する愛国運動」という美名の仮面をつけ、全国的に対民団員工作を展開しています。

この運動の目的は、（1）対民団団合（撹乱・破壊）事業を積極的に推進（2）日本の反韓国世論を造成（3）在日韓国人の反政府運動を支持、強化するため朝総連幹部をはじめ、朝鮮大学生まで動員して運動を展開しており、朝総連の手先となって民団破壊工作を行っている不純分子までも動員されこの運動に参加しています。

全国民団組織幹部並びに団員の皆さん！

このような朝総連の民団組織破壊策動は、いま始ったことではなく過去二十有余年にわたり執ように続けられ、そのつど失敗を重ねてきた悪辣な意図の再版に過ぎません。

今般のいわゆる"百二十日間愛国運動"というのは、韓国内における「民青学連」による暴力蜂起が事前に粉砕されたことと、朝総連内部にくすぶっている韓徳銖体制に対する不信不満がつのり、組織内外の挫折感と士気低下が著しくなったので、その欠陥を隠蔽し、威信を挽回するための絶望的なあがきにほかなりません。さらにこの度の企図するところが韓国を赤化する道は武力侵攻しかないという金日成の時代錯誤的な暴力主義を、在日韓国人社会に波及させて混乱させんとする危険な試みであることを看破しなければなりません。

従って、われわれは過去にも経験したように、かれらの悪辣な民団破壊策動を粉砕して、より堅固な組織的団結をなしとげるよう決意を新らたにしなければなりません。

第一に、われわれは祖国大韓民国の国是を遵守し、自由民主主義を信奉する創団精神を生かし、これに違背する如何なる勢力や分子らをも排除する健全な精神姿勢を再確認しなければなりません。

第二に、民団組織の役職員は規定された団務執行は勿論、体制と原則をより忠実に守り、赤色勢力が浸透する隙を与えない完璧な心構えを持つことを強く要望します。

第三に、組織が指導する同胞社会と団員相互間に一層緊密な紐帯と敏速な意思疎通網を形成し、朝総連分子による接触、浸透に即時対処し、徹底的に排撃して、かれらをして容易に浸透出来ないような生活体制を確立することであります。そして、最近発生した日本人学生逮捕事件と金大中問題等で偏向した報道をしている日本の一部言論陣と不純分子らの扇動が騒々しいが、全団員は大韓民国国民としての襟度を堅持し、感情に支配されずに正々堂々と対処されるよう要請します。

わが民団は、過去三十年近くにわたり、あらゆる危機と苦難に対し、強靭に耐える素地と歴史的に厳しく得がたい体験をしています。このように、われわれ四十万の民団組織に秘められている巨大な底力をこの機会に充分に発揮し、朝総連の悪辣な策動を断乎粉砕することによって、いま一度勝利を民団史に記録することを、全民団員と共に堅く誓うものであります。

一九七四年　六月　日

在日本大韓民国居留民団

中央本部団長　尹　達　鏞

東京本部団長　金　致　淳

荒川支部団長　高　昌　運

情報整理と正論選択を

反韓煽動報道姿勢は遺憾

マスコミ時言

「情報過多」あるいは「情報氾濫」の時代とも言える現代社会において、我々にとって重要なことは、「情報整理」ということが先ず取り挙げられる。ただむやみに、多くのニュスを知らされても、一般は混沌たる情報の中をうろつくばかりであるし、いわゆる附和雷同で、他人の為すこと、言うことを鵜のみにしたり真似ることになってしまうからである。ある意味では、これも世俗の自然だから、仕方のないことかも知れない。しかし、我々がこのようなことに無関心でいて、安易の道をとり、比較的気楽なやり方だからといって他人の真似ばかりしていると、何時の間にかとんでもない危険、あるいは破滅の淵に落し入れられることにもなりかねない。そのような危険を未然に防ぐためには、我々は情報を批判し、整理しながら、その中から自分自身の思考や行動を選択することが大切である。

高潤玉（事務部長）

私情私慾を排除
=フィクションよりは=
真実伝えが本命

済州道変遷史

韓喜燮訳（本紙編集主幹）

済州道観光案内図

(写真＝済州道観光、行政区域略図)

高麗忠烈王26年 寺刹営造
仏教栄え、牧畜業繁盛

毛興穴から三神人誕生

碧浪国王女を配匹に 人間社会形成

新羅国へ初入朝、耽羅と称す

(写真) 済州道観光名物の一つ、観徳亭は安平大君の創建だとされる。昔から牧使の査閲場、国事を論ずる綱事室として保存されている

(写真) 済州市南門の外にある三姓穴、三神人が現れたとされる由緒が秘められ、境内には石象、碑堂などがあって、春、秋には三姓子孫が集い祭りを行なう。

正当な理論で武装
映画会なども計画

宣伝課長　高淳厚

北傀・日本人妻の手紙
北韓惨状日에 충격
国際世論に大きな波紋

北傀に渡った日本人妻の手紙について大きく報道した本国紙

北傀は悲惨な国
本国各紙 手紙内容を報道

勝共漫評

共産主義者の表情

北傀

泣いているのか、笑っているのか

七月のメモ

七日＝支部第十六回定期大会
〃＝七月七夕、小暑
十七日＝制憲節
二〇日＝定例分団会議
二十三日＝大暑
二十七日＝支部主催納涼大会

くらしのメモ

夏休みの計画。
暑中見舞の発送。
お盆の用意。
なめくじの予防。
庭の除草。

荒川夏期学校開校の知らせ

八月十二日から始まる荒川夏期学校（第六回）開校に先立ち、団員皆さんの子弟たちが、多くこれに参加するよう、お願い申し上げます。

編集手帳

原稿募集

本紙では団員皆様の原稿を募集しております。字数、型態などにこだわらず、手記だより、生活情報などを送って下さい。なお次号からは豊富な紙面を以って皆さんに奉仕したいと思います。

編集部

荒川韓国人会館 建立準備委発足

これから完成実現具体化推進時代へ

第一次総会で役員構成

名誉委員長に李順千氏　委員長に金栄洪氏

事務局長に高昌運氏を決定

◎建準委部署及名単

名誉委員長	李順千	〃	呉昌鎬
委員長	金栄洪	〃	李晶植
副委員長	玄圭奉	幹事委員	文斗河
〃	朴東鎮	〃	高昌運
〃	文連三	〃	高昌運
〃	文漢石	監査委員	李石現
〃	蔡孔履	〃	李錫鎬
事務局長	呉富雄	〃	蔡孔履
副局長	呉昌葉	〃	呉審玉
〃	李日奉	〃	文敬派
財務委員		〃	高淳厚
		〃	梁明元
		〃	金守進
		〃	洪東河
		〃	李英甫
		〃	文裕弘

……建準委ではまた、同建準委運営に伴う「会則」の作成与否を論議した結果、会則を作成することに決め、この草案作成業務を事務局に委任した。なお、草案作成の後に第二次総会でこれをまとめることに決定した。

この荒川韓国人会館建立推進問題について、荒川支部高昌運団長（建準委事務局長）は、荒川支部第十五回定期大会の特別活動方針案としてこの問題を採択して以来その間、「セマウル」姉妹結縁事業、金大中一派不純勢力からの反韓反政府運動、七三年越冬資金募金などの多忙な支部事業と客観情勢の影響が重なったため、具体化推進が遅延され、時期之喚すら感ずるが、荒川地域の四千余団員は一人も洩れなく会館建設に参与し我れらの手で我れらの福祉殿堂を建設する意気込みで、完成へ導くよう呼訴した。

この会館建設問題は、現在使われている民団荒川支部事務所があまりにも狭少であるため、団員の一生活向上事業に連なる生活協同組合、芸術文化行事の催し、各種組織関連の集いなどの場所にすることが出来ず、このような現実解を打開することによって、民団運動がなお一層拡大し得る最重要な当面課題として、数年前から浮刻されて来たのである。この会館が完成すれば、生活協同組合は勿論のこと、各種民団芸術公演、民族教育学校運営、時局講演会などその利用範囲が幅広く、対外的にも民団の強力な団結の象徴として、韓国人のイメージと誇りを高揚させるであろうとしている。"始まりが即ち半分に至る"という諺に比することなく、会館建設に全力を尽すべく我れらの道がここにある。

二大事業搬びの段取り

7月27日 団員慰安海水浴大会

8月12日 荒川夏期学校開校へ

〈高昌運校長（団長）〉

民団荒川支部恒例の「荒川夏期学校」（高昌運校長＝支部団長）と「団員慰安海水浴大会」の二大事業は、今年も変りなく、予定通り実施する計画のもとに、支部文教組織宣伝、民生の主務支部が連携それぞれ所管別準備作業に取組んでいる。

「荒川夏期学校」は、今年で開設第六回目を迎えるが、毎年これに参加する生徒たちが増え、民族教育に対する熱意が実を結んで多大な成果を上げている。

現在、東京都内には一か所に限る東京韓国学校のほかには、これといった民族教育機関がないため通学距離上の不便さも加わって在日二世、三世の海外国民たちを教育する場所と機会がない現状に照らし、四千余民団団員たちが密集している荒川地域にだけでも自主的な教育機関の設置が切実に望ましいとされ、一九六九年に初めて夏期学校が発端を切って以来、回を重ねるにつれて充実に成長を遂げて来た。日本の学校に就学中の生徒たちは、"今年も夏期学校へ行くんだ"といったように喜びをまじえ、もう既に夏期学校を心から待ちわびており、一日も早く学校が開かれることを大きな楽しみとしている。今年は来る八月十二日から二週間の予定で、東京商銀荒川支店三階で、小・中・高生を対象に国語、社会、常識など祖国韓国の知識全般に亘って最も進展した内容で教育が行われる。教師には慶審武、夫順末両氏が担当する予定。

また団員慰安海水浴大会は、公害と騒音に心身共に悩まされている団員たちを三浦半島砂浜海岸一堂に集め、一日を楽しく過すことを以って相互親睦、団勢強化に大役を果す目的で行われる。例年とも貸切バス五台を用いて行われたが、今年も参加人員は三百五十余名前後のものと推定、予定通り行ら。出発は七月二十七日（土）午前八時、民団荒川支部前に集合のことと知らせている。荒川夏期学校と海水浴のことについて詳しいことは支部事務部へ問い合わせのこと。

帰らざる日本人妻

北韓からの里帰りを求めて

さる四月三十日、在日韓国人の夫や子どもと行を共にして北韓に渡った日本人妻の肉親が、渡航後、消息を絶った日本人妻の里帰りと北韓への安否調査団派遣を要求して、「日本人妻自由往来実現全国大会」を開いたことが、国内外に大きな反響を呼んでいる。今日は、この日本人妻問題に焦点を当て、日本人妻からの手紙などを通して北韓の実情を知るとともに、残された肉親の声を紹介することによって、この日本人妻里帰りが一日も早く全国民的運動となるための一助としたい。

〝一生楽に暮らせる〟はウソ

衣食の足しになるもの送れと手紙

「ほんにあの娘が（北韓に）行ってから四、五年というもの……」

日本人妻六千人が渡航

北韓送還を望む在日韓国人に対する送還業務が開始されたのは……

後ろ髪ひかれながら

四年から三十六年にかけて。この女性たちの多くは、恵まれない境遇に育ち、在日韓国人との結婚も、戦争未亡人として再婚したり、相手の国籍を知らずに結婚したりーの複雑な事情の場合が多く、さらに「北韓は……」

肉親の不安が的中

「一目会いたい」と願う父母

歓送され新潟から北傀にむかう「拉致船」。こうして日本人妻も興国へ旅立って行ったが……

〝体質改善〟で整備

新鋭 金致淳東本団長表明

民団東京本部金致淳団長は、今日まで"口号"だけに終っていた民団の"体質改善"を必らずや成し遂げて、いままでの旧態依然たる民団の流れを止揚することにより、断新な"ビジョン"を持った組織にしたいと力強くその所信を言及した。

二十余年以上の歳月をひとえに組織人として身も心もかえり見ず民団に全力投球して来たと知られる金致淳団長は、これからもなお、決意新たに滅私奉公の信念を持って、民団近代化の先鋒的役割を果すことにより、団員の期待に応え、牛のように働らくことにより、民団組織の質的向上と内的充実を期する覚悟だと説いた。

× ×

映画と講演会など計画

東本宣伝部で

母国訪問日程終る

荒川韓国人商工会 本国産業視察団

各種有功勲章受賞者を把握

東本総務部で

民団定休日は

四大慶祝節と日本国公休日

第一回青少年夏期学校

東本主催で開設

母国夏季学校入校生を募集

第29回光復節参観団を募集

青年会機関紙「青年の樹」——本紙と合併

（写真）73年第5回夏期学校で祖国を知るため集った生徒達

（写真）創刊第1号の「青年の樹」は第2号から本紙と合併された。

会員拡大が当面課題

祖国発展に心寄せ

同胞社会に精を尽くそう

民団三機関と連携態勢緊密化

青年独自の催しなど強力推進

◎団員の皆さん!!旅券はお持ちでしょうか。

未だ、お持ちになってない方々は

早めに支部へ手続して下さい。

綱領
1.われわれは、大韓民国の国是を遵守する。
1.われわれは、在日本大韓民国居留民団の宣誓と綱領を守護する。
1.われわれは、在日本韓国青年として心身を鍛練して、教養を向上させ、祖国の平和統一課業に献身する。
1.われわれは、在日本韓国青年の矜持を堅守し、在留同胞の権益擁護に先峰的役割をする。
1.われわれは、在日本韓国青年として有邦青年と親善をはかり、真正な世界平和に寄与する。

在日韓国青年会荒川支部
青年の樹
会長　金昌世
宣伝部長　玄紉仁
116 東京都荒川区荒川3−32−9
電話 03(891)0555〜0556

野球部活動で心身鍛練

5月に正式結成

荒川区内 野球連盟加入へ

文和彦体育部長挨拶

（写真）上江北橋で練習に励む野球部員たち、文和彦体育部長が張り切っている。下野球部全員第二回練習を終えて…

主張

祖国の試練を背負い

後世民団社会向上へ邁進

京畿道下 旺谷里で植樹

朴大統領閣下臨席のもとに 第二回セマウムシムギ

高栄一文教部長参加記

女性相互の交流を

女子部長 金佑英

訪韓所感

会長 金昌世

参考書籍紹介

（写真）祖国の大地で植樹する青年奉仕団

毎週土曜日 学習会開催

青年会幹部らも夏期学校に参与

高靜子女子 次長が結婚

結婚

◎趙祥衍君（趙鍾錫氏長男）と李久子嬢（李敬南氏長女）、六月二十五日、ホテルニューオータニで挙式。

◎安世平君（金斗喜氏二男）と朴春子嬢（金寿山氏三女）、六月二十六日、一龍で挙式。

荒川在住韓国青年の皆さん!!

志を共にし、青年会活動に積極的に参加しよう!!

民団荒川新報

在日本大韓民国居留民団
東京荒川支部機関紙
民団荒川新報社
発行人 高昌運
編集主幹 韓喜業
発行所
民団荒川支部
東京都荒川区荒川3-32-9
電話(891)0555～6 〒116

綱領

一、われわれは大韓民国の国是を遵守する
一、われわれは在留同胞の権益擁護を期する
一、われわれは在留同胞の民生安定を期する
一、われわれは在留同胞の文化向上を期する
一、われわれは世界平和と国際親善を期する

故陸英修女史へ冥福を…
私共はいま、悲痛と祈願の最中にあります

故陸英修女史

誠実で聡明で優雅な大統領夫人陸英修女史は、永遠に逝去なされた。この途方もなく意外にひどい現実…。われわれはいま、衝撃と悲痛と祈願の最中にある。

全国民の敬愛を一身に浴び、清楚な姿勢に優れた貶気、絶ゆまない努力を以って、大統領夫人という崇高かつ貴重な責任の座につき、瞬間なく［？］つつ、卓越に仕事を成しとげた方…。

〝誠実以上の良い知恵はない〟と、常にいいながら、夫君で居られる朴大統領閣下と国民のためにのみ、ただ一路を歩んでこられた方…。

女性教育の先駆者故金活蘭博士は、第一回全国女性大会で〝われわれがこのような方を大統領夫人として仕えることを最も誇りに思い、感謝する気持だ〟と明言したことがある。

自ら大統領の〝月〟であることを自負し、〝青瓦台内の野党〟として一環することを以って、国民の声を権力の頂上へ絶ゆまなく伝達したその深情とつつましやかな…

…内助を、われわれは忘れられ得ない。

…五一六直後〝要職にある方たちの夫人〟に訴え、貧しき人々たちを助けるための奉仕を陸女史が始めたのが〝陽地会〟誕生の契機であった。陸女史を中心とする、この要職の夫人たちの集いは、女性団体、救済・社会活動の礎石となって数々の軌跡を生み残した。

全国重要都市に女性会館建立を初め、ソウル市内各区毎に、子供の読書室、子供の会館、子供の公園を設置するかたわら、最近では敬老の集いに情熱を捧げて来られた。なお、癩病患者救護・自立事業を献身的に後援なされた。

…友邦外賓に対し…優雅な姿で…外国人たちを魅了させた陸女史は、また一家庭の妻として、一男二女の母として、人生を完熟させた女性のモデルでもおられた。

朴大統領閣下と三子女、故夫人の老母を初めとする遺族の方々へ哀悼を表しつつ、世を去られる故陸女史の冥福を祈る私たちはいま、号哭の中、哀痛に包まれる…。

安らかにどうぞお眠りを…。

二世教育の足場で躍進
東京唯一 荒川夏期学校（6回）終える

我々は民族中興の歴史的使命をおびてこの国に生まれた。祖先の輝く魂を今日に生かし、内には自主独立の姿勢を固め、外には人類の共栄に尽くすべきときである。ここに我々の進むべきところを明らかにして教育の標とする…。この崇高なる「国民教育憲章」の教育理想と精神を実現へ導くため、民団荒川支部（高昌運団長）が一九六九年度に発端を切った「荒川夏期学校」（高昌運校長）は回を重ねるにつれて、大きく成長を遂げ、在日二世、三世国民教育に躍進の足場を築いて来た。

反共自由民主精神に徹した在日国民を育成する半島進を担って出発した荒川夏期学校は、今年で第六回を迎えたが、毎年これに参加した生徒たちが増え、既に四百五十余名の修了生を輩出し、いまや〝民族学校〟としての基盤を固め後世教育の伝統ある素地を生み出した。第六回荒川夏期学校は日本の学校に在学中の小中高生徒八十名を対象に、八月十二日から二十七日まで約三週間にかけて東京商銀荒川支店三階で行われた。

夏期学校では、韓国の歴史や地理、社会常識など広範囲にわたって教育が行われ、生徒たち自身がなぜ日本で生まれ育てられるようになったか、過去と現実に至るまでの歴史的背景、韓日間の深い関係など知識を身につけ、確固たる在日二世国民として成長して行くよう勇気と信念を持たらせた点で成果が大きかった。

さらに第六回夏期学校では校外活動、遠足などの団体レクリエーションを通じて規律ある生活向上に役立たせるため、代々木公園野外教育活動をも行なった。

第六回夏期学校では去年に引きつづき韓貴燮、夫順末教師が担当した。（受賞者名単は次の通り）

▼中等部最優秀 李敬美（駐日本大韓民国大使館首席教育官賞）▼初等部最優秀 張春芳（駐日本大韓民国大使館首席教育官賞）▼中等部優秀 文敬順（民団東京本部団長賞）▼初等部優秀 ［？］明［？］（民団荒川支部団長賞）

荒川で十名
母国夏季学校参加

七四年度母国夏季学校に、荒川では十名の高、大学生が参加した。

この学生たちはソウルにおいて他地域から集まった四百余名と共に祖国の知識を学び、共同生活を通じて、社会人の基礎を身につける一方〝勇気ある反共在日韓国人二世〟としての意識基盤を固めることになる。一行は八月二十三日に夏季学校の全日程を終え、各々郷里を訪れ、親戚対面と観光など田舎の味をたっぷり楽しんだ後、全員無事帰日した。

参加生徒の名単は次の通り（かっこ内は父兄の名前）

洪良淑（洪宗河副議長）
金京子（金洪烈任顧問）
洪叔子（洪淳共執行委員）
高明久（高鎬律団員）
朴健次（朴英南執行委員）
李康元（〃）
張英淑（張洪和宣伝次長）
呉道仁（呉明元監察委員）
呉貞愛（河文相顧問）
秦幸子（秦孔暦商工会長）

荒川で四名派遣
本国光復式典参列団

第二十九回八・一五光復節を迎え、ソウルで行われた慶祝記念式典参列のため、荒川支部では四名の代表団を派遣した。

…を代表とする一行四名は八月十四日KAL便でソウルに到着し、関東地域から集まった派遣団と共に、朴正熙大統領閣下臨席［…］受け、八月六日、ソウルに帰［…］

（写真）第六回荒川夏期学校で父兄も生徒たちも熱中している

読売偏向なおも続く
〝韓日親善配慮〟謝罪を裏切る
東京地区全韓国人 新たな糾弾喊声

読売新聞の反韓誹謗偏向報道はなおも続けている。東京在住の韓国人が各地域から代表団を構成し読売本社を訪問、歪曲反韓報道を正す抗議を行った際〝中立公正〟〝韓日親善に尽くす〟との謝罪をした読売新聞がまたも感情的に極端反韓誹謗の本音を剝き出して〝韓国特集〟たる記事を書きたてることに依って国際信義を裏切っている。

民団東京本部（金致淳団長）では去る七月十一日から二十二日まで八波にわたって、読売新聞東京本社に対し、一連の対韓誹謗偏向報道を糾弾する抗議運動を展開して来たが、二十三日の第九波抗議を前に、読売新聞社から〝民団東京本部の抗議の主旨を了解した〟との謝罪文書を持って東京本部を訪れたことに依り、今回の抗議運動は一応所期の目的が達成され…

悪辣、北傀がそ撃指令
萬景峰号工作員・朝総連金浩龍通じて
文世光犯行事件捜査本部が発表

朴大統領そ撃事件捜査本部（金一斗本部長＝ソウル地検長）は、去る八月十七日、そ撃犯文世光は北傀工作員から、朴大統領を暗殺するようとの指令を受け、犯行をしたことが明らかにされたと発表した。

精神武装で結集
文団河監察委員長声明「道義回避」非常識

敵性「韓青」の過激分子
文世光、朝総連に操られる

（写真）荒川支部でも8月19日故陸女史追悼式が行われた。

支部で全役員黙祷 大使館訪れ弔問

支部往来

荒川春秋

——故陸英修女史霊前に謹んで捧げます——

哀悼辞

私たちはいまもなお、そのときの衝撃と悲痛を忘れられ得ないのであります。半世紀に亘る他民族の圧政から解放され、国権を取り戻した光復節の祝典において、わが国権の象徴である大統領閣下に対し狙撃事件が起こったことを実に悔しく、憤りに耐え難いことであると悟るのであります。

朴正熙大統領閣下は不幸中にも幸いそ撃を謀免されましたが、令夫人陸英修女史が、兇変に依り逝去なされてしまいました。何んと意外なひどい現実でありましょうか！

なお、犯人は日本国居住の所謂「韓民統」系列分子とのことで、私たち在日同胞は、湧き上がる憤怒と申しわけない心況を禁じ得ないのであります。

国内外を通じて、平素より気品高き優雅な面貌で全国民の敬愛を浴びておられた陸英修女史！

私たち在日同胞は、今でも忘れられません。母国訪問の際、お会いしたときには常にさわやかな微笑と細い気配りの激励で私たちを迎えて下さることを心がけておられた陸女史を！

これほど国民の尊敬と欽慕を浴びでおられた陸女史は、とうとう透徹なる内助の功を残した上、この国の明るい未来のため身を捧げられました。

女史はなくなられましたが、私たちは決して、女史の無言の教訓を忘れられ得ないのであります。この機会に私たちは、歯を喰いしばる決意で、その何者かがこの国の分裂を策動し、在日同胞社会の混乱をそそのかしているかを直視してまたそれをわきまえて、隙間なく対備せねばならぬことを新たに切感致します。

さらに、私たち在日同胞は、犯人の居住地が日本国であることから、当地において犯行を予備し共犯らと接触したことと見抜き、現地当局の徹底した糾明を注視して行くことを申し上げる決意であります。

女史は生前に、全国至るところに子供の会館を建立し、また敬老救護事業などにも自ら人に抽きん出た精誠を傾けました。このような慈善社会福祉活動において、女史の教えは永遠にこの民族の心の中に生き継がれるであろうと思います。

私たち在日同胞は、女史の仁慈なる教えを胸中に刻み、もう一度団結力を強め、母国発展に心身を捧げます。そして女史が平素明るい微笑をたたえておられたのと同様に、祖国の将来に明るい微笑がいっぱい花咲くまで努力致します故、どうぞ安らかにお眠りなさいませ。

最後にもう一度、朴大統領令夫人陸英修女史の御霊前に心をこめて冥福をお祈り致します。

一九七四年八月十九日

在日本大韓民国居留民団
東京荒川支部

金栄洪　千舜命　李順千　朴東銀　高昌運　李錫鎬　呉嘉雄　高潤玉　金守進　任祥永　金宇昌　張琪和　李英南　李南景　梁京順　康奉河　金秀吉　金允圭　金沢秀　左允吉　朴寅得　李玉現　高仁沢

権泰和　呉福琢　金濱権　河道珍　李昌補　高淳厚　白萬甲　呉君鎬　金甫昌　黄鶴斗　洪元延　張精教　洪淳共　文大卿　金昌世　河吉雄　姜昌圭　洪永台　洪永漆　梁準衡　朴基鎬　康東飲　申勝竊

河文相　金光浩　秦太平　秦孔暦　文斗河　洪宗河　梁明元　韓喜嬰　呉崙玉　洪倫赫　李日宰　鄭真良　文敬淑　全昇卓　金現珍　洪原珍　宣仁雄　姜夏淳　金萬鎬　左允玉　李斉珩　梁行珍

（順不同）

偏向言論批判に重点

韓日関係に関する公開シンポ

「韓日関係の在り方に関する公開シンポジウム」が七月十八日午後、東京・大手町経団連会館で開かれた。これは韓日両国の政、財、学界の有力者で構成する韓日協力委員会（会長＝韓国側白斗鎮元首相、日本側は岸信介元首相）が主催したもので、韓日双方から国会議員ら二百六十人が出席した。今回のシンポジウムは日本側提案により開催されたもので、最近のマスコミが盛んに取り上げている「民青学連」事件の二日本人裁判問題のほか、金大中事件、南北統一問題などについて活発な意見交換が行われた。韓国側は日本の偏向マスコミを鋭く指摘し、報道されていない事件の真相、韓国の立場などを率直にのべた。

開口一番

日本側矢次一夫座長は「日本と韓国はあまりにも近いゆえに色々な問題がおきている。話し合うことは問題の鍵」と日韓公開シンポの意義を述べ、韓国側張基栄座長を「副総理だった頃ブルドーザーナンバーワンというあだ名があったが、今日は座長なので自分の意見は自重されるでしょう」と親しく紹介。

つづいて張基栄座長は「私は南北調節委員長代理であり、韓日協力委員会の常任委員ですが、南北調節委員会は今、最も見通しの悪いものであり、韓日協力委員会は最も見通しのはっきりしている委員会であります。韓日関係は結局友好しかないという信念をもっています」と、公開シンポに対する期待を述べた。

テーマ講演

「南北対話と国際環境」というテーマ講演の中でソウル大学校・[illegible]教授は「南北対話は昨年八月北韓側の一方的な会談拒否宣言によって中断状態にあり、今年の西海漁船撃沈ら数事件、東海警備艇撃沈事件などの北韓側の相つぐ武力挑発行為により、対話以前の状態にある。したがって南北韓と各々密接な関係をもつ米・日・中・ソの四大国の韓国に対する態度が決定的影響を与える。……南北対話が成功するためには、北韓が対南赤化統一革命を放棄しなければならない。……韓日間に起こった不幸な事件が北韓側の対南赤化統一攻勢に利用されることのないよう望む」と述べた。

金俊元・高麗大学校教授は「アジア秩序の中の韓日関係」について講演し、その中で「韓国と日本との協力関係は、アジアにおける平和と安定のために緊要な均衡構造の基底を成しているといえる」と前置きし、日韓関係における基本原則の定立を示唆した。

二日本人問題

「日本人の感覚からいうと、あの程度のことで、あゝいう極刑を受けるということは一体どうしたことか、と不信感をもつのも無理からぬことだ。韓国の内政問題だが、韓日関係の正常な関係を処理させる場合においても、もう少し他の方法がないかという気がしないではない」と参院選当選ホヤホヤの和田春生・民社党議員が質問。

これに対して朴俊圭・民主共和党政策委議長は「外国人が重法と法秩序を犯した場合、どんな弱い国でもその外国人を処罰する。これは当然だ。韓日友好の関係から考慮を、と言われれば頭が下がるが、経済援助の恩も忘れて非民主的で、と言われると熱が上がる。中共での日本人処刑事件、ビルマでの船員処刑事件のとき日本政府はどういう態度をとったか。私は、日本人二被告への余事の論件は、中国人にくらべて軽い。結果はわからないが、日本国民が韓国との関係は友好以外にないと考えているなら、解決は早いと思う」

張基栄座長は判決の総括の中で裁判解決を希望し、その後に友好国の外交慣例に基いて最高執権者の権限で、特別な措置をとるよう建議する用意があることを言明した。

認識錯誤責任 日本言論に

中共や北傀論評述べない真意は？

東京韓国新聞編集論説委員　韓　喜　燮

金大中事件

法眼晋作前外務次官は質問に立ち「金大中事件発生から一周年になる。昨年十一月の金鍾泌国務総理が来日した時の了解事項や背景はいまも残っている。了解事項を速やかに解決する必要がある」と語った。

朴俊圭氏はこれに対する答弁で「韓国政府はこの了解事項を必ず実施するつもりだ。これを早めるためには、韓日関係を土壇場まで追いつめない方が良い。メンツとか国民感情を刺激すると、韓国政府の自由がしばられる。韓日関係をこじらせたら、かえって悪くなることを心配している。もう少し時間をいただきたい」と語った。

張基栄座長はこの事件に言及し「金大中氏が選挙法違反裁判を早く決着させ、一般の韓国人として自由の身になり、彼の希望どおり第三国に旅行ができるようになることを期待する。日本の方もこれ以上の要求をしては、ひいきのひき倒しになる。金大中氏のためにもならないのではないか」と率直に述べた。

経団連会館で行われた韓日シンポジウム（角内）は張基栄南北調節委長代理（国会議員）

南北問題

細川隆元氏（評論家）は「南北関係、ことに北の武力侵略の動きとか体制はどうなっているか。北の韓国に対する軍事的圧力侵略のおそれはどうなっているか」と日本人にはなかなかわかりにくい問題を質問した。

この答弁には韓泰淵韓国憲法学会会長が立ち「南北間の事態が最近おかしくなった。一触即発の危機がある。とくに『北』は飛行場を軍事境界線のすぐ近くに前進させているが、いつでも奇襲に発進できる態勢をとっているからだ。『北』は対南工作で『統一戦線』戦術を用いている。早川、太刀川事件もこの一環である。『北』はキリスト教徒などアンチ・コミュニストである人々まで構成要員としている」と厳しい三十八度線を語った。

マスコミ批判

韓国の第一野党である新民党・金守漢議員は、先日のハイジャック事件の青年が、北韓の方が生活しやすいから「北」へ行きたい、という動機であったことをとりあげ、「こういう青年の認識の錯誤は誰の責任か――その責任の大部分は日本のマスコミだ」とヒシリ。「韓国に対する批判は悪いと思わない。韓国に対して自由かつ公平に論評するなら。北韓や中共に対して一言の批判も述べない理由は何なのか」と民主言論の意味を問い正した。

朴俊圭氏は「日本の一部マスコミはベトナム問題、中共問題が思惑どおりに解決したが、韓国の問題だけは解決していないという観点から報道し、韓国の政治に干渉し、左翼的民主主義を押しつけようとしている。このようなマスコミは世界に類例がない」と、日本の偏向マスコミの本質をついた。

日本側からも七十四才の長老[illegible]党都連副会長は「太刀川、早川事件に関する日本のマスコミ報道は何ですか。日本の恥を世界にさらけ出すようなものです。母親として子供が法を犯した場合、私は自決すべきであることを知っています。だのに、政府がもっとなんとかしたらという世論を煽って情けないと思います。このような日本人として恥ずかしいことは、新聞の片スミに書いてもらいたい」と最近の報道にチクリ一言。

日韓問題シンポはマスコミ批判大会と異名も出たほどで、マスコミ界の偏向姿勢への不信はかなり強いもののようだった。

金日成は「死」で断罪を

東京全域で糾弾憤起

[illegible]

（写真）大田区馬込温泉会館で行われた北傀蛮行糾弾大会、写真Ｂの中央には張基栄国会議員も参席し、東助の宣言と南北調節委の経過を説明した。

悲惨"中古腕時計 外套送れ"

〃日本人妻〃の書簡集

一九五九年八月十三日、インドのカルカッタで締結された北傀送還協定に依り見知らぬ異国へ旅立った多の日本人妻たちは、二十余年歳月の間、すでに亡くなられた人もいるだろうが、生きているうちにもう一度日本の土をふんで見たい。あるいは親、兄弟の顔を一目でも見たい、という希望を持った人々が少なからずいると予想されているのである。以下の私信がその悲運を痛切に物語っている。（書簡は原文のまま）

[illegible]

古一個、テトロン白生地、味の素二、三K位、サッカリン一K位、〇〇ちゃんが前に送るつもりで買ったものがあるらしいので、それら一緒にして帰国する人にことずけてほしいのです――。（略）

姉へ――荷物送付を依頼した手紙から

――私のいるところは雪がとけると道がぢくぢくで長ぐつがないとあるけない所です。〇〇はこのごろ何べん足を汚ごしてくるやらこのたびの荷物のおかげで大だすかりしました。姉さん東京でいらない物はめんどうでしょうが私に送って下さるとたすかるのです。〇〇はよく〇〇に行くので腕時計がないとこまるのです。貴流れの物でもいいからおねがいします。私のかってなことばかり書いてわるいのですが、お姉さん理解して下さい。

嫁ぐ娘をかかえた母から――祖国の兄弟への手紙

――こちらへでて生れた〇〇が七才、幼稚園に通っています。主人と私は頭が白くなりずい分老けました。

母も今年は七十才位と思いますがお変り御座居ませんか……。時々、淋しくなった時など、殊に母や姉妹たちが偲ばれます。

こちらでは革命の為に年より、若い者、家庭婦人たちも一生懸命仕事に勤労奉仕にがんばっています。

もう香いい父になった事と思いますが、それぞれ子供何人いますか？母も孫で忙しい事でしょね。最近帰国された人々に話を聞くと日本もずい分発展して一年一昔といいますが、十年前とずい分変っているとの事です。服も女の人のずい分短く着て、スカートもひざ上で私たち昔のままで今来る人の姿を見るとおかしくて変な感じがします。〇〇姉さんも元気でいますか？〇〇ちゃん引越しされたとの事、また〇〇さんと別れたとのことですね、本当に人間一生の間に色々なことがあります。私も想像もしなかった朝鮮くんだりまできて、言葉もわからず、自分の思ったことがいえないときなど、悲しい時もよくあります。

一つ頭が痛いのは今年の秋に〇〇が結婚するのが大体決定していますので先立つものがです。

先日〇〇の方に手紙しましたが〇〇さんすみませんが、皆んなに少しずつ寄付してもらって時計（五、六千円位）三個、婦人もの[illegible]

母はすでに亡く……

――（略）そのために明日私の命がなくなる日まで働いて行きます。ビッコになった私も早く皆様に会えるまで、きっと治さなければなりません。統一したら夫の骨を南朝鮮の馬山の山に埋めてやるんです。そして私は父の、あの日本の父の墓参りをするんです。幼い子供のような夢を見ている私を笑わないで下さいね。

いつ頃になったら送っていただけるのか判れば、子供も私も力が出て働けるのに、皆様の便りがいただけず淋しいです。皆様、この姉をうらんでいるでしょうね。皆さんのその日、その日の生活をこわすこのにくい姉をうらんでいるでしょう。判ってはいるけれど姉の立場をどうぞ察して下さい。…着る物の心配がなくなれば、私、働いて残った子供を育てます。最後の願いを聞いて、もう一度だけ力づけて下さい。私は今日も明日も便りを待っています。私の手紙ついているでしょうか？

お母さん！遠く離れた娘のために、この〇〇のために助けて下さい。遠く離れて

里帰りの日を待ちつつ

朝鮮に帰国して十三年にもなるのに、まだ朝鮮のさむさになれずこまっております。でも今年からはおじさんが送って下さったオーバーがあるんだからだいじょうぶだと思います。

今おじさんからの世あての手紙受け取りました。手紙によれば、今、日本で北朝鮮にいる日本人の里帰り問題を実現するために北朝鮮側の意向を打診する考えを明らかにしたそうですが、本当に日本人の人達の里帰り問題が実現できれば良いんですが…

母は今から里帰り問題が実現できるような考えをして喜んでおります。もういょから計画を立てております――（略）＝日本人妻の子供からの私信

編集手帳

日本人の海外旅行は実に盛んになった。役所の統計によると、昨年だけでも二百数十万の人が海外に出かけたということで、その激増ぶりには日本政府も驚いているという。

これだけ多くの日本人が外国へ出かけていって何を見、何を感じ、そして何をもって帰ってきたのか。

それが日本および日本人の世界に対するかかわり方に、今後何らかの変化を生ぜしめるだろうか。けれども実際には低俗な楽しみを求めての観光と買い物とに終始して、帰ってからは自分も海外旅行をしたという自己満足にとどまるのが大半ではないかと思われる。

というのも、旗をたてての団体旅行で、日本語の通ずるホテルに泊まり、日本食をたべて、絵はがきに出ているようなコースだけをまわってくるのでは、外国に行きながら日本を経験しているようなものであろう。しかも帰ってからは、やはり日本が一番いいという即製のナショナリストになる人が多い。

国際感覚

そもそも日本が一番いいという程、外国を深く広く、民衆の文化や生活のレベルまで下りていってどれだけ理解したのであろうか。しかもその人はちょっとした旅行のあとでインスタントの外国通になったような顔をして、あちらではどうだというが、外国を知れば知るほどそう簡単な断定はできないことがわかるであろう。こうしたインスタントのナショナリストや外国通がいくら増えたところではたして日本人の国際感覚や世界的視野が本当に正しく養われるのであろうか。

論語読みの論語知らずという格言があるが、外国旅行の外国知らずになってはいけない。そういえば東京にはありとあらゆる国のレストランがあって各国の料理が食べられる。けれどもどのレストランでも日本人の口にあうように料理法に手心が加えられているものが多い。そこで食べにいった日本人は本物を食べたと信じ込む。

こうした外国料理にも、日本人の海外旅行と通ずるものがある。

日本には外来語が氾濫しているが、日本語を学ぶ外国人にはそれが一番苦手だという。けれどもそうした外来語を駆使する日本人は、一番外国を知っているかのような錯覚に陥りやすい。

外国のよいところ悪いところ従ってまた日本のよいところと悪いところを公平に認識し、お互いに学び合い、また助け合っていくことができるような、そうした国際的覚を身につけるために、日本人に与えられた海外旅行の機会を大切にすることを心からお願いしたい。（靈）

会館建準委員58名

金栄洪委員長　二次推戴で発表

金栄洪荒川韓国人会館建立準備委員長は、去る七月三十一日、新たに同建準委五十八名の委員人選を決定し、即日委員推戴をした。

金栄洪建準委員長は、去る五月三十一日に名誉委員長、副委員長、事務局長、副事務局長、財務委員、幹事委員、監査委員など各部署二十六名の人選を確定し、第一次総会を以って、承認を経て、今回の委員決定の段階に至ったのである。

金委員長は、委員確定が終わったあと第二次総会で、会館建物の位置、規模、基金造成など具体案を論議して行くと語った。

◇建準委員推戴名単は次の通り。

河文相　千舜命　呉福琛　金光浩　秦太平　河道珍　鄭真良　洪淳共　文大鵬　全昇卓　李南景　白万甲　任祥永　黄鶴斗　金字昌　張炳致　金允奎　金万鎬　朴基鎬　李斎珩　金益姣　安月用　高昌洪　金太栄　李性浩　姜成化　宣仁行　河吉雄　高瀬鎬　金永祚

金丞泰　張元沢　金子良　鄭信鎬　金竜河　李聖敏　金岡元　姜文生　李晟雨　文炳豪　高京先　呉靖浩　金在珍　文安斗　李昌雨　梁行珍　金祥玉　金甲守　李重根　左元浩　金秀吉　左允吉　洪倫赫　金昌世　梁京順　林礼文　甲年子　洪東夏

（順不同）

九月のメモ

一日＝関東大震災犠牲同胞慰霊祭（民団東京本部主催、東京商銀荒川支店で）

九日＝世宗大王ハングル（訓民正音）頒布の日

十五日＝敬老の日

二十日＝九月定例分団役員会議

二十三日＝秋分の日

三十日＝国軍の日　本国参観代表団出発

故陸女史追悼 国民大会

三日　都体育館で

故陸英修女史の冥福を祈る関東地区在日韓国人の大追悼国民大会が九月三日、都内千駄ケ谷にある東京都体育館で開かれる。

この国民大会には、関東全域から一万五千余名が参加される予定で、民団創団以来史上最大の集会となる模様。民団関東地協（金致淳事務局長）が主管するこの大会には、故陸女史追悼式が厳粛に行われたあと、北傀金日成と朝総連それに反韓敵性分子と偏向日本言論を糾弾し、市街デモ行進を展開する。

荒川支部でもこの大会に備え全団員が参加するよう呼びかけている。当日は八台のバスが午前九時に支部と、商銀前に待期し、現場に向うと発表した。

分団活動、強力展開へ

第15期執行部、後半重点推進

七四活動方針 原案承認

在日模範国民組織で飛躍

民団破壊工作断固粉砕

高昌運団長所信

如何なる反勢力も排除

親切、迅速執務で奉仕

荒川組織の騎手たち

李銀鎬副団長

高澤厚副団長

会館建設へ総力

教育・啓蒙・新生活運動強化

(写真) 敬天之恩着会日成は「死」を以って断罪しろと北傀糾弾を叫ぶ、荒川支部16回大会に集う団員たち

ツユ明け夏本番

団員四百名が海へ

(写真) チビッ子の西爪割

李龍勲総領事来団

支部役員四十余名と懇談

(写真) 李龍勲総領事を迎えての記念撮影。左から会受洪常任顧問、張孔奎商工会長、文斗洞監察委員長、李昌模議長、高昌運団長、李龍勲総領事、金致淳東本団長

分団情報

この熱気!!この同胞愛!!走る組織を地で行く団員家庭訪問

街にあふれる若者

「韓国」を企画報道

毎日新聞八ページ全面抜きで

十分団組織の前列 — 民団荒川支部

西日暮里第三分団	西日暮里第二分団	西日暮里第一分団	東日暮里第二分団	東日暮里第一分団
分団長 姜夏淳	分団長 金允奎	分団長 金秀吉	分団長 呉君鎬	分団長 金現珍
総務 金沢秀	総務 金守進	総務 姜昌玉	総務 洪原珍	総務 康奉河
組織 洪永淳	組織 洪永台	組織 宣仁暉	組織 金甫昌	組織 河吉雄

尾久分団	町屋分団	南千住分団	荒川第二分団	荒川第一分団
分団長 梁行珍	分団長 李斉珩	分団長 黄鶴斗	分団長 左允吉	分団長 金萬鎬
総務 高仁沢	総務 李玉現	総務 朴寅得	総務 梁準衡	総務 洪元延
組織 申勝察	組織 康東欽	組織 朴基鎬	組織 左允玉	組織 張精教

綱領
1. われわれは、大韓民国の国是を遵守する。
1. われわれは、在日本大韓民国居留民団の宣言と綱領を守護する。
1. われわれは、在日本韓国青年として心身を鍛練して、教養を向上させ、祖国の平和統一課業に献身する
1. われわれは、在日本韓国青年の矜持を堅守し、在留同胞の権益擁護に先峰的役割をする。
1. われわれは、在日本韓国青年として有邦青年と親善をはかり、真正な世界平和に寄与する。

在日韓国青年会荒川支部
青年の樹
会長　金　晶　世
宣伝部長　玄　納　仁
116 東京都荒川区荒川3-32-9
電話 03(891)0555〜0556

旧「韓青」の反韓行脚

朴大統領狙撃事件に対する韓日当局の捜査が進められているが、犯人文世光は、昨年九月にも旧「韓青」（金君天委員長）の中核活動家として動いており、この事実をいんぺいしようとして金君天たる者は、文世光が「韓青」とは無関係であるという虚偽に満ちた声明などを発表、悪らつな反政府、共産朝総連の手先となって突っ走っている。昨年の金大中事件発生後、旧「韓青」は、旧「民団東京本部」の重責にあった既に除名の一連の不純勢力からなる所謂「金大中救出委員会」（鄭在俊委員長）に加わり、その活動行動隊の役割りを果す一方、同年八月十五日に光復節二十八周年記念大会を兼ねて開かれた、同系列の敵性反韓団体である「韓国民主回復統一促進国民会議日本本部（金載華議長代理）の宣言及び「金大中救出民衆大会」の中心的な組織体として参加した。

旧「韓青」はまたこれら両団体…共産に依る民団破壊工作を目標と…する暴力行動隊として…した数々の反韓国集会の先鋒的役…

悲痛！全員が黙とう

故陸英修女史御霊前に弔問

写真：故陸英修女史の御霊前に全員が黙祷を捧げ哀悼を表したあと…大使館を訪問、同じく陸女史霊前に弔問した…

民団荒川支部（高昌運団長）では、一九七四年八月十九日、故陸英修女史の霊前に冥福を祈り、追悼の意…

主張

旧「韓青」は暴力革命隊

朝総連が直接指導掌握

高昌運氏努力賞入選

「在日韓国青年の歌」懸賞歌詞

関東震災慰霊祭

今日、商銀荒川支店で行う

写真：日本で生まれて、初めて郷土の済州道訪問の旅に立って、変わった風物などを見ておどろいたという筆者金菊子さん

変わった景観「石人像」

草原には、牛馬を放牧、平和そのもの

済州道郷土訪問記　金菊子

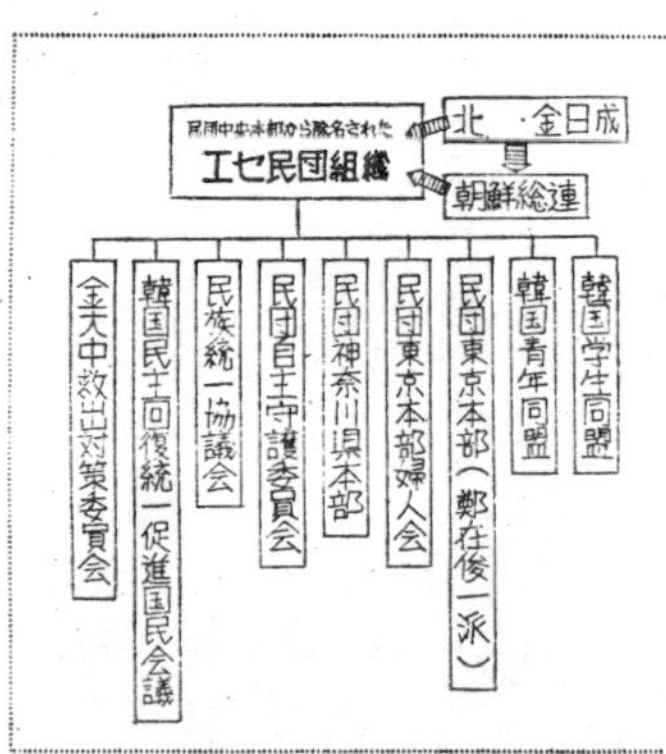

反韓不純組織表

旧「韓青」と一連の不純分子の反韓暴力を断罪する！

第二部

緊張の中の高度成長

重化学工業の輸出戦力として力を発揮し始めた現代造船所

続々建設される高層アパート群＝ソウル市内

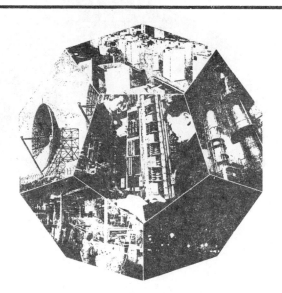

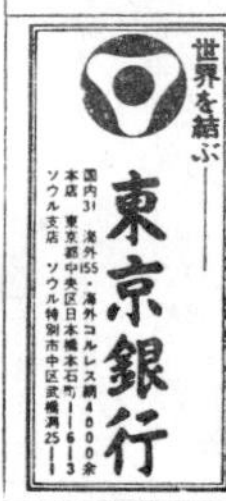

日韓協力にさめた目を

いくつかの異なる緊張感がまじり合う情勢の下で、韓国はいま、経済の激しいスピードレースに挑んでいる。

緊張の一つの側面は、再び険悪化の色を濃くしている南北朝鮮間の冷えた関係である。昨年夏の金大中事件を機に、南北調節委員会、赤十字の二つのルートによる南北対話が途絶えてすでに久しく、板門店を舞台に本会談再開のための実務者レベルの折衝が続けられてはいるものの、いまだ打開の糸口をつかめていない。

[illegible]

向上を成し遂げ、「明日の農村」に明るい灯をともしている事例も見受けられた。重化学工業の振興に寄せる政府の熱意もま

ソウルで　東京本社社会部次長　山崎　勝彦記者

概観

(1973年)

◇面積	96,000平方キロ
◇人口	3,290万人
◇国民総生産	
実質	3兆5,340億ウォン (88.4億ドル)
◇1人当たり国民所得	373ドル
◇貿易額	
輸入	42億1,800万ドル
輸出	32億5,600万ドル
◇通貨　ウオン	1ウォン＝約0.0025ドル

1301

アクセル踏む

高度経済成長を象徴するかのようにデパートの商品も多様化している

経済成長の軌跡

「開発の優等生」の折り紙

第三次五カ年計画（七二―七六年）のちょうど半ばにある韓国経済は、依然早駆けである。

韓国経済の発展過程は一般的に、朝鮮戦争の休戦成立を起点として工業部門が拡大した戦災復興期（五四―五七年）、学生革命による李承晩政権の崩壊という混乱などでその速度が鈍化した時期（五八―六一年）、そして軍事クーデターによる朴政権の登場を機に急速な工業部門の発展を示した飛躍期（六二年以降）に区分されているが、この飛躍期は六二年を起点とした政府の第一次経済開発五カ年計画とともに始まっている。

経済企画院の最新の資料によれば、第一次計画前五年間のGNP（国民総生産）年平均実質成長率は五％だったのに対し、一次計画期中の年平均成長率は一九七〇年不変価格で七・八％と上昇。さらに第二次計画（六七―七一年）期中は年平均で一〇・九％という高度成長をみた。

続いて、調整期とされた第三次計画初年度の七二年は七・〇％にとどまったが、七三年は再び成長に馬力がかかって一六・九％（GNP三兆五千三百四十億ウォン＝七〇年不変価格、一ウォン約〇・七円）に達した。七三年のこの成長率は六九年の一五・〇％を上回る韓国経済史上の最高記録。開発計画スタートの六二年から昨年まで十二年間を通した年平均実質成長率は九・六％にのぼり、世銀やADBなど国際金融機関による「開発の優等生」との評価を裏付ける結果ともなっている。

実質成長率は16.9％（昨年）
産業構造の高度化も進む

実質経済成長率と実質国民総生産の推移

実質国民総生産（左目盛）	実質経済成長率（右目盛）
380	18
340	16
300	14
260	12
220	10
180	8
140	6
100	4

62年　'64　'66　'68　'70　'72

70年不変価格：経済企画院

韓国の産業構造(73年)（経済企画院）

部門	%
社会間接資本その他	46.8
鉱工業	27.9
農林漁業	25.3

この間、国民一人当たりのGNPは六二年の八十七ドルから、七三年には三百七十三ドルと四倍強にふえた。また産業構造の高度化も着実に進んで、GNPの産業別構成比は第一次産業（農林水産業）が六二年の三六・六％から七三年には二五・三％へと低下、代わって第二次産業（鉱工業）は一六・五％から二七・九％へと高まった（第三次産業＝社会間接資本、サービス部門＝は六二年四六・九％、七三年四六・八％とほとんど変わらず）。

原動力は盛んな投資と輸出

数字にみるこのような韓国経済の高度成長を推進してきたのは盛んな投資と輸出といえよう。GNPのうち投資に振り向けられる比率・総投資率は第一次計画期中、年平均一六・六％だった。それが第二次計画期中と第三次計画二年目まで七年間の平均は二九・五％とハネ上がった。ソウルに見られるビルやアパート建設、亀尾、浦項、蔚山、馬山など韓国南部に息吹く重化学工業中心の産業施設や各種工業団地の建設ラッシュは、それの反映である。

一方、商品輸出の伸びもめざましい。第一次計画期間中の年平均増加率は四三％、続く六七年から七三年までは四四・五％となっており、この結果、六一年にはわずか五千六百七十万ドルだった輸出額は、七三年には三十二億五千六百九十万ドルに達した。

十億ドルの大台に乗った七〇年ごろを機に、「これまでの平たんなレースと違って、山登りに差しかかる」として、政府の掲げる輸出目標が大き過ぎるとの声が出始め、目標の達成を危ぶむ見方も多かった。しかし結果は、七一年十三億五千二百万ドル（対前年比伸び率三四・七％）、七二年十八億七百万ドル（同五三・七％）といずれも目標を突破、七三年には、さらに対前年比八〇・二％増という驚異的ともいえる実績をあげている。

輸出のうち工産品は88％も

このような輸出の急伸長は、輸出企業の〝出血輸出〟を補う政府の財政金融上の優遇措置や各地在外公館に対する輸出ノルマ責任制の実施など、国をあげての強力な振興策にあずかる面も大きいようだ。しかし同時に、工業化の進展ですでに輸出戦線に相当大きく加わっている電子製品などに続いて、今年は二十六万トン級の大型タンカーをその戦列に加えることになるというように、産業の発展を通した輸出商品の多様化が進んでいる事実も見逃せないだろう。総商品輸出のうち工産品の占める比率は、六二年の二七％から、七三年には八八％となっている。

また教育水準が高く、すぐれた資質を有する官僚組織も含めた韓国のマンパワー、開発のための資本動員における外資の寄与なども、背景にある成長要因としてあげられよう。

韓国特集

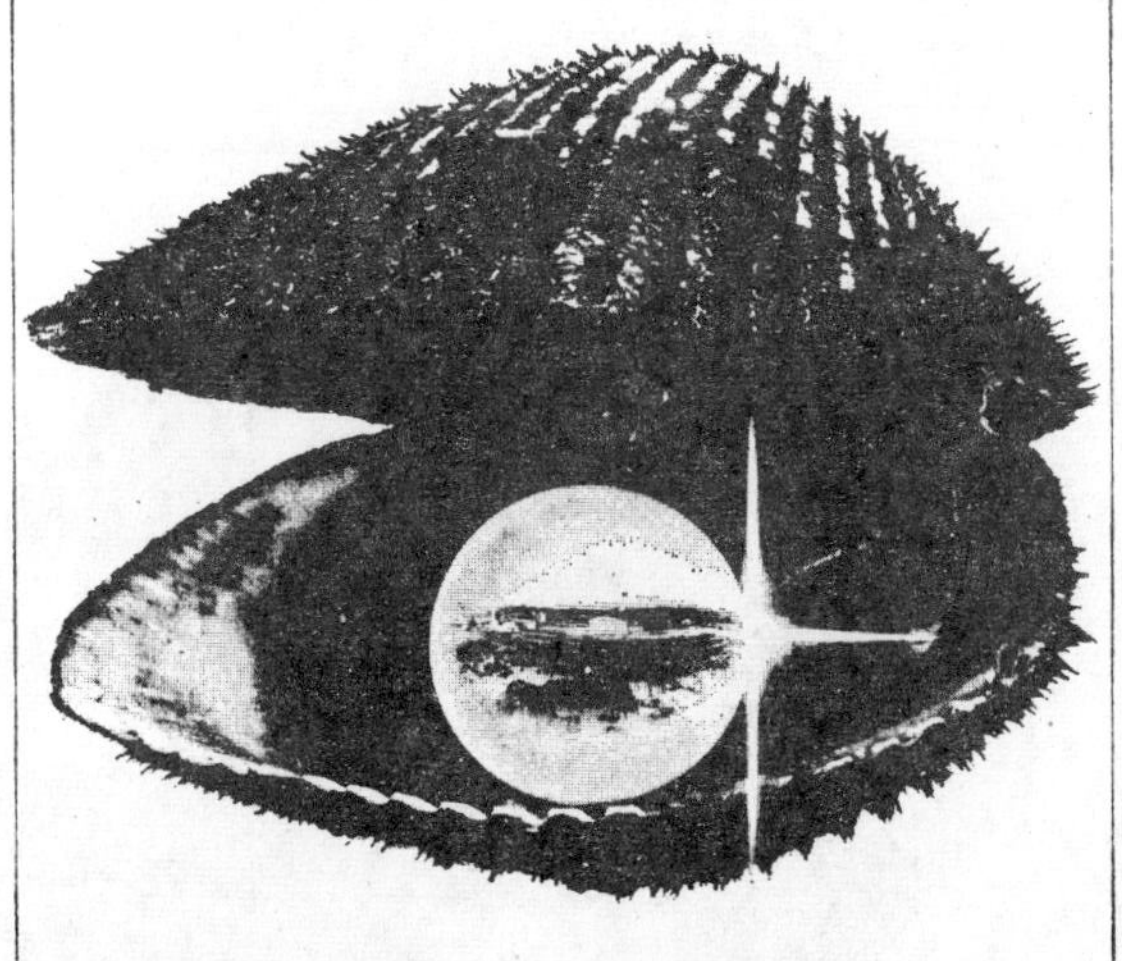

高層ビルが林立する首都ソウル

韓国経済見聞
多様化する国産消費財
石油危機で物価は上昇

[illegible]

カネを乞う子連れの婦人や、チューインガムを買えとせがむ少年少女たち――ひところはアンバランスな韓国経済の〝象徴〟とも言われたこういう光景も姿を消しつつあり、「乞食はここ二年ほどの間に全くといっていいほど見当たらなくなった」と、あるソウル在住の日本人は言う。

そして、その高層ビル群を抱き込まんと構える周囲の花こう岩むき出しの山々に、へばりつくように密集していた「パンジャチプ」と呼ばれる粗末な掘っ立て小屋の群れも、今ではあらかた政府やソウル市庁による鉄筋中層の市民アパートに変わった。市郊外のあちこちに続々建てられている十階建て前後の高層も含めた分譲アパート群はまた、ソウルの新しい装いである。

もちろん、平均的市民の衣食住の絶対水準は、まだまだ低い。しかし、一歩一歩向上している事実は、これら断片的な見聞からもうかがい知ることができよう。それは、韓国経済の成長の一面での反映である。

×××

半面、市民生活は韓国経済が直面している悩みも、率直に映す。

政府のお声がかりで数年前から再登場した週に一度の「米なしデー」はいまも実施されており、この日は一流ホテルやレストランも含めすべての飲食店から米が姿を消す。普通の日でも「白米」はなく、麦や雑穀が一割から二割混じっている。外国人にも、むろん例外はない。「健康には白米か、麦めしか」といった議論は別として、ここには韓国民の主食である米を自給できず、毎年一億ドルから一億五千万ドルも輸入しなければならないという韓国農業の立ち遅れが現れている。

「上がらないのは喫茶店のコーヒーだけ」という話も聞かれるように、このところ韓国でも物価騰貴は激しい。昨年秋、世界を襲ったオイル・ショックをまともに受けたためという。政府は基礎物資、重要生活関連物資の価格凍結の手を打ったが、いつまでも抑えておけないのは日本の場合とも同様の事情。今春来、徐々に凍結の解除を進めた結果、一気に値上げが噴き出した感じで、六月末の全国卸売物価指数は昨年末比三二・五％もの上昇を記録した。

一般的にみて、大衆娯楽機関が乏しい韓国にあっては、「タバン」とか「サシル」と呼ばれる喫茶店は庶民の憩いの場、時には社交場でもあり、ここでの一杯のコーヒーは欠かせない。ここ数年、五十ウォン（一ウォンは約〇・七円）にすえ置かれていたこともあり、業者からは強い値上げ要請が出されていたが、反論をうけた市庁の指導でこの値上げだけはやっと回避できたというわけだ。

朴正熙大統領は一月十四日、大統領緊急措置第三号を発動、オイル・ショックを核とする経済危機の乗り切り策として十項目の重点施策を打ち出した。大別すれば、勤労所得税、住民税など一年間の軽減などを主内容とした低所得者層の保護と、資源節約、ぜいたく抑制をねらった各種の租税重課ということになる。

重課の対象には、自家用乗用車、テレビ、冷蔵庫、ウイスキーなども含まれている。その結果は、「ジョニー・ウォーカー」の赤ラベル約一万ウォン、黒は二万ウォン近くにもハネ上がった」と、ソウル滞在の外国人も含めた洋酒党は嘆く。市民生活各面におよぶ「節約」の奨励は、石油をはじめとする基礎資源に乏しく、国際経済の波動にもろい韓国経済の〝泣きどころ〟をうかがわせている。

力強い発展へ

飛躍への課題

ビルの谷間　道路にあふれる車の列

のしかかる借款返済

「質」重視の経済政策を

未来学者ハーマン・カーン氏は昨年秋、ソウルで開かれた「韓国経済の未来」と題するシンポジウムで「二千年代の韓国は成熟した高度産業国家として、日本に次ぐ繁栄をおう歌するだろう」と予言した。

この予言の適否は歴史の経過に待たねばならないが、韓国が国をあげていま取り組んでいるのは、この高度産業国家づくりである。そこに到達する里程標として政府が主要指標で描く「八一年の韓国経済」の姿は次のようだ。

1981年の姿

	1972年 (A)	1981年 (B)	倍数 (B／A)
国民総生産 (10億ドル)	9.8	36.1	3.7
一人当たり国民総生産 (ドル)	303	983	3.2
米穀生産量 (1,000M／T)	3,957	5,047	※1.3
発電施設容量 (1,000KW)	3,871	10,781	2.8
高速道路延長 (Km)	655	1,447	2.2
国道舗装率 (%)	33	100	—
住宅保有 (1,000戸)	4,493	6,265	1.4
住宅不足率 (%)	22.2	10.4	—
農家所得 (1,000ウォン)	418	1,401	3.4
農漁村電化率 (%)	40	100	—
製鋼 (1,000M／T)	755	14,700	19.5
アルミニウム塊 (〃)	15	133	8.9
亜鉛塊 (〃)	17	184	10.8
鉛塊 (〃)	4	63	15.8
電気銅 (〃)	11	236	21.5
工作機械 (1,000台)	5	121	24.2
造船 (1,000G／T)	190	6,300	33.2
電子製品 (100万ドル)	286	6,461	22.6
油類 (1,000BPSD)	395	1,705	43.2
エチレン (1,000M／T)	100	1,050	10.5
肥料 (成分 1,000M／T)	543	1,450	2.7

(注) 経済企画院調べ、※は76年で自給

外資導入

日米偏重改める方向

財政借款を推進

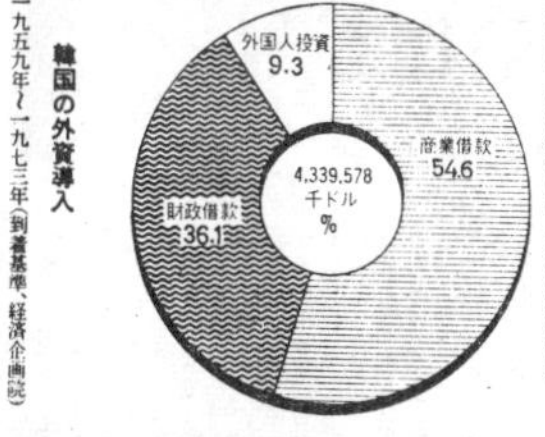

韓国の外資導入　一九五九年〜一九七三年(到着基準、経済企画院)

韓国特集

1303

▲韓国特集▼

韓国全土に響きわたる開発・近代化のツチ音。それはセマウル（新しい村）運動であり、重化学工業の建設であり、道路や鉄道の建設である。「維新総和」のスローガンの下、国づくりに励むこの"若い国"は熱気にあふれている。

セマウル全体像

農家所得を大幅底上げ

生活への向上心に点火

セマウル運動広がる

トラクターや農薬散布機も登場

「韓国農業のあす」の可能性を秘めて

金浦郡の村落で

共同で花作りや稲作も

所得は年1戸140万ウォンへ

産業近代化の

韓国特集

重化学工業の開発

鉄鋼など六業種軸に

韓国の高度経済成長は繊維、木材製品、雑貨など軽工業製品の優先開発——それの輸出をテコとして実現されてきた。六〇年代の工業化過程にあっては、当時の資本、技術、人力などの条件からみて、当然の経過であった。しかし、資源を持たない韓国が輸出国家として経済の自立を図っていくには、軽工業だけでは限界がある。そこで取り上げられたのが重化学工業である。

重化学工業の建設は、すでに第三次五カ年計画（七二—七六年）のスタートとともに本格的に着手された。その結果、高炉一基、転炉二基のほか熱延、厚板、分塊工場など十のプラントと十二の支援設備を有する年間粗鋼百三万トン規模の浦項製鉄所第一期工事が昨年七月完成、すでに操業二年目にはいっている。また石油化学工業の第一段としてナフサ分解、ポリエチレン、ポリプロピレン、アクリロニトリルなど系列十三工場を擁するエチレン基準十万トン規模の蔚山石油化学コンビナートも完成、操業にはいった。

これを追って、同じ蔚山には、百万トン級（重量トン）の超大型船の建造能力を有する「現代造船所」も誕生、世界各国から多数の発注を受けて現在二十六万トンタンカーを六隻建造中。第一船の引き渡しは八月中に行われる。

製鉄所の製品も一部使用する予定。また蔚山石油化学コンビナートは繊維など各種輸出産業を中心に原資材を供給し始めるといった形で、それぞれ輸入代替の機能を発揮、同時に大型船という本格的な重工業製品が初めて韓国の輸出戦列に加わる。韓国重化学工業の黎明（れいめい）期といっていいだろう。

政府は八一年を目標とする重化学工業育成計画で、鉄鋼、化学、非鉄金属、機械、造船、電子工業の六つを「主導業種」として選定している。浦項製鉄、蔚山コンビナート、現代造船はその先兵。計画によれば、七三年から八一年までにこれら重化学工業の建設に投ずるカネは二兆九千八百億ウォンにのぼる。これにより、八一年に重化学工業が製造業GNPに占める比率は第三次五カ年計画初年度七二年の三五・二%から五一%に高まる。また重化学工業製品の輸出額は七二年の約四億ドルから八一年に六十七億ドルとなり、工産品輸出額の六五%を占めるようになるという。

政府による主導六業種の育成計画のあらましは次の通り。

▼鉄鋼▲ まず浦項製鉄所の拡張。第二期では粗鋼生産二百六十万トン規模とする計画で、七六年をメドに昨年十二月着工、今年六月には第二高炉の建設に取りかかった。総工費は外資三億三千万ドル、内資七百五十億ウォン（約一億九千万ドル）。続いて粗鋼年産七百万トンとする第三期計画（七九年完成）まで確定しており、その先一千万トン規模にまで拡張することも検討中。

浦項のほか、もう一つの製鉄所を新設する計画で、現在候補地を選定中。一期工事で粗鋼年産七百万トン、二期で一千万トンとする。八一年に予想される韓国内の鉄鋼需要（粗鋼換算で一千三百万—一千五百万トン）をこの二つの製鉄所でまかなう。

▼石油化学▲ 蔚山コンビナートを現在のエチレン十万トン規模から三十万トンないし四十五万トン規模に拡張するほか、全羅南道の麗水に新しいコンビナートを作る。政府計画によれば、この麗水石油化学コンビナートはエチレン六十万トンという大規模のもので、韓国政府、ナフサ供給を受け持つ湖南精油の韓国側と、日本の二大商社三井物産、三菱商事が合作投資する。総投資額は三十四、五億ドルの予定。

エチレン製造部門のアップ・ストリームを主として韓国側が（この部門にも日本側は投資するが）、石油化学関連製品の製造工程であるダウン・ストリームを日本側（投資は日韓折半）が受け持つという考え方で、全体計画のうち、とりあえず一期としてエチレン三十五万トン規模、投資額約十億ドルのプロジェクトで合意ができた。すでに日韓双方とも、投資会社を一部設立ずみ。また用地造成も進んでいる。

▼造船▲ まず蔚山・現代造船の建造能力を増強するため、現在百万トン級ドック一基を増設工事中。このほか同じく百万トン級の大型造船所三つを馬山の南海上に位置する巨済島に建設する。一つは現在釜山に中規模造船所を持つ大韓造船公社の玉浦造船所で、昨年十二月着工。もう一つは三星財閥系の三星重工業既存造船所で、ことし十一月に着工の予定。三星重工業には日本の石川島播磨が資本、技術面で参加する。

これら三大造船所に既存、新設の中小規模造船所を合わせると、八一年の韓国の総造船能力は年間六百万トンになるという。

▼その他▲ 馬山輸出自由地域のある馬山市に隣接の昌原に約千六百五十万平方メートルの大規模な機械工業団地を建設する。現在までに三百三十万平方メートルを造成した。国内企業、外国との合弁企業双方合わせて、大小百五十—二百工場を誘致する計画。

非鉄金属工業団地は蔚山から少し南に下った慶尚南道の温山に作る。敷地約一千万平方メートルで、アルミ、亜鉛、銅精錬工場などを誘致する。

また電子工業は朴大統領の郷里に近い慶尚北道善山郡亀尾の亀尾工業団地を核として育成。この団地は電子工業用と一般産業用の二つから成り、すでに造成した約一千万平方メートルの用地には繊維（一般団地）などを含め八十一工場の入居が決まり、うち二十四工場は稼働中。稼働工場の中には東芝との合弁である韓国東芝、電子関係以外では東レとの合弁・韓国ポリエステルなども含まれている。

浦項製鉄所もすでに操業二年目に

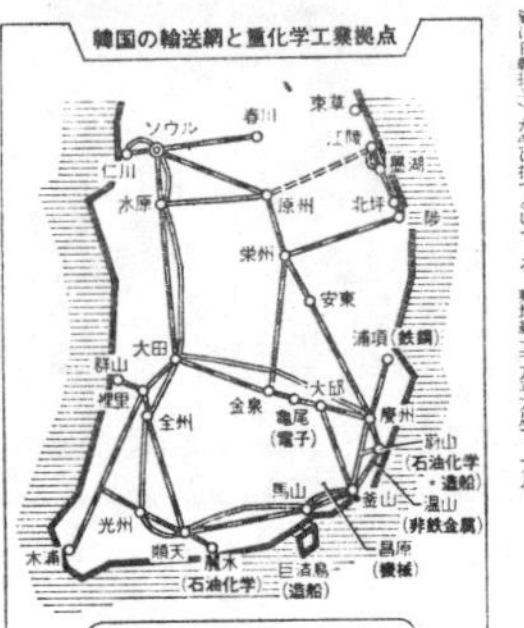

現代造船所で進水した一号船の二十六万トンタンカー

現代造船所

百万トンドックほぼ完成　日本のタンカーも建造

蔚山市街地のはずれから東側の日本海岸へ向け、石油化学コンビナート、発電所、自動車工場などの工場地帯が広がる。その最東端、海に面して構えるのが現代造船所である。

七二年三月に起工、ちょうど一年後の船殻工場の完成とともに船舶建造作業に着手、他の造船施設の建設と船舶建造を同時に進めた。会社「現代造船重工業」の正式設立（七四年一月）の翌二月には二十六万トンタンカーの一号船、続いて六月に同二号船、七月に同三号船を進水させるとともに、四号船以降の建造も進め、現在六号船までの建造作業にかかっている。

同造船所の規模は、敷地約四百二十万平方メートル、工場面積延べ四十七万平方メートル。ドックは七十万トン級二基。ほかに拡張計画第一弾としてこのほど百万トン級一基がほぼ完成、現在四百五十トン級クレーン二基の設置を急いでいる。

従業員一万八千人（年末には二万五千人になる予定）、このうち設計を含めた技術陣は約千三百人で、彼らの約三割は日本、英国で訓練を受けた。またデンマーク、フランス人など外国人技術者八人が雇用されており、数人の日本人技術者もアドバイザーとして働いている。会社周辺の小高い丘陵地にはアパート、一戸建てなど計七百十棟の従業員宿舎が建ち並び、家族も含めた人口五万の「造船の町」が誕生している。

同社の説明によると、すでに進水をみた一、二号船はいずれもギリシャからの発注船で、一号船は八月中にも引き渡しが行われる。また建造にかかっている四、六号船の二隻（二十六万トンタンカー）はジャパンラインなど日本の海運会社から発注のあったものだ。これらを含めて二十三万—二十六万トンタンカー十四隻を受注ずみ。

同社の高的龍・船殻設計部長は「十四隻全部がオイル・ショック前に契約したもので、またほとんど輸入資材に頼っているため採算上は苦しいが、大韓造船公社による国内技術の素地があったこともあり、現場技能者も含めて技術上はさしたる困難もない。各国からオーダーのための来訪者が相次いでいる」と語っている。

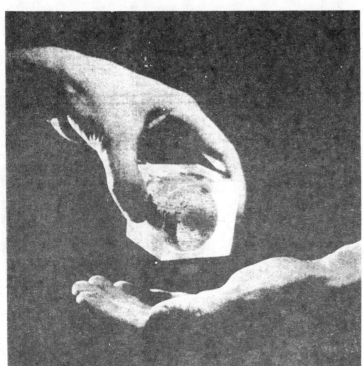

五万トン級の船も接岸できる仁川港

社会間接資本

全国一日生活圏化めざす道路

高速道路網拡充に拍車

産業を側面からバックアップし、また国民生活に大きな利便を約束する社会間接資本——その建設、拡充も、韓国ではまたハイピッチである。高速道路網、多目的ダム、港湾関係施設、鉄道などにみられる最近の動きと、将来の建設像をみてみよう。

高速道路網 「全国の一日生活圏化」をめざす高速自動車道路網の拡充は、いま一段と拍車がかかっている。昨年十一月完成した湖南・南海高速道路は、既存のソウル釜山高速道の中間地点・大田から全羅北道の道庁所在地全州—全羅南道の光州、南海岸沿いの順天、馬山を経て釜山に結ぶ全長三百五十八キロ。この路線により韓国の二大都市ソウル、釜山と湖南穀倉地帯や、計画中の麗水石油化学コンビナート、昌原機械工業団地、またすでに一部完成の馬山輸出自由地域などががっちり結ばれた。

これに続いて今年四月、嶺東・東海高速道路が着工、韓半島の背骨とも言われる嶺東大白山脈を貫く工事が進められている。この路線はソウル—原州間の既存路線につながれ、東海岸の江陵を経由、海岸沿いに南下した墨湖までの百三十キロ。東海岸の景勝地を中心とする観光開発やセメントなど資源開発の促進をになう道路となる。

嶺東・東海線が完成すると、韓国の高速道路総延長は千百四十二キロ（既完成は千十二キロ）になる。

韓国最大の昭陽江ダム

ダム 六年半の歳月と約二百七十億ウォンを投じた昭陽江ダムが昨年十月、日本の資本、技術協力のもとに、江原道の道都・春川市からわずかの漢江上流に完成した。満水面積七十平方キロという広大な人造湖を生んだこの昭陽江ダムは、もちろん韓国最大。発電、洪水調節、用水供給などに威力を発揮している。

これを追って、昨年秋、韓国東南部を流れる洛東江水系第一号として安東ダム（総工費三百三十五億ウォン）が七六年完成をめざして着工、また韓国中部を流れる錦江水系第一号としての大清ダム（同三百十六億ウォン）も来年着工される予定。

荷役能力大幅アップ

仁川港ドック 仁川港は首都ソウルに近く、韓国にあっては釜山に次ぐ貿易港としての地位にある。しかし、十数メートルという潮の干満にわざわいされて大きな船は入港できなかった。この潮の干満を克服、大型外航船の岸壁接岸を可能にしたのが、同港口に設けられたドックである。八年の歳月と百九十三億ウォンをかけ、今年五月に完成した。

これにより、五万トン級の船の接岸が可能となり、従来の浮船による二重荷役から解放されて、同港の荷役能力は年間約四百三十万トンとこれまでの四倍以上に増強された。

東海高速道路の建設が真っ最中の東海岸北坪にも、二万トン級船舶五隻が同時接岸できる新港を建設中だ。

地下鉄で交通難緩和

ソウル地下鉄 ソウル市中心部の交通難打開をめざした市民待望の地下鉄一号線が完成、八月十五日から営業運転を開始する。ソウル駅から、中心街の鍾路を経て清涼里まで九・五四キロの間に駅が九つ。朝夕のラッシュ時には、スマートな日本製車両六両編成の電車が五分間隔で運転され、市民はバスやタクシーがじゅずつながりの路線道路の交通地獄から解放される。

この一号線は通勤、通学路線であるソウル—仁川間、ソウル—水原間の国鉄線と相互乗り入れ運転される。ソウル市は八五年までにあと四路線を作り、合計五路線でソウル地下鉄網を完成させたいとしている。

一号線の建設に当たっては、日本も資金、技術両面で協力、延べ三百人近い技術者が線路、電気、通信施設関係などで尽力した。

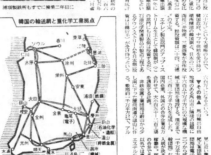

韓国特集

韓国一の海水浴場、釜山・海雲台

完全修復成った慶州・仏国寺

ソウルの国立博物館

ホテル建設目白押し 「民俗村」は秋オープン

受け入れ体制

ソウルには、ここ[illegible]の間[illegible]も「コリアナ」「プレジデント」「朝鮮」の三つの大型ホテルが新しく顔をみせた。そしていま、「新羅」「ミラマー」「ソウルプラザ」（いずれも客室四百五十―七百五十）の三つの大ホテルが建設中だ。次々と出現する二、三十階建て超高層ビルで近代化の装いを整えていくソウルの[illegible]、そのうえに[illegible]た[illegible]村っているといっていいほどのホテル建設ラッシュである。

韓国政府の観光開発にかける期待は大きい。昨年は六十七万九千人（うち約七割が日本人、一割が米国人）の外国人客を誘致、一億八千四百万㌦の観光収入をあげた。ベトナム特需の[illegible]に匹敵するこのドル収入は、もちろん韓国貿易外収入の文字通りの"ドル箱"であり、国際収支上の意味も大きい。

政府は今後の観光開発計画の策定に際し、米国のボーイング・カンパニーに調査を依頼、ことし四月にまとまった報告書に基づき、八一年を目標とする長期計画を立てた。それによると、外国人観光客は今後毎年二〇％ずつふえ、八一年に三百万人に達すると推定。そのために必要な宿泊施設、観光スポット整備、金浦国際空港の拡張など受け入れ体制を整える。

整備計画にあげられている観光地は、新羅時代の古都の面影をまだ色濃く残す慶州、百済の都だった扶余、東海岸最大の景勝地・雪岳山、済州島など。すでに慶州では、韓国で最も美しいお寺とされている仏国寺の復元工事が約二億七千万ウォンをかけて完成、無説殿、左経楼、不二門、大同門などがいにしえの姿を取り戻した。また仏国寺そばの旅館・みやげ物店街はそろって新羅時代の再現を思わせる建物と町並みに衣替えされ、裏山・吐含山の中腹にあり、韓国仏教文化の精髄で石窟芸術の極致といわれる石窟庵への道路も改修、舗装された。

この慶州を含め各地とも、遊園地、ゴルフ場、乗馬場、スキー場、[illegible]などそれぞれの地域に適した施設とホテルを備えることにしており、このうちホテルについてはソウルに新築中のものも含めて八一年までに八億㌦を投入、現在の八千室から二万二千室にふやす。

また新たな観光の"呼びもの"として、ソウルの南約四十㌔の水原市郊外に、五百五十万㌦をかけ「韓国民俗村」の建設が進められている。李王朝時代の文化、生活様式、風俗などをそっくり再現しようというもので、約六十六万平方㍍の敷地に、かやぶきの当時の民家、両班（貴族）の家をはじめ楽業場、鍛冶屋、市場、酒場などが設けられる。

そして、ここには、いまもなお忠清南道の山中で、四、五百年前の服装、習慣、生活様式を守り通して生活している人たちのうちから約二十人を移り住まわせ、この人たちを中心に常時四、五百人の人々がこの村に生活して、民俗舞踊などとともに「李朝の時代」をしのばせてくれる、という趣向である。この秋にはオープンの予定。

日本人の足遠のく

曇り空の日韓関係を反映？

訪韓客

昨年中に韓国を訪れた日本人客はざっと五十万人。「ホテルがない」「飛行機の切符がとれない」などと、旅行業界も大騒ぎしたほどだった。それが、ことしは振るわない。

韓国交通部（省）観光局の調べによると、一、二月の外国人訪韓客は前年を二割程度上回っていたが、春の観光シーズン入りとともに足が鈍り、四、五月は前年同期比約八七％、六月も九六％にとどまった。この結果、ことし一―六月までの観光客は約二十九万一千人で、前年（三十一万四千人）より一割近く減っている。ここ数年、毎年四割前後もふえ続けていたことからみれば、非常に大きな落ち込みというわけだ。

同部によれば、米国、欧州からの客は昨年より一割五分強ふえており、日本人客の急減が大きく響いているという。

おかげで、日本人客を"お得意"とするソウル市内のみやげ物品店街・半島アーケードや料理屋、ホテルなどは「昨年は大変よかったですが……」と、ヒマを持てあまし気味。東京―ソウル間にジャンボジェット機（三百八十一人乗り）を毎日一便飛ばしている日航のソウル支店でも「乗客が二ケタということもある」と言う。

この原因、「今はちょっと見合わせたいと、キャンセルしてくる団体も目立つ」（日航ソウル支店）そうで、どうやら金大中事件や日本人学生事件など"曇り空"の最近の日韓関係が微妙に響いているらしい。「観光客の安全は十分保たれており、トラブルなど全くないのだが……。一日も早く懸案解決を」と、ソウルの日韓双方の観光関係者は話している。

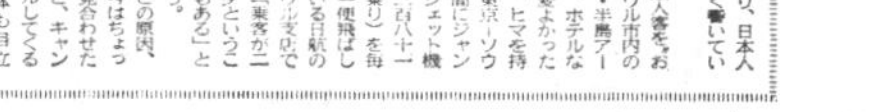

日韓経済協力正常化を模索

経済関係の現状

対日輸出、急激に伸びる
日本の投資額も米を圧倒

日本からの進出企業が大多数を占める馬山輸出自由地域

73年・韓国の国別輸出

73年・韓国の国別輸入

外国の対韓投資

韓国の国別借款導入状況

(1959～73年合計、確定基準、単位百万ドル、経済企画院)

	財政借款 金額	財政借款 構成比	商業借款 金額	商業借款 構成比	合計 金額	合計 構成比
米国	1,009.6	45.8	1,138.3	36.9	2,147.9	39.9
日本	416.2	18.0	674.5	21.9	1,090.7	20.3
その他	882.1	38.2	1,266.8	41.2	2,148.9	39.8
計	2,307.9	100.0	3,079.6	100.0	5,387.5	100.0

(注)その他は西独、英国、フランスなど。財政借款には世銀、アジア開銀など国際金融機関のものも含む。

経済協力の推進は共益
崔珪夏経済企画院次官に聞く

国民福祉にも好影響
成長持続に外資は必要

背景

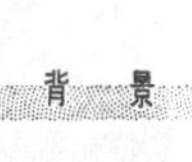

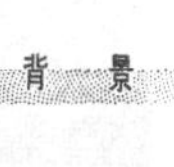

相互補完的な経済環境
過去反省し新しい試み

日韓のかけ橋 コンテナ輸送

利用はふえる一方

韓国特集

1307

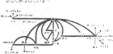

【全面広告】　日本經濟新聞　昭和49年8月16日（木曜日）　(32)

世界中の韓国貿易協会は

いつ、どこででも、みなさまの事業の発展に役立つべく準備しています。
世界主要都市にKorea Centerを設置、運営しています

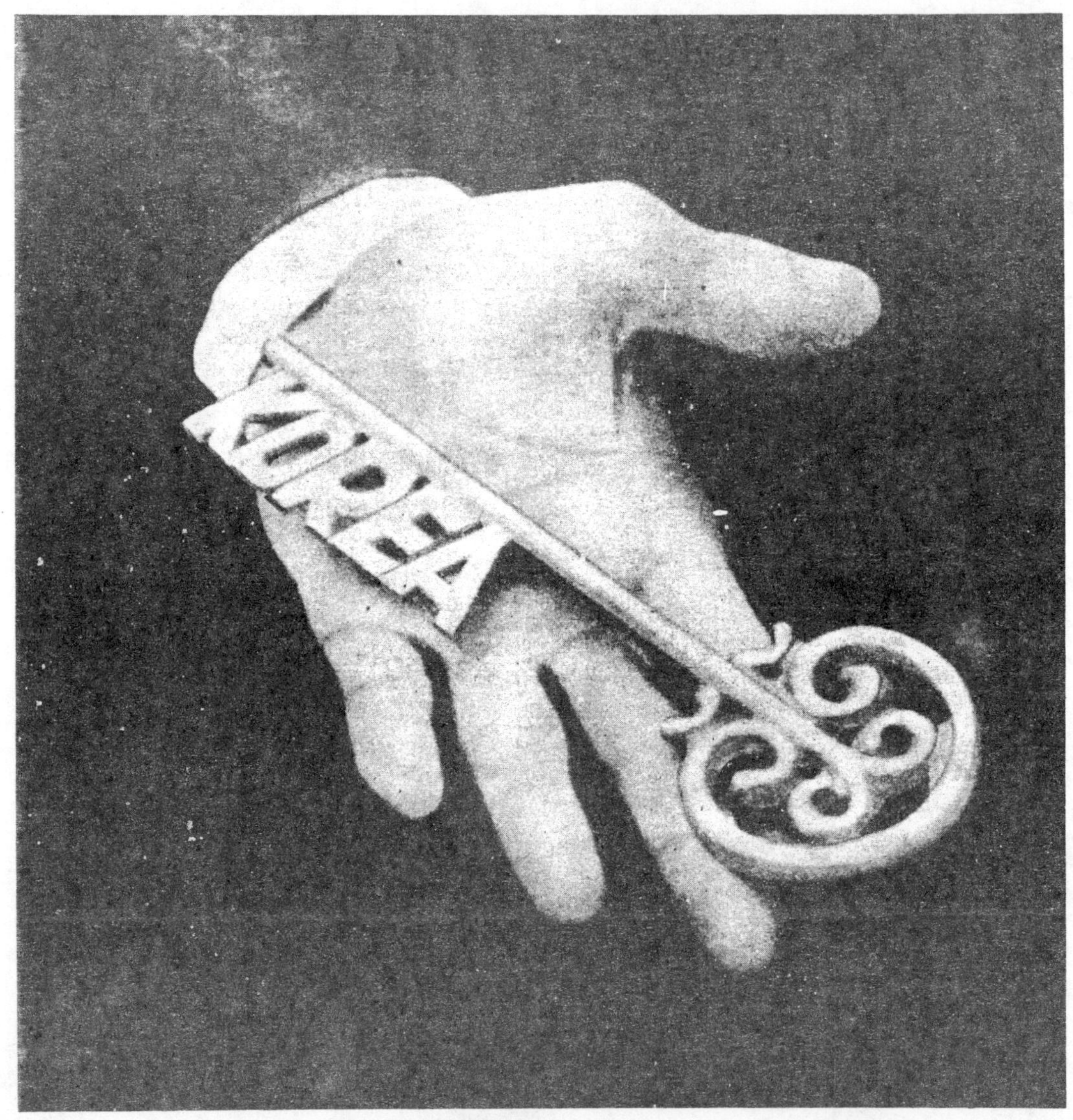

社団法人 韓国貿易協会

KOREAN TRADERS ASSOCIATION
WORLD TRADE CENTER KOREA

大韓民国ソウル特別市中区会賢洞二街10－1
C.P.O.Box1117 Seoul Cables：WORLD TRADE & KOTRASO SEOUL
Telex：2465 Seoul　Tel：(28)9271/4　(28)8251/5

日本支部
東京都中央区銀座8丁目10番地7号
(第一東 Bldg7層) Tel:(573)3927/9

Korea Center, New York
400, Park Ave., New York, N.Y.10022
Tel:(212) 421－8804/6

Korea Center, Hong Kong
119-121, Connaught Road C.
Tel:H-430296/9

1308

韓国 観光・経済 特集

=内容=

街にあふれる若者

土曜日の夕方、ソウル市の明洞（ミョンドン）の通りは若い男女でいっぱい。ジーンズあり、パンタロンありで、日本のどこかの街角と錯覚をおこしそうなほど。彼らもショッピングをしたり、喫茶店でおしゃべりを楽しんだり……

よく似た街頭風景

[illegible]

経済自立へ、ひたむき

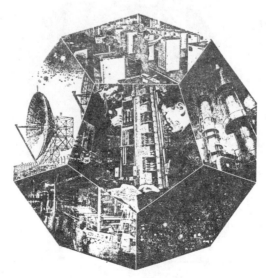

[illegible]

経済成長への、がむしゃら、ひたむきな前進ぶりは、これまた、かつての日本とそっくりだ。かつての日本の「北」との「死ぬか生きるか」の間[illegible]を別にすれば、韓国と日本に共通するところはたしかに多い。それなのに、どうしてこんなにぎくしゃくしたことばかりおこるのか。

日韓の将来 相互理解に

ソウルの住宅団地のまん中に立っていると、まるで日本にいるような気になってくる。買物カゴをさげた主婦もそうだが、遊んでいる子供の顔を見ていると、これでも異国なのかと思うほどだ。韓国の人と日本人が互いに理解し合えないなど、あり得ないことのように思えてくる。

一衣帯水。プラス・アルファ。これまでの長いいきがかりから考えても、韓国と日本は単なる付合いですむ間柄ではない。似ているところ、協力できることと、似て非なるところ、基本的な立場の違い、それらのことを互いに、どれほど深く理解し合えるかに、これからの韓国と日本の将来がかかっている。

(45)

1309

経済成長の象徴 蔚山

漁港にドック次々と 百万トン級も一基

「造船国への仲間入りだ」

長期経済第一次五カ年計画（一九六二—六六）で年平均七・八%、第二次（六七—七一）で一〇・五%、一九七二年から始まった第三次では七三年までに一二%—韓国の経済成長率の伸びはめざましい。輸出は年率四五%以上も成長し、ことしの輸出目標は四十五億ドルだという。

このような韓国の高度経済成長を象徴するのが、蔚山（ウルサン）の現代造船所だ。

もともと韓国には、たかだか二万トン級の造船能力しかなかった。蔚山も漁港にすぎなかった。何もなかったところに、英、仏、スウェーデンなどから外資を導入し、英、日本の技術協力で[illegible]。[illegible]二六万トン級の第一号タンカーを進水させた。[illegible]一〇〇万トン級一基を持つ[illegible]造船所だ。[illegible]

何よりも労賃が安い。[illegible]レイアウトにしてからが最新。[illegible]

第一号の「アトランティック男爵」と二号の「アトランティック男爵夫人号」（いずれも二五万九〇〇〇トン）はギリシャから、さらに三—六号（いずれも二三万トン）は日本から受注した。以上建造中のもののほかに、八隻を受注ずみ。みんなタンカー。

何しろ現在の設備で年間十隻五隻分、さらに拡張して二十隻十隻分を輸出するというから、たいへんな鼻息だ。「七六年には世界十大造船国の仲間入りをします」と、現場の人が胸を張れば、ソウルの政府高官は「いや八一年には日本に次ぐ造船国にするつもりです」という。[illegible]

[illegible]従業員の最低賃金は月額五万ウォン（一ウォンは約〇・七円）、[illegible]

[illegible]

「この一年間、造船所が仕事を休んだことは、ただの一日もありません。[illegible]」[illegible]というスローガンが刻んである。その昔、壬辰の乱（文禄・慶長の役）のとき、名将・李舜臣は世界史上初の鉄甲船「亀船」を建造して、日本の水軍を破った。韓国ではどこにでも、李舜臣将軍の像の下にこの「亀船」の模型が置いてある。「亀船」は現代によみがえった。タンカーをつくって外貨をかせぎまくることで、韓国は国力を支えようとしている。

かつては砂浜の漁村に、わずか２年間でつくられた造船所

	1962年	1973年	倍率
船舶生産高	5,000トン	163,000トン	32.6
鉄鋼材生産高	142,000トン	2,408,000トン	17.4
自動車生産高	0	26,000台	
農漁村電化	336,000戸	1,312,000戸	3.9
道路	25,000km	43,[illegible]km	1.8
高速道路	0	1,[illegible]km	
保有船舶	174,000トン	1,438,000トン	8.3
発電施設容量	367,000kw	4,271,000kw	11.6
市内電話	169,000回線	846,000回線	5.0

（韓国政府の資料による）

計画による1981年の姿

	1972	1981	
GNP	98億ドル	361億ドル	3.7
一人当たりGNP	303ドル	983ドル	3.2
米の生産量	3,857,000トン	5,047,000トン	1.3
発電施設容量	3,871,000kw	10,781,000kw	2.8
高速道路	655km	1,447km	2.2
住宅不足率	22.2%	10.4%	
農漁村電化率	40%	100%	

（韓国政府の資料による）

産業別成長率（1962～73年の平均）

GNP	9.6%
農林水産業	3.8%
鉱工業	12.2%
その他	10.4%

5カ年計画と経済成長率

第1次（1962～66年）	7.8%
第2次（1967～71年）	10.5%
第3次（1972～76年）	12.0%（1972～73年）

大型船もブロックに分けて屋内の組立て工場で作業が進められる現代造船所

メモ 輸出百億ドル目ざして…

▽経済成長 [illegible]

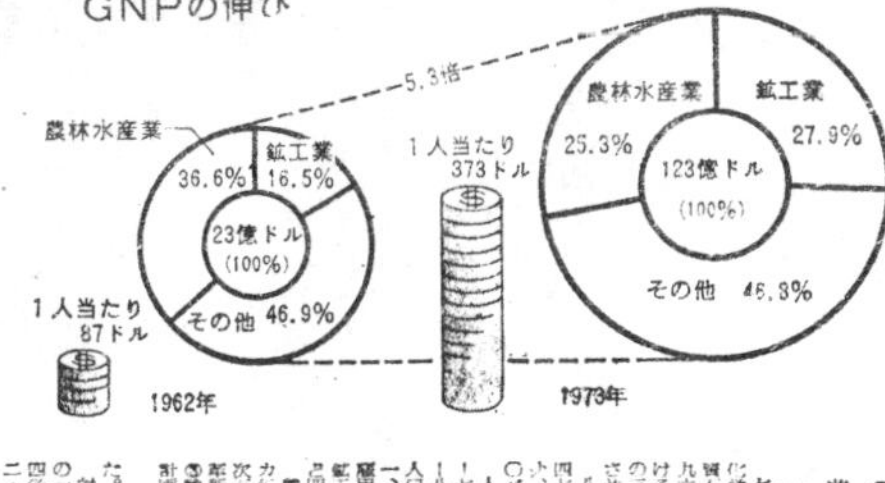

重化学工業や農漁村の開発

▽経済計画 [illegible]

工場群ずらり馬山

保税地域に87社

多い日本企業 労働条件 改善の余地

韓国の主な工業団地 (計画中のものもふくむ)

牙山湾製鉄基地
裡里輸出自由地域
昌原機械工業団地
馬山輸出自由地域
麗水総合化学工業団地
北坪工業団地
浦項製鉄基地
蔚山造船基地
温山石油・非鉄金属工業団地
亀浦工業団地
巨済島造船基地
ソウル

屋内いっぱいに広がるカサのヤマ。骨と布地が手際よく縫い合わされていく。器用さは韓国の人たちの特色でもある

空から見た馬山輸出自由地域。保税地域なので一七〇万平方㍍の周囲には金網が張られている

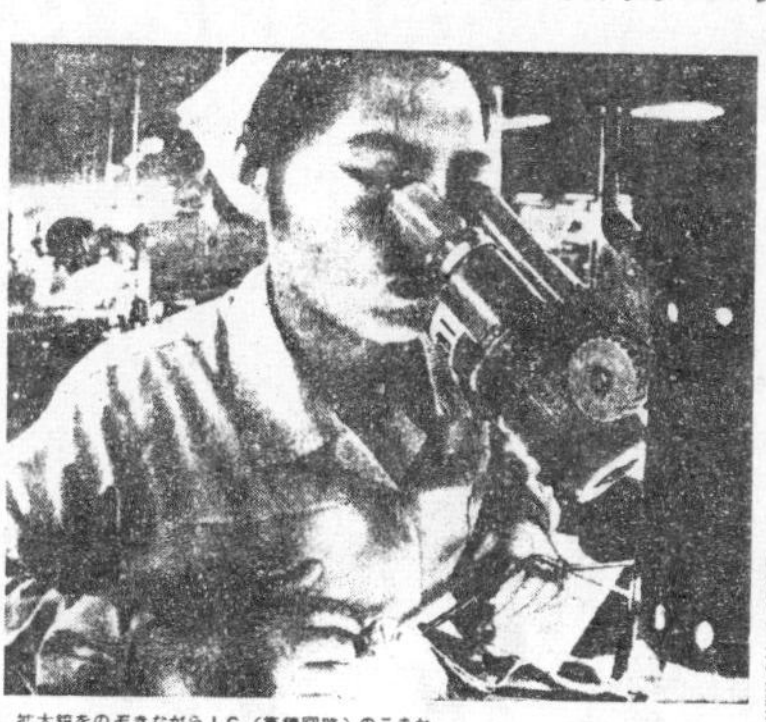

拡大鏡をのぞきながらIC(集積回路)のこまかい作業。忍耐のいる仕事だが黙々と手を休めない

馬山(マサン)輸出自由地域ー(MAFEZ)は、全体が保税地域だから、一七〇万平方㍍のまわりに金網が張りめぐらしてある。

外国企業がここに工場をつくると、原料や半製品を関税なしに輸入でき、製品はそのまま輸出することができる。従業員のあっせんもしてくれるし、税制上の特典もあり、行政機関の出張所もそろっている。政府が建てた工場を格安で借り受けて操業することも可能だ。現在操業中の企業は八十七。このうち一〇〇%日本資本の企業は六十四、日韓合弁企業が十六ある。業種は電子機器部品、オモチャ、スポーツ用品、メガネ、自転車、洋ガサ、クツ、カメラ、カツラ、帽子など雑多だが、ほとんどが中小企業。また一部が用地造成中だが、入口に投資国名を書いた看板を立てた工場群が見渡す限り軒を並べている。

かつて韓国国会で、馬山輸出自由地域での日本企業の極端な低賃金が問題になったことがある。ここに進出する日本の企業が安い労働力をアテにしていることは否定できない。現に韓国商工省がつくった馬山紹介のパンフレットにも「韓国の平均賃金水準はだいたい香港の半分、日本の三分の一に相当し、台湾とほぼ同じ水準だといえます」と書いてある。問題は韓国企業の一般賃金水準より日本企業のそれが低いのかどうかだ。国会で問題になったケースは「月額六千ウォン」(一ウォンは約〇・七円)というひどいものだった。韓国政府当局は「問題になったあと、指導して改めさせた」と説明している。

実態はどうか——。地域内のいくつかの企業を訪ねてみた。

▼ある電子部品メーカー

従業員は韓国人九百人、日本人十一人。原資材は九〇%以上を日本から持ってきている。昨年七月に操業を開始して現在月産百万㌦。目標は二百万㌦。賃金は中卒者で一日五百三十ウォン。時間外手当(韓国の勤労基準法で諸手当を含めた総額の一五〇%と定められている)や諸手当を含めると、中卒者で月額二万五千ウォン、高卒者で四万五千ウォンになるという。もちろん基準労働は一日八時間労働。ここの日本人管理職は「韓国の労務法はむしろ日本のものより経営者にとってはきびしいようです」といっていた。これまでに男子の高卒者六十人ほどが日本で技術訓練を受けた。

▼ある洋ガサメーカー

現地主義がモットーとかで、人事管理者も韓国人。従業員三百十人。一昨年秋開業。十二万㌦投資して現在月産十八万㌦になった。目下年産二百五十万㌦が目標だ。女子中卒者で日給三百七十—四百二十ウォン。昼食手当などを含めると月額二万ウォンくらいの手取りになるという。

▼ある自転車メーカー

日本では米国向け自転車輸出のワクがあるのと、人件費が高いので、韓国へ工場を移した。製品は一〇〇%米国向け輸出。従業員百三十人。男子中卒者で月額二万一千ウォンプラス諸手当と交通費。ボーナスは年一カ月だという。

中小企業団地といっても、かなり零細な企業も多い。当初、韓国政府は企業の投資規模を縫製工場で十万㌦以上、自家工場で二十万㌦以上としていたが、あまり零細企業ばかりでは問題が起きそうなので、どちらも「二十万㌦以上」に引き上げた。実際に見て歩くと、規模の大きい工場は労働環境も良好だし、労務管理もきちんとしているが、町工場のような感じのところでは、まだまだ改良の余地があるように見受けた。

「信頼関係を大切に」と邦人

ある工場の日本人管理職は、こう語っていた。

「日本では馬山のことがあまり悪くいわれ過ぎているような気がします。進出している企業の規模もさまざまですから、実情もいろいろなのです。初めは能力や工業用水の供給が不足がちで困りましたが、いまではうまくいっています。韓国人の作業員は実に勤勉で、新しい技術を身につけようとする点には感心させられます。労働争議などはこちらの法律で禁じられていますが、従業員が選挙した代表とは絶えず話し合うようにしています。ここでは、日本人と韓国人従業員との信頼関係が何よりも大切です。だから、日本人観光客の行状について悪い評判がたったりすると、実に肩身のせまい思いをさせられます」

馬山輸出自由地域の昨年の輸出実績は七千万㌦、ことしは二億㌦になるという。だが、本国の不況のあおりをくって、かなり苦労している企業もあるようだ。工場をたたんで引き揚げたという例はないが、行く先々で「日本の景気はなんとかなりそうですか」とたずねられた。馬山に進出した日本企業は、いま胸突き八丁にさしかかっているようだ。

米国向けの自転車工場——最後のパッケージ作業。ここでも若い女子作業員が多い

メモ

導入外資は日本が26・5%

▽経済協力

第一次五カ年計画が始まった一九六二年から七三年までの導入外資(確定基準)は六一億三九〇〇万㌦。うち米国が三七・八%の二三億二二〇〇万㌦、日本が二位で二六・五%の一六億二九〇〇万㌦。

このなかで借款は財政二三億㌦、商業三〇億八〇〇〇万㌦の計約五四億㌦。国別構成は米国が三九・九%の二一億四八〇〇万㌦、日本が二〇・三%の一〇億九〇〇〇万㌦。日本からの分は財政借款四億一六〇〇万㌦、商業借款六億七四〇〇万㌦。

外国人投資は、日本が断然多く七億五一〇〇万㌦のうち七一・六%の五億三八〇〇万㌦、二位は米国の二三・二%。

SSANGYONG CEMENT 쌍용

当社80年代輸出目標10億弗達成

雙龍産業株式會社は

韓國唯一の綜合貿易商社

會長 金 成 坤
社長 李 忠 善

本 社 서울市中区苧洞二街24－1 TEL.(26)5151－9

海外支店

TOKYO	No.9 Mori Bldg., 3.1-Chome, Shiba-Atago-Cho. Minato-Ku, Tokyo, Japan TEL; 436-0561/5
New York	One Penn Plaza 250 west 34th st New York N.Y.10001 U.S.A TEL; 565-1336/8
Singapore	Robina House 1108. 1 Shenton way Singapore TEL; 911395, 918550
Sydney	3-154, Bellevue Rd, Bellevue Hill Sydney N.S.W. 2023, Australia TEL; S 64356
Jakarta	6th Floor, B.D.N. Bldg. Djalan Thamrin 5 Jakarta, Indonesia TEL; 51768
Saigon	21－23, Vo-Di-Nguy, Saigon C/O Dainan Koosi Vietnam TEL; 93386

同系雙龍セメント寧越工場全景

輸出セメント船積光景

1311

農村で
幅広くセマウル(新しい村)運動
屋根はスレートに

暮らし

セマウル運動できれいに整備された田んぼ、道路。古いワラ屋根は現代的なカワラやスレートに変わりつつある(忠清南道論山郡上月面村で)

こども
ゴルフ場の芝生残して
転がり遊ぶ大公園

韓国の子供はボール遊びが大好きだ。バスケット、サッカー、ドッジボールと校庭いっぱいに元気な声がボールを追いかける(ソウル市恩石国民学校で)

町で
川の中州に団地造成
人口の都市集中で住みにくさ

漢江の沼地帯を埋め立てて広大な土地造成をやりとげ、造られた近代的な住宅団地

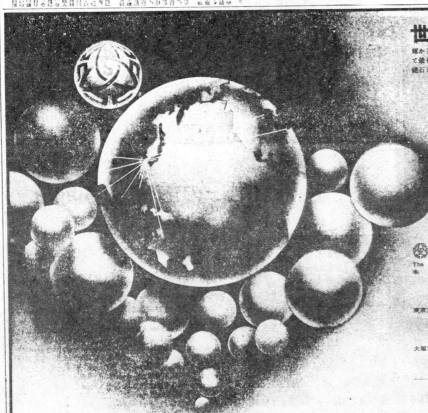

1312

美しい指二人

老陶芸家

高麗青磁に魅せられ

▼柳 根瀅さん▲

[illegible]

「完全復元がワシの命」

若いピアニスト

国際舞台に跳り出る

▼鄭 明勲さん▲

[illegible]

ン・ミョンファ）さん、バイオリンの鄭京和（チョン・キョンファ）さんの二人の女流演奏家を世に出している。七人の子供のうち三人（いずれもアメリカ在住）を世界の楽壇に送った鄭俊采・李元淑夫妻は、鼻高々だ。俊采さんは明治大学出身で商事会社の経営者。ソウルの高級アパートに住んでいる。

そのアパートで、三姉弟の母、元淑さんの話――。

「大歓迎受けうれしい」

「私自身は栄養学が専門で、特に子供たちを音楽家に育てようとは思っていませんでした。情操教育のつもりで幼いころからピアノを習わせたら、それぞれに才能のあることがわかったのです。せっかく姉弟でチェロ、ピアノとそろったのだから、バイオリン、トリオを組ませたいと思いました。でも姉の明勲が国際コンクールで入賞してくれないと、そうはいきません。これで、やっと世界でもめずらしい姉弟トリオをつくれそうです。日本のみなさんにも、ぜひ聴いてほしいと思います」

ステージ・ママも三人分だから、たいへんだ。

ご当人の明勲さんは韓国へ来させわかれ続けで、いささかまいっていたようだった。小学校二年でアメリカに渡り音楽修業をしていたので、韓国語は未だたどたどしい。

「入賞する自信はあったです。ソ連から帰って来て、祖国の人たちがどう思ってくれるのか、それが心配だった。大歓迎を受けて安心しました。どんな作曲家のものでもやってみたい。将来は指揮もやりたい」

忙しくて、好きなフットボールもできないのが不満らしい。国の誇りのこの若者は、色の白い、よく肥えた、目の大きい、そして、もちろん長い指の青年だった。

凱旋演奏会シリーズが終わると、三人はそれぞれアメリカへ〝帰る〟ので、鄭家はまた、ちょっとさびしくなる。」

[illegible]

か、すべてを語っていた。

1313

ソウルの街角で

日に日に高層ビルが増えて行く首都ソウル市街

ソウルの東大門に近い市場、ここへ行けば無いものは無いといわれるぐらい新鮮な食料品、衣料、日用品が豊富。もうマツタケも出ていた

豊富な市場、朝の早い商店街

明洞モード

ゴルフ場を買収、美しいグリーンの中に石像などを配した子供大公園

美しい自然生かす

観光立国へ開発進める

韓国の観光開発計画

板門店　雪岳山自然公園　ソウル　江陵　仁川　三陟　水原　原州　忠州　龍仁民俗村　天安　安東　扶余・公州　大田　慶州・普門湖　全州　大邱　蔚山　晋州　光州　馬山　釜山　順天　閑麗水道海上公園　済州島休養センター

高速道路　建設中

観光ガイド

金冠と石の都 慶州

昔のままに復元

古墳群、古寺 壁のない博物館に

155号古墳から出土した金と曲玉の見事な王冠

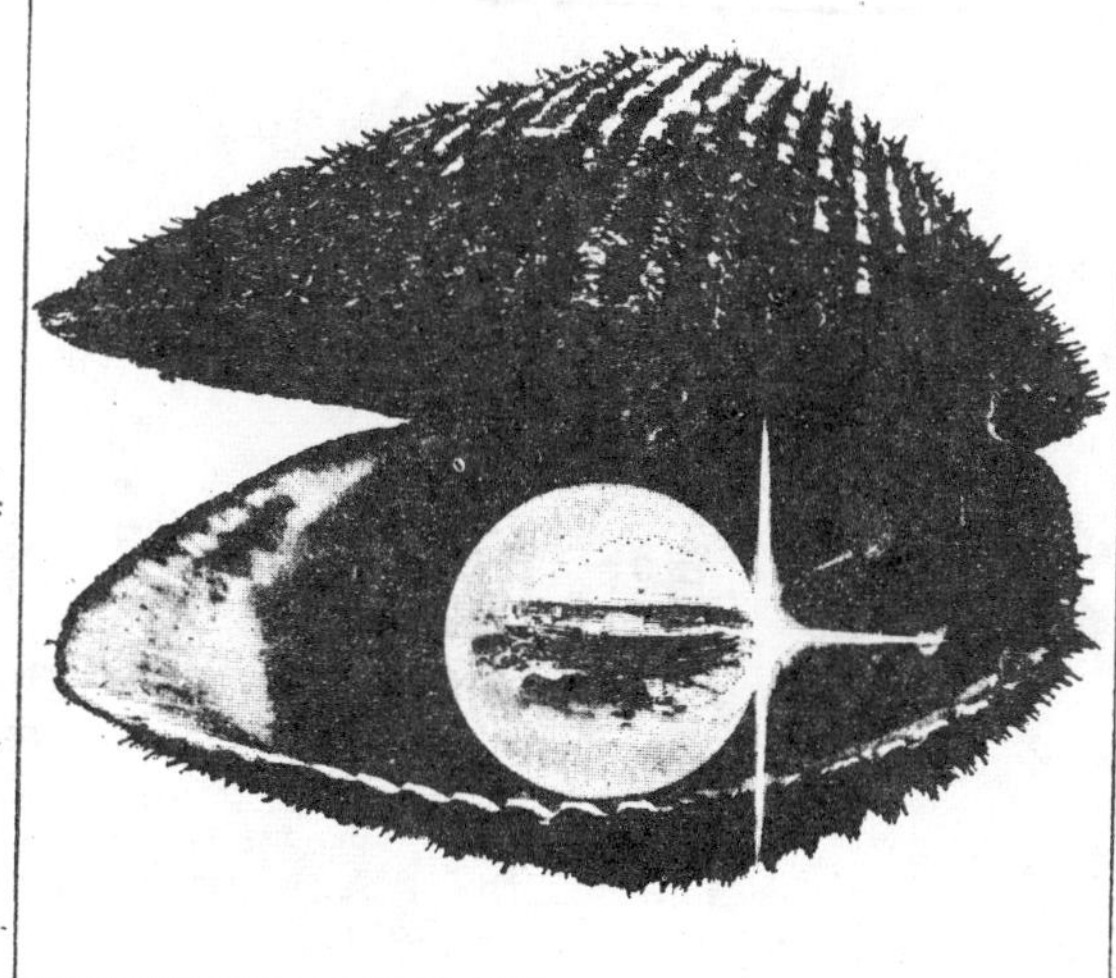

石の豊富な韓国なればこそと思わせる石組みの芸術品、仏国寺。雨にぬれた石と瓦、それに丹青の極彩色がなんともいえぬコントラストだ

1315

World Trade Center Korea

Korea Center, New York

Korea Center, Hong kong

世界中の韓国貿易協会は、

いつ、どこででも、みなさまの事業の発展に役立つべく準備しています。

世界主要都市にKorea Centerを設置、運営しています。

社団法人 韓国貿易協会

KOREAN TRADERS ASSOCIATION

WORLD TRADE CENTER KOREA

大韓民国ソウル特別市中区会賢洞2街10-1

C.P.O.Box：1117Seoul　Telex：2465 Seoul

Cables：WORLDTRADE and KOTRASO SEOUL

Tel：(28)8251/5　(28)9271/4

日本支部

東京都中央区銀座8丁目10番地7号

(第一東成ビル7階) TEL: (573)3927／9

KOREA CENTER, NEW YORK

460, Park Ave.

New York, N.Y. 10022

TEL: (212)986－6520

KOREA CENTER, HONG KONG

119－121 Connaught Road C.,

TEL: H－430296／9

1316

Republic Of Korea Supplement

The Japan Times

HEAD OFFICE: 5-4, Shibaura 4-chome, Minato-ku, Tokyo 108 Tel: 453-5311/9 Central P.O. Box 144, 352

OSAKA OFFICE: Yodoyabashi Bldg., 34, 1-chome, Nakanoshima, Kita-ku, Osaka 530 .... Tel: 202-3591

SUNDAY, DECEMBER 10, 1972

ROK Seeks 'Revitalization' With October Reforms

President Park Expected to Be Reelected By Nat'l Conference; 4th Republic to Start

The Republic of Korea's draft amendments to the Constitution, based on the "October Revitalizing Reforms" aimed at a Korean democracy best suiting its situation and a glorious unification of the fatherland, were given approval Nov. 21 by an overwhelming majority.

This enables President Chung Hee Park to establish a political system with authority unprecedented in ROK history. This also marks the first historical step taken by the people of South Korea under the new Constitution toward unification of the fatherland, which is the earnest hope of 50 million Koreans.

President Chung Hee Park

According to a recent announcement of the ROK Government, the election of delegates to the National Conference for Unification created under the revised Constitution is scheduled to be held Dec. 15. Under the law concerning this election, a total of 2,359 delegates will be elected from 1,630 polling districts throughout the country.

Following this election, the National Conference will elect a new ROK President by about Dec. 20 and his inauguration will be held before the end of this year, according to informed sources.

It is certain that incumbent President Park will be elected new President and start a "Fourth Republic" in view of the people's overwhelming support for him in the national referendum on the amendments to the Constitution.

The National Conference, a key institution in the new ROK system, is empowered to elect the ROK President and one-third of the members of the National Assembly. The ROK President will act as its chairman.

Delegates to the National Conference will be elected by direct ballot of the people. Candidates for the National Conference must be those who are qualified to run for the National Assembly and recommended by more than 200 eligible voters. They are also required to have a record of positive activities toward national unification.

In reality, however, it is generally believed that leaders of cross sections of the nation who support the Park Administration and promoters of the Saemaul Movement will be elected.

President Park proposed the amendments to the Constitution aiming at a reform of the domestic setup to cope with the rapidly growing tendency toward peaceful unification of the fatherland following the talks between the Red Cross societies of the North and South and political contacts between them.

President Park intends to foster his country's indigenous democracy instead of imitating further the parliamentary democratic system of the West. On domestic politics, he stresses the "elimination of disorder and inefficiency."

In other words, the amendments to the Constitution have a futuristic aspect of promoting the North-South dialogue for peaceful unification by changing the Constitution of the cold war era, as explained in the statement on the proposal of the draft constitution. Another feature is its realistic aspect of strengthening the domestic setup by greatly increasing the President's powers.

As regards the problem of unification of North and South Korea, the North-South Red Cross talks have been started in an effort to locate the whereabouts of 10 million separated families in the North and South for their reunion. The South-North Coordinating Committee to promote the North-South dialogue at a political level has also begun its activities.

The North and South agreed Nov. 4 on the makeup and operation of the South-North Coordinating Committee. They further agreed that its executive board should meet once a month while the committee itself should meet once in every two or three months in Pyongyang and Seoul.

However, the road to the unification of the North and South seems to be by no means smooth in view of the fact that North Korea also intends to amend its Constitution in an effort to solidify the foundation of the socialist revolution and strengthen the Il Sung Kim regime. In this context, what kind of policy President Park will take to promote peaceful unification under the new Constitution merits attention.

Some opposition members are critical of increased powers of the President and the creation of the National Conference for Unification under the revised Constitution. However, the majority of the people of the Republic of Korea recognize the need for strengthening the domestic setup as proposed by President Park, as is evident from the support of more than 90 per cent of the people for the amendments to the Constitution. President Park is expected to assume the heavy responsibility of meeting public expectation on this point.

In this context, the October Revitalizing Reform are the first historical step taken by the Republic of Korea toward unification of the fatherland.

The massive modern Unified Administration Building in front of the Capitol in Seoul presents a contrast with the classic Kwang-hwa-mun Gate to the Capitol grounds.

Political Reform Needed for National Unification

By WON SUN KIM

President Chung Hee Park on the evening of Oct. 17 issued a declaration which placed the nation under martial law, suspended some provisions of the Constitution and dissolved the National Assembly.

However, the declaration was not a rash or hasty one, nor was it intended to interfere with the basic rights and normal activities of the people. The provisions of the decree were carefully designed with one purpose in mind: to modernize Korea's domestic and international apparatus for making and implementing policy, just as during the past decade the nation's economy and political stability had been modernized and improved.

The first point to bear in mind in considering this declaration is that it bears a strict time limit. The necessary reforms will be codified by the Cabinet, in its temporary capacity of Extraordinary State Council superseding portions of the Constitution and the Assembly, in the form of a draft set of constitutional amendments which are to be announced by Oct. 27, just ten days after the issuing of the original decree.

The draft amendments are to be put to a national referendum "within one month from the date of their announcement," and if the public response is affirmative, "the constitutional order shall be normalized by the end of the year at the latest, in accordance with the procedures set forth in the Constitution as amended."

Necessary Step

Thus the martial law is simply a necessary device to assure continuity of government, and law and order, during the interim period, which will terminate by the year's end or earlier.

In the meantime, there will be the undesirable but unavoidable expedients of suspension of parliamentary democracy, press censorship, and the closure of universities.

It is emphasized in the decree, however, that these short-term measures are intended in no way to disturb the people's daily lives. It is further underlined that foreign travelers, tourists and businessmen will not be affected; and that economic development, including foreign investments and loans, are not to be hindered, but should in every case be encouraged by the present turn of events.

Why, then, did the President feel the need of revamping the governmental system, and why did he choose this means, and this time, to do so?

Most people with even a superficial interest in north Asian affairs are aware of several encouraging factors regarding the Korean situation as reported in the world press during the last few years. Besides the sky-rocketing economy of the Republic of Korea, there has been the beginning of cautious contacts between the two separated zones, the first such contacts in 27 years of separation and confrontation.

The initial such contacts came in the form of the meetings between representatives of the Red Cross societies of South Korea and Communist North Korea, undertaken at the initiative of the south and now holding monthly sessions alternately in Seoul and Pyongyang in an attempt to work out means of locating and reuniting about 10 million members of families separated before and during the Korean War. These talks have aroused a cautious optimism in that they were possible to arrange at all; and of course observers have placed a heavier weight on them than the nature of their purely humanitarian purposes, simply because they are in fact the initial breakthrough after such a long period of separation; and have even interpreted the conference as "a first step toward unification."

More dramatic was the surprise July 4 Joint Communique this year, issued after secret high-level talks between leaders of the two zones, affirming their agreement on several important principles. Among these was the renunciation of the use of force by either side and the abjuring of outside influence in the solution of internal Korean problems: the setting up of "hot line" telephone communications between Seoul and Pyongyang; and the establishment of a small but influential coordinating committee which would meet to work out step-by-step moves to effect contacts between the two zones, at first in non-political areas like exchange of mail and choosing of joint teams for international sports events.

In an atmosphere so amicable, at least on the surface, why was President Park's Oct. 17 decree considered necessary? Let us examine its contents and amplify them in some detail.

Beginning

First of all, it must be noted that the beginning of guarded initial contacts with Communist North Korea is just that: a beginning. No one on either side of the demilitarized zone, which has marked the longest armed truce in modern times, expects a miracle to take place. Both the Red Cross conference and the other tentative steps toward peaceful contact face long and thorny paths before even modest successes can be anticipated.

In the meantime, both sides remain heavily armed and in a state of combat readiness which has been maintained for many years.

President Park put it bluntly in his special declaration: "No one can guarantee that there will never be a resumption of war in the area."

It is obvious that the way things have developed on the international scene has had, and will continue to have, a profound influence on the situation in Korea. Though the President took note of the "general relaxation of international tension," and stated that Korea should welcome this trend "to secure peace and prosperity for mankind," he also pointed out that "unfortunately the relaxation of tension has not yet laid a firm footing" for peace in Asia.

On the contrary, he warned, "the significant change in the balance of power among the big powers around the Korean peninsula . . . threatens to affect adversely the security systems which have so far served . . for maintaining the peace in this region."

More specifically, he cautioned: "We must guard ourselves against the possibility that the interests of . . . third or smaller countries might be sacrificed for the relaxation of tensions between big powers."

Without going into specific details, as he has on other occasions, the President was obviously referring to the thaw in relations between the U.S. and Red China, the expulsion of Nationalist China from the United Nations, the trading approach by Japan toward Red China and the consequent rupture of relations between Tokyo and Taipei; and perhaps especially the Nixon doctrine which calls for gradual withdrawal of U.S. forces and influence from Asia.

In other words, Korea has had to face up to the sudden possibility that she might have to "go it alone" in terms of national defense.

To guard against the dangers of either indifference or manipulation on the part of outside great powers, President Park is determined that his nation be able to negotiate from a position of strength, no matter what other regime it is dealing with. In his address on the occasion of Liberation Day on Aug. 15 of this year, he spoke of the urgent need for channelling the nation's strength in the direction of its best interests, and of polarizing the will of the people in pursuit of unification under a free, democratic elective system.

It can be seen from both his words and actions that President Park is a believer in and an upholder of democracy. In the Oct. 17 Declaration, he states directly: "We can hardly find any other political system better than the free, democratic one."

However, once more a word of caution is in order: "Yet, the free democratic system . . . may be more vulnerable than any other . . . if it is not armed with . . . ability to uphold itself."

It is for this reason that "I am now putting into effect . . reforms to pave the way for peaceful unification and prosperity" by insuring that democracy becomes "a truly viable system capable of safeguarding itself, and of further growth and development."

'Revitalizing Reforms'

The President frankly admits that his "revitalizing reforms" to adapt the Korean governmental processes to rapidly changing internal and external situations "cannot be materialized by ordinary means." Elsewhere, he has compared Korea's literal and detailed adoption of all the forms and procedures of Anglo-Saxon democracy to an attempt at cutting down an old suit of clothes once owned by someone else: there is no way to make it fit perfectly.

President Park has always insisted that Korea must cultivate her own democratic way of doing things, rather than borrowing or copying another nation's system of democracy in toto.

In the Declaration, he openly states: "I am convinced that if such reforms were to be attempted through ordinary means, it would only induce further confusion, and thus would be detrimental to the efforts to fully support the South North dialogue and to positively cope with the rapidly changing international situation surrounding us."

He lays the blame for "disorder and inefficiency . . . still rampant around us" squarely at the feet of "the irresponsible political parties" that have "lost the sense of national mission," for that the representative Assembly has become only a cockpit for contending party struggles.

He asks rhetorically: "What could we really expect from these political parties and from the representative institution? Could they be entrusted with the national task of peaceful unification? Would they back up the South-North dialogue sincerely and positively?"

His answer is implicit in the statement, "Even the supreme national tasks . . are apt to be utilized as targets of political atacks." The South-North dialogue itself, prologue to unification, the dream of every Korean, "has invited political or legal arguments on whether or not it be constitutional or legal."

Thus the President is not putting all the blame for Korea's political disarray on the functioning of the system, but attributes part of the difficulty to the institutional forms themselves.

As he states in the Declaration, "The present Constitution, various laws and ordinances, and the present political structure itself were all fixed in the Cold War era under the East-West bipolar confrontation. In those days, the South-North dialogue could not even be thought of in . . . realistic terms."

What is needed at the present moment are "constant wisdom, unflinching courage, and inseparable unity." The President insists that "we must urgently make a readjustment of our political institutions in order that the difficult but invaluable South-North dialogue can most effectively be backed up by these elements of vigor and vitality, and . . . We can positively adapt ourselves to the fast changing international situation."

This he obviously feels to be impossible under the present parliamentary system and its implementation. It goes without saying that whatever changes in the constitution are eventually decided upon, the form of government resulting will be a democratic, representative one, since it will have to be approved by the direct, universal, and secret vote of the whole people, and Koreans have shown a tenacious idealism and an unchallengeable dedication to democracy in the quarter century of independence of the nation.

President Park is hardly under the illusion that he can run counter to this current even if he wished to do so; and there is no scrap of evidence that he does want this. On the contrary, his declaration expressly states: "I wish to express my profound conviction that the free, democratic institutions in this country should be fostered and developed more soundly, substantially, and efficiently."

Near the conclusion of the declaration, he says, "I only pray for the healthy and sound development of our democratic institutions and for the glorious day of national unification. I hope and trust that this prayer

Continued on Page B2

Contents

1317

'Revitalizing Reforms' Required

This article is the full text of the special declaration issued by President Chung Hee Park on Oct. 17, 1972.—Editor

Today, I wish to announce to my fellow countrymen an important decision of mine to make an honorable way in the course of national history. I am making this announcement in response to the ardent aspirations of the Korean people for the peace, unification and prosperity of our fatherland.

The international situation surrounding us has undergone profound changes.

I have made it clear for long that, to secure peace and prosperity for mankind, we should take a positive attitude toward the general trend of the relaxation of international tension.

It seems to me, however, that in its careful analysis the easing of tension is merely another pattern of approach to the solution of pending problems by big powers and that unfortunately the relaxation of tension has not yet laid a firm footing in this part of the world.

Under these circumstances, we must guard ourselves against the possibility that the interests of the third or smaller countries might be sacrificed for the relaxation of tension between big powers.

There is now taking place a significant change in the balance of power among the big powers around the Korean peninsula.

I think that this change may, directly or indirectly, bring forth a dangerous effect on the security of our country, because it might result in transforming the existing order in Asia as a whole and also threaten to affect adversely the security systems which have so far served as the effective backbone for maintaining the peace in this region.

No one can guarantee that there will never be a resumption of war in the area.

The latest changes in the international situation taught us a stern lesson that at no time in our past history were we more required to try to shape our future destiny with our own hands than we are today.

It is under such circumstances that we took the initiative in opening the dialogue between the southern and northern parts of Korea as a homogeneous nation by breaking through the barrier of long distrust and separation for the last twenty-seven years with a view to forestalling the recurrence of a disastrous war and to exploring the ways and means for national unification.

However, this dialogue was never intended to reverse our basic policy. It is rather a reaffirmation of our determination to further solidify the foundations for the peaceful unification and prosperity which we have constantly pursued.

Two years ago, in my commemorative address on the occasion of the 25th Anniversary of the National Liberation on August 15, 1970, I put forward a proposal to the North Korean authorities with regard to the laying of groundwork for peaceful unification of the fatherland. Through my proposal, I urged them to renounce the use of force and violence and, instead, to engage themselves in a bona fide competition with us for the sake of peace and prosperity.

For more than two years since then, new developments have been witnessed in the relations between the South and the North.

After Dircetor Hu Rak Lee of the Central Intelligence Agency made a visit to Pyongyang on May 2 this year according to my wish and exchanged views with the highest authorities there on various pending problems between the South and the North, including the method of approach to peaceful unification, the historic South-North Joint Statement was issued in Seoul and Pyongyang simultaneously on July 4, 1972.

On the other hand, at the initiative of the National Red Cross Society of the Republic of Korea, the South and North Red Cross Societies held their first preliminary meeting at Panmunjom on September 20 last year and wound up the preliminary talks successfully on August 11 this year.

The formal talks were then held respectively in Pyongyang and Seoul, and the third formal talks are scheduled to be held in Pyongyang on 24th of October and the fourth, in Seoul on the 22nd of November.

Thus, two avenues of dialogue have been arranged between the South and the North at different levels: the South-North Coordinating Committee and the South-North Red Cross Talks.

However, even such a dialogue has invited political or legal arguments on whether or not it be constitutional or legal.

The dialogue between the South and the North amounts to that of 10 million brethren to find the whereabouts of the dispersed members of their families; it is also the dialogue of the 50 million Korean people for forestalling the scourge of another war and seeking the peaceful unification of the fatherland.

We must never allow another tragic fratricide to be committed on our beloved land. We must spare no efforts to have the 10-million dispersed families reunited at an earliest possible date. And the divided fatherland should peacefully be reunited by all means.

These are the supreme tasks for our nation, upon the achievement of which we are staking the pride and honor of our entire people.

It is my firm conviction that, in order to accomplish these tasks, we should continue the dialogue with the North Korean Communists even though they live under an entirely different ideology and social system from ours.

Peace on the Korean peninsula, reunion of dispersed families and peaceful reunification of the fatherland — these are the groundwork for a great national resurrection and the grand design for a historic national development. These objectives can be achieved only through the sincere dialogue between the South and the North in which we are now engaged in compliance with the aspirations of the Korean people.

Disorder and inefficiency are still rampant around us. The political circles in our country are obsessed with factional strife and discord. Moreover, even the supreme national tasks as above are apt to be utilized as targets of political attacks.

The irresponsible political parties already lost the sense of national mission and the representative institution was made the scapegoat of their political struggle. What could we really expect from these political parties and from the representative institution? Could they be entrusted with the national task of peaceful unification? Would they back up the South-North dialogue sincerely and positively?

We are now faced with a crucial time when we should move forward with the South-North dialogue more positively and courageously while overcoming the harsh challenges of rapidly changing international situations.

What are most urgently required of us at this moment are constant wisdom, unflinching courage and inseparable unity. We must urgently make a readjustment of our political institutions in order that the difficult but invaluable South-North dialogue can most effectively be backed up by these elements of vigor and vitality and that we can positively adapt ourselves to the fast changing international situation.

The present Constitution, various laws and ordinances and the present political structure itself were all fixed in the cold-war era under the East-West bipolar confrontation. In those days, the South-North dialogue could not even be thought of in its realistic terms.

In the face of the current situation, however, it is more than natural that a series of revitalizing reforms should be carried out to build up a new structure which can best adapt itself to

Continued on Page B3

Seoul citizens scan newspapers reporting the proclamation of the martial law as it was announced by President Chung Hee Park on Oct. 17

Sung Jin Kim, presidential spokesman (with papers in hand), announces the proclamation of the martial law before reporters at the Presidential Mansion, Seoul, on Oct. 17.

Political Change Needed

Continued From Page B 1

of mine is also that of my fellow countrymen.

"Let us march forward together, united as one, until the very day when our prayer becomes true. Let us keep forever our democracy and prosperity in full bloom in the glory of national unification of the fatherland."

That these are no mere idle words is proven by an examination of the man who uttered them. President Chung Hee Park has had his turn at being a military regent. He played that role for nearly two years after the revolution of 1961, and voluntarily relinquished it to run for office as a civilian in 1963.

In an article written several years ago, the President recalls his doubts at the time just preceding the 1961 military takeover: "I stayed awake nights, planning how to save the nation from its crisis by whatever means were available to me. I was a soldier, and I was disinclined to see soldiers get involved in politics."

His subsequent career as a civilian president has demonstrated the reality of that conviction. It is not to be credited that at this stage of his career, with so many opportunities rejected already, he has any thought now of extending government by military means beyond the time limit set in the proclamation.

Indeed, the Special Declaration itself looks beyond the brief period of transition and promises: "In .... case ... the proposed amendments to the Constitution are not approved in the national referendum, I will take it as an expression of the will of our people against the South-North dialogue and, therefore, will seek another new approach to the task of national unification."

However, he has faith that the people will back him in this latest move, as they have followed his leadership to their own advantage in the past, for he remarks: "I am convinced that, out of their aspirations for national unification and prosperity, all of our countrymen will support wholeheartedly the extraordinary measures I have just proclaimed. Therefore, I believe that these reforms will be smoothly carried out within the prescribed period of time."

Korea has come a long way in a short time — economically, politically, diplomatically, militarily, and in spirit of pride and purpose. The same leadership which fostered these achievements is now engaged in a climactic effort to stabilize the country's gains and assure their continuance by revamping a political system that will more fully and flexibly meet the needs of both the nation and the times.

This is no small undertaking, and it goes without saying that troubled days may lie ahead during the switchover phase. But there is no reason to doubt that what Korea has done before she will do once more: assimilate, amalgamate, and Koreanize foreign influences and systems into a mixture uniquely her own, and uniquely suited to her people and their circumstances.

This is the beginning, or perhaps the culmination, of a process that will in due time produce a solidly rooted, indigenous democracy in Korea, perhaps sooner than even the optimistic would predict.

'Revitalizing Reforms'

Continued From Page B2

the needs of the newly-developing situation.

Bearing in mind the necessity and inevitability of such a great reformation and facing squarely the political realities in this country, I have arrived at the conclusion that this sort of reformation cannot be materialized by ordinary means.

I am convinced that if such reforms were to be attempted through ordinary means, it would only induce further confusion and, thus, would be detrimental to the efforts to fully support the South-North dialogue and to positively cope with the rapidly changing international situation around us.

As the President of this Republic representing the national conscience, I have made up my mind to faithfully accomplish the historical mission entrusted to me and to implement a structural reform by taking extaordinary measures — the structural reform which would conform to our realities and would best be suited for backing up the active pursuit of the South-North dialogue and for coping successfully with the rapidly changing situation surrounding us.

Today, I wish to candidly inform my fellow countrymen of my decision and to seek their deep understanding of the true intentions underlying my decision.

I am quite confident that the extraordinary measures are inevitable and also linked directly with the future destiny of the nation. Irrespective of the position of any administration of our Republic, these measures are only aiming at safeguarding our national sovereignty itself, at preventing the recurrence of another war by way of a sincere and earnest dialogue which transcends political thoughts and ideology and also at achieving an honorable unification and resurrection of the 50 million Korean people.

Calling for greater unity among our people having faith in nationalism to achieve our aspiration for peaceful unification, I now proclaim to our fellow countrymen some extraordinary measures which suspend the effects of certain Articles of the present Constitution for approximately two months. This would provide a significant turning point for our history, leading to the formation of a national nuclear force who can strongly support the historic tasks ahead of us.

The extraordinary measures are as follows:

(1) As of 1900 hours on October 17, 1972, the effects of certain Articles of the Constitution shall be dissolved, and the activities of all political parties and other political activities shall be suspended;

(2) The functions provided for in the suspended Articles of the present Constitution shall be performed by the Extraordinary State Council. The functions of the Extraordinary State Council shall be carried out by the State Council under the present Constitution;

(3) The Extraordinary State Council shall announce by October 27, 1972, the draft amendments to the present Constitution with the view of peaceful unification of the nation. The draft amendments to the Constitution shall be put to a national referendum and be affirmed within one month from the date of their announcement; and

(4) In the case that the draft amendments to the Constitution be affirmed, the constitutional order shall be normalized by the end of this year at the latest in accordance with the procedures set forth in the Constitution as amended.

In proclaiming to our fellow countrymen the extraordinary measures enumerated above, I wish to express my profound conviction that the free democratic institution in this country should be fostered and developed more soundly, substantially and efficiently.

We can hardly find any other political system better than the free democratic one. Yet, the free democratic system, being superb, may be more vulnerable than any other political system if it is not armed with its ability to uphold itself.

I am now putting into effect these reforms to pave the way for peaceful unification and prosperity by making the democratic institution a truly viable system capable of safeguarding itself and of further growth and development. I am also doing so to back up the South-North dialogue on the basis of a strong and viable democratic institution.

I am convinced that, out of their aspirations for national unification and prosperity, all of our countrymen will support wholeheartedly the extraordinary measures I have just proclaimed. Therefore, I believe that these reforms will be smoothly carried out within the prescribed period of time.

However, in the case that the proposed amendments to the Constitution are not approved in the national referendum, I will take it as an expression of the will of our people against the South-North dialogue and, therefore, will seek another new approach to the task of national unification.

It is made quite clear that the extraordinary measures as above are fundamentally designed to reform the political structure. Accordingly, there will be neither hindrances nor changes in the daily lives and activities of the people.

I now call upon all of the Government officials to renew their sense of mission as public servants to the people. I urge them to discharge their duties with further diligence and sincerity.

The Government will pay special attention to the establishment and maintenance of the social and public order of the nation in order to ensure a peaceful and happy life for the people. The freedom of economic activities will also be firmly guaranteed.

The New Village Movement (Saemaul Undong) will be given the top priority in the course of implementing our national policies and, through this movement, a fresh social atmosphere will be fostered so that all the irrationalities in our society may be rectified voluntarily by the people. Welfare policies will also be actively put into practice.

All existing foreign commitments will continue to be honored and, especially, foreign investments will further be encouraged and guaranteed.

I also wish to point out that it is the position of the Government to continuously push forward the South-North dialogue to ensure peace on the Korean peninsula and to achieve the supreme national task, namely, the peaceful unification of the fatherland, even during the period when the reforms are being carried out pursuant to the above-mentioned extraordinary measures.

Reiterating the necessity and inevitability of the extraordinary measures, I wish to express my sincere hope that, looking toward the everlasting future of our nation, my fellow countrymen will make objective appraisal and judgment of the measures tomorrow rather than make rash criticism and slanders against them today.

For my part, I have long been prepared to offer up my own self to the altar of national unification and resurrection.

In making this special declaration, I only pray for the healthy and sound development of our democratic institution and for the glorious day of national unification. I hope and trust that this prayer of mine is also that of my fellow countrymen.

Let us march together united as one until the very day when our prayer comes true. Let us keep forever our democracy and prosperity in full bloom in the glory of national unification of the fatherland.

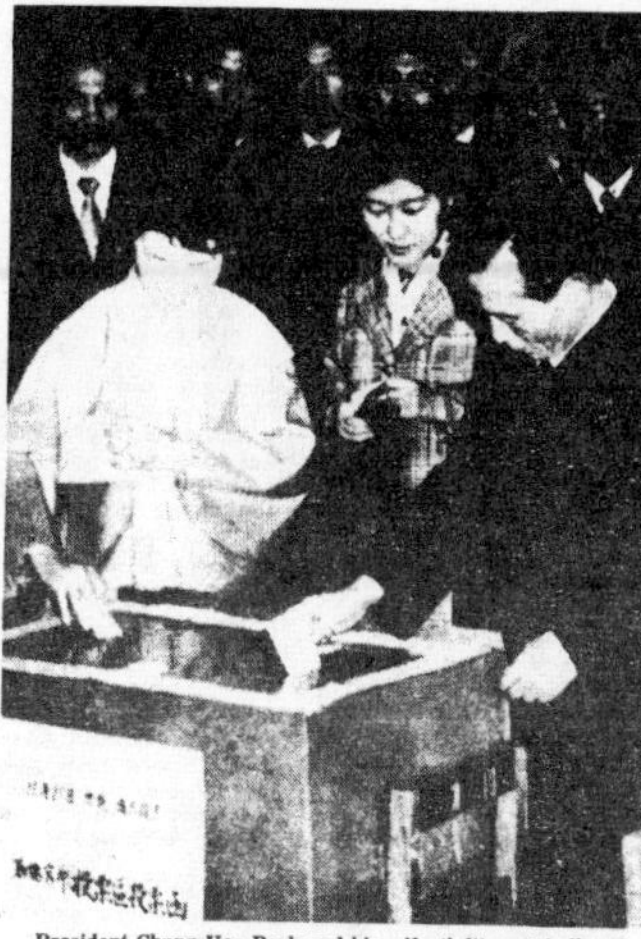

President Chung Hee Park and his wife (left) cast ballots in the Nov. 21 national referendum on a new Constitution that sought more powers and longer terms for the chief executive.

Reasons for Constitutional Change

In the Special Declaration of October 17, 1972. President Chung Hee Park announced his determination resolutely to carry out a series of revitalizing reforms to build up a new structure which could best adapt itself to the needs of the newly-developing situation.

Convinced that such a great reformation could not be accomplished through ordinary measures, the President promulgated a set of extraordinary measures, including the dissolution of the National Assembly and the suspension of certain provisions of the Constitution.

Specifically, the Extraordinary State Council, consisting basically of the Cabinet and President, was requested to draft and announce a proposal for amendments to the Constitution by October 27, which would then be put to a national referendum within one month from the date of the announcement.

The draft amendments to the Constitution, just announced by the Extraordinary State Council, fully reflect the aspirations of the Korean people for peace, unification and prosperity, as outlined in the Special Presidential Declaration.

The basic purposes of the draft amendments are:

— To back up positively the current south-north dialogue, with a view to achieving the historic task of peaceful unification of the fatherland;

— To cope effectively with the trials and challenges of the rapidly changing international situation, especially changes in the existing order and balance of power in Asia as a whole; and

— To eliminate the causes for inefficiency and social disorder, so that the resources of the nation might be united and channeled into maximum utilization for national development and prosperity.

The major features which characterize the Draft Amendments to the Constitution are as follows:

(1) Peaceful Unification — a Supreme National Aspiration:

The present Constitution does not refer in specific terms to the objective of national unification. After all, the present Constitution, various laws and ordinances, and the present political structure itself were all fixed in the Cold War era under the East-West bipolar power confrontation, when south-north dialogue could not even be thought of in realistic terms.

The draft amendments incorporate in the Preamble the peaceful unification of the fatherland as one of the supreme national aspirations. Thus, a constitutional base is secured for supporting positively the south-north dialogue presently being conducted through two avenues at different levels, namely, the South-North Coordinating Committee and the South-North Red Cross Talks.

Moreover, a new constitutional organ called the "National Conference for Unification" is to be established to pursue the lofty mission of peaceful unification of the fatherland.

The President of the Republic is charged with the grave responsibility for peaceful unification and, upon assuming office, is required to take an oath that he will faithfully execute the duties of his office . . . doing his utmost for the peaceful unification of the fatherland.

(2) Establishment of the National Conference for Unification

As mentioned above, in order to deliberate on important policies related to national unification, a supreme representative organ is to be established as the depository of the sovereignty of the people.

The National Conference will become a representative body for national consensus on matters concerning national unification, and will also be charged with other important functions.

The President of the Republic, under the Draft Amendments to the Constitution, is now to be elected by the National Conference for Unification representing the will of the people. In this manner, the President will also be acting as the most important national leader embodying the will of the people aspiring for peaceful unification of the fatherland.

The National Conference, which will comprise between 2,000 and 5,000 delegates elected by direct ballot of the people, will also elect upon the recommendation of the President, one third of the members of the National Assembly.

Finally, the National Conference will have power to discuss and confirm, by a majority vote of all the delegates to the National Conference duly elected and seated any amendments to the Constitution proposed by members of the National Assembly.

(3) Powers of the President:

The Republic of Korea faces at present the dual challenges of coping with the stark realities of a rapidly changing international situation, and of continuing the dialogue with the north Korean Communists who live under an entirely different ideology and social structure from ours.

If we are to overcome these challenges and ensure national survival and progress, we are obliged to secure a political structure which can promptly and effectively adapt itself to any extraordinary or emergency situation that may arise in the future.

It is also imperative to provide a constitutional base upon which the President can, in time of emergency, not only take ex post facto measures, but also effective preventive measures.

Under the present Constitution, the President was regarded more as the head of the administrative branch than as the head of state, or a national leader who may act, if necessary, as the arbiter among the administrative, legislative and judiciary branches of the government.

The proposed amendments purport in certain respects to place the President in a position in which he can exercise the "national powers" inherent in the President's responsibility to protect the independence, territorial integrity and national continuity when he deems it necessary to do so, to safeguard and defend the nation.

Thus, under certain conditions, the President is empowered by the Draft Amendments to take emergency measures with regard to all State affairs in time of national emergency or when the national security is seriously threatened or is likely to be threatened.

An added factor of stability and economy under the proposed amendments is the extention of the term of office of the President (as well as members of the National Assembly) from four to six years.

This is also aimed at economizing unnecessary expenses, time and energy wasted in too frequent general elections. Such a divided and developing country as this Republic cannot afford to hold expensive general elections every four years.

(4) Changes in the Operation of the National Assembly:

The extreme application and stretching of the theory of checks and balances of the government adopted in the present Constitution contributed in no small measure to political unrest and discord.

The National Assembly kept its doors open almost all year round, and government officials, including the Prime Minister and Cabinet Ministers, were deprived of valuable time needed to perform their official duties by being kept at the National Assembly to answer interpellations which were more or less repetitions of the same questions, or were remote from the problem at issue.

The Draft Amendments attempt to eliminate such waste and inefficiency by providing that the regular session is to be held once every year for a maximum period of 90 days, and that an extraordinary session not exceeding 30 days may

Continued on Page B4

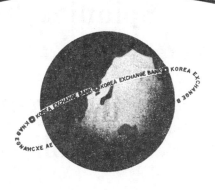

1319

Constitutional Change

Continued From Page B 3

be held twice every year.

An exception to this rule is an extraordinary session convened at the request of the President, in which case the National Assembly would deliberate and act only on the agenda submitted by the President.

At the same time, the tenure of office has been extended from four to six years from the viewpoint of stability and economy. (Members of the National Assembly who are elected by the National Conference will have three-year terms.)

(5) Checks and Balances between the Administrative and the Legislative Branches:

Under the present Constitution, while the National Assembly has the right to recommend to the President the removal of the Prime Minister or any State Council member (Cabinet Ministers) and the President has to agree thereto unless there is a special reason otherwise, the President did not enjoy the corresponding constitutional power of dissolving the National Assembly under ordinary circumstances.

To make the checks and balances really workable, the proposed amendments will newly give the National Assembly the right of concurrence in the appointment of the Prime Minister by the President, and also the power to adopt a resolution on the removal of the Prime Minister or individual Cabinet Ministers, and the President the power to dissolve the National Assembly.

In case a resolution for the removal of the Prime Minister is adopted, then the Cabinet is required to resign en masse.

(6) Utilization of National Referendum as a Means for Exercise of the Sovereignty of the People:

There is no provision for national referendum in the present Constitution except in the case of Constitutional amendments.

The draft amendments contain a new article in which it is provided that the President, when he deems it necessary, can submit important national policies to a referendum so that, if approved, he can more positively and effectively implement such policies on the basis of a firm mandate from the people.

On the other hand, the people will have the opportunity to exercise their sovereignty in the formulation of major national policies. This provision also conforms better to the fundamental democratic principle that the sovereignty rests with the people.

(7) Establishment of Constitution Commission:

Under the present Constitution, the authority to decide with finality the constitutionality of a law rests with the Supreme Court.

While this provision was based on the theory of judiciary supremacy on matters of law, it has been a hindrance to the genuine practice of the principle of division of powers in this country.

Therefore, the draft amendments propose to set up a Constitution Commission which will be composed of nine members appointed by the President for a six-year term (three of them upon selection by the National Assembly and three upon recommendation of the Chief Justice of the Supreme Court).

The Commission will be charged with the functions of deliberating and deciding on the constitutionality of a law or laws at the request of the courts, on impeachment of public officials, and on the dissolution of political parties.

(8) Rights and Duties of Citizens:

The fundamental rights of the citizens such as prohibition of discrimination, guarantees of due process of law, freedom of residence and choice of occupation, privacy of correspondence, freedom of religion and of conscience, freedom of speech and press, and of assembly and association, etc., continue to be guaranteed under the proposed amendments to the Constitution.

The only difference is that while the present Constitution stipulates in general that the liberties and rights of the citizens may be restricted by law only in cases deemed necessary for the maintenance of order and public welfare, the draft amendments provide for such restrictions, if any, by law in individual cases of specific liberties or rights.

(9) Constitutional Amendments:

A motion to amend the Constitution may be introduced under the present Constitution either by one-third or more of the members of the National Assembly, or by the concurrence of five hundred thousand or more of the voters eligible for election as members of the National Assembly.

Such a motion is then decided upon by a vote requiring a two-thirds majority in the National Assembly and, if approved, is to be confirmed by a national referendum.

The draft amendments also provide for two channels of introduction: either by the President or by more than half of the members of the National Assembly.

The motions for amendment introduced by the President are to be proposed and decided by a national referendum. However, a motion by members of the National Assembly is to be approved by a vote of two-thirds majority in the National Assembly, and then confirmed by the decision of the National Conference.

(10) Other Provisions:

Besides these proposed Amendments mentioned above, there are no substantial departures from [illegible] amendments to the present Constitution, in the executive, in the judiciary, in the multiple political party system, or in other fields of national activity such as national economy, except for improvement or revision in the interests of maximum efficiency and full mobilization of national resources.

Throughout each article of the proposed amendments to the Constitution runs deep the stream of the spirit and principles of a free democratic institution.

The establishment of the National Conference representing the will of the people for peaceful unification of the fatherland, and the adoption of the national referendum system to give the people opportunities to exercise their sovereign rights in the formulation of major national policies — these are illustrative examples of our determination to adhere as closely as possible to the democratic principle that sovereignty rests with the people.

The intent and efforts are found everywhere to inject new vigor and vitality into our present political structure, so that a viable free democratic system, adapted to the realities of the present and the ideals of the future, can take firm root in the soil of our Republic.

Utmost care has been taken to identify the causes for disorder, confusion, waste and inefficiency, and to replace them with provisions oriented, toward stability, efficiency and progress.

Thus, the draft amendments to the Constitution, if approved by the national referendum, will provide us with a Constitution best suited to our own needs and our own national aspirations.

It will lead us along the path to peaceful unification of the fatherland, the fostering and development of a free democratic system best adapted to our own soil, and the establishment of an equitable and just economic order for us and our posterity.

Korean Residents Laud Reforms

By **JUNG JOO KIM**
President, Korean Residents Union in Japan

We, the Korean Residents Union in Japan support President Park's October Revitalizing Reforms, as we consider it as the President's prudent and inevitable decision in the face of the prevalent internal and external situations.

We praise President Park's firm determination to build up speedily a dynamic domestic structure to cope with the international tide moving toward the peaceful reunification of our nation.

Since the present Korean Constitution was modeled after those of Western democracies, it contains many elements inconsistent with the native climate of Korea. Further, the recent international atmosphere shows that small countries' rights to existence are thrown away like worn-out footwear before the coexistence of big powers.

Under such circumstances, it is the fervent desire of the 50-million Korean people and at the same time the responsibility of the Korean Government to establish a new Constitution to match the political climate.

The draft Constitutional revisions announced on Oct. 27 are intended to achieve, through emergency measures, our political goal of national reunification.

Korea has been divided into two for the past quarter of a century. North and South Koreans have confronted each other with guns and conflicting ideologies. They killed each other in the June 25 Incident.

Now the time has arrived for the people of the Republic of Korea to make earnest efforts for reunification with the North Koreans by transcending their ideological and institutional differences. The draft Constitutional revisions are intended to achieve this end through dialogue between North and South Korea.

We, Koreans residing overseas, are in support of the draft Constitutional revisions. We pray that the President, whose acts are based on the Korean people's sovereign will, will exercise bold emergency powers of state and that the National Unification Conference will contribute to the promotion of national development in accordance with the wishes of the Korean people.

Peaceful Dialogue for Korean Unification

Oct. Reforms Reflect Policy Change

South Korea's October Revitalizing Reforms are of spectacular significance in that they mark a precedent-shattering shift of the country's policy of military showdown to a realistic policy of peaceful dialogue for the reunification of Korea.

"This fully demonstrates the sagacity of the South Korean Government leadership, and I support the move with my whole being," said Young Ku Park, board chairman of the Young Ku Park Scholarship Society, in a recent interview with The Japan Times.

"We Koreans want to forget about the nightmarish Korean War and to strive, with renewed vigor, for reunification of our divided fatherland in the spirit of the Reforms," Park emphasized.

According to him, however, it would be difficult to expect "unified Korea" to emerge in the foreseeable future.

"The biggest obstacle is the emotional antagonism that has kept the South and North in mutual distrust since the Korean War," he explained.

Park added with regret that the hard feelings the "two Koreas" harbor toward each other are too deep-rooted to sweep away, despite encouraging signs of a thaw in their bitter relations.

Young Ku Park

Citing the example of the recent Japan-China rapprochement, he told The Japan Times that 27 long years were required for the two countries to bury the hatchet.

Likewise, it may take as many years or more for the South and North Koreans to forget about the past and get along nicely, although their relations differ entirely in pattern from those that once existed between Japan and China," Park explained.

Asked about the bitter feud between the pro-Seoul Korean Resident Unkon in Japan (Mindan) and the pro-Pyongyang General Association of Korean Resident in Japan (Chongryun), his face clouded: "It will still take time before they shake hands. Their emotional conflict is really inveterate, you see."

Park stated, however, that he personally thinks time has come for the two organizations to break the ice of their bitter relations now that Seoul and Pyongyang have started moving tangibly toward peaceful reunification.

He stressed it is in this sense that he places great expectations on the October Revitalizing Reforms.

Park asserted the Koreans have a lot to learn from Japan's 1867 Meiji Restoration in pushing the Reforms.

"Japan's amazing postwar recovery, for example, was achieved, among other factors, by her high standard of national education and industry, well nurtured in the spirit of the Meiji Restoration," he said.

He admitted that Japan was helped a great deal by the U.S. in getting on her own feet, but stuck to his position that those traditional factors contributed, more than anything else, to Japan's full-fledged postwar recovery.

Asked what he expects most of the October Revitalizing Reforms, the bespectackled, tall and robust South Korean gentleman beamed, "The Reforms should be the symbol of all constructive activities aimed at national reconstruction, and ultimately reunification of divided Korea."

He added emphatically he especially hopes his home country, through this dynamic national drive, will grow up to be an economic partner of Japan by 1980 at the latest.

"The Koreans are traditionally a highly industrious nation and they will be able, I am confident, to rebuild their homeland into a really prosperous state if they untiringly help themselves in the spirit of the October Revitalizing Reforms," Park observed proudly.

Mindan Group in Japan Watches Korean Events

The Korean Residents Union in Japan (Mindan) was inaugurated on October 3, 1946, at a meeting of 20 organizations of Koreans living in Japan, including the Youth League for Acceleration of the Foundation of Korea As a United State.

Mindan is watching two developments with special interest. One is South and North Korea's joint communique issued July 4 this year concerning the progress of secret talks aimed at reunification of their divided land through peaceful means, and the other recent fulldress South and North Korean Red Cross talks in both Pyongyang and Seoul.

It is common knowledge that the release of the communique followed a May 2-5 visit by Director Hu Rak Lee of the South Korean Central Intelligence Agency to Pyongyang for talks with Premier Il Sung Kim and other North Korean leaders, and a May 29-June 1 trip by North Korean Second Vice Premier Sung Chul Park to Seoul for conversations with South Korean leaders on easing of tension on the divided Korean Peninsula.

The South and North Korean Red Cross talks were the result of North Korea's spontaneous response to a proposal made by President Do Sun Choi of the South Korean Red Cross Society in August last year from a humanitarian standpoint of achieving the reunion of the estimated 10 million Korean families left separated following the end of World War II.

Needless to point out, both the communique and the Red Cross meetings stemmed from an epoch-making appeal contained in the declaration issued by President Chung Hee Park August 15, 1970, marking the Anniversary of Liberation.

The appeal went: "Let's have a well-meaning competition to see which is actually a better and freer country to live in, South or North Korea."

Mindan is eager to reconfirm the uniqueness of President Park's appeal together with all the people of the world.

ROK Economy Moving Briskly

Korea is moving toward a prosperous economy on the strength of steadily rising industrial production, rapidly expanding exports, increasing per capita income and fast development of the infrastructure.

A solid foundation for a self-sustaining economy was laid by the successful implementation of the first and second five-year economic development plans that ended in 1971.

The Korean economy grew at an average annual rate of 8.3 per cent during the first five-year plan period (1962-66) and 11.4 per cent during the second five-year plan period (1967-71). The performances exceeded the original target rates of 7.1 per cent and 7.0 per cent respectively.

As a result, the gross national product (GNP) swelled from U.S. $2.4 billion in 1961 to $8.0 billion in 1971, a growth of 3.3 times during the ten-year period. Per capita GNP also rose by 207 per cent, from $95 to $252 in the same period.

The most outstanding achievement of the two successive long-term economic development plans is the epoch-making increase in exports. Exports rose at an annual average growth rate of 43.1 per cent during 1962-66 and 39.6 per cent during 1967-71, reaching $1,352 million. The export volume in 1971 represents an increase of more than 40 times the small base of $32 million in 1960.

In addition to the rapid growth of exports, the structure of export commodities has advanced remarkably. The products, and both overseas markets and variety of export items have greatly diversified.

In the composition of exports by industry, the weight of manufactured goods rose from 22 per cent in 1961 to 86 per cent in 1971, while that of primary products fell from 78 per cent to 14 per cent during the same period.

Meanwhile, the total number of export goods increased from about 60 in 1961 to around 1,000 in 1971, including such major items as plywood, clothing, sweaters, electronic products and wigs. The number of overseas markets for Korean merchandise also increased from about 30 countries in 1961 to more than 100 in 1971.

The unprecedented expansion in exports and improvement in the composition of export commodities by industry would not have been realized without improved industrial structure. With more than 18 per cent growth a year, manufacturing provided a major impetus for dramatic improvement in the industrial structure. The share of mining and manufacturing in total GNP rose from 14.9 per cent to 29.9 per cent between 1961 and 1971, while the portion of agriculture and fishery declined from 43.8 per cent to 24.2 per cent.

The structure of manufacturing also made great strides toward modernization, with the share of heavy and petrochemical industries jumping from a mere 17 per cent at the beginning of the 1960s to 32 per cent in 1971.

Supporting these achievements were the development of social overhead capital facilities such as electric power, transport, communications, housing, industrial estates, government construction, and scientific and technical promotion. Total power generation expanded about six times, from 1,771 million kilowatt-hours in 1961 to 10,540 million kilowatt-hours in 1971.

Remarkable progress has been witnessed in the transportation sector with sharp increases made in railroads, shipping, automobile assembling and completion of a total of 642 kilometers of expressway, including the 428-kilometer Seoul-Busan expressway dedicated in 1970.

Such rapid economic progress is attributed to the smooth and efficient implementation of economic planning, supported by an ambitious and achievement-oriented people, as well as their high degree of skill and education.

Ever-vigilant leadership coupled with the firm determination of the Government and people to attain a self-sustaining economy was essential for the notable success.

In addition, the 1965 Korea-Japan rapprochement constituted another factor favoring economic development by providing much-needed foreign capital and a powerful stimulus for expansion of exports.

Capitalizing on the economic growth and experience gained during the past decade, Korea this year launched the third five-year economic development plan (1972-1976) with a view to realizing a decade of prosperity in the 1970s. The plan aims at attaining harmony of growth, stabilization and balance, a self-supporting economic structure and balanced regional development.

To accomplish these objectives and thereby advance the economy to the upper bracket of semi-advanced countries, the plan envisages an economic growth of 8.6 per cent a year on the average. This growth rate is lower than the annual average growth rate of 9.9 per cent registered during the 1962-71 period. The slowdown is designed to consolidate the industrial foundation for balanced and sustained economic development, and to remove the bottlenecks caused by rapid industrial upsurge.

The economy will become more self-sufficient during the third five-year plan period by increasing production of rice, the staple food in Korea, and also improving the nation's balance of payments.

An intensive effort will be made for betterment of living conditions for the rural populace, through the promotion of farm mechanization, maintenance of appropriate prices for farm products, and improvement of the marketing structure.

The construction of heavy and chemical industries will be further accelerated to enhance the output of these sectors and to expedite production of related industries. Thus, by 1976 the heavy and chemical industries are expected to account for 40.5 per cent of production in the manufacturing sector, compared with 35.9 per cent in 1970.

The nation's shipbuilding will be enlarged about 6.8 times the present level during the period, with a view to developing the industry as a specialized sector for export on the strength of local technology and labor.

The plan also calls for gradually improving the balance of payments situation by continuously expanding exports and slowing down the growth rate of imports.

Exports are to increase at an annual average rate of 24 per cent to $3,500 million in 1976, owing to improvement in the quality of export commodities, strengthening of the export industry's competitive power, and diversification of overseas markets. When the plan is realized, exports will account for 29.6 per cent of the GNP in 1976, compared with 16.9 per cent in 1963.

Meanwhile, imports are expected to grow by 12.6 per cent a year on the average during the five-year period, a rate considerably lower than the 25.2 per cent recorded in the second plan period. In particular, imports financed by government-held foreign exchange are anticipated to grow at an annual average rate of 16.1 per cent, thereby raising the level of self-financed imports from 63 per cent of the total in 1970 to 76 per cent by 1976.

Foreign exchange holdings are expected to increase from $584 million in 1970 to $997 million in 1976. The reserve position thus will be maintained at a level adequate to meet external obligations.

The people of Korea will continue to move toward the building of a prosperous and stronger nation, exerting the confidence and pride in their national potentials they regained in the course of the successful fulfillment of the first and second five-year economic development plans.

Farmers are trying to increase yields by using modern farming techniques.

Final Aim Is Reunification of Nation

Saemaul Movement Eyes Social Reform

The Saemaul movement is spreading like wildfire over the Republic of Korea. What sort of movement is this?

"Saemaul movement" means "new village movement" in Korean. It is the people's voluntary movement to promote social and economic reform. Its final object is to achieve the modernization and peaceful reunification of the nation.

It consists of three phases — spiritual development, improvement of the living environment and expansion of the incomes of farmers and fishermen.

In spiritual development, it aims to develop the spirit of diligence, of self-help and of co-operation and thereby to combine unique national traditions with new concepts of values.

In improvement of the living environment, it aims to improve roofs, kitchens, toilets and wells of farmhouses, to improve or construct water-supply facilities, common washing places, well facilities, children's playgrounds and other common village facilities, to expand village roads and farm roads, to improve river embankments and to construct erosion-control facilities. Emphasis is laid on the voluntary efforts of villagers for the improvement of their living environment.

In the expansion of the incomes of farmers and fishermen, it aims to train farmers and fishermen in scientific, agricultural or fishing methods and techniques so as to increase their productivity, to encourage the cultivation of special crops or the raising of livestock, and to encourage farmers to pursue side work during their leisure seasons, and thereby to increase the incomes of farmers and fishermen, to develop affluent farming and fishing villages, to expand this into urban areas, and to build up a welfare society.

This movement was first proposed by President Chung Hee Park at a meeting of regional administrators held on Apr. 22, 1970. A pilot plan was put into operation in one village of each province by utilizing the farmers' leisure season of eight months starting with October of that year, and was a big success.

In the beginning of 1972, the Government, having gained confidence, selected 16,000 villages out of the total of 33,000 in the country and supplied them with 500 bags of cement and one ton of iron materials each, free of charge.

Encouraged by this, farmers and fishermen started more than twenty kinds of "saemaul" work in many places across the country. To date, a total 36 million people have participated in this movement with results ten times, in value, as large as the Government's investment. The achievements include the development of forests of 5,884 hectares in 3,453 villages, the construction of farm roads of 6,466 kilometers, the improvement of river embankments of 519 kilometers, and the construction or improvement of 65,419 common wells.

Behind the positive participation in this movement by farmers and fishermen were the following circumstances:

First, following the military revolution of 1961, the Government pursued the first and the second five-year economic development plans. The plans were successful in achieving an annual average growth rate of 8.95 per cent. This gave the people self-confidence and at the same time evoked hopes for affluent living.

Secondly, the industrialization of urban areas achieved during these ten years laid solid foundations for the reconstruction of farming and fishing villages.

In the third five-year plan, which started this year, the Government of the Republic of Korea gives top priority to the modernization of agricultural and fishing villages and envisages a total investment of 2,000,000 million won (¥1,500,000 million) in the agricultural and fishing village sector. This shows President Park's fervent desire for the development of agricultural and fishing villages.

It is the "saemaul" movement which serves as the groundwork for, and has a decisive bearing upon, the Government's plans. The Government has been giving all kinds of support to this movement. Visits to "saemaul" projects comprise an important part of President Park's daily schedule. He goes round the country by helicopter or jeep and talks with old folks or young leaders. President Park himself is a son of a farmer, and he knows the farmers' feelings and their needs. In his intimate talks with local folks, he enjoys drinking "doburoku" with them.

Not only the President, but also Premier Jong Pil Kim, is busy visiting saemaul projects. He is frequently accompanied by public servants, writers or artists. Almost daily he meets a regional administrator, a provincial governor, a mayor or some project employers. He is engaged in the supervision of administrative, fiscal and technical assistance.

It is only two years since the start of the "saemaul" movement including the experimental period. In spite of this, there has been a fresh mood coming over the villages of the Republic of Korea.

The movement is shared also by intellectuals in cities, teachers, servicemen, students, businessmen and the general public. Donations, cultivators and motorcycles are being sent by businessmen to the "saemaul" projects of their native places. Religious organizations, students and troops are giving assistance to neighboring villages. Journalists and artists are participating in the movement through their reporting or artistic activities.

As a result of the support and assistance given to farmers, there has been a marked change in their outlook. Gambling, drinking, superstitions, artificial formalities and indolence are disappearing from Korean villages. This "silent revolution" called "saemaul movement" is spreading over the Republic of Korea, promising it a bright future.

1321

Japan Trade, Investment Heavy With South Korea

Economic Relations Seen Growing

Japan's exports to the Republic of Korea in 1971 totaled $855,700,000, an increase of 4.6 per cent over the preceding year (the annual growth rate for 1970 was 6.6 per cent). The decline of the growth rate for 1971 was due to the tight money policy adopted by the Republic of Korea, among other reasons.

Exports to the Republic of Korea in the first half of 1972 amounted to $404,500,000 an increase of five per cent over the same period a year ago. Thus the tendency of stagnancy in exports still continues.

In 1970, the Republic of Korea ranked first among Japan's export markets in Southeast Asia. It fell to the second position in 1971 (Taiwan ranked first). Exports to the Republic of Korea in the first half of 1972 comprised 14.7 per cent of all Japanese exports to Southeast Asia.

Japan's imports from the Republic of Korea in 1971 totaled $274,400,000, an increase of 19.9 per cent over the preceding year. This modest figure was due to the unusual growth rate of 71 per cent in the preceding year. Imports to the Republic of Korea in January-June of 1972 amounted to $175,400,000, an increase of 49.7 per cent over the same period a year ago.

Japan's trade surplus with the Republic of Korea was $589,300,000 in 1971 and $229,100,000 in the first half of 1972. The export-to-import ratio in Japan's trade has shown great improvement annually: 5.9:1 in 1968, 3.6:1 in 1970, 3.1:1 in 1971 and 2.3:1 in the first half of 1972.

In 1971 exports viewed by commodity, chemical products, including plastics, organic chemical products and chemical fertilizers, increased 33.5 per cent. Metals, including iron and steel, increased 36.1 per cent. Machines, which are a major export item, declined by 3.9 per cent. Light industrial products, including textiles and nonferrous metal products, showed an increase of only 0.9 per cent. Foodstuffs, including rice, declined by 29.5 per cent. Raw materials and fuels, including petroleum products and synthetic rubber, showed a big increase of 48.3 per cent.

In exports of the first half of 1972, chemical fertilizers declined, owing to the increase of plastics, but chemical products as a whole increased 13.8 per cent over the same period a year ago. Iron and steel products increased 58.7 per cent. Metal products increased 82 per cent and as a result, metal goods as a whole increased 62 per cent. Machines increased 23.5 per cent. Particularly large increases were seen in aircraft: 76.4 per cent, ships: 39.9 per cent, and radio receivers: 2.5 times.

On the other hand, there were large declines in textile machines: 55.1 per cent, automobiles: 51.3 per cent and sewing machines: 47.6 per cent, Textiles and textile products declined by 19.0 per cent, synthetic fiber textiles by 35.9 per cent and synthetic fiber yarn by 42.4 per cent.

Among imports of 1971, of the raw materials, iron, lead, zinc and tungsten ores as well as quartz declined. As a result raw materials as a whole increased by only 0.3 per cent. Mineral fuels, including hard coal and benzene, increased 17.2 per cent. Foodstuffs, mainly fishery products, increased 32.5 per cent. Industrial products, including textile products, cotton yarn, cotton fabrics and clothing, increased 46 per cent. Electric machines, including semiconductor elements and communications appliances, increased by 2.7 times.

In the imports of the first half of 1972, of the raw materials, textile material (silk) showed a big increase of 38.2 per cent over the same period a year ago. But due to the decline of iron ore, raw materials as a whole declined by 9.5 per cent. Nonferrous metals declined by 22.7 per cent.

Coal declined but petroleum products increased. As a result, mineral fuels as a whole increased by 22.1 per cent. Fishery products increased 83.3 per cent. With the increase of meat, foodstuffs as a whole increased by 94.1 per cent. Of the industrial products, machines increased by 36.5 per cent.

The Present Situation of Economic Cooperation.

1. Government-level Cooperation.

Economic cooperation between Japan and the Republic of Korea may well be said to have been started by "the agreement between Japan and the Republic of Korea concerning the settlement of the problems of property rights and claims and economic cooperation," which came into effect on December 8, 1965.

The agreement stipulated that Japan was to offer the Republic of Korea $300 million as grant-in-aid for the settlement of the problems of property rights and claims and $200 million as credit redeemable for economic cooperation.

Under this agreement, Japan has been supplying the Republic of Korea with an equal annual amount of economic cooperation for the ten years after the date on which it took effect. At present, the plan for the seventh year is being carried out.

The Republic of Korea has established "the law governing the administration of the funds covering the claims against Japan" for the use of the grant-in-aid amounting to $300 million. The funds have been allocated for the promotion of agriculture, forestry and fishery and for the purchase of materials (textiles, construction materials) and services required for these projects.

In the meantime, the funds have been used for the construction of a general iron plant at Pohang, to be completed in 1973, and a technical high school, aimed at training of intermediary technicians.

The redeemable economic cooperation amounting to $200 million is a "yen credit." The credit has been supplied by the Overseas Economic Cooperation Fund; the interest rate is 3.5 per cent per annum, the period of redemption is 20 years, with 7 years of deferred payment, and the credit is extended in accordance with annual project planning.

In addition to the economic aid stipulated by the above agreement, a new yen credit amounting to $50 million was supplied in 1971 for the promotion of agriculture and fishery, of medium and small industries, and of export industries. Agreement has also been reached on the supply of another yen credit amounting to $80 million for the construction of a subway and other city transport facilities.

It has been also agreed that funds will be supplied on a private basis for heavy industrial projects. Since March 1969 Japan has supplied the Republic of Korea with about 630,000 tons of rice on credit.

2. Economic Cooperation on Private Basis

The history of Japan's private investment in the Republic of Korea is short compared with Southeast Asian nations. It was in 1968 that the Japanese Government adopted the policy of permitting private firms to make investments in the Republic of Korea: at the third Japan-Republic of Korea ministerial conference in that year, agreement was reached between the two countries on the conclusion of a tariff treaty and the protection of trademarks among industrial rights. Subsequently, Japanese enterprises took interst in the new Korean market and there were rapid advances by Japanese firms into the Republic of Korea.

Recently, the Government of the Republic of Korea has made efforts for simplifying the procedure pertaining to the approval of investment. Further, a free-export area has been established at Masan, where many favorable measures for foreign investment, including the approval of 100-per cent investment, are provided.

Investment in the Republic of Korea, including this area, is expected to increase in the future. As of the end of August this year, outstanding investments by foreigners in the Republic of Korea totaled $250,020,000, of which the investments by Americans amounted to $141,580,000, ranking first (the investments by Japanese totaled $80,040,000). But, in terms of separate investments, those by Japanese numbered 203, ranking first (American investments numbered 105).

Among investments in the Republic of Korea by Japanese, viewed by category, sundry goods manufacturing industries rank first, followed by machinery industry, electric, textile and chemical industries. Generally speaking, most investments by Japanese are in labor-intensive industries of medium size rather than big enterprises.

Reasons for the increase in investments in the Republic of Korea by Japanese are: 1) the two countries have a long history of intercourse, 2) the two countries are closest neighbors, 3) the Republic of Korea has good, abundant labor resources, and 4) the Government of the Republic of Korea provides preferential arrangements for foreign investment.

Shipyard owned by the Korea Shipbuilding and Engineering Corporation in Pusan buzzes with activity. Beyond the yard across the waters is seen the city of Pusan sprawling uphill.

After End of Vietnam War

Japan Planning Big Change In S.E. Asian Aid Programs

To expand economic cooperation with Southeast Asian countries after the end of the Vietnam War, the Japanese business world plans to launch vigorous "private diplomacy." The Japan Committee for Economic Development (chairman of the Board of Trustees, Kazutaka Kikawada) envisages the establishment of an economic exchange conference, to be centered around the Economic Cooperation Committee (chairman, Kiichiro Kitaura), for the ASEAN countries. The establishment of an Asian economists' conference is also proposed by the Japan Chamber of Commerce and Industry.

There have been complaints about the way in which Japan has conducted economic aid in Southeast Asian countries. Through the activation of personal exchange and the promotion of close contact with Southeast Asian countries, the nation's business world wants to correct its previous attitude in its economic cooperation and make contributions to economic stablity in these countries following the end of the Vietnam War.

As the end of the Vietnam War is near at hand, the Japanese business world thinks that economic rehabilitation in North and South Vietnam and this nation's economic aid in the entire region of Southeast Asia are of paramount importance.

The political instability in Southeast Asia has been responsible for the delay in economic development in this region.

In terms of quantity, Japan's economic aid to the countries in this region has been small; in terms of quality, the conditions on interest rates and redemption periods have been rigid. On this occasion of the approaching end of the Vietnam War, the Japanese business world has come to find it necessary to review and improve Japan's economic aid.

From such a standpoint, the Japan Committee for Economic Development envisages dispatching its missions to the five ASEAN countries — Indonesia, Malaysia, the Philippines, Singapore and Thailand. The purpose is to make close contact with these nations and find out the economic development projects for which they want Japan's aid. If possible, these missions will be sent before the end of the year.

The ASEAN nations have been moving for a neutral structure since last year. The leaders of the nation's business world think that Japan's closer economic cooperation with these nations will greatly contribute to their political and economic stability.

On the other hand, the Japan Chamber of Commerce and Industry proposed a little earlier to the Government the establishment of an Asian economists' conference to consist of economists, scholars journalists and government officials.

The purpose is to promote harmonious economic development cooperation in the Asian region, to work out effective measures for the solution of various problems to wipe out the Asian nations' suspicions about Japan, and to strengthen the solidarity of all nations in this region.

Further, a plan has been worked out by the Japan Economic Research Conference (representative directors, Kogoro Uemura and others) to construct a highspeed railway connecting three countries — Singapore, Malaysia and Thailand.

Apart from these economic development projects based on the Japanese initiatives, there have been voices in the nation's business world calling for strong assistance from Japan to economic development projects initiated by Asian nations.

At present, economic aid in foreign exchange is considered difficult. Proposals have been presented to the Government to facilitate such aid. For example, funds in a foreign currency may be deposited with the Asian Development Bank, and loans in that currency may be made to Asian nations at the discretion of the Asian Development Bank.

At any rate, the Japanese business world's moves are attracting attention as they have an important role to play in the process of peace restoration in Asia.

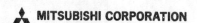

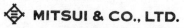

Self-Sufficiency Sought For Rice Output by Gov't

In 1971, Korea produced a total of 7,274,000 metric tons (M/T) of food-grains including rice, barley and other miscellaneous grains, a drop of 2.7 per cent over the previous year, according to the statistics of the Ministry of Agriculture and Forestry.

Among this total, rice production of 3,997,635 M/T tops the list, and barley amounting to 2,434,900 M/T comes next. However, rice yield per tanbo (one tanbo is equivalent to 0.245 acre) reached 333 kilograms, indicating an increase of eight kg over the previous year.

This increase is attributable to timely distribution of improved and newly developed seeds, improvement of agronomy, prevention of blights, and increased supply of fertilizers. According to the latest figures available, Korea's total arable land stands at 5,222,244 acres. Of this total, rice paddies account for 2,952,307 acres and dry fields for 2,269,937 acres. The total farming population was 14,431,914, about 45 per cent of Korea's total population, in 1970.

The farming population is grouped into a total of 2,487,646 farm households. Thus the average size of cultivated lands per farm household is 2.10 acres. The number of people engaged in farming last year also represented a reduction of more than one million, the cause being urban migration of youth out of the agricultural areas.

Contrary to the trend of human drain to the urban areas, the average farmer's income has increased steadily in recent years.

The average income of a farming household in 1970 amounted to 255,804 won or approximately U.S.$650, indicating an increase of 17.4 per cent over the previous year. Taking into account the annual price hikes, the increase is 7.6 per cent in practical terms.

In 1972, the Government plans to supply a total of 12,651,000 M/T of food-grains with rice supply totaling 5,208,000 M/T. Of the total necessary rice, 491,000 M/T is a carry-over from last year, and the remaining quantity will be met either by domestic production or import.

The import of foreign rice this year is expected to reach 720,000 M/T, despite the government effort to achieve self-sufficiency in rice production.

It is to be noted that during the 1960's, the demand for food crops rose at an annual average of five per cent, whereas the domestic supply rose at an annual average of 2.5 per cent.

The demand for rice, which is the staple food of Koreans, also climbed at an annual average of three per cent against an annual average increase of 2.3 per cent in domestic production. Consequently, the chronic shortage had to be supplied by imported food-grains.

In face of this problem, the Government has concentrated its effort, as an initial step, on upgrading rice yield per tanbo to 400 kg at the earliest possible time.

Another aspect of the intensive endeavor on the part of the Government is to discourage rice consumption. In 1970, for instance, per capita consumption of rice was 140 kg. The Government envisions that this level of rice consumption will not go up in the future as people enjoy the fruits of Korea's economic development, broadening and expanding the pattern of food consumption.

Subway construction is now in full swing in downtown Seoul for completion by the end of next year.

This is one of the massive dams now being built in South Korea to help the country in making giant steps toward full-fledged industrial modernization.

Choon-ju chemical fertilizer manufacturing has become a big industry in Korea as the demand constantly increases.

Oil Refining Industry Grows; Emphasis Put on Prospecting

The oil refinery industry began late in Korea, in 1964, when the Ulsan Oil Refinery began operation at a port on the southeast coast.

The production capacity rose approximately six-fold, from 35,000 barrels per day in 1964 to 215,000 barrels per day in 1970; and over the same period, domestic demand increased 10 times and production 14 times.

This shows that domestic demand and production grew 48.2 per cent and 59.6 per cent respectively on the annual average over this period. This remarkable growth of the oil refinery industry is attributable primarily to an increasing trend of demand for oil products and the Government's fuel policy to shift from coal to oil.

Major oil refinery companies in Korea are the Korea Oil Corporation, a joint venture of the Government and Gulf Oil; Kukdong Shell Oil Co.; Honam Oil Refinery, capitalized in part by Caltex, and the newly inaugurated Kyung In Energy Company, partly owned by the Union Oil Company.

The share of the oil refinery industry in the economy as a whole went up to 3.32 per cent in 1970 from 1.11 per cent in 1964.

Bunker C oil has become a major oil product because plants have substituted bunker C for coal and heavy oils as fuel. Demand for naphtha has increased greatly upon the construction of three additional fertilizer manufacturing plants.

Demand for L.P.G. and lamp oil recorded comparatively rapid increases due to their substitution for other fuels in households. In 1970, the total consumption of oil products amounted to 8,795,000 kiloliters. The consumption structure of oil products is similar to the production structure, bunker C oil constituting the leading item.

By-products of oil refining form the basis for a rapidly growing petrochemical industry with such products as plastics, synthetic rubber, synthetic fibers, dyes, etc.

Korea is currently dependent upon imports for the supply of crude oil. Imports of crude oil in 1964 were 928,000 kiloliters, increasing to 10,994,000 kiloliters in 1970. In terms of foreign currency, crude oil imports amounted to U.S. $12.5 million in 1964, going up to $118,916,000 in 1970.

In 1969, Korea began prospecting for oil in the seabed along the western and southern coasts. Prospects for oil deposits are hopeful Totally dependent so far upon foreign countries for crude oil, the nation is placing stress on the prospecting activities now under way.

Korea's total oil refining capacity is expected to reach 395,000 barrels per day by the end of 1972.

Up to 1969, naphtha and oil supplies to foreign airlines and vessels accounted for 80 per cent of oil exports. However, in 1970, export of light oils to allied troops in South Vietnam occupied nearly 70 per cent of the total.

Actual Production of Oil Products

(In thousand kiloliters)

Items	1964	1965	1966	1967	1968	1969	1970	65-70 average annual increase
L.P.G.	2	5	8	17	29	63	63	78.4%
Naphtha	—	—	—	69	245	678	743	175.9
Solvent	2	5	8	12	23	28	36	48.4
Gasoline	93	245	321	428	626	759	894	29.6
Lamp oils	50	81	117	216	314	353	517	44.9
Jet fuel	—	66	118	134	328	497	734	67.3
Light oils	183	489	614	649	1,230	1,524	1,785	29.6
Heavy oils	421	548	404	348	413	381	487	-0.3
Bunker A oil	—	—	—	—	51	106	107	54.4
Bunker C oil	12	189	429	810	2,231	3,761	5,308	100.2
Asphalt	8	14	37	30	66	122	162	76.5
H.G.O.	—	—	1	1	2	4	3	43.8
Total	770	1,642	2,057	2,714	5,558	8,276	10,859	45.9
Per cent increase over the preceding year	—	113.2	25.3	31.9	104.8	48.9	31.2	—

Source: Ministry of Commerce and Industry of ROK

Construction Firms Build Base For Korea's Industrialization

Buttressed by the successful implementation of the first and second five-year economic development plans, beginning in 1962, the Korean construction industry has contributed substantially to building up a base for industrialization.

At present, Korea's construction companies total 859; of these, 77 firms are dealing in civil engineering, 43 do simple projects, 38 perform simple building, and the remaining ones use special equipment for highly sophisticated work.

Korean construction firms started to go abroad on contract business in 1966, when Korean troops were sent to take part in the Vietnam War.

Seventeen Korean firms are actively undertaking construction work in a wide area; for example, Guam and Saipan, Indonesia, Thailand Taiwan, Alaska, Pakistan, Australia and the Dominican Republic. They have contracted $157,771,000 worth of construction work. Their achievements include:

Building of barracks for allied forces, engineering services for construction and other construction work in Vietnam, such as the $2,900,000 worth of port dredging, $3,155,000 in repair work for the U.S. Agency for Internatioanl Development facilities, the $4,169,000 highway construction linking Min Hoa with Vungro, and $3,540,000 for vocational school construction.

In Thailand, they undertook construction of a 96 km highway between Pattani and Narati for $5,405,000 and an 82 km highway between Tak Thoen, and other highway construction contracts.

Altogether there are 20 contracts on Guam, including engagement in the construction of low-rental dwellings amounting to 520 households (a $4,380,000 contract) and a $6,769,000 housing construction job at the Truk base. Because of withdrawl of Americans from bases in Vietnam and Okinawa, an upsurge in construction work is anticipated. Nearly 800 Korean technicians are working on Guam Island, laying the basis for further influx of Korean construction workers.

There have been joint ventures in Jakarta. Indonesia, one with contracts for $643,000 worth of housing construction, and $3,339,000 for the construction of a Union Oil plant, another worth $2,050,000 for building a hotel, and other construction projects currently under bid.

Construction of a $7,370,000 bridge in Taiwan, the difficult part of construction of a 30.1 km. highway, and others are under way.

There is a $9,256,000 construction contract for natural gas liquifaction plant facilities in Brunei. Some 400 Korean technicians are currently engaged in the construction.

Major Korean construction companies are active in construction work on Saipan Island. Alaska, Australia, Pakistan, Canada and the Dominican Republic as well.

Korean construction activities abroad are expected to expand to a wider range of areas covering the Southeast Asian countries, Nepal, Ethiopia, Fiji, the Middle East and South America.

Because Korean construction technicians are comparable to those of advanced countries, and the labor wages are relatively low, and because their international reputation is highly recognized, Korean construction companies are in a better position in bidding for loans from the Internationl Bank for Reconstruction and Development, Asia Development Bank, United States Agency for International Development and other financial organizations. Therefore, their future prospects are bright.

Long History of Close Ties

Japan, Korea Push Cultural Exchange

The basis of the current formalized cultural exchange between Korea and Japan is the short four-article agreement on cultural properties and cooperation signed between the two countries in December, 1965.

The agreement, which as a whole stipulates promotion of cultural exchange between the two countries, the return to Korea of Korean cultural properties, joint Korea-Japan research on Korean cultural properties, and the opening of doors to research opportunities, says in its Article 1, " . . . the two nations shall cooperate with each other to the greatest possible extent in promoting cultural exchange between them." This statement implies the unique and deep rooted cultural relations between the two countries.

The mural recently found in a tumulus in the village of Asuka near Kyoto, Japan, is one of the latest proofs of the strong influence of ancient Korean culture on the traditional culture of Japan. Cultural exchange between the two nations dates as far back as the pre-historic age, and was carried by the horse-riding northern race which crossed the Korean Strait to the Japanese islands to found the Yamato civilization there.

Written history shows that cultural exchange between the two nations began in earnest during Korea's ancient Three Kingdoms period. One proof of this is the telltale reflection of the influence of Korea's Buddhist culture on Japan's ancient culture scattered in the prefecture of Nara in Japan.

Of the three kingdoms, Paikche was the first to send many Buddhist monks, scholars and technicians as well as advanced cultural properties to Japan. This initiative was followed in the early days of Unified Silla by refugees from Koguryo and Paikche, who fled to Japan after the defeat of their countries by Silla.

The high esteem in which even contemporary Japan holds the Paikche monks Hechong and Kwannok, and the Koguryo monks Heja and Tonching, is a present-day indicator of the close ancient cultural relations.

During the rule of United Silla, Japanese diplomatic emissaries visiting China used Chonghaejin (today's Wondo) as their transit port with the consent of the Koreans. During the days of the Koryo dynasty which succeeded Silla, the flow of cultural exchange between the two nations continued. Today there is an abundant legacy of this ancient cultural exchange in the form of tumuli or villages or Shinto shrines bearing the name "Koma," which is the Japanese reading of the Chinese characters for Koryo, on the soil of Japan.

The steady and peaceful cultural exchange was interrupted between the last days of the Koryo dynasty and the early days of the Yi dynasty when civil wars gripped Japan and the vassals of defeated Japanese war lords turned pirate to disturb the peace of the Asian coast. This setback was further intensified in the 16th century when Hideyoshi sent an invasion force to Korea.

The turbulence came to a halt after 15 years, and the interrupted eastward flow of culture, now Confucian instead of Buddhist, was resumed during the Yi dynasty. The cultural efflorescence reached its peak under the peaceful reign of the Tokugawa shogunate.

Japan was one step ahead of the penetration of China by the Western powers in opening her doors to modern Western civilization. While China was at once desperately trying to stave off invading foreign forces and fighting her own civil wars, a school of positivism rose in Korea in an effort to modernize the nation, but owing to the backwardness and weakness of court politics Korea was slow to open her doors to Western civilization.

Japan's modernization following her Imperial Restoration was a fresh stimulus to her Asian neighbors which remained bogged down in tradition and stagnation. But the same Asian nations became wary when they detected growing signs of militarism in Japan.

In the last days of Imperial Korea, her progressive-minded patriots, Kim Ok-kyun among them, were eager to establish ties with Japanese social leaders such as Yukichi Fukuzawa in their drive to introduce Western civilization via Japan and to reform the country's traditional culture.

The normal cultural exchange between the two countries was once again interrupted in 1910 when Japan forcibly annexed Korea. A new brand of national culture tinged strongly with a spirit of resistance against Japanese colonial rule came into being, and cultural relations between the two nations plunged into a new dark era.

This is part of the colored murals discovered last March in an ancient tomb in Asuka, Nara Prefecture. The painting of women in ancient robes was most elaborate and showed the influence of the ancient culture of Korea.

In 1945, when the Second World War ended, Korea recovered her national identity and her culture. However, the Korean War came five years later, lasting three years. Most of the 1950s had to be dedicated to the bleak task of rehabilitation of a devastated economy and society. So cultural relations between the two countries had to remain at a low ebb in this period.

The rise of the revolutionary Government under President Chung Hee Park's leadership in May, 1961, heralded the rebirth of the close ancient cultural ties, in a formalized form: on Dec. 12, 1965 the cultural exchange agreement came into effect to open a new era of Korea-Japan cooperation in the field of culture.

Since the signing of the agreement, joint research has been undertaken by academic and cultural circles of the two countries, and personages working in these fields have often exchanged visits. One most welcome immediate outcome of this new cultural interflow has been the establishment of the Korea-Japan Cooperation Committee which saw to it that some cultural properties located in Japan were returned to Korea, which boosted mutual trust in each other among the two peoples.

Since the advent of modern times, Korea has introduced Western civilization to a great extent through Japan. This offset some of the past setbacks.

Today, friendly and mutually profitable cultural exchange between Korea and Japan is called for more urgently than at any one time in the past, now that the two countries have the peace and prosperity of Asia as their common objectives, and are eager to build spiritual bases for the achievement of the same objectives. And the lessons of unhappy past events command that the two peoples respect each other's national integrity in their relations. This is the basic spirit of the 1965 agreement.

A great advantage of close cultural ties between two nations is that they serve as a firm foundation for cooperation between them in all other fields as well. One final outcome of such close cooperation between Korea and Japan will be a proof of the superiority of the civilization of free societies over totalitarian ones.

Korea aims at modernizing herself in the 1970s. The new Korea Japan cultural ties will prove a blessing to Korea in her ambitious drive to build herself up as an advanced Asian nation through a renaissance and social reform campaign called "Saema-ul Undong" (New Community Campaign).

The Kampu Go, a 3,894-ton ferry, plows the waves on her regular run between Shimonoseki in Japan and Pusan in South Korea. It requires 7½ hours for her to make a voyage to either port city.

Shimonoseki-Pusan Ferry Popular

Korea Developing Tourism

South Korea, in the spotlight today as one of the rising tourist countries in Asia, has come out with a new over-all tourism development program aimed at attracting 1,000,000 sight-seers from all over the world in 1976.

A spokesman for the Government, in making this public, stated that the program has been implemented to boost the country's revenue from tourism to $200 million in four years from now.

A "tourism boom" is now sweeping South Korea where the number of foreign tourists this year has already topped 300,000 as of Oct. 31, their spendings totaling $65,000,000 or $5,000,000 more than the target revenue for the year.

Under the new tourism development program South Korea will invest a total of 80,800 million won by 1976 on the expansion of tourist facilities and improvement of major airport facilities throughout the country.

The program also calls for Government extension of every possible help to the tourist industry as a whole, including hotels, in the form of special tax exemptions and granting of subsidies.

The Government spokesman explains that the proposed tax exemptions will be applicable to taxable construction materials needed by existing hotels to improve or repair their facilities, adding that such steps will become valid by February 1973.

He also has made it clear that restrictions on the use of taxable construction materials required for construction of new hotels will also be abolished.

In the field of tourist service, according to the program, part of the buses which are now used exclusively for expressway runs will be converted into sight-seeing buses while a supply of 200 large and 180 smaller buses, each complete with an airconditioning system, will also be secured each year.

The Government also contemplates building a "tourist village" furnished with recreational facilities and shops that specialize in the sale of native souvenirs, in Seoul, Pusan, Kyongju and on Cheju-do each in 1974 while also incorporating model "Saemaul" (new life movement) communities into regular courses for foreign tourists.

The Government will shortly start a full fledged spot survey at a total cost of 9,600,000 won in relation to the tourist village project.

The new tourism development program, furthermore, envisages creation of more hotel schools with a $400,000 fund from the United Nations Development Program, in a bid to double the number of hotel employes to 8,500, thereby to expand hotel service.

Meanwhile, the Government, under the same program, will invest 32,000 million won in all in the improvement of Kimpo, Pusan and Cheju-do airports.

Especially the Government is rushing to completion runway extension work at Kimpo International Airport in Seoul sometime this month in preparation for the projected inauguration of B747 service by KLM Royal Dutch Airlines.

Shimonoseki International Port Terminal as it is seen from the front door. Through this terminal Japanese tourists cross to South Korea by ferry.

With the city of Pusan sprawling uphill in the background, the ferry, anchored alongside the pier, stands by for departure.

The new tourism development program reflects the determined move of South Korea to outgrow all its neighboring countries as a tourist mecca in Asia.

In the opinion of tourism experts, the future of the South Korean tourism business is bright. They base their optimistic views on the rich natural scenery as well as the hospitality of the people.

Talking of South Korean tourism, a mention must be made of an important role the Pugwan ferry service is playing as a maritime pipeline linking the country and Japan.

Most foreign tourists visit South Korea by air, but many still use the ferry operating between Pusan in South Korea and Shimonoseki in Japan.

Statistics show that ferry passengers are mostly Japanese tourists or Korean residents in Japan on a home trip.

The ferry was running in the red for some time after the service was inaugurated on June 19, 1970, but she now plies between the two port cities with capacity loads of passengers and cars.

This means that the Pugwan ferry service has matured in two short years and a half into an "orthodox" means of travel between the two countries.

There are various contributing factors behind the ever-growing popularity of the ferry service, including geographical proximity between Japan and South Korea, but the most decisive factor is a "driving boom" sweeping the former country.

Dissatisfied with the ever-worsening traffic congestion, an increasing number of Japanese driver travelers are crossing to South Korea by ferry on driving adventures.

In by far less congested South Korea a vast network of modern superhighways is fast shaping up nationwide to become an irresistible tempting incentive for the Japanese driving population.

The most typical of the South Korean superhighway is the one linking Pusan, the country's sea gateway, straight with the capital city of Seoul, a distance of some 400 kilometers.

Considering this, it is impossible to overestimate the vital part the Pugwan ferry service is playing in whipping up tourism to South Korea.

Serving the ferry route is the 3,894-ton Kampu Go. Running at a speed of 17 knots (32 kilometers) per hour, she covers the distance of 123 nautical miles (250 kilometers) between Shimonoseki and Pusan in 7½ hours, carrying 578 passengers and 130 cars.

The well-furnished sleek modern "Queen in the Korea Strait" provides maximum comfort of sea travel at minimum fare, making the voyage all the more enjoyable.

She boasts a gorgeous interior, which gives the passengers a happy sensation of living in a sailing hotel.

The ship steams out of Shimonoseki every Monday, Wednesday and Friday at 5 p.m. and leaves Pusan every Tuesday and Thursday at 5 p.m. and Saturday at 10 a.m.

Fares are ¥8,640 (first class), ¥5,840 (special second class) and ¥5,040 (second class). A 50-per cent reduction in fares is available to children aged between six and 12.

The rate for car transportation varies according to the length of car, i.e. ¥5,400 for up to three meters, ¥7,560 for up to four meters, ¥10,080 for up to five meters, ¥12,600 for up to six meters, ¥15,120 for up to seven meters, ¥13,000 for up to eight meters, ¥20,160 for up to nine meters, ¥22,680 for up to 10 meters and ¥25,200 for up to 11 meters.

The ferry last year transported a total of 38,051 passengers and 6,387 cars between Shimonoseki and Pusan and vice versa.

Judging from the increasing popularity of the service, it is expected that this year's volume of traffic will surpass 50,000 in terms of passengers and 7,000 in terms of cars.

This modern superhighway links Seoul and Pusan.

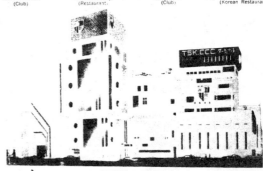

宣言

一、我等は、先烈の血を受け継ぎ、死をもつて民族國家を護る。
二、我等は血で祖國完全統一と自由を戰取し、且つ世界平和に貢献する。
三、我等は鋼鐵の如く團結し、相互親睦を期する。

青年戰線

發行所
東京都新宿区若松町二十一番地
電話九段(33)2771、1169番
在日本韓国在鄕軍人会
会長 鄭烱和
編集人 趙 [illegible]

同胞の冷靜なる判斷を確信

鄭會長 本國政情と當局問題に言及

(写真は鄭会長)

在日韓國在郷軍人会長鄭烱和氏は八日、聲明書を発表し、[illegible]

一、本国政情に対し

[illegible]

…く報ずるその意図は、[illegible] 外交戦略であることを看[illegible]のである。同胞の冷静なる判断を確[illegible]のである。

一、代表部に期待

在日六十万同胞が想いを致[illegible]部の政治に同化なす度毎に、代表部の政治を愛し期待[illegible]らぬ新たな理由を発見す[illegible]務と思ふ、そして又吾々[illegible]以上にその恩恵を望むのも[illegible]はねばならない。蓋し我[illegible]代表する機関が、在留民[illegible]存在するからである。吾等が代表部が、余りにも[illegible]

同胞の患甲は代表部あつて無きが如しと痛嘆するも又むべなるかなである。代表部の仕事は無論高遠なるものであると思ふが、苟くも、大韓民国々民の一員であるといふこと丈けでも、国家の代表機関の政治について研究する義務を課するに充分である。

祖国の将来を憂ふ時、在日留学生は粉骨砕身、真理の探究と技術の錬磨に邁進すべきであり、祖国の再建こそ学徒の重大使命でなければならない、即ち、留学生教育問題は、国家百年大計の為の最重要問題である。代表部は、この教育問題である。[illegible]

一、団長[illegible]

我等が最も敬愛する金公使は、[illegible] 同団長は名誉職でない、六十万同胞[illegible]化してきたのを見るのである。

一、同胞に訴ふ

[illegible] これを正確に把握[illegible]い。日本は独立[illegible]世界の人が危ぶ[illegible]が韓国人に対す[illegible]韓政策は、昔日[illegible]それと変らない[illegible]いる。[illegible]然り、吾等が日[illegible]いて排韓鮮人？[illegible]の胸を痛くする[illegible]スト並びに一部[illegible]人のみならず、[illegible]する態度を表面[illegible]るのである。

[illegible]な圧迫は、一貫として日本より追放せんとする政治的、経済的弾圧の一端である、然るが故に、吾等同胞も、此の逆境に於いて深刻なる現実を把握し、民族意識とプライドの上に着実なる生活を営み、日本官憲に口実を与へぬ様各自が自覚に生きなければならない。

又、吾が同胞の企業家も民族財産の確保の為に尚一層努力を払い、相互扶助の連帯経済組織を以つて経済弾圧に備へなければならない。そして、吾が同胞の為にも、大いに社会事業を起し、その福祉を計る崇高なる愛族心を発揮すべきである。

主張

われら如何になすべきか？

―在留民の民生問題について―

吾が在日同胞の日本に於ける生活の前途は決して生やさしいものではない。終戦後の殺掠的な戦勝国民の特殊気分？は、同胞の無自覚と、世界情勢の変転に伴ふ日本の急速なる再興に依つて、自然没落の運目に陥入つてしまつた。そして日本の主権回復と相まつて、一部旧財閥[illegible]間に、軍国日本の復活を早躁する気運が漸次濃厚に表面化するにつれて、亜細亜諸民族を軽べつする侵略の徒輩が、又もや擡頭したことは否定出来ない事実であり、特に最近、日本政府の対韓政策は先入感的に韓国を劣等視し、在留同胞の追放を企図して、韓国人企業体に対する経済封鎖、韓日会談における不当極まる在韓日人財産権要求、国民の対韓感情悪化に日本の各新聞は一貫して排韓鮮人？記事を針小棒大に宣伝している。

五・一メーデー事件、五・三〇事件に於ける暴動を朝鮮共産党の責任に轉嫁しようと努め、惨忍極まる日本人本来の野蛮性を如実に暴露した荒川放水のバラバラ殺人事件に朝鮮人関係云云とデタラメな推理をする等、そして本国の政情に対する神経質にして、必要以上に事実をひ曲し、韓国と世界民主国家群との離間を策動なる事実を如く報じ、韓国政府の権威を喪失せしめようとする日政の羊頭狗肉的対韓政策等、一々枚挙することが出来ない。

しかも、休戦会談の膠着状態に伴ふ祖国動乱の雑多な変化、そして韓日会談の決れつによる吾等六十万同胞の法的地位の不確定！。斯くの如き逆境に於ける吾が同胞の生活の前途には、実にいばらの道が横たわつているといへよう。

然らば、吾等如何に為すべきか？第一に、吾が同胞は、終戦後の浮動的、不安定生活を一掃し"不労所得主義"の思想から脱出して民族的自覚とプライドの上に着実勤勉なる生活を営むべきである。そして無反省な生活に依つて失われた同胞各自の名誉と生活の自信を取り戻し、根本的生活様式の建直しを断行して、反動的日政の弾圧に備へ、堂々たる民主独立国民としての自覚を新たにし、希望に燃えて将来を約束しなければならない。

第二に、現在の[illegible]政府の経済弾圧に、吾が同胞の[illegible]は自国的[illegible]日本[illegible]資本の蓄積に[illegible]力増強への[illegible]通過した民生[illegible]勿論、民生問題[illegible]或いは失業問題[illegible]ばならない。

[illegible]が故に[illegible]すべきである。[illegible]の点、吾が代[illegible]不可分の関係[illegible]ない。

注意を怠らないようにすべきである。

此の時に当り、祖国の動乱を対岸の火と見、安易に逃避せんとして日本帰化を計る一方謀利私慾に目を狂わし奔走している一部資本家は、須べからく民族的良心に目覚め、民族の受難期に際し愛国愛族の理念に立却して、在留同胞の生活力増強と失業問題解決の為の大担にして犠牲的社会救済事業を断行すべきである。そして六十万同胞が相互扶助の鉄い兄弟愛に固く結束して荒廃された祖国の再建と、共産帝国侵略者の暴虐に立ち上がらなければならない。

全國遺家族救護金傳達準備

在日韓国在郷軍人会本部は六日、[illegible]に於いて「来る二十五日頃、全国自願軍遺家族大会を招集し救護金品傳達式を挙行する予定である」と発表した。同会副会長李泰男氏は、「愛する肉身を祖国再建の礎石として捧げた故き戦友の遺家族は、異国の社会的悪条件の下で、飢餓なる苦哀の生活に呻吟してゐる。本軍人会は、死を共に誓つた戦友の父母と妻子が、今後にあつて新生の[illegible]に傳達式を行[illegible]で、万般の準備を進めている。

[illegible]ひ、力強く生[illegible]に総ゆる努力[illegible]救護金傳[illegible]の準備を[illegible]観的情勢の[illegible]に伴ひ、遺家族大会が今日に到るまで遅れたことを深く遺[illegible]。[illegible]其の他、種々の[illegible]、永月の末[illegible]

[illegible]本軍人会は、最大限度の経済的、精神的な援助に努める」と語つた。

姜總務各縣団部に通告

金泰善動向に対し

最近各地で自願軍遺家族救護の名目で寄附を強要していると傳へられる金泰善の動向に対し十四日、本軍人会総務姜一聞氏は、此の種の寄附強要行動は、本軍人会と何等関係なきものなることを、各県団部に通告した。

金泰善氏は去年十二月、某種の非行の理由で軍人会常任委員会の決議処分に依り同副会長の職を免ぜられたもの。

大韓婦人會第一回全体大會開く

大韓婦人会第一回全体大会は去る十五日正午より民団中総講堂で全国からの代議員参加の下盛大に開催された。

当日は民団、韓青、学同、軍人会からも多数の来賓が見え、熱誠溢る真摯な審議を展開、戦時下の大韓婦人としての気概を見せ、聴衆に深い感動を与えた。

決議事項の重要なものは次の通り

一、組織強化（婦人会の未結成地方へ出張組織させる）
一、財政確保（事業体をもちその利潤で財政を確保 其の他内職）
一、文化活動（夏季休暇を利用国語講座を設け児童に教える）
一、歓喜に泣く第二次大戦の犠牲者韓国同胞戦犯釈放運動を強力に展開する。

聲明書

共匪！帝国主義者達の兇悪無道なアジア赤化の野蓄なる策謀より挑発された祖国の動乱に際し身命を賭して三千里彊土を守護し、侵略者「共匪」の撃滅を誓つた吾等在日青年義勇軍は、自由祖国の完全統一を絶叫しつつ、三千万白衣民族の永遠なる繁栄の礎となるべく、勇躍祖国の戦線に馳せ参じたることは周知の事実である。

砲煙空を覆い、鮮血河をなす戦地を征く時、吾等はその誰にも倍して共匪独裁の惨虐さを知り、誰よりも切実に真実の自由の価値の尊さを今更の如く体得したのであつた。

吾等武運拙なく兇弾に傷つき病に侵されて、怨恨尽きない「北」の空を望みつつ、傷心やる方なき不具の我が身をいたわり乍ら、出征地帰還を待つ間、祖国の政治的、経済的面は言うに及ばず凡ゆる部面の現実を誰にもまして冷静に批判することが出来得たのであり、民心の指向をも明確に分析することが出来たのであつた。加うるに共産第五列の策動と特殊分子の政権略奪の為の反政府陰謀等、複雑な政治情勢を収拾し、一部腐敗国会議員の横行を浄化健全するため最後まで奮斗される李大統領の政治力の偉大さを目の当り見ることが出来得て今更の如く大統領に対する信頼の念を深めたのであつた。

斯くの如き大統領の愛族愛国の至誠のもと、挙族的大団結をもつて共匪撃滅と失地回復に国家総力を傾注して斗っているにも拘ず、恥辱的休戦会談の継続は共匪の乗ずる機となり、彼らの謀略宣伝は国内治安を撹乱し、米軍事病院を破壊し、巨済島に於ける捕虜の暴動となり、臨時首都釜山郊外には共匪の出没さえ見られるようになつた。此れを機に第五列の策動は再度内閣説を流布して民心を眩惑せしめ、政治危機の到来を巨大に宣傳する危機を招いたのである。

此の祖国家非常時を切抜くべく大統領は憲法に明示された通り戒厳令宣布権を正当に行使して首都の治安を図つたのである。然るに、意外にも外国の報道機関は、韓国の此の政治的事態を洞察することなく、事実無根なる皮相的捏造報導を大々的に報導することにより、「韓国政変」？だの「李大統領の独裁化」だのと荒唐無稽なる推測を下したのである。特に日本の各新聞は事実を勝手に加味誇張して、恰も韓国政府は民主々義に逆行してるかの如く報導しているということはその意図が奈辺にあるかを問う前に、一種の政治的謀略を内包している事を推察することが出来ると同時に、対韓外交の不如意を打開すべく、唯一無二の術策として、賢明なる外交政策を取つている李大統領の次期選挙での落選を願って、韓国政府に対する外交的中傷を弄する無責卑劣な意図として、吾等は容易に看破出来るのである。此の日本報導に踊らされて真実を究明することなく去る五月三十日韓国学生同盟の名義により発表された決議文の内容である。吾等は同決議文の起案者たる一部学生が韓国学生同盟の神聖なる全体名儀を乱用したことに対し在日民族陣営の名義で其の罪を厳断に撤罰すべきであることを提唱する。

祖国の社会的特殊性と政治的現実を正確に把握出来ずに捏造された外国報導に雷同して偏見的主観のもと、専制だの、民主々義の逆行だのと喧傳することは日本の対韓政策に呼応する内外の何ものでもなく、一部特権階級の簒奪陰謀に拍車加勢する策動であると断ぜざるを得ない。

斯くの如き貧困なる内容と反逆的な言辞に満ちた決議文が発表して内外に大なる波紋を投じさせ、在日国留民の本国政府に対する信頼を喪失さしめ、善良なる同胞を巧妙なる共匪の宣傳に感染さす、その責任を在日在郷軍人会は徹底的に追究することを茲に宣言すると共に、これら一部学生たるや正に非愛国的有害者なりと断定せざるを得ない。

今日の祖国の事態の推移如何に世界の耳目は集中されており、数個国の韓国政府に対する関心は漸次表面化しつつある、その証拠に米大統領の韓国政府に対しての在留傳達及各国の[illegible]を外紙は報導している。吾が大韓民国は自由世界の前衛隊として、共産帝国主義者と今尚斗いを継続しており「国連」は自由世界の共同目的と共同利益のため自由韓国を援助している。自由国家群の韓国援助は飽迄も内政干渉ではなくして、主権国家の権威を尊重する所にその援助の意義があるものである、然るが故に弾言があるとすれば何処までも文字に忠実たる「弾言」でなければならず、如何なる類の内政干渉もあつてはならない。万が一にも主権国家の権威を無視した干渉があるとするならば、吾等は断乎として此れを拒否しなければならないのである。而して外来勢力の内干渉を招く亡国徒輩を早急に掃清すべきことを強力に要望すると共に、卑劣陋なる共産侵略者との無意であい屈辱的なる妥協は窮極に於ては民主諸国の自滅を招来するものであることを吾等は茲に断言するものである。

吾等在日在郷軍人会は在日六十万同胞が冷静にして賢明なる判断のもと、凡ゆる種の謀略と根拠なき流言虚説に眩惑されることなく、偉大なる指導者、李大統領を信頼し、合心結束、滅共聖戦に猛進せられんことを切に望むものである。

右声明す

西紀一九五二年六月一〇日

在日韓國在鄕軍人會
會長 鄭烱和
外一同

對韓感情悪化さす
日政とジャーナリズムを衝く!!

メーデー事件

日共の尖鋭分子によつて全国的に暴動化した今度のメーデー騒乱事件は従来にない多数の被害者を出した。

警察当局は其後この暴動の主動的役割を果した嫌疑者を続々と逮捕中であるが、大体この事件の主動になつたのは自由労務者、学生（殆んどが日共党員）であつて、その中に左翼系の同胞が僅か数名含まれているだけである。然し当局の発表によると北鮮系朝鮮人が最も主動力になつたかの如く誇大宣傳している。木村法務総裁は去る六日参議院において、この騒乱参加人員約六千名とし、その中に北鮮系朝鮮人約二千名と報告している。ところが、当日の暴動参加人員は一万五千名乃至二万余名というのが最も確かなところである。（警視庁発表一万数千名）結局日政当局の意図するところは日本国民間にボウチョウして来た反米感情をわが同胞に轉嫁させることによつて対韓感情を悪化させ韓日会談を有利な条件で再開し、共産系であると否とを問わず国制送還等の口実にせんとする欺瞞政策であることを見逃してはならない。

写真は左から本会副会長李奉男氏、問題の田村正三記者、新聞月鑑編集局次長、一人おいて後向きが本会会長鄭烱和氏、

筆禍事件を衝く

新聞月鑑三月號に第一線記者座談会と銘うつて田村（朝日）（読売）名取（毎日）の三記者の記事中に、韓国のムチャクチャな対日交渉と題し、次のやうな侮辱を臆面もなく記載している。

[illegible]

〝明大事件〟に見る人民裁判の眞相

事件の発端

去る五月十七日明大二二一番教室に……於いて朝鮮留学生会総会が催されたので、……朴炳巖同志が傍聴を許……

[illegible]

救出に急く

[illegible]

……かけつけた時は、既に彼等は……をこわしてつくつたこん棒……ふりかざして暴力行為に出た……ろ八十名余りもあるので倒底……わず、やつとの事で救出した……は既に両君は頭部を殴打され……不明の状態になつていた。病院で應急治療を施し帰宅させ、皆々一同は引上げたが、警察では實相をはき違え朴、尹両同志をけん挙し共産学生を擁護した。我々は此の警察側の不当なる検挙を追究し両同志を翌日釈放させてこの事件に終止符を打つた。

書評　切腹した参謀は生きている

著者はロマン・キムというソヴェト在住のわが同胞……所謂、節錠入りのコムミュニストとして、これだけ左翼的……を集めて小説形式で綴られた……の書は興味溢れる多くの……読者に提起する。日本の敗戦前後におけ……政界、財閥、或は今度の……

[illegible]

スターリンの後繼者?（二）
ギングス・ベリースミス　趙庸壽譯

その時分からスターリン首相の関心を惹くやうになり、首相自身の秘書として指名された程である。これがクレムリンに於ける斗争生活の始まりであつた。

彼は一九四一年二月、スターリン首相の高い評価と厚い信任をもつているもの以外の人は思い切つてすることの出来ない、大胆な批判演説を敢てすることによつてクレムリンの権勢の波に帆を張らしたのであつた。

その演説中、彼は果敢にもソヴイエト商業と運輸行政の無能無力を攻撃し『能力よりかはむしろプロレタリヤの家系譜の威力で部下を統率する智略を研究している無学な親分根性のやからである』とその部門の官吏を非難したのである。この攻撃演説は実際に於いて商業部面の官吏を有害分子として追放する追放演説になつてしまつたのである。

しかも西欧諸国の外交家連が驚いしたのには、モロトフ夫人を合せ合わ嚴正であつたからである。偶然の一致であるか、モロトフ夫人は漁業委員会の代表者としての職を辞し、私生活に隠退した。

その当時、マレンコフの組織的、計画的仕事に対する鋭い眼識が益々輝き、大戦中此の種の部面に対する非凡卓抜なる才幹はソヴイエト軍備産業を増強させ、戦争及び軍事施設の責任者に任ぜられたのであつた。

—次の回轉—

彼の急速なる権力の増加は一九四六年二月にかけて、くつきりと現われた。

競争者たる共産党きつての理論家にしてその理論はソヴイエト連邦の重大政策に指導的役割を果したジュダノフを相手に熾烈なる論争を展開した。

マレンコフは正統派過激分子マルクス主義者ジュダノフを攻撃して日く『吾々は新たな客観的情勢に対するに、古き法式を棄て新たにして実験的方式をもつて対面すべきである』と主張したジュダノフも即座に彼特有の正統派理論で応戦反駁したのである。

此の時だけはスターリン首相もとかかく公式には自分の子分を支持出来なかつた。

マレンコフはスターリン首相の側近の地位を喪失し、議会行政の比較的重要でない地位へ轉任された。しかしこの左遷はさほど長きに亘るものでなかつた。

彼は一九四七年九月ポーランドに於けるコミンフォルムの組織へ不思議にも彼の競争者であるジュダノフの代理としての不可解な地位に移動された。

西欧諸国の外交家連はこの種の政略に対しスターリン首相の心の奥をあやしんだ。

ポーランドの会議はジュダノフのチトー元帥に対する断乎たる絶縁の主張を契機として（勿論マレンコフはジュダノフの態度に反対であつたといわれるが）両者の対立が険悪化し始めたのであつた。

その翌年、ジュダノフは急死、その時からマレンコフの鉄のカーテンに於ける彼の地盤は[illegible]されつゝあつたのである。

ヨーロツパの外交家連にはマレンコフの性格を余りよく知らない。彼は外国人との社交は[illegible]豪華な宴会席上では[illegible]同時も治安部長官ベルヤと[illegible]れたつている。

彼は好んでスターリン首相の[illegible]をまね、同じタイプの[illegible]ジャケツトと灰色の胴着に[illegible]な帽子をかぶつている。

彼は二度結婚したが、[illegible]モロトフの女秘書で其の[illegible]た。

彼はモスコー大学の[illegible]スターリン首相の[illegible]づくと共に三十年前首相の[illegible]年秘書として拾い上げた[illegible]が、今やクレムリンの最も[illegible]輝く未来の星として[illegible]夢見ているのである。（つづく）

韓日親善への誠實な努力
大映永田雅一社長の美挙

……十五日の朝日夕刊二面に「啓……い戦犯に情け」と題し、嚴時……本軍に徴用され南方諸地域に……現在戦犯として巣鴨刑務所に……されている者が同胞二十九名……し、其辺な身を憐れみ、大……田雅一社長は十四日、東京地……判所民事部に訴訟を起し、月……の煙草購料とタバコ一個の豊……して半年分五万円を贈つたう……しい記事が載つていたのを読……感激禁もであつた。……無自覚な同胞並びに日本共産……踊らされた急進分子の記事が……紙面をにぎわし、又日本政府……当なる在韓日人財産請求が……両国の友交親善に暗影を投げ……る時折、永田社長の国境を越……人類愛的な美挙は、其の記事……むものをして感激せしめない……おかないであろう。……の異国人に莫大な金額の金を……た永田社長のうるわしい行為……事を、その戦犯者の同胞であ……等が手にした時、記事の一字……を追つて読みながら我々一同……ほのぼのとした心の温まる思ひ……感激の涙に眼のかすむのを禁……なかつた。……を思つて泣いている戦犯同胞……同氏からの贈物をもらつて久……りに世の温かさを味わつた一同は……の余り「永田氏の贈物はきつ……々のものとなつて釈放される……もの」と思ふ。そして韓日親善に努力する」と涙を流してちかつていると傳へられる。

韓日両国は昔日はともあれ今後益も密切なる関係を結び世界平和に貢献しなければならない運命につながれている。此の時に、永田社長の行為は百巻の外交辞令よりも有効なるものであるといえよう。吾々は永田社長に最高の敬意と感謝の意を表明するものであり此の美わしき人類愛は、必ずや韓日親善関係を結ぶ力強き絆なることを信じて疑はない。共に、世界平和秩序建設の偉大なる事実として三千万韓民族のハートを永久に動かすものであろう。

愛情の倫理（四）
金東里

〝論結〟

以上、私は恋愛的感情とはどこまでも主観的なものであると述べた。同時にこのやうな主観感情の論理的根拠をルネッサンスより出発するところのヒューマニズムの結実として生成されたところの個人主義にあるともいつた。

そして以上述べた論理的根拠とは社会的角度より來たものである。然し、恋愛的感情それ自体はどこまでも主観的なものとして、善悪の対象でもなければ正しい事の標準でもないのである。

言いかえれば恋愛的感情は社会的角度より論議する時、個人主義に論理的根拠をもつのみならず、恋愛という本質それ自体もあくまで主観的所産であると同時に、又個人的なものである。

ここで恋愛的感情それ自体は、社会的角度より善悪の対象になるとか、正しい事の標準であるとかのことでなく、その感情の主体である人間、特にこの場合、その感情の所有者である個人の人格と品格及教養と良心の如何がその感情の論理的又は、罪悪的性格を決定するのである。

從つてそれ（恋愛的感情）を所有した個人の如何によつて、それはどこまでも感覚的な快楽に終始することも出來るのであり、精神的向上と人格土台の源動力になることも出來るのである。又「神聖なる人間的情熱」にもつて行くことも出來るのである。

ここで現代アメリカが恋愛的感情に対する無制限解放を享有していることが、個性の自由を原則とする個人主義の恵沢に依拠するものとすれば、個人主義の義務は或程度の進捗と成果をもつているだろうか?

権利と義務は並行しなければならないということが現代の常識とすれば、個人の人格の土台よりも、個性自由の恵沢にのみ傾注する時彼等の個人主義（社会）を健実なものであるとはいえない。

今日彼等より見る如く快楽本位の恋愛的感情（或は恋愛的行為）はこのやうな個人主義の義務（個人の人格の土台）よりも、それの権利（個人の自由）に偏重された結果であり、ここに彼等の精神的脆弱性と論理的危機性が内包されているのである。

ここでもう一遍韓国の現実と結びつけてこの問題に対する結論を得ることにする。（以下次號）

あとがき…雜誌〝HOPE〟（ヒマン）より翻訳転載、筆者は著名なる中堅作家として、現在韓国文化人総聯会長

旬刊 戰友

發行所
東京都新宿区若松町二十一番地
電話九段(33)2771、1169番
在日本韓僑在郷軍人会
旬刊「戰友」編集部

宣言

一、我等は、先烈の血を受け継ぎ、死をもつて民族國家を護る。
二、我等は血で祖國完全統一と自由を戰取し、且つ世界平和に貢献する。
三、我等は鋼鐵の如く團結し、相互親睦を期する。

光復節を期して再出發
同胞の信頼に應えん！

去る八月十五日光復節を期して、前会長以下常任全員が総辞職し、本会は新たに再発足することになつた。軍人会本来の趣旨、綱領に依つて目的を完遂することこそ我々の責務であることを痛感、新任の会長、副会長以下全常任は一丸となつて戰友と遺家族問題を解決すべく全力をあげている。ここに本会関係者は勿論、在留僑胞社会の期待に副うべく、我々は新たなる斗志と、誠実をもつて臨んだ。以下各常任に今後における抱負と活動方針を聞いて見よう。(ト)

民族の防衛戰士たれ!!

会長 趙英振

[illegible]去る八月十五日光復節を期して[illegible]本会会長の任に[illegible]の重大性を身にしみて感ずると共に[illegible]であります。民族の防衛[illegible]んとの偉大なる理念に基き結成されて以来既に一個年が経過したが、其の間、充分なる成果を[illegible]たことは実に遺憾に堪えない。唯、旧常任が所期の目的[illegible]奮闘努力をした事に対しては[illegible]の責を痛感するものであります。

× × ×

現今の国際情勢を[illegible]我々の行くべき道は唯一途、祖国の再建と民族の繁栄に寄与することであります。今後、我々は本会の趣旨、綱領に則り[illegible]をするものであります。[illegible]

遺家族と戰友の問題こそ急務

副會長 孔泰溶

[illegible]

事務運営に全力を

総務部 韓昌圭

[illegible]してきたが九月一日より徴兵制を実施、満二十二才まで[illegible]満二十三才以上満二十七才迄の者は第二国民兵として召集を併行することになつた。これと同時に学徒に対しては特別な延期措置等 文教当局案を実施することになつた。

主張
本來の目的完遂の爲に誠意と良識で實踐

[illegible]

若さと情熱て目的完遂

宣傳組織部 李鐘弼

[illegible]運動を展開して行く覚悟でありす。

一、遺家族救済運動を強力に推進さす。

一、負傷した戰友の完全救護。

一、全国的に組織を強化せしめ、地方支部との緊密な連絡を保つ。

不正には正義の鐵槌を

監察部 金鐘吉

從來の生ぬるい方針は此の際キツパリと切り捨てることにした。本会革新を機会に、本会内の不正は勿論、民族陣営の利益を阻害する者に対しては徹底的に正義の鉄槌を打ち下す覚悟である。特に寄生虫的徒輩に対しては徹底方の差別なく排除することをここに宣言するものである。如何なる団体にあつても監察部はその団体運営におけるある意味でのバロメーター的存在であると信ずる。何故ならば、監視を怠り、情実に動かされた時に、その内部は腐敗してしまふのであるから……同志諸君の絶大なる協力を仰ぐと同時に、私自身良心に照らして恥ぢざる行動をとりたい。

同志諸君の協力を俟つ

新聞部 朴英勳

從來の「青年戰線」―第四號迄発刊―を、今回の本会革新の契機として心機一轉、全常任の要望で「戰友」と題號を変更した。元來、素人たので稚拙な編集しか出來ないが、全常任が協力して呉れることになつているので、これに力を得て頑張る心算でいる。そして編集長としての責任の大なるを痛感 精魂を傾けてやる覚悟でいます。願わくば全国の同志諸君の熱誠溢れる玉稿を待つものであります。特に会員の消息等に重点を置きたいと思いますから詳細にお報せ下さい。編集方針としては無色透明、在留同胞皆様と会員の為の報道機関にすることになつて居ります。

關西支部も再强化

本会関西支部（神戸市兵庫区福原町一ノ二）ではかねてから組織の再強化に努めていたが、此度の本部再編成を機に、心機一轉、本部と協調して再発足することになり、その準備工作などの打合せなどもあつて、八月三十日支部会長林儀沢同志が来訪 九月一日午後十一時の列車で帰神した。なお討論内容の主なものは次の通り。

経過報告……從来は、本部との緊密な連絡不充分の上に、單独的な行動に依り、支離滅列を來していた。勿論、本来の趣旨そのものは本部と同等変りないが、具体的な行動面において差違を生じていた。今後の活動方針……從つて今度の本部刷新を機に関西支部としてもこの線より再組織を断行、財政組織、遺家族対策などあらゆる面において本部と緊密なる関係の下に活動することに意見の一致を見た。

九月一日より韓國々民兵役改正實施

[illegible]第二国民兵を召集の下に第一回全国大会を来る十[illegible]

第一回全國大會十月上旬に開く

九月二十九日をもつて創立一週年記念日を迎える本会は、此の作を着々と進めている。目下準備工[illegible]当日は東京は勿論、地方に散在す[illegible]全国遺家族生活扶助金交付と第一回全体大会を兼ねて全国会員多数の出席を要望すると共に、会員の住所、氏名、遺家族の連絡を速かに本会迄御連絡願いたい。(宣傳組織部)

警告!!

本会の名をかたり寄附强要、其他の詐欺行為をなす者あり、被害者は事件内容を詳細に本部宛連絡されたし。なお本会の公務執行の場合は、本部よりの公文と身元証明を携帶しているから注意されたし。

監察・宣傳組織部

雄辯大會優勝

八、一五光復節記念青年学徒雄弁大会は日比谷公会堂にて二千の聴衆を集め盛大裡に幕を切つて落されたが、演題、「在留同胞行くべき途」の熱血火を吐く雄弁で本会前役員安泰伯同志（現明大在学中）が見事一席に入賞、金公盃を獲得した二位李光俠君（明大）

自願軍遊撃隊猛活躍

最近入手した情報に依ると、日本から出陣した自願軍部隊が韓国第一師団で遊撃隊として猛活躍、賞讃の的になつており、又一方米軍部隊にいる戰友からの手紙によると米八軍某兵器部隊には未だに相当数の自願兵が居り常に米軍より率先して勇敢に戰ふので、司令官に表彰されたとの由。

小林寺便り

釜山市草梁洞にある小林寺は負傷除隊兵と日本帰還兵の収容所として余りにも我々には縁の深い存在であるが、未だに帰還出來ずに在寺にて貧困な生活をしながら[illegible]る。

金尚壽同志を見舞ふ

去る八月二十九日、名誉の負傷兵として帰還し、未だに病床でレん吟している金尚壽同志を本会監察部長金鐘吉同志が入院先である足立区千住櫻木町尾竹橋病院に見舞ひ、藥代、慰問金等を贈いて病床の金同志を激励し今後の再起を願ふ旨傳へて來た。

前會長歸國

前会長鄭炯和同志は、動乱の本国視察の為帰国中であるが、本国の在郷軍人会等にて色々とその業務等を実地に見聞、今後における本会発展の資料を提供してくれるものと相当な期待がかけられている。

三同志代表部へ

前副会長李塞男同志、朴鳳眼同志、金博忠同志の三名は、今回韓国駐日代表部警備課に就職、去る八月二十八日より勤務中。

學同リクリエーション富士山中湖へ

韓国学生同盟創立七週年記念リクリエーションは富士山中湖にてキャンプ生活三日間と決り、参加員七十余名は去る八月二十七日出発した。本会関係では朴炳憲同志外三名が参加し、リーダーは朴炳憲同志（現学同副代表）であつた。

朴炳憲同志學同て活躍

発足当時の本会常任であつた元陸軍少尉朴炳憲同志は（明大政経科）最近学生同盟の副代表に選出され、誠意と熱で猛活躍しているが、元來明朗なる性格の持主である上に、その敏腕ぶりは既に定評があり、僑胞各界の注目を浴びつつ、今後の学同の運営に相当期待をかけられている。

1327

嗚呼!! 金禎圭同志は逝く

故人をしのびて盛大な葬儀

寫眞說明＝故金禎圭同志、左の黒板は死去一日前の遺筆

去る六月下旬不慮の災難で二十三才を一期として[illegible]故金禎圭同志の葬儀は七月二十九日午前十時より民団中総講堂で盛大に執り行われた。この日京都から馳せつけた故人の[illegible]涙にくれる姿も見られた。故人は、生前に祖国を愛し、常に[illegible]としてのプライドを失はなかった。故人は[illegible]として同志達に親しまれ[illegible]。

略歴

本籍　大韓民国慶尚北道[illegible]

生年月日　西紀一九三〇年八月二十七日

学歴　京都外語、英語科に在学中

兵歴　白頭軍として祖国戦線に参加　米第八軍第一騎兵師団第五補充大隊へ入隊後に第八軍六五兵器団第九二化器中隊。仁川上陸より平壌進撃に参加。一九五一年九月除隊、帰還、本会の幹部として組織面にて活躍す（下士官）

趣味　読書、レコード鑑賞、映画、コーヒーが大好物

次に故人の手帳より幾つかの断片を拾ってこゝに掲載する。この手帳は故人の親友朴道学同志の提供に依るものである。

〝無題〟

何処まで続くか
この旅は。
寒空に漂ひ流れる
白雲の如く、
うたかたの恋のよう
に影も残さず、
消え去ってしまいたい
だけど　白雲よ
何をもとめて
かくも速へ去るか。
吾れもとどまるを
知らず
独り寂しく動き去る。
何処かしらない
地の果に向ったようだ
一九五一年一月二十一日

〝亡き戀人をしのびて〟

亡き恋人の美しき心に
打たれて、
永遠に純潔を保たんと
誓いし吾。
嗚呼！今宵の吾は何事
か…
悲しみの心に瀬入れて
吾が純潔を守ろう。
地の果、否輪廻の世界
で、
またもめぐりあう日を、
神に祈って進まん。
×　×　×
美しき永遠の恋人をし
のびて今宵吾は、
一輪の白百合を胸の上
に置いて寝まう。
一九五〇年十一月廿二日
韓国富平キャンプにて

國民備忘錄

一九四五年

七月二六日　ポツダム宣言発布

八月一五日　日本全面降服、祖国解放

十二月八日　韓国信託統治発表

一九四七年

十一月十四日　国連総会全韓国総選挙実施を決議

一九四八年

二月十六日　北鮮人民共和国政府樹立声明

七月十七日　大韓民国憲法公布

八月十五日　大韓民国政府樹立

十一月八日　傀儡政権、市民六〇〇〇名大量虐殺

十二月八日　国連総会韓国政府承認。

一九四九年

六月八日　米対韓軍事顧問団設置を発表。

九月八日　在日朝鮮人連盟解散。

一九五〇年

一月二十六日　韓米軍事協定調印。

六年二十五日　北鮮傀儡軍三八線を越境侵入

七月七日　国連安全保障理事会マ元帥を国連軍最高司令官に任命。

七月十三日　ウオーカー中将派遣米地上軍司令官となる。

九月十二日　在日韓僑自願兵第一次応募者六十五名は米第一騎兵師団に入隊これに続いて二次三次と全日本の各地より自願兵が東京に集まる。

九月二十四日　第一次自願兵仁川上陸、各部隊に配置され猛進撃。

十一月二十八日　中共軍五十万越境侵入

十二月二十日　自願兵百十七名武勲を立て日本に凱還

一九五一年

四月十一日　マ元帥解任、後任にリッジウエー中將。

（次號に續く）

動亂の韓國に深い同情!

歡迎ぜめに感激のわが選手!

孫副監督〝オリンピックを語る〟

去る七月二十七日、記者はヘルシンキオリンピックより帰国途上の孫基禎副監督（ベルリンオリンピックマラソン優勝）を由比黒の岐山ホテルに訪ねた。心身共に疲労し切って三日目もやせ衰へた同監督は、ヘルシンキでのわが選手の活躍ぶりや欧州各地での感想を記者に静かに語って聞れた。（P）

……○……○……

問……今度のマラソン優勝者ザトペック選手とわが崔倫七選手との相違は……

答……ザトペック選手は超人的存在で何世紀目に生れる巨人のやうなものだ。大体彼は一万が専門だが、今度は五千・一万・マラソンと三種目に優勝したのはまったく驚異といふより他にない。

わが崔倫七選手はベストを盡した。コンデイシヨンも上々であったが、私から言はしすれば世界記録を三分も短縮した四着に入つたのは嬉しくて堪らない。もう少し出ると期待していた、

問……韓国の選手生活と外国選手の生活についての一つ……

答……外国選手は殆んどといつていい程職業的である。体育団体や国家で充分なる練習時間と生活を保障されている羨しいことだ。これにひきかへわが選手達は、祖国、動乱の渦中にあって、食糧不足、生活の不安定、練習時間の不足等がたたり、良い環境での充分なる選手生活が出来なかつた。このやうな点から考へると、今度の各選手の成績は相当と見て良いだらう。韓国では十名の選手が一ケ月間合宿して練習するのに約一千万円位費用がかかる。

問……日本マラソンの敗因についてどう考へるか……

答……先づ良き指導者のいないこと。特に理論上だけの指導では駄目で実地にコーチするところの優秀な指導者が必要だ。次に指導者を変更するのは良くない。それから先輩後輩の封建的因習が濃厚でこれは親密さを通り越して選手に精神的圧迫感を与へる。もう一つ最大の敗因は練習過度である。韓国選手と比較した場合技術の差は大して見られなかった。

問……選手達の食事については如何……

答……わが選手達はヘルシンキへ行く時に、米味噌、醤油、ノリ、唐辛子等持参して各部単位でコーチが指導して炊事をした。結局東洋人に合った食事をすべきである。部分的には西洋、中華料理を食べた。

問……ヘルシンキでの各国選手がわが選手に対する態度は如何でしたか……

答……アメリカのサミー李選手（高飛込優勝者）等はロンドン大会でも優勝した韓国二世で彼は私の処に訪ねて来て親交の意志を表明したが、言葉が良く通じないので不自由を感じた。其の他の各国選手達も、動乱の韓国よりやって来たといふので非常に同情の念をもち、心から歓迎して呉れた。

問……ソ連ブロックの選手について……

答……入場式の時に参加しなかった中共が遅れて来て水泳等に参加したが成績は勿論問題にならず、一種の共産デモのやうな感を各国選手に与へた。オリンピックは彼等の宣伝工作に利用するには恰好な場所であったに違ひない。それにソ連選手達の無愛想には驚かされた。

問……欧州での韓国同胞について何か知り得たことはないですか……

答……帰国途中に、ストックホルム・コペンハーゲン・西ドイツ等に立寄つたが至る処で大歓迎して呉れた。幾人かの留学生達と旧友の金鳳秀君（明大・パリ大卒）にパリで会つたが、金君は自動車会社を経営しており、これもパリ大学法科出身のフランス婦人と結婚して円満な家庭生活を営んでいた。それから、パリー市長邸で歓迎パーティが開かれわが選手に四個・功労章が授与された。言い忘れたがヘルシンキ市長からも二十四個の文化勲章が送られた。

問……其他何か欧州のことについて……

答……西ドイツは着々復興中だが諸々施設を優先的に復興させていた。其他の国は殆んど戦前の水準に達している。パリは相変らずの歓楽境だった。ローマで八月十五日を迎へたのでホテルで、全奎弘公使参席の下に光復節記念式を挙行したが、涙が溢れるのをどうすることも出来なかった。

問……日本に在留する同胞に望むことは……

答……日本で活躍している有名な芸術家、スポーツマン等多勢居て頼もしい[illegible]といっていい程[illegible]がない。民族としての誇りを捨て日本人に帰化している者が多いのは歎かはしい事実だ。然し、わが祖国がこれ等の人々が祖国に来て充分に活躍出来て生活が保障されるやうな地盤をこしらへて置く必要がある次に最近特に経済的に困難を来しているやうだが相互扶助の精神を発揮、盛り上げて豊かな生活が出来るやう努力すべきだ。各団体がスポーツに無関心のやうだが、特に青年団体等では体育部を設け、スポーツに親しみ往年のスポーツ・コーリアの名声を挽回して貰いたい。最後に、外国に行く度に痛感することだが、地球上でわが民族程可哀想な民族はいないといふことだ。早く名実共に完全統一して世界的に飛躍する民族となりたい。そのやうな意味で日本に在留する同胞、特に青年学徒に私は大きな希望をかけている。

寫眞說明＝向って右から孫基禎副監督、眞中がサミー李選手。左は崔選手（陸上四百）

従軍記 「戰火と共に」（一）

孔　雀　生

この一篇を、今は亡き戦友の英霊と、戦線にて英雄的闘争をしている國軍とUN軍将兵に捧ぐ!!

序章

一九五〇年六月二十五日を契機として、不法侵入して来た北鮮共産軍は用意周到なる作戦計画下に三十八度線を九個所から突破して世界平和への夢を踏みにじり[illegible]した。お粗末な武装しかほどこさない韓国軍は怒濤のやうに侵犯してくる共産軍を防禦する術もなく止むなく後退せざるを得なかった。共産軍は数百台のソ連製タンクを先頭に優れた重火器を備へ、充分に訓練された歩兵部隊で猛烈な攻撃を加へて来たが、韓国軍は元来三十八度線を警備する程度の兵員と、武器も旧式小銃に弾丸が各員に拾発位しか与へられていなかつたところへ迎へたのが所謂この六・二五動乱である。

このニュースがワシントンに達するや、国連安全保障理事会は緊急会議を召集し、六月二十七日に至り同理事会は侵略者共産軍に対する軍事制裁を決議したが、元来自己の意図を遂行するに手段を選ばぬ共産軍は侵略を継続して六月二十八日には首都ソウル市に侵入して来た。其の[illegible]状態にあつたのは[illegible]七月三日には既に仁川港[illegible]が略取し、相当数にのぼる捕虜、戦死、負傷者を出した韓国軍は再編成に狂奔したが既に遅かった。このやうにして[illegible]韓国軍の最後の一線は、[illegible]戦をとる以外に道はなかつたのである。七月七日米極東軍総司令官マッカーサー元帥は国連軍総司令官に任命され、又同十三日ウオーカー中将は米韓国派遣軍司令官に任命された。かくて韓米軍事協定の遵守の戦略たる履行に韓国々民は始めて安堵の胸をなでおろした。然し一方共産軍の絶間ない猛烈な攻撃の為七月二十日には大田市が陥落、湖南地帯は恐怖と戦慄に満ちみちた。

ディーン少将が大田地区作戦にあて行方不明となり、韓国軍の[illegible]少将は七月二十八日に壮烈な戦死を遂げた。共産軍は八月十六日に大邱[illegible]地区まで南下して来、[illegible]大邱市内でも砲声が絶間なく市民の耳をそばだてたそうである。一方大田を占領した共産軍は湖南地方に歩を進め、容易にこれを席捲してしまった。共産軍が三十八度線を突破する時の計画に依れば八月十五日迄には釜山港まで占領、八・一五記念行事を首都ソウル市で盛大に挙行する予定であったといわれ、所謂人民共和国首相金日成は「八月中に韓米軍を追ひつめ海底に叩き込まなければ、われわれは極めて困難なる局面に直面するであらう」と[illegible]。彼我両軍は洛東江辺にて一進一退の攻防戦を展開していたが九月一日B29[illegible]百台の絨毯爆撃に因り洛東江西岸に集結していた約六ケ師団に達する共産軍は全滅した。其の間、小規模の戦斗が洛東江を[illegible]継続されていたが、九月十五日国連軍の海兵隊、陸軍部隊が仁川上陸を開始するや、意気消沈した共産軍はそれこそ支離滅裂し退却をする者、或者は山岳地帯に姿をかくしてしまった。仁川に上陸した国連軍は同二十八日ソウル市を完全に奪還し、共産[illegible]過去三十六年間、日帝の圧政の下にしん吟し、国なき民族としての悲哀を嫌といふ程身に泌みて苦しんだ在留同胞は、共産軍に依り再び祖国[illegible]を見まいと[illegible]上の[illegible]或ひは[illegible]。

当時、日本に在留する韓国人は、祖国の戦況を大変憂慮していた。国民として祖国の危機を看過することは到底しのび得なかつたのである。

[illegible]勇軍として戦場に馳せ参じたのである。当時、金龍周公使を通じ総司令部に再三たん願の掲句、われわれの祖国に対する赤誠を認められ駐日代表部は民団にあて「義勇軍に参加を希望する者は米第八軍にて一斉に、勤務者に便宜を供与する」との緊急の通牒をなして来た。かくて民団では金光男団長がその責任者として義勇兵在日同胞自願軍本部を設置、応募者は全国各地より殺到して来た。当時、日本に在留する同胞数は約六十万に達していたがこの国家的重大意義をもつ計画に応募した者はわずか〇〇〇名に過ぎなかつた。然し海外居留民の赤誠を祖国の危機にあつて生死を祖国におかず義勇軍を志願したその愛国心を高く評価したのである。勿論日本に在留する同胞の中には左翼系に属する人々が多かったのは否めない事実だが兎も角、自己の思想より湧き出づる主観的目標より、或ひは個人の生命価値と国家の運命が一致するところより、自己の存在を抹殺しても国家の大義に生きる為に志願した同志諸君はまさに国宝的存在でもあり、民族の英雄として讃たんに値するものであるといへよう。

八月二十日国よりソウル中央放送局が放送を中止された原因と総司令部の戦況ニュース等を放送する為に東京に放送所が設置され対韓国向放送が開始された。

一方民団では動乱に因る避難民の為に韓国同胞救済募金運動が各地にて展開され、東京の各中央紙は動乱ニュースを大々的に取り扱ひ時々刻々報道しまさに二次大戦以上の緊張が全日本に漲って行つた。（續く）

1328

旬刊 戰友

發行所
東京都新宿区若松町二十一番地
電話九段(33)2771、1169番
在日本韓僑在郷軍人会
旬刊「戰友」編集部

宣言

一、我等は、先烈の血を受け繼ぎ、死をもつて民族國家を護る。
二、我等は血で祖國完全統一と自由を勝取し、且つ世界平和に貢献する。
三、我等は鋼鐵の如く團結し、相互親睦を期する。

韓國戰線に日本兵出動？
虚偽宣傳に狂奔する最近の日共と祖防！

韓国李公報処長は去る九月三日、日本軍（予備隊）が韓国戦線に出動、国連軍と共に斗つているとの共産系謀略虚偽宣伝に対し次のやうな談話を発表した。

「共産側はいつも自由諸国に対する邪悪な陰謀を考へ出している、ソ連主催のソ・中・蒙モスクワ会談は自由世界に対する一連の共産陰謀の最新のものである。

一方ソ連共産党機関紙プラウダ紙は日本が千名の警察予備隊員を韓国戦線に出動させたといふばかばかしい作り話を拡めている。

周知のやうに侵略に対し韓国軍と国連軍は十二分に戦斗している。韓国が日本の援助を求めるのは必要でもないし好ましくもない。

従来たびたび言明したやうに、われわれは日本人を使つたことはないし将来も雇用しない。われわれは共産側の邪悪な陰謀の現れたるかかる事実無根の作り話の流布を厳重に監視すべきである」と。

読売新聞九月五日の報道に依ると共産系謀略宣伝の一環をになう新日本自由放送は日共の細胞新聞「民族のことば」の報道として「日本国内に民族解放人民軍の中核であるパルチザン部隊が誕生し、同部隊の歓送会が〃あるむし暑い日〃に某所で行われ、隊員たちは〃人民広場で閲兵式を行う時〃の再会を約して任務に出発した」と放送したと伝へ、このナゾのパルチザン部隊の正体につき公安調査庁では郡馬県相馬ケ原予備隊キャンプ襲撃事件などに見られる予備隊工作およびPD工場（軍需品製作工場）粉砕などを任務とするテロ分子からなる北鮮系を中心とした特別中核自衛隊のことでありこれを誇大に放送したものとみている、とも伝へてゐる。

公安調査庁では既にこの新日本自由放送を裏づける記事の書かれている北鮮系秘密機関紙「新朝鮮」を押収しており「民族のことば」もこれと同類のものと推定されている。

この「新朝鮮」なるものは既に百数十號を発行しており、所謂、祖国防衛全国委員会の機関紙として北鮮系共産分子の謀略宣伝、煽動、のダイジェスト的存在である。

特にインキガリ版ダブロイド型の貧弱なものでその発行部数は相当なものと思われるが、明瞭ではない。

これは旧朝連系の分子が編集、韓国文で書かれている。

七月五日発行の百廿三號には「吉田政府は既に十五万以上の日本兵を朝鮮戦線に送り、さらに七月廿日には相馬ケ原の予備隊一千名と韓国下士官五十名が出動する」と述べこの出動阻止の為「パルチザンの栄誉ある戦士独立遊撃隊の歓送隊が七月〇〇日東京〇〇の国鉄三百名によつて開かれ現金一万六千円、シャツ、ゲートル、水筒など八十点が供出された」と述べている。

又〃元陸軍の斎藤中将が予備隊三万を引きつれて済州島にいる〃とか〃山口県の予備隊が巨済島の事件に出動し二名白骨で帰つた〃などデマ宣伝一色にぬりつぶされた記事が満載してある。（読売）

× × ×

このやうに日共と旧朝連系の共産分子等は放送や新聞を百％悪用して破防法の網を巧みにくぐりつつあらゆる破壊活動の陰謀を実行する為に、所謂、光栄ある人民戦士に呼びかけている。

本会機関紙〃青年戦線〃一號で既報の如く、共産系の非公式な軍隊〃パルチザン戦斗隊〃は精密なる組織の下に軍事訓練をなしており、その中核自衛隊は日本各地に配置されたものと見られる。

彼等の所属、祖国防衛委員会なるものは北鮮労働党日本支部の別称であり、その指令は金日成傀儡政権から出ており、最近では密航までも用意して密航を組織的にやつている模様である。

[illegible]

主張
戦争・平和・文化について ――その一つの〃考へ方〃

戦争はすべてを破壊する。物質も精神も肉体をも無にしてしまふといふ考へ方は常識的観念である。

然し、その反面戦争によつて機械文明（原子爆弾、水素爆弾、ジエツト機、其の他の新機械等）が発達する事も事実である。

これらの新しい機械文明が、人類社会に及ぼす影響は非常に大であると同時に、人類の精神文化の面にも大く（或ひは微細）の影響をもたらすものなのか？

[illegible]

× × ×

人間は平和を希求している。

[illegible]

（P）

の一人であつた某氏に会ふことが出来たが、彼は次のやうに語つた。

[illegible]

が、規律は厳しく、厳格な厳守の鉄則は同じ隊員間でも真相を知らないことが多い。それに完全な振隊組織で或る限られた部署で限られた行動以外は一切自由が許されない。

私が軍防を脱退した理由は、人間性を取り戻し、人間味のある生活をしたいからだ云々」

このやうに共産陣営は日に日にその勢力を増大し、日本国中に拡がつて行く時、われわれ祖国統一を念願とする民族陣営の強固なる団結こそ最も急を要する重大問題といへやう。（P）

関西支部本格的活動へ

既報（戦友五号）の如く、本会関西支部は林義沢同志が先頭に立ち、着々と強力に再編成中であるが、本部より派遣されて行つた金落善同志（本部の前財政部長）がこの程帰京、その中間報告を次のやうに語つた。

「関西支部は此の度、本部再編成と並行して、新たに強力で清新なメンバーを入れ、本格的活動へ乗り出すことになつた。

林支部会長を中心に大阪に李宝鎔同志が組織面を担当、会員の再調査とその留守家族、遺家族の対策をなすことに決定した。

又林[illegible]や私などが事務所の設置（従来は民団内に在つた）自動車購入、会員達の為の厚生事業等、財政面に全力を発揮、基礎的問題を確立する。

更に、中央より優秀な同志を幹部として[illegible]つており、目下適任者を[illegible]中である。

遅くとも十月中旬迄には、完全に再編成を終り、軍人会本来の目的完遂に邁進、[illegible]の期待にそむかぬやう頑張るつもりだ」。

〃創立一週年記念行事決定〃
合同慰霊祭と慰安會

かねてより準備中であつた[illegible]族合同慰霊祭及び慰安会、[illegible]は九月三十日[illegible]ホール（[illegible]）本会創立一週年記念日を期して本会の[illegible]を行ふことになつた。去る九月八日、会長以下[illegible]により当日のスケジュールが次の通り決定した。

記念行事

一、戦歿将兵合同慰霊祭（[illegible]）
一、遺家族慰安会（[illegible]）

プログラム

一、慰安会（慰霊祭終了後）
歌手…新田八郎（ポリドール）
小夜宮孝子（キング）
李 鎔（OK）
白道吉・金徳煥（本会）他
二、ウエスタン・ショウ
永岡ブルースシスターズ
三、[illegible] 鄭舞燕舞踊團
四、A構成劇「君も僕も反共戦線へ」……一幕
作・演出 孔泰容
B舞踊？
H演…軍人会有志
総指揮・鄭竣文
進行 鄭基万
演出、装置、効果 崔光鎮
孔泰容
朴英勲

前會長歸京

前会長[illegible]氏は九月十五日[illegible]、CAT機で羽田空港に到着した。

十月一日〃第一回全國大會〃

既報の第一回全国大会は十月一日開くことに決定した。九月三十日に催す、合同慰霊祭と遺家族慰安会終了次第、その翌日の十月一日午前十時より[illegible]で開かれるが、当日全国の会員が一人でも多く参加することを要請されている。

この大会こそわれわれ戦友の[illegible]をはかり、団結を一層固にするものであり、[illegible]当日は第二回の役員選挙があり、今後軍人会発展の為に献身的に働く[illegible]を選出する[illegible]。（P）

懲戒處分

朴 達洙・金 泰善・李 壽 德

右の者、本会々員にあるまじき行動を為したるにつき九月十日を以て懲戒処分す。

在郷軍人會本部

自願軍戰歿者（確認）

（氏名）	（年令）	（階級）	（本籍）	（住所）
洪淳慶	二二	陸軍二等中士	京畿道開城市	徳島縣
申鐵用	二七	〃	全北多光郡	〃
金相沢	一九	〃	慶北慶州郡	栃木縣
權鐘浩	二三	〃	江原道尉珍郡	東京
鬼弘烈	二二	〃	全南麗水郡	秋田縣
朴珍南	二二	〃	全北錦山郡	神奈川縣
曹達永	三〇	〃	慶北金泉郡	岡山縣
朴柱万	二四	〃	慶南感安郡	神奈川縣
姜侵植	二八	〃	忠南牙山郡	東京
金亨万	二三	〃	全南羅州郡	神奈川縣
鄭仁逑	三八	〃	〃	〃
池住鎰	三二	〃	全南順天郡	岡山縣
金氣出	二四	〃	慶南密陽郡	神奈川縣
金徽植	二六	〃	全南宝城郡	千葉縣
曹幸奇	一九	〃	全南海南郡	岡山縣
李東国	一七	〃	慶北軍威郡	〃
金相鳳	二七	〃	慶北馬山市	東京
金貴守	二九	〃	慶南尉山郡	東京
李洪雨	二〇	〃	慶北慶州郡	〃
金甲度	二七	〃	慶南四川郡	〃
朴鐘晃	二五	〃	慶南尉山郡	東京
史成煥	二九	〃	江原道准陽郡	岐阜縣
金容輝	一九	〃	慶南統營郡	東京
朴龍吉	二九	〃	京畿道広州郡	宮城縣
徐在爾	二八	〃	慶南河東郡	新潟縣
朴榮士	二〇	〃	慶北英陽郡	大阪
李鐘浩	二四	〃	慶北倚州郡	宮城縣
朴大關	三〇	〃	慶北迎日郡	愛知縣
金斗先	二一	〃	ソウル市	東京
禹仁基	二八	〃	慶北漆谷郡	静岡縣
李相珍	二七	〃	ソウル市	東京
金永洙	四三	〃	京畿道揚州郡	〃
金東洙	三一	下士	不明	愛媛縣
黄鳳祐	不明	〃	〃	新潟縣
崔海蒙	二五	〃	江原道麟蹄郡	東京
明德一	二五	〃	平壌市	東京

右の他に調査洩れの戦歿将兵がおりますが目下調査中ですから、判明次才追つて発表致しますなを本人の留守家族に直接戦死通告がある場合もありますから、本会組織部宛御報せ下さい。（一九五一年九月現在調べ）宣伝組織部

1329

韓國人戰犯訪問記
巣鴨に繫がる二十九名
濟まない氣持でいつぱい
唯、祖國の統一を祈る!!

対日平和条約が発効した今日に至るも、なほ日本人戦犯として巣鴨刑務所に繫がれている韓国人戦犯二十九名を、去る九月十五日記者は訪れた。

何等、正当な法的根拠もなく、日本人でなく韓国人としての国籍を取り戻すべきこれら戦犯に対して、日本政府は速かに釈放しなければならないのにも拘らず、何等その良心ある態度を表明しないのはわれわれ在留同胞としても不可解極まる問題である。

そこで記者は李鶴吉（笠山）氏＝三七才、ソウル出身＝と金俊（完山）氏＝二四才、咸興出身＝に問答を試みて見た。（朴）

問…所内での待遇は？

答…所謂、衣食住の問題は何も心配することはない。充分過ぎる程だ。それに自由なフンイキで読書をしたり（図書完備）散歩も自由で沙婆にいるのと大して変りない。

問…現在収容されている韓国人戦犯はどこから来たか…

答…一九五〇年ジャワから来たのとシンガポールより来たのが半々位だ。

問…釈放の可能性はあるか…

答…十八年刑の者は今年中に仮釈放されるかも知れない。二十年刑の者は来年出来るかどうか……それに外国人だからと言つて特別なはからいはありそうもない。

問…大体どういう種類の戦犯か

答…軍人は一人も居ない。皆軍属ばかりで米軍の俘虜収容所に勤務していた。従つてこれという具体的罪状はないが、収容されていた米兵に顔や名前をよく憶えられていただけにおまけに、B級戦犯にされた。

問…祖国の動乱についての感想を一つ。

答…何もいう資格はない。[illegible]

問…もし釈放された場合はどうするか。

答…直ぐには帰りたくない。日本でもシンと勉強して、先づ[illegible]本当に[illegible]化した祖国の山河を[illegible]一日も早く統一が成立することを待ち望んでいる。手ブラで帰るのは心にも[illegible]ないだろうと思うから。

問…ここにいる韓国人戦犯は出生地は日本か…

答…否、皆韓国で生れた者ばかりだ。一九四二年八月釜山港よりジャワ、仏印、泰、ビルマ、スマトラと別れて行つた。

問…在日同胞の問題について一つ…

答…国籍選択については日本政府に反省を求めたい。左右を問わず、政治斗争はやめて祖国が何を求めるかをよく見極める必要がある。とにかく統一することだけが大事で、その為には団結して当らなければならない。

問…本会に対して希望を一つ

答…戦線から帰還して来た皆方達に望むことは、将来祖国が統一された時にこそ本当の実力を発揮する事が出来ると思うしその時こそ積極的に国家のお役に立つのがよいと思う…

問…何か欲しいものはないか…

答…さきにも言つたように待遇はよいから何も欲しくない。われわれに呉れるものがあつたら動乱の祖国に一つでも余計送つて欲しい。

収容戦犯者氏名
（数字は刑期）

曹壽鉱（10）
新井呂浩（15）
田村泰範（15）
南原高職（15）
大川充商（15）
毛利俊之（15）
金林昌禧（15）
新井謹介（15）
清原正茂（15）
森本錦永（15）
雲井英治（15）
呉川善鐸（10）
金光吉朱（18）
占野幸次郎（18）
安原正蔵（18）
伊源東鉱（20）
広村鶴東（20）
石原辰雄（20）
新井英夫（20）
松本明山（終身）
羅山德一（〃）
金昌植（〃）
李義吉（〃）
德山光男（〃）
三中設錫（〃）
金山禪龍（〃）
野山起聖（〃）
完山金蔵（〃）

以上の他、死刑者が十五名、釈放者八名があつた。

同胞社會啓蒙のため
"文化工作隊"誕生

本会、宣傳組織部・新聞部で既に映画班、演劇班を編成中であつた、在日同胞社会のために東北一帯に巡廻のための啓蒙運動の一環としての文化工作隊結成の件は、この程その具体的面において時期、本会創立一周年記念会（九月三十日、ヨミウリ講堂）にデヴューすることに[illegible]週年記念を期して新しく誕生を見ることになつた。

その目的とするところは、あくまで在日同胞の啓蒙運動にあり、文化性の高い国民として祖国再建に貢献する同胞の一人も多く出ることを念願とするものである。

具体的内容としては、映画班、演説班、演劇班の三班を先づ設置した。

合同慰靈祭
御香典芳名録

一金壹万円　モナミ製作所
〃　二万円　朴魯植
〃　五千円　鄭同例
〃　五千円　友愛商事
〃　五千円　汐一交通
〃　五千円　山口基道
〃　壹万円　チョン商会
〃　壹万円　東洋鋼材
〃　壹万円　大韓青年団
〃　壹万円　和信産業
〃　壹万円　平和ホテル
〃　五千円　呉周一
〃　贰万円　三興実業
〃　贰万円　英昌貿易
〃　壹万円　韓国通商
〃　参万円　民団台東支部
〃　壹万円　不二貿易
〃　壹万円　美造商会
〃　五千円　大韓産業
〃　五千円　汎韓貿易
〃　五千円　全万洙
〃　五千円　李漢垣
〃　五千円　宇田事務所

（九月十九日現在、寄附順による）

可愛いらしいウエスタンバンド
五人姉弟で編成

★ ★ 栃木県足利市在住の韓国人[illegible]さんの五人姉弟で[illegible]このたびNHKに出演[illegible]

續 国民備忘錄

一九五一年
七月八日…開城にて休戦予備会談始まる。
十月十日…[illegible]
一九五二年
四月二十八日…日本独立。
五月三十日…[illegible]
六月二十三日…[illegible]

民團荒川支部總會

民団東京荒川支部第三回定期総会は九月十四日正午から荒川区民館で開かれた。[illegible]代議員の熱[illegible]な討論のうち、任員改選に入り次の顔ぶれが選ばれた。

団長　李福成（再選）
[illegible]

入隊前私服保管者氏名

一、東京都大田区蒲田本町二ノ七三　松原長一
[illegible]

住所不明者名

[illegible]

右の方に本会総務部宛至急御連絡下さい。所物保管致します。　総務部

新たに發足！
韓僑生產業者同志會

最近日本における韓僑生産業者[illegible]この会の目的は、[illegible]

会長　[illegible]
[illegible]
仮事務所　太田区馬込町一ノ九三　電話（0五）一0三三

郭東植　郭聖永
右会員の住所をお知りの方は、本会総務部宛御知らせ下さい。

〃住所異動〃

癸玉龍…新宿区荒木町二三　吉川方
金貞植…右同
朴鍾秀…板橋区練馬豊玉中三ノ一〇（政平方）
李鶴九…杉並区天沼三ノ六四七
趙承培…荒川区日暮里二丁目二二九、（安達方）
鄭基万…右同
鄭元朝…文京区高田豊川町一三（石井方）
楊泰根…世田谷区弦巻町一ノ一五（高橋方）
李鐘弼…太田区上池上町一一一三七（島田方）
金鐘吉…右同
朴鳳民…右同
朴運旭…杉並区天沼三ノ四七
朴道学…埼玉県入間郡豊岡町扇町屋二〇一（德山方）
大和ダンス教習所
郭道春…神奈川県高座郡大和町
安基伯…中央区銀座八丁目三番地（大和ホテル内）
金貞寿…足立区千住橋木町五三
尾竹橋病院入院中
朴孝在…神奈川県高座郡相模原上鶴間四六ノ一三
李明葵…神奈川県横須賀市佐野町一ノ一九（山本方）

従軍記
戰火と共に（二）
孔雀生

二十世紀の悲劇がわが祖国に於いて、五千年の伝統と歴史を持つ民族の意志に反して皮肉にも実現したのである。

このやうにして日帝より解放された喜びは束の間、祖国の運命は永硬化し、その政治的安全をおびやかす幾多の不吉が連続している。

同一民族が一つの国土を二分する事実は今日に至るもなほ続いている。

それは米ソ両大国が正に衝突して、世界第三次戦の導火線となるあらゆる内乱的危険性を多分に含んでいるからである。

居留民団本部では、各県本部に対し、祖国の危機を救ふべく、自願兵応募が拡大するよう旨の檄文を発送した。

戦況に多少好転して来たものの、傀儡軍の兵力は益々強固され、大邱北方洛東江に陣地を築く一方、湖南地区を攻撃していた部隊は、完全にこれを席捲、その先鋒は晋州を焦土と化し、余勢を駆つて馬山市郊外まで到着した。この時のわれわれの怒りはまさに怒髪天をつく勢で爆発した。

われわれ自願軍は生資を毛頭考へていなかつた。

（ここより後は、義勇軍でなく自願兵と書くことにする）

ここにおいて自願兵に関する[illegible]的な従軍経験を総括的に省みて、在日同胞が自願兵に対する[illegible]め誤解を是正してもらひたい[illegible]経者に勿論、戦友諸君の現在[illegible]らぬ心境である。

恰せて戦場にて英雄的戦斗を展開している自願兵達の武運[illegible]祈り、永遠に祖国の礎石とな[illegible]

[illegible]

（以下次号）

1330

西紀1952年10月10日發行　　在日本韓僑在郷軍人會機關紙　　第7號　(1)

宣言

一、我等は、先烈の血を受け継ぎ、死をもつて民族國家を護る。

二、我等は血で祖國完全統一と自由を戰取し、且つ世界平和に貢献する。

三、我等は鋼鐵の如く團結し、相互親睦を期する。

旬刊 戰友

發行所
東京都新宿区若松町二十一番地
電話九段(33)2771、1169番
在日本韓僑在郷軍人会
旬刊「戰友」編集部

合同慰靈祭、遺家族援護等
一週年記念行事盛大

全日本在留同胞の期待と信頼に副ふべく、万端の準備態勢を整へていた本会では、九月三十日に創立一週年記念日を迎へて自願軍戦歿将兵合同慰霊祭、遺家族生活扶助金交付、遺家族慰安の夕を盛大裡に挙行、在留同胞に多大な感銘を与へ無事にその幕を閉ぢた。以下その模様を詳細に報告する。

戰歿将兵合同慰靈祭

九月三十日、この日こそわれ等が[illegible]在日自願軍戦歿将兵の合同慰霊祭の日である。[illegible]は、厳粛ながらも品格のある祭壇が飾られ、そのまわりには、[illegible]旧戦友も会員有志も一体となって一ケ月間前、あらゆる困難にもめげず昼夜を別たずこの日の為に奮闘して来た。

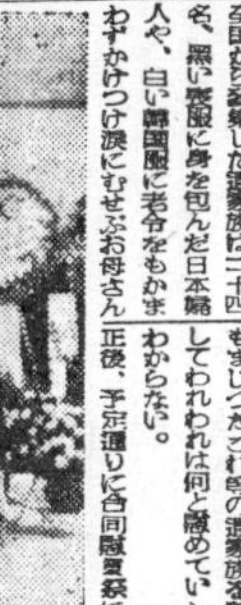

[illegible]から参加した遺家族は二十四名、[illegible]もまじつたこれ等の遺家族を前にしてわれわれは何と慰めていゝかわからない。正午、予定通りに合同慰霊祭は、会員は勿論、僑胞各界からの多数の参席を得て、僑胞の厳粛の中に厳かにおこなはれた。遺家族、有志、会員の順で焼香もとゞこほりなく済み午後二時頃合同慰霊祭は無事に終了した。なほ、この合同慰霊祭に参席出来なかつた各地方の僑胞団体からの弔電が数通入つたが、本国在郷軍人会からの電文をこゝに掲載する。（朴）

（上の写真は慰霊祭に参加した遺家族達）

電文

在日本支部麾下自願兵として祖国戦乱に参加、惜しくも散華した戦歿英霊の冥福を祈ると同時に、遺家族皆様に対し哀悼の意を捧げるものである。

大韓民国在郷軍人会本部

就任の辞
会長　金學鳳

第二次総会（大会）で会員諸氏の[illegible]護度に生死の境を[illegible]したあの尊い経験を生かし、且つ又在留同胞の[illegible]の結果、不肖私が選ばれ[illegible]の問題がようやく内外国の[illegible]なりました。[illegible]常に努力することを誓います。

遺家族援護金交付

本会創立以来の目的であり、念願でもあった自願軍遺家族生活扶助金交付は、財政[illegible]等の困難を忍びながらも、会員任の個人的活動に依り、やつと或る程度の基金を獲得、その対象者である遺家族の資格審査を厳重にした結果、小笠原トクミ（申鉄用君未亡人）以下各家族に対し、各三万五千円づつ（B級、C級はこの金額に該当しない）交付した。

この生活扶助金は、今度の韓国動乱に参加、戦死した自願軍の直系家族、つまり遺家族だけに適用するもので、親戚関係や知人関係はB、C級に属する。

この生活扶助金はこれで終止符を打つのではなく、更に基金獲得運動を続け、極度に貧困な遺家族に対して救済の手を差しのべることになつており、その為には僑胞各位の理解ある協力を俟つものである。

この生活扶助金交付に際し、故申鐵用君の未亡人小笠原トクミさんは（徳島県寺島本町三丁目）次のやうに語った。

「戦死したとは夢にも思はなかつたが、軍人会からの戦死通知を受け始めて知つた。六才になる子供一人をかゝへて、[illegible]社会の荒波と斗つて見たが[illegible]出来ないので私の実家に預けて働きに出ている。亡くなつた主人の親兄弟は日本に居ないので相談になる人は一人も居ない。私の両親も老令で余り豊かな生活も出來ないし、可愛い子供は引取らねばならないので、今度の措置に対しては、何とお礼を申上げてよいかわからない。これを資金にして小さな商売でも始めて子供を立派に育て上げたい覚悟でおります。今後も何卒御援助を続けて下さる様お願い致します。」

遺家族慰安の夕

毎日猛稽古を続行して来たわれわれ文化工作隊は、遂にその真価を発揮すべき時が來た。

この日、会場に指定された有楽町読売ホールは午後六時には立錐の余地もない超満員である。出演メンバー全員は張切つて最大の成果をあげるべく楽屋でも稽古やメーキャップに余念がない。六時定刻開演……永沢ブルーシスターズの可愛いウエスタンバンドから幕は切つて落された。続いて呉嗣香女史のカヤ琴弾奏があり、われわれの無言劇「君も僕も反共戦線へ」が上演されると、会場がわれるやうな拍手喝さいである。あつちこつちの隅から会員諸君の野次が飛ぶ。結局、素人劇であるので興味中分に拍手を送つたのだろう。次が鄭舞燕さんのケンランたる民族舞踊、その次がいよいよわれわれの真価を発揮すべき喜劇「無題」である。幕があくや、会場は哄笑、微笑、のルツボと化す。戦場生活の一齣をスケッチ風に描写したこの喜劇が、わが夫、わが子を亡くした遺家族の目にどのようにうつつただろうか。われわれは未熟な演技ではあるが少しでも遺家族の心が和らぐのを祈りつつ全情熱を傾けて演技したと自負している。

いよいよラストを受けもつこの日のプロ中のピカ一、清原[illegible]とその楽団演奏である。五人の歌手を登場させての熱演ぶりは、観客に幾度もアンコールを叫ばした。

かくて九時半過ぎ、この有意義な「慰安の夕」は愛国歌合唱を[illegible]者も観客も総立ちで奉唱、大成[illegible]に幕が閉じたのである。なほ本会文化工作隊ではこれを機会に、全国の僑胞啓蒙運動に乗出すことになつており、地方の僑胞各団体の協力を切望している。

（上は[illegible]とその楽團、下は演劇「無題」の舞台面）

主張
一年間の回顧

本会が在日韓僑在郷軍人会として[illegible]性を帯びていただけに、未経験による過失もあつたのである。

本会の存在意義の大なるは自他共に許すところであるが、その理念とするところが大韓民国の国民として軍人として恥ぢざる人間になることであり、それがひいては祖国に殉ず唯一の道であるわけである。

このわれわれの業績を二期に大別し、その経過を考へるに、上半期[illegible]に於ける具体的[illegible]第一回全国大会を節目として、[illegible]

この精神をもつて、遺家族救護問題、除隊自願兵帰還促進運動、会員相互間の親睦を図つて來たのである。

これは、このやうな運動をすることが、在留民族陣営への一つのプラスでもあり、われわれ自願軍の誇りであつたからである。その具体的なあらわれが、去る九月三十日の戦歿自願兵合同慰霊祭であり、遺家族生活援護金交付であり、慰安の夕を開いたのである。

[illegible]つたのであり、後半期[illegible]年記念行事を前後と[illegible]の最高能力を発揮これだけの成果を収めたと見る。

この結果からして、本会は漸次、[illegible]前進の途上にあることを証明出来るが、勿論われわれはこれだけで自己満足しているつもりは毛頭ないのである。問題に、ようやく本会が本来の軌道に乗つたばかりだと見るのが正当であろう。本格的[illegible]これからであり、[illegible]

れわれは既に[illegible]僑胞社会の啓蒙[illegible]おり、遺家族の[illegible]の援護[illegible]めることになつた。それに、会員の[illegible]

第一回全國大会ひらく

本会発展の運命を決する第一回全国大会は十月一日正午より民団中総講堂で会員約六十名、来賓数名参席の下に開催された。

式順通り国民儀礼より始まり、一般報告に入るや前執行部の報告内容の書類不備や盲点をめぐつて会場は一時興奮のルツボと化し、責任追及の問題で議論が沸とうしたが、結局、別に財政調査委員会と規約改正委員会を設置することに万場一致、議事は続行された。本国在郷軍人会との緊密なる連絡を保つこと、名称は従来通りにすること、遺家族援護対策、小林寺に待期する帰還自願軍の促進運動の展開、文化工作隊の積極的活動等の重要な決定を見、更に大会の名で韓国戦乱に参加している自由国家群（十五ケ国）の在郷軍人会へのメッセージを採択した。なほ一般報告に入る前に、前会長鄭同和君の生々しい本国情勢の報告があつた。役員改選に入り、無記名投票で次の諸君が被選された。

会長　金学鳳（新任）
副会長　孔泰容（再選）
総務　韓昌圭（再選）
組織　李鍾弼（再選）
新聞　朴英勳（再選）
監察　金鐘吉（再選）
　　　鄭元朝（新任）

財政、規約委員會

第一回全国大会において、前執行部報告の中、財政関係の書類不備等による報告もれと、規約改正に関する討議があつたが、正確を期する為次の二委員会を設け、指名推せんで次の諸君が被選された。

財政調査委員會
朴明煥　朴英哲
李鶴九　鄭元朝
白連吉

規約改正委員會
李泰男　安基伯
鄭同和　金學鳳
孔泰容

韓国戦線に参加している十五ケ國に送るメッセージ

October Ist, 1952.

Message to 15 U. N. nations prticipating in Korean War.

On this occasion of the Ist Anniversary of our Korean Legion in Japan, it is a great privilege to send messages to the 15 UN nations participatingin Korean War and to their veteran soldiers.

when North Korean puppet forces suddenly invaded the Republic of Korea on June 25th, 1950, many peace-loving korean students and young men residing in Japan went to Korean front as volunteers to fight against the Co—mmunist aggression.

We like to express our deep gratitude to these nations and their soldiers for the brilliant fight in repulsing Communists in Korean war. And wa hope, on this occasion, to establish close relationships wi th the legions of these nations and side by side strive to the end for the World peace. we wish these legions' prosperity and success, and wish all theirmembers good health.

HQS, KOREAN LEGION IN JAPAN

我々は幽靈部隊ではない……

見よ！韓僑自願兵の祖国愛を

——CBS特員派と語る——

コロンビヤ放送(CBS)の東京支局長ジョージハーマン氏が去る九月二十九日同放送を通し「八千名からなる"幽靈部隊"が韓國戰線にあらわれ、UN軍と共に斗つている。(九月三十日夕刊讀賣)彼等の正体は日本からやつて來た韓國人義勇軍たちだ」と述べ、これらの"幽靈部隊"は米軍と全部同等の待遇を受けている云云の報道に對し、本會ではその發表の内容に誤謬が多い上に、幽靈部隊などとあまり芳しからぬ名稱をつけたことに疑念をもち、その眞相を明らかに正すと同時に、対内對外的な威信問題もある故、種々協議対策を練つていたが去る十月六日午後十二時半、丸の内國際記者倶樂部に當の記事の責任者ロバート氏の招請を受け次のやうな對談會を催した。

出席者は本會側…金學鳳会長、孔泰容副會長、記者の三人CBS側は問題の記事を書いたロバート・チャールス・ピイアポイント氏他二名。(朴)

(註)－AはCBS側・Bは本會側

A…在鄕軍人會員の数はどの位か

B…会員数は四百人位だろう。

A…韓國戰乱に参加したものは、全部在鄕軍人會に入るのか…

B…YES。

A…第八軍では全部で千八百人位自願軍が出陣したといつているが

B…よく知らない…八軍でそのやうに發表したならば或はそうかも知れない…

A…誰が一番最初にこの[illegible]を考へついたか…

B…われわれ自身だ。

A…志願者を斡旋した責任者は…

B…米軍キャンプ[illegible]民団、自願軍指導本部で世話をやき、入隊後は一切軍の命令で動いただけだ。

A…韓國に東京グループ等といふものがあるが誰が統制した人か…

B…そんなものは始めから作つてない。一部の人が勝手にしたことだろう。

A…KOREAN MISSIONが[illegible]を始めて[illegible]というが事実か…

B…先に言つたやうに入隊する迄の世話以外何もない。

A…六百二十八人(代表部発表)の自願兵で戰つたのはその[illegible]かも知れない。

[illegible]

A…自願兵の中に混血児は如何…

B…少しは[illegible]それは[illegible]が日本人で父が韓國人の場合が殆んどである。

[illegible]

B…それはわれわれの責任およびない。軍の命で強制的に従軍させたから、当然除隊後は居住地であつた日本の元のところへ帰つて来るのが常識ではないかそれに、既に帰還者であるわれわれが既に何回も帰還兵の入国問題をして居る。

A…それでSCAPの方が申請をした事實はあるか…

B…その事實は知らないが、当然するべきものであれば、していると思つた。

A…八軍では大部分が除隊した筈し、帰日申請をしているといつているが…

B…出来得る限り、速かに全部帰して欲しい。

A…韓國軍にも編入しているといふが…

B…軍の命令で編入させられた。その上、何の特別措置もしてなかつたので(連絡不充分)日本から自願兵であることすらもわかつてもらへない場合が多いので非常に困つている者もいる。

A…入隊時、何か残したものは…

B…キャンプの責任将校に書類を[illegible]ひ、事項に記入してサインをした上、写真を添付した。

A…色々とどうも有難う…ここら辺で貴方達の質問や要請をききたいと思ふが…

B…SCAPでは書類も揃つてないといふし、どのやうにすれば之等の保護軍人や除隊兵を一日も早く帰還さすことが出来るだろうか…

A…結局、アメリカをしてUNに提訴し、解決して貰ふのが最もよい方法だ。

B…それから、われわれを最も不快にさせた"幽靈部隊"とはどのやうな意味か…

A…悪意ではない、人目をひく新聞用語に過ぎなく、その正体を確認出来なかつたからだ。

B…われわれは立派な韓國人であり、名誉ある自願兵だ、以後、そのやうな言葉は使つて貰ひたくない。それから八千名の数字は何処から出たか…

A…水原で貴方達のグループの一人にきいた。彼は東京グループと標識をつけていた。それに今始めて見たが、ネームドクターに番号がないのも不思議なことだと思ふ…

B…これで貴方は自願軍の正体をはつきりわかつた訳だが、われわれの戦死者遺家族の援護運動や未帰還兵の帰日促進運動についてどう思ふか…

A…私の出来ることは、この眞相をラヂオ・新聞を通じ世界に訴へ、輿論を喚起、米日両政府を動かしUNの力で速かに解決出来るやう努力することを惜しまない。それに今後どのやうな事でも相談に乗つて上げる用意をもつている。

合同慰靈祭 (續)御香典芳名錄

一金五千円 大韓商事
同 壹万円 朴春琴
同 参万円 アイレスカメラ
同 壹万円 國際觀光
同 貳万円 民団中總
同 壹万円 金聖洙
同 五千円 天友社
同 五千円 南鮮貿易
同 五千円 中央神御所
同 五千円 KP通信
同 壹万円 木下商会
同 五千円 学生同盟
同 五千円 韓僑生活擁護者会
同 参千円 羅光烈
同 参千円 [illegible]
同 参千円 [illegible]
同 参千円 朴根世
同 参千円 崔勁
同 参千円 千永壽

本会では、われわれに対する[illegible]

北海道民團本部 北見支部 總務局長 李允實

[illegible]る名誉にかけても、今後青年としての器領と民族的良心の下に僑胞と固く団結し、日本にある限り更に祖国に役立つ一つの捨石となつて欲しい。時こそ、われわれは全面的に協力するだろう。[illegible]弱き者を助けることと

僑胞の声

大阪民團本部團長 金聖洙

[illegible]めて自由に出陣した諸君が、以後、寄附強要をしたり、精神的圧迫を僑胞に与えた一部の者の為に評判が悪かつたのは事実[illegible]の為に斗つた諸君が、その光[illegible]青年の気概ではないか。最後に軍人としての本質を違えないよう特に注意を配ることだ。

九州長崎県民團團長 姜學文

長崎県からも相当数の自願兵が出陣した。最近、金龍奎という帰還兵(自称)[illegible]軍人会準備委員会が私のところえ来て、同情金を要求するような態度に出て非常に不快だつた。今、始めて彼の存在がわかつたが、今後、このような事が絶対に起らぬようよく戒めてもらいたい。

愛知県民團最高顧問 權尙[illegible]

[illegible]軍人会に対しては、在留僑胞が余りにも非協力的だと見える。諸君等の崇高な愛国心に対しては何もいうことはない。[illegible]いて希望するならば、遺家族の実相をもつとよく究明し、本当に貧困な家庭に対してだけは、徹底的に援助して欲しい。そのような意味における遺家族援護運動には、全面的に協力する。

兵庫県民團西播支部 代表 金重始

一線で斗つて来た諸君は在留僑胞に目標を受けている。その目標にそむかずやつてもらいたい。遺家族援護は道義的に見て諸君等の義務だ。軍人会そのものの内容によく通じないから、これといつた意見はないが、今後、関西支部と連絡して協力してあげたい。

かねてより懸案中であつた本会々員章(バッヂ)は此の程ようやく制定、全会員に配付することになつた。この会員章は、裏に年號と登録番號が記してあり、意匠は本国在郷軍人会と同一のものにした。

民團第十五回全體大會
民團第十六回中央議事會

第十六回中央議事会(十月三日)と第十五回全体大会(十月四日)は例年通り中央総本部講堂で全国からの中央議員、代議員多数参席の下に[illegible]雰囲気を漂わせながらもひらかれた。十月三日は例例の如く、中央[illegible]十月四日[illegible]多数の参加人員を[illegible]本会からは[illegible]会長、[illegible]一部長[illegible]君が代議員資格を与えられこの大会に参席した。この日は本国に在日六十万同胞を代表して帰国中であつた、金載華、金光男(前中総団長)両氏の本国情勢報告の後に続いて、在日同胞利益のための諸事項を本国政府に交渉したその経過を次の通り発表した。

一、毎日会談と国会に在日同胞代表を派遣、参加させる。

一、現在日本製品を輸入している政府では、輸入業務を一部民団で担当、そのあつせん(成可く在留同胞メーカーより購買させる)等の役割を果す。

一、その為に、優秀なる人選をした結果、名界層を代表して十五名からなる審査委員会を設置することに決定した。

最も注目されていた役員選出には次の諸氏が被選された。

團長 金載華
副團長 洪賢基、張世眞
事務總長 裵東湖
議長 金光男
副議長 金聖洙、呉宇泳

なお、前団長金氏は帰任談を次の如く語つた(本会事務所で)

"帰任談"

私が本国に帰つた重な理由は、本国政府に在日韓僑の実情を訴えその具体的対策を協議する為である。それから諸君から頼まれた、釜山小林寺に待期している自願軍帰還兵を訪問した。現在約五十名位が待期し、昼間は労務者となつて働きに出て困る者が多い。寝具の不備等、色々と困難な点も多いだろうが、代表部を通じ、積極的に帰還促進運動を展開すべきであると思う。

第一回韓青大會

在留僑胞各界より多大の期待をかけられていた第一回大韓青年團全体大会は去る十月二日、全国からの代議員多数参席の下に民団中総で盛大裡開催された。本会では代議員として鄭炳和君と安基伯君が参加 有名無実的存在であつた従来の韓青に対し、この機会を利用して、気鋭と情熱ある革新的気風を起さんと、大会を通じて建議案を提出したが、結局これは壮年派と青年派の対立的空気の濃厚な韓青にあつて入れられず役員改選に入り壮年派が重要ポストを獲得した。従来の韓青は、果して何をなして来たのかの批判の声がヒンピンと巷間に流れている折柄、今度の大会を機に熱と力のある実践に富んだ青年派の登場を期待されていただけに、全く意外な結果を生んでしまつたと言える。

わが祖国が此の瞬間にも幾多の貴き青年の血を流している時、韓青の存在意義は大きく、韓青自体がその重大なる青年運動の意義を痛感しなければならない時である。そのような意味で、今度被選された壮年派の幹部役員に望む事は、看板ばかりの韓青でなく、実質的な青年運動を徹底的に実践することである。これが在留韓国青年全部の卒直な意見ではないだろうか？

なお被選された役員名は次の通り。

團長 曹寧柱(再選)
副團長 洪賢基(再選)
辛熙

従軍記 戰火と共に (三)

孔雀生

入隊

一九五〇年九月十四日、居留民團中総で名古屋の権さんに会つた。名古屋から志願者七名を引率し上京して来たとのこと、時局は益々緊迫を告げていた。一刻も余裕はない。来るところまで来てしまつた。然し、集つた同志達の気迫に満ちた団結を見ると、何となく安堵の感も湧いて来る。全日本津々浦々より志願して上京して来る自願兵等は、われこそ祖国の存亡を一身に担つている気概に燃えていた。いよいよ明日は入隊するとの連絡があつた。集つて来た同志達の為に、臨時合宿所として神田駿河台ホテルが当てられた。

そして十四日の夜、歓送パーチイが同ホテルの大広間で催された。金韓周駐日公使が[illegible]を帯同して出席、激励の演説をされた。あくる九月十五日、愈々今日から私は沙婆の俗生活と訣別し、軍隊生活が始まる。[illegible]旧知朴さんの温い門出の言葉を受けた後、来訪した友人等に激励されてわが家を後にし合宿所である駿河台ホテルへ向つた。悲壮な決心を抱いて発つ私の心情……わが家を振返つては見、又振返つては見ながらも心はすでに戦線を駆け巡つていた。いまこそわれ等青年の力で祖国を救わねば誰が出来よう。既に世界自由主義諸国からはこの動乱に数多くの若き兵士達を戦線に送つているではないか。勿論、従軍することだけが、国民たる義務の一端を果すことではないが、しかしその当時としては、祖国の危機を救ふ道は、甲論乙駁する余地はなかつた。第一線に立つことが最良の方法だと信じて疑はなかつたのである。

時計は、午前十一時を告げている。……自願兵等の眼差しは鋭く光り、口元はキリリと堅く閉されていた。今日入隊する自願兵等は、過去を一切清算してこれから新生活に入るのである。駐日代表部では、自願兵入隊問題をGHQに、絶えず連絡をとつていた。まもなく米軍のバスがやつて來た。[illegible]歓送の辞について整列した入隊者の隊伍間を廻りながら、固い握手をする。各新聞社の報道写真班がシキリにシャッターを切る。[illegible]われたバスへ無言のまま乗込んだ。私の脳裏には、此の瞬間までの私の歴史と、これから先にくるであろう予測の出来ない[illegible]る。緊張感が自ら湧いて来る。[illegible]をすすめて自分も吸ひ[illegible]タバコの煙がモウロウと[illegible]流れる。此の煙の如く[illegible]総てがモウロウとして[illegible]うだ。

左方の片隅に坐つていた一人が何を思ひ出したか急に[illegible]き出した。その時バスのエンジンの響きがあらゆるもの[illegible]かの如く、そして我等[illegible]踊するかのやうに快い[illegible]て走り出した。

(つづく)

就職斡旋

此度、本会では厚生事業の一環として就職あつせんに積極的に乗出すことになつた。

会員中希望者は、本会事務所に申込まれたし。但し、希望職種や、[illegible]を詳細に書いて郵送されたし。成可く本人出頭を希望。その場合、[illegible]持参のこと。

1332

宣言
一、我等は、先烈の血を受け継ぎ、死をもつて民族國家を護る。
二、我等は血で祖國完全統一と自由を戰取し、且つ世界平和に貢献する。
三、我等は鋼鐵の如く團結し、相互親睦を期する。

旬刊 戰友

發行所
東京都新宿区若松町二十一番地
電話九段(33)2771、1169番
在日本韓僑在郷軍人会
旬刊「戰友」編集部

かねてより問題となっていた在日自願軍除隊兵の帰還促進は、本会が結成されて以来、全力をあげて積極的に推進されて来たにもかかわらず、其の後遅々として捗らないままに今日に至った。そこで本会は去る十月二十二日、駐日代表部に再び自願兵帰還促進を要請する公文を提出、その間の事情を報べた結果、次のやうな事が判明、ここにようやく、自願兵帰還問題も曙光を見るに至ったのである

自願兵帰還問題 遂に實現化

在留僑胞の協力を要望！

現在釜山の小林寺に待期している除隊自願兵は六十余名に達し、一日千秋の思いで日本に帰還出来る日を待っているが、彼等の大部分は殆んど帰還申請の手続を経ており、六五年あたりから待期しているのも多い。

最近、本國國防部に[illegible]長の談話に依ると、非常に困難な生活をおくって居り、生計を営む為に日雇労務者になった者も居るという。

われわれはこの事態の責任所在を究明する暇もなく、一日でも早く帰還すべく努力を続けて来たのである。

そこで数度に亘り、駐日代表部を通じ[illegible]を要請して来たのであるが、[illegible]今日に至る迄遅々として[illegible]つたが去る十月二十二日本会名を以て帰還促進に関する公文を提出、駐日代表部の[illegible]その受入態勢に関し代表部[illegible]が現下の事情を報べた[illegible]

駐日代表部では去る十月十九日日本政府外務省、出入國管理庁に除隊自願兵六〇名の帰還者名簿を提出、その早急な許可方を要請したことが判明、かねてより問題となっていた除隊自願兵の帰還問題もようやく実現化を見るに至ったのである。

そこで本会としては、早速これ等の帰還者に対し、近々帰還すべき[illegible]に対し、帰還受入態勢を整える[illegible]事に決定、目下その受入万端を期すべく着々と準備が推進させている。在日六十万同胞の代表団体に参加した[illegible]各帰還者団体の[illegible]に協力するとともに[illegible]この受入態勢に関し代表諸氏の意向をここに紹介する。

駐日代表部僑民部長 呉 龍 源 氏

代表部として[illegible]帰還問題については、日本政府の外務省出入國管理庁の許可がおりるだけである。十月十九日付で申請しており、早ければ十一月中には帰還出来るものと思っている。[illegible]

大韓民國居留民團中央總本部團長 金 載 華 氏

これ等、祖國戰線に参加した自願兵の帰還[illegible]

韓國學生同盟代表 朴 權 熙 氏

[illegible]

大韓青年團々長 曺 寧 柱 氏

[illegible]

主張
帰還兵の受入態勢に万全を期す

韓國動乱が一九五〇年六月二十五日未明を期し、三十八度線を突破[illegible]

[illegible]

十一月二日大阪で「僑胞慰安の夕」
―關西連合支部主催―

かねてより計劃中であった關西支部主催の「僑胞慰安の夕」は、この程本部から副会長以下四名の西下を見て、本格的に活動を開始、その資金獲得、会場の準備、観客動員の宣伝等猛活躍をつづけている。

この公演は、先般東京厚生ホールで開かれた一週年記念行事の一部としての「軍家族慰安の夕」と同じ意図の下で、最も僑胞の密集している大阪で文化啓蒙運動の一端として価値をもつものである。

先に結成を見た文化工作隊演劇班が中心となり、更に清原稔楽団、人氣絶頂の永沢ブルーシスターズに関西からもバンドが出演する。

場所は、大阪中之島公会堂で十一月二日昼夜二回公演（正午、五時）と決定した。

（寫眞はフイリピンよりのメッセージ）

五項目の要請事項
外國人登録問題

最近、外國人登録切替期間中にあって、旧朝連系分子の一部が拒否運動を展開したり、積極的な妨害を敢へて為す者が日増しに増加、その成行が注目されている。

一方大韓民國を支持する民族陣營にあっては、別の角度から、この登録切替を保留して來たのである。その理由は第五項から成る要請條件を日本政府に提議、その誠意ある回答を待ったからであり、今回その要請事項に對し、次のような回答が、民團第十五回全体大會議長洪賢基氏宛に法務省入國管理局より送られて來た。これを契機として民團としては全國組織を通じ、登録切替に協力するよう指示したのである。

登録切替に際しての民團要請事項に對する回答

一、世帯主又は各地方民團による一括代理申請許可方の御申出については次の通り回答申上げます

（要點だけ轉載）

登録証交付に際して、被扶養者の分は世帯主に交付してもよい。但し申請の場合、二重登録等の弊害を防止する意味で本人自らすること。

又、十四才未満及び身体障害者は一定の書類さへあれば受付ける。

一、太平洋戦争中强制疎開により韓國に疎開した者の不法入國については

日本に父母縁故者のある場合はその特殊性を考慮し、他の一般密入国者と区別慎重な態度で対処致しております。

この方針が日韓両国の親善を妨害せんための不法入国によって悪用されることがあれば、日本政府の好意もかえって仇になる結果を生むので、あらゆる良い方法を講じて万全を期しております。

このような人が切替期間中に登録申請して來た場合、市町村は入国審査官から返還[illegible]しないという旨の通知があれば登録証明書を交付することになっております。

一、不法入國により現在無登録の状態にある者に対する登録証明書交付の件は、韓国動乱休戦成立の時までとして交付することは法律の許すところでありません。

一、在留資格が現在未定である韓國人の子であって一九五二年四月二十八日以後に出生した者は親と全然別に在留資格を取得しなければならない。

一、國籍については、旧登録証明書の内容をそのまま記載することになっていますが、本人の希望により何時でも「朝鮮」から大韓民国への移動を認めます。

なお日本政府としての基本態度は形式的に「朝鮮」と記載されていても北鮮人民共和国の国民であるとは認めておりません。

フイリピンよりメッセージ

在日韓僑在郷軍人会第一回大会の開催に関するメッセージを一九五二年十月一日付に有難く拝見致しました。

われわれは、国防長官秘書ハウオラブル氏に貴下のメッセージ写しを送ることによって韓国戦線にあるフイリピン軍に貴下の意向を傳えたのであります。

この戦争が順調に進捗することによって、将来侵略者を葬り、韓国に自由の鐘が訪れることを希望し且つ又、われわれに或る特典を与えてくれるならば、侵略者を完全に撃退させ、韓国々民を援助したいと思いますが？

われわれが願うのは、貴下の健康を祈り、韓僑自願軍の繁盛と強固な組織を期待するものであります。且つ平和の根拠は韓国を防衛することにあり、それが進んではアジヤの平和をもたらすものと信じます。

フイリピン在郷軍人会

關西支部大阪に移轉

かねてより準備中であった、關西支部事務所は、此の度ようやく事務所を大阪市天王寺区小橋元町百十四番地に求め、神戸より移転することに決定した。

この移転の重な理由として、その組織強化拡大を図る為には、会員の最も多く、且つ僑胞の密集している上に地理的にも大阪が適当なところであるとの見解に依るものである。

告

金龍泰（二五）　本籍……慶南

自称……在日傷痍軍人会準備委員
大韓傷痍軍人会慶南支部
援護課長兼慶南[illegible]職員

右の者は本会の許可なく、然も偽名刺を使い、地方にて寄附強要をなす噂あるに付き警戒を要す。

監察部

1333

戦友金道淳君の美挙

遺家族を救う！

本会が過般、一週年記念行事として合同慰霊祭及び遺家族慰問を際として出席援護金を受付けたが、ここにかつての戦友として共に斗ひ無事帰還した戦友が、今は亡き戦友の遺家族を一年間にわたり毎月物質的に援護していることがこの程判明、戦友間の話題となっている。

（写真は金君）

[illegible]神戸土建会社に勤務している金道淳君である。同君は帰還して以来、大井一帯の土地関係の仕事をしている[illegible]の夫人及び二代ちゃん（四歳）の[illegible]知り、戦友として[illegible]

「なーに当り前の話だよ。お互に助け合ふことが最も[illegible]」と近況を聞くと、今後も面倒を見たい[illegible]と笑った。[illegible]気の強い、善良な人格の持主である。同君は記者の訪問に際し次のように語った。

梁玉龍君結婚

上野韻松亭にて

去る十月十六日午後一時より上野韻松亭で梁玉龍君（現慶大学）と高院振婿の結婚式が盛大に行なはれた。

式場には約三百名からの賓客で賑はひ、本会からも会長以下十数名が参加、式に続いて盛大な披露宴が開かれ、八時頃やっと幕を閉じた。

同君は、第一次学徒志願兵として出陣、数々の武勲を樹て帰還した真面目な性格の持主として戦友から尊敬され、目下慶大にあって工学部門の学究として前途を嘱望されている有為な青年であることを附記して置く。

韓国人戦犯よりの手紙

貴重な時間を利用して遠路、われわれを訪問して下さつた上、丁重な御見舞品までお届け下さつた貴下の温い情誼に対し、衷心より深く深く感謝致します。歳月は流水の如し、われわれが数多の苦悩と試練に耐へて既に二個星霜が過ぎた其の間、半島に生を受けた男児として祖国の為に、わが民族の為になすべきことをなさずにいるわれわれとしては、何といって謝罪をしていいかその言葉と方法が知りません。世界大戦といふ一つの歴史の潮流を通じて遠い異国で数多くの種異民族達と親しく接触して来たのであり、[illegible]各民族の熱烈なる民族意識……輝く独立……[illegible]気勢を直接目撃して来たわれわれの胸の底の此所には、世の誰よりも忘れない祖国同胞に対する大いなる愛情がほとばしっているが、戦犯と呼ばれ、鉄鎖にしばられ、人間としてのあらゆる自由を奪い去られ、如何ともし難いこの断腸の心境は、到底筆舌で尽し難いものがあります。そして、同胞諸兄の熱情が大きければ大きい程、われわれの[illegible]が一刻も早く此処へ到達し、再び生きて永らはん間は大きくなるばかりです。願わくばわれわれのこの心情を汲み、よく御理解下さるようお願い致します。われわれ自身はこれから先、如何なる苦しみにも[illegible]動乱に呻吟する同胞の身を想像し、何時でも力強く、[illegible]するつもりですから、何卒御心配なく祖国の統一と平和の為に全同胞[illegible]

[illegible]表
義吉揮

[illegible]九月十五日巣鴨[illegible]を訪問した記者に寄し送られた手紙です。（朴）

寫眞は向つて左より楊君・金君

……ニツサン工場にて……

技術練磨に励む戦友達

祖国が今、在留韓国青年に最も期待をかけているものは、生産技術の習得である。今度の動乱によって祖国の生産施設は殆んどが灰燼と化してしまい其の復興は、技術者の貧困と共に前途多難とされている。

そこで本会は、会員の技術工志望者をかねてより、日本の各工場に斡旋していたが、そのトップを切ったのが、楊有石君と金徳煥君の二人である。

両君は、動乱に志願兵として参加する以前から自動車関係の仕事に従事していた事があり、帰還後直ちに、日本の一流メーカーであるニツサン自動車会社に技術研究生として入所、目下技術習得に懸命の努力を払っている。

なお両君は研究期間が終了し次第本国の自動車工場の技術工として赴任する予定になっている。

合一 御香典芳名録（三）

金額	氏名
一金參千円	三慶物産
〃 貳千円	金栄煥
〃 貳千円	河石鎬
〃 壹千円	鄭甲石
〃 壹千円	金錫吉
〃 壹千円	千順入
〃 壹千円	朴栄在
〃 壹千円	文昌鉉
〃 貳千円	李東根
〃 參千円	徐柏豐
〃 貳千円	鄭順泰
〃 壹千円	安本光雄
〃 貳千円	尹仁九
〃 參千円	金鐘水
〃 壹千円	金鳳郷
〃 參千円	文濟錫

〝お断り〟

本紙第八號（十月二十日）は発行せるも、或る事情により、一般配付を停止致しました。

—新聞部—

欧洲より帰りて

質素な國民氣質とスポーツの普及化

在日韓人體育會々長　蔡洙仁

去る十月十六日、本会々長と記者は第十五回ヘルシンキオリンピック大会へ韓國選手團自轉車競技監督として參加し、歸路韓國人最初の留學生としてデンマークのコペンハーゲンの体育學校で体育學や生理學を研究、この程歸日した在日韓人体育會々長蔡洙仁氏を下落合の自宅に訪問し、その感想を次のやうに語ってもらった。（朴）

在日同胞を代表して參加

ヘルシンキオリンピックへ參加した理由は、在日六十万同胞の后援を得て、その代表として參加した。元來、動乱の祖国がオリンピックへ選手を派遣するには、財政的に相当な困難があったので、私が全學鳳君（軍人会々長）と協同して大韓オリンピック後援会を結成、在日同胞より多額の援助を得て、それをわが選手團の費用の一部に充てたのであり、その意味で在日同胞の祖国に対する義務の一端を果したことになる。

今度の派遣されたメンバーの中、選手が二十名、役員が二十名併せて四十名であるが、これはいささか間違っていたやうだ。といふのは、大体無駄な役員が多すぎるといふことである。二十名もの役員は必要なく、一人でも余計選手を送って欲しかった。

研究の目的で隨行

私自身の場合は、完全に体育状況、研究施設などを研究する目的で行ったのであり、その為にデンマーク、ノルウエー、フインランド、スウエーデン等スカンデイナヴイア地方の国民スポーツの面を充分に研究して來た。特にデンマークで長く滞在した理由は同国が国民スポーツの最も普及した国であり、その施設研究機関が完備しているからである。その有名なコペンハーゲンにある〝ユニバーシテイ・ステユーデント・ジムナステイ〟にて一ヶ年の間勉強したが、実に科学的な指導法と生理學面の研究が盛んで羨ましき限りであった。

真の国民スポーツ

この国で発見した事は、気候、風土、建物など（特に農村など）その構造が東洋的で非常にわが国と似たところが多く、又国民性も非常に良く似ているのには驚いた。[illegible]スポーツとしてはサッカーが盛んであり、他に国民共通のスポーツとして体操、送球等が最も普及していて、九才になると、公式に基礎から教育指導される。それでいて、ある特定の選手を養成するのではなく、日常生活の一部になっているのである。

寫眞說明

右は蔡洙仁氏（コペンハーゲンにて）

左はデンマーク兒童の集団体操

[illegible]農村生活は質素で養豚なども盛ん[illegible]

オリンピックの感想

[illegible]

欧洲を一廻り

帰りはドイツ、フランス、イタリー、スイスを見物、再びフランスに[illegible]日本へ帰って来た。ドイツでは相変らず[illegible]

[illegible]イタリーは欧洲第一の美しい国だと[illegible]ナポリ、ローマ、フローレンス、ヴェニス、ミラノと見物しまわった[illegible]

〝結論〟

欧洲各国を巡って[illegible]

× × ×

従軍記　戦火と共に（四）

孔雀生

誰かがこんな歌をうたい出した。皆、汗だくだくだ。

あゝ山ふさぎ　来られぬか
あゝ河が深くて　渡れぬか
同じ故郷を　行き交ふに
怨み果てなし　南北に…
夜毎の夢に　君を訪ねて
三八線を　彷徨ふ

何と悲痛な、哀愁を帯びたメロディーであろう。胸が熱くなる。

バスの窓越しに見送る人々がハンケチを振りながら叫声をあげているが、頭が錯乱していて何を叫んでいるのかは知らない。兎も角わ[illegible]

どうやってどうやら兵営に入って見ると、案外落着いて来る。どこかい過去の記憶や感傷などどこかへふっ飛んでしまう。人間は環境にすぐ馴れる動物らしい。

気分も爽快になって来る。どの顔にも、暗い影はなく士気に溢れている。やっぱり来てよかったと思う。

入隊者中、家族に何も知らせないで来たというのが相当入いた。その理由は、家族の反対にあうとか、妻子を淋しがらせたくないというのだった。

もともと代表部の意見では、成可く独身者の志願を希望していたが、そんな条件なんぞは両肩に燃ゆる韓国青年にとっては何の意味も[illegible]

宣言

一、我等は、先烈の血を受け継ぎ、死をもつて民族国家を護る。

二、我等は血で祖國完全統一と自由を戦取し、且つ世界平和に貢献する。

三、我等は鋼鐵の如く團結し、相互親睦を期する。

旬刊 戰友

発行所
東京都新宿区若松町二十一番地
電話九段(33)2771・1169番
在日本韓僑在郷軍人会
旬刊「戰友」編集部

主張
民族陣營は大同團結せよ

大阪中之島公会堂に於いて十一月二日昼夜二回に亘つて"同胞慰安秋夕祭"を催し、大阪在住の同胞に深い感銘を与え、大成功裡に無事終了した。結局、この催しを通じてわれわれが目的としている同胞文化啓蒙運動の一端を果したことになつたと自負しているが、これがひいて民族陣営の大同団結えの過程にもなるものと信じて疑わない。

祖国が戦火に包まれ、民族がこぞつて新しき平和と自由を渇望している時、無事平穏な日本にあつてわれわれは何を為すべきか……これは自づからわかつてくる問題である。何はともあれ、われわれは大同団結をしてわが祖国に貢献せねばならぬ。その方法と手段は、色々とあろうが、われわれは目下文化啓蒙運動を通じてこの目的を達したい。

大阪公演が終り、奈良、京都、大津、名古屋等々を経て来ていよいよわれわれの責任の大なるを痛感したのである。われわれ一行が帰京の途中、各地を訪ねた理由は、これらの地方にてわが民族陣営の団体がどのように活躍しているか、その事情をつぶさに見聞、且つ又同胞達がどのような現状におかれているかを見る為だつた。結果は"大いなる失望"だけだつた。実に無気力で誠意の欠けたお話にならない程のお粗末な団体ばかりといつても過言ではない。特に民族陣営の領導者的立場にある民団が殆んどこの状態であることは歎かわしき限りである。われわれのこの意義ある運動を他人事のように考えるのは又しも、全然無関心である。左翼陣営が、強固な組織下に超人的活躍（例えそれが破壊行為であつても）をしている時、一体民族陣営では何をしているのか。眠つていたんでは何も解決は出来ない。お尻に火がついて始めて目を醒すとでもいうのか。

各地方の指導者達に猛反省を促すゆえんである。民族陣営の前衛として自負するわれわれの文化啓蒙運動に全面的協力の出来ない理由が奈辺にあるかを究明するのはとも角として、これ等地方の有志達が卒先、自発的に同胞の啓蒙運動に立ち上つた時こそ、わが民族陣営の大同団結はあり得るものと信じて疑わない。先づ実践である。わが民族陣営の強固なる大同団結がなされた時こそ、それが在留同胞の大きな利益であり、日本にあつて祖国に寄与する唯一の途ともなるのである。

自願軍こそ民族の前衛隊
在留僑胞の理解と再認識を切望！

祖国は戦火におおわれ、焦土と化した山野を路頭を彷徨する難民の群は溢れ満つ……この有史以来の民族の悲劇が繰りひろげられている今日此頃日本に在留するわれわれは何を為すべきか……悠々閑とした平和な日々を送るだけでよいのか……民族の前衛隊として自負するわれら自願軍は祖国と民族の為には、何時でも命を捧げることを誓つている。にもかかわらず一部在留僑胞の無理解と、非協力と、低俗きわまる中傷があるのはどういう譯か。……こゝにわれわれは訴える。民族の眞心あるものはわれわれのこの叫びに耳を傾けるであろうと信ずる。

以下金学鳳会長の談話

（寫眞は金会長）

在日僑胞社会に於ける自願兵の存在が大切なことを説く人は極めて多いが、扨てそれでは何故自願兵が大切なのかということをはつきりと説明してくれる人は至つて乏しい。それが今迄の僑胞社会の実情なのである。然るに今まで自願軍、自願軍という人が我々を名誉主義者の手伝い手助けとして役立てることのみ急であつて、真に我等の大切な位置を認めようとしなかつたし、間に合せの苦境を切り抜ける団体や個人の方便として煽り立てられていたことは、われわれ自身としても余り感心出来ない現象である。自願軍なるものに就いてそれを正しく理解し、僑胞社会に於ける役割、民族に於ける位置が、明かにされるならば、指導者達が我等に臨む態度も今までのように出鱈目ではいけないことが判然とするであろうし、又我等自身ももつと自重して真に明日の発展の為に自ら備えねばならぬことは勿論、自身の立場を自覚することである。本来我等は他から強要されて戦地に向つたのではなくして共産軍の不法侵略によつて祖国が危急な時学徒はペンを捨て、妻子ある者は妻子を残して事業を止めて勇躍祖国の戦線にはせ参じたのであるが、今日骨を祖国の山野に埋めた者、未だ第一線で斗つている者、また除隊されながら釜山で帰るところに帰れず乞食当然の悲惨な生活をしている者があるが、いくら自願したとは云え在日僑胞社会に厳然と存在する永遠不変の自願軍であり、誇りとなるにも不拘、我等の問題を何故か敢えて取り上げようとするところがない現状に対して、私は全く深い疑惑を抱かずにいられない。帰還直後の行動から兎角の批判があつたが、それと云うのは帰還して我等の眼に映じた現実が胡麻化しや、甘やかしで、解決しようとする不正と虚偽と醜悪に満たされていたからであり、戦地気分を其儘移したものの見方で嫌悪を感じ昏迷せざるを余儀なくさせられたのであつた。このようにしてある期間われわれの行動が一部の人から批難を浴びた。然しわれわれ自身何等悪意のないところである。それが我等にとつて生涯最大の暴風期というべきであり、この嵐が今日になつて我等の心身鍛錬に大いに役立つたことも事実であるが、このような不幸な状態におかれて理解も求められず顧みられないならばどんな結果になるだろう。多くの中には芯の弱い者は脱線した行動もあつたが、それだからと云つて何時迄も悪者に扱ふことは大変危険な結果になるからもう少し視野の広い目で理解されたいのである。我等は祖国愛と世界平和のために斗つたことを自負し、実戦体験を通じ不断の精神武装が民主々義下に於いて暴力を働き民衆を苦しめる共産主義者を断乎として粉砕し、平和をこの害悪の中から守り抜くための用意と有事の場合国家民族のため帰還兵は学生でも金持でも貧乏人でも百姓でも商人でもなく、唯の戦士となり得る心の中にはつきりした標識を立てているのである。従つて、現在日本にいるわれわれは、在留僑胞の権益と自由を確保する為には、あらゆる犠牲と努力を惜しまない。その証拠にわれわれは種々の問題を解決し、今後も継続したい。それは、遺家族問題、僑胞文化啓蒙運動（東京、大阪、秋田、盛岡等）戦友の就職斡旋等々である。これらの諸問題を解決するには並々ならぬ犠牲と努力を払つて来たのであり外部から種々の中傷的デマもあつたが、これにひるむものではない。

かくて、われわれは在留僑胞のプラスとなることならば何でもすぐ実践に移すのである。一部ではわれわれのこの行動を「生意気だ」と評する人もいるがこれは間違いであろう。しかも最近、某種の恐るべきデマを流布するにあつては話にもならない。われら自身は、個人々々が、この為の苦悩や社会的な傾悶を通して、高き理想をもち、人格完成の為の情操を陶冶し確固不抜の信念を培い、他日有為の人材として国家民族の繁栄の為に更に役立たんと努力しているのである。この上更に良い環境と條件と、理解ある僑胞皆様の指導と誠意ある支援があるならば、よりよき民族の前衛隊となることを確信して止まないものである。従つて在日唯一の指導的団体である民団を始め各団体僑胞皆様がわれわれに対する御指示を更に深め積極的に後援してくれることを切に望むものである。

自由と平和をもたらす最後の勝利を信ずる
ベルギーよりメッセージ

Fraternelle du Corps de Volontaires pour la Corée

Verbroedering van het Vrijwilligerskorps voor Korea

Dear Sir,

It is with a great pleasure we received your message dated October 1st, and we are deeply grateful for it.

We express to you all our sympathy and all our admiration to your people in its heroic fight against the aggressors.

We are confident in the final victory which will permit to your country to recover its complete independence and to start a long period of peace and happiness.

Friendly yours

われわれベルギー在郷軍人会は十月一日附貴会のメッセージを受け衷心より感謝に堪えない。われわれは、貴國民が共産侵略に対して英雄的鬪争をしていることに同情の念を抱くと同時に深い感銘を受けたのであります。われわれは貴國が完全な獨立と永遠の自由平和と幸福をもたらす最後の勝利を得るものと信じて疑わないのであります。

一九五二年十月二十九日
ベルギー在郷軍人会
在日韓僑在郷軍人会々長殿

註……このメッセージは本会第一回全国大会の名をもつて韓国戦線に参加している自由諸国家の在郷軍人会に対し送られた返信である。

僑胞文化啓蒙運動
本格的な活動段階え
盛大裡に大阪公演終る

過般の東京公演（九月三十日、読売ホールにおいて）大成功を収めたのである。僑胞各界より絶讃を浴びた「演劇と民族慰安の夕」は、其の後引続き本会の関西連合支部と本部出張の下に大阪公演をすべく万端の準備を整えていたが、この程ようやく実現の運びとなり、関西居住の僑胞各界の注目の中に「同胞慰安秋夕祭」と銘打つて、十一月二日、昼夜二回、大阪市中之島公会堂で華々しく開催された。東京からは清原幸子団、宮沢ブルーシスターズ、本部演劇班等総勢三十余名の西下を見て、地元の人気楽団"金竜大とその楽団"が出演、東西合同大公演を試みたのである。東京グループは既報の如く紹介済みだが地元の"金竜大とその楽団"は関西にある僑胞楽団の中では最も人気のある楽団で、特にコミック寸劇などは同楽団独得の境地をひらいている。当日は昼夜二回公演で約二千人以上の観客が動員され、関西の僑胞各界に深い感銘を与えたことは大きな収穫といえよう。

なお本会では、此度の大阪公演に際し莫大なる支出をし財政的困難を来たしたが、これにひるまず本会では僑胞啓蒙運動を更に今後も続行する予定である。

なお本会の此度の公演については大韓婦人会が献身的協力をなしたことにつき紙上をもつて感謝と敬意を表するものである。

合同慰霊祭 御香典芳名録（四）

一金五万円 沈韓雄
一金参千円 金東圭
〃 〃 大昌醫
〃 壱千円 宋二沢
〃 参千円 丁順玉
〃 弐千円 安孝鎮
〃 〃 金相石
〃 〃 李中大
〃 〃 李点孝
〃 壱千円 呉宇詠
〃 〃 権花荘
〃 弐千円 東和貿易
〃 〃 真山商店
〃 壱千円 福山金属
〃 弐千円 三晴工業
〃 参千円 趙錦卿
（以上全部発表）

理事会新発足！
合理的運営と民主的発展を期す

かねてより推進中であつた理事会構成については、その後種々の事情により遅れていたが、この程ようやく各準備委員の厳重なる検討を経て左の如き人選を決定、追つて来る十二月二十六日午後一時より本会会議室で第一次理事会を開催する。

理事（二十二名）

趙英振 金道淳 白連晋
安基伯 崔成源 李鶴九
鄭烱和 金学鳳 孔泰容
李牽男 李鎔弼 朴明煥
李相台 林震沢 李道述
韓炳鎔 金敬徳 金斗元
楊泰根 金鍾淵 韓炳奎
朴炳憲
（順不同）

編集室より

種々なる事情に依り、発行が非常に遅れたことをお詫びします。本紙もようやく十号まで発行出来ましたことは偏に会員諸君と有志皆様の御蔭だと思います。本年はこれをもつて最終号となりますが、追つて新年特別号を鋭意編集中ですから御期待下さい。会員諸君の投稿を歓迎します。（P）

在留僑胞の諸題解決え

金載華團長歸任談

六名の代表員 国会での發言権認めらる

＝中小企業者えの融資等＝

日本にあつて常に、民族陣營の唯一の指導機関をもつて任ずる居留民団では、日増しに惡化する国際情勢、経済的理由による民生不安定、政治的な圧迫等による在留僑胞の諸問題を解決すべく、過般民團十五回全体大会において決議された、わが政府及び国会に提訴すべき建議案をもつて同團中總團長金載華氏が在留韓国民の大いなる期待の中に本国に向つたが、この程歸任、その經過を次のように語つた。

祖国は今や戦火にさらされて荒廃と化しているが、しかし国民は最後の勝利を信じ、各人が超人的活躍をしているのは頼もしき限りである。この時に当り、わが在留民が、祖国に何かの形で貢献すべきは当然の義務であるが、又一面、経済不安定による生活の貧困、民族的差別による政治的圧迫等種々の難関が山積しているのに鑑み、この問題を解決してこそ、われわれ在留僑胞が祖国に貢献するとしても又大であることを痛感、過般の第十五回全体大会で決議した諸事項を政府や国会に提訴すべく本国に向つたのである。

在留六十萬の要望する諸事項を提出

そこで去る十一月二十四日に国会に参席し政府に交渉した結果次の諸事項の決議を見た。

㈠来る第十五回国会より在日六十万僑胞を代表して在留民六名が定期的に参席、在留民に関する諸問題の提議をする。但し決議権は附與されない。

㈠約二百万弗位の予算を計上、財務部を通じ韓銀東京、大阪支店に下附、在留中小企業者に融資することになつており、大統領のサインを待つのみとなつた。

㈠、なお購買委員会については目下商工部長官が具体策を研究中である。

㈠、教育官設置の問題は在留僑胞の学徒の為に文教部で推進中であり、児童教育の問題は、国定教科書を送る予定。

㈠、在留学徒の学費問題は本国から送出来るよう特殊な対策を講つており更に奨学金については文教部に特別措置を考慮するよう要請した。

（以上重要事項のみ）

民団としての今後の對策

これ等の諸問題が解決出来るよう民団としては全機能を発揮するつもりであり先づ第十五回国会には来年一月中旬頃迄に出発する予定で、参加者は次の通りである。

金載華（中総団長）
金光男（〃議長）
呉基文（婦人会）
曹寧柱（韓　青）
李鳳儀（民団栃木県本部）
鄭寅錫（東本前団長）

それから、民団運用費として月五千余弗位要請する予定であり、これが決議された曉は、今後の民団運営において一大革新をもたらすものと信ずる。

なお右の人選は永久的でなく、必要によつては、各界各層より名実共に具備した人格者を厳選、交替させる考えをもつている。

差し当り費用は各自負担ということになろう。

将来は、本国の議員団を招請、居留民の実状を充分に見聞させる計画である。

〃在留僑胞に大いなる期待を抱く〃

本国では最近頓に在留僑胞に対する関心が深くなつており、戦時下であるだけにその期待は大きい。

特に留学生に対する希望期待は大きく、一人でも有為な人材が本国に来て民族国家のため、奉仕することを待ち望んでいる。

〃最近の情勢〃

アイクが来てからというものは全く挙族的歓迎であつたし、韓国の運命を左右するとの理由で、実に痛ましい程であつた。

アイクが帰つてからは米価も値が下り、京城え帰る人々も多く京城の学校も相当数開校している上[illegible]きを見せ従来にない活気がみなぎりみんなりりしく各自の職場に従事している。

此度、帰任して感じたことだが、実に荒唐無稽な風説や浪説が、飛んでおるのには驚いた。

いづれにせよこんなことは関知しないが、唯、わが祖国と民族の為にプラスするものであれば、何人といえども私は手を握つて行きたい。（写真は金団長）

今後の發展を期し 理事會を設置

＝第五回常任委員會＝

関西連合支部と共催の下に大阪公演（同胞慰安秋夕祭）を無事に終了した本部では、会長以下全常任の帰任を見た十一月十九日正午より本部事務室で第五回常任委員会をひらいた。今度の常任委員会では、特に大阪の公演が終つた後だけに、種々の今後における対策が真剣に討議され、次の諸事項の決定を見た。

一、身分證明書の発行

これは、従来必要に応じ随時に発行されていたが今般は全会員を対象にするものである。なお発行と同時に、従来関西連合支部で発行されている身分証明書は自然に無効となる。

一、監察委員に関する件

監察委員（二名）は他の執行部同様、常任委員とする。

一、理事会設置の件

第一次総会で決定を見た本会の合理的運営と民主々義的発展を期する為の理事会の問題を積極的に推進する。

韓中親善のくさび

體育祭典ひらく

◇◇第三回韓中籠球大会◇◇

一九四七年の第一回大会に始まる韓、中親善籠球大会は韓国戦乱勃発により一時中絶されていたが、此の度韓青が主催となりその第三回韓中親善籠球大会を東京神田の国民体育館で二千名近い観衆を集め盛大におこなわれた。十一月二十日午後五時より最初にオープンゲーム成城学園女子部対十文字女高より始まりついで明大吹奏楽団の演奏の裡に両チームの入場式が厳かに行なわれ、中国董顕光大使と韓国金溶植公使のメッセーヂがあつてかくて六時半頃両軍は火華を散らす熱戦を繰りひろげ、四十九対三十六のスコアで韓国チームに凱歌が上つた。審判は高山、黒田の両氏である。

なお、韓青では今後定期的行事として続行すると同時に、この大会を通じて自由世界各民族の緊密なる提携を計ると語つている。

規約改正委員會

重責を果し

発展的解散

第一回全国大会に於いて討議決定を見た規約改正委員会はその後あらゆる角度から調査研究を継続した結果、この程[illegible]に至つた。

従つて、本会では、その報告を兼ね今後の発展を期する為の対策を種々討議する為に理事会を召集することに決定した。

吠える銃口!!

敵前三百米……射撃用意！

共産ゲリラのしゆん動を沈黙さす為に、わが目顕軍部隊は、今日も敵陣深く潜入した。

さあ、これから銃火の洗礼を浴びせるんだ。

その横顔には大胆不敵なほゝえみさえ浮んでいる。

（中部前線にて）

〃〃〃韓国人戰犯の義擧〃〃〃

戰災民え贈物

過般本紙にも紹介され、悶々として巣鴨刑務所に繋がれている韓国人戦犯（二十九名）は、日本の独立と共に、彼等に対する取扱いも寛大になり、釈放される日の一日も早からんことを願つているが、此の程大韓婦人会の本国戦災民救済物資拠出運動に共鳴、刑務所内で配給される日用品を節約、全員が出し合つてこれらの慰問品（タオル、石ケン、ハミガキ粉、マッチ、靴下、ハブラシ等百五点）を朴昌浩氏（三〇）が戦犯を代表、婦人会に寄贈、僑胞各界より感謝されている。

関西支部でも「戰友」発行

関西連合支部機関紙として旬刊「世紀」を発行していたが、今般その名称を本部発行の機関紙旬刊「戦友」と統一することになり、主要記事、主張等は同一で、地方版として二面を割当てることに内定を見目下準備中である。

関西支部で働く 金龍泰君

既報（戦友九号）の本会々員金竜泰君は、各地を巡回し同情金等を受けていたが、この程、大阪に現れ、本会監察部より調査をうけ前非を悔いて謝罪し、目下関西連合支部で真面目に働いている。金君に替り本会はここに迷惑を蒙つた各地の同胞に深く謝罪すると共に前途有望な金君の新らしき首途を祝福するよう心より願うものである。

関西連合支部

会長	林震澤
副会長	金洛善
〃	崔泳俊
総務	趙承培
〃	未定
組織	朴龍出
〃	羅日相
新聞	韓炳鎔
監察	李道述
〃	

お断り

本紙二面トップのとつぱん文字「在留僑胞の諸題解決え」は「在留僑胞の諸問題解決え」が本当ですから、お断り致します。

從軍記 戰火と共に（五）

孔雀生

入隊第一日より(1)

軍隊に入つて、先づ感ずることは、あらゆるものが俗世間と変つて見えることである。だが混雑する世俗生活から単調で規律的な軍隊生活え急変した原因が招来する寂漠感は既になかつた。只、如何にすれば急速に軍事訓練を体得するか、特に軍事訓練に於ける形式は韓国式か米国式か、或は両者混用するかが疑問であつたが、米国式で訓練されることとなつた。十二時十分である。私はキール中佐が命ずるままにこれ等の新兵を集合させた。今部隊内の大食堂まで隊列を揃えて引率せよとのことである。この部隊に入つて一時間しか経つていない此等新兵は軍服を着ていなかつたけれども誰が見ても一般市民には見えなかつただろう。食堂は六百名を同時に収容させることが出来る広大なものである。こんな食堂が此の部隊内に幾つもあると聞いて驚いた。食堂前で一列に並ぶ。並んだ順に秩序正しく入る。米軍兵士も来てこれら新兵と歓談しながら仲よく食堂に入つて行く。

私は下士官エモリーに言われたように食堂内に於ける礼儀作法を全員に説明した。新兵の大部分が以前米国式食事をしたことが少かつたため、この説明は非常に役に立つた。食堂内は冷房装置が完備していてとても涼しく、食慾も自然と出て来る。盛沢山の食事を終えて再び外に出ると、ひどい暑さで胸が塞がれそうである。野戦訓練をして来たと思われる米軍兵士達の背中は汗と泥にまみれて戦闘服が泥水を浴びたように見える。此等米軍兵士が韓国から来たのか、出発前の訓練かはわからないが、よく街で見受けられる端正な軍服を着た時よりズッと威厳があることは事実である。間もなく、新兵を連れて本隊に帰つて行つた。新兵を解散させて一時に集合させること、戦闘服と其他必要な備品を配布する予定だと言ふのである。新兵がいつたん営門に入れば、先づ大きなホールに入れられ、其処で兵営内での注意事項の説明があり、受配されるべき衣服の一覧表に各自サインをする。其れが済むと見元調査書（規定書）に書入れをすることになつているのだ。聞くところに依れば、此等の書類は総司令部に渡つて、そこで再調査し、願兵の適否を決めるということである。勿論此等新兵の中に赤色分子が潜入することは有り得ないことと言えるが、絶対的とは言えないらしい。何故なれば、日本各地から参集したためである。其の証拠として、新兵の中の思想不適格者として、其の資格を放失させられ連行されたものを幾人か見たと記憶している。一時ちようど新兵を集合させた。これと同時に六台のバスが本隊の前に停つた。マッカロウ少佐が衣服受配上の注意をして下さる。新兵がバスに分乗して、被服配給所まで行くので、一度説明した後、二度と説明する必要は全く無く、総べてのことに着実であつたため、少佐もはじめて曰く「体得するのに早く、規律正しい君達は全くすばらしい、キットものになると思う」と。

続く

告！

本部では忘年会を催すことに決定を見ました。会員諸君及び有志の多数参加を希望致します。

日時―十二月廿四日後一時
場所―本部講堂

＝当日は酒肴・食事の用意あり＝

総務部

宣言

一、我等は、先烈の血を受け継ぎ、死をもつて民族国家を護る。

二、我等は血で祖國完全統一と自由を戦取し、且つ世界平和に貢献する。

三、我等は鋼鐵の如く團結し、相互親睦を期する。

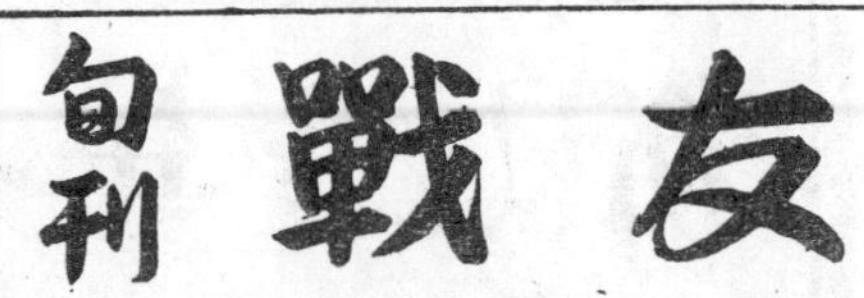

発行所
東京都新宿区若松町二十一番地
電話九段(33)2771・1169番
在日本韓僑在郷軍人会
旬刊「戰友」編集部

祖国の動乱は早くも三週年を迎えた。今年こそは必勝、完全統一の年にしよう！

(写真はソウル市)

一つの心と一つの目的に團結せよ

年頭の辭　李承晩大統領よりメッセーヂ

われわれが五十年前に誤つた国政により国家を喪失し、独立を回復するために粉骨砕身、犠牲となつた民衆は数知れぬ程の多数にのぼり、正義を叫び闘つた殉国の義士、烈士は如何程であつたろうか……このようにしてわが民族が独立の精神を護つて来たことは内外共に衆知の事実である。特に在日同胞にあつてはあらゆる艱難辛苦に耐えながら、今日までこの崇高なる愛国精神を護持して来たのに対し、わが民族として感涙を禁じ得ないものがある。

大韓民国が成立されて以来、不幸にも共産軍の不法侵入により戦争状態に入るのを止むなきに至つたわれわれとして在日同胞の援護救済策に充分なる配慮が出来ず、過般始めて日本政府と会談をもちいくつかの問題が順調に進捗して来たが不幸にも中止の止むなきに至り努力して来た諸事が完遂はされなかつた。けれどもわれわれが最も努力して来たことは在日同胞の生活と教育を保護するにあつたのであり、在日六十万同胞は、只管一つの心と一つの目的の為に民族の精神と大韓民国の威信の為に団結し相扶け合つてわが扶余民族（大韓民族）はいづこにあつても、死んでも生きても、すべて進退を共にする精神を守つて行くことにより、全世界より称讃され、その称讃が途絶えず更に続けられるようすべきであることを心より願うものである。

現在、われわれが闘つているのは民主々義を擁護し兇悪なる共産主義を破壊さすべく決心しているものであり、世界の自由諸国家にあつてはわれわれのこの崇高なる精神を理解し、あらゆる軍事力と経済力でわれわれを扶けてくれるのである。

戦争は未だに終結を見ないが、畢竟、勝利はわれわれにあり、不幸にも共産陣営に参加を余儀なくされた人々も、過去の誤りを悔い改め、数千年来の祖先より伝わつたこの光輝と伝統ある国土を完全に護り抜くために協力し、わが子孫万代の福利の為に共に盡すことを心の底より祈りつつ新年を祝福するものである。

註　このメッセージの内容は李承晩大統領がつねに在日同胞の事に関し御心を配られる証左であり、今般の訪日に先立つて特に六十万在日同胞に送られた誠意あふれるメッセーヂであることを附記しておく。（P）

李承晩大統領訪日

かねてより全世界注視の的になつていた李承晩大統領の訪日は遂に玆に実現された。

去る一月五日午後三時四十分、クラーク大将差向けの飛行機で羽田国際空港に無事到着したのである。

李大統領は夫人を同伴、随員として白善燁陸軍総参謀長、孫元一海軍参謀総長、大統領秘書李無忌氏、張基鳳氏等十名を帯同、駐日代表部金溶植公使、クラーク大将夫妻他数十名の内外要人の盛大な出迎えを受け、飛行場前道路に延々と並び太極旗を打振る在留僑胞に答えつつ一路クラーク大将邸に向つた。なお到着早々、李大統領は次の如き要旨のステートメントを発表した。

声明

数日前にも談話を発表したように、私の訪日はクラーク国連軍司令官の招請による儀礼的訪問に過ぎないものである。

私は早くから日本を訪問したいと思つていたが遅れてしまつた。

私は何人に対しても、少しの偏見ももつておらない。時間の許す限り多くの責任ある人々と会うつもりだ。以前に訪日したとき新聞記者に対しこんなことを言つた。

「私は日本の友として知られていないが、韓日両国は過去の一切を許し合い忘れるべきで、両国に脅威を與えている共産主義勢力に対し共に一致して闘わねばならない」と。

韓国は決して侵略者であつたことはなく、何人といえども韓国が日本に対して国際的な不正を行なつたとは言えはい。

私がこれを言うのは、韓国は日本が喜んで応ずるならば、日本と折れ合う用意があることを示すためである。

このような意味で韓国は日本に代表を派遣しているのであり幾つかの問題を解決するため外交々渉をして来たが不幸にして失敗した。日韓会談の再開を希望はしているが、今度の訪日の目的はこの会談を取上げる為ではないことを断つておく。

武力の勝利こそが總てを解決する道

年頭の辭　金溶植公使

熾烈なる戦争と無意味に過ぎなかつた休戦会談に終始した檀紀四二八五年も暮れ新しき年を迎えたのであります。

回顧すれば無智蒙昧にして極悪無道なる共産徒輩が不意の南侵を始めわが祖先の墳墓の地であり、民族文化の土台である錦繍江山を血で染め、その野望が中途で挫折されるや、再び休戦会談という体裁のいい仮面をかぶり長い間虚無なる会談を継続して来たのであります。

われわれは最初よりこの休戦会談に一片の期待もしなかつたのであり、それが戦争の決定的な終結を招来しないという断定の下にその非を果々と内外に宣言したものであります。それはわれわれの予断に少しの狂いもなく、去[illegible]四[illegible]に完全に決裂し、[illegible]は再び新しい段階に入らなければならなくなつた[illegible]。[illegible]、武力の勝利だけが共[illegible]士より完全に駆逐し、その根元を引抜く唯一の方途であるわれわれの信條は正確に的中し、世界友邦国家の輿論も漸次かくの如き方向に動き始めたのであります。

過般、アイゼンハウアー米次期大統領の訪韓により、そのような輿論に一層の拍車をかけたような感がありました。

ともあれ、過ぎ去つた去年は勝利えの道の一歩前進ではあるが、わが民族の宿願は達成されませんでした。

然し、今年こそはわれわれの決定的勝利の年であることを私は確信するものであり、且つ又今年こそはわが国民の総力を結集し、必らず完全な勝利をおさめ統一を完遂させなければならないと決心するものであります。

親愛なる在日同胞の皆様！海外にあるわれわれとしては今こそ些少なる不満や葛藤を一切超越し、人間の自由と民主々義の崇高な理念を世界中で最も端的に実現している国家の国民であるという矜持を寸時たりとも忘れることなく、常に自己自身を省察しながら、自己のもつ生業に各々邁進するのが即ち戦つている祖国に盡す唯一な途であり、勝利えの道でもあることを再び認識し、自覚して下さることを衷心より願い、望むものであります。

“常在戰場”の闘魂で國策遂行に寄與

年頭の辭　民團中總　金載華團長

我が民族の悲願であり且又全人類の希求であつた韓国動乱の休戦はついにその実現を見ないままに一九五二年も明けた。これは我が韓民族のみならず暗い不安にとざされている人類の又とない不幸と言はねばならない。

その点清新なる希望と明日への飛躍に明けるべき新年も重苦しい感慨に充ちている。これは一つには我等の最善を盡しての平和への努力と犠牲が報いられなかつた事に対する憤りと悲哀であり一つには明日も又同族相食む悲惨なる戦争を継続せねばならない民族的不幸に外ならない。

然し兇暴なる赤色分子がその非人道的侵略の野望を拋棄しない限り我々は平和と自由確保の為のあらゆる努力と犠牲を避けられないであろう、侵略軍を撃滅し、祖国統一を民族至上命令とする滅共の闘士として今後幾多の障害と苦痛を甘受し大なる犠牲をも覚悟せねばならない。

特に次期米大統領アイクの訪韓を転機として韓国動乱も一大変動が予測される。それはアイクの新世界政策が端的にこれを明示しているところであつて積極的なる力の攻勢による動乱解決策を取らざるを得ない段階に突入していると言えよう。再三の韓国出張によつて痛感させられる事は全国民が如何に想像に絶する困苦欠乏と悲哀を耐へ忍びつつ戦勝に総蹶起して戦つているかである。それは実に涙ぐましいの一字につきる。在留同胞は誰でもこの実状を直視すれば本国同胞に対して深い敬愛の情と単一血族として実にすまないの責苦を禁じ得ないであろう。

日本にいる我々は「常在戦場」といつた闘魂と真剣さを以つて最大限本国に寄與し国策遂行に身を挺して闘はねばならない。

すでに世間周知の如く今迄沈滞の状態にいた我が民団もわれ等が本国に要請した四項目の成果如何によつて真に磐石の如き民団発展の王道が開かれたと信じる。すでに六名の代表を本国々会に派遣する事が正式に我が国会に通過した事は我が民団史上に燦たる金字塔をうち建てたようなものであり民団は勿論本国にとつても実に意義ある事と言はねばならない。

韓国銀行からの融資の件も民団運営の件も本国の積極的なる後援の下殆んど決定的見通しがついている。昨今韓日両国間の空気よろしからず日本国民の在日同胞に対する感情悪化する折柄民団負荷の任務益々加重するを痛感してやまない。一九五二年は実に民団の一大飛躍発展の地ならしをし大道を築いたとすれば一九五三年こそ此の大道を如何に強く善く邁進するかにあると言はねばならない。我々は本国に要請した四大項目を民団発展の基幹とし、真に民団綱領に即した拡大強化策を強力に推進して行きたいと思つている。願はくば江湖諸賢の御奮闘と御声援を切に望んで年頭の辞とする次第である。

1337

新しき年への抱負

會員の總意を反映 徹底的に働きたい

会長 金學鳳

あれこれと思つている中に、何時の間にか一九五三年を迎えてしまつたが、新春に当り全会員に、各々その進むべき途えの発展と健康を祝福すると共に、私も今年こそと思う存分活躍して役立つことをして見たいと思います。

その働きは勿論、全体の利益にプラスする方向であることは言うまでもありません。

第一線で未だに戦つている戦友達に劣らず、かつ恥ぢない働きをしたいのであります。

うんと働くといつて一人で力んで見たところで会員全体の総意と結合と協力から打ち出されたものでなければ意味のないことであるから、先づ帰還兵の思想統一を強化し、団体的訓練をもつて心身を練磨して会の発展を期したいと決意致しました。

このように一体化された中から生れる力は大であり、これをもつてわが軍人会に負荷された使命を完うしたいのであります。

実に、在留僑胞の中に未だ自覚せずに、偽瞞的平和主義者になつて他国の反動勢力と脈を通じ、民族の離間を策し、統一を妨げ、善良な大衆や純真な青年を暴力革命の前衛勢力たらしめようとする赤色の魔手を排除し、その奸策を弄することを容認せず策謀の正体を天下に暴露、徹底的に撲滅することが、民族陣営の強化と、繁栄をもたらすものであることを確信します。

従つてこれが本会の最大目的の一つであることを痛感この運動を全国的に広めたいのです。

更にわれわれ自身としては本会の会員一人一人が立派な人格者であることであり有能な人材であるための努力を怠つてはならないことであります。

立派な愛国闘士は、畢竟個人としての立派な人格者でなければならないからです。従つて、社会革命よりも、先づ人間自身の精神革命を必要とするものであると信じています。

以上で大体私の新年への抱負は述べたが、問題は、このわれわれの運動に全面的に協力をして欲しいのであります。

常に私は在留僑胞に対し訴えているが、傍観的な非協力的な態度をこの際キッパりと是正し、深い理解のある積極的な協力を在留僑胞が惜しまない時こそ、われわれの真価は発揮されることを新年にあたり、再度強調するゆえんであります。

永久的な基礎を確立、戰友の諸問題を解決せん

副會長 孔泰容

・今年の九月頃まで、軍人会の永久的基礎を作り上げたい念願である。先づ自願軍の戦歿兵を再調査した上、遺家族に対する第二回生活扶生金を交付し、多少なりとも遺家族の生活安定をさせ、本会として其の責任を全うしたい意向である。此の外戦歿将兵の忠霊塔の地盤が出来上つているので、忠霊塔の毫筆を李大統領に御願いし、出来るだけ早く建立する予定である。負傷除隊帰還した戦友には厚生年金を支給し、而も彼等に適当な技術を与えるか又は独立した仕事をさせたい。然し負傷除隊帰還せるも、再手術を要する者が多いが此等戦友に対する治療、援助は、従来通り継続してゆきたい。今年の最も重大な問題の一つとして、釜山小林寺に帰還申請し入国待期中の諸戦友をあげられる。今尚自願兵が戦線に相当いるが、何れは小林寺の彼等と同じ経路を辿らねば入国が難しい現状だ。

韓日国交の複雑性と会談の杜絶は、さておき、兵役の服務が完了すれば、出身地まで帰すべきを本会としてはあくまで国際問題より主張、人道的にも解決を急ぐべきことを当局筋と交渉したいと思う。本会の事務上の基礎一切は既に整備を終え、これからは着々計劃通り具体化するにある。私の希望として八月頃までに軍人会の独立した堂々たる建物を物色したい意向である。

今春四月中旬頃、在日僑胞中の著名な芸能人を以て慰問団を編成し祖国に赴き、国軍、連合国軍、民間人を約二ケ月間に亘り、慰問するべく三ケ月前から準備中である。其の以前に本国に行き政府当局、軍当局、第八軍、在郷軍人会及び其他各当局と事務上の連絡をしたい。特に関係当局と慰問団の慰問日時、場所等を打合せねばならない。なお、慰問団の後援は僑胞全部とそして民団傘下各団体は勿論、本国では国防部、在郷軍人会、外務部、第八軍と交渉する。

此等の慰問団の本国訪問は自願兵と同様に在日僑胞の本国に対する赤誠の発露の一端であり、前線将兵には慰問品を持参したいのである。最後に本会としては飽くまで、本国と在日僑胞及び戦歿将兵そして負傷兵を含む全会員に対し、期待に沿うべく最後まで奮闘する覚悟でいることをここに闡明するものである。

軍人會館の設立と厚生事業體の確保

総務 韓昌奎

アメリカ大統領選挙にアイクが選出されて極東状勢に微妙な空気を漂よわせながら、一九五二年の幕は閉ざされた。

発足して間もない軍人会も一九五二年度は全く多難な年であつたが(思えば数々のスランプや、現実問題に見舞われたこともあつたが……)われわれに自信をもたらしてくれた年でもあつたといえよう。

戦歿自願兵の慰霊祭、遺家族援護金の交付、僑胞慰安の夕(東京・大阪)などがそれで、計劃当時、私自身いささか戸惑いして壮大な計劃のように感じていたが……戦友同志の鉄の結束と、情熱とによつて盛大裡に多大なる結実を見たのである。

誰でもが知つている「為せば成る」の古諺を再確認した次第である。今年は、これらの意義ある経験を最大限に活かしたいと思う。

遺家族、戦傷兵、小林寺待期兵問題などの他に、

一、軍人会館の設立
一、農業技術訓練所の設立
一、厚生事業体の確保

など幾つかを、今年度の目標として目論んでいるが、いづれか一つだけでも実現させたいものだ。新年に当り、われわれのこの小さな目的達成の為に戦友諸君はもとより心ある在留僑胞皆様の惜しみなき支援指導を心より願つて止まない。

大韓在郷軍人會幹部を招請

本会では、自国兵に関する一切の問題を解決するために、凡ゆる対策を講じて本会が最大機能を発揮、着々その成果をあげているが、新年に当り、本国の本部に招請状を一月六日付で発送することになつた。即ち本国の会長及び高級幹部数名がこの招請の対象となつており、その目的は本会の運営に関する諸般の事情を視察し、技術面において種々の指導を仰ぐものである。これが実現の暁は今後における本会発展に寄与すること大なるものがあり、大いなる期待がかけられている。

主張

一九五三年こそ祖國統一の年

共産軍が一九五〇年六月二十五日韓国に不法侵入してから、世界戦史上にかつてない激戦を繰返しながら茲に一九五三年を迎えるに当り、この年こそ祖国が統一され、平和にして、幸福な年であれと希望する。ところが、現在韓国で起きている事態の本質と云うのが全自由国家を破壊しようとする規模と計画のもとに国際共産主義者が乗り出した予定の挑戦であるから都合よく幕がおりて舞台の廻るとも、また韓国のみの防衛態勢だけでは彼等の大規模な侵略的暴力行動を終らすことが出来ないと思うのはこの戦争に参加したわれわれの経験から云えると思うこのことからして、人類はいま大きな平和の時代を迎えようとしているようでもあり、また底なしの奈落に転落すべき大危機に直面しているようでもある。その何れを選ぶかは、すべての人類自身の選択にかゝる。何としても平和を望んでいることが実証されたのは平和を乱す破壊者に対し自由と安全を保持するため国際的に保障を決意し直ちに国連の警察行動が韓国でとられたことである。にもかゝわらず全人類の意志に反し共産主義者及びその指導者は、あやまちに対する反省の色すらなく、ますます毒牙を磨き板門店の休戦会談を計画的にぶちこわし、互済島のテロ事件を起しては人心をまどわし、自由を強圧するための虚偽と悪意に満ちた煽動的宣伝を広く展開している。また韓国だけに局限されたものでなくして、世界の自由な地域にその破壊的攻撃力を卑劣にも弱点を喰物にして陰険に企図しているのである、かかる秋次期米国大統領アイゼンハワー元帥が大事な身でありながらわざわざ韓国を訪問してこの種の陰険な破壊者は、今後民主々義勢力に依つて叩きのめされるのは必定であることを警告すると共に韓国防衛態勢強化に強い意志を表明したことは、われわれとしてもまことに頼もしき限りである。

韓国の危機打解は世界人類の危機打解を意味するのであるから、平和を愛好し自由を求む者はすべてわが韓国に協力することを信じて疑わない。われわれとしては、これのみに依存することなく、今日わが民族が目指すところの祖国統一と平和建設への使命を果さんがため信念をまた一段と強化すべき年である。

九字に脈打つ精神 仕事を着實に實践

組織 李鍾弼

「在日韓僑在郷軍人会」と大書した看板の下で一年間を過ごしたが……私は発足した時の心構えを今でも忘れずに心の奥に秘めている。この会のもつ性格は九字の中に脈打つている。だが過ぎ去つた一年をかえり見て或時は、九字より出過ぎたり、物足らなかつたりした。そして自分自身、不満だつたり、奮起したりして今日迄来た。必要があれば何でも体当り式でやつて来た。その結果が民族社会において理解されたり、或は理解されなかつたことも度々であつた。

日本の社会にあつて又その中の同胞社会という限られた中にあつて、われわれが熱と誠意だけでよくもこれまでの仕事をして来たなあと感慨無量である。私も会員諸君もこの新年を迎えるに当つて会の発展を願う叫びだけでなく、この九字の中に脈打つているわれわれの精神と使命を今年こそ実践して行かなくてはならないと思う。

この軍人会に対する認識をわれわれ自身が新たに自覚し、全会員の責任においてやつて行きたいと思う。

その為には、会員自身が軍人会に対する卒直な建設的意見と積極的な協力をすることであり、このことによつて結局は私達に対する認識も深まり、深い理解も生まれることを私は確信して止まない。

今年は組織部としてはハデな仕事でなく、地味で基礎的な仕事を着実にやつて行くことを誓い、新年の抱負とする。

會員は一體となり卒直な意見を提議

監察委員長 金鍾吉

明けましてお目出度うございます。

過去一年間、会員及び同胞皆様の誠意ある御協力に対し深く感謝致します。

今年も相変らず、御協力下さることを衷心より御願いして止みません。

昨年において痛感したことですが地方に在住する会員諸君が、本部の方針とそぐわない点が度々あつたようです。

軍人会が独立した一個の団体である以上、会員はすべて歩調を合せ一体とならなくてはならないと思います。

現執行部は常に全会員の総意によつて、その利益のために努力する以上、卒直なる意見を提議して下されば幸と思います。

その他、同胞社会に巣食うところの、ボス的存在に対しては、民族的立場において正義の鉄槌を打ちおろすことを、今年においても断呼として実行したいと思います。

更に最近、本会々員以外の一部の同胞(特に青年層)の中に感心出来ぬ動きが見られますが、この方達にも自重して頂いたいと敢えて新年に当り、苦言を呈します。

處罰よりも賞を!

監察委員 鄭元朝

一九五三年一月元旦

ヤー、皆さん御目出度う。良い正月を迎えましたね。

越すに越されぬ大晦日も正月と言うものを引き連れてやつてくるものだ。

よーし、今年こそわ、と、昨年も一昨年もそんな事を力んで言つて居たでありませんか?

その様な希望があつて然るべきです。

なに、すぎた昨年わ犬にくれてやれ。

うーむそうだ。そんなものわ犬にくれてやれ、辛かつた事、苦しかつた事、切なかつた事、どれもこれも皆、くれてやる。

新陳代謝しよう。

新らしい気持で今年こそわやるぞ。

もう皆さんわ遠大なる計劃を樹てた事と思います。賢明なる皆さんわどの様な計劃を樹てた事でしようか、知りたいものですね。さぞかし立派なものでしようが、それはさて置き、私達監察部の樹てた計劃からお知らせ致しましよう。元来監察部と言えば、巷に氾濫している泥棒氏の様に、非常に煙たがられ、敬遠されがちですが、どう致しまして、そんな風に思われていては私達としては淋しい限りです。監察部は賞罰共に処理しなくてはならない立場にあるのですが良き会員の心を傷つけない為には、罰する事があつても、また賞する事も忘れて居たのではありませんが、今までの処、後者に、不幸にして、逢わなかつたのです。今年は罰の方を棚上げにして、賞の方に重点を置きたいと思うのです。過去、同志の意欲を消沈させた例があつたのではないか、其の人達の意欲を盛り立てゝ、偽りのない生活をなすべく、努力を惜しみません。要は我々の軍人会が明るく、朗らかになる様、監察部は願うのです。皆さん、どうぞ、風邪を引かぬ様に……

機関紙の面目發揮 發展促進に寄與!

新聞 朴英勲

新聞がもつ使命の重大さを今更述べる迄もありませんが、特に機関紙にあつては、その団体の全貌を伝えるだけでなく、その団体の発展を促進するに寄与すべきだと思います。本紙「戦友」が軍人会の機関紙としてこのような重大な役割を完全に演じて来たとは自負出来ません。少くとも機関紙として不合格だつと責任を感じています。

その意味で本年度は、人材不足、資材不足、財政不足等の諸悪條件を克服し、只管、天下の軍人会としての機関紙たるべく、ベストを傾注する覚悟で居ます。

唯、会員は勿論、読者諸賢にお願いすることは、御遠慮なく軍人会に対する批判其の他の玉稿を投稿して下さることを偏にお願い致して新年の挨拶に替えます。

……いよいよ入隊（神田、明大前）！……

寫眞集（1）

噫戰友!!

……熾烈な戦闘（中部前線）……

……英霊と共に帰還……（東京駅にて）

……戦場の憩の一時（西部前線）……

南阿よりメッセーヂ

謹啓　陳者1952年10月1日附貴信拜見致しました。

當南アフリカ在郷軍人会々長より現在韓國において戰闘中の南アフリカ軍人と同様，本会に對しても幸福を祈る貴下の誠意に對し衷心より感謝している旨通告するよう指示されました。

私は本会々長の氣持を貴下が貴下及び全会員皆様にお傳えするよう希望するものであります。

1951年11月26日

南アフリカ在郷軍人会
会長秘書　E・B・エドミーデス

在日韓僑在郷軍人会
会長　金學鳳　貴下

⊙これは，昨年10月1日付に送った本会のメッセーヂに對する返信で，これで外國よりのメッセーヂは3度目になります。

一九五二年の回顧

十月一日…第一回全国大会

十月六日…国際記者クラブにてコロンビヤ放送局極東特派員と会見（幽霊部隊云々の筆禍事件の真相を明らかにす）

十月九日…国連十七ヶ国（韓国戦線に参加している国家）の在郷軍人会にメッセーヂを送る。

十月十四日…本紙七号出来上り。発送完了。

十月十六日…会員梁玉竜君の結婚式に全常任参席

十月十七日…大阪で「同胞慰安の夕」の催しの為に数日前より孔副会長以下数名西下す。

十月二十三日…清原稔楽団他出演者ほぼ決定す。

十月三十一日…会長以下七名西下。

十一月一日…大阪中之島公会堂にて晝夜二回の公演をおこなう約二千人の観客動員。

十一月三十日…会員鄭基萬君市川市で交通事故あり入院す。

十一月十二日…鄭基萬君市川国立病院より退院自宅療養す。

十一月十五日…民団品川支部主催の「国際親善の夕」は従来にない大成功をおさめ、本会より花束贈呈せり。

十一月十九日…第四回常任委員会ひらく。

十一月二十二日…明大総会に参席す。

十一月二十五日…映画「愛の教室」を民団神奈川大和支部大会に提供、本紙より朴編集長参席。

十二月三日…第五回常任委員会ひらく。

十二月五日…臨時常任委員会

十二月六日…金会長と孔副会長巣鴨に韓国人戦犯を慰問す。

十二月八日…第六回常任委員会ひらく。学同と本会との連席会議

十二月十二日…仮政府云々の浪説に対し本会では一切これに無関係である態度を表明す。

十二月十五日…本会の声明はKIPに掲載され内外の注目を引く。

十二月二十四日…忘年会

十二月二十六日…理事会ひらく。

（第一回全国大会以後の分だけ掲載しました）

1339

文化

コント「冬と私」

車山

日本の冬もすつかり寒く感ぜられる様になつた。するといつもの様に故国の冬の事を思わずにはいられない。ある一つの事……それはきびしい酷寒と共に益々私の魂をゆすぶる。開城から小型汽車（それもまるでおもちやの様な小さな汽車であつたが……）に乗り換えて延安に着きそこで更にバスで海城面に入つたのは数年前の一月の事であつた。広い黄海から肌をさすような冷たい風と江華島の鈍い輪廓が水平線の彼方から浮き出して見える。武陵平原の凍土の上には雪に蔽われた部落が小じんまりと控えている。まるで寒さに脅えているかの如く。でも時たまその様な寒さの中にも感傷めいた自分を見つける事がある。海べには小さな漁船が冷たい氷の上に横づけにされたまま只、解氷期を待つている。でもその船べりに私は数多い希望と生の時めきを開く事が出来る。

鳳仙花

籬の下に咲ける　鳳仙花
哀れなるよ　汝の影
そよ吹く夏の　夢更けて
君美しく咲けたりし
乙女手をとり　君を囲ひて戯れり

その夏は　早や去りて
わびしき　秋は訪れぬ
美し夢の　さゝやきは
鋭ききばに　おかされて
花は落ち　君は老いにけり

北風しげく　雪積り
君果敢なし　声絶ゆ
美し名の　鳳仙花
されど魂は　消え失せず
東風（コチ）匂はゞ　君蘇えらずや

いつか船べりから鳳仙花の歌が聞えて来た。私はそこで一人の女学生を見つける事が出来た。故国の哀愁と寂漠さは又彼女の気持だつたのだろう。私が彼女と知り合いになつてからは、二人は絶えず冷たい人影のない海辺を訪れた。かつての漁船は二人にとつて忘れる事の出来ない憩ひ場となつた。林亘正が略奪と豪言を吐き散らした海と平野はいつか二人の清い魂を結びつけてくれた。彼女の凍えた冷たい手は私の手の中で熱せられた。無限のやさしみをこめて悲しくいう。それは私の魂にこだまして物苦しい狂想を抱かせる。でも二人はそれ以上なし得なかつた。かつて創造主がそれ以上創造し得なかつた様に。それから幾年か過ぎた。春は春らしく花が咲き小鳥が巣をこしらえた。いつか夢の様な淡さの中に生を悟れば悟る程寂漠さを感ぜずにはいられなかつた彼女は成長し、私も年をかさねた。一つの色彩でしかなかつた彼女も、複雑な色彩を帯びつゝあつた。万華鏡に映ずる様々な映像を抱く如く彼女は人を見、己れを飾つた。いつか戦のさ中彼女は手紙をよこした。

要旨は「もう一度あなたに逢いたい」ということだつた。それから戦は益々激しくなつた。何回か押しつ押されつ彼女の音沙汰も遂にとぎれてしまつた。やがて彼女の死が確認された。私の持つていたすべては去つた。そして再び寒い冬が訪れている。あの日あの時の想出をそそる寒い冬が今も目の前に横たわつている。明日の太陽は昨日の太陽はまだあの黄海の海辺に照つているだろうか……否！それは太平洋のながい波のうねりの上では今日に過ぎないのだ。

数多い苦悩をえがきつゝきらめく星くずの金属的な光りと俟つて永遠の界にもまれていつた彼女、碧い空と大地の間にはもう彼女はいないのだ。寒くなるにつれて彼女のありし日の浜辺の姿が私の心をえぐる。

詩「人間」

金敬淑

民族
？国家
？階級
？男？女？
ノン
！
人間だ
高等生物
その発達の極限
まなこ二つ
鼻たかく
口ひとつ
足は立ち
歩み
そしてすわる
背柱はまつすぐ
大脳発達して小脳ちいさく
頸骨はこれを支えてほそい
握力は猿より弱いが
指先きの感覚やゝするどく
体内組織の細胞は
蛋白質　脂肪
そして筋肉組成のガリヤ原子
血球その他のゲノン
原子
中枢脳神経のすばやい活動
大工場を動員して
新世紀を誇る
原子核破壊装置
しかも
脳細胞分子の配列に
いささか狂いを生じて
二つの大都市は木つ葉みぢん
ボロ雑布の人間六百万
地球表皮のケロイドが
うづきうめいて
血をふく心臓
右心房構成組織の
炭素と酸素の電子負荷数
イオン交換にひとみをこらし
死かばねにすえる人工心臓
コチコチうごき
カタカタあるく
大成功の祝杯のかげに
ほろほろくづれるバラのはなびら
人間の一種
をとめというもの
分析しがたい恋のゆくえを
花の香りにきいている
涙の成分2HCL
そしてH20
ノン
！
心臓の
生しのまゝの
電磁感応は
LOVE
宇宙線を作用して
万物生成の世界をし上げる

・（詩人）

随想　不可解な氣持

李鍾

私は度々、何かはつきりせぬ気持にかられる。訳のわからない、それでいて何だか不安な気持、このような気持はこゝ数年来続いている。

現在の自己の生活をかえり見ると忙がしいのか、あんまりのんびりしていたのか兎に角何だかわからない閉ざされた気持で新しい年を迎えてしまつた。

ひと頃の新年の楽しさは何時の間にやら私から去つて行つた。

このような気持は私をして私と同世代で同じ状態の心境にある人が多勢いるかも知れないと考えさせる。とりとめのない、つかみどころのない霧にも似た茫漠たる気持、現在の私の半生ともいうべき過去を回顧して見ると、ずい分と社会の変遷を味わつて来た。何世紀もの世の移り変りを一息に通り過ぎたように……これは何世紀もの史実を集大成したシンフォニーを聞き終つたような複雑微妙な気持でもある。

何世紀もの時間の流れを一瞬に経験したような、ぼう大な量感からくる戸惑いと不可解な陶酔？

それでもないらしい。

× × ×

魂を奪われた人々、社会という歯車にかみ合わされて油気のない歯車からは今にもキーイという無気味な金属音さえ聞えて来そうである。

これが感情という油をそゝがれると、暴転し、その息の荒さは恐怖になり絶叫となつて訳もなく反撥する恐ろしさ……

それでいて人々は自己というものを侵されまいともがき、苦しみ、かつての夢の感覚にもうろうとした未練を感ずるおろかしさ……感覚の糸をたぐる文学の世界にも似たもの、ロマンに花を咲かせたほの温い過去は拭い去られ、たゞ茫然とたゝずむ。不可解に閉ざされまひさびれた神経だけがすべてを支配する無機感。

高度に発達した時代のスピード（時間的短縮）に映じて見た私という人間、斬新な意匠で多量生産されたそれは息つく間もなく消滅されて行く近代のメカニズム。歯車にかまされた無数の生活が地上を彷徨する。古い時代にとり残された感覚は、新しい時代の感覚と新陳代謝する。

とり残されたのは、結局私というひらだつ魂だけかも知れない。

生活に対する積極的な意欲に欠けていた自己の安定を考えなければならないけど、と思いながら新しい年を迎えてしまった。

まだ不可解な気持にとりつかれているようでたまらない。

（筆者は本会組織部長）

映画人寸評

＝紹介版＝

監督篇

★ジュリアン・デュヴィヴィエ……映画が第八芸術たるゆえんを築いた詩人その作品は、詩情に満ち灰色の現実を描き、人間への郷愁を奏でる。ジャン・ギャバンと名コンビ。（望郷他）

★ジャン・ルノアール……よりフランス的な香り高い芸術的ふんいきの中より溢れ出すシャンソン（庶民的な）は、ロマンと人生への懐疑と平和への希望が強烈な臭気？を発散する。（大いなる幻影他）

★ロベルト・ロッセリーニ……イタリアン・リアリズムが戦後擡頭、一世を風靡したのは彼が張本人、打ちひしがれ、なお醜い現実に生きようともがき苦しむ群衆。戦争の否定と平和への熱烈な希求の権化。この材料を巧みに使いマセラーニ以上の料理で食べさせる。（戦火の彼方他）

★イリヤ・カザン……演劇的手法を映画モンタージュの中へ持込みその最大限の効能範囲を示した冒険家、クローズアップの名人でもある。（欲望という名の電車）

★ジョン・フォード……西部活劇の元老。作品は未だに開拓当時のフロンティア・スピリットが生々しい、生きた米国史。（駅馬車他）

★マキノ正博……日本映画の先駆ではあつたが、マンネリズムから一歩も出ていない。（献作・愚作無数）

映画

（ヴィヴィアン・リー）

俳優篇

★ジャン・ギャバン……ドブロク臭い？雰囲気のある庶民的な名演技はうらぶれた人生のノスタルジア。（港のマリー他）

★ゲーリー・クーパー……バタ臭いヤンキー、必要以上の長身から繰り出す演技は通俗的なアメリカ趣味と、永遠の若さが溢れている。（摩天楼他）

★ジャン・ルイ・バロオ……この人のパントマイムは詩であり、古典正統派？の優雅さの中に現　的感覚がミックスされる。（天井棧敷の人々他）

★ジャン・マレエ……ギリシヤ的なマスクは、ヨーロッパ的古典美であり、未完成な演技は若さの魅力が充満。（悲恋他）

★チャーリー・チャップリン　万能チャンピオン……笑いの中に人間の哀愁を漂えた名演技は現　の矛盾と苦悩を鋭く諷刺し、その思想はヒューマニズムに貫かれ、まさに映画の英雄である。（殺人狂時代他）

★ヴィヴィアン・リー……彼女に永遠なる処女の美を発見した人は、映画美学を解すると自負してよい。（美女ありき他）

★ローレンス・オリヴィエ……シエクスピアを読まない方でも、彼のお蔭でシエクスピアを鑑賞出来る。というのはシエクスピア史劇物の世界的唯一のオーソリテイだからだ。英国映画界の国宝的存在

★シルヴァーナ・マンガーノ……毒気を含んだ野バラ、野性と官能の肉体は強烈なエロティズムを発散し、完全な肉体のヴオリューム美はクレオパトラの再来？（にがい米他）

（Y・PAK）

時感

金禹錫

古人有云。君子之德風。小人之徳草。上之風必偃。又云。上所好。下甚於是。或云。其身正。不令而行。其身不正。雖令不從。繙古書。有感。

銅臭紛々道不通。
人徒慕利醜無窮。
廟堂責衆何其急。
畢竟渾斯草與風。

（作者は民団文教局長）

従軍記「戦火と共に」（六）

孔泰容

入隊第一日から②

軍服の配給を受けて本隊に戻つて、整列していた。米軍下士官五名が来て、背嚢を担ぐ方法を教えて呉れる。真夏の太陽が大地を焼けつくように感ずる。教えている下士の額から汗が雨のように滴たる。教え終つて各自やつて見ろと言われた。満足に出来なくても出来るまで、親切に教えて呉れた。私服を軍服に着替えた新兵達の様子が、いかめしく見える。此等の生々とした兵士達の顔はまさしく赤誠に燃えている。祖国防衛の勇士の表情である。夕食がすめば、一日の汗を洗ひ落さねばならない。入浴と云つても風呂ではない。シャワーである。隊内に大きなホールがあつて、毎日の如く映画が上映される。図書室では好きな本をいくらでも読める。ホールの隣り部屋では手紙も書けるような静かな室がある。ホールでラジオが鳴つている。誰かがジャズに合せて踊つていた。マッカロウ少佐に呼ばれて行つた。兵隊が居るところは必ず歩哨を立たせねばならない理由を説明して下さる。兵数の如何に拘わらず六ケ所に二時間交替で二人づつ立たせねばならない。歩哨は午後五時から翌朝五時まで十二時間の間である。私は新兵の歩哨服務一覧表を作成し発表した。勿論歩哨を毎日立たせねばならない。受持つた歩哨地域を担え銃で、行つたり来たりしている様子に何とも言えない頼しさを感ずる。彼等歩哨は入隊して五時間しか経つていないが、全く今では別人のように機敏である。部隊内の米軍数名が来て新兵達と冗談を交しながら仲よく遊んでいた夜の七時から降り続いていた雨にもめげず歩哨が無言のまま服務している。九時に消燈すれば明日に備える為充分体を休めなければならない。不寝番が天幕内を廻りながら、寝床を直している。新兵達は急激な生活変更のため、興奮していた者は、消燈はしていたが、話声があちこちでこそこそときこえる。安眠妨害にはならなかつた。朴君が寝言に自分の女房を呼んでいる隣りの裴君が朴君のまねをした。すると皆んなウワッと笑い出した。裴君が女房を随分自慢していた。李君が裴君に負けまいと、女房を自慢している。まもなく外で異様な話声が聞えて来るので出て見た。李君が便所帰りに歩哨に何か注意されていた。再び天幕に入ると随分静かであつた。然しいびきをかいているものが多い。私は此等新兵達の純心な寝顔を見て、両手を合せた。「此等新兵達の武運長久を加護し給え」と。そして私はこんな唄を思い出した。

あゝいつの日か
　忘れよう
あゝいつの日に
　去るのやら
「三八線」三字を
　誰が決めた
こんな　峠までも
　涙がうるむ
手あわせ祈る
三八線よ　去れ、

（つづく）

原稿募集

自由論文・詩、小説、軍人会に対する批判等、奮つて御投稿下さい。

宛先…本会の編集部投稿係

宣言

一、我等は先烈の血を受け継ぎ死をもって民族國家を護る。
二、我等は血で祖国完全統一と平和自由を戦取し、且つ世界平和に貢献する。
三、我等は鋼鐵の如く團結し相互親睦を期する。

月刊 戦友

発行所
在日本韓僑在郷軍人會
東京都新宿区若松町二十一番地
電話 九段(33)2771・1169番
発行人 金学鳳
編集人 鄭俊文

廃墟より復興へ！

出兵家族 遺家族 戦傷将兵 援護運動展開

在郷軍人會が強力に推進

ローラー戦争の所以で、再び[illegible]な韓国動乱が、分断を余儀なくされ[illegible]千万民族の悲願のうちに去る七月二十七日午後十時、遂に戦斗を停止をみた。三年にわたって長い動乱が一応は停止した。然し[illegible]の戦争に身命を捧げた将兵、並びに家族の代償として何を得られたか[illegible]四年前の六月二十五日[illegible]して、洪水のように[illegible]北韓共産軍が[illegible]戦等に委ることになり、実に二十世紀の悲劇であり、皮肉である。韓国民族三千万が分断休戦に反対した理由はこれにある。

韓国人の希望は兎角、休戦の成立に依って当面の情勢は変化した。韓国人には新しい任務が追加された。破壊された産業施設の復旧、侵略に備えてのより強大な軍備の保持、そして耕地を失い、家庭を失った戦災民の救助等、今までの働いても追いつかない重い負荷が、われらの韓国人の双肩にかかっている。これら祖国の復興事業に対して、われらが寸時の怠慢も許されない。韓国の富強は即ちアジヤにおける共産主義侵略へのさな防波堤を意味する。他日再び韓国に対する共産侵略が開始されるような隙を彼等に侵略を許すようなら[illegible]国人が屈服するなら、それは国家民族にだけではなく、世界平和に対しても大きな犯罪というべきである。

国内在住の者は勿論であるが、国外在住といえども韓民族の一人であるからには、絶対参加しなければならない。国外に在留するが故に諸種の制限はあり、また祖国の戦線に対する認識も違うが、夫々民族の一人としての役割を果すべき義務は少しも変りはない。この大きな義務を遂行しようとしないものは自己の祖先や子孫への反逆である。在日韓僑の当面の任務はこの祖国復興の大事業の一端である日本出身自願軍の留守家族、遺家族及び、戦傷将兵への援護である。祖国に命を捧げなかったものは、祖国に命を捧げ、肉親を捧げたもののために尽すべき義務がある。同胞の困窮者を援助することは、それ自体が一つの美談であり人類愛、隣人愛の発露である。ましてや国家民族のために犠牲となった人々を援護することは、自発的を通過しての義務的な義務である。

援護運動を強力に展開

今回在日韓僑在郷軍人会が九月五日より十月四日までの三十日間を援護月間と規定して、強力な援護運動を展開するが、六十万の在日韓国人は残らずこれに積極的参加すべきである。さなきだに生活条件のよくない外国で、しかも生活の支柱となるべき壮丁を失った、これら家族の面倒は当然われら在日韓国人がみるべきである。援護月間の行事は在郷軍人会本部の発表に依れば左の通りである。

▽戦没勇士合同慰霊祭
時日 十月一日午後一時
場所 居留民団中央総本部講堂
▽生活援護金交付
▽出征家族及び遺家族慰安会
日時 十月一日午後五時
場所 東京

援護運動に關し 内務部長官より通達

傷痍軍警及び戦没勇士遺家族援護に関しては、内務部長官より、韓国駐日代表部を通じて、在日韓僑在郷軍人会金会長あて大要左のような通達があり、その積極的且つ強力なる展開を要望してきた。

▽内務部長官通達要旨
去る七月六日以来各市郡警察及び公共団体が中心となって、傷痍将兵に対する慰問を積極実施中であるが、この推進に関して形式に拘泥することなく、誠意、時間と物心両面で許すかぎり充分に慰問をして、彼等勇戦勇士の労苦に報恩すると同時により一層士気を高揚させるべく全国民が団結して、努力されんことを望む。特に六二五・事変以来戦役将兵、傷痍軍人或は以北に捕虜となったり、第一線に動員されている軍人警官、労務勇利達の遺家族の生活に対しては、援護の機能を最大限に発揮して、物質で不足な点は精神的にも充分に慰労され、万全を期されんことを切望する。

主張

休戦成立に際し戦歿家族援護を強化せよ

韓国においての三年にわたった動乱も、去る七月二十八日を期して休戦となった。軍事的には遂に[illegible]成するまでは、国連総会の決議に依り、且つ停戦協定の条文の規定に依り、関係国間の高級政治会議にかけられて、平和的に処理されようとしている。この政治会議が吾等韓国民族の希望通り、国土統一の大業を平和的に処理してくれれば、これ以上の喜ばしいことはない。然し北韓、中共及びソ連等の共産主義諸国を相手とする平和統一は不可能なことであることは、北韓に共産政権が、成立していなかった以前に[illegible]

[illegible]の期するところは、政治会議の成否如何にかかわらず、韓国の既定方針による、国土統一の達成を韓国自身の力によって、戦い取ることであり、この為には何をおいても国防力の充実と国土の復興に全力を傾さなければならない。

国防力の増強と国土復興という、韓国人に与えられた当面の至上命令は日本に在住する韓僑も少しも[illegible]

[illegible]での同胞達に比較すれば富裕である。本国が荒廃した現在、在外同胞が物心両面からの本国の復興に協力すべきは当然である。また在日同胞は、六十万の同胞を代表して勇躍本国の戦線に参加した数百名の日本出身同胞自願軍があったことを銘記すべきである。実に在日同胞の名誉は、この自願軍の出現に依って、地におちなかったのである。

はその方法に自ら差異はあるが[illegible]できた。一部は生きて、一部は傷ついて、そして今一部の勇士は護国の鬼となった。[illegible]が交代されたが、焼石に水であろ。また戦傷が原因で廃人となり二年後の今まで病院に入っているものもいる。在日韓僑のすべてが、ほんとに彼等を代表して、本国の自衛に参加したこれら若者たる同胞に対して、僅少の同胞愛の発露が、彼等を救うことになるのである。

[illegible]てやること、これらの任務は、韓僑の最も身近な、祖国に対する奉仕ではなくて何であろう。然して果して在日韓僑が、この身近な愛国の行為を果したであろうか。自願軍の一部は二年前から帰国を開始した。戦傷兵や、そして[illegible]本国政府から援助の[illegible]

在日韓僑在郷軍人会は結成二年の間、営々として、これら戦傷兵や戦死将兵の遺家族に対して、救助の手を差伸べてきた。今回もまた九月五日から十月四日までの三十日間を援護月間と規定して[illegible]

徴召集事務は内務部へ移管

(ソウル放送KIP)＝徴召集事務は従来国防部において、取扱っていたが、九月一日より動員計画と補充問題を除いて兵事事務諸般の細部行政は一切内務部に移管されることになった。これによって、従来全国兵事区司令部において取扱っていた徴召集業務は内務部長官の名義により、全国市道兵務課が管掌することになり、動員や内容に就て国防部では必要な人員を内務部に依頼すると内務部では各道市兵務課に通知して召集される。なお十九日ソウル特別市会議室では全国兵事区司令官を始め、各道市兵務課責任者が会議を開き、事務移譲について詳細討議した。

韓軍将校北鮮に潜入

送還不願捕虜説得に努力

(ソウルKP)＝国防部スポークスマンは四日、国軍将校が親共韓国人捕虜に帰国を説得するため、八月二十九日工作員として北韓に潜入したと語った。なお同スポークスマンは関係将校の数、北韓潜入方法または捕虜との会見方法についての発表を拒否した。この発表により当地では、他の国連工作員も非韓国人捕虜と会見するため停戦境界線を越えて、北韓に潜入したかも知れないとの非公式の推測が生まれた。韓国政府は国連に通告するところなく、将校を竹のカーテンの向うに派遣したらしく思われる。韓国休戦協定には国連将校が北韓に入り、捕虜と会見するという規定はない。韓国の今回の措置が一方的なものだとすれば韓国は送還不願捕虜三百名の交換を停戦協定の規定通りに行う意志があるかどうかという問題が出て来る

ギ軍中佐に感謝状

【ソウル発＝KP】韓国軍第二軍団長丁一権中将は同軍団の戦斗に積極的協力をしたギリシヤ軍大隊の大隊長クマカノ中佐に対し、八月十八日第二軍団本部で感謝状を贈った。

空軍は猛訓練中

【ソウル発KP】当地空軍筋によると韓国空軍は国内各基地で共産軍の[illegible]に備えるための強大な[illegible]の下に猛訓練を行っている。[illegible]ジェット機をもそう縦できる技術をもっているが戦斗中止後第一線の戦闘を終えた操縦士及び整備士たちは米空軍に派遣され新鋭ジェット機による訓練を[illegible]と見られる

三合同慰霊祭は十月六日

(ソウル発KP)＝九月廿八日ソウル運動場で[illegible]三軍合同追悼式は国防部の機構改編にともなう諸事情のため、十月十六日と変更された。

無窮花會幹部 陸軍病院慰問

(釜山発＝民主新報)白斗鎮国務総理夫人達で結成されている無窮花会幹部は八月十七日、釜山宋水洞にある第五陸軍病院を訪問して病床にしん吟している白衣の勇士達を慰問し果物八十箱、キャラメル五千箱を慰問品として寄贈した

東西南北

三千万の韓民族の宿恨のうちに遂に停戦協定が成立した。前の三十八度線にかわって、今度は停戦境界線が三千万の民族と三千里の国土を二分している▽平和的統一問題が十月からの高級政治会議で取り上げられるが、これは一九四六年の米ソ共同委員会の二の舞になることは韓国人ならずとも全世界の識者の認めるところである▽政治会議の開催如何にかかわらず、韓国のとる根本路線は唯一つ、韓半島から共産主義者を掃討することである。吾々はそのために戦ってきたし、これからもまた戦うであろう▽最近日本に在留する韓僑の極少数に祖国中立化論を唱えるものがいる。韓僑のいうことは、一応理想的でもっともらしくきこえる。即ち、韓国が自由世界からも共産世界からも離脱して中立化しない限り、統一はできないと▽然しこれは余りに韓民族の自主性を無視した説だ。韓国は自由主義国家群の一員として独立し、その援助も受けているが、これは韓国を真の自主独立国家にするためである▽中立化運動の輩では韓国を東洋のスイスたらしめんとするが、韓国の持つ地理的、軍事的位置は東洋のバルカンである▽韓国が如何に永世局外中立を宣言したところで、国際信義を無視する共産側が有事の際韓国の中立性をまもってくれるだろうか？第二次大戦の終りに中立条約を結んでいた日本に[illegible]

1341

在郷軍人の当面任務

李瑄根

序言

在郷軍人を指して英語ではよく「ベテラン」とよぶことがある。この語は「古兵」或は「老練なる兵」と翻訳するのが妥当であるが、わが韓国にはこうした意味での在郷軍人はないといっても過言でもない。議国もまた議軍も歴史が新しいわが韓国が史上未曾有の悽惨苛烈な滅共聖戦を遂行しているのであるから、文字そのままの「古兵」または老練兵」が先進国の前例のように満期除隊で現役を退き多数が在郷在家することは許されないことである。現在の大韓民国在郷軍人とは傷痍軍人が七割以上の大多数を占め、其他と雖も病気除隊者が殆ど全部である。それでわれら在郷軍人は、この点を自認自覚しわれらの当面任務が何であるかを率直に認識自省し且つ検討すべきである。

一、自力再起こそ先決

傷いにより除隊したにせよ或は病気其他の事情により除隊したにせよ、われらは自力で再起し国家に対し奉仕すべきである。

単純に考えるときは「国家のために犠牲になった自分の体であるから国家か補助してくれるべきではないか?」と主張することもできる。然しこうした考え方をする前にわれわれは既に貧困の極にきている祖国のために戦ってきたという事実を回想すべきである。極少数の戦争利権屋や特権階級が、ひとり飽食安逸をむさぼっている例がないではないが、われわれは彼等腐敗層のために戦って来たのでは決してない。共匪によって侵略された祖国と殺りくされた同胞のために敢然と戦って来たのである。依ってわが祖国と民族は未だにわれわれ個人を補助してくれる余裕がないと覚悟すべきである。廃墟と化した祖国の経済か貧弱であるし、家族達の生活を思って歸還で

ことを考えるべきである。物質問題ではない。何故感情だけでも表してくれないのか?」と反問したければその前に「戦争遂行に熱中しているが故にそれだけの精神的なゆとりもない」とわれわれ自らが理解すべきである。

故にわれわれは隻腕一脚でも自力で再起し自行自走することを工夫すべきであり眼を奪われ耳を塞がれていても「心の眼」と「心の耳」を新たに創造し新たに探して自ら生きてゆく道を講究しなければならない。この方法は勿論容易なことではない。筆者自身の体験から通してみても、二回負傷して十余カ月の間入院してから予備役に編入され、軍門に投ずる前の職場に復帰したのではあるが、片足になった悲しみも普通ではなかった

時間を経ることが重労働であることを今に至るまで痛感しているのである。筆者よりも数十倍も傷つき且つ生活条件ももっと悪く、職場をも得られない将兵によってはその前途は実に暗たんとしたものである。ではあるがたからといってわれわれは暗たんするとか或は自暴自棄になってはいけないのである。

世界中の不具者の中でもその不具の度がもっとも甚だしい「ヘレンケラー」女史が未だに生きていて健康な人間よりもはるかに大きな貢献をその祖国及び世界文化に対しているではないか。筆者の身近かにもこうした例が多いこの勇気と努力をさえ喪失したのでなければ普通一般の傷い軍人或は除隊軍人は自力更生することができるし、国家民族はこうした自力再起に対して涙を流して感謝を惜まないであろう。

「天は自ら助くるものを助く」と諺にもある通りわれわれ傷い軍人も如何に困難な生活条件の下でも自力で再起し、自力で生活を戦取しなければならない。

二、後方戦士としての勤め

[illegible]

三、結論

[illegible]

[illegible]耐いそではふれない国家や民族に対して千遍の復興をくりかえすよりも、不具廃疾した体と闘をそれに襲うって勇敢に再起し、自分の力をつくりだそう。この勇気とこの斗志とこの努力、実践を探求するものこそ、真に軍人らしいわが韓国の古兵（在郷軍人）達が祖国に奉仕する当面の最大任務であるこの任務は誰かから賦課された任務ではなく、われわれが自ら探し出して遂行する輝かしい任務である。

第一線の輝かしい戦果に恥じない後方がわれわれの手によってつくられるし、勝利に続く統一祖国もわれわれの手によって再建されよう。

（註　本文は約半年前に書かれたものである故、現在の事態にそぐわない語句もあることを註記する。）

李瑄根氏は陸軍准将現在郷軍人会理事。文学博士。

愛国の至誠を示せ遺家族へ!

李大統領が声明

再建計画 "完遂に努めよ"

李大統領

(ソウルKP)

李承晩大統領は四日「韓国は再建計画を必らず成功させなければならない、米国援助資金処理の際の詐欺横領は厳罰に処す」と次のような声明を発した

われわれは米国大統領および国民が戦火に荒廃した韓国の再建を援助するため即時援助の手を差伸べてくれたことを深く感謝する、われわれが第一年度上半期分として二億弗の米国援助資金と一億三千万弗の国連韓国再建団資金とを受取りながら再建に失敗すれば友邦諸国にたいする恥となろう、わたしは外国援助資金の詐欺横領にたいしては死刑をも含む厳重な罰則を考慮中である、たとい当分の間不自由を忍ばなければならないとしても基礎産業を先す発展させて一般の福利を高めねばならない

大統領を支持せよ

白総理声明

(ソウル発KP)

白国務総理は公報処を通して声明を発し「北韓のわが国民を共産主義の魔手から救い出すためどのような措置がとられようとも李大統領を支持せよ」と国民に呼びかけるとともに「韓国は米国と協力して大規模な経済再建復興計画を立案中である」と発表した、また白総理はダレス米国務長官を通じて結ばれた最近の韓米安全保障条約に言及、全国民が白総理とともに米国に深甚の謝意を表するよう要望した、なお白総理の声明全文は次の通りである

今や戦斗は停止した、もはや人間が再び悲惨な目にあい死者を出すことはなくなった、しかし韓国は分断されたままであり、わが国の半分は依然として鉄のカーテンの向う側にある、来るべき政治会議では、われわれと北韓同胞とを統一する試みが行われるだろう、共産側は武力で強制されない限り略奪の獲物を手放すとは思えない、今後二、三カ月は不安な試練の時期となるだろう、わたしは全同胞に向い、北韓のわが国民を共産主義の魔手から救い出すためにどのような措置がとられようと偉大なわが大統領と同大統領を首班とする自由に選出された政府を強力に支持するよう呼びかけるものである、われわれは精神的にも行動においても冷静不動の決意をもって団結しなければならない、われわれは、米国の大きな援助をえて大[illegible]

深刻な未亡人問題

登録者だけでも約三十万

(ソウル廿一日東洋発KP) 三年余にわたる苛酷な戦乱で、韓国の戦争未亡人数は政府当局最近の統計によれば、登録された者だけでも二十九万三千八百五十二名、その児童数は五十一万六千六百六十八名に達している。この統計は部分的なものといわれ、政府筋で実際数はこの倍以上であろうとみている　数多いこれら未亡人の中には、生計の維持できない者が相当数に達し、ソウル地内には生計のため倫落した戦争未亡人が約二万といわれている。社会部では戦[illegible]

政治会議失敗せば 最後まで戦え

[illegible]

全僑胞に周知せしめよ

代表部金公使談

[illegible]規定して援護運動を強力に推進することになったが、在日韓国人の各位に積極的に趣旨を周知せしめ有終の成果をあげられんことを切望する次第である。

援護運動に

全青年の協力要望

韓青団長曹寧柱氏談

[illegible]共匪の南韓侵略に依り、祖国が六危機に瀕したとき、日本に在住する全韓国青年及び六十万韓僑胞の祖国愛と正義感を代表して自[illegible]軍が出動し、赫々たる武勲を樹立して戦ってきた。この戦斗で非常に多くの勇士が祖国に殉じて戦死したが、その英霊に対してわれわれは深甚なる敬意を表すると同時に、遺家族に対しても、初心同間よりの援護をすべきである。

今回在日韓国在郷軍人会が援護月間を設けて強力に援護運動を推進しているが、在日韓国青年は歳彼を問わず、これに協力して韓国青年の意気を示すべきである。

金奉吉氏が義挙

救護物資五百弗

[illegible]通じて傷痍軍人療養所及び戦没孤児達に配付されることになっている。

金氏の今回のこの義挙は本国政府は勿論在日同胞でも称讃の的となっている。本軍人会では記者を特派して在日韓国在郷軍人としての謝意を表したところ、金氏は謙虚に

「在日居留民としての本分をつくしたまでです。われわれは力があるかぎり、少しでも多くの金や物を送って本国の復興に役立たせるべきです。私は今後も積極的にこの運動を推進させます。」と語った。

(戦)(友)(消)(息)

副会長孔泰鎬君は本国在郷軍人会事務打合並小林守戦ゆう帰還問題の為去る八月二十日本国に向い現在右の為活躍中

尾竹病院入院中の傷痍兵金尚鎬君は最近に至り、加療経過良好で近日中退院の見込

戦ゆう鄭俊文君は今回本会の招聘に依り本会機関紙「戦友」の主幹並に本国在郷軍人会機関紙「護国新報」の日本支社長に就任

在日韓国駐日代表部には朴鳳駐在武官、金東淳、朴明男、金約四金百鎬の諸君か勤務しており、その勤務成績は頗る良好。

本月三日孔副会長帰還。

1342

自願軍戰歷表

一九五〇年度
六　二五　韓國動乱發生
八　五　在日韓僑学生義勇軍指導本部及び、在日韓僑自願軍結成
八　一三　第一次自願軍部隊、朝霞のキャンプ、ドレイクに入隊
九　一五　自願軍第一、二、三、四部隊（國連軍所属）仁川上陸作戦参加
九　一八　京城完全攻略
一〇　一　三八線突破
一〇、一〇　自願軍第三部隊、元山上陸作戦参加
一〇、一九　自願軍北進部隊（米第一騎兵師團所属）平壌突入
一〇、二〇　自願軍第五部隊以下は韓國軍に編入さる
一〇、二三　自願軍四北進部隊、新安州突入成功
一〇、二九　自願軍西北進部隊、最前線において合流三一大隊を結成
一一　二八　作川北方に於て中共軍と交戦
一二　五　自願軍第四部隊平壌撤収作戦に於て奮戦
一二　一〇　東北進自願軍部隊　第三部隊三水長津地区に於て中共軍と激戦　全滅的打撃を受く
一二　一三　自願軍第三部隊（米第七師團所屬）の残存者興南地区より撤収
一二　一八　自願軍第二部隊の一六五名　日本歸還
一二、一八　自願軍第四部隊　平壌　黃州　南川　谷山の各地区を轉戦して仁川地区に集結
一二　二五　自願軍第一、三、四部隊生存者釜山地区に集結
一九五一年度
一　七　自願軍第四部隊に對し指揮部隊長ウイリヤム、カーニイ大尉より感状を受与
一　八　自願軍第一部隊、第三部隊に對し、指揮官ミルボン中佐より感状が受與さる
一　一〇　自願軍第一、二、四部隊は米軍　第二兵站基地司令官指揮下に編入
三　二〇　自願軍第四部隊別動隊智異山地区討伐
戦に参加（二ヶ月間）
三　一六　自願軍才一部隊は米空軍司令官指揮下に入り転戦進
六　四　自願軍才一部隊鉄三角地帯攻防戦（わが方被害甚大）
九　一二　自願軍第一、四部隊中の負傷兵四十七名日本歸還
九　三〇　在日韓僑在郷軍人会結成
一〇、一　自願軍第一、三、四部隊
中の負傷兵五十六名日本歸還

軍人會奮斗成らず
蹴球　チーム・ワークも空し

八・一五慶祝第二回金公認旗争奪全国蹴球大会は、去る八月十七日、晴天の海城高校グランドにおいて、代表部及び中総大会役員参席のもとに盛大に挙行された。かねてより、この日を期して猛練習をしていた、わが軍人会チームはその成果をあげんものと、民団中総韓青の四チームと対戦、統一されたチームワークは多数の観衆賞讃の的となった。以下その戦績を述べる。

▽第一回戦
軍人会2（1─1、1─0）（2─1、1─0）〇民団中総

中総チームは往年のベテラン七名が加わって、その前半の攻撃力は各チームの脅威する所であり、前半の得点が、この試合の勝負を決すると思われ、その点若さの軍人会と老中総の戦は、興味そのものであった。試合開始より軍人会、ハーフ陣ボールを良くキープし、[illegible]ウインの[illegible]見事に[illegible]トを決め、四軍最初[illegible]げ、中総の攻撃陣を[illegible]守ってはバックのキック、ボールを始んど相手で攻める戦い振りで、中総のふたんを戻さんとの焦[illegible]二度与えられたチャンス[illegible]クの好守備に止められ、[illegible]に渡々する有様であった。[illegible]分を経過る頃より中総[illegible]立ち、軍人会の脚足につい[illegible]て、体力の差が顕然と[illegible]然し軍人会も[illegible]ボールを大きくパスさせ、前半のショウトパスを捨てたのが成功し中総のバック陣は大きく崩れ、ハーフのロングパスにチャンスをものにし、五分五分と連続的にシュートを決め、試合を決定的にし、中総チームは十五分疲労の為キケンした。若さが老巧を圧した一戦であった。

▽第二回戦
軍人会0（0─1、0─2）3韓青

[illegible]韓青は後半三十三分にて軍人会をかろうじて振り切った前半より鎬と刀をかけた一戦で、韓青は[illegible]の軍人会バックのミスで韓青が一点をあげ、有利に戦を進めた。十六分軍人会絶好のチャンスを金約西転倒し得点をあげ得ず、そのミスが最後迄つきまとい、敗戦のうき目を見たのであった。前半十六分のチャンスに得点しておけば勝敗はもつと[illegible]な[illegible]と[illegible]して、[illegible]後半三十[illegible]、軍人会は[illegible]

大會出場の軍人会蹴球チーム

従軍記
戰火と共に（7）
孔秦淙 作

船中で（二）

入隊して四週間を経た。其の間、七次に亘り数百名が出発している。私は中佐に隊内に残らく滞ることが本意でないと申上げた。中佐は自願兵の出陣が完了するまで一緒に居て貰ひ、最後の組で立てと言はれた。いよいよ部隊と別れの日が来た。中佐は私に大きな太極旗を渡して呉れながら此の国旗を白頭山頂に立てて貰い度いと言ふ。私は中佐を始め少佐と下士官に堅い握手を交して万才の歓呼に送られながら二十七名を引率し部隊を後にした。兵隊移動用バスに分乗して米軍と一緒に横浜港までゆくのであった。

午後六時だけど夏の暑さは酷い。数百隻の船舶から貨物を積み降すクレーンの響きが夕暮の静けさを破っている。私達の船舶もトラックを積み入れる音か響かして船内で休むことが出来ない。横浜市内の電燈とネオンの光が遠景として美しく見える。あのあたりが繁華街の伊勢佐木町[illegible]とすぐ見分けられる。小さなランチが軽いエンジンの音を立てて枕元を通過して行くよう[illegible]軍の命令でわからな[illegible]るとの伝達によって[illegible]つて食堂前で並んだ。[illegible]がもう米兵と仲良しになつたらしく冗談を言つたり歌つたりして愉快そうだ。私は自願兵の一挙手一投足を見守らねばならなかったし又将校の指示事項を速かに伝達せねばならなかった。食事か終ると甲板の上で日本の最後の晩かも知らない夜景を存分に見ようと悩んなデッキに身を寄せてネオンに輝く美しいこの港町の夜景を見るのであった。戦友が集つて来て数が増えて来ると随分色々な面白い話が出る。金君の恋人が横浜出れとか金君の妻の家があのあたりとか何某知人が横浜で忘れられぬエピソードがあるとか、ありのままみんな打明けてしまふ。私達の気分に合せようとしているのが良くわかる。こちらも負けまいと一生懸命だ。

お互ひに会話の通じないものの間では歌ふことと踊りで陽気になれるものだ。全員集合せよとの放送が聞える。米将校の前に整列した。航海中の注意事項と各自に対する責任の説明があり一層努力して貰い度いとし達してある。時は七時半私達の船が単独航海に旅立つ[illegible]八時近くだけどまだ薄明い、前方の伊豆半島は見えない。港外まで来ると横浜全市街がだんだん小さく見える。唯その全景から随分大きな都市だなとつくづく感った。外国から来るらしい客船が汽笛を鳴らしながら進んで来る。乱髪の船も汽笛を鳴らして相手に挨拶するようだ。

自願兵等が集つて軍歌を歌ひ出した。

勇んで進め　突き進め
手に銃を　胸に誓を
さあ突撃だ　敵文前衛え
天下無敵の我が軍に
草木もなびこうよ
見よ！　既になびく大韓旗
[illegible]天命をゆるがす
[illegible]

会　告

最近本会の会員または役職員と称して諸附行為その他在留同胞に迷惑を及ぼす者がいるとのことですが、若し右のような者が来たらお手数ながら本会本部まで連絡下さるようお願いいたします。本会でも組織上本会の名をかたる右のような者を厳重に処して処分いたすつもりでおります。
在日韓僑在郷軍人会本部

文化

祖國中立化運動を批判

鄭 俊 文

われらの祖国を韓国といわうが、朝鮮と称ようが、その統一をねがわぬ同胞は一人もいない。唯一民族が第二次大戦の落第的所産として南北に分離されて以来八年間、われわれはこの分裂の苦痛を身をもつて味わつてきた。殊に最後のま、日本から解放されたにも拘らわず、[illegible]の水準に達した[illegible]、われわれの祖[illegible]にまで隷属されつくされてしまつている。国土が二分された民族が二分された苦痛は祖国に居住する国民はもち論のこと、海外である日本に居住するわれわれまでも痛切に味わつているのだ。祖国の統一を希わぬ韓国人（または朝鮮人）は一人もいない。彼が自由民主主義を支持しようと共産主義を支持しようとにかかわりなく……。本国での三年にわたる大規模な動乱で、それ以前からある諸種の騒乱に[illegible]んだ人々が、平和を希求し統一を熱望するのあまり、これに[illegible]した一部の層に違か策動して所謂祖国中立化運動を推進して、その具体的且つ積極的な動きが最近の日本にも見えるが、吾人はこの動きに対して慎重に検討してみる必要がないであろうか？

統一が至上要件

中立化運動の趣旨は現世界情勢において東西陣営の間にたい頭しつつある第三国際勢力的な風潮と相似ている。インドやアラブ連盟をを中心とした西南アジヤの諸国が米ソ両大国の勢力圏から脱却して独自の勢力を結集しつつあることや、またスエーデン、スイスの両国が冷たい戦争にあくまで超然として中立を保つていることなどから所謂中立化運動者達は韓国も米ソ両国に中立を保つことによつて国ち両国の勢力の緩衝地帯となることによつて統一した独立を保つてゆけるのではないか、との希望的観測から彼らの運動を展開しているのであるが現は果してこの方法か統一した祖国建設への、最も早い道だろうか？ということにあり、且つあくまでスイスのような永世局外中立を保てるだろうか？ということである。

古来大国の間に介在した小国としてその独立を維持するために中立を標ぼうした国は多い。

然して平和な時にはたしかにその中立は尊重せられた。然し一たん両大国の戦斗となればこの中立は確実に破れた。両度の大戦時のオランダ、ベルギーが好い例である両大国や侵略者は何時でも弱少国の中立を侵犯する適当な理由を発見することができるのである。

われらの祖国はその地理的歴史的条件からして、必ず東洋での勢力争いの戦場となつている。これはわれらの祖国の宿命のような気さえする。アジヤ大陸と太平洋を連結するところの軍事的に最も重要なポイントだからである。中立化運動の提唱者達が念願するとおり仮りに中立化による祖国が統一独立したとしても、早晩は第三次世界大戦の重要な戦場となるべきかわが祖国の運命なのだ。

第二次世界大戦に於て米国を主力とする連合国は多大なる犠牲を払つて日本を屈伏させ、われらの祖国を解放した。米英の連合国がこの地域に対して領土的野心がないにせよ、彼等に友好的な政府を樹立したいことは当然のことである北半部をソ連が占領したが、ソ連もわれらの祖国に親共産主義政権を樹立したいことは再言を要しない。この二国の利害の妥協的な形態が三十八度線に依つて分断されたわが祖国となり、われわれの悲劇の原因はそこにある。

中立化運動は米ソの両大国に対して同時に韓国及び北韓から手をひけ、ということを意味する。第二次大戦で、今次の六・二五動乱を通じて莫大な犠牲を韓国のために支払つてきた米国が、また、みすみす太平洋への出口に絶好の足がかりを得たソ連が、唯統一という韓国人及び北鮮人の至上要件の前に手をひくか？どうか？統一を切望するのあまり、希望的な情勢判断を中立化運動の提唱者達はしていないだろうか。

共産化運動になるおれそ

現在の世界においてわれらの祖国と同じ情勢におかれている国にドイツとオーストリーがある。われらの祖国が東に於ける両陣営の冷戦の焦点ならば、ドイツは西に於けるそれなのだ。われらの祖国もドイツの民衆も国土民族の統一が至上命令である。然して今回の選挙に、中立化による統一運動を提唱したとみるべき社会民主党と、西独の反共民主勢力を[illegible]して統一をはかるアウデナウアーのキリスト教民主同盟とが、統一方式について相対立して判断を国民に問うたところ、民衆はキリスト教民主同盟に支持票を投じた。理知的なドイツ国民は、[illegible]知つているのだ。[illegible]に絶対に[illegible]成立しないことを[illegible]統一問題を検討する[illegible]十月から所謂政治会議がひらかれることになつているが、これも過去に於ける[illegible]会談の再演以外の何[illegible]統一への望みをこれ[illegible]ができないことを知[illegible]こうした情勢下にあつて[illegible]化運動を提唱することは[illegible]誤らせる大きな材料[illegible]策である。この運動の[illegible]これが決して共産主義[illegible]ないと云つており、[illegible]見ても、反共的な大[illegible]なつている。われわれ[illegible]共産主義的な運動と[illegible]ことを知つている。[illegible]立場より出発したに[illegible]立化運動が日本に於[illegible]などと同じく、共産[illegible]見ることは明かであ[illegible]に於てその運動は中[illegible]なく共産化運動とな[illegible]分にあることに留意[illegible]

（筆者は本紙主幹・[illegible]）

○「無情」　桂 英 俊

あわれわれ　三十路に入りぬ
ひとのよの　なかばを過ぎぬ
うつろなる　時は流れぬ
むなしくも　歳をとりきぬ

さまざまの　移うつろいし
喜びに　腕ふるわせし
悲みに　心しづみし
愁いのみ　吾に残りし

幾たびか　死なんとぞして
そのたびに　われ死に得すて
むくろのみ　生きながらえて
今日もまた　明日を夢みて

わか眼　涙は涸れり
わが面に　老いは来れり
わが胸に　血は凋れり
わがうたは　われより去れり

ひとのよの　なかばをすぎて
あわれわれ　三十路に入りぬ
うつろにも　時はながれて
むなしくも　歳をとりきぬ

……ちょっと失礼……

△アジヤ卓球大会に参加すべくはるばる玄海灘をこえてきた韓国選手団。チトとした事務的手違[illegible]手続から上陸をボイコットされ[illegible]のフリゲート艦に[illegible]するとか？[illegible]はいやだよ、鈴木長官さんよ、何とかしてくれよ。国際親善が目的のこのアジヤ球大会が日本の外務省筋のこのセンスのなさからかえつて国際を刺激した破目。

△火薬場には消防夫の他は入れないものだ、火薬場ドロボーは罪が余計重いもの。[illegible]中の韓国の義歟、赤狗ならぬ日本漁船。

△国連軍防衛水域が停止され、本側漁船われもわれもと出漁三マイルを主張する日本湾にソ連軍艦が入つて来[illegible]が三マイルなら獣つて[illegible]るかな？ 李ラインを外交的に解[illegible]伏できないために韓国漁夫団の入国禁止か？江戸の仇は長崎で、海峡の仇は神戸で。

△隣りの火事で金儲けしたら、隣りの家の新築の邪魔はしないものだ、戦争利得だけでは、たりないと見える日本、今度は海の魚まで根こそぎ頂戴か、

△日本漁船の出漁には海上保安隊[illegible]

△日本の漁民の皆さんよ、海は広いですね、狭い日本海のことでじつかないで、あんた方には世界一広い太平洋がありますよ。

（ロンドン・パリ）

（本支社長）

編集後記

[illegible]である「韓国新報」社の援助の許に復刊、茲に待望の第十二号を出す運びとなりました。復刊については本会の金会長以下常任諸兄のなみなみならぬ献身的奉仕と理解ある僑胞各商社の援助に与り感謝に堪えない次第であります。本紙も今後は紙面の充実を期し且つ僑胞社会に一層の清新の気風を注入すべく努力するつもりでありますゆえ、読者諸賢の今後の御鞭撻を切望する次第です。

原稿募集

自由論文・詩・小説、軍人会に対する批判等、奮つて御投稿下さい。

宛先　本会の編集局　投稿係

連載小説 祖国の星 (1)

金 松 作　桂 英 俊 譯

ソウル発の釜山行列車は、ぎつしりと満員であつた。大田を過ぎて大田駅近くなつたあたりからは、停車するどの駅でも、降りる人よりは乗り込む人の方が多かつたので、車内は言うまでもなく、列車のデッキまで荷物や乗客がぎつしりつまり、足の踏場もなかつた。それに加えて車内売店の売子達のわめく声が、この車内を一そう混雑に感じさせていた。

「するめはいかが？サイダーはいかが？ええ、まんじゆうはいかが？」

「ええ、探偵小説の最新刊「美人の体」、「聖堂の銃声」がありまアす、月刊雑誌には「希望」「新太陽」がありまアす、週刊な[illegible]さつた方へ——」

「ええまんじゆう……」

「ええ探偵小説」

これらの情景は、第一線から三年ぶりで、帰つて来る英哲には、目新しく、また走り過ぎる窓外の田野や家々の屋根を平静な気持で眺めることはできなかつた。それでどうしたわけか

（うるさい）

という気分がしてならなかつた。

英哲は自分の隣りに座つている学識がありそうな中年の紳士に親しそうな視線を向け

「非常に混みますね、こんなに旅行者が多いのですか？」と声をかけた。

「そうですね……、何時でもですよ、商人が多いですな」

「釜山のまちには避難民達が多いそうですね、私は始めて行くのでよくはわかりませんが、銃後での生活はどうですか？」

「一般的に困つていますね、特にわれわれのように筆で食つている人間はとても大変です」

「は、そうですか、もちろん、避難民の生活が良いとは思いませんでしたか……」

英哲は口をつぐんだが、その中年紳士の血気のない顔をみすぼらしい服装からして、銃後の人達の窮乏した生活を感じないわけにはいかなかつた 彼はこの三年間、前線での戦斗だけを続けてきたので、後方の消息は全然わからなかつたのである。祖国のために、一歳は死を覚悟したのであつてみれけ、唯、侵略者を防ぎ、撃退しなければならないこと、または我が軍の陣地は一村一部落と雖も敵に奪われてはならないと、それらのことにだけ彼には全関心があつたわけである。

それで「白馬高地」の戦斗でも人海戦術で襲つてくる敵の夜襲を常に撃退したし、また我が軍の装備や戦略が敵よりも優秀であつた故に、どの戦斗においても有利な地点を確保し得て敵に打撃を加えることもできた。

1344

戦友
発行所
在日本韓僑在郷軍人会
東京都新宿区若松町21
電話九段(33)2771, 1169

宣　言

一、我等は先烈の血を受け継ぎ死をもつて民族国家を護る

二、我等は血で祖国完全統一と自由を戦取し且つ世界平和に貢献する

三、我等は鋼鉄の如く団結し相互親睦を期する

韓米相互防衛條約発効

反共へ韓米の紐帯かたまる

李大統領　韓米相互防衛條約に署名

太平洋地域の安全を確立　侵略勢力撃退まで

韓米相互防衛条約の批准を喜ぶ

韓国外務部長官声明

条約

李大統領、ア大統領にメッセージ

1954年1月28日

東洋の恒久的平和を斎さん

葛公報処長談

遺家族登録を促進

極寒の中をめげずになお猛訓練にいそしむ韓国軍精鋭部隊の勇姿

主張

五大国会議提唱のソ連の野望を警戒せよ

米議会上院でも批准

米に韓国三軍の増強を提議

白国務総理言明

国防組織法案を起草

現行法は廃止

再侵に備え共同戦略協議

鎮海で韓米高官軍事会談

崔親善使節団長が言明

金宗元慶南警察局長より本会あて激励の辞

大砲小銃

在日僑胞生産品展覧會

除隊將兵輔導會で推進
本会で斡旋事務を開始

☆ われらの祖国大韓民国は休戦から復興へと経済建設に邁進しているが、これには莫大な量の生産資材が外国 ☆
☆ から導入され、また優秀な技術が必要であることは論をまたないことである。即ち経済復興ということは全 ☆
☆ 韓国人にとっての第一の重大課題であり、この方途こそが次に来るべき北進統一への実力を養成することに ☆
☆ 他ならない。 ☆

韓国戦乱に際して身を以て侵略共産軍を防ぎ、武勲をたてて名誉ある除隊をした将兵の結束体である大韓民国除隊将兵輔導会（前在郷軍人会）では祖国のこの切実な要請に応えて、銃をとつていた手にハンマーや鍬を握つて産業再建へと邁進すべく会長申泰英陸軍中将を先頭にたち上つているが、特に生産資材の導入についてはこれを他よりも直接韓国が生産するものを受け入れることこそ民族資本の [illegible] 将委となり、また凡ゆる障害を打開して優秀な製品の製造に邁進している僑胞生産業者への物心両面の援護ともなるという一石多鳥の点に着眼、特に僑胞が多数居住し、また各種事業において優秀な品質を誇つている点に留意して、この程その在日支部である本会で別掲の如き僑胞生産品展覧会開催及び特約店開設に関する斡旋調査や依頼してきたのである。

尚、本会としてもこの趣旨が在日僑胞の生産意欲を高めると同時に韓国再建に貢献することが多大であること に全常任一致した意見を見、具体的プランを練つてこの斡旋及び特約店選定問題に関しての事務を開始することに決定、民団中央総本部民生局及び購買委員会とも協議してこれが具体的案を作成中であつたところこの程その詳細を決定したので、民団各県本部や一般業者直接に内容書を発送、この二月十日より斡旋受付事務を開始した。本会担当常任ではこれが優秀なる成果を期して在日各民族陣営諸団体及び各業者諸位の絶大なる協力を期待しているとのことである。

なお居留民団中総民生局調査による在日僑胞の各種企業体は日本全国合計一八、七八七となつているが今回の本国輔導会通知の趣旨により参加は自営生産業者、或は加工修理等の技術提供者のみとし、併せてこれを大別分類して A [illegible] 造工業、（船舶、車輛、機械類その他）B、鉄鋼業（各種鉄鋼材、鋼管類）C、繊維工業（紡績、メリヤス類ロープ）D、食品工業E、化学工業（ゴム、硝子、肥料）F、電気工業（通信機、電気器具）G [illegible] その他に分けてそれぞれ各部門を通じて本会で各種業者に委託して審査を行い展覧会への出品は実物またはカタログ、写真等を本国輔導会あてに本会で発送することになつている。

（写真は申中将）

在日僑胞生産品展覧会開催及び特約店契約可否問題の件（日本文訳）

首題の件、今般本会においては在日僑胞の各位が諸般の悪条件を克服して祖国発展のために奮闘努力されているに対して全除隊将兵を代表して深甚なる敬意を表すると同時に特に生産部門において経済的その他の諸般の障害を打開して世界最高水準品を生産されている事実に対しては誠に喜ぐましい努力の結果といわざるを得ず此に対して国内官民の認識を深めると同時に一方において外資導入及び貿易関係においても僑胞生産品愛護心を積極促進する見地の下にソウル特別市に本会主催に在日僑胞生産品展覧会を開催する予定であるに付これに対する出品及び特約店契約可否を緊急調査して来る三月末日まで回答されんことを要望する

大韓民国除隊将兵輔導会
会長　陸軍中将　申泰英

在日韓僑在郷軍人会長貴下

B特約店契約仮申請書（大きさA5版）

企業体名	企業体所在地	生産品目	月産数量	取引銀行	備考
代表者名	国籍（本籍）				

A在日僑胞生産品展覧会出品申請書（大きさA5版）

企業体名	企業体所在地	出品物目	出品物構要
代表者名	国籍（本籍）	分類名	

札幌大会　韓国選手団受入れに
民團北海道本部で誠意
全僑胞絶讃のまと

去る一月十七日から北海道札幌で行われた世界氷上選手権大会には韓国からも監督以下六名の選手団が参加しフインランド、スエーデン、ノルウエー、日本、ソ連など世界の強豪を相手にスポーツを通じての国際親善に重要な役割を果して、あまり上位の成績ではなかつたにせよ、韓国体育界の健在を世界に誇示したがこの韓国選手団の受け入れにさいしては [illegible] 在日大韓民国居留民団北海道本部では [illegible] 団、議長団、全常任うつて一丸となつて [illegible] 物心両面の援護を行い、選手団はもちろん、全僑胞から絶賛のまととなつている。[illegible] これら各幹部たちは率先して巨額の金品を醵出して在留僑胞によびかけたものである。

日本に六十万という僑胞が居留しているとはいえ、日本において韓国の代表が出場した国際スポーツ祭典には今回の氷上選手が最初であり、勇躍して渡航した韓国本土からの選手団がもとより他国の選手のように余裕のあるはずはない。いずれも旅費ギリギリのところであることは明かのことであり、今回の選手団の受け入れにさいしては民団でも相当の関心をもつて迎えたがことに前記北海道本部ではその財政面の負担を一手にひきうけ日貨にして五十万円以上もの大金をあつめて選手団の接待をつとめたものである。ことに僑胞 [illegible] 氏が経営している丸一旅館では選手団の宿泊を引受けたが、一さいを実費でまかない一行を感激させてい [illegible]

金団長

北海道民団の誠意に感激
韓国代表　安監督談

[illegible]

選手団歓迎は当然の事
金団長談

[illegible]

写真右は札幌大会出場の韓国選手団
下は大会場にひるがえる太極旗

奇怪な在日体育会の動き
？？寄託金の使途に疑惑？？

今回の韓国氷上選手団の来日に際して在日僑胞側としての受け入れについて札幌北海道本部の誠意ある態度に反して誠に奇怪なのは在日大韓体育会（東京都中央区西銀座八丁目一番地の一）である。本来ならば体育会こそがこの受け入れ側の主動的役割を果すべき団体であり、且つ彼等は選手団歓迎準 [illegible]

民戰五列の暴虐を見よ！
暴行、強姦、不法監禁、脅迫

大分事件の眞相
治安当局は拱手傍観
軍人会特別調査団急派

去る一月二十三日以来九州大分地区において発生した共産祖国防衛隊へのゲリラ活動により [illegible] した本会では、一郭副会長を団長とする総員二十名からなる特別調査団を現地に急派、事件真相の究明と収拾策に当らせ、[illegible] 以下は同調査団に随行した本紙特派記者の生々しい現地レポである。

無法地帯解放部落出現！！

無法地帯九州に出現
暴徒と検事が紳士協定

金財政部長

郭副会長

死人の血のます

二世韓国青年の動向
戒心すべき民族魂の缺除
金始啓

[illegible]

新春頌
空超作
於邑訳

小寒　大寒　すぎされば
春のおとずれも門近
土の底にもぐつて
冬眠していたわれらが命
大きく呼吸し手足をのばして
爆発するようにうち出でよう
年もすぎて春ともなれば
骨にしみこんだわれらの [illegible]
根やひきぬき　燃してしまおう
心からも　体からも
待つていたわれらが新芽が
かん声をあげてやつてく [illegible]
待つていたわれらの新春が
足音たかく　やつてくる

連載小説　祖国の星（5）
金松作
杜英俊訳

[illegible]

1346

戦友
発行所
在日本韓僑自願軍人会
東京都新宿区若松町21
電話九段(34)8569.8570
発行人 安 若 俊
編集人 鄭 俊 交

宣　言

一、我等は先烈の血を受け継ぎ死をもって民族国家を護る

二、我等は血で祖国完全統一と自由を戦取し且つ世界平和に貢献する

三、我等は鋼鉄の如く団結し相互親睦を期する

韓日巨頭會談なるか

吉田首相に會っても良い
日本に対する不信の念を除去
李大統領が所信を表明

李大統領

吉田首相

李大統領に会いたい
日本国会で吉田首相言明

東南亜訪問使節団が舞台

最少限の正當要求で誠意ある國交調整を
韓国外務部長官国会で演説

親愛なる在日僑胞の皆さまに訴える

檀紀四二八七年三月

大韓民国ソウル市鍾路区仁寺洞三四
在日本韓僑学徒自願軍駐韓本部

自由統一への覺悟を新
国の内外で三・一の盛儀
北進統一で韓民族蹶起

写真右は東京日比谷公会堂における三一節大会の金公使・中央と金中訓団長右

日本国内でも記念大会

写真は世界蹴球選手権極東予選大会での韓日両チームとスタンド風景

世界蹴球極東予選
韓國が対日戰に圧勝
第一回5・2 第二回2・2 一勝一引分

韓国側体力技術に優位

アジヤ・オリンピック大会に韓国参加決定

最後の勝利を戦い取ろう
孫国防部長官演説

韓国軍二個師団を増設
米第八軍が発表

第一野戦軍司令部発足

北進統一への総決起を期す
民衆大会決議

人事発令
朴英哲 任 厚生部長

在日韓僑学徒義勇軍人会本部

大砲・小銃

連載小説 祖国の星 (6)
金松作
杜英俊 画

1347

在日僑胞生產品展覽會

全政府各機関・民間が協力

出品者には旅券交付

在日僑胞生産業者発展に劃期的機会

在日僑胞生産品展覧会計画書

僑胞民生発展に劃期的

曺中総民生局長談

各業者の協力を望む

軍人会安会長談話を発表

五・二〇選擧に出馬

曺允具民団中総民生局長

民族陣営内に後援会発足

鄭同和戰友

五・二〇選擧に出馬

在日民族陣営の輿望を荷って

大昌園の正体暴露

反民族の密航女李基順

情夫が民戰系幹部

スパイ行為のアジト

反日論と親日論の根據

韓國人の対日感情の起因に対する一考察

主幹 鄭俊文

植民地的搾取と圧政の典型

日本は三十六年間韓国で何をしたか？

二億石の米を対日供給

低賃金労働の強要

近代施設は植民地搾取の武器

・反日論・親日論の根拠という

親日論者の議論は時期尚早

諸懸案解決せば日本協調

三一運動はどうして起ったか？

第1表 (1936年)

物産	產額	韓國內消費	百分比
農産物	1,208,911,000円	759,461,000円	63
林産物	118,664,000円	29,723,000円	25
水産物	164,003,000円	103,918,000円	63
鑛産物	110,429,000円	11,000,000円	10
工産物	730,806,000円	431,727,000円	70

第2表 韓國米対日供給

年次	出産額	供給額
1912	11.6百万石	0.5百万石
1915	14.1	2.3
1918	13.7	2.2
1934	15.2	4.6
1930	13.7	5.4
1931	19.2	8.4
1932	15.9	7.6
1933	16.3	8.7

第3表 韓日人賃金比較表

		最高	最低	普通
日本人	男	7.15	0.10	1.87
	女	2.50	0.30	0.85
韓國人	男	4.80	0.10	0.85
	女	1.81	0.10	0.46

写真は三・一運動当時の日本官憲の韓国人虐殺場面

戦友

在日大韓戦友会機関紙
発行所
東京都新宿区若松町21
TEL(34)2081
在日大韓戦友会
発行人　金容壽
編集人　朴英勲

宣言

一、我等は先烈の血を受け継ぎ、死をもつて民族国家を護る。
二、我等は血で祖国完全統一と自由を戦取し、且つ世界平和に貢献する
三、我等は鋼鉄の如く団結し相互親睦を期す

戦殁自願兵 慰霊塔建立を推進

僑胞各界の挙族的協力で

本年中に完成

慰問団派遣

六・二五記念行事

在日大韓遺族会

財政確立

慰霊塔建立

写真＝左は大行寺、右は慰霊塔敷地。

慰霊塔建立こそ われわれの義務

金容壽会長

待期兵帰還促進の原則に変りなし

本国政府へ要請公文

終始真剣な討議

第六回総会

会長に金容壽 副会長に楊泰根戦友

一線将兵慰問金拠出を決議

僑胞議員第一号

主張

更に待期兵の帰還を促す

戦殁英霊に慰霊塔を

時論

夏は来ぬ

裸とガラスばりの魅力

武装スパイ団

清頂上陸企図

尋ね人

北韓の食糧難深刻

市民生活も漸く好転

功労千秋に輝け！

英霊の前で統一を誓う

第二回顕忠日の追悼式

本年度徴兵検査

中共から二十年ぶりに金牧師帰国

編集余滴

第三回亜細亜競技大会戦績（総合三位）

一位
マラソン　李昌勲
重量挙（フェザー級）李宅宋
（フライ級）李良燮
ボクシング（ウエルター級）金基洙
（ライト級）鄭東震
走幅跳　徐永鍾
自転車（ロードレース）李洪錫
○団体も優勝

二位
五千米　鄭昇哲
自転車ロードレース　趙連天
卓球　女子団体
重量挙（ミドル・ヘビー級）黄鎬東
（ヘビー級）李昌完

三位
サッカー
バレー（九人制）
重量挙（ライト・ヘビー級）金好順
自転車ロードレース　朴東哲
陸上　ホッケー　韓国高
レスリング（ライト級）韓洞元
（ライト・ヘビー級）黄載雲
陸上　八百・千五百　沈相玉
ボクシング（フェザー級）宋順天
フライ級　金昌漢
（ライト・ウエルター級）金徳鳳

四位
マラソン　林鍾禹
バスケット

1349

侵略は絶対に許さない
強化月間設け各種行事

第八周年 国防記念日

海外同胞の団結を！
孫熙善准将ら本会訪問

孫熙善准将

心こもる慰問品に感泣
韓戦友ら第二次慰問団重責果し帰日

在日大韓遺族会結成
会長に崔鍾浩氏就任

崔鍾浩会長

門戸開放の措置
入団は一率百円

文教部で新たに奨学制度新設

中央会館完成
民団中総等移転

(写真は中央会館)

六・二五의 노래

狂える若者

こえ

文化宣伝活動を

学生野球団 本国へ遠征

崔文道コーチ談

孔泰瑢著「従軍記」本国で出版

韓青第二回中央議事会

韓米財団で留学生に旅費援助

預金三億円目標 漢城信用組合

反共映画貸与 在日反共団で

戦友便り

民団中総で法律・税務相談

戦殁自願軍 慰霊塔建立に協力しよう！

宣言	一、我等は先烈の血を受け継ぎ、死をもつて民族国家を護る。 二、我等は祖国完全統一と自由を戦取し、且つ世界平和に貢献する 三、我等は鋼鉄の如く団結し相互親睦を期す

戦友

在日大韓戦友会機関紙
発行所
東京都文京区金富町51
TEL (929) 0229
在日大韓戦友会本部
発行人　金　炳　九

新民主国家誕生！

民、参両院　七月二九日　総選挙

許政氏を首班とする大韓民国臨時政府は二十四日民議院（下院）と参議院（上院）の総選挙を七月二十九日に実施すると発表した。

これは、従来の大韓民国憲法で既に両院制と成るべき事を規定されてあったのが李承晩大統領がこれに対する実施法案に署名しなかった為に成立して居なかったものである。

李大統領は国権を大統領中心制度に総集中し、自己中心の政権維持を謀るが為亦は行政府の監察機関乃至立法機関である国会の単院制に依り建国当時の山積せる国事を一と息に処理しようとしたものである。

許政氏

併し、四月革命の民主デモの結果、行政府の独断性を排撃し、本来の三権分立制度に立ち替はり、国会の機構を強化し、国民に依る真の民主主義体制への面目を一新した。

議席は民議院が二百三十三席、参議院が五十八席に成り、多数の新進少壮派が従来の老衰政治家に立ち替るものと予想され、民団系の有望人士等も二十余名程出馬するものと見られる。

特に参議院は一九五九年に成立する予定であったが今回許政内閣の選挙公表をもって構成される運命にある。

今度の選挙に依る国会両院制の成立と共に許政内閣は臨時政府としての役割を済ませ一応下野する事になった。

又、大韓民国憲法改正と共に現国会は事実上有名無実となり総選挙と同時に解散する事は疑いない事実になった。

ともあれ、数多くの愛国学生の死をもって築きあげられたこの度の民主革命が、よりよき結実のあるようわれわれは熱願するものである。

僑胞北送延期すれば　平和ライン警備強化

精通なる本国政府官辺筋が伝える所によると二十四日本国政府は韓日会談で日本政府と協定が決まるまで平和線（李ライン）の警備を断乎として強化する旨を伝えた。

李承晩政府が退陣した今日でも一旦規定した平和線は新たに協定が決まる迄、継続力を持つものであるとの見解を再確認した。

本国政府は民主革命以後、日本側の漁船の南部沿岸領海の侵犯が日に増し目に余る所があると言明している。

◇

去る六月十十九日午前九時頃大韓民国駐日代表部の李戴抗公使は日本国外務省の伊関アジア局長をたずね「在日僑胞の北送期限の延長を謀るとすれば韓国政府としては対日強硬政策を依然とる事になろう」と警告し本国政府が在日僑胞北送協定に絶対反対する旨を口頭で言明した。

同北送協定は昨年八月、日赤と北鮮赤十字との間で調印したもので北送協定期限は一年三カ月になって居り、協定の修正と更新の際には満期失効期限の三カ月前迄に再交渉を行う事に成っている。

これは北鮮人民共和国政府側が十一月十三日に一応期限が切れる同協定を延長するが為交渉再開を出来る様に予め個条書きにしたものであり、李公使はその際日本政府側から同北送協定に同意するとすれば大韓民国政府は平和ラインの警備及侵犯漁船を継続捕獲する事を強化し、最近日本側が提示した暫定漁業協定などの締結には絶対応じない意向をも明白にした。

これに対し伊関局長は未だ北送協定延長が正式に決った訳ではないと述べ、その問題に就いての祥しい説明を避けた。

主張
本国総選挙に　僑胞立候補者の猛省を促す

来る二十九日、わが祖国大韓民国において「第二共和国」の礎石を築く画期的な上・下両院の総選挙が行われる。

この総選挙は、さきの四・一九民主革命に斃れた尊い学生諸烈士の犠牲によってもたらされた改正憲法にもとづくものであって、その選挙がいかに行われ、いかなる人びとが新たに国民の代表として選ばれるかはこんごのわが祖国の運命に重大な影響を及ぼし、また諸烈士の死に報いることができるかどうかの別れ目となるもので、その意義はきわめて大なるものがあるといわなければならない。

このような空気を反映してか、わが在日同胞からも二十名を越える有名無名の人士が同選挙に出馬するが果してこれらの人びとは真に今次総選挙の意義に徹して立候補を決意したものかどうか、われわれとしては一応、疑いなきを得ない。

われわれは、原則としては、在日同胞から本国政界に代表者が送り込まれるということにたいして、こんごの在日同胞問題や韓日両国の親善友好関係の促進にとって、きわめて有意義なことであるが故に、賛意と援助を惜しむものではない。

しかし、問題はそれらの人びとの資質の心事にある今次の画期的な自由総選挙は、永年にわたる本国の諸有志が想像を絶する李政権の弾圧と戦いながら、ようやく獲得したものであって、その間、遠く本国をはなれてこれを傍観していた人びとが、あたかも自ら戦い取ったような顔をして出馬することは断じて許されないのである。

それにもかかわらず、もし出馬する人びとが、あたかも流行を追うような安易な気持ちで祖国の苛烈な選挙戦に臨むとすれば、その当選がおぼつかないことは勿論、四・一九などの諸烈士の霊にたいしても、まことに恥ずべき行為であると断ぜざるを得ない。

もとより、われわれは立候補者のすべてがこのような人びとであるとは思わないが、遺憾ながら二、三の例外を除いては大部分の人は遠慮すべきであるとあえて言わざるを得ないのである。

とくに、このさい警告強調したいことは、腰掛け的な気持で出掛け、うまく当選すればそのまま本国に居坐り、落選したら再びのこのこと日本に帰って来ようとする無責任な人々が一部存在している点である。もとより、これらの人びとが当選し得るとは考えられないが、みすみす恥をかく前に今からでも遅くないから早々に出馬を断念して帰って来ることを忠告するものである。

もし、どうしても出馬するというのであれば、十分に心の準備を整え、先覚諸烈士の霊に恥じない確信を得た後、再び日本の土を踏まない決意のもとに玄海の灘を渡るべきである。

国を想い人を故うということは、まことに容易ならぬ大業である。われわれは私情としては立候補者の大部分は多年苦楽を共にした知友であるが故に、無条件的に援助したい気持はやまやまであるが、今次の選挙の重大性を想うとき、あえて一言、苦言を呈さざるを得ないのである。

平和ラインで　日漁船捕獲

去る六月二十六日早朝済南島北方本国領海で、平和ライン侵犯の疑いで本国警備艇は日本漁船長崎県の第二十二漁生丸（三十三・三七トン、船長真浦柿氏以下乗組員七人）を捕獲連行した。

漁生丸は依然法的継続力を有する李ラインを侵入し漁撈作業に従事し、本国の水産資源を不法的に脅やかしたものと伝えられる。

これに対し、日本外務省は二十九日午後、駐日代表部に口上書を送り公式的な抗議を行った。

この事件に就いて伊関外務省アジア局長が、大韓民国駐日代表部の李戴抗公使に本国許政氏政権下最初の不祥事件として重視し、又この度の抗議書で同類例事件の再発防止、抑留漁船並びに乗組員の即時釈放を要求し、日本側での韓国政府に対する損害賠償請求権を留保する旨を同時に強調している

▽▽▽▽▽
ハガティー氏受難
「ウオーツ！近か寄ると噛みつくぞ！」
裏切った番犬より
アメリカ元飼い主殿へ

速射砲

◇…昨日までも「安保反対」「岸退陣」のスローガンを掲げ全学連や社会党連中は狂犬の如く叫び廻っていた。これなどは結果的にアメリカ側の立ち場からいえば飼い主が番犬に手を噛まれたザマになる。

◇…大体民主デモの総本山は韓国である。何も日本人が血気早い猿マネ根性を出し、方向を誤まった騒動を面白半分に演じ、共産党の思うツボに飛び込む必要はなかろう。

◇…終戦当時、マッカーサー将軍は「日本人は十二才だ」と評した、即ちティーンエイヂとは十三才以上であるから「十二才」は未だそこまで行かず、結局少々マセた子供に他ならない。終戦後十六年経った今日までも十二才の流儀じゃ自由陣営が迷惑だ。

◇…嵐ひとたび過ぎ去れば何の為に戦かったのか当の本人も判然としない、気がつけばクタビレ儲けと死傷人儲けとなり、オマケに日本の体面は丸潰しときた。日本人各自が冷静になり世界情勢をもう少し真面目に判断したならば、こんな殺人的なお祭り騒ぎなどはやらなかっただろう。

◇…兎に角群衆が流行性デモ病で頭がイカレたお蔭で怪我人や死人が出、その上にアイゼンハウアーの極東訪問で日本は素通りにするという破目に陥ち入って仕舞った。ここでまた不思議に思うのは駅や盛り場で学生等がメガホンを取り、デモ犠牲者たちにカンパを声をと枯らしても群衆等は振り向きもしない事だ。

◇…韓国のデモに較べれば誠に笑止千万である。韓国を「未開国」だと思う人が有ったら一度行って見るが良い。皆生活向上の意気に燃えて居る。（朝坊）

1351

戦友よ安らかに眠れ

第八回在日学徒義勇軍戦殁者慰霊祭

第八回慰霊祭に参礼した遺家族一同

第八回在日学徒義勇軍戦殁者慰霊祭は、六・二五国防記念日をまぢかにひかえたさる十九日午後一時半から、東京都北多摩郡秋多町の大行寺で遺家族はじめ約二百余名の同胞が参席して盛大に挙行された。

大行寺境内の納骨堂には同義勇軍戦没者六一柱英がまの霊つられているが、これらの諸霊は何百万同胞の尊い生命を奪った韓国史上において忘れることのできない六・二五北韓傀儡軍の侵略にさいし祖国の難を坐視するに忍びず、敢然と身を挺して本国の戦場に馳せ参じ、ついに若き生命を自由擁護の聖戦に捧げたかつてのわが戦友たちである。

会長　金炳九氏

慰霊祭は東京韓国学園生徒のブラスバンドの愛国歌吹奏裡に開会戦友会の会員李麟基の開会の辞につづいて金炳九会長が戦友会および遺家族を代表して「代表部、民団中総はじめ右は同胞多数の後援によってかくも盛大な慰霊祭を行うことができたことは、まことに感謝にたえず地下に眠る英霊もさぞ喜んでいることでしょう……」との要旨の挨拶を述べた。

つづいて来賓として、駐日代表部辛[illegible]善僑民部長、尹致夏民団中総副団長、金仁洙民団東本団長、金昌式韓国学園長代理らの追悼の辞が霊前に捧げられ、崔祐尊師（大行寺住職）の静かな読経は式場に一きわ壮厳な雰囲気をかもした。また辛代表部僑民部長は遺家族席に歩を運び、その一人一人に真情溢れる慰めの言葉をかけていたが、遺家族の人達はみな涙にむせび感謝の面持だった。

最後に民団愛知県本部「白葉」代表の崔鮮氏らからの弔電披露と遺家族、一般参列者の焼香が行われ、午後四時半、意義深い慰霊祭の幕を閉じた。（C）

写真は慰霊祭終って記念撮影。

僑胞よ、朝総連にダマされるな！

金日成傀儡政権を倒し 国連監視下で総選挙を行なおう

一、序　論

去る六月十四日、朝総連議長韓徳銖が大阪で行なった日本記者会見で居留民団に対し彼の態度を表明したが、その中で――李承晩政権が退陣した後成立した現許政臨時政府または次の政権の為政者等は大韓民国の本来の国是を全面的に止揚し、共産主義下の平和統一へ向って来るだろうし、居留民団もいい加減に彼等の組織内に合併し、これからの行事及び学校運営をも朝総連と一緒に歩調を合わせてやったらどうかという笑止千万なる話を持ち出して来た。

韓徳銖が述べた前述の話は、恐らく本国での民主革命を共産革命と感違いをした上の話であって根本的に相手になれる筋合いは無いが、在日僑胞等の疑念を晴らすがため、一応その真相と民団の態度を明らかにするから僑胞は公明正大なる判断を下して頂きたい。

二、本国の革命は民主革命である

高貴な青年学徒が奮然と立ち上がり、李政権を倒したのは飽くまでも民主革命であり共産革命ではない。彼等は祖国大韓民国を福祉国家としての面目を一新するがために赤手空拳で立ち向かったのであり全ての悪法と腐敗と弊習を脱皮し建国当時の一大目標を達成した神聖なる賭命事業である。

彼等は若き血潮を奮って生命の危険を犯し一致団結をし民主国家を再建したのである。

それを朝連系では反米デモ云々と―、欺瞞的宣伝を恣しいままにした。実際のところ祖国では共産主義者は一人も居らない。

世界にコリアの面目を躍進させた祖国国民各自は従来六・二五韓国動乱で金日成点に随分ひどい目に遭って居るし、最少限度国民誰もが家族の生命及び財産を失なって居らない者はない。避難民の中でも一日何十マイルを徒歩でか弱い家族子女を引き連れ、自由天地を求めて来た者は数知れず居り、現在大韓民国の人口はそれ等と合わせて約二千三百万人に上昇した。

本国国民は真先に平和の使者マッカーサー将軍の銅像に花束を捧げ李承晩の銅像を倒したのである。

三、金日成政権下の統一合併は絶対望めない

現在でも板門店会談は開かれている。

本国の記者連中が人民軍の記者連中に「君等は金日成を打倒しないのか？」とからかった話がある。

共産党諸君は何う返答するのか一度聞きたいものだ。

平和統一という美名の下に銃を振わずに一度金日成政権を倒し、大韓民主共和国の要求通りに一つ国連・監視下で正々堂々と総選挙でも始めて見たら何うか。

李承晩政権当時に対日外交を意地を張ったのを良い事にして彼等の独特の共産式宣伝を勝手に大いに在日僑胞の心の中に大分赤ペンキを塗った事は事実である。

僑胞諸君！赤色宣伝にイカれる勿れ。

彼等の宣伝はモルヒネ注射である。

一度引掛かったら最後、北韓行の果は炭抗か強制労働であろう。彼等は自由天地を求めて南下した避難同胞の為人口は三割減少し、現在人口拡張に躍起となっている。

四、共同行動及び共同経営にはワナがある

彼等は宣伝という赤ペンキを持っている。

近寄るな！彼等の毒牙は一度喰いついたら最後、赤色に染まるまで離さない。

共産主義という悪質伝染病は我が僑胞の一人一人を狙ってる。彼等は神聖なる行事、大会、学園内へ侵透を始めるだろう。

彼等は傀儡政権から莫大なる北送資金を着服し過大妄想に依る北送計画の予定人数が揃わない為、現在韓徳銖以下全員が総動員で躍起となっている。

僑胞よ！冷静に判断し貴方の運命を破滅される事を警告する。

五、韓徳銖は低能児か案山子か？

前述した韓徳銖の妄言は合理的な理性に依る言明とは思わない。

大体共産党の内部組織機構の生態[illegible]でも物事の判断が自分でつく様な智能を持ち合わせてる者が本性である。インテリなんかは極度に警戒し監視しているの部的な技術者として利用はするが、絶対に責任ある要職にはつかせない。

韓徳銖もその例にもれず小学校以上の教育は受けた事のない男である。その後、専ら共産党教育を受けたに過ぎない。

金日成政権の指令で動く事しか知らない人間であって少しも自律的な判断は下せない男である。

但し、彼は過ぎし日金日成傀儡政権に在日僑胞の大部分を北送して見せると大言を吐き、同政権から莫大なる工作資金を着服し、その約束を果すが為、現在血眼になってるセールスマンである。（C）

本会、当面の事業

一、遺家族及び会員の僑胞各級機関に対して手続料等免除するよう働きかける。

一、遺家族及び会員の本国旅行の無料招待を図る。

一、傷夷戦友の生活援助。

一、忠魂碑ならびに納骨堂経費未払分の早期解決のために努力する。

戦友便り

柳萬夏…一月八日川崎市で目出度く結婚。三和精機で古参熟練工として勤務中。

李鳳基…新潟日赤ダイナマイト爆破未遂事件で東京地裁で公判中七月八日最終判決の予定。

鄭水用…浅草山谷で飲食店経営中四月二十日に長女をもうけた。

金学鳳―東和新聞内KEP通信に勤務中。

郭東儀…七月の民議員選挙に立候補のため帰国中。

鄭道容…韓青神奈川県本部団長。

朴英勲…去年八月から念願の東映東京撮影所に助監督として入所

趙基南…五月で代表部を止め、家業を手伝っている。

余　滴

× ×

編輯上に物心両面の困難が色々と有ったために、今回の本紙発刊は予定より大分遅れたことは編者として会員の皆様に申し訳なく思う。

× ×

第八回の慰霊祭も無事に過ぎた様だ。編者も会員一同と共に喜ばしい感じがする。

× ×

此の頃は気候も悪く、ムシ暑い梅雨時だが暑さに負けず、生きる苦しみを耐え抜き、亡くなった先烈勇士の姿を思いつつ頑張ろう。

× ×

戦友会役員

会長　金炳九
総務　全漢徳
理事　金貞植
朴道学
監事
趙基南　柳再万　尹延漢　郭道容　趙権衡　洪起成

六・二五動乱戦殁者慰霊祭賛助金

一、金壱封　大韓民国駐日代表部
一、金壱封　在日本大韓民国居留民団中央総本部
一、金壱封　在日本大韓民国居留民団東京本部
一、金壱封　在日本大韓婦人会中央総本部
一、金壱封　在日本大韓青年団中央総本部
一、金壱封　在日本大韓体育会本部
一、金五千円也　在日本居留民団栃木県本部
一、金五千円也　在日本居留民団静岡県本部
一、金五千円也　在日本居留民団新宿支部
一、金五千円也　在日本居留民団豊島連合支部
一、金五千円也　在日本居留民団世田谷支部
一、金五千円也　在日本居留民団台東支部
一、金弐千円也　在日本居留民団品川支部
一、金壱千円也　在日本居留民団目黒支部
一、金壱千円也　在日本居留民団文京支部
一、金壱千円也　在日本居留民団杉並支部
一、金壱封也　在日本居留民団墨田支部
一、金壱千円也　在日本居留民団渋谷支部
一、金壱千円也　在日本居留民団栃木県足利支部
一、金壱万円也　韓国銀行東京支店
一、金壱千円也　漢城信用組合
一、金五千円也　大韓海運公司東京出張所
一、金壱封　東和新聞社
一、金壱万円也　東洋貿易株式会社
一、金壱万円也　金宮商店
一、金壱万円也　許弼奭
一、金壱封　李康友
一、金五千円也　李鉉琇
一、金五千円也　金周奉
一、金五千円也　李源万
一、金五千円也　朴竜九
一、金五千円也　陳玄相
一、金五千円也　趙泰成
一、金五千円也　秦東奎
一、金五千円也　尹守鏞
一、金五千円也　面谷製作所
一、金五千円也　尹海炳
一、金五千円也　金守鉉
一、金五千円也　高光先
一、金五千円也　趙小洙
一、金五千円也　韓大乙
一、金五千円也　ロッテ
一、金五千円也　許泰成
一、金五千円也　朱洛弼
一、金五千円也　辛熙
一、金参千円也　金東沢
一、金参千円也　平和タクシ
一、金参千円也　安八竜
一、金参千円也　鄭万道
一、金参千円也　泰信物産
一、金弐千円也　金済允
一、金弐千円也　鄭在俊
一、金弐千円也　金仁洙
一、金弐千円也　金太一
一、金弐千円也　太平洋実業
一、金弐千円也　朴千秀
一、金弐千円也　全大興
一、金弐千円也　鄭善俊
一、金弐千円也　李仁柱
一、金弐千円也　三江製作所
一、金弐千円也　銀座大昌園
一、金弐千円也　南鮮貿易
一、金壱千円也　姜仁錫
一、金壱千円也　和信産業
一、金壱千円也　李鐘鳴
一、金壱千円也　鄭寅錫
一、金壱千円也　兪石濬
一、金壱千円也　姜高元
一、金壱千円也　権侠一
一、金壱千円也　李敏儀
一、金壱千円也　西村商店
一、金壱千円也　李官海
一、金壱千円也　薛福殖
一、金五千円也　朴永賛
一、金一封　金良洙
一、清酒二本　三多摩本部
一、清酒一本　世田ケ谷支部
一、供花一基　駐日代表部

以上

ただ感謝のみ

―金炳九会長―

森羅万象が活気を帯びる新緑の季節を迎え、民主革命を成就した祖国の空を仰ぎ見つつ、今回六・二五動乱当時、不法南侵した共産軍を撃ち破り、祖国のために忠誠を捧げ一塊の土と化し異境の地下に骨を埋めた我が在日僑胞義勇軍の愛国英霊を慰霊せんがために第八回合同慰霊祭を挙行するに際し公私多忙の中を快よく参席、または物心両面において惜しみない協力を施して下さったお陰で盛大な慰霊祭を催すことが出来たことについて地下に永眠された戦友等に代って感謝の辞を申し上げます。

◇◇◇ 編集だより

今回の本紙発刊は色々と事情に依り予定より大分遅れました事、編輯者は一同に代りお許し下される事を幸にお願い申し上げます。

次号よりは、一層内容を盛大にするがため、次の様に原稿を募集いたしますから多数の応募を願います。

一、論文、詩、経験談、その他種類は問いません。

二、原稿提出は戦友会本部。

三、受付は随時に応じます。

◇　◇　◇

1352

戦友

在日大韓戦友会機関紙
発行所
東京都文京区金富町51
TEL（929）0229
在日大韓戦友会本部
発行人　金　炳　九

宣言

一、我等は先烈の血を受け継ぎ、死をもつて民族国家を護る。
二、我等は祖国完全統一と自由を戦取し、且つ世界平和に貢献する
三、我等は鋼鉄の如く団結し相互親睦を期す。

主張

六十万僑胞の支えである 民団の刷新と強化を要望す

金　炳　九

一、序論

本国の民主革命以来、大韓第二共和国の誕生と共に一応政局は面目を一新し、民参両院の総選挙は正に火花を散らしつつある頃、玄海の灘を越えた異郷の此方では在日本六十万の僑胞の擁護を司どる民団内部で、去る七月二十五日に臨時大会を開き、本国の総選挙にヒケを取らない程に、中総団長の選出に全神経を集中せしめた。

鄭寅錫団長が本国総選挙に出馬するが為、一方的に辞表を提出した無責任なる態度のお蔭で、民団は頭を失なつた蛇の如く、右往左往するばかりであつた為、大会開催後やつと二ケ月余経た七月二十五日、やむを得ずまた臨時大会の開催を余儀なくさせたのである。

これでまた、民団の綱紀を強化せしめ、一層の発展を目標とする前奏曲であるべき大会が「最大公約数」を集大成する代りに、却つて従来の通りに所謂「役員改正大会」を脱皮し得ず、そのまま役員改正なる会議に終始一貫した事は甚だ不満足なる進歩の他にならないが、兎に角団長立候補者五名が乱立し、巴合戦を演じた結果、曺寧柱氏が団長に当選し、一応無事に納まつた事は僑胞一同に代つてホツとせざるを得ない。

今や本国の革命に次ぎ民団の内部でも従来より一層の決意と努力を固め、刷新された駐日代表部との緊密なる結束を以つて在日僑胞六十万の保護と育成に全力を尽し、世界史に燦と輝く民主大韓の建設に一と役買つて具れる事を切に望み、逆境の中で悪戦苦斗する傘下各団体にも多大なる声援を送つて具れる事を願いつつ、本紙に於いて「民団の進路」に就き、一筆の声なき声を呈して止まん。

二、従来の民団の無気力

在日大韓民国居留民団の創設以来現今までに、数知れぬ所謂「自称愛国豪傑」が出没し、民団の信用を落すのに莫大なる助力を与えた事は衆知の事実である。

彼等は口では愛国愛族を叫び、裏面では私利私慾と政治的権力の座に就く事のみに汲々し、本来の目標であるべき事柄には誠意ある努力を示さず変化に従がつて朝令暮改を慾しいがままに[illegible]等であり、主観に一貫性が存在せぬプシイ的な組織ゴロが大部分であつた。

これなどは単なる「無能」とばかりに片づける訳には行かないのが常例であつた。

駐日代表部の腐敗に依りその程度は度が過ぎ、旅券発給及び文化交流と団体関係その他に民団の神聖なる名義を利用した悪質な色々な不正に基き謀利の絶頂を尽し、民団の信頼度を喪失せしめ、果ては朝総連との勢力争いに一敗を喫せしめ、北送阻止も竜頭蛇尾に終り、当時本国政府が自由党一色であつた時代には腐敗した駐日代表部にまたは李承晩政権に阿附の極致を惜しまなかつた連中である。

この日和見主義者等は本国革命後、慌てて時代の潮流に乗り変え、今回の本国総選挙には恰も自分が民主革命を成し遂げた様な愛国者面をして、依然厚顔ましくも本国で代議士立候補を敢えて辞さなかつたのである。四方八方からの政治献金をカキ集め、落選したらまた元の座に戻ろうとするのではあるまいか？

本紙では前日、以上の旨を本欄で猛省を促がしたのであるが、結果は予見した通り極少数の有望人だけを除き、惨敗に次ぐ惨敗で恥をかいた事にしかならなかつた。今後の民団は心構まえを一新し、誠意を惜しまず六十万僑胞の支柱となられる事のみに専念し、地に落ちた威信と名声を取り返して貰いたい。

三、期待する今後の発展

本国の民主革命に応じ、我が民団でも内部指導層の刷新と在日六十万僑胞の育成保護に全力を尽して具れる事を望んで止まない。

現今までの民団の財政は自立事業を一つも持たず、ある特定人のフトコロからの寄附に頼りながら曲りなりにも難航を続けて来たのが真相の様だつたが、少なくとも民団の維持費位は本国に頼らず在日同胞の公平無私なる会費でまかなう様に全力を尽さなければならぬ。

第二共和国政府に基く駐日代表部の発表に依ると、本国政府は今後五百万弗を基金とした年額三十万弗を持つて在日僑胞の中小企業の育成を図ると云うが、民団はこの問題に就いて在日僑胞の為に大いに振つて力を入れるべき事であると思う。

また人事問題に於ても指導層を一新し、無能な人材に入れ変り、有能な人物の登庸を約して慾しいもんだが新団長選出後の指導層の人事問題が流石に見事な動きを見せたのか現在の所、疑問の余地がある。

文化交流、厚生事業、救済事業も大いにやるべし。これ等は無料病院の設立、二千名の留学生に対する奨学金制度の確立、スポーツの交流関係、孤児院の設立、教育施設の拡充等の面で一段と具体化し始めたのは注目に価いする。北送問題に就いても、曺団長が去る七月二十八日、日本人記者との会見で言明した通りに、北送阻止を強化する一方、韓国政府の僑胞受け入れ態勢を整える様最善の処置を取られる様願いたいものである。事実、韓国政府で帰国僑胞の生活をある程度保障するならば北韓送還を望む同胞は先ずあるまい。

従来のデタラメな財政運営の為、民団傘下の各団体は、七難八苦の目に逢つて居り、事実の話、昼食を減らしながら頑張つて居る状態である。従来の民団は成す術を知らなかつた。これでは朝総連に勝ち抜くのが大体チト無理な話である。新任団長の腕前の程を拝見させて頂こう。今度こそは期待より締めが先立たない様に願いたいものである。

大韓民国

民参両院総選挙終了

民主党大勝を博す

自由党・革新系は惨敗

去る七月二十九日に実施された大韓第二共和国の総選挙は無所属の過半数出馬を以つてトップを切り民・参両院の選挙を同時に行つた為、大混乱に落ち入り、立候補者乱立の巴合戦を演じたが開票の結果民議院選挙に於て民主党＝一六三席、無所属＝五一席、社大党＝四席、自由党＝二席、韓社党＝一席、統一党＝一席、韓独＝一席を各占め、民主党が憲法改正可能議席の三分の二線を遥かに上廻り、圧倒的に大勝を博した。

また参議員選挙に於ても民主党＝三十一席、無所属＝一九席、自由党＝四席、社大党、韓社党、革連、各一席づつ占め、これも民主党が大勝を得た。

民主党は新旧派の争いが目立つて激化し、各派は無所属議員の抱き込み作戦に汲々し、元与党であつた自由党と革新系の社会大衆党は惨敗を喫した。

尹潽善氏

国会召集は来る八日にあるものと見られ、大統領選挙と国務総理の人選を経て、選挙やり直し区域の議員も加わつて大統領就任式も来る八月十五日に行なわれる見込みである。

今回の総選挙は民議院議席二百三十三席、参議院議席五十八席を目標とした約千七百の立候補の乱争巴合戦であつたが、韓国史上まれに見る程自由な雰囲気で行なわれた事は行き届いた手配を惜しまなかつた許政管理内閣への評価を高めた事は云うまでもない。

併し余りにも自由な雰囲気を保障した為、全国の警察官に完全武装解除したスキに、前自由党系人士の大量得票や、開票事務上の小さな錯誤を利用して、群衆の感情を煽動し、一部地方では開票籍破壊を行なつた主謀者等は、法に依り厳罰に処せられるものと見られる。

前与党である自由党や革新を唱える社会主義系の各政党は今回の選挙で完全な程までも敗北を喫し民主革命を敢えて辞さなかつた韓国国民は共産主義とは全くかけ離れた自由民主国家を望んでると云う信条を明らかにした。

第二十六回民団臨時大会で 曺寧柱氏を団長に選出

曺寧柱氏

在日僑胞六十万の注目の中に、去る七月二十五日正午、民団の第二十六回臨時大会は、都内拓殖大学講堂若荷ホールで全国代議員二百九十八名と来賓、傍聴者多数が参集のもとで開催された。

金在植副議長による開会辞で始められた当日の臨時大会は駐日代表部の李載抗公使の祝辞に次いで資格審査に入り、代議員三百名中二百七十三名の出席で大会成立が宣言され、金議長、朴副団長の祝辞があつた後経果報告に移つた。

本臨時大会での役員選出で、五名の団長候補で曺寧柱氏が八八票を獲得し、当選が確定した後、議長、監察委員長、を始め、各機関長の人選が行われた。

次いで大会前から話題となつていた規約改正問題は中総執行部の改正草案を次期大会までに各県本部が研究する一方、規約改正草案審査委員会を構成して検討を重ねると同時に二回以上の公聴会を開催する事に可決した。

厚生資金 五百万ドルを策定
李公使僑胞援護政策を発表

駐日代表部の李載抗公使は去る二十日在日僑胞に対する援護政策として五百万ドルの基金を新政府の内閣が樹立され次第、設定する事を発表した。

この対策は在日僑胞の中小企業者に対する後援に集中され、一旦緩急あれば日本国内の各銀行がソツポを向く為に僑胞企業家が足腰が立たぬ破目に落ち入る逆境に備えるがこの援護政策としての意義を帯び、在日僑胞に士気を振わせる新政策の一端を現わせている。

具体的な対策の実行としては、今後一二週間以内に約十五万ドルの資金を一と先ず設定し、民団組織機構に実効性のある補助を行い、貧困僑胞の救済事業に着手し、在日僑胞学生に政府奨学金を支給し、本国留学を推し進め、僑胞財産の本国搬入に一層の後援を惜しまない事を強調した。

なお、五百万ドルの用途に就いてはこれを全部放出するのではなくして、金融機関に預置した利子でその用途に充当すると言明した。

1353

新潟日赤センター爆破上げ事件の真相

懲役六ケ月 二年執行猶予

李麟基氏東京高裁へ控訴

在日僑胞の欺瞞的北送阻止を目標とした日赤新潟センター爆発未遂事件の為、火薬類取締法違反で昨年十二月四日起訴された東京都杉並区大沼三ノ六四七在日韓国青年団練成道場内の李麟基氏(四三)—戦友会前理事—に対する最終判決は去る七月八日午後一時から東京築地東京地方裁判所刑事第二十三甲号法廷で開かれた。

同審理は起訴されて以来、数十回に亘る論争の結果担当検事の交代に依り、去る七月八日裁判官飯田一郎、検事磯畑岩雄、弁護人朴宗根氏の立ち合いの下で最終的に開かれたものである。

被告に対する磯畑検事からの懲役十ケ月、罰金二万円の求刑に対し、飯田裁判官は懲役六ケ月、二年執行猶予の判決を言い渡したが、被告は朴弁護士を経て去る十日東京高等裁判所へ不服控訴を提起した。

李麟基氏

主謀者 車進は二重スパイ

もともと本会会員である李氏は本事件には何ら別に深い関係はなく、全くトバッチリを受けた格好で誠に気の毒な立場にある。

真相を訊せば、東京都世田谷区代田居住の自称韓国時事通信特派員である帰化者車進(四二)なる者が昨年四月以来、代表部へ十余回に亘り出入し某書記官（現帰国中）と共に日赤センターを爆破し北送計画を挫く謀議を凝らし、北送阻止資金として送金された内、五十万円を受け取り下見に新潟へ向つたのだが、車進は事態の重大さに極度の恐怖感に襲われた余り日比谷三信ビル内新亜交易株式会社々長李創用（対船貿易）同相談役の舞踊家趙沢元と緊急共謀し前日本自由党政調会々長船田中氏に同事件の内容を報告し同時に日警に密告し、車進は日警当局から身体の安全保障を約束され何喰わぬ顔で代表部へ出入し、最終的な実行計画に参加したのである。

前記某書記官はたまたま代表部へ個人的な用務で訪ねて来た李氏に重要な急用があるから来て呉れとの事で訪ねた所、この包みを新発田の某旅館まで届けて呉れと頼まれただけの話で中身が何か李氏は全然知る由もなかつた。

また資金関係でも李氏はビタ一文の関係はなく若干の旅費を払つて貰つた程度である。

この時車進は李氏を送り、その足で前記貿易会社に向い、李、趙、車三人打ち合せの上、帝国ホテルのロビーで井口警部、鈴野部長と最後の謀議を行い、前記李氏を逮捕するが為、一緒に新潟へ向つたのであつた。

一方李氏は何も知らぬまま、同荷物を指定された場所へ届けた所尾行して来た日警に検挙され、東京へ連行され、火薬取締法違反で起訴されたのである。

車進は予め約束された通り、不起訴となり、起訴された李氏に対する起訴状理由説明に就き、朴宗根弁護士は理由不成立を行つて本起訴状は効力なしとの反駁に対し検察官は慌てて、無罪に決つた初めの起訴状に改新した上、枝葉の部分のみ取り上げ追究した後、懲役十ケ月、罰金二万円の求刑を行つた論告に依り、有罪の判決を下された事は訴訟手続上にも疑問の余地があり、僑胞の皆様の声援と共に徹底的に禍根を抜く決意で行つて、我等は現在東京部内を我物顔に大手を振って歩いている二重スパイである売国奴を許す事が出来ないのである。

元来、車進なる者は韓国国籍を保有する者であつたが、何時の間にか日本人に帰化して堂々と本国へ乗り込み、「自称愛国憂傑」をキメ込み、北送を独力で阻止して見せるとハッタリを打つた二重スパイの元兇である。

見ろ‼この地獄相を

欺瞞的な在日僑胞の北送開始以来、約三万人の僑胞が送還されたが、読んで字の如く「聞いて極楽、見て地獄」の真相が明らかになつた。探聞した所に依れば約四百人の北送同胞が逃げ帰つて来る沙汰まで起り、この度北鮮から巧みに検閲の網をくぐつて、日本に居る親類や知己に届いた手紙の内容を読者に公開し、参考に供しよう。この手紙は朝総連の欺瞞的な宣伝に乗り、何も知らずにハダカ一貫で北韓へ行つた所、肺結核療養患者である身にも拘わらず、夜明け前から労働に狩り出された平北新義州鱗和洞の李大玹氏から東京都葛飾区本田木根川町二七七の厳永仁具様へ宛てられた手紙の内容と色々な情報を集めて見た。

また大阪民団本部に届いた手紙には次の様な内容を記してあつた。

親愛なる友へ

（前略）無事に第十四次帰還船でこちらへ着きましたが、帰還者の中でこちらの方へ親類や知己が居る人々もあるに拘わらず、個人的に出迎えが一人もなかつた事は一寸奇妙に感じられました。

ハダカ一貫で帰つても、何ら生活に不足がないと出発する時、朝総連でいわれましたので、発つ前に衣類や日用品は知人等に分け与えました所、こちらでは何もかも日用品と名のつくものは極度に不足を来し、大変困つて居ります。

こちらの役人等がいうには、日本で手に入るものは何でも沢山持つて来いとの話でした。私の肺の方をやられて居りましたので、数日間療養所で過しました後、即ぐ工場の方へ廻され、朝は五時に起き石炭で朝飯を炊いて食べ歩いて出勤するのですが、帰りは遅く、晩飯を作つて食べれば、時計は十一時を廻ります。（中略）こちらは平壌市内以外には水道もなく、また交通は大変不便で、自動車に乗るのは限られた一部の人等だけで私等は徒歩に頼る外はありません以上の様な状態で、こちらでは自転車が大変珍重がられ、何故日本から来る時に、自転車をそのまま持つて来なかつたのかと今更悔いて居ります。

誠に申し訳ない事ですが、今度、北送される方が居りましたら、自転車を一台送つて下さいませんか？送料は到着次第こちらでお礼をさせて頂きます。

圧も低くて、日本から持ち帰つた電気器具は一つも使いものにならず、皆政府に納入しました。

ラジオも要らず、アパートにはラジオが取り付けてありますが各室にはスピーカーがついて居り、きまった放送しか聞けません。

品物が豊富にある日本の店頭が目にチラつき、そちらへ住んでいた時分がなつかしう御座います。（後略）

（前略）

朝鮮に来て早や一ケ月以上も過ぎました。当地平北チンサンに去る三月二十五日夜到着、その後一同元気に暮して居ります。（中略）平壌から東に約四十粁程離れた山間の農村ですので日本で暮した私等にはあらゆるものが不自由です。

（中略）最後にすみませんが、二・三欲しい品物があるので茨木の金田さんか、高規のお母さんに頼んで送つて下さいませんか、（中略）電熱台五枚、ニクローム線十本、メンソレターム大三ケ……消費物資の出廻りは非常に悪い様です。……気をつけて下さい。敬具

北韓の現状

生活 は一人最低の生活費が月二十円、月給の約半分は税金で差し引かれる、例を挙げれば月給四十六円は二十一円を取られ、手取り二五円の給料になる。

食料 は皆配給制であるが、それも粟が主食で米の飯は特別な場合以外はお目にかかれない。帰国者収容所へやつて来る原住民がヤミで米や品物を分けて呉れと頼む現状から見ても、その惨めさを想像出来る。

衣類 は極度に不足を告げ、北送前に朝総連にダマされ親類や知己に分け与えて行つた者は相当酷い目に遭つている。精製品は配給、毛織物は輸入の為手に入らず、現在の給与ベースでは背広一着の新調も先ず不可能である。

交通 は極度に不便で、自動車に乗つているのは特権階級か

れている。

電灯 は重工業優先の為、薄暗く、平壌市内の他は水道がなく、ガスも見た事がない。日本から持ち帰つた日用品はゼイ沢品扱いで、下手すると反省批判の対象になる。

就職 は大抵が強制的で、国家機関や官庁及び良い勤め口に入る為には朝総連または日共の信用状を要す。

外国人並のものであり、少数のバスは大混雑で、特に自転車は重宝がられている。

代表部が無料病院を設置

駐日代表部では僑胞福祉事業の一つとして近く東京、大阪の二ケ所に僑胞の為の無料医療施設を設置する事になつた。この医療施設は民団中総の新執行部が構成されると同時に、直ちに着手すると云う。

なお、この医療施設の設立は従来の僑胞に対する福祉の面目を一新し、代表部では東京に建物三万ドル、器具及び薬品三千三百ドル、経常費二三百ドル、従業員給料二百七十ドル

北送延長の動き

我が方でも強力な阻止

去る九月二十三日北鮮赤十字会から「帰国協定第九条に依り、同カルカッタ協定の内容を修正する事なく、その期限だけを延長する事を提案する。」との電報が日本側に届いた事に対し、日本側はこの提案に就き、閣議、外務、厚生、日赤などの関係者連絡会議を開いた結果、日赤より北鮮赤十字会に対して、期限を延長した上に北送のスピード・アップ決定した旨を伝えた。

これに対して、駐日代表部李公使は外務省に伊関アジア局長を訪ね、強力な反対の旨を重ねて申し入れ、民団側も曹中総団長が記者会見を行い次の様に語つた。

▼曹中総団長が語つた要旨

「我々は六・二五動乱で共産侵略の体験に依つての非人道性を知り尽している。

この反対の意向は自発的な民の総意であつて、決して『官製的』なものではない。

我々は『居住地選択の自由』そのものを反対しているのではなく、その原則の悪用に依つて欺瞞的に北送されるのに忍びないのである。」

速射砲

◇「北送反対」「北韓統一」のスローガンも何故かこの頃は余り聞かなくなった。義勇軍戦友等が生命を賭して戦い抜いた祖国が今では不具になつた身をサラし一抹の哀愁を感じさせないわけではない。

◇大体この北送問題も本国の民主政府が在日僑胞の帰国問題に対し、万全の受け入れ態勢を整え、北韓と同様の宣伝をするならば、大部分が南韓へ帰る事と思われ、北送に引っぱられて行く事は先ずあるまい。

◇本国の民主革命は、新たに新政府を樹立するが為、今回総選挙を整えた。それをさも自分が革命を成し遂げた様に山の大将気取りで立候補の名乗りを上げた方々もいた様だ。

◇正直の話、本国の民衆等はバカではない。彼等の政治的経済的な判断力は今や世界最高の水準にある。それを十年前の旧来方式を持って顔を出したんだから笑い話にもならなかった。兎に角今後は日本在留の一人の可能名よりも日本六十万の僑胞の為に身を尽して頂きたい。

◇今度の内閣は韓国の民衆が選んだもので、先ず革命にも等しい改革に依って成就されたのだ。新政府が今後の僑胞施策、北送問題、統一問題等何らかの解決をつけるか注目を以て期待しよう。（朝羽）

本会会員一同 家族連れで逗子へ

ノド自慢や西瓜ワリの余興も

真夏の行事の一つとして、七月三十一日、戦友会では会員一同が家族連れで逗子海岸へ出かけた。

当日は、約五十人の会員及びその家族が参集し、集合所である新宿西口よりバス一台を貸切り真夏の逗子海岸へ向かつた。

なお当日は天候にも恵まれ、ムシ暑い都心の真夏を忘れさせる盛大な遊覧を楽しんだ。

朴元圭氏 本会へタバコを寄贈

韓国動乱当時、戦死された戦友の遺族であられる朴元圭氏はこの度、本会へタバコを寄贈し、貧しい会員一同に分け与える事を依頼して来た。氏は昨年も同じくタバコを寄贈した事のある篤志家であられる。

なお、氏は僑胞の中で在日僑胞は自覚し、覚醒して浪費を止揚し、倹約を行つて、誠をこめた協力を少しでも行うべき事を心の底から訴えた。

（パチンコ）

北送急行列車

「エー、御乗車申し上げます。この列車の始発駅は新潟港、終着駅は地獄の一丁目、北韓強制労働所の玄関前でゴザイマース。途中下車の方は玄海灘でフカとサメの餌食となられる事を覚悟願います。」

北送船のマイクから

北送船関係者へ

余滴

今度の本紙編輯は色々と物質両面に於て苦しかつたが何うやら順調に済んだ様だ。

編者は読者であられる会員の皆様と一緒にこの喜びを分けて止まぬ。

×　×

本国は両院の総選挙、アメリカは大統領の選挙、民団は中総団長の選出とまさは時は選挙ブームを表わし、このムシ暑い中で多忙千万と云つた所だ。

×　×

本会会員並びに遺家族一同は將生活に追われているし、不具になつた体を引きづつて家族を養わんと朝早くから勤めに出る戦友勇士も居る。過ぎし日は名誉を一身に浴びて砲煙弾雨の中を突撃した栄えある勇士だつたが……

×　×

反面、一方では一夜に数万円をバラまく僑胞がいるのを目の辺りに見ると、少しでも気を取り戻して呉れと怒鳴りたい気もする。

【戦友便り】

本会々員及び遺家族の皆様へ

今回、我が戦友会では本国政府の樹立を期して、本国の義勇軍本部の役員改正に次ぐ新たな事務の協議と、遺家族に対する年金問題を解決するが為幹事の本国出張と相決りましたが、我が祖国の伝統深い民族風習である旧暦八月十五日の仲秋節（お盆）を迎え、本国に居られる戦友及び遺家族を慰め、または他郷に長年留守した吾等各自のお墓参りと父母兄弟に久し振りの拝礼対面をも兼ねて、本会祖国訪問団を編成し、次の如く希望者を募集し、団体的に実費を以って引率案内する予定ですから御希望方はお申し込みなされる事をお知らせ致します。

一、募集定員　先着順に五十名限り

二、所要経費　最少の実費を以ってす。

三、申請期間　来る八月三十一日まで

四、申請場所　各県民団本部を経て、または本会に直接申請すべし

※手続きは一切代行す、詳細は申請時に

尋ね人

金相泰（岡本）氏

檀紀四二六四年九月五日生

本籍　慶尚北道迎日郡只杏面牟浦里

右の方は前大阪市生野区に居住し、韓国動乱当時、義勇軍として参戦された方です。

今、父親であられる金震坤氏が行方を尋ねて居られますので消息を御存知の方は本会までお知らせ下さい。

1354

綱領
一、われわれは先烈の遺業を継承し国家民族を守護する
一、われわれは祖国完全統一を期し世界平和に寄与する
一、われわれは一心団結し相互親睦を期する

大韓民国在郷軍人会日本特別支会会報
発行所
東京都文京区金富町５１
ＴＥＬ (812) 2736
在郷軍人会日本特別支会
発行人 李奉男

「戦友」改題　通算第２４号　１９６２年１２月１日（土曜日）　月一回発行

在郷軍人会 日本特別支会を結成

在日大韓戦友会第十一回定期総会盛行

在日大韓戦友会（趙基南会長）は、既報の通り去る八月七日午後一時から東京新宿厚生年金会館小ホールで、代表部の金公使、呉領事、権団長、尹、張両中総副団長、鄭中央監察委員長、許東京商工会会長などの来賓と、戦友会員および四十名参加の下に、本会第十一回定期総会を開き、従来の戦友会を発展的に解散し、新たに本国直属の"在郷軍人会"を結成、初代会長に李奉男氏を選出した。

戦友会は発展的解散 本国戦友と直結、国家再建に

駐日代表部、民団中総からの各来賓を前に開かれた大韓戦友会第11回定期総会

総会は趙前会長の開会の辞と国民儀礼に始まり、議長には李相台会員（民団中総監察委員）を選出、各来賓のあいさつ、祝辞が述べられた。

その後直ちに趙会長による会務報告、理事会報告、そしてそれをめぐって活発な質疑応答があった後、今総会最大の課題である戦友会の発展的解散と、本国在郷軍人会（金聖恩将軍会長）と直結する在日韓僑在郷軍人会結成の討議事項に移った。

われわれはあの一九五〇年六月二十五日、不意の北韓カイライ軍の南侵によって祖国が完全に踏みにじられようとした時、この重大な祖国の危難に処すべく自ら戦いに在日僑胞義勇軍として馳せ参じた。この数、実に一千余名。しかし動乱後の犠牲も大きかった。かくしてわれわれの間に在日大韓戦友会が結成され、動乱後十二年、今は在日戦友の遺家族または傷病の身となって不自由な生活を続ける戦友たちの扶助と向上のためにお互いに力を注いできた。その陰には全愛国僑胞の心からなる支援があったことはもちろんである。

その間にあって幸いにも祖国は軍事革命によって国家のすべての機構は本来の機能を発揮し、今や祖国の空は明白への希望に輝き、新しき韓国の面貌は日ましに国際舞台での脚光を浴びるに至った。

このようにあらゆる機関の活動が活発に展開される中にあって、今年六月本国より在郷軍人会本部の前会長金弘一将軍が来日した。将軍とわれわれの間には、日本の特殊事情における戦友会の今後のあり方について検討が行われた。ここで始めて前記日本支会結成問題が具体化し、諸種の合意と了承がなされたのである。

このような経過で、今総会は満場一致で、在日大韓戦友会を発展的に解消して新しく在郷軍人会日本特別支会を結成することを決定、総会は直ちにその創立総会に切り替えられた。

これに続いてわれわれが日本において賦課された任務の遂行を円滑にせんがための新規約草案が執行部から提案され、一部修正の後通過された。

総会はその後、三名の選考委員により参事七名を選出、会長に李奉男、副会長に李鍾舜、趙基南の各戦友を選出し、午後五時すぎ閉会した。

当日会場には四十余名の会員が参席、近来稀に見る盛況で本会発足の前途に明るい兆しが横溢した。

金公使あいさつ（要旨）

皆様は共産カイライによる六・二五動乱時には祖国へ率先自願兵として共産軍との戦いに参加し、また除隊後は戦友会を設立してカイライ共産主義との戦いを続け僑胞組織に貢献していることに感謝します。共産主義者に対する戦いは昔も今もその闘争目的でなく闘争方法であります。結成される在郷軍人会は反共という不変の共通の理念の下で常に僑胞社会に尽すことを願います。

権団長あいさつ（要旨）

軍事革命政府は、官民が一体となって民族の将来をきずいています。この時皆さんが祖国に呼応して戦友会を発展的に解散したことは非常に意義深いと思います。今後も若い皆さんが一致団結して、民団内の破壊勢力を打破し、居留民のために前進して、僑胞社会の反共の防波堤になられることを願います。

メッセージ

滅共の堡塁たれ

朴炳権国防部長官

今般、在郷軍人会日本特別支会の結成をみたことは、衷心より慶賀にたえないことであり、過ぎし日の大韓戦友会の業績に讃辞を惜しみません。

顧りみるに、民族的惨事である六・二五の共産侵略に対し、母国を守護するため皆さんの捧げられた同胞愛と祖国愛からほとばしり出た熱意は、危機一髪の祖国を救出するにあたって、その功労多大なるものがありました。

五・一六以後、祖国は革命政府の果敢な施策にあずかって、すべての分野において、国家再建に着実な成果を上げており、民族的宿願である統一聖業も、近い将来に結実するであろうことを皆さんと共に確信するところであります。

このたび、異郷にあって、郷軍組織の一環として支会の結成をみたことは、その意義大にして、皆さんの前途に光明をともしたもので、祖国の再建事業に錦上花を添えるものと思います。

願わくは、民主大韓の国民としての矜持を守り、滅共の堡塁になり貴地僑胞の相互親善と権益を図るにあたっても、先導的役割を果すことにより、祖国繁栄を期し、国家再建に寄与して大韓郷軍の真価を十分に発揮するよう祈って止みません。

貴会の無窮な発展と、皆さんの健康と、栄光を併せて祝福致します。

一九六二年九月二十七日
大韓民国国防部長官
朴炳権

日本特別支会の結成に際して

会長 李奉男

在日大韓戦友会は国内の場合とちがった立場と事情がありましたので、従来その運営は会長一人に任せきりにしていた。そのためにただ会の現状維持をしていた感じがあった。

この度戦友会はその名称を在郷軍人会日本特別支会と改称して再出発することになりましたのは慶びにたえない次第であります。このことは軍事革命が祖国では国家のすべての機構をマンネリズムから脱皮して刷新的な再建活動を展開していることによる影響であることはもち論であります。

われわれ会員は過去における消極性を反省すると共に、革命課業完遂への諸要求を見極め日本の特殊事情において、われらに課せられた任務を遂行するために一歩前進する態勢を整えたいのであります。なお進んでは在日僑胞社会の組織全体の強化と発展に寄与すべき中核体となるように努めなければならないと思います。

そうするがために、今度従来の会の組織機構を改編したのであります。本国の在郷軍人会本部と連絡を緊密にし、その指導のもとに会の運営をすることになったのであります。

役員構成の中でも参事制を徹底的に生かし、事務局部門の増設と体系化による集団指導をもって会の運営を強化することになったのであります。

今後は、ただ在郷軍人会としてだけでなく僑胞社会全体にその機能を充分に生かし、ひいては国民運動への指導的役割を果すことができるように弾力性ある性格を備えたいのです。

そのためには、地区別に連合分会の組織網を結成して会員相互の親睦と権益を擁護し、会員の生活の実質的な向上を計りつつ、日本における民団組織の中核分子となれるように養成訓練をすることに全力を尽したいのであります。

在日韓僑在郷軍人会・大韓民国在郷軍人会日本特別支会役員名簿

顧問　金在鉉（駐日代表部公使）
顧問　崔英沢（駐日代表部参事官）
顧問　金宏男（大韓海運公社東京支店長）
参事　鄭炯和、李奉男、朴炳憲、朴明煥、金貞植、李鍾舜、趙基南、金泳水、朴英勲、朴元相
会長　李奉男
副会長　李鍾舜
副会長　趙基南
（事務局）
総務処　李鍾舜（兼任）
企画処　朴英勲
渉外処　洪[illegible]
組織処　白連吉
文情処　金貞植

在日韓僑在郷軍人会規約（全文）

第一章　総則

第一条　本会は在日韓僑在郷軍人会と称する（以下本会と称する）
但し大韓民国在郷軍人会定款に準ずる（以下定款と称する）

第二条　本会は定款第四章十条により日本特別支会とし、これを東京都におく。必要により地方に分会をおくことができる。

第三条　❶本会は在日韓僑自願軍帰還将兵をもって構成され定款による会員であって滞日中の者を含む❷本会の目的に賛同する者は参事会で審議した後準会員の資格を与える❸会員と準会員は必要な手続を経て登録しなければならない。

第四条　本会の目的は会員の相互扶助、親睦を図り、戦死者、戦傷者の遺家族および戦傷者の権益擁護、福利向上に努力し、反共統一国家の達成のため前衛的役割を果たす。

第二章　機関および任員

第五条　本会は次の機関を置く。
一、総会　年一回とし会長がこれを召集する。参事会および会員の三分の一以上の要請により臨時総会を召集することができる。
二、参事会　会長は必要によりこれを召集でき、また参事三分の二以上の要請によりこれを召集することができる。

第六条　総会は参事を選出し、参事会で会長、副会長を選出する。但し、事務局は会長がこれを指名する。総会は顧問を推戴選定することができる。

第七条　任員は次のものをおく。
顧問三名
参事十名
会長一名
副会長二名
事務局

第八条　参事会は本会の目的、運営等に関して、これを討議執行機関に建議および監督する。

第九条　本会会長は本会を代表し統轄する。

第十条　副会長は会長を補佐し、会長有故時はこれを代行する。

第十一条　本会任員の任期は一年とする。

第三章　財政および会計

第十二条　本会の運営費用は次の収入金をもって充当する。
一、会費　百円以上
二、賛助金
三、その他

第四章　懲戒

第十三条　本会任員および会員中本会の規約に違反または反国家的行為を犯した時には総会、参事会などで適宜、これを懲戒処分することができこれは定款に準ずる①けん責②戒告③停権④除名

第五章　附則

第十四条　本会は日本の特殊事情にかんがみ、僑胞の諸般権利義務を行使することができる。

第十五条　本会の規約制定、修正は総会出席者三分の二以上の賛意を要す。

第十六条　本規約は西紀一九六二年八月七日から効力を発生する。

朴議長の追悼辞

第七回顕忠日を迎えて

在天霊魂を追慕する全国民を代表して謹しんで霊前に告げます。革命がその実をあげ、来る日の栄光を期約するこの秋に第七回顕忠日を迎え、追悼するに当り、なお一層の哀切の情を禁じ得ません。

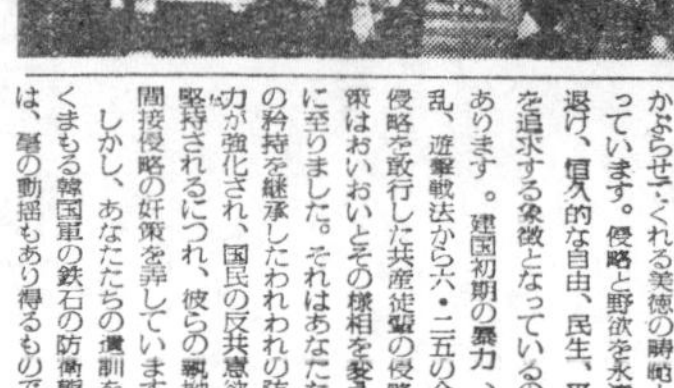

わが大韓民国の建国は共産主義との闘争から始まりました。国家と民族を破壊しようとする共産主義侵略はあなたたちの透徹した愛国至誠によって撃退することが出来たのであります。

あなたたちの尊い犠牲は国基を盤石の上に据えたばかりでなく、あなたたちが発揚した忠誠と勇気と献身は国家が難局に処した時、いつもわれわれを倡して意欲をたかぶらせてくれる美徳の時範となっています。侵略と野欲を永遠に退け、恒久的な自由、民生、平和を追求する象徴となっているのであります。建国初期の暴力、叛乱、遊撃戦法から六・二五の全面侵略を敢行した共産徒党の侵略術策はおいおいとその様相を変えるに至りました。それはあなたたちの矜持を継承したわれわれの防衛力が強化され、国民の反共意欲が堅持されるにつれ、彼らの執拗な間接侵略の奸策を弄しています。

しかし、あなたたちの遺訓を堅くまもる韓国軍の鉄石の防衛態勢は、毫の動揺もあり得るものでなく、全国民が実力をもって共産主義と対決する国民態勢もまた固く備わっているのです。

革命が起きて一年有余、あなたたちの加護と恩寵によって革命課業は成功裏に進行しています。祖国は、漸く、正しい姿勢を取るようになりました。国民はきょうこの日、来る日の繁栄のために、意欲がみなぎっています。友邦諸国との連紐は前例ないほど緊密の度を増し、数多くの盟邦と新しく手をつなぐようになりました。建国の礎石となったあなたたちの功勲に報い祖国の将来の隆盛のため、身を捧げられたあなたたちの遺志を継承したわれわれは革命理念を吟味して、革命課業を成就すべくあくまで、革命公約を実践して、あなたたちが絶叫した自由民主主義と、滅共統一を達成することを誓ってやみません。

いまだかって、あなたたちの遺族を顧る恒久的対策がなかったことを遺憾に思い、誰よりもあなたたちを追慕する革命政府はこれを法制化して財政をまかなうことによって、多少なりとも遺功に応えております。

在天の英霊よ、この国民の永遠なる精神的支柱になられ、共産主義を討伐し、あらゆる悪徳を打破して、国家を再建せんとするわれわれに恩寵を授け、勇気を与えられんことを希ってやみません。

月刊再建創刊に寄せる

貴い体験を反共啓蒙に

駐日代表部公使　金　在　鉉

国際共産主義者が暗躍するここ日本において、大韓民国在郷軍人会日本支会から〝再建〟と号する反共月刊新聞が発行されることは誠に意義深いものがあると思い、ここにこれを慶賀すべくごあいさつを述べる次第であります。

皆さんも良くご存じのとおり、共産主義者らはいつでも世界平和を否認し、自由陣営の紐帯を破壊しようと公々然と軍事的侵略行為を敢行しています。またあらゆる手段を尽して虚偽宣伝と真相を歪曲することにより、間接侵略を執拗に継続しております。

しかるに、このような実情はわが国の如く数多くの高貴な生命と血額の財産を代償に体得した国を除いては、この事実を切実に感じ取るに至っておりません。これが共産主義者らの蚕食戦術を容易にしています。

そこで、大韓民国においては反共を国是の第一義とし、六〇万の現役軍人と百五十万在郷軍人は、自由友邦国家の共産侵略に対する防波堤たるべく幾多の犠牲を提供しています。また去る一九五四年には大韓民国鎮海市にアジア自由の反共指導者が集まって、アジア反共連盟を結成しましたし、さらに今年五月大韓民国において開催されました第二次アジア反共連盟臨時総会では、共産主義の侵略を阻止して根本的にこれを制圧する対策を講究するため大韓民国に〝アジア反共連盟自由センター〟を設置することを決議したのであります。

在郷軍人会日本支部におかれましても、このような本国施策に呼応するとともに、外国である日本の特殊な事情と隘路に逢着しつつも自ら進んで先頭に立って反共闘争を展開、また〝再建〟を通じて反共意識を培養しようとしているのは、わが在日僑胞のみならず自由と平和を愛する日本人の間においても至大な関心事になるものと確信します。

日本においての反共闘争は、直ちに世界平和に直結されるものでありますので、確固たる信念のもと〝再建〟発展に格別の努力を期待します。

主張

再確認しよう

祖国防衛の攻撃精神

祖国の危急存亡の秋、本国の老若男女を問わずその難局に対処するはもとよりであるが海外に居住する者もこれに参加し祖国と運命を共にしなければならない。

われわれ在日韓国青年は過去における韓国動乱が北韓カイライ共産党の軍が突如として兵火の乱矢を三千里の山河に同族の血で染めしめた時、父母や妻をもかえりみず、祖国存亡の機に馳せ参じたのである。

今日、静かに思いおこすと、戦争の悪夢が走馬燈のように走り去って来る。しかし、戦争は決してよいものではないが、国家が敵の侵略に逢着する瀬戸ぎわにいたっては自衛の手段として兵火を交えざるを得ないものである。大韓民国在郷軍人会日本特別支会の会員全部はこの自衛による救国の念にかられ、自から銃を執って祖国防衛に立ったのである。

われわれ在日在郷軍人たちはいまや、静かに生業に励み、祖国の再建が一日も早く到来せんことを願望しながら、一朝また国家危急あらば祖国に殉ずる覚悟を一刻なりとも忘れたことはなくこれに備えて心身の鍛練をかさねているのである。

われわれが戦ったのは北韓の同胞ではない、北韓のカイライ共産主義者達である。祖国を共産化し悠久五千年の歴史を持つ韓民族をマルクス・エンゲルスの歴史に書き替えんとする赤狄の徒に天誅の一点を射たのである。

在日同胞のうちにも、この手先が徘徊して日夜にわたって在日同胞を赤化せんとして、あらゆる謀略と策謀を重ねている現況である。これに対して、われわれ軍人会は一寸のすきもあたえず、彼等に過去における戦線で与えた攻撃精神をもって粉砕し、在日同胞のうちのこれに迷える人々を救い出すことが、現時点における責務である。

さらに民団中総においては国家と民族のため戦死した有名、無名勇士たちが永眠する国軍墓地に、これらの勇士の功績と冥福を祈り、護国英顕たちの愛国愛族精神を象徴する銅像を建立する計画が決定されているが、われわれ在日在郷軍人はこれに全面的に協賛し、この運動の先頭にたつべきである。

この事業もわれらに課せられたまた一つの責務である。

朝総連の浸透を砕け

民団中総監察委員長　鄭　炯　和

在日同胞は現在において重要な時点におかれている。それは韓日会談法的地位問題の最終的段階に至っていることと、朝総連の対民団工作がこれに呼応して熾烈化していることである。

特に、朝総連の対民団工作は中間的分子と機会主義者並びに民団に非協力的団員にあらゆる謀策を弄して浸透作戦を行なっている。この際において、われわれ民団員は大韓民国の国民としての立場を明確にして、共産主義者に対決する態度を確固として堅持し、進んで民団の育成と組織強化に協力することである。

この意味合いにおいて民団に非協力的な態度と機会主義的行動は自分の立場を自から否定するものであり、彼等はかえって敵の陣営である朝総連を助け、民団組織の弱体化と団結を阻害している利敵行為を自己の感情と立身主義をもって無意識的に行なっているのに自から覚醒すべきである。

今後、中総監察委員会はこれらの機会主義者と中間分子に対して、彼等が態度を明確化するように呼びかけ、その推移に正しい監察を行なって適切な処置を講ずることを言明する。

現在、朝総連では金日成誕生満五十年記念事業を各方面に多彩多種に開いて民団の人々の参加を勧誘しているが、地方部落には北韓ニュースなどの映画会を催して民団の人々の観賞を誘い、朝総連系の朝鮮新報、祖国統一、統一評論、画報その他の出版物を民団幹部の自宅に毎週定期的に無料配布して、共産主義の啓発を意図している。

さらに、饗応、無尽講の利用勧奨をうながし、これらの機をとらえて花見会、夕食会、冠婚葬祭などに参加を求め接触の機会をとらえる方法にでて、直接間接に介入の機を窺い、容共的分子は勿論のこと平和統一勢力を扶殖せんとしているのである。

われわれは無意識のうちにこの謀略にまどわされ、利害と人情にからんで朝総連のペースに巻きこまれる危険があるから反共意識の昂揚と組織の団結を促し、彼等の積極接近工作を戦術的に粉砕し、戦略的に招待工作に応じない体制を整えることが緊急を要するものである。

ここに機関紙を創刊されることに敬意と喜びの言葉を申しあげ、敵陣営に紙の弾丸をうち込んでもらいたい。発展を期待する。

盛大に武勲を慰労

6・25従軍記章・従軍証授与式挙行

かねてから準備推進中にあった、六・二五動乱に出戦した本会々員に対する従軍記章授与式は、駐日代表部の肝入りで、去る九月二八日午後三時から、都内溜池の韓国公報館において盛大裏に挙行された。

この日、会場には、都内、近県を始め関西地区、東北地区等から参集した会員と遺家族百二十余名を中心に、民団、婦人会、商工会など百余名の来賓が参席した中で、本会朴炳憲参事司会で開かれた。

国民儀礼に続いて、民団中総金光男議長（当時の在日学徒自願軍指導本部部長）から、自願軍結成に至る経緯が述べられた後、裵大使から従軍記章が、李奉男会長ほか数人の代表に授与され、次いで、本会に多年間、物心両面に亘り援助してくれた特別会員の辛格浩、許弼奭、許泰成、朴春琴、李鉉琇の各氏に対し、駐日大使の感謝状が、万雷の拍手のうちに手渡された。

政府を代表し、本会顧問の金在鉉公使が壇上に立ち、懇切なる祝辞が述べられ、民団中総権逸団長、婦人会中総県基文会長の祝辞に、李奉男会長が答辞を読み、鄭烱和参事（民団中総監察委員長）から詳細な白願軍の武勲赫々たる戦歴が語られた頃には、会場は立錐の余地がないほどの満員。終りに崔英沢参事官（本会顧問）の先唱による万歳三唱で、授与式の幕は閉じられたが、引き続き同公報館屋上に設けられた、祝賀パーティー会場では、来賓を混えて会員たちは、なごやかな懐旧談に耽り、記念撮影を行なった。

なお、夕刻六時からは都内新宿の食道園で、会員たちだけの慰労会がひらかれ、同夜十時過ぎ、全スケジュールを、滞りなく終えた。

（写真上は裵大使から従軍章を授与される李会長）

功績を永遠に記念

金在鉉公使あいさつ要旨

写真上は従軍記章。

十二年前の今日は、わが国のソウルが、共産軍の魔手から解放された日であり、三日後の十月一日は、国連軍が三八度線を突破し北韓に進攻した日であります。それは六・二五動乱の危機を乗り越えた時であり、皆さんが祖国の各戦線で勇戦した記憶も新らしいことと思います。

祖国の危機に処し、その防衛戦線に立った愛国的精神と行動を讃えその功績を永遠に記念するため今皆さんに六・二五動乱従軍記章が授与されることになったことを衷心からお祝いします。

―このような祖国の危機に、学窓から、職場から、進んで勇躍、救国戦線に馳せ参じたのでした。

犠牲精神というのは、人間のもつ美徳中の美徳であります。皆さんの、このような崇高な精神と行動に、全国民は常に感謝しております。

諸般の事情により遅れたとはいえ、今政府が公式的に、皆さんの愛国的行動に報いて、後世の模範としたいという意図を理解されんことをお願い致します。

過般、大韓民国在郷軍人会の日本特別支会として発足したことは慶賀にたえないものであります。これにて皆さんの動乱における功が、正式に確認され、本国の戦友たちとの強い紐帯が生じたものであり、今後の発展が大きく期待されます。

再び、祖国の呼びかけがある時には、何時でも決起する態勢を整えておくよう願って止みません。

貴会の発展のために、多大な援助と指導をして下さいました僑胞有志の皆さんに深甚な謝意を表し、今後継続して惜しみなく後援を与えて下さいますようお願い致します。

僑胞芸能団派遣を計画

本国へ国軍将兵慰問など

軍事革命以後、祖国においては軍官民一体となって国家再建課業に邁進しているとき、日本特別支会では燦然たる本国の発展を慶祝し、併せて国軍将兵の慰問と一般市民の慰安を兼ねて、日本における芸能界の第一線にて活躍中の在日僑胞芸能家を網羅した芸能慰問団を派遣する事になった。本特別支会ではこの意義ある文化交流事業を企画するに当り、軍事革命後始めての在日僑胞文化使節団として国軍将兵の労をねぎらい、また日本の芸能界に活躍する僑胞芸能家の面貌と活躍相を紹介する意味で国内主要都市で一般市民の慰安公演を催す計画である。

本会ではこれを機会に在日僑胞芸能人に軍事革命以後の本国の発展と変容を実地に見せて祖国に対する認識を高めると同時に新しき文化機構に依って活気をとり戻した伝統的民俗芸術を始めとして芸術各分野における発展向上の様相を見聞する事は民族芸術文化に対する再認識とまた将来の芸術活動に資するところ大である事を確信しつつ現在メンバー編成と上演内容にも慎重を期し量と質の最大限を目指して準備を進めている。

李会長、事務連絡のため帰国

李会長は、本部と事務連絡打合せのため、去る十月二十日帰国、本部とは来年実施予定の遺家族年金、謝金、戦没慰霊祭などにつき詳細に討議が重ねられる予定。

問及び一般市民慰安在日僑胞芸能慰問団派遣についても本部と協議して了承を得、明春までに実現すべく直ちに同慰問団編成に着手した。

会員の実態調査など

第三回参事会　当面の事業計画決る

本会第三回参事会においては、当面の事業計画として、次の各項目を採択、既に活動を開始、着々その成果を収めつつある。

▼会員の実態調査

現在、二百九十五名にのぼる本会々員が、日本全国に散在しているが、転居その他の事由により、その実態をつかめずにいたところ、今般の再編成新発足に当り、会の正常活動を軌道にのせるため、実態調査に乗り出したものである。なお会組織の拡大発展をはかるため、会員の構成と性格を次の通り決めた。

①正会員
在日中の従来の会員と本国会員にして滞日中の者

②準会員
本会の趣旨、目的に賛同した愛国的青少年

③特別会員
本会の趣旨、目的に賛同し、物心両面による援助ある人士

▼地方組織の再編

北海、東北、関西、西日本各地区の会員実態調査結果に基づき、必要な地域に連合分会、分会等を結成、従横の組織体形を整備強化する。

▼傷痍軍人と遺家族に対する年金謝金の下附

本国の国防部、軍事援護庁と具体的交渉の結果、該当者には、年金と謝金を下附することに決定したので、調査次第近々具体化する。

▼国軍墓地と忠魂碑

本国ソウル郊外在の国軍墓地に苗木を寄贈、大々的に緑化運動に寄与し、都下三多摩地区にある大行寺内忠魂碑周囲の、環境清浄と美化を図る。

その他、慰霊祭、国軍の日など年中行事を実施、民族各団体と歩調を合わせ、民族士気昂揚につとめる。

結成準備委員選出

大阪・神戸　関西地区連合分会

在郷軍人会日本特別支会の新発足以後当面の基本的課題として全会員の実態を明確にすべく代表部各地区所管事務所を始めとして全国の民団各県本、支部及び傘下団体の協力を求め、現在漸くその実を挙げるにつれいよいよ地区別連合分会結成の機が熟し、去る十月十三日朴炳憲参事、十五日に李鍾舜副会長が又十六日李奉男会長が続々関西へ出張、民団兵庫県本部会議室にて次の準備委員を選出した。

大阪地区　孔泰容、韓洋沢、李道述、金連鎬

神戸地区　林霞沢、李昌根、権良弼、金竜泰

鄭、朴両参事帰会

本部と事務連絡おえて

本国の光復節慶祝祭典及び本部との事務連絡のため本国へ出張していた鄭烱和、朴炳憲両参事はそれぞれの任務を終え去る九月八日先に帰会した鄭参事から正、副会長及び参事一同に下付された認准状を九月十日、第三回参事会において伝達した。

なお事務折衝に当った鄭参事は、本部の訓令として参事を十名に増員する件を建議、会長、副会長を自動的に参事に加えるとの本部規約に基づき李鍾舜、結基両副会長がまた一名未達に就いては朴英歡氏を補選して就任を可決した。

一方、九月二十五日に帰会した朴炳憲参事は朴議長閣下の写真を始め支会旗、会員章、郷軍新聞その他各種結書類を持参、当該事務事項は現在順次的に履行している。

なお、朴参事はかねて当支会が企画した国軍将兵慰

本部で認准書類を受ける右から朴炳憲、鄭烱和参事

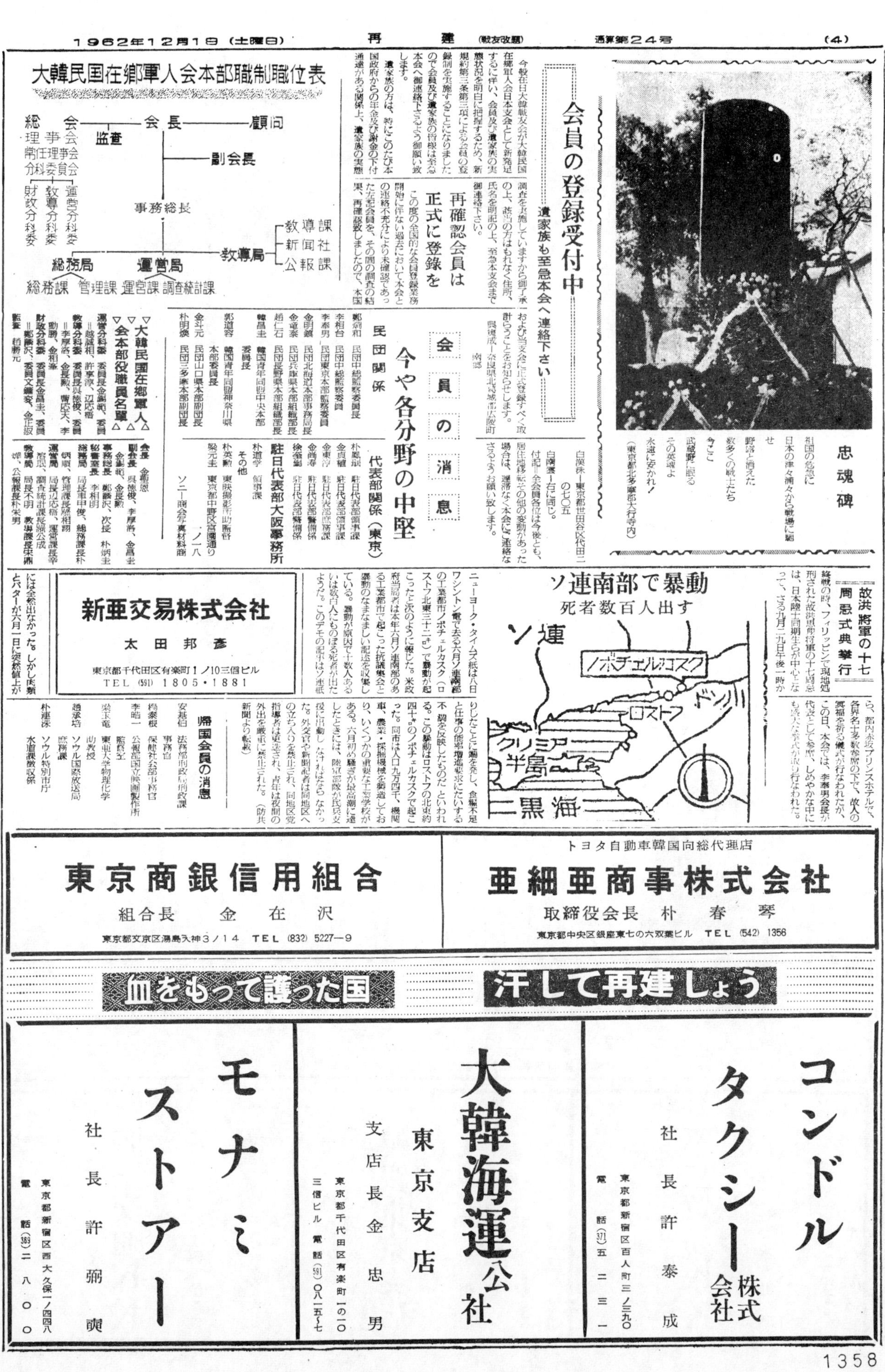

大韓民国在郷軍人会本部職制職位表

総会　理事会　常任理事会　分科委員会（運営分科委・教導分科委・財政分科委）

会長―顧問

監査

副会長

事務総長

総務局（総務課・管理課）　運営局（運営課・調査統計課）　教導局（教導課・新聞社・公報課）

会員の登録受付中

遺家族も至急本会へ連絡下さい

今般在日大韓戦友会が大韓民国在郷軍人会日本支会として新発足するに伴い、会員及び遺家族の実態状況を明白に把握するため、新規約第三条第三項による会員の登録制を実施することになりましたので会員及び遺家族の皆様は至急本会へ御連絡下さるよう御願い致します。

遺家族の方は、特にこのたび本国政府からの年金及び謝金の下付通達がある関係上、遺家族の実態調査を実施していますから御了承の上、該当の方はもれなく住所、氏名を明記の上、至急本支会まで御連絡下さい。

再確認会員は正式に登録を

この度の全国的な会員登録業務開始に伴ない過去において本会との連絡不充分により未確認であった左記会員を、その間の調査の結果、再確認致しましたので、本国および当支会に正式登録すべく取計らうことをお知らせします。

呉琪成－奈良県北葛城郡広陵町南郷

会員の消息

白漢株－東京都世田谷区代田二の七〇五

白南憲－右に同じ。

付記－全会員各位は今後とも、居住地移転その他の変動があった場合は、遅滞なく本会にご連絡なさるようお願い致します。

今や各分野の中堅

民団関係

鄭炯和　民団中総監察委員長
李相台　民団中総監察委員
李奉男　民団東京本部監察委員
金明鎮　民団北海道本部事務局長
金竜泰　民団兵庫県本部組織部長
趙仁石　民団長野県本部組織部長
韓昌圭　韓国青年同盟中央本部委員長
郭道容　韓国青年同盟神奈川県本部委員長
金斗元　民団山口県本部副団長
朴明煥　民団三多摩本部副団長

代表部関係（東京）

朴鳳挺　駐日代表部領事課
金貞植　駐日代表部領事課
金東淳　駐日代表部庶務課
金尚寿　駐日代表部警備係
徐奎錫　駐日代表部警備係

駐日代表部大阪事務所

朴道学　領事課

その他

朴英勲　東映撮影所助監督
梁元圭　東京都中野区宮園通り一ノ一八　ソニー商会写真材料商

▽大韓民国在郷軍人会本部役職員名単▽

運営分科委　委員長金錫範、委員＝趙誠相、許享淳、辺応楷
教導分科委　委員長呉徳俊、委員＝李厚洛、金長勲、曹応天、李動勝、金相条
財政分科委　委員長金昌圭、委員＝鄭麟沢、文鏞変、金正淑
監査　趙勝元

会長　金璽恩
副会長　呉徳俊、李厚洛、金昌圭、金錫範、金長勲
事務総長　鄭麟沢、次長　朴炳圭
秘書室長　李相明
総務局　局長車甲俊、総務課長朴炳順、管理課長孫相翊
運営局　局長辺応楷、運営課長辛洛垠、調査統計課長羅公成
教導局　局長不明　教導課長宋鼎煒、公報課長朴栄男

忠魂碑

祖国の危急に
日本の津々浦々から戦場に馳せ
野路と消えた
数多くの戦士たち
今ここ
武蔵野に眠る
その英魂よ
永遠に安かれ！

（東京都北多摩郡[illegible]行寺内）

故洪将軍の十七周忌式典挙行

終戦の時、フィリッピンで現地処刑された故洪思翊将軍の十七周忌は、日本陸士同期生らが中心となって、さる九月二九日午後一時から、都内赤坂プリンスホテルで、各界名士多数参席の下で、故人の冥福を祈る儀式が行なわれたが、この日、本会では、李奉男会長が代表として参席し、しめやかな中にも盛大な式が執り行なわれた。

ソ連南部で暴動

死者数百人出す

ニューヨーク・タイムズ紙は八日ワシントン電で去る六月ソ連南部の工業都市ノボチェルカスク（ロストフ北東三十二キロ）で暴動が起こったと次のように報じた。米政府当局者は本年六月ソ連南部のある工業都市で起こった抗議集会と暴動のなまなましい記述を収集している。暴動が原因で十数人あるいは数百人にものぼる死者が出たようだ。このデモの記事はソ連紙には全然出なかった。しかし肉類とバターが六月一日に突然値上がりしたことに端を発し、食糧不足と仕事の能率増進要求にたいする不満を反映したものだといわれる。この暴動はロストフの北東約四十キロのノボチェルカスクで起こった。同市は人口九万四千、機関車、農業・採掘機械を製造しており、いくつかの重要な工業学校がある。六月初め騒ぎが最高潮に達したときには、陸軍部隊が民兵支援に出動しなければならなかった。外交官や新聞記者は同地区への立ち入りを禁止され、同地区党指導者は更迭され、青年は夜間の外出を厳重に禁止された。（防共新聞より転載）

帰国会員の消息

安基佰　法務部刑政局刑政課
楊泰根　保健社会部事務官
李晧一　公報部国立映画製作所監督室
梁玉竜　東亜大学物理化学助教授
趙承培　ソウル国際放送局庶務課
朴運洙　ソウル特別市庁水道課徴収係

血をもって護った国　汗して再建しよう

1358

綱領

一、われわれは先烈の遺業を継承し国家民族を守護する

一、われわれは祖国完全統一を期し世界平和に寄与する

一、われわれは一心団結し相互親睦を期する

（再建改題）

郷軍

1964年5月25日
通算26号 年6回発行

大韓民国在郷軍人会日本特別支会会報
在日韓僑在郷軍人会
発行所
東京都文京区金富町51
TEL (812) 2736
在郷軍人会日本特別支会
発行人 朴炳憲

実る"花の種寄贈運動"

金聖恩国防部長官に伝達、朴会長帰任

「前線に花の種、カボチャの種を贈ろう」運動を展開している在郷軍人会本部の趣旨に賛同した本会では、組織を通じ広く僑胞社会にも呼びかけ、僑胞ら多数の賛同を得て、六十キロの花とカボチャの種を集めることが出来た。

この種の寄贈と事務連絡を兼ね去る四月八日に羽田空港を発ち花とカボチャの種を国防部を通じ一線将兵たちに寄贈し、無事大任を終え、四月二十一日に帰任した朴炳憲会長の滞韓スケジュールから重な足どりを辿って、その成果を眺めて見ることにする。

ソウルに着いた朴会長は先づ在郷軍人会本部を訪れ、鄭麟沢事務総長に、各局長参席の下事務報告、続いて李成浩会長に全般的な情勢報告を行なった。

その後、金泰圭教導局長と趙炳殷運営局長、各課長と事務打合せがあり、改めて国防部を訪問、花とカボチャの種六十キロの寄贈伝達式が金聖恩国防部長官、次官、兵務、政務各局長、李成浩本部会長一行ら参席の下、盛大裡に行なわれ、長官室で約一時間懇談会が開かれ、今度の寄贈に対し賞讃の辞を受けた。

なお朴会長は別途のスケジュールとして文教部次官、労働処長、公報次官らとも要談している。

「花とカボチャの種寄贈はさておき、先づ支会予算を従来の三倍に増したこと。もちろん、その分だけ仕事も増えることになるのだが…。次に遺家族年金の問題も具体化しつつあり、本国在住の会員就職は、ほぼ完璧の状態にあることをお伝えしたい。なお文化活動用として劇映画のフイルムも送ってくれるよう要請中だから、旬日にしてその成果を見ることが出来るはずだ」

朴支会長、花の種を国防部兵務局長に伝達

左から朴支会長、一人おいて李成浩本部会長、金聖恩国防部長官、同次官、本部の鄭麟沢事務総長

関西連合分会でも五万円分

この度の「花とカボチャの種を前線に贈ろう」運動に共鳴した関西連合分会では、支会の寄贈に続いて約四十五種の花とカボチャの種を在郷軍人会本部と国防部を通じ一線将兵に寄贈四月その寄贈式のため孔泰容副会長が帰国した。なお同連合分会では第一次に続き第二次分も準備中である。

金聖恩国防部長官談

六・二五動乱の時、愛国の至誠をもって、異国日本からはるばる戦線に参加した在日郷軍の皆さまに対しては心から敬意を表します。革命以後、皆さまの活躍相には大きな進歩の跡が見えており、特にこのたび、花とカボチャの種をかくも多量に前線将兵に送ってきたのに対してはただ戦友の一人として頭が下がる思いです。今後も、本国との連絡を一本化し日本にあって、僑胞社会の一線に立ち、奮闘されることを願って止みません。

祖国再建の前衛隊

李成浩本部会長談

今や郷軍は祖国再建の前衛隊として活躍舞台は広くなってきた。事実、銃を鍬やハンマーに替えて全国津々浦々で、汗水たらして働らいているのは頼もしき限りである。

このとき、日本におられる郷軍も各々の職場で間接、あるいは直接に祖国再建に貢献しているときくが喜ばしきことである。しかもその結果として、今度の花の種寄贈に至ったことは、感謝に堪えない。その至誠は必ずや、一線将兵の心に通うものと信じて疑わない。今後の健闘を祈る。

崔顧問と姜社長 十五万円を寄金

本会がこのたび前線将兵に寄贈した、花の種を贈ろう運動ーの趣旨に賛同した崔正烈氏（本会顧問・マツヤ社長）と姜性熙氏（大京物産社長）の二人は、十五万円を寄金してきたので、本会では早速このお金を元にして、花とカボチャの種を購入、本国へ寄贈した。ここに紙上を通じて深く感謝する。

姜性熙氏

顕忠日に遺家族派遣

日本支会第三回参事会ひらく

去る四月三十日、新宿コマ苑において第三回参事会が開かれた。まず朴炳憲会長から先般本国一線将兵に寄贈した花とカボチャの種について詳細な報告があり、去る二月帰国した金尚寿傷痍会員については、往復旅費を支給、引率の朴明煥副会長が、当局と接渉、金さんの陸軍病院入院を計ることにした。なおオリンピック対策問題は、既に後援会も設立されているので、自主的な立場で積極的に協力することにした。顕忠日には遺家族を二名まで本国から招請させよとの趙権衡参事の案を諒承、日本でも慰霊祭を別途に行なうことにした。六月二五日の国防記念日は、本会の主催で独自の催しもやることに全員意見の一致を見た。

本国だより

郷軍の開墾事業全国に展開

「一坪の土地といえども遊ばすな」の標語の下、今本国の各地では開こん事業が展開されているが、特にわが郷軍たちはその先鋒としての役割を果たしている。ここに入った近況からその幾つかを紹介して見ることにしよう。

慶南支会

農業改善の示範と多段階農場の標本的存在の梁山郡院洞面大里山に郷軍農場を経営しており、その他二十余個所に続々と農場を設け大きな成果をおさめているが、このたび更に昌寧郡大池面と遊漁面一帯にまたがる低湿地は、洛東江の氾濫により出来た自然湖水であるが、その面積三十七万坪にも達している。ここに堤防を築き、水を放出して耕作地化しつつあるのは特記すべき成果といえよう。

全北支会

二十九年前の洪水により荒廃した沃土二十万坪をとり戻した話。即わち全北鎮安郡程川面綱花里錦月川辺の荒廃地は、その間水路がなくほったらかされていたものだが、郷軍全北支会で沃土北する計画であり、既に七〇％工事が進められている。この工事が完了すれば、年間五千石の稲作が収穫されることになる。

呉徳俊少将【中央理事】WVF総会参席

五月四日から七日までパリで開かれる第二十一回WVF（世界在郷軍人会連盟）理事会に、本部中央理事である呉徳俊少将（予備役）が参席することになった。

この理事会では、韓国側の提案として、拉北人士送還問題、補綴専門家の派遣問題、剰余会員の海外移住、技術者の相互交流などが討議される。

理事会が終ると、アジア及び極東地域会議が開かれるが、ここで討議される韓国側の案件としては一、会員国間の兄弟結縁 二、会員の海外移住 三、郷軍技術者養成所の設置などである。

おごらず謙虚で、隊列を整えよ

……方熙公使……

皆さまの"郷軍"紙上を通じて昔懐かしい戦友たちに呼びかける機会を得ましたことを、この上もない喜びとするところであります。私も日本に赴任して以来、もはや一年になんなんとしていますが未だ統一の悲願達成を見ず、祖国の分断もさることながら、在日僑胞六十万が大きく二つに分裂し、しかも同じ陣営の人々、必らずしもまだ一つでない嫌いを感じますることは、悲しいことであるよりは、むしろなげかわしいことと思うのであります。三人七党の汚名は昔にこそあれ今では、いや少くとも今よりはこの汚名を取り去りたいものと思います。

皆さまは、祖国が累卵の危機に際し、自からの意志により、自からの判断に立って、敢然と敵国戦線の勇士として馳せ参じ、自からの命を顧り見ず戦われた敢然たる事実に対し、衷心より敬意を表するとともに、生死苦楽を共にした皆さまなる故に、皆さまの団結は、この世で最も高貴な戦友愛によって結ばれておられることを堅く信じて疑わないのであります。

皆さまが僑胞に対し、自身が僑胞の一人であることを念頭におきしかも皆さまの参戦のしるしは、青史に輝やくものでありますが、自からそのしるしを表にし、あるいはその故に驕れる態度でなく、謙虚な気持でありながらも、きぜんたる先覚者として、または温き同胞愛にあふれる郷導として常に方向を指さし隊列を整え、落伍者をかばいながら、ただ一路邁進されんことを切にお願いすると共に、皆さまの前途に祝福と発展のみがあらんことをお祈りして止みません。

郷軍バッジを寄贈

在郷軍人会慶南道支会々長朴炳圭氏は、先に本国訪問中であった朴炳憲支会長を通じ、本会あてに郷軍バッジ百個を寄贈してきた。なお本会では、昨年から会員に渡すべきバッジを多数用意してあり希望者には何時でも分けてあげることになっている。直接又は、郵便で申込めばよい。

関西連合分会と初の親睦会

親睦会を終えて、和やかな記念撮影

去る三月二八日大阪食道園において、支会と分会合同による親睦会がひらかれた。

この日、東京からは朴炳憲支会長を始め李鍾舜、朴明煥両副会長、金貞植参事、李麟基監査らが下阪し地元の分会からは崔権分会長孔泰容副会長ら約三十名が参席する中で、先づ崔分会長から、会結成以来始めて、中央と関西の戦友が、しかも大阪でこのような会をもつことは感きわまる思いがある。今後共これを契機に、緊密な連絡の下、かっての戦友愛を忘れることなく手をとり合って行きたいとの主旨のあいさつがあり、これに応えて朴支会長から、その間の事業経過報告と、規約改正についての説明、これからの会の発展の為にはなお一層の精進を互に誓い合おうとの激励があった。かくして和やかなふんいき裡にも建設的な意見を交わし、忠誠歌を一同斉唱、親睦会を終えた。

傘下団体認可

関西連合分会

本会の関西連合分会では去る四月五日午後五時から、崔権分会長宅で参事会をひらき、先の花の種寄贈運動につづき、今度は松の苗木などを第二次計画として進めることを再確認し、今後の活動状況はすべて、新聞などを通じPRすることなどの決議をみた。

なお同分会は、四月二十八日の民団大阪地方委員会で、傘下団体として、正式に認定され、関西地方にあっての前衛的役割が大きくなりその活躍が期待されている。

大韓民国在郷軍人会本部役員

会長＝李成浩
副会長＝李厚洛、金長勲、金昌圭、金錫範
事務総長＝鄭麟沢
運営局々長＝趙炳殷
教導局々長＝金泰圭
自立対策委員会委員長＝李相明
総務室々長＝鄭相翊
秘書室々長＝朴炳順
運営局運営課長＝辛容琪
運営局企画課長＝金明煥
教導局教導課長＝羅公成
教導局公報課長＝朴鍾禹
自立対策委員会常任委員＝鄭時圭

日本特別支会 役員

▽顧問
金在鉉（駐日代表部公使）、方熙（同上）李圭星（同参事官）権敬国（駐日韓国公報館長）金今石（民団中総団長）韓楨俊（東京韓国人商工会副会長）崔正烈（株式会社松屋社長）権逸（法学博士、民団中総顧問）

▽参事
鄭炯和、李相台、金学鳳、李季男、朴炳憲、金貞植、朴明煥、李鍾舜、韓昌圭、趙権衡

▽監事
李麟基、趙基南

▽執行部担当者
事務局長李鍾舜（兼）総務処長朴英勲、運営処長朴明煥（兼）教導処長梁鴻圭

関西連合分会 役員

会長＝崔権
副会長＝孔泰容、鄭準和
参事＝全漢徳、全文栄、朴道学、魄在連、朴命学
監査＝宋台佃、金竜泰
顧問＝林明鎮、姜桂重、崔永守、朴元圭

1359

基本路線を再確認

民団東京本部第二八回大会
団長に金己哲氏就任

民団東京本部第28回定期大会は、去る4月22日正午から、九段下の千代田公会堂で盛大に開かれた。

この日、会場には、1階に都内各支部および傘下団体など代議員115名が参席、2階の傍聴席も超満員の盛況ぶりであった。

金己哲団長

梁三永議長

李舜夏監察委員長

先づ金在鉉公使の祝辞があり、民団の第一線組織で十年以上勤続した金在根氏ら（杉並支部）七名にその功労をたたえる表彰状が授与された。次に金※※事務局長から総括報告があって、一般質疑応答に入ったが、その第一陣として商工会の鄭東烈議員から、東本商会不法売却問題、法的地位問題にからむ幾つかの不祥事、都内一部支部への事務執行停止問題を中心に烈な質問戦が聴衆感銘裡に展開されたが、金局長から極く解説的な答弁に終る程度の応答しか得られなかった。

続いて本会の朴炳憲会長が立ち、民団の基本的なあり方と規約上の問題を中心に質問に入り民団の事務執行停止は、現規約のどの条項に該当するのかと鋭くつめより場内は一時興奮のルツボと化したが、丁団長の答弁も得られないまま、議長の要請により、金己哲監察委員長が規約に該当しない措置であると答弁した。

結局金委員長の提議でこの問題をこれ以上追究することは組織にこん乱を引き起こす事が憂慮されるから先は、かかる違反的行為を慎むことに満場一致の可決を見、民団の基本姿勢を再確認することになった。

続いて、この大会のハイライトである役員改選に入り、先づ、団長候補に丁団長と金己哲氏がそれぞれ推せんされて立候補、所信演説に入り、丁団長は、過去二年間の経験を生かし、もう二年間実績をあげて見たいとし、基本財政をつくり、その利潤で団運営を計るとこの要旨の所信演説があり、金候補は、先づ民団の宣言、綱領、規約に則った正しい民団運営を軌道にのせる。民生問題として納税貯蓄組合の飛躍的発展と共済組合設置を推進させる。二世の教育問題を強化させる。従来以上に韓日親善運動を強めるとし、すべてのことが、本国—代表部—民団というように一本化し、表裏一体となって進まなければならないと実例をあげながら所信演説を終えた。やがて両候補の決戦投票に入り、五十九票対五十六票で金候補が団長に当選した。

ここにこの大会を通して見た場合その特徴といえることは、過去にないし烈な選挙戦が展開されたこと、それは、創団精神に立脚した民団本来の基本路線を再確認し、結団を強めることによって新たな発展を企図しなければならない重大時期であっただけに、激しかったものであるし、これを旗じるしにした金己哲氏に勝利がもたらされたものといえよう。なお過去二年間、問題が多かったとはいえ、誠意で尽した丁栄玉氏に、その功績を讃える意味で拍手を送りたい。

議決機関
議長　梁三永
副議長　李棟鎬
〃　金文培

監察機関
委員長　李舜夏
副委員長　李在煥
〃　金奎会

執行機関
団長　金己哲
副団長　李成甫
〃　金世基
事務局長　金致淳
〃次長　陳斗鉉
総務部長　金致淳（兼）
組織部長　姜鍚憲
民生部長　朴任祚
文教部長　金根守
宣伝部長　李　健
財政部長　金世基（兼）
無任所部長　張世準（文化）
〃　呉命根（団長室）

盛況を極めた第二八回東本大会

韓日会談に焦点

新内閣に大きな期待

先づ新内閣の顔ぶれから見ると、韓日国交正常化を早くから叫んでいる丁一権氏の国務総理に加えて、日本通として自他共に認めておる言論界の大立物、張基栄氏が副総理に納まったことである。

特に張氏は、韓銀副総裁以後、韓国日報を本城に、如何なる政権が樹立されても、絶対に所信をまげなかったという強い意志と実行力をもつ人物であるだけに、内外を問わず大きな期待がよせられている。

先づここで新内閣出現により、従来より更に強化される政策として韓日会談の強力な推進、経済の安定、不正腐敗の徹底的除去などが当面の課題になることだろう。

丁一権総理

第一の韓日会談は、野党と学生達の猛烈な反対運動に一応休止した形をとり、冷却期間を置き再び開かれる訳であるが、あくまでも互恵平等の立場で、平和ラインその他の問題に臨む限り、妥結の成算は十二分にある。この為に新内閣は、運命を賭けて、その成果を獲ちとることだろう。

第二の経済安定は、円価切下げによる値上り気勢が懸念されるだけに、最も重要な問題として取り上げられている。

●現にアメリカ援助だけでは、人口増加が激しい国だけに、とても間に合わず農法改良による増収、新産業をどしどし拡大することなどが解決策であるが、これにはやはり韓日会談妥結問題が大きくひびいてくる。

即ち、日本からの経済協力、技術援助などが、大きく浮び上って来るからで、その意味でも、この二つの問題は切り離せない因縁が出来てくるし、新内閣の腕の示しどころといっていいだろう。

不正と腐敗の問題は、革命後全面的に影をひそめ、根こそぎ抜き取られたかに見えたが、軍政から民政へ移譲の際そのすきを狙って多くの不正、腐敗が又ちや頭をもたげてきた。

経済界における三粉事件など、乱雑な様相を見せて来たので、これら社会悪を一掃するのに重点が置かれるだろう。いわば、社会悪絶滅のための第二の革命というわけだ。

その他にもいろいろとあるが、以上三つが最も緊要な解決問題であり、冴えた手腕の見せどころに、われわれ在留僑胞も大きな期待をかけている。

積極的な事業推進を

韓檜俊顧問談

先般軍人会が発表した六四年度事業計画を眺めて見ると、遺家族の援護対策、慰霊祭、前線軍への対[illegible]攻勢、オリンピック対策への積極的な協力など意欲的なスケジュールが、ぎっしり組まれており、既に六十キロにも及ぶ花とカボチャの種を、本国一線将兵あてに寄贈した実績は、顧問の一人として喜びを禁じ得ないものがある。

今や名実共に民団組織の一環として僑胞社会にも、なくてはならない存在となっていることは申すまでもないが、これから協力ということでなく、自ら進んで事業をつくっていくという方向に進むことを希望し何時でも第一線に置かれているという心境を忘れてはならない。経済人の一人として、民団組織の一員として、私なりに最大の後援をするつもりであるから、組織をフルに生かして、今後一層の努力を期待するものである。

法的地位問題説明

東本管内支団長会議

民団東京本部では十八日午後一時から同本部講堂で金己哲団長就任後初の支団長会議をひらき、六月二十五日の国防記念日行事を荒川公会堂で開く、各支部三機関母国訪問団を派遣するなどの決議をみた。

なおこの日、韓日会談李代表（法務）が特別参席、在日僑胞の法的地位問題に関する講演があり、永住権、財産搬出、処遇問題についての交渉説明があって僑胞の立場を貫徹するような方向にもっていくと強調し、感銘を与えた。

民団東本新旧送迎記念パーティ

去る五月十六日午後二時から民団東京本部では、第二十八回大会において、新役員を選出、旧役員が辞職したのを機に、新旧送迎の記念パーティを芝パーク・ホテルで盛大にひらいた。

この日、会場のパーク・ホテルには代表部、民団、商工会、婦人会など来賓二百名が集まり、商工連の許弼奭会長が発起人を代表して開会の辞を述べ金今石中総団長の祝辞、旧執行部を代表して金聖燦前東本副団長と新執行部金己哲団長が答辞、権逸博士の音頭で乾杯し、送られる人々には感謝を、迎える人には激励をと、和やかな雰囲気裡にも盛況を極め、東京本部の新らしき発展を祈る祝盃が交され四時過ぎ散会した。

オリンピック後援会

会長に李裕天氏就任

十月ひらかれるオリンピックを前にして、僑胞社会においても、民団、体育会などが中心となり、在日韓国人オリンピック後援会結成を急いでいたが、去る四月七日都内青山南町の韓国公報館において結成式がひらかれた。

この日会場の公報館ホールには、裵大使を始め、金在鉉公使、本国の関体育会長、金今石民団中総団長ら関係者多数集まり、金英俊中総副団長から詳細な経過報告があった後、重要役員の発表があり、後援会々長に李裕天氏が選出され、オリンピックに参加する韓国選手たちが安心して競技にのぞむことの出来るよう士気をもりたててあげる奉仕精神がその目的であることをひれきした。

なお本会からも朴会長ほか三人が役員に入っている。

名古屋に駐日公館後援会

崔正烈氏

韓日会談妥結の気運がようやく高まりつつある昨今、名古屋に駐日公館後援会が誕生した。

即ち駐日代表部など在日公館が十分な政府の予算がなく、活動面において支障をきたしてはとの心遣いから、本会顧問の崔正烈氏（マツヤ社長）を始め、張永駿氏（松永製菓社長）鄭煥禧氏（コロンビア会館社長）ら経済人が中心となり設立されたもので、当然在留僑胞のために奉仕してもらう以上存分に活動してほしいというのがその狙いであり一億円を目標に現在既に三千万円以上寄金が集まっている。

一方これとは別に、地理的に日本の中京にありながら、公館がないため、僑胞の領事々務にも不便をかこっている名古屋に駐日代表部名古屋出張所をという誘致運動も活発化しており、その成果が注目されている。

民族色豊かにブランコ大会

大韓婦人会東京本部では、去る五月十日、母の日を記念して、都内豊島園において第一回ブランコ大会をひらいた。

晴天に恵まれたこの日、豊島園中央広場には、約二十米の大ブランコが万国旗に飾られて吊され、都内から色とりどりの韓国服を着飾った婦人や、民団有志など約五百名が集まり、農楽隊や踊も交えて民族色豊かな祭典が繰りひろげられた。

ブランコ競技成績は次の通り。

一位　金善淑（渋谷）
二位　李慶順（足立）
三位　裵春玉（杉並）

なお一位には裵大使夫人杯、二位には金己哲東本団長夫人杯、三位には金信三婦人会長杯と、それぞれトロフィが贈られた。

金信三会長談　これを機会に、春秋二回のブランコ大会を毎年催し、各国の婦人たちとも国際親善を深めるためにも交歓試合をやりたい。

北韓スパイ 狙われる組織
対南韓工作に重点 ―自衛対策こそ急務―

東京の代々木駅そばにある平和ホテルをアジトにして、短波ラジオを使い、北韓カイライ政権と連絡をとっていた共産スパイ三人が去る十七日、警視庁外事二課につかまった記事が、全国の新聞をにぎわしたのは今更のべるまでもない三人は二年も前に新潟から上陸、東京にもぐりこんで軍事情報を集めたり、僑胞を北韓に寝返らせる工作をしていたという。いわゆる北韓の労働党対外連絡部対日工作員というのが、彼等の職名で、短波受信機、送信用アンテナ、乱数表、レポ用紙など、スパイ活動に必要な七ツ道具をすべて備えているのは、現在までにつかまっているスパイと変りなく、珍らしくもないことだが、ここでわれわれとして最も関心を抱かせるのは、民族陣営内にもぐりこみ寝返り工作をしているという事実である。われわれが今までに数十回となく警戒し、僑胞社会に訴えてきたことの証拠が、ここにも歴然と現われてきたのである。事実、今度の場合も、兄弟スパイである韓吉模らが、そのアジトとして使用していた平和ホテルの主人は親戚にあたる韓氏で、この人こそ誰あろう、民団の一有志であることに、僑胞たちは注目しなければならないのである。韓氏自身が、どの程度、これらスパイと関連しているのか、詳しい事情はわからぬとしても、少くとも親戚として、アジトを提供した事実は確かだということだ。スパイたちが、深夜を利用して、送信したのは当然のこととして考えられるが、ホテル側では、彼等の持物とか、挙動不審なことにまるっきり気がつかなかったであろうか、ここにどうしても解きほぐせない疑惑が生じてくる。このことはさておき、最近いわゆる祖国往来運動と称する朝総連の一連の活動があることは周知の事実であるが、結局この運動は、スパイ活動を合法的に、便宜よくするための手段であることは、この一件を見ただけでも十分に納得出来るはずだ。月に一回、新潟と北韓を往復する帰還船を利用して、なかば公然と指令書や報告書をやりとりしていたものの、引揚者が途絶えがちとなった今では、とても希望がもてなくなり、密航ルートで無制限といっていいほどスパイが日本に流れこんでいるのは推測に難くない。東京都内だけで百組近いグループが工作していると当局でいっている通り、これはホンの氷山の一角に過ぎないということである。さて、ここでもう一度、共産スパイの対南工作について、われわれは考えなければならない。これは特に彼等の最も重大な任務に課せられているのであり、思想的にあやふやな民団系の要人、特に経済人や団体役員に働らきかける一方、日本で訓練したスパイを韓国籍に入れ、大量に本国へ送りこんでいるのである。いわば日本や韓国はスパイ天国として彼等の思うままの活躍舞台という結果になるわけである。殊に彼等の働らきかけは、資金面の豊富なことをよいことに、民団系の団体にもぐりこみ、幹部を買収し、事あるごとに反韓・反政府ムードを盛り上げ、組織の破壊工作に専念しており、事実ここ数年前からこのような気配が多分に見られるようになってきた。東洋における共産勢力の主流が、ソ連を除け者にした中共と北韓に移りつつある今日、少くとも対日対韓工作は、毛色の同じ彼等にして見れば、あらゆる点において好都合なのである。最近とみに朝総連は、その組織を動員して、民団系の組織人、経済人にも積極的に働らきかけてきた。そして、その成果も顕著になってきたと思われるふしが多い。つまり、われわれは、常に直接、あるいは間接に彼等に囲まれているということで、極端にいえばスパイと同居しているようなものだ。彼等はそれ学生デモだ、韓日交渉は打切るべきだといった一連の現象を最大限に利用して、赤い魔手をのばしてきている。それに踊らされるピンク族も、大方われわれには見当がついている。残る問題は、同じ民族陣営の中にも、これらの分子がはびこっている事実を忘れることなく、今一度、自衛のための完全な対策をたて、組織の強化を図ること以外には方法がないということである。こんな意味で、組織にたずさわる要員の人選または機構についても再検討が要求される時期であることを、各人が認識、即時実行する体制が、あらゆる形において成し遂げられなければならないことを痛感し、民族正気に燃える全国の僑胞に協力を望んで止まない。

続 民団組織はこれでよいのか!
組織の防衛と発展のため不正・腐敗を一掃しよう

アピール

ここ数年来、民団組織内に起きた不正事件の幾つかをあげて見ると花郎荘、東本屋舎、奨学会、民団内における公金横領といったふうに未だ解明されないまま暗い影にねむっている事件がある。本紙二十五号でも若干この問題に触れたものであるが、意外にその反響は大きく、真相究明の投書が数多く入ってきているので、ここに再び、この問題をとりあげて見る。先づ第一に花郎荘事件。学生たちの勉学と憩いの寮として親しまれてきたこの建物を、不法処分した当時の学生C君は、既に政府で処罰されたのはいいとして、これに加担共謀し、不正売却金を横領着服した梁根審（証人あり）なる人物を、われわれの周囲から彷徨させずに、徹底的に調査、制裁を加えなければならないはずである。食ったものなら、はき出させるとか、何らかの対策を講じるべきものである。次に、先に中総を追われた具竜審に、在任中に公金を横領したという事実らしきうわさが飛んでいるが、その事実はどうか、組織を預かる当事者たちは、この疑惑に対しうんになっているとでもいうのだろうか、伺いたいものである。第三に東本屋舎を担保にして私欲を肥やそうとした自称正義派氏の問題も、事件発生以来久しくなるが、東本の新執行部では、話し合いによる円満解決をはかっているという。ともあれ、厳然たるこの事実にわれわれは耳目をおおうわけにはいかない。どこまでも糾明、その真相を天下に公表、責任の所在を明白にして欲しいものである。もう一つ、民団の代弁者たるべき奨学会の理事が、民団の意志を反映することなく、個人的プレイにより共産徒輩に踊らされているという厳然たる事実を見る時、もう黙視出来なくなってしまった。しかも最近は、同屋舎建設をめぐって利害を争っているという。この際、この経過と真相を明るみにさらけ出して欲しいと思うのは万人共通の偽わらざる心情であろう。貴重な民族財産がこのようにしてだんだん消えていく時、われわれは組織の一細胞としての自覚に立ちここに提案する。先づ民団中総は傘下団体の協力を得て公明正大な真相調査委員会を設け、暗いベールに包まれたこれら一連の事件の真相を公開、断固たる決断を下し、建設的な明日の青写真を提示すべきであると。これが組織人に課せられた責務であり、僑胞社会から信頼されるただ一つの道でもある。組織の防衛は先づ不正、腐敗を内部から一掃することにあるし、組織の発展もかかる大手術をほどこされた上で出来るものと堅く信じてひろく僑胞社会の与論にアピールし心からなる賛同を得たい。

アピール　アピール

人物点景
外柔内剛の仕事の鬼 誠実一本の金貞植戦友

外柔内剛にして忍耐強く、駐日代表部に勤続十四年のキャリアを持っている。所謂ヌシ（主）的存在である。

この間、張勉時代にあらぬ誤解を受け休んだことがあるが、それも束の間、代表部側の強い要望により復帰、現在に至っている。結局は仕事第一主義の誠実さが高く評価されている何よりの証左であろう。或る種の統計カードを作成整備するに当って、毎夜二時はざらで、徹夜を続けること一年余り遂に完成したというから、恐るべきタフガイでもある。この小躯の何処にそんな力がひそんでいるのか、唐手二段の実力を備えていることは知る人ぞ知るである。

こんなエピソードがある。かつて同僚であった戦友の金高寿さんの為に、彼の帰国成業を願って僅かな月給から毎月一万円づつ積立預金をしている事実である。論ずるは易く、行なうは難しで、せちがらい世の中に、こんな奇篤の士は稀といわねばなるまい。名誉を好まず、ひたすら誠実に生きるこの人望は、戦友は勿論、僑胞社会の賞賛の的になっているが、三十過ぎにして不幸にもまだチョンガーである。周囲でヤキモキして花嫁候補を探しているとの噂だが、良き家庭を設計するのも時間の問題

高校から大学まで生粋の早稲田ッ子であり、現在本会の参事を兼ねている。（P）

国会オブザーバ派遣
民団中総金団長談

民団中総金今石団長は去る五月四日団長室で記者会見を行ない、このたび帰国した成果を次のように語った。

①オリンピックには本国から二千名招請してあるが、ソウルではその手続き事務に着手している。

②民団幹部養成は、かねてから本国と計画した通り進めているが六月十五日に第一次訓練生を派遣する予定。

③国会オブザーバーとして民団の代表を国会に送り、僑胞の声を反映させることに原則は一致したが、選出は中央委員会、または大会にはかって決めたい。

④旅券簡素化については、急な場合、大使の権限で臨時旅券を発給することになった。

⑤韓日会談法的地位問題には、僑胞代表一人が顧問の資格で参加する。

公金横領の具
真相糾明の声高まる

去年の五月、民団中総の新執行部（金今石団長）が出発して以来宣伝局長を経て、事務次長兼総務局長の責にあった具竜審氏は、最近同職責を追われているが、その裏には、公金横領したという事実らしき噂が飛んでいる。彼は在任中に、その職責を奇貨に会計を欲しいままにし、公金を横領着服、競輪などに費消、遂にその悪事が露見し、アナウメが出来ないまま、退職したということで民団組織を預かる最高幹部の一人として、僑胞間に、その事実の真相を糾明する声が高まりつつある。

顕忠日に慰霊祭
国防記念日に 映画上映

本会では来たる六月六日の顕忠日を迎え、恒例の慰霊祭を、大行寺において、代表部、民団各機関参席の下、行なうことになった。

なお六月二五日の国防記念日には民団では全国的に記念行事を催すことになっているが、本会では特に、ソウルの本部と連絡をとり、独自な行事を催すことになった。即わち、台湾で行なわれるアジア映画祭に参加の韓国代表団を帰路日本に立ち寄らせ、同映画祭に出品した作品を上映すると同時に、俳優たちのアトラクションを僑胞大衆に見せようという計画である。現在、ソウルの映画祭当局と具体的接渉をつづけているが、近日中に、そのスケジュールを公開することになった。なお映画上映の場合は、韓国初の航空映画「赤いマフラー」と「かえらざる海兵」などの大作が予定されている。

声の広場
商銀内紛を防止せよ

最近、東京商銀の総会を前にして不正をいんぺいするために、派閥を助成するような一部の動きが見られるとの噂だが、事実とすれば、これはすておけない大問題である。商銀の在り方は、どこまでも中小企業者のための健全な福利機関であるべきであり、このようなことが単なる噂だけであってほしいと願うものだ。もう一つだいぶ前からごねていた横浜商銀問題が、一段落着したかに見えたが、再び内紛が爆発、一方の関係者四人が脱団するなどの騒ぎになってしまった。脱団する方の声明書も読み、じゅうぶん一理ある話だと思ったが、なお理解に苦しむ面が多い。それに停権処分したという団長側の方からも、何か派閥的な感情が多分にあるのではないかと思われるふしがある。元はといえば、商銀内の派閥的対立がこじれたのだが、脱団する方も、停権したという方も、大人げないことではないだろうか。一心同体の組織の中に生きる仲間であることの大局的に立っていたとすれば、話し合う余地はあるはずだ。解決の方向へもっていくだけの、双方共にフェアプレイを望むものである。

（東京・英虎）

（その二）

労働者の天国とうたわれた偽りの宣伝にだまされ、北韓へいった在日僑胞林鐘文（38）氏は、一年半の間北韓に住みながら、米の飯は見たこともない、それぱかりか、友だちの間でうっかりじょうだんや世間ばなしでもしょうものなら、あとの祟りが恐い、いつもきびしい監視のなかで、まったく自由のなかった北韓での生活をあばいた。

東京で一九六一年十月十五日第七十七回めの北送船で北韓に着いていらい平南价川にある勝昌鉱山の事務員として、はたらいていたが、さる一月十五日、南韓へのスパイの密令をうけ慶南南海から上陸、ソウルへ向う途中自首したのである。

さる六日、ソウル新聞会館（公報部主催）での記者会見席上で、つぎのように最近の北韓の実情をぶちまけた。

ボロボロ姿で出迎え　スパイ教育受けて南下

最近、北韓にゆけば思うままの職にありつけ、住宅も当てがえられ何一つ不自由のない楽な生活ができるというので、食指が動き東京から北韓へやって行った。しかし、初めに飛びこんだのが、あおじろい顔にボロボロの着物をまとっている見すぼらしい住民たちの姿ーアッ、これは、だまされた、と後悔したときにはすでにおそかった。それで仕方なしに、印刷工として就職したが、意外にも鉱山にまわされ、職業選択の自由さえないことをつくづく感じた。

月給は四十円ぐらい、闇のお米一斗が四十円とは目玉がとびだすほど、…労働者の天国どころか、まさにいき地獄だ、北韓に着いていらいこのかた、お米の飯は一ども食えなかったしだい。酒なども自由に飲めず、女たちのお化粧さえも自分の気ままにできない、そして着物といえば木綿の白いチ■ゴリと黒いチマにかぎられている。

北韓の女たちがここ、ソウルの女たちの身なりを見たならば、ぶったまげるだろう。と、居あわせた記者たちを、びっくりさせた。

私が対南韓スパイ機関に召喚され平壌で密封教育を受けていた当時、すきさえあれば、ひそかにダイヤルを回しソウル放送に耳をかたむけ、北送僑胞の金幸一君の歓迎大会の中継放送や彼を主人公にした対北連続ドラマなどをききながら、ソウルで幸福な日を送っている彼の幸運に胸をわくわくさせた。

それも、そのはず、北韓脱出を企て失敗した大部分の北送僑胞が行方不明となったり、重刑に処せられた事実を私は目撃し、あまりによく知っていたからだ。

東京から母と妹を連れ北送された李インスウ君は、平壌演劇映画大学に就学したが、まもなく北韓の実情をさとり、このような地獄社会ではむしろ死んだほうがましだと決心し、五人の友達と共に脱出を計画、一九六二年四月、平壌をぬけ出た彼等は、あこがれの韓国を目ざして開城行の列車に乗ったが、それが運のつきで開城駅の改札口で安全員に逮捕され、十七年の重刑に処せられた。脱出事件にあわてた北韓傀儡は、千余人の北送者たちに「千里馬」作業班員とか「功労」メダルをさずけるなどの姑息的懐柔策で彼等をなだめようと努力したが効果なしとあきらめ、たちまち本性の毒牙をむいて、おどかしや恐喝でおびやかし始めた。

しかし、そのような苦境からのがれた私は、この上もない幸運児といえる。もっとも私は封南韓スパイにばってきされた瞬間から「南派されたら必らず自首する」と心ひそかに決心した結果かも知れない。

私はいま幸福と自由な温い韓国のふところで希望にみなぎる新しい人生へふみ出そうとしている。

いまもなお、北韓の冷い空の下で不幸のどん底に苦しんでいる八万余の北送僑胞がいるかと思えばわが身を削るような痛みでたえきれない。自由に暮している私と彼等とはあまりにもひどい差がある。（大韓公論社提供）

"老兵は死なず"

老兵は死なずただ消えてゆくのみー満洲進撃こそ勝利の鍵であると主張、思いがけなく解任となり、うっぷんやる方なく、米国会でこの一言を残し、去ったマッカーサー元帥、太平洋のシーザーと呼ばれ、聡明と英断を兼ね備えた二十世紀の英雄は、遂にこの世を去った。かつての韓国動乱の時、仁川上陸作戦にあっては、われわれ自願軍も元帥の指揮に従い戦火を共にした。

その日の生々しき記憶は、いまわれわれの胸によみがえる。

全生涯を自由の防衛のために奉仕した元帥は、韓民族の胸から永遠に死ぬことなく、生きつづけることだろう。

「韓国は偉大なチャンスを逃した」この不滅に輝やく警句をいま一度、われわれは心深く想起して見よう。

そして元帥の遺志を継承し共産侵略から祖国を護り抜こう。

軽工業中心に発展せよ

日本人が見た韓国経済

このほど韓国から銀行経営セミナー講師として招かれ、経済建設相をつぶさに視察してきた富士銀行の青葉翰於氏のインタビュー記事中より要旨だけを掲載する。

労働集約的工場こそ急務

代表的工場を見せてもらったが鉄鋼とか、重化学工業は、資本の少ない韓国では不得策と思う。石油精製工場があり無意味だとは思わないが、せいぜい二百人もあればこんな工場では足りる。ところが韓国で問題になっているのは失業者に職を与えることで、そういう意味ではタンクとパイプがあればこと足りる装置工業は後回しにすべきではないか。むしろ繊維、雑貨、軽電機など労働集約的なものを育てることが即効的なやり方だと私は思いました。

共存共栄の為に譲る

日本に例をとれば、造花など香港フラワーにおされていて、労働集約的商品においては国際競争力を失いかけている。紡績でも大番手の綿布は韓国、台湾から既に一部輸入しているようなあんばいで日本は低賃金国に負けて後退すべきものになりつつある。日本としても将来、共存共栄的な発展を遂げる上では、この種の産業は道を譲ることがよいのではないだろうか。

技術、設備導入すれば発展能力じゅうぶん

教育水準は非常に高いが、大学の卒業生でも就職は二割ぐらいで労働力はあり余っている。仁川重工業、韓国機械など見たが若手の技術者が日本技術を導入して生産性をあげたいと張切っていたし、釜山の金星社でも、わずか七年にして扇風機、トランジスターラジオ、積算電力計、電話機などの設計、製造をやらして立派な成績をおさめているとの話。仁川の韓国ガラスは、今では自力でやれるようになり、一割をアメリカに輸出している。全体的に工業水準が高くはないが、今後適当な技術、設備を導入すれば、経済発展の能力はじゅうぶんにもっていると思いました。

韓国は、資源に乏しい農業国という先入感があるが、戦後の日本でも石油、鉄鉱石、ゴム、羊毛などほとんどなかった。しかし、今日の大発展をしたということは、労働力が豊富、積極的な経営精神、企業精神が旺盛だったこと、そこへ新技術導入、設備投資をして輸出は増える一方、そしてまた原料を買ってつくるという循環によって成長した訳で、そんな意味では、さほど心配はないのです。

保税加工のシステムを

結局、綿毛の紡績工業は韓国でシャツやブラウスの縫製工業は日本で、原料を輸入し加工して輸出することになれば、輸入資金がいるが、最初は保税加工のシステムを採り、日本から原料を借りて加工し輸出するというのが手っとり早く既に一部ではやっているのです。高度の加工技術は日本でやり、大番手などのは原料を貸してやると向うでは加工賃がもらえるわけです。阪本紡績のソウル工場は日本と同じぐらいの生産率を誇っている現状です。

ギブ・アンド・テイク

ここで経済侵略という心配も生じてきますが、韓国と日本は「対等の相手国」として、ギブ・アンド・テイクの原則でゆけば、互いにプラスすることで、別に政治的な野心とかいうのでない[illegible]て、労働力不足の日[illegible]ろ緩和剤になるはずだ。日本の産業は高度なものに早く転換する、韓国としては手近なものから伸ばしてゆき、その上で外貨ができたら鉄鋼、硫安をやってゆく、そんな意味で小さな事柄よりも紡績工場の方が得策だということです。

ドル不足に悩む

韓国のドル保有は一億ドルぐらいで、輸入を押さえている。従って原料輸入のため工場の操業度が落ちている。こういう難問題があるわけです。

農業にしても、日本の十五年前ぐらいと同じ状態で、食糧も足りなくアメリカの余剰農産物をもらっている。水路の改善といった総合的施策を講じて生産性を高める必要がある。このため自給化を急ぐ肥料工場も安いコストでできるかどうか。それよりも現在外国の安いのを買った方がよいと思う。

綱領
一、われわれは先烈の遺業を継承し国家民族を守護する
一、われわれは祖国完全統一を期し世界平和に寄与する
一、われわれは一心団結し相互親睦を期する

「再建改題」

郷軍

1965年1月25日
通算28号（年6回発行）

大韓民国在郷軍人会
日本特別支会会報
発行所
東京都文京区金富町51
TEL (812) 2736
在郷軍人会日本特別支会
発行人 朴 炳 憲

祖国再建の"仕事する年"に

海外同胞と学生に送る新年の辞

朴正熙大統領

朴大統領夫妻を囲んで 右から朴会長、朴副会長、鄭参事、一人おいて李副会長、民団中央本部朴議長

親愛なる海外同胞及び留学生の皆さん！

歴年を送り巳年を迎える今日、私は国内の全国民と共に、海外におられる同胞及び留学生皆さんの前途に幸運がもたらされることを衷心より祈願致します。

皆さんは、たとえ故郷を遠く離れた異境にありながらも、故国の統一と発展を念願し来たのであり、繁栄と民族の発展に寄与すべく物心両面の支援を惜しまなかったのであります。これに対し私は、国内の同胞と共に深甚なる感謝を捧げるものであり、われわれの前途に勇気と自信を呼びおこす何よりも愉快なことと考えざるを得ません。

振り返って見るに過ぐる一年は、軍政の体勢が憲政上そのまま移された転換的過程であったし、政治経済、社会の全ての分野にあって「革新の芽」がふきだした新らしき民政の整地段階でありました。初期の試練を克服してただ今は、既に安定と秩序の土台の上に「前進の礎」を築いて、われわれの汎ゆる智慧と力量を動員して、新らしき年の建設と復興の完璧を期しております。

このようにして新らしき巳年をわれわれは「仕事する年」と決めているのであります。

しかしわれわれが、過ぎし一年間築いて来た前進の為の整地の上に果然繁栄の実が結ばれるかの問題は、その整地の上に播かれた汗と努力が、如何に誠実でたゆみないものであるかの如何にかかっているということを私は特に強調しておきたいものであります。

全くのところ新らしき年は、国内外すべての同胞が、ひたすら決心を新たにし、努力を倍加する転換点にしなければなりません。

海外におられる同胞皆さん！

ただ今成長過程にある祖国は、何時よりも何よりも皆さんの支援と参与を必要としており、また創意と奉仕を要望しております。

皆さんの支援と参与が倍増すれば必らずや祖国の建設と復興が促進されるものであり、皆さんの創意と奉仕で民間外交が拡大できれば、友邦の理解はなお増進され、われわれの国際協力と経済建設により大きな扶けになることを確信して止みません。

留学生皆さん！

先進文明と共に生活し、急進する科学技術の衝撃に若き精力と夢をかけている皆さんこそ、この国の明日の主人であり、頼もしき働き手といわざるを得ません。

皆さんが学んだ深い知識と卓越した技術は祖国の建設と近代化になくてはならない貴重な資本であり政府はこの貴重な学術の結実を効果的に活用することのできる恒久的対策を講究しております。

これと関連して私が皆さんに特にお願いしたいことは、知識と技術を祖国近代化に充分に活用できるよう、更にたゆまざる努力を傾してくれということです。常に遅れている祖国を念頭におき、その先駆者的役割を全うしてくれということです。

然れば必らずや坦々とした大道が開かれるはずであり、明るい希望も待っていることでしょう。

同胞皆さん！

血は水よりも濃いものであります。互いに住む場所は離れていても、心は一つであります。祖国の民主主義と明日の繁栄のために、われわれ国内外の同胞が一つに固まり前進しましょう。天は必らずやわれわれを扶けます。なにとぞこの新年に皆さん個々人の希望が成就し、この民族の願望が実現されるよう念願し、皆さんの前進に神の加護と幸福が常にあらんことを祈願致します。

一九六五年元旦

去年の実績の上に更に高めた成果を

在郷軍人会本部 李成浩 会長

一九六四年を送り、新たに一九六五年を迎えるに当り、私なりの所感を申し述べます。

さて去年は、わが郷軍が所期の目的を達成し、輝かしい発展の塔を築いたのです。これは全国組織の幹部と三百万郷軍が渾身一体となり努力した結晶であることを疑いません。自立基盤の確立、各種公益事業の拡大など、ひとつひとつ数えることは枚挙にいとまがないが、その中でも合理的に推進されてきた開墾事業の結果は、目を瞠るべきものでした。

恒久性があり意欲的な開墾事業は満足すべき実績を[illegible]百九十三町歩が完了、三百十五世帯が入住、生業資金等を通じた会員の福祉増進に進一歩の境地を見せておりました。

一方、[illegible]の竣工なども、一つの誇りでありました。

また三月の"花とカボチャの種を一緒に植えよう"運動などの事業も大きな成果を[illegible]にいって、果敢な活動により大[illegible]

[illegible]

全国支部会長さん、そして全国会員と日本特別支会の会員皆さん！

[illegible]

われわれは、このような成果だけで満足することはできません。この一年の収穫を成果の上に、更に高い成果と躍進を期約しなければなりません。従って私は、一九六五年は"仕事する年"として[illegible]

[illegible]

[illegible]祝福祈願致します。

三年内に食糧自給自足
輸出総額は三億ドル台に

朴正熙大統領の〈年頭教書〉

朴大統領は十六日、国会本会議で発表した年頭教書を通じて一九六五年は"働く年"であることを強調した。政府としては、今年の施政目標を増産、輸出、建設において、あらゆる経済政策をこれに集中する方針であることを繰り返し闡明して、この三大目標を達成するため、政府と国会と国民が協力、団結するよう力強く呼びかけた。

[illegible]年間の任期中に、必要食糧の完全なる自給自足を始め、年間輸出額三億ドル以上を、如何なる事情があっても達成すると約束した。大統領は以来、[illegible]の年頭教書の中にあって、南ベトナム派兵[illegible]ついては、韓国自体の反共と安定が[illegible]という見地から、この措置がとられるものであると明らかにしている。

〈教書の要点〉

[illegible]

自由ベトナムを支援

[illegible]

大韓民国在郷軍人会 日本特別支会

中央会館建設など

2月9日民団第三回中央委員会

[illegible]

法的地位要求案 本国政府に提出

権民団中央団長が

[illegible]

苦難の克服は繁栄を

大韓民国駐日代表部　金東祚大使

年頭の辞

一九六五年、新しい年を迎え親愛なる同胞みなさまの幸福と繁栄を心からお喜び申し上げます。

ふりかえってみますと、昨年は第三共和国が樹立されて、初めて迎えた年として、わが国としては政党政治による民主々義的政治体制の確立、五カ年経済計画による産業発展と国民生活の向上、積極外交による国威伸長と貿易増大など、多方面において大きい意義がありました。

昨年はまた日本に居住するわが愛国同胞たちの政府に対する協助と声援が、わが政府の諸般政策の遂行に大きく寄与しました。

特にオリンピックには、祖国選手団に対して物心両面で惜しみなく支援して下さいましたし、これを契機として朝総連系一千五百名が転向してわが民団の自由と温情の胸もとに飛び込んできた事実など思うとき、心から感謝の気持を禁じ得ません。

わが国はただいま、経済発展による祖国の近代化という重要課題を前にしており、希望と意欲に満ちた一九六五年は、特にわが民族の支持と協力下に政府の果敢で積極的な施策で子々孫々の幸福と明日の祖国繁栄のためこの与えられた課題を成功裡に遂行させるべき転換期になります。

更に国際社会において国家間の競争は日増しに激しさを加えているこのごろですが、わが国民は一致団結して相互協力と、友愛、民族の精神を発揮して、[illegible]の永遠の発展に[illegible]い決意を新たにしなければなりません。

わが国の民主的発展と繁栄のための礎石となる土台構築のためには、現時点で生を享有している私たちの努力と忍耐が緊要であり、今日の苦難の克服は私たち自身の栄光と、進んでは明日の私たちの子々孫々の幸福と繁栄を約束してくれるのであります。

最後に新年にも、わが政府と国民[illegible]諸団体[illegible]に向かって輝かしい前進[illegible]同胞みなさまに[illegible]幸福と繁栄があることを併せて心から祈ります。

[illegible]

会談妥結へ挙族運動を

居留民団中央本部　権逸団長

年頭の辞

親愛なる在日六十万同胞の皆さん!

新たなる年、一九六五年を迎えるにあたり謹んで慶賀の意を表します。

過ぎる年を回顧しますに、昨年は、われわれの住む日本において第十八回世界オリンピック大会が開催され、わが大韓民国は一百数十名にのぼる大選手団と五千名に近い観覧者をこの大会に参加させ多大なる成果を収めたことは周知の通りであります。

[illegible]談は旧ろうの三日から再開された[illegible]

[illegible]族教育の普及強化の問題がありま[illegible]

[illegible]として成すべき任事と、それに備[illegible]

五輪後援事業に不正は無い

中央監察団で発表

[illegible]ず明白にする。

二、通過した改正規約が遵守されていない点があるので、同規約の遵守を通告する。

三、オリンピック事業のため、民団の一般事務が沈滞したきらいがあるので、一刻も早く正常化するよう勧告する。

以上の点を力説したあと、善悪の限界を、事実の通り指摘する方針であるとつけ加えた。

この日、巷間でうわさされているオリンピック基金の不正活用については、現在監察中であるとし、次のように言明した。

一、現在のところ不正事実は何らみつかっていない。

二、浪費があるかも知れないが、不正は全くないといった団長談話は、限界より事実が優先するのである。事実を中央委員会に報告するだけである。

三、後援会に収めるべき募金を一般経費にあてた県本部があるがこれについては、民団中央団長、後援会、県本部の責任者との三者会談で解決するようにする。いまのところでは約六千万円が未納となっている。

四、旅行社からも参考人を中央委員会に呼ぶ。

五、招請家族観光団輸送業務のため、ソウルに設置した事務所なども もちろん監察の対象となる。

民団の英断を望む

去年のオリンピック後援事業の大成果につづいて、今年は韓日国交正常化促進が大きくクローズ・アップされてきた。しかも会談は順調に進んでおり、時日を多く費やさずして妥結を見るのではないかと大きく期待されているのが今日の大勢である。この時にあたり、わが民族自由陣営内に一部とはいえ、逆行ムードをかもし出している徒輩がいることにわれわれは目を向けないわけにはいかなくなった。韓日会談に反対する、オリンピック後援事業に疑点がある、ベトナム派兵は憲法違反である等、先走った流言をまき散らしているグループがそれである。

朝総連系と分別のつかない学生

韓日会談は屈辱的外交によって進められているから反対だし、これは"朝鮮"統一後に行なわれるべきだとしベトナム派兵は憲法違反の帝国主義的行為であるから、われわれは断固これに反対することを声明する云々の決議をまのあたりにしては、どう考えてもこれは朝総連の集会と、どこが違うのか分別に苦しむ。

これは最近ひんぴんとして見られる自称"純粋な愛国心"をもつ一部学生たちの集会での出来ごとである。

前記声明中、朝総連の、否、共産党のそれと違う点がどこにあるのだろうか。民団発表によると現に韓学同中大支部は朝学同中大支部と共同声明を公布した事実もありこれは明らかに民団傘下団体としての規約違反であり、彼等はまぎれもなく"共産陣営と相通じる理念"をもった存在であることを何人も否定出来まい。

共産組織の浸透を放置する民団

最近ある信頼すべき情報によると、韓国学生を擁った朝総連の尖鋭分子たちが、巧妙にそのオルグを浸透させ、だんだん伸長していると噂が高い。

さて、ここで最近数カ月間に亘り見聞したという民団出入りの人士たちの話をまとめて見よう。

A—学生大統領出現間近し? の感さえあったが、ようやく平静をとり戻した本国学生に較べ、僑胞青年たちの一部には四・一九のイメージから醒めてないのがいる。民団は甘やかし過ぎているようだ。

B—マルクスのパンフレットをかじったと思われる学生、朝総連にいてこそふさわしいと思われる見なれぬ青年たちが、わがもの顔と民団に出入りするまではいいとして代表部へデモするなど目にあまる"意識された行動"はガマン出来ない。

C—ニタニタと自信ありげな表情で、ことごとに反韓的言辞を弄する輩を見るとハナモチならぬ。

D—リーダーシップを握っているのは極く一部の尖鋭分子で柔和で従順な青年たちは、彼等一流の戦術戦略に引きずり込まれている。

E—青年、学生に学問の自由と行動の自由があるとすれば、僑胞の権益擁護と青年の育成向上のための監督指導機関である民団にはなお高次元の理想実現のための権利がなければならないのに、指をくわえて静観し、放置しておくのは全くもってけしからん話ではないか。

といったようなもので事の真偽如何は読者の判断にゆだねておこう。

民族自由陣営に巣くう 不満、赤色分子を摘出せよ

デマで煽動する指導グループ

そこで最近しきりにデマを飛ばして、これら学生や青年たちを操っている自称進歩的愛国人士がいることは世間周知の事実であるが、彼等はオリンピック後援事業には不正があるとふれ回っている。あれだけ大規模な挙族的事業であった招請家族の輸送関係などのため一部の不手際は確かにあったようだ。

しかし、これだけの機構の下で完全無欠の成果を百％期待出来るだろうか。

それよりも大局的な見地での総合的成果を正当に評価するのが常識だと思うがどうだろう。

利敵行為に明け暮れる不満分子

事実、不正があったとすれば、その証拠をあげて監察機関に提示、公明正大に天下に訴えるべきである。

常に非協力であり、不満ばかりを並べたてる彼等がデッチ上げた、ある目的遂行のためのデマであることを私たちは、つとに見抜いてあまりある。

口を開けば愛国風を吹かす非協力分子の最終目的が奈辺にあるかは別として、少くともこの一連の動きは、明らかに利敵行為となっており、事実このグループを巧みに利用して、日増しに赤い風は民族自由陣営内に吹きこみ始めていることを大きく指摘したい。

彼等が叫ぶ現状での韓日会談反対の根拠の一つが在留僑胞の法的地位と処遇にあるとほざいているが現に民団内に設置された法的地位委員会の存在を知らないとでもいうのだろうか。

各界から選出された委員たちが真剣な討議を重ねることにより、既に二の成案は政府に渡され、充分に僑胞の権益擁護の諸問題を反映している事実をどう見るのか。

派兵は自由友邦への義務行為

さて前記のベトナム派兵問題を違憲云々という徒輩に逆に聞きたい。韓国があの民族相食む動乱の時、自由友邦十六カ国が国連軍として参戦した事実を記憶していないのかと。記憶しているとすれば、自由陣営内に属する韓国としては当然友邦国である南ベトナムに対し、これを援助すべき義務を担っている。

しかも国会の承認を受けての派兵であり、国連の精神に立脚したものと見るのが至当であろう。

他の友邦関係にある諸国が危機にさらされても我関せずとでもいうのだろうか。理を欠いてなおまた非情な仕打ちというべきである。

なまじっかな一方的な憲法解釈に対しては紙面を埋めるだけだから次の機会に譲っておこう。

強力な処方箋で対策を講究せよ

さて、ここでは以上三つの動きに焦点をしぼったが、民団のこれに対する対策を要望して見たい。つまり適確な処方箋を早急に作成強力にこれを実施して欲しいのである。

これら利敵行為に走る分子に今更自粛を頼んでも始まらないし、浸透している赤色分子の場合においておやである。民団は、少くとも中央では、雲の上で僑胞政策を練っているのではないだろうかと皮肉っている声を時たま耳にする。巷間の風聞ならずとも、優柔不断な腰くだけ的この一連の現象を見ては、前言に反対することも出来ない有様だ。先般、学生文化祭が行なわれたがあの時の演劇の台本だけでも読んで見たことがあるだろうか。

危機にさらされているこの現状にでも瞑るように放置しておくことは、何時かは命とりになることを忘れてはならない。

●

赤を飼うほど無気力な民団か

ピンクや赤を飼っておくほど民団は無気力に落ち入り、したい放題の不満分子を温存しなければならないほど組織は低迷しているのだろうか。断じて否である。

今からでも遅くはない。現有組織の最大機能を生かし、敢然としてガンにメスを入れる大英断を施すよう望んで切なるものがある。

明日では遅すぎる。

数年来つづいている一連のこの不穏な空気を一掃し、民団本来の正常化と発展を期するためにも適切なる処置を図る機構を編成、全国組織の協力をまって実践するよう最後にもう一度強力に要望して止まない。

これだけが民団発展への道であり、ひいては祖国大韓民国の繁栄へつながる道でもある。

1364

韓日国交正常化の年

現実に立脚、互恵精神で妥結へ

朴炳憲会長、新年談話発表

多事多難にして、数多くの功罪を残し暮れていった一九六四年。その中で最も難事であった東京オリンピックの後援事業は、僑胞社会、民団創立以来のハイライトであったといえるだろう。とてつもない大規模な機構の下、挙族的に遂行されていったこの後援事業こそ、一部の非難を招き起しはしたが、大過なく終末を告げたことには、民族自由陣営のかえられない大功績といわざるを得まい。この大事業が終ったとこで、新年に入り、いよいよ韓日両民族、自由アジアの宿願であり、懸案であった韓日会談が着々進められている。

国土統一という至上命題が韓民族の終局的願望であることに変りはないが、先ず目前の急務として、韓日国交正常化は何よりも大きな比重を示している。この両民族に課せられた国交正常化こそ両民族共存共栄、アジアの繁栄、世界平和へつながる唯一の道であることを、われわれは再確認しなくてはならない。さて、この希望溢れる新年を迎え朴炳憲会長は、韓日国交に関し、決意も新たな抱負を次のように述べ、その早急実現を会員に汎く呼びかけた。

何といっても今年は、韓日国交の正常化に大きな期待をかけたい。

戦後二十年の今日に至るまで両国が歩み寄れなかったのは、わが国土の分断と共に、もっとも大きな不幸であったと思う。

いろいろと至難な問題をふくんではいるが、韓日会談は目下順風をはらんで進んでおり、喜ばしき限りである。

両国は共同運命体

一衣帯水の両民族が置かれている共同運命体を、われわれはしっかりと再確認しなければならない時点に立っている。

国内においては、革命政権樹立以来も、幾多の波乱を克服してきたが、昨今一つ一つ明るい兆しが見えてきた。

これら国内問題を整備することによって、日増しに両国の親善気運は熟してきており、今年こそは一挙に韓日会談成立へゴール・インするものと期待される。

友誼精神こそ肝要

地理、歴史的な兄弟関係にある韓日両国は、互恵平等の友誼的精神なしでは、到底明るい希望をもてないということは、誰でもが肝に銘じて知っているはずである。一方の犠牲だけで一方の幸運が得られることでなく、常に互譲の大原則の上に立ってこそ、大きな成果が得られるのである。

両民族の古くからのわだかまりが少くとも一方的に犠牲を要求されてはかりいたわが民族が、一夜にしてシコリを払底させることは難かしいことであるが、だからといって何時までも旧態を残していては、事は運ばない。大局的見地に立って物を見、今日明日を考えていかなければなるまい。

共通の利益を発見

問題は目前に横たわる現実を凝視して、合理的な共通の利益を発見、探し求めていくことに両民族の幸福がある。

去年のオリンピック以来、政府間はもちろん、民間の交流が激しくなってきたのは、国交正常化、親善に更に拍車をかける結果になってきた。

事実、僑胞の法的地位問題、平和ラインと魚族保護など、難問が山積しておる。

しかし、国交ということは、両国の権利主張、譲歩などがあって始めて成立するものであり、あくまでも一方だけの"我"では解決されないのが常識だ。

屈辱ではない互恵の精神で臨んでいる実情をあまりにも知らなすぎる人びとがいるのは残念である。

僑胞の要望を充分に反映

現に僑胞の法的地位と処遇に関しては、民団側の要望を充分に反映して交渉にあたることになっており、民団内には、そのための機関が設置されているのではないか。

また平和ラインと魚族の保護にしても、十分に当方の主張を通すべく努力しているのは周知の事実である。

手段と方法こそ大事

一部の学生たちが祖国の貧しい状況を憂慮して強く反対している動機は、純粋なところから出発していることはわかるが、問題はどの[illegible]

わが方にあって政情の不安と社会的混乱を助長させる行為は、断じて許すべきでないと思う。

最後に、もう一度、今年は是が非でも韓日会談を妥結させ、両国交流が、文化、経済、政治を通じ広く正常化されることを念願して止まない。

そのために、わが軍人会は会員一人一人が、祖国建設に協力し、"花郎精神"を最大限に発揮して、祖国百年の大計に邁進するよう強く呼びかけるものである。

会談妥結に奮闘せよ
量よりは少数精鋭で
＝崔正烈 顧問談＝

去年はオリンピックの年であったので全く僑胞社会はオリンピック問題だけで総てであったようなものであった。

正直なところ、これだけの大規模な挙族的事業はかってなかったし今後もまれなことであるに違いない。私としても微力ながら協力してきたつもりであるが、ともかく大過なく終ったのは何よりである。さて、軍人会の顧問としての私は過去一年間これというほどの功績がないのが残念だが、今年は私なりの立場で、いまひとつ協力して見たいと心に念じている。

今年は何はともあれ、韓日会談の妥結を見なければならないので、その方面で民団の諸先輩と足並をそろえていきたい。

軍人会としても朴会長以下主要幹部が、国交正常化運動に気焔をあげているようで頼もしき限りである。

一部不逞分子の遅延策、あるいは妨害策に惑わされることなく軍人本来の闘志を燃やして頑張ってもらいたい。

その為に私で役立つことがあれば何らちゅうちょすることなく申し出るようお願いしておこう。

いづこの世界も同じで、必らず多少の反対分子がいるのはわかるが、これらの人士に対しては諸君が徹底的に働らきかけて、味方につけていくよう綿密にして細心な戦術を駆使するよう心から期待するものである。

量よりは少数精鋭の方が大きな成果をあげる場合が多いことを夢忘れることなく、大いなる奮闘を望むや切である。

1964年度 活動総括報告

本会創立以来の最大行事だった戦没自願軍五十柱の国軍墓地移葬は一九六三年度の末尾を飾るにふさわしいものであったが、この大任を果たして帰任した執行部一同は六四年の正月を迎えるやいなや、遅れていた定期総会をひらき、新執行部の下、再び活発な各種事業を展開多くの実績をあげるに至ったのである。さる六四年一月二十日ひらかれた日本特別支会第二回定期総会（通算十二回目）以後、一年間にわたるこれはその総括報告であり、われわれ自身の薬籠として、今後の発展のための資料としたい。

一月二〇日　午後二時から新宿の韓国人商工会々議室で第一回定期総会ひらく。六十余名参加。遺家族および戦傷会員援護対策、共産勢力対備策などの事業計画と一部規約修正案を可決。新任会長に朴炳憲、副会長に李鍾舜、朴明煥をそれぞれ選出。

一月二一日　関西連合分会役員と郷軍事業打合せ。

一月二五日　民団関東地区協議会箱根で開催、李・朴副会長参席

二月一日　法的地位要求貫徹近畿地区代表団来東歓迎のため日比谷公会堂へ。日本外務省前デモ。陳情団が代表部訪問時、一部学生たちの行き過ぎた行動を制止。

二月七日　法的地位要求貫徹民衆大会の対策講究のため参事有志たちと懇談会。

二月十四日　法的地位要求貫徹民衆大会参加（関東地協）会員の慰労会を催おす。

二月十九日　総会後初の参事会、今年度事業活動と時局問題討議民団の今後におけるあり方について呼訴文を発表、全国民団組織及び各種機関へ発送した。

二月二三日　民団東京本部に来王団長を訪ね、法的地位運動を利用し、駐日大使、領事課長追放を企図した事実に対し厳重抗議。関西連合分会総会で会長に権福。

二月二五日　民団関東地協を湯河原温泉で開く。朴会長、李、朴副会長参席し、呼訴文の内容と経緯を説明すると同時に駐日大使追放を陰謀している事実を暴露。

三月一日　三一節記念式典参加。

三月七日　第一回会員親睦会を新宿コマ苑でひらき盛会。

"前線に花とカボチャの種を贈ろう"運動の趣旨を全国に通達。

三月十六日　民団関東地協熱海でひらく、朴副会長参席。

三月二一日　共和党金鍾泌議長と僑胞問題について懇談。

三月二三日　本国々会議員団歓迎宴に参席。

三月二五日　郷軍二五号発行、本国及び各地へ発送。

三月二七日　関西連合分会親睦会に朴会長他多名出席参加。

四月一日　"花とカボチャの種"運動は成果をあげ荷造り準備完了。

四月八日　六十寸の花とカボチャの種を集め、朴会長羽田を発って、ソウルの国防部を通じ一線将兵に寄贈される。

一方関西連合分会でも同趣旨の運動を展開、孔泰珞副会長が四五種の種を帰国寄贈した。

四月二一日　大任を果たして朴会長帰任。この運動に積極協力した本会顧問崔正烈氏と姜性照氏にそれぞれ感謝の挨拶をのべた。

四月二二日　民団東京本部第二八回大会、団長に本会推せんの金己哲氏当選。

四月二八日　民団大阪地方委員会で関西連合分会は傘下団体認可

四月三〇日　第二回参事会を新宿コマ苑でひらく。

五月二日　金尚寿病会員は朴副会長引率の下帰国、国立病院に入院させることになった。旅費などは本会で全部負担。

五月十六日　民団東京本部新旧送迎パーティを午後一時から芝パークホテルでひらき本会も参席。六時からは、恒例の会員親睦会開く。

五月二二日　日本全学連が代表部にデモするとの情報で警備。

五月二五日　郷軍二六号発行配付

五月二八日　商銀総会参席。

六月六日　顕忠日行事を大行寺で挙行、代表部、民団も参加。

六月十一日　民団関東地協、伊東で開催参加。

六月二五日　国防記念日、民団東本と共催で荒川公会堂で記念行事、会員多数参加。

七月十二日　豊島公会堂で民団中央第三〇回大会。本会推せんの権逸氏が団長。副団長に鄭炯和参事、総務局長に朴炳憲会長がそれぞれ就任。監察委員には姜性照顧問。

七月二四日　民団東京地区組織員夏期講習会に李副会長参加。

七月二八日　オリンピック韓国選手強化合宿団来日これを歓迎一方新らしく設立された在日韓国人後援会に全面的協力をすることになり、常任委員長に鄭炯和参事、同委員に趙権衡参事がそれぞれポストが与えられた。

八月一日　一泊二日の夏季親睦会を箱根湯本南風荘で会員多数参加裡に行なう。一方関西連合分会でも和歌山県小島海岸で催した。

八月十四日　民団群馬大会で李副会長参席。

八月十五日　第十九回光復節は豊島園でひらかれ、朴副会長、林総務ほか会員多数参加。

八月二五日　郷軍二七号発行。オリンピック特集号として各事業を具体的に紹介、会員の協力をひろく求めた。この間、朴会長、李、朴副会長はそれぞれ帰国。政府と軍人会本部と打ち合せ。

八月三〇日　本国での公務を終え李副会長帰任。

九月十八日　韓国選手団第一陣到着、これを歓迎。

九月二二日　第二次選手団歓迎。

九月二三日　第三次選手団歓迎。世田谷区民会館での歓迎会からは李、朴副会長、林総務の三人は後援会委員として正式参加行動。

九月二五日　横浜でのバスケット予選から始まるオリンピックの韓国選手団応援は、閉会式の前日まで随時これを応援激励。

一方民団中央に新設された要員訓練所には、李、朴副会長、林総務が入所。

十月三日　招請家族輸送要員として朴会長、李副会長が民団から本国へ派遣され活躍。

十月二二日　朴会長、李副会長と別途帰国した朴副会長公務を完了して帰任。

十月二三日　マラソンコースに全役員と有志会員出動して応援。

十一月七日　本国から観光団として来日した趙英鎮、安寿商ほか一名の会員を歓迎、川崎苑で参事会員多数参席裡に歓迎パーティ。

十一月八日　招請家族帰国輸送事務に朴会長ほか全役員が連日これにあたる。公務のためソウルより楊李根戦友（鉄道庁）来日。

十一月二三日　韓青大会参席。

十一月三〇日　年末対策委員会。

十二月二九日　新宿コマ苑にて第四回参事会および忘年会。約二十余名参席し盛大。この日、帰国して療養につとめていた金尚寿会員が参席、有情カンパでお歳暮をあげる。

五輪招請家族輸送に全力
趙英鎮、安寿商戦友ら四名来日

ブロック単位としての実績
関西連合分会　崔権会長

本国の二百万会員と、日本全国の同志諸君に、先ず旧年の御協力を感謝致します。

去年、会長に就任して以来、これといった業績はありませんでしたが、関西地方にあって僑胞会員間の親睦と結束を図って参りました。

いわば、士気の再結束をしてきたわけで、いよいよ今年は具体的な仕事をしてみたいと存じます。去年大きな成果をあげた"花とカボチャの種を贈ろう"運動を今年は更に拡大して見たいものです。

現在、公報館と民団が呼びかけている"[illegible]"運動や"ラジオを贈ろう"運動についても当然これに呼応する積りです。

この運動に対しては、本会の組織を二つのブロック単位にしてもらい、一つのまとまった成果をあげるようにしたいのがねらいです。

最後に今年度の最も大きな問題として取り上げていることは、韓日会談妥結のため、民団と共に全面的に協力する構えで、着々その勢力拡大に[illegible]

[illegible]

本会としても、朝総連の策動に協力していないか、民団本部に協力し、[illegible]

姜性照、朴春琴、金周奉各氏表彰

かねてから進められていた、日本特別支会の功労者表彰は、旧ろう本国の本部会長から感謝状と記念バックルが贈られた。

この日、功労者を代表して姜性照氏（民団中央監察委員、株式会社大京社長）は、朴炳憲会長、李鍾舜、朴明煥両副会長、民団[illegible]らの参席の下、感謝状が朴会長から読み上げられ、[illegible]

＜姜性照氏の話＞

表彰されるとは思わなかっただけに嬉しい。今後も私なりの立場で協力を惜しまない。[illegible]

【写真＝朴会長から感謝状を授与される姜性照氏】

農漁村に"ラジオと文庫を"

韓国公報館で寄贈運動展開

このたび大韓民国駐日公報館では本国で毎年行なわれ好成果をおさめている"部落文庫"設置運動と"ラジオ寄贈運動"を大々的に繰り広げることになり、全国民団組織へその協力方を具体的に指示した。

この運動は共に、公報館が日本に設置されて以来、始めての積極的な公報活動の一環として行なわれるもので、その成果が大いに期待されている。文庫運動は、本国で例年行なわれてきたもので、本国の地方農漁村に対し文庫を設置寄贈することにより教育水準の昂揚、近代化をはかるのがその目的で、一部落単位に文庫函（選定図書約三〇巻）を設置これに寄贈者の住所氏名を銘記して永久に保存、一般人に利用させることになっている。また文庫設置場所は、寄贈者が各自縁故地を選定することが出来るが、農村近代化に必要な書籍、または現金六千円を公報館あて送ればよい。一方のラジオ寄贈運動も、文化施設に恵まれない農漁村にラジオをというのが、根本趣旨でその寄贈要領は、原則としてトランジスターラジオということになっているが、場合によっては現金でもよいし、種別に多少の幅をもっているから、公報館へ直接または最寄りの民団へ問合わせるよう指示している。文庫と同様、ラジオにも住所氏名を記入してかまわないが、以上何れも数量に関しては制限がない本会としてもこの寄贈運動の趣旨に全面的に賛意、関西分会へも指示してあるから、会員は本人のみならず、知己関係へ大いに訪ね、この運動に協助するよう切に要望するものである。会員の場合でも、公報館へ直接または、最寄りの支部でもかまわないが、出来得れば単一ブロックとして一括にまとめてその成果を見たいから、本会まで寄贈してくるよう願っている。なお公報館の住所は次の通り。

◇東京都港区青山南町一ノ三九 韓国公報館 TEL（四〇二）六四三一〜五

権敬国館長談話

希望溢れる新年を迎え、在日六十万同胞皆さんと共に衷心から祖国の繁栄を祈願致します。昨年のオリンピックでは、本国の選手団と観光団を迎え、成功を収めたのは、愛国の至誠と民族の団結力によるものですが、今年は韓日国交の正常化を促求したいと思います。今般、公報事業の一端としてラジオと文庫を贈る運動を全国的に展開しておりますから、絶大なる御協力をお願いし、高い道徳水準を維持、勤勉と倹素と団結を生活信条と致しましょう。（写真は権敬国館長）

赤いカーテン 北韓を覗く（その４）

夢忘られぬ自由大韓

後を絶たぬ北韓帰順兵

アカ小銃と双眼鏡で南下

北韓傀儡軍梁俊明（21・咸北吉州出身）兵士は軍服すがたでアカ小銃（傀儡軍基本火器）と双眼鏡を携え休戦線を南下、陸軍第六五六六部隊前方哨所に両手をあげた。梁兵士は、夢にもわすれられなかった自由大韓に帰順することができて、このうえなくうれしい。六三年二月傀儡軍に入隊したが、一・四後退のとき兄昌宗（38）姉採蘭（33）昌淑（30）らが南下した事実が探知されてから傀儡側の監視と弾圧をうけつづけてきた」とのべた。

一方、弟俊明君が自由大韓に帰順したことをきいた兄 昌宗さん（ソウル市麻浦区阿峴洞四の四で野球場経営）と家族たちは「夢のような話…死境をこえ南下した弟に一時も早くあいたい。これから学校にも通わせ、立派な人間にしてあげたい」とうれし涙をこぼしていた。

昌宗さんの話によると、兄弟が離ればなれになったのは六・二五当時のこと—、首都師団が吉州に進駐したとき、梁さんは国軍憲兵隊のG2（情報隊）で活躍していたが、国軍の後退にまぎれしばしの別れと早合点、母と弟妹二人（行子11歳、俊明8歳）を家にのこしたまま 姉妹二人（採蘭・昌淑）と避難の途にのぼったのが生きはなれの悲劇であった。

昌宗さんは南下したあと軍服務をおえ、約八年前から野球場を営んでいた。現在家族は夫人金玉順さん（三九）長男協（北星校三年・一〇）長女玲美（七）らの三人、なお昌宗さんとともに南下した二人の姉妹採蘭・昌淑両人はすでに嫁入りし家庭をもっている。

一方、陸軍当局は公式発表のなかで「本人の進学と職業の斡旋をはかり、なお反共有功者として賞金も授与するつもりだ」とのべている。これと別にもう一人の傀儡軍兵士が休戦線をこえ自由大韓に帰順してきた。

東部戦線陸軍第八八三二部隊前方に傀儡軍鄭季任兵士がアカ小銃と実弾十四発を携えて帰順した。鄭兵士は黄海道載寧に祖母、父母らをのこして南下したが、このほど傀儡軍の弾圧と監視がきびしくなるにつれ、自由大韓への憧れが深まっての帰順だと心境をのべた。

またもスパイ 北傀大尉逮捕

中部戦線山岳地帯にそって南下してきた北傀武装スパイ二人をわが軍が発見、銃火を浴びせられ一人は即死、一人は逃走したが十四時間めに逮捕された。

陸軍報道部発表によると陸軍一三五八部隊捜索中隊要員裵上兵、朴上兵、尹一兵、金一兵ら四人が勤務中、怪漢二人を発見、追撃しながら逮捕しようとするとたん、怪漢の銃撃をうけ金一兵は負傷をおい後送途中戦死した。

他の隊員たちは直ちに応射、怪漢一人を射殺、のこりの一人は逃走したが、翌午前三時三十分ごろ大尉の階級章をつけた怪漢一人が事件現場付近の民家にあらわれ一晩宿泊を求めている情報に接し、同部隊防諜部隊員らが直ちに出動同日午前四時ごろ逮捕した。

逮捕された怪漢は調査によると傀儡軍第五軍団偵察隊第三組長軍吉事（三一・大尉）であることが判明された。

二人の間諜は某地方人士の身分証をもち、南韓で合法的な身分を仮装、①旧知をよせ集め地下細胞を組織、②煽動宣伝で北傀への憧憬心をそそらせ、③民心を混乱させるなどの指令をうけたもの。

一方、韓貨三万ウオン、米本土弗一万四千ドル、無電機一台、ラジオ二台、ソ連製拳銃一挺、同実弾二十五発など二十余点の所持品も全部押収された。

中共から"父帰る"

18年ぶり 車農林長官と再会

中共から"父帰る"現代版。韓国政府の車均禧農林部長官の父母がこのほど竹のカーテンに閉ざされた中共から、夢にも忘れたことのない韓国へ帰ってきた。

車長官の実父車永煥（七三）氏と実母の朴静子（七三）女史は、さきほど北京の英国大使館斡旋により香港経由で無事ソウルへ帰ってきたが、次男の車長官とは十八年ぶりの再会で、オリンピック当時の辛金丹親子対面以来の話題となっている。

この突然の引揚げは、中共の"労働力を失なった外国人は追放"するという一環の政策による副産物で、当方としては、願ったり叶ったりの好都合であったわけだ。

故郷である平北義州を追われるようにして出国したのが一九一三年満州平野に新天地を求めたのは、日帝の飽くなき圧制によるものであったが、幸い奉天近郊で農場を経営する平和な生活が続いた。ところがそれも大戦が終って四八年になり、中共軍の包囲により危機にさらされ、車一家は子供たちだけ先に飛行機で脱出させ、北京天津経由で帰国させた。

その後、中国大陸を転々と労働させられ辛うじて生命をつないでいたが、労働力のなくなった今日、もはや中共としては用なき存在として、国外追放したまでの話である。

話はさかのぼって、車長官は満州当時、日本留学を終えて満州に職場をもっていたが、戦後引き揚げてからは、アメリカ留学、秀才として今日の栄達を成し遂げたものであり、両親を迎えて嬉し涙をとめどなく流したと伝えられる。

中共の外人締め出し政策が、こんな余徳となって現われたとは、とにかく近来のトピック・ニュースではある。

主体性の確立こそ急務

勝共態勢から民主統一へ

統一論壇

さきほど政府と与党が、国土統一研究機関設置問題を打ちだし、具体的な問題の研究をはじめたことと、これとともに祖国統一問題が、各方面で活発に論議されるようになつたのは極めて注目すべきことである。

つい最近、辛金丹父娘の悲しい対面が、同じ祖国の領土が、南北に分れた民族の悲劇であつたことと同時に、中共の核実験によつて思わず極東情勢が重大変化を予測させるようになつた現実から、韓国統一がいつそう大きな問題として持ちあがつたのかも知れない。

しかし第二次大戦直後、そして、国土が両断されていらい二十年間、今日までわれらは統一を叫びつづけたのである。それこそ、夢にも忘れられない祖国統一ではなかつたか。この時点においても、われらの願いは祖国統一のみである。

われら自体ばかりでなく、国際社会でも国連でも、われらと意を同じうして斉しく韓国統一が叫びつづけられた。この統一こそは、民族的宿望の悲願であり、三千万の一人ひとりに課せられた大きな問題なのである。

とまれ、今さら韓国統一論が世界の注目をひくほど叫ばれるようになつたのは、なにを意味するものであろうか。それは、まさしく過去の統一の叫びが、あまりにも概念的に流れるのであつた事実の反証かも知れない。

今さらのことではないが、ひしめく世界情勢にそなえるべき統一のためのわれらの姿勢は、自らすすんで確固不動のものでなければならないし、その見とおしについても、確然たるものでなければならぬことはいうまでもあるまい。その具体的対策方法として、大統領直属機関に「国土統一 研究所」が置かれたことは、遅ればせながら歓迎すべきであろう。

いうまでもなく、民族至上の課業であるだけに、重大であり、しかも深刻な問題であるが、北韓の実態調査と国土統一への方策を打ちだすべき統一研究所が設けられたことは、統一問題を観念的にのみ扱うのでなく、具体的方案を打ちだすというたてまえから、時宜を得た仕儀といわざるをえまい、したがつて、どんな方法で、どのように国土統一がはかれるかについてはいうまでもなく、国際情勢について正当な分析と評価を必要とすべきであろう。

視野をひろめて、ソ連の政変、中共の核実験、英国労働党の勝利、南ベトナム事態の進展、日本首相の交替なども、統韓問題を検討するうえに重要な観点となり得よう。しかしわれわれに禁物なのは、統韓を論ずるうえに、万が一にもあつてはならぬ敗北意識である。そして同時に、感傷論である。

悲しかつた金丹父娘の対面が、一つの感傷的動機となり、その勢いで統一を唱える無定見さでは、それこそ、取りかえしのつかぬ墓穴を掘ることになるのだからである。われらは、たとえ国外にいるとしても、祖国統一問題を論ずるにおいて、先ずわれらの主体性を確立させることが急務だといえる。

主体性の確立こそは、先ずなによりも勝共態勢から第一歩が踏みだされるべきで、統韓の気運が熟すれば熟するほど、基礎ばんじやくの勝共態勢がともなわなければならぬ。勝共態勢は軍隊にのみ期待すべきものではなく、学校・社会などあらゆる分野が、高く強き勝共意識のもとで社会安定と繁栄を期すべき経済発展への実力の結集にある。そして民主主義発展を通じ、自由社会体制を確立させることが民主統一への捷径であろう。したがつて勝共と民主統一が、無視された統韓は断乎と排撃するものである。統韓論が国際情勢に影響されるものではなく、統韓論を中心に、国際情勢自体が影響されるべきだということをかさねて強調する。

鄕軍報

發行所 서울특별시중구장충동2가山7의2 大韓民國在鄕軍人會
交換 ⑤5171 ⑤5175 ⑤2095 4262·4958 (鶴山)3407 ⑳2897

1. 우리는 애국의 선봉이다 반공과 국제유대 우리가
2. 우리는 국가의 자성이다 건설과 향토방위 우리가
3. 우리는 새나라 청년이다 질서와 민족기풍 우리가 확
4. 우리는 민족의 중견이다 부흥과 빈곤타파 우리가
5. 우리는 국민의 핵심이다 자유와 국토통일 우리가

鄕軍五個年計劃樹立

理事會·支會長會議서

日本特別支會가 日本支會로 改稱昇格

본회 제32차理事會議와 66연도 제2차支會長會議가 7월8일 본회會議室에서 金一煥회장의 주재로 개최되었다. 먼저 오전10시부터 열린 理事會議에는 理事19名이 참석하였으며 金會長은 그의人事를 통해서 그동안 國際會議에 參席했던 所感을 밝히고 各支會長의 노고를 치하하는 한편 앞으로 우리는 더욱 새로운創意를 발휘하여 政府의 5個年計劃에 호응한 鄕軍5個年계획을 수립하여 劃期的인事業을 이룩하자고 당부했다.

三二次理事會가이사19명이참석하여개최되었다

理事會 이날 第一의 審議案件은 67年度 豫算편성 基本方針 3項에 있어서는 (非生産的投資를 最大限으로 抑制한다)를 비롯한 [illegible] 2時間半동안 熱意와 誠意에 [illegible]

支會長會議 이어 午後2時부터 續開된 66년도 2차 支會長會議는 [illegible] 11個議案 [illegible] 日本特別支會 (이날日本支會로 改稱) 李麟基支會長 [illegible] 原案대로 無修正通過

[illegible] 分에서 要求해온 體系職場運營局에서 提出한 行政研究書를그대로 無修正통과시켰다. 결과 職場會는 從前대로 代議權은없고 定款을改正않는 範圍內에서 自體의 體系的인 조직체를 認定받았다.

[illegible] 參席한 가운데 始終和氣에 넘친 알찬會議였었다. 특히 이자리에서 金一煥會長은 國內事情과는 判異 [illegible]

日本支會長團

本會서 功勞表彰

7월12일 日本支會長團에 대해서 지난 支會長會議에서 金會長은正式會로 認定하는 特惠를 베푼 바있는데 이번에는 다음 4名에 表彰장과 副賞金을 수여하여 그동안의 至大한 功勞를 치하하였다.

本會長의功勞表彰을 받은 僑胞가 南北으로 갈린 日本에서 本會의 鄕軍育成에 지원도 없이 日本鄕友連盟 군분투하여 紐帶强化는 물론 僑胞의 反共思想고취에 先鋒的역할을 해온 日本支會에

▲日本支會長 李麟基
▲參事 李相台
▲參事 金貞植

政府業績聽取

本會및 서울支會職員들

지난 7월13일 본회임직원및 서울지회 임직원 한전 특별분회간부등 60여명은 중앙청 기획조정관실에서 정부업적전반에관한 현황과경제개발5개년계획의 성과및 경제개발2차5개년계획을 최주철기획조정실장으로부터 2시간여에 걸쳐설명은 후점심을마치고 국립영화제작소에서 천연색기록영화 「보람찬조국」을 관람하였다.

장한 어머니

향군의 달 맞아 위안초대

＜직계가족 4명이상조국에 바친＞

6월세계재향군인의달을맞아 28일, 29일 이틀간 本會는 직계가족4명이상을조국의 수호신으로 바친「壯한 어머니」두분을 서울로초대하여 외로운마음을 달래는 한편 그공을 높이 치하하는 뜻깊은 위안행사를 베풀었다.

호국의 두어머니 金恩年여사 (57=忠北청주시내덕동81) 여사와 黃勝建 (81=江原춘천) 할머니는 예정된 스케쥴에따라 政府要人禮訪, 古宮觀覽, 성군사박물관 본회장을 비롯한 각계 명소를 찾아 [illegible] 따뜻한 기념품을 [illegible]

우리들은 오늘 시정잘해 누란의 위기에서 조국을 구출하기위해서 金女史의 아들 4名도 용약 군문에뛰어들었다. 맨먼저 長男 鍾基 (42) 가 경북청송 전투에서 첫희생이되었다. 50年8月29日의 일이었다. 9月6日에는 4男 仁基 (36) 가 경북영천전투에서 戰死했다. 仁基와 쌍둥이형 3男 明基 (36) 가 잇달아 9月15日에 낙동강전투에서 장렬한죽음을기록했다.

○…지금으로부터 16년전 金恩年 여사 [illegible]

金恩年여사에게 쉴틈을 주지 않았다. 이듬해 51年12月13日에는 2男 洪基 (38) 가 태백산지구 공비토벌작전에서 산화했다. 아들 넷을 잃은 아버지 (閔龍哲) 는 넋을잃고 분해했다. 그도 군문에 들어가서 일선노무자로 활약했다. 아들의 원수를 못잡은체 52年12月 강원도 금성지구 전투에서 역시 숨지고 말았다. 金가 한長女 同基 (39) 도 남편(박재순)을 잃고 戰爭未亡人이 되고 말았다.

6·25는 金女史에게너무나 큰상처를입히고 休戰이란 종착역에서 멎었다. 金하에 남은딸들과 아들하나를거느리고 고된 생활이시작되었다. 5·16후 군사원호법으로 하나남은아들 (泰基) 이시청에 취직이되었으나 그마저지난 4월병사하고 말았다. 그러나 金여사에게 절망은없다. 金하에는 구술같은 두딸 4女 惠基 (23=朝興銀行員) 와 5女 珍榮 (17=女고2년) 이있으니까. 金女史는 6·25태생인 막내딸에게만은 항렬의 基字를피해서 吉運의이름을 지어주었다고했다.

현재 대한미망인회 충북부지회장을 맡고있는 김여사의 생활은 한마디로 신앙과 사회봉사로 귀일한다. 金여사는『金一煥회장은 宮역입당시부터 큰 사랑과 힘을 베풀어주신 아버지같은인자한분』이라고 되뇌이면서 이번의 상봉을 기뻐하는것이었다.

金회장의안내로丁국무총리를예방한 무장한어머니

◇黃勝建할머니

○…6·25가 터지자 黃勝健할머니의집에도 불행의 회오리바람이 불어닥쳤다. 辛富鎭(當時45) 辛元鎭(30) 두아들과 福教(25) 銀教(22) 두손자가 모두 軍에놀어갔기때문이다. 모두 메산골에서 가난한 살림이지만 단란하게살던 보금자리는 산산히 깨어졌다. 깨어진 보금자리를 되찾기도 전에 들은 모두 조국의 제물로그 살아졌다. 50년7월29일에 銀教가 51年1月20日에 福教가 51年1月23日에 元鎭이 51年3月17日에 富鎭이 이던가 차례로 모두 전사해갔다.

6·25당시 6세의 고아였던 從孫 洛教 (20·시롱생)의 손자를 양손자로 맞아들여 80高齡의 여생을 보내고있다. 평생소원이던 서울구경을 하게된 黃할머니는 그 나이답지않게 불고기도 잘 씹으며 말고…시집갈때 보다 좋고… 하면서 눈시울을 붉혔다.

그런데 이두분의「壯한어머니」는 지난 6월6일 현충일을 기해서 각지회별로 실시한「壯한 어머니」위안행사에 초대된 분들중에서 선정된 가장 장한 어머니인 것이다. 아들을 4명이상을 조국의 祭단에 바친 護國의 어머니를 위해 각계에서 다음과 보내준 기념품은 다음과 같다.

▼通運會社長 라디오 2대 ▼社長 廣木 2點 武路長 內衣 2▼4 ▼護 ▼필 糖店 包 ▼大商 ▼燈 糖 ▼中央日報社 長 韓銀 金星 1點 반지 2개 ▼韓國洋行 慶長 經數 2품 세트 4 ▼柳韓洋行 銀 金 저 ▲亞洲藥品 2品 ▼서울신문社長 食品 2상자 子

鄕軍書藝展作品募集

第十八回國軍의날을 期하여 鄕軍의 相互親睦과 資質向上을 圖謀한 目的으로 마음 잡이 書藝展示會를 開催하오니 많은 應募를 바랍니다.

記

一、名　　稱　第一回鄕軍書藝展示會
二、日　　字　西紀一九六六年十月一日～七日
三、場　　所　中央公報館第一展示場
四、資　　格　大韓民國在鄕軍人會員 상이군경회원
五、作品規格및制限　宣畵紙半切 以上의 書藝品五點限
六、作品提出期限및場所　九月二十日限 서울乙支路入口五洋빌딩三〇二號室鄕軍別館
七、展示品은 出品中鄕軍書友會에서 選定한다 其他詳細한事項은 鄕軍本部公報室로 問議바랍니다

一九六六年七月

서울特別市中區獎忠洞

大韓民國在鄕軍人會

創案開發현상募集

本會에서는 鄕軍의 運營活動과 會員福祉增進等 鄕軍事業全般에關하여 建設的이며 效果的인 創案을 開發하여 本會事業展開에 參考資料로하고자 다음要領과같이 會員들로부터「아이디어」를널리 모집하니 많은應募를 바랍니다.

一、應募內容
① 創案은 會員福祉와 鄕土文化向上 産業開發·國土建設·社會奉仕·國際紐帶强化等 鄕軍의 諸般活動및 運營에關한것이그基本趣旨가 되어야함
② 題目을 設定하고 그에따르는 運營方法및 그結果까지를 要約記錄할것

二、應募期間
一九六六年八月末日까지

三、提出處
① 本會開發局
② 各支會公報擔當
提出時封筒에 創案開發懸賞應募라고 朱書할것

四、施賞
① 當選作 (一名) 三萬원
② 佳作 (一名) 二萬원
③ 獎勵賞 (一名) 一萬원

五、發表및施賞
① 發表 鄕軍報第四八號에公告
② 施賞 發表와 同時公告함

六、其他詳細는 本會公報室로 問議하시기바랍니다 (53五一七一～七五)

一九六六年月日

大韓民國在鄕軍人會

1367

보리豊年을 混食으로 감사하자

混食과營養 (上)

○…보리풍년을 맞이했다. 정부의 증산시책과 아…○
○…울러 맞은 보리풍년을 우리는 혼식으로풍…○
○…년에 감사를 드려야겠다. 보리혼식운동이…○
○…이땅에서 전개된것은 새삼스러운 이야기가…○
○…아니다. 보리혼식은 쌀의생산이 부족했던지…○
○…난날 불가피하게 강조되었던 것이다. 그리…○
○…고 이보리는 경제적으로 곤난을 받아온농…○
○…촌저소득층이 많이 먹어온 것이다. 그러나…○
○…이들이 가을추수를 맞아서는 또 흰쌀밥만…○
○…먹다가 여름 보리철이 되면 쌀한톨 섞지…○
○…않은 보리밥을 먹어야만 했던것이다. 그래…○
○…서 이보리쌀은 서민층에서만 먹는것으로알…○
○…고 있지만 보리의 혼식으로 얻어지는 영…○
○…양은우리가 알지못했을정도로 높은것이다.…○

健康은人生最大의 所望

우리가살아가는데는 여러가지所望이있읍니다. 그가운데서도 健康한몸으로 넘치는精力과 젊음을지키고 또 훌륭한子女를두어 오래오래 長壽하고싶은 所望은 누구나 다 갖고있읍니다.

그러나 健康은 우리가每日每日 먹고있는 飮食物에 根源을두고있읍니다. 즉 食生活과 健康과 그리고長壽는 서로서로 不可分의關係가있읍니다.

健康을지키는 食生活

單純히 空腹을채우는 食生活이아니고 健康을지키고 長壽를누릴수있는 食生活이 되기위해서는 우리는하루하루의 食生活을 도리켜보고 改善하는方向으로 노력해야 하겠읍니다. [illegible]

쌀밥만으로는 健康을 지켜주지 않는다

우리나라사람들의 食生活에 있어서는 大體로 主食과 副食의比率이 7대3으로 나누어집니다. 이와같이 主食의 比重이 크다는事實은그 마만큼 主食이 直接的으로 건강에 미치는 影響이 크다는것을 말합니다.

지금까지는 大體로 榮養改善이다, 食生活改善이다할때 흔히 副食만을 생각하여왔고 主食을생각하지 못하였읍니다.

現在農林部가 調査하고있는 糧穀消費量調査에의하면 1人1日平均0.63리터(약 3.5合)의 穀類를먹고있읍니다. 그가운데서 쌀의消費量은 점점늘어서65%를넘고있으며 그것도 搗精度가 높은 純白米만을 많이먹는 경향에있읍니다.

그러나 最近의 榮養學部門에있어서는 副食과더부러 主食改善의 必要性이 特別히 強調되고있읍니다. 勿論 白米食은 다른穀類에 비하여 熱量供給源이 된다는點에서 特出한長點을 갖고있으나 이것만 偏重되는경우에는 여러가지 榮養障害의 原因이됩니다. [illegible]

健康維持에 좋은 보리混食

쌀밥偏食은 健康을 害친다

[illegible] 榮養障害의 原因을 보면 大體다음과같습니다. 첫째 쌀(白米)에는 極히 비타민B1의 含量이 적습니다. 그러나 쌀의 [illegible]이 體內에서 充分히 [illegible]되려면 많은 비타민B1이 必要하며 萬一이것이 [illegible]

主食은 混食으로 바꾸어 먹읍시다

[illegible]

온 理想的인 主食改善의첫 걸음이라고 말할수 있읍니다.

이 보리쌀混食에대한 利로운 點을 여러角度로 더 繼續해서말씀드리겠읍니다.

보리밥과 비타민

澱粉을먹었을때 體內에서 分解(燃燒라한다)되어 體溫과 體力으로 變化되는데 있어서는 비타민B1이 絶對로 必要합니다.

만약에 비타민B1이不足될때에는 澱粉이 燃燒가不完全하여 體內에는 焦性포도酸이라던가 乳酸같은 害로운 物質이 남게됩니다. 이것이 累積되면 倦怠症·神經痛·食慾不振등의 障害를 가져올뿐아니라 腦神經의 活動도 鈍化시킵니다.

그러나 白米에는 비타민B1의 必要量이 包含되어 있지 아니하므로 쌀밥만으로는 當然히 비타민B1이 不足됩니다.

또한 비타민B1은 一時에 많이 取하여도 體內에蓄積되지 않으므로 食事때마다 適正量을 攝取해야 합니다.

그러나 보리쌀에는 비타민B1이 白米에 比하여 多量 包含되어있으므로 보리쌀을 混食할때에는 體內에서 必要한 充分한量을 供給받을수있읍니다.

보리밥과生理作用

쌀밥을 손가락으로 이겨보면 끈기가 매우强한것을 알수있읍니다. 이끈기强한쌀밥은 그대로 胃壁에 붙어서 胃液의分泌를 억눌러胃의 活動을 弱化시킵니다.

社說

躍進鄕軍의 모습을 浮刻

=32次理事會와 66年度2次支會長會議에서=

7월8일에 開催된 32次 理事會議와 66년도 2次支會長會議는 躍進鄕軍의 鼓舞的인 모습을 浮刻하였다고 보겠다. 이 一連의 會議에서 우리의 오랜所望이오 또한 窮極의目的인 自立體制의 確立이 具體化하였고 鄕軍百年大計를 내다보는 希望찬 비존은 절로 열려난것이다.

이러한 事實은 무엇보다도 이번의 會議에서 다루어진 67년도 本會豫算編成指針과 第1次五個年計劃등의 두가지 案件에서 두드러지게 反映되고있다.

國家經濟施策의 效率的인 遂行과 本會의 健全하고 能率的인 運營을 期하기위하여 수립된 豫算編成의基本方針을보면 ①獨立採算의 原則下에 他機關에의 依存을 止揚하고自主性을 堅持한다 ②5個年計劃및長短期計劃目標達成에 注力한다 ③企業會計制度의 確立을위하여 繼續注力한다고 되어있다. 그리고 이의細部指針과 아울러 綜合해보면 한마디로말해서 傍系業體의 育成등 生産的인 投資에 置重하여 自立經濟 [illegible]의 體制를 이룩하려는 方針이라고 보겠다. 意慾과 自信에찬 [illegible]勢가 如實이 浮刻되어있으며 [illegible] 15年을 回顧해볼때 實로 [illegible] 스스로의 成長率을 놀랄따름이다.

새삼 말할必要도없이 우리在鄕軍人會는 雜多한 社會團體와 [illegible]을 달리하고있다. 在鄕軍人 [illegible] 한창이던 1952년2월 臨時首都釜山에서 當時 [illegible] 國家的要 [illegible] 응해서 創立된 大義를 간직하고 [illegible]는것이다. 그래서 지금 우리가 [illegible] 建設에 獻身하고 있을지언정 [illegible]

[illegible] 國土防衛線을 지킨 强靭한體力 [illegible] 不屈의精神力은 軍服을벗은 後 [illegible] 그대로 國家의中樞力이 아닐 [illegible]다. 이中樞力이 이제야말로 自 [illegible] 기틀을 잡고 뭉쳐졌으니 우리 [illegible]는 더할바있다. 第1次5個年計劃은 鄕軍의 總力 [illegible] 反映된 自體의 事業일 뿐만아 [illegible] 前記한 國家的意義도 至大한 [illegible]있다. 鄕軍組織의 强化는 그대 [illegible] 國力의 伸張에 다름아니며 鄕 [illegible]業의 擴大는 그대로 國家富强 [illegible] 增大에 다름아니라고 우리는自 [illegible]하면서 今般의 理事會議와 支會 [illegible]議에서 決議된 諸般事項의 재 [illegible]을 促求하는 바이다.

創軍秘話 (5)

初代 [illegible] 局長으로 많 [illegible] 功績을남긴「매커피」[illegible] 1947年2月27日新任 大領「마이커스」에게 [illegible] 28日에 [illegible] 1 [illegible] 節을期하 [illegible] 政府는 南 [illegible] 認准 [illegible] 警備隊司 [illegible] 准將의 [illegible] 이해 創設 記念 [illegible] 파고집으로 因하여決裂되고말았다.

濟州道暴動鎭壓에 出動

海軍史上一大옷점남긴

「통천」·「고원」艇의 越北事件

[illegible] 間의 發 [illegible] 准將感이있 [illegible] 准將은全 [illegible] 警備隊의 [illegible] 며 우리 [illegible] 은 험난 [illegible] 을 극복 [illegible] 를 가지 [illegible] 하면서일 [illegible] 一當百이 [illegible] 로서 오 [illegible] 隆盛의 [illegible]다.

그러나 南韓은1947年9月에國際聯合에 提訴하여 쏘련의반대를물리치고 國際聯合決議로 국제연합임시 한국위원회가설치되고 48年에는 위원단 [illegible] 聯의背信 [illegible]

이來韓하여 韓國의 獨立을위한 그전초작업이시작되었다.

그러나 쏘련의 韓半島전역의총선거는 입국거부로 부득이 38線以南의 지역에걸쳐 총선거가 48年5月10日에실시되었다. 그러나 이선거를앞두고 남한전역에서는 공산분자의 방해공작이격화하였다. 이러한 험악한 정세하에서 48年4月3日에는 제주도에 공산도배의 반란사건이일어나 이 폭도진압을위한 출동명령이 처음으로 내려졌다.

朝鮮警備隊와 朝鮮海岸警備隊의 陸海共同作戰을 展開하였는데 海岸警備隊가 담당한 작전임무는 1, 朝鮮警備隊及警察隊의 輸送과 補給 2, 濟州島沿岸의 完全封鎖이었다.

그런데 우리 해안경비대는 즉시 함정을 出動하여 輸送과 補給에 對한 任務를 遂行하는 同時에 濟州道沿岸을 봉쇄하고 所屬不明의 船舶取締 暴徒들의 海上脫出의 차단等으로 봉쇄의 임무도 遂行하였다. 그리고5·10선거의 투표함과 식량병기의 수송임무도 담당하였다. (계속)

會費納付를爲한案內

모든 會員은 本會運營의 基本이되는 會費(一般會員 年10원, 特別會員 年百원)을 納付할 義務가 있읍니다. 正常的인會費徵收로서 團體運營上 本然의 姿勢를되찾기 위하여 지난 64年度 全國總會決議를 거쳐 同年 4月부터 會費徵收를 서둘러 왔으나 그實績이 遲遲不振상태입니다. 몇차례 各級會에 指示한바있는 會費徵收要領을 다음과같이公告하오니 모든會員은 自發的인 納付를 이행해주기 바랍니다.

會費徵收要領

一、會費徵收根據

分會自立運營을 爲하여會法第16條와 定款第8條 同第53條및 去般 全國總會代議員에게 廻議한 書面會議書의 議決可否에 依據 64年4月부터 會費를 徵收한다.

二、徵收額

(가) 一般會員 年一〇원

(나) 特別會員 年一〇〇원

三、徵收對象

(가) 一般會費對策…特別會費徵收對象및 會費免除 對象者를 除外한 一般會員

(나) 特別會費對象…分會內의 有力會員으로서 分會運營委員會에서 特別會費 徵收對象으로 決定한 會員

四、分會運營委員會設置및 構成

(가) 會員의 徵收對象과 徵收額의 決定徵收金使用 監査等을 爲하여 分會長은 分會內의 分會運營委員을 둔다.

(나) 分會運營委員會는 5人以上 7人以內로 構成하며 正副會長은 自動的으로 委員이되고 其他委員은 分會長이 參事中에서 1人 分會 任職員이 아닌會員中에서 2人내지 4人을 推薦하여 聯合會長이任命한다.

(다) 分會長은 運營委員會의 議長이되며 必要에따라 委員會를 召集한다. 分會長이 有故時에는 副分會長이 議長을 代理한다.

(라) 委員會는 在籍委員過半數의 出席과 出席委員3分之2以上의 贊成으로 議決한다.

五、徵收事務

(가) 會費納付通知書및領收證發付…運營委員會의 議決에따라서 分會長은 徵收1個月前에 會費納入通知書를發付하고 納付하려는 本人에게 반드시 領收證을發付한다.

(나) 帳簿整理…分會長은 會費부과臺帳및 會費徵收臺帳을 備置하고 財務規程의 節次에依하여 整理한다.

(다) 限度額 超過時의조치…特別會費로서 1人에게 100원以上을 徵收할 必要가 있을때에는 運營委員會의 議決을 거쳐 聯合分會長을 經由 支會長의事前 承認을 얻어 徵收하여야한다.

(다) 月末報告…①分會長은 每月末現在로 會費徵收事項을 翌月5日까지聯合分會長에게 報告한다.
②聯合分會長은 每月末現在로翌月15日까지支會長에게 報告한다.
③支會長은 每分期末現在 當該分期의 會費徵收事項을 다음分期 第1月末까지 會長에게 報告한다.

在鄕軍人會會長

1368

中部版

서울특별시 중구장충동2가산7 서울지회
인천시항동7가16 경기지회 (T·1214)
춘천시옥천동12 강원지회 (T·2794)
충주시수동262~15 충북지회 (T·1181)
대전시부사동152 충남지회 (T2904)

鄕軍의달 行事盛了

忠魂塔參拜와 遺族위안等

六월은 「세계재향군인의 달」이다. 이달을맞아 서울지회를 비롯한 강원·경기·충남지회의 산하 시·군연합분회에서는 유가족돕기·충혼탑참배등의행사로서 뜻깊은 달을 보냈다.

◇서울지회

지난 6월28일 허형순지회장을 비롯, 허동화부지회장, 정육지사무국장은 서울시내 거주하는 3인이상 전사자의 유가족인 중구쌍림동151의63 방분옥여사등 5가구에 각각밀가루1포 백설탕1포 통많은 선물을 전달하여 그들을 위로하였다. 특히 영등포구염창동109의 고선정할머니는 병고에서 신음하다가 이선물을받고 향군에서 잊지않고 이렇게 찾아주니 무어라 감사하여야좋을지 모르겠다고 눈물지었다. 방문한 유가족은 다음과같다. ▲중구 쌍림동 151의63 방분옥 ▲성동구당현동304의37 이승협 ▲서대문구만리동1가169 김환이 ▲마포구모화1동22 윤택중 ▲영등포구염창동109 고선정

◇강원지회

지난6월6일 현충일을맞아 강원지회에서는 朱부지회장 고기철사무국장 그리고 임직원천원이 우두산에 자리잡은 충열탑을찾아 추도식을올린후 옛전우인 호국영령들의 명복을빌었다.

그리고 이날추도식후 유족송에서 3인이상 유족(황승선=춘성군[illegible])을 초대하여 위로하고 선물로 옷감한벌을 전했으며 춘천원호지청[illegible]일봉을 이자리에서 전달하였다.

그리고 이자리에 참석한 유족일행은 모지사를 예방한후 점심식사대접을 받았다.

◇경기지회

현충일인 지난6월6일 경기지회에서는 [illegible] 지회장을 비롯한 전[illegible] 충혼탑주변 청소를 한[illegible]

서울지회서유족들을찾아 위문품을 전했다.

혼탑참배를 하였다. 그리고 이날오후에는 [illegible] 차량편으로 도내 1가3인 [illegible] 김순녀(가명)여사를 [illegible] 위로금을 [illegible]

【경기·부천】 현충일을 맞아 부천연합분회(연분회장 신용순)에서는 부천지구 전몰장병 479주에 대한 추도식을 부천군수 등 각계인사 [illegible]

그런데 이 충혼탑은 [illegible] 9주를모신 충혼탑은 부천군연합분회가 62년8월21일에 건립하여 지금까지 관리해오고 있다.

◇충남지회

지난6월6일 현충일을맞아 충남도지회 이용철지회장 [illegible] 연합분회장과 임직원 50여명이 참석[illegible]

장은 아들3형제를 조국방위에바친 조덕규노파 (대전시대흥동422번지)를찾아 기념품을선달, 위로하였다. 그런데 조노파는 유달령(3남)을 횡성지구전투, 유은현(4남)을 경기도가평전투, 유선현(5남)을배마고지전투에서각각잃었다.

한편 6·25 제16주를맞은 지난 6월25일에도 아침일찍 충혼탑을찾아 옛전우의 명복을 빌었다.

한편 이날오후에는 대전방송국에서 재향군인회원을위한 「특집푸로」로 노래자랑시간을가져 즐거운시간을 보냈다.

<부천연합분회서 충혼탑앞에서위령제를 지내고 있다>

地域社會開發先鋒

康津「향군의마을」서

【충남=강진】 강진군「향군의 마을」에서 회원이 서로힘을모아 농로의개척과마을의 앰프시설등을 마련하여 지역사회개발에 앞장서고있다.

58년7월부터 이곳 강진군 진미면 매방리의 향군회원 17명은 李鍾讚(40)회원을 중심으로 부락의후진성탈피를 위한 모임을갖고 먼저 그기금마련을위해 청부논매기부터 시작하여 1만7천원의 자금을 마련했다. 이돈을 기초로하여 시작된 이「향군의마을」은 날로 번창하여 기금도 늘어갔다.

이에 힘을 얻은 회원들은 우선 기금중에서 3만원으로 농로(길이1천60미터·폭5미터)를 개척하고 또62년에는 회관과이동조합 공판장을 12만원을들여 세워 이것을「향군의 마을」동분회에서 직영하는 한편 부락의 후진성탈피를 위해 194대의 앰프시설을 갖추어 지금은 구태를 벗어난 문화의 혜택을 받는 모범부락으로 발전한 것이다.

그런데「향군의마을」회원 좋은 공동작업으로 농로보수를하며 병충해 약살포, 음주방탕을 막기 위한 8명의 감찰원을 선정하여 4인2조로 야간순찰까지하고있다.

<朴英俊韓電社長은 향군회원은 모든면에서 앞장서일하라고 격려했다>

韓國電力 分會長會議

規約通過·奉仕活動計劃수립

지난 六월二五일 한국전력본사 강당에서는 향군한국전력분회 전국각분회장회의가 朴英俊한전사장이 자리를 같이하여 개최 되었다.

呂聖達 사무장의 사회로 개최된 이날회의에서 최병찬 특별분회장은 개회사에서 「회원이 단결하여 항상 지도적인 위치에서 활동을 바란다」고 말했다. 한편 박영준한전사장은 격려사에서 「향군회원은 제인정신으로 연마한 마음과 몸가짐으로 모든면에서 가장앞장서 진실하게 자기업무에 충실히 임하라」고 말했다.

이어서 회순에따라 경과보고와 회비징수 한전특별분회규약 심의통과와 봉사활동으로서 국군장병위문사업등을 전개하기로 결정을 보았다. 그런데 회비징수에 있어서는 참사급이상 회원은 년二〇〇원 일반회원은 一〇〇원이다.

長項東山病院을 鄕軍指定病院으로

【충남·서천】 서천군 연합분회에서는 장항읍소재 東山병원 (원장許穆徹)을 향군지정병원으로정하고 군내회원의 건강상담에 기여하고있다.

그런데 東山병원 원장許穆徹씨는 향군서천연합분회 장항읍분회장으로서 동연분회 2萬회원의 건강상담과 극빈회원의 무료치료를 하여주고있어 회원은 물론군민의 칭찬이 높다.

鍾路區聯合分會 극빈회원구호

【서울·종로】 종로구 연합분회에서는 6월 향군의달을맞아 극빈회원및 파월장병 구호운동을 전개하여 극빈회원 현상휴, 최판식, 전창배, 이창수에게 백미 각 2되식 전달하였으며 파월장병가족 서천만씨에게 담일봉을 전달위로하였다.

충주방송좌담 파월장병위문

【충북·충주】 충주시 연합분회에서는 지난5월11일파월장병위문사업의 하나로서 충주방송국에서 연합분회장과 충주시장 적십자부녀봉사대장 충주시 파월장병가족 3명 충주여고생 3명이 자리를같이하여 충주출신파월장병에게 보내는 좌담회를 개최하여 내고장의 생생한 소식을 파월장병에게 녹음하여 보냈다.

永登浦聯分會 洞分會長會議

【서울·영등포】 지난7월8일 영등포연합분회에서는66년도 동분회장회의를 지회정육지 사무국장 참석하에 개최하였다.

먼저 새로선출된 분회장에게 임명장수여가 있었고 금년도를 목표로한 회관건립 대책등을 김경환부회장의 설명과 토의로있었다. 회의후에는 분회장일동이 동양맥주회사를견학하였다.

東草·始興聯合分會서 派越將兵에위문품보내

【경기·시흥】 시흥군 연합분회에서는 파월장병에게 보내기 위하여 편지 1백14통을 수집하여 경기일보사에 전했다.

그런데 이위문편지는 본연합분회가 군자고등학교와 고천국민학교 학생들로부터 수집한것이다.

【강원·속초】 지난6월18일 속초시연합분회에서는 속초출신 파월장병에게 월간잡지 48권과 위문분 1백50통을 각개인앞으로부쳤다.

「鄕軍마을」돕기 第8831부대서

【강원·고성】 고성군 연합분회가 세운 고성군 어천三리「향군의마을」에 육군제8831부대 지원중대는 지난 6월3일부터 6월15일까지 12일간 연인원420명을 동원하여 「향군의마을」 3만여평의 [illegible]에 [illegible]기를 지원했다.

그런데 8831부대 지원중대와 「향군의마을」은 자매결연을맺고 상호돕고 있는것이다.

사랑의 獻血

京畿支會와 忠北支會서

세계재향군인의 달을 맞아 경기지회에서는 「파월장병」을 위한헌혈운동을 벌리고있다.

【경기지회】 지난 7월4일 황정현지회장과 회원 12명지회 타자원 元花淑(24)양등이 시내경동 인천의료원에서 1인당3백80그람을 채혈하였다.

이피는 미8군의 협조로 부평 미121병원을 통하여월남으로보내것이다.

그런데 이 헌혈 운동은 향군이 매년의 연례행사로 전국적으로전개하는것이다.

【충북지회】 충북도 지회에서는 파월장병을 위한사랑의헌혈을 자원해 온회원 18중명 면밀한신체검사에합격한8명이 시내 제23육군병원에서 380그람씩의피를뽑았다.

그런데 이피는 월남전에서 싸우는 우리국군용사들에게전해질것이다.

이웃돕기 전개

仁川聯分會 농기구·일용품·농사돕기등

【경기·인천】 지난6월1일 인천시민의날을 맞은 인천시연합분회 부평3동분회(분회장 송순오)에서는 이웃돕기운동을벌여 현금 3천여원과 백미3두 구공탄85개를모아 부평동의 金順伊(82)할머니와 영세민 4세대에 각각 전달하여 동민들로부터 칭송을 받고있다.

그런데 송분회장은 이웃의 윤순서(55)씨의 부인이 산후 곤경에 빠져있는것을보고 백미와국수를전해대민봉사에앞장서고있다.

陰城聯分會長에 尹秉俊씨選出

【충북·음성】 음성군 연합분회에서는 지난 6월8일 연합분회 회의실에서 임시총회를 개최하여 吳昌根연합분회장 후임에 동연합분회장 참사였던 尹秉俊씨를연합분회장에 선출하였다.

그런데 吳昌根 연합분회장은 충북도지회 사무국장으로 전임발령을 받아 연분회장직을 사임하게 된것이다.

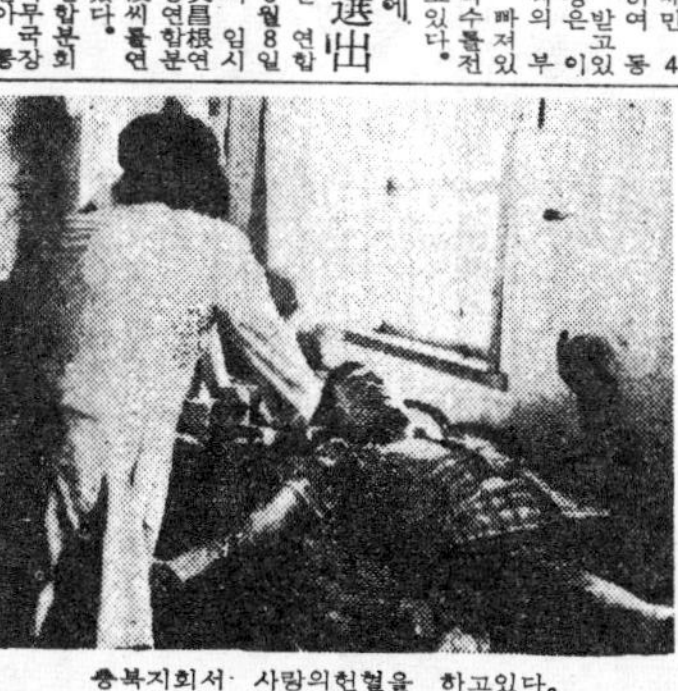

충북지회서 사랑의헌혈을 하고있다.

擴大되는「鄕軍契」

燕岐·光州서또組織完了

【충남·연기】 연기연합분회(연분회장=金光植)에서는 金회장이 회장으로 취임하면서 공약한「향군계」조직이 날로번창하여가고있다.

조치원 향군계에 이어서 전의면 서소특별분회, 동면분회, 서면분회, 소정특별분회, 금남면분회, 남면분회가 지난6월말로서 조직완료되었으며 계속 반·조의 조직을 서둘고있다.

그런데 이「향군계」는 회원의 상호친목과상부상조정신높이기위한모임인것이다.

努力奉仕와 농기구등전달

安城·始興·大田·靑陽·洪城聯合會서

<派越將兵家族에>

【충남·청양】 청양군연합분회(연분회장·이병기)에서는 지난6월24·25일 양일간에 걸쳐 [illegible] 43명에게 [illegible]

【충남·대전】 대전시 연합분회(연분회장·김재용)에서는 파월장병가족돕기운동의 일환으로 농번기를 맞아 일손을 도우는데 앞장섰다.

지난7월1일 동연합분회에서는 대전시 성남동의 승화씨 (파월장병가족)의 보리베기 작업에 회원 20명이 동원되어 5백여평의 보리베기를 도왔다.

그런데 대전연합분회에서는 계속파월장병의 돕기운동을전개하기로했다.

【경기·안성】 안성군연합분회에서는 월남에서 「베트콩」과싸우는 안성출신 차량상병에게 위문품과 [illegible]

【경기·시흥】 [illegible] 【충남·홍성】 [illegible]

擊壤歌도 드높을

本會에서 耕耘機三臺傳達

<連川鄕軍開墾農場>

【경기·연천】 연천연합분회에서 [illegible] 경운기(耕耘機) 3대를 지난6월12일 경기도지회를 통하여 [illegible]

[illegible] 끝나고 계속 미개간지의 개간을 진행중인데 이는 육군 제九七三一부대(부대장 김희덕소장)와 제九一五八부대(부대장 김종환소장)의 영농허가와 장비및 장병의 많은노력동원을 지원받고있다.

1369

二次大戰 秘史
모젤강 도하작전 (1)

모젤강 도하작전은 1944년8월 하순부터 미제3군예하의 제20군단이 군단장 「워커」(장군 지휘하에 「뮤즈」강 도하작전 이후에 가장 큰 시련을 겪은 작전이었다. 군단예하의 미 제 7기갑사단과 제5보병사단이 각각 「오베스타」장군과 「어윈」장군의 지휘한 협조하에 도하작전을 성공한 것이었다.

모—젤강 도하 준비작전

1944년 8월28일 독일군은 지휘체계가 분산되어 동부지역을 향해 패주하기에 바빴다. 이때에 독일군은 다만 소수의 북방 측면에 배치되어 있던 직단의 보병부대와 제17기갑사단 그리고 제48사단의 완강한 포병들을 가지고 미군의 진격을 지연시킬 목적으로 대기중에 있었다.

그런데 이때에 미 제20군단에서는 모—젤강의 도하를 목전에 두고 그 포병을 후방에 남겨두고 있었으나 군단 예하의 각 부대는 전진을 위해 전력을 경주하고 있었다.

하였다 할 정도로 전차부대와 각종차량부대는 그리고 장갑차량부대 모두 최후의 수마일을 겨우 사용할 수 있었을 뿐 유량이 극도로 고갈되어가 장시킬 수 있었으며 거기 목표도달에 실패하였고 도 하며 …

8월29일에 이르러서는 그부족량이 심각한 상태에 빠지게 되었다. 이때의 한예를 들자면 제20군단 예하에 있었던 제90보병사단은 엔진에서의 유류사정은 차량마다 겨우 …

제7기갑사단의 전차부대는 「로첼」대교를 향하여 진격중에 …

「베르던」교량의 도하작전 … 「뮤즈」강의 교량을 완전 점령하였다. …

9월1일 아침을 기하여 제7기갑사단의 예비전투단이 「쉐이·마브루·뉴벨리」 방면의 지휘하에 「베르던」을 출발하여 「멧즈」시로 이동하면서 …

職場分會巡禮 (2)

◇…지난 7월8일에 개최된 支會長會議에…
◇…서는 體系職場會의 組織문제를 討議決…
◇…定한바 있는데 이에 앞서 大韓通運特…
◇…別職場分會에서는 이미64年度에 自體의…
◇…體系的인 組織을 完了하여 職場分會로…
◇…서의 本格的인 구실을 다하고 있다.…◇

大韓通運特別分會

大韓通運特別分會는 現在 서울을 비롯한 全國의地方支店에 총23개의 分會와 19개의 班그리고 978명의會員을 거느리고 있는 大韓通運特別分會가 처음 創立된것은 63년7월13일이었다. 當時의通運社長 崔英圭將軍및 鄕軍許亨淳서울支會長을 비롯하여 會員200名이참석한이날의 結成大會에서는 會長에金永錫씨 副會長에 金清基, 崔師一양씨를 選出하고全社員의 48%를占有하는會員團合의 기틀을 잡았다.

그러나 通運의 人事改編에따라 同年9月2日에 通運職場分會는 臨時總會를 召集하여 새로운 會長團과 參事團을 選出해야했다. 이때 總務部長尹溫求氏가 會長에 앉게되었다. 그런데 尹氏는19 52년 大韓民國在鄕軍人會가 臨時首都 釜山에서 創立될當時 座談役을 담당한 人士가운데 한사람으로서 鄕軍育成에는 남다른關心과 手腕이 기대되는 實力者로 알려졌었다. 本社分會를비롯한 서울支店및 地方支店의 分會組織을 서둘러 64년10月31日에는 全國 26個對象支店中 濟州와 束草를 除外한 24個分會가 結成되어 중횡의 有機的인活動을展開하기에이르렀다.

66年度 通運職場分會의 運營計劃案은 ①組織强化 ②自立基盤確立 ③會員敎養向上 ④社會奉仕 ⑤非會員과의 紐帶强化 ⑥行事 ⑦運營管理등의 일곱가지事業을 선정하고이의 구체적인 細部실시사항을 나열하고있다. 實로 意慾的인것이 아닐수없다. 通運職場分會가 會員間의團合은 勿論 非會員과의親睦에 비상한 힘을 기울이고 있음은 特記할만한 事實이 아닐수없다. 오늘날 職場分會가 했여그所

團體에. 대해서 그어떤 壓力的인 集團으로 誤認받는다면 그이상의 不幸한일은 따로히없을것이다 明朗하고 每事에 自信이넘치는 態度로 巡禮者를맞아준 方奎成事務長도 通運職場分會의 基本姿勢는 會員의敎養과 素質의 啓發로서 通運業務能率向上에 이바지하며 나아가

非會員 一般社員과의 紐帶를 强化하는데 있다고 말하는 것이었다. 그래서 通運에서는 강연회, 낚시大會등도 會員 非會員의 區別없이 調和있게 베풀고 있다고했다.

지금 通運의 社員總數는 2,026名, 그리고 會員數는 973名, 그러니까 全社員의 48%를鄕

軍會員이 차지하고있다. 65年度의 會員動態統計를보면 解任會員이 88名으로서 全解任者 백87名의 47%, 入社會員이 98名으로서 全入社員 백84名의 50%, 模範會員이 8名으로서 全모범사원21名의 38%, 표창회원이 86名으로서 전표창사원 백61名의 53%, 징계會員이 33名으로서 전징계사원99名의 32%를 차지하고있다. 이것을 64년도의통계와 비교해보면 표창회원의수가 19%나 上昇하고 있는한편 징계會員의수는 11%나 줄어들고있는 現象을 알수있다.

職場分會가 指向하는앞날이 希望的인것이며 사실 현재도 社內에서 鄕

軍의 公信力은 미더운것이라고 方사무장은 은근히 자랑한다. 韓電에서와 마찬가지로 通運職場分會育成에 있어서도 現通運社長趙性護豫備役준장과高日燮專務 그리고 方官得常務의 뒷받침이 크다.

지난5월11일 本社會議室에서는 66年度 總會가 盛大히 開催되었다. 이자리에서 任員改選을하는한편 會育成에 공이큰 金清基副職場會長(서울支店長)에대한 本會 金一煥會長의 表彰이있었고 또한 黃義忠會員(清涼里支店) 成載鏞會員(外資課) 白泳吉會員(業務課)에대해서는 鄕軍서울支會長의 表彰이있었다.

가을께에는 臨時團合大會를 열예정이라고 자못 의욕적인 方 사무장에게 『가을 農産物경진대회때 各支會에서 올라오는 農産物輸送에 協調해달라』는 本會의 意思를전하자 『그건 마땅히 우리가할일인데 協調가 다 뭡니까』고 유쾌한對答이다.

通運特別職場分會의 任員은 다음과같다.

顧問 尹溫求
會長 金永錫
副會長 金清基
參事 蔡錫鼎
〃 成勉植
〃 우형룡
〃 表錚龜
〃 李奇相
〃 金成集
〃 成載鏞
〃 李炳欽
事務長 方奎成

傘下에 24個의 分會를 組織
表彰社員 53%가 鄕軍會員

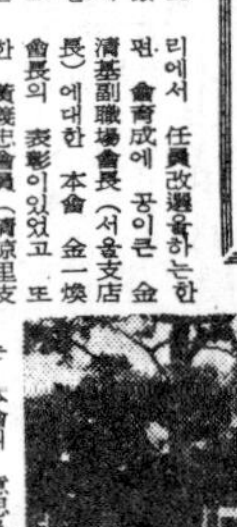

◇대한통운분회에서는 지난 X·마스때에 고아원을 찾아 한아름의 선물을 주었다.

八月의 농사메모

잎도열병·목도열병 조기예방을
콩꽃피기전에 김매기와 북주기

▲벼=1, 8월은 비가 고비를 이루는 달이다. … 잎도열병 예방으로 전에 김매기와 북주기를 한다. 2, 개간지의 녹비작물을 갈아엎고 산야초로 퇴비를 만든다. 4, 어

보리수확이 끝나고 심은 콩밭에 북주기를 한다. 5, 모시의 제2회수확을 한다.

▲채소=가을 무우 배추 양파 시금치를 파종하여 토질에 맞는 비료를 준다.

▲파수=중순부터 9월상순사이에 배 사과 복숭아의 눈접을한다.

▲임업=①낙엽송종자와 잔디씨를 받는다 ②서양 송이의 가을재배를 시작한다.

▲축산=①건초와 엔시레이지를만든다 ②가축에 여름철 전염병 예방주사를맞힌다 ③벌통에 머위를가려주고 도봉(盜蜂)을 막는다.

▲양잠=①가을누에치기에앞서 잠실, 잠구를 소독한다 ②몹시 더운때이므로 잠실의온도가 너무 올라가지 않게한다.

▲생활개선=①상한음식은 먹지말고 여름철 전염병에 조심한다. ②왕골은두었다가 농한기의 가공품을 만들어서 수입을 올린다.

▲4—H=4H야외교육 4H회비충산을한다.

3, 5월중순경에 심은 고구마는 시장에 일찍 내어서 수익을 얻는다.

4, 옥수수의 도복을막는다.

(農村振興廳提供)

藥草栽培와 利用法

천 궁

산형과(산形科) 궁궁이라고 하며 중국이 원산이고 각지에 재배하는 숙근초로서 키는 30~60㎝에 달하며 줄기는 원주형(圓柱形)이다. 잎은 붉고 우상(羽狀)복엽이며 꽃은 백색이며 …

재 배

여름철에는 선선하며 물빠짐이 잘되는 참땅에 잘자란다. 뿌리 나누기로 번식하며 3월상순~4월상순경에 전년에 수확한 씨뿌리를 …

물뿌리 사용하는 것이므로 3~4개월동안의 보존기간이 있다. 씨뿌리는 적당히 말려서 반건조 상태이므로 온도가 낮은곳에서 온도와 습도의 변화가 없도록하여 보존한다. 이와같이 보존한 씨뿌리는 건조되어 있으므로 하루밤 물속에 담궈두었다가 54~66㎝이랑에 포기사이 15~21㎝간격으로 심고 가뭄의 해를 막기 위하여 흙을 덮는다. 가을심기는 11월 중~하순에 뿌리를 캔뒤 끝 씨뿌리를심는까닭에 씨뿌리의 보존도 필요없고 봄에 빨리 싹이 트는 이 식물은 발육이좋다. 가을심기한것은 봄에싹이 트기전에 씨뿌리위의흙을 제거하여 싹이 트기쉽게 해준다. 그다음6월중순경까지 2~3회 풀뽑기를 한다. 9월에꽃이 피나 뿌리를 약용으로이용한다고해서 특별이 꽃이삭을따줄필요는없다. 밑거름으로 반당두엄750㎏, 뒷거름230㎏을준다. 11월 상~중순경 줄기와 잎이누렇게 변할때 지상부는 베어버리고 수확한다. 수확한 뿌리는 수염뿌리, 큰뿌리, 작은뿌리등으로 분별한뒤 작은뿌리(子球)는번식용으로하고, 나머지는 약용으로 한다. 생것을말린것과 더운물에 넣었다가 말린것이있다. 생간품(生干品)은 물에씻은뿌리를 햇볕에말리거나 화력건조한다. 이것은 내부가분가루잡이 보이고 향기도좋고 약효가 우수하나 특히햇볕에말린것은 갈뿌리중에벌레가 칩식한다. 더운물을통한것은 향기는소실하나 품질이여물고 초자질로 변하며 충해에강하고 갈뿌리에는편리하다. 반당 생뿌리의수량은 560~1,300㎏이다.

【약용부와 이용법】

온성강장제(溫性强壯劑)로서 진정(鎭靜) 순혈(順血) 청혈(淸血)의효과가있으며, 부인병에중요한 약이다. 1일에3g을 달여서복용한다.

토목향(土木香)

당목향(唐木香)로 목향(土木香) 동외종류가있으며 우리나라에서 재배하는것은 토목향이다.

본래 유럽원산이며, 정원에 재배하는 여러해 살이 숙근초다. 키는1~2M에 달하고 잎자루는 길고 아래잎은 크고 장타원형이며 잎은 작다. 잎에 잔털이 생하고 꽃은 여름철에 노란색의 혀 모양꽃(舌狀花)이핀다.

재 배

이식물은 성질이 강하므로 어느곳에서나 재배된다. 햇볕이 잘쪼이는 집흙참땅이 가장 적합하고 묘두식 눈법(苗頭植法)과 씨뿌림법이 있으나 주로 묘두식법을 이용한다. 묘두(苗頭)를심으면 당년에 수확할수있다. 씨뿌림번식은 3~4년 계속해서 묘두로 번식하여 두속이 비고 썩으므로 뿌리의 수확량이 감소하게되니 묘두를 갱신코져 할때 이용하는 방법이다. 보통 이90㎝, 길이 적당한 모판을 만들고 그주위는 판로 둘러싼다. 모판흙은 래참땅에 잔모래(細砂)를 섞고, 평당 두엄11㎏, 나뭇잿재 5·47㎏을 흙과 섞어 10일지나서 채에쳐 모판에 깔고 다진 다음 씨를뿌린다. 흙을 채로쳐 아주 엷게 씨를덮고 판로 눌러두며 햇볕가림을 하여항상물을뿌린다. 모가 트서 3㎝로 자라면 …

民団時事

創刊号 1971.9.11（土）

発行所
在日本大韓民国居留民団
非常対策委員会

東京都港区芝公園10号地7番A549
（〒105）　電話 431-6986

主要目次

主張

今日ほど民団組織が揺れていることはかつてなかったことである。民団組織ができてから二十数年の間、民団内部では基本的活動方針をめぐって、激しい論争が展開されたことも再三・再四あった。しかしながらこのたびの東京本部をめぐる諸問題は、今までの民団組織内では起り得なかったし、考えることすらできなかったことである。

東京本部をめぐる民団情勢が、大きく浮き彫りにされているのは、この問題が単純な民団組織内部だけに極限されたものでなく、加えて暴力事件にまでエスカレートし、尚かつ解決のメドさえつかないところに重要な意義があるからである。

そもそも、東京本部の問題は、所謂「有志懇談会」（金在述・郭東儀・裵東湖・鄭在俊・陳東徹・金仁洙＝脱退＝らが指導するグループ）が推した俞錫じゅんが、去る三月の中央全体大会での団長選挙に敗退したことに端を発し、大使館関係の選挙干渉・裵東湖に関する録音問題等を取り上げて、民団組織をゆさぶろうとしたことから始まったのである。

このような動きに乗ぜれた東京本部は、機関紙「民団東京」に「本国の情報恐怖政治」「公館の不当干渉」云々と、とても民団の一地方本部の機関紙とも思えない朝総連の機関紙よりもひどい見出しをつけて、僑胞社会に誤れる宣伝活動を展開した。けだし中央本部が警告し、「直轄」という一大勇断を下したことは、国家の威信を守り組織の統制と体面を維持する為に止むを得なかったことであろう。

すくなくとも鄭在俊を長とする東京本部が組織の在り方を知るなら、一応はこの時点で「直轄」を受け入れてから前後策を講ずるべきであったと思う。しかし、東京本部当事者らは民団の組織から逸脱した行動を取り、不法に発行する「民団東京」を通じて反体制運動を煽動する論調を掲げて、真向から民団全体組織に対抗し、反民団的行動は勿論のこと反国家的宣伝すら始めたのである。そして、ついには八・二事件を引き起し、八・一五光復節記念式典ですら分裂行動をとるに至った。

鄭在俊一派よ，早急に徹退せよ
―原則無視の妥協許さず―

このような事実から判断するとき、このたびの東京本部をめぐる情勢が、単に鄭在俊・閔泳相らの少数グループの発想するところのものであるとはとても考えられない。すくなくとも、その背後には民団組織を破かいし、僑胞社会を混乱し分裂せしめようとする勢力が介在していることは、いくつかの兆候からして明らかである。その一つの例として八・二事件にみる「無差別攻撃」は、**韓国人**としては理解することが出来ないし八・一五式典には朝総連がその組織をあげて支援活動を行なったことは、すでに万人の認めるところである。

われわれが、東京本部の問題を**今日的**なものとして受け取らない理由は、このようなところにあり、東京本部の問題を民団組織内の一つの**出来ごと**として看過すべきでないと強調する所以も又こゝにある。今や鄭在俊及びその同調者らは、与えられた脚本に従って行動しているものであり、それは「民団的」と言うにはあまりにも「朝総連的」すぎる。

われわれは、鄭在俊一派に対し忠告する。今からでも遅くはないから、すみやかに「直轄」を受け入れて、東京本部に対する「占有権仮処分」を取り下げ、直轄にともなう事務的手続きをとったのち撤退すべきである。

これ以上血で血を洗う悲惨な事態が起る前に適切な処置をとるよう勧告する。

同時に、中央本部に対しては、世間で云々されている鄭在俊一派との「政治的取引き」については、はっきりとその態度を明らかにするよう要求する。われわれは、組織のルールを無視する如何なる妥協をも認めないし、東京本部の事態拾収は、あくまでも組織の原則にもとづいて行なわれるべきであることを再確認するものである。

真相報告

再び 八・二事件を斬る

――鄭在俊一派の凶計をあばく――

八・二事件！これはわが民団史上にその例を見ない全く悽惨なものであった。わたくしたちの民団は、過去に於て朝総連共産分子との熾烈な斗いを経て、今日まで育って来たのであるが、その数々の斗いの中ですら、八・二事件のようなもっとも醜悪な卑劣な経験を味わったことはなかった。

かつて、南日アッピール「北傀の統一提案」を中心とした「統一協議会」の斗争の際、所謂「一・三〇事件」と言われる下谷公会堂事件のとき、朝鮮高校生を先頭に朝総連分子数百名の襲撃を受けたこともあったが、しかし彼らは素手であったし、双方入り乱れての乱斗の中ですら「老令者」の負傷者はなかった。

しかし、八・二事件はそれよりも尚残虐なものであった。それは、事件が「太極旗」のひるがえる「民団東京本部」の聖域で起ったからであり、その事件の張本人が「民団東京地区」のかつての指導者らであり、それらの反逆者に依って教唆されたわたくしたちの「若者」たちに依って行なわれたからである。

われわれは、二度とこの事件にはふれまいと思った。しかし、事件の真相があまりにも誤り伝えられていることと、事件の張本人たちが、この事件について、特に多数の負傷者をだしたにも拘らず、ひとかけらの反省のいろさえ見せず「民団東京」紙上を通じて「ゴキブリを退治した」とか「作業班は素手であった」とか、**全く開いた口から泡が吹き出すくらいの**偽りの宣伝に終始しているので、敢てこゝに再びこの事件の詳細を伝えることにした。

これを読む機会をもつ青年、学生諸君には、願わくば、諸君らの一部のものが、「排除」したと称する相手側の人たちの中には六十才・七十才にもなる諸君らの「アボジ」「ハラボジ」らが、ほとんどであったことに留意して頂きたいと願ってやまない。

諸君らの中には、この八・二事件を「軍事的勝利」として評価して得意がっているものもいるが、それは誠に遺憾なことであり、民団の将来の為に背すじが寒くなる思いや切々である。

× × × ×

一、八月二日午前九時半項、民団中央本部幹部十数名は、東京本部を訪れた。これは七月五日に民団規約に依って「東京本部直轄」を決定し、続いて**鄭在俊・関泳三**の両名に「停権処分」の決定を下したことに関し事務引継ぎと屋舎の明渡しを求める為の措置であった。というのは、七月五日に「直轄」の決定があったにも拘らず、**鄭在俊**一派はこの中央本部の決定を不当とし、重ね重ねの事務引継ぎなどの直轄にともなう事務処理を拒み、あまつさえ青年・学生たちをして「籠城」という反逆行為に出たからである。東京本部の民団組織上の地位は全く変則的なものである。それは「直轄」処分だけでなく、団長・議長職にあった**鄭在俊**と**関泳相**が、それぞれ二年間の権利停止の処分を受け、又東京本部の、監察委員長と、同委員二人が辞表を提出したことに依り、東京本部の機能は全く停止し、都内二十二支部の団員たちに関する事務処理は、臨時的に中央本部に設けた「直轄本部」で行なった結果、団員たちに多大な不便を与えてきたのである。勿論、中央本部は「旧東京本部」に対し平和的に事務引継ぎをするよう勧告したが、終に受け入れられずにいたのである。

このような経過を経て、中央本部は八月二日東京本部正常化事務処理にとりかかったのである。当日、東京本部屋舎内には、**韓昌奎**前事務局長と部員五・六名が居たが、正常化事務処理はスムーズに行なわれ、これという混乱はなかった。唯一人**韓昌奎**が頑強に反対したが、それ

本部に突入する暴徒（左は金一明）

は彼の職務上のことで、中央本部役員が彼に暴行を加えたとの話しは当を得ていない。

二、平和裡に正常化事務を終えた中央本部役員らは東京本部屋舎内の掃除にとりかかったが、そこは「事務所」と言うには余りにも汚れていて「赤色汚染区」そのまゝであった。散乱されたアジビラ、ビールの空びん、ウィスキー、ジン等の空びんが山積みされ、団長室にはフトンが敷きっぱなしになっていて、まるで「木賃宿」そのものであった。

　ともかく掃除を終えた中央本部幹部らと「正常化」に立ち合った**李寿成**中央監察委員長は、**羅鐘郷**前副団長を呼んで引継ぎ事務を行なうよう促したが、彼はひと言でこれを拒否し席をけった。そして、東京本部屋舎内には、女子事務員三名を残して、旧東京本部関係者は一人として残らなかった。三人の女子事務員には帰宅するか、定時退勤時間まで留まるかを問うたが、留まるとのことで「婦人会事務所」に留まるようにした。

　このようにして、正常化事務処理を終えた中央本部幹部は、かけつける各支部役員や一般団員の應対やらに忙殺し、まだ前後策を講ずる会議を開いたりした。よもや**鄭在俊**一派が東京本部屋舎を暴力で奪回するある種の会議を開いているとも知らずに……。

三、このように、中央本部の東京本部に対する正常化への事務的な措置はひとまず成功した。しかし急を聞いてかけつけた**鄭在俊**及びその同調者らは、東京本部の情勢の急変にがく然とした。そして、T旅館（文京区本郷四丁目）に関係者を集め、何としても東京本部屋舎を取り戻す為のある種の「会議」を開いた。そして、東京本部屋舎奪回の作戦が練られていくのである。急報が三重県伊勢志摩で行なわれている韓青・韓学同の夏季講習会に飛び、受講生らは午後三時講習会を切り上げて、急ぎ上京を始めたとの情報が飛びかうなかで、問題の午後十時四十分を迎えるのである。

　この時間に、東京本部舎内には中央本部幹部と各支部からの訪問客合せて二十数名の人たちが居合せた。

　八月二日、午後十時四十分、民団史上かつてその例を見ない流血の騒乱の時がやってきた。突然出現した二〇〇余名の暴徒らに依って東京本部屋舎は完全に包囲され、緊迫した空気がみなぎって街ゆく人々も、東京本部屋舎の二階から見下した人々も一瞬「何かがおこる！」という予感がした。空には星がまたたき東京本部屋上には大極旗が夜風を受けて静かにひらひらしていた。

…と、突然、正面口の方で「よし！かかれ！」という号令がかかるや、二十数名の若者たちが、東京本部屋舎正面の「鉄の窓わく」を鉄棒・角棒でこわしにかかった。そして一瞬にして「窓わく」は破かいされ、電源が切られ真暗闇になった本部内目がけてバルサン・発煙筒・爆竹を投込みながら喚声とともになだれこんだ。この第一班？の指揮者は**金始啓**（金載華氏＝新民党国会議員＝長男）であった。ついで、**韓昌奎**に指揮された第二班？は、あらかじめ本部屋舎裏の「和田マンション」の屋根上にひそんでいて、第一班？が正面口を突破した時を同じくして、本部二階団長室の窓を鉄棒や角棒で打ちこわし、同じくバルサン・発煙筒・爆竹を投げながら飛び込んだ。そして正面からの第一班？と裏窓からの第二班？とで一階と二階に居た二十数名の人たちに、それこそ無差別な攻撃を敢行したのである。中に居た人たちは、この突然の暴徒の乱入とそれに続く「ナグレ！」「コロセ！」の喚声と罵声と、打ちおろされる鉄棒と角棒の嵐の前になすすべを知らなかった。七十才になる某老人は「助けて下さい！」と哀願した。六十才になるある人は「止めてくれ！」と叫んだ。しかし荒れ狂う暴徒のむれの打ちおろす鉄棒と角棒の嵐は、ますますその激しさを加えとどまることを知らなかった。そして、東京都在住の団員にとって「聖城」たるべき本部は、瞬時にして鮮血の海と化したのである。

本部から出る人々を襲う暴徒
（左は丁賛鎮）

　バルサン・発煙筒の悪臭、そして暴徒の鉄棒と角棒の嵐をくぐり抜けて、本部外に脱出した傷つけられた人たちを待ち受けたものは、**羅鐘郷**に指揮された第三班？の、これ又天人共に許すまじき蛮行であった。**羅鐘郷**は本部内からほうほうのていで脱出した人々を名指して「**アイツをナグレ！**」「**アイツ**

1373

をコロセ！」と叫んだ。これら第一班、第二班、第三班を指揮しながらせわしく走り廻った者は誰あろうそれはまぎれもなく**郭東儀**（金載華氏＝新民党国会議員＝女婿）であった。

四、十時四十分から二十五分ほどたった十一時ちょっと過ぎた頃、負傷者を病院に運ぶサイレンの音と遅くかけつけて来た機動隊の整理の中に、鄭在俊を先頭に閔泳相・申奉文・姜東遠・李鳳学・朴道春・趙活俊ら指導グループが凱旋将軍の如く現われて互に握手をしたり、肩を抱き合ったりして喜び合う光景と、血まみれになって救急車で運ばれて行く場面とは対象的であった。

破かいされた屋舎の前で、負傷者が救急車で運ばれるのを見つめる暴徒

こゝで暴徒らの服装と凶器について述べてみよう。彼らは一部の者はヘルメットを被り、マスクをつけ、手には全員が**白い軍手**をはめていて、鉄棒や角棒を手にしていた。マスクはバルサン・発煙筒から出る悪臭と煙を防ぐ為に用意されたものであり、それは「ガス・マスク」とも言うことができるし、軍手は攻撃隊と群衆との区別をつけることに役立ったし、又一部の者が持っていた「懐中電灯」は電源を切断して乱入する為に用意したものであろう。されば彼らが年寄りとは知らずに欧打したという辯解はなりたゝないことは明らかだ。これらのことから知り得ることは、鄭在俊一派が引き起した八・二事件は、決して思いつきから発生したものではなく、あらかじめ充分な計画を練り、凶器を準備した上でのでき事であることは多言を要さない。

そして、これらのすべての作戦・攻撃部隊の編成は**鄭在俊**一派の「**共同謀議**」に依る疑いが濃い。よって、せめられるべきは本部内に乱入し無差別攻撃を敢行した二〇〇余名の青年・学生諸君よりも、むしろこれを教唆した**鄭在俊**一派であることは言うまでもない。

× × × ×

以上の如く、八・二事件の真相を追ってみたが、これを単なる民団内の一つの事件として扱うには、その内容があまりにも「血なまぐさい」様相を呈している。

まえがきで述べたように、わたくしたちが過去に於て、朝総連共産分との斗争の中ですら、このような血なまぐさい経験はそう多くはなかった。それなのに**鄭在俊**一派は、口では民団々員を強調しながら、しかも「太極旗」が掲げられている民団東京本部の中に居る民団々員を、民団々員の子弟をして乱打せしめるという前代未聞の不詳事件を、何故あえて敢行したであろうか。

わたくしたちは、この八・二事件を単純な内ゲバの問題として考える前に、**鄭在俊**一派の真の意図が何であるか、その背後にある恐るべき険悪な勢力が存在することを、次項で明らかにする「朝総連の対民団工作」の全容と併せて考えて頂きたいと願うものである。

ニュース抄報

今日の民団の混乱は長年の病巣が膿を出しはじめたと同じである。遅ればせながら切開したが、この病根は根強く一向に膿が退こうとしない。民団東本直轄以来二カ月、未だに膿を出し切れない。周囲の人間はやきもきして、一日も早く収拾することを望むのも人情だが、ルールさえ無視しての収拾は、手術半ばで縫合するようなものである。

この混乱は火事場にも例えることが出来るが、火事場には必らず火事場泥棒はつきものであり、最近は火事泥の影さえちらついている感じを受ける。

中央監察委員会にも一言言いたいことがある、去る八月二日民団東本屋舎での乱斗事件、八・一五を不法集会と断定した通達文に対する後始末を全然していないことである。例え百人の泥棒のうち、いくら手が足りないからと言って一人も捕えないのでは、大体捕える気があるかどうか疑いたくなる。

（九月八日付KPIより）

見よ！恐るべきこの大陰謀！

郭東儀・金容元らの反国家的行為を暴露
——朝総連共産集団の対民団工作の全容——

朝総連のわが民団に対する破かい工作は、今に始まったことではなく、それは彼等共産分子集団の基本的な活動目標であり、その巧妙なやり口は日を追うごとに手をかえ品をかえて、民団組織の中に静かに浸透しつつあったし、今も続けられている。

それは、民団東京本部の問題を頂点とする民団組織内の不純分子の暗躍によってあらわれていることが、何よりの証拠と言えよう。

民団東京本部の問題は、決して偶然に発生したものでなく、「主張」で述べたように朝総連の対民団浸透への足がかりである「有志懇談会」なる民団内の仮面分子らの勢力を集約した結果から発生した問題であり、それは十余年前から続けられた必然的な結末であると断言することができる。

朝総連と「有志懇談会」との関連性からみて「有志懇談会」の後押しで東京本部の団長になった鄭在後、関泳相一派が、その反民団的な指導方針の誤りを指摘され、「東京本部直轄」と鄭在後団長と関泳相議長との両名に対する停権処分が、中央本部から決定されたにも抱らず、今だに事務引継ぎと屋舎引渡しを拒み続けていることは、とりもなおさず朝総連の指令と共謀に依って奪取した民団組織破かいの拠点を取られまいとする最後のあがきにほかならない。

このような意味で、八・二事件と八・一五光復節記念式典の分裂行動は、まさしく彼ら鄭在後一派及びその同調者らの意図するところの何たるかを内外に暴露したものであり、民団破かい工作の一つの典型的なスタイルと言えよう。

われわれは、これら一連の朝総連の対民団破かい活動と、これに共謀し民団組織分裂を企図しつつある一部民団内の不純分子の正体を明らかにし、もって全体団員及び民団組織指導者に実情を訴え、民団組織防衛への警鐘としたい。

(一) 那須温泉に於ける密封教育について

一九六四年八月九日・一〇日・一一日の三日間にかけて、栃木県那須温泉「若松屋旅館」三階の「月の間」「雪の間」「花の間」の三室を借りて、朝総連主催の民団破かい及び韓国共産化の為の所謂「密封教育」なるものが開催された。

この「密封教育」の開催責任者は、朝総連中央本部副委員長李心喆であり、講師には朝鮮大学校教授裴炳斗と前述の李心喆の両人が担当した。

これに対する参加者は次の通り、

郭東儀・金容元・尹赫孝・兪炳作・金泰洙・趙尚洙・李某・趙某・鄭某・民団栃木県本部役員若干名（但し氏名不詳）韓青全国代表一〇余名、（注）参加者中趙尚洙は裴東湖経営の「コリア・ニュース」（当時）に勤務中北韓に行く。

趙某・鄭某・李某の三名は資料提供者につき仮名とする。

講義内容は次のようなものであった。

(1) 李朝末期から解放に至るまでの「朝鮮近代史」を我田引水式に脚色した共産主義思想を鼓吹したもの

(2) 金日成こそ祖国解放の英雄であるといった金日成賛美論

(3)韓国の経済復興は、金日成徒党を中心とする祖国統一に重大な支障があるので、手段方法を選ぶことなく、韓国の経済建設を遅らせ又は破かいするよう煽動し、北傀の統一論に同調するよう工作することを指令

(二) 神戸市舞子ホテルの秘密研修会について

一九六四年八月の那須に於ける「密封教育」事件後、兵庫県神戸市垂水(タルミ)区「舞子ホテル」で三回に亘って、秘密研修会が開かれ、朝総連中央本部政治部長、郭東儀・金容元・朴渕培・鄭文泳・金泰洙・金哲・俞炳祚・宋在碩・趙某らが参加した。

研修内容は、前述の那須密封教育のようなものであるが、反共親米的なキリスト教の抹殺・資本家打倒・韓国学校の建設反対等で、特徴的なことは同志を韓国に入国させて韓国の政治・経済を混乱させ、人民革命の基盤を作るよう朝総連の指令が出されたことであろう。

(三) 淡路島での研修会

兵庫県淡路島洲本にある国民宿舎「成山荘」で、神戸の舞子ホテルで開かれたような「研修会」が一回開かれたが内容は舞子ホテルでの研修会と大同小異であった。

× × ×

△証　言　その一

趙　某（関西地方居住）

(1)金容元が京都本部団長選挙に二期・三期と立候補したが、その際朝総連京都本部政治部長李竜植が選挙参謀役として指示工作した。又商工信用組合(総連系)と取引きしている民団員にも李竜植一派が工作し、支持を拒んだ代議員には朝総連が金品を提供し買収工作までした。その被買収者氏名及び会計に関する資料もある。

(2)朝総連中央本部副委員長李心喆(当時の統一戦線担当責任者)の密令で所謂「解放地区」が構成されたがその責任者は次の通り、

関西地区責任者　金容元

関東地区責任者　郭東儀

(3)金容元が京都本部団長二期就任中、朝総連主催「密封教育」に参加した。それは一九六四年八月九日〜一一日までの三日間、栃木県那須温泉若松屋旅館三階の月・雪・花の三室を借り切ったもので、旅館から黒板の提供を受けた。又参加者全員には厳重な外出禁止の命令が出された。

講師は朝鮮大学校教授裵炳斗・朝総連中央副委員長李心喆であったし、参加者は韓青全国代表者約一〇名、郭東儀・金容元・尹赫孝・俞炳祚・金泰洙・趙尚洙・趙某・李某・民団栃木県本部任員らであったが、郭東儀・金容元・尹赫孝の三名は指導的な役割をした。

講義内容は、祖国統一論・北韓自由往来、韓日会談反対・金日成史・売国奴(李承晩・金九)韓国浸透攪乱・六・二五動乱の偉大性。

(4)秘密研修会(那須密封教育後)が神戸

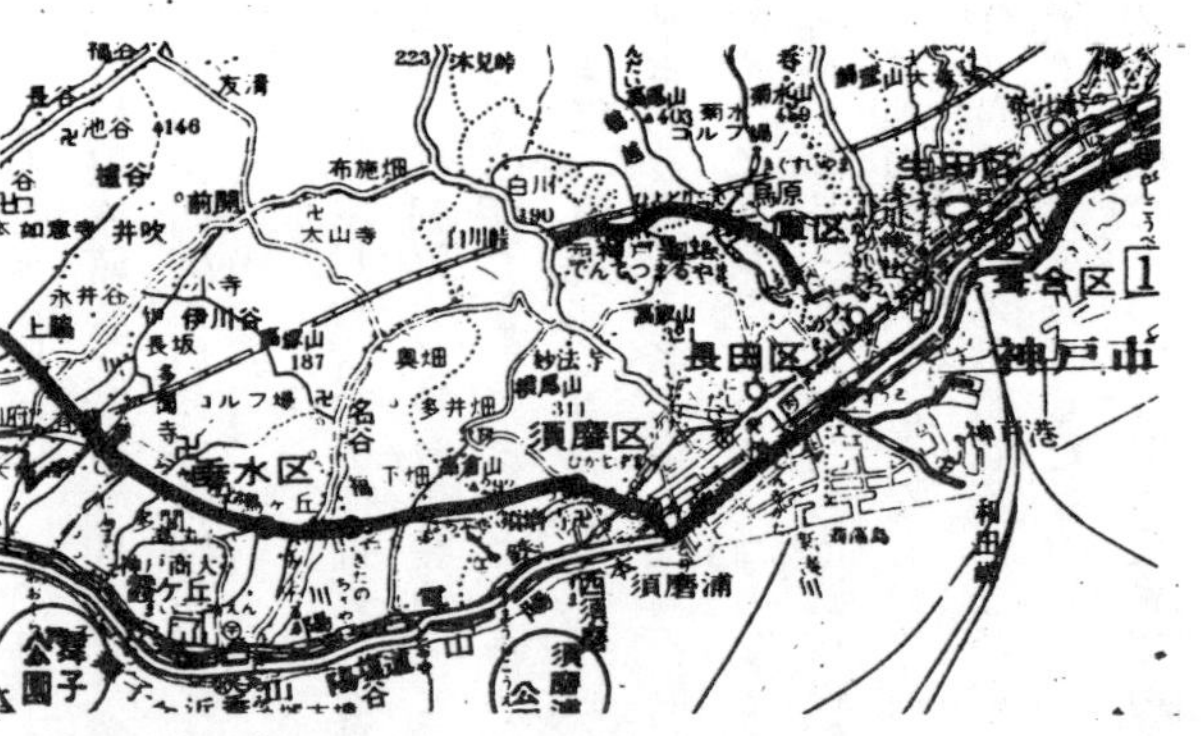

市舞子ホテルで三回行なわれ、朝総連政治部長・郭東儀・金容元・朴渕培・鄭文泳・金泰洙・金哲・俞炳祚・宋在碩らが参加したが、研修生には講義記録を残さないようにし、秘密がもれることを恐れホテルのマッチすら持ち出しを禁じた。

講義内容は、キリスト教は反共親米であり統一の妨げになるから抹殺すべきである、大敵は資本家(京都の例を挙げて)であるが、当分は利用する。韓国学校建設反対、日本から同志を韓国へ送り込んで、韓国での人民革命と共産統一を急速に達成するよう努力する。又韓国の復興は統一に支障があるから復興の遅延を計り又は破かいする方法をとる。などのものであった。

(5)淡路島国民宿舎の研修会

回数は一回、内容は「舞子ホテル」と同じく、一般公開の研修会も二・三回あった。

(6)金容元団長(京都本部)時には、朝総連政治部長李竜植は民団事務所に常に出入りし、事実無根な「徴兵通知書」を造作し写本を作成し、民団支団長

会議で否決したにも拘らず、如何にもそれが本物であるかの如く朝総連と組んで、韓青・韓学同を使って京都市内は勿論のこと名古屋方面にまで配布した。

(7)金容元は団長在任中、朝総連財政監査役であった金基泰を韓国へ入国させる為奔走したが、当の金基泰は韓国旅行から帰ってから韓国の悪口ばかり言いふらしたために国の威信を傷づける結果を招いた。

(8)金容元は団長三選を果さず、落選後も朝総連京都本部委員長尹徳佑と入管法反対斗争に力を盡した。

× × × ×

△証　言　その二

鄭　某（栃木県居住）

(1)尹赫孝（当時の民団栃木県本部副団長）に誘われて一九六四年八月九・一〇・一一日の三日間、那須温泉若松屋温泉で開かれた「密封教育研修会」に参加した。当日わたくしは尹赫孝の自家用車に同乗したが、宇都宮で姜成水（当時の朝総連栃木県本部副委員長兼政治部長）を乗せ黒磯に向った。黒磯駅前に来たら約二〇名が待機していたのでタクシーに分乗し尹の先導で那須温泉若松屋旅館に入り、たゞちに三時間ほど講義を受けた。

(2)講義内容は朝鮮近代史（李朝末期から解放までの……）で、金日成史が主であった。

(3)講師の中には裵炳斗（朝鮮大学校教授）もいたが、最初に紹介した時は広島大学の講師だと聞かされた。

(4)参加者は、金容元（京都）・金泰洙（大阪）・郭東儀・趙尚洙（東京）・李某（神奈川）・尹赫孝・鄭某（栃木）他に面識のない人たち。

(5)一九六四年八月十一日、研修会を終えた一行は、宇都宮市東武電車駅前「光座」（朝総連商工会長姜勲の経営映画館）で、午前十時から正午まで北韓の映画を見せられた。それは、金日成賛美と北韓の建設の様相と発展を誇示した宣伝ものと、辛金丹の陸上記録を撮影したものであった。

× × × ×

△証　言　その三

李　某（神奈川居住）

(1)友人に誘われて一九六四年八月九日、一〇日・一一日の三日間、栃木県那須温泉若松屋旅館での朝総連主催「研修会」に参加した。

(2)講師は面識のない朝総連の者で、講義内容は、金日成の抗日斗争を中心にした民族解放史が主なものであった。

(3)参加者は、韓青、韓学同代表一〇余名と郭東儀・尹赫孝・金容元・その他面識のない人たち。

（注）この李某証人は、以上の証言は自分が民団々員である義務として自発的に行なったものであり、後顧の憂いないことを願うと付言した。

以上が民団内部で取り沙汰されてきた所謂「那須密封教育事件」の全ぼうである。このことに関して中央本部は、その全容を把握しながらこれという対策は勿論のこと、適切な処置を講ずることができなかった。というのは金容元を中心とする「有志懇談会」のグループが、民団中央本部内に発言力をもっていた為に今日まで握りつぶされてきたものである。

今、われわれが敢てこれを発表し、民団内に一石を投ずる理由は、東京本部の問題を含めて民団組織内に巣喰っている不純分子らの台頭が目に余るものがあるからである。

われわれが「民団正常化運動」を推進してきたことには二つの目的があった。その一つは、鄭在俊一派を中心とする東京地方本部内の不純分子を一掃することであり、その二には、この東京本部の問題をきつけに全国の組織人たちからの「朝総連浸透勢力」排除運動の盛り上りを期待する意味をも含んでいるからである。

前述の如く、朝総連共産分子集団の対民団破かい工作は、実に巧妙な手段を

もって行なわれ、かつ今も尚続けられている。これらの一連の「秘密研修会」なるものを分析して見るとき、民団内の「有志懇談会」なるものが、果した朝総連の対民団浸透工作に、どのようにして重要な役割りをしたかが判る。

鄭東儀・金容元をリーダとする「有志懇談会」の正体は、まさしく朝総連の手先きそのものであり、彼らの民団組織に対する罪は限りなく重いと断定せざるを得ない。

これらの不純分子の処断なくして、民団の正しい運営は期待できないし、朝総連の浸透工作が青年、学生組織にまで延びている現状からみて、将来への展望も明るいとは言えない。

願わくば、全国の団員及び組織指導者は、これら不純分子や朝総連の手先き共を「叩き出す」運動を強力に展開し、民団を団員の為の正しい組織に取り戻す為に、今こそ立ち上って頂きたいと願うものである。

大阪で〝在日韓国人勝共同志会〟結成

利敵分子徹底排除と民団正常化へ烽火

民団東京本部に於ける鄭在俊一派の暴力事件は、内外に大きな波紋を呼んだが、事件の重大性とその背後関係を重くみた全国民団組織指導者たちは、相ついで鄭在俊一派に対する糾弾に乗り出しているが、八・二事件直後の八月九日には、大阪地方で「民団から利敵分子を徹底的に排除する」ことを目標とする「在日韓国人勝共同志会」が発足し、現在着々と成果ある運動を続けている。

×　×　×

去る八月九日午後六時から、大阪市南区の東天閣で民団大阪本部の役職員をはじめ、管下三十三支部の支団長を含む組織関係者およそ百名の参加のもと盛大な結成大会が開かれ、宣言・綱領・会則などを採択・会長に姜桂重氏（現民団中央顧問）を選出した。

この日の結成大会では、現在の民団は東京本部の問題をめぐって創団以来の重大な危機に直面していると分析、(1)民団東京本部直轄に関する中央本部の方針を支持する、(2)韓青大阪本部の委員長除名と同副委員長の停権処分を速やかに発表し、韓青大阪本部を民団大阪本部が直ちに直轄するよう促すなどの論議を中心に、活発な討議が交された。

この「勝共同志会」は、反共・勝共理念を共にする大阪地方の全団員から構成され、朝総連の民団破かい工作を阻止する一方、在日僑胞の権益擁護を主とする民団創団精神と民団の基本路線に立脚し、会員相互の人格向上と相互協助によって団結しようというのが目的である。

事務局は民団住吉支部内に設置して当面の活動を押しすすめるという。

役員は次のとおり

〈**常任理事**（順不同）
姜桂重・尹甲春・金東出・宋台伷・姜弘実・朱祥祚・権学伊・金基閏　李秀峰

〈**会　長**　姜　桂　重
副会長　尹　甲　春
〃　金　東　出
〃　宋　台　伷
事務局長　任　璋　鎬
監　査　金　基　允
〃　張　斗　会

尚、会長に選出された姜桂重氏は「わが民団組織を分裂と破かいに導く勢力と対決し、組織防衛に盡力する」と語り「八月二日の東京本部での武装テロ事件に痛憤と激怒をしたのは私一人ではない」とつけ加えた。

民団時事

第2号　1971.10.11(月)

（在日本大韓民国居留民団非常対策委員会機関紙）

発行所
民団時事社
東京都港区芝公園10号地7番A549
(〒105)　電話 431－6986

熱海の18次拡大会議終る

―大阪・神奈川代表も参加―

民団非常対策委員会では、去る9月11日・12日の両日にかけて、熱海温泉のホテル「八景」で第18次拡大委員会を開いた。

この拡大委員会には東京都23区代表者に、遠く大阪から駈けつけた「在日韓国人勝共同志会（会長姜桂重氏）の任璋鎬事務局長・神奈川県の朴述祚氏（神奈川商工会専務）ら80余名が参加し盛会を極めた。

不純分子の排除を促進

―鄭一派との妥協阻止を再確認―

会員相互の親睦をはかり、時間の制限を受けることなく充分な討議を行なうことを目的とする第十八次拡大委員会は (1)東京本部直轄を取りまく現在の情勢分析 (2)非常対策委員会の今後の活動方針 (3)全国の民団正常化組織との提携、などについて討論を重ねた。

会議は十一日午後四時から九時までと十二日午前八時から十時までの二回に亘った。

特に議論の中心は、機関紙「民団時事」に掲載された「那須密封教育事件」に集中し、始めて明るみに出された朝総連の対民団破かい工作の全容に、参加者全員はその中心人物が郭東儀・金容元であること、このたびの鄭在俊一派の東京本部不法占拠と、それを背後であやつる魔手の実体を知るに及んで激しい憤りに燃え、論議は熱ぽい雰囲気の中で進められた。

特に始めてこの会に顔を見せた某地区の代表は、八・二事件の内容を「民団東京」で知ったが、八月十一日付の「民団東京」に"われわれはアボジ・オモニからもらった五体を唯一の武器に「素手」で中央幹部を排除した』との記事が、全く偽りであることを、この「民団時事」を通じて知った、と話しながら、今後は非常対策委員会のメンバーとして、民団破かいの元凶である鄭在俊一派を駆逐するまで斗うと強く語った。

さて、会議は委員会を代表して鄭東淳座長の挨拶で始まったが、鄭座長は「遠く大阪・神奈川地方から志を同じくする憂団の代表者をお迎えして、このような盛大な拡大会議を開くことが出来たのは、この委員会の成長を物語るものであると信ずる。現在の諸情勢は民団有史以来の不祥な状態にある。いま世間では中央本部が鄭在俊一派と政治的取り引きをしているとの噂があるが、そんな原則を無視した協商云々はとても容認できるものではない。あくまでも組織のルールに基づいた解決以外には収拾はない。各地方の民団正常化運動家の皆さんに敬意を表し、この会議で多くの成果を得るよう協力して頂きたい」と述べた。

また、大阪の「勝共同志会」任事務局長は「大阪でも八・二事件に関係した韓青・韓学同の幹部に対する処分問題について、民団大阪地方本部の態度が軟弱なのでわれわれは強力に働きかけている。それが八・二事件に対する大阪地方の団員のせめてもの「良心」であると信ずる」と挨拶し、神奈川の朴述祚氏も「東京本部の問題は東京だけのものでなく、全国的民団全体の問題であると思う。これからは民団正常化グループの提携を強めるべきである」と述べた。

ついで「録音問題」について姜学文氏から「金公使が録音を大使館で公開すると裵東湖ら関係者を招いたが、張本人である裵東湖が出席しなかったので未公開に終った」とその真相を説明し、鄭在俊一派が民団中央本部から停権処分を受けたことについて「彼が東京地裁に対し東京本部の団長たる資格を認めて欲しいと提訴したのは本末顚倒である。民団の役員は団員が決めるものであって、日本の法廷が決めるものではない筈だ」と非難した。

一般討論では、那須事件等の一連の朝総連密封教育事件に連座した者や、八・二事件に関係のあったものに対する処置に関する発言が圧倒的に多く、中央本部と鄭在俊一派との話し合いに依る解決には、多くの団員は闇取り引きを警戒しているとの発言が活潑に出た。

次に、今後の非常対策委員会の活動方針として、(1)機関紙「民団時事」を継続発行し宣伝活動を活潑にする (2)財政委員会を動員して基本財政の確立と活動資産の調達を始める (3)各地方の民団正常化組織との提携と連帯を強める (4)中央本部に対し鄭在俊一派との原則無視の妥協を阻止するよう働きかけるなどを決議した。

ソウルで民団全国団長会議

三項目の決議文採択

民団全国地方本部団長議が九月二十八日午前十一時ソウルのロイヤルホテルで開かれ、四十一名の地方本部団長が参加した。

李禧元団長は、この会議をソウルで開いた理由を「今年の政府との合同会議を十一月末か十二月初めに予定したが、日本の沖縄国会が十月十五日から開かれるので、これが終れば日本の政界に変動があるかも知らないから、韓日条約を結んだ佐藤政権存続中に法的地位問題を確保する必要があったからである」と説明した。決定事項は次の通り

一、法的地位及び処置改善確保のため政府関係者に提出する請願書を採択し、四十一人の団長が四班に分れ、二十九日午前中に国務総理、外務長官、法務長官、文教長官を訪ねて提出する。

一、家族さがし運動の南北会談を積極的に支援するため、全国民団本部の屋舎にスローガンをかゝげることにし六項目のスローガンを決めた。

一、怪文書「民主改造報」を糾弾する声明書を採択した。

主張

妥協に関する態度を明示せよ

九月十一日付の創刊号で、八・二事件の祥報と那須密封教育事件の真相を明るみに出したら、早速さまざまな反響があらわれた。

一つは、八・二事件の写真で真相を知り「民団東京」の報道が偽りであることと、那須事件の登場人物がそのまゝ鄭在俊一派の中心人物であることを知った人々からの驚きと激励の電話や手紙などであったし、一つは、わけのわからない「脅迫」と「いやがらせ」の電話であった。

前者は真実を知った人たちの喜びの表現であり、後者は偽善者どもの悪あがきである。特に地方の方々へはこの欄を借りてお詫びしたい。それは発送もれがあり多くの発送催促の電話や手紙を頂いたことにである。

さて、このような色々な反響を肌で感づる時、矢張り真実は味方であるということである。単なる宣伝ではなく、しかも誇張された自己満足の偽りの宣伝ではなく、真実を伝えることは楽しいものであると編集者は考える。

これからもどしどし新しい資料を読者の皆さんに提供し、それこそ民団正常化への参考に供したいと願っている。

×　×　×　×

民団東京本部をめぐる情勢は極めて流動的であり、中央本部の無気力と相まって全く余断を許さないものがある。巷間に伝えられていることは中央本部が鄭一派と協商をしているというが、規約に依って直轄と停権という厳しい処断を下した相手側と妥協とか話し合いとかが許される筈はない。昨今の情勢は、鄭一派との話し合いは決裂したとも伝えられているが、とすればそれは当然の結末であると信ずる。

速やかに中央本部は、これらの一連の問題に関しその真意を明らかにし、もって一般団員の疑惑と不安を取り除くよう進言する。何故なら一般団員は原則を無視してまで東京本部に関する諸問題を解決しろとは言っていないし、又それを希望もしていないから……。

1379

中央委員会にもの申す

—民団組織正常化への期待をかけて—

特集

民団中央本部張聡明議長は、第十九回定期中央委員会を来る十月二十三日に、大阪市で開くことを公示した。

民団に於ける中央委員会は、規約上で特定地区で開催しなければならないという条文がないから、東京地区以外で開催することも規約違反とは言えない。

しかし、東京本部直轄をめぐる民団内の緊迫した情勢のなかでの中央委員会であるだけに、大阪市で開かれることには、それなりでの意味が内在していると考えられる。

それは、組織力を高める意味で東京以外の地を選んだこととも伝えられるし、東京で開いた場合の韓青・韓学同のツキ上げに依る混乱を回避する為の方策ともとられる。

いづれにせよ、このたびの中央委員会は混沌とした組織内の状況を反影して、大きな波乱が予測され旧東本の直選委員の問題をもからめて、資格審査をめぐって劈頭から荒れ模様の開幕となろう。

とまれ、民団組織上では大会につぐ、いやむしろ役員改選の場である大会よりも、活動方針その他の案件を審議する中央委員会の任務は大きく、その責任も重かろう。

われわれ一般団員は、このたびの意義深い中央委員会が、民団組織上の一つの転換期への機会であろうことを信じ、いくつかの問題を提起して、全国から参加する中央委員各位に依る慎重な討議の対象として頂きたいと願って止まない。

一、東京本部直轄問題

中央本部は、去る七月五日に、規約を適用して「東京本部」を直轄処分に附し、続いて、団長鄭在俊・議長関泳相の両名に各三年間の停権処分を断行した。この処置は、既に広く伝えられている通り、国家の権威を蹂躙し組織の統制を乱したことへの、当を得た処置と言えよう。

これに対し、旧東京本部当事者らは、本部居舎を不法に占據し、青年学生を煽動し、これをして「籠城」せしめるという暴挙に出て、あまつさえ再三再四に亘る「事務引継ぎ」にも應ぜず、加えて不法発行に依る「民団東京」を通じて、反体制・反民団的論調を挙げて、東京地区は勿論のこと全国的に虚偽に満ちた宣伝活動を行なっている。

そして、問題の焦点を「官権介入」とか「録音公開」とに合せ、その指向する民団破かいと僑胞社会の分裂への道を進んでいる現状である。

彼らの言う「官権介入」が大使館の在日僑胞に対する行政指導を指すなら、それは筋違いの論理と言えよう。何故なら、われわれ在日僑胞は大韓民国法律第七〇号在外国民登録令に基づいて国民登録を在日公館になし、それに依って「大韓民国」の国籍を取得し、且つ民団々員の資格を得ることになっているからである。

それならば、在日公館当局が被登録者である民団々員を、必要ならば時には監督することも出来れば、その集合体である民団組織に対し、組織の自主性を著しく阻害しない範囲内で指導することも、あながち不当であるとばかりは断定出来ない。

次に「録音問題」は、裵東湖個人にかかわる問題で、しかも、それは現在わが国の捜査当局に依って調査中の件であり、「録音」はそれの重要な資料である。これを彼らは、音楽の録音テープとでも勘違いしてかしきりに「公開」を迫っている、音楽の録音テープなら数千の聴者を前に公開することも楽しいものではあるが、捜査中の資料を公開しろとは筋違いも甚だしい。因みに警察の事件調書を公開しろと迫るに等しく、不当な要求と断定せざるを得ない。

このように、自己の誤ちを反省することなく三尺の童子ですらが理解し得る不条理な要求を掲げて、反国家的・反民団的言動を敢行し、徒らに僑胞社会に混乱を招きつつある旧東京本部当時事者らには、断固たる措置をとらなければならないと確信し、中央委員会の権威に期待する。

二、八・二事件と八・一五光復節記念式典の分裂行動について

八・二事件については、本紙創刊号がその祥細を伝えた如く、東京本部に対して行なった接収事務中の中央幹部及び東京都各地区の団員二十数名に対し、旧東京本部幹部らは韓青・学同員二〇〇余名を煽動し、あらかじめ万全の計画を練った上で夜間に乱入せしめ、かつ乱打せしめたことは民団史上その例を見ない血なまぐさい事件であった。

しかも、彼らは事件後、多数の重軽傷者を出したにも拘らず、一片の反省の色さえ見せず、自己の正当性を主張するあまり虚偽に満ちた宣伝を始めたが、たちまちその偽瞞性が暴露されたのは、けだし、真実こそが真の味方であることを物語っている。（この項本紙創刊号参照）

次に、これ又民団史上にその例を見ない八・一五光復節記念式典に対する彼らの分裂行動である。彼らは、当の共立講堂を東京本部直轄以前に、慣例に従って関東地区協議会事務局長鄭在俊（前東本団長）の名儀で借りたが、たびたびの中央本部の要求にも耳もかさず会場の提供を拒否した結果、東京では韓国学校々庭で中央記念式典を行なうという異例の出来ごととなった。

片や鄭在俊一派は共立講堂でテレビタレントを招いで観衆を集めるに狂奔し、あまつさえ朝総連の後押しをすら受けなければならなかった。これは東京の各地区の朝総連幹部が共立講堂への動員に支援活動を行なったいくつかの確証がそれを裏づけしている。

このように、八・二事件にせよ、八・一五事件にせよ、旧東京本部当事者らは意識的に民団全体組織に対抗し、背後に在る「黒い魔手」のお先棒をかついで、敢て破かい活動と分裂行動をとったものとして、これ又、厳しく糾弾されなければならないと断定し中央委員会の決断に期待する。

三、朝総連に依る一連の密封教育事件

本紙創刊号が明るみに出した、朝総連に依る対民団破かい工作の一貫をなす「那須密封教育」「神戸の秘密研修会」などは、中央委員各位は言うまでもなく、全国の組織指導者・一般団員にとっては、正に晴天の霹靂であっただろうと思う。若しこれをそのま、看過した人が居たとすればそれこそ驚きであると言わざるを得ない。

注目すべきことは、このような朝総連の秘密教育を受けた徒輩らが現在のわが民団の指導的地位に居ることであり、しかも、東京本部のめぐる民団破かいと分裂行動の中核をなす者の大多数が、これらの朝総連に依る一連の秘密教育・研修を受けた者たちであることである。

これらの不純分子の清掃作業を等閑視して民団の正常な発展が望まれようか、中央委員会の英断に期待する。（この項本紙創刊号参照）

四、「万博」の後始末と冬季オリンピック家族招請運動について

明年二月に北海道札幌で開かれる冬季オリンピック大会に対する在日韓国人後援会が、去る二十日午後三時東京「ホテル・オークラ」で結成された。これに依り、民団は三千余名の本国家族の招請運動に入ることになる。

過去を振り返ってみるとき、東京オリンピック大会でも数千名の本国同胞が来日し、また、昨年の万国博覧会の時も数多くの本国同胞がこの地を訪れた。そして、そのいづれも民団は組織をあげて「本国家族招請」として大きな役割りを果したのである。

ところが、そのいづれの事業も、大きな成果と大きな汚点を残した。十余年前の東京オリンピック大会時の問題はともかく、昨年の万博招請を例にあげるなら、民団中央本部に於ける経理上の不正事件があったと一般団員は未だに疑惑の目を向けている。しかもその内容が、事務処理の過程で起したミスではなく、幾人かの担当責任者に依る計画的な背任横領にも等しき巨額の金が損失されたと聞く。一体このような巨額の金がどのようにして消えたかは知る由もないが、一般団員の間ではもっぱらの噂である。噂が噂であるうちはまだ救いようもあるが、これが真実であるなら、それこそ大問題であると思う。末端機関では、わずかばかりの手数料を活動資金にする為に組織実務者たちが東奔西走しているのに、上部しかも最高指導機関で不正が行なわれるなら、それこそ知らぬは亭主ばかりなりのように、目出度いのは、善良な団員と下部機関の組織実務者と言うべきであろう。

民団は、このような大きな事業を行なうとき、必ずといっていいようにあと味の悪い足跡を残す。これは民団組織の体質と運営上の欠陥に負うところが大きい。一つの事業を行なう場合、充分な事前計画と事業を終えたあとの正確な評価がなされなければならないのに、それらのことをウヤムヤにするところにあると信ずる。

このように「万博」のあと始末も充分していない現状で、又オリンピック招請を手がけることになるが、願わくば世間の疑惑を解き組織に汚点を残さないようにしてもらいたいものである。

それには、前述のように「万博」の不正事件を徹底的に糾明することこそ肝要であり、外的勢力の排除と併せて組織内の矛盾と指導姿勢の是正こそが、民団をより強く発展させる唯一のみちであると信じ、中央委員会の厳正な査問を期待する。

五、中央本部三機関の指導姿勢について

上述の如く、現今の民団組織は創団以来の大きな試練に直面している。東京本部問題を中心とする客観情勢は、ひと握りの反逆分子らの跳梁に依って大きく揺れ動き、今や民団組織の整備・浄化問題に真剣に取り組まなければならない時機は熟してい

（三頁へ続く）

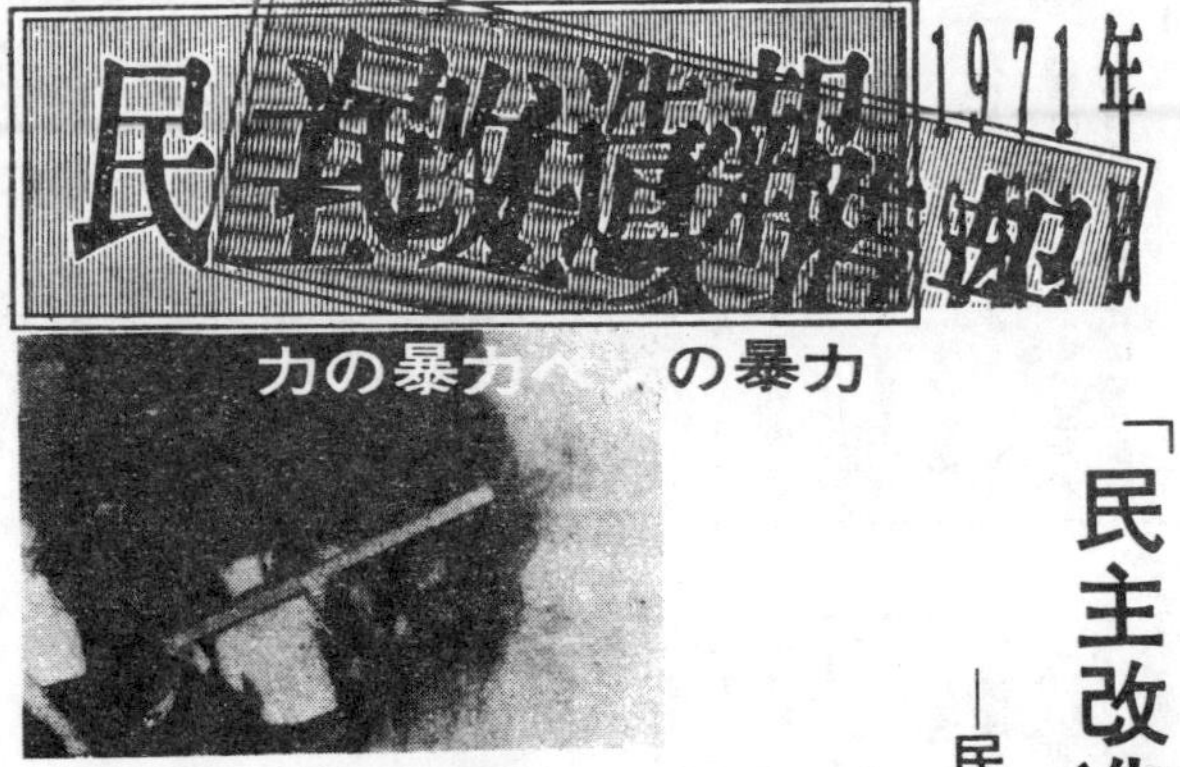

「民主改造報」の正体は？
—民団代議員は馬鹿者か—

民団社会に「黒い怪物」が飛んでいる。名づけて「民主改造報」という。発行所も発行人も明らかにしていないから「黒い怪物」いや「怪文書」たるの資格充分である。9月23日付東和新聞はこれを「民団社会の活字公害」と評し、9月22日付KP1信信は「卑劣漢の奸智と猿知恵」と報じている、けだし妙を得た表現ではある。

さて、この「怪文書」何を目ろんで発行されたかは知る由もないが、朴大統領はじめ、金公使・李禧元中央本部団長から在日僑胞言論人、それに金融機関責任者を含めて、在日僑胞のなかの重だった人々を総ナメにして、個人の名誉と基本的人権をじゅうりんする筆法をもって中傷に満ちた記事を満載している。

要するに民団組織の混乱を助長し、僑胞社会に新たな波紋を投げようとする底意ある卑劣な手法であることは多言を要さない。

若しも彼らが真に在日僑胞社会を改造する為の意図があり、かつその内容が真実ならば当々と名のりを挙げるべきである。

この民主的かつ自由な雰囲気の日本社会で「弾圧」を恐れることはあるまい。発行所も発行人も明かせないから、所詮君らのやっていることは少心な卑怯者の「猿芝居」でしかない。

よしんば君らが、いかに極秘裡にこのような「怪文書」をばらまいて快哉を叫んでいても、われわれの調査は進んでいるし、そう遠くたい期日内に必らずその正体をとらえるであろう。その時こそ、君らは天誅を受けることになるであろうことを警告する。

×　×　×

その「怪文書」のなかで、特に目を引いたものは、民団の全国代議員諸氏を馬鹿扱いしたことである。因みにその一節を引用するなら「一九六九年二月、民団の中央定期大会において、李君は執念の団長になった。このときの決戦相手は兪氏、得票の数は兪氏のほうが多かったがごまかされて李君が当選した。ごまかされたといえば読者は納得しにくいだろうが、それほど民団の代議員どもはバカだった。代議員といえども見るべき人物は皆無に等しい、電車の前後の区別もできなかった連中がパチンコ・ホルモン屋・つれこみ旅館などのオヤジになってカネがたまると、民団ゴロどもにそのかされ、団長だ、議長だ、監委長という仰々しい名称をいただく……」とこうなる。

これこそ民団組織の代表者たちを愚弄し、まだ在日六十万僑胞を侮辱するものであって断じて許すことは出来ない。

これを書いた人物が、何処に居て何者であるかその文体の論調から押して、われわれの極身近く居る者の所業であることは疑う余地もない。

八・二事件の「力の暴力」に続く「ペンの暴力」この二つの間には相似点が多すぎるし、関連性が濃いことを強調する。

×　×　×

ニュース抄報
（東和新聞より）

本国政府や民団中央に対し共産党以上の攻撃記事を満載した東本機関紙「民団東京」、これに対する中央機関紙「韓国新聞」の応酬は、両者の「是非」以前の「機関紙」本来の在り方を逸脱したものとして、心ある人々の批判を買ったものであったが、その最中忽然と現われた「自主民団」が「民団東京」に輪をかけた反政府・反中央攻撃に終始し、組織の恥部を完膚なきまでに内外に曝すに至って、発行人が中央顧問であることと合せて良識ある同胞のひんしゅくを買ったものである。

そこえ今度は民団非常対策委員会発行の「民団時事」が発行されいわゆる「ベトコン」といわれる「有志懇談会」派への仮借ないと筆誅で、その幹部数名が朝総連による「密封教育」をうけた恐るべき秘事を暴露し人々を驚かせた。

ところが、更に驚いたことには九月一日付で印刷され、各界にばらまかれた「民主改造報」なる「怪印刷物」の出現である。敢えて「怪印刷物」というのは、それが、「新聞」の形はとっているが記述編集内容が機関紙でもなく上は大統領から公使・民団長・経済人から下は・通信社に至るまで、在日同胞社会の指導的立場にある人場のアクドイ人身攻撃に終始したいわば共産党的悪意ある「アジ・ピラ」であるからである。

何者が発行したかは知らぬが、記述内容から、われわれの周辺、しかも密接な距離にある者の所業とみて間違いなく、そうだとすれば、虚偽と誇張の悪口を書かれたわれわれよりも、これを書き印刷した彼らの方が、より性悪な人非人どもか、さもなくば在日韓国人社会の崩かいを狙う特殊組織の手先であると断定すべきであろう。

一部の機関紙やこれら得体のしれない印刷物が、言論の倫理も、同業への仁義も、民族の体面も、国家の権威も、一切無視し「目には目を、歯には歯を」式の報復手段に出ていることを、われわれは悲しむべき〝民族の性(さが)〟として肯定することなく、彼らの反省を求め、蠢動を封ずる方向での対策を至急に講ずべきである。

八・二事件・その後

この責任、一体誰が取るのか！
—全国の僑胞に訴える—

（張基洙氏）　（朴永銅氏）

人の噂も七十五日というが、あの血なまぐさい八・二事件から既に七十余日にもなるのに、いまだに健康を取り戻すことが出来ずに病床にいる人がいる。

張基洙氏（大田区出身）＝写真右＝全身打撲・頭蓋骨打撲に依る脳神経麻痺　現在山梨県石和温泉病院で入院加療中　特に脊椎管より酸素注入の治療を受けている。

朴永銅氏（江東区出身）＝写真左＝全身打撲・右肩骨々折　現在山梨県石和温泉病院で入院加療中

ともに六十才に近い高令者、たまたま八月二日夕方、東京本部を中央本部が接収し管理中であると聞き訪問し難を受けた。

以来病床に臥しで治療に専念しているが、「民団正常化」への祈りをこめながら毎日を送っている。

さて、誰がこの二人をこうさせた！この責任を一体誰が取るのか！

われわれは、このお二人の早期全快を祈りながら、この事件の責任者を全国の僑胞に対し告発する。

（二頁から続く）

ると思惟される。

このような困難な時局での中央本部最高指導層の、その無気力な指導の姿勢は多くの人々に不安と焦燥感を与えている。今の民団組織内の混乱な状態は、鄭在俊一派及びその同調者がかもし出していることは多言を要さないが、それに対処する指導機関の優柔不断な姿勢にも一端の責任はあると思う。

中央執行委員会の長たる李禧元団長は、鄭在俊一派との「政治的取引き」に色気を示し、中央監察委員会は、八・一五式典の分派行動者に事前警告を発しながら、末だに事後処理に手をつけていない。議長は議長で次期中央団長の座を虎視たんたんとしてねらっていると言う。

どうして中央本部の指導層は、東京本部直轄にともなう諸問題の責任の所在や、八・一五式典などの分派行動者らに寛大であろうか？八・二事件で重傷を負って今だに入院加療中の人々が居るというのに、その事件の責任者たちは安穏な日々を送りながら、民団破かい工作に専念している。何のいわれもなく八・二事件に巻き込まれた人々に対する対策とその責任者に対する処置など、矢張りこれも中央委員会の審判に期待する。

人事往来

当委員会の委員蔡洙仁氏は、十月二日羽田からヨーロッパ・アフリカへの視察旅行に出かける。帰日は約三週間後になるという。

「自主民団」か〝自主共産〟か！

—丁賛鎮一派の葬送曲—

馬鹿の一ッおぼえという言葉がある。全くその通り、ごわれた〝蓄音器〟ではあるまいし、口を開けば「官憲干渉」だ。ペンを取れば「録音公開」だと、もう少し書くことはないかね「自主民団」さんよ！

つい最近も「民主改造報」という出所不明の「怪文書」が出廻って人々の笑いものにされたばかりなのに、しばらくなりをひそめた「自主民団」が、またまだ、おかしげな、出だら目な記事を満載して登場し、人々をして、まだか！というウンザリした気分に陥し入れた。

ほんに、丁賛鎮一派の悪あがきには「ハキケ」を催し、もう「いい加減にしろ」と言いたくなる。

ことわっておくが、常に「真実」は一つである。偽善者が如何にゴマカシなごたくを並べても、大衆は、もうこれ以上だまされることはない。あがけばあがくほどに、自らの墓穴を堀るに等しく、正に「葬送曲」を聞く思いである。

「権力」アレルギーに、狂犬病？　馬鹿は死ななければならないね！

誹謗と人身攻撃がそれほど面白いのか！

丁賛鎮はアナキストかトロッキスト？

丁賛鎮を発行人とする「自主民団」が七月十日に発刊されて九月十五日付で第七号になるが、毎回の紙面の飾るものは「官憲干渉」「録音公開」「金公使」「謀略」「策略」「情情政治」……と、全く馬鹿の一つおぼえみたいに、大きな見出しをつけて狂犬の如くホエ続け、時には政府にまで咬みついている。

ところが感心なことには「金日成」のことについては、又、朝総連の対民団侵透工作と破かい工作などについては一字一句もふれていない。ということろをみると、どうもこの新聞、題字を間違えているのではないかと思う。つまり「自主民団」ではなく「自主共産」とかと……。

およそ、新聞とかその他出版物とかには一つの基本的な倫理があり、又、活字にする場合は一つの節度というものがある。口きたない言葉を活字にならべたからといって説得力を持つものでもなければ、コマーシャル・ソングじゃあるまいし、前述のような言葉を反復して並べたからといって、一般読者の感銘を深めるわけでもない。

とするなら、どうもこの新聞のあり方たるや、ヤンチャな子供が何かのことが気に入らないからといっても「オモチャ箱」をひっくり返したように賑々しくがなり立てているような気もするし、矢駄らに人を咬む「狂犬」にも似ている。

民団混乱の責任は一体誰にあるか

「自主民団」は、民団の今日の混乱があたかも金在権公使にあると強調しているが、それは全くの偽りである。別にここで金公使を必要以上に擁護するつもりはない。がしかしその全責任を彼に負わすことには抵抗を感づる。何故なら彼は政府の出先機関の一公吏にすぎないし、彼の職務上のことにまで口を出すことは当を得ていないからである。

勿論、彼が情報関係出身者であることは世人の認めるところであり、敢て否定をするつもりもない。歴代の駐日大使や駐日公館に席をもつ公使は、常に何らかの形で在日僑胞のツキ上げを喰ったものであり、又そうなりやすい要素を待っている。

周知の如く、日本には六十万の僑胞が居住している。「民団」「朝総連」という二つの組織があって、常に思想的な葛藤を続けている。北韓の金日成徒党は、赤十字会談が開かれている現時点ですら、毎日のようにゲリラを南派し善良な農漁民を殺りくし、若き北韓の青年の生命を失なわしめている。しかも、それらのゲラが持っている装備はすべて「日本製」であり、それらのものはすべて日本から秘密ルートを通じて北韓へ流れている。

又、朝総連の巧妙な手段を通じて韓国へ運びこまれたものもあった。

自主民団　ZAZU MINDAN SINMUN　9月15日（水）第7号　毎月5・15・25日発行（購読料）定価1ヶ月300円（送料共）　発行所 自主民団新聞社　発行人 丁賛鎮　東京都千代田区外神田6−3−3　電話（832）−8327番

…謀略の怪文書

共産党が合法的な活動をしている日本の国情と、その中で金日成徒党の指令で動いている「朝総連」の対民団破かい工作と対韓国侵入工作は、北韓カイライの南侵工作と全く同一手法であり、又同じような経路をたどっている。

このような情勢と状況のなかで、民団という民主勢力と、朝総連の共産侵略集団とが背中合せに同居している在日僑胞社会に対する本国政府の気を使いようは並大抵のものではないと思う。言うまでもなく公館関係者の時々の「勇み足」もあるが、それらのものはその都度ケリがついているし、別に在日僑胞もこれと言って気にもして居ない。むしろ、そのようなことを神経質に考え過ぎ、必要以上に危機感を助長する一部の反体制分子の動向にこそ問題の根源がある。

「自主民団」はこのような意味で、正に反体制・反民団・反民族運動の標本であり、一切の権力を否定する「アナキズム」そのものであると断言する。

「自主民団」の社説を引用するなら「もし金公使を糾弾することによって国家にそのるいが及ぶことがあっても、これは金在権の責任であって、決してわれわれの責任ではない」と言いきっているが、これほど無責任な主張はない。

裵東湖や郭東儀らの反国家的行為を辯護するに汲々している心情は判るとしても、その為に国家に対し重大な影響を及ぼすことがあってもそれは知ったことではないとの論法は、それ自体が反国家的発言であり、帰するところ在日僑胞社会を混乱せしめるという発想から出たものであると言わざるを得ない。

本当に民団社会を混乱させているのは誰か？。これは、裵東湖・郭東儀らの反国家的行為を追求した金在権公使ではなく、それを利用して僑胞社会に無用な危機感をかもし出すことに専念している丁賛鎮一派であることは明白である。

彼らが、このような悪らつな誹ぼうと中傷と人身攻撃を続け、僑胞社会に混乱と波紋を起すことを中止しなければ、やがて一般大衆から見離されることは必定であり、今まで瞞されてきた全体団員からの天誅は容赦なく下されるであろう。

われわれが最も憎む者と軽べつする者は、仮面をかぶって道化芝居をする輩であり、左手に懐剣を握って右手で握手を求める者である。

民団の団員のようなふりをして、やっていることは「朝総連」いやそれ以上のことを平気でやる徒輩たちに与えるはなむけの言葉、それは「国籍を返上し」「民団を去れ」ということである。

カラスが鷺のような真似をしても、所詮はカラスである。

民団の団員であるなら、言動に責任をもって日本社会に恥部をさらけ出したり、僑胞社会を破かいする行為は、やがて自らの滅亡の道を歩む結末をみるであろう。

「自主民団」を読みながら、丁賛鎮一派の葬列の足音が聞えて来るような気がするのは、われわれだけではなかろう。

京都民団正常化有志が

三機関退陣を要求

民団京都府地方本部正常化有志会（代表者権在淑氏）は、このほど同本部李相権団長に対し、諮問機関、議決機関、監察委員会、団長団の総退陣を要求する同有志会代表委員三十六名の署名捺印の「要求書」を提出したことに関する経緯を九月二十二日に発表した。

これは、同有志会が去る八月二十五日に李団長に要求書を出した際、要求書に記載している名簿等を公開しないことを約束したのに、その約束を破って公表したばかりか、八月三十一日には退陣を拒否する回答を寄せたので、これまでのいきさつを公開しないわけにはいかない、と説明している。

同有志会は、次のように総退陣要求（要旨）理由をあげ、李相権団長がこのような事態に対し、何ら対策や所見も発表せず正常化を期待する団員を裏切ったと非難している。

一、中央本部執行委決議通達に違反し裵東湖の利敵行為の真相を歪曲し国家と民団の威信を損傷している。

一、監察委員会の全成局委員長が辞表を提出した。

一、顧問団中三人（俞錫じゅん・金在述・呉興兆）が所謂「民団自主守護委員会」の発起人になった事実。

×　×　×　×

第3号　1972.1.1.（土）
（在日本大韓民国居留民団非常対策委員会機関紙）

発行所
民団時事社
発行人　鄭東淳
東京都港区芝公園10号地7番A549
（〒105）　電話 431－6986

民団組織に新局面展開
――非現実的な東本に批判の目――

東京本部をめぐる東京地方の民団情勢は、昨年11月8日の中央本部の「直轄処分解除」にともなって、正常化への期待が持たれたが、事態は解除以前にも増して悪化の一途をたどりつつある。中央本部の処分解除が組織の原則を無視して行われたことへの副作用と、東京本部自体の変則的な組織体系と併せて、直轄解除から個人の「処分」取消し要求へと、飛躍しつつある論理と行動の矛盾に依って、団員の望む正常化への途は新たな段階に入った。

都内各支部団長ら正常化へ動く
家族招請と保安対策の自主運営決議

民団中央本部の、東京本部に対する「直轄処分」解除に依り、民団情勢は正常化への新局面を向えたかに見えたが、あにはからんや事態はますます混乱を極めつつある。

もともと中央本部が、監察機関不在という変則的な組織体系にある東京本部に対し、直轄処分を解除したこと自体が原則無視の「勇み足」だったのに、これに應じた東京本部が、今度は、鄭在俊前団長・関泳相前議長の停権処分撤回と、裵東湖に対する除名処分の取消しを要求するに至って、情勢はますます混とんとしてきた。

中央本部が不法集会として禁止した「不当処分撤回民衆大会」を強行した東京本部は、この大会への動員を各支部に指示した為に、これに協力した支部と、非協力的な支部とに割れ、今や東京都内二十二支部の地区指導者たちは、東京本部の相次ぐ「横紙破り」的な横暴と、組織のすべてのルールを無視したやり方に、ようやく批判の目を向け始め、今年二月、北海道札幌で開催される冬季オリンピックへの本国家族招請運動を目前に、一般団員からのつき上げもあって、東京本部に対する不信表明と、家族招請事業の自主運営に立ち上った。

即ち、昨年十二月十四日、都内二十二支部のなかの有志団長らは、大使館に対し「東京本部」が正常化するまで、家族招請事業の自主運営と被招請者に対する保安対策を、支部単位で行うから認めて欲しいという趣旨の「陳請書」を提出した。この「陳請書」には十二月二十五日現在十二支部団長が署名し、残る支部も相次いで署名するものとして、一般からその勇気と正常化への意欲が高く評価されている。

これに対し、東京本部は、自らの指導姿勢を反省することなく、これらの支部指導者らの勇断に対し、「本部の指示に従わない支部は直轄処分にする」と脅迫する等、ナダレ現象を起している各支部からの本部不信と批判を抑えることに躍気になっている。

しかし、かつては自らが、組織の統制を乱したとて中央本部から直轄処分を受けたのに、今は、その管下二十二支部から見離されつつある自己を省みず、報いるに「直轄処分」云々とは、最早「東京本部」の斜陽化は目に見えつつあると言えよう。

＝陳情書要旨＝

民団東京本部に混乱な事態が発生してから七ケ月以上も経過したにも拘らず、未だに正常化への途は遠く、東京本部は前団長鄭在俊、前議長関泳相に対する停権処分解除を要求するに至って、短期間内に正常化する可能性は無くなり、われわれ二十二支部は多大な被害を受け、来年の札幌オリンピックへの家族招請にも影響を受け、現在の上部機関を頼っては、招請事業推進も困難な状況におかれるので、われわれはこれ以上座視することはできない。

東京各支部は、オリンピック家族招請の諸般の事務手続き及び招請費用まで徴収済で、被招請者が来るのを招請者団員各位は一日千秋の思いで待っている。ところが十二月十三日東京商銀会議室で開かれた公報館主催の「国家非常事態宣言」説明会並びにオリンピック家族招請保安対策懇談会で、東京二十二支部招請者に対しては、保安上の難点があるので許可保留中であるとのことを聞かされ、われわれ二十二支部の責任者は驚いている。

これに関して、十四日、東京各支部支団長は自由意思で集会し、意見の交換を行なった結果、民団東京本部正常化まで、無期限に待つ訳にはいかない招請事業であるので、各支部別に保安対策及び事業手続き一切を、各支部三機関は勿論のこと、役員の責任のもとで強力に推進することを決議した。次の通り各支部団長は署名捺印し、招請事業に関する認可保留を解除し、他の地方本部と同等な措置を講ぜらんことを要望し、陳情するものである。

◇署名捺印支部（順不同）

文京支部　団長　金尚弘
台東支部　団長　李鎮鎬
中央支部　団長　金容太
墨田支部　団長　洪象観
江東支部　団長　金教安
足立支部　団長　金周奉
荒川支部　団長　高昌運
豊島支部　団長　金熙淑
板橋支部　団長　石相奉
練馬支部　団長　李用洙
新宿支部　団長　金炳栄
目黒支部　団長　姜高元

主張
一九七二年への展望……

新年号というものは、新聞にしろ雑誌にせよ、何かと趣向をこらして、読者の目を向けさせるようにするものであるが、これをお届けするわれわれは、とてもそのような気にはならない。読者の皆さんと共に、新しい年を祝いたい気持がないわけではないが、現在のわれわれの周辺の情勢は、手放しで新年お目出とうとのメッセージを送るにはあまりにも厳しいものがありすぎる。

言いかえれば「賀正」の気分よりも「悲愴」な感じが先に立つ。

今、祖国は「国家非常事態」のなかで、国家の安全保障体制確立に湧き立っている。朴大統領は「国家の安保体制確立の為、すべての政府施策は安保優先とし、必要に應じては自由の一部すら留保することもありうる」となみなみならぬ決意を示した。

これは国民の間の無軌道な安逸風潮への戒しめであり、一部に奢侈と享楽風潮がみなぎり、理性を欠いた北韓との統一ムードが、国家安全保障に重大な影響をもたらすことへの一大警鐘とも言えよう。

この大統領宣言についていては、その是非が論ぜられているが、われわれはその可否を云々する前に、本国の情勢が、赤十字会談が行われているにも抱らず、六・二五事変の前後にも似た様相が内在していることを考え、軽卒な論議は慎まなければならないと思う。

×　×　×　×

民団東京地区組織の正常化を目標に発足した対策委員会も、多くの宿題を残して越年した。団員諸賢の絶大な声援を受けて組織された、われわれの委員会は、これで二才になったわけである。中傷や謀略にめげず、唯ひたすら民団の安定を願ってつっ走って来た。

こゝで明らかにしたいことは、われわれ委員会が、民団組織から何かの報酬を求める為に、早く言えば、何かの野心があって結成されたものでないことである。われわれが望んでいることは民団組織の正常化そのものであって、それ以外特別な目的を持ったこともないし、今後もこの基本方針は変りない。

今年こそ、何はともあれ、民団が正しい姿に戻ることを年頭にあって祈りながら、皆さんの先頭に立って、報いを期待することなき前進を続けることを約するものである。

「正常化」支団長ら忘年会
―領事事務自主運営を再確認―

民団東京地方組織の正常化を目指して立上った十二支部支団長らは、十二月二十三日午後六時から代々木のレストラン「外苑」で、忘年会を兼た懇話会を開いて、今後の結束を固めることを確認し合った。

各支団長の話題は、さきに中央本部を通じて、又独自的に大使館に提出した「領事事務」の支部単位取扱いに対する、当局の出方に注目することに集中した。

朴大統領国家非常事態を宣言

――民団非常対策委員会支持声明――

朴正煕大統領は、十二月六日午前十時「国家非常事態」を宣言すると同時に、「中共の国連加入をはじめとする諸国際情勢の急変と、これの韓国半島に及ぼす影響及び北傀の南侵準備等の諸様相を、鋭意注視・検討した結果、現在、大韓民国は安全保障上、重大な次元の時点に直面していると断定するに至った」と言明した。

その内容は、既に報道に依り知らされている如く(1)政府の施策は国家安保を最優先的にし、万全の安保態勢を確立する　(2)安保上脆弱点になる一切の社会不安を許さず、又、不安要素を排除する　(3)言論は無責任な安保論議を慎まなければならない　(4)凡ての国民は安保上の責務遂行に自ら誠実でなければならない　(5)凡ての国民は安保中心の新しい価値観を確立しなければならない　(6)最悪の場合、吾々が亨有する自由の一部も留保する決意を持たなければならない、という六項目からなっている。

これは、大統領の緊急命令の前段階として取られた宣言の性格からして、非常事態に直面し、国民の自助協同の参與を土台とする総和体制達成と、新しい次元での秩序確立を目的とする為の噴水嶺になることを期するものと解釈することができる。

韓国半島の現状をみるとき、中共の国連加入、駐韓国連軍の撤収、北傀の南侵脅威等、特に南北赤十字会談が進行している今年だけでも、北傀は百九十余名の武装スパイを、主として、南海を通じて侵透させ対南戦争準備に狂奔している情勢からみて、わが国の安全保障上重大な時点での大統領の、国家非常事態宣言は、時宜に適切な英断として、われわれ非常対策委員会は、これを積極的に支持するものである。

同時に、在日六十万僑胞社会にも、日々に増大する北傀の走狗朝総連の民族的分裂策動と、これの指嗾を受けて民団組織破かい工作に専念している勢力が存在することにも、深い関心を寄せている。特に、鄭在俊・関泳相一派は「民団東京本部」を、民団組織破かいの據点とし、民団組織のすべての伝統と、組織の規律を蹂躙し、彼らの理論と行動は反民団的から、反政府的に飛躍しつつある。

彼らの罪悪を一端を列記すれば、東京本部機関紙「民団東京」を通じての虚偽宣伝、八・二暴力事件・八・一五光復記念行事の分派不法集会等々、そのいづれをみても、彼らが、朝総連の走狗であるということは、証明しても余りがある。

又、彼らの一連の反逆行為は、去る十月二十三日の大阪での中央委員会に対する暴力阻止事件、直轄解除の合意事項である臨時大会召集の拒否、各支部に圧力をかけ、鄭在俊、関泳相、裴東湖に対する処分撤回集会への動員指示、又、停権処分中の鄭在俊は、東京本部団長名儀で都内二十二支部三機関会議を召集するなどの暴挙を敢行し、荒川支部に対しては、直轄解除直後、正当な手続きで成立した大会で選出された役員の資格を否認し、某支部に対しては「直轄処分」を行なうと脅迫する等、停権処分を受けた者が依然として団長・議長の職権を振り廻す不法行為が横行し、東京二十二支部を中心とする民団組織情勢は「直轄解除」以前にも増して、その混乱は深刻化している。

もとより、東京本部は、去る五月三機関中の一つである監察委員会が辞任したので、現在の東京本部は変則的状態にあることは言うまでもなく、直轄解除の合意事項である正常化の為の、臨時大会の召集を拒否している組織体としては、考えることすらできないこのような無法状態のなかで、愛団的な愛国的な多数の支部、一般団員が、領事事務を領事館で直接取扱って欲しいと要求している現実は、極めて当を得た輿論と断定することができる。

以上の如く、在日僑胞社会での諸情勢に照らして考察するとき、本国の「国家非事態宣言」を支持するわれわれは、矢張り非常時局のなかに、われわれが居ると判断し、次の如くわれわれの立場を明らかにする。

① われわれ在日僑胞は、国家安全保障態勢強化に協力することを確認し、国家の難局打開に全体国民が一致団結できる、強力な措置を講ずることを政府に要望する。

② われわれ在日僑胞は、国家安危の非常時に際し、渾然一体となって、在日僑胞社会の正常な発展に発憤し邁進することを確認し、このような難局に対処し得る確固たる指導姿勢を確立することを大使館に要望する。

③ われわれは、民団組織内に侵透している朝総連の走狗らを排除し、民団正常化の為に熱烈な斗争を展開することを確認する。

一九七二年十二月十二日

民団非常対策委員会

会長　鄭東淳

謹賀新年

一九七二年元旦

会長	鄭東淳
副会長	李東鎬
〃	朴達权
〃	金栄洪
〃	張基洙
〃	鄭竜徳
監事	梁奉五
〃	安正先
相談役	金己哲
〃	李舜夏
〃	千順久

朴大統領、各級指揮官に指示

いかなる奇襲も即時撃退態勢で

朴正煕大統領は先に原州で行なわれた嶺東高速道路開通式に出席したあと、一軍司令部に立寄り、韓信司令官から状況報告を聴取したが、その席上朴大統領は「各級指揮官は敵のいかなる奇襲にもただちに対処、これを即時に撃退、粉砕することができるよう、つねに動員態勢を点検し、非常事態に備えよ」と指示し、なお、各級指揮官は戦闘地域環境の特殊性によりその時の自分の部隊の現況把握を正確にしてほしいと語った。

1384

年頭所感

東京本部は変則体系を整えよ！

—正常化は早急な臨時大会召集で—

(1)

結論から先に述べるなら、東京本部は速かに臨時大会を召集し、その進退と信任を一般団員に問うべきである。

何故なら、現在の東京本部は、監察委員会の無い変則的な体系の上に立っているからである。言うまでもなく、東京本部はその名の如く、東京都二十二支部を統轄する機関であり、民団組織全体からみた場合は中央本部の指揮下に属する組織の一地方本部であり、それには、民団の規約に基いた条件が具備されていなければならない。即ち、組織の原則である体系、つまり民団にあっては、団長を中心とする執行機関・議事を司る議長団、それに監督機関である監察委員会、これが三本柱となって、各々独立した機関として相互不可侵の原則に基づいて、始めて組織の体系をなすものであり、これは、中央本部・地方本部、支部を通じ、民団組織の指導体制である。

しかるに、東京本部の現状は、この民団の大原則から大きく逸脱し、団長・議長はその上部機関である中央本部から停権処分を受け、その任務を遂行することが不可能な状態であり、最も重大なことは監察機関が全員辞任しことである。他の機関は職権代行者を指名することも出来得るが、監察機関不在という事態は、大会に於てのみ解決し得る問題である。

もとより処分という問題は軽々しく扱うべき性質のものではない。これは組織がその機構を守り、組織に不可欠な統制を維持する為に取られる重大な処置であることは多言を要さない。組織体に対する「直轄」又は、個人に対する「停権」「除名」等は、規約の運用上適当であっても、その適用には最大の注意を払わなければならない。

しかし、組織がひと度び、その断を下した場合は、あくまでも原則に基づいて処理されなければならない。

中央本部が東京本部という下部組織を「直轄処分」に附したことは、組織の統制維持の為に取られた一種の「行政処分」であり、そのような組織の指導者に対する「権利行使停止」処分は、さしづめ「司法処分」とも言える。従って、このような二つの処分行為は、相似点はあっても、その本質は大きく別れる。組織体に対する「直轄処分」は、それを決定した上部機関に依って随時解除されるが、「傍権」「除名」等の処分は必らず監察の機関に依ってのみ解除さるものであり、停権処分の場合は、処分期間の三分の一を経過しなければ解除することが出来ないと、規約上に明記されている。

東京本部に対する一連の処分が妥当であることは言うまでもないが、これを処分以前の状態に戻す為には、それなりでの手続きが必要である。これは、暴力や脅迫等に依ってなされるべき性質のものではない。

もし、ある種の圧力や取引きに依って規約の運用がなされるとすれば最早、それは組織以前の問題であり、正常な組織の発展は望むべきもない。

従って、東京本部は、東京本部が民団組織の中の一地方本部であるとの認識に立つなら、速やかに臨時大会を召集して、組織の体系を整備する為にも東京地区代議員諸賢の判断にゆだねるべきではなかろうか？

鄭在俊・関泳相の両名に関する停権処分の問題は、その後で検討することがより賢明なことであると思う。東京地区組織全体の問題と、鄭在俊・関泳相両名の個人の身分に関する問題とは別に考えるべきであり、組織とその構成員である一般団員の利益を損なう、現在の東京本部の在り方は、組織全体からみて甚だ常軌を逸したものであると信ずる。

かつて、民団中央本部は、大阪地方本部を「直轄」したこともあり、東京本部は豊島・板橋・練馬連合支部の議長職にあった（故）崔鮮氏を除名処分にしたこともあった。

大阪地方本部の場合は約半年後、秩序回復に因り処分解除で正常化し、崔鮮氏の場合は彼が主幹する雑誌「白葉」で不当を訴え、又彼の所属支部の建議書提出等の処置が取られたが、しかしこれという混乱は起きなかった。又、丁栄玉氏が東京本部団長時代には豊島支部に対し「事務取扱停止」処分を下したこともあったが、これもその主原因たる豊島支部屋舎の問題が解決されると共に処分解除となったこともある。

このように、民団は組織運営の過程で、規約に依る処分を行なったこともあったが、今日の東京本部のめぐるが如き混乱は回避され、事態の収拾はスムーズに行なわれた。

これらのことを考え合せるとき、今日の東京本部を中心とする民団情勢は、幾人かの異端者の為に事態をより悪い方向へと、展開して行きつつある感が深い。

東京本部当時者は、速やかに混乱収拾への努力を、冷静な自己反省の認識に立って計るよう進言する。

(2)

李禧元中央本部団長は、昨年十一月八日に一片の「声明書」と共に辞表を提出し、そして、東京本部に対する「直轄」を解除した。世人はこれを「李禧元氏の喰い逃げ」という、中央執行委員会の決議を無視し、中央委員会にその真価を問うこともなく、直轄解除の大英断?を下しながら、彼は民団の最高指導者を地位を放棄した。

李禧元氏が団長職から身を引こうが、引くまいが、それは問題ではない。直轄以来延々五ケ月に及ぶ民団創立以来の未曽有な混乱状態を収拾するにしては、その幕切れは余りにもアッケ無いものであった。彼は声明書の中で「直轄処分は正しいものであったが、それに依って組織の混乱が増大した為に、処分を解除し同時に私も身を引く」との意味の「大見得」を切ったが、そのセリフのなかには一般大衆の感銘を深める迫力もなく、老優がその演技力の限界を知ってコソコソと舞台裏に引込んで行く姿にも似て、甚だぶざまな恰好であった。

本人は、こんなやり方をカッコウ良いと思い、それに依って民団は正常化されるだろうと考えたかも知らないが、現実はそんな甘いものではない。民団は、李禧元団長の個人プレーに依って、東京本部に対する直轄処分は解除されたが、事態はますます混沌とし、あたかも乱麻の如き状態のもとにおかれてしまった。これは組織の諸原則を無視してことを運んだことへの当然の副作用と言えよう。

東京本部直轄解除に至るまで経緯は、複雑怪奇なものがありいくつかの起伏があったと聞く。そしてその中間的役割りを果した人は、主として金世基氏と金東春氏であったとも伝えられている。しかし、その経過は一向に公表されることなく進められ、未だに一般大衆はその真相を知らない。

組織体に対する「直轄処分」はそれなりでの理由があり、それを「解除」するからには、それ相当の事由がなければならない。東京本部に対する直轄問題は、組織の統制を乱したことへの規約上の処分であったが、それなら、その後の「東京本部」が上部機関の処置を受け入れ、処分の主たる素因を排除することに努力した根跡が、つまり、組織紊乱の責任を感じ、直轄処分という組織上の不名誉をぬぐい去る為の何らの処置をとったであろうか、むしろ事態はそのその逆であった。にも抱らず、李禧元団長は敢て「処分解除」の処置をとった。

処分解除に伴う「合意書」があるとか、「声明書」がどうのこうのといってもそれは単なる「取引き」への引出物にすぎない。

東京本部は、そんな「合意書」は無効だとし、合意書にある臨時大会召集を拒否しつつ、今度は鄭在俊・関泳相に対する処分撤回を迫っている。直轄処分は受けられないと中央本部の決定を拒否した「東京本部」が解除は受入れると言い、停権処分は無効だと主張した者が、処分を撤回せよと叫ぶに至っては、こちらの頭が混乱する。

大体、中央本部と「東京本部」とが直轄解除に伴う「取引き」のなかで、八・二事件、八・一五分派行動などについて、この二つの大きな事件をどのように評価し、その処理をどのようにしたのか、その他一連の不法行為をどのように扱ったのか、中央本部は未だにその真相を明らかにしていない、泣く子と地頭には勝てぬのたとえ通り、暴力と脅迫がものごとを左右する民団組織「こんな民団に誰がした」と叫びたい。

(3)

本国では「国家非常事態宣言」に依って、国家安全保障の問題に全国民は立上っている。その影響はわたくし達在日僑胞にも及ぶことは当然である。本国では国家の難局を打開する為の作業が進められているのに、わたくし達の周辺、つまり民団組織が安定せずに、幾人かの反逆者に依って混沌とした状態におかれているのは誠に遺憾とせざるを得ない。特に、本国政府が在日僑胞の要望をいれて、非常時局にも抱らず三千余名の本国同胞を、日本に送り出すには相当の決心が必要であろう。それを受入れる民団組織の態制は、果してこれで良いだろうかと考えさせるものがある。

一日も早く民団が正常化し、組織をあげた本国同胞の受入れ態制を整える必要があると信ずる。今東京二十二支部の支団長らが、東京本部のあり方に不信を抱き、オリンピック家族招請事業を自主的に運営しようとする動向は、このような意味で大きな意義があると評価することが出来る。

このような動きは、東京本部の変則的な体質とその指導姿勢に対する不信任と解することも出来るし、これは、やがて、領事事務全般の自主取扱いにまで発展することは必然な成りゆきとして注目される。

因みに、東京本部に問い合せたら、中央団長は鄭在俊であると断言し、中央本部に確めたら鄭在俊は停権中だから団長の資格無しと言う。このような団員を惑わす不可解な状態から、何時の日か民団は脱皮することが出来るだろうか？みなさんと一緒に考えてみたいと思う。

年頭辞

今年こそ宿願達成に全力を……

非常対策委員会 会長 鄭東淳

皆さん、明けましてお目出とうございます私たちの運動に惜しみなき、ご支援とご協力を寄せて下さる諸賢に、心からのご挨拶をお送り申し上げます。

申すまでもなく、昨年は荒れ狂う「民団旋風」のなかで明け暮れし、又歳末には本国で「非常事態宣言」が大統領によって公布されるなど、厳しい状況のなかで、私たちは新しい年を迎えました。

中共の国連加入や日本の北韓接近政策、わが国を取り巻く国際情勢は、大きく変動しております。このような時局にあって、私たち在日僑胞社会も、今後は複雑な多難さが予想されます。

特に、民団組織が一部の者に依って、無法状態におかれ、著しく秩序が乱されていることは、誠に遺憾なことであり、それに依って僑胞社会は、相互不信と分裂への危険が増大しつつあることは心痛の至りです。

昨年一月十六日に締切られた在日僑胞の、永住申請は三十五万にも達したこと喜ばしき現象であり、民団組織の勝利と言えます、この勝利の上に安閑としてあぐらをかき、民団本来の任務を忘却し、朝総連勢力の侵潤をも許した為に、今日のような紛糾の素因を作ったことは、今後に於て民団組織の在り方に、冷厳な自己反省をしなければならない一つの転機に直面していると言えましょう。

民団正常化という大きな主題を掲げて、皆さんと共に斗って来ましたが、終にその宿題を果すことなく越年しました。

しかし、今年こそ全力投球で、皆さんのご期待に副うよう、一層の努力を重ねる所存であります。引続きご声援下さることをお願い申し上げます。

相談役 金己哲

人間が人間である為には人間的でなければならない。人間的であるということ、即ち人間が他の動物と区分されるのは、集団組織の生活環境を形成し、道徳とか倫理というチエを持って生存しているからである。

こういう判り切ったことを、ややもすれば忘れがちなところに、人間のもつ弱味があると思う。

人間社会が平和である為には、そこには確固たる秩序がなければならないし、それを守らなければならない。もし、社会の約束ごとを守らず、自分の主張だけが正しいとする者が居れば、それだけで社会の規律は乱れる。

昨今の僑胞社会でも、組織を個人の私有物の如く考え、組織個有の規約とか伝統とかを守らない一部の者が居るが、これは大変残念なことであり、これらの風潮が相互不信の要素となっていることを考える時、一日も早く改めなければならないと信ずる。

(休戦線近くの大成洞平和村の正月風景)

支団長らの請願通る

大使館12月23日付で通達

領事業務、支部・個人別に

東京地区・大使館で直接取扱う

駐日本国大韓民国李皓大使は、十二月二十三日、民団中央本部尹達鏞団長代理に宛て「民団東京地区の札幌オリンピック家族招請に関する事務を、支部又は個人別で取扱う」旨を通知した。これは、かねてから、東京都内各支部の要請を受けた中央本部が、大使館に請願した領事事務に関する要望に対する回答である。

大使館が中央本部に通達した公文は次の通りである。

「貴下が韓居中組発第三十四～六十二号で、東京民団の札幌冬季オリンピックに関する家族招請は、現在の東京民団の事情からして、各支部別に確認、領事事務等の招請業務を行なうよう請願されたが、この請願を受理し、今後は東京民団傘下各支部別に、又は場合に依っては個人別に、すべての領事業務を行なうべく認定したので、十二月二十三日付で各支部に通報し施行せられたく通知します」

× × ×

これは、十二月十五日、都内二十二支部のうち十二支部団長が、「東京本部の正常化を期待できない現状で、オリンピックへの家族招請事業が行き詰っているので、一般団員にこれ以上の迷惑をかけることは出来ないから、領事事務を大使館で直接取扱うよう要望する」との陳情書を中央本部に提出し、中央本部はこれを大使館に伝達したことに関する、大使館の公式通達である。

これに依り、東京本部管下二十二支部は東京本部を経由することなく、支部が直接大使館で領事業務を取扱ってもらうことになったわけである。

民団が領事事務を大使館の委嘱を受けて、取扱ってから久しいが、今度のように支部が地方本部を経由せずに、大使館に直接持込めるようになったのは、これが最初のケースである。

この大使館の措置は、東京都内各支部団長及び一般団員の要望に應じて取られたもので、一時的なものか永久的なものであるかは、明らかにされていない。

かねてから、各支部団長の間には、現在の東京本部の変則的な組織体系と、その指導姿勢が、中央本部や大使館を攻撃したり、果は反政府的な言動に終始していることに、強い批判と不満を持っていたが、家族招請事業という大きな課業を前に、一向に正常化へのきざしの見えない東京本部に見切りをつけ、自主的に招請事業をやりとげようと決意し、さきの要望書提出となったものである。

要望書に署名した支部は十二月二十三日現在十二支部であるが、署名を約した支部もあって、今後の二十二支部団長の動向が注目される。

この新しい事態に直面し、支団長間の連絡に当った「世話人」のひとりである金熙淑豊島支部団長は次の如く述べている。

「私たちは、下部組織にあって一般団員に接し、団員の民生問題とか税金問題とかに取り組んでいるのに、現在の東京本部は、徒らに政治的問題にのみ熱中し、民団組織に数々の波紋や混乱を巻き起している。それに直轄処分後直ちに臨時大会を召集して、監察機関のない変則的な体系を是正するかと思ったら、それどころか、そのやり方は益々エスカレートしている。もうわれわれ支部責任者は、善良な団員を巻込みながら、混乱を増大しつつある東京本部について行くことは出来ない、領事事務などは支部の責任に於て、大使館に直接やってもらうつもりで、今度の大使館の措置は、私たちの気持を取り入れてくれた結果であると信じ、心から歓迎する」

声明書

非常事態宣言に対する吾等の決意

在日本韓国人勝共同志会

中共の国連加入後、急変する国際情勢と、武力統一を公言しながら戦争準備に狂奔している北傀の動向が、祖国の安全保障に重大な次元に立っている非常時を重視し、自由国家群の集団安全保障を促し求める為に、十二月六日に発表された朴正熙大統領の、国家非常事態宣言を積極的に支持し、慈に吾等の新たな決意を明らかにする。

(1) 吾等は、勝共理念を発揮し、一致団結を以て祖国の難局打開に、誠実に協調する。

(2) 吾等は、在留同胞を、勝共理念で結集せしめ、国家事業の目的達成に、全力を傾注し全力を盡す。

(3) 吾等は、在留同胞の健全な社会気風を振興せしめ、祖国守護の崇高な愛国情熱を集中する。

(4) 吾等は、北傀の南侵野欲を粉砕し、国力増強に、すべての努力を傾注する。

(5) 以上は、吾等の基本方針と勝共理念とが一致するものであることを確認する。

一九七一年十二月十日

在日本韓国人勝共同志会 会長 姜桂重

(大阪市東住吉区沢之町六)

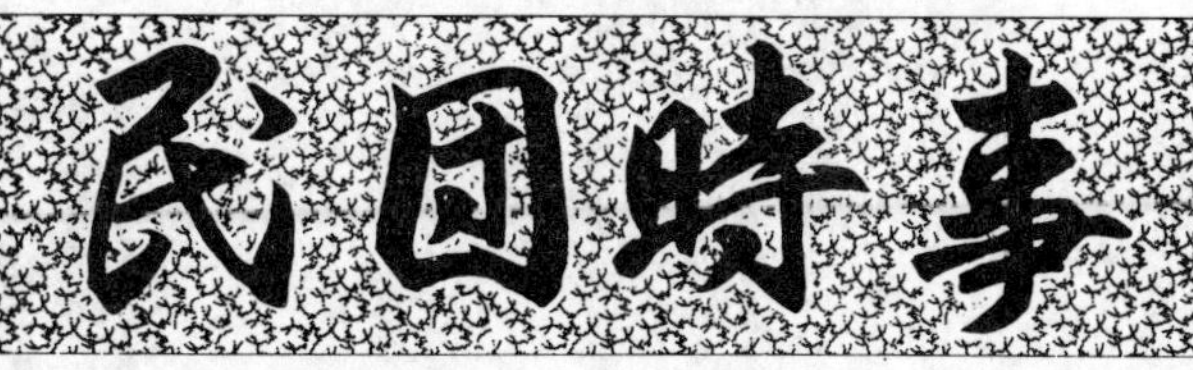

第4号 1972.4.1.（土）

（在日本大韓民国居留民団非常対策委員会機関紙）

発行所
民団時事社
発行人 鄭東淳
東京都港区芝公園10号地7番A549
（〒105） 電話 431－6986

鄭在俊一味を「総括」にせよ！

三・一節大会の反民族行為、許せず

―思い上るな！・反民団集団―

神聖な三・一節中央記念大会は、横暴な東京本部の傍若無人ぶりによって踏みにじられ、三・一精神を継承し、民族の中興を達成しようと、胸ふくらませて、東京は言うまでもなく、関東一円から参加した多くの団員を前に、鄭在俊一味は、再びその反政府的・反民団的な本性をむき出して、場内を騒然とさせ、参加者をあ然とさせた。

三・一節記念大会を、鄭在俊一味は「不当処分反対大会」にすり返え、大衆を欺まんしたばかりでなく、関東地区協議会の決定をも無視するという、組織的な裏切り行為を犯した。

去る三月一日午前十一時から、東京日比谷公会堂では、民団関東地区協議主催の三・一節中央記念民衆大会が開かれた。

われわれ韓国人にとっては、歴史上忘れることの出来ない不幸な記念日であり、再びこのような悲惨な日を、繰り返してはならないという、決意を新たにする記念日でもある。この三・一節第五十三回記念集会が、鄭在俊一味の組織的な裏切りと、大衆えの欺まん戦術によって、けがされたことは残念でならない。

言うまでもなく、この度びの三・一記念大会を混乱せしめた直接の責任が、鄭在俊一味にあることは勿論のことだが、主催者の関東地区協議会事務局長孫張翼氏＝神奈川本部団長＝にもあることは確実なことである。

この大会を開催するに当り、関東地区協議会は、二月十四日に熱海温泉ホテル大洋で会議を持って、その実行方針を検討した結果、第九十三回関東地区協議会は、第五十三回三・一節記念集会を「中央民衆大会」とし、停権処分を受けている鄭在俊らも、辞表を提出した李禧元中央団長も、壇上に上らせない、ということを決定した。

この決定は、関東地協孫事務局長が、中央本部と総領事に文書で報告し、大会前日である二月二十九日午後六時までも、孫事務局長に依って確認され、大会当日の開幕直前までも再確認された。

ところが、孫事務局長が認認したにも抱らず鄭在俊は、開幕と同後に大会会長団の席についたのである。

大会進行も、関東地協の決定は、民団神奈川本部許事務局長が司会することになっていたのに、東京本部宣伝部長康子宅君がマイクを奪って、鄭在俊を「東京本部団長」と紹介し、「記念辞」を述べさせたのである。

会場がそう然となり、張聡明中央議長の制止にも抱らず、鄭在俊はかねて用意して来た原稿を取り出し、全在権公使は録音問題をデッチ上げ、民団に混乱と分裂をもたらしたと攻激し、「国家非常事態宣言」を非民主的な独裁政策であり、祖国統一の妨げになる措置であると辞べるなど、韓国民としてはとても許し難い政府誹傍を敢行した。

こゝに於て、壇上では金信三婦人会長が激しく抗議し、壇上に居並んだ各級代表者たちは、金周奉足立支部団長を先頭に壇を下り、会場からも参加者がぞくぞくと退場を初め、抗議のアッピールをする人たちは、白い「案内」腕章を巻いた青年らに依ってツマミ出されるか、強制着席させられるか、会場はアッという間に修羅場と化したのである。

この不名誉な混乱事態を収拾する為、尹中央本部団長代理は、関東地協事務局長であり、本大会主催者責任者である孫張翼神奈川本部団長を通じ、制止するよう促したが孫団長はなすがま丶の無策ぶり。こゝで尹団長代理を初め李楠基総領事たちは退場し、金大中新民党議員が演説を始める頃には、壇上の主な人たちは去り、会場の参加者も半分にへった。こうして神聖な筈の三・一節記念行事は「民族の集会」から鄭在俊一味の「反逆の場」としてけがされてしまった。

昨年七月、中央本部から「直轄処分」「停権処分」を受けてからの、東京本部の動向は民団組織のカテゴリーから大きく逸脱し、その無法振りは筆舌に盡し難いものがある。

八・二暴力事件、八・一五光復節分裂集会など、機関紙「民団東京」を通じての、反政府・反民団活動等々、その理論と行動の矛盾は、最早同じ民団組織の一員であると言うことが、出来ないほどエスカレートしている。

三・一節中央民衆大会に於ける鄭在俊一味のペテン師ぶりや、青年を動員しての、参加者に対する弾圧行動は、最早これ以上座視するにしのびないものがある。

民団組織が真に六十万在日韓国人の、指導機関たるの権威を保つ為には、今こそ鄭在俊一味に対し決定的な打激を与える「総括」の手を考えなければならない。

民団中央執行委で声明書

― 鄭在俊一派の反国家行動を糾弾 ―

民団中央執行委員会は、三月十一日に会合を開いて、三・一節記念大会での無法振りを厳しく糾弾する声明書を採択した。

声明書は、三・一節大会の経緯を説明したあと「鄭在俊一派に対する収拾策は、本団の宣言、綱領から離脱した過去の罪をこの度びの三・一節行事で、自覚と反省と誠意を見せたとき、新たな角度から好意的に再検討することも考慮したが、この中央本部の雅量と意図を鄭在俊一派は、悪辣な行動をもって抹殺した」と指適し、「鄭在俊一派の反民団、反政府的な本質を充分に認識し、終局的に民団の破かいと、国家の威信をそこなう活動を封鎖するのみならず、その一派を、本団から排除する方向で、全団員は一致団結と同時に、民団を正常な軌道に乗せるべく専念している中央本部及び中央各機関に、歩調を合せると共に、協助を要望する」と結んだ。

招請事業関係者招き慰労会

鄭東淳・金泰変・李彩雨・姜学文＞対策委相談役招待

東京地区招請事業の母体である「対策委員会」の事業完結に伴ない、同委員会の相談役鄭東淳・金泰変・李彩雨・姜学文の四氏招待の慰労会が、去る三月二十日・二十一日の両日に亘り、熱海温泉ホテル八景で、四十余名の関係者を集めて盛大に催された。

この日、招待者である鄭東淳・金泰変両相談役は、「東京地区の招請事業が円滑に運営され、成果的に完結したことに対し、委員会の指導者である各支部団長の功労を高く評価し、心から敬意を表する」との観迎のあいさつをし、李彩雨相談役の音頭で乾杯したあとなごやかや宴席を張った。

この慰労会には、高昌運委員長は旅行の為欠席したが、金尚弘(文京)・金栄洪(荒川)・金熙淑(豊島)・姜高元(目黒)・洪象観(墨田)・金勲暎(渋谷)・姜富遠(江戸川)・金教安(江東)・郭泰月(北)・金玉男(葛飾)・陳斗鉉(世田谷)・金周億(港)・孫道淵(足立)・朱光熙(板橋)・黄方燐(中央)の十五支部の団長、副団長らの代表者たちに、その他の地区の事業協力者が参席し、近来にない盛沢の中で、支部間の協調と信和のムードをかもし出した。

1387

285の報告

東京地区招請事業成果的に終る

—立証された支団長の自治能力—

札幌で行なわれた冬季オリンピック大会への参観団として、民団が組織をあげて推進した「本国家族招請事業」は、このほど無事その課業を達成した。特に「東京地区」は、東京本部の変則体制の為に、この挙団的な事業に参加することが出来ず、一時は東京地区の招請事業は中断されるのではないかと憂慮されたが、都内各支部団長らの勇気ある決断に依って推進された結果、二八五名の被招請者の日本入国が可能になり、去る三月十日までに全員が帰国し、東京地区の招請事業は完全に成果的に完結した。

東京地区の招請事業が、朝総連の悪らつな侵透工作と、東京本部の激しい妨害にもめげず、ひとりの事故者も出さず無事に終了したことは、都内各支部団長らの連帯と事業達成への激しい意欲の成果として高く評価されている。

東京地区は、東京本部の非正常的組織体制の為に、招請事業が中断されることも予想されたが、高昌運荒川支部団長を委員長とする「東京地区招請事業推進対策委員会」が発足し、この事業を推進してきたものである。

㈠　対策委員会発足当時の情勢

一九七一年十一月八日、民団中央本部は、「直轄処分」中であった東京本部に対し、早急に臨時大会を開いて組織体制を正常化するとの「合意書」にもとづいて、処分を徹回した。

しかし、東京本部は直轄が解除になったにも抱らず、組織の正常化という全体団員の要望を無視し、鄭在俊・閔泳相・姜東湖の停権と除名処分の撤回を主張するあまり、民団東京地区の組織は、混乱が益すのみで、僑胞社会には不信と不安が溢れ、各支部指導者らは焦燥のあまり、組織活動は沈滞しきった情勢下にあった。

このようなさなか、中央本部が計画中であった「冬季オリンピック参観団招請事業」は、このような民団組織の混乱に困り、中断するかも知れない状況下にあったが、中央本部及び全国組織各級指導らの、熱列な対本国政府陳情活動に依って継続されることになった。

しかしながら、不幸にも東京地区だけは、東京本部が監察機関が無いという重大な欠陥がある為、都内二十二支部を統卒する地方本部としての資格を持たない故に、この招請事業の成就が危惧されていた。

このような時、本国では十二月六日に朴大統領に依って「国家非常事態宣言」が公布され、北傀の南侵工作に対備する大勇断が下された。

このような本国の緊張事態と、東京地区民団組織の混乱状態の中で、一九七一年十二月十三日、公館主催の「国家非常事態宣言」と「招請事業保安対策」の説明会が、東京商銀本店ホールで開催されたが、本国政府が東京地区に限り被招請者の出国を一時保留していることが明らかにされた。

この日、李楠基総領事は、東京地区の招請事業がなされる為には、民団情勢が安定し、被招請者に対する保安対策問題が解決されなければならないと強調し、十二月十四日に東京本部が開催を予定した「処分撤回大会」はこのような事情を考慮して中止することが望ましいと訴えた。

それにも抱らず、東京本部は、このような大使館の要望を無視して、大会を強行した。

東京本部は、この大会開催に当り各支部に対し、組織的行動員を指示した為に、支部は東京本部の指示に応ずるか、応じないかの二者択一の岐路に立たされた。

東京本部は、招請事業対策委員会を、一部支団長に依る分派行動だとして非難したが、このような事業を目的として発足した支部団長協議機構を、分派行動だとするなら、むしろその責任は東京本部にある。

その理由は、民団組織と大使館との不可分な関係からみて、東京都内各支部をして、大使館の要望に応ずるか、東京本部の指示に従うかの二者択一という困難な立場に追い込むのが、東京本部の正しい指導姿勢ではないからである。

いづれにせよ、東京民団組織は招請事業の成否に関心が集中し、各支部団長は、団員から執行を委任された団務の一つである招請事業が、東京本部の非正常的状態の為に中断されることを憂うのあまり、これに対する効果的な打開策を講じる運動が活発になり、この対策委員会はこのような状況の中で組織化して行くのである。

㈡　対策委員会の発足

一九七一年十二月十三日、東京商銀本店ホールの〝説明会〟で、東京地区の招請事業が保留されていることを知った支団長らは、十二月十四日、上野の宝ホテルで会合を持って検討した結果、招請事業を自主的に運営することを決め、中央本部、大使館に提出する〝陳情書〟（本紙三号で既報）を採択し、各自が署名捺印した。そして、十五日には代表者らが大使館を訪問し、陳情書を提出すると共に善処を要請した。

このような支団長らの動きを重くみた大使館は、一九七一年十二月二十三日付で、招請事業に関連し領事事務を支部又は個人別で扱うこと決定した。

この新しい情勢に対応する為、支団長らは招請事業を自主機構を通じて推進することを決意し、中央本部・大使館の諒解を得て、一九七二年一月七日札幌オリンピック参観団招請事業推進対策委員会を発足させた。

この発足会には、文京・豊島・墨田・足立・目黒・渋谷・板橋・新宿・荒川・中央・港・江東の十二支部団長又は副団長らが参席し、大使館・中央本部・来賓多数が出席して盛大に行なわれ、招請事業の成果的推進への決意を新たにしたのである。

これに依って、この委員会は、招請事業を行なう支部団長らの協議体として、民団組織が全団的規模で推進する招請事業に、正式に東京地区を担当する機構として参加することになった。

この委員会の、民団組織内の位置は、東京本部が非正常的な体制の為に、領事事務の委嘱を受けられない状態で、招請事業に関与出来ない東京地区の民団情勢が生んだ支部団長の自主機構であって、招請事業に関する限り、大使館・中央本部が認定した。事業推進漸定機構である。

もとより、招請事業を、このような時限的機構を通して行なうことは、不幸なことであり、支部団長らをして、このような機構を作らした責任のすべては、東京本部自身にあると言わざるを得ない。

東京本部が正常的に運営されて、管下二十二支部を統卒する機能を持っているなら支部団長らが、このような機構を作る必要もなかったからである。

各支部団長らが、団員から執行を委任された団務の一つである招請事業を、円滑に推進する為に、このような自主機構を組織したことは、団員の利益を擁護するという民団の基本的活動方針に違反するものでないことは明らかである。

㈢　悪質な東京本部の妨害

この対策委員は、東京本部が直轄解除後も正常化への努力もせず、益々混乱を招く方向へつっ走っている指導姿勢にソッポを向いて、招請事業に専念しようとする支部団長らの、自主運営機構として組織されたものであるにも抱らず、東京本部は、第二の東京本部の構想だとか、指導機関である東京本部の権利侵害だとか、支部団長の分ざいで上部機関の指示に従わないとか、とにかく常識では考えられない悪質な妨害を行なった。

第二東京本部構想云々は、東本自身の被害妄想、権利侵害とは自らを振返って言うこと、まして、上部機関の指示に従わないとは全くのナンセンス。東京本部が支部団長に対し、東本の指示に従わないと非難するなら、東京本部はその上部機関である本央本部の指示に従っているかどうか？　この委員会が出来るまでは、招請事業のことを全く考えなかった東本が、支部団長らが委員会を組織して招請事業を始めたら、つぶしにかかるとは指導機関の名前が泣くというものだ。とにかくその要質な妨害と、委員会組織破かいの手口は破れん恥そのものであった。

というのは委員会が、一月十一日事務局を中央本部に設置して、具体的な運営方針を協議しようとして、一月十九日に各支部団長・事務部長に集ってもらったら、東本は羅副団長を先頭に、全常任が青年三十余名を引卒して、話し合いの場を混乱せしめ、まだ一月二十一日東京商銀ホールで開いた「招請者」集会にも、青年五十余名を引き連れて乗り込んで、大混乱を招いだり、再三、再四に亘る事務局の占據などその恥知らずな行動は、招請者各位の激しい批判を受ける破目になったことでも知れよう。

この委員会は、このような、東本の妨害にもめげず、高昌運委員長（荒川支部団長）を中心に金尚弘（文京）金熙淑（豊島）洪象觀（墨田）姜高元（目黒）金栄洪（新宿）金鍾声（板橋）＝石相奉団長の代理＝の各常任支団長、これを強力に後押しした十一支部団長らの努力、そして直接の利益関係者三五三名の招請者、全体団員の声援を力に、招請事業の成功の為に全力を傾け続けたのである。

㈣　賞賛すべき委員会の成果

前門の狼「東京本部」の妨害、後門の虎「朝総連」の侵透工作、という悪条件にも抱らず、この委員会は立派にこの大事業を成し遂げた。二八五名の被招請者を受け入れ、その案内対策にも何のソツなく、三月十日までに全員無事に帰国を完了し、何の事故を起さずに完結したことは、多くの団員から惜しみなき賞賛を受けたことは当然と言えよう。

当初は、一部の人々は、特に東本ではこんな委員会に何が出来るかと、馬鹿にしたものであるが、その事業進行中の一糸乱れないチームワークからして、今日の大成は充分予想されたのである。

もとより、この会事業の成果的完結が七名の常任支部団長と、これをバック・アップした十一支部団長のみに依って成し遂げられたのではなく、十八支部の事務部長や実務者、二十三区に配置された六十六名の案内要員の目覚しい活動振りにも拍手を送るべきであろう。

いみじくも、この委員会は解散のメッセージを通じて、これらの協力者・同調者に、厚い感謝の意を表している。

最後にひと言ふれるなら、被招請者の日本入国が再三・再四に亘って延期され、二月五日になってようやく実行されたのは、東京本部の悪らつな妨害があったからである。もっと早くから入国輸送が開始されたなら、入国完了も早かったし、未入国者に対する救済方法も早くから始められたことであろう。

東京本部の破れん恥な妨害が、多くの未入国者を出したとも言え、折角招請しながら、肉身や友人に会えずに終った招請者には、誠にお気毒とも言えよう。これらの全責任は東京本部が負うべきであろう。

未入国者の招請者に対し、その費用の全額を無条件で返還した委員会の措置は、当を得た処理として、これ又賞賛を浴びたことを付記する。

㈤　立証された支団長の自治能力

招請事業が成果的に完結したことは、東京本部の変則体制と、その反政府的・反民団的指導姿姿に、ついて行けない支部団長らが、自らの手で事業を行なったという民団組織内では珍しいケースとなったが、それはそれなりで充分な正しい評価を与るべきであろう。

東京本部という地方本部が、自らの誤った姿勢を正すことなく、その統卒下にある支部に対してのみ、無条件で指示に従えという、独善的な思考方式が、支部団長らの造反と一般団員から、激しい非難を浴びる結果を招いたことで、自らが自らの墓穴を掘ったことである。それにもまして、このような大事業を支部団長らが自主運営機構を作って、しかも成果的に推進し、完結させたことは「東京本部」という無法者の集団の指導を受けなくても、充分に民団課業を達成することが出来るという「自治能力」を証明したものである点に注目することは、決して無意味でないと思う。

主要目次

第5号　1972.5.1（月）
（在日本大韓民国居留民団非常対策委員会機関紙）

発行所
民団時事社
発行人　鄭東淳
東京都港区芝公園10号地7番A549
（〒105）　電話 431－6986

鄭在俊一味　ついに全民団組織に挑戦

4/18午後4時～4/19午前4時、12時間中央本部を占據

中央三機関長を監禁し幹部らに集団リンチ

処分撤回を要求し深夜の乱動騒ぎ

去る四月十八日午後四時から翌十九日午前四時までの間、鄭在俊を先頭とする東京本部幹部たちは、例に依って韓青・韓学同の一部青年たちを引き連れて、民団中央本部に乱入し十二時間に亘って同本部を占據し、あまつさえ中央三機関長を監禁して中央本部幹部に対し、昨年八月二日の東京本部での中央幹部に対する集団暴行事件に引き続き、再び集団暴行を加えるという事件を引き起した。

この事件は、民団組織の最高機関である中央本部内で起ったという点と、三機関長を長時間に亘って監禁状態に置き、暴言と暴力をほしいまゝにしたという点で、極めて重要な意味を持っものである。

この事件は、その経過から見て極めて計画的であり、昨年の中央大会以来、東京本部が民団組織内での一地方本部である立場にも抱らず、中央本部の指示に従うことなく、反民団行動を取って来たことからして、このたびのこの事件は、鄭在俊・関泳相らを中心とする「東京本部」が、終に民団組織全体に対し果敢な挑戦を行なったこととして注目する必要があろう。

民団は創団以来二十数年にもなるが、この事件が示すように、中央本部が長時間に亘って、揮下の地方本部に依って占據され、三機関長以下数名の役員が集団暴行を受けたという例はなかった。

この事件は「東京本部」が引き起した民団組織に対する裏切りであり、犯罪行為であるばかりでなく、民団組織全体に対する挑戦であり、その手口は人民裁判もどきであり、もはや民団組織の一員である資格を自らが放棄したものとみるべきであって、その指揮者及び関係者に対しては、厳しくその責任を追求し、断固たる処断を行なうべきであろう。

事件は次のような経緯で行なわれた。同十八日「東京本部」は、午後一時から東京都内各支部三機関連席会議を召集し、民団の混乱収拾策について討議を試みた。

しかし、これはあくまでも形式的なものであり、中央本部への乱入に対する事前工作、つまり中央本部を力で制圧しようとする為の合法性を表向きにする為の会議であることは、当日の会議の内容と出席者の顔ぶれがそれを如実に示しているからである。

都内二十二支部の三機関役員連席会は、その会議名称が示すように、出席できるのは支部の役員でなければならないのに「東京本部」は例に依って、支部役員でもない者までもかり集め、韓青・韓学同の一部青年にも出席を許し、あまつさえ発言を与えるという茶番劇を演じたのである。

つまり、「東京本部」は中央本部に対する乱入を合理化する為に、民団混乱収拾の為の支部三機関役員に依る「陳情団」を編成しようとしたのである。しかし、この試みは見事に失敗し、良識ある多くの支部役員たちの思わぬ反対に合って「東京本部」の筋書き通りには運ばなかった。こゝで、郭東儀練馬支部副団長のアジ演説が展開され、こゝで中央本部乱入への足がかりが出来て、良識派支部役員は退席した後残る青年らを中心とする「攻撃部隊」が編成され、鄭在俊を先頭に中央本部への攻撃が開始されたのである。

中央本部へ乱入した彼らは、応待に出た朴性鎮事務総長・呉敬福組織局長に対し、三機関長を出せとワメキ始め、約八十名の青年たちをして中央本部屋舎を占據せしめた。

そして、あらかじめ青年らを派遣して尹団長代理を彼の事務所から、又李監察委員長を彼の自宅から強制的に拉致連行し、かけつけた張議長をも含めて、中央幹部を一室に監禁したのである。

そして、十九日午前四時にかけて約十二時間に亘って中央本部を占據し、前記中央幹部たちに向って、いわゆる「三・三〇要望」なる①民団への官権干渉排除 ②あらゆゆる処分の即時撤回 ③中央委員会・臨時大会の召集に対する返答を迫ったのである。

鄭在俊・裵東湖・郭東儀らが、このように中央幹部たちをつるし上げ、暴言と脅迫をほしいまゝにしているかたわらで、青年たちは「この野郎、返事をしろ」「馬鹿野郎、そんな返事があるか」といった怒号・罵声を浴せながら殴る・蹴るの集団暴行を行ない、前記中央幹部たちにそれぞれ重軽傷を負わした。

最も非道いのは李禧元団長（休職中）で、助骨三本骨折で全治一ケ月の重傷を負わされたのをはじめ尹達鏞団長代理・李寿成監察委員長・張聡明議長・朴性鎮事務総長・呉敬福組織局長らも、それぞれ全身打撲など一週間から二週間の治療を要する重軽傷を負わされた。

このような険悪な状況のなかで、中央本部三機関長は身の危険を感じて、裵東湖や鄭在俊・関泳相に対する処分を四月二十一までに解除するが、実現できない場合は辞任するという覚書に強制的に署名させられた。

鄭在俊一味に依る中央本部占據と、それにともなって行なわれた集団リンチ事件の経過は以上の如き内容であるが、この事件で知る限り、鄭在俊一味の手口は全く非民団的であり、それは常軌を逸した行動であり狂気の沙汰と言わざるを得ない。

言うまでもなく、民団は規約に依って運営される在日六十万同胞の自治団体であり、組織体は上級下級を通じて民主的に統卒されている。過去一年間の「東京本部」の在り方は独善的であり、上級機関の指示に従うことなく、下級機関つまり各支部には東京本部の指示には無条件に従えと主張するなど、その言動は矛盾に満ちて居り、その為に民団組織には波紋が渦巻き、混乱は果しなくエスカレートして来た。

これは、「東京本部」のひとにぎりの異端分子の返逆行為のなせるわざであり、これらの裏切り者どもの排除なくして、民団の正常な発展は望めないし、在日同胞社会の平和は期待できない。

鄭在俊一味のこのたびの乱動は、その内容から判断して、組織的であるよりはむしろ無頼の徒のナグリ込みにも等しく、最早彼らとは対等な平和な対話を通じて、組織の問題を解決することは不可能であるとの印象を、一般団員に強く与えたことは否定できない。

もともと「東京本部」の問題は、彼らが中央本部の決定に従ったのちに、組織内の問題としてそれこそ対話を通じて解決の方向へ運ぶべきところを、彼らは、昨年の中央本部大会での敗北を根にもって、ことごとく中央本部に反対し、おまけに大使館にまで非難を加え、あまつさえ反政府的な言動を取るに至って、完全に話し合いでの解決は困難になったものである。

しかし、中央本部は昨年十一月八日「東京本部」に対し直轄処分を解除し、早急に臨時大会を開いて監察機関のない変則体系を整える機会を与えたにも抱らず、彼らは、この上部機関の指示に従うことなく、ますますその言動は反逆への道を進んで来た。そして、このたびの中央本部占據と集団リンチ事件をも引き起した。

これは、鄭在俊一味が自ら民団の一員であることを否定し、民団破かいと組織混乱を増大することに依って、民団の敵対陣営に利益を与える結果を招いたことを立証したものと断定せざるを得ない。

この事件を境いとして、民団組織内外に暴力否定と抗議運動が急激に展開され、特に愛国青年たちに依る、民団正常化への決起の気運が力強い盛り上りを見せているのは、このたびの鄭在俊一味の乱動がどれだけ大きなショックを、同胞社会に投げたかを知ることができよう。

×　×　×　×

主張

民団正常化への総力結集と

新青年・学生運動への支援強化

先月四月十八日午後から十九日朝にかけて発生した鄭在俊一味の中央本部での乱動事件は、民団史上初の不祥事件として、全体組織と全体団員に大きなショックを与えた。

この事件の特徴は、過去一年余りの数々の乱動事件を通じて、表面に立たなかった鄭在俊、裵東湖・郭東儀らが先頭に立って、韓青・韓学同の一部悪質分子を前面に押し出して、中央本部を一時占拠し中央幹部に対し、集団の威力をもってリンチを加えたということであり不敵にも民団組織全体に対し、敢然と挑戦したことであろう。

多くの団員たちは、この事件を、鄭在俊一味が民団でのクーデーターを試みたと断定し、民団史上初の不祥事として憤激した。

この事件はその内容からみて、偶発的に発生したものでなく、三機関長の拉教・監禁・暴行からして計画的な、社会的な、まだ民団組織に対する犯罪行為とあって、昨年の八・二事件を「軍事的勝利」として評価した彼らが、自己の主張を力で解決しようとして起した事件であることは多言を要さない。

考えなければならないことは、今後の民団は必然的に組織防衛への体勢を固めなければならないということである。

過去一年余りの間に、鄭在俊一味が「東京本部」を拠点に、一部悪質な青年らを私兵として動かして、数え切れない民団破かい活動を続けたことであり、これに対し、民団組織が適切な措置を取らなかったことである。

組織は基本的テーゼに依って成り立ち、運営は規約と規律に依って行なわれるものである。にも拘らず、民団は組織の基本的カテゴリーから逸脱した鄭在俊一味に対し、あまりにも無気力であったことを反省しなければならない。いみじくも四・一八事件は、あらためて民団組織防衛への気運を高める結果を招いた。

鄭在俊一味の一年余りの組織に対する犯罪行為に対し、良識ある一般団員は、常に厳しい批判の目を向けて来たし、そのような無法者の集団を排除する運動も行なわれたし、今も続けられている。しかし、これらの運動が実を結ばなかったが為に、鄭在俊一味のちようりようを許したことにも遠因があると思う。

今後は、四・一八事件を良い教訓として、これ以上鄭在俊一味の無頼を許さない為にも、又民団組織を正しい方向へ導く為にも、すべての「正常化」運動は一本化されなければならない。批判の為の批判や、日和見主義的な傾向を排し、戦線統一を推し進めなければならない。四・一八事件は、私たち在日同胞社会に民団破かい勢力の何たるかを教えた。最早私たちは、拱手傍観しては居られない。こゝで強力な「正常化」勢力を形成しなければならない。

ついて、四・一八事件後在日同胞社会には大きな変化が現われた。それは、今まで沈黙を守って事態の変せんを見つめてきた愛国的良識派青年・学生の動向である。

これらの若きエネルギーが「東京本部」の私兵化した韓青・韓学同中央執行部の無法振りに対し、正義の刃を振う為に立ち上りつつあることに注目したい。

暴力に対する暴力をもってではなく、青年・学生運動を正しく方向つける為の、これらの若者たちの運動に対し、私たちは惜しみなき声援と支持を与えなければならない。

今まで、若者に対し理解ある方策を持たなかった私たちにできる唯一のみちは、今着実に進んでいる新しい青年・学生運動を支援し、正しい方向へ導く為に、若者たちと共に考える姿勢を示すことこそ、民団を守り同胞社会を安定させるみちであると信ずる。

声明書

四・一八乱動事件に関して

—民団中央執行委員会—

一九七二年四月十八日午後四時頃、民団中央本部に東京本部から七・八十名が来訪した。彼らを迎え入れた事務総長に対し、三機関長を出せと要求し、外出中であった団長代理の個人事業所と、監察委員長の自宅に、それぞれ青年多数を配置して強制的に連行し、夜半にも抱らず中央本部内に監禁した。

そして、尹団長代理と事務総長・組織局長に、暴言・脅迫・暴行を敢行した。

続いて中央本部入りした監察委員長・議長に対しても・暴言・脅迫・暴行をほしいまゝにした。

暴行の程度に関しては、一例を挙げるなら同夜中央本部を訪れた李禧元団長（辞表提出後休職中）は助骨三本が折れる重傷。団長代理・事務総長・組織局長らにも、それぞれ重軽傷を負わせた。

彼らの脅迫内容は、

(1) 除名・停権を無条件徹回せよ

(2) 然らずんば辞職書を書け

というものであった。

このような状態が翌十九日午前三時過ぎまで続けられた。彼らは、自己の主張が入れられない場合は帰宅させないと脅かした。

止むを得ず三機関長は不穏な空気と険悪な状態から逃れる為、四月二十一日までに彼らの要求に応ずるよう努力するが、それが出来ない場合は引責辞職するとの覚書に署名させられた。

四月十八日午後四時から十九日午前四時頃までの間に、中央本部で起った事件の内容は以上の如きものであった。

この事態に関し、四月二十日午後一時半に開催された中央執行委員は、多数意見を少数意見が暴力に依って制圧しようとする不法・乱動事件として断定し、このような覚書は無効であると宣言し、このような乱動事件は、理由如何を問わず、組織内では勿論のこと、民主主義社会では、絶対に容認出来ない犯罪行為であるとの結論に達した。

これに関しては、厳重に處断することを宣言し、以上の如く声明する。

一九七二年四月二十一日

在日本大韓民国居留民団
中央執行委員会

脅迫に依る覚書は無効

中央本部で記者会見

四月十八日から十九日にかけての、東京本部鄭在俊一味の、中央三機関長・常任役員に対する不法監禁・脅迫・暴行事件について、中央本部では、四月二十一日午後一時から赤坂「アリラン」で韓国人記者団と記者会見し、前項ような声明書を発表し、このたびの事件を犯罪行為であると断定し、覚書は暴力に依るものであるから無効であるとの態度を明らかにした。

鄭在俊・裵東湖・郭東儀らを告訴

不法監禁・脅迫・暴力行為で

民団中央本部は、四月十八日午後四時から十九日午前四時までの十二時間に亘る、東京本部鄭在俊一味の集団リンチ事件について、四月二十五日所轄署である富坂警察署に正式に告訴の手続きをとった。

告訴の内容は不法監禁・脅迫・暴行などに依る被害についてであるが、告訴人は、李禧元団長・尹達鏞団長代理・張聡明議長・李寿成監察委員長・朴性鎮事務総長・呉敬福組織局長で、それぞれ一週間から一ケ月の重軽傷に依る診断書を添えての正式告訴であり、これを受理した富坂警察署当局は、目下鋭意そう査中であるという。

尚、告訴された暴徒の主謀者らは次の通り

鄭在俊（前東京本部団長）＝停権中
関泳相（〃　議長）　〃
羅鐘卿（現東京本部副団長）
韓昌圭（現東京本部事務局長）
裵東湖（韓国通信社々長）＝除名
郭東儀（民団練馬支部副団長）
金恩沢（韓青中央執行委員長）
金君夫（〃　副委員長）
李耕植（〃　総務部長）
金一明（現民団東京本部組織部長）
趙活俊（前民団荒川支部団長）
趙圭必（民団葛飾支部副団長）

四・一八事件に関し

—東京都内各支団長ら—

暴力否定と抗議声明

四月十八日深夜、中央本部で発生した一連の暴力行為と覚書を取り巻いて、再び組織内に物議をかもし出しているこのような時局に於て、組織の第一線を担当しているわれわれは、上部組織幹部(民団東京本部)らの非常識な行動に対し、激しい憤りと怒りを禁ずることが出来ない。

われわれは、組織の正常化を願って約一年間、数々の苦痛に耐えて来たながら、上部組織幹部（民団東京本部）らの理性ある組織的な良識に期待して来たのであるが、この度びの暴力行為に対してはこれを座視することが出来ない。

民団は、団員の唯一な指導団体であるが故に、団の規約に依る秩序ある対話を通じて、民団の正常化を促求しなければならない。如何なる場合でも暴力行為は容認することが出来ない。

われわれは、こゝに厳重に抗議し声明する。

一九七二年四月二十八日

民団東京都内各支部
目黒支部団長　姜高元
渋谷〃　金勲暎
新宿〃　金炳栄
荒川〃　高昌運
文京〃　金尚弘
豊島〃　金熙淑
板橋〃　石相奉
足立〃　金周奉
墨田支部団長　洪象観
台東〃　李鎮浩
中央〃　金容太
江東〃　金教安
港〃　金周億

全国の在日韓国同胞へ

明治大学韓国社会文化研究会でも抗議

韓学同、韓青は、去る4月18日、民団中央本部において、70余名という集団で民団団長代理、尹達鏞氏と三機関長以下の幹部数名を、午後4時から翌朝4時まで監禁し、殴る蹴るの暴挙に及んだ上、韓学同、韓青の要求を受け入れなければ、民団中央執行部を総辞職させるという誓約書迄も強要した。

彼等のこの様な異常な迄の暴力行為は、自らが唱えてきたところの民団自主化を結果的には、破壊している。

一体彼等は民団組織を、徒らに混乱させる事だけが目的であるのか。

彼等がこの一年間、同じ民族として、在日韓国同胞に及ぼしてきたものは、測り知れない失望、怒り、焦慮、混乱等、在日韓国同胞社会を弱体化させているのは事実である。

我々は、この事を銘記すべきであり、彼等は、この様は一連の不祥事を起こした事への責任を取るべきである。

我々は在日韓国人同胞として、彼等に強く抗議すべきである。

我々に現在必要なのは、真の意味での民主的な話し合いによる、民団の正常化そして民主化である。

一九七二年四月二十二日

こゝに民族の心あり、愛国青年・学生決起す

四・一八事件に若きエネルギー爆発

「真理が明瞭な時には、党派や徒党の生ずることはまずない。真昼間にひとはけっして夜が明けたかどうか論争しなかった」これはフランスの歴史家であり詩人ヴォルテールの言葉である。

四・一八事件は多くの団員に、多くの在日同胞に大きな驚きを与えたが、なかでも最も強烈なショックを受けたのは、全国の愛国青年・学生であった。

純粋さと正義感を誇りとすべき青年団員たちが、鄭在俊一味の手先きとして附和雷同し、徒党を組んで民団中央本部を占拠し、中央幹部に対し監禁・脅迫・暴行をほしいまゝにした韓青・韓学同の一部不純子（同中央執行部）に対し、激しい怒りに燃えたとしても、それは当り前のことであろう。

民団は規約に基ずいて運営される、民主的組織であり、民団々員は大韓民国の国民としての品性を保たねばならず、節度を守らなければならない。

民団中央の規約に依る彼らの非行に対する処分に不満があれば規約に定められている手続にしたがって救済を訴える行為が当然であるのに、鄭在俊一味に加担して数と力にたのんでの乱動に続く乱動は、民団ひいては祖国大韓民国の威信をいかに傷けたことか…こう訴えながら、今までことの成り行きを見守っていた愛国青年・学生たちが、韓青中央執行部に対し、その運動方向と乱動事件を糾弾する為についに決起したのも不思議ではない。

力ですべて解決しようとする卑法者の集団を、韓青の隊列から排除し、民団の正常化の先頭に立つことを誓い、こゝに青年・学生諸君の決起を促すものである……と呼びかけ、大多数の支援を支持を得て、乱動分子に対する糾弾大会は開かれた。

五月二日午後一時半文京区民センターで開かれたこの糾弾大会には、遠く九州・大阪・京都地方からも代表者たちがかけつけ青年、学生、一般団員合せて四〇〇余名が参加し、新しい青年・学生運動の展開のステップになるにふさわしい、熱っぽい雰囲気に溢れていた。

大会は国民儀礼で始まり、準備委員代表の経過報告があり、議長団に高成晨君以下四名が着席し直ちに自由討論に入った。

自由討論には十数人の男女が、それぞれの立場で発言したが、共通したのは、暴力否定と正しい青年・学生運動の前進を強調するもので、四月十八日・十九日の中央本部占拠と中央幹部への暴行については、激しい怒りをぶっつけ韓青・韓学同の中央執行部に対する批判と不信の声が高かった。なかには、現在の韓青・韓学同中央執行部が間違った方向へ進んでいるのは、民団組織幹部の指導にも責任があるとの発言もあって、若者らしい卒直な意見には参加した一般団員も胸をチクリとさせられた。

大会は五項目のスローガン（別項）と東本・韓青現執行部に出す糾弾・抗議文（別項）と民団中央本部に出す要請文（別項）を採択し、今後の方針として運動を盛り上げる為に「韓青・韓学同現執行部糾弾刷新斗争準備委員会」の発足を万場一致で決定した。その代表委員として関東地区三名（孔政幸君・尹隆達君、李相善君）関西地区二名（呉忠雄君、尹達世君）の五名が選出された。

尚、この大会の進行中、この大会を防害する目的で韓青現執行部金恩沢委員長に引卒された暴徒約五〇余名が、会場に乱入しようとしたが、会場整理員三〇余名の手でアッサリ排除、大会は何の支障なく進行し、議長団の手際よい議事進行には頼もしさが感じられた。

韓青の暴徒らは区民センターの備品である椅子などを振り上げて、整理員に襲いかかったが、整理員たちがこれを撃退した際数名の整理員が負傷した。

大会の閉幕は、韓青の生みの親である曹寧柱氏が祝辞と激励の言葉を述べ、姜学文氏が激励と支援の言葉で飾った。

韓青現中央執行部乱動糾弾大会

大会スローガン

一、民団破かいを目的とする韓青中執は退陣せよ

一、民団中央は、乱動分子に対し責任をもって処分を断行せよ

一、在日韓国青年は、民団正常化の為に決起しよう

一、民団社会から、一切の暴力行為を排除しよう

一、民団社会から、乱動分子を一掃しよう

韓青現中央執行部に対する糾弾・要求文

きょう、この「韓青現中央執行部乱動糾弾大会」に結集したわれわれ在日韓国青年は、さる四月十八日午後から翌日早暁にかけて、民団中央でひき起こされた韓青現中央執行部の集団的暴行を断固糾弾し、つぎのように決議する。

一、韓青現中央執行部の四・一八集団的乱動は、いかなる主義主張のもとであっても正当化されるものではなく、人間としての道義にもとり、民族の品性をそこなう卑劣な行為である。われわれは、在日韓国青年の良識と体面にかけて、断じてゆるさない。

一、韓青現中央執行部は、昨年来の一連の乱動が、民団内に不安と混乱を醸成したばかりか、在日韓国青年学生の神聖な大衆運動体である韓青を暴力集団に転落させ、在日韓国青年学生運動史上に消し去ることのできない汚点を残したことの責任をとり、すみやかに総退陣せよ。

一九七二年五月二日

民団東本現執行部に対する糾弾・要求文

民団東京本部現執行部一派の指揮のもとに恣行されてきた一連の集団的暴力沙汰が、民団社会に暴力万能の風潮をはびこらせて、民団組織を混乱させ、民団の体面のみならず韓国国民の威信までも傷つけている事態を座視できず、きょう、この場に結集したわれわれ在日韓国青年は、満場一致の決議でもって東本現執行部一派の反民団的・反民主的行為を厳しく糾弾し、つぎのように要求する。

一、民団東本現執行部は、民団の組織と秩序を破壊する一切の乱動行為を即刻やめよ。

一、民団東本現執行部は、一部分子たちの反民団的・反国家的行為をいんぺいするため青年学生たちをそそのかし、集団暴力の先頭に立たせるような卑劣な策動を直ちにやめよ。

一、民団東本現執行部は、昨年来の一連の乱動の責任を負って即刻退陣せよ。

一九七二年五月二日

診断書

氏名 呉 敬 福　大正11年 4月 17日生

一 病名

右の通り診断します

昭和47年 4月 17日

佐久間医院

—呉敬福組織局長の診断書—

診断書

住所 文京区春日2-20-13

氏名 李 禧元 殿

病名 右第9・10・11肋骨骨折

昭和47年4月19日受傷

頭書の疾病により約1ヶ月間の安静加療を要する見込みです

上記の通り診断します

昭和47年 4月 22日

渋谷病院

医師 天野 清

—李禧元氏の診断書—

民団中央本部への要請文

さる一年の間くりかえされてきた民団の混乱・紛糾事態を心痛む思いで注視してきたわれわれ青年層団員は、さる四月一八日、民団中央において、韓青現中央執行部および民団東本現執行部一派による中央三機関長等に対する集団暴行・監禁・脅迫事件が発生するにおよび、もはや事態を座視してはいられないとの決意を固め、ここに韓青現中央執行部乱動糾弾大会を開催いたしました。

周知のようにわが民団は在日本大韓民国国民の民生向上・権益擁護・親睦増進を、すすんでは国際親善を図ることを目的とする自治団体であり、規約に基づき、民団団員大衆の総意によって運営され、活動する民主的組織であります。

しかるに、韓青現中央執行部および民団東本現執行部一派は、過去一年の間、八・二東本屋舎乱動事件、一〇・二三中央委員会流会事件など、数と力をたのんで民団の規約を無視・蹂躙する一連の行動を恣行して民団の組織機能を停止させた上、事態への一片の反省の意思も見せることなく、より卑劣・醜悪な四・一八乱動事件を計画・敢行しました。

民団の現下の極度の混乱状態を放置することは、わが大韓民国、わが民族の権威を地におとすことであり、その損失はかり知れぬものがあります。近年、わが祖国の統一問題に内外の関心が高まっており、他方、日本政府はあらたに出入国法案を制定する動きを見せております。このような時に、このような混乱状態を放置することは、民団に課せられている権益擁護闘争および国際親善活動を遂行不可能にすることを意味します。そして、何よりも、民団が本来の使命と責務を遂行することを要求する全ての民団大衆、なかんずく、諸般闘争と事業の最先頭に立って奮闘する覚悟を有しているわれら青年団員に対する冒涜であります。そもそも、不満があれば誰でもこのような集団乱動沙汰を敢行して民団機能を停止させてもよいということでありましょうか。

われわれは、本大会の名において、四・一九革命精神の〝継承〟を詐称しつつ、その実、民主主義の成立する前提条件そのものを破壊する乱動者に堕落した韓青現中央執行部および民団東本現執行部を糾弾するとともに、団員大衆の総意に基づいて民団の本来の諸般事業を推進する責務を負う中央三機関に対して、事態に対する一切の優柔不断と怯懦はもはや許されないことを強調し、つぎの二点を要望いたします。

民団の正常化を早急に図り、その前提条件となる民主的討議・決定を可能ならしめるために、

一、四・一八事態のごとき集団乱動事件に対して、民団中央としての権威を堅持し、毅然たる態度をもって臨み、断固としてこれを再び容許されないこと。

一、四・一八事態に対して、規約に照して応分の措置をとり、職責を全うされること。

一九七二年五月二日

韓青現中央執行部乱動糾弾大会

スローガンを読む参加者たち

韓民自統・韓民自青に名誉回復

民団正常化の隊列に力強く参加

四月十五日民団中央本部は、第二十一回中央執行委員会の決議を経て、かねて「敵性団体」として規定し、民団組織運動に参与することを許さなかった「韓国民族自主統一同盟」（韓民自統）とその傘下にある「韓国民族自主統一青年同盟」（韓民自青）に対し、その処分を撤回した。

韓民自統は李栄根氏を代表委員として、一九六五年七月に組織され、その傘下の「韓民自青」を擁して、祖国の統一運動を進めてきたが、その活動理念が民団の運動方針とは必ずしも一致せず、又、当時は韓日会談進行というきびしい情勢のもと、同組織が韓日会談に反対の立場をとってきた為に、民団としては厳しい処分を取らざるを得なかったものである。

その後、同組織の活動方針が大きく修正され、韓国を土台とする祖国統一を明らかに打ち出した為に、民団での処分撤回は時間の問題とされていた。

このたびの処分撤回は、当時の情勢と現今の情勢に大きな変化が見られ、又、同組織の自己批判に依る運動方向の転換が、民団組織に何ら悪い影響をもたらさないという点が考慮され、今回の処分撤回となったものとして一般は評価している。

いづれにせよ、今回の処分撤回に依り民団組織には新風が吹き込み、その代表委員である李栄根氏の指導下にある多くの青年学生たちが、民団の正常化の隊列に力強く参加できるようになったことは意義深いことであって、多くの団員は心からこれを歓迎し今後の動向に強い関心を寄せている。

××××××××

No.

在日本大韓民国居留民団中央本部

1972年4月15日

韓居中組発第34-88号

受信　韓国民族自主統一同盟　李栄根 代表委員 貴下

参照

題目　敵性団体 解除 通告書

貴下의 要請書및 其他의 諸般資料를 本団中央執行委員会에서 数次 検討한 結果, 第21回 中央執行委員会의 決議로서 下記와 같이 決定하였음을 通告함.

記

被解除団体名：

韓国民族自主統一同盟

東京都新宿区四谷1丁目1番地

敵性団体規定年度：

1965年7月18日.

以上

在日本大韓民国居留民団中央本部印

尹達鏞

姜桂重氏大阪本部団長に

姜桂重氏（大阪勝共同志会々長）は、四月二十九日開かれた民団大阪本部第四〇回臨時大会で、再選をねらった朴玄氏を退けて同本部団長に選出された。氏は熱烈な反共士として人望厚く、朴玄前団長の数々の失政に対する在阪団員の批判に依って開かれた臨時大会で、団長職に就任したもの。

声明書

韓青・韓学同中央による「4・18暴力行為を糾弾する」

足立韓青でアッピール

四月十八日～十九日にわたって、韓青・韓学同中央約七〇名の青年が、民団中央本部に「三・三〇要望書」なるものの不返答に抗議するという口実のもとに大挙おしかけ、民団中央の団長代理・監察委員長及び議長、そして前団長などを拉致し、十八日の午後四時から翌日の午前四時までの長時間にわたって、不当に監禁し、暴力手段に訴えるという、前代未聞の暴挙を行なった。

彼らは、我々のアボジにも相当する年令の人達に対して、「バカヤロー」「コノヤロー」呼ばわりして、民族としての品性をも持ち合せない徒党集団に堕落してしまった。

いやしくも、「民族主義」を標謗し、民主主義的方法による、民団の混乱収拾を口号する者達が、全くの反対物である暴力をもって、事態の混乱状態を助長しようとしている意図は、一体何なのであろうか？

我々、足立韓青は、昨年八月二日の「暴力事件」以来の韓青・韓学同中央の、一連の行動を顧みる時、彼らは、民主々義よりは、暴力を、民団の収拾よりは、混乱を助長しようとしていると断定せざるを得ない。

我々足立韓青は、民団の混乱事態を、一日も早く解決し、民団の正常化を促求するという立場からして、韓青・韓学同中央の暴力行為を粉砕し、彼らの民団破かい策動を断固糾弾する。

自分たちの気にくわないものは、全て暴力によって排せきできると信じているならば、とんでもないことである。

我々足立韓青は、韓青・韓学同中央が、これ以上常軌を逸した行動をとるならば、もはや容認することはできないし、本来の「韓青・韓学同」の姿に戻すべく、あらゆる斗争を展開することを声明する。

一九七二年四月二十一日

在日足立韓国青年同盟

民団北海道

発行所
民団北海道新聞社
発行人 崔東洵
札幌市南9条西4丁目
北海道韓国人会館内
電話代表(511)～3381番

在日本大韓民国居留民団
綱領
一、우리는 大韓民国의 国是를 遵守한다
一、우리는 在留同胞의 権益擁護를 期한다
一、우리는 在留同胞의 民生安定을 期한다
一、우리는 在留同胞의 文化向上을 期한다
一、우리는 世界平和와 国際親善을 期한다

金鍾泌氏 国務総理に ＝行動力ある内閣＝

朴正熙韓国大統領は、三日、内閣改造を断行、国務総理に金鍾泌氏を任命し"行動力のある内閣"を打ち立て、第三次朴政権スタートの布石として行った。

金氏は朴政権を誕生させた一九六一年の軍事革命の立役者で、その後中央情報部長となって朴政権の基礎を築き、歴代政治家のだれもが手をつけられなかった韓日協定交渉も、自らの政治生命をかけて立ち上がり、国民の激しい反対を抑えて強力に推進し、ついにこれをもなし遂げた風雲児である。

三年前、金氏の腹心たちが、朴大統領の三選を阻止する動きを見せたときも、彼は朴大統領への忠誠心を示すために、惜し気もなく、党議長や国会議員をはじめとする一切の公職から身を引き、悠容として去ったとき、"二度と戻る事のない惜しい政治生命が、これで断たれた"と、国民だれもが思った「悲劇の政治家」でもあった。

だが、強じんなまでの彼の生命力は衰える事なく、緻密な頭脳と果敢な行動力、そしてさわやかな弁舌と柔和な表情で、不死鳥の如く見事に蘇えり、韓国政界では常に彼の去就が注目されていたのである。

さきの大統領選においても、野党候補の強烈な急追に対しても、つねに朴大統領候補の分身となって活躍し、柔軟な姿勢と抱擁力とを以ってこれに対処し、朴大統領三選の源動力的な役割を立派に果したものであった。

四日就任したばかりの新総理は、記者会見に臨んで、次のような抱負を語っている。

一、最近の米中接近など国際情勢の急激な変化に、韓国が孤立しないよう外交の方針を慎重に転換して行きたい。米中日三国の関係がどのように変化しようとも、侵略の野望を持つ北韓と中国との関係を考えるとき、わが国の安全保障の面で警戒をゆるめるわけには行かないであろう。

一、新国会は与野両党の勢力のバランスがとれているので、お互が努力すればこれまでより国会運営は民主的に行なわれるであろう。

一、内政面では庶民生活に重い負担が掛らないよう施策を立てる。

大統領三選

朴正熙大統領

民族中興の課業を推進して来た朴大統領が三選をなし遂げた。清廉潔白、信念と情熱の人―庶民的で飾らぬ人柄は、全国民に慈父のように親しまれている。韓国の経済躍進は奇蹟に近く、その実績は、大統領のたゆまざる努力の賜であるといえよう。これからの第三次経済開発五カ年計画を、立派になし遂げ、国家の礎を盤石にして、有終の美を飾ってもらいたく、全国民は期待している。

韓国総選挙終る 新民党大幅にのびる

去る二十六日行われた第八回国会議員選挙は、野党第一党の新民党が、予想外の大幅議席を占め、与野党の議席数は、民主共和党百十三名、新民党八九名、民衆党一名、国民党一名となった。

こんどの選挙は、民主共和党の「絶対多数を確保して安定成長を」のスローンに、過去の経済成長を誇示すれば、新民党では、「総統制を実現するため、再び憲法改正を強行するだろう」として、民主共和党の独裁的体質を鋭く批判した。このため、このたびの選挙は、党の政策論争よりも、むしろ、不正腐敗の政治姿勢に争点が置かれていたかのようであった。

このような結果から、一般国民の受けとり方は、「安定はほしいが独走は許せない」といった心情が二つの選挙を通じて、明らかにされたといえよう。

韓国選挙史上前例のない二大政党の接近は、当然第三次朴政権の施策にも大きく反映されることになろう。

だが、韓国政界が民主主義議会制度初の試錬期にはいり、今後、その真価が問われる大きな試金石になるともいえよう。

"大物落ちる"

今度の選挙投票結果は、当初五〇議席確保さえ懸念されていた新民党が、予想外の番狂せのため、ソウルをはじめ、釜山、大邱などの大都市で圧勝、また、共和党の金城湯池ともいわれた慶尚南北道でも目ざましい進出を遂げた。与党では、ソウルでこれをなんとか食い止めようと、元副総理の張基栄氏、商工部長官の朴忠勲氏、そして、大韓体育会々長の閔寛植氏、前大統領スポークスマンの姜尚郁氏、前ソウル市長の金玄玉氏、金九氏の長男金信氏等の大物候補を立ててこれにむくいようとしたが、これまた全敗を喫し、ようやくにして、永登浦甲区から立った張徳鎮氏ただ一人が当選したのみであった。また、舌禍を起して問題となった現職の李孝祥国会議長も落選し、釜山、大邱等の韓国三大都市定員三三議席の中で与党の共和党が獲得したのは、わずか三議席にすぎず、金鍾泌派の楊淳植、楊燦宇、芮春浩三氏は、釜山東萊区で立った楊燦宇氏だけが当選し、後の二人は惜敗したのであった。

在日同胞国会に進出

金載華氏

権逸氏

この選挙で、在日韓国人の中から全国区で当選した二人の国会議員が生れた。

民主共和党から出た権逸氏は、在日韓国人としては始めての法学博士であり、日本の法律界においては、在日同胞の民権擁護につくし、民団組織の面においても中央団長として、多大なる功績を残したのである。

一方、新民党から出た金載華氏は、民団創設者の一人として、朴烈初代団長時代から民族運動に挺身し、長年の間にわたって組織局長、事務総長、中央団長などを歴任しながら、民団ひとすじに生き抜いた生え抜きの闘士でもある。

在日僑胞として日本に居住権を持ちながら、本国の国会に進出したのは、両氏が始めてである。

今後、両氏に負荷される最大の使命は、所属政党は分れていても、在日同胞問題に関しては、党派を超越して、本国政府に反映して対処して行く事が望まれるのである。

なお、共和党から公せんを受けていた、元中央団長の金今石氏は惜しくも落せんした。

創刊を祝って

駐札幌大韓民国総領事館
総領事 宋贊鎬

このたび北海道地方本部で、機関紙「民団北海道」が創刊されるに際し、心から現民団道本部の意欲溢れる努力を高く評価し、その限りない発展を期待するものであります。

申すまでもなく、この機関紙は民団道本部並びに各支部の日常の計画と活動を、北海道在留同胞に広く伝達し、相互の理解と信頼を深め、より一層の団結がはかれるものと信じて止みません。

願わくば、この機関紙が、北海道在留全同胞の"声なき声"を代弁する立派な機関紙として、亦、各自の心の栖として、民団発展の峰火となりますよう、心から声援を送るものであります。

峰火

諸事万端、虚礼虚飾を排する風潮は洋の東西を問わず熱心である。簡潔さと合理性を身につけてこそ、節度ある現代人の生活態度と言えよう。

古来、わが国は、"東洋礼儀之邦"とまで言われたほど、礼節を重んずる余り、冠婚葬祭や親戚知己に対する接待などには、惜しみなく財を傾けたものだ。

このような弊害を打破して、近代国家をめざしてばく進するわが国にとって、虚礼虚飾こそ近代化を阻むものとして、厳に戒しめている。だが、虚礼虚飾が全て無用だと言えないような場合もある。例えば、瓦れきにひとしい文化財を守るのに、多少の出費をしたとて、それを一概に虚礼虚飾とは言えないと思う。

最近、それに似た感じを抱かしめるある慶事に招かれたことがあった。

過ぐる日、岩見沢市のある会館で挙行された盧正植さんの還暦祝に招かれて「なんと無駄な」と思わせるほどの豊富な酒食と、大ぜいの招待客だった。だが、それがあながち、無駄でなかった事をすぐ悟らされたのであった。

韓国古有の礼式に則って、老父に捧げる"献寿の礼"とか、その他、民族色豊かで厳粛なる韓国式礼法に、並居る人々を驚歎せしめ殊に、日本人客には憧憬の念さえ与えるに充分であった。況してや、日本生れの二世たちによって忘れ去られた遺風を異国の地で蘇えらせた見事な演出に、これを以って単なる虚礼虚飾だと、なにびともきめつけるわけにはゆくまい。

夙に弊風を嫌う朴大統領でさえ、この見事な儀式を御覧になったなら、むしろ賛辞を送ったであろう。

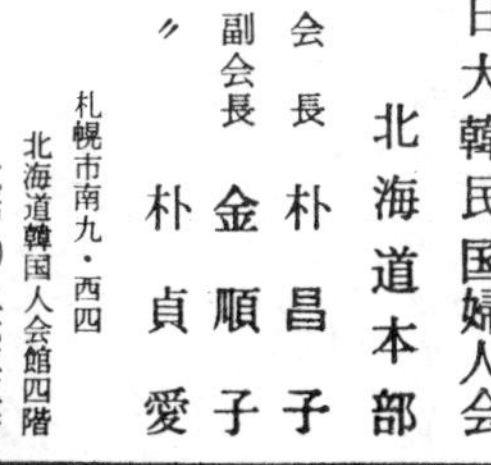

1393

第二十二回定期大会開かる

崔東洵団長再選 議長に田連寿氏

朴準龍氏が監察委員長に再選

民団北海道地方本部の第二十二回定期大会は、去る四月二十八日新館なった本部九階講堂で、午前に開かれた第八回地方委員会に引き続き、午後二時から代議員一〇二名の中九六名が出席したほか、民団関係者約五〇名、駐札幌韓国総領事館から宋賛鎬総領事が出席して開かれた。

先ず崔東洵団長、朴準龍監察委員長のあいさつに続いて、宋総領事と李喜元中央団長の祝辞のあと次いで金本正議長が、さきの第八回地方委員会で決議した一九七一年度の活動方針案、予算案等を報告、万場一致でこれを承認した。

このあと、道本部の執行、議決監察の三機関が総辞職して休けいにはいり、三〇分後に再開されて役員改選にはいった。

焦点の団長選挙では、代議員全体の総意のもとに崔東洵氏の再選が強く要望されたので、これを認め、前回に引続き今後二年間の執行部を受持つことになった。

議長選では対立候補なく、満場一致で田連寿氏が当選し、また、監察委員長選では、朴準龍候補六十一票、金軍輝候補三十一票で、朴準龍氏が当選した。

（北海道韓国人会館）

（一九七〇十一月竣工）

聳え立つ殿堂　美しい勇姿
在道韓国人の
心の拠りところ

機関紙発行について

在日大韓民国居留民団北海道地方本部
団長　崔東洵

崔東洵団長

このたび、民団北海道地方本部の機関紙として「民団北海道」を発行する運びと相成り、関係者一同喜んでおります。

ご承知の通り民団全体の中央機関紙と致しましては〃韓国新聞〃が活躍して居りますが、広大な地域を占める北海道としては、それだけでは物足りないものがあるのであります。

依って、私たちは、北海道の独自な立場から、私達たちの周辺に散らばっているいろいろなニュース、即ち、日常生活において醸したす、悲喜こもごもな出来ごとを収録して、みなさまに提供したいと思うのであります。

新聞自体は〃タブロイド〃でチャチなものではありますが、私たちの日常生活に、直接関係のある大事な新聞でありますのでおろそかにせず、大切に育てて行きたいと思っております。よって、みなさま方の積極的なご支援を、切に願うものであります。

姜信学理事長陣頭指揮のもとに執務する北海道商銀

北海道商銀 総代会開く

五月二十九日午後二時から、北海道商銀の第六期通常総代会が、商銀会議室で開かれた。

姜信学理事長の挨拶があったのち、宋賛鎬総領事、崔東洵団長、金鳳鎬韓信協専務理事、中上道商政課長らの来賓祝辞がつづいて、議長に金泳吉、韓元植両氏を選任、金潤生監事から一般業務すべてが適法正確であった由の監査報告があって、議事にはいった。

第一号議案の昭和四五年度事業報告と、第二号議案の昭和四六年度事業計画並びに収支予算案について、二井専務より説明、全員これを承認し、全道一円を管轄する懸案の第三号議案について道側と接渉してきた経過報告を、姜信学理事長よりるる説明があり、定款の一部改正がなされた。

第四号、第五号議案もそれぞれ審議した後、原案通り可決され、最後に理事、監事の一部補選を終って、第六期通常総代会は盛況裡に無事幕を閉じた。

辞任		新任	
理事	金百源	理事	金潤生
〃	朴英植	理事	金尚彦
監事	金潤生	監事	具滋敬
監事	尹栄洙	監事	文秉鉦
監事	張華植	監事	李漢植

北海道商銀が創立されて、未だに五年も満たないが、北海道韓国人の支柱となって、その育成に力を注いで来たのである。特に零細民に対する資金の提供と、経営面に於けるコンサルタント的な指導もしながら、民族金融機関としての本領を十分に果して来た。今後ますますの発展が望まれるのである。

北海道韓日商工人 韓国訪問団を編成

北海道韓国人商工会主催で、来る九月三十日を期して、北海道に居住する韓国人ならびに日本人の商工業者約五十名を編成して、韓国旅行を企画している。

この企画の目的は、とくに北海道の日本商工業者の韓国経済視察を兼ねて、友好親善と両国間の経済交流を図る目的で、この企画を推進している。御希望の方は北海道韓国人商工会まで申し込むこと。とくに日本の商工業者の参加をのぞんでいる。

支部総会つづく

釧路支部総会

冬柏勲章の栄誉に輝いた池興淳氏は、長年の労苦に対し、団員たちの惜しみない拍手とねぎらいにおくられて引退し、温厚誠実な姜稀年氏が団長に就任した。道内最強の支部・釧路を担うにふさわしい、風格ある人物といえよう。

団長　姜稀年
議長　池興淳
監察委員長　康京鎬

千才支部でも

北海道の表玄関ともいうべき千才支部でも、五月三十日第十二回定期総会を開き、金基徳団長がその実績をかわれて再選された。玉基性という、稀にみる名事務部長の補佐を受け、前年度に引続き重責を立派に果すことと思う。

団長　金基徳
議長　盧龍根
監察委員長　鄭福岩

空知支部定期総会

民団空知支部では五月十六日、第二十一回定期総会を開き役員改選を行った。延べ約十年に亘って団長の席にあった金漢石氏は、後進に道を譲るため、今回は辞退し、衆望を担って新任された李正述団長の、新しいセンスと、その手腕が期待される。

団長　李正述
議長　李漢禎
監察委員長　孫在永

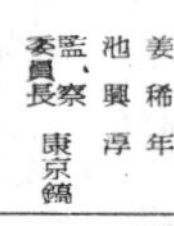

孫在永　李正述

北海道支団長会議開催

来る十七日午前十時より本部講堂に於いて、今期第一回支団長会議が開催される予定。

第二二回北海道地方本部の定期大会を始めとして、各支部総会を通じて大部分の支部が役員改選を行なったため、その顔合わせを兼ねて、本年度の活動方針並びに一般事務強化について討議される。

討議される重要案件は、永住権申請者の次後処理問題、来年二月開催の札幌冬季オリンピック支援態勢、極貧者の救済対策、宣伝啓蒙事業などである。

これらの懸案を強力に推進するため、鋭意検討してこれに対処するすべての具体案が論議されよう。

商工会発展と育成について

北海道韓国人商工会
会長　裵点錫

裵点錫会長

在日韓国人の民生安定をはかるについて、特に重要な事は商工会の育成事業である。

いままでの民族運動を振り返ってみるとき、一般組織活動に重点を置くあまり、稍もすると民生活動、特に、商工人の育成を等閑視するきらいがあった。

今までは、朝総連との攻防戦に組織を守ることが先決問題であってみれば、これも当然な事といえよう。だが、永住権運動を契機にして、在日同胞の大部分を翼下に抱え、絶対的に優位な立場に立つわれわれが、今こそ商工会を再整備点検して、中小企業はいうまでもなく、特に、零細企業の指導育成に最重点政策を打ち出さねばならない。

殊に、私たちの北海道は広大な地域を占め、同胞も散在している関係から、その実態把握と結集には、容易ならざるものがあるとはいえ、それがためにも、より一層その必要性が痛感されるのである。

民団支部が発足して久しくなる今日まで、未だに商工会の結成がなされていない支部が幾つかはある。このような地域には、それなりにいろいろの隘路があると思われるが、如何なる悪条件をも克服して、一日も早く結成するよう強く要望するものである。

商工会の育成事業を本格的かつ有機的に活用するには、縦横の連係を緊密にし、北海道連合会の機能を充分に発揮することに依って商品の共同購入や設備の調整店舗の効率的な売買並びに交換等を円滑にし、物価高騰に対処して、経済防衛による生活の向上を図らねばならないと思う。

このような意義から、商工人の自覚を促すと共に商工会の拡充と再整備に奮起されんことを願うものである。

出生児の永住権申請

永住権申請者の在日韓国人のこれから生まれる子供は、出生後六十日以内に永住権をして下さい。申請方法は今までの永住権申請と同じです。

生まれる子供の永住権申請資格は、①両親が協定永住権者②両親の中一人でも協定永住権者③母親が日本人又は無資格でも父親が協定永住権者であれば良い。

在日同胞有功者表彰

輝く冬栢勲章に池興淳氏

沈種孝氏に国民褒章

四月十九日、ソウルの中央庁で、白斗鎮国務総理から「在日同胞有功者施賞式」が行なわれた。

本道では多数の受賞者の中から李栄培氏他五人が参加して、国務総理直々から受賞して来たが、その他の受賞者は本国まで行けず、去る二十二日、本部講堂において、民団関係者約百余名が参集したところで、駐札幌韓国総領事館の宋賛鎬総領事より、本国政府から送られてきた勲章ならびに賞状の伝達式があった。

池興淳氏

このたびの受賞は、民団の組織運動に身の危険をも顧りみず挺身したその功労に対して授与されたものである。

本道に於いては、最高栄誉に輝く冬栢勲章の受勲者は、釧路支部前団長の池興淳氏ただ一人である。池氏は約二十年にわたって家業をも顧りみず、すべてを犠牲にして民団育成ひとすじに情熱を注ぎ、民権擁護と民生安定につくしてきた事は、衆人が認めるところである。

特に、先般の永住権運動に際しては、病患の身を鞭うって先頭に立ち、広大なる管内の僑胞を一人も残さず巡訪して、無知蒙昧な同胞を数多く導いてきた。

このような無理が祟って、その後、病床に伏す身となった氏にとって、このたびの受勲が、如何ばかりか心の慰めになったであろう。その他の受賞者においても、それぞれの持場を立派に守護し、民族愛、祖国愛に基づいて、民族運動に多大な功績を残したのは、再言を俟たない。

宋総領事より表彰状を受ける

受賞者はつぎの通り

冬栢勲章　池興淳（釧路）

国民褒章　沈種孝（本部）

大統領表彰
孫文植（本部）　張華植（留萌）
金敬俊（旭川）　林正寿（日高）
鄭海星（北見）

国務総理表彰
李栄培（苫小牧）　張在守（釧路）
金永浩（夕張）　金南根（帯広）

玉基性（千才）　金基徳（千才）
金泰栄（函館）

外務部長官表彰
金英植（本部）　韓相竜（札幌）
金鐘文（本部）　金泳吉（本部）
孫承殷（小樽）　黄錫圭（小樽）
孫年甲（日高）　孫在永（空知）
金容浩（空知）　権燦熙（夕張）
李圭乂（室蘭）　安石允（旭川）
馬鎮瑶（北見）　金文生（稚内）

永住権にまつわる

悲しい話（一）

私達の在日韓国人の生活権を左右する永住権申請運動は、朝総連のあくなき反抗と妨碍にも屈せず、民団の命運をかけてのたたかいであった。この運動を通して、さまざまな人間の生活実態を知る事が出来、そして、人間の悲哀と屈辱が数知れずある事も知った。

今回はそのうちでの悲しい話を一つとりあげてみた。

年の瀬もおし迫った昨年の暮、十勝平野を吹きまくる雪まじりの寒風をもろに受けながら、私たち一人の同胞を尋ねるべく、私たちの車は北見方面に向って進んで行った。めざすさきは陸別のおく地へ……。

このあたりの寒さは零下三〇度は珍しくなく、この日も約二〇度近い気温であった。防寒服で身をかためた私たちは、それでも車から一歩外へ出たとたん、張り裂けるような寒さであった。

市街を離れた私たちの尋ねさきはさらに山間の小川に沿って約四キロの山おくとのこと、時計はとうに五時を過ぎ、暮れやすい山間は、すでにあたりを暗くしており、ヘッドライトを照らして小型車がようやく通るくらいの細道も途中でなくなり、歩いて貰った略図をたどって歩くこと約二〇分あまりの地点で、漆黒の暗夜に左手の山あいの遠い樹間にかすかにもれるただ一つの灯は、私たちが目ざす家らしい。

灯をたよりにようやく辿りついたところは、山あいの斜面に荒けずりの丸太で組み合わせたような一軒の山小屋であった。

めったに訪れる人とてないと思われる山小屋の前で、声をかけると、中で人の動く気配がして、やがて板戸を開いて出した顔は、思わずびっくりするほどの容ぼうであった。年の頃は七十近くにみえ、顔じゅうが髭におおわれて、ちょうど仙人に接したかのようであった。主人の招ずるがままに中にはいって見れば、入口の板戸の内側に垂れ下げたワラムシロは、さしづめ防寒と用心をかねたカーテンのかわりであろう。室内には、なに一つとして道具らしいものはなく、古ぼけた小さなストーブと鍋釜の他には、お膳すら一つない、それこそ人間の住いとも思われない状態であった。

このあわれなる老人に対し、来意を告げても、俗界のことは殆んど知らず、ましてや母国の事情についてはなに一つ知っているものはない。

対座して語るこのあわれな老人は、同じ同胞としてはあまりにも隔絶しており、その違和感は拭いようもなかった。

語るともなく、はなし出した老人の悲惨な身の上ばなしは、聞くものをして涙せざるを得ない深い感動があった。

老人は、いまからちょうど四十年まえ、即ち一九三二年の夏頃、二年の契約で北海道のある炭鉱の坑夫の募集に応じて渡日したが、この世のものとも思えない生地獄のような炭鉱の暴力と迫害に、到底耐えられず、入山九ケ月目に山から逃亡し、捉まれば命を断れる恐しい追手から逃がれるために、山から山へと方角も知らずに、ひたすら逃げのびたあげく、とある山里に辿りついたのが、現在の近くであった。

そこで貧しいながらも親切なある農民に救われ、その温情と恩義に報いる真心から、五年間をただ一心に働き続けた。無知ながらも、骨身を惜しまず忠実に働くこの異国の青年の心情にほだされた貧しい主人は、山里の貧農の娘としては垢抜けのした二十才になったばかりの自分の娘とめあせて夫婦にし、貧しい農家の後取りにしたのであった。

気のりのしない娘を無理にくどいて夫婦にした新妻は、誠実で勤勉な夫に情がうつり、いつしか男子ばかりを六人も生み続けたのであった。

好事魔多しのたとえ通り、貧しくはあっても幸せなこの家庭に破滅の日が来たのである。

家事の全てを任かせられていたこの妻は、生れながらの悪女なのか、それとも一時の色情に狂ったともいうのか、すべての財産を担保にして金を借りた上に、間夫を連れて逐電したのだ。三才の末子の上に六人の子供を抱えたこの善良な老夫は、食糧はおろか住む家すらなくなった悲惨な生活は、筆舌では到底いい表わせない状態であった事はいうまでもなく、一家心中を覚悟したのも幾度あったか数え切れないという。

その後は、絶望と貧困のどん底からはい上がるための生活は、人間のものとはいえず、動物なみの生活でしかなかった。人里はなれた山間の斜面に丸太を組んで風雨を避け、息子たちは上から物心がつき次第家を離れて行き、幼い子供は施設に入れて生命を保ったという。そのうらには、善意な人々の援助もあったであろう。だが、それが如何程の糧になり、それがまたどれほどの慰めになったであろうか？

いまは、子供たちも成人し、それぞれの生活のために散って行き、人生に破れた幸薄き老残の身をいとう人とてなく、山間の陋屋で嘆息の生活を続けながらも、恨み多きこの世を、この人々への怨念と煩悩から脱脚して、いまは神の教えを賜順たらんと、宿命に従っているという。

心なしか、その後の息子たちについては語ろうとしなかった。

（石川裕啓）（テノール歌手）・

兪鎮坤リサイタル開く

ウイーン留学を記念して

札幌僑胞社会が生んだ青年音楽家が、日本社会に於いて脚光を浴び、その将来が、大いに嘱望されている。

この青年は、北海道僑胞社会の長老である兪石明氏の三男鎮坤（石川裕啓）君である。

彼は、去る五月二〇日札幌市の道新ホールで、初のリサイタルを開いて、テノール歌手としての神髄を、集った音楽愛好家ならびに八百名の聴衆に堪能させた。

兪君は、幼少の頃からその才能の片鱗を見せて周囲の注目を集めたが、札幌南高校を経て、東京の武蔵野音楽大学声楽科を、優秀な成績を以って卒業すると共に、小笠原克美、嘉子夫妻をはじめ、早川清一、リヤ・フォン・ヘッセルト、川村英司等と、著名な音楽家に師事し、その後、東京小石川の尚美音楽学園の講師をつとめながら、二期会に所属し、オペラ「コジ・ファントッテ」「カヴァレリア・ルスチカート」コダイの「ミサ」「エリアス」「天地創造」等に出演、斯界の新星として、その将来が期待されている。

今回のリサイタルを置土産に、今月ウイーン国立音楽院に留学し、二年間の修業を了えたのち、フランス、イタリア等で、更に研鑽を重ねて帰朝後は、道内に音楽学校を設立して、後輩の育成に一生を捧げる念願であるという。

リサイタルで歌う兪鎮坤君

あいさつ

少年の頃、美しいメロディに心を奪われ、息苦しいほどの動悸を覚え、この作曲者は、恐らく、神をも感動させたであろうから、きっと、天国に居るにちがいないとまじめに考えた事があった。

この道のほかに歩く道はないと信じている今も、形こそちがえ、新たな感動を求めてうたっているのです。

六月ウイーンに留学しますが、多くの人々に会い、多くの音楽に触れ、新鮮な感動をもって、ふるさとに帰って来たいと望んでいます。

このとおり、歌のために働き、歌のために眠り、あらゆる俗事はうわの空で、そして一生を終えることでしょう。だが、私は私なりに実りあるものを持って帰ります。再び、みなさまに相まみえるその日を楽しみにして……。

料理教育

金順子

「民団北海道」が発刊されるに当りまして、韓国料理をと編集部からのご依頼によりそんな才量ではないと思ったのでありますが、たっての頼みゆえ、非才をも顧りみず、私たちで出来ることが、皆さまに幾らかでもお役に立てればと思いまして、引受けたのであります。よろしくご指摘ご批判下さいませ。

韓国料理と申しますと、日本では、"辛いもの、にんにくの多いもの"と連想し、焼肉とキムチが代表するものと考えがちの方が多いのでありますが、決してそうではありません。真に韓国料理となると、非常にむつかしく、また数多いものであります。

だが、本欄では、毎日の生活に直接必要とする、ほんの初歩的なものを、一品ずつ取り上げて、ご紹介したいと思います。

きゅうりの漬け物

材料

きゅうり十本　（1K）
大根　二百（g）
ねぎ　大一本
にんにくみじん切り大さじ一杯
しょうがみじん切り大さじ二杯
粉唐辛子　大さじ一杯
糸唐辛子　少々
塩　大さじ四杯強
砂糖　大さじ二杯
利汁　カップ½

漬け方

(1) きゅうりは大さじ三杯の塩で塩もみし、一時間位おいてしんなりしたらさっと水洗いし、前後を切り落して真中から二つに切ります。長い物は三等分し、これを両端まで切らぬように胴を縦に十字の切れ目を入れます。

(2) 大根は細くせんぎり、ねぎはみじん切りにし、にんにく、しょうが、粉唐辛子、糸唐辛子、塩小さじ二杯をざっくり混ぜ合わせ、(1)のきゅうりの切れ目からお腹に詰めます。

(3) (1)のきゅうりを、かめに並び入れ落し蓋をし、二～三時間たったら(2)の大根汁½カップ、残りの塩と砂糖を入れてかき混ぜ、これをきゅうりの上から静かにそそぎます。

※食べごろは気温にもよりますが、夏場のことですから、一昼夜も置いたら、冷蔵庫に冷やして頂くとよいと思います。

旧友の故郷を尋ねて
朝総連系列から離れる
（声の対面）

林正寿氏

在日同胞の民権擁護と福利増進に寄与するのが、組織活動家に与えられた使命とはいえ、多忙な韓国訪問の旅程を割いて、朝総連の陥穽から一人の旧友を救うべく、その旧友の故郷を尋ね、三十余年もの間に杜絶えていた親兄弟を探し出し、このたび日本に戻ってその福音を伝えたことから、その友人もいままでの迷妄を打ち払って、兇悪な朝総連の鉄鎖を断ち切り、母国大韓民国のふところに飛び込んだのであった。

一組織家の母国を愛する至誠と友を思う至情がもたらした美しい友愛の物語りである。

この善行のもち主は、日ごろ組織の一線で日夜奮斗している日高支部の林正寿支団長である。

林氏は、朝総連の巣窟ともいうべき日高地方を担当し、あらゆる悪条件のもとで組織を守り、とくに、過般の永住権申請推進運動には、寝食を忘れて活躍を続け、所期の目的を十二分に達成し、低迷していた日高支部を立て直した信念の人であることは、衆人が認めるところである。

このふだんの功績が先般本国府に認められ、大統領表彰の栄誉をにない、その受賞式に招かれたものであった。

そのような多忙な日程をも顧りみず、かねてから憂慮していた一人の旧友を、朝総連の桎梏から解放して、共に自由を享受したい美しい友情の発露から、友人の肉親を探すべく決意したのであった。

この友人（特に名を秘す）は郷里の肉親との文通が絶えて二十数年になる今日まで、肉親の安否は夢びにも忘れたことはなかったという。

にもかかわらず、お互いの消息を知り得なかったのは、六・二五動乱を境にして相互の住居が変り、その手がかりをなくしたためであった。

このようなことから隔絶していた肉親たちへの愛の橋渡しをするべく、林支団長はひそかに思い立ち、夫人共々車で母国に渡り、先ず友人の出生地から出発して追跡調査を始め、数日後に実兄の居所を探し当て、国際電話による声の対面をさせたのであった。

お互いが、死んだとばかり思い込んでいた兄弟が、このようにして会える糸口ができたことは、他人事ながらこの上ない喜こびであり、その友人は現在毎日のように国際電話で話合っているという。

韓国での実兄は、或る地方都市で百名近い工員を使うほどの企業主であり、一人の弟は中央官庁の高級官吏としてソウルで母親と共に幸福な日々を送っているという。特に、数十年まえに死んだと思いあきらめていた老母が、現在八十才近い老令ながらもカクシャクとしている。

この朗報に接した彼は、いままで朝総連で口ぐせのように言っていた言葉、即ち「南半部の人民はすべてが乞食生活で、万一生きていたとしても資本家の圧政の下で呻吟している」と言った偽りの宣伝に惑わされていた自分が馬鹿であり、失った二十数年の歳月がうらめしいと嘆き、「俺は間違っていた」と叫び続けながら、肉親の声の前で慟哭したという。

組織にたずさわって十数年、その間、いろいろの事もあったが、これ程「良いこと」をしたと思ったことはない。一人の友人が、そして、それに連なる大勢の肉親が幸せになるのだから、私が尽した些かの誠意はすべて報われたのだと林正寿支団長はしみじみとした口調で、このように述懐した。

親韓・日善 重量挙大会
崔文在・尹錫元韓国新
―堀越（日）世界新―

第六回韓日親善重量あげ競技大会は、五月三十日午前十時半から札幌市民会館で約千二百人の観衆を集めて、盛大に行なわれた。

対抗戦では、三勝四敗一分けと韓国は敗けたが、バンタム級の崔文在、ヘビー級の尹錫元両選手はともに韓国新記録並びに、大会新記録を出し、ライト級の元信喜選手も善戦して大会新記録を出した。

日本の堀越選手も期待通り奮斗して、スナッチで世界新記録をマークするなど、好記録の続出に館内を湧かした。一方、注目の三宅義信、義行兄弟が失格するという波乱も多かった。

記録は以下の通りである。

△フライ級＝①堀越武（日）322・5kg＝大会新（プレス100kg＝大会タイ、スナッチ102・5kg＝世界新）　②朴明秉（韓）290kg　△バンタム級＝①崔文在（韓）347・5kg（プレス115kg＝大会新）　②佐々木哲英（日）337・5kg　▲フェザー級＝鄭政吉（韓）三宅義行（日）共に失格　▲ライト級＝①元信喜（韓）420kg＝大会新（スナッチ127・5kg＝大会新）　②小野祐策（日）417・5kg＝大会タイ　▲ミドル級＝①八田信之（日）420kg　②李春殖（韓）失格。▲ライトヘビー級＝①大内仁（日）457（プレス155kg＝大会新、ジャーク180kg＝大会タイ）　②金詳煥（韓）405kg　▲ミドルヘビー級＝①藤本秀喜（日）452・5　②権五植（韓）410kg　▲ヘビー級＝①尹錫元（韓）480kg＝大会新（プレス165kg＝大会新、スナッチ187・5kg＝大会新）　②岩崎雄二（日）410kg

活躍する元信喜選手

韓国への送金は 郵便為替で簡単に 送れます

韓国は日本との外国郵便為替業務を始めました。郷里のご親戚や知り合いの方に、安全かつ簡単に送金ができるのです。

送金の請求

送金の請求は、最寄りの郵便局で簡単に申込めます。受付けられた為替は、郵便局から直接韓国に送られます。

配送および支払

韓国に到着した為替は、直ちに韓国貨幣に換算され、受取人あてに書留で配達し、支払は受取人居住地の郵便局で行なわれます。

郵便為替利用の場合

一、郵便為替の送達および支払は両国の郵政当局で責任を負いますのでご安心の上、ご利用下さい。

二、送金の請求や支払は、全国どの郵便局にでも取扱いますので至極便利で、かつ速かに行なわれます。

三、為替証書紛失の場合も、再発行の請求が出来ますので、安全にご送金が出来ます。

四、為替には、簡単なお便りを書き入れることも出来ます。

五、郵便為替には、一切税金などはかかりません。

日本外国郵便為替送金条件

現在、日本国においては、外国為替管理法令により、日本から外国へ送金する場合、日本国内の郵便局は、送金の目的および送金金額を、次の通り定めている。

送金目的	送金限度額
(1)外国に居住する親戚に対する贈与金	送金者一人当り500ドル
(2)外国に居住する親戚，雇傭関係のある医療費	実費範囲内
(3)個人の新聞書籍，予約購読料	送金者一人当り500ドル
(4)外国にある協会，団体への入会金	加入者一人当り500ドル
(5)検定手数料，証明手数料，弁護士調査費用，戸籍抄本等	送金者一人当り1件500ドル
(6)年金，退職一時金 其他社会保障に関する給与	政府又は公共団体が支給する金額範囲一件当5.000ドル
(7)海外ニュースおよび記事の紹介 提供を受ける代価	一件当り5.000ドル
(8)図書出版権，著作権	(1)出版関係者が送金する場合代金全額 (2)その他の場合は一件当り5,000ドル
(9)小額雑送金（別に規程なし）	送金人1人当り100ドル

尋ね人

金富水（六十五才前後）
日本名＝金川又は金某
本籍＝忠清北道

この度、金富水氏を探してくれとの依頼文と本人に手紙してくれという手紙が、民団北海道本部に舞い込んで来た。要旨次の通り。

依頼人は金富水氏の長女金鳳子という女性。韓国忠北陰城郡から金富水は北海道日高地方に居る事を何かの便りで聞いた。金氏は八年前に妻と一男一女を残して日本に渡った。その長女が結婚していて四人の母親。老母は今でも健在。母親は今でも夫の誕生日を親戚知人を集めて祝うとの事。是非一度逢いたい。血の叫びで訴えたいとの事。本人又は知っている方連絡頼む。本社まで。

林畢奎氏帰国

駐札幌大韓民国総領事館に勤務していた林畢奎氏は、三年間の任務を終えて、このほど本国勤務となり、去る五月十日帰国した。後任に、金龍一氏が着任した。

投稿を歓迎

一般読者からの投稿を次の要領で歓迎しております。

一、在日同胞問題、韓国人に関する歴史、社会、文化、家庭等の記事一切、豆ニュースも可。

一、原稿用紙にハッキリと解りやすく、写真や資料も出来るだけ添えること。

一、住所、氏名、職業、年令を明記すること。希望によっては匿名にします。

一、宛先は
札幌市南九条西四丁目
北海道韓国人会館内
民団北海道本部機関紙編集部
電話 511 三三八一番

韓国旅行に自家車が大はやり

釜山と下関の間に、昨年フェリが就航してから、日本ナンバーの乗用車が大へん目立っている。

このような現象は、韓国政府が観光客を誘致する政策の一環として、六ケ月以内に再搬出する外国人乗用車には、一切の免税措置をとっているのと、国内を自由に飛び廻れる便利さとが重っているからである。北海道からの旅行者のため、小樽・舞鶴間を含めて、時刻表ならびに料金表を、次のように掲げる。

韓国駐日大使来道

大韓民国駐日特命全権大使李澔氏が五月三十日午後一時三五分千歳着日航機で来道した。

今回の来道は、堂垣内北海道知事を始めとする関係諸機関の礼訪と、在道韓僑の実情視察を兼ねたものであった。

李大使を迎えた民団北海道地方本部では、三十日午後七時よりパークホテルで全道の僑胞有志約百名を集めて、歓迎会を開いた。

崔団長の歓迎あいさつに答えて李大使は大体次のように語った。

私が駐日大使として着任してから始めての北海道訪問ではあるがむかし個人的に一度来たことはある。その当時と比べて北海道の発展はすばらしい。北海道民団の立派さにも心から喜ぶものであり、特に、前の札幌オリンピックでの御労苦には、厚く感謝の意を表したい。

大使としての任務は、国家間の外交交渉が主な仕事であることは、言うまでもないが、在留民の庇護と育成の仕事も大切な任務である。私は特にこの点を留意して本国政府とも協議しながら最善を尽したいと思う。

大使略歴

東大卒、日政時代京城地方検察庁の検察官、独立後ソウル大検察庁検事、内務部治安局長、陸軍法務将、陸軍本部民事局長その後陸軍少将に昇進、軍事停戦委員会の韓国軍代表、国防次官、内務部長官、法務部長官、革命後韓日会談韓国側代表、法務部長官、内務部長官、駐日大使等を歴任、慶北永川出身、五十七才。

パークホテルであいさつする駐日韓国大使御夫妻

メキシコ政府転覆の陰謀に北韓が関連

北韓が武力で韓半島を赤化統一するため武装ゲリラの浸透や大韓航空機乗っ取りなどの悪辣な手段を用いて、たえず韓国を挑発してきたことは周知の事実である。が、このほど北韓が直接関連した、これに劣らぬショッキングな国際的陰謀が明るみに出た。

さる三月十五日、メキシコ連邦検察総長が発表したところによれば、北韓の平壌近郊で約一年間専門的なゲリラ訓練をうけたメキシコ人一味が、北韓から武器や資金の供給をうけてメキシコに潜入し地下ゲリラ学校をつくって政府転覆を図っていた事件が発覚し、十九人のメキシコ人が逮捕された。

驚くべきことは、この事件の舞台はメキシコなのに計画推進の根拠地となったのが北韓であり、背後で北韓が直接支援していたという事実である。このことは、北韓が韓半島の赤化統一政策のみならず自由諸国の合法的な政府を転覆させる工作にまで手を延ばしていることを証明している。これはまさに由々しき事態である。

国際秩序を破壊し平和を攪乱しようとする、このような破廉恥きわまる北韓の行為は、世界の世論のまえに断平として糾弾されねばならない。

（コリアン・リポートより）

母国を訪問して　朝総連にだまされていた

永住権申請を契機として、朝連の系列から離れて民団に加入した深川市に在住する金千萬氏は、去般、三十一年ぶりに母国を訪問、帰日後つぎのような手記を寄せてきた。

金千萬氏

金千萬氏は深川市で旅館を営んでおり、その人格と識見は日本人社会においても高く評価され、現在深川旅館業組合の組合長をつとめている篤志家である。

氏はこの手記を発表することを決意したのは、過去二十数年間、朝総連の虚偽宣伝に乗ぜられて愛する祖国を裏切り、憎んでも飽きある北傀に加担した罪の償いに少しでも役立てれば」と願い、自分と同じ轍を踏んでいる数多くの同胞に対し、警告と覚醒を促す意味において、あえて、この手記を発表するとの事である。（以下本人の手記）

私が深川市に住みついてから二年目に終戦を迎えた。その時、日本に在留する百数十万の同胞が澎湃として起ち上がり、われわれを擁護する独自の自治団体として結成したのが、在日朝鮮人聯盟であった。

私は当初からこれに加わり、末端組織の一員として活躍した。その当時の私たちは、右も左もなくただ無知な同胞たちの手足となって働いた。その後朝鮮人聯盟が左翼団体の烙印をおされて占領軍司令官の命令によって余儀なく解散させられた。末端にいた私は、それがどのようないきさつから解散させられたのかは知らなかったが、ただ上級幹部たちが「民族の不当なる弾圧だ」といって悲憤がっていたのを見てそんなものかなあと思った程度であった。

そして、朝鮮人聯盟の衣がえをして再出発したのが今の"朝総連"である。私は当然としてなんの疑問も抱かずに、そのままついていった。それは、あくまでもわれわれの同胞を擁護する唯一なる団体であると信じていたからであり、それに、惰性的でもあったといえよう。

それからは年月が経つにつれて益々左傾化し、公然と韓国を否定する団体として育っていった。私はいくらかの疑義を持ち初めたのではあるが、幹部たちの力説に引きずられてそれがまた当然でもあるかのように仕込まれていった。

だが、私は抑えようのない懊悩の芽が胸底の片隅で膨んで行くのに気づいた。

「自分の生れ育った母国、そして父母兄弟が住んでいる国を否定するとは」

私はこの矛盾にどれ程悩んだことか……。いいようのないこの悲しみをどうすることも出来なかった。

韓国とは、そんなにも悪い国なのであろうか？

韓国の政治体制に全人民が苦しんでいるというのは、ほんとうであろうか？

私の兄弟や肉親たちは、どのような苦しみを味わっているのであろうか？

朝総連幹部たちが、あれほど口を極めて罵しっているからにはほんとうであろう。

いろいろの疑念が私の胸中で錯綜した。

「一度行って見たい。」

「私の肉親に会ってほんとうの事を聞いてみたい」

私はいつもこの想いで焦燥を感じながら悩みつづけた。その度に朝総連の幹部たちは、恰も、私の胸底を覗き見でもしたかのように、

韓国に行ったが最後殺される

韓国では乞食がウヨウヨしている。

韓国では、金で青年たちをベトナムに売り渡している。

いまに金日成首相の偉大な領導下に統一される。

民団という団体は、反逆者の集団だ。

等々、際限なく繰り返えす朝連幹部たちの言葉に私の疑念がときには萎んで行く。

だが、一たん芽ばえた私の胸底に巣食う一片の想念は拭うべくもなく、ときには朝総連のドギつい宣伝がうとましく思われ、朝総連のおしつけがましい行為に反撥すら感ずるのであった。

よし韓国へ行こう。

この目で確め、そして愛する肉親の口から真実を聞こう

心中悲壮な覚悟をしながらも、それを実行にうつすだけの勇気もチャンスもなかった。

毎日思いあぐねて悩み続けていたとき、例の永住権申請問題が持ち上がり、朝連か民団か、そして日本に永住すべきか、それとも日本を去るべきか、と二者択一の岸頭に立たされた時私のみならず、すべての在日同胞はこの問題について真剣に考えざるを得なかった私は長い時間をかけて熟思した。そして私は自分自身の行くべき道をはっきりと見極めた。

私の故郷が存在しているのは韓国だ。その韓国を支持するのに理屈は要らない。

それに朝総連の主張は、民団の主張に比べて余りにも不合理であり非現実的でもある。そして感情的であり稚拙極まる。彼等はただ反抗するが為の反対としか思えない。

私がこう決意した時期に日本民団留萌支部幹部の来訪を受け、辱よく永住権を申請して民団に加入した。

即刻多年の念願であった母国訪問に旅立った。

私の母国訪問については民団と札幌の韓国総領事館の温い指導と配慮とによって、速かに実現出来たのだ。だが、長年の習性とは恐しいもので、「若しや私はやられるのでは」と無意識のうちにも警戒を感じ、オドオドしている自分に気づいてドキッとした。

しかし、それが全くの杞憂でしかなかった事を悟ったのは、さして時日もかからなかった。

夢にまで見た母国の温情とその親密さに感激し、異国では到底味わえなかった真民からの安堵感を覚えた。

私を生み、私を育ててくれた育ての故山の大地をしっかと踏まえて、私は声を大にして叫んで見たい衝動にかられた。

私は帰ったのだ。

私はだれにも騙されなかったのだ……と。

生れ故郷での肉親との再会や村人たちの喜びの歓迎。死んだとばかり思われていた私の三十余年ぶりの帰国に、村中がひっくり返るような大騒ぎを演じた。寄ってくる親族、同窓生、友人などに接した時、何からいって良いのか全く戸惑うばかりだ。さしずめ浦島太郎の心境だ。

無為に過ごした三十余年の歳月はなんと長く、またはかないものであったろうか？　集ってくる友人の中で特に逢いたいと思った何人かの顔が見えない。私が尋ねるその問に、返って来た返事のなんと悲惨な悲しい事であったろうか……。

私と親しかった三人の友人は六・二五動乱の際、郡内の或る要職にあったというだけの理由で、虐殺されたとの事である。そういえば昨夜の話でも私の従弟（四寸）二人も同じ運命に遭ったという。

北韓軍の無惨な仕打ちと残虐な話を聞いて、私は身を裂く想いをしたのである。私は過去二十数年の間、彼等を崇め、彼等の戦いを聖戦とも教え込まれていた。それがなんと、この世で最も残忍な鬼畜に等しい悪辣な徒輩であったとは……私は無念の涙を流しながら悔恨と郷里の霊魂にひたすら謝罪せねばならなかった。そしてまた、ざんげもしたのであった。

「君もその際出処に居たなら、同じく虐殺は免れなかったであろう」と、友人たちの話によって私は一そう返えす言葉がなかった。三十余年前の私は郷里で消防団長等をしていた事を指しての話である。

その後、道知事訪問を始め、郡庁、教育会、農協、婦人会、青年団等で、行くさきざきで心からの歓迎を受けた時、果して、このような歓迎を受ける資格があるだろうかと自責の念にかられ、今更のように過去の罪悪が悔やまれてならなかった。

そして、ソウル、仁川等のあらゆる会社、官庁、名所旧蹟等を訪問して見ざるに見聞したのであるが、そのすばらしい発展相を紙数の関係で到底に記されないのが残念である。

唯々、一言にしていわしめれば私は今迄朝総連に全くだまされていたという事実と、それに伴って、二十数年を暗黒の中で一人相撲をとっていた私の馬鹿さ加減を笑うしかないが、三十年という長い歳月をドロ沼に捨て去った私の青春を二度と取り戻すべのないのが残念であり、且つ、慚愧に堪えないものである。

在日同胞本国留学生　北傀スパイ事件の真相　平壌でスパイ教育うける

さる四月二十日、北傀スパイ事件で逮捕された在日同胞の本国留学生スパイ事件は六人のうち、四人までが在日同胞、残りの二人も密航によって来日、その後、本国に帰って活動していたという。

六人のうちの四人は、日本から一度ないし二度北韓に渡り、スパイ教育を受けて日本に戻り、留学生の特権をフルに利用して、韓日両国を自由に往来していた。

かれらは、韓国においてそれぞれが所属する大学を拠点にして、左翼サークルならびに地下党を組織し、朴大統領三選阻止のデモを煽動して、国軍の出動を招き、流血さわぎを起して学生ほう起を呼びかけ、国内の治安をかく乱するよう、指令をうけて暗躍していたという。

学生たちの平壌への往来は、月二回能登半島などから往来しているスパイ工作船で清津経由で入り約二週間滞在しながら観光ののちスパイ教育を受けて送り返されていた。

これら学生たちは、日本に拠点を持つ工作指導員にたくみに抱き込まれたもので、三人の在日工作指導員の身元と所在も、すべて明らかにされている。

スパイ組織の図表はつぎの通り

スパイ組織図

北韓労働連絡局
― 在日工作基地（東京）
― 大阪工作基地

在日工作指導員	学生	北韓へ行った時期	入北経路
徐善雄（福田）	徐勝（ソウル大）（兄）	67・7初―9・1	秋田・男鹿半島―清津―能登
		70・8・28―9・11	能登―清津―能登
	徐俊植（ソウル大）（弟）	70・8・28―9・11（兄に同行）	
鄭宗久（中村）	姜昌玖（高大）	68・7・31―8・15	秋田―清津―秋田
		70・7・10―8・1	青森―清津―北海道
	金秉燮（ソウル大）（労働党入党）（日本への密航者）	69・6・14―9・10	青森―清津―青森
	丁時一（釜山）（労働党入党）（日本への密航者）	66・12・12―67・3・9	青森―清津―青森
張春植（中井）	姜錫万（高大）日本で抱き込まれ本国へ入国し活動開始段階で逮捕		

先祖の墓前で行う祭祀（十月）

一年の農事が終わり、新しい穀物や野菜、果物が豊富に出回る時、天帝祖宗に対して感謝の祭礼を捧げ、村々では堂山祭、家庭では家神や宅地神に餅を供えて祟りがないよう祈願する告祀、墓所では先祖の祭祀が行なわれる。

韓国力道（重量挙）選手を迎えて

五月二十日午前から札幌市民会館で開かれた第六回韓日親善ウェイトリフティング競技大会は、韓国と日本との間に横たわる民族的な悪感情や隔絶感をなくし、スポーツを通して理解し合うとともにわざと力を競いながら記録の更新を図る目的で、六年前にその第一回がソウルで開かれたものであった。その後両国が毎年一回づつ交替で主催し今度が六回目を迎えたものである。

韓国はむかしからスポーツを愛好する民族として知られ、現在、南北に別れて両陣営が対時する分断国家であるにもかかわらず、外国では想像もできないような悪条件と試錬に耐えながらも、スポーツ振興には大いに力を傾けてきたのである。

韓国が得意とするスポーツの中でも、特に、サッカー、バスケット、陸上、ボクシング、力道（重量挙）などが、最も盛んであり、また優秀である。

今回催された重量挙にしても、そのわざと力は世界の水準に達しており、記録に於いても日本の選手にくらべて特出したただ何人かの選手には劣っているが、平均的な選手の層の厚さとその技能においては、日本より優るとも決して劣るものではない。そして、この種目はアジヤ諸国の中でも日本と韓国が特に優れているという。

韓国の力道は、日本に比して伝統と歴史は古く、技能の面では、むしろ、指導的役割を果しているともいう。

今般第六回大会に参加した選手たちにしても優秀であるばかりでなく、個人的にもスポーツ選手の名に恥じない清潔で純真な青年たちであった。

この大会における対抗戦では、最も期待されていたミドル級の李春殖選手が、不運にも最初のプレスに失敗して、つぎの出場権を失って失格したため、三勝四敗一分けに終ったが、バンタム級の崔文在、尹錫元両選手が大会新記録並びに韓国新記録を出し、元信喜選手も大会新記録を出すなど、その内容においては決して、日本選手に見劣りするものではなく善戦したのであった。

一方、友好と親善の面においても、今回の来道によって、坂垣札幌市長の招待パーテイをはじめとして、堂垣内北海道知事ならびに関係諸機関を礼訪して、心からなる歓迎を受け、また、北海道民に韓国選手の力量を充分知らしめながら、国威の宣揚にも大いに寄与したのであった。

今後とも、この大会が長く持続されて、技術の向上はいうまでもなく、両国の親善友好により一層の実をあげるよう心から期待するものである。

堂垣内北海道知事を訪問した韓国力道選手たち

孫文植副団長に迎えられる韓国力道選手たち（千才空港）

岩見沢青年会議所（JC）

第十五周年記念式典

韓国裡里JC代表招かる

五月三十日午後三時、岩見沢青年会議所創立十五周年を記念し、全道会員千数百名が参集して、盛大の中にも厳粛に挙行された。

式典には、篠田耕作、小平忠両代議士を始めとして、道副知事その他各界の代表多数が臨席のもとに国家奉唱、青年歌合唱の後、開会が宣され、主催者のあいさつ、来賓祝辞とつづいて経過報告、功労者表彰等と、二時間余りの式典が手際よく取り行われた。

場所をかえて六時からスポーツセンターで始まる懇親会には、全員が参加し、数百個の多彩な風船で飾られた場内には、青年の持つ情熱と活力が場内を充満し、各ブロック毎に披露する色とりどりの歌や踊りに相侯って、その華やいだ活気は最高潮に達した。

当日の式典に外国の友好団体としては、唯一の招請客である韓国の裡里青年会議所の代表二名は、ビザの関係で遅れて到着、式典には間に合わなかったが、懇親会に馳せ参じての友愛のこもったメッセージに対する参会者千余名の拍手は、恰も、万雷の如く場内に鳴り響いた。

裡里代表の文炳良、柳恩哲両氏から贈る岩見沢市へのプレゼントが、岩見沢市長に手渡された時、友好と親善のムードは頂点に達しその感激と喜びに涙すらむせぶ者さえあった。

岩見沢JCと韓国の裡里JCとは、一九六八年に姉妹結縁の調印を交わし、毎年交互に交歓訪問を続けてきたという。

両市のJCが姉妹結縁を締結した最初の動機は、岩見沢JC第十三代目の理事長粕谷清、専務理事大槻範夫両氏が、ツウルで開催されたJC国際大会に参席した折、たまたま親しくなった相手が裡里の代表であったことから、その後お互の親交が重なって締結されたという。北海道が韓国との間に姉妹結縁したのは、岩見沢市が唯一なるものである。

岩見沢（JC）代表と握手する裡里代表（左）文炳良

韓国孤児の母

各地で激励受ける

＝永松カズさん＝

日本女性の身でありながら、二十有余年の歳月にわたって韓国に留まり、「孤児の母」とまで、いわれている永松カズさん（四三）が、二十五日午後、大航韓空機で来日した。

永松さんは、六・二五韓国動乱から今日まで、日雇労務者、軍手編み、露店理髪店、木炭販売等をしながら、百余人の孤児を独力で育て、世に送り出したのである。

この度の目的は、さきに出版された永松さんの自叙伝「愛の灯は消えず」＝講談社発行＝の出版披露と、浄財カンパをするのが目的である。

孤児を育てる施設として、土地や理髪店を作るのに銀行から借りた六百万円の返済期限が六月中旬に迫っているので、今般、その窮状を訴え、浄財の寄進を呼びかけている。

この話を聞いたシャープ、早川電気の会長早川徳次氏は、永松さんの困境を越えた崇高な精神に感動して百万円を寄付した。その外「永松さんを励ます会」の関西世話人である上田恵晃さん（大阪市住吉区上住吉町四四五番地、大平寺内、僧侶）らがこのカンパ運動を推進しているが、五月二十九日には、神戸市垂水区のカトリック系の愛徳学園に招かれて、全校生徒約千人から激励を受け、父兄ならびに生徒たちから集めた浄財を贈られ、永松さんは感激している。

北送者が可愛そうだ

金新朝氏が語る

北傀ゲリラ三〇名と共に大統領官邸襲撃事件の生残りの一人、人民軍少尉の金新朝氏は、その後大韓民国に忠誠を誓い、いまは北傀の罪悪をあばく反共闘士として活躍している。

金氏は国際勝共連合の招きによって、五月二日東京都市センターホールで開かれた"アジア勝共ー"の特別演士として来日し、その後民団中央本部を訪問した際記者会見に臨んで、大略次のように語った。

金日成のいう「地上天国」の宣伝を、日本でこれほど信じ込ませた朝総連の存在を再確認したような心境だ。金日成が韓国を武力統一した後、次は日本を赤化する野慾を捨ててない。実際に、朝総連組織を日本の革命基地にして数多くの工作員を養成している。

北送同胞の実態は非常に悲惨だ。それを表現する適切な言葉すらない。北送初期には、チェコからバスを買ったり、清津にアパートを建てて入れたりして、仮装粉飾に狂奔したが、それも束の間で直ぐに炭鉱や工場に強制連行されて行った。そして朝総連の幹部にだまされた事を知った北送者たちが、不満を持つようになった為、監視をつけて差別している。

日本から持って行った設備の、運輸業や万年筆工場等を、みな取り上げて国有化する等、数え切れない程だまされている。教育も人民学校四年、中等学校五年と一応は九年制度になっているが、中等課程では実習の名目で生産労働に従事し、学校や学科の選択も自由に出来ない。医療制度も名目だけで実際には治療など受けられない。朝早くから夜遅くまで重労働に追われ雑穀めしも満足にくえない配給に、生産が低下して困った為「千里馬運動」等で労働を強いる全くのコマカシ政策に過ぎない。

金日成にだまされた同胞がかわいそうだ。これ以上犠牲者を出さないよう、努力してもらいたい。

人事往来

崔源明　韓国慶北大学専任講師、北大で研究するため、五月二十一日来訪。

尹信浩　韓国力道選手団長他十六名、第六回韓日親善ウェイトリフティング競技大会に参加するため二十七日来訪。

金鳳錫　韓国人信用組合専務理事、北海道商銀第七期総代会に出席のため、五月二十七日来訪。

朴一哲　東亜経済日報社副社長、北海道視察のため五月二十八日来訪。

李厚洛　韓国駐日大使、北海道視察のため、五月三十日来訪。

編集後記

この度、民団北海道地方本部の機関紙として「民団北海道」を発刊することとなり、浅学菲才にして、ロクな経験もない私が"編集主幹"の大役を引受け、いざ創刊号を作る段階になって、新聞を作ることの難しさと、新聞の重要性を、今更のように認識したのであった。

新聞の生命は、記事の正確さと信憑性にあることは、再言を要さないが、ことの成否は、その機能を充分に発揮し得るか、どうかに掛っているといえよう。

「民団北海道」が指向する主なねらいは、政治、経済、文化等と難しい問題は中央紙に任かし、なるべく、私たちは、北海道内の埋れ行くもろもろの生態や、庶民生活の片隅でササやかれる、ナマの話題と、どこえも持って行きようのない、私たちの細やかな意見や主張などを、この新聞で取り上げてみようと思うのである。

諸者諸賢においては、このようなひん弱なものであっても、共通の話の広場として、活用していただけるなら、この新聞の持つ使命も些かなり共、達し得るものと心から喜ぶものである。

最後に、今後ここえ掲載される人名簿、住所録、書類の書式、グラフ等を資料として提供する所存ゆえ、毎号を保管して記憶帳かわりに、使って戴き度いと念ずる次第である。

沈 禎 孝

一九七一年度　第六回　母国夏季学校　入校生　募集要綱

第六回在日韓国学生母国夏季学校入校生をつぎのとおり募集する。

一、開設目的
夏期休学期間を利用して日本系高等学校ならびに大学に在学中の在日韓国学生に母国に対する新しい認識と愛国精神を涵養させるのを目的とする。

二、主　管　大韓民国文教部

三、教育担当　ソウル大学校・梨花女子大学校

四、募集人員（男女八〇〇名）
大学生（大学院生を含む）四〇〇名・高等学生　四〇〇名

五、志願資格
イ、日本校在学在日韓国人　高等・大学・大学院学生
ロ、過去の夏季学校に入学した事実のない学生
ハ、平素、品行が方正、思想が穏健で、健康な学生
ニ、日本再入国が可能な学生

六、開設期間ならびに教育内容
イ、教育期間　一九七一年七月二十七日から八月十六日まで（三週間）
ロ、教育内容　(1)講義　国語・国史・地理・国内情勢　(2)課外活動　名勝古蹟探訪・産業施設ならびに学校視察・国内学生との交歓

七、提出書類
イ、入校志願書（所定様式）……一通（各写真一枚添付）
ロ、学校在学証明書……一通
ハ、所属民団長推薦書……一通
ニ、国民登録済証……一通
ホ、外国人登録済証……一通（永住権申請または許可番号）

八、志願書交付ならびに提出先
イ、民団地方本部
ロ、各地方　韓国教育センター

九、募集締切り
一九七一年六月二十五日まで

十、経　費
イ、政府負担　往復旅費を含む教育費一切（旅券手数料　免除）
ロ、学生納付金　教育期間中宿食費一人当七十五弗

十一、出発日ならびに場所
一九七一年七月二十五日　下関港

十二、事前教育・其他
イ、出発前に適切な時期をえらび各地方別に事前教育を実施する。
ロ、其他、具体事項は当大使館奨学官室・民団中央文教局・各教育文化センター・民団各地方本部に問合せること。

大韓民国大使館　奨学官室

郵便番号一〇六　東京都港区南麻布一丁目二番五号
電話四五三―九六五三・四五二―七六一一内線八一

協賛　**大韓民国居留民団本部文教局**

民団北海道

発行所
民団北海道新聞社
発行人　崔東海
札幌市南９条西４丁目
北海道韓国人会館内
電話代表(51)～3381番
（１部　50円）

在日本大韓民国居留民団
綱領

一、우리는 大韓民国의 国是를 遵守한다
一、우리는 在留同胞의 権益擁護를 期한다
一、우리는 在留同胞의 民生安定을 期한다
一、우리는 在留同胞의 文化向上을 期한다
一、우리는 世界平和와 国際親善을 期한다

支団長会議開かる　第１回

去る六月十七日午前十一時より民団道本部会議室に於いて、今期第一回全道支団長会議が開催された。

会議には、全道十四支部支団長を始め、本部各役員並びに商工会長、商銀理事長、そして公館側から金領事が臨席した上で開かれたのであった。

会議に先立ち、崔東海本部団長の挨拶に続いて、金正煥領事の祝辞を兼ねた要望があったのち議題にはいった。

懸案事項の一九七一年度の活動方針の具体化について孫文植副団長から説明があり、討議にはいっては慎重かつ活発な論議が交された。

討議事項

一、永住権申請者の後処理

永住権申請者が全国で三五万名を突破し、北海道内だけでも、中立系、朝連系の同胞約二千名が永住権を申請したのである。よって民団北海道では、これらの同胞に対し、適切なる指導体制を打ち立て、拡張された団勢整備をすると共に、朝総連の影響力を受けて来た過去の周囲環境等を考慮しながら、情熱と誠実と、そして、理論的指導を以って民団を理解させ忠実なる団員になるよう全組織力を傾注する。

二、組織活動について

七〇年代に対応できる基幹組織活動家の再訓練に重点を置き、新入団者に対する理論的指導力を発揮せしめ、世代交替を果敢にし組織に若い気風を振作するよう注力する。

1、永住権申請者の入団手続の促進。
2、北送者に対する啓蒙阻止運動の展開。
3、札幌国際冬季オリンピックの支援対策。
4、傘下団体の育成強化。

三、民生活動

1、永住権申請者の貧困者の救済対策。
2、朝総連の妨害によって申請出来なかった者に対する、申請期間の再策定の要請。

四、文教活動

1、韓国学園の分園拡充。
2、母国留学生の勧奨。
3、奨学金制度の強化。
4、成人教育の推進。

五、宣伝活動

1、講習会及び講演会の定期開催。
2、地方巡回映画上映。
3、パンフレット及び雑誌による教育宣伝。
4、機関紙の発行。

六、其の他

1、旅券事務の敏速化。
2、手数料の統一化。
3、母国の夏季学校の入校資格を中学生も含むこと。

以上の事項について鋭意討議されたのち、孫文植副団長より、八・一五記念行事について説明があり、沈穂変編集主幹によって「民団北海道」の機関紙について、その内容や運営に関し、種々要望があって、午後五時三〇分に閉会した。

団員の自覚を促す

在日大韓民国居留民団北海道地方本部
監察委員長　朴準龍

われわれの本国におきましては、第七代大統領選挙並びに、第八代国会議員選の二大選挙を通して、真の議会制民主主義を指向しつつ、自主経済の確立と自主防衛路線への転換等、本国政府は偉大なる一歩をふみ出しているのであり、このように国内外の情勢に伴い、われわれの民団も、ここに一転機を迎えたと言えましょう。

在日同胞六十万の中から、今は四十数万を擁するわが民団が、名実ともに在日韓国民を代表する唯一の民族団体として、その機能を充分に発揮しうるすべての態勢を整備せねばなりません。

このような観点から、われわれは、今までの守勢から脱皮して攻勢に転じ、行動力のある民団、実行力のある民団として前進せねばならないのであります。

われわれの民団が現在直面している問題は、組織の再点検整備して一般団員の意識の向上と本格的な二世への民族教育に真剣に取り組まねばならないと思います。現在、われわれの子弟は、韓国と日本の両教育の谷間で彷徨し、模索しているのであります。

われわれは、このような子弟の現状を重視しているのでありますが、また、指導者としての責任から、この問題を解決せねばなりません。

その他、急を要する諸問題が山積しているのでありますが、これらを一つ一つ着実に処理することの出来る組織の整備が先決であります。

現在、このような重大時期にも拘らず、一部の地域では紛争の種をまいて混乱を惹起している事がしばしばあり、また団員としての義務は一つも果そうとはせず、事あるたびに権利だけを主張しながら、他人の不利なことばかりを探して混乱を起こしたりする団員が一部の支部にありますが、このような行為は厳に慎んで真の団員となり、地域社会に貢献されますよう、切に願うものであります。

韓国在住の日本人妻　故郷に帰える

!!崔成順氏の　愛のかけ橋によって!!

三十年前に日本で生き別れした実母が、娘あいたさに病床で呻吟しているとの報に接した韓国在住の一日本人妻が、母の生前に一目だけでも会いたい一心から里帰りの手続を取ったがいろいろの障害が横たわってビザが取れず、一人毎日悶えていることを新聞で伝えきいた札幌の一僑胞篤志家がなんとかこの不幸な親子（母親）を対面させてやりたいと思い八方手を尽した甲斐あって、このたび三十年振りの親子対面が実現したのであった。

この話題の日本女性は、韓国慶尚北道大邱市三徳洞二街二二〇番地に住む孔清子さん（四三）＝日本名、井口春代＝で今から二十六年前の一九四六年、当事十六才の彼女が働いていた群馬県桐生市の織物工場の経営者が孔さんという在日韓国人であった。ふだんから真面目に働く身寄りのないこの少女を実の娘のように可愛がっていた老工場主は、終戦の翌年本国へ引揚げるとき、この少女を伴って韓国に渡り釜山で落付いた。だが、老工場主は引揚げ後半年も経たないうちに病で亡くなり、この工場主の姓を因んで孔清子と名乗るこの少女の苦労が異国で始まるのであった。

日本にいるときから彼女は幼少の頃に父を亡くし、年若い母が一人の妹を連れて再婚する際他家に預けられた関係から実母とも早くから別れて住んだ。そして、韓国に渡ってからも、身寄りのない天涯孤独な境遇からあらゆる苦労と辛酸を重ねながら成人し、二十一才の折り現在の夫と結婚した。そして、いまは大学三年と一年に通う二人の娘をもうけ細々ながらも鉄工所を営んで仕合せな家庭を築いたのであったが、信じていた夫は他の女性に心がうつり未だに正式入籍すらしていないという。

それに居どころも判らぬままに二十数年間も文通できなかった実母も彼女の小学校当時の先生を思い出して連絡をとり、そこから母の居所を探し出して最近になってようやく母との文通が出来るようになった。「母の住所＝新潟県長岡市宮原町二丁目一三の五＝小林たけの（六三）＝」だが、母は長年の病気で苦しみ、明日をも知れぬ容体であるとの知らせを受けた彼女は、せめて一目だけでも母の生前に会ってみたいと思い渡航手続を取った。だが、いろいろの難関があってビザがとれなかった。それは①二重国籍（六九年韓国籍取得）②現在の夫に入籍していない③経済事情④日本での財政保証者がない⑤実母との親子関係が明確でない（戸籍上）等であった。

この事が国内新聞で報ぜられ、日本でも太陽新聞がこれを報道したのであった。

この事実を知った札幌の崔成順氏が気の毒に思い"人間の愛情に国境はない"なんとかして、この不幸な母娘を再会させてやりたいと太陽新聞社を通じて本人に連絡をとり、駐札幌韓国総領事館の特段の取りはからいによって往復旅費を含めたすべての経費と、滞日中に於ける一切の身元等を崔成順氏が保証して六月十四日ぶじ里帰えりが出来て三十年振りの親子の対面が実現したのであった。

その後、六月十七日孔さんは、はるばる新潟県長岡市から来道し崔成順氏と感激の対面をしたのち、韓国札幌総領事館、民団道本部などを歴訪して、みなさんの温情を心から感謝しながら涙ぐむのであった。

崔成順氏の"愛のかけ橋"によって、不幸な一人の女性の夢をかなえてやったその朗報に、在道僑胞社会で氏の善行に賞讃の声が高いのである。

北海道商銀人事

任営業部次長　清水　誠
任営業部次長　荏川　道久
貸付課長　梁松　一雄
貸付主任　盧　雅雄

右六月十六日付で発令します。

北海道商銀
理事長　鄭信学

峰火

現在"朝総連"に追従している殆んどの者が、朝総連に加入したその動機を聞けば、いとも簡単な理由で加入している。

加入当時は、共産主義者でもなければ、况してや自分の生まれ育った故郷である韓国を反対しようなどと思ってもみなかった。唯身近に同じ同胞の団体として朝総連があったから加入したまでの事。

それがいつの間にか、世界に類例のない悪質な共産分子の集団と化し、韓国をののしる団体となっていた。

それに気付いた時には既に遅く人間関係、経済関係にがんじがらめに縛られて、抜け出る事も出来ない状態になった。

それでも世界の趨勢を見極めるだけの眼力と判断力のある者は、如何なる犠牲をも顧りみず、早くから脱退して民団に加わったのであるが、彼等の巧妙な奸計とどぎつい宣伝に眩惑された者、又は朝総連のやり方に不満があっても彼等の圧力を振り切る程の勇気がない者、そして彼等の組織から抜ける事に依って生活の破綻を恐れる者達が残っただけ。

さらに、軍国時代の日本国民が天皇を神と崇め奉ったその数倍にも増して、金日成を崇拝し、彼等の頭から金日成を抜いてしまえば空になる程詰っている。

彼等の新聞雑誌どれ一つをとって見ても金日成の文字で埋め尽くし、彼等の生活すべてに金日成が関係し、子供が生まれれば金日成の為に乾杯し、結婚するにも金日成に誓わされ、人間が死んでも金日成万歳を叫ぶ。

彼等の小学校一年生からの教科書も金日成から始まり、この世で一番偉い人間は金日成で全能の神よりも金日成が偉いと教え込む。

この文明の世に、こんな馬鹿げた話があってたまるか！それを真から信じているとすれば、彼等こそ正に馬鹿か狂人のどちらかだ。

朴大統領就任式 北海道では三名

去る七月一日本国で行なわれた第七代朴正熙大統領就任式には、在日同胞慶祝使節団一三〇名が六月二十九・三十両日のKAL便で出発した。参加構成人員は、全国の地方本部団長、傘下団体機関長商銀の代表者からなっている。北海道では崔東洵本部団長、姜信学商銀理事長、都正煥旭川支部団長の三名が参加した。

孫碩柱公報官 本国へ栄転

別れを惜しむ歓送会賑う

大韓民国駐札幌総領事館の公報官として来任していた孫碩柱公報官は、本国政府の文化公報部報道担当官（局長級）に抜擢され去る六月二五日急拠帰国した。

孫公報官は、四年前に大韓民国駐日公報館の副館長として来日しその後、大阪で開催された万国博覧会の担当官となって、卓越した手腕を十二分に発揮し、無事大任を果したのであった。そして、昨年十二月、札幌冬季オリンピック大会の担当公報官として転任して来た。

だが、本国の大統領選と国会議員の二大選挙も終わり、大きく変わる政局の転換に伴い、公報使命の重大性に鑑み、公報活動のベテランとしての力量がかわれて起用されたもの。

孫碩柱氏は、ソウル大学を卒業して文化公報部にはいり、公報活動一筋に務め、四年前日本に転出するまでは報道課長を十年も勤めた生え抜きの公報官であった。それで韓国言論界で知らぬもののない顔の広さも、今回の抜擢に大きく左右した要因にもなったであろう。

札幌に着任してから半年足らずの期間ではあったが、歯にもの着せぬ直截さと、あけっぴろげな庶民性が好感を持たれ、多くの人が傾倒していた。

二十四日午後六時から札幌ロイヤルホテルで開かれた歓送会には氏の人柄に親しんでいた全道僑胞約百人が参加して、氏の栄転を喜ぶ反面、別れを惜しむ人々によって悲喜交々の祝宴が、最後まで賑わうのであった。

左から四人目が孫公報官その左三人は家族たち

全道から集った僑胞有志歓送会の風景

一、〇〇〇億円を突破

祝賀大会開く

在日韓国人信用組合協会では、来る七月十七日正午より、大阪中之島中央公会堂に於いて、総預金額一千億円達成記念祝賀大会を開催する。

祝賀大会には、全国三十一商銀並びに各関係機関の代表が多数参席して、盛大な記念行事が挙行される予定。

当日この祝典には、韓・日両国の芸能人多数が出演して、多彩なアトラクションや豪華なプレゼントの抽せん会が準備されている。

夏季学生出発

北海道で十五名

来る二十七日ソウルで開かれる在日僑胞の夏季学校入校生八〇〇名は、二十四日下関港を出発する。北海道から参加する高大学生男女十五名は、民団北海道本部の金英積事務次長引卒のもとに、二十一日午後七時二五分の特別急行北海号で出発する予定。

本国で開校している夏季学校は六年前から本国文教部主催で実施され、今回で六回目である。

本道からは多数の二世学生達が毎年参加しており、母国の実情に接して認識を深め、そして民族的意識の高揚に多大な成果をおさめてきた。

尚、三週間の教育課程が終れば現地で解散され、初めて逢う母国の肉親たちにそれぞれ引きとられて行き、夏休み期間中には帰ってくるようになっている。

雑感叢話

大韓民国駐札幌総領事館　領事　金正燮

私は元来が実務肌の人間であり、事実また、現に実務に携わる人間である。それ故、この種の文章には大へん苦手であるが編集部からたっての頼みと言うので、引受けては見たものの、いざペンをとったら何から書いて良いのか迷ってしまった。それで、敢えて書くとなれば、高尚な資質のない私の落ちつくところは知れたもの……。日本生活の短い私にとって、見るもの聞くもの、みな珍しい。そのような私が目で見てきたこと、感じた事を率直に書いて見たい。強いて言えばさしずめ"雑感"とも言うべきか、または"叢書"とも言うべきか、言うなれば、あっちこっちで集めた話なのだ。この中には、皮肉に聞える部分もあろう。また居丈高にも見えるであろう……。だがこれは決して他意のあるものでもなければ、また、骨のある話でもない。軽い気持で読んでいただければ、私の願うところであり、また、幸わせと言うものだ。乞う！失礼を……。

× ×

ひと月ほど前、日本の友人とあるクラブに行った時である。

私達の手前にいた一群の中年紳士の一人が、流暢な"アリラン"を歌うのだった。多分私の存在を意識しての事だとは思ったが、何しろ淀みのないその見事さに、私はその由縁を尋ねたところ、二十数年前の学生時代に韓国に於いて、釜山の友人に習ったとの事であった。

哀愁に満ちたこの有名な祖国の民謡を、異国で聞くのも亦格別なもので、私の郷愁を惻々とそそるものがあった。

国をなくした私たちの先輩たちが、民族の悲哀を胸に抱いて荒涼とした満州の曠野や、凍てつくようなシベリヤの山野を彷徨いながら、口ずさんだであろう懐郷の歌、それ故にこそこれを禁じようと努めた時の為政者の心情も判るような気がした。

× ×

去る二月、当地の札幌で開かれたプレオリンピックの応援にきたある民団系の僑胞が、応援で使った国旗（太極旗）を家に持ち帰ったところ、子供たちが「お父さん！これはどこの国の国旗なの？」「これは韓国の国旗だよ」「韓国って、どこの国なの？」

この親子の対話を聞いて、私たちはこれは一つの小話として笑うべきか？悲しむべきか？…

× ×

数年前の ことだが、「ソウル」の会社に務めていた或るイスラエル青年が、アラブ連合とイスラエルが開戦した時、潔よく自分の職をなげて帰国するのを見た。彼等は、祖国なき国民の悲惨さを宿命的に感じており、祖国の危機には身を以って守らねばならぬ事を本能的に知っている。彼等の祖国愛と民族愛に敬服せざるを得ない。

曾って、韓国動乱の際、在日僑胞志願兵が祖国防衛に身を投じた事実もある。洋の東西を問わず、国を想う青年の忠誠を今一度顧みるとき、新たな感慨がするのである。

× ×

わが国が独立して既に二十六年。政治、経済、文化とあらゆる面で驚異的な発展をきたし、今は世界列国とも肩をならべるようになった。

でも反面には、自由友邦の防波堤となって共産主義国家の赤化運動を阻止しながら、南ベトナムの自由守護のため五万に及ぶ"支援軍"を送り、かたわら二十階以上の高層建築物や高速道路やソウルの地下鉄等を自力で建設し、第三次経済五ケ年計画が七二年から始まる。第一次第二次経済五ケ年計画の結果、終戦同時の国民経済に比べて七〇年末にはその数倍にまで引上げている。このような祖国の発展に照らし、経済国日本に於いて安定生活を送っている皆さんも祖国に対する認識が一層のぞまれてならない。

× ×

この度の永住権を契機にして新たに韓国籍に編入された皆さんには、このような祖国の発展ぶりに接する機会がなかったと思うが、『百聞は一見にしかず』で、是非一度ご自分の眼で確認してほしい。"飢餓"に餓えて乞食ばかりのソウルとか地方は電気もなく暗黒世界そのものとか、済州道などでは今でも"ワラジ"をはいているという吐八百の宣伝に惑わされているとすればそれは大へんな事だ。皆さんの父母兄弟や肉親たちは毎日のように皆さんの安否を案じており、皆さんの帰りを首を長くして待っている筈だ。

懐しい故里や父母兄弟を是非訪問して、祖国の発展ぶりを見てほしい。訪問に際しての国籍問題や過去の経歴などは問題ない。それについての手続きや斡旋には 惜しみなく するつもりだ。

× ×

悪辣極まる敵対組織の内部分裂や浸透工作にも拘らず、民団の育成と組織の防衛に努力なさった幹部たちの功績には、賞讃せずにはいられないのだ。だが私達は今の状態に満足してはいられない。若し幹部の中で建設的な意見よりも批判のための批判や、争論の種をまき散らすようなことだけは、厳に慎しまねばならないのである。

団員各自の苦しみはわが身の苦しみであり、団員一人々々の功績は全民団の誇りであると喜ぶべきだ。道内八千人全僑胞の指導者たちは、歪曲宣伝に迷っている一部の僑胞を善導せねばならない幹部の責任は重大である。

世界の情勢に無分別な二世に愛国心と愛族精神を教育し指導すべき義務があるのは言をまたない。安逸と惰性に流れて義務がおろそかになってはいけないのだ。

民団の使命は、同胞の権益を保護するための自治団体であり、団員すべての義務と権利は平等である。言いかえるならば、民団は限定された一部のものの団体でないと言う事である。よって、門戸を広く開放し、愛国的な人物をどしどし重用して民団の将来を盤石にしようではないか？

× ×

団員一人一人が誇りある大韓民国国民であり、そしてまた、伝統ある北海道民団の団員として、常に国を代表し、民団を代表する心構えがなくてはいけない。そして、団員一人一人が組織の構成に重要な部分を占めている。「俺一人位いなくとも民団に変りはない」とか「俺は自分一人の力で生きていくのだ」と言う事は 誰も 言えないと思う。一人一人が集って団結してこそ、私達の権益が守られている事を知って貰いたい。

組織の歪みを是正する努力はせず、それをほじくり非難するような事があれば、これ即ち組織の破壊者であり、祖国に対する反逆行為である事を知らねばなるまい。（つづく）

人事往来

李効再梨花女子大学教授、北海道視察のため、六月二四日来訪。

孫碩柱公報官、本国文化公報部の報道担当官に栄転、六月二五日本国へ赴任。

魯錫経光州博物館長、徐守賢光州教育大学教授、日本ユネスコ全国大会出席のため六月十二日来訪

崔東洵本部団長、姜信学北海道商銀理事長、朴大統領就任式に参加し、七月十三日帰任。

札幌地区班長会議開く

＝班長の権限持たせ＝

六月二十八日午後一時から、民団本部会議室に於いて、札幌地区班長会議を開催した。

昨年から永住権申請運動を始めとして大阪の万博観光団本国家族招請事業、札幌国際冬季プレオリンピック支援事業、北海道韓国人会館建設事業等の四大事業推進のあまり、特に札幌の組織整備が渋滞したため、これを抜本的に整備改革する必要性から札幌地区十二班の班長会議が開催されたのであった。

札幌には以前、札幌支部が独立してすべてを運営して来たのであったが、いまから八年程前これを解散して道本部で直轄して来た。解散した理由は道本部の所在地である札幌に於いて、支部があるのは、人的、物的にすべてが二重になり、特に本部の役員が支部役員を兼任するという二重性はむしろ、冗漫を助長する弊害があり、経済的にも二重の負担をせねばならない関係から支部をなくしたのであった。その後は、道本部の直轄として運営して来たのであったが、人的欠乏による組織の停滞という短所もあって、昨年札幌を十二に分けて班組織をしたのであった。班組織による細分化によって浸透性は大幅に広がり、組織の強化に拍車がかけられたのであったが、組織活動を負荷されるだけで、その反面、なんの権限も与えられない班長という役割の不合理性が露出された。このような弊端を是正するため、班長の権限を強化する要望があった。そのため本部直轄部では、私案を作成して次期班長会議までに提出する事になったのである。この日の会議で討論された大略の案は、

一、直属団員は領事事務一切を班長の認定を受け、然る後に、本部へ申請すること。

一、団費の徴収権は各自の班に任かせ、その中から班の経費X%を貰う。

一、班長の任命権は本部で行なう事を再確認する。

全国文教部長会議

東京で開かる

去る六月二十三日午前十時より東京都文京区小石川町のホテルダイエーに於いて、民団中央本部文教局の主催で全国地方本部文教部長会議が開かれた。

北海道地方本部では、金鐘文文教部長が所用のため参加出来ず、その代理として、本部の金英植事務局次長が出席した。

会議の内容は、①一世教育問題に対する討議、②一九七一年度の第六回本国夏季学校入校生に関する事務の打ち合わせ、③今後の民団に於ける文教政策に関する討議④其の他に於いては、次回からの本国夏季学校には中学生も含めて実施するよう要望などがあった。

なお当会議には駐日大使館の奨学官から、本国留学生問題について学館から推薦された三名の奨学大学生はもちろんのこと、本年度から実施されている高校生の留学生についても、積極的に勧励するよう要請があった。

在日二世教育については、各地方本部から、民団の文教政策を抜本的に樹て直して強力に推進すべきであるとの強い要望があった。

在日同胞 勝共修練会開催

呉明美嬢参加（ソウル）

国際勝共連合では、六月二十八日から七月十日まで、韓国の京畿道楊州郡北里面水沢里にある国際勝共連合の修練所に於いて、在日同胞を対象にした勝共理念の修練会が開催された。

国際勝共連合では、人類の念願である世界平和と自由の実現を妨害するのは共産主義勢力であると指摘し、現在友好ムードをベールにした中国共産党の世界赤化の企てがアジア自由諸国の最大の脅威であるとして、昨年九月東京の日本武道館で開催された世界反共大会や、今年五月アジア勝共大会を開くなど、アジア自由圏の一体化を叫んで、活発な運動を展開してきた。

今回の勝共修練会も、共産主義思想の誤りを理論的に解明すると同時に、北韓の浸略的危機に対処するに充分な理論的武装を狙いとしたもので、関西地方の僑胞青年約百名を中心に、全国各地から二十数名の僑胞が参加した。

北海道からは、釧路の 呉明美（呉丙生氏長女）嬢が参加した。

呉嬢は高校時代に勝共理論を学び、韓日両国の勝共一体化の必要性を痛感して積極的に運動している二十才の女性。

「勝共こそ民族の聖使命です。一生県命勉強して来ます」と、言い残して元気良く出発した。

なお、今回の修練会の結果を見て、さらに続行する計画もあるという。

永住権申請期間の延長

日本側難色をしめす

先月、国連工業開発機構の特別総会に参席の帰途、日本政府の招請で日本を訪問した尹錫憲外務次官は、日本の森外務次官と会って韓日間の懸案である在日韓国人の協定永住権申請期間再設定のため早急に「上級会談」開催に関する意見を交換した。

この韓日両国の上級会談は、次官会議のレベルになるものとみられ、その開催を八月の韓日閣僚会談の前に開きたいというのが韓国側の要望である。

一方、日本政府側は、在日韓国人の協定永住権申請期間の再設定について、行政措置の範囲内でできる部分については賛成であるが、立法措置を講じてまでの申請期間延長には難色を示しているという。

よって、今後開かれる一連の会談でも処遇改善のための具体的内容と合理的な申請期限の設定方案などが、重点的に論議されるものとみられている。

スズラン狩りは楽しかった

韓国学園（札幌）

北海道韓国学園では、去る六月十三日、日曜日を利用して、小・中校生五〇名と父兄三〇余名を合わせた八十名は、早来原野にレクリエーションを兼ねてスズラン狩りに出かけた。

午前十時、学園の前に集合した一行は、自家用車十六台に分乗して現地に向った。

現地では、澄み切った清浄な空気と、暖かい陽光の下で、ふだん青い空や広い原野になじみの少ない都会っ子には、全くの新天地で、自然そのままの草原に寝転ぶもの、走り廻るものなどそれこそ嬉嬉として戯れる姿に、父兄までもつられて童心に帰るのであった

各自持参の昼食では爽快な空気のもとでの御馳走は、また格別なもので、その美味しさに舌鼓を打つのであった。

午後から始まったスズラン狩りには、草原一ぱいに咲き誇るスズランを採るもの、わらびを採るもので、時間の経つのも忘れて夢中であった。

特に、父兄の方では、スズランには、目もくれずにわらび採りに専念して、児童たちに笑われる場面もあったりして、和気あいあいの一日であった。

帰路に際しては、新緑と清澄な支笏湖畔を一周して、午後五時頃札幌に帰った。

当日、現地の案内に多くの御労苦をいただいた早来町民生課の阿部さんには、この紙面を通じて、心から感謝するものである。

料理教室

金順子

さんぐちさむ（ちさ巻きごはん）

食欲の衰えがちな夏の盛りちさ又はサラダ菜でごはんを包んで食べると驚くほど食欲がすすみます。栄養的にもバランスのとれたさんぐちさむを御紹介致します。

材料　2～3人前

- ちさ　5株
- 春菊　1把
- あさつき　1把
- 肉味噌
- ごはん
- 煮魚

下拵えと食べ方

ちさ又はサラダ菜、春菊をよく洗い、最後に水に胡麻油を2～3滴たらすとちさや春菊につやがでて味も増し、消毒にもなります。

大皿にこの野菜をきれいに盛り合せ、食べる時はめいめいちさを2～3枚ずつ手のひらに広げ、肉味噌を好みにとり、その上にごはんや春菊、煮魚のほぐしたのを適宜にのせてちさでくるむようにしていただきます。魚のきらいな方は、牛肉のせん切りに味つけしていためたものを代わりに添えてもおいしくいただけます。

肉味噌の作り方

材料

- 牛肉（ひき肉）　一〇〇g
- A
  - 砂糖　小さじ1 1/2杯
  - 醤油　大さじ1杯
  - ねぎみじんぎり　大さじ1杯
  - にんにくみじん切り　小さじ1 1/2杯
  - すり胡麻　小さじ1杯
  - 胡椒　少々
  - 胡麻油　大さじ1 1/2杯
- 味噌　二〇〇g
- 唐辛味噌　大さじ1 1/2杯
- 玉ねぎ　小1/2個
- にんにくみじん切り　小1杯
- ピーマン　1個
- 砂糖　大さじ1 1/2杯
- 胡麻油　大さじ1杯
- すり胡麻　大さじ1 1/2杯

作り方

1、牛肉はAの調味料で味をつけ色が変わるまでいためて水カップ1/2杯をさし、中火で15分位煮ます。

2、玉ねぎはあらくみじん切りピーマンも同様。

3、①がよく煮えたら味噌、唐辛子味噌を入れてよくかき混ぜながら弱火で気長に煮つめます。

4、味噌と肉がよくなじんだら玉ねぎとにんにくを入れてしばらく煮、さらにピーマン、砂糖、胡麻油、化学調味料の順に加えてかき混ぜながら煮つめます。

5、すっかり煮つまったと思ったら火をとめ、最後に擂り胡麻を混ぜ加えて小深い器に盛ります

これはかなり長保ちするので、一度にたくさん作っておけばセロリやきゅうりなどの季節の野菜につけて食べてもおいしいです。

アジア芸能人 連合会七月発足

第一回芸能祭 韓国で開催

アジア芸能人連合会が、七月五日東京で発足した。これはアジア全域にわたる芸能人の演芸交流、演芸活動を通じての相互理解と質的向上を目的とするもので、今年一月ごろから韓国・日本・台湾などが中心になって設立準備が進められていた。

七月五日の創立総会には韓国・日本・・台湾・南ベトナム・タイ・香港・シンガポール・マレーシヤ・フイリピン・オーストラリアなど十カ国の演芸代表人が参加する予定で、本部は日本に、韓国には支部が設けられる。

なお、さる三月に開かれた同連合会準備委員会で、第一回アジア大会芸能祭を今年の秋ごろ韓国で開催する事を決定した。

重責を担って

在日大韓民国居留民団千歳支部
団長　金基徳

私が非才ながらも、支部団長の重責についてからすでに、五年目を迎えた今日まで、その間、諸先輩の陰ながらの暖かい御指導と、数多くの団員たちの惜しみない御協力によって、大過なくつとめて来たことを、深く感謝しております。

私たちの千歳市は、終戦後、基地の町として発足し、その後、民間空港が開設されてから、より急激に栄えた町であります。私たちの同胞も全国から集まって一時は何千名をも数える膨大な数であり、その動向の把握は非常にむつかしい状態でありました。

特に、その当時は朝総連の集屈とも言えるほど彼等の勢力は強く、その無法と跋扈は甚しいものでありました。だが、彼等の威勢は昔日の影もなく、今は凋落の一途をたどるのみであります。それに引きかえ、私たちの民団は大部分の同胞を傘下におさめて、平安な日を送っております。

それに当市は、北海道の表玄関の位置にある関係から、本国や中央からのお客さんが多く、要人の送迎の役割もつとめているのでありますが、そのたびごとに痛感するのは、現在の事務所が手狭で、その上、老朽化している事であります。来年二月に開催される札幌冬季オリンピックには、本国並びに内地からは莫大な数のお客さんも来られると思われますので、この機会になんとか新しい会館を建てるべく、目下全団員が挙ってこの問題に取りかかっているのであります。

新しい会館が建築されましたあかつきには、この会館を利用して、子弟の民族教育と、成人講座や婦人会の国語教室、そして料理教室などを開設し、団員の融和と、民族心の昂揚に大いに役立てようと、楽しいプランが一ぱいであり、一日も早く会館の建築が急がれているのであります。

今後とも皆さまのご支援を切に願ってやみません。

会館完成予想図

役員名簿

諮問機関
顧問　辛俊植、田潤萬、李順萬、李源泰

議決機関
議長　盧龍根
副議長　柳時一、孫善道

監察機関
監察委員長　鄭福嚴
〃　委員　権昌秀、崔址栄

執行機関
団長　金基徳
副団長　崔判述、鄭初雄
事務部長　玉基性
総務課長　金栄吉
組織〃　柳義夏
民生課長　崔相煥
財政〃　金栄吉（兼）
宣伝〃　朴相淳
文教〃　高命圭

役員会議のあとで

門戸を開く

千歳支部、議長　盧龍根

私たちの母国大韓民国は、あらゆる悪条件と難関があるにも拘らず、それらを克服して国民全体が一丸となって、国家中興の偉業に邁進している時、私たちの在日同胞も、本国の国民に負けない位の意欲と熱意を以って、民度の向上をはかると共に、すべての国家施策に忠実に呼応せねばならないと思います。それには、先づ私たちは民団の綱領の下に一丸となって組織をもり立て、同胞間の融和を大切にしてお互に扶け合わねばなりません。

過ぐる永住権申請運動を通じて、私達は多くの事を学びとった中で、特に一つの教訓として感じた事は、私たちの民団は大衆への浸透力が欠けていたのではなかっただろうか?と、反省させられたのであります。従来、私たちの民団は、来たる者には暖かく迎えたが、来ないものには余りにも無関心であり過ぎたきらいがないとは言えません。

今までは、朝総連がいとんで来た熾烈な攻撃から守るために、常に守勢に重きを置いたのであったが、朝総連にくらべて絶対的に優勢となった今は、もっと攻勢に出て大衆に浸透しながら、門戸を全同胞に広く明けて、みんなを暖かく迎え入れる姿勢と度量をしめさねばならないと思います。

それに、永住権を契機として、入団された方たちに対しては、今までの団員となん等のわけへだてがなしに、心からなる親密さと、暖かい手をさしのべねばならない事は言うまでもありませんが、特にこの点を留意して、共に邁進しようではありませんか……。

永住権を省みて

民族教育の必要を痛感

事務部長　玉基性

民団が始まって以来、永住権申請運動ほど意義深い運動はなかったと思う。そしてまた、この運動ほど在日六〇万の態度を鮮明にせねばならない切実な問題でもあった。先般の日本法務省の正式発表で三五萬人が上まわった事が確認され、予想以上の成果をおさめた事については、この運動を推進したものの一人として、私は心からうれしく思うのである。

この運動を通じて、私達はいろいろな事を知るようになり、そしてまた、あらゆる点について深く考えさせられもしたのであった。

私もこの千歳市に長い間住んできたが私達の見知らぬ同胞がこの狭い地域にこんなにもたくさん住んでいるとは知らなかった。

千歳市は道内唯一の国際色の強い町で、その関係からアメリカ人と経婚している女性、日本人に嫁いで高校に通う子供をもっている主婦、成人じた二世が日本に帰化している者、日本での生活が長いあまりに故国をすっかり忘れきっている老人などと、種々雑多な家庭があるのを知ることが出来た。

これ等の中では、私達の訪問を憎悪の眼で見つめる中学生や、韓国人である事を自分の子供の前で隠そうと努める親。このような現象をみたとき私は情ない気持よりも、むしろ、慄然としたものだった。

この現象はいろいろの原因からきているのではあるが、私達がまず指摘しうる最たるものは、無知なるがゆえに起こる現象と言わざるを得ないのだ。

長い間の日本生活で、言語の喪失とともに民族感念すら薄れて行き、その上、日本の同化政策と差別政策とが絡まって、いつのまにか自分自身が、さも劣等民であるかのように錯覚して自分自身から奴隷的根性に陥っているとしかいえない。このような現象から、自分の子供にまで韓国人である事を隠そうとしているこの親に育てられたその子供達が、韓国人であることを嫌うのも肯づけないことはない。

韓国に対する正しい認識がないところから、民族の優秀性や誇りなどというものは"かけら"程も持ち合わせないこの不幸な子供達が、自分の親を怨み、自分の生まれすら呪っているこの子達の行くつくところは、言をまつまでもなかろう……。

このような二世達をいつまでもこのまま放置しておけば、虚無的な現実の人生感に於いて、無関心、閉鎖性が益々深まり、ひいては自暴自棄になって、犯罪にまでつながって行くのは明白の理と言えよう。

私達は、今後このような二世達に対する民族教育を一日も早く急がねばならないと、痛切に感じられるのであった。

民団に入団して

千歳市　林相萬

今回三十数年ぶりに、故郷を訪問した千歳市在住の林相萬氏（四六才）は、母国で感じたその喜びと感激が忘れられず、自分がいままでなんの気もなしに、のうのうとして朝総連に荷担してきたことを後悔し、帰国後三人の子供が朝連学校へ通っていたのを日本の学校へ転学させ、私生活の面に於いても、朝総連のきずなを一切断ち切り、立派な民団団員になることを誓っている。

林氏は長年に亘って千歳市に在留して容器商を営んでいるが、当初から思想がある訳でもなく、時代の潮流にもうどい関係から南も北もなかった。

終戦後同じ国の人間から同胞の団体が出来たから加入するよう誘われて、同じ国の人々の集まりなら参加せねばと思って参加した。その当時は民団の組織もなく、朝総連だけが唯一の民族団体であると思った。その後、年月が経つにつれて、韓国は独裁国で国民は殆んどが乞食のような生活をしながら苦しんでいるとか、民団という団体は我々国民を裏切る者の集団とか言って、罵っていた。彼はただそういうものかなぁ！と思った程度で、深く考えても見なかった。そして、朝総連では、我々の祖国はアメリカ帝国主義者のために分断されそれを救うために努力しているのは金日成であり、日本でそれに呼応しているのは我々の朝総連だ！と言って盛んに宣伝していた。

そして、子供たちを朝鮮の教育を受けなければならないから、朝鮮の学校へ入学させるさせるように言われてそのようにした。"朝鮮人が朝鮮の教育を受けるのは当然な事だ"と思い、なんの疑いもなく三人の子供を入学させた。

だが、その後いろいろの事を判ってみると自分のやっている事が大へん間違っている事に気が付いて朝連を脱退し民団に入団した。

そして、去る一月約三十年ぶりに故郷を訪問し、すべての肉親に会って来た。そして北傀軍の残虐さや、朝総連の欺瞞性も遅まきながら知る事も出来たという。

林氏は元来から政治とか思想には無頓着で何も知らずに居たが、何も知らない彼を騙して北へ送ろうとした彼等に憎しみさえ覚えるという。

林氏は早速朝連学校から三人の子供を連れ戻して、日本の学校へ転校させたのであった。

×　×　×　×

母国を訪問して

柳 時 一

朝総連の覚醒を促す

在日生活四十年の間、私は自ら選んだ道として朝総連に荷担し、そしてまた情熱をもやして活躍して来た。

いま過ぎ去った長い歳月を振り返って見るとき、あれだけ熱意を傾けてやってきた事に対して何が残っているのだろうか？と思うとき正直いってなにもない。若し、残っていると、敢えて言うならば、それは、朝総連に対する憎しみと母国に対する裏切りと、そして、肉親達に対する悔恨の念と言えよう。

三十年ぶりの還故

私は去る三月、三十年ぶりに母国を訪問して、ただ二人の肉親である弟と妹に会って来た。その時の感激と悔恨に満ちた再会は、到底筆舌では表現出来ないのが残念だ。

開放後放置したまま、顧りみようともしなかった父母を始めとして、年若い妻と生れたばかりのたった一人の息子はすでに亡く、痛ましくも妻と息子は二十有六年間、私の帰えりを待ち詫び、そして死に際まで私を呼び続けていたという。

自分の愚劣さが招いたこととはいえ、いま特に痛恨に絶えないのは息子に対してである。息子は顔も知らないこの父を案じながら、六年前に戦病死したのであるが、最期まで朝総連に荷担している私の迷妄を醒すため幾度となく書状を寄越すのであったが、それを理解するだけの賢明さと、多年に亘ってまとい付いた鉄鎖を断ち切る程の勇気もない私に、果ては「赤狗」とまで極め付けるのであった。

当時の私は一種のヒロイズム（英雄主義）とも言うべき感念に浸って自己陶酔していた。それは私が長年に亘って朝総連に荷担し、中堅幹部として彼等に煽てられながら「韓国民は我々の手によって救い出すのだ」という思いあがった気持をもっていた時である。朝総連の言う韓国は、この世に類例のない圧政と、人間の社会ともいえない程の惨状であると、長年の間に、微に入り細にわたって教え込まれ、骨の髄までたたき込まれれば、私のみならず殆んどの人間がそれを信じるのは当然であろう「信じる」という事は恐ろしいもので、迷妄から醒めた今は常識的に考えても判然とする彼等の偽りの宣伝を疑いもなく鵜呑みに信じ込んだのだから恐ろしい。今から見れば"狂気の沙汰"としか言いようがないのだ。

この度の訪問で、妹が実際に体験したという次のような話を聞いた。

一九五〇年六月二五日韓国動乱が勃発したその日は日曜日で、韓国軍の殆んどは外出中であったと言われる。その隙を突かれた韓国は三日も行かぬうちに首都ソウルを占領され、その余勢をかって怒涛のように南下する北傀軍を恐れた国民は、周章狼狽して取るものも取らずに南へと避難するのであった。

浦項岸壁の惨劇

当時十八才の少女であった私の妹は、ちょうどその時、浦項という港町に居合わせた。そして住民等と一緒に避難するため、約百名程の老若男女が、岸壁に繋がれていた大きな漁船一隻に分乗して出港した。だが間もなく四名の北傀軍を乗せた一隻の快速艇が疾風のように近づくや、機関銃を構えて引返えすように命令した。已むなく引返した避難民は全部岸壁に立たされた。そして彼等は「栄誉ある人民軍がお前達を解放する為に来たにも拘らず、歓迎しないのみか罪を恐れて逃げようとした。その行為は死に値する。依ってこれから人民裁判をする」と演説し、一人一人を順に尋問した。

よぼよぼの老人や女子供は左に寄せ、血色の良い者や絹を纏った者は右へと分けて、一列に並べ立たせた。そして左の者には早く去るよう命令してから、右に並ばせた三十余名に対し「お前達は反動政府に荷担して、今まで人民を搾取した悪質分子である。依ってお前達は処刑する事にした」と言い終るや否や一斉に機関銃を掃射して、一瞬にして三十余名が殺された。これを見た女子供は気も転倒して大混乱を起し、われ先にと逃げ散って行った。鉢殺にあった三十余名の中には四五名の婦人も混っていたと言う。

この惨状を目撃した十八才の少女の脳裡には、戦争の恐ろしさと共に悪辣極まる北傀軍の姿が刻まれ、その悪夢のような惨劇は未だに忘れる事は出来ず、今でも思い出す度に悪寒がすると言う。

この話を聞いた私は慄然としたのであった。それは今まで朝総連ら、「戦争は南から仕掛けたものと聞かされていたからだ。このように厳然とした事実をも臆面もなく言い張る朝総連の鉄面皮さには今更さらながら驚かざるを得ないのだ。

彼等が発行しているすべての画報には、動乱の最中に写した崩れかけた家屋を掲載して「これが今の韓国の姿だ」とか、北傀軍が南から追い出されて行く時、彼等の手で虐殺した国民の死体を載せて「これは米軍が虐殺した」と言って、めけめけと宣伝をしているのが彼等の常套手段だ。

このような手段で、今までは大衆を引きずって来たが、大衆はいつまでも騙されてはいまい。その時こそ、彼等の罪業が天下にさらされる時だ。

私は彼等のために人生を台なしにし、哀れにも年老いた父母には何一つ孝養も出来ずにこの世を去らせ、愛する妻子の悲痛な叫びにも耳すら傾けようとしなかった愚かな私は、今になってなんと詫びて良いのか……。今となってはなす術もなく、唯々断腸の思いを繰り返すのみである。

母国の実情を正視せよ

監察委員長　鄭 福 厳

永住権を通じて、朝総連から転向して来た多くの同胞に対して、私たちの民団は特に留意して暖かく迎え入れるようにせねばなりません。

今まで朝総連でいろいろの虚偽宣伝によって、韓国に対する認識が薄い方も多々おります。依ってこれらの同胞は、なるべく母国を訪問して、実地に自分の目で確めるべきです。勿論、韓国はすべての面で良いとばかりは申せません。独立後二十五年経ったとは言え、その間、動乱に依って全国土が灰燼となり、それこそ無一物から出発して、いまは奇蹟に近い復興がなされているのであります。

言うまでもなく、いくら良くなっていると言えども、ある部分、特に山間僻地や、日の当らない極く少ない面に於いては、旧態から脱皮出来ずにいるところもありましょう。だが、このような現象は先進国いづれの国でもあることと思います。

このような一部分の面しか見てない訪問者が、批判的な言語を弄している者もありますが、これは"群盲の象を撫でる"行為と同じ事で、極く小さな部分を取りあげて、全体を論ずるような行為は非難するがための批判としか言えないのであります。

いづれにしましても、あの熾烈を極めた大動乱を経て、廃墟の中から起ち上がり、一方では反共のトリテとなって自由を護りながら、現在のような発展を期したこの事実については、何びとも否定出来ないものであります。

それにも増して、私たちが驚かざるを得ないのは、教育の普及であります。独立後のあの困難な中から、食うものも喰わずに先づ学校を建て、特に大学の数とその設備に於いては、先進一流国家にも劣らないほど立派にして、国民教育に注力してきたことであります。

それが故に、現在の韓国の教育水準は世界でも上位に位置しているとの事であり、この事実を直視して、私たち在日同胞も本国に負けずに努力しようではありませんか？……。

婦人会の活動について

大韓婦人会千歳支部が結成されて未だ三年しか経っておらず、それに管内の僑胞婦人の数も少い関係から、これといって目立った活動はしてないが、去る永住権申請運動のときは、民団で出来ない婦人の立場での運動には、積極的に協力して、多大な成果をおさめてきたのである。

この以外の事で、千歳婦人会でやってきた事と言えば、月一回の会合と年一回の親睦旅行くらいと言えよう。婦人会活動のむつかしさはいまさら言うまでもないが、先づ指導的役割を果すべき人物の少ない事だ。これは一朝にして出来るものでなく、長い間の組織活動に於いて自然に培われるものであって、そう簡単なものではない。

だからこそ、会員が協力しながらお互に智恵を出しあって勉強すべきだと思う。例えば、子供たちに対する家庭教育のために、立派な母親としての教養を積む意味に於いて、学習会を開き、民族的な教養を身につけるとか、それには国語、歴史、社会について知らねばならない。その外に韓国料理の講習会を開くとかして、もっともっと勉強すれば、自然に組織的にも融和が保たれ、意義あるものになってくる筈である。

特に婦人会の活動に於いて大切な事は、日本人妻に対して韓国を認識させる事である。韓国人の夫と暮らしながら韓国を知らないという事は、非常に不幸な事である。その知らないと言う事が理解も出来ないという事であり、習俗や習慣の違いから、韓国のよい事も悪く見えたりして、そこからお互にミゾが出来、どうしてもしっくりしない。人間は理解しあうという事が一番大事な事である。いくら気持の上では理解しようと努めても"知らない"ものにどうして理解出来よう？……先づ知ることが理解する一番の早道である。

このような意味から、婦人会では、これらの日本婦人たちと常に接渉しながら、共に勉強せねばならないと思う。

今後は新しい会館も立つ事だし、新しい雰囲気の中で、一層の活躍を期待するものである。

支部にも寄ってほしい

私たちの支部では、空の玄関とも言うべき千歳空港の所在地に居る関係から、中央や本国から要人たちが来るたびに、送迎の任に当る度合が多いのだが、その度に感じる事は、お客さんが本部との往来だけで支部には寄って貰えない事だ。私たちとしても「支部に寄って下さい」とも言い兼ねたのは事務所が古くて汚ないから言えなかったが、今後は新館も立派になる事だし、是非寄ってほしいと思う。折角私たちの前を通るのだから、私たちの実態を知る上からも、是非立寄って千歳の事情も知って貰えば光栄と思う。

千歳市　権 昌 秀

結婚相談所を開設せよ

私たちの子弟、即ち二世の終戦後の生れが既に二五～六才に達しており、その数は全国で厖大になっていると思います。そして今は結婚問題が頭痛の種となっております。

私たちの時代には、出稼ぎや徴用その他で、その殆んどが独身で日本に渡った関係で、その当時は僑胞の女性は珍しい存在であった。その当時の青年たちが結婚して生んだ子供たちが現在すでに青年になり、この二世たちの殆んどは、母国を知らない半日本人的な人間であると言えども過言ではありません。

このような子供たちをこのまま放置するならば、日本人とも韓国人とも、どっち付かずの人間になってその将来は不幸なものです。依って、私たちの組織に正式な結婚相談所を開設して、広範囲に配偶者の選択が出来るように配慮すべきであると思います。

千歳市　朱 正 洙

特集によせて

千歳市長　米田忠雄

「民団北海道」の第二号に、当市の特集が企画されていることを伺いまして本機関紙を通じて、広く千歳市を紹介していただきますことを光栄に存ずる次第であります。

千歳市は、北海道の空の玄関、空港と、周囲四十キロメートルの支笏湖をその市域内にもっていることを、大きな誇りにしております。千歳空港も航空旅客が年々増加の一途をたどり機種も大型化してきており、今年度からスタートした第三期北海道総合開発計画で国際級の大型空港として整備することが約束されておりますので、空港の重要性はますます増大するものと確信しております。

また、冬季オリンピック札幌大会の滑降競技場となります恵庭岳トームで有名な樽前山など周辺の山々を映じ、四季それぞれの美しさを見せる支笏湖は、訪れる人すべての心を慰めております。

なお、当市に於きましては数百人の韓国の方たちも、それぞれ安定した生活を営んでおりますことは、私たちにとりましても大へん喜ばしいことであります。今後とも困難を招越して、みんなが仲よく豊かで明るいまちづくりを推進したいと考えておりますので、ご理解ご支援を賜りますようお願い申し上げますとともに、皆さまのご健康とご発展をお祈り申しあげご挨拶といたします。

千歳市役所庁舎

千歳空港

本空港は、一九二六年小樽新聞社の飛行機が着陸したのに始まり戦時中は海軍基地として使用されていたが、終戦と共に米軍が進駐して使用し、五一年民間航空の再開とともに、閣議で千歳飛行場を北海道空港に指定、民間空港としての歩みを続けた。その後第二航空団が設置され、現在民航と自衛隊で共用している。現在東京とわずか六〇分で結ぶ日航機及び全日空機や日本国内航空が運航しており、七二年の冬季オリンピックには臨時国際空港となることに決定している。

千歳市の歩み

万治元年　釜加に弁天堂建つ。
寛文六年　僧円空シコツ（現千歳市）に自作仏像納む。
明治二年　千歳、長都、漁、島松、蘭越、烏柵舞が胆振国千歳郡となる。
明治四年　高知県人ママチ川入植
明治十年　開拓使出張所苫小牧に設置、千歳の行政も行なう。
〃十一年　美々に鹿肉缶詰所官置
〃十二年　寺小屋開設（千小前身）
〃十三年　五郡役所開庁、千歳村に戸長を置き、千歳郡各村の事務を取扱う。（千歳の開基）
〃十四年　明治天皇行幸
〃二一年　千歳ふ化場開設
〃四二年　樽前山大爆発
〃四三年　王子第一発電所完成
大正元年　千歳に電話開設
〃　四年　第一回村会議員選実施
〃十五年　小樽新聞「北海第一号」機千歳飛行場着陸
昭和四年　市街に電灯つく
〃十四年　海軍千歳航空隊開隊
　　　　　一級町村制施行
〃二〇年　米車進駐す
〃二二年　公選町長選挙執行
〃二三年　自治体警察設置
〃二四年　支笏湖が国立公園指定
〃二七年　警察予備隊駐とん
〃二八年　千歳～札幌間舗装完成
〃二九年　天皇、皇后ご来町
　　　　　米駐留軍撤退、陸上自衛隊第一特科団移駐
〃三二年　航空自衛隊第二航空団設置、字名改正
〃三三年　市制施行、市ガス開始
〃三四年　開基八〇周年記念式典
〃三六年　天皇皇后行幸、第三回国立公園大会開催
　　　　　千歳空港平滑走路完成
〃三七年　第七師団発足
〃三八年　千歳空港ビル完成
〃三九年　新産業都市指定
〃四〇年　国鉄千歳線複線化
　　　　　冬季オリンピック滑降会場に恵庭岳決定
〃四二年　道初の「支笏湖畔有料道路」完成
〃四三年　アンカレッジ市と姉妹都市の提携
〃四四年　開基九〇周年記念式典
〃四五年　第三期総合開発策定
〃四六年　札幌冬季プレオリンピック滑降競技恵庭岳で行なう。

治安

わが国北方の守りとして、唯一の機械化師団の陸上自衛隊第七師団と、R三〇型ロケット配置の第一特科団、F一〇四戦闘機を主力とする航空自衛隊第二航空団が駐とんしている。

第2航空団のF104J戦闘機群

第7師団の誇る機械化機動力

札幌冬季　オリンピック大会

滑降競技場＝恵庭岳

札幌冬季オリンピックの滑降競技は恵庭岳競技場で男子は二月七日、女子は二月五日に行なう。

自然美に恵まれた支笏湖と神秘的なオコタンペ湖を望む景観美は他に見られないものがある。

恵庭岳の原始林に設置されたコースは、三五度以上の急斜面が含まれている。

1972年冬季オリンピックの恵庭岳滑降コース

モラップキャンプ場

支笏湖とその周辺

支笏湖の自然美は万古の神水をたたえる神秘な湖とその周辺の山岳の景観が加わり一層雄大なものにしている。

支笏湖は洞爺湖と共に昭和二四年国立公園に指定された。この公園の景観の中心をなす火山性陥没湖である後志火山群の東端に生成されたこの湖水は、本来は東西十五キロ、南北十三キロメートルのほぼ円型をなしていたが、北岸の恵庭岳、南岸の風不死岳が噴出して長経十三キロ、短経五キロメートルのほぼ東西に長いマユ型を呈している。流入河川は西岸の美笛川やその他二～三の細流があるのみで、排水は東岸の千歳川によっている。

支笏湖は湖面標高二四八メートル、水深平均二六六メートルで日本一、周囲約四一キロで、日本最北の不凍結湖である。

湖の周辺一帯には、ポロピナイ野営場、丸駒温泉、支笏湖グランドホテル、オコタン荘、風不死岳樽前山、モラップ野営場などが散在し、登山、探勝、キャンピング等に最適。いずれも遊覧船やバスの便も良く、有料道路や冬季オリンピック道路も近く開通される。

支笏湖名物ヒメマス釣り＝6月1日～8月31日解禁

ユネスコ姉妹締結

光州（韓国）　函館（日本）

国際連合の専門機関の一つとして、世界平和確立のためにあらゆる分野において、活躍しているユネスコは、世界諸国各々の都市に独自のユネスコ協会を結成して、活発な活動が続けられている。

特に近年に至っては、低開発国援助活動は目覚しく、その多大なる業績には、世界が注目するところである。

この機構の一つである韓国の光州ユネスコ協会が、北海道の函館ユネスコ協会と姉妹結縁を締結した。

韓国と日本のこの二つの都市が姉妹の縁を締結するようになったその所以は、昨年、日本国内委員会の口添もあって、函館ユネスコ協会の葛西武美副会長と会員の後藤修さんの二人が、今年の四月、韓国で開かれたユネスコ全国大会に招かれて参加した折り、具体的な接渉を終えて帰国した。その後十二、十三両日に亘って札幌で開かれた全日本ユネスコ運動の全国大会に参席した光州ユネスコ協会の二人の理事が来道したのを機会にして、正式調印の運びとなったのである。

韓国の光州ユネスコ協会から派遣された魯錫経光州博物館長と、徐守賢光州教育大学教授の二人の代表を迎えた函館ユネスコ協会では、六月十四日午後一時から、その調印式を函館市の五島軒本店に於いて挙行した。

韓日両国の関係者約四十名が参席した同式典では、函館ユネスコ協会の葛西副会長の経過報告に引続き、小畑信愛会長と魯代表との間に姉妹結縁の締結文が手交され、そして、小畑会長の歓迎の挨拶と、魯代表からの答礼の挨拶、また、民団函館支部の金応龍団長の祝辞などがあった後懇談会にはいり、今後の文化交流に関する計画などを話合い、なごやかな雰囲気の中で午後五時閉会したのであった。

北海道内のユネスコ協会の中で外国との間に姉妹結縁を締結したのは、今般の函館市が始めてで、その先鞭をつけた点から言っても大へん意義深いものがあり、特に、この機関を通じての両国の文化交流はいうまでもなく、友好と親善の面に於いても寄与するものと、大いに期待されているのである。

※ユネスコ（UNESCO）United Nati-ons Educational Scientific and Cul-tural Orga-nization）の略。正式には国際連合教育科学文化機関）一九四五年、ロンドンで署名されたユネスコ憲章に基づいて設立、主な使命は

①教育的、科学的および文化的活動の発展を促進すること。

②これらの分野での国際協力を助成すること。

③諸分野に積極的に協力する加盟国に対しては、可能なかぎりの援助を提供すること。

④加盟国のために、へ教育情報交換所ヾとして活動すること等である。

本部はパリ。機関は、総会、執行委員会、事務局がある。

差別意識の克服と民族教育の課題

人種差別、民族差別という名によって呼ばれる差別意識は、白人の黒人に対するもの、日本人の朝鮮人に対するものとして、白人、日本人等の独占物のような考えが支配的であるような、印象を受けがちであるが、それは真実でない。

差別意識というものを、他の存在と価値に対する否定的、破壊的ないし無意識的価値判断と、仮に定義を下せば、これは、人間生来的なものであり、社会普遍的なものである。これは、すべての人間が、生来、持って生れて死に至るまで持ち続け、養っていく何物ではないだろうかと、私は考えさせられるのである。ただ、それは時代と社会によって異なった形をもって表われて来るだけである。

個人が個人に対して、個人が集団に対して、集団（社会、階級、民族、国家、人種等）が、集団に対して、又は集団が個人に対してのことである。形はともあれ、差別意識を根本的に掘り下げれば、それは、自己生命と存在の自己保護、自己主張の現われであると言えるのである。ただそれが、他の生命と存在の否定での自己肯定であり、他の破壊での自己保護であり、他の抹殺での自己主張であるのに、問題性が関わって来るのである。それは、あらゆる美しい名で飾られ、又はあらゆる正義の理由で行なわれて来たし、今も行なわれており、将来も行ない続けるであろう。差別意識の克服こそ、人類にとって、もっとも根本的かつ最大最後の戦いであり、その勝敗は人類存亡の鍵である。差別意識の克服がない限り、個人の又は人類の救いは絶望である。

民族教育に携わる者として、日本人に対する私の差別意識を取り上げつつ、この問題性に取り組みたいのである。白人の人種差別に対する黒人人権闘争のキャッチフレーズは、「黒は美しい」であった。日本人に対する私の差別意識を、「朝鮮人は強かった」と言いたい。この「キャッチフレーズ」で、自己保護と自己主張の面からまず話してみよう。

在日朝鮮人（現に存在するものでなくただ日本人の意識に存在するもの）に対して、日本人の意識するイメージを表わす形容詞をあげるとすれば、次のようなものがあるだろう。無学無教養、無礼、不潔、不法、等であろう。これは、完全にその社会での価値なきものであり、既存価値を脅かす反社会的要素として、取り除くべきものとしてのイメージが、意識的、無意識的に刻まれ形つくられて行き、在日朝鮮人に対する、日本人、日本社会の行動反応に、具現化されてきたのである。

それはさておき、無学だから高尚な職業にはむきもしないし、また、ありつけも出来ないわけであった。むしろ、無頼漢にふさわしい職に押付けられ、強いられたと言えば、言い過ぎであろうか。古物、同集、水商売、ホルモン焼などは殆んど不逞鮮人の専売特許とでも言いたい日本人は、少数ではないと言って、反論する日本人は余まりないでしょう。「朝鮮人は強かった」よくもこのような厳しい汚れた、辛い条件の下で生きてき生き残って来たものである。私はこの「朝鮮人達」が「この生の条件」を生き抜き、又、生き続けることに、疑いを持たないものである。

それは生命の権利であり、力であるからである。この生きる権利と力を歪め、弱めそこなう、あらゆる力とたたかい、それから守り美しく高く伸びるように、ともに生きるところに、私の民族教育の立つ場があると信ずるのである。路辺の雑草のようにあらゆる足に踏みにじられながら、年ごとに咲き返り、春の訪れを告げ生きる喜びをうたい楽しむ、生命の神秘を日本に於ける私の同胞の運命を考える度に感じさせられるのである。

在日大韓基督教会　札幌韓国教会　牧師　李聖柱

プロボクサー　孫永燦選手

孫明燦マネージャー　孫副団長　孫永燦選手

去る二日、東京後楽園ホールに於いて東洋バンタム級第二位の金沢良和選手と対戦して、惜しくも敗れた韓国バンタム級第一位の孫永燦（二十七才）選手が実兄の孫明燦マネージャーと七日午後、民団に来訪。

孫選手は釜山の東亜大学の学生時代からのボクサーで、その後、韓国陸軍に入隊し、六六年五月、ローマで開かれた世界軍人選手権大会で銀メダル。同年十二月バンコクで開かれたアジア・オリンピック大会で優勝して金メダル。六七年五月ニューヨークで開かれた世界軍人選手権大会で銅メダル等をそれぞれ受賞。その後、六九年十二月プロに転向した。

当初の対戦相手は、東洋バンタム級チャンピオンの桜井孝雄選手と五月三十日、東京で行なわれる予定であったが、その後桜井選手が急に引退したため、今般の金沢選手との対戦となったもの。

孫選手の過去の対戦成績は十勝全勝の好成績であったが、今回の十一戦目に喫した苦杯が、余程こたえたのか、その表情は終始沈み勝ち。

今回の対戦を最後に、一線から引退して後進の育成に努力するとの事。

七日ひる、民団を訪れた孫選手は、プロボクサー特有の精悍さはなく、タレントに見紛うほどの温厚な青年であった。

同行の孫明燦マネージャーもプロボクサーあがりだという。因に、民団北海道本部の孫文植副団長とは叔父甥の関係で、即ち、孫選手兄弟は、孫副団長の甥子である。

今般の来道は、叔父との再会と北海道観光が目的。

現在、東亜大学の体育教官。

金冠　国宝

五世紀から七世紀にかけて、韓国の三国統一がなされた新羅人によって作られたもので、今日残されているものは、慶州の金冠塚、金鈴塚、瑞鳳塚などの三ケ所で出土した三つがある。この中で一番立派なものは一九二一年九月金冠塚で発掘したもので、この宝冠は薄い黄金板で作られ、外冠と内冠とに分かれている。外冠には丸い台輪の上に五個の出字形の飾を付し、全面に小さい丸い瓔珞やヒスイ玻璃の勾玉五七個で装飾されている。内冠には三角形の帽上に羽翼のような形態の黄金薄板が後に上がっており、この羽翼にも瓔珞と勾玉が装飾されている。

瑞鳳塚から出土した金冠には、上にあがっている出字形が三つあり後に延びた羽翼形の代りに樹枝状の飾を立てまわして鳳凰が刻まれている。

学者達の研究によれば、この種の冠の形態は西アジア又は東アジア型の文化系統のものであるという。

この金冠は、いつの時代のだれが使用したものかは文献的に記録がないため未詳だが、装飾から見て王者が使用したものには違いなく、そして国家的な儀式に使用したものと思われる。

他の出土品から推測して、第十九代訥祗王（四一七―四五八）から第二十二代知証王（五〇〇―五一四）にかけての王様の持主ではなかろうかと推定される。

1405

夫の故郷を尋ねて

中家昭代

わたくしは在日韓国人の妻となって、すでに、二十数年になりますが、日常の生活に於いては日本人生活と別段変ったこともなく、自分の夫が"韓国人"である実感すら忘れがちな生活でありました。だが、夫を通じて韓国のことを断片的には聞いていて、特別にそれ以上知ろうとつとめた事もありません。

それがこのたび夫とともに夫の故郷を訪問して来て、いままでの韓国に対する認識を一八〇度かえねばならなくなりました。

手前みそになって甚だ恐縮ではありますが、私の主人は一般の日本人にくらべて、識見や力量や人間性においても決して遜色のない立派な社会人であると思います。だが、従来の先入感や日本社会の通念として、韓国人妻になったことについていささかの劣等感も持たなかったと言っては、それはウソになりましょう。

特に戦前の教育を受け、日本人が韓国人を軽視する当時の風潮をそのままに受けつぎ、また、それを深く考えてみようともしなかったわたくしが、今回の韓国訪問を通じて始めて民族というもの、国家感について真けんに考えさせられたのであります。

わたくしたちの 年代の 日本人は、特に、子供の時分から、ただ、韓国人は恐いものという先入感と、きたないとか、または、いやしい人間といった蔑視感がありました。韓国人がなぜ恐いのか？なぜ韓国人がいやしいのか？を真けんに考えた上で、そう言い切れる日本人が果して何人いるのでしょうか？ ただ、漠然として理由もなく、そう信じ込ました過去のなにものかがあったに違いない。このわたくしでさえ、無意識のうちにそう思っていたことは事実であります。

このような 日本人の 一人として、わたくしは韓国へ行ってみて始めて非常に恥ずかしい思いをしたのでありました。そして、わたくし達にそのような先入感を植えつけたなにものかに対して憤りさえ感じたのでありました。

五千年もの長い歴史と、古い伝統に基づく民族固有の 文化と芸術、世界に誇りうるすばらしい言語、そして、敬虔なまでの礼儀正しさなど、数え切れない程の文化遺産を目のあたりに見て、わたしは驚嘆せずにはおられませんでした。そして、また、近代国家を目指しての発展ぶりは奇蹟に近く、あの激しい戦争によって無一物の廃墟の中から起ち上がったとは、到底信じられない程でありました。ましてや、今でも南北に分れている悲劇の下で……。

主人の郷里は、慶尚北道の尚州という町から更に数十キロ離れた"文化果つるところ"といったような草深い片田舎でありましたが、文化果つるどころか、古代から定着した精神文化と、最も新しい近代文化が程よく調和された生活様式とで、民俗豊かな部落でありました。一見すれば貧しそうには見えたものの、さりとて、衣食住に困るというほどでもなく、人情は厚く柔和で純朴そのものの村人たちに接したとき、真にこの姿こそ平和そのものといった感じが致しました。そして、生存競争の激しい社会で生活しているわたしにとっては、むしろ、羨しい程でありました。

主人の肉親たちを始め、一族知人そのほか、どのような人にあっても、心から溶け込める純心で素朴な人たちであり、異国の人間であるわたくしにも、心から親しみ深く接して下さるのでありました。

私は心から誇りを以って、子供達にも韓国の自慢が出来るようになりました。

（永住権にまつわる）悲しい話 (2)

私達の永住権推進運動員一行三名が、富良野市の近郊にある小さな農村町を尋ねた時であった。

年老いた同胞が身寄りのない一人住まいで、いまは、ただ死を待つばかりだという話を聞いてたずねて見たのは、北海道の冬には珍しい程の穏やかな日のひる過ぎであった。

となり近所からきいたその同胞の家はすぐ判った。小さな農村町の片隅で三十年前から住みついたというこの同胞の家は、三畳と四畳半の三間続きのあばらやで、私達があがったとき、奥の寝床からはいずるようにして出てきたその老人は、年のころは八十過ぎで、枯木のように痩せ細った眼窩の奥から光る眼差しだけが生けるものの証しでもあるようで身体の衰弱は著るしく、歩行さえも困難な状態であった。そして、私達の訪問が余程うれしかったらしく、残り火少ない石炭ストーブを、もどかしそうにいじくるその動作の緩慢さがまたも哀れをそそる病弱さであった。

ようやくにして燃え盛るストーブを囲んで初対面の挨拶をすませ、老人を前にした時、同胞の一人として、また、民団団体に従事する者の一人として、このような哀れな老人に救済の手をさし延べる事の出来ないもどかしさを痛感せずにはいられない私達は、いつしか老人の語る話に聞きいっていた。老人の生まれは慶尚南道の晋州の近く。いまからおよそ六十年の昔、あるのっぴきならない事情によって故郷を離れて日本に渡ったという。

その当時の韓国では、韓日併合の直後で日本植民地政策の波動が農村を襲い、それにともなって日本官憲は勿論、大陸浪人や一獲千金を夢みる不頼の徒が続々と渡って、農村の生活秩序を崩壊しながら所謂"土地調査事業"の名目の陰で暴力と詐欺が公然と行なわれて、土地の収奪が恣ままに出来た時代であった。

この老人の故郷でもその例に洩れず、日本の不法強圧が罷り通っていた。

当時、この老人の一門は地方での名門であり、まだ、富豪でもあった。従兄の本家は約二千石の家柄であり、分家を継いだこの老人の家でも一千石を有する富家であった。[illegible]いうまでもなく、[illegible]つきもの」と、本家の総領がまさにその典型的な放蕩児であった。彼の放蕩振りは[illegible]ソウル、平壌などと、遊[illegible]をつける[illegible]或る一団[illegible]彼は、こ[illegible]封[illegible]財[illegible]ない当時[illegible]める因襲[illegible]この老人が所有する分家の田畑を担保にして日本人に借財したのだった。これ幸いと幾許かの貸金を口実にして土地の強奪に狂奔する日本人群の威力にかなうべくもない田舎の富豪たちは、窮余の一策として、その難を避けるには分家の当主を[illegible]すしかなかった。それには二、三年の間旅するしかない。

このような事からこの老人は、当時二十一才の若年にして、妻と一子を残したまま郷里を離れ、行先定めぬ流浪の末、いつしか釜山の殷盛地へと流れ着き、そこで知り合った二、三のものと日本に渡ったのであった。

日本に渡った彼は、土木工事や炭鉱にと仕事を追って各地を渡り歩き、ただ"二、三年辛棒すれば"と、心に銘じながら馳れない労働に耐えていた。

それから約一年ほど後、或る土木工事で故郷からの便りを受け取った。それには「日本人達のために到頭土地を全部奪われ一家は離散した」と……。これを聞いた彼は、無念と絶望に慟哭し、帰えるべき故郷を失った彼の運命は、それから歪んでいった。それから十数年の間全国を流れ歩いて樺太に渡り、そこの炭鉱で数年を働いたのであったが、あまりの低賃金と迫害に耐えられず、本州方面に移るべく、北海道小樽行の定期船に乗ったその船内での出来事であった。見るからに土方風の一人の同胞と挨拶を交わし、いろいろ世間話の中で、「神戸にいる同胞が従弟を探すために日本に参り、その間、土木請負業をやって大成功し、従弟を探してくれた方に一万円の礼金を出すそうだ」と、言いながら、トランクの中から一枚の同報紙を出して見せた。その同報紙を見た彼はびっくりした。尋ね人は外ならぬ自分自身であり、探している人は従兄（母方）であった。余りにも意外な出来事に驚きながらも、相手にはそれと知らせず、ただ、相槌を打つのであったが、内心では 肝を潰した のである。

「あんたも働こうとせず、この人を探しなさい。一財産 出来ますよ。」と言って笑うのであった。

（故郷にいるとばかり思っていた従兄が日本にいるとは、然も、いつの間に成功して一万円も大金を懸賞金にして自分を探しているとは。）うれしさとなつかしさに胸が一ぱいだった。

（よし、神戸に直行しよう！従兄に会って積もる話をきいてみよう。）逸る心を抑えながら、小樽で旅費を稼いだ彼は、早速神戸に向った。

だが、一足遅れていた。わざわざ尋ねて行った彼の従兄は、十年近くも探したのであったが、その時には諦らめてすでに郷里に帰った後だった。千載の好機を逸した彼は、それこそ、絶望感と虚無感に苛まれ、次第に頽廃的になり、果ては、酒に溺れる生活に落ちていった。

それから後の彼は、各地を放浪しながら虚しい歳月を無為に送って数十年が過ぎ去り、やがて一九四五年八月終戦を迎えて、幾百万の在日同胞が怒涛のように帰って行く時、忘却の彼方へ押しやった望郷の念を呼び戻し、帰郷を思わんでもなかったが、その時にはすでに六十を垂んとしていた。（帰えるべき故郷があるじゃなし、残して来た妻子とも交通が杜絶えて四十年。今更なんの面目あって帰られようか）と思うとき、自分は日本でしか死ねないのだと、思い諦らめ、その後も身寄り頼りのない孤独の生活が続いたという。そして、最後にこう語った。

「永住権だけは取っておこう。せめてもの犬死にならぬように」

姜渭傑（民団十勝支部副議長）

七月一日午後三時三〇分、帯広市立病院で肝臓癌のため死去。四十八才。済州道北済州郡涯月面古城里出身。自宅は帯広市依田町十一番地。

姜氏は民団十勝支部の創団期から事務部長、副団長等を歴任して十数年に亘って、十勝支部育成に努力してきた。だが、二男二女を抱えた生活は苦しく、渡日以来約三〇年間一度も還郷せず、今年こそは本国へ旅行する計画であった矢先に死去したという。本国には母親と六人の弟妹が現在との事。喪主金貞淑夫人。

崔竜石（留萌支部団員）

三日午後一時五十分、留萌市立病院で肝臓炎のため死去。七〇才。全羅北道完州郡助村面半月里出身。自宅は留萌市五十嵐町美園町。

崔氏は渡日以来五十 年間、故郷の肉親とも交通すら杜絶えて三十五年になり、お互に生死不明である。過般、永住権申請を契機に入団して、始めて本国の往来が出来る事を知った。それまでは同胞とも一切 交際がなく、孤独の中で、故郷も母国語すら喪失しており、入団して新たな望郷の念に燃え、病気全快後は、母国に行って肉親を探すのだと楽しみにしていた。現在四十才を頭に三男一女はそれぞれ帰化して独立。自宅には盲目の日本人妻、樋野チヨ（六十一才）一人である。

編集後記

編集主幹　沈種孝

今月から一部の紙面を割いて、各支部単位に特集版を出すに当って、北海道の中の玄関として先ず千歳支部から始めたのでありますが、なにしろ、突然の企画であった関係から、充分な資料調査をする日数がなくて、支部の過去のいきさつを取り上げなかったりして、最初意図したものとは大分粗末なものになって申し訳ないと思います。

次回号からは、充分な日数と資料を用意して、支部の生い立ちやその歩みといったものを、もっと詳細に取り上げるつもりであります。皆さんの大いなるご協力と、ニュースの提供をお願いします。

祝　朴正煕大統領就任　賀

1971年度北海道韓国学園林間学校募集要綱

1971年度北海道韓国学園林間学校入校生を次の如く募集します。

1. 開設目的　夏期休暇を利用して、北海道内居住韓国人学生に対し、韓国人学生相互の親善と理解を深めると同時に、母国の文化を学ばせ、健全な在日韓国人としての意識を高めると共に、健康な心身の発育を図る。
2. 募集人員　100名
3. 志願資格　在日韓国人学生中、小学校年以上、中学生、高校生、大学生
4. 開設期間と場所　イ、期間……1971・8・6－8月10日（4泊5日）
   ロ、場所……千歳モラップ支笏湖（青少年研修センター）
5. 教育内容　講義学習（国語、国史、時事）
   特別活動（陸上、プログラム、水上プログラム、趣味プログラム、特別プログラム）
6. 諸経費　イ、入会金……1人当 1,000円
   ロ、其他……札幌←→支笏湖間交通費、期間中交通費、宿泊費、食事代其他教育中諸経費は一切林間学校運営委員会の負担とする
7. 志願書摘出　イ、摘出処……北海道韓国学園（札幌市南9西4）
   ロ、期限……1971・8・1限
   ハ、願書……別途書式で郵送
8. 其他　具体事項については、北海道韓国学園に問合すこと。

主催　北海道韓国学園
後援　民団北海道地方本部・婦人会北海道本部
　　　韓青北海道本部・北海道韓国人商工会
協賛　札幌韓国教育文化センター

民団北海道

発行所
民団北海道新聞社
発行人 崔 東 洵
札幌市南9条西4丁目
北海道韓国人会館内
電話代表㉛～3381番
(1部 50円)

26周年光復節
(札幌大会)

崔東洵団長の記念辞

感激も新たに

在日大韓民国居留民団
北海道地方本部
団長 崔 東 洵

親愛なる団員のみなさん！

意義深い光復節二十六周年を迎えまして、みなさんと共に喜び共に祝うものであります。

想い出すすら忌わしいあの三十六年間の日本植民地政策の桎梏から解放された二十六年前の今日。祖国光復の感激と喜びに、わたくしたちはどれ程浸った事でしょう

然し、その喜びと感激も半ばにして、北傀が惹き起した民族相争によって、同族の血で山河を染め尽くし、全民族が塗炭の苦しみに落されたのであります。

だが、五千年の民族精神に培われた不死鳥の如きわが国民は、悲惨などん底からはい上がり、幾多の苦難と試錬に耐えながらも、国土再建に力強く起ち上がったのであります。そして、英明にして卓越なる朴正熙大統領の領導のもとに、全国民は民族中興への大課業に結集し、現在飛躍的な発展を遂げているのは周知の通りであります。

わが国政府が推進した第一次、第二次経済開発五個年計画は、予期以上の大成果をおさめ、今次推進中の第三次五個年計画が完了するならば、わが国も中進国上位圏に入るものと確信されており、近い将来には、民族の悲願である祖国統一も必ずや遣り遂げるでありましょう。

団員のみなさん！

わたくしたちは母国を遠く離れている関係から、祖国の近代化への建設には直接的な行動では参与出来ないにしても、日本に於て諸々の具体的行動によって、母国に貢献する途は幾らでもあります。

例えば、日本国内で、いまなお朝総連の虚偽宣伝に眩惑されて呻吟している同胞たちを救出して、自由大韓のふところに帰えるよう努力を重ね、そして、私たちの権益を私たちの手で擁護せねばなりません。それには今までにも増して、政治的又は組織的な闘争を継続して、在日六十万同胞の法的地位の確保と民族的威信を高める事によって、祖国の勝共統一に寄与する事が出来るのであります。

敬愛する団員のみなさん！

民族の中興と国家近代化への偉業を推進する途上に於て迎えた二十六周年の光復節を祝うこの瞬間にも、北傀では 武力による赤化統一を豪語しながら、北韓同胞を飢えと苛酷な重労働を強いております。一方、日本国内でも、共産走狗の手先朝総連の甘言と脅迫とによって、在日同胞が北韓に追いやられております。

わたくしたちは、このような国内外の反民族的な共産勢力を粉砕し、在日同胞の民権擁護を期すと同時に、祖国の統一達成に励進しようではありませんか？……。

この事をわたしたちが身を以って実践することこそ、民族の独立と繁栄を願ってたたかった先烈たちの偉業を継ぐものであり、そして、分断国家が蒙っている諸々の悲劇をなくする唯一なる途でもあることを再認識せねばならないのであります。　(要旨)

決議文

われわれ在日本大韓民国居留民団北海道地区代表二〇〇〇余名は今日札幌市民会館に集い、意義深い8・15光復節第二十六周年記念慶祝大会を盛大に開催し、この大会の名でつぎのように決議する。

一、われわれは、祖国の光復のために犠牲になられた愛国先烈の尊い教訓を受けつぎ、民族の念願である国土統一をなしとげ、民主々義下の繁栄と平和を達成するのに献身する。

一、われわれは、在日同胞の民生安定と権益擁護のために、あらゆる力を結集し、永住権取得後のすべての法的措置がわれわれに有利に展開されるよう積極的に努力し、この事業の推進のために一層の団結を発展させるのに全力をつくす。

一、われわれは朝総連の民団に対する浸透工作を徹底的に粉砕し、彼らの虚偽宣伝と謀略に眩惑されている善良な同胞たちを救出するのに全力をつくす。

一、われわれは祖国大韓民国が世界自由陣営のなかに堅く地歩を築いていることに呼応し、世界の自由と平和を守護することに努力し、特に近隣国である日本との紐帯強化に力をつくす。

一九七一年八月十五日
在日大韓民国居留民団
第26回8・15光復節記念
北海道慶祝大会

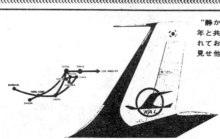

光復節に臨んで

駐札幌大韓民国総領事館
総領事 宋 賛 鎬

親愛なる在日同胞のみなさん！

光復節二十六周年記念日を北海道の地で迎えるに当り、わたしは皆さんとともに祖国の独立と民族の繁栄のために犠牲になった数多くの愛国先烈に対し、心からその冥福を祈るものであります。

顧みれば、いまから二十六年前の今日は、わたくしたち韓民族の史上忘れることの出来ない祖国光復の喜びに胸を躍らした感激の日であり、そして又、新しい歴史創造の日でもあったのであります。

だが、その喜びと感激もさめやらぬ間に、外勢によって国土は分断され、あまつさえ、北傀共産徒党の侵略によって同族相戦の悲劇を繰り返して国土は灰燼し、国民は飢餓線上で彷徨う苦難の日が続いたのであります。

在日同胞のみなさん！

わたくしたちは、筆舌では到底言い尽くせないとの悲惨な苦しみと絶望の中から、起死回生の偉業を成し遂げ、今は世界諸国が目を見張る程の復興と建設がなされて、国威は日増しに昂揚しているのであります。

然しながら、今なお北傀は武力による赤化統一の野望を捨てず、わが国のみか世界各国に至るまで、あらゆる撹乱工作に狂奔しておりますが、わたくしたちはそれに対処するため、崇高な勝共理念と高度な経済建設を総和して、五千万民族の宿願である平和統一を成し遂げねばならないのであります。

在日同胞の皆さん！

今日の国際情勢は激しく流動しているのであります。この激動する転換期に正しく対応するには、過去に犯した日本帝国主義への憎悪と怨念のみに汲々するのでなく、新しい国際感覚に基づいて、お互いに理解しあう事によって始めて両国の平和と親善が保たれるのであります

祖国を遠く離れて住む皆さんは、日々の生活を大切にし、そして子弟の教育に専念して立派な韓国民としての節度を守るようにせねばなりません。これが即ち、母国に対する貢献であり そして又、殉国先烈に応える最善の途でもあるのであります。　(要旨)

峰火

祖国が解放されて二十六年目、その間、我々在日同胞の間に於ても自由、共産の二大陣営に対立し、朝総連の熾烈なる攻勢によって、民団は常に守勢に廻って組織の防衛に汲汲したのであったが、長年の間に亘って、保持して来た『自由』によって厖大に膨れ上がった。それに反して、偽りの宣伝と兇悪な暴略を常套手段にして来た朝総連は、日日凋落の一途を辿っているのは万人が認めるところである。

それは何を意味しているのか？繰り返えして言うまでもないが、緩慢ではあるが人間本来の姿として求めて止まない『自由』を堅持し、それを培って来た民団の施策にその勝因があった。

それに引きかえ、朝総連では果敢なまでの大衆への浸透工作にも拘らず、母国への反逆と偽りの宣伝にのみ終始したのが、今日の凋落を招いた最大の原因であると言えよう。

現在、祖国に於ては人道上の問題から南北間の「家族捜し運動」が提起され、その実現に向って双方が努力を重ねている。

この問題の解決には、虚心担懐にして最も謙虚であらねばならないこの問題をすらも、朝総連では宣伝効果を狙って、もうはや、聞くに堪えない言動を弄しているのである。

例えば、「二十数年間唱えて来た我々の原則と主張が実現する」とか、「遠からずして韓国の国名は消滅して、朝鮮の国名に統一出来る」と言った、彼等一流の欺瞞に満ちた言動を憶面もなく言い散らしている。

今回、提議によって推進しているこの問題は、決して、彼等の原則でもなければ、主張でもない。それを一番良く知っているのは、他ならぬ彼等自身の筈だ。

全民族が血と涙によって引き裂かれ、そして、二十数年間も渇望してきた肉身の再会という、なにものと言えども侵す事の出来ない聖なる願いと祈りが込められているこの問題に、揶揄に等しい言動を以って冒涜するような事だけはしないで貰いたいのだ。

この聖なる民族課業を妨害するつもりなら話は別だが……

1407

韓日親善 歌舞合同大公演

2千余名つどう

八・一五光復節

日本帝国主義の圧政と桎梏から解放され、自由と独立を勝ちとった八・一五光復節二十六周年を迎え、民団北海道地方本部が主催する北海道地区慶祝大会が、札幌市民会館大ホールに全道同胞約二千余名が参集して、厳粛なる記念式典が興行された。

この日の記念式典は、午前十時三十分開幕、沈補孝組織部長の司会によって進行された。

先ず、田連寿本部議長の開会辞に始まり、崔東洵団長の記念辞、続いて、駐札幌韓国総領事館の宋賛鎬総領事、国際勝共連合の奈田直宏北海道第二本部長の祝辞等があった。

そして「朴正煕大統領におくるメッセージ」「佐藤首相におくるメッセージ」「決議文」を、それぞれ朗読して、それを満場一致で採択した後、朴準龍監察委員長の閉会辞によって、栄ある民族を祝賀する光復節二十六周年の記念式典を終ったのである。

第二部の『韓日親善歌舞合同大公演』は、はるばる韓国からやって来た李鮮周団長以下十五名の歌舞団と艶歌で有名なバーブ佐竹一行五名ほか本山静雄とニューサウンズオーケストラを招いて、予定より二十分遅れて一時五十分に華々しく開幕され、歌と踊を取りまぜた民俗芸能に全道から集まった観客たちを魅了したのであった。

道内の同胞たち

光復節に招かれて

国際勝共連合北海道
第二本部長　奈田　直宏

第二十六回の光復節にお招きをいただき光栄に存じます。皆様がこの記念すべき日を新しい歴史創造への希望と喜びの心情で迎えておられる姿に接し感動せずにはおられません。

光復により新しい歴史を迎えた韓国の最初にして最大の課題は、国土統一であると思われます。しかし、その大目的の実現は、アジアの安全が確保されて初めてなし得ることであると思うのですが、中共の猛烈な赤化攻勢などによりアジアは今、重大な脅威にさらされていると言っても過言でないでしょう。

マスコミの動きも、世界の焦点がアジア、特に極東にしぼられていることを暗示しているようです。こうした時こそ自由と平和を心より愛する韓国、日本、中華民国など自由アジア諸国の強力な団結のもとに、アジアの危機を乗り切って行こうではありませんか。兇悪な共産主義への勝利のマンセイが叫ばれる日が遠からず来ます。韓民族の偉大な精神的支柱・勝共理念が必ずアジアと世界を破壊から建設へ戦いから平和へと導くことを確信しております。

今日は、ほんとうにおめでとうございました。（要旨）

司会者

歌う韓国歌手

韓日交歓大会

高校サッカー

三戦全勝

日本、韓国高校サッカー交歓大会が、去る七月二十六日より三日間、札幌月寒運動公園グランドで行なわれた。

韓国のソウル中央大学附属高校では、日本蹴球協会からの招待によって来日し、二十二日から東京で開かれた韓日高校スポーツ交歓会に参加し、帝京高（東京）に3対0で勝ち、インタハイのチャンピオンの藤枝東高（静岡）と1対1で引き分けで終った。

本道には、来年春に開催される札幌冬季オリンピックのムード上げの意味あいも兼ねて、特に道蹴球協会が招いたものであった。

第一日目

二十六日午後四時三十分から始まったソウル中央大附属～室蘭大谷の試合は、前半室蘭大谷の出足は良く一点を先制したが、後半は中大附属の左右からの早い攻撃で一方的に押しきり、第一戦は3対1で中大附属が勝った。

ソウル中央大附属　3（0—1／3—0）1　室蘭大谷

第二日目

午後四時から始まったソウル中央大附属～白樺高の試合は、前半ソウル中央大の先制攻撃によって一点を入れ、白樺もその一分後に一点を返して同点になり、後半に強い中央大附属は、はっきりその力の差を発揮して、こまかいパスとドリブルによって5点を追加して試合を決めた。

ソウル中央大附属　6（1—1／5—1）2　白樺高

第三日目

午後一時三十五分から、ソウル中央大附属～札幌地区高校選抜の間で行なわれ、前半はほぼ互角に戦い、連戦の中央大附属の動きはにぶく、その間隙を突いた札幌が先取点をあげた。

この失点に奮起した中央大附属は本来の地力を出して徐々に盛り返し4対1で快勝し、これで3戦全勝の成績を残した。

ソウル中大附属　4（2—1／2—0）1　札幌地区高校選抜

試合の後で同胞たちと（ソウル中央大附属高の選手）

外国人登録証の切替申請を忘れないようにしましょう。

林間学校開かる

北海道韓国学園

楽しいご馳走

学習風景

北海道韓国学園では、去る八月六日より八月十日までの四泊五日に亘って、全道韓国人子弟、（小学四年生以上大学生まで）百八名を集めて、支笏湖畔の青少年研修センターに於て林間学校を実施した。

一、林間学校開設目的

1、母国の歴史と文化を学ぶ。

2、道内韓国人の友を作る。

3、健全な心身の育成をはかる

この目的は国民教育に直接、間接に関わりを持つ韓国学園の教育方針と、韓国教育文化センターの活動要綱に基づくものである。

二、教育目標

1、在外国民としての健全な生活を営む事のできる能力を培養し、祖国との紐帯を強化し、その発展に寄与する

2、大韓民国国民としての自覚と誇りと、そして又、透徹なる反共精神を涵養する。

3、在日僑胞社会に於て、調和と親善に寄与出来る人格を陶冶する。

三、林間学校の教育内容

1、学習

ハングル（韓国かな文字）初歩。韓国語の会話指導。韓国歴史。韓国の現況紹介。

2、陸上プログラム

樽前山登山。湖畔一周ハイク。バレーボール。バドミントン。

3、水上プログラム

水泳。ボート。魚つり

4、趣味プログラム

各種工作。原始林の探求。野外炊事。フォークダンス。韓国民族舞踊。歌とキャンプリング。

5、特殊プログラム

キャンプファイヤー。映画観賞。支笏湖めぐり観光。海水浴。バス旅行。寸劇。教師を囲んでの交歓会。

※一日のプログラム

午前＝国語、歴史、地理、音楽。

午後＝野外活動。

夕食後＝「夕べの集い」

キャンプファイヤー。フォークダンス。

レクリエーション。

特別講座。

友の会（韓青員と高大生の対話）

田連寿
学園理事長さんの訓話

林間学校に参加して

大韓基督教会札幌韓国教会
牧師　李聖柱

私は現在、在日大韓基督教会札幌韓国教会の牧師の身分でありながら、今般北海道韓国学園で実施された林間学校の活動運営担当員として積極的に参加し、これを推進した主な動機は、林間学校の生活体験を、各自の最初にして又最高のものにするとともに、これを媒介体として、道内韓国人社会の各層に於る人々のより親密性を深め、そして又、将来に於てリーダーシップをとれる人材の養成と発掘に努力するためであったのである。

今般の林間学校は、四泊五日という短時日ではあったが、その内容は非常に充実していて、「実にすばらしい」大きな成果を上げられたものと、自信を持って言えるものである。

依って、教育内容そのものについては批判の余地もないが、運営そのものに対しては、決して満足すべきものではなかったと言わざるを得ない。

今般の財政は、一部の特定の人々から調達されたのであるが、ここに私の指摘する問題点があるのである。今後に於ては、原則として、参加者全員から徴収するのが最も理想的なやり方だと思う。

従来わが民団社会は偏重的な寄附行為によって得たものよりも、むしろ、失ったものが多いのではなかろうか？……。

寄附をする者の特権意識の助長によって、寄附行為が全ての義務の最高最善の参与という誤った拝金主義思想と、寄附行為に頼る依存主義、そして又、寄附をしない者の傍観主義といったような害毒から、人間精神と国民気象を守らねばならない。

この事は、積極的に喜んで財政負担にご協力下さった方々の貢献を、決して、過少評価するものではないが、金銭はどこまでも人間のために動員されるべきであり、人間が金銭のために動員されるべきでないという事を強調したいだけである。

このような単純でもっともな事が、そうでないところに問題性を感じる。

私達はこのたびの貴重な体験を大いに生かして、今後も行われるべきこの種の催しには、立派に成り遂げることを心に念じながら、感想の一端を披瀝したのである。

『韓国人殉難者慰霊碑』建つ

人々によって

過去の怨恨を拭って平和を願う

日本軍国主義の野望を満たすために自国民の犠牲は言うまでもなく、植民地であったとは言えなんらの関係もない侵略戦争に異民族まで毒牙にかけ、無辜の良民を牛馬の代りに使って死に追いやり、戦後、自国民の遺骨収集や外国への墓参には数千万金を使っても成し遂げる彼らが、自国の山野に晒されている異民族の残骨には振り向こうともしない。その依怙の沙汰には憎みても余りがあり痛憤の極みである。

いまさらそれを言ったとて詮なき事ではあるが、両民族の絆にこれ以上傷つけたくないためにも敢えて苦言を添えたいのだ。

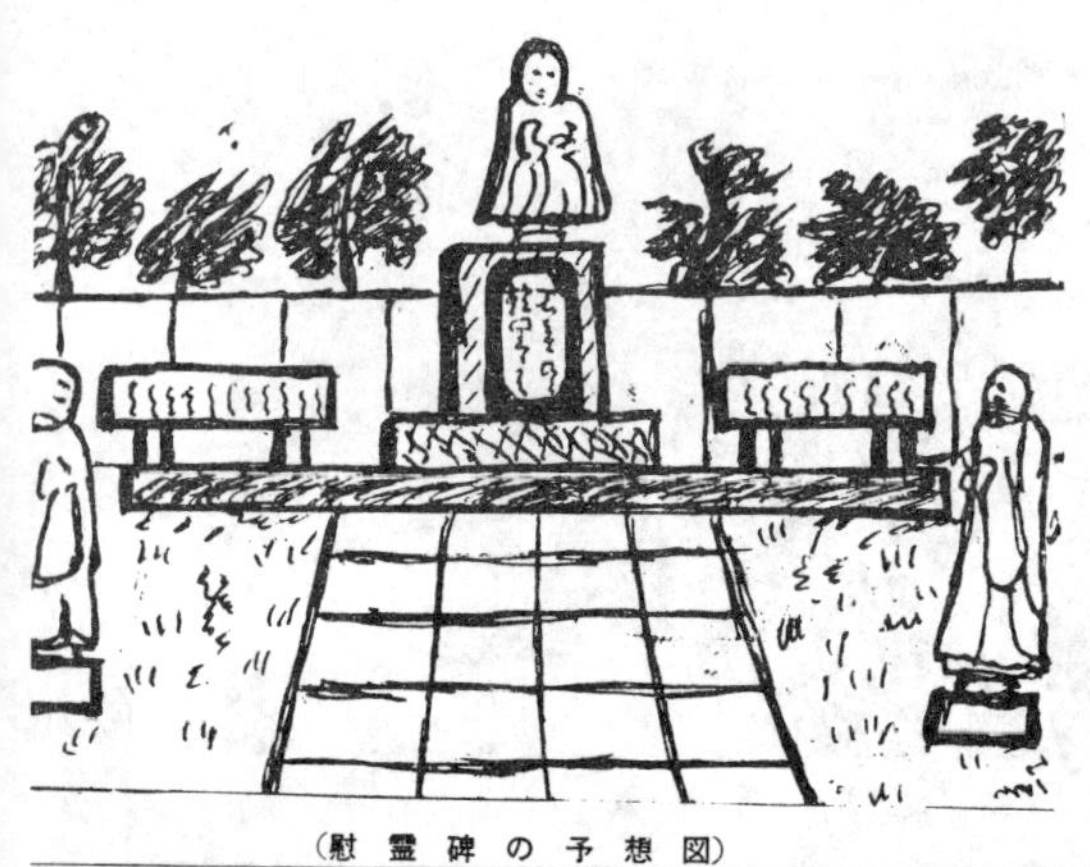

（慰霊碑の予想図）

（角田観山氏と韓元植稚内支団長）

ある日本人が言った『日本軍国主義狂乱時代に刻み込まれた民族間の憎悪と怨念が拭われない限り、真の友好と理解は生まれない。』

韓国と日本との間に国交が結ばれてすでに五年。両国間の交流も激しく行われて共に繁栄の途を辿り、戦争の疵痕はどこえも見られないほど立派に変貌した。

そして、世は挙げて物量文化を誇り太平の夢に躍らされ逸楽と慾望のムードに酔い痴れるあまりに、過去に行われた罪悪や悲惨な事実に目を背き、戦争を通じて得られた貴重な教訓をも汲み取ろうとする感覚さえも失われている昨今。

過去の醜い瓜痕を癒やし、民族間の怨恨を拭おうとして、日夜努力している善意な人々もいる。

第二次世界大戦（大東亜戦争）酣わの頃、北海道宗谷管内浜頓別町郊外数粁の地点浅芽野の原野に、陸軍飛行場建設工事が夜を日について急がれていた。

この時、遠い韓国の農村地帯からこの工事に使役するため、強制徴用によって連行されて来た数百名の韓国人労務者があった。

母国からは遼遠数千里を隔てた日本最北端の地に隔絶された数百名の韓国人労務者の苛酷なまでに使役されたその醜悪非情な惨状は、筆舌では到底表現すべくもなく、戦争遂行のみに狂奔する軍部と結託した一部権力者や業者たちの私利私慾のために、暴力団まがいの小頭共が指揮する丹野組、川口組その他群小幾多の下請業者の、競争心と功名心を煽り立てて工事を急がせ、棍棒と剣先に脅えて奴隷のように酷使される韓国人労務者の姿は、目を蓋うばかりの惨状で、誰もが瘠せおとろえて骨と皮ばかりの亡者となり、その中でも多少なりとも気丈な者のとる手段といえば逃亡という道をたどり、掴まれば暴戻の悪徒共によって、斬殺、撲殺、銃殺等の難は避けられず、逃げられおおせたとしても熊や狼の餌食にされる運命であった。

このような残酷さに拍車をかけるようにして、一九四三年（昭和十八年）の夏、コレラ病が蔓延し飢えと暴力によって傷つき、枯木のように痩せ細った韓国人労務者には、ひとたまりもなく、次々と殪れて行き、衛生設備や医薬品の準備は何一つない工事現場では手の施しようもなく、同年七月頃から十月までの三月間に百数十名の人命が消えて行った。

労務者の賃金といえば安いというより無料に等しく、支配者の私腹を肥やした事は言うまでもなく、それによって豚の如く肥え太った彼等だけが生き残ったのである。

当時の惨状と悲劇を目のあたりに見てきた、飛行場建設工事現場に隣接している浅芽野村字共和部落の古老達は、今でも当時の惨劇をまざまざと記憶しており、『幾ら豊かで平和ないまの世であっても哀れなこの異国の亡霊たちを手厚く供養しない限り、真の平和はあり得ない』と言い切っている。

このような事実を知った浜頓別町の一宗教人である角田観山氏は『日本が犯したこの罪業と民族的な宿怨を、日本人の手で払い浄め、そして異国人の霊魂を供養しよう』と思い立ち、二年前から遺骨の収集と資料の調査に乗り出したのであった。

角田氏は、浜頓別町のみどりケ丘にある本化仏教天北山八十八ケ所修練道場の道場主であり、そして又、天北新聞を発行している新聞人でもある。

角田氏個人の力で築き上げた霊域は約五町歩に及ぶ丘陵地で、三宝報恩の功徳を示す霊域の丘上には、樹間を縫って全国から寄進された奉献石仏が百二十余体が安置されており、四季を通じてさまざまな草花が咲き香り、鉱泉が湧き出づる霊境に道場を開いて修練につとめている敬虔なる宗教人である。

角田氏が長い間に亘って調査した結果、韓国人労務者の死亡者が百十数名を確認されるに至ってその悲惨さを黙視するに忍びず一念発起して、『韓国人殉難者慰霊碑』を同霊域内に建立して永久にその冥福を祈らねばならないと固く決心し、このようにしてこそ、「宗教に携わる者の一人として、そして又、日本人の良心が果せる」ものと信じて、今春からその推進に取りかかったのである。

慰霊碑建立を思い立った角田氏は、その後、各関係者ならびに韓国人団体である在日大韓民国居留民団の稚内支部団長の韓元植氏を通じて、道本部や、駐札幌韓国総領事館などを歴訪し、その趣旨を説明して協賛を得るとともに、地元の有志に呼びかけて協力を求める等、精力的な活躍によって、多くの賛同者を得て、去る八月二十日関係者多数を集めて地鎮祭を取り行ない、慰霊碑の製作に着手したのである。

慰霊碑の題字は、前建設大臣であり地元宗谷地方出身の自由民主党の現代議士松浦周太郎氏の揮毫になるものであり、碑文は、北海道議会議員の高橋辰五郎氏の揮毫によって製作され、来る十月上旬に除幕式並びに大供養法要を盛大に取り行なう予定であると言う。

浅芽野飛行場建設工事 韓国人殉難者名簿

①京畿道高陽郡崇仁面弥阿里　林柱晃（明治三五年二月三日生）昭和十八年七月九日午前十一時死亡、埋葬七月十日、火葬七月二五日、鉄道工業、丹野組労務主任、岩沢岩蔵係。

②京畿道高陽郡碧蹄面大慈里一三八　金本定光（大正二年生、戸主泰光二男）昭和十八年七月八日死亡、埋葬九日、火葬二五日、鉄道工業、丹野組出張所、岩沢岩七係、申請人山田久夫

③忠南燕岐郡全東面新防里（莘芳里）　金村明会（大正九年生）

⑯慶南金海郡大東面礼安里　崔在秀（大正十一年二月二三日生）昭和十八年九月二日死亡、五日火葬、申請人谷口孝四郎（丹野組）

⑰慶北安東郡禄松面九松里四〇四　松島用植（大正十一年三月九日生）昭和十八年八月三十一日死亡、二日火葬、申請人田中三郎

⑱忠南燕岐郡全義面大谷里　金海正元（大正十二年五月生）昭和十八年九月一日死亡、二日火葬、申請人田中三郎（丹野組）

⑲全南扶安郡楨山面山里二二五

江元徳元（生年不詳）昭和十八年九月十六日死亡、十七日火葬、申請人大村末蔵（丹野組）

㉛全南順天郡宗安面石松里四　張山仁煥（大正五年十月六日生）昭和十八年九月二三日死亡、二八日火葬、申請人谷口孝四郎

㉜忠南天安郡木川面三省里　松原省一（原）（大正六年十一月十一日生）昭和十八年十月六日午前五時四十分死亡、七日火葬、申請人小川辰五郎（丹野組）

㉝忠南天安郡城南面泉亭里

野組）

㊺全北益山郡黄登面葛山里　金島一雄（明治三九年十一月十五日生）昭和十八年九月二七日午前五時半死亡、二十八日火葬、申請人佐々木網次郎

㊻慶南梁山郡[illegible]北面許大里　金子元桂（明治四十一年一月十二日生）昭和十八年十月八日死亡、九日火葬、申請人小川辰五郎（丹野組）

㊼全北益山郡裡里邑　金山奉俊（明治三三年四月二十日生）昭和十八年十月九日死亡、十五日火葬、申請人田中三郎、

㊽忠北沃川郡[illegible]牛山里　平井時浩（伊）（大正五年一月十五日生）昭和十九年一月十四日死亡、十五日火葬、申請人吉田政夫（丹野組）

遼遠隔絶の地に「韓

善意な日本

（地鎮祭）

（慰霊碑が建つ八十八ケ所の霊域）

追悼の辞

今を去る約三十年前、第二次大戦酣わの頃、諸氏は遼遠彼方の韓半島より狩り出されて牛馬の如く使役され、萬里隔絶北辰の地にて痛憤極まりなくも横死せるものと聞く。

其の惨状聞くに忍びず、愁傷言語を絶するものなり。祖国を失した民族の悲しみか、諸氏の蒙る悲惨な暴状にもこれを咎める手立てもなく、母国の偲情に萬感籠むれども、家郷再帰を見るに至らず、暴戻なる悪徒の魔手に斃りて、可惜、生命を異境に献じ者そのかず百二十一名に達すと謂う。

痛惜なるかな、我等の憐憫堪え難く、万斛の涙を留めようもない。愛する妻子を故郷に遺して、骨を異境の山野に晒した諸氏の痛恨如何ばかりか。有縁の者一人としてなく、諸氏に手向ける一片の香煙もなし。

今や幾星霜を閲みしも、世人顧みずして忘却の感あり。然かは有れど、諸氏の斃るる惨状を目撃せし古老の声広く伝わり、日本の良心茲に集まりて一碑を献し、諸氏を悼みて慰めんとする。

諸氏が斃れし痛憤公ずや無為にせず我等が民族の心の上に不滅の生命を刻みつけ、諸氏の霊魂永えに伝えん事を茲に誓うものなり。

英霊願わくは男物として来り享けよ！

在日大韓民国居留民団北海道地方本部

④ 本籍生年月日不明　中田震容　右死亡申請人丹野組、田中三郎

⑤ 忠南燕岐郡南面調睢里　長田義浪（明治四五年五月三日生）　昭和十八年十月一日午後三時死亡、同日火葬　右死亡申請人丹野組、田中三郎

⑥ 忠南論山郡　陽地里二四五（錦山郡錦山邑）　山本碗永（大正三年十二月生）　昭和十八年十月十五日午前七時丹野組一号舎にて死亡　右死亡申請人丹野組、田中三郎

⑦ 忠北沃川郡東二面紙芋里　広田福成（大正九年十二月生）　昭和十八年十一月十四日死亡二十日埋葬、申請人佐々木綱次郎

⑧ 咸　城郡朱南面七御里二九四　金海容潤（大正十三年一月二日生）　昭和十八年十月十一日死亡、同日埋葬、申請人、佐々木綱次郎

⑨ 忠南大田府加賀町五の九　朴　東　順（大正三年三月三十日生）　昭和十八年十二月六日死亡、右申請人吉田政夫（丹野組）

⑩ 忠南天安郡歓城面龍谷里　林川次郎（明治四五年三月生）　昭和十八年十月十八日死亡、十九日埋葬、熊谷敬直が扱う。

⑪ 本籍地不詳　山本昌隆（大正六年八月生）　猿払村ライサス鮭場にて変死、昭和十九年四月十七日死亡、六月十三日火葬、申請川口常五郎

⑫ 慶南梁山郡上北面上森里一六八　金本紀石（明治二八年六月十七日生）　昭和十九年一月七日午後二時死亡、九日火葬、申請人吉田政夫

⑬ 京畿道高陽郡中面注葉里八三七　許　乙　龍（明治三六年二月二五日生）　昭和十八年九月四日午前十時死亡五日火葬、申請人大村末蔵

⑭ 忠南論山郡恩津面芋里四五九　江本己得（明治四三年五月五日生）　昭和十八年九月三日午後十時死亡、六日火葬、申請人田中三郎（郡北）

⑮ 慶南咸安郡有西面小浦里　巴山泰周（大正六年三月四日生）　昭和十八年九月二日午前一時死亡、五日火葬、申請人谷口孝四郎

⑳ 平壌府新町一二二　金山聖烈（大正七年七月九日生）　昭和十八年八月二九日死亡、三一日火葬、申請人谷口孝四郎

㉑ 忠北鎮川郡府谷面大門里　松本相俊（当年二十五才）　昭和十八年八月二四日死亡、二十九日火葬、申請人小川辰五郎

㉒ 咸南咸州郡下岐川面河大黒三五〇　李　錫　麟（大正五年十月七日生）　昭和十八年八月十六日死亡、十七日火葬、申請人和久田亀次郎

㉓ 慶南梁山郡院洞面　金本錫浜（大正十一年十月十八日生）　昭和十八年八月八日午前四時死亡、同月十日火葬、申請人和久田亀次郎（丹野組）

㉔ 慶南蔚州郡温山面唐月里一〜一〇六　木村元福（大正十一年十一月二〇日生）　昭和十八年八月二日午前五時死亡、原因変死、精神異状となる打撲傷、八月五日火葬、申請人和久田亀次郎

㉕ 忠北淺部郡青山面　松村基采（大正六年七月十七日生）　昭和十八年九月十日死亡、十一日火葬、申請人谷口孝四郎

㉖ 京畿道驪川郡駅川邑　米原延洛（大正六年一月四日生）　昭和十八年九月七日死亡、十一日火葬、申請人谷口孝四郎

㉗ 慶南梁山郡梁山面北亭里　林田万植（大正二年八月二日生）　昭和十八年九月八日午前八時死亡、九日火葬、申請人平野英一郎

㉘ 忠南天原郡広徳面舞鶴里　仁同享基（大正八年一月十六日生）　昭和十八年九月十六日死亡、十七日火葬、申請人小川辰五郎

㉙ 慶南山清郡山清面玉峯里一九九　呉山徳権（明治二七年十二月七日生）　昭和十八年九月十六日死亡、十七日火葬、申請人大村末蔵（丹野組）

㉚ 忠南天安郡城南面応院里（原）（木川面）

昭和十八年十月一日午前五時死亡、二日火葬申請人小川辰五郎

㉞ 忠南天安郡北面〇谷里　場山傑鎬（大正二年十月十日生）　昭和十八年九月二九日死亡、一日火葬、申請人小川辰五郎（丹野組）

㉟ 忠南天安郡城南面応院里（木川面）　江村順源（大正六年十月六日生）　昭和十八年九月二十九日死亡、三十日火葬、申請人小川辰五郎

㊱ 慶南梁山郡上北面芝山里（下）　岩本福作（大正九年十二月三十日生）　昭和十八年九月二八日午後二時死亡、二九日火葬、申請人小川辰五郎（丹野組）

㊲ 慶北永川郡北安面松園洞（浦）　金　班　元（生年不詳）　昭和十八年九月二三日死亡、二四日火葬、申請人小川辰五郎（下）（導池里）

㊳ 慶南梁山郡上北面薄地里　岩本龍石（大正十年六月十日生）　昭和十八年八月二日浜頓別病院で死亡、三日火葬、申請人小川辰五郎（丹野組）

㊴ 江原道横城郡頓内面禾洞里　金本秀雄（大正十二年一月十二日生）　昭和十八年七月二八日浜頓別町弘山病院で死亡、二十九日浅茅野で火葬、申請人平野英一郎

㊵ 全北論山郡江景邑栄町四三七　金海淳泰（大正元年一月十五日生）　昭和十八年九月十一日死亡、火葬、申請人田中三郎（丹野組）

㊶ 全北金堤郡竜池面新井里二九　金海武徳（明治四二年五月生）　昭和十八年九月九日死亡、火葬、申請人田中三郎（丹野組）

㊷ 慶南金海郡大渚面　金吉沢権（大正八年十二月四日生）　昭和十八年九月十日死亡、十一日火葬、申請人木村末蔵

㊸ 全南務安郡一老面　羅本俊雄（大正十五年一月生）　昭和十八年九月九日午前五時死亡、同十一日火葬、申請人谷口孝四郎

㊹ 全南務安郡安佐面　山本今旭（大正十一年二月二十六日生）　昭和十八年九月九日死亡、十一日火葬、申請人谷口孝四郎（丹野組）

昭和十八年十二月九日死亡、二十日火葬、申請人吉田政夫

㊿ 京畿道高陽郡知道面幸州内里　安東鐘錫（大正七年五月四日生）　昭和十八年十二月九日死亡、十日火葬、申請人吉田政夫（訥）

51 忠南燕岐郡南面新旺里　川村五福（大正二年十一月二五日生）　昭和十八年十二月八日死亡、十日火葬、申請人吉田政夫（丹野組）

52 慶北安東郡豊泉面　金山金一（明治四四年六月十日生）　昭和十八年十二月十二日死亡、十四日火葬、申請人吉田政夫

53 京畿道高陽郡温塗面到未有余　東元華春（明治三八年十一月二十日生）　昭和十八年十二月十四日死亡、十六日火葬、申請人吉田政夫

54 慶南金海郡進永邑内邑里　大　原　広（明治二九年九月二五日生）　昭和十八年十一月二五日浜頓別町弘山病院で死亡、二十五日火葬、申請人谷口孝四郎

55 慶南釜山府大新町五五五　徳山仙太郎（大正二年一月十五日生）　昭和十八年十一月二五日午後六時死亡、二十六日火葬、申請人谷口孝四郎

56 慶南梁山郡上北面左（以下不詳）（左森里）　金城敬達（大正七年四月二十二日生）　昭和十八年十一月二五日死亡、二六日火葬申請人佐々木綱五郎

姓名の外は一切不明の死亡者

57 新井渭聖　58 中田雪植
59 呉山尚吉　60 金文天
61 星山正洪　62 茂山東浩
63 李福龍　64 姜熙洙
65 松本聖煥

編集後記

編集主幹　沈　種　孝

▲本号は紙面の関係で、前号から続いている記事（雑感叢話、永住権にまつわる悲しい話・故郷を尋ねて・料理教室など）を掲載することが出来ませんでした。次号から続けさせて戴きます。

▲八月号は、団務多忙のため休刊したことをお詫び致します。

▲お気付きの点は、どしどし御指摘下さい。

李鍾屹（初代）　金漢石（3.4.7代）　韓孝心（初代）

李漢植（5代）　孫在永（6代）　韓今伊（現）

役員会のあとで

特集 空知支部

支部の歩み

民団空知支部は、道内の最中心部に位置し、管内には、岩見沢、美唄、三笠、砂川、滝川、歌志内、赤平、芦別の八市と、奈井江、栗沢、月形、浦臼、江部乙、新十津そして北村を加えて、〃八市七町一村〃の尨大なる地域であり、主要産物としては、石狩平野の穀倉地帯でとれる産米と、道内出炭の約七〇%を占める炭鉱地帯である。

このような尨大なる炭鉱には、戦前戦中を通じて常に十数万の同胞が石炭産業に従事していたが、終戦と共にその大部分が帰国して、現在は約八百名の同胞が、全地域に散在してそれぞれの業務に励んでいる。

民団組織が早くから空知管内で発展出来なかったのは、炭鉱を背景にして猛威を振るった日本労働組合、別けても〃道炭労〃の勢力は天を衝く勢いであった。

このような勢力と結びついた当時の民戦（朝総連の前身）の極左暴力主義破壊行動は、民団の浸透を許さなかったためである。

この当時、全空知が民戦一色に塗り潰され、日本社会の混乱に乗じて暴力革命の前衛組織としての役割を演じている彼等の過激な行為に反撥する一部の人士が、李鍾屹（東京在住）氏を中心に一九四九年の秋、空知郡奈井江町に於て、空知分団を結成したのが始めである。

この時、李鍾屹団長を中心として集った有志は、李熊伊（現空知支部顧問）・嬰（東京在住）李孝珍（美唄在住、現朝連系）の諸氏であったが、その後、民団勢力拡張に献身的な努力にも拘らず、暴力と策略を恣ままにする民戦に押されて、一人減り二人減りして支持者が減少し、その上、主動的役割を果たしていた李鍾屹団長が東京に移ったために消滅したのであった。

このようにして、辛酸をなめながら芽ばえさせた自由の芽は遂に摘み取られて仕舞い、主動的役割をしていた李孝珍までも彼等の陣営に走ったのである。

その後、一九五三年、民団道本部（団長金住昌）の強力な挺入れによって、赤色分子の跋扈に嫌悪を感じ共産主義に反対する人士を糾合して、民団空知支部の旗上げを岩見沢市に於て成功した。この時の団長が岩見沢市の金醫基氏であり、これに馳せ参じた主だった人々は、金漢石、孫貴錫、崔鳳述、李漢栄、姜弼鎬、朴喜鳳、金一鍾、康達学、姜守九、鄭慶、李熊伊その他の諸氏であった。

だが、その後も民戦の衣替えをした朝総連のあくなき反抗と策略によって又もや破壊され、その上、金醫基団長の病死という不幸が重なって民団勢力は日に日に衰退して行き、民族団体としての機能を徐々に失って行った。

一方、朝総連では一九五八年から始まる北傀の「人民経済発展第一次五個年計画」を設定するに当って、ここに投入する労働力供給の必要性に迫まられそれを補う一つの手段として日本に居る同胞に目をつけて一人なりとも多く北送せねばならない使命があった。

このような背景から彼等は「北韓は楽園」という全く偽りのスローガンを掲げて、ありとあらゆる甘言利説を以って北送運動が展開されるのであった。

民団ではこれに対備するため全力を挙げて組織の整備を急がねばならない。

そして、一九六〇年八月、血眼になって「人狩り」に狂奔する朝総連の間隙を縫い、全空知に呼びかけ一五〇余を糾合し、民団空知の発祥地でもある奈井江町に於て金漢石氏を団長に再任して盛大なる再建大会が挙行されたのであった。この大会に朝総連の分子が乗り込み悪質極まる妨害によって大会は混乱し、血を見る乱斗騒ぎまで惹起されるという、波乱の多い再出発でもあった。

この再建に尽した中心的人物は金漢石、孫在永、沈補孝、孫貴錫、李熊伊、金任天（帰化）、康達学、徐泰元、白鋪甲、鄭慶、高光柱等の外、各地区有志約三〇余名の強力なメンバーによって、全空知の有志が結集されたのである。

この余勢を駆って翌年の一九六一年の二月に念願の大韓婦人会空知支部が盛大に結成されて、韓孝心会長の下に約五十名の婦人が結集された。

この婦人会結成に主動的な役割を果たした人々は、韓孝心（孫在永夫人）李貴連（李俊乭夫人）金慶徳（徐泰元夫人）金順子（岩見沢）黄米子（美唄、金沢夫人）崔鳳述夫人、鄭慶夫人、秋田夫人、牧野悦子（沈補孝夫人）其の他約五十余名の婦人達が努力したのであった。

このように民団、婦人会が一体になって強力な体制を布き、朝総連の金城湯池ともいうべき美唄、岩見沢両市を完全に陶汰するべく先ず民団事務所を美唄市に設置し沈補孝氏を専従者にして、団勢拡張を図ったのである。

その後、団勢は日について拡張増大されて朝総連の牙城を誇った全空知は、北部の一角を残して大部分を傘下におさめて隆盛を極め、ここに民団支部の礎は磐石になった。

その後、一九五八年十月、長い間貸家住まいであった民団事務所も、全団員が拠出した五百有万円を以って岩見沢市に、自他共に誇り得る空知韓国会館が建設されたのである。

その間、金漢石団長の後を引継いて、若手の理論家李漢植氏が団長に就任して、組織の再整備と、会館建設の大業を成し遂げ、その後を継いだ孫在永団長によって民族精神と反共理念が一層強化され、そして、その後に再び登場した金漢石団長の老練な手腕と抱擁力によって、国家的課業ともいうべき永住権申請の難事業を無事に乗り切って、後進に託して本年四月に引退し、その後を継いだ現在の団長李正述氏の新しいセンスによる卓越なる手腕と、その円満な人柄がもたらす抱擁力によって今後の民団運営に大きな期待が持たれている。

このようにして、空知支部の人脈を辿ってみる時上層幹部については言うべくもないが特に、中堅幹部に一家言を持った優秀な人材を得ており、他に比較さえ出来ない程その人材の豊富さに今更ながら意を強くするものである。

民団空知支部歴史の中で、特に異彩を放つ大きな功績は一九六八年、岩見沢青年会議所と韓国全羅北道神里青年会議所との間に姉妹結縁が締結され、両国間に於ける文化の交流と親善友好に大いに寄与している事である。

この締結の機縁には直接の関係はないというものの、その後の交流に於て空知支部が果たして来た役割は決して見逃すことが出来ないものであり、現に岩見沢青年会議所との親睦会を定期的に開いて、双方の理解を深めている事実を照らして見ても、特筆すべきものがあるのである。今後もこのような事を長く保たれて韓日親善に大いなる実を挙げられるように望みたい。

以上のように幾多の難関と試練に耐えながら、常に組織の防衛と拡張に専念した幹部達の労苦は一方ならず、特に惜しみでも余りあるのは長年の組織に中核的存在として重責を担って来た元団長の孫貴錫氏の病死と、空知の重鎮として重きを置かれていた李浩、鄭基周両氏を自動車事故によって一瞬にして二人も失ったの損失を、今更ながら悔まれてならない。

民団支部再建大会記念

婦人会結成大会記念

空知韓国会館落成式風景

岩見沢青年会議所との懇親会

自覚と意識を高めよ

在日大韓民国居留民団空知支部
団長　李正述

民団が発足してすでに四半世紀が過ぎ、規模からいっても六十万在日同胞を代表する実質的な団体として成長している現在、私達民団員も民族運動に携わる者としての自覚と意識を高めねばなりません。

私達の民団だけに限らず、あらゆる組織団体にも言える事ではありますが、私達は特に母国を離れて他国に住んでいるという特殊な立場に置かれておりますので、尚更この点に留意せねばなりません。

事更に言うまでもありませんが、私達の民団は、唯単なる政治団体ではなく、況してや、親睦のみを目的とする団体でもないのであります。

現在の民団が果たしている役割といえば、一口では言えない程の多くの役割を果たしているのであります。謂うなれば、一国の政治や行政などの全般的な役割を抱えこんでいるのが、現在の民団であります。

例えば、反共を国是とする韓国政府を支持する思想的な団体とも言えましょうし、民族の権益を擁護する自治団体とも言えましょう。そして又、韓国政府の延長的な役割を果たす行政機関とも言えるのであります。

このような民団が今後に於てその任務を完全に遂行するには、先ず人材の養成に注力せねばなりません。

今まで私達の民団組織を支えて来たのは、大部分が一世達の手によって運営されて来たのでありますが、これまでには人材の養成という問題には、さして、努力せずともどうにか運営出来たのでありますが、これからはこの問題が一番大事であり、且つ緊急事と言えましょう。

これからの人材は、どうしても二世達に求めなければなりません。現在二世は、一世達と違って母国に対する認識と民族的な感念が稀薄であるため、今後私達の組織を引き継いて行くには容易ではないと思います。

よって、私達は次代を継ぐべき二世たちへの民族教育を一日も早く急がねばならないと、痛感するのであります。

義務を守ろう

空知支部議長
李漢植

私達の民団も幾多の曲折を経て厖大なる組織に育ったことに対して、今更の感がするのであります。私達の民団は日本に於ける特異な歴史的な背景があったとはいえ、外国に於ての民族団体としてはこれに優るものはないと思います。

だが、私達の組織内を眺めてみるとき、自分に与えられた"義務"は、一向に果たそうともせず、権利のみを強く主張して憚らないものがいるのであります。卒直に言うならば、民団員として何一つ努力はせず、況して、団体に所属する者としての当然なる義務でもあるべき雀の涙ほどの「団費」さえも払おうとしない者が、事ある度に『俺は団員だ』といって権利だけを押し通そうとする者が多々あります。

私達の民団は唯単なる友好団体ではなく、国家に代って敵対陣営と熾烈な斗争を繰り返えしている民族団体であります。

国民としての襟度もなく、そして又、民族としての誇りさえも持たず、敵対する双方の陣営を二股膏薬のように行ったり来たりして自分個人の利益さえなれば憶面もなく裏切る卑劣極まる者が如何に多いことか？……

民族の興亡に命運をかけ国家の主権のために斗う民族運動には犠牲はつきもの。それを支援しようともせず、民族の悲劇につけ込んで利を貪ろうとする悪質な分子は、民族を害する毒虫として、断固として遮断すべきであります。

私達の組織には、立派な綱領もあり、そして、国法に等しい規約もあります。私達はこの綱領と規約を生かして、それを平気で踏みにじるような悪質分子は一掃せねばなりません。いつまでも同胞の育成団体であるからといって温情を示すだけでは、創団の目的を逸脱し、規律も秩序もなく、それこそ、烏合の衆の集りに過ぎない団体に堕ち込むだけであります。

この意味に於いて、私達の民団の監察機関は、名実共に正邪を見極め、その功罪を適確に把握すべきであると思います。

朝総連の宣伝について

空知支部監察委員長　孫在永

祖国の分断により私達の在日同胞社会も二分され、今まで激烈な斗争を繰り返してきたが、いつも歯痒く思われるのは、敵対陣営の朝総連に比べて常に遅れをとる宣伝活動のことである。

組織団体であるからには、宣伝啓蒙は付きもので、大衆への浸透にも宣伝の役割りは不可欠である。にも拘わらず私達民団は、この点で朝総連に比べ雲泥の差があるのは事実である。もとより、朝総連の如く悪どい虚偽宣伝までやる必要はないが、正当な主張と事実の伝達くらいは徹底を期さねばならない。

現在、朝総連では日刊新聞が数種類もあり、本国語版と日本語版とに分けて発行されており、画報や雑誌の果てまでいくつもあって常に組織運動に先行してばらまかれている。

さらに、朝総連では十数年前から彼らの組織内に独自に作り上げた「中央芸術団」なるものがあり、遠隔地の北海道の隅々まで毎年のように公演をして、相当の宣伝効果を挙げている。経費のかかる芸術団をよくも養って行けるものだと感心したものであったが、長年にわたって彼らの手法を見ていると近年になって漸くその謎が解けたのだ。なんの事はない、その費用の大半は、一般の日本国民が負担していたからだ。

詳しく言うならば、例えば空知のある市で彼らの公演が行なわれるとする。その何カ月も前から彼らの組織体全員を動かして"日本と朝鮮の親善だ"とか"両国の友好"だとか言って、各自の知り合いを通じて、一般の商店や事業体に乗り込んで寄付を要求し果ては一般日本人までにも前売券だの賛助金だのと言って、全空知を集め回れば、またたく間に巨額の金が集まるのは当然だ。このようにして彼らは公演費用のみか遊興費まで集めているのは公然の秘密である。

朝総連の幹部に申し上げたい。このような行為は一日も早く止めて貰いたいのだ。何故ならば一般の日本国民は南も北もない。"朝鮮人"と言う言葉の下に私達も含まれていると思って恩を着せられているし、私達はそれによって大いに迷惑を蒙っているからだ。

深い信頼関係

空知支部
副議長　具明植

短い北海道の夏も過ぎ、初秋の風が冷たく感ぜられるこのごろである。日常の仕事に忙殺されて時の余りにも早く移り行くのも知らずにいたのであるが、今回、記事を依頼されて改めて私達民団空知支部の足跡を回顧して見る機会を得たことを感謝する。

振り返って見るに、私達の支部が今日に至る道は、他支部と同様、決して平坦なものではなかった。邪悪な政治目的をもつ朝総連との闘いは、文字通り、血と汗と涙の連続であり、これまで苦労された方々に多大の謝意と敬意を表するものである。

今、祖国は悲劇的分断の運命を克服し国土統一の大目的の完遂を急いでいる。「一面国防一面建設」のスローガンは着々とその成果を挙げ、韓国はもはやアジアの後進国ではない。動乱の痛手から見事に立ち直りつつある祖国への誇りと期待を強く抱かずにはいられない。

民団も永住権申請運動を経て、名実共に在日同胞の唯一の自治団体として確立したことは誠に喜ばしい。今後ますます日本での同胞の地位向上に努めねばならないが、そのためには、『遠くの親戚より近くの他人』と言われるように、日本の方々との深い信頼関係を築くべく努力しようではないか。間違った民族意識を改善し、在日韓国人としての正しい、建設的な民族教育の普及が、私達の急務ではなかろうか。

民族の教育機関を設置せよ

空知支部文教課長　明義錫

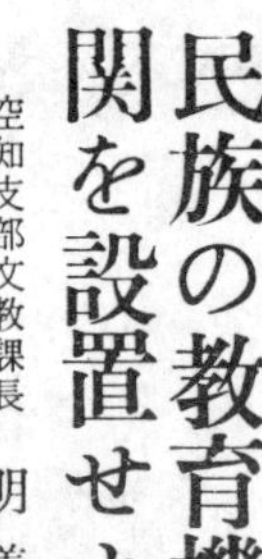

私達の民団が発足されてから、約二十余年間に亘って、常に言を大にして叫び続けて来た民族教育の実施については、未だにそれが何等かの形として現われていないのを残念に思います。

勿論、「言うは易く、行なうは難し」で、それは容易でない事である事はよく判ります。だからこそ、緊急を要するのであります。

再言するまでもありませんが、他国に住む異国民が、自国の生活習慣や言語を知らないものほど、悲劇であり、また哀れな存在はないと思います。現在、日本で生れ育った韓国民の子弟が幾十万とおりますが、これ等の子弟が韓国人でありながら韓国に対する認識も生活習慣も、言語すら知らないとなれば、その子の人生は哀れなものと言わざるを得ません。

日本国に於ける法律上の身分としては、歴然として外国人の扱いを受け、生活環境に於ても外国人として一線を劃されるならば、民族としての誇りも、優秀性も知らないこの無智なる子は、自分の生れを呪い、自らを卑下して僻み、そして、自らを放棄して歪んだ末は、悪の道を走る結果となる事は自明の理であります。

このような事を考える時私達は慄然とするのであります。

私達の民団はこのような事態を直視して、一日も早く民族教育機関を設置して、これに対処せねばならないと思います。

民族意識について

空知支部事務部長　金容浩

民族団体に従事して見て、「民族意識」が如何に大事かという事を痛感させられるのである。

ではどうして民族意識が大事であるかと反問されそうだが、それについて考えてみよう。

私達は長年の間、否、一生を日本で終るかも知れないが、若しそうだとしても、私達はあくまでも韓国人である事には違いない。

では帰化でもすればという考え方もあるかも知れないが、この問題に関しては人間それぞれの考え方や事情も違うであろうが、極く一般的な韓国人の考え方としては、次の三つの点で集約されると思う。

先ず最初は、何千年も続いた家系を自分の代で断絶出来ない。

二番目には、若し帰化したにしても、それだけでは真の日本人には到底なり切れない。自分の内面的な問題や、周囲の状況から…。

三つ目には、韓国人としての襟度と誇りがあり、そして日本人に負けないだけの教養と生活態度さえ堅持するならば、決して白眼視されず、むしろ稀少価値がある。

以上のような結論から、韓国人としての民族感念の下に正しい民族意識と、韓国民としての節度と誇りを持ち、国際人としての信義と信頼さえ弁えているならば、反って、異国民としての尊敬を受けられるのではなかろうか。

それには、先ず自分の国に対する深い認識と民族精神に基づく『正しい民族意識』を持たねばならない。

依って、私達は日本社会に於る良き友邦民として、深い理解と信頼によって、日本社会に貢献するならば、心からなる尊敬を受けて、立派に協調して行けるものと信じる。

くれぐれも民族の名を汚すような行為だけは慎しまねばならないと、つねつね思うのである。

特集によせて

岩見沢市長　国兼孝治

このたび「民団北海道」に当市を紹介していただきます事は、誠に光栄に存ずる次第であります。

岩見沢市は、ご承知のとおり北海道の中央部に位置し札幌市とは四十粁余の位置にあり古くから都市交通の要衝として発展し、石狩炭田を背後に肥沃な石狩平野をようしています。

明治十五年、幌内鉄道が開通し岩見沢駅ができてから急速に発展しましたが、特に交通機関が至便であることと、米の産地として栄えてきましたが、近年急速な都市化とともに団地、工業団地の造成などで産業経済都市へと変ぼうしつつあります。

市街地区は碁盤の目のように整然と区画されており街路樹の緑色が美しく映え、緑豊かな産業文化都市建設をスローガンに、市民の健康と福祉の増進、住みよい都市環境の整備、豊かな産業経済都市づくり、教育の充実と文化の向上等に努めております。

岩見沢市には韓国の方が古くから住んでおり、現在約六十人の方々が安定した生活を営んでおられ、かつ市の発展のために協力を得ておりますことをここに深くお礼を申し上げます。

最後に、皆様方のご健康とご発展をお祈り申し上げご挨拶といたします。

市の紋章

菱形の輪郭は北海道の形をあらわし、中の「米」の文字は岩見澤市が北海道の中央に位置し、交通が四通八達していることと、古くから米の産地としての伝統をあらわし、岩見澤市の交通、産業、文化の発展を示したものであり、金銀、緑の三色で彩られ、形は正菱形であります。

メインストリート

岩見沢市の歩み

明治十五年十一月十三日幌内鉄道が開通し、岩見沢駅が出来て当市は急速に発展して行った。この年石川県人、原田喜助が砂浜に移住して岩見沢の住民第一号となった。

明治十七年十月六日、岩見沢村設置が告示され、同年十月十四日岩見沢村戸長役場が置かれた。

明治十六年公布された士族移住規則により、士族移住が始まり、明治十七、十八年に山口県外十一県の士族二七七戸、一、五〇三人、十七年八十戸、四五九人、十七戸、一、〇四四人が集団移住した。

戸長役場の設置により、警察署、勧業課派出所が設けられ、戸数も次第に増えて、村としての形態も整って来た。

明治二四年七月五日に岩見沢、歌志内間。同年二五年八月一日に岩見沢、室蘭間に鉄道の開通を見るに及んで交通の中心となり、爾来住民も激増し、店舗も軒を並べ市街も縦横に発展して行った。

明治三十年十月三十日空知支庁が置かれ、同三十三年七月一日北海道一級町村制が施行されると、一級町村に編入され、人口も一二、五一八人となり村勢急速に伸展した。同三十八年には川向土功組合の用水路工事が完成し、水田四〇〇〇町歩を造田、開拓の基礎が築かれた。同三十九年には村民念願の町制を施行し、同四十一年には北海道では函館に次いで二番目の上水道工事が完成した。これは当時の財政規模に比べて画期的な大事業であった。大正三年に岩見沢、万字炭鉱間に鉄道が開通し、昭和二年町立病院の設置をみ、当時の医療センターとして町民はもとより、隣接町村民もこの恩恵に浴した。

同四年には北海土功組合の岩見沢幹線の通水がなり、岩見沢を含め一万町歩の開田事業がその緒についた。その後官公衙、文教施設、商社、金融機関など大幅な充実をみ、同十八年待望の市制施行となった、

戦後は道開発第一次計画において、桂沢多目的ダム建設の要望がなり、同三十二年これが完成するに及んで、市制発展上大きな問題であった飲用水、農工業用水の開村当初からの水の悩みも一応解決をみ、これに伴い、上水道拡張事業都市計画事業の実施も急激に進み、同三十五年岩見沢、新篠津を結び岩見沢大橋が完成し、石狩川北岸地帯の豊富な資源開発の拠点として、また生産物資の集散地として重要視されるに至った。

また昭和三十五年から国費により建設を進められていた金山ダムもこのほど完成をみるに至り、将来発展の施策として大いに役割を果たされることは勿論、さらに通産省、開発庁、道の指定による新規工場適地として市内に三カ所の指定を受け、工場誘致も次々に実現するに至った。

一方商工業の出荷販売総額も年次増大を示し、従来農業都市といわれた当市も、近時、商工業都市として、大きく変ぼうし、都相も近代化を基調として大都市建設への基盤が着々と築かれ、行政、経済、交通の要衝である岩見沢市の今後の発展は大いに期待されている。

スポーツセンター

人口

世帯主＝一七、六六五
男＝三六、三〇四
女＝三六、五七一
合計＝七二、八七六

人口増加率は、農村や炭鉱地域からの流入や企業の進出による工業団地の造成、更に今後国鉄電化の全面運行、高速自動連道路などの交通網の整備によって、札幌都市圏が近くなることから、十年後には十万都市になれる見込み。

行政

市長＝国兼孝治
助役＝小島三長
収入役＝斎藤　勲

市の行政機構は八部二十四課五十四係からなっており、綜合的な行政執行体制の確立。事務の能率化をはかるため電算機の導入。市政に対する信頼感を高めるため広報、広聴活動の活発化。財源の適確な確保と経常費の節減等を推進している。

教育

幼稚園＝四
小学校＝十九
中学校＝七
道立高校＝三
私立高校＝四
大学＝三。各種学校＝十一。

昭和四十一年より市内二十六の小中学校児童の体位向上を図るため、市立学校給食共同調理所を完成して、完全給食を実施している。又、教育文化の向上の場である図書館も手狭なため、新たに建設中。小学校から大学までの整備拡張が毎年続けられて、文教学園都市の振興につとめている。

体育

体育施設は、スーポツセンター、公認陸上競技場、野球場、庭球場、弓道場、スキー場等があり、市では『日常生活にスポーツ活動を』という目標を掲げて、市民歩け歩け大会、青少年スポーツ大会、市民スキー大会、スケート大会、ママさんバレーボール等を積極的に開催している。

市民会館

市民綜合病院

野球場

民団北海道

発行所
民団北海道新聞社
発行人　崔東洵
札幌市南９条西４丁目
北海道韓国人会館内
電話代表(51)〜3381番
（１部　50円）

民族の悲願一歩近ずく

『離散家族捜し』南北予備会談開く

祖国が分断されて二十六年。近来、とみに高まった国際間の緊張緩和の雪どけムードによって、五千万民族が一しお願った国土統一への気運が盛りあがっている昨今。

それを強く裏打ちするかのように、大韓赤十字社の崔斗善総裁が、去る八月十二日に行なった崇高にして公明正大なる「南北離散家族捜し運動」を提唱して以来、北韓側もこれに応じて、その後、南北間の連絡会議が五回に亘って開かれたのち、全民族の祈念と世界の注視を浴びながら、歴史的な予備会談が去る九月二十日午前十一時、板門店の中立国監視委員団会議室で開催された。

その会議には、大韓赤十字社の金錬珠保健、渉外部長を首席代表とする代表団五人、北韓赤十字会からは、金泰熙書記長を団長とする五人が参加し、双方の信任状を手交わしたのち、両方の首席代表からそれぞれの代表団の一人一人を紹介して、テーブルをはさんで着席した。

先づ、大韓赤十字社の金首席代表から

『私は大韓赤十字社を代表して皆さんを心から歓迎する。五回に亘る連絡会議を経て、歴史的な予備会談が実現されたことを喜び、悲劇の展因と歴史をたどる前に、先づ、南北に別れ住む苦痛を解決するのが、当面した民族的課題だ。

この会談が基盤となって、断絶の障壁が取り除かれる事を信じ、そして、赤十字精神に基づく人道主義精神と、民族愛等の以って、この課題を解決し、わが民族史に輝しい金字塔が打ち建てられるよう誠意をつくしたい。』とあいさつした。

これに対し、北韓側の金団長は『南北の全同胞が会談のニュースを聞いて大へん喜んでいる。今後の本会談の場所は、板門店が適当であり、時期は早い程よい。

議題としては、①南北に別れている家族、親類、知人の自由な往来と相互訪問の実現化②南北間の家族、親類、知人の自由な書信往来③離散家族の対面問題などを討議されることを望む。

そして、本会議の代表団の構成は、赤十字責任者（総裁または委員長）を団長とする五名ないし七名位で構成し、会談は非公開、会談の進行中には報道人の出入を禁止し、報道は双方が個別的に行ない、合意に達した問題のみを共同で報道することを原則にしたい」等と提案した。

討議にはいっては、①会談記録の収録方法。②マイク装置の架設方法。③会談の公開または非公開の是非。④南北赤十字社間の連絡方等であった。

そして、次期会談の日取りと時間などを協議するに合意し、約五十余分間にわたる会談が終了した。

この日、双方の代表団に任命された十人の略歴は次の通り。

◇金錬珠首席代表

（五八歳）＝▽ソウル出身・医学博士▽徽文高卒▽平壌医専卒▽米ミシガン大保健大学院卒業▽六十一年大韓赤十字保健部長▽六九年同渉外部長兼任

◇朴善圭交替代表

（五五歳）＝▽忠南洪城出身・医学博士▽朝鮮医師試験合格▽五六年忠南医師会会長▽五七年大韓赤十字社忠南支社常任委員▽六七年同忠南支社社長。

◇鄭洪鎮代表

（三七歳）＝▽慶南金海出身▽ソウル文理大卒▽同大学院卒▽国際問題研究所研究員▽大韓赤十字社会談事務局運営部長。

◇鄭喜卿代表

（三九歳）＝ソウル出身▽梨花女子大卒▽米カンサス州立大学院卒▽梨大▽六二年大韓赤十字社青少年諮問委員▽七一年梨花女子高等学校校長。

◇鄭柱年代表

（三四歳）＝▽慶南陜川出身▽ソウル文理大卒▽外務部スポークスマン▽駐英大使館一等書記官▽大韓赤十字社会談事務局スポークスマン

◎崔斗善総裁はこの日、総裁相談役に金用雨大韓体育会長を任命した。

北韓赤十字会の予備会談代表

▽団長＝金泰熙（北赤書記長）

▽副団長＝金徳賢（北赤報道部長）

▽李ジョン挙（参事）▽ジョウ・ションイル（文化宣伝部長）

▽徐ソンチョル（派遣員）

大韓赤十字社で声明

大韓赤十字社は、去る二十日午前、南北赤十字社による離散家族捜し運動のため、初の予備会談が開かれることになったことと関連して、次のような声明を発表した。

「八月十二日大韓赤十字社側が提案した南北赤十字会談が実を結び、初の予備会談が開かれることをうれしく思う。国内外の大きな関心を集めているこの歴史的な会談が、成功裡に進められるよう、双方の代表が誠実な態度で一貫し有終の美を収めることを希望する

全国団長会議

ソウルで開かる

民団の全国地方本部団長会議が九月二十八日、ソウル市内の「ロイヤル・ホテル」に於て開催された。

今回、この会議が母国の首都で開催された理由は、激動する国際情勢を、適確に把握するとともに、本国政府の諸施策とマッチさせてこれに対処するためであった。

なお、現在、われわれ民団が抱えている懸案、即ち、在日同胞の法的地位問題と、これに附随する協定永住権の未申請者に対する救済問題。また、来年札幌で開かれる冬季オリンピックの支援対策。そしてまた、去般、大韓赤十字の崔斗善総裁が提唱して、現在推進中の『南北離散家族捜し運動』等を協議して、それぞれ政府当局に要望するためでもあった。

この会議に参加するため、民団北海道地方本部では、崔東洵団長並びに幹部八名が、去る九月二十七日、ソウルに向って出発した。

中央委員会開催

第十九回定期中央委員会を、来る十月二十三日（土曜日）午前十時より、大阪天王寺区筆ケ崎町の大阪興銀本店会議室に於て開かれる。

議題は、山積している当面の諸懸案について討議される予定。

北海道商工人観光団出発

在日北海道韓国人商工会（会長[illegible]）主催で、北海道韓国商工人観光団を編成し、去る九月二十九日、韓国に向けて出発した。

今般の観光団は、北海道内に居住する韓国人並びに日本人商工業者二十六名を以って編成し、十月一日、韓国の首都ソウルで開催される「国軍の日」の記念式典にも参加し、その後、約十日間に亘って韓国各地の名所古蹟並びに、韓国の商工業の実態を視察する予定である。

冬季オリンピック　在日韓国人後援会結成

明春二月に開催される札幌オリンピック冬季大会の『在日韓国人後援会』は去る二十日午後三時、東京の『オークラ・ホテル』で、各関係機関代表七十余名が出席して開かれた。

中央文教局長呉敬福氏の司会のもと、李駐日大使の祝辞に『前回開かれた札幌プレオリンピックの際は、充分なる支援体制のもとに多大なる成果をおさめた事に対し改めて謝意を表し、今後も、それにまさる支援体制が布かれて、意義ある大会でありますようお願いしたい』と申された。

引き続いて立った李禧元中央団長は『後援会結成が時機的に遅れた感はあるが、今からでも強力なメンバーを揃えて、立派な後援会が構成され、国威の宣揚と韓国選手の善戦が期待でき得る全ての支援体制を整えたい』と述べた。

そして北海道地方本部の孫文植副団長より、いままでの経過を詳細に報告した。

役員選出に当っては、衆議一決して、[illegible]健永民団中央顧問を会長に推し、名誉顧問に李駐日大使、常任顧問に李禧元中央団長、事務局長に呉敬福中央文教局長、事務次長は三人制にする。

監査は中央監察機関と北海道本部の監察機関が担当する。

その他、常任副会長四人中、二人は北海道本部議長の田連寿（前北海道後援会長）氏と、北海道商銀理事長の姜信学氏が就任。常任理事などは、会長、中央団長、駐日公使、主務局長の四者で相談して、これを決める。

また、後援会の予算ならびに活動計画は、人選後に決定する。

切替えを忘れていませんか！

外国人登録証の切替えが始まっています。期間の一ケ月くらいの前でも受付けますから早めに切替えましょう。

民団北海道

峰火

民団の息子と朝総連の娘が婚約をし、約半年間の交際を経たのち、去る九月三十日、結婚にゴールイン……と行けば、双方、目出たし目出たしと、いうところであるが、この話、そうでなかったところに問題があり、町の話題にもなったのである。

ことの成行は、室蘭に居住する民団員の息子（二十八才）と、札幌白石町に住んでいる朝総連の娘（二十四才）とが、去る四月に或る人の紹介で見合いをしたところ、双方ともOKということで交際が始まり、結婚の日取りを九月三十日と決め、全ての仕度を済ませて待っていたところ、結婚式十日前になって、突然娘の方から断って来た。

結婚式場の契約から招待状まで全部配って、準備万端あい整えて待っていた新郎側は、それこそ、青天の霹靂。

仕事は休むやら、多額の費用はかけるやらで、大騒ぎをしていた息子の面目丸潰れ。理由もなく断わられた新郎側は、娘側にその真意をただしたところ、どうやらそれには政治的な意図が含まれていたらしい。

その真相はこうだ。

九月三十日に挙行されるべき結婚式について、新郎側の請牒人として民団室蘭支部幹部六名の名によって、返信用の葉書を添えた招待状を発送したのであったが、その返信用葉書の宛先が、民団室蘭支部になっていた。娘側は、これが気に入らなかったらしい。

半年もの間、婚約中であるとはいえ、全くの夫婦として泊りあっていたというこの男女の間柄が、とるに足らないつまらない理由から、一方的に解消されて良いだろうか？。

カンカンに怒った新郎側は相手側に対して損害を請求したところ、預ったものを返せばよいだろう式に結納金の十万円を返して、後は素知らぬ顔をしているという。その誠意のなさに余計頭にきた新郎側が相手をなじると、その兄たるものの返答が振っている。

『本部（朝総連）でそれだけ返えせば良いと言った』と……。

母国の夏季学校に参加して

札幌月寒高校１年 呉茂男

野外教育の風景（ソウル）

呉茂男

下関からフェリーで六時間、霧につつまれた陸地がかすかに見え出した。

なんの変りもないただの陸地なのに、みんなの顔がほほえんでいる。始めて見る母国にみんなが興奮しているのだろう。

霧の彼方に見える一かたまりの陸地、あれが私たちの父母や祖先が生れ育った安住の地だと思うと私はなんとなくなつかしくてならない。

ソウルでは、語学の訓練、市中の古宮見学、勉強をかねた観光旅行、それに、私たちが一番勉強になった民泊など、短期間ではあったが、いろいろの収穫があった。

民泊では、料理を始め、その他すべての韓国の風習に身をもって体験し、充分に味あわせてもらったのである。

私の民泊先のおばさんに、こんな事を言われた。

『あなたの家でお父さま方は、韓国語を使わないの？なぜあなたは韓国人でありながら、韓国の言葉が判らないの？』と、質問されましたが、その時私はただはずかしくなって、『すみません』と、しか答えられなかった事を大へん残念に思うしかない。この時ほど、私は自分のみじめさを感じた事はなかったのである。日本にいる時は、こんな気持をもった経験は一度もない。

また、私と同じ年令の韓国高校一年の学生も、

『私たちの韓国学生は、日本にいる皆さんに、いろいろの意味から関心があり、今後における皆さんのなりゆきに対して注目している』

とも言われました。

私達は、日本で生れ育っているにしても、自分たちの祖国の事をもっともっと知りつくし、日本で暮らす私たちの一人一人が韓国を代表する気かまえで、立派な行動をしなくてはいけないと痛感したのであった。

文教部長官にお会いしたとき、長官は、

『君たちは、日本で生れたにしても、母国の認識を高める努力をせねばならない。それには、先づ、韓国の言葉から勉強していろいろの母国の実情を知る事によって、韓国に対する考え方が変わるはづだ』

と、おっしゃった。

私はこのお話を聞いて深く感めいしたのである。そして、私は始めて見る父母の国に来てほんとうに良かったと、つくづく思ったのである。

とにかく、このような機会には積極的に参加して、母国の認識を高める必要があると思う。

北見藤女子高校１年 方薫

方薫

私は生れて初めて韓国に行って来ました。

こんどの夏休みに韓国の夏季学校へ行くことになって、私は初めて外国へ行くといった感じで、大へん不安でありましたけれど、行って見ると、私と同じ立場の人たちがたくさんいて、すぐに友だちになれたので、最初の不安は一ぺんにふき飛んでしまいました。

韓国に着いてから一ケ月間の教育を受け、今まで全然知らなかったことが余りにも多くて私は毎日驚いてばかりでした。いまそれをくわしく書けないのですけども、生活、習慣、文化などがちがっていて、私たちは同じ韓国人であるとはいいながら、暮らしているところがちがうと、こんなにもちがうのかと強く感じられました。

私はいままで自分が韓国人の子孫であることは知っており、それについて特に考えてもみなかったし、また、それを気にもした事はありませんでした。ただばくぜんと、「私は韓国人なのだ」と思っていただけです。

それが、こんどの旅行や教育によって、自分は日本で生れ、日本で育ったとしても、日本人ではなく韓国人であるという気持がはっきり感じられてくるのです。この事には、自分ながらびっくりしている程です。

私は韓国に行って、いろいろの事をみたり聞いたりして、強く感じられたことは、日本で聞いていた程貧乏な国ではなく、町なかも日本とかわらない程立派であったし、大きな会社や工場もたくさんありましたし、高速道路を始めとして一般の道路もすばらしかったし、それに又、歴史の古い旧せきが非常に多いのには感心しました。これは、韓国の歴史がいかに長かったかを証明しているのでしょう。

悪い面といえば、金持と貧乏の差のひどかった事です。

私たちの教育の中の一つとして一般の家庭に民泊させられたのですが、私が泊ったその家は立派な建物で、生活も日本では見られない程の水準の高い生活でした。それなのに田舎へ行ってみたら、またまたまずしそうな家がたくさん見られたのです。

このように金持と貧乏の差がひどいのはなぜなのか？……それにはいろいろのむつかしい原因があると思いますれど、金持と貧乏の差が早くなくなって、中流家庭がたくさんふえれば一番良い事だと思います。

それに韓国では小学校だけが義務教育なので、中学校へ行けない子供は、みんな働いているとの事でしたが、せめて中学校までは義務教育であるように、一日も早く改善した方が良いと思います。

今度の旅行で、私はいろいろの点で、非常にプラスになりました。そして今までと違って、韓国人であるという自覚が毎日かわってきます。私は又行ける機会があれば、ぜひ行って、もう少し自分の国というものに対して、勉強をしたいと思います。

金英植本部事務次長の引率のもとに（下関埠頭にて）

韓国国体 ソウルで開催

去る十月八日から十三日までの六日間に亘って、ソウルで開かれる第五十二回韓国体育大会（国体）に参加する北海道在日同胞選手の鄭北子さんは、池宗淵在日選手団渉外部長に伴われて、十月四日ソウルに向けて出発した。

このたびの国体各種目に出場する在日同胞選手団は一二〇名であるが、北海道からは鄭選手ただ一人である。

鄭選手は陸上競技女子四〇〇メートルに出場する。いままでの自己最高記録は六三・九秒という好記録を持っており、今回の国体での活躍が期待されている。

現在、苫小牧駒沢高校三年生である彼女は、小学生の頃から走るのが好きで、中学一年から陸上部で正式訓練を受け、その後、インターハイ徳島を始め、いろいろの競技に参加した。

今般、とくに選ばれて母国の国体に参加する機会を得た事を、最上の喜びとしながら、ベストを尽くして頑張ると言い残して、元気よく出発した。

鄭北子選手、池宗淵部長

池宗淵渉外部長談

今回の第五十二回母国の国体に北海道から参加する選手としては鄭選手一人であるが、私の希望としては、せめて四五名つれて行きたかった。

しかし、今回の国体に参加する在日選手団一二〇名の枠は相当きびしいものであった。だが、北海道から一人だけでも参加できたということは、非常に意義深いものがあると思う。

今後は、道内各地から優秀な同胞選手の発掘と育成に努力して、次回の国体からは、多くの選手が参加できるよう注力するつもりだ。

国費母国留学生 募集要綱

一九七二年度高校課程国費母国留学生を次の通り募集する。

一、募集対象

母国の高等学校課程を国費で修学を願う在日大韓民国国民。

二、志願資格

(イ)、日本外国人登録法による登録を終えた韓国国民で、永住権を取得又は申請した者。

(ロ)、韓国教育法上高校入学資格がある者

(ハ)、日本で中学三年に在学中の者にして一九七二年度卒業予定者（但男子に限る）

(ニ)、旅券並びに再入国手続可能な者にして、学業成績優秀であり、勤勉誠実なる者。

三、提出書類

(イ)、志願者並びに家庭環境調書（所定様式）　三通

(ロ)、小学校卒業証書並びに中学校卒業（予定）証明書三通

(ハ)、中学校成績証明書各三通

(ニ)、外国人登録済書　二通

(ホ)、写真（六ケ月以内に撮影した名刺版・志願書添付）三通

四、期間並びに提出先

(イ)、期間　一九七一年十月一日より十一月八日まで

(ロ)、提出処　①札幌韓国教育文化センター（電話(511)八九三二）

五、銓衡実施

(イ)、日時　一九七一年十一月十四日午前九時試験場集会

(ロ)、場所　札幌韓国教育文化センター

(ハ)、銓衡科目　国語、英語 数学、面接

六、其他事項

(イ)、教育計画

合格者に対しては、ソウル大学校在外国民教育研究所で、一年間の予備教育を履修せしめ、高等学校課程は、一九七三年度より文教部が指定する高等学校に入学させる。

(ロ)、宿食計画

合格者全員を文教部が指定する寄宿舎に入舎させ、舎監を配置特別指導する。

(ハ)、国庫負担計画

学資金並びに宿食費全額を負担する。

其他事項は駐日韓国大使館奨学官室、各民団本支部、各教育文化センターに問合わすこと。

この外一九七二年度の大学大学院課程の自費学生も募集しています。

故郷を訪ねて

朴政勲

私が日本に渡って来たのは、一九四〇年（昭和十五年）の夏、徴用によってであります。

徴用先は、いまの北海道三笠市にある新幌内炭鉱であった。

この炭鉱で働いていた時に終戦を迎え、その当時、数百万人もの同胞が「解放だ」「独立だ」と言って喜び、われ先にと故郷へ故郷へと帰っていったのであります。

私もその時、長い間消息を断ってその安否すら知らないでいる妻や一人の息子のことが気になって一日も早く帰って一緒に暮らしたいと思ったのでありましたが、なにせ、その時、無一文であった私は、帰るに帰れない状態でありました。それで、何とかして少し儲けたら帰ろうとしたのが、今日まで居残った動機であります。

元来、無学無能な私に儲かるような仕事がある訳はなく、ただ、私に出来る仕事と言えば、肉体労働しかなく、私は各地を渡り歩いたのであります。

それで私には世の移り変わりや政治の動きなど無関係で、知るよすがもありませんでした。ちょうどその時、ある地方で、私たちの同胞の団体があるからという理由で、知人にすすめられるままに加入したのが、今の「朝鮮人総連会」であったのであります。

その後、同じ〝国衆〟の団体として『民団』の存在も知ったのでありますが、その団体は金持ちの団体で弱い者をいじめる団体だと教えられましたので、私はそのまま鵜呑みに信じもしたし、民団という団体には私のような貧乏人には用のない団体だくらいしか考えていなかったのであります。

そのうち朝総連と民団が事々に対立して騒然となり、個人的にも互いにののしったりしているのを見る時、私は〝困ったものだ〟と思ったりしました。

その後間もなく南北戦争が起こり、どっちが良くてどっちが悪いのか、そして、何が理由で戦争になったのかも私には知らないのでありますが、朝総連の人達が

『アメリカにけしかけられた南朝鮮の資本家たちが、北を攻めて来た』

と、言って憤慨していた。その時私は世の中には悪い奴もいるものだと思いました。それから数年経って

『北鮮に行かないか？北鮮政府では日本にいる同胞が日本人にいじめられてばかりいるから、可愛そうに思って、みんな帰ってくるように言っている。北鮮に行けば、立派な家も職も準備して待っている』

と、言われて、私はよっぽど行こうかとも思いましたが、それにつけても、昔故郷に残してきた家族の事が気がかりでありました。

北鮮に行ってしまえば、朝鮮が統一しない限り、会う事も出来ないし、さりとて、今家族はどこでどうしているやも知らない私は、毎日それぱかりを案じていました。友人達に聞いて見れば『南鮮では殆んどの人々が戦争のために死んだか、或いは避難のためにばらばらになって一拠（ひとところ）には居ない筈だ』と言われて見れば、成程そうだろうと思われましたし、自分の家族も果して生きているのやら、それとも死んでいるのやら皆目見当も付かず、私は毎日心配はしているものの探して見る方途さえありませんでした。

私が日本に渡る時、妻は二十四才であり一人息子の長男は三才でありました。それ故、年若い妻が行方の知れない夫を待って、数十年もの間待っているだろうか？……生きているにしても、第一食えなくてでも再婚したであろう。どこかで再婚でもして幸せに暮らしてくれればどれだけ気が安まるだろうか……等と、とりとめもない想念に取りつかれたのでありました。

その時〝朝総連〟では毎日のように北鮮行きを攻めたてるので、その度毎に理由をつけて断り続けたのであります。だが、何もかも忘れて北鮮でも何処でも行ってしまおうか？……等と思わんでもありませんでした。

一方、民団に所属している人々には、みんなが故郷を訪問して来てああだった、こうだった等と話をしているのを見る時、私の心中ではどんなにそれを羨ましく思った事か……

それで朝総連のある幹部に『私も故郷に行って家族を探して見たい』と言ったところが、彼は

『君が南鮮に行ったが最後、捕って一生豚箱入りだ。そして二度と日本へは帰って来られないのだ。だから行くんじゃない』

と言われましたが、私はどうもすっきりしませんでした。そうこうしている時、昨年の暮れになって例の〝永住権申請〟問題が起きて、民団の人々から

『日本に永く住むなら、永住権を申請した方が良い』

と、言われて、私はその気になったところ、今度は朝総連の人々が尋ねて来て、

『永住権を申請したら、日本から追放されるぞ、そして南の兵隊にひっぱられて行く』

と力説していたのでありますが私はそれも納得がいきません。永住権は日本に住むための権利であるのに、なぜ追放されるのだろうか？そして、日本に住むための永住権なのに韓国とどういう関係があるのだろうか？……と言ったような疑問が湧くのであります。それで私は、前から知っている野崎（郁戴斗）さんに会って聞いて見よう。野崎さんなら真実を教えてくれるであろうと思い、私は早速野崎さんを尋ねてみました。すると野崎さんはいろいろの事を納得出来るように話してくれながら、

『永住権を申請して来年の春頃一緒に故里へ行きましょう。そして家族も探してみましょう。どこかであんたの帰りを待っている筈だ』

と親切に教えてくれたので、私は早速永住権を申請したのであります。そして、野崎さんとの約束通り、今年七月三十一年ぶりの故国訪問をしたのであります。

私の家族を一緒に探してやると言って、野崎さんは自家用車で行こうという事になり、七月十日出発したのでした。

私の故郷は忠北の忠州市から四里の地点にある庁田舎である忠清北道中原郡山尺面松江里ですが、ここには、もともと親戚はなく、実兄が居る筈でありますが、数年前に私が出した手紙が戻った事がありますので、実兄もおそらく住んでいない事と知ってはおりましたが、とにかく故郷へ行って、そこから手操って行けば探し出せるだろうと思って、一先づ故郷を訪れたのであります。案の定故郷には私を知っている人もなく、殆んどの人が年代が代ったか又は他所から移り住んでいる人々ばかりで私を知っている人はおりませんでした。そのうち一人の年老いた人が私の兄を知っている人がおりまして、その老人から兄が忠州に移り住んでいる事を聞き出したのであります。

私は天に昇るようなうれしさで早速、忠州に引き返して実兄との再会が出来たのであります。実兄の家に着いたのが夕暮れ時でありましたが、実兄から早速私の家族に連絡したのであります。

私の家族は現在ソウルで健在との事、私は二重の嬉しさを隠しようもありません。

年若くして別れた妻が、私が日本に渡った年に生んだ二男を加えて、みなが立派に成人し、いまは二人の息子がそれぞれ嫁を貰って孫までいるとの事でありました。私は青天のへきれきとでも言いましょうか？今の今まで二男が生れていた事すら知らずにいたのであります。

実兄からソウルの家族に電話連絡をした後、兄の家族とも三十余年ぶりの対面に涙の流れを止めようもありませんでした。三十年前の兄は元気そのものの壮年でありましたが、今は年も七十近く、全くの老人でありました。

そうこうしているうちに、晩の十時頃、表が騒がしくなって、一団の人々が兄の家にはいって来ます。見れば私の家族が到着したのでありましょう。妻を始め二人の息子とその嫁、そして三人の孫まで加えた一集団には、私の妹の家族まで一緒ではありませんか……

三十一年ぶりの対面、しかも殆んどが私の知らぬまに増えた息子や嫁や孫、そして妹の家族を加えた十余名の見知らぬ人々に、父と呼ばれ祖父と呼ばれながら、みなが揃って私の前で韓国独特の辞儀法で大礼をするではありませんか

私が何をしたと言うのだろう？そして、私がこの大礼を受ける資格が果してあるのであろうか？……

私は面映（おもは）ゆいやら、申訳ないやらで、どうしてよいか判りませんでした。

私はこの家族たちに何んと言って詫びれば良いのか？なんと言って言訳をすれば良いのか？……私は何一つとして言う言葉がありませんでした。でも、家族たちはこの無情な、そして無責任極まるこの父に対して咎めるところか、反って私の労苦をいたわるのでありました。

それから交々語るところによれば、妻は幼児二人を抱えて郷里を離れ、忠州市に於て十五年間、針仕事一筋で二人の子供を養育し、その後ソウルに移ってあらゆる苦労と辛酸を重ねた甲斐があり、いまではソウルで長男は小さいながらも運送業を営み、次男は印刷会社に勤めて幸せな暮らしをしているとの事でした。

この話を聞いた私は、人の夫として、人間の父親として、私はこれらの家族の前で何を語り、何を以って償えば良いのだろうか……と、涙も涸れんばかりに慟哭しながら一夜を泣き明かしたのであります。

『今年の秋夕（旧のお盆）にはお父様の祭事を営みましょう』

と言って、計画していた矢先であったとの事でありました。

このような罪深い父は、今後身を粉にしてでも働いて、この母子に報いねばと、新たな覚悟をしたのは申すまでもありません。

『お父さん世間並みの親子のように、われわれも同じ家庭で一緒に暮らしましょう！』

最後に、次男から言われた時、私の慟哭は息も切れんばかりでありました。

それにしても、なぜ早く、せめて十年前にでも、私が帰っていたら、この可愛そうな妻子の苦労が半減しただろうに……それを考える時、私はそれこそ、断腸の思いをどうしようもありません。

とにかく、余生幾許（いくばく）もない私は、毎年一回は妻子を見舞い、そして少しの物でも彼等のために貢ぎたいのであります。

差別意識の克服と民族教育の課題

大韓基督教会札幌韓国教会　牧師　李聖柱

日本人は朝鮮人を、なぜ忌嫌うのだろうか。

日本と韓国（朝鮮）との関係を表わす言葉に『近くて遠い国』という表現がよく使われている。

このことは、親しくあるべき条件が多く備わっているにも拘らず、現実には、期待外れの違和感と疎外感を、体験させられる事の表現であると考えられる。

地理的には、一番近距離に位置する隣同志であり、身体的にも一卵生双児のように見分けがつかない位似ている。また、文化的にも長い歳月に亘っての交流によって、多くの共通点を持っており、そして、生活慣習も大部分似通ったもので、このような事を数え上げれば限りがない。

外見的に見れば近くて親しい筈の条件がより多く揃っているこの隣国隣人が、なぜ、世界でも一番遠い嫌いな隣人になってしまったのだろうか。

日本人の対外国人の意識調査で明らかになった事だが、日本人の一番嫌いな国民は朝鮮人と黒人であった。又、学ぶべき国への順序では、韓国（朝鮮）が一番端（はじ）であった。

このような日本人の意識を表わしてよく言われる言葉に、日本人の好き嫌いの意識は〝遠心的〟であると言う。

即ち、日本より遠い国ほど好きである。例えば、アメリカ、イギリス、フランス、ドイツ等アジアの国と民族ではなく、ヨーロッパの国々であり民族であることを裏返せば、日本に近い国ほど、日本人には好まれないと言う事になる。

このような事から、韓国が日本に嫌われていると言う事も、日本に一番近くであるからと言う事が明らかになった。

この事実は、具体的に日本人の日常生活用語に「カタカナ」で表わしている欧米語の氾濫からも見出す事が出来る。欧米語の「カナ綴り」でなしには言語生活さえ不可能であるかの感がする。

明治開国以来、欧米に学ぶ精神の旺盛さは結構だがそれが自分を忘れ自分を嫌い、自分を脱してまで他を模倣し、他に化けようとするに至ってはまさに情ない事であると言わざるを得ない。

日本人の意識から、自分がアジア人である事を嫌い、そしてアジア人から離れ、欧米化する事によって自我を立てようとする事が癒やされない限り、日本人も、そしてアジアの隣人も、特に韓国人は不幸となり、禍を蒙る事になるのである。

このような日本人の性向は、精神治療を要する度し難い病気とでも言える程の根深いサディシズム的な傾向であり、そして隣人を虐待、または支配する事によって、自我を意識する退嬰的病であるとも言えよう。

日本は戦後、経済的大国になった。体では成人並になったが経済的な動物とも言うべき精神的嬰児となぜ言われるのだろうか？異常肥満児のように体は大人並でも、精神的には未だ幼児であると同じである。

日本の国が又は日本人が正しく自分を見つめ、正しく自分を発見し、自分を確立することによって、ほんとうの経済的成人と、精神的成人になる事が出来るのである。

その時にこそ、初めて、日本は真のアジアの隣国隣人となれるのである。

動物と人間の違いは、それが隣人を意識し、それによって行動が出来るか否かによって決まるのだ。動物には〝獲物〟はあっても隣人はなく、自己の欲望を充たす対象だけがあるのだ。

もし、日本と日本人にアジアの国と民族が〝獲物〟であり、自己欲望の対象物に見える限り日本と日本人の救いと癒やしは永遠にないであろう。

日本は世界家族から離れて孤児として、涯なき一人旅の末、辿り着く処に自己の棄場を発見するであろう。

我々は、日本がこのような運命に終る事を決して望まないし又このような悲惨な運命に遭遇する事を、未然に防ぎたいと望むものである。

日本と日本人をして、真の隣国隣人として、共に生きるよう是正して行くところに、我々の民族教育のもう一つの顔があるのである。

特集 小樽支部

小樽支部

執行機関
団長　孫承殷
副団長　白三基
副団長　趙鏞大
事務課長　金庚俊
総務課長　章漢鳳
財政課長　金学得
組織課長　金渠煥
宣伝課長　鄭東先

議決機関
議長　姜信学
副議長　權興業
副議長　金鏡国

監察機関
監察委員長　黄錫圭
監察委員　鄭弼煥
監察委員　張天相

支部の歩み

暴力と破壊を恣まにする朝連から離脱した民族主義者たちが結集して、作られた民団北海道本部が結成されるや、それに呼応して小樽地区でも支部を設置するべく、金相鳳（現在静岡）氏を中心に分団を置いたのであったが、朝連のあくなき反抗と暴力の前には一たまりもなく、枯渇した土壌には民団の育つ余地もなく消え去り、悲憤の涙を禁じ得ないのであった。

その後、金相鳳、姜正熙（現在東京）氏等の間断なき努力が結実して、ついに一九五四年九月、姜正熙氏を団長に、待望の小樽支部が結成されたのである。

しかし、民団の進むべき前途には、常に朝連の暴力徒輩の悪質陰険な行為のため、あらゆる苦難と辛酸を強いられけわしくも長い"いばら"の道が続くのである。

精鋭ではあるが少数であった姜正熙団長以下十指に満たない民団では、共産暴力一点張りの朝連の実体をあばいて同胞たちの迷妄をはらして覚醒を促す啓蒙運動を主にして、あらゆる努力を重ねたのである。

ようやくにして民団支部の礎が固った一九六一年、低迷する民団に新風を送り込む意味に於て大衆に乞われて黄錫圭団長、姜信学議長の実力者によって強化され、事務所も色内町に移して団務が執行され、その後、朴正鎬、文明鎬、と団長が変ることに民団が整備され、再び金相鳳氏が引き受けて継続される間に、『北送反対運動』を始めとするすべての朝連の陰謀を粉砕し、そして、東京オリンピック、大阪万博等の国家的事業を支援した後、一九七〇年「永住権申請」運動を強力に推進するため組織の拡大をはかって抱擁力豊かな現団長孫承殷氏が推されて団長に就任。国家の命運をかけた『永住権申請事業』を九〇%やり遂げさしもの牙城を誇った朝総連を一掃したのである。

そして今年九月、小樽駅前最適地に支部事務所を設置し、前旭川副議長であった金庚俊氏を専任事務部長に迎えて、本格的かつ名実共に行政事務一般を立派になし得る万全の態勢が布かれ、前途に明るい光明を見出すのである。

教育の急務

副団長　白三基

私たち民団員の大部分が大勢の子弟を抱えている。

しかし、その子弟たちの何パーセントが私たちの母国のことについて知っているのだろうか？否ほとんどの子弟は、全く知っていないと言っても過言ではない。

私たち在日韓国人の二世三世たちは、日本で生れ日本で育っている関係から母国の言語は言うまでもなく、その存在すら知ろうとしないのが現在の実情と言えよう。

私たち在日韓国人以外の日本に住む外国人の子弟たちは、日本で生れ日本で育っているにしても、その大部分が自国語をはなし、そしてまた、自国に対する誇りさえ持っている。それが例え未開に近い後進国家の国民であっても……

これに反して私たちの子弟はどうして自分の母国に対する認識が薄いのであろうか？

私たち在日韓国人が日本に渡って来たそもそもの原因が、一般諸外国人と異なる歴史的な背景から、それと比較は出来ないにしても、先ず指摘出来得る事は、偏見的な日本の学校教育と、家庭に於ける民族教育の無関心さが招来した結果である事は間違いない。

私たちはこのような事を良く認識して、二世三世たちに対する民族教育に真険に取り組まねばならないのは言うまでもない。

それには私たちの民団で独自の全日制学校を建て、積極的な民族教育を施すしか道はないと思う。

わが故郷

事務部長　金庚俊

この春、六回目の母国の訪問には、釜関フェリーを利用しての自動車旅行であった。

釜山を出発して、沿道に連なる田園風景を満喫しながら、故郷に向う旅は実に楽しいものであった。

訪問のたびに素晴らしく変って行くあたりの景色、その変貌ぶりは実に驚くばかりであった。

韓国へ行って、だれもが、先ず最初に目をみはるものは、あの素晴らしい高速道路であろう。海の玄関釜山市、空の玄関ソウルの間を四時間で結ぶこの高速道路は、国土の大動脈であり、このような大規模のものを、独自の技術と資金で、しかも短時日で成し遂げたという、その民力には、いまさらのように驚嘆せずにはいられなかった。

一方、韓国工業の要ともいうべき蔚山工業地帯や、五五〇万の人口を擁する大都市ソウル等の発展相を数え上げれば、それこそ、限りがない。

ここにもう一つその仲間入りをしようとして脚光を浴びているのが、現在急ピッチで建設中の浦項製鉄所である。

その規模は東洋一と言われるに相応しく、さすがに大きい。

一本一本と太い鉄骨が組まれ、次第に工場の姿を形づくられてゆくその光景は、真に今日の韓国を象徴するかのようであった。

製鉄所完成のあかつきには、浦項市を中心とした一大工業地帯が出現することは、疑う余地もないであろう。

迎日湾にこだまする建設の力強い槌音、一日も早くその完成を全国民が期待している。

浦項市を中心とした迎日湾。

ここは少年時代の想い出も深い私の生れ故郷でもある。

十数キロも続く白砂青松と紺碧の海、地引網を引く力強い漁民のかけ声、少年の頃の楽しく懐かしい想い出は、いまでも、ありありと私の脳裡によみがえる。

しかし、現在の迎日湾に昔日の面影を見出すことは、甚だむつかしくなった。

日一日と変貌してゆく故郷を見るにつけ、淋しい気持もしないではないが、祖国の発展と建設のためなら、惜しんでもいられない。

この一帯は六・二五動乱の時、北傀の武力浸入に対して、勇猛なるわが国軍勇士たちが、身を挺して戦った有数な激戦地でもあると聞く。自らが国家のいしずえとなって、命を捧げたこれらの英霊に応えるためにも、わが祖国の発展を心から祈らずにはいられない。

南北対話と現下の情勢

在日大韓民国居留民団小樽支部
団長　孫承殷

最近の世界の動きは驚くような勢いで変化してきている。普段は政治や国際問題にうとい私たち市井の者ですら、その急激な変わりようには、何かしら一抹の不安を感ぜざるを得ない。

ことに去る七月中旬のニクソンの訪中宣言の頃から、韓半島にも大きな変化のきざしが見えているが、果たしてこの新しい動きが何を生み出していくのか。私共に直接かかわってくる問題だけに、やはり非常に大きな関心をそこに向けざるをえないのである。

予想だにできなかったニクソン訪中の発表は、"米中の雪どけ"などと高く評価され、それがあたかも世界の緊張緩和の上で大きな役割りを果たすかのように云々されているが、しかし、共産主義の本質とその実態を体験した私共にとって、こうした平面的な評価は、余りにも安易なものだとしか考えられない。またこうした甘い評価が通る世の中だからこそ、それだけに私共の不安感は強いのである。

ニクソン訪中宣言の直後、私共の国においても離散家族さがしを中心とした南北の会談の気運が高まり、いよいよその動きが現実化してきつつある。このような南北の対話への動きは確かにかってなかった驚くべき新展開であり、心から歓迎したいと思うが、しかし、今度の南北対話の問題も、その裏に北韓の暴略的意図がありありと見えるとき、やはりまた私共の心には空しさも、不安も残るのだ。

だいいち、これまで金日成は韓国に対して、はっきりと武力統一の姿勢を示し、そのための準備を着々とすすめてきたというのに、なぜニクソン訪中宣言の直後このような"戦略転換"をやったのか。これまでの北側の一貫した強硬姿勢を知っている私共にとって、やはりこれを"戦略転換"としか言わざるを得ない何らかの黒い影をその背後に感ずるのである。

細かい政治的問題を云々できるような私ではないが、ニクソン宣言のショックをまともに受けたのはむしろ共産主義側、それも北韓に与えた影響は非常に大きかったのではなかろうか。なぜなら"還暦までに南北の武力統一"を豪語し、硬直した姿勢をとりつづけてきた金日成も、中共の支援がなくては武力侵略はできない。だから中共がニクソンの訪問を受け入れ、アメリカとの対話を歓迎すると言ったときから、金日成もこれまでのような武力統一戦略はあきらめざるをえなかったのだろう。そして、北韓はむしろ、世界的な雪どけムードを利用して南北の人的交流を通しての思想攻勢をかけようとねらったにちがいない。

これまでの朝総連のやり方をいやというほど知らされた私共は、この一見平和的な"統一へのきざし"をやはり警戒せざるをえないのだ。韓国のかねてからの念願であり、そのようやくの実現である南北両赤十字会談が、またこれまでのように北側の一方的な宣伝の場として踏み荒らされてはならない。韓国民族五千万の長い悲願が、彼らの戦略の場として汚されないよう、私共はさらに慎重に対処しなければならないと思うのである。

離散家族の再会という人道的に訴える力をもつ材料を巧みに利用して、北側はさらに私共に攻勢をかけてくるだろう。そしてもしこれを通して南北の人的交流が始まったとしたら、思想工作員として訓練された人々がドッと韓国に流れこむ。そこに展開するのは「思想戦争」である。そしてこの思想戦争は韓国々内に混乱の渦をひきおこしていくにちがいない。

今新しく動き出した韓半島の急激な動きの中で、私共はただあいまいな反共意識でいることはもはや許されないのかもしれない。本国では最近国民の勝共教育が大きな課題となっているときくが、日本にあって朝総連の思想攻勢に悩まされる私共にとっても、やはり理念武装が必要であるように思われてならない。たった一滴の赤インクであってもバケツ一杯の真水を赤く変える。これまで守勢に甘んじてきた私たちも、これからは相手に真実を説得できる、そうした力をもちたいものである。自由の尊さ人間としての真実のあり方、そして韓民族の真実の平和を堂々と語るものとなりたいものである。

二世幹部の養成

議長　姜信学

今後の民団を担うべき若手幹部の養成が焦眉の問題として、いつも論議されているものの、それが未だにおろそかになっている事は残念でならない。もちろん、それを解決するには一朝一夕という訳にはいかないし、それにまた、人的にも物的にも大へんな労力と負担を必要とするものであれば、それの実現には容易ならざるものがあるのも良く判る。

だが、現在の民団の役割からいえば、過去のような激烈なる闘争による大衆への浸透運動よりも、むしろ、行政一般に関する事務関係に、より高いウェイトが置かれ大半がそれについやされているのが実情である。

在日六十万同胞が、民団にかける期待は益々増大され、私たち団員の殆んどはいろいろの手続問題や民生問題を、民団を通じてなされている。

いままでの民団組織は一般団員の中から選出された幹部ばかりで運営されて来たのであったが、殆んどの役員が組織に携わる職業的な専従員でなく、それぞれの各自がなんらかの事業に携わっている経済人が多いため、組織専従者が絶対に不足している。

このような観点から、いままでの名誉的、片手間的な幹部でなく組織活動家を本業とする活動力の旺盛な若い層の専従者の養成を急がねばならない。

それには、今後の民団を継ぐべき若い二世の中から選ぶしかない。

過去に於ては、常に組織の防衛と大衆への説得工作に終始する闘士型組織家を最も必要としたのであったが、これからの民団は在日六十万を代表する唯一なる団体として、組織運動もさることながら行政能力に長じた活動家を養成する必要が生じてきたのである。

だからとて、組織運動家を必要としないという事では決してないその事は論外にして語るならばの話だが、わが民団があらゆる行政事務を必要とする要素が、益々増大されているということを強調したいのである。

いまさらくどくどしく述べるまでもないが、われわれの民団だけでなく、全ての団体にも言える事だが、情熱と機動力のある青年の力を借りない組織は発展の余地もなく、その機能は老化するしかない。

よって、われわれの組織も抜本的な対策を早急に樹立して、青年の育成と幹部の養成に最重点を置かねばならない。さもないと、わが民団の行末はみじめなものになり、そして、百年の大計は誤るであろう……。

中央委員会に望む

監察委員長　黄錫圭

約四半世紀にわたって祖国が分断し、五千万民族の相戦によって史上類例のない悲劇を繰りかえして来たわが民族が『南北家族探し運動』という崇高なる人道主義に立脚して、双方が努力しているこの重大時機に例の『録音問題』に端を発して、目下中央対東本の間で争われている現実に対して、われわれは不安感と不信感を感ぜずにはいられない。

末端にいるわれわれは、事の真疑とその真相については到底測り知ることは出来ないが、両方から送られて来る機関紙を見るとき、見るに堪えない憤りと嫌悪を感ずるのである。

過去二十何年もの長い間常に組織の先頭に立って敵対陣営と闘って来た曽っての同志が、斯くも見事に分裂して、相反目し罵詈雑言を尽くして傷つけ合っている醜態をわれわれは悲しまずにはいられない。

このような醜態をさらけながら闘ったとて、それが果してなんの益があるというのか？……ここに至っては、もはや組織に携わる者の常識と姿勢を疑いたくなるのは、あながち私一人ではないであろう。

極端に言うならば、いまのようなどろ仕合を演じている様相は、権力争奪のための私闘としか言いようがない。

いまや在日韓国人社会に於ける唯一にして最大なる民族団体として、六十万同胞の民権擁護の大使命を担っている民団が、寸刻をも惜しんでこの難局に対処せねばならないこの時機に当って、いつ果てるとも知れない内輪同志の醜い争いを、一日も早く解決して民団本来の使命に立ちかえるよう切に望みたい。

幸いにして時あたかも、来る二十三日に開かれるという中央委員会に、この問題を第一義的にとり上げ、徹底的な論議をつくして、それがたとえ何日掛ろうとも何等かの解決策を見出すよう重ねて訴える次第である。

当然、それには抜き差しならない諸々の悪要素があろう。そして、それぞれが譲れない主義主張もあろうが、小義を捨てて大義に殉ずるという潔さと広い度量がなくてはならない。時によっては勝つ事よりも譲るという真摯な態度も必要ではなかろうか。

大義によっての妥協は信義に通じ、小義に固執するのは頑迷固陋と言うものだ。

内輪のけんかに何が得られよう。勝者も敗者もなく、自滅の道しかない事を世界の民族史が証明している筈だ。

真の愛国者であり、そして愛団者であるならば、この争いによって利を得る者が他にいる事を先づ知るべきだ。

『己を捨ててこそ浮かぶ瀬もある』という諺こそ、このような時を指していうのではないだろうか。

真の勇者とは勝つ事のみでなく、引きさがる潮時を知っている者を指して言うのだ。

札幌オリンピックを前にして

副団長　趙鏞大

札幌冬季オリンピックまであと四ケ月。テレビや新聞等にもオリンピックを報ずることがしだいに多くなってきたように思われます。

オリンピックには全世界のマスコミが札幌につめかけ、またかってのように騒々しく動きまわるにちがいありませんが、最近世界の関心の的となってきている「南北赤十字会談」をかかえているわが国も、きっと色々な角度から報じられることでしょう。

中共はピンポン外交と称して実に巧みな革命工作を成しとげましたが、北韓もこのオリンピックをゆるがす革命工作の舞台として、ありとあらゆる方法を講じてくるにちがいありません。それは万博やプレオリンピックの苦い経験を省りみれば一目瞭然のことです。ことにニクソンの訪中声明以後、北韓はこれまでの武力統一から思想工作に戦略を転じたといわれているだけに、今度の札幌の舞台は彼らにとって格好の場となるでしょう。

それだけに、北海道に居を構える民団員のより一層の団結が要求されてくるといえるでしょう。日本の報道はすでに赤く染っています。北韓の緻密な工作と日本の偏向マスコミとの協力で、またもゆがめられた革命的報道が展開されるかも知れませんが、私たちはただ真実に強く立ち、韓国の栄光のために精一杯働きたいものです。

在日韓国青年の自覚

副議長　権興業

毎日の新聞や放送による報道は世界が目まぐるしい勢いで動いていることを実感させる。まさに現代はこれまでの歴史になかった混沌の時代といえるのかもしれない。

こうした中で、問題はわれわれがいかに生きるか、何を根拠として生きるかという最も根源的なテーマである。ことに祖国はいまなお激しい対決状態にあり、いつ三八度線で火を吹くかわからない不安な状態にあるだけに、われわれの日本での生活も、自づから不安なものとなってくるといえよう。

しかし、われわれはアジア情勢の動きによって左右されるのではなく、かえって不安なアジア政局に、むしろ建設的な影響を及ぼす積極的な役割りを果たさなければならないのではなかろうか。祖国韓国に真実の平和をもたらすための主体的な自覚をもっと強くもたなければならないと思う。

不幸にも祖国は真二つに分断された。そしてその波紋は在日同胞にも及んでいる。日本の中に韓半島の対決そのものが存在するのである。ゆえに、韓半島での対決の運命は即ちわれわれ在日同胞の運命でもあり、また逆に、われわれの動きがそのまま韓半島にも影響する。それだけにわれわれは祖国の平和を願えばこそ、在日同胞としての本国へのあり方をさらに深く考えなければならないと思う。

その課題の一つは、そのことの意味するものを何としても青年たちに引きつぐことである。祖国の歴史を知り使命を知る。そこにこそ青年の新しい連帯の場があることを考えるとき、われわれは在日同胞の立つべき基盤をいま一度再確認しなければならないと思う。

よき機関紙に

財政課長　金学得

「民団北海道」が発刊されて、私たちのつながりが急に深く親密になってきたように思われます。

新聞はまさに私たちを結び合う組織の血脈みたいなもの。それだけにこの新聞に触れる度に常に清新な思いにかられ、運命を同じくする同志としての感覚が鮮烈によみがえります。

組織の発展は機関紙の充実度に比例すると言われています。民団の発展も、やはり私たちの「民団北海道」の成長にかかっていることを考えるとき、ここまで育くまれてきたこの新聞を、さらに強く交え、その成長のため皆んなで力を合わせていかなければなりません。

全道の津々浦々に散らばる仲間がこの新聞を通して強く連帯し、かつ多くの人々の言葉がこの紙面に掲載されるとき、「民団北海道」はさらに生命力豊かに成長してゆくにちがいありません。

私たちのシンボルとも言うべき機関紙を共に強く交え、これを共通の場としてさらに深く連帯し、この上に立って私たちの役割りを堂々と全うしてゆきたいものです。そのためにも、この機関紙を熟読して発言する、そうした積極的な努力を共に果たしてゆきたいと思います。

優秀な機関紙「民団北海道」を育て、ここから新しい動きを創造する、そんな意気ごみで共に参画してゆこうではありませんか。

時間の観念

総務課長　章漢鳳

私達が集会や会合があるたびに痛感させられるのは、時間のルーズさである。

なにかの会合のとき決められた時間に全員が集まったためしがなく、いつも三十分や一時間くらい過ぎてから、一人二人とぼつぼつ集まって来るという始末である。

このような時、所定の時間に行ったものはいつも損をしており、集まりが悪いから目的も果たせず流会というような事もしばしばある。このような事は私一人だけでなくみんなが経験した事であろう。

この頃ではそれが慢性化して、主催者側の方でも時間的に〝サバ〟をよんで早目に時間を決めているような事も多々ある。例えば、十二時に集合したければ十一時の集合と時間を一時間も早くして置いて、実際には十二時に開会というような事が常識になっている。

集まる方も心得たもので十一時と言っても十二時に行けばちょうど良いだろう位にしか考えていない。

これがまた常識になってしまうと、また、十二時に行っても早過ぎるだろうと〝タカ〟をくくって十二時が過ぎてから行けば、集会はもう終っていたという『笑い話』にもならないような事もよくある事だ。

私達は現代社会に生きる文明人として、このような不合理な事を一日も早く是正しようではないか

特集によせて

小樽市長　稲垣　祐

小樽市長　稲　垣　祐

国際貿易都市小樽と対岸である韓国との歴史的関係は極めて密接なものがあり、小樽港を経由する対韓国貿易貨物量はアジア諸国の中で随一であります。

また、昨年8月には地元選出の箕輪代議士の仲介により韓国仁川市に水族館を建設するにあたり川合小樽水族館長を派遣し、種々ご協力申上げる機会を得ましたことは大きな光栄であり、日韓友好親善の具体的なかけ橋としての役割を果したものと信じます。

七〇年代における北海道の産業経済の命運を決するといわれる、第3期北海道総合開発計画も既にスタートを切りました。

その中で小樽は札幌と共に本道における中枢管理機能の集積地として位置ずけされており、一方ではシベリア開発を中心とする対岸貿易拡大の気運と、太平洋側偏向の産業経済政策から日本海側開発へと政策が移行しつつあるところから、新しい日本海時代の拠点的港湾商工都市として重要な役割を果すことが期待されております。

当市に在住する韓国の方々も、それぞれ、その職能を通じて市民の中によく溶けこみ、市勢発展のためにご活躍賜わっておりますことは誠に慶ばしいことと存じます。

今や、アジアにおける国際情勢は極めて流動的ではありますが、平和の方向へと着実に歩みつつあります。

ご承知のとおり、日本は終戦とともに平和に徹し、世界の平和のために貢献しようと決意した国であります。

今後とも日本と皆様の祖国である韓国とはアジアの同胞として民族、信条を超えて信頼し協力しあって、アジアの繁栄と平和のために寄与し共に発展を期さねばならないと思うのであります。

ここに全道の韓国居留民のご健康とご多幸を心からお祈り申上げるとともに、韓国居留民団北海道本部の発展を願ってご挨拶といたします。

小樽市の歩み

慶応元年　幕府は『オタルナイ』を村並とした。
明治二年　開拓使を置き『蝦夷』を改め『北海道』と称し『オタルナイ』を小樽と改める。
〃十年　小樽教育所を量徳小学校と改称し、他を分校とする。
〃十三年　手宮（小樽）―札幌間鉄道開通。
〃十四年　明治天皇北海道御巡幸小樽に御上陸。
〃十六年　小樽港外祝津に日和山灯台開設。
〃二六年　日本銀行派出所（現支店）開設。
〃二七年　市街に点灯を始める。
〃二八年　小樽商業会議所設置。
〃三二年　開港場に指定さる。
〃三六年　函館本線小樽～余市間開通。
〃三七年　函館本線全通。稲穂町大火二、四三四戸焼失
〃四四年　小樽高等商業学校（現商科大学）開校。
大正九年　第一回国勢調査実施、世帯数二一、二七六、人口一〇八、一一三人を数う。
〃十一年　市制施行さる。
〃十二年　第一回全日本スキー大会開催。
〃十三年　手宮構内に火薬大爆発、死者六四、行方不明三〇、家屋、倉庫、船舶等被害甚大。
昭和二年　港湾労働者三、〇〇〇名総罷業、翌月解決す
〃三年　日本海員組合労働争議勃発。
〃六年　小樽港湾博覧会開催。
〃八年　小樽―札幌間国道完成市庁舎完成。
〃十一年　天皇陛下御巡幸。
〃十二年　開拓七〇年北海道大博覧会開催。第一号埠頭竣工。
〃二三年　市長公選、寿原英太郎氏初代市長となる。
〃二四年　開港五〇周年記念"港まつり"開催。
〃二六年　市長公選により安達市長就任。
〃二九年　国際観光都市に指定さる。
同年八月　天皇、皇后両陛下御来樽。第九回国体開催。
昭三一年　稲穂町大火。
〃三三年　北海道大博覧会開催、水族館開館。
同年六月　市営青果物市場開設。
〃九月　市営朝里川温泉センター開館。
昭三六年　市商工会館完成。
〃三七年　台風第九、十号により開基以来の大被害蒙る
〃三八年　市民会館完成。
同年十二月　北海道一の木材さばき施設完成。
昭三九年　新産業都市に指定さる
同年九月　国鉄小樽―南小樽間高架橋完成。
昭四十年　海事合同庁舎完成、住居表示整備事業実施。
同年八月　開基一〇〇年記念式挙行、市民憲章制定。
昭四一年　国鉄小樽―滝川間電化工事着工。
同年九月　ソ連ナホトカ市と姉妹都市のちぎり結ぶ。
昭四二年　市長改選により稲垣市長就任。天神浄水場起工、血液センター庁舎完成。
同年七月　第四埠頭建設工事着工
〃八月　第一回"潮まつり"開催。
〃九月　ナホトカ市長一行親善訪問。
〃十一月　市長一行産業経済視察のためサハリン訪問。銭函浄水場完成。
昭四三年　勤労青少年ホーム完成
同年五月　市長一行姉妹都市ナホトカ市を親善訪問。
〃九月　国鉄電化小樽―滝川間開通。
〃十月　札幌バイパス着工。
昭四四年　小樽駅前市街地再開発事業スタート。小樽港開港七〇周年記念式典
同十一月　姉妹都市ナホトカ市副市長ほか教員代表団一行来樽
昭四五年　特別養護老人ホーム完成。
同年八月　小樽―舞鶴間フェリー就航。

人口

小樽市は大正十一年市制施行当時は全国でも有数な都市に成長し、その後隣接二町村を合併し、昭和二十一年から人口の急騰を示した。しかし、昭和三十三年塩谷村の合併をみたにも拘らず、人口増加率が逓減し、昭和四十年国勢調査では前回同様二十万人を保持できず、大きな人口の変動が見うけられない。

産業・経済

小樽は本道中央部の一環を形成する有力な拠点都市であって、特に隣接する札幌とは、経済活動のうえで、ほぼ一体関係にある。

当市は小樽港を擁し、港湾と商工の機能の密接に結びついた流通拠点都市として発展しており、また近年は工場の進出と、既存企業の新増設が盛んで、工業開発も目ざましく進んでいる。

さらに、石狩湾新港建設計画の具体化とともに産業経済活動の躍進が期待される。

農業

当市の農業経営は都市近郊型でそ菜とぶどうを中心にした果樹が多く、近年では畜産の伸長が目立っている。

しかし、経営耕地の大半が傾斜地で、その経営は極めて零細なものが多い。

加えて工業用地の確保、さらに郊外の宅地造成によって逐年減少し、また第二、第三次産業の伸展によって労働力が不足し、農家戸数も減少を続けている。

水産業

当市の開拓はにしん漁場の北進とともになされたが、明治年間の全盛期を峠として自然環境の変調無計画な乱獲によって資源の減少をきたし、近年では往時の盛況は古老の語り草となった。

戦後はにしん漁中心の漁獲形態および加工態勢からの脱皮を余儀なくされ、未利用魚田の改良と操業海域の高度利用化に努力する一方、北洋漁業の再開を契機に、沿岸から沖合へ、沖合から遠洋へと進出して、近代漁業発展に活路を見出している。

当市の重要な産業の一つである水産業の振興策として、漁家経営の安定及び近代化を図るために、高島漁港の整備祝津漁港の整備拡大が進められている。

小樽港全景

都通り商店街

観光

当市は、海道と山に囲まれた季節感に溢れた土地柄であり、夏はニセコ、積丹、小樽海岸国定公園に指定された景勝の地、祝津・赤岩海岸に散策し、海水浴と全国的に有名な小樽水族館に楽しむ人達は、毎年百万人を数える。

更に、夏の風物誌、小樽潮まつりは開催第四回となり、町に沿道にくり出す人の波は数知れず、会場へ向う踊りの大パレードは、北海道の名物となりつつある。

冬は、本道スキーのメッカ天狗山国設スキー場と朝里川温泉ホワイトバレースキー場に全国各地からスキーヤーが集まって、色彩感溢れる一大スキーファッションが繰り広げられ、コースの変化に富む天狗山では、毎年ジャンプ、アルペンと全国的規模の各種競技会が開かれている。

フェリー

わが国のカーフェリーは、比較的短中距離間の輸送或いは離島航路が主体であったが、最近になって道路網の整備が進むにつれ、マイカーブームと長距離トラック輸送が発達すると共に、貨物を積載したトラックや運転手が乗った乗用車をそのまま海を渡す交通輸送体系の画期的な変革として、海のバイパスともいうべき長距離カーフェリーの時代に入ったといえる。

ここで、わが国最大の高速カーフェリー「すずらん丸」が小樽～舞鶴間に就航したことは、本道、本州間とくに道央経済圏と関西、中京経済圏とを直結する新しい日本海時代の到来を告げるものであり、当市産業経済の興隆、さらには本道開発の進展に大きく貢献するものとして期待される。

商業

当市は後志並びに道央経済圏の拠点都市として、商業活動の果す役割は重要である。

今後、人口の増加、消費支出の増大により当圏域における消費需要は、ますます拡大するものと予想され、当市の商業活動は一段と活発化することが期待される。

工業

当市の工業は、全道総生産の七十％を占める飼料工業のウェイトが大きい食料品製造業が工業出荷総額の七六・六％を占めており、企業の規模としては、中規模程度が大半であるが、一大消費市場である札樽圏をひかえ都市型消費財工業の性格が強い。

今後は、臨海工業用地の造成と石狩湾新港建設計画の具体化と共に企業の活発な進出が予想され、食料品、木製品、金属機械工業、繊維工業などの伸展が期待される。

韓国人慰霊碑

十月二十四日　除幕式

北海道宗谷管内浜頓別町郊外、浅茅野陸軍飛行場建設工事に従事中に横死した、韓国人労務者百二十一名の霊魂を供養するべく、建立中の『韓国人殉難者慰霊碑』について、既に、本紙前号を以って報道したところであるが、その後浜頓別町の角田観山師を始めとする地元有志の努力によって、工事は着々と進んで、来る二十四日正午より、除幕式ならびに大供養法会を盛大に催す運びとなっている

完成される慰霊碑は、浜頓別町みどりケ丘の本化仏教天北山八十八ケ所の霊域内に、本慰霊碑建立の主動者である角田観山師が提供した約二百六十余平方メートルの敷地に、ブロック塀を張りめぐらした中を、北海道石（札幌石ともいう）で釈迦牟尼仏が安座する高さ八尺に及ぶ碑石を刻み、四囲には巨木がおい繁る緑地帯に、全国の篤信家が奉献した百数十体の諸々の石仏が安置されているさまは、さすがに八十八ケ所の名にはじない荘厳な霊域である。

二十四日の除幕式並びに大供養法会には、建立関係者を始めとし韓日両国民百数十名が参席する見込であり、本慰霊碑を中心に、両国民の心の絆が一だんと強められる事を喜び、かつ、一層の理解が深まることは言うまでもない。

韓国でも報道さる

ちなみに今般判明された殉難者百二十一名中の六十五名は、本籍地ならびに姓名が確認されているので、その名簿を韓国政府の文化公報部を通じて、韓国新聞各紙に報道されることになっている。

この報道によっては、遺族たちも判るであろうし、そして、その遺族たちの中には、墓参りならぬ慰霊碑参りに来るやも知れない。そうなれば、北限の僻地浜頓別町が韓国で有名になるであろう。

本慰霊碑建立の発起人であり、そしてまた、主動者でもある角田観山師は、仏教に携わるものの一人として、これを機縁に、韓国の仏教界ともあい提携して、両国間の交流を密にしたいとの事であり その方面にも、今後大いに活躍するとの事である。

十四名さらに判名

慰霊碑建立関係者の献身的な努力によって、予期以上の賛同者を得、工事も順調に進捗している。

一方、これと相俟って、多方面からの情報によって調査の方も活発になり、最近浜頓別町のある寺院から韓国人労働者の殉難者十三名の名簿が新たに発見された。

これで、先に確認された百二十一名と合わせて、合計百三十四名が確認されたが、その中、名簿がはっきりしたのが七十八名、名簿がなく未知のままで合祀される殉難者は、五十六名である。

関係者間の話によると、この名簿は、終戦どさくさの時に、当時の飛行場建設を監督していた憲兵の手によって遺骨と一緒に持ち去ったとの事である。

当時の生存者現わる

当時殉難者たちと一緒に働いていた一人の韓国人労務者が、苛酷な労働と空腹のため到底堪えることが出来ず、夜陰にまぎれて逃亡をはかり、運良く無事に逃げおおせ、とある情深い農民に囲われて潜伏し終戦を迎えると共に骨身を惜しまずに真面目に働いた甲斐あって、主人に見込まれて婿になり、しかも日本国籍を取得し、いまは一男二女の良き父となって、仕合わせに暮らしているという。

たまたま今般の"慰霊碑"建立の噂を聴き、当時の事が偲ばれて自ら名乗って出たという。

当時の仲間の慰霊碑が出来ることをたれよりもよろこび、除幕式の大法会には是非参席したいと、涙ながらに語っている。

東方の光の国　韓民族

国際勝共連合北海道本部
事務局長　稲田一基

いちはやくアジアの黄金時代に
灯のひとつであるコリア
そのともしびが　再びあかり
を照らすときには
あなたは　東方の明かるい光
になるだろう！

東洋で初めてのノーベル文学賞を受けた詩人タゴールは、このように韓国の前途を謳っている。タゴールはアジアの未来に黄金時代の到来を夢みた人である。偏見の嵐の吹きすさぶ当時のアジアの将来に、彼は予言者のごとくアジアの栄光を凝視しつづけていたのである。

しかし、タゴールの生きた時代もその死の後も、アジアに激しい暴風雨の嵐の過ぎ去ることはなかった。悲惨な運命はアジアの空高く荒れ狂い、その下でアジアの民は受難の民として忍苦せねばならなかった。

とりわけ、韓国民族の歴史に訪れた受難は余りに苛酷なものであった。日本統治下の苦難の季節、人々はその下で来たるべき民族の閃光をひたむきに待持したのである。

そして一九四五年ついに解放の日が訪れた。タゴールの予言した『再びあかりを照らす時』はここについに訪れた。新しいコリアは「東方の明かるい光」として輝くべく急速な勢いで祖国復興にスタートした。

しかし、長い受難を忍苦したこの民に、試練はさらに追い打ちをかけた。民族の分断。同じ血を頒つひとつの民族は、冷酷な三八度線によって無惨にも痛々しく引き裂れてしまったのだ そして動乱。歴史に未曽有のこの惨劇で、韓半島は幾百万の人の血を吸って真紅に染った。自由共産の世界的対立の様相はそのまま韓半島の国土を支配し以来、烈しい対決の緊迫はこの半島を覆っている。

私は冷徹な眼で韓国民族の歴史をひもとこうと試みる。しかし、この国の受難の歴史は、血の違うはずの私の臓腑にさえ激しく痛々しい。何ものかを鋭く刻みつけるのだ。何ゆえにこの国の民はこれ程までに苦汁を飲まねばならなかったのか。歴史はこの国の運命を忘却してしまわれたのであろうか。

しかし私は、この国の受難の歴史の底に、長く培われてきたきらめく宝石のような貴いものを驚きをもって発見する。それは「春香伝」に象徴される潔白なる＜貞操観＞である。幾重の苦難を強いられたとはいえ、この国の民は決して自らの国家的家庭的純潔を棄てようとはしなかった。幾多の試練の陰に多くの国々は民族の魂、民族の操を売り渡たしてきたが、この受難の民族は人間として国家としての最も貴い条件を、すべて美しく具備しつづけてきたのである

民族の興亡ははかない夢の如きもの。巨万の富を誇り無敵の強軍を誇る国もいつしか滅ぶ。しかし韓国の民族史の底には、国を興こすエネルギーばかりでなく、人類史の危機を救う世界的思潮が人知れず堆積してきたことを私は直観する。タゴールの謳った黄金のアジア。それを実現する鍵が＜東方の光の国＞としての韓国に秘められていることを私は疑わない。

最近日本は国際舞台の上で、いくつかの試練の嵐に遭遇している。それは日本が、道義・信義を世界に失ない、自らの貞操を見失いつつあることの徴しであろう。経済的には大きく成長した日本も、その倫理観はすでに崩れつつあるのだ。

私は日本に生を受けた一人の青年として、やはり祖国の危機を憂わざるを得ない。それだけに韓民族の中に培われてきた＜天倫＞を尊く思う。その秘められた力こそ国を興こし黄金のアジアを建設し、かつ、人類史の悲願を達成する鍵だと確信するのである。

世界の目は今やアジアに注がれている。なかんずく韓半島の動勢は、人類の運命を決すべき歴史の究極的な焦点とも言えるであろう。それだけに、こうした祖国の現実を遠く仰ぎ、日本の地にあって生きる僑胞こそアジアの命運を左右する重要な使命に立っていることを私は信ずる。

遠く異郷の地に生きねばならなかった人々の胸底に沈澱したものは、或いは本郷の地に向かう思慕であり、或いは苦節の日々、涙の中に刻んだ怨讐であっただろう。それが異郷の地で今日を迎え得た民族のエネルギーであったことを私は否めない。

そうした時共産主義思想が反日感情を吸収し、日本内部に強く革命基盤を固めていったことは或いは必然の道であったのかも知れない。しかし又、それにもかかわらず多くの人々は恩讐を越え、民族調和の道を拓いてくれた。恩讐は新しい秩序へと変わり、ここに一つのアジアへの原型が誕生したのである。

「まことなる清い流れ」「自由の天国」「われらの祖国よ」と謳った詩人タゴールのように私もまた激動の渦中に毅然し凛として立つ韓国こそ、新しい史流の始原地たり得ると信ずる。そしてその潮流の光が日本に生きる僑胞の中に生まれてくることを期待してやまない。

展示会風景

韓国繊維展示会

札幌で開かる

駐札幌大韓民国総領事館では、韓日間の貿易促進策の一環として、去る十四、十五両日に亘って『日韓委託加工・繊維製品展示会』を、札幌市の韓国ビル（札幌市南九条西四丁目）の七階展示場で開かれた。

同展示場に出品されたのは、過般、大阪で開かれた『日韓繊維委託加工業者会議』に出品された、約二百六十余点の韓国加工繊維製品である。

今般催された展示会は、北海道内の繊維商社に韓国製品のイメージアップをはかるとともに、韓日両国間の業務提携の斡旋ならびに業者間の交流を促進するのが主な目的であった。

韓日経済協力は、急激に盛り上った両国間の経済交流はとみに拡げて、人手不足に悩む日本の業者は高度な技術と人的資源の豊富な韓国との間に、繊維製品の委託加工業務が締結され、韓国製品の優秀さ、コストの割安に依る安定価格の維持に、多大なる好評を博しているのは、すでに周知の通りである。

今日までの道内業者について展望する時、道内市場に相当数の韓国製品が氾濫しているにも拘らず直接、韓国と提携している業者はほとんどなく、ただ大阪、東京等の大手商社を通じてのみ製品の導入をはかっているのが実情である。

このような観点から、駐札幌大韓民国総領事館では、道内繊維商社に直接呼びかけて、中央大手商社の依存から切り離して、独自な業務提携によってのみ生ずる価格の安定と、韓国製品のイメージアップをはかって、両国間の経済交流を一層促進せしめるよう注力したのであった。

今般の展示会では道内有名商社四十余社を招いて、意見の交換ならびに斡旋の労をとり、多大なる成果をおさめたのである。

韓国野談史

東陽尉の壻

金東仁　著
沈種孝　訳

『さあーこれから又、馬鹿になって、帰えるとするか?』

暮れなずむ夕陽を仰ぎながら都大路をトボトボと重い足どりを運ぶ、一人の見すぼらしい儒(一)者がいた。

年の頃は四十にもなったであろうか?。若しも、早くから官途についていたなら、いま頃は相当な高官となって、軺軒(二)でなければ出歩かぬであろうし、耳下の金貫子(三)も揺れ光るはずなのに、この貧しそうな儒者は、草臥(くたび)(四)れた道袍をまとって、一人の従者も伴わずに、黄昏(たそがれ)の道を力なく歩いている。

やがて、この儒者は、東陽尉(五)申翼聖邸の厳めしい大門の前で足をとどめた。

そして、何か罪でも犯かしたかのようにおずおずと、人目をはばかりながら、邸内にはいって行った。

邸内の下人達は、このみすぼらしい儒者に、誰もが見て見ぬふりをする。

それをまた遠慮勝ちに横目で見ながら貧儒は中門にはいり、上舎廊(六)の動情に耳を澄ました。

すると、中から貴人達の威厳のある上品な談笑の声が聞える。

儒者は踵(きびす)を返して別棟の自室に向いながら、思わず嘆息を洩らすのであった。

この儒者は余人でなく、洪命夏と名のるこの邸の女婿なのだ

命夏は、沈痛な面もちで自分が住居にしている長屋の片隅の薄暗い部屋にはいって行った。

『あぁー。貴顕の家からなぜ妻などを娶(めと)ったんだろうか?…』

一介の名もない貧儒の彼が、このような名門の婿になったことを、今さらのように悔まずにはいられなかった。

東陽尉の女婿。即ち、王室の女婿のまたその女婿。名門の権勢につられて、この邸の婿になったものの、身分の隔たりがあまりにもかけ離れている。

この邸に寄食している限り、衣食住の心配はないとはいうものの、命夏にとっては、それが針の席(むしろ)にでも坐っているような思いで、この上ないつらいものであった。

この邸の中で多少なりとも自分の存在を認め、そして、幾らかでも同情してくれているのはただ一人岳父の東陽尉だけであった。

そのほかには、義弟(妻の弟)の申冕をはじめ、甚だしきは下人輩(ばら)まで、命夏に対して、あたかも、食客かまたは、乞食のような扱いしかしていない。

妻の実家の下人ならば、妻の下人でもあり、それに連なる自分にも当然下人に当るべきなのだ。

それなのに、この邸の下人共は、無位網巾(七)のこの儒者には、一顧だにしようとしない。

それはとも角として、命夏にとってとくに堪らないのは、自分と同じ立場の婿であり、そして、自分とは義兄弟の仲でもある金佐明の態度である。自分と同じ家庭の姫を妻にしている義弟の金佐明は、運よく早くから科挙(八)(かきょ)に合格し、いま文衡としてなかなかの威勢だ。

それに引きかえ、いくら同じ家門の婿とはいえ、いつまでも名もない貧儒の自分とはその地位に懸隔の差位があった。

いつかこんな事があった。

ある日、命夏が表文(九)(ひょうぶん)数首を作って金佐明に見せながら、

『こんどの科挙に、この表(ひょう)でうまく及第出来るだろうか?』

と、尋ねた事があった。その時佐明は、その表文を碌に見ようともせず、

『表(ひょう)?…豹(ひょう)と言うのか?狼(おおかみ)ではないのか?…ハハハハ……』

と、針を刺すような皮肉を言うのであった。

燃えたぎる怒りを意のままに出来るのなら、彼の首ッ玉をひっ掴(つか)んで、その口を裂いてやりたい衝動にかられるのであったが、幼少の頃から困窮の中で、他人の侮蔑には慣(な)らされている彼は、

『表文も豹狼(ひょうろう)も表は同じだね?ハハハ…』

照れ隠しにさりげなく追従笑いをしながらも、彼の胸中には張り裂けんばかりの憤怒があった。

それに、命夏の心を暗ませるのは妻に対する不愍さである。同じ邸の姫として生れながら、妹の方は高級官吏の夫人として実家の出入にも数十名の従者を引連れる豪勢さに比べて、自分の妻ときたら、無禄無官の夫を持ったばかりに、いつまでも実家の世話になって、肩身の狭い思いをせねばならないのが、なによりも哀れでならない。自分に嫁ぐ前の娘時代には、意のままに呼びつけた下人共にも、今は遠慮気がねすらしなければならない惨めな境遇を……

『えいっ!なんたる侮辱!』

× ×

ある日、命夏が自分の部屋で夕膳に向っていた時、義弟の申冕がはいってきた。部屋には命夏一人でいるのを知った彼は、さも、不快そうな顔をしながら帰ろうとする。その時、ふと、食膳に目をやった彼は、帰りかけた踵(きびす)を返して、まじまじと食膳に見入るのであった。そして、雷のような大声で外に向って怒鳴り出した。大声に驚いて飛んで来た下人頭に

『あれはなんだ!』

『えっ?』

『あれは雉(きじ)ではないか!』

事実、命夏の食膳には雉の蒸し焼きがのっていた。急に怒鳴られてその真意を悟れず、まごまごしている下人頭に、申冕は再び怒鳴りつけた。

『賤人の口に雉とはなんだ!雉の小骨が兄上の咽喉(のど)に掛(つか)えでもしたら、父君に何と申し開きをする。直ちに捨て給え!』

この命令にも、下人頭はどうして良いのか、ただおろおろするばかりだ。

『えいっ!即座に捨てないのか?』

『……』

『それじゃ、余が捨てよう』

と喚(わめ)きながら、彼は、つかつかと食膳に近づき、雉の足をつまみ上げて、中庭に投げ込んだ。

あらゆる侮蔑に慣らされた命夏も、さすがにこれに堪えるのには必死であった。そして、事なげに笑い済ませようと、極力つとめるのであったが、むしろ、その顔は醜くゆがんでゆくばかりだ。

× ×

命夏に対して、人間的な待遇で接し、その不遇に同情していたこの邸の主人東陽尉は、命夏の高い学識と、人となりを知っており、いまは蟄主(とんぼ)も埋れているようでも、将来必ず羽ばたく時機が来ることを信じていた。

なにも知らない稚拙(ちせつ)な息子の冕や、小役人にあり勝ちな驕慢な態度の金佐明たちが命夏の無官をあざけり、その貧窮をさげすんでいるが、命夏の驚くべき忍耐心と、胸底深く隠されているうっ勃とした雄心を見ぬいた東陽尉は、命夏がこのまま終ることなく、必ず大成する器量人であると信じて疑わなかった。

その時こそ、腹の中を滅多に見せないこの人物が、過去に受けた恥辱を、どのような方法で報復するであろうかと想像しながら、秘かに恐れを抱くのであった。

それで息子の申冕や、末婿の金佐明らを呼んで、戒しめたりしても、その度に、

『父上も、要らざる心配をするものぞ………』

と、父の忠告に耳さえ貸そうとしない。東陽尉の心痛は一層つのるばかりであった。

あの陰うつな学者が貧儒のままで終れば別だが、若しも、権勢の座につくようなことにでもなれば、自分の子孫に禍が振りかかりはせぬか?……いや、必ず禍患があろう……。

それを避ける為にも、東陽尉は、命夏の歓心を買うのに、並ならぬ腐心をするのであった。

× ×

ある日、東陽尉が外出から帰ると、離れの客殿から風楽の音と共に、賑わしい笑声が聞こえてくる。

『あの宴席には、どのような方達が来ているのぢゃ?…』

と、用人に尋ねた。

『若殿さまと金提学(佐明)さまのほか、数人の廷臣達が来て居られます』

『洪書房(十)も一緒なのか?』

『いいえ』

『何処へ行ったのぢゃ?』

『自室で寝て居られましょう』

『寝ている?……ぢゃ、余の部屋まで来るように伝えなさい』

東陽尉は思わず舌打ちした。官途についた妹婿には、わざわざ遠くからでも宴に招き、同じ邸内に起居する無官の姉婿には、見向こうともしない冕の不遜な態度と、その冷淡さに憤りさえ感ずるのである。命夏が一人で寝ているとの事であるが、到底眠れる筈がない。

用人に呼ばれて、しぶしぶはいって来た命夏を、東陽尉は快活な動作で迎え入れた。

『客殿での遊興に、なぜ参席しなかったのぢゃ?』

命夏は俯向(うつむ)いたまま

『請(よばれ)ざる客が、どうして推参出来ましょうか?』

淡淡とした顔の表情には変化はないが、心中では明らかに不満を含んだ語調であった。

『うん!さもあろう。そのような世間知らず共と同席したとて、大した興も湧くまい。今日は余も淋しいゆえ、此処で宴を持とうではないか』

このようにして、主殿の方でも宴が張られるのであった。

× ×

数年の後、東陽尉は病に伏す身となり、今は再び回復することのない死の床で命夏を呼んだ

東陽尉は、彼に何かを訴えたい様子であったが、声にならない

『ここれ——遺言——ぢゃ。お願——いーぢゃ。—』

『どうぞ!お言葉を……』

消え入らんとする最後の力を振りしぼるようにして、

『あーあ、わが——家——はほほーろーびー——たー——。』

この一言を最後にして東陽尉は永遠に帰えらなかった。

一斉に響き渡る慟哭(どうこく)の声——その中で命夏は沈痛な面持ちで黙々と座っていた。

東陽尉が亡くなった後は、だれ一人としてかばってくれる者とてなく、命夏は妻の実家からも追い出されてしまった。

それから十数年の歳月が矢のように流れた。

『えいっ!皆の者、路を開けろ!後へ退がるんだ!』

前触れの声も勇ましく、鍾路の十字街を宮中に向う大行列が差しかかった。

『あーら!左大臣さまのお出ましだ』

群衆の私語(ささやき)合う声があちこちから聞える。

時は李朝の中期。顕宗大王の御代も過ぎ、第十九代粛宗大王の初葉であった。

大勢の文武騶従(十一)別陪を前後に引き連れ、都大路も狭きが如く四人轎(十二)に儼然と揺られる輿(こし)の主は、善政の誉れも高い一位の宰相。亡き東陽尉の眼識違わず、官途に登用されたその後は、破格の昇進によって位人臣を極め、今は王の寵愛と信任も篤く、国政も意のままに左右出来る正一位左大臣の地位にあるその人こそは、曽っての貧儒洪命夏の晴れ姿であった。

早くに彼を軽視し、侮辱を恣にして来た申冕や金佐明ごときは、今は仰ぎ見るさえ出来ない存在であり、権勢ならぶ者なき貴い身分の左大臣なのだ。

四人轎に揺られるこの大臣の顔には、とき折、薄い奇怪な微笑が浮んでは消えた。何か興味ある事でも想い出したのだろうか?……

暫くして行列は宮闕の中にはいって行った。

廷臣たちのお辞儀を軽く交わしながら、承政院(十三)の賓庁に到着した左大臣は、早速、承旨(十四)を呼び表文を持って来るよう命じた

表文とは、清国皇帝に呈する奏聞のことで、先ず文衡で作成したのを大臣が裁決したのち、燕京に送られるものであった。

左大臣の命を受けた承旨は、一人の文衡を伴って賓庁に戻って来た。承旨に従って来た文衡は、ほかならぬ洪左大臣の同婿金佐明であった。

佐明は、左大臣の前でひれ伏し恭々しく表文を捧げた。左大臣は表文を受け取った。だが、それを開こうともせず、

『表?これが表文か?豹狼ではなかったのか?……』

と、言いながら、それを丸めて床の上に投げ捨てた。瞬間、シーンと静まり返った庁内に、洪左大臣の奇怪なまでの洪笑が長く尾を引いて響き渡るのであった。

『ハハハハ………』

その後、申冕の獄事(十五)が起った。王(粛宗)は、この事件を処決するに当って、洪左大臣にその意見を求めながら、

『申冕の人物についてはどうなのぢゃ?』

と、下問された。

若し、この時、洪左大臣の口から申冕を庇護(ひご)する一言の嘆願があったなら、申冕の運命は変ったであろう。

王から意見を求められた洪左大臣は、暫く頭(こうべ)を垂れて考えた末、ゆっくりした口調で答えた。

『臣は、申冕を知ること数十年に及びますが、親しく交った事はありません。依ってその人となりは知ることが出来ませんでした』

この一言で、一縷の望みをかけていた申冕は法の定むるところとなって、処断されるのである。

× ×

申冕が処刑される日、洪左大臣の夕餉の食膳には、雉の料理が山と盛られ、大臣は、さも美味しそうにその雉の足を貪(むしり)りとっていた。

（終わり）

注訳

(一)、儒学を修めた学者。(二)、従二位以上の人が乗る車。(三)、従三位以上の人がかぶる冠に通す金の小環。(四)、貴族が着る外側の礼服。(五)、尉は王家の女婿。(六)、母屋、主殿。(七)、貴族に属してはいるが位階のない者がかぶる冠帯(八)、文武官を選ぶ高等試験。(九)、帝王に表で呈上する文。(十)、書房とは、官職のない貴族の子弟に対する敬称。(十一)、文武両官の家来や下人。(十二)、前後を四人で担ぐこし。(十三)、李朝時代に王命を伝承する官庁。(十四)、承政院で王命を伝達する正三位の官職。(十五)、叛逆罪のような大きな事件。

発行所
民団北海道新聞社
発行人 崔東洵
札幌市南9条西4丁目
北海道韓国人会館内
電話代表(51)～3381番
（1部 50円）

北海道の報道記者 韓国を訪問

韓日両国の親善と緊密化をはかるため、北海道報道記者五名が、韓国政府の文化公報部の招きによって、韓国訪問に旅立った。

今般、招きを受けて訪韓した五名は、北海道新聞、北海タイムス、北海道放送、北海道テレビ放送、札幌テレビ放送の五社で、いずれも一線で活躍している報道記者。

韓国の文化公報部で北海道の一線記者を招いた目的は、韓国との間に中央紙との交流は頻繁に行なわれているが、地方報道関係者との交流はなされず、疎遠になっていたため、今般の訪韓によって緊密化をはかるとともに、両国の親善友好と理解を深めるのが主な目的。

一行は北海道新聞の北制芳雄氏を団長にして、旧ろう二十四日午前九時二〇分JAL便で出発した。

訪韓者は次の通り。

北海道新聞社 社会部次長 北制孝雄
北海タイムス社 報道部記者 佐藤清一
北海道放送 報道部ニュース課長 福田国恭
北海道テレビ放送 社長室次長 阿部要介
札幌テレビ放送 報道部ニュース課 菅原邦彦

新春の海に輝く韓民族の潮

遠く、波路をたどってきた潮が、鉄壁の崖に真白に砕け散り、新春の潮を吹く風がほおに痛い。紺青の海を走る白い波頭が、はてしなく広がる大海に単調な律動を生み、その潮騒が東の海に新鮮な朝明けを告げる。

海は、雄大な大自然の呼吸のように、あるときは安らかに、ある時は荒々しく、その潮騒のリズムを雄大に奏であげる。それはまるで、歴史を語るかのように厳粛であり、そのうめきにも似た潮騒の音は、歴史のひとこまひとこまに刻みつけられてきた過ぎし時代の祈念を語りかけ、聞く者をして、はるかなる歴史の彼方へといざなってくれるのである。

無気味な海鳴りのする夜、その音に耳を澄ませる者は、この国を吹き荒れた戦乱の嵐を思い起こすであろう。故なく剣向けられ、侵略の軟蹄に凌辱した時代、暴虐の血しぶきが国土を真紅に染めあげ平安の色の全く消え失せた恐怖の時代——さかまく怒涛の轟々しいうめきは、聞く者の魂にそうした過ぎし歴史の苦節を、ほうふつと再現させるのである。

しかし、荒れ狂う海鳴りが消え海が再び静かな潮騒に帰るとき、そこには、安らかな吐息にも似た平安のさざ波が漂うであろう。それは国民が栄え、かつ平和であった時代を語る歴史の声のようである。その静かな潮騒こそ、遠く歴史の彼方から低く響き渡ってきた人々の祈願なのだ。その素朴なリズム、その安らかな響きこそ、人々の心に流れつづけてきた歴史の祈りともいえるであろう。

この民の歴史は、幾度となく苦渋を味わい辛酸をなめた。しかしいかなる忘れ難い受難をも、歴史は決して自ら語ることをしない。ただ静かに祈念して黙すだけである。

しかし、この国の岸辺に打ち寄せる白い波涛は、この民を襲った幾多の烈しい激流を知っている。それは、黄塵を吹き荒す、侵略の馬蹄の音であり、歯をくいしばって屈辱に耐え、ひたすら平安を祈る罪なき民衆の声であり、そして或いは、高く明かるく響き渡る平安楽土建設の槌音でもあった。まさに海は、はてしなきいにしえから人々の歴史を波涛に刻み、それを荒れ狂う海鳴りの中に砕け散る波頭の中に、痛く白く語りかけている。

◇　◇　◇

一九七二年の新しい朝はあけた。新春のまぶしい陽に、海原は黄金に光り輝く。そしてこの瞬間海は苦しい海鳴りも安らかな潮騒もすべてをつつんで、ただ歓喜の絶唱をかなでるのだ。歴史の底を流れつづけてきた一切のうめきと祈りは、そのとき壮大なシンフォニーを完成させる。そしてその躍動のリズムは、新しい歴史を創造する、たゆとう潮流となって流れ出す。

七二年の朝明け、われわれはわが祖国に新しい歴史の潮を見る。緊迫した情勢下にありながら、なお建設し発展する祖国の輝かしい幻を見る。祖国の歴史は余りに苦渋に満ちあふれ、その底にはもの悲しい哀調の歌が流れていた。しかし、われわれはこの受難の民族に、今や新しい太陽の昇りつつある希望を仰ぐのだ。

四千三百年を流れつづけた歴史の潮は、わが民族をして幾多の試練に遭遇せしめた。その度に民族の潮は渦巻き、逆流し、混濁にどよめいた。しかし、われわれはこのような歴史の中に、いかなる混濁もいつしか必ずやひとつの新しい秩序を生み出してきたことを発見する。しかして歴史のどよめきは新しい秩序の歴史的陣痛でありその痛苦は、新しい生命を産む歴史的兆候であったのだ。

新しい生命は陣痛の中で感じられるもの、平和な輝かしい海原の夜明けは、荒狂う怒涛ののち人々の心に焼きつくものである。そのように、混濁し、逆流し、戦慄する現代の中にあって、なおわれわれは祖国に新しい希望の太陽を仰ぐのだ。

厳粛な海原の情景は、まさに祖国の運命を象徴しているかのようである。しかし新春の海のまぶしい黄金の輝やきこそわが祖国の栄光の姿なのだ。

潮騒は静かに平安を奏で、新春の潮ははてしなき歴史のうめきをのみこんで明るく流れる。みよ統一への歴史潮流は、すでにわが祖国に流動しはじめたのである。

東海の日の出

5000年の絢爛たる文化と神秘の伝説を秘めて、静かな朝を迎える黎明は、我が民族の久遠なる望みである統一への念願を抱いた火の玉は波濤の中から美しく昇ってくる。

年頭辞

七二年を迎えて

在日本大韓民国居留民団北海道地方本部
団長 崔東洵

一九七二年——数々の問題をかかえながらも新しい年は明けました。昨年はまさに激動の年と呼ぶにふさわしい多難な一年でありました。世界は中共の国連加盟問題をめぐって大きく揺れ動き、またニクソン米大統領の訪中声明は全世界に大きな波紋を呼び起こしました。世界は今や、これらの問題を中心として新しい試練期に突入しているのであります。

このような激動する国際情勢を背景として、母国韓国にも新しい潮流が流れ始めました。韓民族の永年の宿願であった『家族捜し運動』がそれであります。韓国動乱からすでに二十余年、祖国は未だに緊迫した対決の下にあります。しかし離ればなれになった肉親を慕う心情を打ち消すことはできず祖国が復興し人々の生活が安定してくるに従って家族の消息をたずねる声はしだいに高まりそしてその宿願はついに本国政府の多大な努力の下に見事、家族捜し運動としてスタートしたのであります。

この運動こそ韓半島統一への基盤となるでありましょう。そしてこの新しい潮流は、これから多くの試練を経ながらも必ずや豊かな実を結んでいくことでしょう。こうして祖国は驚くべき復興と発展の途をたどりつつ、さらに南北統一への基をしっかりと固めつつあるのであります。

しかし、こうした崇高な人道主義に立脚して本国が努力している重大時機に、『録音問題』に端を発した民団内部の抗争が激しくくり広げられてきたことは誠に遺憾なことでありました。われわれは常に大局を見つめて前進しなければなりません。小義を捨て大義に殉ずる誠さと広い度量をもち、一日も早く問題解決をして民団本来の使命に立ち帰らなければなりません。そのことを新年に当って切に望みたいと思うのであります。

昨年は内外共、余りに複雑にかつ激しく流動した一年ではありましたが、しかしわれわれ民団北海道地方本部においては実に実り多い一年であったのであります。ことに国家的大事業ともいうべき永住権申請問題に対してわれわれは、民団組織の存亡をかけて戦いに挑んだ結果、予想をはるかに越える成果を勝ち取り大成功裏にこの偉業を果たし終えることができたのであります。これらはまさに民団員一人ひとりの熱誠と団結とが刈りとった実りであり、私たちはこのことに対して共に深く感謝し合うと同時に、この民団のエネルギーをさらに新しい年の新たな課題に対する決意へと強く結晶させて行きたいと思うのであります。

ことに本年は冬季オリンピックを私たちの札幌で迎えるわけですが、これまで着実に培ってきた組織のエネルギーをさらに大きく結集して、この世界の注目する大祭典が成功裏に果たし得るよう尽力していきたいと思うのであります。

プレ・オリンピックにおいてわれわれ民団北海道本部の果たしてきた仕事には大きな評価が与えられてきました。それだけに、今年二月のオリンピック本大会にはさらに深い信頼と期待とがわれわれ自身に托されているのであります。

事実、数千名に及ぶ本国人がはるばるこの札幌の地を踏むことを考えるとき、われわれは北海道に生きる民団員として心からそれらの人々をお迎えしたいと思うのであります。また遠く異国の地で国家の威信をかけて正々堂々と闘うわが母国の選手に対しても、心から声援激励して行きたいと思うのであります。

今や大きく流動している国際情勢並びに韓国事情をしっかり受けとめながら、われわれはとにかく民団としての真実の使命をはっきり自覚し、かつ雄々しく生きぬいて行かなければなりません。先年完成した「韓国会館ビル」をわれわれの団結のシンボルとしつつ、今年はさらに充実した一年を民団の歴史に刻みたいと思います。

最後に、私は在日同胞の生活の安定と民権の擁護のため、民団々長としての責務を確実に果たしていくことを新たに決意すると共に、韓日両国の親善友好に実りあるものとするため、一人一人が積極的に動き、たくましく民団を一致して支えられんことを新年にあって切に願うものであります。

新春を祝して

駐札幌大韓民国総領事館
総領事 宋賛鎬

国内外ともに多事多難でありました七一年も暮れ、新しい発展と希望を託した一九七二年の年頭に際し、皆々さまの幸多き新春をお迎え致しました事に対し、心からお慶び申上げる次第であります。

わが国は今や経済建設と自由国防態勢確立とを以って、祖国近代化と勝共統一への基礎をより堅固にする為、全国民挙って心血を注いでいるのであります。

私達の祖国は、曽ってあの悲惨な動乱を通じて、共産侵略の恐ろしさを身を以って体験しながら、史上類例を見ぬ程の痛々しい犠牲を払い、その廃墟の中から今日まで二十余年の間、国土復興、国家再建のために死力を尽して参りました。こうした努力の下に、祖国は今や見事な復興を成し遂げ、政治的にも経済的にも、アジアに重要な位置を占めるに到ったのであります。

だが、かねてより七十年代は激動の時代と言われて来ましたが、中でもこの七二年程、重大な問題をかかえた年はないと思います。

事実、本国では『非常事態宣言』が発令され、北兇の武力挑発に対備するため、全国民はあげて立ち上がっております。

今や世界の関心は激動するアジアに向けられ、そして全世界がアジアの動勢にその運命を託しています。こうしたとき、アジアの核とも言うべき韓国の置かれている位置は重要であり、わが国の果たすべき世界的使命は極めて重大だと言わざるを得ません。まさにわが韓国は世界の運命を背負い、人類の自由と正義を守るため、その歴史的最前線に立たされていると言っても決して過言ではありません。

こうした視点に立って考える時、今祖国を覆っている緊張は、ただ韓民族ひとりの問題ではなく、全世界の足もとに迫る深刻な問題とも言えるであろうし、そしていま発令されている『非常事態宣言』は、ひとり韓国のみの問題だけでなく、アジア全体の重大課題とも言えましょう。韓半島の動勢はアジアの命運を支配し、延いては全世界の方向を決定づける歴史的焦点に立たされているとも言えるのであります。

皆さんは日本の最北端北海道の地に生活の基をおいており、それゆえ祖国の動勢に対してはただ遠くから展望できるに過ぎません。しかし、祖国に於ける非常事態は決して、日本に住む皆さんにとって無縁なものではなく、それはむしろ、日本国内に於ける南北の対決において、より具体的であり、かつ重大なものとなっていることを自覚せねばなりません。まさに韓半島での対決はそのまま日本国内において展開されており、そしてそれが日本の運命にも重大なる影響を与えようとしているのであります。

過ぐる一年、ニクソン訪中声明並びに中共の国連加盟等に刺激されて動く日本の一部政治家の動向や、奇を衒（てら）う一部新聞記者の北韓礼讃記事等に一喜一憂するような事は些かもあってはならず、自由と正義を貫ぬく祖国の確固不動の信念とその姿勢に、在日同胞も呼応しなければなりません。

そして、昨年われわれ韓民族の宿願を背負って開かれた〈家族捜し運動〉に示した北側の態度に一抹の不安と怒りを感ずるのであります。それは会談のイニシャチーヴを彼等が握っているかのような印象づけにのみ汲々し、常にジャーナリストが喜びそうな空虚な逆提案をする事であります。だが例え地味で世間受けがしなくとも救いのない絶望の淵に崩れ落ちようとする四千万韓民族の悲願を込め、可能性を求めて一つ一つの解決に根気よく積み重ねている韓国赤十字社の祈りにも似た真摯な態度に、私達はそこに悲願達成への救いを見いだすのであります。

間もなく札幌の地では世界のスポーツ祭典・冬季オリンピックが開かれ、世界からの青年たちによって、壮なる躍動が華々しく展開されるでしょう。

スポーツが一つのルールに基づき、一つの完成された調和の世界を描き上げてゆくように、私達もこの世界が正義と自由によって貫ぬかれ、新しい秩序を一刻も早く回復するよう祈りつつ、新しい一年へのスタートを切りたいと思うのであります。

謹賀新年

在日本大韓民国居留民団
北海道地方本部
団長 崔東洵
議長 田連寿
監察委員長 朴準龍

○空知支部
団長 李正述
議長 李漢植
監察委員長 孫在永

○旭川支部
団長 都正煥
議長 李雄権
監察委員長 呉光殷

○北見支部
団長 郭海屏
議長 方点福
監察委員長 鄭世燦

○釧路支部
団長 姜稀年
議長 池興淳
監察委員長 康京鎬

○十勝支部
団長 金南根
議長 呉東春
監察委員長 崔炳鎬

○日高支部
団長 林正寿
議長 孫午甲
監察委員長 金龍奉

○苫小牧支部
団長 魯相同
議長 李興和
監察委員長 孫祥雲

○函館支部
団長 金応龍
議長 柳星義
監察委員長 孫東桧

○室蘭支部
団長 琴泰絃
議長 李且錫
監察委員長 奇宇翼

○夕張支部
団長 申敏夫
議長 金順培
監察委員長 白正秀

○留萌支部
団長 任宗植
議長 全紋淳
監察委員長 金千萬

○稚内支部
団長 宋貞守
議長 辛雲星
監察委員長 昔東一

○小樽支部
団長 孫承殷
議長 姜信学
監察委員長 黄錫圭

○千歳支部
団長 金基徳
議長 盧龍根
監察委員長 鄭福巌

1423

韓国人殉難者慰霊碑

浜頓別

風雨の中で除幕式

追悼辞

駐札幌大韓民国総領事館　総領事　宋　贊　鎬

宋贊鎬札幌総領事の追悼文

韓国を旅して

北海道総務部総務係長　吉　田　勝　美

おまいりする機会を得ましたが、ここは韓国動乱の時に戦死した数ケ国の将兵が安らかに眠っており、緑の芝生は常に水が打たれ広大な丘陵は静寂そのもので、戦友にぬかずく将兵の人影も見うけられました。

釜山をあとにして整備された高速道路を一〇〇キロ以上のスピードで蔚山の工業団地にむかいましたが、ここには大韓油工場をはじめ多種の工場が建設され躍進する韓国の姿をまのあたりに見ることができました。

団地の中を車でまわり韓国肥料株式会社に案内されましたが、この工場の敷地は三十八万坪もあって年間三十三万もの尿素肥料を生産しているとの説明がありました。

工場内はすべてオートメーション化され九百五十人の従業員

韓徳銖体制揺ぶる内ゲバ

「闘争委員会」生まれるか

朝総連の内部に体制派と反体制派が激しい内紛をくりひろげているという噂は、すでに広く知られているところであるが、それを確認し得る物的証拠はなかなか手にいれることができなかったが、今回本社では総連H県本部の名で配布され、そしてすぐ回収したといわれる「総連を正しく建直す闘争委員会」の名の文書を入手し、その全文を掲載することとした。

このような文書は日本全国に配られては、これを強力に回収しているといわれているが常識的には韓徳銖体制に反対する側の反対制文書であるとの見方が多いが、中には体制側が反対側をワナにおとしいれるための謀略文書だと見る向きもあって、その実態を把握することはなかなか困難であるが鉄の統制をたてまえとする朝総連体制にあって、このような文書が表面化するようになったのは、一葉落ちて天下の秋を知るが如く、韓徳銖・金炳植体制が重大な危機に直面しているのではないかとみられ、内外の注目をあびている。

親愛なる総連各級機関の同志たち！

愛国的商工人および同胞の皆さん！

四千万朝鮮人民の偉大なる首領金日成元帥は、つねに在日六十万同胞たちに対し、厚い配慮をめぐらして下さり、在日同胞たちが進むべき正しい方向を提示されました。

ところで今日、総連組織は長い間、組織内部に潜入した一部分子らが祖国と首領の教示をわい曲、背反し、組織を私物化することによって日増しに弱化しております。

すでに広く知られているとおり最近において日本政府と朴正煕政権らが結託した、いわゆる「協定永住権申請」において有資格者総五十五万のうち、申請に応じた同胞数が三十五万を超えたといわれます。これは実に驚くべき数字であり、想像をも出来ない厳しい事態であるといわざるをえません。

このために総連組織を愛する多くの人たちは、激しい衝撃を受けており、これ以上事態がより悪化することを憂慮しております。

にもかかわらず、この厳しい事態に対し、誰よりも深刻に憂慮す[illegible]韓徳銖と副議長である金炳植は、そのようなことは自分たちとは何んらの関係もないかの如く、毛の先ほどの責任も感じておらないのみならず図々しくも「それは、敵の者がねつ造した数字であり、非組織の策動分子らが、インネンをつけている」といいながら「現在の総連組織は、いずれの時よりも強化されており、一大高揚期を迎えている」といっております。

しかしながら、今日の総連組織の実情は韓徳銖と金炳植らが吹聴していることとは正反対に、祖国の平和的統一を促進させる事業においてもまたは民主、民族教育を育成発展させる事業においても、女性、青年、商工人、文化人ら階層別組織を拡大強化する事業においても、そのいずれをとってみても一大高揚期に入っていることはおろか、むしろ日増しに衰退萎縮しているのが現状であります。

これは、それこそ長い間、総連組織をワシ掴みし、ひとり占めしてきた金炳植が組織史上、事業の方向をわい曲し自分を絶対化して、自分の功名出世に躍起になったり、自分の意にそわない活動家に打撃を与える武器としたためであり、自分の手下を登用するにおいては、阿附盲従さえうまくすれば過去に敵の前に投降した事実が明白な者でも、これを隠蔽し重要な職責に配置することによって幹部隊列を混乱させ、それとは反対に祖国と首領に忠実な活動家であっても自分に絶対阿附盲従しない者に対しては、ねつ造の限りをつくして打撃を与え、その職責から追い出すことによって総連組織を半身不随の状態に追いやったためであります。そのために金炳植の策動により直接職責を追放され、または最後まで耐えしのぶことができず、自から職責を退いた活動家が八全大会以後にしても数千名に達している。

現在、金炳植は、自慢のひとつとして"模範分会二重模範分会"数が全体分会数の半分以上を占めたといいふらしているが、これは何んら根拠のない偽わりの数字であることは模範分会二重模範分会称号を受けた皆さま自身が誰よりもよく知っておられることと思います。

今日総連組織は、その事業の作風の中で[illegible]教示が死蔵し、数多い活動家らが自分の保身に汲々とするあまり、一般大衆がどのようになったとしても自己擁護に忙がしく、ほとんどが関心をめぐらしておりません。

金炳植は、口を開けば「非組織策動」と云々しながら事件をねつ造し幹部ら相互間に不信感を植えつけ、互いに反目嫉視させ喧嘩さ[illegible]たに歳月を送らせることによって、組織を内部から互解させ数多い大衆らを組織隊列から離脱させました。

金炳植は自分に阿附しないとしてひいては同胞商工人にまで打撃を加えております。周知のとおり金炳植は、朝銀岡山信用組合前理事長孫風炸氏が意に沿わないといって理事長を罷免させるだけで満足できず孫風炸氏が経営している企業体を奪い取ろうとしたが、それが意のままにならなかったので脱税したという口実をもうけ、日本権力機関まで動員して、ついにはその同企業を破綻させてしまいました。サマがこのようになってみると同胞のなかからだけでなく、民団傘下の人たち、その実情を知った日本の人たちのなかからも指弾を受けるようになり、笑いものになってしまいました。

いや、それだけでしょうか／四年前に一万七千余名であった帰国申請者が帰国事業が再開された現在、実際に帰国した数がわずか一千余名に及ばなかった事実、お金を借りて鉄筋校舎を建ててみても、毎年学生数が減っていくという事実。そのほかにも民団傘下の同胞らとの団合事業または日本人民らとの友好親善事業など、あらゆる分野での総連事業が全く破綻状態に陥ち入っているではありませんか。

親愛なる総連各級機関同志たち！

愛国的商工人および同胞の皆さん！

先に言及したとおり、現在総連各級機関と事業体らは、ほとんど破綻状態に陥っております。ところで、韓徳銖と金炳植は、その責任を活動家にかぶせようとしてあらゆる脅迫と恐喝を加えております。

しかしながら、韓徳銖と金炳植彼らがいくら"豆をもってアツキ"といっても"今日総連事業をこのようにだいなしにした責任をどうして免かれることができるでしょうか。その責任は当然に祖国と首領の教示に背反し在日六十万同胞らの愛国的組織体である総連組織を個人の栄誉と享楽のために私物化してきた韓徳銖と金炳植両人が負わなくてはなりません。最も総連中央議長である韓徳銖の責任は重く、いかなる弁明も許容される余地がありません。重ねて言及する必要もなく金炳植の一連の策動は総連組織を内部から虫ばみこれを互解弱化させているにもかかわらず韓徳銖は一度も金炳植に対し、その責任を追求したことがないのみならず、終始一貫彼を庇護してきました。そうして金炳植は韓徳銖の力を信じ、韓徳銖を背景として誰彼の前もはばからず横暴なひとり舞台をふるまってきたものであります。一時、総連各級機関の活動家らと同胞らの中には、金炳植は、悪行無人のような奴だが「韓議長」だけは、下部の意見を虚心に受け入れてくれるだろうと信じ、再三意見を提出したが、韓徳銖は下部意見に耳をかさないのみでなく、それとは正反対にせっかく意見を提出した活動家らを巧妙な手段で攻撃を加え打撃を与えました。

そうして一方では、狡猾にも「韓徳銖は祖国と首領の絶対的信任をえている」といい、「韓徳銖は終身議長である」とか、まさしく封建領主でもあるかの如く、または生まれながらの栄誉であるかのように無責任な言辞を広め誤った幻想を助成させております。のみならず金炳植を庇護するあげく、最近に至っては金炳植の[illegible]問題まで拒否してきており韓徳銖は一体祖国を何だと考え、敬愛する首領の教示をどのように考えているのでしょうか。祖国を軽視しても、ほどがあり、首領の教示を無視しても程度があるというものです。

そのために韓徳銖は、自分の家庭ひとつさえ人並みにけることができず、ついにはさる八月、帰国船では、いったん帰国するといってタラップを踏んだ彼の息子が、途中で乗船を拒否し逃しを図るというはずかしい事件までひき起こしたものです。ところで、この事態が韓国の新聞にまで報道されるや韓徳銖は、激しい剣幕で「自分には子供はない。それは親戚の子供だ」とか「親戚の子供を養子に迎え入れたものだが、非組織策動分子らがいいがかりをつけているのである」などといい、破廉恥にも蛇が垣根をすりぬけるかのごとく軽くあしらおうとしています。自分の子供であるかないかは戸籍を見れば明白であるが世の中の人がみな知っている事実であるのに韓徳銖は、すでに人間としても理性を失い倫理も道徳も知らない。このような破廉恥な人間に領導されたのでしょうか。

親愛なる総連各級機関同志たち！

愛国的商工人および同胞のみなさん！

以上のとおり総連組織を私物化し内部から分裂互解させてきた韓徳銖と金炳植は、あくまでも何んらの反省もなく、引き続いて自分の意に沿わない何人かの活動家らに非組織策動分子という汚名をきせ、また非組織策動の枚をきりとるとして再び新しい事件をねつ造し、つねに組織を緊張させ情報通報網を強化し、活動家らに対する監視、尾行を徹底的に実施する一方、一般同胞らにまで分裂と不信を助成させ、ひいては近隣の人たちと親しい人たちにまでも少からうちとけて話しもできないようにしております。これは韓徳銖と金炳植らが総連組織の活動家らはさておくとしても、大衆にも信じられなくなったという証拠でなくて何んでしょうか。のみならずこのような手法は、敵が組織内部に潜入したとき使う常套手段であって金炳植の一連の策動には、これと全く似ている点が少なくありません。それを知っているのか、どうか、依然として放任しておいて[illegible]だけをこととする韓徳銖の心情などは、到底理解することはできない。

どうであれ、韓徳銖と金炳植は総連組織を内部から分裂互解させ敬愛する首領と共和国の威信を墜落させました。

この厳然たる事実は、いま誰の眼にも明白であります。事実がそうであったならば、これ以上より黙過することはできず、万一これらをそのまま黙過するならば総連組織は根本から破壊され、大衆らは引続き愛国隊列から離脱するであろうし、祖国と敬愛する首領の威信は千尋の谷底に墜落するであろうし、革命事業で注ぐことのできない損失を招来することでありましょう。

[illegible]のように見ておられますか。口を開ければ阿附へつらうか、そうでなければ沈黙と無関心、ないしは無気力、またはいいようのない憂うつ、不満不平、そのようなことで歳月を送ろうとするのですか。いま各県本部らでは委員長組織部長、宣伝部長らが県内活動家らに対し「金炳植副議長をどのように考えているのか」という質問をもうけ、その活動家が金炳植に忠実であるか、どうかを識別しているがこれは韓徳銖と金炳植らが自分に迎合とへつらいをしない活動家を識別し、すべて非組織策動分子として追いやろうとするそれこそ容赦できない非組織策動であり最後のもがきであります。それでも同志らは、そのような非組織策動をそのまま見過そうとするのですか。

親愛なるおばあさん、お母さん、お姉さんたち！

あなた方は金炳植の妻を見て、サモニム（恩師の奥さんという意）と呼ばなかったとして年老いたおばあさんをつかまえ自己批判をせよと、せまるなどそういう修羅場を今後も、そのまま傍観しておくのですか。

そして教職同志たち！

同志たちは一年十二カ月、砕身奮闘し精も根もつきるほど献身努力しているが、何故学生の獲得事業がそのようにむずかしく在学生らの学力が、依然として改善されておらず、不良学生数が増えているのだと考えておられますか。

若い朝青同志たち！

同志たちは自分が配置された総連機関の重要幹部を偵察せよという命を受け、良心の苛責に耐えきれず職場を放棄した青年の心情を考えてみたことがありますか。なんのために総連組織内で、みな同じ幹部でありながら金炳植のみが通報網を私物化し、少なくない数の情報員を掌握し各級機関活動家らの動静を伺わなければならないのですか。

そのような特殊任務を金炳植は誰から委任を受けたというのでしょうか。

言論出版、科学部会および文芸同同志たち！

同志らの立場はどうですか。なんのために金炳植のみが、自分個人署名の著書を出版してもよいしそのほかは一切、個人署名の著書は禁止されなければならないのですか。日本には金炳植のほかにはひとりの言論人もなく、学者も理論家も小説家もないというのでしょうか。

全体愛国的商工人らと同胞の皆さん！

皆さんらの周辺を気をつけてうかがってみなさい。どれほど数多い商工人同胞らが総連に対し恨口を言っているかが解ることと思います。その恨口を聞いておられれば、これが十六年前に敬愛する首領の暖い愛情の中で、愛国路線を戦いとったそのような総連かと、失望するでありましょう。そのように韓徳銖と金炳植らは、総連組織を根本から亡ぼしたのです。この現実を目前において、どのように拱手傍観することができますか。

敬愛する首領からは、いかなる小さな不正に対しても果敢に闘かわなければならないと教示されました。不正は、いまわれわれの眼前にあります。

不正は必ず克服されるべきであり、また克服されなければなりません。

みながともにけっ起し韓徳銖と金炳植らが、やらかした不正に原則的に闘いぬきましょう。みんながともに韓徳銖と金炳植らが私物化した総連組織を正しく建直すために総連組織各級機関と事業[illegible]から、分会をはじめ同胞らが[illegible]る場所ごとに韓徳銖と金炳植[illegible]状を暴露し、かれらに対し、[illegible]のベールをはぎとり息もでき[illegible]よう命脈をたちきりましょう[illegible]うすることこそ祖国と敬愛す[illegible]領に忠誠を尽す道であり、真[illegible]総連を愛する知性にみちた愛[illegible]闘争であるといえます。

正義の闘争は、必ず勝利す[illegible]あろうし、不正は消滅するで[illegible]ましょう。

みんながともに総連組織を[illegible]く建て直すための闘争に奮起[illegible]っ起しましょう。

祖国の平和統一万歳！

四千万朝鮮人民が敬愛する[illegible]な首領金日成元帥万歳！

一九七一年十二月

総連組織を正しく建直す闘争委員会

（共同新聞より）

華燭

旭川支部団員の趙龍方氏の長男貞男君は、日向善夫氏の二女和子嬢と、民団旭川支部団長都正煥氏の媒酌によって、十一月十九日旭川のニュー北海ホテルに於て結婚。

◇　◇　◇

旭川支部の初代団長であり、現旭川ナゴヤ銀座会館の社長李長寿氏の二女文子嬢は、砂川市で遊技場を経営している朴泰鉉氏の二男正行君と、金仁鶴氏の媒酌により十一月二十五日、旭川市のニュー北海ホテルに於て結婚。

◇　◇　◇

三笠市在住で空知支部顧問である李斉伊氏の三男志郎君は、滝川市で遊技業を経営している金鍾洪氏の長女順子嬢と婚約相整い、十二月一日三笠市民会館に於て、目出度く結婚にゴールイン。

◇　◇　◇

夕張支部監察委員長白正秀氏の妹であり、前北海道韓国人商工会に勤務していた、夕張郡由仁町の白英姫嬢は、先に横浜市で製鉄業を営む李元祥君と結婚し、韓国への新婚旅行を終えて里帰りし、十二月七日、夕張郡由仁町の天寶閣に於て披露宴。

◇　◇　◇

北海道韓国学園勤務の韓相龍先生は、東京の郭春順嬢との間に婚約中であったが、十二月十九日東京都のホテル、パシフィックに於て、金光男牧師の主礼の下に結婚[illegible]同月二十六日、札幌市のパークホテルに於て披露宴。

死亡

民団北海道地方本部の経[illegible]であり、王子物産株式会社[illegible]であった朴炳鉉（東鉉）氏[illegible]肝臓炎を患って同交会病院[illegible]中であったが、薬石の効も[illegible]十二月二十八日永眠。同月二[illegible]日、札幌市の東京本願寺に於[illegible]別式を行なった。

◇　◇　◇

岩見沢市在住の空知支部[illegible]前組織課長）の朴春植氏は[illegible]病のため、札幌第一国立病院[illegible]て、長期入院加療中であった[illegible]十二月二十日永眠。同月二十[illegible]岩見沢禅桐寺にて告別式を[illegible]

新築開店

赤平市で遊技場を経営して[illegible]空知支部前副団長の具明植[illegible]文雄）氏は、札幌市中の島の[illegible]線附近にて遊技場を新築中で[illegible]たが、その落成並びに新規開[illegible]披露宴を十二月七日、中の島[illegible]スセンターに於て開催した。

◇　◇　◇

歌志内市で長年遊技場を経[illegible]いた、前空知支部団長の金[illegible]金岡栄郎）氏は、歌志内炭鉱[illegible]のため札幌に進出、札幌市[illegible]於て遊技場を新築中であった[illegible]この程完成し、十二月十五日[illegible]新築落成及び新規開店の披露[illegible]琴似町駅前の香春園で開催。

特集　函館支部

役員会のあとで

支部の歩み

年頭に際して

支団長　金応龍

結婚相談所を設けよ

民団の発展に想う

孫東桧

札幌五輪を目前に

顧問　李福龍

「民団北海道」に期待する

金尚録

真の幸福

顧問　金泰栄

日本のマスコミ

副団長　呉貴宅

特集によせて

函館市長　矢野康

わが国最初の貿易港

箱館から函館へ

北洋漁業の根拠地

一市四町との地域開発

函館市生い立ち

函館市全景

謹賀新年

1425

韓日女子高校親善大会

バスケットボール　札幌

韓国女子高校チームを迎えての日韓親善バスケットボール大会が去る十一月十日から十二日までの三日間、札幌市立体育館で開催された。

来道したのは本年度韓国高校女子二位を獲得した強豪、ソウル信光女子高校チーム。

鄭世五団長に引率された選手一行十七名は、八日午前九時ソウルを出発し羽田経由で二時五分千歳空港到着予定が、折りからの降雪に約五〇分遅れて約百名の歓迎

…て記念品を贈り、札幌オリンピックなどを話題に、なごやかな歓談を通じて友好を深めた。

大会第一日目の十日午後二時、札幌市立体育館で試合に先立ち、先ず、主催者側の挨拶と韓日双方の選手団の紹介があったのち、韓国側から韓国人形を、日本側からはバスケットボールを持った木彫りの熊がそれぞれ贈られた。

すばやい信光　札香蘭に圧勝

札幌選抜も一蹴

大会第二日は、十一日午後三時から札幌市立体育館で信光女〜札幌選抜高校女子戦は、前日、札香蘭を大差で破った信光が、この日もすばやい動きと、基本どうりの正確なドリブル等で一方的に試合を進め、札幌選抜女子高の必死の追撃を許さず圧勝した。

信光女子高 102（43―18、59―16）34 札幌選抜女子高校

札静修にも完勝

宋賛鎬札幌総領事とともに

板垣札幌市長をたずねて

堂垣内道知事をたずねて

母国を訪問して

兪黒等

家族とともに

父母の墓前で

大会を終えて

北海道バスケットボール協会 常任理事 吉川昭

韓国民俗芸術団大公演

札幌・旭川・釧路・苫小牧・函館

瞼の母国をたづねて

林炳沢

受訓生一同（板門店にて）

団体保険加入について

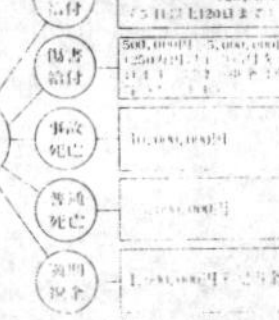

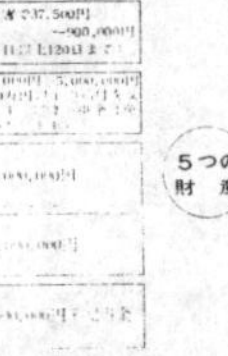

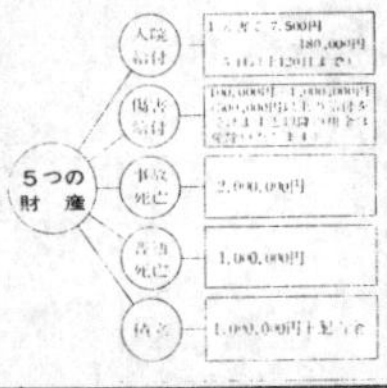

在日大韓民國居留民團 北海道本部

團長 孫桂雲
議長 田連壽
監察委員長 朴準龍
札幌市中央區南九條西四丁目
電話 (511) 3381

十勝支部 團長 吳東春 帶廣市東一條南十三丁目十七 電話 (3) 9068
室蘭支部 團長 琴泰絃 室蘭市中島町三丁目 電話 (4) 4407
留萠支部 團長 任宗植 留萠市錦町一丁目十九 電話 (2) 1090
苫小牧支部 團長 魯相同 苫小牧市本幸町一丁目三〜六 電話 (4) 6710
釧路支部 團長 姜稀年 釧路市榮町四丁目 電話 (2) 2427
旭川支部 團長 安石允 旭川市八條五丁目 電話 (22) 8656
北見支部 團長 郭海屏 北見市七條西六丁目 電話 (3) 2784
函館支部 團長 尹成學 函館市若松町二六〜十三 電話 (22) 6411
小樽支部 團長 孫承殷 小樽市稻穗二丁目十二〜七 電話 (25) 3955
空知支部 團長 孫在永 岩見澤市六條九丁目 電話 (2) 3130
千歲支部 團長 權相魯 千歲市本町一丁目 電話 (3) 3420
日高支部 團長 林正壽 靜內郡靜內町字古川町 電話 (2) 1041
夕張支部 團長 申敏夫 夕張市清水澤北町 電話 7252
椎內支部 團長 安石元 椎內市大黑二丁目 電話 (3) 2821

駐札幌大韓民國總領事館 總領事 鄭求郁 領事 金在榮 副領事 李昌基 敎育官 金春權

新榮會館 社長 金周鳳

秀和래지야產業(株) 取締役社長 李長壽

有限會社 新世界 金泰榮

民團函館支部團長 瀨棚建材工業株式會社 取締役社長 尹成學

高級韓國料理店 高級크럽 아아리랑 社長 鄭相奎

新生빌딩株式會社 泰晃商事株式會社 取締役社長 金允應

有限會社 遊技場 永樂會館 韓國料理 春香園 取締役社長 朴東球

東海產業株式會社 取締役社長 都正煥

吉田車輛株式會社 取締役社長 趙聖基

在日大韓體育會常務理事 宗一館빌딩 東亞通商 取締役社長 池宗淵

韓國料理 平和園 株式會社 大進商事 代表取締役 高春守

有限會社 내쇼날會館 取締役社長 趙琰璇

民團十勝支部團長 日興商會 取締役社長 吳東春

富士喜社長 民團十勝支部 團長 徐炳文

民團十勝支部副團長 有限會社 平和園 社長 金良基

有限會社 新井商店 取締役社長 金永喜

韓國料理 食道園 遊技場 김센터 副團長 李且寬

帶廣娛樂센터 社長 金鍾淳

丸一商事株式會社 社長 滿州道經濟援助委員會委員長 民團釧路支部顧問 吳丙生

民團北海道本部監察委員長 朴準龍

民團北海道本部議長 株式會社 丸大빌딩 取締役社長 田連壽

北光企業株式會社 代表取締役 姜信學

甲寅年新春 1974年 새해와 더불어 씩씩하게 未來를 내딛는… 자랑스러운 在日韓國人 (順不同)

信用組合 北海道商銀 理事長 姜信學

北海道韓國學園 理事長 姜信學 學園長 朴弘律 PTA會長 金順子 北海道韓國敎育文化센터 所長 曺弘煥

民團北海道本部副議長 株式會社 札幌第一娛樂센터 取締役社長 朴弘律

民團北海道本部顧問 株式會社 五條빌딩 代表理事 金百源

清香園 社長 在日本大韓民國居留民團 北海道地方本部 副團長 金容善

東洋建材工業株式會社 岩倉產業株式會社 岩倉林業株式會社 取締役 金琮斗

民團北海道本部監察委員 在日大韓體育會副會長 有限會社 李俊明

紅屋會館 瀛岩會館 社長 金漢石

友成企業株式會社 取締役社長 李漢榮

株式會社 三交商事 三共商事 代表取締役 金周年

民團北海道本部監察委員 興伸商事株式會社 取締役社長 李大奎

株式會社 大一商會 모나미會館 代表取締役 鄭斗秀

大寅企業株式會社 代表取締役 朴錫圭

嵩山產業株式會社 代表取締役 崔奎男

花郞 마이티·鐵 社長 李榮九

民團函館支部監察委員 寶石 王樣 社長 朴鳳送

株式會社 長谷川縫工所 代表取締役 張奉道

砂利採取販賣業 金興 代表 宋俊秀

東亞貿易有限會社 取締役社長 盧龍根

北海交易株式會社 石狩興業株式會社 友新交易株式會社 友新纖維工業株式會社 取締役社長 具滋敬

뉴우·岩見澤會館 社長 禹和允

平和會館 社長 金漢柱

四ッ葉商事 代表取締役 金榮吉

株式會社 南興商會 京樂會館 取締役社長 南命天

日高모나코會館 穗別모나코會館 社長 韓棕愚

韓國料理 春香園 柳清時 柳時壹

清水澤會館 社長 朴贊守

三惠스토아 豊川商店

新田商事 任在榮

서파크럽 사크라 우나上海 取締役 金哲也

新世界會館 民團釧路支部 團長 姜稀年

韓國料理 百萬里食堂 民團釧路支部副團長 張在守

韓國料理 春香園 民團釧路支部副團長 金英助

旅館 水月莊 康封錫

다니끼니꼬 까라니會館 社長 金成彦

木下商會(株)

代表取締役 李學龍

山形市城南町一丁目十二番十三號

電話 ㉓〇二一七

本籍 慶南山淸郡

在日大韓民國居留民團 宮城縣仙北支部

議長 柳鍾根 / 團長 孫滄益 / 監察委員長 姜性孝

宮城縣古川市 電話 ②二一〇代

外全團員一同

在日大韓民國居留民團 宮城縣地方本部

顧問 李景淳 / 顧問 徐相浩 / 議長 權保相 / 副議長 徐昌仁 / 監察委員長 李大龍 / 團長 金鍾杰 / 副團長 鄭夏淳

宮城縣仙台市本町一丁目五ノ一三四

電話 ⑳九六一〇(代表)

外全團員一同

在日大韓民國居留民團 宮城縣石巻支部

顧問 徐正相 / 議長 金準 / 團長 成斗植 / 監察委員長 朴受剣 / 副團長 宋光男

外團員一同

在日大韓民國居留民團 埼玉縣北支部

顧問	姜錫柱
〃	金賛經
〃	張光鎭
議長	崔永道
副議長	朴正植
〃	李仁達
監察委員長	姜成夫
〃 委員	許尚太
〃	朱浮龍
團長	李鎭台
副團長	朴京太
〃	尹相八
事務部長	張錫鍵
大韓婦人會會長	郭甲先

外全團員一同

埼玉縣熊谷市大字熊谷三三

韓國會館

電話 〇四八五-二三-二四三五

明朗한 市街開拓의 總合建設產業

宅地造成業·建築請負業

㈱ 杉山建設株式會社

代表取締役 李範伊

新潟縣上越市 中通町5-7

電話 02552-3~5521,7651代

自宅 4~4531

在日大韓民國居留民團 青森縣三澤支部

青森縣三澤市中央町二丁目 韓國會館

電話 ③三九七七代

外全團員一同

在日大韓民國居留民團 宮城縣鹽釜支部

宮城縣鹽釜市港町二丁目一-一二

電話 ⑥三九六一代

外全團員一同

在日大韓民國居留民團 青森縣地方本部

青森縣青森市長島二丁目 韓國會館

電話 ㉓三二一七代

外全團員一同

在日大韓民國居留民團 青森縣中弘南支部

青森縣弘前市大字和德町

外全團員一同

在日大韓民國居留民團 青森縣八戸支部

青森縣八戸市小中野北一丁目一五-一八 韓國會館

電話 ㉒四〇九二代

外全團員一同

大秤프래스·시야링工場

古鋼·原料·製紙

通名 鈴木希咲

㈤ 金七龍

宮城縣鹽竈市港町二丁目一四-一六

在日大韓民國居留民團 福島縣濱通支部

外全團員一同

信用組合 宮城商銀

理事長 李… / 副理事長 徐… / 〃 安…

仙台市本町一丁目

謹賀癸丑年

가장 名望있는 在日韓國人、그 企業 ®

紙上名簿展

<시리즈②>

在日大韓民國居留民團 山形縣地方本部

山形市 韓國會館

外全團員一同

在日大韓民國居留民團 山形縣小國支部

外全團員一同

수수랑빌딩 有限會社 光映商事

代表取締役 金…珪

在日大韓民國居留民團 岩手縣地方本部

外全團員一同

大慶商事株式會社 / 國際商事株式會社

代表取締役 鄭圭夏

宮城縣民團地方本部

鄭圭夏

赤石碎石工業 新產業빌딩株式會社

代表取締役社長 李景淳

在日大韓民國居留民團 山形縣村山支部

外全團員一同

順珠山

在日大韓民國居留民團 山形縣庄內支部

外全團員一同

鍾陳基

在日大韓民國居留民團 山形縣最上支部

外全團員一同

順植出

三興產業(株)

社長 安秉燁

營業所 仙台市錦町3丁目4-1

電話 ㉒5259代

共榮商會(株)

代表取締役 安秉燁

營業所 仙台市中央2丁目1-5

電話 ㉒8081代

三星會館

代表 安秉燁

仙台市1番町4丁目2番12號

電話 ㉓2840代

自宅 仙台市向山3丁目10番3號

電話 ㉒0415代

福島縣地方本部

副團長 權根錫

株式會社 原町그란드볼

社長 權根錫

株式會社 富岡그란드볼

會長 權根錫

株式會社 二葉홀

社長 權根錫

自宅 福島縣原町市榮町3丁目15

電話 ③2746代

不動產建設商事

(通名 岩本政一)

代表 李相洙

自宅 埼玉縣熊谷市字熊谷38

電話 (21) 1150 0312

本籍 全羅南道羅州邑內

韓京商事株式會社

貿易一般

專務取締役 裵應三

山形縣地方本部議長

有限會社 成興商事

取締役社長 成樂禹

(通名 成本三郎)

곤돌

驛前홀

HOTEL 元

釜山市西區富民洞1街8

電話 ㉒3313…0201代

林商事株式會社

日本國宮城縣仙台市1番町5~27

電話 ㉓1535…1955

社長 元賛日

自宅 仙台市1番町1~11

電話 ㉓0668

新井企業有限會社

給排水 冷暖房 衛生 等의配管工事

代表取締役 朴甲生

(通名 新井甲生)

在日大韓民國居留民團 青森縣西北支部

外全團員一同

한국일보社 東北支局 李榮培 / 北海道支局 沈種孝

共榮會舘

社長 李衡泰

行啓會舘

代表 崔正烈

뉴우岩草 岩見澤會舘

社長 禹和允

有限會社 게ー무센터 株式會社 하아바라이트

取締役社長 孫承殷

瑞穗產業株式會社

取締役社長 金應龍

秀和레지야產業(株)

取締役社長 李長壽

韓國料理 春香園

社長 朴東球

若松企業株式會社

代表理事 黃錫圭

遊技場 大和會舘 喫茶 瑳蛾

社長 魯相同

1426

在日本大韓民国居留民団岐阜県地方本部

暑中お見舞申し上げます
一九七四年 盛夏

議決機関
議長 金正圭
副議長 崔丁童
副議長 金福童

監察機関
監察委員長 林鍾達
監察委員 安璋煥
監察委員 黄南仙

執行機関
団長 金浩範
副団長 崔翼培
副団長 陳斗極
事務局長 文栄奎
総務部長 文栄奎（兼）
組織部長 金順生
経済部長 陳西福
民生部長 金順生（兼）
文教部長 曺萬衛
宣伝部長 鄭秀男
青年部長 文栄奎（兼）

諮問機関
顧問 朱基生
〃 金炳湛
〃 朴承珠
〃 李茂吉
〃 徐正大
〃 趙世済
〃 李甲寿
〃 金孟律
〃 裵順興
〃 趙慶鏞
〃 李洙学

岐阜県錦町二丁目九番地
電話（〇五八二）五一－三七〇三（代）

諮問機関
常任顧問 崔成永
〃 張訓鍾
顧問 金鳳国
〃 韓信汶
〃 曺吉乞
〃 李相燮
〃 李正字
〃 金学爵

議決機関
議長 朴義実
副議長 崔羽成
〃 呉敏華

監察機関
監察委員長 崔燮
監察委員 尹南左
〃 全永珍

執行機関
団長 辺致三
副団長 金春鶴
〃 金允権
事務部長 金春鶴（兼）
総務部長 金泰卿
組織課長 盧昌永
宣伝課長 梁龍浩
財政課長 姜正祐
民生課長 朴秀彦
文教課長 金鎮睦
青年課長 徐富光

[illegible]

親切な民団！　仕事する民団！　団員の立場に立つ民団！

議決機関
議長 朴洸
副議長 金在碩
〃 金寿敏

監察機関
監察委員長 黄在辰
監察委員 閔完奎
〃 姜声真

執行機関
団長 韓永出
副団長 申鐘熙
〃 趙鶴来
事務局長 曺鳳鉉
総務部長 梁順植
組織〃 金享道
文教〃 金東元
宣伝〃 金武烈
民生〃 李正五
経済〃 千今洛
財政〃 全判錫
青年〃 金泰重

〒850 長崎市五島町一〇－一
（〇九五八）二四－一四六七

在日大韓民国居留民団 福岡地方本部

〒812 福岡市博多区博多駅前一丁目一八－一七
TEL〇九二（四三一）七二三一～三

団長 権赫斗
副団長 韓成春
〃 崔寅善
副議長 朴八岩
副議長 柳寅奎
監察委員長 金仲浩
監察委員 李翰祚
〃 孫啓勲
事務局長 孫貞局
総務部長 姜泰守
組織部長 孫貞局（兼任）
宣伝部長 姜東俊
文教部長 金泰元
経済部長 鄭時燐
民生部長 尹友政
青年部長 柳漳烈
顧問 鄭泰柱
〃 孫明秀
〃 文圭準
〃 張翊相
〃 金三祚
〃 韓相必
〃 安敬洙
〃 金又安
〃 朴元詳
〃 李春雨
〃 劉徳珠
〃 黄末鳳
〃 黄応石

在日本大韓民国居留民団福岡県地方本部管内支部

支部	長	支部	長
福岡市支部	団長 朴珉燮	宗像支部	団長 金殷哲
筑豊支部	団長 趙昌済	大牟田支部	団長 具滋文
小倉支部	団長 柳海成	田川支部	団長 具益秀
八幡支部	団長 朴寅昊	京都支部	団長 鄭聖萬
戸畑支部	団長 李甲雨	直鞍支部	団長 梁承好
若松支部	団長 呉仁享	西戸崎支部	団長 裴東林
門司支部	団長 金淳坤	築上支部	団長 盧石寿
遠賀支部	団長 沈彦燮	芦屋連絡所	所長 金福柱
筑後支部	団長 金栄沢	古賀連絡所	所長 金大有
筑紫支部	団長 金学奉	筑前連絡所	所長 金武用

編集手帳（2）

(I) 一九四五年八月十五日解放以後から一九六四年までの二十年間は創団以来の朝鮮新聞、新朝鮮新聞、民団時報、民主新聞を蒐集した他に日本国内で発行した諸新聞の切り抜きの記事、社説等を一冊にまとめて第一輯として刊行する予定

(II) 一九六四年から一九六九年まで私が自由生活を経営する時代に余暇を割用して韓国新聞縮刷版の初版を刊行した。

(III) 一九六九年から一九七四年までは韓国新聞と東京都、神奈川県、千葉県、滋賀県、愛知県、北海道、広島県地方本部等の機関紙と東京荒川支部の民団組織の声を蒐集してまとめて第二輯として刊行した。

有益な資料を集める際し各地方団長および事務局長のご協力に対し厚くお礼申し上げます。

個人的には故、朴烈初代団長の夫人朴義淑女史、朴性鎮主幹、中央宣伝局の資料提供と裵光道兄、徐還淑君のご協力に対して感謝の意を表し乍ら、この小冊子が民団三十年史編集に役立てばこれ以上編者の喜びはないのである。

※今回は韓青と学同の機関紙は除外したことをご理解して戴きたい。

〈編集者略歴〉

一九二二年二月二日生、黄海道出身、現在京畿道水原市校洞二二二、明大・京大に学ぶ。解放後　在日本朝鮮学生同盟中央総本部外務部長、国際学生協議会朝鮮学生代表、建青平塚支部結成総務部長、民団中央宣伝局長、宣伝委員長、文教局長、文教委員長、現　民団三十年史編纂委員会委員兼事務局長、東京港支部副団長、前在日本大韓体育会常任理事、東京韓国学園評議員、財団法人韓国教育財団選考委員、韓国写真ニュース社々長、韓国新聞編集局長、自由生活社々長、民団記録映画一製作、「民団手帖」「民団バッチ」製作、母国夏季学校生引率団副団長、第七・八回、「写真で見る」民団三十年史、「写真で見る日韓政治外交秘録」「観光韓国」韓国新聞縮刷版第一、二、三輯発刊、在日・在米韓国青年親善サッカー試合訪米団引率団長として渡米、文教部長官　一九七一、招請教育研修生引率団長、文公部長官　一九七四　招請言論研修団参加

創団三十年史編纂趣旨文

文明한 民族과 国家는 祥細한 民族史와 国史를 記録으로 保存하여오며 또、그 歴史記録을 通하여 지난날의 事実과 文化를「거울삼아」現在의 生活을 開拓하고 未来의 発展을 경륜하기도 한다。우리 民団史도 国史의 한部分인 地方史라고 하겠다。国家가 있으면 国史가 없을 수 없는것 처럼 우리 民団史도 国史의 根本資料가 될 수 있으며 우리 海外国民들에게「둘도없는 生活의 거울」이 될 수 있다는 点에서 団史編纂事業을 重視되지 않으면 안될 것이다。

우리나라 사람에게 한가지 흠이라면 우리가 体験하는 生活을 文字나 写真等 手法으로 잘 남기지 않는것이 더러 남기는 경우가 있다고 하드라도 이를 소홀히하여 나중에는 永久히 잃어버리는 때가 많다。

나는 지난날에 우리団史를 写真으로보는「民団二十年史」를「알범」調로 着想하여서 編纂한 経験이 있었지마는 그 課程에 있어서 가장 切実히 느낀 悲哀는 史料의 결핍이었다。우리 先人들은 그들의 生活을 記録으로 남겨두기에도 至極히 인색하였고 或 있었다고하더라도 保存이 허술하여 찾아 보기가 어려웠다。

이번에 第二十三回定期中央委員会에서 決議를 본 創団三十年史編纂事業은 一九四五年八月十五日 解放서부터 祖国의 運命과 더불어 始作하여 最近에 이르기까지의 우리 各級組織先輩의 指導밑에서 朝総連들과 果敢히 鬪争하여 피로 死守하여온 役事와 새로운 모습을 文字에 依한 史蹟과 写真에 依한 足蹟을 찾어모아서 우리들이 걸어온 발자취를 一目瞭然하게 볼수있겠끔 編纂刊行한다면 두고두고 우리 後孫들에게 充実한 証言者가 될것을믿어마지 않는다。

그러므로 이번 創団三十年史編纂計劃이 進行됨과 함께 資料蒐集에 対備하여 全国各級組織先輩任과 団員諸位의 아낌없는 指導와 声援과 積極的 協助를 받어가면서 本会는 微力이나마 이 重責을 誠実히 敢行하려는 趣旨의 뜻을 表하는 바이다。

一九七四年八月 日

創団三十年史編纂委員会事務局

局長 金 秉 錫

한국신문 (전8권)

재일본대한민국거류민단중앙기관지 (영인본)

지은이: 편집부
발행인: 윤영수
발행처: 한국학자료원
서울시 구로구 개봉본동 170-30
전화: 02-3159-8050 팩스: 02-3159-8051
문의: 010-4799-9729
등록번호: 제312-1999-074호
ISBN: 979-11-6887-162-5

정가 920,000원